모든 정부는 거짓말을 한다
All Governments Lie
The Life and Times of Rebel Journalist I. F. Stone

20세기 진보 언론의 영웅 이지 스톤 평전

모든 정부는 거짓말을 한다
All Governments Lie
The Life and Times of Rebel Journalist I. F. Stone

마 이 라 맥 피 어 슨 지음 | 이 광 일 옮김

문학동네

잭 고든을 그리워하며
그는 좀더 나은 세상을 만들기 위해 용감히 싸웠고,
나는 그를 평생 사랑했다

훌륭한 저널리스트로서
역시 좀더 나은 세상 만들기에 헌신한 몰리 아이빈스를
추억하며

목차

서론 **이지 스톤: 우리 시대 참언론인의 초상** —— 11

1부 | **반골 기자의 탄생**

　1. 미국에 오다 —— 41

　2. 어린 시절 —— 55

　3. 소년 신문 발행인 —— 83

　4. 폭로 저널리즘과 애국주의의 광풍 —— 102

　5. 반바지를 입은 소년 통신원 —— 131

2부 | **격동의 1930년대**

　6. 대공황과 루스벨트 대통령 당선 —— 161

　7. 뉴딜, 뉴 라이프, 「뉴욕 포스트」 —— 183

　8. 우익 선동가들과 인민전선 —— 220

　9. 히틀러, 리프먼, 이지, 그리고 유대인 —— 248

　10. 스페인 내전: "나의 가슴은 공화파와 함께" —— 275

　11. 독재자의 시대: 스탈린과 히틀러 —— 292

3부 | **2차 대전, 그리고 냉전**

　12. 기로에 선 미국: 「더 네이션」 시절 —— 317

　13. 위대한 유산: 「PM」 시절 —— 338

　14. 남편 이지, 아버지 스톤 —— 361

　15. 원폭 투하와 팔레스타인 잠행 —— 387

　16. 충성 서약, 하원 반미활동조사위원회 —— 415

　17. 한국전쟁과 특파원 피살 사건 —— 442

4부 | **혼자서 가다**

　18. 이지를 잡아라 —— 471

　19. 거짓말 그리고 스파이 —— 505

　20. 고독한 게릴라 전사: 광기의 1950년대 —— 539

　21. 환멸과 고백 —— 569

　22. 민권 운동: 미국의 유혈 혁명 —— 586

　23. 케네디, 흐루쇼프, 카스트로 —— 616

　24. 전쟁의 수렁 속으로 —— 637

　25. 베트남전과 인종차별의 한복판에서 —— 669

5부 | **시대의 아이콘이 되다**

　26. 우상파괴자에서 시대의 우상으로 —— 705

　27. 스톤 대 소크라테스 —— 740

　28. 거짓의 안개를 걷어내고 떠나다 —— 768

감사의 말 —— 780

주석 —— 787

참고문헌 —— 839

옮긴이의 말 —— 855

찾아보기 —— 861

모든 정부는 거짓말을 한다. 하지만 관리들이 거짓을 유포하면서 자신들도 그것을 진실이라고 믿을 때, 그런 나라에는 곧 재앙이 닥친다.

I. F. 스톤

일러두기

1. 이 책은 아래의 원서를 한국어로 완역한 것이다.

   Myra MacPherson, *All Governments Lie: The Life and Times of Rebel Journalist I. F. Stone* (Scribner, 2006)

2. 인명 표기는 '외래어 표기법'를 원칙으로 삼았으나 일부는 관습 표기를 존중했다.

   예) 아서 케스틀러 → 아서 쾨슬러, 수전 손태그 → 수전 손택

3. 본문에서 옮긴이가 첨가한 내용은 대괄호([ ])로 묶되 크기를 작게 해서 원저자의 것과 구별했다.

4. 본문의 ●표 각주는 모두 원주原註다. 원서의 이탤릭체 강조는 **굵은 글씨**로 바꾸었다.

5. 단행본은 겹낫쇠(『』), 신문과 잡지는 홑낫쇠(「」), 공연물과 영상물은 홑꺾쇠(〈〉)로 표시했다.

이지 스톤: 우리 시대 참언론인의 초상

> 워싱턴에서는 정조대를 차야 언론으로서의 처녀성
> 을 지킬 수 있다. 국무장관이 당신을 오찬에 초대해
> 이런저런 의견을 물어보는 수준이 되면 당신은 이미
> 끝장이다.
> **I. F. 스톤, 정부의 미디어 조작에 관한 칼럼에서**

이 책을 쓰면서 사망한 지 20년도 지난 한 인물에 관해 쏟아져 나오는 뉴
스를 따라잡기란 쉽지 않았다. 이 말이 농담인 것 같으면 아래를 보시라.

　2004년 필립 로스〔1933~. 유대계 미국 소설가로 유대인 중산층의 삶을 묘사
한 소설로 유명하다〕는 허구와 사실을 절묘하게 버무린 걸작 『미국을 노린
음모The Plot Against America』에서 I. F. 스톤을 잠깐 출연시켰다.[1] 파시즘의 승리
가 "여기 미국에서도 일어날 수 있다"는 메시지를 숨 막히는 필치로 전한
이 작품에서 실존 인물인 찰스 A. 린드버그(뉴욕에서 파리까지 최초로 대
서양 횡단 비행에 성공한 조종사 출신으로 히틀러를 찬양하고 다녔다)는
대통령 선거에 출마해 프랭클린 루스벨트를 누르고 승리하는 것으로 나
온다. 소설 316쪽에서 I. F. 스톤은 루스벨트를 도와 뉴딜 정책을 추진한
버나드 버루크, 연방대법원 판사 펠릭스 프랭크퍼터를 비롯해 유명한 유
대계 실존 인물들과 함께 FBI에 의해 끌려간다. 여기서 나치 비밀경찰 게
슈타포를 연상시키는 FBI는 대통령 린드버그에게 절대 충성하는 조직으

로 돼 있다. 소설 속의 미국에서는 바야흐로 유대계 인사 숙청이 진행 중인 상황이다. 로스의 소설은 파시즘이 미국에서도 심각한 위협으로 다가온 1942년 유대계 미국인들이 느꼈던 공포를 생생하게 전한다. 그 시절에 저널리스트 I. F. 스톤(1907~89]은, 린드버그처럼 히틀러의 제3제국은 그냥 내버려두면 된다고 주장하는 미국의 외교적 고립주의를 강력하게 비판한 사람들 중 하나였다.

스톤의 묘한 목소리가 콘서트홀과 라디오, 현대 음악의 첨단을 달리는 크로노스 사중주단Kronos Quartet의 CD에서 흘러나온다. 그 독특한 목소리는 선율을 파고들다가 잦아들고 그러다가 다시 표면으로 솟아오른다. 이라크전쟁이 한창인 상황에서 크로노스 사중주단과 작곡가 스콧 존슨은 스톤이 수십 년 전에 한 반전反戰 평화 강연 녹음을 강렬한 상징적 표현물로 활용한 것이다.[2]

배우 조지 클루니가 감독과 각본을 맡은 영화 〈굿 나잇 앤드 굿 럭Good Night, And Good Luck〉에서는 부엉이 눈을 한 스톤의 모습이 매카시 청문회 실황 화면을 배경으로 유령처럼 스쳐지나간다. 1950년대 '빨갱이 사냥'을 주도한 조지프 매카시 상원의원을 진실 보도 하나로 몰락시킨 CBS 앵커 에드워드 머로를 그린 이 영화는 2005년 베니스 영화제 각본상과 남우주연상, LA비평가협회상 촬영상을 수상했다.

20세기 최고의 독립 언론인, 동네 구멍가게 아저씨부터 아인슈타인까지 누구나 '이지Izzy'라는 애칭으로 알고 있는 그는 대학에서도 영예로운 이름이 되었다. 'I. F. 스톤'이라는 명칭이 붙은 석좌교수 자리, 연구기금, 장학금이 한둘이 아니다. 각종 조사기관에서는 그가 발행한 미니 주간신문 「I. F. 스톤 위클리I. F. Stone's Weekly」를 20세기 저널리즘 최고의 히트작 가운데 하나로 꼽았다. 대표적인 한 조사에서는 「위클리」가 전체 100건 중에서 히로시마 원폭 투하, 워터게이트 사건, 베트남전 관련 국방부 기밀문서 폭로, 미군 베트남 미라이 마을 민간인 학살, 20세기 초의 각종 추문 폭로 기사 등에 뒤이어 16위로 꼽혔다. 개별 인물로는 해리슨 솔즈베리, 도로시 톰슨, 닐 시핸, 윌리엄 시어러, 제임스 볼드윈, 존 디디언, 머레이 켐프튼 같은 쟁쟁한 언론인들을 제쳤다. 칼럼니스트 조지프 앨솝이나 H. L. 멘켄[1880~1956. 미국의 언론인, 문학평론가]처럼 워싱턴 정가를 좌지우지하던 거물들은 순위 안에 들지도 못했다. 월터 리프먼[1889~1974. 미국의 저명한 칼럼니스트, 정치·사회평론가]이 고작 64위였다. 한때 그토록 고매하시던 언론인들이 후일 이렇게 지위가 추락하는 일은 비일비재하다. "저널리즘에서는 그런 식의 순위 리스트가 필요하다"고 뉴욕 대학[NYU] 언론학 교수 미첼 스티븐스는 말한다. "아무도 수십 년 내지는 수세기를 아우르는 차원에서 저널리즘을 평가하려 하지 않기 때문이다."[3] 따라서 특정 언론인들이 세월이 흐른 뒤에도 높은 평가를 받는 이유를 자세히 알아보는 것이 중요하다.

　　이지 스톤이 바로 그런 언론인이다. 현재 최고의 탐사보도 전문기자로 꼽히는 빌 모이어스와 시모어 허시는 「뉴요커[The New Yorker]」와 「뉴욕 타임스[The New York Times]」에 쓴 글에서 스톤으로부터 자극과 영감을 받았다고 고백했다. 이밖에도 오늘날 언론의 행태, 특히 정부가 분칠해서 발표하는 내용을 무비판적으로 받아쓰는 행태에 절망감을 느끼는 이들은 스톤을 언론의 전범을 보여준 인물로 기억한다. 마이클 크로스바넷[현재 「볼티모어 선」 부국장]은 2005년 스톤이 홀로 "용감하게" 목소리를 냈다고 회고했다.[4] 「로스앤젤레스 타임스[The Los Angeles Times]」에 기고한 '「뉴욕 타임스」가 우리 아버지를 엿 먹였다'는 제목의 글에서 바넷은 공산주의자에 대한 공포가 극에 달했던 1950년대 중반 아버지 멜빈 바넷[「뉴욕 타임스」 편집기자로 일하던 1955년 상원 청문회에 불려나가 과거에 알던 공산당원들 이름을 대라는 요구에 묵비권을 행사한 이후 해고됐다]이 과거 경력 때문에 신문사에서 쫓겨난 과정을 자세히 소개했다. 당시 스톤은 「뉴욕 타임스」 편집기자 멜빈 바넷을 옹호하면서 "어떻게 사설로는 수정 헌법 5조를 지지한다고 하면서 그 조항〔묵비권〕을 들어 증언을 거부한 직원을 해고할 수 있는가?"라고 「뉴욕 타임스」를 정면으로 비판했다. 지금은 블로거 논객들이 이지의 후예를 자처하고 있다.

1930년대에 젊은 우상파괴자였던 스톤은 이후 베트남전쟁을 거치면서 시대의 우상으로 변신했다. 냉전 시대인 1950년대에 그는 국가에 대한 충성 서약과 공산주의자에 대한 마녀사냥에 과감히 항의하는 극소수 청중 앞에서 강연했다. 그러나 10년 뒤에는 베트남전 반대를 위해 모인 50만 군중 앞에서 연설했다. 세계적인 유명 인사가 된 것이다.

오늘날 이지 스톤이 쓴 글을 읽어보면 놀라울 정도로 시의적절한 것이 많다. 읽을거리로서 재미있을 뿐 아니라 대단히 중요한 통찰을 제공한다. 마치 오늘 아침에 바로 쓴 것처럼 21세기 초입에 벌어진 소란스러운 사건들을 총체적으로 잘 설명해주는 느낌이다.

"국내외적으로 무력에 의한 억압에 의존하는 경향이 점점 심해졌다. 세계적인 문제에 있어서도 '내 마음대로 한다'는 오만한 자세가 갈수록 심해지고 있다."[5] 이 문장은 조지 W. 부시 대통령이 유엔과 동료 지도자들과 국제조약과 동맹국들의 충고를 깡그리 무시하고 전쟁을 개시했을 때 나온 것이 아니다. 냉전이 한창 격화되던 상황에서 스톤이 쓴 글이다.

"모든 정부는 거짓말쟁이들이 꽉 잡고 있다." 이것은 미국 정부가 전쟁 개시 명분으로 이라크에 대량살상무기[WMD]가 있다는 등의 거짓말을 쏟아낸 것을 비꼰 것이 아니라 베트남전 때 난무한 온갖 거짓말을 두고 한 얘기다.

"이스라엘인과 아랍인 사이에 벌어지고 있는 싸움은 둘만의 다툼이 아니다. 그것은 세계적인 관심사다. 그리고 미국의 최대 관심사이기도 하다. 미국은 강대국으로서 안정과 평화를 유지해야 하기 때문이다. 그런데 어느 정도 정의를 회복하지 않고는 평화를 이룰 방법이 없다. 아랍인들을

억압받는 2등 시민으로 묶어둘 수는 없다. 조속히 조치를 취하지 않으면 아군과 적군으로 나누어져 돌이킬 수 없게 될 것이다. 어느 쪽에서건 내부 온건파는 말살되고, 그런 다음 서로를 말살시킬 것이다."⁶ 이 글은 현재 진행 중인 이스라엘과 팔레스타인의 분쟁이나 2004년 팔레스타인인들을 쫓아내기 위해 이스라엘이 세운 콘크리트 장벽을 두고 한 얘기가 아니라 아주 오래전에 스톤이 찢어지는 심경으로 던진 경고다.

"미국 역사에서 기본적 자유권 규제를 정당화하는 위협에 직면하지 않은 세대는 거의 없다. 외국인 추방 및 반정부 선동 금지법^{Alien and Sedition Act} **시절에는 친親프랑스 인사들이, 유진 데브스 시대에는 인종차별 폐지론자, 무정부주의자, 사회주의자가 그런 어려움을 당했다. 지금 우리 시대에는 파시스트, 반유대주의자, 공산주의자가 그렇다."⁷** 이런 상황에 대해 일부에서는 억압이 필요한 "설득력 있는" 논거를 제시했다. 그러나 스톤은 기본적 자유권에 입각해 건국된 미국이라는 나라는 규제 없이도 "잘 해왔다"고 반박했다. 위의 인용문은 애국자법^{Patriot Act}[9·11 테러 사건 직후 테러 및 범죄 수사 편의를 위해 시민의 자유권을 제약할 수 있도록 한 법률. 2001년 10월 26일 발효됐다]의 과다한 인권 침해를 비판한 글이 아니라 1949년 시민에 대한 비밀 사찰과 무단 수색이 공공연하게 이루어지는 상황을 비판한 글이다.

그때나 지금이나 공포 분위기를 조성하면 시민들은 입 다물고 따라가기 마련이다. 9·11 이후 전 세계적으로 테러가 확산되면서 애국자법 제정을 위한 분위기가 무르익었고, 2005년 말로 접어들면서 의회는 더더욱 소심해졌다. 민주당이 다수인 의회는 2007년 "테러에 대한 대처가 물러터졌다"는 비방에 굴복했다. 대통령에게 전례 없는 권한을 부여함으로써 영장 없는 수사가 강화된 것이다.(당시 일부 주류 신문 논설위원들조차 너무 심하다고 봤다. 결국 그런 조치들로 말미암아 "뭐 상관없어, 어차피 난 자유권은 행사하지 않으니까" 내지는 "감시 받는 미국, 우리 조국" 같은 조롱조의 유행어들이 나왔다.)

　요즘 분위기는 적색 공포^Red Scare〔공산주의에 대한 막연한 공포심〕가 판을
치던 냉전 시대를 연상케 한다. 당시에는 판사도 아닌 의회 조사관들이 특
정 인사의 "반미 성향" 여부를 결정했고, 해리 트루먼 대통령은 국가에 대
한 충성 서약을 강요하는 제도를 시행했다. 스톤이 지금 살아 있다면 불법
사찰을 폭로하고, 국민의 기본권을 짓밟는 애국자법을 통렬히 비판하는
데 앞장섰을 것이다. 사법 당국은 애국자법에 입각해 심지어 도서관 사서
에게 이용자가 무슨 책을 빌려봤는지 대출 목록을 제출하라고 요구했고,
아무 증거 없이 "용의자" 수천 명을 억류했다. 기소도 안 된 상태에서 구
류를 당하고, 변호사나 가족 접견도 허용되지 않은 피해자들은 대부분 테
러리즘과 무관한 것으로 밝혀졌다. 조지 W. 부시 행정부는 테러 행위 건
수만 터무니없이 부풀려놓았다. 법무부는 요리조리 빼면서 미디어의 접
근을 봉쇄했고, 언론은 관련 보고서가 공개돼도 무시하고 넘어갔다. 스톤
이 그런 문건을 봤다면 사냥감을 발견한 사냥개처럼 침을 질질 흘렸을 것
이다.

　이 책은 스톤이라는 인물의 전기인 동시에 언론에 관한 역사적 분석이며,
20세기 미국에 대해 스톤이 그때그때 했던 비판들의 모음집이기도 하다.
우리 모두는 I. F. 스톤의 생애와 그가 살았던 시대에서 지금도 유효한 교
훈을 얻을 필요가 있다. 나는 특히 중요한 여러 대목에서 영원한 아웃사이
더였던 I. F. 스톤과 인사이더였던 월터 리프먼을 비교 대조하는 식으로
설명했다. 두 사람이야말로 저널리즘의 양대 유형을 대표하는 전형이기
때문이다. 인사이더 형의 리프먼에게 대통령과 국왕은 거의 삶의 일부였
다. 그가 파리를 방문했을 때 투숙한 호텔로 온 우편물은 모두 샤를 드골
이 있는 대통령궁으로 보내게 돼 있을 정도였다.[8] 리프먼은 대통령들을
위해 연설문을 써주면서도 제임스 레스턴〔1909~95. 미국의 저널리스트로

「뉴욕 타임스」기자로 활동했다] 같은 젊은 후배들에게는 정권과 거리를 두라고 신신당부했다. 두 행태가 모순된다는 생각은 전혀 하지 않은 것이다. "월터는 언론계의 그 누구보다도 우드로 윌슨에서 린든 존슨까지 역대 대통령들과 깊은 관계를 유지했어요! 백악관에서 살다시피 했지."[9] 예전에 레스턴이 필자에게 고함치듯이 한 얘기다.

반면에 스톤은 흑백 차별이 한창이던 시절에 거리낌 없이 흑인 친구를 내셔널 프레스 클럽^{National Press Club}[한국의 프레스센터 같은 곳. 언론사 사무실들이 입주해 있고, 기자회견도 많이 한다]에 데리고 갔다가 클럽 측으로부터 냉대를 받기도 했다.

또 한 가지 중요한 문제는 20세기에도 그랬고, 지금도 계속되고 있는 반대의견에 대한 억압이다. 스톤은 정부 노선에 반대하는 것과 국가에 충성하지 않는 것을 결코 혼동하지 않았다. 주류 언론과 정부는 두 가지를 혼동하는 경우가 적지 않다. 스톤은 조국을 열렬히 사랑했으며, 반대의 목소리야말로 미국을 건국 이념에 맞게 지켜내는 데 필수적인 요소라고 봤다.

스톤은 모든 문제를 공적인 무대에 쏟아냈기 때문에 약간의 편지 외에는 개인적으로 따로 보관해둔 문서나 메모 같은 것은 없다. 전통적으로 전기를 쓰는 데 좋은 재료가 되는 것들이 없는 셈이다. 그런데 스톤의 유산을 깎아내리려는 극우파들은 이런 점을 걸어 말도 안 되는 거짓말을 퍼뜨렸다. 가족들이 스톤이 남긴 문서를 다 불태웠고 그 이면에는 모종의 음모가 있다는 식의 얘기다. 극우파들은 D. D. 거튼플랜이 「더 네이션」[1865년 창간된 미국의 최장수 주간지. 뉴욕시에 본부를 두고 정치와 문화 분야를 주로 다루며 "좌파의 기함旗艦"을 자처한다]에 '스톤이 개인적으로 따로 기록을 남긴 것은 없다'고 쓴 기사를 왜곡해 거짓말을 만들어냈다. 10년 이상 스톤을 연구해온 필자로서는 아쉽게도 거튼플랜의 지적이 정확하다는 것을 확인하지 않을 수 없다. 그러나 그가 네오콘^{neocons}[neo-conservatives의 줄임말로 군사력을 토대로 패권을 추구하는 미국의 신新보수주의자들. 조지 W. 부시 대통령 집권 이후 권력의 핵심 세력으로 떠올랐다]이 퍼뜨린 '이지는 소련 스파이'라는 거짓말의 허구성을 까발린 것에 대해서는 박수를 보낸다.

이렇게 비장의 자료라고 할 것은 없지만 나는 그의 가족과 친구들이 남긴 수많은 미출간 회고 기록, 스톤과의 미출간 인터뷰, 방대한 FBI 사찰 파일, 최근에 기밀 해제된 러시아, 중국, 북한 문서, 그리고 스톤이 70년 가까이 말과 글로 남긴 엄청난 양의 흥미로운 발언들로부터 새로운 통찰을 얻을 수 있을 것으로 기대한다. 스톤의 스타일은 희극배우 같은 촌철살인과 "사소한 것에서 중요한 의미를 읽어내는" 눈, 그리고 국제 문제에 대한 명쾌한 분석이 결합된 형태였다.

이지 스톤을 재평가해야 할 이유가 몇 가지 더 있다. 우선 그의 삶이 대단히 흥미롭다. 또 지난 반세기 동안 그가 쓴 글들을 보면 오늘의 현실에도 놀라울 정도로 타당성을 지니고 있다. 특히 그의 방법론은 모든 저널리즘 수업에서 반드시 가르쳐야 할 만큼 중요하다. 앞으로 살펴보겠지만 스톤은 도발적이면서도 위트가 넘치고 흥미진진한 글을 썼다. 저널리즘을 공부하는 학생이나 젊은이라면 그를 알아야 한다. 마지막으로 우리는 우파 미디어들이 퍼뜨린 거짓말로부터 그를 구출해낼 의무가 있다.

그의 활동을 보면 오늘날 어떤 언론이 좋은 언론이고 어떤 언론이 나쁜 언론인지를 판별하는 데 큰 도움이 된다. 스톤은 많은 사람에게 영감을 주었지만 대단히 독특한 스타일이어서 모방은 거의 불가능했다. 그는 생기와 활력이 넘쳤으며, 디스코 춤에서부터 데모스테네스(기원전 4세기에 활동한 고대 그리스의 정치가, 웅변가)에 이르기까지 온갖 분야에 대해 배우려는 열정과 호기심이 엄청났다. 특히 취재의 경우는 한 번 물면 놓지 않는 근성이 대단했다. 어떤 분야든 일단 관심을 가지면 독보적인 성취를 이룬 것은 그런 기질 때문이라고 볼 수 있다. 특히 워싱턴에서 기자로 뛸 때 그랬다. 왕따를 당하면서도 거의 신경 끄고 살았다. 그는 역사와 당대의 사건을 버무려 "재미있는 물건"(스톤이 즐겨 쓴 표현이다)을 만들어내기 위해 엄청난 노력을 쏟았다. 그는 기사든 책이든 늘 한 문장 한 문장에 탄탄한 사실을 담았고, 그러면서도 경쾌하고 발랄한 느낌을 주도록 애썼다.

저널리스트이자 소설가인 니컬러스 본 호프먼[1929~]의 다음과 같은 지적은 스톤의 특징을 잘 보여준다. "요즘에야 말썽쟁이가 거의 없지만 그는 대단한 말썽쟁이였어요. 정말 배짱이 두둑했지요. 우리 같은 사람은 대부분 겁을 먹게 되는 사안에서도 쫄지 않았어요. 제도와 조직이 사회와 국가를 철저히 통제하던 그 '빙하기'에 그는 외압이나 관습 따위는 아랑곳하지 않고 멋대로 살았어요. 그는 철저히 혼자였고, 그랬기 때문에 소신에 따라 발언하고 행동할 수 있었지요."[10] 스톤은 자신이 대단하다고 착각하고 장광설을 늘어놓는 요즘 전문가 부류와는 전혀 달랐다. 그런 부류는 자기네 편의 선입견만을 강화하는 허술한 논객들을 공격한다. 반면에 스톤은 네 편 내 편 진영을 가리지 않고 불의와 불평등, 진실로 포장된 거짓을 날카롭게 포착해 비판했다. 그 과정에서 때로 팬이 적이 되기도 했다. 이지 스톤은 좌우, 중도를 막론하고 수많은 비판자들과 논전을 벌였으며, 경우에 따라서는 거의 모든 사람과 서먹해지기도 했다. 그는 거만하지만 알고 보면 유치한 전문가들을 혐오했고, 경쾌하면서도 도발적인 문체를 구사했다. 스톤의 비상한 기억력이나 과거를 현재와 기가 막히게 연결시키는 학자적 능력, 법정에서 변론하는 변호사처럼 터프한 질문을 던지는 습관은 고전과 철학을 독학한 사실과 무관하지 않다. 이런 자질과 더불어 정부가 진심과 취지를 강조할 때마다 회의적으로 바라보는 습관은 언론인으로서 큰 장점이 됐다.

스톤이 죽던 해인 1989년, ABC 방송 시사뉴스 프로그램 「나이트라인 Nightline」의 저명한 앵커 테드 카플[1940~]은 주류 미디어에 대해 이렇게 말했다. "우리는 실망스러울 정도로 소심한 부류다. …미디어 조작을 업으로 하는 사람들은 ⋯우리는 대개 무리지어 다닐 때 진짜 편안해진다는 걸 잘 알고 있다."¹¹ 반면에 스톤은 혼자 다닐 때 진짜 편한 스타일이었다.

친한 사람들끼리 모이는 저녁 파티에서 정부 쪽 인사가 슬쩍 흘린 정보에 대해 스톤은 수류탄을 받아든 것처럼 의구심을 가졌다. 그리고 기자라면 미리 "충분히 공부가 돼 있어서" 질문을 잘 던질 수 있어야만 기삿거리와 관리들의 신뢰를 동시에 얻어낼 수 있는 법이다. "그들의 무르팍에 앉아서 비밀을 내놓으라고 징징거려 봐야 쓰레기밖에 얻어먹을 게 없다."¹² 스톤에게 수정 헌법 1조〔언론·출판·종교·집회의 자유를 규정한 미국 헌법 조항〕는 성서이고, 토머스 제퍼슨〔1743~1826. 미국의 제3대 대통령, 정치철학자로 미국 독립선언문을 기초했고, 언론의 자유를 특히 강조했다〕은 하느님이었다. 스톤은 미국 정부의 비밀주의에 대해 줄기차게 비판했다. "그런 조직들〔FBI(연방수사국), CIA(중앙정보국), NSA(국가안보국)〕은 결국 자유권 행사를 저해하고 사람들을 위축시키는 수단이 된다." 권력의 정점에서 무소불위의 힘을 휘두른 J. 에드거 후버 FBI 국장을 스톤만큼 잘근잘근 씹고 놀려준 사람은 없다. 스톤은 후버를 "영광스러운 딕 트레이시〔유명한 신문 연재만화의 주인공 형사〕"나 "신성한 암소〔'비판이 허용되지 않는 대상'이라는 뜻〕"라고 부르곤 했다. 물론 보복이 있을 거라는 건 잘 알고 있었다. 후버는 1930년대부터 1972년 사망할 때까지 집요하게 스톤을 괴롭혔다. 사찰 기록만 수천 쪽에 달하고, 시가를 사거나 잡화점에 들르는 일, 보청기 회사에 보낸 편지 등을 낱낱이 감시하고 미행했다. FBI는 그의 전화를 도청하고 집에서 나온 쓰레기를 뒤졌다. CIA, 국무부, 육군성, 국세청, 우정청, 여권국 등이 사찰에 협조했다.

부시 대통령 집권 시절은 비밀주의가 횡행하는 악몽 같은 시기였다. 백악관 출입기자들은 정부 발표를 "창녀처럼 매달려" 받아쓰기 바빴고, 루퍼트 머독〔1931~. 미디어 복합기업 뉴스 코퍼레이션 회장으로 유력 방송, 신문, 영화사, 출판사 등을 많이 소유한 세계적인 미디어 재벌〕의 미디어 공룡은 폭스

TV를 필두로 극우 성향으로 치달았다. 정부는 선전을 위해 "직업적 거짓 말쟁이들"을 고용했고, 언론은 정부의 거짓말을 아무 문제 제기 없이 그 대로 받아들였다. 이 모두가 권력에 대한 수치스러운 굴종이었다. 주류 미디어들이 정확한 정보 전달을 포기하고 진지한 기사 대신 연예계 가십 같은 쓰레기를 쏟아내는 것을 보면 좌절감을 느끼지 않을 수 없다. 이라크 침공 때는 징고이즘[광신적이고 호전적인 애국주의]이 저널리즘을 완전히 밀어내버렸다.

주류 신문들은 남의 스캔들을 보도하는 게 아니라 오히려 자기가 스캔 들을 만들어냈다. 정론지를 자처하는 「뉴욕 타임스」는 '소설'을 기사로 포 장하기도 했다. 「뉴욕 타임스」와 「워싱턴 포스트The Washington Post」는 부시 행 정부 시절 이라크에 대량살상무기가 있기 때문에 이라크를 쳐야 한다는 정부의 허위 주장을 그대로 대서특필한 데 대해 후일 사과문을 게재하는 수모를 겪었다. 두 신문이 정부 발표에 의문을 제기하는 기사들―「워싱턴 포스트」의 경우 월터 핑커스라는 뛰어난 기자가 그런 기사를 썼다. 핑커 스는 스톤으로부터 언론인의 자세를 배웠다고 한다―을 쓰레기통에 처박 아버렸다고 인정한 것을 보면 정부 쪽 정보를 얼마나 바보처럼 맹신했는 지 알 수 있다. "주류 신문 기자들이 내가 모르는 것을 많이 알고 있는 건 분명하다. 그러나 그들이 알고 있는 것 가운데 많은 부분은 사실이 아니 다"라는 스톤의 코멘트는 그야말로 정곡을 찌른다.

기성 언론에게 "임무 완수"나 "승리 작전" 같은 구호를 배경으로 넣고 자신감에 찬 대통령의 모습을 클로즈업하는 식의 보도를 하지 않기를 기 대하는 것은 기적을 바라는 것과 같다. 2005년이 끝나가면서 온갖 곳에서 비판의 목소리가 쏟아져 나왔다. 언론도 집권 공화당 인사들의 스캔들을 폭로하기 시작했다. 첫 테이프를 끊은 것이 딕 체니 부통령의 비서실장 스 쿠터 리비 사임이었다. 그는 백악관이 기자들에게 CIA 요원 발레리 플레 임의 신원을 누설한 사건과 관련해 사법 방해, 위증, 허위 진술 등 다섯 가지 죄목으로 기소됐다.(2007년 부시는 2년 6개월 형을 선고받은 리비를 곧바로 사면했다.)「워싱턴 포스트」의 데이나 프리스트 기자는 CIA가 동유럽에 테러리스트 용의자를 감금하고 고문하는 비밀 수용소를 운영하고 있다는 내용의 특종을 터뜨렸다.「로스앤젤레스 타임스」는 국방부 하청업체가 이라크 기자들에게 뇌물을 주어 바그다드 언론에 전쟁이 잘 진행되고 있다는 엉터리 기사를 싣게 했다고 폭로했다. 시사주간「타임Time」지 종군기자 마이클 웨어는 미군에 대한 공격을 이라크군이 주도하고 있다는 정부의 주장이 허위임을 폭로했다. 그러나「뉴욕 타임스」는 정부가 영장도 발부받지 않은 상태에서 미국 시민에 대해 마구잡이로 도청을 한다는 사실을 파악하고도 기사화하는 데 일 년이나 걸렸다.

언론 자유에 대해 논하다 보면 꼭 '객관성'이 문제가 된다. 그러나 이 개념은 단순해 보이지만 사람마다 다르게 볼 수 있다. 최악의 경우 '객관적인' 방식으로 취재한 기사가 엄청난 허구일 수 있다. 여론 조작을 노리는 행정부 쪽 소스[source: 정보의 출처. 정보를 제공하는 사람이나 자료를 말한다]에서 나온 기사들이 이런 경우가 많다. 대표적인 사례가「뉴욕 타임스」의 주디스 밀러 기자 건이다. 다른 기자들도 그랬지만 밀러는 이라크에 대량살상무기가 존재한다는 국방부 관계자의 말을 그대로 믿고 대서특필했다. 당시에는 데스크[desk: 부장, 국장 등 편집국에서 취재와 편집을 지휘하는 관리자]들이 보기에도 "객관적으로 정확한" 내용이었다. 정론지라는「뉴욕 타임스」가 이렇게 치고 나오니까 텔레비전들도「뉴욕 타임스」기사를 받아서 부정확한 보도를 마구 쏟아냈다.[●]「뉴욕 타임스」는 결국 대량살상

● 미국 공영방송 PBS의 시사 프로그램 〈빌 모이어스 저널Bill Moyers Journal〉에서 2007년 4월 25일 방영한 "전쟁의 대가Buying the War" 편은 이런 양상을 잘 파헤쳤다. 대량살상무기와 관련한「뉴욕 타임스」의 패착은 미디어의 영향력이 어떻게 발휘되는지에 관한 서글픈 진실을 제대로 보여줬다. 신문 재벌 나이트리더 계열사에서 '이라크에 대량살상무기는 없다'는 것을 폭로하는 특종을 터뜨렸는데도 다른 미디어들은 무시했고, 별 볼일 없는 기사로 치부됐다. 이 신문이 워싱턴DC와 맨해튼 가판대에 깔리지 않아서 주요 언론이 받아주지 않았기 때문이다. 나이트리더의 다른 계열사들도 정확한 자기네 기사는 내버리고「뉴욕 타임스」기사를 그대로 실었다.

무기 관련 허위 정보를 맹목적으로 수용했고, 리비 부통령 비서실장과의 접촉 과정에도 문제가 있다는 이유로 밀러 기자를 징계했고, 그녀의 기자 인생은 거기서 끝났다.

이쯤 되면 스톤의 아래와 같은 경고가 떠오른다. "관리들과 친하게 지내면서 기자로서의 독립성을 유지한다는 건 불가능하다. 그들이 양질이냐 악질이냐에 관계없이 가까워지지 마라. 안 그러면 당신은 독립성을 잃고, 그들은 당신을 이용해 먹으려 할 것이다."

길어야 15초 나가는 정치인들의 발언 장면 같은 것은 홍보 전문가들이 심혈을 기울여 만든 작품이다. 여기서 중요한 것은 홍보 영상을 TV에 줄기차게 내보내 본인에게 불리한 뉴스는 덮거나 비틀어버리는 것이다.

이런 효과를 거둔 대표적인 사례가 부시 대통령의 오른팔인 정치 담당 고문 칼 로브의 고별사였다. 로브는 2007년 굳은 표정으로 백악관 정치 담당 고문 직을 사임하면서 "가족과 더 많은 시간을 보내기 위해"라고 말했다. 이 장면은 TV와 신문 1면을 무수히 장식했다. 선거의 귀재로 온갖 술책에 능하고, 상대를 흠집 내는 중상과 비방의 귀재였던 로브는 당시 상원으로부터 소환장을 받는 등 위기에 몰린 상태였다. 그런 상황에서 가정을 피난처로 삼은 것이다. 「뉴욕 타임스」는 비판적인 입장을 보였지만 많은 주류 신문 사설들은 로브를 덕담으로 환송해줬다. 그러면서 선거 승리를 위해 거짓말을 일삼았던 부분이나 이라크전에 반대하는 정치인들을 "애국심이 없다"는 식으로 몰아붙이고 국내외 정책 실패에 중요한 몫을 한 부분은 깡그리 잊고 말았다.

스톤이 살아 있다면 대통령에게 고함치듯이 질문을 던진 CBS 뉴스의 빌 플랜트 기자에게 박수를 보냈을 것이다. 2007년 부시는 질문을 받지 않고 로브와 기자회견장을 떠나려 했다. 그러자 CBS 백악관 출입기자인 플랜트가 불쑥 소리쳤다. "로브가 그렇게 똑똑하다면 왜 의회를 장악하지 못한 겁니까?" 이 질문으로 플랜트는 "점잖지 못하다"는 등의 비난에 시달렸다. 이에 대해 그는 CBS 프로그램에 출연한 자리에서 다음과 같이 설명했다. "우리는 여기 손님으로 와 있는 게 아닙니다. 우리가 여기 나온 것은 질문을 하기 위해서입니다. 우리가 '점잖게' 처신하기로 한다면 수정 헌법 1조를 수행한다는 우리 고유의 역할을 회피하는 것이겠지요. 그러면 진짜 누군가의 앞잡이가 되는 겁니다. 실제로 그런 욕을 먹는 경우가 종종 있지요."[13] 여기서 2003년 「워싱턴 포스트」 칼럼니스트 데이비드 브로더가 쓴 글을 보면 그야말로 대조적이다. "나의 편견을 고백하고자 한다. 나는 칼 로브를 좋아한다." 브로더는 로브와 메추라기 요리를 즐겼고, "오랜 시간 가치 있는 대화들"을 나눴다. 여기서 확실히 말할 수 있는 것은 교활한 칼 로브가 자기한테 보탬이 안 되는 얘기는 절대 하지 않았을 것이라는 점이다.

　스톤은 기자를 정치적 열정이나 통찰력이 없는 로봇과 같은 존재로 보는 관점을 거부했다. 그는 "정확성과 검증 과정만 지킨다면" 기자도 무조건 "중립적"일 필요는 없다고 주장했다. "어린애 같은 질문만 할 것이라면 누구와 인터뷰를 할 필요조차 없다." 그는 또 이렇게 말했다. "신문쟁이는 자신의 힘을 부당한 처우를 받는 사람들을 위해 사용해야 한다. …기자는 할 말이 있으면 우물거리지 말고 과감하게 목소리를 내고, 큰 소리로 외쳐야 한다."[14] 탐사보도 전문기자이자 작가인 스콧 암스트롱은 "이지의 입장은 기자들은 속기사가 아니라는 것이었다"고 말했다.[15] 암스트롱은 빌 클린턴 대통령을 설득해 공직자비밀엄수법Official Secrets Act에 대해 거부권을 행사하도록 한 운동을 주도한 인물이다. 문제의 법안은 미국 역사상 처음으로 연방공무원이나 내부 고발자가 정부 관련 정보를 허가 없이 폭로하는 것을 범죄로 규정하는 내용이었다. "이지는 공공 기록을 뒤져서 '여기 이 기록을 보면 얘기가 다르다'는 식으로 지적하는 기자가 별로 없다는 데 대해 늘 실망을 금치 못했다."

　아니면 스톤이 말했듯이, 그가 못마땅해 한 것은 기자가 기사에서 자기

의견을 밝히는 것이 아니라 기사에 뉴스가 없다는 것이었다. 영국의 신문 재벌 노스클리프 경卿이 말했듯이 "뉴스란 누군가는 감추고 싶어하는 소식이다. 그렇지 않다면 모두 광고다."[16]

진정한 뉴스를 찾는다는 것은 진실을 은폐하려는 관리들이 교묘한 발언 뒤에 숨긴 것을 찾아내는 일이다. 반면에 거짓말을 그냥 주워담는 것은 사이비 객관성이다. 그것은 공식 성명이라는 형태로 위장돼 있다. 로버트 맥나마라(베트남전이 한창일 때의 미국 국방장관)에서부터 스쿠터 리비, 톰 딜레이(미국 공화당 하원 원내대표로 정치자금 돈세탁 혐의로 유죄 판결을 받았다), 케네스 레이(미국 에너지 기업 엔론의 회장으로 대규모 회계 부정을 저질렀다)는 말할 것도 없고, 대통령과 총리도 예외는 아니다. 반면에 진정한 객관성이라는 것은 기자가 자료를 파고 신뢰할 만한 내부 고발자를 취재원으로 발굴하고 사안을 자체적으로 검증하는 과정을 거쳐 확보된다.

스톤은 사실 보도가 아닌 칼럼을 쓸 때에도 정정당당하게 자신의 이데올로기와 원칙에 맞게 사실관계를 정리하고 자기 목소리를 냈다. 반면에 극우 진영에 있는 그의 적들은 동일한 작업을 하면서도 어떤 견해를 가지는 것 자체가 죄악인 양 스톤을 비난했다. 스톤은 젊은 글쟁이들에게 아무리 흥분되더라도 "내가 가진 정보가 쓰레기일지 모른다"는 것을 늘 염두에 두라고 충고했다. 그러면서도 많은 전문가들과 달리 남들이 나의 주장을 옳다고 봐주느냐 그르다고 평가하느냐에 대해서는 별로 괘념치 않았다. 그는 그런 분석이 당대의 지배적인 정치, 사회, 문화의 틀과 맞물려 있다는 것을 잘 알고 있었다. "퍼질러 앉아서 자신의 선입견을 그냥 풀어놓느냐, 아니면 좋은 기자가 되느냐. 이 두 가지는 어울릴 수 없다. 우리는 사태가 아주 복잡할 경우 판단을 바꾸기도 하고 잘못을 인정하기도 한다. 그리고 사람들이 달라지는 모습을 보는 것도 아주 즐거운 일이다." 스톤은 "정말 좋은 소스가 있는 정부 내부 깊숙이 들어가는" 법도 익혔다. "그들은 훌륭한 공복公僕이고, 좌절로 가슴 아파하는 경우도 많다. 그들은 최고의 소스다."[17]

저널리즘을 염려하는 언론인 위원회Committee of Concerned Journalists 빌 코바치 회장이 말하듯이 "이지의 강점은 치열한 독립성과 철저한 자료 검증이다. 그의 독립성에서 우리는 큰 자극을 받았으며, 때로는 말할 수 없는 수치심을 느끼기도 했다. 그러나 대중과 역사에 소중한 것은 이지가 관변 기록을 꼼꼼히 읽고 관리들의 말을 주의 깊게 들어서 만들어낸 작품이었다. 이지는 자신의 강한 신념이 객관적인 보도나 검증 과정보다 앞설 때 어려움을 겪었다. 그러나 저널리스트로서 객관성을 유지함으로써 늘 구체적인 현실에 충실할 수 있었다."

제임스 레스턴은 월터 리프먼의 75세 생일을 맞아 본인이 썼던 찬사에 대해 이렇게 회고했다. "나는 리프먼의 위업은 그때그때 문제가 되는 이슈를 놀라울 정도로 잘 잡아내는 것이라고 했어요. 그는 새로운 뉴스를 자신의 통치 철학을 구현하는 빌미로 활용했지요. 그는 그 누구보다도 이슈를 잘 설정했습니다. 그런데, 그 자체를 좋아한 건 아니에요. 그는 자신이 쓰고 제안한 내용이 '옳다, 그르다'의 기준에 따라 평가받기를 원했어요. 그런데 그런 점에서 보면 점수가 썩 좋지는 않았지요."[18]

스톤은 단순히 반대를 외치는 논객과는 거리가 멀었다. 레스턴의 회고를 들어보자. "이지는 대부분의 저널리스트들이 잊고 있는 것을 잘 인식하고 있었어요. 어떤 논쟁에 뛰어들게 되면 사태를 야기한 사실들을 챙기게 되지요. 저도 그렇지만 대부분의 기자들은 논쟁이 시작되면 뭔가 다른 새로운 것을 찾아다닙니다. 하지만 이지는 안 그랬어요. …그는 다시 원점으로 돌아가서 자료를 읽고 관계자를 인터뷰하고 사실관계를 하나의 스토리로 짜 맞췄어요. 그러니 그날그날 취재해 보도하는 것보다 훨씬 내실 있고 정확한 기사가 나왔지요."

1989년 스톤이 사망했을 때 「워싱턴 포스트」는 사설을 통해 그의 업적을 기리면서도 일부 국가와 지배자들에 대해 "오판"을 했다는 이유로 비판을 가했다. 이에 대해 니컬러스 본 호프먼은 다음과 같이 비아냥거렸다. "'너나 잘하세요'라고 말해주고 싶다. 이지가 흑인 판사들을 점심에 초대할 때 주류 언론들은 '흑인 문제'에 대해 차분하게 대처해야 한다고 떠들었다. 이지가 베트남전의 또다른 문제점을 보고 있을 때 주류 언론은 베트남전에 아예 관심이 없거나 정부 입장을 옹호했다. 심지어 냉전의 광기를 부채질하고 차이나 로비^{China Lobby}〔미국의 중국 정책을 반공적인 방향으로 유도하려 한 압력단체〕가 힘을 쓰는 데 일조하기도 했다." 그러나 평생 스탈린을 혐오했던 본 호프먼은 이런 지적도 했다. "소련에 관해서는 이지도 분명 비판받을 점이 있다. 그러나 다른 많은 부문에서는 그의 비전이 대부분의 주류 언론보다 훨씬 탁월했다." 스톤은 20세기 역사의 중대한 고비를 짚어내는 데 있어 동료 언론인들보다 훨씬 앞서갔다. 미국 노동운동의 중요성을 일찌감치 간파했고, 히틀러와 파시즘의 부상에 주목했으며, 냉전을 부추기는 외교정책이 파국을 불러올 것이라고 예견했다. 또 국내에서 벌어지는 빨갱이 사냥에 맞서 싸웠고, FBI와 CIA의 비밀공작을 경계했다. 민권 운동의 위대성을 누구보다 앞서서 강조했으며, 베트남전의 불길한 전조를 날카롭게 포착했고, 반전 운동의 강점과 약점을 제대로 짚었다. 불법 무기 판매로 번 돈을 남미 반정부 게릴라들에게 지원한 이란 콘트라 사건의 치욕과 레이거노믹스^{Reaganomics}〔'레이건'과 '이코노믹스'의 복합어로, 레이건 대통령이 추진한 경제 정책을 일컫는다〕에 감춰진 상류층의 탐욕을 가차 없이 까발렸다.

이 책을 쓰기로 하고 연구를 시작한 것은 1990년이었다. 그때는 구글이니 블로거니 하는 용어 자체가 없을 때였다. 나는 미국의회도서관에 눌러앉아 살다시피 하면서 스톤의 집안 내력이며 정치 성향, 초기 사회주의 및 노동운동의 흐름, 뉴딜 정책, 냉전, 공산권의 위협에 편집증적으로 과민 반응하던 10년간의 시기, 한국전쟁에 관한 논란 많은 스톤의 저서, 민권 운동 등에 대해 조사하고 연구했다.

「I. F. 스톤 위클리」의 성공에는 1960년대의 민권 운동가와 베트남전 반대세력이 큰 역할을 했지만 그들은 스톤의 파란만장한 과거사에 대해서는 전혀 알지 못했다. 그는 14세 때 신문을 발행한 소년 언론사 사장이었고, 1933년 25세의 나이에 주류 일간지 최연소 논설위원이 되어 히틀러에게 맹공을 가했다. 언론계의 거물인 월터 리프먼조차 히틀러의 집권에 대해 거의 주목하지 않던 시절이었다. 30대에는 급진파를 자처하며 각계의 유명 인사와 어울렸다. 찰리 채플린, 오손 웰스, 클리퍼드 오데츠, 존 더스패서스, 제임스 서버, 헤이우드 브룬, 릴리언 헬먼, 대실 해밋 같은 배우, 극작가, 소설가, 만화가, 언론인 들이 가까운 친구였다. 1940년대에 10대 나이였던 조지프 헬러, 줄스 파이퍼, 필립 로스, E. L. 닥터로 같은 재주꾼들은 「PM」과 「더 네이션The Nation」에 실린 스톤의 기사를 열심히 읽었다. 이들은 후일 모두 소설가, 카투니스트로 대성한다.

스톤은 우드로 윌슨의 평화주의 노선에서부터 로널드 레이건〔미국의 제40대 대통령. 1981~89년 재임〕의 스타워즈Star Wars〔'별들의 전쟁'이라는 뜻으로 날아오는 적 미사일을 대기권 밖에서 요격하는 것을 골자로 추진한 전략방위구상〕 계획까지 온갖 문제에 대해 무수히 많은 글을 썼다. 그 과정에서 한 핏줄인 유대인들과는 관계가 오락가락했다. 세계 최초로 홀로코스트〔나치의 유대인 집단 학살〕 생존자들과 함께 팔레스타인 지역에 잠입해 현지 사정을 보도했을 때는 호평을 받았다. 그러나 곧 '유대인을 증오하는 자'라는 비난에 시달렸다. 이스라엘에 밀려 삶의 터전을 잃게 된 팔레스타인인들을 옹호했다는 것이 이유였다.

스톤은 참으로 특이한 스타일이었다. 여든한 살이 되어서도 늙은 티가 하나도 안 났다. 그는 왕왕 어린애처럼 들떠서 "너무 신 나. 누가 나 좀 말려줘" 하고 떠들곤 했다. 이 말은 빌 모이어스가 스톤을 극찬할 때 자주 쓰는 표현이다.

베트남전쟁 때 스톤이 보도한 진실이 여론에 먹혔고, 그 결과 「I. F. 스톤 위클리」는 돈을 벌었다. 스톤은 주류 바깥에서 고군분투하면서도 궁핍을 당연시하지 않았고, 부인에게 밍크코트를 사주고는 흐뭇해했다. 전쟁 덕에 떼돈을 벌었다는 농담도 했다. 그의 구제 불능성 낙관주의 탓에 모든 일이 술술 풀린 것처럼 보이지만 사실 그는 오랜 세월 치열하게 일했다. 그는 문제가 되는 사안을 깊이 파헤쳤고, 관계자를 만날 때쯤이면 온갖 팩트[fact: 사실]로 무장을 한 상태였다. 그런 식으로 깊이 파 들어가다 보니 매카시즘이 판을 치던 암울한 시절, 워싱턴의 파워 서클과는 편하게 어울리지 못했다. 그러나 말년에 가서 놀라운 변화가 일어났다. 스톤이 죽자 그를 무시했던 주류 언론인들이 갑자기 "이지"라는 애칭을 써가며 찬사를 쏟아낸 것이다.

그러다가 시간이 좀 지나면서 중상과 비방이 고개를 들었다. 스톤이 죽어서 거리낄 것이 없어지자 극우파들은 놀라운 용기를 발휘해 스톤을 소련 스파이라고 비방했다. 그들은 뒤늦게 암호 해독된 소련 측 정보기관 교신 내용을 왜곡해 흘리는 방식으로 스톤에 대한 비방을 지금까지도 계속하고 있다. 더욱 나쁜 것은 주류 미디어들도 이런 거짓말을 때로 아무 의문 제기도 없이 그대로 퍼 나르고 있다는 사실이다.

예를 들어 앤 코울터 같은 극우 칼럼니스트들이 요란하게 떠들어대는 헛소리는 그냥 쓰레기통에 처박아버리고 싶을 정도다. 코울터의 경우는 진실에 대한 반감이 자극적인 행태와 짝을 이뤄 사이비 저널리즘의 전형을 보여준다. 인터넷이나 라디오 토크 쇼, 케이블 TV가 보편화되기 이전에는 그런 극단적인 논객들은 별 볼일 없는 인쇄매체에서 떠도는 수준이었다. 그러나 지금은 극우 논객들이 아무 근거 없는 주장을 떵떵 해대면서도 명성을 얻고 돈방석에 오른다. 유감스러운 것은 스톤에 대한 코울터의 거짓말과 같은 허위사실들이 정정되지 않은 채 블로그 같은 곳에 그대로 남아 있다는 사실이다. 게다가 주류 미디어들은 손님을 끌어들이려는 욕심에 그런 내용을 그대로 전파하는 경우가 많다.

따라서 스톤 사후에 드러난 관련 사실 등등은 모두 이 책에 포함시켰다. 불행하게도 이제 스톤은 살아 있을 때처럼 스스로를 적절히 변호할 수 없다. 스톤은 과거 필자와의 인터뷰에서 1950년대에 자신을 따돌렸던 정치인과 언론인에 대해 이렇게 말했다. "국회의사당 잔디밭을 건너가면서 이런 생각을 하곤 했어요. '좋다, 이 개새끼들아. 너희들 보기에 난 빌어먹을 유대인 빨갱이겠지. 하지만 난 제퍼슨의 이상을 지켜내고 있어!'"[19]

스톤은 다른 기자들은 게을러서 읽지도 않거나 읽어도 놓치는 충격적인 사실들을 각종 기록과 문건에서 찾아내는 재주가 탁월했다. 또 스톤처럼 어떤 사안을 독창적인 시각으로 보거나 정부 쪽 기록과 기자 회견 내용을 당연한 사실로 여기는 상식의 굴레를 벗어던지는 것도 쉬운 일은 아니다. 친구이자 동료 언론인인 크리스토퍼 라이든은 "이지는 천재라는 말이 아깝지 않은 유일한 저널리스트였다"고 평했다.[20]

스톤이 이 말을 들었다면 별다른 이의를 제기하지는 않았을 것이다. 말년에 쓴 『소크라테스의 재판The Trial of Socrates』이 베스트셀러가 되자 스톤(당시 80세)은 청중들에게 "소크라테스를 옹호하는 변론문을 써봤는데 정말 잘됐다"고 말했다. 실제로 그는 "나는 소크라테스가 이 책을 재판부에 제출했다면 무죄판결을 받고 풀려났을 것이라고 생각한다"고 했다.[21] 그러자 폭소가 터졌고, 스톤의 입가에는 미소가 흘렀다. 그러나 속으로는 자기 얘기가 농담이라고 생각하지 않았다.

스톤에 대한 한 가지 비판은 1930~40년대에 우익 선동가들보다 공산 독재자들에게 더 너그러웠다는 것이다. 우호적인 비판자들조차 스톤이 너무 늦게 스탈린의 공포정치에 대해 제대로 된 비판의 목소리를 냈다고 주장했다. 1960년대 중반쯤 스탈린을 본격 비판하면서 스톤은 볼셰비키 혁명의 꿈을 아직도 간직하고 있는 독자들 상당수가 떨어져나가는 손실을 봤다. 그러나 그가 소련이나 미국 공산당에 대해 무비판적이었다고 비난하는 것은 사실과 거리가 있다. 1930년대에 이미 스톤은 공산주의 체제의 억압성에 대해 강하게 비판했다. 그는 미국 공산당CPUSA 내의 "꼬마 스탈린들"을 조롱했다. 매카시즘이 한창일 때 스톤은 미국이 "소련 식으로 가서는" 안 된다고 누차 경고했다. 이 문제에 관한 그의 생각과 발언의 불일치에 대해서는 본문에서 다루기로 한다.

스톤은 공산주의 정권들과 평화를 유지하려면 험악한 전쟁 위협이 아니라 외교가 필요하다고 생각했고, 그 때문에 공격을 받았다. 여든 살이 된 1988년에도 아이러니한 상황이 벌어졌다. 그는 한 강연에서 이렇게 말했다. "누가 그럴 줄 알았습니까? 처음에는 리처드 닉슨, 빨갱이 사냥에 열을 올렸던 그 닉슨 대통령이 마오쩌둥毛澤東을 만났지요. 이번엔 '악의 제국' 소련의 최대 적수인 레이건 대통령이네요. 레이건이 고르바초프[소련 공산당 서기장]와 정상회담을 갖고 핵전쟁의 수렁에서 빠져나올 줄 누가 꿈에라도 생각했겠습니까?"(그러면서 스톤은 레이건의 과감한 행동이 핵심 지지층조차 뻘쭘하게 만들었다며 낄낄거렸다.) 스톤은 우파의 두 영웅이 공산 진영에 손을 내민 것에 대해 누구보다 기뻐했을 것이다. 그런 선택은 그가 줄곧 주창해온 바이고, 그 때문에 비난도 많이 받았지만 말이다.

공산 진영이 하나로 똘똘 뭉칠 것이라는 끔찍한 예언은 실현되지 않았다. 오래전에 스톤은 미국 언론인으로는 유일하게 도미노 이론domino theory[도미노의 팻말이 연달아 쓰러지듯이 한 나라가 공산화되면 인접 국가들까지 공산화된다는 이론]은 틀렸다고 주장했다. 공산국가 지도자들이 서로 다투고 실용주의자들이 득세하면서 이데올로기 통일을 외치는 국제주의자들은 밀려난다고 본 것이다. 그 많은 피를 흘렸던 베트남은 지금 미국과 자유무역을 하며 잘나가는 나라가 돼 있다.

스톤은 생전에 소련 붕괴까지는 보지 못했다. 그러나 10대 초반이었던 1917년 러시아 혁명에 열광한 이후로 참으로 먼 길을 걸어왔다. 그는 만년에 공산국가 반체제 인사들을 열심히 도왔다. "자유 사회에도 큰 위험들이 있지만 독재의 위험은 그런 것과는 비교가 안 될 만큼 크다. …독재가 그럴듯해 보이는 유일한 이유는 언론의 자유가 없고, 주변에 단단한 장벽을 둘러쳤기 때문이다."[22]

오랜 우여곡절을 거쳐 내가 다시 스톤에 집중한 것은 2002년이었다. 그때 5,000쪽 분량의 스톤 관련 FBI 파일 가운데 맨 마지막 부분을 입수했다. 이로써 젊은 세대에게 다가갈 수 있는 설명의 틀은 완성됐다고 봤다. 요즘 세대는 HUAC[House Un-American Activities Committee의 약자로 '하원 반미활동조사위원회'를 말한다] 얘기를 하면 '휴 액'이라는 이름의 남자 얘기로 알 것이다. 실제로 유명한 경제학자 존 케네스 갤브레이스 인터뷰 녹음을 풀어 정리하던 비서가 그랬다. 수십 년간 좌파 인사들을 공포에 떨게 한 하원 반미활동조사위원회는 이제 HUAC이라는 그 유명한 약자로 쓰면 알아보는 사람이 없는 시대가 됐다.

그 무렵 내 사무실에는 FBI 파일 박스가 산처럼 쌓여 있었다. 스톤 관련 파일은 많은 경우 편집이 돼 있거나 중요 부분은 '분실' 상태였다. 여러 해 동안 자료를 공개하라고 요구했지만 별로 성과를 보지는 못했다. 스톤은 죽었고, 정보원들도 다 죽었고, 소련은 붕괴됐고, 국가 안보에 위협이 될 만한 내용도 이제 없다. 그러나 남은 파일들은 시민 개인에 대한 권리 침해와 탄압이 어떠했는지를 생생하게 보여주는 흥미로운 기록이다. 후버 국장은 혈세의 많은 부분을 정상적인 인간이라면 정말 불필요한 일이라고 생각할 일에 쏟아부었다. 불법인 경우도 많았고, 일은 항상 비밀리에 비윤리적인 방식으로 진행됐다. 그러나 스톤은 죽음을 당하는 한이 있더라도 자신이 생각하는 바를 쓰고 말하는 데 주저하지 않았을 것이다.

스톤은 장기적인 전망을 가지고 있었다. 그는 미국의 역사는 "피해망상과 고집스러운 선입견과 새로운 사상에 대한 두려움이 간헐적으로 나타나는 것이 특징"이라고 봤다. 그러나 그는 낙관적이고 확고했다. 미국의 민주주의는 흠결이 있기는 하지만 인류사라고 하는 '도살장' 전체를 놓고 보면 그래도 극소수의 "찬란한 시기"에 속한다고 늘 강조했다. 그렇다고 해서 스톤이 미국을 좀더 온전한 연방국가로 발전시키기 위해 노력하지 않았다는 의미는 아니다.

사람들은 가끔 스톤의 열정적인 주장을 개인적인 적개심의 발로로 오해했다. 그러나 스톤은 결코 누구를 증오한 적이 없다. 다만 냉전의 전사였던 존 포스터 덜레스[1888~1959. 변호사이자 금융인 출신으로 아이젠하워 대통령 시절인 1953~59년 국무장관으로 있으면서 강력한 반공 정책을 추진했다]에 대해서만은 예외였다. 스톤은 덜레스를 "정신 나간 자본주의의 카토[전쟁 불사를 주창한 고대 로마의 정치인, 장군]"라고 혹평했다. 스톤의 비판이 특정인을 심술궂게 씹어대는 수준이었다면 그의 유산은 연예계 칼럼으로 유명했던 월터 윈첼이나 웨스트브룩 페글러처럼 오래전에 잊혀졌을 것이다. 흥미로운 인물들이 대개 그렇듯이 스톤도 호오가 엇갈리는 동시에 대단히 복잡한 인물이었다. 그는 걸핏하면 열을 받았지만 상냥했고, 후덕하면서도 무관심했고, 자기 생각에 빠져 있으면서도 사회적 약자들에게 깊은 애정을 쏟았다. 마감시간이 다가오면 극도로 초조해졌지만 일 끝나고 저녁을 먹을 때면 언제 그랬느냐는 듯이 호쾌한 웃음을 터뜨렸다. 또 바보 같은 짓을 하는 사람에게는 불같이 화를 냈지만 어린 기자나 작가들을 격려하는 데는 시간을 아끼지 않았다.

"나는 때로 깊이 좌절했지만 그는 절대 그러지 않았다." 스톤의 오랜 친구이자 「진보The Progressive」지 편집장이었던 어윈 크놀의 말이다.[23] 지금은 고인이 된 크놀은 스톤의 실수는 그의 이상주의, "못 말리는 낙관주의" 그리고 인류의 행복을 최우선으로 하는 마음가짐에서 비롯된 것이라고 지적했다.

캐리커처의 대가인 데이비드 레바인은 스톤을 악마처럼 눈을 번득이며 의회에서 쓰레기를 뒤지는 모습으로 묘사했다. 이에 대해 스톤은 이렇게 말했다. "나는 자유로운 사회에서 자유로운 저널리스트가 할 주된 업무가 쓰레기를 뒤지는 것이라고 생각지 않는다. 그것은 업무의 일부일 뿐이다. 진짜 중요한 문제는 우리 나라와 우리 국민, 그리고 우리 시대가 처한 상황의 복잡성을 좀더 잘 이해할 수 있도록 해주는 것이다. 그게 바로 우리의 업무이다. 중요한 이슈들을 알아듣기 쉽게 풀어주고 또 철저히 연구해야 한다. 가장 중요한 업무는 누구를 흠집 내고 물어뜯는 것이 아니라 독자들에게 사안에 대한 폭넓은 이해를 제공하는 것이다."[24]

스톤이 종종 지적했듯이 언론은 사람들이 흔히 생각하는 것처럼 그렇게 잘한 적이 없다. 역사적으로 보면 힘 있는 자들이 뉴스를 통제하는 일이 비일비재했다. 스톤의 시대에도 족벌 신문과 부자 기업가들, 그리고 정부와 결탁한 세력이 뉴스를 거의 전적으로 지배했다. 그런 상황에서 언론의 논조는 노동운동과 뉴딜 정책과 민권 운동을 비난하고 반대하는 쪽으로 흘렀다. 그러나 다양한 의견과 반대 주장도 없지 않았다. 돈벌이보다는 진실을 말하는 일에 더 큰 가치를 두는 용기 있는 발행인들이 내는 신문들이 그런 역할을 했다.

오늘날 미디어 독점이 광범위하게 진행되고 있다는 얘기는 다들 안다. 지금은 최악의 상황이다. 독점 언론은 여론 다양성을 막고, 대중의 알 권리를 심각하게 저해하고, 진실 대신 쓰레기를 양산하고 있다. 극우 언론은 부를 지키는 데 혈안이 된 세력이 나눠주는 떡고물에 목을 매고 있다. 그들이 운영하는 라디오와 텔레비전, 신문, 잡지, 출판사, 웹사이트가 부시 정부의 세금 감면에서 테러와의 전쟁에 이르기까지 모든 분야에서 엉터리 정보를 쏟아내 전 세계의 청중·관객을 오도하고 있다. 우파의 미디어 접수는 루퍼트 머독이 2007년 「월스트리트 저널Wall Street Journal」을 매입함으로써 정점을 찍었다. 이 경제지에 대해 스톤은 '특이한 정신분열' 같은 측면이 있다며 격찬한 바 있다. 1면에는 기업 스캔들을 폭로하는 기사를 대서특필하고, 반동적인 사설 난에서는 자기네 기사를 비판하는 경우가 많았기 때문이다. 머독 소유의 폭스 뉴스Fox News〔미국 케이블·위성 방송으로 극우 성향으로 유명하다〕와 「뉴욕 포스트New York Post」를 비롯해 우리를 놀라게 하는 충격적인 사태가 많지만 「월스트리트 저널」도 이제는 기사와 사설이 척척 손발을 맞추고 있다. 그런 게걸스러운 미디어 집어삼키기가 가능했던 것은 1996년 통신법Telecommunications Act이 의회에서 통과되고 클린턴 대통령의 서명을 거쳐 발효됐기 때문이다. 이 법에 대해 저널리스트 빌 모이어스는 "민주주의에 대한 끔찍한 공격"이며 "세계에서 가장 거대하고 부유하고 강력한 미디어 재벌들에게 복지 혜택까지 얹어주는 것"이라고 규정했다.[25]

이데올로기는 무지와 짝을 이뤄 무관심하거나 귀가 얇은 청중들에게 전파된다. 2004년 CNN 방송의 아침 토크쇼 진행자 잭 캐퍼티는 갓 출범한 진보 성향의 라디오 방송 에어 아메리카Air America에 대해 "공산주의 라디오 방송"이라고 비아냥거렸다. 공동 진행자가 진보와 공산주의는 동의어가 아니라고 하자 캐퍼티는 "그게 그거 아닌가요?" 하고 반문했다.[26] 진보적인 미디어를 음해하는 그런 케케묵은 헛소리가 아직도 먹힌다. 네오콘들은 제목에 진보니 공산주의니 하는 단어만 쓰면 주류 미디어들이 불안한 마음에 자신들을 인터뷰하고 자신들이 쓴 책을 소개해준다는 것을 잘알고 있다. 미디어 입장에서도 자신들에게 그런 혐의가 씌워지는 것을 면하기 위해 그들에게 관심을 보인다. 비겁함을 언론의 공신력과 혼동해서는 안 된다. 그런데 현실은 그렇게 되고 있다.

통신 기술의 발전으로 뉴스 취재 방식은 윤전기 발명 이후 가장 혁명적으로 변화됐다. 언론계에 입문해 타자기를 두들기고 도서관을 뒤지고 다녔던 사람들은 웹사이트를 어마어마한 기적이라고 생각한다. 예를 들어 나는 인터넷을 딱 5분간 뒤져서 한국전쟁 때 스탈린이 마오쩌둥에게 보낸 전문 영역본을 찾아낼 수 있었다. 그러나 정보를 번개처럼 빠르게 전파할 수 있게 됐지만 사실이 아닌 거짓말이 데이터베이스로 쌓였고, 통찰이 담긴 정보가 아니라 쓰레기들이 난무하게 됐다. 블로그를 뒤져서 필요한 정보를 얻기도 하지만 그럴 경우에도 허구와 진실을 구분해야 하는 지루하고도 피곤한 작업이 남아 있다.

스톤은 '석기 시대의 블로거'라고 일컬어지기도 한다. 조시 마셜이 운영하는 폭로성 정치 블로그 '토킹 포인츠 메모^{Talking Points Memo}' 같은 최고의 블로그들은 발로 뛰는 취재를 한다는 점에서 스톤과 비슷하다.[27] 그러나 스톤의 폭로는 대부분 공익을 위한 것이었고, 많은 블로그에서 발견되는 헛소리 같은 것과는 거리가 멀었다. 그리고 「I. F. 스톤 위클리」 같은 작품을 만들어내는 데는 품이 엄청 많이 들었다. 나빠져만 가는 눈이 그의 검색엔진이었다. 그는 인쇄소까지 걸어가서 조판을 하고 인쇄가 끝나면 신문을 차 트렁크에 싣고 돌아왔고, 아내는 우편 발송을 했다.

「I. F. 스톤 위클리」에는 유명인의 일거수일투족을 찍어서 인터넷에 올리는 요즘 세태와 비슷한 부분이 하나 있다. 검은색으로 네모나게 테두리를 두른 박스 기사는 유튜브^{YouTube}나 존 스튜어트가 진행하는 정치 풍자 TV 프로그램 〈데일리 쇼^{The Daily Show}〉, 이런저런 블로그에서 가차 없이 실시간으로 이루어지는 폭로의 선구였다. 요즘 정치인들과 지도자들이 앞뒤가 안 맞는 거짓말을 하는 장면이 비디오로 찍혀 만천하에 공개되는 것처럼 스톤은, 예를 들면 헨리 키신저 국무장관이 어제 한 말과 다음날 교묘하게 한 거짓말을 나란히 소개하면서 흐뭇해했다.

요즘 블로그는 스톤이 말년에 그랬던 것처럼 좋은 평가를 받게 될 것 같다. 대통령 후보들은 유튜브에서 주관하는 토론회로 달려가고, 주류 미디어들은 블로그에서 연 집회를 취재해 보도한다.

수많은 미디어 감시 단체와 작가, 그리고 「더 네이션」의 에릭 올터맨과 「뉴욕 타임스」의 프랭크 리치 같은 칼럼니스트들이 거대 독점 미디어들의 장단점과 잘잘못을 훌륭하게 짚어내고 있다. 다행인 것은 일군의 A급 저널리스트들(스톤의 영향을 받은 사람이 많다)이 지금도 「뉴욕 리뷰 오브 북스The New York Review of Books」나 「뉴요커」, 「더 네이션」 같은 잡지와 좀더 작은 규모로는 「워싱턴 먼슬리Washington Monthly」 같은 곳에서 활약하고 있다는 사실이다. 「로스앤젤레스 타임스」의 경우는 서글프게도 우파에 굴복했다. 2005년 유명 칼럼니스트 밥 쉬어를 자르고 네오콘 계열의 칼럼니스트들로 대체한 것이다. 다행히 진실의 목소리는 페어FAIR['보도에서 공정성과 정확성을 추구한다'는 뜻의 Fairness and Accuracy in Reporting의 약자로 1986년부터 뉴욕에 본부를 두고 언론 감시 활동을 해온 비영리 시민단체]와 같은 미디어 감시 단체와 웹, 짐 하이타워와 빌 모이어스 같은 독립적인 칼럼니스트들에게 살아남아 있다. 많은 사람들이 지금도 여전히 스톤을 우리의 갈 길을 비춰주는 등대와 같은 존재로 보고 있다. 몰리 아이빈스[1944~2007] 같은 탁월한 칼럼니스트는 "나는 이지가 저기 있다는 생각을 하면 용기가 난다"고 말했다.[28] 조지 W. 부시 대통령의 비리를 추적·폭로하는 궂은일을 도맡아 했던 아이빈스가 스톤이 죽은 지 한참 지난 시점에 이 말을 하면서 과거시제를 쓰지 않았다는 점에 주목하자. 앞으로 우리 사회를 짊어지고 나갈 세대들은 뭔가 달라질 것이라고 기대하고 싶다. 다만 한 유명 대학의 언론학 교수가 한 말이 마음에 걸린다. 그는 내게 제자들 가운데 신문·잡지 같은 종이 저널리즘에 관심이 있는 학생은 14퍼센트밖에 안 된다고 했다. 스톤이 살아 있다면 끔찍한 불균형이라고 우려했을 것이다. 그는 젊은 저널리스트들에게 이렇게 말하곤 했다. "여러분이 할 수 있는 일은, 운이 좋다면, 그런 불균형을 조금 바꿔놓는 것입니다. …순교자연할 필요는 없습니다. 재미나게 하면 되지요."[29]

스톤은 한 강연에서 항의조로 이런 얘기를 했다. "나는 비관적이지 않습니다. 사태를 장기적인 관점에서 볼 뿐이지요. 인류를 당장 두 세기 만에 변화시키고자 한다면 전망은 당연히 비관적으로 보이겠지요. 나는 기본적으로 우리 모두에게 어느 정도의 이성이 있다고 하는 민주주의적 신념을 가지고 있습니다. 그리고 그것이야말로 우리가 발전의 기초로 삼아야 할 모든 것입니다. 그리고 그것은 대단히 소중합니다."[30] 여든 살 때 스톤이 했던 경고는 지금 우리에게 정말 필요한 것으로 보인다. "그런 신념이 없으면 저널리스트를 해야 할 이유가 없는 거지요. 모든 출발은 그 신념에서 시작하니까요. 그런 신념이야말로 우리를 움직이게 만드는 힘입니다."

스톤은 여기서 잠시 말을 끊었다가 한마디 덧붙였다. "그것은 우리가 제퍼슨으로부터 물려받은 유산입니다."

2007년 8월

마이라 맥피어슨

1부

반골 기자의 탄생

I
미국에 오다

때는 1951년. 미국 역사상 더할 나위 없이 암울한 시대이자 혹독한 해였다. 공개적으로는 물론이고 사석에서도 정부에 이의를 제기했다가는 어떤 후환이 닥칠지 모르는 시절이었다. 친구들은 "서로 이름을 불었다." 관계기관에 누구는 공산주의자라고 찌르기도 하고, 누구누구랑 같이 여행을 갔다더라, 누구와 친하다더라 하는 얘기까지 일러바쳤다. 사실 그렇게 고발된 관계는 완전히 과거지사인 경우가 많았다. 그러나 고발 대상이 된 사람들의 인생은 완전히 망가졌다. FBI는 엄청난 시간과 돈을 들여 "빨갱이들" 뒤를 캤다. 빨갱이라는 말은 1920년대에 러시아 혁명을 지지했거나 30년대에 공산당에 가입했거나, 심지어 노동운동이나 시민권 향상 운동 같은 좌파적인 목표를 그냥 지지만 하는 사람에게도 따라붙는 저주의 딱지였다. 그렇게 블랙리스트에 오른 친구들은 가까운 멕시코로 달아나거나 자살하거나 서로 싸웠다. 심지어 책을 잘못 가지고 있어도 인생 종치는 경우가 있었다. 친구가 하원 반미활동조사위원회[HUAC]에 '내 친구

홍길동이가 좌파 서적을 많이 소장하고 있다'고 알려주면 십중팔구 빨갱이로 몰렸다.

이사도어 파인슈타인 스톤Isador Feinstein Stone은 미국이 이렇게 파시즘으로 경도되는 위태로운 상황을 보면서 환멸을 느꼈다. 당시 그는 의뢰 받은 원고 집필 관계로 유럽 여행 중이었다. 그는 급히 아내 에스터와 10대인 두 아들 제러미와 크리스토퍼를 프랑스로 불러들였다. 그렇게 해서 스톤 일가는 파리 외곽에 살게 됐다.

그해 유월절이었다. 스톤은 유대인이지만 이스라엘 민족이 이집트의 지배에서 벗어난 것을 기념하는 유월절 명절을 따로 쉰 적은 없었다. I. F. 스톤은 평생 종교와는 무관하다고 자처했고, 농담 삼아 "경건한 유대계 무신론자"라고 말하곤 했다. 그러나 13세에 치르는 유대교 성인식 때 선물로 받은 하인리히 그레츠의 대작 『유대인의 역사History of the Jews』는 죽을 때까지 소중히 간직했고, "천생 유대인"임을 늘 자각하고 있었다. 그런 스톤이 1951년에는 유월절 첫날밤 축제를 지내기로 하고 막내 크리스토퍼에게 학교에서 유대계 프랑스 친구를 데려와 놀게 했다. 스톤은 옛날에 유대민족이 이집트에서 어떻게 탈출했으며, 노예로 얼마나 억압받았는지를 읽어나가다가 목소리가 잠겨 말을 더듬었다. 크리스토퍼는 히브리말이 서툴러서 그렇다고 생각했다. 그런데 슬쩍 올려다보니까 아버지의 눈에는 눈물이 고여 있었다.[1] 크리스토퍼는 어린 마음에 아버지가 울고 있다는 걸 친구가 알면 어쩌나 싶어 너무도 창피했다.

스톤은 평소 대단한 낙천주의자였던 만큼 그 시절의 그 눈물에 대해 이야기한 적은 없다. 그런 감정이 어디서 솟아난 것일까? 유대민족이 그 오랜 세월 박해당한 생각을 하니 새삼 눈물이 난 걸까? 비교적 최근에 히틀러의 가마솥에서 600만 명이 도살당한 일이 떠올라서? 아니면 5년 전에 알게 돼 깊은 유대감을 느낀 홀로코스트 생존자들 때문일까? 1946년에 있었던 그 일에 대한 기억은 생생했다. 그해에 스톤은 언론인으로서는 세계 최초로 유럽의 유대계 인사들과 이스라엘로 여행을 떠났다. 이스라엘 행은 당시로는 불법이어서 영국의 봉쇄망을 뚫어야 했다. 눅눅한 화물칸의 악취를 견디면서 숨어 가는 밀항이었다. 콩나물시루 같은 화물칸에서 일행이 겪은 그 악몽은 팔뚝에 문신된 수인 번호처럼 절대 지워질 수 없는 것이었다. 이스라엘에 도착한 스톤은 울면서 동포들을 껴안고 작별했다. 그로부터 6년 뒤 파리에서 하가다〔유월절에 읽는 전례서〕를 읽으면서 눈물을 흘린 것은 심각해진 조국(미국)에 대한 걱정 때문이었을까? 당시 미국은 "빨갱이들"에 대한 증오라는 주술에 걸려 헌법에 보장된 미국 특유의 자유를 깡그리 무시하는 상황으로 치달았다. 스톤은 이스라엘로 망명을 갈까도 심각하게 고민하고 있었다.

그가 눈물을 흘린 이유는 그런저런 이유가 다 합쳐져서였을 것이다. 그 추악한 시대에는 울어야 할 이유가 너무도 많았다.

가족이 차르〔황제〕 치하의 러시아를 탈출해 나온 유대계라는 사실은 이사도어 파인슈타인 스톤이라는 인간, 그의 생각과 이론, 결단과 삶을 형성하는 데 중요한 요소였으며, 생이 끝나는 날까지 논쟁과 왕따에 시달리게 되는 이유의 하나였다. 이사도어의 존재 자체가 동유럽의 유대인 집단촌과 깊이 맞닿아 있었다. 아버지 버나드 파인슈타인이 러시아를 탈출해 미국에 정착한 것은 1905년이었다. 스톤이 태어나기 이태 전이었고, 레닌, 트로츠키, 스탈린은 아직 두각을 드러내지 않은 단계였다.

버나드가 불과 다섯 살 때인 1881년, 러시아 유대인들의 삶이 더더욱 혹독해지는 계기가 될 대격변이 일어났다. 그해 3월 햇살이 환한 어느 날, 한 여자가 제정 러시아의 수도 상트페테르부르크의 수로水路 옆에서 결연한 표정으로 카자크 기병대가 호위하는 썰매가 지나가기를 기다리고 있었다. 썰매가 시야에 들어오자 여자는 손수건을 흔들었다. 이 손짓을 신호로 폭탄이 터졌다. "눈밭에서 구레나룻이 희끗희끗한 한 남자가

수로 벽에 웅크린 채 누워 있었다. 두 다리와 복부가 파열된 상태였다."[2]
당국은 황제 알렉산드르 2세 암살 사건이 유대계의 소행이라고 비난했
다. 그에 대한 보복으로 취한 각종 조치는 유대계 주민의 경제를 파괴했
고, 1917년 러시아 혁명 때까지 지속됐다. 유대인들은 거주 이전이 금지
됐고, 농촌 공동체의 각종 거래도 사실상 근절됐다. 의사와 변호사는 개
업을 할 수 없고, 상인은 손으로 만든 것 외에는 판매할 수 없었다. 유대교
예배당(시너고그)은 사실상 폐쇄됐다. 러시아의 유대인들은 극빈 상태로
내몰렸다.[3] 19세기 말이 되면 전체 주민의 40퍼센트가 끼니를 자선기관
에 절대적으로 의존하는 신세로 전락했다.

　1894년 알렉산드르 3세의 뒤를 이어 니콜라이 2세가 제위에 올랐다.
버나드 파인슈타인이 러시아에서 보낸 마지막 10년간 차르 니콜라이 2세
치하에서 유대인들의 삶은 그야말로 처참한 지경이 됐다. 26세의 나이에
도 친구들과 숨바꼭질이나 하는 황제를 경멸하고 넘어가기는 쉬웠다. 그
러나 정신적으로 나약하고 어린애 같은 니콜라이 2세는 그 유약함 때문에
국민들에게 치명적인 폐해를 끼쳤고, 알렉산드르 3세 때부터 그대로 내
려온 반동적인 사법부에 휘둘렸다. 대표적인 반反유대주의 주창자는 평
신도지만 그리스 정교회 최고위급 인사였던 콘스탄틴 포베도노스체프였
다. 히틀러가 '최종 해결책'이라는 이름으로 조직적인 유대인 학살을 개
시하기 40년 전에 이미 포베도노스체프는 나름의 유대인 말살 정책을 구
상했다. 1898년 연명으로 청원을 낸 유대인들에게 포베도노스체프는
"[당신들의] 3분의 1은 죽을 것이고, 3분의 1은 이 나라를 떠나게 될 것이
며, 3분의 1은 주변 주민들에게 완전히 동화될 것이다"라고 공언했다.[4] 혁
명가들이 반격에 나서자 니콜라이 황제와 그 추종세력은 불만에 사로잡
힌 소작농들로 하여금 유대인들을 공격하도록 유도하는 술책을 썼다. 지
하 혁명 운동에서 유대계가 차지하는 비중이 다른 종족에 비해 상대적으
로 크다는 점을 들어 혼란의 주범은 유대인이라고 매도한 것이다.

유대인 박해는 오랜 세월 유럽 전역에서 있었다. 그것은 혁명의 열정을 딴 데로 돌리는 수단이 되기도 했다. 1903년의 경우에는 소작농들이 유대인을 공격하게 만들기 위해 치밀한 사전 조율이 이루어졌다. 그런 목적으로 동원된 것이 신문이었다. 베사라비아〔지금의 몰도바 동부 지역〕에서 하나뿐인 신문 「베사라베츠Bessarabetz」는 "선정적인 반反유대주의 계열 언론"이었다.[5] 편집국장은 내무장관 비자금에서 용돈을 받는 처지였다. 베사라비아 중심 도시 키시네프에서 한 러시아 소년이 사지가 절단된 채로 발견된 사건이 터지자 편집국장은 그동안의 차르 후원에 즉시 보답했다. 소년의 삼촌이 자기가 범인이라고 공개적으로 자백을 했는데도 신문에서는 유대인들이 유대교 의식의 일환으로 엽기적인 살인 행위를 저지른 것이라고 떠들어댔다. 윤전기로 찍은 선동용 전단들은 소년을 죽인 유대인들을 "피로써 응징하자"고 떠들었다. 문맹자들은 글을 아는 사람들로부터 얘기를 전해 듣고 덩달아 격분했다.

1903년 4월 어느 날, 키시네프 유대인 대학살이 시작됐다. 이틀 동안 경찰은 일부러 청사 밖으로 나오지 않고 잠자코 있었다. 러시아인 목격자들이 전하는 얘기는 끔찍했다. 폭도들은 유대인들을 두 동강으로 찢어죽이고, 갓난아기를 집어던져 골이 사방으로 튀는가 하면 배를 갈라 창자가 삐져나오기도 하고, 혀를 자르고 여자들의 유방을 도려내고 남자들을 거세했다. 눈을 찔러 장님을 만들고 밧줄로 목매달아 죽이고 난도질해 죽이기도 했다.[6]

이런 사태를 못 본 척하는 것도 일종의 유대인 박해였다. 러시아 지식인들은 물론이고 유럽인과 미국인, 유대인과 기독교인 들이 세계 주요 도시에서 대규모 규탄집회를 열었다. 그러나 유대인 학살은 계속됐다. 대부분의 일반 러시아인이 키시네프 학살 사건에 무관심하거나 냉담했다는 것은 눈의 나라 러시아에 사는 유대인들에게는 중대한 경고였다. 버나드 파인슈타인은 당시 27세였다. 그가 태어나 자란 우크라이나의 그로노프 마을은 베사라비아에서 그리 멀지 않은 곳이었다. 그때도 이미 악몽은 현실로 존재하고 있었다.

버나드는 자식들에게 그 시절 얘기는 절대 하지 않았다.[7] 그렇게 핍박받은 많은 유대인들과 마찬가지로 그 역시 교육이라곤 별로 받은 것이 없었다. 버나드는 7남매 중 막내로 위로 형이 넷, 누나가 둘이었다. 어머니 라헬 톤코노기는 여인숙을 운영하면서 혼자 7남매를 키웠다. 남편 유다는 버나드가 갓난쟁이일 때 죽었다. 라헬은 카자크 기병대가 여인숙으로 들이닥치자 막대기를 휘둘러 쫓아낼 만큼 강단이 있었다고 한다. 이사도어는 어린 시절 집안에 전해 내려오는 이런 전설에 매료됐다.

라헬은 놀라울 정도로 독립심이 강했다. 하루는 딸 에타가 문제가 있어서 어머니를 찾아왔다. 에타에게는 좋다고 따라다니는 남자가 있었는데 라헬은 딸이 그 남자를 사랑하지 않는다고 생각했다. "어떻게 해야 되죠?" 딸이 물었다. "결혼하려무나." 어머니의 조언이었다. "수틀리면 유대교 법률에 따라 이혼하면 되니까." 에타 고모는 나중에 미국으로 왔고, 결국 결혼을 세 번이나 했다. 일곱 남매는 모두 제정 러시아를 탈출했지만 라헬은 죽을 때까지 그로노프를 떠나지 않았다.

러시아 가족이 파인슈타인이라는 독일식 성을 어떻게 갖게 됐는지는 미스터리다. 버나드의 할아버지 이름은 모르데카이 배어 츠빌리초프스키였다. 많은 유대인들이 그렇게 했듯이 톤코노기와 츠빌리초프스키 집안에서도 아들마다 다른 성을 붙여서 누가 누군지 알 수 없는 경우가 많았다. 러시아군의 징집을 모면하려는 작전이었다. 유대인들은 징집을 면하게 해주려는 절박한 마음에서 아들을 불구로 만들기도 했다. 1825년부터 1855년까지 유대인에 대한 불이익 조치가 600건이나 시행됐는데 그중 하나가 유대인 아들들의 운명을 사실상 결정했다. 유대인 징집 연령을 12세로 낮춘 것이다. 그 나이에 버나드는 가출을 했다. 징집을 피하기 위한 것임이 분명하다. 그러나 결국 다른 불쌍한 유대계 아이들과 똑같이 강제로

군 복무를 하게 됐다. 1905년 29세의 버나드는 이미 러시아 육군에서 수년을 복무한 상태였다. 생존 능력이 대단하다는 증거라고 할 수 있다. 유대인들에게 징집은 죽음 내지는 사실상의 종신형을 의미했다. 러시아의 언론인이자 정치사상가인 알렉산드르 게르첸[1812~70]은 회고록에서 징집당한 유대계 소년들에 대해 애도를 표했다. "저 아픈 아이들은 따스한 보살핌을 받기는커녕… 곧 무덤으로 갈 것이다." 징집은 기독교로 강제 개종시키기 위한 수단이었다. 병영 책임자는 유대인 소년들을 때리고 굶기고 몽둥이질을 해가며 강제로 기독교 예배에 참석시켰다. 비탄에 빠진 부모들은 성년식도 못 치르고 끌려간 아들들을 위해 죽은 자를 애도하는 카디시 기도문을 읊었다.

그런 고난의 세월을 보낸 이사도어의 아버지는 1905년 마침내 탈출을 시도한다.

성향이나 성장 환경에 비추어볼 때 버나드는 장차 태어날 장남과 달리 기존 사회에 도전하는 스타일은 아니었다. 그는 많은 유대계 러시아 청년들이 그랬던 것과 달리 카를 마르크스를 읽고 차르 체제 전복과 노동자 세력 조직화를 꿈꾸는 혁명가나 사회주의자 또는 무정부주의자의 길을 가지 않았다. 1904년 러시아군이 일본군과 싸우기 위해 만주로 행군할 때 혁명가들은 그것을 호기로 삼았다. 1905년이 밝았을 때는 단결된 노동자 조직이 승리를 거둘 수 있을 것처럼 보였다. 그해 1월 22일 일요일에 비무장 노동자들이 무리를 지어 차르의 겨울궁전으로 비폭력 시가행진을 벌였다. 무기라고는 성상聖像과 종교화, 각종 깃발을 든 것이 고작이었다. 노래와 구호는 절규와 고함으로 바뀌었고, 궁정 근위대가 발포를 계속하자 겨우 잠잠해졌다. 카자크 기병대는 고의적으로 아이와 여자들을 짓밟아 죽였다. 날이 저물 무렵 거리에는 남자와 여자, 아이 1,500여 명이 죽거나 부상당한 채 널브러져 있었다. 눈밭은 피로 붉게 물들었다.

'피의 일요일$^{Bloody\ Sunday}$'이라는 이름으로 길이 기억될 학살 사건이 벌어지자 러시아 전역의 노동자와 학생은 분노했다. 이어 그해 가을에는 총파업이 조직돼 산업이 마비되다시피 했다. 봉기와 암살과 파업과 폭동이 몇 달간 계속되자 니콜라이 2세는 인민의 요구를 마지못해 수용했다. 국민이 선출하는 의회 격인 두마^{Duma}가 수립됐다. 유대인들은 처음으로 자유를 뜻하는 시민^{citizens}이라는 호칭으로 불리게 됐다. 이제 그들은 원하는 곳에서 살고 일할 수 있고 대학도 다닐 수 있게 됐다. 박해 같은 것은 이제 없었다. 그러나 '이제'라는 말은 오래가지 못했다. 그해 12월이 되자 차르는 혁명세력에 대한 반격에 나서 잽싸게 헌법을 폐기해버렸다. 노동자평의회(소비에트)는 해산됐고, 평의회원들은 투옥됐다. 특히 유대인들은 차르가 박해 행위를 조장하는 바람에 수없이 학살당했다. 혁명이 틀어진 데 격분한 소작농들은 정부의 반유대주의 선동에 휩쓸려 잔학 행위를 일삼았다.[8]

그 당시에 키예프에서 벌어진 유대인 집단 학살 사건을 숄렘 알레이헴〔1859~1916. 러시아 출신 유대계 미국 작가〕은 평생 잊지 못했다. 알레이헴은 미국에서는 러시아 내 유대인 집단촌을 배경으로 한 뮤지컬《지붕 위의 바이올린$^{Fiddler\ on\ the\ Roof}$》(1964)의 원작자로 유머가 넘치는 작가로 알려져 있다. 그러나 본인이 직접 목격한 유대인들의 참담한 현실을 그린 장편소설 『폭풍우 속에서$^{In\ the\ Storm}$』를 보면 얘기가 전혀 다르다. 알레이헴 일가는 키예프의 한 호텔에 숨어 있다가 끔찍한 사태를 접하고 비명을 질렀다. 사흘 동안 이어질 피의 밤 축제가 시작된 것이다. 알레이헴이 묵고 있던 호텔 아래 길거리에서 깡패들이 유대인 청년 하나를 몽둥이로 패 죽였다. 경찰은 으레 그렇듯이 수수방관했다. 알레이헴의 소설에는 절박한 진실이 담겨 있다. 러시아인들은 "문을 부수고 유리창을 깨고 물건을 집어던지고 몽둥이를 휘둘렀다." "유대 놈들을 죽여라!"라는 외침이 곳곳에서 울려 퍼졌다.[9] 알레이헴의 소설은 그런 박해가 끝난 뒤 어느 날의 춥고 습기 찬

기차역으로 무대를 옮긴다. 역사에는 유대인들이 너무 많이 들어차 숨도 쉬기 어려울 정도다. 다들 '신세계'로 데려다줄 기차를 기다리고 있었다. 삼각형 스카프를 머리에 맨 할머니, 겁을 먹고 울음을 뚝 그친 아이들, 그나마 남은 가재도구를 몽땅 싸서 묶은 꾸러미를 그러쥔 어머니들…. "'미국' '미국' 하는 소리가 여기저기서 들렸다. …그들은 미국을 천국이라고 생각했다."

버나드 파인슈타인도 미국행 유대인 이민 대열에 합류했다. 1904년부터 1907년까지 50만 가까운 유대인이 미국으로 쏟아져 들어왔다. 대부분 동유럽 출신이었다. 1900년에서 1910년까지 10년 동안 유대인 이민자 수는 총 103만 7,000명이었다.[10] 버나드는 소속 부대에 곧 러일전쟁에 투입될 것이라는 소문이 돌자 몰래 병영을 빠져나와 폴란드로 향했다. 탈영병에 유대인인지라 적발되면 즉결처분 감이었다. 버나드는 먼 길을 터덜터덜 걸어 천신만고 끝에 마침내 독일 함부르크에 도착했고, 거기서 다시 영국 리버풀행 배를 잡아탔다.

낯설고 불확실한 환경에서 말이라고는 이디시어Yiddish〔히브리어에 독일어와 슬라브어 등이 섞인 언어로 동유럽 거주 유대인들이 많이 쓴다〕밖에 모르는 버나드는 영국 땅에서 형 이타마르(보통 '슈메르'라고 불렀다)를 만났다. 더할 수 없이 반가웠다. 공부를 많이 한 이타마르는 몇 년 전에 먼저 러시아를 탈출해 웨일스의 주도主都 카디프에 자리를 잡은 상태였다. 버나드는 잠시 슈메르의 집에 머물다가 마지막 여정에 올랐다.

버나드는 보통 체구에 키는 작고, 파란 눈에 검은 고수머리였다. 오랜 세월 역경으로 단련된 그는 활기가 넘쳤고, 다른 수많은 신참 유대계 이민자들과 마찬가지로 아메리칸 드림을 맛보고 싶어했다. 미국행 여객선 삼등칸은 더러운 것은 물론이고 악취도 이만저만이 아니었다. 변기로 쓰는 통은 뚜껑도 없었다. 그는 오랜 항해에 지쳐 비틀거리는 이민자들과 함께 줄을 서서 이민 담당관들에게 구박을 받아가며 검색대로 향했다. 줄은 한

없이 길었고, 관리들은 매일 홍수처럼 밀려드는 이민자들을 박대했다. 병약하거나 의심스러운 사람은 색분필로 표시를 했다. "심장병"이 있는 사람은 H, "탈장" 증세를 보이는 사람은 K, "두피 이상"은 Sc, "정신장애"는 X로 표시를 하고 돌려보냈다. 폐결핵에 걸렸거나 병약한 친지들이 대열에서 끌려 나가 사라지는 것을 보고 아이들은 돌처럼 굳어버렸다.●

버나드가 미국에 도착할 당시 유대인은 잘 알려진, 그러면서도 환영받지 못하는 족속이었다. 그에 앞서 유대인의 이민 물결은 1800년대 중반에서 말까지 한 차례 있었고, 이들은 뉴욕시 맨해튼 남동부의 로어이스트사이드Lower East Side에 정착했다. 여기서 시작해 더 좋은 곳으로 옮겨간 사람도 많았고, 일부는 꽤 성공했다. 그러자 불만이 쌓여갔다. 무일푼의 외국인들이 물밀듯이 몰려들자 미국인들은 염증을 느꼈고, 그것이 잠재적인 불만으로 누적된 것이다. 이미 사방에서 공격이 날아들고 있었다. 부유한 와스프WASP〔'앵글로색슨계 백인 개신교도'로 미국 사회의 주류다〕들은 과다한 이민으로 조심스럽게 가꿔온 특권 시스템이 깨지지 않을까 두려워했고, 노동자들은 노동시장에서 경쟁이 치열해질 것을 우려했다. 영어도 더듬는 유대인 이민자들은 적대감과 멸시와 조롱에 시달렸다. 미국인들만 그런 것이 아니었다. 이주한 지 벌써 50년이 넘는 독일계 유대인들도 새로 온 동포들을 멸시했다.

1907년이 되면 뉴욕시에 도착하는 유대인 수는 한 해 9만 명 수준으로 늘었다. 대부분이 러시아와 폴란드 출신이었다. 유대인 수는 뉴욕시 전체 인구의 4분의 1정도로 늘었다. 그들은 손수레를 끌며 행상을 하거나 남녀

● 1907년 봄, 하루에 1만 5,000여명의 이민자가 엘리스 섬〔뉴욕시 맨해튼 남서쪽의 작은 섬으로 이민자들이 출입국 수속을 밟는 곳이다〕에 도착했다. 당시 일일 입국 한도는 5,000명이었다. 입국 심사를 서두르다 보니 위생 상태는 범죄라고 할 만큼 열악했다. 1922년 영국 대사 A. C. 게디스는 한 의사가 남자 줄에 선 사람들을 대상으로 성병과 탈장 검진을 하는 광경을 목격했다. 의사는 고무장갑을 끼고 은밀한 부위를 검사하고 있었다. 게디스는 보고서에서 "의사가 아홉 내지 열 명을 검진하는 것을 봤는데 그 사이 장갑은 한 번도 세척하지 않았다"고 증언했다. Howe, *World of Our Fathers* (『우리 선조들의 세상』) 참조.

복 재단 일을 했다. 유대인들이 모여 사는 동네는 쓰레기 더미 사이로 쥐가 우글거리고 밤이면 침대 위까지 쥐가 들락거렸다. 유아와 노인은 밀폐되지 않은 하수구 때문에 병에 걸려 죽는 경우가 많았다. 그런 빈민촌에서는 늘 그렇듯이 폭력과 범죄가 난무했다.

독일계 유대인들도 먼저 자리 잡은 스페인 출신 유대인들에게 멸시를 당했었다. 이제 러시아 출신 유대인들 차례였다.[11] 독일계 유대인들은 러시아 출신 유대인을 "거친 아시아인"으로 봤기 때문에 그들이 동족이라는 사실이 당혹스러웠다. 독일계 유대인들은 스스로를 유대인이라기보다는 독일계 미국인으로 생각했다. 독일 출신 유대계 언론에서 반유대주의 논조가 쏟아져 나왔다. 「히브리 스탠더드Hebrew Standard」는 이렇게 조롱했다. "제대로 동화된 유대인이라면… 저 가련한 시커먼 유대인들의 유대교보다는 기독교 쪽을 오히려 친근하게 느낀다." 독일계 유대인들은 '카이크kike'〔유대 놈〕라는 반유대주의적 멸칭도 만들어냈다. 러시아 유대인 중에는 촘스키처럼 '~키ki'로 끝나는 이름이 많았기 때문이다.

버나드는 독일식 파인슈타인이라는 성으로 러시아 출신임을 어느 정도 숨길 수 있었을지 모르지만 이디시어는 숨길 수 없었다. 이디시어는 "돼지들이 꿀꿀거리는 말"이라고들 했다.[12] 독일계 유대인들은 이디시어는 폴란드와 러시아 출신 유대인만 알아듣는다고 주장했다. 그러나 사실이디시어는 히브리어와 독일어가 짬뽕된 것이어서 독일계 유대인도 쉽게 알아들을 수 있었다.

가난한 이민자들에게 미국이라는 '낙원'은 현실적으로는 다닥다닥 붙은 벌집과 무한정 계속되는 노동이었다. 새로 이민 온 유대인들에게 돌아가는 것은 밑바닥 일자리밖에 없었다. 유대인들이 하는 의류 제조·판매 쪽 일이 압도적이었다. 젊은 여성들은 11킬로그램이 넘는 대형 다리미를 조작하느라 척추가 휘었고, 노인들은 유대식 전통 모자를 쓰고 하루에 열다섯 시간씩 서서 천을 세탁하고 다리고 하느라 허리가 새우등처럼 굽었다.

1903년에 나온 뉴욕 슬럼가에 관한 보고서는 화재 발생시 속수무책인 가옥 구조의 위험성에 대해 상세히 설명하고 있다.[13] 보고서에 따르면 옥외 변소는 더럽기 이를 데 없고, 계단은 곧 부서질 것 같고, 각종 배관에서는 부서지거나 부식된 틈새로 하수 가스가 올라와 악취를 풍겼다. 특히 지하층에서는 돼지, 염소, 말까지 키우기도 했으니 시커먼 집들에서는 악취가 진동했다. 이런 곳에서 이민자들은 집세로 연간 수백만 달러를 냈고, 주거 환경이나 작업 환경에 불만을 토로하면 바로 쫓겨났다.[14] 20세기 들어 분노하고 저항하는 노동자들한테 붙이던 딱지가 빈민가 유대인들에게도 붙었다. 겁을 줘서 불만의 소리를 높이지 못하게 하려는 작전이었는데 "과격파"니 "반역자"니 "무정부주의자"니 하는 게 그런 딱지였다. 슬럼가 집주인들은 종파가 다양했다. 질병의 온상인 벌집을 세주고 연간 수백만 달러를 벌어들이면서 보건위생을 위한 최소한의 조치도 마다했지만 정작 본인들은 뉴욕에서도 가장 유서 깊고 부유하고 화려한, 트리니티 교회를 중심으로 하는 맨해튼 중심가에 살았다.

개혁가와 사회주의자들은 벌집에 대해 일부 개혁안을 밀어붙이기도 했다. 소수의 양심적인 신문들은 이민자들의 참상에 대해 경종을 울리기도 했다. 제인 애덤스[1860~1935. 미국의 사회개혁가, 평화주의자. 여성과 아동, 이민자의 권리 증진 운동에 힘써 1931년 노벨 평화상을 수상했다]는 "필라델피아의 행복한 상황"을 다른 대도시 슬럼가와 비교했다.[15] 그러나 그녀는 필라델피아를 직접 살펴보지 않고 떠도는 이야기를 전했을 뿐이다. 버나드가 필라델피아에 도착했을 때 대부분의 집은 실내에서 수돗물이 안 나왔다. 망가진 하수관과 옥외 변소(시 노동부 보고서를 보면 당국에서는 화장실 요건을 엄격히 규제해야 할 필요를 느끼고 있었다)에서는 썩은 침출수가 흘러나왔다. 이것이 필라델피아에서 장티푸스 발생률이 유독 높은 원인이 됐을 것으로 추정된다.

파인슈타인이 필라델피아로 간 것은 친척들이 거기 있었기 때문이다. 유대인들은 유럽에 살 때 토지를 소유할 수도 없고 대부분의 직업에서 배제됐기 때문에 하는 수 없이 장사를 택했다. 새로 정착한 미국에서도 장사를 하는 유대인이 많았다. 아주 부유한 제조업자에서부터 가난뱅이 행상인까지 천차만별이었다. 러시아 이민자들은 독일계 유대인들이 막대한 부를 축적했다는 얘기를 들었다. 조지프 셀리그먼[1819~80. 18세 때 독일에서 미국으로 이민 왔다] 같은 전설적인 인물이 대표적이었다. 행상으로 시작해 억만장자 사업가이자 은행가가 된 셀리그먼은 19세기 뉴욕 금융가를 주름잡은 소수 유대인 가문의 일원이었다. 이들은 과시적 소비를 통해 와스프 400대 부자 흉내를 냈다.

1905년경이 되면 그런 경로를 밟아 부자가 되기는 상당히 어려웠다. 그러나 교육도 제대로 받지 못한 신참 이주민들로서는 가능성은 희박하지만 그나마 성공에 이르는 길이었다. 그래서 파인슈타인도 행상을 시작했다. 그리고 "싸게 사서 이문이 적더라도 빨리 팔 수 있는 물건을 팔아라. 가방에 넣을 수 있을 만큼 작고, 들고 다닐 수 있을 만큼 가벼워야 한다"고 한 조지프 셀리그먼의 장사 철학에서 한 수 배웠다.[16] 버나드는 필라델피아 거리를 돌아다니면서 시계를 팔았다. 가방에 넣고 다니기에 안성맞춤인 작고 가벼운 상품이었다.

버나드의 친구 중에 데이비드 노박이라는 사람이 있었다. 노박에게는 남동생(라파엘)과 누이 셋(실리아, 벨라, 케이티)이 있었다. 원래 우크라이나 오데사에서 열세 남매가 태어났는데 살아남은 것은 이렇게 오남매뿐이었다. 다른 많은 이민자들처럼 노박 집안도 차례로 미국에 건너와 어느 정도 돈이 모이면 다시 남은 친척들을 불러들였다. 케이티는 아버지와 함께 고향을 떠났고, 나중에 어머니를 모셔왔다. 케이티는 데이비드와 단짝이었는데 웃을 때 양 볼에 보조개가 깊이 패는 것이 매력이었다. 데이비드는 쾌활한 케이티를 기꺼이 친구(버나드)에게 소개해줬다.

케이티는 버나드보다 열 살 아래였다. 1907년 3월 버나드는 21세의 케이티와 결혼했다. 얼마 안 지나서 케이티는 아기를 가졌고, 유대교도가 아닌 사람들이 다 같이 경축하는 축제일 전날 밤에 부부의 첫 아들이 태어났다. 1907년 12월 24일 크리스마스이브였다.

부부는 아들의 이름을 이사도어라고 지었다. 이사도어는 곧 이지[Izzy]라는 애칭으로 바뀌었고, 이지는 평생 그의 이름이 된다.

2
어린 시절

I. F. 스톤이 유명해지면서 그의 외모는 정치 만평의 단골 소재가 됐다. 데이비드 레바인〔1926~2009〕이나 줄스 파이퍼〔1929~〕 같은 저명한 카투니스트들에게 스톤은 캐리커처 모델로 타고난 사람 같았다. 그들은 심술 맞으면서도 쾌활한 그의 특징을 잘 잡아냈다. 불룩한 뺨에 양쪽 볼에 보조개가 깊이 팼고, 턱은 닭 볏처럼 우습게 늘어졌고, 천진난만한 미소에 툭 튀어나온 두 눈에서는 안광이 빛난다. 무지막지하게 두꺼운 안경 너머에서 이쪽을 빤히 응시하는 눈길이다. 작가들은 그의 모습을 특징적으로 묘사하느라 애를 썼다. "펭귄 몸에 부엉이 머리를 한 땅딸막한 남자" 운운하는 식이었다.[1] 문학적 묘사가 TV 세대에게는 안 먹힌다는 것을 눈치챈 일부 작가들은 영화 속 등장인물 요다^{Yoda}〔SF영화 〈스타워즈〉 시리즈에서 주인공의 스승으로 나오는 인물〕나 이티$^{E.T.}$〔영화 〈이티〉에 주인공으로 나오는 외계인〕에 비유했다. 그러나 정작 스톤의 특징을 촌철살인으로 잡아낸 사람은 본인이었다. 그는 녹화된 TV 인터뷰에서 땅딸막한 체구에 두꺼운 안경 너머로

굵은 두 눈꺼풀이 껌뻑껌뻑하는 것을 보고는 이렇게 말했다. "맙소사, 유대계 황소개구리 같구먼!"[2]

젊은 시절 스톤은 자신의 외모에 대해 이렇게 유머러스하게 말한 적이 별로 없다. 그의 외모가 독특한 개성의 캐리커처가 되는 것은 훗날의 일이었다. 스스로를 우습게 얘기할 수 있으려면 그만큼 자신감이 있어야 한다. 스톤은 특유의 우상파괴적인 방식으로 유명 인사가 됐으며, 권위 있는 문화·시사 주간지 「뉴요커」를 비롯한 언론에서는 그를 그린 카툰에 설명을 달 때 이사도어 대신 이지[Izzy]라는 애칭을 썼다.

이지는 한때 모순된 감정을 표출한 적이 있다. "당신이 키 작은 유대인 꼬마라고 치자. 외모도 우습고 안경은 더더구나 우습다. 늘씬한 백인 미녀를 동경하지만 그런 여자들은 당신을 거들떠보지도 않는다…."[3] 자신감 없던 시절에 대한 회상은 이렇게 이어진다. "개인적으로 나는 내 자신이 갤러해드[아서 왕 전설에 나오는 원탁의 기사 중 한 사람. 고결한 사람의 대명사다]라고 생각했다. 그러나 이사도어였다. 하필이면 이름을 이사도어라고 지었을까?" 그는 서른 살이 될 때까지 이사도어 파인슈타인이었다. 그러다가 1937년에 I. F. 스톤으로 개명했다.

꼬마 이지는 천진난만했고, 그런 성정은 나이가 들어서도 여전했다. 숱이 많은 검은색 곱슬머리에 포동포동한 뺨에는 깊은 보조개가 팼다. 특히 찬찬히 응시하는 눈길이 인상적이었다. 스톤은 세 살 때까지 아들이라면 깜빡 죽는 어머니와 친가·외가의 할아버지, 할머니, 고모, 이모, 친삼촌, 외삼촌에 둘러싸여 살았다. 열심히 일하는 아버지는 장사 때문에 종종 집을 비웠다. 영어로 행상을 하면서 아버지가 어떤 어려움을 겪었을지 아들은 알지 못했다. 어린 시절에 찍은 사진을 보면 스톤의 가족은 점잖은 중산층의 모습이다. 아버지 버나드는 케이티 옆에 서서 아내가 앉은 등 높은 의자 뒤에 손을 짚고 있다. 검은색 정장에 빳빳하게 풀 먹인 셔츠를 입고 나

비넥타이를 맸는데 타이가 약간 비뚤어졌다. 눈매는 상냥하지만 미소 짓는 것 같지는 않다. 어머니 케이티는 풍만한 몸매에 하이넥 스타일의 검정 드레스를 입었는데 손목과 목 부위의 자수 장식이 돋보인다. 가슴 왼쪽 깃에 핀으로 금시계를 꽂아놓았다. 갈색 곱슬머리는 앞쪽을 높이 올려 말아 고정시킨 상태다. 이지와 어머니는 똑같이 조금 놀란 듯한 표정을 하고 있다. 그녀의 왼손은 이지의 오른손을 꼭 쥐고 있고, 이지는 어머니 무릎에 기대 서 있다. 이지는 머리를 곱게 빗어 내린 상태다. 빳빳하게 풀 먹인 흰색 옷을 입었는데 뭔가 당황한 듯 불만스러운 표정이다. 특히 왼손을 내뻗은 것이 뻣뻣한 자세를 취해야 하는 상황에서 도망치고 싶어하는 것 같다.

케이티는 이지의 안전판이었다. 다섯 살 때까지 이지는 어머니를 독차지했다. 그 5년 동안 모자는 깊은 유대를 형성했다. 이후 케이티는 자녀 셋을 더 낳았지만 그런 유대감은 다른 아이가 대신하지도 못했고, 약해지지도 않았다. 이지는 그런 특별대우 덕을 단단히 봤다. 늘 자신감이 넘쳤고, 독재자처럼 버릇없이 굴기도 했다. 프로이트의 말대로 "어머니한테 극진한 사랑을 받은 사람은 평생 승리자 같은 감정을 갖게 된다. 그런 자신감이 진짜 성공으로 이어지는 경우도 많다."[4] 극진히 떠받들린 장남은 스스로를 "왕자"라고 생각했다. 다 커서도 이지는 종종 남들이 자신이 원하는 대로 해줄 것이라고 상상하곤 했다.

그러나 응석받이로 자란 어린 시절에는 어두운 그림자도 있었다.[5] 평소 쾌활하던 어머니가 조울병(상쾌하고 흥분된 정신 상태와 우울하고 억눌린 상태가 번갈아 나타나는 병으로 케이티 파인슈타인을 평생 괴롭혔다)에 걸린 것이다. 어머니가 우울해진 기간에 이지는 어떤 의미에서 방치됐고, 외할머니와 외할아버지가 대신 맡아서 키웠다. 그런데 외조부모는 이디시어밖에 몰랐고, 그래서 이디시어는 이지가 처음 배운 말이 됐다.

이지가 세 살쯤 됐을 때 이사를 간 사건은 뿌리가 완전히 뽑히는 듯한 충격이었다. 친가인 파인슈타인가와 외가인 노박가는 융화가 잘 안 됐다.

그래서 버나드는 아내와 아기를 데리고 필라델피아를 떴다. 아내가 장모와 계속 오가고 하다 보면 병세가 더 나빠질 것 같아서 일단 두 사람을 떨어뜨려놓자는 계산이었다. 버나드가 '신이 존재하는지 안 하는지 알 수 없다'는 얘기를 공공연히 한 것도 처가 쪽과 사이가 나빠지는 데 적잖은 작용을 했을 것이다. 처가 쪽 사람들은 케이티와 버나드에게 정통 유대교식 음식 금기를 지키지 않으면 왕래를 끊겠다고 했다. 어쨌든 세 식구는 인디애나 주 리치먼드에 정착했다. 1910년 자동차가 거의 없고 우마차가 다니던 당시 리치먼드는 필라델피아에서 그야말로 천 리 길이었다. "이방인들만 사는 아주 작은 도시"에서 이지는 마을 사람들에게 놀라움을 선사했다. 아장아장 걷다가 낯선 사람을 보면 이디시어로 인사를 한 것이다.[6]

행상들은 비유대인들에게 물건을 팔아 생계를 유지했다. 아마도 이지는 아버지가 행상을 한다는 사실이 부끄러웠을 것이다. 그는 수많은 인터뷰에서 그런 얘기를 한 번도 언급하지 않았다. 다만 딱 한 번 아버지가 리치먼드에서 가게를 샀다는 얘기는 했다. 다른 식구들은 버나드가 매일 말과 마차를 끌고 나가 물건을 팔았고, 기차를 타고 먼 도시까지 장사를 다니기도 했다는 얘기를 생생하게 전했다. 케이티는 아장아장 걷는 아들과 집에 단 둘이 남았다. 헛간에는 말이 먹이를 기다리고 있었다. 케이티는 말을 무서워했다. 그러나 몇 년 후에는 헛간에 달린 이중문 위 칸을 열고 한아름 집어든 건초를 휙 던져주고는 잽싸게 주방으로 돌아갈 정도가 됐고, 아들은 그걸 보며 재미있어 했다.

이지가 다섯 살이 돼갈 무렵 첫 남동생이 태어났다. 1912년 3월 6일이었다. 남동생 이름은 열일곱 살 때까지 맥스[Max]였다. 그런데 운전면허증 취득 신청서에 쓸 출생증명서를 찾다가 거기에 마커스[Marcus]라고 적혀 있는 것을 알게 됐다.("군청 직원께서 창의력을 발휘하신 게 분명하다." 1917년생인 둘째 동생의 회고다.) 그 이후로 이지의 동생은 마크[Marc]라는 이름으로 불렸다.

마크가 그럭저럭 잘 크는 사이 이지는 새로운 단계로 접어들었다. 세 달 빠지는 만 다섯 살에 유치원에 들어간 것이다. 당시 같은 반 아이들과 찍은 사진을 보면 웃고 있는 아이는 이지가 유일하다. 활짝 웃는 정도는 아니지만. 감청색 세일러복에 단추를 발목 위까지 채우는 구두를 신고 다소 귀찮다는 듯 오만한 표정이다. 거의 나면서부터 글자를 좋아한 이지였지만 학교는 좋아하지 않았고 종종 같은 반 아이들과 수준 차를 느꼈다.

부모형제가 그리웠던 케이티는 이지와 젖먹이 맥스를 데리고 필라델피아로 돌아가자고 남편을 설득했다. 어느 날 폭풍우와 함께 무섭게 천둥 번개가 친 사건이 결정타가 됐다. 인근 강물이 불자 일가족은 허겁지겁 언덕 꼭대기로 대피했고, 그날로 기차역으로 향했다. 네 식구는 동부행 첫 기차를 잡아타고 다시는 돌아오지 않았다.

뉴저지 주 캠던으로 간 버나드는 정육점을 해볼 생각이었지만 잘 안 됐다. 그래서 다시 동쪽으로 10킬로미터 가까이 떨어진 해든필드라는 마을로 이사를 갔다. 여기서 버나드와 케이티 부부는 '파인슈타인 포목점 Feinstein's Dry Goods Emporium'을 열었다. 이 가게가 커져서 나중에 '선남선녀 의류점 Ladies and Gents Furnishings'이 된다. 가게 자리는 1859년에 주민 대토론회가 열렸던 곳이었다. 해든필드 중심가 킹즈 하이웨이 모퉁이로 마치 서부 영화에 나올 법한 풍경이었다. 건물 앞에는 말에게 물 먹이는 커다란 구유와 말 매는 말뚝이 있고, 거기서 계단으로 올라가면 얕은 지붕이 튀어나온 널따란 현관이 나온다. 가족들은 가게 건물 이층과 뒤쪽으로 넓은 방 두 개를 생활공간으로 썼다.

개신교도가 대부분인 조용한 마을에서 이지는 자기네 식구는 같은 업종에 종사하는 다른 극소수 유대계 주민들과 마찬가지로 남들과 뭔가 다르다는 것을 알게 됐다. 주민 다수가 중산층 공화당원이었고, 주로 캠던과 필라델피아에서 RCA[1919년에 설립된 대형 전기·방송회사], 캠벨 수프

Campbell Soup[1869년 설립된 대형 통조림 제조 회사], 보험회사, 은행, 공기업 중간 간부로 일했다. 민주당원은 마을에서 이지의 부모가 유일했다. 그나마 열성도 별로 없는. 스톤의 회고에 따르면 당시 같은 반에서 부모가 민주당원인 아이는 딱 하나였는데 그나마 아일랜드계 가톨릭 집안이었다. 해든필드에는 가톨릭 성당이나 시너고그는 아예 없었다.

제1차 세계대전 때 인구 5,000명의 해든필드는 미국 소도시의 축소판이었다. 식량배급제가 실시되고 애국주의의 물결이 퍼지고 외국인 혐오증이 확산됐다. 전후 경제가 제자리를 찾아가면서 사람들은 번영을 누리는 한편으로 '강한 개인주의'와 외국 것에 대한 적대감, 편협한 기성 체제에 대한 도전의식이 확대됐다. 1차 대전 이후는 속물적인 감성과 완고한 종교적 편견의 시대이기도 했다. 일요일마다 교회에 나가는 양심적인 사람들도 거리낌 없이 '볼셰비키'와 흑인들에게 린치를 가했다. 이런 사람들을 H. L. 멘켄은 '무지몽매한 인간'이라는 뜻에서 경멸조로 "호모 부비엔스homo boobiens" 라고 불렀다.

이지는 인종적 편견을 어렴풋이나마 처음 목격했던 때를 생생하게 기억한다. 당시 소도시 해든필드에서는 용감한 저항의 몸짓이 시작됐다. 이층 침실에서 잠을 자던 여덟 살의 이지는 구호 소리에 놀라 깨서 창밖을 내다봤다. 일단의 흑인들이 집단 거주구역을 벗어나 중심가로 행진하며 그리피스가 제작·감독한 영화 〈국가의 탄생The Birth of a Nation〉 상영 반대 시위를 하고 있었다. 어린 이지는 어스름이 채 가시지 않은 거리에 모인 사람들을 보면서 '다 큰 아저씨, 아줌마들이 저런 행동을 한다면 뭔가 심각한 문제가 있구나' 하는 느낌이 들었다. D. W. 그리피스가 1915년에 만든 대작 〈국가의 탄생〉은 남북전쟁이 끝나고 빨랫줄에 흰 침대 시트가 남아날 새가 없을 만큼 인종차별이 심했던 남부를 찬양하는 내용이었다. 영화 기법은 대단히 혁명적이었지만 그리피스는 KKK단[백인우월주의를 주창하는 미국의 극우 비밀결사)이 말 타고 달려와 위기에 빠진 여주인공을 구해내는 설정을 비롯해 인종차별주의적 성향을 노골적으로 드러냄으로써 일부 도시에서는 폭동이 일어났다. 몇 년 후 KKK단은 전국적으로 회원이 50만에 달하는 거대 조직으로 성장했다. 이들은 흰 두건에 흰 침대 시트를 두르고 백악관 앞과 소도시들을 행진하는가 하면 흑인, 유대인, 가톨릭교도, 이민자에 대한 증오심을 쏟아내면서 린치를 가하고 폭행하고 낙인을 찍었다.

소도시 해든필드에서도 KKK단은 두건을 쓰고 킹즈 하이웨이를 행진했다. 해든필드의 극소수 유대인들은 지레 겁을 먹고 문을 걸어 잠갔다. 두 눈만 내놓은 채 얼굴을 복면으로 가린 KKK단은 시비 걸 만한 사람이 없나 하고 행인들을 유심히 살펴보며 걸어가고 있었다. 버나드는 작으나마 저항의 표시를 하려고 가게 앞에서 그들을 응시하고 있었다. 그런데 옆에 서 있던 아들 루이(루)가 한 KKK 단원의 신발과 체구를 보고 가게에 자주 오는 손님이라는 걸 알아챘다. 가끔 농담도 하던 아저씨였다. 다음 날 그 아저씨가 가게 앞을 지나가자 루이는 큰 소리로 말했다. "아저씨, 어제 행진하는 거 봤어요."[7] 버나드는 아들의 팔을 움켜쥐고 등짝을 철썩 때리면서 부랴부랴 안으로 들여보냈다. 루이가 KKK 단원을 공개적으로 아는 체해서는 안 된다는 걸 깨달은 것은 그로부터 몇 년 뒤였다. 특히 그 단원처럼 동네 파출소장인 경우는 두말할 나위도 없었다.

해든필드는 중심부를 지나는 리딩 연안선沿岸線 철로로 양분되는데 서쪽은 드넓은 저택들과 18홀짜리 사설 골프장이 들어선 부촌이었다. 파인슈타인 집안은 가게 이층에서 안락한 생활을 했지만 잠깐씩 고객들을 만나는 것을 제외하고는 부자들 세계에 섞이지는 못했다. 드물게 보는 구경거리라는 게 말 타고 다니는 구식 소방대가 길 건너편 소방서에서 출동하는 광경이었다. 토요일이면 농부들이 시내로 나와 파인슈타인 포목점 말구유 옆 말뚝에 말을 매놓고, 무거운 작업화를 쿵쿵거리며 가게로 들어왔다. 이들은 거름과 땀 냄새를 잔뜩 뿌려놓고 갔기 때문에 케이티는 손님들이 가고 나면 문을 활짝 열어 환기를 시키곤 했다.

가게 바깥에서는 전차가 딸랑딸랑 종소리를 울리며 10킬로미터 떨어진 캠던으로 갈 손님들을 기다렸다. 파인슈타인 포목점 옆에는 노처녀 둘과 귀머거리 오빠가 하는 과자가게가 있었다. 해든필드 중심가에는 당구장, 담뱃가게, 잡화점, 그리고 비밀 우애 결사 조직인 오드 펠로즈 독립 기사단Independent Order of Odd Fellows 집회소가 있었다. 킹즈 하이웨이는 원래 영국군이 미국 독립전쟁 때 건설한 가로였다. 일부 건물은 총탄 자국이 그대로 남아 있어서 미군과 영국이 고용한 독일계 용병들 간에 얼마나 치열한 전투가 벌어졌는지를 짐작케 한다. 1931년에 마크(18세)는 『해든필드 인명·주소록』을 출판했는데 형 이지(23세)가 일부 원고를 보태 책을 더 재미나게 엮었다. 이지가 쓴 글 가운데 1752년에 있었던 사건에 대한 묘사를 보자. 아일랜드계 하녀인 "말괄량이"가 남자 하인과 눈이 맞아 달아난 사건인데 "그 시절에도 하인 문제는 심각했다." 이 대목에서 이지는 18세기의 남성 구혼자를 『햄릿』에 나오는 유명한 대사를 짓궂게 비틀어 묘사했다. "에스타프는 병색이 완연하지는 않았지만 썰렁한 생각 때문에 적어도 밤일을 할 때는 힘이 뚝 떨어졌다." 별로 좋은 묘사 같지는 않다.

이지네는 돈이 제법 벌려서 입주 가정부를 한 명 둘 정도가 됐다. 한 사촌의 회고에 따르면 당시로서는 극히 드문 일이었다고 한다. 가정부는 케이티에게 꼭 필요한 존재였다. 케이티는 사업가로서 수완이 대단했다. 그러면서도 밥상 차리고 줄줄이 태어나는 아이들 뒤치다꺼리를 했다. 마크가 이지보다 다섯 살 어렸고, 루이는 그로부터 다시 5년 뒤에 태어났다. 막내인 주디는 이지보다 열일곱 살이나 아래였다. 케이티는 주방과 카운터를 뻔질나게 오갔다. 당시 여성으로서는 드문 일이었다. 필라델피아에 팔 물건을 사러 가서는 흥정을 세게 붙이기도 했다. 이렇게 해서 파인슈타인 포목점은 곧 파울러 백화점의 라이벌이 되었다.

가게에는 각종 옷감과 기성복 드레스, 남성용 모자와 신사모, 작업바지, 빳빳하게 풀 먹인 셔츠, 실크스타킹, 코르셋, 브래지어 등이 가득했다. 파인슈타인가 형제들은 어려서부터 점원 노릇을 했기 때문에 10대가 돼서는 선수가 됐다. 브래지어를 찾는 여자 손님이 오면 척 보고 36을 권하기도 하고 38을 권하기도 했는데 영락없이 꼭 맞았다. 오래된 옷감 견본 같은 것도 그냥 버리는 법이 없었다. 화장실의 명물이 된 것이다. 이지 형제들은 집을 떠나 독립을 할 때까지 화장지라는 것을 구경해본 적이 없다.

케이티는 손님을 기다리는 틈틈이 식사 준비를 했는데 요리 솜씨가 썩 좋았다. 유대교 명절인 부림절 때는 각종 과일을 넣은 스트루델 파이와 잼 쿠키 같은 하만타셴을 만들었는데 맛이 그만이었다. 유대교의 안식일(토요일)은 지키지 못했다. 토요일에 가게가 가장 바빴기 때문이다. 그래도 금요일 밤에는 촛불을 켜고 기도를 한 다음 다진 간 요리와 닭고기 수프, 닭백숙 같은 전통음식을 먹었다. 주방을 나서면 뒤쪽 현관이었는데 거기에는 마늘종 담근 통이 있었다. 케이티는 아이들 손에 소금기로 허연 물기가 묻어 있으면 녀석들이 통에 손을 댔다는 것을 바로 알아챘다. 가게 이층은 공간이 넓어서 서재 겸 아이들 놀이방이 있고, 커다란 거실에 침실이 세 개였다. 뒤쪽은 여름철 침실로 사용했다. 퇴창도 여러 개였는데 킹즈 하이웨이가 훤히 내다보였다. 어린 이지는 밤이면 전차 불빛이 천장에 어른거리는 것을 신기하게 바라보곤 했다.

이지는 이층 소파에 누워 프레첼 과자를 집어먹으며 책에 푹 빠졌다. 거기서 그는 따분하게 손님이나 기다리는 것과는 전혀 다른 세계, 썰매나 야구, 아이스크림 가게에서 친구들과 수다 떨기 같은 데 몰두하는 또래 소년 소녀들과는 전혀 다른 세계를 발견했다.

"이지는 깬 아이였어요."[8] 마커스 라스킨이라는 친구는 한참 생각을 한 끝에 이런 결론을 내렸다. "그 친구의 낙관주의는 이성과 지식에 대한 믿음에서 비롯된 겁니다. 그 친구는 많이 알수록, 그리고 사태를 역사적인 맥락에서 고찰할수록 과학이 발전하고 합리적인 생각이 발전하고 더 많은 진보가 이루어진다고 생각했어요. 그래서 이후 실증적 합리성 같은 것들이 주류를 이루었을 때도 그 자체에 대한 의구심은 별로 강하지 않았어요. 아니, 거의 없었다고 봐야겠지요."

꼬마 때 이미 이지는 사실관계를 파악하기 위해 질문하는 버릇이 있었다. 이는 평생의 성향으로 굳어진다. 이지는 유령을 대단히 무서워했다.[9] 어느 날 밤 이지는 깜깜한 방 한 모퉁이에서 두 눈을 부릅뜨고 서 있었다. 귀신이 나타나서 꼬마들한테 한다는 짓거리를 과연 하는지 확인해보려는 것이었다. 두려움에 떨면서 어둠을 응시한 끝에 이지는 유령은 존재하지 않는다는 결론을 내리고 잠자리에 들었다. 그 이후로는 유령 걱정 없이 편히 잤고, 유령은 존재하지 않는다는 얘기를 자신 있게 하곤 했다. 하룻밤의 경험만으로는 증거가 불충분하다, 더 무서운 시나리오가 있을 수 있다고 가정해볼 수도 있었다. 그날은 하필 유령이 쉬는 날이었다 등등. 그러나 이지는 그러지 않았다.

책과 사상에 푹 빠진 이지는 또래들과 잘 어울리지 못했다. 어린 시절을 그렇게 외톨이로 지내는 것은 작가나 사상가에게는 드문 경우가 아니며, 오히려 지적 성찰에 필요한 고독을 확보하는 기회가 된다. 남과는 다른, 비판적인 안목을 키운 것이다. 후일 이지는 좋은 면만 기억해서 "정말 좋은 마을"에서 목가적인 어린 시절을 보냈다고 했지만 고루하고 손바닥만 한 마을에서 천성적으로 책만 파는 스타일은 외로울 수밖에 없었다. "나는 괴상한 아이였다"고 그는 말했다.[10] 중심가를 걸어갈 때면 "네 눈깔"이니 "책벌레"니 "카이크"니 하는 조롱의 말들이 뒤통수를 때렸다. 동생 마크는 이런 모욕적인 언사에 경악해 절대 형처럼 되지 않겠다고 맹세했다. 이지는 자신만의 세계를 만들어냈고, 다른 시대 다른 장소에서 끌어온 인물과 생각으로 그 세계를 채웠다.

글자를 익히기도 전에 이지는 전차에 앉아 책을 앞에 놓고 중얼중얼 책

읽는 흉내를 내곤 했다.[11] 이지의 회고에 따르면 당시 "내 평생 최고의 스릴"을 느꼈다고 한다. 이지가 이렇게 말한 때가 벌써 60대였는데 그때도 아주 열정적이었다. 어린 이지는 일학년 국어 교과서를 뚫어져라 들여다보고 있었다. "새 한 마리가 창턱에 앉아 있는 장면이 멋진 파스텔화로 그려져 있었는데 그림 아래에는 '새가 창턱에 앉아 있었어요'라고 적혀 있었습니다. 그런데 그것을 알아냈으니 정말 대단한 일이지요! 그 이후로 지금까지도 책을 손에서 뗀 적이 없습니다."

스톤은 귀족 과부가 에메랄드 목걸이를, 미술품 수집가가 루벤스를, 약물중독자가 마약을 애지중지하듯이 책을 소중히 여겼다. 지식인으로서 한 번도 방관자적인 자세를 보인 적이 없는 이지는 사상과 철학에 탐닉하고 그것들을 자신의 사고로 가다듬어나갔다. 그의 지적 추구는 즐거움과 열정과 분노와 낭만주의로 점철돼 있었다. 스톤은 오래전에 죽은 위인들을 평생 절친한 친구로 삼았다. "최근에는 호라티우스〔기원전 1세기에 활동한 로마 시인〕에 푹 빠져 있어."[12] 만년에 이지는 고대 로마의 탁월한 풍자작가인 호라티우스의 시집을, 짝사랑에 빠진 10대가 연애편지 모음집을 소중히 간직하듯이 애지중지했다. "최근 두 주 동안 호라티우스의 시 대여섯 편을 외웠어. 그 사람 정말 대단한 예술가야. 정말 사랑하게 됐다니까. 밤에 자다가 일어나서 호라티우스를 외우곤 해. 진주목걸이의 진주알을 하나씩 매만지는 기분이지."

이 정도는 60대에 들어서도 여전히 원기 왕성한 이지의 독백 가운데 극히 일부에 불과하다. "학교 끝나고 집으로 오던 때 생각이 나네. 4~5학년 때였는데 오후에 책을 서너 권 들고서 열심히 읽으며 걸어온 거야. 그리고 크리스토퍼 말로〔1564~93. 영국의 극작가, 시인〕의 『탬벌레인 대왕大王 Tamburlaine』을 읽으면서 정말 스릴 넘쳤던 기억이 나. '페르시아의 왕이 되어 수도 페르세폴리스를 개선 행진한다면 정말 근사하지 않겠나?'라는 대사가 정말 압권이었지. 밀턴〔1608~74. 『실낙원失樂園』으로 유명한 영국의 대문호〕

을 발견한 것도 놀라운 경험이었어. 그리고 숲속으로 들어가 키츠와 셸리와 워즈워스를 읽었지. 중·고등학교 때는 헤라클레이토스의 단편집을 발견했어. 변증법의 창시자인 그의 작품에서 나는 순수한 형태의 변증법, 즉 대립물의 통일에 대한 신비한 통찰을 알아냈지. 그 다음에 읽은 게 플라톤하고 아리스토텔레스 약간이었어. 사실 아리스토텔레스는 별로 좋아하지 않았어. 그리고 조반니 파피니〔1881~1956. 이탈리아의 평론가, 시인, 작가〕의 『13인Thirteen Men』이라고 하는 별로 알려지지 않은 책을 통해서 처음으로 중국 철학자 관자管子의 얘기를 들었지. 중국판 헤라클레이토스라고 할 만한 학자인데 도교를 추종했지만 많은 점에서 창시자인 노자老子보다 훨씬 위대한 인물이었어. …그리고 잠깐만, 또 생각났다. 어려서 제일 좋아한 책 가운데 하나는 『돈키호테Don Quixote』였어. 지금도 기억나네. …돈키호테가 주저주저하다가 결국 자신이 환상의 세계 속에서 살아왔다는 것을 깨달았을 때, 그 명료하고도 비극적인 순간에 나는 눈물을 쏟았지."[13]

　허버트 스펜서〔1820~1903. 사회진화론을 주창한 영국의 철학자〕를 소개한 책을 읽고 나서 이지는 그의 저서를 찾아 나섰다. "당시 마을에는 책을 구비한 장소가 거의 없었어요."[14] 이지는 작가 앤드루 패트너〔1988년 『I. F. 스톤 전기I. F. Stone : A Portrait』를 썼다〕와의 대화에서 다음과 같은 일화를 소개했다. 이지는 그로브스라는 아줌마가 허버트 스펜서의 『제1원리First Principles』를 갖고 있다는 얘기를 들었다. 어느 날 학교에서 돌아온 이지에게 어머니가 말했다. "그로브스 부인이 오늘 가게에 들렀는데 아주 이상한 얘기를 하더구나. 네가 어디 아프지 않느냐는 거야." 파인슈타인 부인은 심한 유대계 악센트를 써가며 말했다. "그래서 그랬지. '아니다. 이사도어는 아프지 않다, 씩씩하게 운동을 하지는 않지만 환자는 아니다'라고 말이야. 그랬더니 네가 부탁한 책을 빌려줘도 되겠느냐고 묻더구나."[15] 이지는 그로브스 부인이 엄마한테 물은 것은 아들이 혹시 무신론자 아니냐는 얘기라는 것을 알아챘다. "거기는 그야말로 '교회 마을'이었거든. 그 아줌마는 그런 이단적인 책을 빌려주기 전에 우리 엄마한테 말썽의 소지가 없도록 못을 박아두고 싶었던 거지요."

파인슈타인 집안에는 재미난 사람들이 많았다. 케이티는 기분이 좋으면 빙글빙글 돌아가며 포크댄스를 췄다. 모전자전인지 이지가 평생 걷기 다음으로 좋아한 유일한 운동이라고 할 만한 것이 바로 춤이었다. 케이티는 일상생활에서 유머가 많았고, 고객들의 개성과 약점을 날카롭게 포착해 별명을 짓곤 했다. 세일할 때만 오는 여자가 나타나면 이디시어로 아들들에게 이렇게 말하곤 했다. "떨이 아줌마 납셨다."[16]
　아버지 버나드는 제정 러시아에서 고생한 얘기는 거의 하지 않았고, 미국 생활에 온 신경을 쏟았다. "아버지는 장난을 잘 쳤어요."[17] 루 스톤의 회고다. 한번은 케이티가 근처 사는 친척들을 위해 잔치 준비를 하고 있었다. 유대식 요리를 하는데 밀가루 피에 감자와 양파를 다져 넣어서 만두 같아 보였다. 버나드는 만두 만드는 걸 몰래 눈여겨봐뒀다가 하나를 다시 만들었다. 감자와 양파 소를 빼버리고 목화송이를 넣은 것이다. 버나드는 이것을 삶아 한 친척에게 내놓았다. 속임수를 빤히 아는 아들들은 친척이 만두 씹는 것을 보고 웃음을 참느라 혼이 났다.
　이지의 부모는 둘이 대화를 할 때는 거의 이디시어로만 했다. 정식 교육은 받지 못했지만 둘 다 똑똑했고, 영어 신문과 이디시어 신문을 다 읽었다. "그 시절에는 어느 신문을 구독하는지를 보면 그 유대계 집안의 정치적 성향을 알 수 있었다."[18] 이지의 회고는 이렇게 이어진다. "공산주의자라면 「자유Freiheit」를 구독한다. 사회주의자라면 「전진Forvits」을 본다. 신앙심이 깊다면 「모닝 저널Morning Journal」을 볼 것이다. 만약 자유주의자라면 「터그Tug」('하루'라는 뜻이다)를 구독했다. 우리 집은 「터그」를 봤다." 어린 이지에게 「터그」지는 그리 과격하지 않고 "문학적 관점에서 볼 때 가장 품격 있는 최고의 신문"이었다.

이지네 친가와 외가를 두루 살펴보면 세 번 결혼한 에타 고모처럼 흥미로운 인물이 많다. 에타는 사람 바글바글하기로 유명한 필라델피아 노천 시장에서 드레스 장사를 했다. 다른 아이들은 시장의 부산함이나 이상한 말로 흥정하는 광경을 굉장히 흥미로워했다. 그러나 이지는 그런 데 나가보는 걸 탐탁지 않게 여겼다. 이지 일가는 일요일마다 케이티의 부모님 집을 찾았다. 유머를 즐기는 이지의 성격—딸 실리아는 "아버지는 다른 무엇보다도 위트를 소중히 여기셨다"고 했다—은 집안 내력인 것 같다.[19] 이지의 아내 에스터는 시댁 식구들이 "죽이는 농담으로 할머니를 죽였다"는 농담을 하곤 했다. 사실 이지는 외할머니를 끔찍이 떠받들었다. 외할머니는 외손자와 닮은꼴이었다. 쉬지 않고 떠들면서 "모두를 이야기 속으로 빨아들였다." (그녀는 정치에는 관심이 없는 손자며느리 에스터를 처음 만난 자리에서 팔레스타인에 유대 국가를 건설하는 데 헌금 좀 하라고 했다. 외할머니는 열렬한 시온주의자[시온주의는 세계 각지에 흩어져 사는 유대인들이 옛 조상 땅 팔레스타인에 유대 국가를 건설하자는 운동으로 1948년 이스라엘 독립으로 완성됐다]여서 에스터는 깜짝 놀랐다.)

"형은 아주 어려서부터 자기만의 방식이 있었어요." 루의 회고다. "형은 가족과 살갑게 지내는 스타일이 아니었지요."[20] 사실 사촌들은 이지를 잘난 척한다고 봤다. 가족이나 가족의 관심사에는 거의 신경을 쓰지 않았기 때문이다. 이지가 정말로 호기심을 느끼고 좋아한 유일한 친척은 큰아버지 슈메르였다. 슈메르는 이지의 아버지가 미국에 오기 전 영국 카디프에 잠시 들렀을 때 도움을 준 인물이다. 이후 슈메르도 미국으로 이주해 당시에는 필라델피아 인근에 살고 있었다. 학자풍의 큰아버지는 가난 탓에 어쩔 수 없이 모자 만드는 일로 먹고 살았다. 그는 열렬한 시온주의자로 글이 일필휘지였다. 또 신앙심이 깊고 유대인이라는 것에 대해 자부심이 대단했다. 유언장에서 자식들에게 "너희 자녀들을 동화시키지 마라. 특히 다른 종교를 믿는 사람들과 결혼하게 해서는 안 된다. 유대민족의 후예임을 자랑스러워해라. 유대민족은 모든 문명의 자랑거리이자 보루다"라고 당부했을 정도다.[21] 그에게 "유대의 불꽃Pintele Yid"('철두철미한 유대인'을 말한다)으로 남는 것은 "내 목숨보다도 중요한" 문제였다.

이지는 큰아버지의 종교적 열정에 대해서는 일부러 멀리했지만 성서 읽기는 아주 좋아했다. "성서는 야만과 공포와 잔인함과 미개함으로 가득 차 있다. 그러나 너무도 특별할 정도로 생생하고, 인류에게 위대한 가르침을 준다."[22] 스톤은 간단한 농담에도 성서를 인용할 만큼 평생 성서를 입에 달고 살았다. 늙어서 신기술과 씨름하느라 한탄이 절로 나올 때 스톤은 이렇게 말했다. "하느님이 욥〔구약성서 「욥기」의 주인공으로 가혹한 시련을 견뎌내고 믿음을 굳게 지킨 인물〕한테 주시지 않은 게 딱 하나 있는데 그게 바로 컴퓨터다." 또 고대 그리스어를 마스터한 뒤에는 이렇게 농을 쳤다. "이제 히브리어도 배워야 할 것 같다. 그래야 하느님한테 그분이 쓰시는 말로 불평을 할 수 있을 테니까."[23]

큰아버지 슈메르에 대한 이지의 애정은 엄청났다. 1934년 이지가 스물여섯 살 때 쓴 큰아버지 찬사는 대개 이런 식이다. 큰아버지 댁에 가는 것은 "어린 시절 그야말로 재미난 일이었다. 지금도 기억이 생생하다. 큰아버지 집에는 언제나 책이 많았다. 그래서 아침마다 침대에 누워서 읽곤 했다."[24] 큰어머니 엘카는 "매력적이고", 큰아버지 슈메르는 "항상 어떤 근엄함 같은 게 풍겼다. 평온하고 위엄이 있고 인내심이 깊었다. 그를 우러러보는 소년에게는 그야말로 주피터 신 같은 존재였다. 그러면서도 늘 근사한 이야기를 들려주고 아주 어려운 질문에도 척척 답을 해줬다. 소년에게는 그렇게 보였다. 그리고 소년이 다 큰 뒤에도 여전히 정신적으로 고결한 인물로 비쳤다. 학자이고 철학자이며 신사이고, 공부를 많이 했으면서도 친절하고 소박하며 분노나 악의나 시기심 같은 게 없는, 그야말로 인간적인 분이었다."

당시 이지는 무신론자라고 하기는 어려웠던 만큼 이런 말도 했다. "하느님이 사람의 아들과 같이 걸어간다면 분명 우리 큰아버지 같은 사람일 것이다."

이지가 큰아버지에게 그토록 끌린 것은 아버지와는 가깝지 않았기 때문이기도 했다. 슈메르는 아버지를 대신할 이상적인 대상이었던 것으로 보인다. 학구적인 이지는 큰아버지를 닮고 싶어했다. 이지 부자는 자주 말다툼을 했고, 두 사람의 긴장관계는 훨씬 어린 루이도 알아챌 만큼 심각했다. 문제의 원인은 적지 않은 부분이 전형적인 부자 관계에서 기인했다. 아버지는 장남에게 큰 기대를 걸었고, 아들은 반발한 것이다. 이런 문화적 패턴은 20세기 초 유대계 이민자 가정에서 극심한 형태로 나타난다. 아들들은 공부 잘하라고 닦달을 당하는 한편으로 이디시어를 쓰는 못 배운 아버지를 경멸했다. 아서 허츠버그[1921~2006. 폴란드 출신의 보수적인 랍비로 저명한 학자이자 사회운동가. 다섯 살 때 부모를 따라 미국으로 이민 왔다]는 저서 『미국의 유대인The Jews in America』에서 "이민자의 자식들은 역할모델이 전혀 없었다"며 설득력 있는 설명을 제시한다.[25] 아들들은 "무기력한 아버지에 대해" 분개했으며 "스스로를 유대인인 동시에 미국인으로 새로 정립하는 수 외에는 선택의 여지가 없었다." 동유럽 출신 이민자들에 대해 사회의식이 강하고 정치적으로 과격파라고 보는 사람이 많은데 이는 부정확한 관찰이다. 실제로 스톤의 아버지 같은 사람이야말로 유대계 이민자의 전형이었다. 그들은 그저 살아남기 위해 몸부림쳤으며 세상을 바꾸겠다는 생각 따위는 없었다.

"내 기억에 우리 아버지가 딱 한 번 정치적 행동을 한 적이 있는데 1차 대전 종전이 선언됐을 때였어요. …아버지는 [동네 소방서의] 종을 치려고 했지."[26] 그러나 그렇게 되면 허위 경보가 되어 "5달러 벌금을 물게 될 상황이었어." 스톤은 껄껄 웃으며 패트너에게 옛날 얘기를 했다. "그래서 5달러 벌금 물고 종을 쳤다네!"

이지의 부모는 정치적 관심이 전혀 없지는 않았다. 열두 살 때 어머니가 이지를 데리고 뉴저지 주 남부에서 여름 리조트를 운영하는 친구 부부를 찾아갔다. 패트너에게 한 증언에 따르면 "그 친구의 딸이 펠릭스 프랭크퍼터[1882~1965. 오스트리아 출신 유대계 미국 법률가. 연방대법원 판사를 지냈다]와 절친이었다. 그런데 그 집 서재 책상에서 나는 처음으로 「더 네이션The Nation」과 「뉴 리퍼블릭The New Republic」[1914년 창간된 정치·문예 평론 중심의 진보적 주간지. 현재는 격주간이다]을 봤다."[27] 이후 어머니는 두 잡지를 샀고, 이지는 20대에 들어 두 잡지에 글을 쓰게 된다.

집안 배경이 비슷한 또래들과 달리 소년 이지는 차츰 사회주의자들에게 흥미를 느끼고 영감을 얻었다. 숄럼 아시[1880~1957. 폴란드 출신 유대계 미국 소설가, 극작가]는 소설 『아메리카 1918America 1918』에서 그런 초상을 "그들의 자녀들은 완전한 자유에 대한 열망에 눈떴다"는 말로 표현했다.[28] 아이들이 동경한 유대계 지식인들은 유대인이 노동권을 확보하려면 사장에 맞서 들고 일어나야 하며, 반유대주의자들 앞에서 겁먹고 엎드려서는 안 되고, "우리를 괴롭히는 자들과 맞서 싸워야 한다"고 주장했다. 사회주의 계열 소설이나 평론이 다루는 주제는 결국 맞서 싸워야 한다는 것이었다. 이런 당찬 자세가 이지의 뼛속에서 형성되고 있었던 것으로 보인다.

유대계 이주민 집안에서 아버지의 초상이 실제 이상으로 초라하게 오그라들었다면 이와 짝을 이루는 것이 억센 어머니상이다. 이것을 허츠버그는 "유대인 어머니의 발명"이라는 용어로 표현했다. "보통 그렇다고 알고 있는 신화와 달리 유대계 미국인 이민자 어머니는 유럽에서 바로 이식된 것이 아니다. 그런 어머니 형은 전통적인 유대인 문화에서는 존재한 적이 없다.(물론 유럽에서도 남편이 한가하게 탈무드를 읽거나 기도를 하는 동안 여자들이 가게를 보기는 했다.)"[29] 반면에 미국에서는 "어머니의 노동이 생계유지에 핵심적이었고 그 덕분에 아이들은 학교도 다닐 수 있었다. 어머니가 '얼빵한' 남편에게 짜증을 부릴수록 아버지에 대한 아이들의 반감은 커졌다. 어머니는 남편이 해주지 못한 것을 아들들이 대신 이뤄주기를 기대하며 키웠다." 이지의 소년 시절은 이런 일반적인 서술에 상당히 부합한다. 아버지와 의류·직물 장사에 대해서는 경멸의 눈길을 보내는 한편으로 남편과 똑같이 밥벌이를 함으로써 오랜 굴종에서 해방된 활기찬 어머니에게는 애정과 감탄을 보낸 것이다. 괄괄한 케이티는 조용한 빅토리아 시대 주부와는 거리가 멀었고, 가게 운영 방식을 놓고 남편 버나드와 종종 다투기도 했다.

부부는 이지가 동생 마크와 싸울 때도 누구 편을 드느냐를 놓고 다퉜다. 어린 시절 으레 있는 형제간의 다툼에 대해 케이티는 노골적으로 이지 편을 들었다. 그럴 때마다 마크는 억울하고 화가 나서 비명을 지르곤 했다. 닭다리도 늘 이지 몫이었다. 마크는 흐느꼈다. 그런 사소해 보이는 어린 시절의 사건들은 낙인처럼 기억에 남아 불안과 분노, 갈등 상황이 지속되기도 했다. 여러 해가 지난 뒤 마크가 한 회고를 보면 그때까지도 어머니가 부당하게 형을 편든 것에 대한 앙금이 남아 있었다. 마크는 "여러 가지 방법으로 엄마의 사랑을 얻으려고 무진 애를 썼다."[30] 주방을 쓸고 닦고, 엄마가 쓰는 스토브를 반짝반짝 윤이 나게 문지르고, 마트에서 향수를 사서 한 걸음에 집으로 내달려 선물로 드리기도 했다. 그러나 이지에게 베푸는 것과 같은 한없는 애정을 얻기에는 불충분했다. 그런 사랑을 형 이지는 당연시했다.

케이티는 금전등록기에서 돈을 슬쩍해 이지에게 주기도 했다.[31] 그 덕분에 필라델피아에 있는 워너메이커 백화점에 가서 넥타이를 살 수 있었다. 버나드는 아들에게 못된 버릇을 키워준다며 불같이 화를 냈다. 아버지가 매던 넥타이는 소년에게는 성에 차지 않았다. 이지는 워너메이커 백화점에서 산 비싼 넥타이를 매듭을 짓지 않고 한쪽 끝을 다른 쪽으로 슬쩍 말아서 바깥으로 내는 보헤미안 스타일로 하고 다녔다. 이지는 자기만의 우주의 지배자였고, 자기만의 방식으로 인생을 살아가기로 다짐했다. 장남이 가게를 같이 해주었으면 하는 아버지의 바람은 일찌감치 꺾였다. 동생들과 달리 이지는 가게 일을 돕는 것조차 하지 않았다. 가게주인으로서 프티부르주아적인 삶을 살아간다는 생각은 아예 없었다.

버나드는 아들 이지가 열망하는 것처럼 공부를 할 수 있는 기회를 애당초 갖지 못했다. 어려서부터 가난했고, 밥벌이가 지상의 과제였기 때문이다. 이지는 아버지와 같이한 순간들을 몇 가지 회고한 바 있다. 필라델피아의 이디시어 연극 극장에 몇 번 갔던 것도 그런 예에 속한다. 반면에 마크와 루이는 형과 아버지의 긴장관계를 틈타 어부지리를 챙겼다. 아버지가 롤러스케이트와 일반 스케이트, 자전거, 재킷 같은 것을 사줬던 것이다. 마크에 따르면 아버지 버나드는 애정표현을 잘하거나 다정다감한 스타일은 아니었다. 그러나 루의 얘기는 다르다. 그는 아버지를 회상하면서 눈물이 그렁그렁했다. "아버지는 완고한 분이 아니었어요. 어려서 가게 카운터 뒤에 있을 때 생각이 납니다. 머리에 손을 얹고 쓰다듬어주시곤 했지요. 날 사랑하셨으니까요. 난 보이스카우트 단원이었는데 아버지가 캠프에 데려가주셨어요. 야간 산행도 보내주고 자전거도 사주셨지요."[32]

이지는 아버지의 전철을 밟지 않겠다고 다짐했지만 어머니뿐 아니라 아버지한테서도 깊은 영향을 받았다. 정직과 성실, 근면, 그리고 열정적으로 이야기를 풀어가는 재주를 물려받은 것이다. 아버지의 불가지론과 회의주의는 특히 깊은 영향을 미쳤다. 이지의 아버지는 모든 정치인을 경멸했다. '정치인들은 선거 때만 잠깐 나타났다가 그 다음에는 코빼기도 안 보인다'는 등등의 아버지가 흔히 하던 얘기들은 권력자들을 냉소적으로 보는 이지의 관점에 그대로 반영됐다. 이지는 아버지의 일부 특성을 빼닮았다. 좋은 쪽으로 보면 스토리텔링에 뛰어나다는 것에서부터 나쁜 쪽으로는 운전은 젬병이라는 것 등등. 운전대를 잡는 순간 이지는 그야말로 살인무기로 돌변했다.

마크는 형 이지를 닮고 싶은 마음이 전혀 없었다.[33] 형은 "속을 알 수 없는 자"였다. 마크는 정반대가 되려고 애썼다. "학교 운동회에 나가고 볼링을 하는가 하면 마트나 아이스크림 가게에서 아이들과 '어울려' 시간을 죽이고" 등등. 마크는 포켓볼과 주사위 두 개로 하는 크랩스 게임도 했다. 그러나 "'카이크'니 '그리스도 살해자Christ Killer' [예수를 죽인 것은 유대인들이라는 의미에서 유대인을 경멸적으로 일컫는 말]니 하는 유치하고도 잔인한 말들이 10대들한테도 번졌다. 나는 마트에서 애들과 시시덕거렸지만 그 친구들한테 파티 초대를 받은 적은 없다." 이지와 마찬가지로 마크도 "백인 여자만 보면 침을 흘리는 유대인"이었던 것이다. 이렇게 모욕당한 상처는 "깊고도 오래갔다. 여러 해가 지나서야 나는 반유대주의의 다양한 얼굴에 대처할 줄 알게 됐다. 나 자신의 반유대주의까지 포함해서."

이지는 종종 유대인이라는 것이 저주는 아니라고 주장했지만 중·고등학교 때 친구로 기억하는 사람은 딱 한 명이었다. 게르하르트 반 아클레라는 이상한 이름의 비유대인이었다. 아클레는 나중에 미국 중앙노동위원회National Labor Relations Board 위원장이 됐는데 "마녀사냥이 한창이던 시절 그는 '높은 지위에 있었고' 나는 그렇지 않았는데도 친구로서 한결같이 잘해줬다."[34] 스톤이 패트너에게 한 회고다.

10대 때 이미 이지는 전형적인 아웃사이더가 돼가고 있었다. 같은 반이었던 마가렛 하텔 패링턴은 학창 시절의 이지를 이렇게 회상했다. "걔는 인기가 없었어요. 괴짜라고나 할까? 아 참… 그런 표현은 아주 나중에 생긴 말이지. 어쨌든 내가 볼 때 이지는 아주 똑똑했어요. 나 같은 사람은 이해가 안 됐지요. 그 친구는 뭔가 달랐어요. 머리가 너무 좋아서 나 같은 사람은 말귀도 잘 알아들을 수 없었지요."[35] 같이 공부한 지 70년이 지나서 하는 얘기인데도 그녀의 목소리에는 이지에 대한 신비감 같은 게 여전히 남아 있다. "걔는 라틴어를 정말 좋아했어요." 그러나 라틴어를 좋아했다는 부분에 대해 스톤은 조금 다른 얘기를 한다. "난 중·고등학교에서

4년 동안 라틴어를 배웠는데 정말 지긋지긋했습니다. 선생들이 억지로 학생들 머리에다 때려 넣는 식이었어요. 그러니 책벌레에다 시를 사랑하는 나 같은 애가 라틴어를 얼마나 증오했겠어요! 그런데 고전을 그토록 사랑한 조지 기싱[1857~1903. 영국의 소설가]이나 몽테뉴[1533~92], 에드워드 기번[1737~94. 영국의 역사가. 『로마 제국 쇠망사』로 유명하다] 같은 사람들을 알게 되면서(이 사람들 글 중에서 라틴어로 된 부분은 어렵고, 그리스어로 된 부분은 더럽게 어려웠어요) 내가 놓치고 있었던 것을 깨닫게 됐지요. 고등학교 졸업하고 나서 카툴루스, 티불루스, 프로페르티우스[셋 다 기원전 1세기에 활동한 고대 로마의 서정시인이다]의 작품을 모은 시집(지금도 내 보물 1호다)을 샀지요. 그러면서 라틴어를 읽는 게 더할 수 없는 즐거움이 됐어요."[36]

이지와 마가렛은 학교에서 즉흥 연설로 쌍벽을 이뤘다. 이지는 카랑카랑한 목소리가 거슬렸지만 워낙 청산유수 같은 달변에 다들 감탄했다. "걔는 수줍음이 많아서 사교성은 떨어졌어요. 하지만 일단 일어서서 의견을 얘기하기 시작하면 대단했지요." 패링턴의 회고다. 이지는 농담이나 장난을 잘해서 친구들을 웃기는 스타일은 아니었는데도 정학을 맞은 적이 있다. 교실 창문을 다 닫고 집에서 가져온 심하게 발효된 림버거 치즈를 늘어놓은 것이다. 선생님이 문을 열고 들어오는 순간 그 냄새에 놀라는 모습을 보고 싶었기 때문이다. 이것이 정학을 맞은 이유다.

1924년도 해든필드 고등학교 졸업 기념 앨범('방패'라고 불렀다)을 보면 열여섯 살의 이지가 얼마나 특이한지 알 수 있다. 고등학교 졸업 앨범에 나오는 본인 개성 소개 난은 대개 '상냥하다', '활기차다', '행복하다', '명랑하다', '폼 난다', '매력적이다', '귀엽다', '애교덩어리', '환상이다' 같은 표현이 주를 이룬다. 취미 난에는 잡담, 친구 사귀기, 웃기기, 빅트롤라 축음기, 미식축구, 골프, 낄낄거리기, 데이트, 춤이 많다. 특기 난을 보면 단발머리, 미모, "운전", "피아노 치기" 같은 게 두드러진다. '가장 필

요로 하는 것' 항목에는 "짧은 망토", "활기", "이발", "새로운 웃음" 등등
이 눈에 띈다. 이런 얘기들이 이지 사진 밑에는 없다. 그나마 이름도 z 대
신 s를 써서 "Issy"라고 잘못 적었다. 이지의 취미는 독서였고, "말발"로
유명했다. 이지가 가장 필요로 한 것은 "상식"이었다. 학생들이 자주 쓰
던 표현에는 "원 저런!" "[액셀러레이터를] 세게 밟아!" "어머나!" "바보 아
냐?" "아니!" 같은 1920년대 유행어가 많다. 그러나 이지는 "맞는 구석이
없어"라는 표현을 잘 썼다. 상대의 말을 퉁명스럽게 반박할 때 하는 말이
다. 반면 친구인 반 아클레의 반짝반짝하는 기재사항을 보면 이지와 정반
대다. 본인에 대해서는 "코즈모폴리턴"이라고 했고, 취미는 "모든 것",
가장 필요로 하는 것은 "새로운 길"이었다.

이지의 똑똑한 머리에 대해 해든필드 동창생 대부분은 감탄을 금치 못
하거나 '참 재미대가리 없는 녀석'이라는 반응을 보였다. 패링턴에 따르
면 동창들은 졸업 후에도 "살던 동네에 사는 것으로 만족했다." 패링턴이
동창들의 미래 모습을 그려본 글이 재미있다. "중심가 쪽으로 슬슬 걸어
가다가 혹시 이지가 있을까 하고 파인슈타인 아저씨네 가게에 들렀다. 이
지는 거기 있었다. 그런데 수학 선생님한테 직각삼각형의 빗변의 제곱은
나머지 두 변의 제곱의 합과 같을 수 없다고 열심히 설명하고 있었다. 빗
변이 나머지 변 어느 쪽보다도 길기 때문에 그렇다는 것이었다. 나는 바로
문으로 직행했다."

졸업 앨범에서 이지의 사진은 패링턴 사진 반대쪽 면에 실려 있다. 패
링턴은 단발머리에 머리띠를 하고 목걸이를 찼다. 이지는 넥타이를 매고
머리에 기름을 발라 뒤로 넘겼으며 얼굴을 약간 옆쪽으로 기울인 모습이
다. 안경은 쓰지 않았다. 거의 아이돌 수준이다. "그게 제일 잘 나온 사진
이에요." 패링턴의 말. 이지는 과외활동은 거의 하지 않았다. 2학년 때 체
스 동아리 회장을 했고, 1학년 때 그림반, 3학년 때 연극반을 아주 잠깐 했
다. 즉흥 연설 경연 대회에는 1학년 때부터 계속 참가했다. "아는 게 힘이

다"라는 표현이 이지를 한 마디로 설명해주는 말이었다. 그가 얼마나 똑똑했는지 패링턴의 말을 더 들어보자. "걔는 우리의 철학자였어요! 머리 하나에 그렇게 많은 이론과 사상을 담을 수 있다는 게 정말 믿어지지 않아요. 그런 '지혜'에 대해 선배들도 너무 심오해서 우리 정신능력으로는 이해가 안 된다고 본 것이 정말 유감이에요."

이런 찬사를 받는 이지가 졸업 때 반에서 3등을 했다는 건 그야말로 의외다. 앞에서가 아니라 뒤에서 3등….[37] "학교는 독서에 방해가 됐다."[38] 이지는 한때 이런 얘기를 했다. "난 바보가 아니었어요. 그냥 숙제를 안 해갔을 뿐이지." 이런 식의 행동이 계속됐고, 몇 년 후 펜실베이니아 대학에서는 아예 중퇴를 했다. 그가 가장 스릴 넘치는 추억으로 꼽은 것은 교실이 아니라 집 근처 숲에서 키츠와 셸리와 워즈워스와 플라톤과 아리스토텔레스를 읽은 일이었다. "학교를 그만두고 나니까 정말 낭만적이었어요." 중퇴 시절에 대한 회고는 이렇게 이어진다. "도서관에 가서 라틴어와 프랑스어로 된 루크레티우스[기원전 1세기에 활동한 고대 로마의 시인, 철학자] 관련 책 두 권하고, 사포[기원전 6세기에 활동한 고대 그리스의 여성 서정 시인]의 시를 읽었어요. 정말 행복한 시절이었지요."

스톤은 자본주의와 정치적 부패라고 하는 고질적인 해악과 싸운 작가들로부터 강한 영감을 받았다. "나는 불이익을 당하는 사람들을 위해 싸우고 싶었어요. 그래서 젊은 나이에 급진파가 됐지요." 그런 성향을 갖게 된 동기가 무엇인지 분석해보려는 사람들에게 스톤 본인은 아무 도움이 되지 않았다. 그는 평생 자기 분석 같은 것은 극도로 싫어했다. 정서나 행동의 동기를 꼼꼼하게 해부하는 일 같은 데에는 전혀 관심이 없었다. 스톤은 내적 성찰에 몰두한 적이 없고, 사적인 감정에 대해서는 아예 얘기를 안 하는 스타일이었다. 진찰대에 누워 정신과 치료를 받는 것과는 거리가 먼 스톤은 프로이트 같은 정신분석에 대해서도 전혀 취미가 없었다. 1920년대는 정신분석의 학문적 성과가 널리 알려지면서 '이드^{id}'니 '에고^{ego}'니 떠드는 게 일종의 유행이었다. 물론 그도 "우리는 보고 싶지 않은 것은 간과한다"라는 프로이트의 명언을 즐겨 인용했다. 그러나 이는 기자들이 관련된 정보를 빠뜨리기 일쑤라는 맥락에서 한 말이지 자기 분석 차원에서 한 얘기는 아니다. 스톤은 여든 살 때 제시 잭슨〔1941~. 미국의 저명한 흑인 침례교 목사이자 인권운동가, 정치인〕의 의식구조와 동기를 정신분석학적으로 해부하려는 시도들을 "사이코배블^{psychobabble}"〔psycho(심리학^{psychology} 또는 정신분석^{psychoanalysis})와 babble(알 수 없는 소리를 중얼거리다)의 합성어로, 어떤 사태에 대해 '심리학이나 정신분석 용어를 마구 써가며 맞지도 않는 소리를 떠벌린다'라는 뜻〕이라는 말로 비판한 기자를 칭찬해주려고 한나절을 꼬박 수소문하고 다닌 적도 있다.[39]

스톤은 시나 고상한 문장을 읽을 때 눈물을 흘리기도 하고, 말이나 글로 특정 문제에 대한 찬반을 열정적으로 표시했으며, 거짓말하는 정치인들에 대해서는 혹독한 비난을 퍼부었지만 역설적이게도 자신에 대해서는 그런 치밀하고 섬세한 성찰을 하지 않았다. 스톤과 평생 "친구"였다고 공언하던 사람들도 막상 그의 사적인 생각이나 감정, 경력에 대해 아는 게 별로 없다는 것을 새삼 깨닫고는 '이럴 수가 있나' 싶어 깜짝 놀란다. 스톤이 소설가가 됐다면 정말 형편없었을 것이다. 훌륭한 소설이라면 반드시 있어야 할 가족이나 어린 시절에 관한 흥미로운 기억 얘기가 전혀 없기 때문이다.

스톤은 개인적인 부분에 대해서는 철저히 감춰두는 스타일이었다. 스톤의 시대에 이런 성격은 드물지 않았다. 하기야 오늘날 명사라는 사람들이 되지도 않는 얘기를 고백이랍시고 시시콜콜 떠드는 것에 비하면 오히려 바람직한 태도라고 할 수 있다. 아내 에스터는 그런 스타일을 아주 좋게 얘기한다. "이지는 절대 뒤돌아보는 법이 없어요. 어린 시절이나 과거 얘기는 한 번도 한 적이 없어요. 그이는 삶을 열정적으로 삽니다. 하루하루가 새롭지요. 그런 사람은 진짜 못 봤어요."[40]

아들 크리스토퍼는 스톤이 과거 얘기를 안 하는 것은 섬세하지 못해서가 아니라 사소하다고 보는 문제에 대해서는 관심이 없기 때문이라고 해석한다. 그러나 아버지의 그런 태도가 당혹스러울 정도로 심하다는 점은 인정한다. "그분은 당신 얘기 하는 걸 극도로 싫어하셨어요. 엄마 빼고 남한테는 그런 얘기는 일절 안 하지요."[41]

이지가 어린 시절에 대해 회고한 경우는 거의 없다. 어머니(케이티)가 극심한 정신질환에 시달렸고, 그 때문에 부부관계에 심각한 장애가 있었다는 얘기도 한 적이 없다. 행복했던 시절에 대한 언급도 거의 없고, 극도로 어려웠던 시절 얘기는 아예 금기사항이었다. "이런 말 하기는 어렵지만, 우리 부모님은 참 이상해요." 사적인 문제는 대화가 안 된다는 얘기를 크리스토퍼는 이렇게 표현했다.

유명 인사가 된 이후 젊은 인터뷰어들이 과다하게 추어올리며 개인사에 관한 질문을 하자 스톤은 별 일 아니라는 듯이 이렇게 대꾸했다. "난 어렸을 때 시건방진 새끼였어요."[42] 그는 행동의 동기를 묻는 질문은 회피하면서 "난 천성이 자유주의자이고 루저들 편이에요"라는 식으로 뻔한 대답을 했다. 그러나 이런 대답이 너무 단순하고 속마음을 드러내지 않는 것이기는 하지만 나름의 진실을 담고 있다. 본인이 패배자가 아니라면 어떻게 남들의 감정에 그렇게 깊이 공감할 수 있을까? 물론 그를 "패배자"라고 한다면 그것은 빈곤 때문은 아니었다. 빈곤 얘기를 하자면, 그는 열네살 때 빈민가 사람들과 같이 있고 싶어했고, 그들을 돕고자 했다. 일부 비판자들은 패배자에 대한 유별난 애정이 나중에 본인이 잘나가게 된 시절에 오히려 우스꽝스러운 행태로 변질됐다고 보기도 한다. 그러나 젊은 시절, 어렵고 힘없는 사람들의 처지를 그토록 절절이 공감했던 것은 열등감 내지는 불안감과 지적 재능이 결합된 데서 나온 결과였다.

"이지를 그렇게 행동하게 만든 것은 무엇이었을까?" 친구인 마커스 라스킨은 곰곰 생각한 끝에 이렇게 설명했다. "내 생각에는 두 가지입니다. 하나는, 우선 삶에서 **엄청난** 열등감을 느꼈다는 거죠. 키도 그렇고, 외모도 그렇고, 대학도 졸업 못했지요. 좌파에 유대계였습니다. 사실 그런 상황이 그를 비판에 **무디게** 만들었고, 나름으로는 남들보다 뛰어나야겠다는 생각을 하게 만든 거죠. 제가 열등감이라고 한 것은 이지가 성인이 됐을 때쯤에는 옛날 얘기가 됐지요. 하지만 그를 전진하게 만든 동력이 됐다고 봅니다. 다른 사람들이 가지고 있는 것을 그 친구는 갖지 못했다는 의미에서 말입니다. 두번째 요소는 물릴 줄 모르는 지식욕입니다. 그 박학다식이며 비범한 기억력, 그런 것들로 말미암아 대부분의 사람들보다 훨씬 높고 넓은 차원에서 특수한 문제들을 포착할 수 있게 된 겁니다."[43]

아들 크리스토퍼는 아버지가 해든필드에서 유대계라는 아웃사이더적인 위치에 있었기 때문에 늘 깨어 있고, 회의하는 정신을 갖게 됐고, 그럼으로써 "기성 체제를 맹종하지 않았다"고 본다. "아버지의 회의적인 태도는 남을 짜증나게 하는 스타일은 아니었어요. 이방인이라는 것이 오히려 득이 됐습니다. 파괴적인 쪽으로 가지 않았거든요. 오그라들기보다 오히려 **더 커지게** 된 거죠."

스톤도 "유대인으로 태어났다는 건 도움이 된다. 아웃사이더로서 남들과 다른 시각을 가질 수 있기 때문이다"라고 말한 적이 있다.[44] 그러나 그러고 나서는 바로 "난 와스프가 사는 작은 도시에서 행복한 어린 시절을 보냈다. 박해받거나 차별받는다는 느낌은 없었다"고 딴소리를 했다.

크리스토퍼는 아버지의 "거짓말에 민감한 본능과 의심하는 성격"이 언론 일에는 핵심적이라고 봤다. "그분은 안 좋은 방향으로 발휘될 수도 있는 그런 요소들을 저널리스트로서 정말 잘 활용했어요. 일단 믿지 않고 꼼꼼히 따져보고 불의에 분노했지요. 저널리즘은 그런 스타일에 딱 맞는 직업입니다. 그분은 남이 당신을 속이는 데 대해 본능적으로 민감하게 반응했어요."

집안에서 "귀염둥이"로 통했던 동생 루는 복잡한 설명 대신 이지에게 가장 큰 동력이 된 것은 "이기주의"였다고 단언한다. "이지는 처음부터 이기주의자였어요. 너무 자기중심적이라고 어머니, 아버지한테 야단도 많이 맞았지요. 형은 자기는 옳고 남은 틀렸다고 생각했어요. 자기가 최고라고 믿었지요. 자기중심적이라는 것은 자신의 관심사 외에 다른 것에는 전혀 관심이 없다는 의미에서 하는 얘기입니다." 그러면서 좋은 측면도 말한다. "형은 동생들한테 잘해주고 사려 깊은 면도 있었지요."

스톤보다 열일곱 살 어린 주디는 큰오빠를 열렬히 옹호한다. 나이 차가 크지만 주디와 이지는 어른이 되어서 아주 가까운 친구가 됐다. 주디는 이지의 자기 탐닉을 다른 관점에서 봤다. "사람들은 이지 오빠가 자기중심적이라고 합니다. 루나 마크 오빠가 그랬지요. 그럴 때마다 난 정말 화가 나요. 내 생각엔 그건 자기중심적인 게 아니거든요. 큰오빠가 집중한 건 세상의 현실이지 자신이 아니었어요. 이지는 '나는, 나는' 이런 소리 안 했어요. 자기 얘기를 하는 법이 없고 대화의 본질에 집중했어요." 다른 친구들은 이지를 "구제불능성 고집불통"이라고 했다.[45] 세상이 어떻게 가든 자신이 대화에서 압도적인 위치를 차지해야 한다고 생각했고, 그렇게 행동했다는 것이다.

이지의 세 동생은 글 쓰는 직업을 택했고, 정치적 입장도 큰형(오빠)과 마찬가지로 좌파에 가까웠다. 다만 큰형에 가려서 크게 빛을 보지는 못했다. 동생들은 큰형을 엄청난 천재로 여겼다. 자신들이 아무리 똑똑해도 큰형에게는 족탈불급이라고 생각한 것이다.

이지가 열세 살 때 우연히 누구를 만났는데 그때만 해도 특이하달 것도, 좋은 일이 생길 것 같지도 않은 만남이었다. 그런데 그 만남이 그의 인생 전체를 결정하는 중차대한 계기가 됐다. 질 리트 스턴이라고 하는 젊은 멋쟁이 귀부인이 해든필드에 살고 있었는데 필라델피아에서 가장 큰 백화점 '리트 브라더스'의 상속녀였다. 키 149.9센티미터에 하얀 피부와 섬약한 몸매, 드레스덴 도자기 소녀 인형 같은 인상이지만 속에는 강철 같은 의지가 숨어 있었다. 안하무인인 스턴 부인은 취미가 특별했다. 그중에서도 특히 옷과 장신구는 물론이고 집까지 파란색으로 도배를 하다시피 했다. 나중에는 가족들조차 파란색이라면 질색할 정도였다.[46]

어느 날 낮에 스턴 부인이 파인슈타인 포목점으로 들어섰다. 파란색 리본을 사러 온 것이다. 어둑한 가게에는 소년 혼자 자리를 지키고 있었다. 둥그렇고 커다란 안경을 낀 소년은 몸을 잔뜩 웅크린 채 책을 들여다보고 있었다. 이지는 당시 부모의 성화에 못 이겨 잠시 가게를 보고 있었던 것이다. 이지는 손님이 들어와도 쳐다보지도 않고 책을 덮을 생각조차 하지 않았다. 스턴 부인이 헛기침을 했다. 그래도 이지는 그대로였다. 그녀는 약간 떫은 목소리로 "젊은이, 독서를 하고 계시군"하고 말했다. 이지는 한참 있다가 "네"하고 대답했다. 스턴 부인은 손님을 거들떠보지도 않는 점원의 태도에 당황한 나머지 고압적으로 물었다. "뭘 읽고 있는 거지?"

이지의 답변에 스턴 부인은 할 말을 잃었다.[47] 부엉이 눈에 동화에 나오는 뾰족모자 쓴 늙은 난쟁이같이 생긴 아이가 '말해줘봐야 당신이 뭘 알겠느냐'는 듯한 표정으로 툭 내뱉듯이 "스피노자요"라고 대꾸한 것이다.

3
소년 신문 발행인

질 리트 스턴은 카운터에 앉아 17세기 네덜란드 철학자 스피노자를 읽고 있는 소년에게 놀라움과 동시에 흥미를 느꼈다. 스피노자는 유대교를 배신해 랍비들의 저주를 받고 파문당한 유대계 철학자였다. 이지보다 스물한 살 연상인 스턴 부인은 해든필드로 이사 온 지 얼마 되지 않은 상태였다. 멍청하고 따분한 필라델피아 상류층들과 어울려 사는 것보다는 여기가 훨씬 나은 선택이라고 본 것이다. 딸 질 캐프런의 말에 따르면, 브린 모어 칼리지[미국에서도 손꼽히는 명문 여자대학교]를 나온 질 스턴은 "점차 지식인이 돼갔고" 윌리엄 버틀러 예이츠와 앨저넌 스윈번[1837~1909. 영국의 시인, 평론가], 제임스 배리[1860~1937. 영국의 소설가, 극작가], 새뮤얼 콜리지[1772~1834. 영국의 시인, 평론가]에 탐닉했다.[1] 도도한 스턴 부인(유대계였다)은 소년한테서 "퀘이커교파 동화주의자"라는 질책을 받고 어안이 벙벙했다. 그런 무례를 저지르고도 이지는 나중에 그녀의 보살핌을 받게 되고 평생 친구가 된다.

스턴 부인이 사는 저택은 1816년에 지어진 건물로 고급 벽재에 길게 휘감아 도는 계단, 멋진 벽난로가 특히 인상적이었다.[2] 책으로 꽉 찬 서재는 이지의 마음의 고향이 됐다. 집안에 내려오는 전설에 따르면 이 저택에는 미국의 위대한 시인 월트 휘트먼[1819~92]의 유령이 살았다고 한다. 휘트먼은 말년을 이 저택에서 10킬로미터쯤 떨어진 캠던 미클 스트리트의 코딱지만 한 집에서 살았는데 사후 스턴 부인이 자비로 캠던 집을 리모델링했다. 그러는 동안 캠던 집 관리인은 밤에는 해든필드 저택에 와서 잠을 잤다. 그런데 바로 그 관리인이 뇌출혈로 급사했고, 그러자 스턴 부인 저택 주방장이 휘트먼의 유령이 자기 집에 손대는 것에 화가 나 관리인을 따라 해든필드 저택으로 들어온 것이라고 동네방네 떠들고 다녔다. 관리인이 급사한 것도 그 때문이며, 이후 휘트먼의 유령은 곳곳을 휘젓고 다닌다는 것이었다.

미신 같은 얘기지만 어쨌거나 휘트먼은 이지가 스턴 부인 저택이라는 지상의 천국에서 행복한 시간을 보낼 때 함께한 수많은 거인들 가운데 하나였다. 이지는 위대한 낭만주의 작가들—에밀리 디킨슨[1830~86. 미국의 여성 시인]과 귀스타브 플로베르[1821~80. 프랑스의 소설가], 앤서니 트롤럽[1815~82. 영국의 소설가], "러시아 작가들" 등등—에서부터 진화의 원리를 다룬 허버트 스펜서의 대작에 이르기까지 온갖 책에 파묻혀 지냈다.(스펜서하고는 필이 통했을 것이다. 두 사람 다 따분한 교실에 대한 반감이 엄청났으니까.)

휘트먼은 이지처럼 열렬히 독학을 한 인물로 이지가 특히 좋아하는 작가였다. 이지는 그를 "내 인생에 엄청난 영향을" 미친 인물이라고 했다.[3] "나는 그를 통해서 성性에 대해 자연스럽고 순수한 감정을 갖게 됐다." 섬세한 부드러움과 당시로서는 충격적인 성적 표현이 결합된 휘트먼의 시는 많은 젊은이들을 매료시켰다.

이지는 휘트먼이 언론 활동을 하면서 치열하게 독립성을 추구한 대목에도 깊이 끌렸다. 휘트먼은 스물두 살의 팔팔한 나이에 뉴욕에서 일간지 「오로라Aurora」 편집장으로 있으면서 "불편부당不偏不黨"이라는 표현을 일종의 사시社是 같은 것으로 삼았는데 어린 이지는 그게 그렇게 멋있어 보였는지 '나도 꼭 그렇게 해야지' 하고 다짐했다. 휘트먼은 또 「오로라」는 "두려움을 모르고, 솔직하고 화끈하게 할 말 한다"고도 했다. 그는 부정한 정치인들이나 죄 없는 사람을 괴롭히는 경찰, 저임금으로 가난에 찌든 여성들이 매매춘에 내몰리는 현실을 공격했고, 사창가에 대한 규제와 감독이 필요하다고 호소했다. 공공 재원을 종교계 학교에 전용하는 입법안과도 맞서 싸웠다. 종교와 국가의 분리를 주장하는 그의 입장은 동조세력을 전혀 얻지 못했다. 성난 군중이 성聖 패트릭 성당 앞에서 시위를 하며 주교 관저에 돌을 던졌을 때 휘트먼은 이렇게 썼다. "창문이 아니라 존경하는 위선자의 머리통에 맞았더라면 우리의 영혼이 이렇게 슬프지는 않았으리라…."[4]

휘트먼이 소유주인 발행인과 말다툼하고 해고되는 것은 다반사였다. 휘트먼이 청년 이지에게 강렬한 메시지를 주었다면 그것은 강력히 저항하고 악의 세력과는 전쟁을 불사하라는 것이었다.[5]

14세 때 이지는 신문을 창간했다. 제호는 「진보The Progress」였다. 그때만 해도 신문 창간을 꿈꾼 10대들이 꽤 있었는데 「진보」는 중·고등학교 독자는 안중에 없었다. 창간호에서 이지는 고대 그리스 비극 『안티고네Antigone』의 한 구절을 인용했다. "인간을 사악한 권력에 종속시키기 위해 사용하는 수단 가운데 돈만 한 것은 없다."[6] 당시 이지는 간디의 인도 독립 투쟁에 열렬히 동참했고, 우드로 윌슨 미국 대통령의 평화주의 정책을 지지했다. 이지는 「진보」지 몇 개 호를 비닐봉지에 싸서 평생 소중히 간직했다.

이지는 예언가로서의 면모를 유감없이 발휘하던 시절 정당에 대해 이렇게 말했다. "권력 유지가 민주당과 공화당의 근본 목표가 됐다. …정당은 이제 국민을 대변하는 기관이 아니다. 정당은 그저 파란 눈이나 암처럼 물려받는 것이 되고 말았다."[7] 당시 미국은 공화당 출신 워런 하딩 대통령〔재임 1921년 3월~1923년 8월〕의 무능 탓에 고통에 시달리고 있었다.

죽기 4년 전에 이지는 한 친구에게 이렇게 말했다. "난 초등학교 때부터 철저한 윌슨주의자였어. 지금도 윌슨이 여러 면에서 위대한 대통령이었다고 생각해. 물론 라틴아메리카에서는 제국주의자였지만."[8] 그러나 윌슨이 반정부 인사들을 탄압하는 법률을 승인한 데 대해서는 안 좋게 평가했다. 윌슨은 1917년 의회에 제출된 방첩법Espionage Act과 1918년의 반정부선동금지법Sedition Act 통과를 독려했고, 두 법이 발효됨으로써 헌법적 자유는 수십 년 동안 유린됐다.[9] 이지가 쓴 사설들은 1면에 나갔다. 한번은 너무 과격한 주장을 했는데 모르긴 몰라도 나중에 두고두고 쪽팔렸을 것이다. "대통령한테 총리의 권한을 주는 게 어떤가? 의회를 해산하고 총선을 다시 할 권한을 주라"는 주장이었다. 물론 하딩 대통령 재임 당시 현실적인 해결책으로 생각해서 그런 주장을 했다고 보기는 어렵다.

1925년 "스콥스 '원숭이' 재판"이 전국적인 관심을 끌었다. 세 번이나 대통령 후보 경선에 나간 국무장관 출신의 윌리엄 제닝스 브라이언과 유명 변호사 클래런스 대로의 한판 승부였다. 테네시 주 고등학교 교사 존 스콥스는 진화론 수업을 금하는 테네시 주 법률을 위반한 혐의로 기소됐다. 이 작은 남부 시골 법정으로 전국에서 기자들이 구름처럼 몰려들었다. 저명한 저널리스트 H. L. 멘켄은 남부 시골뜨기들의 무지를 독설을 토해가며 비판했다. 법정에서는 짧은 드레스에 무릎을 허옇게 드러낸 신여성들이 더부룩한 머리의 대로가 땀에 젖은 코트를 벗어놓은 채 자주색 멜빵끈에 엄지를 긴 자세로 브라이언을 박살내는 모습을 킬킬거리며 지켜보고 있었다.

사실 진화론 수업 문제는 어제오늘 얘기가 아니었다. 재판이 있기 3년 전인 1922년 4월 「진보」지 헤드라인 사설에서 이지는 "종교적 옹고집,

또다시 완패!"라며 쾌재를 불렀다. 사설은 이렇게 이어졌다. 브라이언은 "새롭게 현대판 토르케마다(15세기 스페인의 종교재판관으로 '마녀'와 '이단' 1만여 명을 화형에 처한 것으로 악명 높다) 역할을 해보려 했지만 실패했다.(토르케마다는 이지가 극악한 행동을 일컬을 때 자주 쓰는 비유다.) 켄터키 주 의회는 다원주의, 불가지론, 무신론, 진화론 등을 공립학교에서 가르치지 못하게 하는 법안을 찬성 41 대 반대 42표로 부결시켰다. 그러나 세상을 편협한 정신의 바다에 빠뜨려 더이상 앞으로 나가지 못하게하려는 고상한 신사 분들이 켄터키에는 아직 많이 계신 것 같다. ⋯브라이온("오자는 파시즘보다 나쁘다"고 자주 말한 이지가 Bryan을 Bryon으로 썼다. 원숭이가 나무에서 떨어진 셈이다)과 켄터키의 신사 마흔한 분은 시대에 천년이나 뒤처져 있다." 이지 특유의 거침없는 문체는 여기서 이미 모습을 드러낸다. "저들은 중세에 살고 있다. 자유사상가, 철학자, 유대인 들은 화톳불을 키우는 최고의 땔감이다.(그런 땔감이 부족했던 적은 없다.) 저들은 이 대명천지 합리주의 시대에 전혀 엉뚱한 곳을 헤매고 있다." 그러나 종교적 옹고집의 패배는 오래가지 않았다. 그 다음 회기에 켄터키 주 의회가 문제의 법안을 통과시킨 것이다. 이후 벌어진 유명한 스콥스 재판에서 피고 스콥스는 유죄 판결을 받았지만 벌금을 내는 식으로 해서 곧 풀려났다.

이지가 만드는 신문에는 바보 같은 글도 실렸다. 시詩 같지 않은 시를 올리는가 하면 말장난을 한답시고 말이 안 되는 소리를 늘어놓기도 했다. 돈 많은 부자보다 가난하지만 낭만적인 남자를 택하는 좋은 내용이라는 이유로 엉터리 소설을 싣기도 했다.

「진보」는 네 쪽이었는데 인쇄는 지역 주간지 판매소에서 했다. 「진보」에서 1차 대전 종전 후 패전국 독일에게 부과한 전쟁 배상금을 취소하고, 향후 25년 동안 무기 개발 및 거래를 중단하는 국제 협정을 맺자는 파격적인 제안을 할 때였다. 식자공은 조판을 하면서 나름의 예언을 했다. "이렇게 막가는 소리를 떠들어대다간 나도 끝이 안 좋을 텐데….”[10] 이지는 동생 마크를 구슬려서 기차로 통근하는 사람들에게 신문을 팔게 했다. 한 부에 3센트였다. 25센트를 일시불로 내면 일 년치 구독권을 준다고도 했는데 그야말로 낙관주의자의 꿈이었다.

「진보」 3호는 대중의 인기를 끌려는 시도가 돋보인다. “뉴욕 갱들을 싹 쓸어버린” 클레이 린제이의 카우보이 같은 활약상을 담은 연재소설을 시작한다는 광고를 실은 것이다. 그런데 이 소설은 석양에 뽀얀 먼지 휘날리며 지평선 저 멀리로 사라지는 카우보이처럼 날아가고 말았다. 신문 발행이 중단됐기 때문이다. 낙제를 우려한 아버지가 3호 발행 이후 이지에게 신문 일을 못하게 한 것이다. 이런 초창기의 열정적인 시도에 대해 이지는 대단한 자부심을 갖고 있었다. 『후즈후Who's Who』 인명사전에 실린 본인 소개 항목에 “해든필드 「진보」지 편집장 겸 발행인”이라고 쓴 것을 보면 알 수 있다.

「진보」는 예기치 못하게 요절했지만 이지의 중독증에 가까운 신문에 대한 열정을 막지는 못했다. 얼마 후 이지는 「해든필드 뉴스Haddonfield Public Press」에 자리를 얻었고, 열다섯 고등학교 1학년생 신분으로 「캠던 쿠리어 포스트Camden Courier Post」 통신원을 했다. 그래서 “발행인으로 시작해서 갈수록 강등됐다”는 농담을 종종 하곤 했다.[11]

이지는 펜실베이니아 대학 1학년 때 전공이 철학이었는데 얼마 후 선택의 기로에 놓였다. 학자가 될 것이냐 ‘잠바때기’ 같은 언론 쪽으로 갈 거냐가 문제였다. 고리타분한 쪽보다는 잠바때기가 훨씬 나았다. “신문 잉크 냄새가 퀴퀴한 대학 분위기보다 훨씬 매력적이었다.”[12]

청년 저널리스트 이지는 학자와 기자를 독특하게 짬뽕한 스타일을 발전시켰다. 기사는 마감시간에 꼭 맞췄고, 입에 담배를 달고 살면서 신문 특유의 속어와 감칠맛 나는 표현을 적절히 섞어 썼다.(예를 들면 자기 자랑도 이런 식으로 했다. “나는 천성적으로 냄새를 잘 맡았다. 어디에 뭐가 있을지 킁킁거리며 돌아다니는 걸 좋아하는 친구들이 종종 있다. 내가 바로 그 과였다.")[13] 이지는 차츰 모든 방면에 두루 능한 신문쟁이로 발전했다. 기자로서 엄정한 사실을 줄기차게 보도했고, 논설위원이었으며, 논쟁가, 에세이스트, 칼럼니스트였다. 서평과 연극평을 담당하고 정치평론도 겸했다.

10대 기자 이지는 다른 기자들이 술집을 제 집처럼 드나들 때 도서관과 중고서점을 자주 찾았다. 고대 페르시아의 시인과 신비가의 글을 읽었고, 틈이 나면 간간이 중국어를 배웠다. 앙드레 지드[1869~1951. 프랑스의 소설가. 1947년 노벨 문학상을 수상했다]에 이어 발자크를 탐독했고, 플로베르의 작품은 거의 다 봤다. 그의 독일어는 "대부분 이디시어에 있는 단어 수준이지만 하이네를 읽는 정도는 충분했다."[14] 수습기자 시절에는 진보적인 미국 역사학자 찰스 비어드[1874~1948]를 발견했다. "그의 사적유물론史的唯物論은 지금 생각하면 지나치게 단순화된 측면이 있다. 하지만 당시로서는 눈이 번쩍 뜨이는 이론이었다!" 이지가 처음 제 돈 주고 산 책 가운데 하나는 기번의 『로마 제국 쇠망사The History of the Decline and Fall of the Roman Empire』였다. 여섯 권짜리 대작을 중고서점에서 2달러에 구입한 것이다. 이지는 『로마 제국 쇠망사』한 질을 평생 곁에 두고 살았다. 그는 일찍부터 산타야나[1863~1952. 미국의 철학자. 시인. 평론가]를 아주 좋아했지만 독일 철학자 헤겔은 매우 싫어했다. "변증법이 대단히 중요하다는 생각은 하지만 헤겔은 프로이센 국가의 비위를 살살 맞춘 하인 같다는 느낌이 든다."

1925년에는 기존의 미학과는 영 딴판인 '재즈 시대Jazz Age'[1920년대 미국을 일컫는 표현으로 재즈 붐이 일고 부富와 자유, 쾌락과 방종이 넘치던 시대였다]를 맛보게 된다. 이지는 당시 고등학교를 졸업한 지 1년이 지났지만 아직 만 18세가 안 된 나이였다. 그는 펜실베이니아 대학 시절 친구인 마이클 블랭크포트(후일 할리우드 시나리오 작가, 소설가로 유명해진다)에게 보낸 편지에서 재즈 시대를 속 빈 허풍 같은 것으로 폄하하기도 했다. 당시 체코 마리엔바트에 가 있던 블랭크포트에게 보낸 편지에서 이지는 이 주제 저 주제 열심히 떠든다. 타자기를 급하게 두드리는 바람에 편지에는 오타와 문법적 실수, 심각한 오자가 매우 많다. 이런 식이다. "**여서도 푸랑스**의 반미 정서 관련 뉴스를 내보내고 있어. 미국 **대삐리**들과 프랑스 난동꾼들 사이에 주먹다짐이 있었다는데 나도 **거**졌으면 얼마나 좋았을까."

하지만 해든필드 고교 동창들이 알았으면 놀라 자빠졌을 만한 일은 이지의 사교생활이 대단히 활발해졌다는 점이다. 고등학교 때 데이트 한 번 못 해본 "네 눈깔" 이지가 애틀랜틱시티[대서양 연안 뉴저지 주 남동부의 관광 도시로 동부의 라스베이거스로 통한다]로 놀러간 것이다. "주말에 남자 친구 둘에 갈색 머리 귀여운 아가씨까지 데리고 갔지. 같은 신문사 여직원인데 정말 상식이 풍부하고 나와는 완전히 딴 세상에 살고 있어. 현기증이 날 정도로 예쁘지. 몸매도 죽여. 하지만 이젠 정리를 해야겠어. 너무 심각한 관계가 될 것 같아서 말이야." 애들 같은 허풍과 과장, 남성 우월주의가 넘실거린다. "애인으로 삼기엔 좀 아니야. 머리가 떨어지고 독립심이 약해서 그냥 현모양처감이지. …그건 그렇고, 조지 버나드 쇼[1856~1950. 아일랜드의 극작가, 문학비평가. 1925년 노벨 문학상을 받았다]의 희곡 『결혼 Getting Married』의 서문을 지금 막 다 봤어." 이지는 블랭크포트에게 여성을 혐오하는 이유를 밝힌 쇼의 글을 읽어보라고 권했다. "결혼 전에 꼭 읽어봐. 정말 얘기 돼.(내 글이 지금 품위도 없고 문법도 많이 틀리지. 여기 사무실은 오후가 되면 찜통이야. 너무 피곤해서 이것저것 신경을 못 쓰겠어. 글도 그래.)" 이어 이지는 다시 성 문제로 화제를 옮긴다. "일요일 밤에 술판을 세게 벌였지. 잭이랑 시드, 갈색 머리 아가씨하고 같이 갔어. 거기서 색을 밝히는 레스토랑 주인(물론 여자지)이랑 경찰서장, 아이오와 출신 의사와 그 사람 신부를 만났는데 정말 재미났어."

편지 뒷부분에서는 정치나 책, 연극 같은 좀더 사회적인 문제에 대한 열정을 엿볼 수 있다. "여긴 아주 잘나가. 쿨리지[1923~29년 미국 제30대 대통령으로 재임했다)는 죽을 쑤고 있어. 의회에서는 반란의 기운이 점점 높아지고, 쿨리지가 민 후보 네다섯 명은 참패했지. 펜실베이니아에서는 놀라운 추문이 터졌고. 신문이야 정말 재밌지. 지금은 이것저것 다 하고 있어. 기사 손 보고, 시청이랑… 연극 쪽도 좀 도와주고." 이지는 편집국장이 직접 전화를 해서 "내 리뷰 기사가 자기가 본 것 중에서 유일하게 지적인 기사"라고 칭찬했다는 식으로 허풍을 떨기도 한다. 루이지 피란델로〔1867~1936. 이탈리아의 극작가이자 소설가. 1934년 노벨 문학상을 받았다〕의 희곡『작가를 찾는 6인의 등장인물Six Characters in Search of an Author』에 대해서는 "그럴듯해 보이지만 결국은 진부한 말로 얄팍하게 위장한 멜로드라마"라고 혹평을 했다. 이지는 다음 시즌에는 「캠던 모닝 포스트Camden Morning Post」의 연극 담당 책임자가 될 것으로 생각했다. "그렇게 되면 너한테 연극 비평을 맡길게."

이지는 신문사 일과 대학 공부를 병행하느라 애를 먹었다. "매일 아침여섯 시에 일어나서 직장 갔다가 저녁 6시 30분에 귀가해. 너무 피곤해서공부는 별로 못하고 있어. 독서도 그렇고. 길버트 케이넌〔1884~1955. 영국의 소설가, 극작가〕의 소설『모퉁이를 돌아Round The Corner』를 읽어봐. 정말 멋진작품이야. 토머스 하디〔1840~1928. 영국의 소설가, 시인〕의 시(참나무 고목처럼 울퉁불퉁해서 정신의 눈으로 포착해야 돼)랑 버나드 쇼도 좋지. 쇼는 대부분 좋은데 요즘 쓰는 희곡들은 좀 구식이 돼가고 있어. 하지만 놀라울 정도로 냉철한 상식의 정신이 돋보이지."

점점 나빠지는 눈에 대한 언급도 있다. "이번 주에 안과 의사한테 가봐야 돼." 그 아래는 이런 얘기가 이어진다. "이탈리아 파시즘을 실제로 본게 있으면, **생각하는 것 말고 실제로 본 것 말이야**, 써서 보내. 좋으면 실어줄게. 내 편지가 너무 장황하고 그래서 좀 그렇다. 너도 길게 써서 복수해라. …이즈¹²." 그러고는 라틴어 "쿰 베리타테Cum veritate"〔'진심을 담아'라는뜻〕라는 말로 끝을 맺고 다시 "근데, 이건 독립구獨立句야"라고 덧붙인다.[15] 현학적인 과시다.

10대의 이지에게 깊은 영향을 미친 것은 독자적인 사상을 전개한 사상가들이었다. 스턴가家 저택 서재에서 그는 휘트먼의 급진적인 언어뿐 아니라 잭 런던〔1876~1916. 미국의 소설가〕의 혁명적 사회주의, 크로포트킨〔1842~1921. 러시아의 무정부주의 혁명가, 철학자, 작가〕의 유토피아적 무정부주의, 그리고 링컨 스테펀스〔1866~1936. 미국의 언론인〕와 업턴 싱클레어〔1878~1968. 미국의 소설가, 사회비평가〕, 아이다 타벨〔1857~1944. 미국의 여성 작가, 저널리스트. 산업계의 비리와 부정을 폭로한 기사로 유명하다〕의 폭로와 고발문학에도 끌렸다. 이들은 하나같이 반란자였고, 기성 체제와 극심한 불화를 겪으며 치열하게 싸운 인물들이었다. "나한테 신문쟁이란 랜돌프 허스트〔1863~1951. 미국의 신문 재벌〕와 갤러해드의 짬뽕 같은 것이었다.[16] 고결한 원탁의 기사 갤러해드 얘기를 한 것은 곤경에 처한 아가씨를 보면 늘 달려가서 구해주기 때문이다." 옐로저널리즘〔yellow journalism: 돈벌이를 위해 흥미 위주의 선정적인 기사를 주로 보도하는 언론〕의 대명사인 허스트를 거론한 부분은 허스트가 1차 세계대전 이전에 잡지 「코즈모폴리턴 Cosmopolitan」 발행인으로 있을 때 대단한 사회주의 개혁가의 모습을 보였다는 사실을 잘 모르는 독자들에게는 이상하게 들릴 것이다. 당시 「코즈모폴리턴」은 사회의 비리와 부정을 폭로하는 데 앞장선 것으로 유명했다. "허스트는 1차 대전 전에는 정말 진보적이었다. 그때는 정말 놀라운 팔방미인 신문쟁이였다."

스톤이 급진적인 사상 쪽으로 기울기는 했지만 그 역시 시대—최소한 당대 지식인들이 규정한 의미에서의 시대—의 아들이었다는 점을 강조해야겠다. 스톤의 지적·정치적 바탕을 이해하려면 선배 세대 미국 지식인과 운동가 들이 어떤 사상을 발전시켜왔는지를 들여다봐야 한다. 이지는 1930년대 사회운동가 그룹에 속했지만 이들은 "의식적으로는 아니더라도 과거와 깊은 연관을 맺고 있고, 과거에서 자유로울 수 없었다"고 역사학자 리처드 펠즈[20세기 미국 문화·지성사 전문이다]는 지적한다. 실제로 뉴딜 정책은 19~20세기 전환기에 활발했던 행동주의에서 비롯됐고, 그런 행동주의가 후일 프랭클린 루스벨트 대통령이 추진한 정책들의 기본 바탕이 됐다.

아버지를 비롯한 유대인들에 대한 제정 러시아의 탄압은 권위를 혐오하고 인종적·종교적 박해에 민감한 성향을 강화시켰다. 그의 급진적인 사상을 형성하는 데 핵심적인 역할을 한 것은 사회주의 개혁가들이 대중적 인기를 얻고, 19~20세기 전환기에 자본주의의 추악한 정체를 폭로한 저널리스트와 작가 들이 그런 대로 성공을 거두었다는 사실이다. 이런 진보주의자들은 합리적인 설득과 교육을 통한 사회 개혁이 가능하다는 확고한 신념을 가지고 있었고, 그런 점이 작가들에게는 "개혁 진영에 열렬히 자원입대하는" 동력으로 작용했다고 펠즈는 지적한다.[17]

후일 이지 스톤의 이름에는 '우상파괴자iconoclast'라는 별명이 자동으로 따라붙었다. 그러나 젊은 시절의 이지는 사실 어떤 면에서 유별난 존재가 아니라 남들처럼 행동한 것이라고 말할 수 있다. 1920~30년대에는 기성 체제에 의문을 제기하고 불만을 표하는 반골 청년들이 꽤 있었다. 이들은 수적으로는 소수였지만 그 잠재력은 엄청났다. 이지는 "급진주의와 사회주의에 입문하게 된 것은 책을 통해서였다"면서 자신에게 영감을 준 사람들은 당시에는 아웃사이더가 아니었다는 점을 강조한다.[18] "사회주의는 분명히 미국 주류 사상의 하나였어요. 유럽에서 이민 온 훌륭한 와스프 사회주의자가 많았고, 노동계급 출신 중에도 대단한 지식인들이 많았지요. 와스프 이상주의자들도 많았습니다." 토드 기틀린[1943~. 미국의 사회학자, 소설가, 정치·문화평론가로 미디어에 관한 글을 많이 썼다]과의 대담에서 이지는 이렇게 말했다. "에머슨[1803~82. 미국의 사상가, 시인] 추종자들은 강렬한 사회의식을 가진 사람들과 철저한 개인주의자들이 절묘하게 뒤섞인 집단이었어요. 노동조합에도 찬성했고."

스톤은 조숙했지만 독자들을 위해서는 다소 대중적인 메뉴를 올렸다. "급진적인 작가들 작품 중에서도 대중성이 있는 것은 시장이 컸어요. … 가장 기억에 남는 건 크로포트킨이었습니다."[19] 1920년 이지가 크로포트킨을 읽으면서 알게 된 세계를 이해하려면 과거로 86년을 거슬러 올라가야 한다. 1920년이면 러시아 혁명이 세계를 뒤집어놓은 지 3년밖에 안 된 시점이다. 차르 체제 붕괴와 볼셰비키 러시아의 등장은 1989년 베를린 장벽 붕괴로 사회주의가 종언을 고한 사건과 마찬가지로 획기적인 역사적 변환이었다. 사회주의자들이 꿈꿨던 공동체의 이상을 사상 최초로 대규모로 구현한 시도였기 때문이다. 1917년의 혼란 속에서 급진적 지식인들은 희망을 보았다. 공산당 선언을 떠받드는 인구가 1억 6,000만 명으로 당시 지구 전체 인구의 6분의 1이었다. 볼셰비키 지도자 니콜라이 부하린 (1888~1938)은 "사회계급은 완전히 변화될 것이고, 그 폐허 위에서 새로운 계급이 등장할 것"이라고 예언했다.

처음에 혁명은 한 국가를 유혈이 낭자한 어두운 과거에서 해방시켰다. 그러나 스톤을 포함해서 많은 이상주의자들이 애착을 가진 것은 혁명의 이론이지, 그 이론이 적용된 현실이 아니었다. 반면에 스톤의 친구인 버트런드 러셀(1872~1970. 영국의 철학자, 사회사상가, 평화운동가)은 1920년에 벌써 친공산주의적 입장을 철회했다. 러시아를 방문한 러셀은 그토록 좋게 봤던 사회주의 체제에서 "친절과 관용"을 전혀 찾아볼 수 없었다. 공산주의 체제는 막대한 권력이 극소수의 손에 집중됐다. 러셀은 미국에서 박해를 당했고, 1차 대전 때 전쟁에 반대해 투옥되기도 했지만 미국 사회주의자들에게 러시아 공산주의 체제를 "맹목적으로 모방"해서는 안 된다고 경고했다.[20]

모스크바에 붉은 깃발이 휘날리고 있을 때 후일 공산주의자들이 "보수파"로, 자유 시장 "혁명가들"에게 강경 수구세력으로 불리게 될지 누가 알았겠는가? 또 부하린이 말한 "사회계급"이 진짜로 변화돼 공산당 관료들이 비즈니스맨으로 컨설턴트로 변신할지, 공산주의가 망하고 새롭게 들어선 러시아 자본주의 사회에서 마피아식 부패가 판을 치게 될지 누가 알았겠는가?

아주 오래전에 크로포트킨 같은 혁명가들은 죽음을 무릅쓰고 차르 독재 체제에서 인간을 해방시키기 위해 분투했다.[21] 크로포트킨은 혁명의 방법으로 폭탄이나 던지는 상투적인 무정부주의자가 아니었고 폭력을 혐오했다. 그는 평화주의자였지만 1차 대전 때는 러시아가 독일에 맞서 싸우는 것을 지지하기도 했다. 표트르 알렉세예비치 크로포트킨은 러시아 최고위 귀족 집안의 아들이었다. 농노들의 "너그러운 마음"을 이상화했고, 순진하게도 모든 신념을 보통 사람을 통해 실현하려고 했다.

크로포트킨의 성자聖者 같은 삶은 젊은 스톤을 매료시켰다. 크로포트킨은 1882년 프랑스에서 "혁명을 선동했다"는 이유로 체포돼 투옥됐고, 이후 런던과 유럽에서 수십 년을 보냈다. 정치적 신념 때문에 줄곧 투옥과 박해를 당했지만 그럴수록 추종자들도 많아졌다.

지금으로부터 백 년도 더 전에 쓴 『빵의 쟁취The Conquest of Bread』(1892)에는 스톤을 매료시킨 이상주의가 뚜렷이 드러나 있다. 그러나 당시에도 크로포트킨은 러시아의 집단주의가 결국은 반동세력의 승리로 반전되지 않을까 우려했다. 희망을 배반당한 크로포트킨은 1920년 레닌에게 정치범을 양산하고 있다며 맹공을 퍼부었다. "블라디미르 일리치〔레닌의 이름〕, 당신이 지금 하고 있는 행동은 당신이 주장하는 이념과는 완전히 어긋난다. …당신은 당신이 수호한다는 이념을 그런 수치스러운 방법으로 더럽힐 권리가 없다."[22] 그러면서 "누구나 느끼는 솔직한 감정을 대표적인 지도자가 이런 식으로 짓밟는다면 공산주의의 미래는 어디에 있겠는가?"라고 했는데 대단히 선견지명이 있는 지적이었다.

크로포트킨과 버트런드 러셀의 메시지에 귀를 기울이면서 스톤은 링컨 스테펀스의 의견도 경청했다. 스테펀스는 정계와 재계의 부정을 폭로하는 운동을 주도한 언론인으로 이지의 또다른 영웅이었는데 러시아 방문 이후 "나는 미래를 보았다. 미래는 제대로 굴러가고 있다"라는 공개 발언을 한 것으로 유명하다.

당시 러시아에 대한 비판에 거부감을 보인 한 가지 이유는 부정확하고 반혁명적인 미국 보수 언론이 폐쇄된 사회에 관한 각종 기록이나 증언에 대해 일종의 불신감을 심어줬기 때문이다. 1919~20년에 미군이 백군白軍〔러시아 혁명에 반대하는 극우 무장세력〕을 지원하기 위해 러시아를 침공했을 때 주류 신문들은 혁명을 말살하려는 미국의 시도에 박수를 보내면서 미국 대중에게는 러시아 내전에서 미국이 한 역할에 대해 거짓말을 했다.[23] 이어 1920~30년대에 격렬한 반공주의가 잠시 소강상태에 접어든 동안 「크리스천 사이언스 모니터Christian Science Monitor」와 「뉴욕 타임스」 같은 유력지 특파원들은 신생 러시아를 아주 좋게 평하는 기사들을 내보냈다. 그러나 유감스럽게도 이런 기사들은 이전 우파 언론의 러시아 비난만큼이나 진실과는 거리가 멀었다.

스톤 같은 유대계 러시아인의 후예들에게는 그 어떤 체제도 반유대주의 차르 체제보다는 나아 보였다. 그 열광적인 혁명 초기에 유대계인 레온 트로츠키(본명은 레프 다비도비치 브론스타인)가 혁명 지도부에서도 높은 자리를 차지하고 있다는 것만으로도 러시아 농노와 유대인의 고통은 한결 감소된 것처럼 보였다.

카를 마르크스에 대해서는 호의적인 해석과 비판이 엇갈렸다.[24] 마르크스가 진정으로 의도한 것이 무엇이냐는 아직 논란이 많다. 특히 러시아 공산주의가 완전히 실패한 이후로는 더더욱 그러하다. 1883년 사망 이전에 자신에 대한 이런저런 해석을 접하고는 본인조차 "그렇다면 난 마르크스주의자가 아니다"라고 툴툴거렸을 정도다.[25]

마르크스와 엥겔스가 국제 공산주의자 동맹 강령으로 집필한『공산당 선언The Communist Manifesto』은 무장 봉기를 열렬히 촉구하기에 앞서 자본주의 사회의 추악한 이면을 이렇게 폭로한다. "부르주아지가 권력을 잡는 곳이면 어디서나… 인간과 인간 사이의 유대는 노골적인 자기 이익 추구와 냉혹한 '현금 지불'밖에 남지 않았다."[26]

마르크스는 "공산주의"를 끔찍한 불평등을 종식시키기 위해 필요한 "사적 소유의 완전한 폐기"로 보았다.[27] "가족이니 교육이니 하는 부르주아의 사탕발림은… 그래서 더더욱 역겹다. …현대 산업이 저지르는 짓거리에 의해서 프롤레타리아 가족들의 모든 유대는 산산이 찢겨져 나가고, 그들의 아이들은 단순한 거래품목으로, 노동의 도구로 변질된다." 당시에는 공정하고 민주주의적인 자본주의라는 개념이 없었다.[28] 영국에서는, 스톤이 지적한 대로, 노동계급은 아직 투표권도 없었다. 유럽은 전제 군주와 폭군이 지배하고 있었다. 미국은 어린이와 이민자 노동력을 착취해 일확천금을 움켜쥔 악덕 자본가들에 의해 유린되고 있었다. 1862년 영국 맨체스터의 한 공장에서는 노동자의 주당(6일 근무) 평균 노동시간이 84시간이나 됐다.[29]

마르크스는 자본주의가 자체적으로 붕괴하고 생산수단과 분배, 교환이 사회적 소유로 바뀌는 것은 불가피한 과정이라고 봤다. 따라서 사회를 이끌어가는 원칙도 그의 유명한 말을 빌리면 "능력에 따라 가져가는 사회에서 필요에 따라 가져가는 사회"로 바뀌게 될 것이었다.[30] 그러나 그런 새로운 사회의 모습이 구체적으로 어떻게 될 것이냐에 대해서는 거의 언급하지 않았다.(현실 사회주의의 설계자는 마르크스를 러시아에 맞게 해석한 레닌이었다.)

자본주의에 대한 탁월한 분석인『자본론Das Kapital』을 쓰기까지 마르크스는 가난에 시달리며 18년을 매달렸다. 마르크스의 이론에는 결함이 있었지만 로버트 하일브로너[1919~2005. 미국의 유대계 경제학자. 경제사상사 연구로 유명하다]의 지적대로 "놀라운 사실은 그렇게 많은 예언들이 현실화됐다는 점이다. …이윤율은 떨어졌고, 자본가들은 신형 기계에 골몰했으며, 호황은 결국 대폭락으로 이어졌고, 시장 붕괴가 일어날 때마다 소규모 기업은 대기업에 흡수됐다."[31]

마르크스가 자본주의 시스템 안에서 진단한 문제들은 지금도 여전히 골칫거리로 남아 있다. 특히 빈부 격차는 악덕 자본가 시대를 훨씬 능가한다.[32] 그러나 마르크스는 프롤레타리아의 마음을 잘못 읽었다. 역사를 보면 노동자들은 부르주아지를 선망했고, 그들을 닮고 싶어했다. 체제를 '해고'하기보다는 그 "안에서" 사적 소유가 주는 혜택을 누리고 돈을 벌고자 한 것이다.

한동안 스톤은 이상적인 정부는 "제퍼슨과 마르크스의 융합"이라는 얘기를 했다. 그러나 그런 정부가 어떻게 작동되느냐는 질문을 받은 적은 없다. "사적 소유 폐기가 답"이라고 생각한 급진파 청년 이지는 이후 "소비에트 블록에서 일어나는 일들을 보면서 그런 신념을 상실했다."[33] 마르크스가 실수한 지점은 프롤레타리아가 압도적 다수가 될 것이라고 봤다는 데 있다고 스톤은 생각했다. "선진 산업국가 가운데 산업 노동자 계급이 다수인 나라는 없다. 새로운 중산층이 등장한 것이다." 스톤은 오랫동안 중산층을 포함하는 사상을 만들어내야 한다고 주장했고, 이에 대해 교조적인 좌파들은 줄곧 말도 안 되는 소리라고 매도했다. 그러나 스톤은 경제학자도 아니고 경제이론에 매달리지도 않았다.[34] 사실 "사회주의자" 스톤은 사회주의나 어떤 주의를 추종하기에는 너무도 독자적이었다.[35] 그는 "나는 사회주의자를 자처한다. 그러나 무리 지어 하는 행동은 증오한다"고 말한 적이 있다. 말년에 가서는 "일반적인 의미에서 신념으로 보면 일종의 사회주의자지만 기질상으로는 개인주의자"라는 점을 인정했다.[36] 스톤은 집단주의 국가로서는 골칫덩어리였을 것이고, 러시아나 쿠바나 중국에서 살고 글을 썼다면 일주일 안에 감옥에 처박혔을 것이다.

1948년 마녀사냥이 한창일 때 이지는 이런 농담을 했다. "공산주의자들이 집권하면 나는 바로 캔자스 주 집단수용소에서 식은 죽이나 먹는 신세가 될 것이다."[37]

제퍼슨식 민주주의는 다른 문제였다. 스톤은 제퍼슨에 대해, 그리고 공산주의 국가에는 없는 '사상과 언론의 자유'라고 하는 미국 사회의 기초에 대해 아이처럼 순진한 열정을 가지고 있었다. 많은 저널리스트들이 그랬던 것처럼 스톤도 "만일 내게 신문 없는 정부를 택하겠느냐 정부 없는 신문을 택하겠느냐고 묻는다면 나는 서슴없이 후자를 택할 것이다"라고 한 제퍼슨의 명언을 금과옥조로 여겼다. 그러나 스톤은 제퍼슨의 변신을 간과했다. 대통령이 된 이후 반대파 신문들의 흠집 내기에 지친 제퍼슨은 편집자들이 신문 내용을 진실, 개연성, 가능성, 거짓의 네 장章으로 구분해 편집할 것을 제안했고, 그러면서 "첫번째 장은 양이 얼마 안 될 것"이라고 비꼬았다.[38] 대통령 시절 제퍼슨은 한 우호적인 신문 발행인을 꼬드겨 워싱턴에 인쇄소를 내게 했는데 미끼는 정부 간행물 인쇄를 떠안기는 것이었다. 그런 식의 노골적인 언론 관리 덕분에 정치 저널리즘은 제퍼슨에게 우호적인 쪽으로 완전히 바뀌었다.

제퍼슨의 잘잘못을 가려보는(노예를 소유했고, 흑인 노예 사생아를 여럿 낳았으며, 연방주의를 거부하고 같은 처지의 남부 농장주들 편을 들었다) 현대 역사학자들과 달리 스톤은 건국의 아버지(제퍼슨)를 무비판적으로 찬양했다. 그는 제퍼슨 얘기를 할 때면 마치 지금 살아 있는 친구 내지는 전화하면 바로 술 한잔 할 수 있는 동료 얘기하듯이 했다. 대화중에는 "바로 그게 제퍼슨 생각이었어"라고 중얼거리곤 했다. "제퍼슨은 계몽주의를 이 나라에 심었다. 그가 아니었다면 신문쟁이들은 지금과 같은 지위를 누리지 못했을 것이다. 그런 건 영국에도 없고 유럽 어디에도 없다. 거기서는 그저 청소부들처럼 상류층 뒤꽁무니만 쫓아다닌다."[39]

스톤이 언론의 자유라는 원칙을 위반하고 있다고 보는 정부와 정치인에 대해 그렇게 비판적으로 쓰고 말한 것은 바로 미국이라는 나라의 기초에 대한 신념 때문이었다. "미국은 현대 들어 보통 사람이 제대로 설 수 있었던 최초의 국가다. 고대 그리스 사회에서 귀족이란 놈들은 할머니의 할머니의 할머니가 신과 떡을 쳐서 태어난 후손이라고 믿었지."[40] 작가 빌 토머스와의 대화에서 그는 이렇게 떠들었다. "그래서 올림포스 신들의 혈통을 이었다는 거고, 어중이떠중이와는 다르다는 거지." 다른 자리에서는 또 이렇게 말했다. "기성 체제나 관습에 동조하지 않는 사람들이 여기보다 더 헌법의 보호를 받는 사회는 없다. 그리고 언론의 자유가 이토록 철저한, 국가 이데올로기의 본질적인 일부로 작동하는 곳도 없다."[41]

이지가 친구처럼 생각한 또 한 사람은 17세기 영국의 대문호 존 밀턴이었다. 스톤은 한 젊은 기자로부터 밀턴의 『아레오파지티카Areopagitica』라는 책을 들어본 적이 없다는 말을 듣고 충격을 받았다.(다른 사람들은 젊은 기자들이 밀턴에 대해 들어봤다고 하면 오히려 충격을 받았을 것이다.) 스톤은 『아레오파지티카』에 대해 늘 극찬을 아끼지 않았다. "언론 자유를 웅변한 걸작 중의 걸작이다. 학생들에게 그런 걸 읽히지 않는 저널리즘 스쿨들에게는 저주다!"[42] 1643년 영국 의회는 모든 책에 대해 검열관의 사전 출판 허가 획득을 의무화하는 법률을 통과시켰다. 정치적·종교적 반대를 잠재우려는 시도였다. 밀턴의 저서들도 철저한 사전 검열 대상이었다. 그러지 않아도 부부가 성격적으로 맞지 않으면 이혼할 권리를 보장해야 한다고 주장하는 책자 같은 것들(본인의 불행한 결혼 생활이 계기가 됐을 것이다)을 써낸 터였다.

1644년에 쓴 『아레오파지티카』는 검열에 대한 밀턴의 답변이었다. 수사학의 걸작인 이 작품이 위대한 논문으로 남은 이유는 사전 검열 문제를 뛰어넘는 본질적인 문제를 다뤘기 때문이다. 밀턴은 좋은 책을 억압하는 것은 인간 정신의 가장 고귀한 발현을 억압하는 것이라고 주장했다. 검열관은 무지한 인간일 게 뻔하므로 책 내용을 제대로 판단할 능력도 없다는 것이다. 그는 또 책 때문에 부도덕이 우려된다고 해도 그냥 놔두라고, 부도덕을 알아야 미덕이 무엇인지도 제대로 알 수 있다고 주장했다. 스톤이 가장 좋아한 구절은 이것이었다. "인간을 죽이는 자는 신의 형상에 따라 창조된 이성의 피조물을 죽이는 것이다. 그러나 좋은 책을 말살하는 자는 이성 자체를 말살하는 것이다."[43]

4
폭로 저널리즘과 애국주의의 광풍

체포된 사람들은 5개월 동안 수감됐다. 구타하고 굶기고 질식시키고 고문하고 죽이겠다고 협박하면서 자백을 끌어내려 했지만 허사였다.
1920년대 미국 법무부 일제검거 당시 인권 유린 사태 관련 공식 보고서 중에서

미국은 건국 이래 정치인과 신문 발행인들이 수정 헌법 1조에 대해 의례적으로 경의를 표하는 나라였다. 그러나 역사를 보면 바로 그들과 법원이 언론과 사상의 자유를 옥죄기 위해 못된 짓을 골라서 했다는 걸 알 수 있다. 제퍼슨의 말처럼 "언론의 자유는… 자신들의 행동이 조사 대상이 될 것을 우려한 자들이 먼저 나서서 짓밟았다." 대개 부유하고 보수적이며 소심한 종자인 신문 발행인들은 자신을 먹여 살리는 자들―광고주, 기업, 또는 고위직의 친구들―을 화나게 할 진실에 대해서는 가차 없이 억압하곤 했다. 스톤의 말을 빌리면 "백만 달러어치 화장지를 팔아 세액공제액으로 신문을 사들인" 발행인도 있었다.[1]

그러나 스톤은 예외적인 발행인들에 대해서는 극찬을 아끼지 않았다.[2] 노예제 폐지를 주창했다가 성난 군중에게 두들겨 맞거나 노예제에 반대하는 간행물을 냈다가 살해당한 경우도 있었다. 스톤에게 가장 큰 영향을 미친 것은 20세기 초 대기업 및 조직 정치와 싸운 일단의 용감한 기자와 발행인들이었다. 그들의 폭로 기사는 진실에 목말라 하는 수많은 대중에게 잘 먹혔다. "머크레이킹^{muckraking}"[muck는 '오물'이나 '쓰레기', rake는 '갈퀴로 긁다 또는 샅샅이 뒤지다'라는 말로 추문이나 비리를 들추어내는 폭로 저널리즘을 일컫는 용어다]의 시대는 당대를 넘어 지속적인 영향을 미치면서 법률을 바꾸는 데 결정적인 역할을 하기도 하고, 스톤 같은 다음 세대 기자들의 정신에 불을 댕겼다.

머크레이킹 저널리즘은 간헐적으로 기자 정신을 되살리는 계기가 됐다. 최고로 평가받는 언론인들은 영감을 준 선배 기자들 얘기를 많이 한다. 그리고 그들은 다시 다음 세대 언론인들에게 영향을 주었다. 스톤에게는 사회주의자인 유진 데브스[1855~1926. 미국사회당을 만든 노동운동가. 1900~20년 사회당 후보로 5차례 대통령 선거에 출마했다]와 그의 겁 없는 동료들 같은 언론인들이 평생 깊은 영감을 주는 존재였다.

1900년, 서로 다투는 이민자들이 모여 사는 나라 미국은 최악의 산업혁명을 겪고 있었다. 남북전쟁 이후 미국은 "인간 탐욕의 역사에서 유례가 없을 만큼 유린당했다…. 탐욕을 위해서라면 야만적인 폭력도 불사했고, 교활하게 사업 경쟁자의 목을 자르기도 했고, 관리들에게 뇌물을 떠안기기도 했다. 부패는 거의 보편화된 현상이었다."[3] 역사학자 프레드 J. 쿡[1911~2003. 유명한 탐사보도 전문기자]은 당시를 이렇게 묘사했다. 그런 분위기에서 "깊고도 고질적인 불안과 불만과 회의를 표현한" 신문·잡지들이 대단한 인기를 끌었다.[4]

스톤이 운영한 주간지의 모델이 된 정치주간지 「사실은^{In Fact}」의 발행인 조지 셀즈[1890~1995]는 "까발리고 개혁을 촉구하고 폭로하고 부정을 탐사해 보도함으로써 부패한 현실을 낱낱이 밝혀내고 대중을 계몽시키는 작업은 모두 리버럴^{liberal}[미국에서 보수우파에 상대되는 개념으로 진보 내지는 자유주의자를 말한다]이 한 것이다. 우파에서는 부패, 부정, 역사 왜곡, 공공재산 탈취 또는 대중의 정신을 조작하려는 선전선동 같은 것들을 폭로

한 적이 없다"고 썼다.[5]

미국사회당American Socialist Party[여러 사회주의 세력이 통합해 1901년 발족했다. 사회민주주의를 추구했으며 1971년 해산됐다]은 이지가 태어난 1907년이면 창당 6주년을 맞아 왕성한 활동을 하고 있었다. 당시 카리스마 넘치는 지도자인 데브스는 사회당을 지지하는 주간 신문 「이성에의 호소Appeal to Reason」의 편집자를 겸하고 있었는데 이 신문은 뉴욕의 이민자 출신 피복 노동자, 켄터키의 광산 노동자, 오리건의 벌목공, 워싱턴 주의 광산 침목 설치 노동자, 캔자스의 농부 등등 미국 곳곳에서 힘겹게 살아가는 3D 업종 노동자들의 심금을 울렸다. 영어를 읽을 줄 아는 이민자들은 열정적인 「이성에의 호소」를 접하면서 사회의식이 높은 중산층에 이어 사회당원이 됐다.

1908년 '모두 왕을 찬양하라!'라는 제목의 기사는 스탠더드 오일사社[1870~1911년 미국의 석유 생산·정제·운송·판매를 독점했던 기업. 록펠러가 소유주였다]가 25년 반 동안 벌어들인 순이익이 9억 2,900만 달러로 "유럽의 모든 왕과 북미와 남미의 모든 대통령이 번 돈"보다 많다고 보도했다. 적대세력은 데브스를 살인을 서슴지 않는 혁명가라고 비난했다. 그러나 진정으로 이성에 호소했던 데브스는 "나는 변화를 믿는다. 그러나 그 변화는 완전히 평화롭고 질서정연한 수단을 통해서 이루어져야 한다"고 주장했다. 대머리에 얇은 입술, 단추가 턱밑까지 올라오는 정장 차림의 데브스는 겉보기에는 본인이 적대시한 자본가처럼 보였지만 실상은 완전히 딴판이었다. 데브스는 14세 때 철도회사 기관차 화부로 일을 시작했고, 그 시절 이후로 "내 마음은 늘 노동계급과 함께였다"고 했다.[6] 신념에 넘치는 그의 연설은 청중들을 매료시켰다. "황금이 신神이며 인간사를 지배한다" 같은 구절은 지금도 명언으로 인용되곤 한다.[7]

"그를 한 번 직접 만나봤다"는 스톤의 말을 들어보자. "정말 대단한 사람이었어요. 데브스는 유머 감각이 있었지요. 토속적인 언어로 글을 썼어요. 「이성에의 호소」는 한때 구독자가 50만 명이나 됐다니까요!"⁸ 스톤의 주간신문은 25만 부에서 끝났다. 1913년에 「이성에의 호소」 발행부수는 76만 부를 돌파했다. 정치 성향과 무관하게 신문 발행부수로는 경이적인 것이었다.⁹ 정치적 위기가 있거나 데브스가 사회당 후보로 대선 유세를 할 때면 단일 이슈 특집을 발행해 우편으로 발송했는데 최고 400만부나 찍었다. 읽고 또 읽고, 친구들끼리 돌려 보고 하면서 「이성에의 호소」는 20여 년간 큰 인기를 누렸고, 미국 역사상 급진파 계열 간행물로는 가장 큰 영향력을 발휘했다는 평가를 받고 있다.

「이성에의 호소」는 여성과 흑인의 평등권을 최초로 주창했고, 이 신문에서 제안한 각종 개혁 프로그램은 수십 년 뒤 결국 법으로 통과됐다. 시인 칼 샌드버그[1878~1967]의 반전시와 헬렌 켈러[1880~1968. 맹농아라는 장애를 딛고 성공한 미국의 여성 저술가, 사회사업가]가 편집자 데브스에게 보낸 "존경하는 동지에게" 같은 서한은 지면의 품격을 높여주었다. 켈러의 편지 가운데 한 편은 「이성에의 호소」 편집자 한 사람이 "부당하게 유죄 판결을 받은 것"에 항의하는 내용인데 "내가 가지고 있는 헌법을 기준으로 판단하건대"라는 유명한 표현이 나온다.

데브스는 1919년 반전 연설을 했다는 이유로 10년이라는 터무니없는 장기 형을 선고받았다. 선고를 받자 데브스는 판사에게 이렇게 말했다. "전체 인구의 6퍼센트가 우리나라 부의 3분의 2를 장악하고 있습니다. … 존 D. 록펠러는 지금 일 년 수입이 6,000만 달러입니다. 한 달에 500만 달러를 벌지요. 하루에 20만 달러를 버는 셈입니다." 당시 평균 임금은 시간당 몇 페니에 불과했다. 데브스의 발언은 이렇게 이어진다. "록펠러는 단돈 일 페니어치도 생산하지 않습니다. …나는 록펠러 씨나 다른 자본가들과 개인적으로 다툴 생각이 전혀 없습니다. 그저 쓸모 있는 일이라고는 아무것도 안 하는 사람이 수억 달러의 재산을 모으고, 반면에 평생 매일 죽어라고 일하는 수많은 사람들은 간신히 먹고 살아가는 사회 체제에 반대하는 것입니다."

「뉴욕 타임스」는 데브스의 유죄 판결 사실은 보도했지만 그가 어린이 노동자와 그 부모들의 처지를 개선시켜야 한다고 호소한 내용은 무시했다.[10] 그런 내용을 알려면 「이성에의 호소」를 읽어야 했다. 이지는 열두 살 때 데브스의 메시지와 그가 주도하는 신문에 매혹됐다. 「이성에의 호소」가 가장 흥미진진한 신문이었지만 이지의 어린 시절에는 그밖에도 영어와 외국어로 된 일간지 여덟 종을 포함해 300종이 넘는 사회주의 계열 신문·잡지가 호황을 누렸다.

이런 급진적인 분위기에 고무된 이지는 난생처음이자 마지막으로 10대 말에 사회당 활동가가 됐다. 1925년 이지는 유진 데브스 이후 사회당을 이끈 노먼 토머스[1884~1968. 사회개혁가이자 정치인으로 '미국의 양심'이라는 평가를 받기도 했다]가 뉴욕 시장으로 출마했을 때 열심히 지지 운동을 했다. 스톤은 자주 "남들 다 빠져나갈 때 난 들어갔지"라고 말하곤 했다.

미국 정부는 헌법은 깡그리 무시하고 반대 목소리를 내는 언론과 사회주의 세력을 탄압했다. 기성 언론은 그런 파괴 공작의 조수 노릇을 알아서 열심히 했다. 정치사의 유별난 한 장이라고 할 수 있는 그 암담했던 시절에 관한 얘기는 입맛에 맞는 사료만 골라 물타기를 하는 역사에서는 무시되곤 했다. 데브스와 노먼 토머스 같은 이들은 "슬쩍 걸치고 지나가는" 경우가 종종 있지만 그런 운동을 주도한 사상가들은 정치학자와 역사학자에 의해 대부분 "망각 속에 처박혔다."[11]

그런 눈먼 역사는 어린이 노동 금지법에서부터 노동자에 대한 복지 혜택 부여에 이르기까지 인도주의적 발전은 거의 모두 좌파의 눈물겨운 노력 덕분에 가능했다는 사실을 묻어버린다. 사회당이 80년 전에 주장했던 노동자 자주 관리제처럼 한때 급진적이라고 매도됐던 개념이 지금 선진적인 기업과 학교에서는 좋은 시스템으로 평가받고 있다.

좌파가 스스로 몰락을 부채질한 부분이 분명 있다. 변화를 어떻게 현실화시킬 것이냐에 대해 자기들끼리 생각이 달라 싸우는 바람에 응집력과 지속력을 발휘하지 못한 것이다. 좌파 급진주의는 "사회주의, 생디칼리슴syndicalism〔19세기 말~20세기 초에 일어난 노동조합주의 운동. 의회주의를 부정하고 노조를 혁명의 주체로 하여 사보타주, 보이콧, 파업 같은 직접 행동으로 자본주의를 타도하자고 주장했다〕, 무정부주의 셋으로 나뉘어 싸우는 바람에" 분열됐다.[12] 무정부주의자들은 새로운 사회는 국가가 폐기된 이후에야 가능하다고 생각했다. 생디칼리스트들은 사회 개조는 투표나 바리케이드를 치는 수준의 행동으로는 불가능하고 노동자들이 노조로 뭉쳐서 파업을 지속해야만 이룰 수 있다고 믿었다. 사회당 내에서는 선거와 현재 시스템 내에서의 개혁이 가능한가, 또는 혁명(사회당은 비폭력 혁명이라는 점을 강조했다)이 토지와 자본에 대한 집단 소유와 민주적 관리라는 목표를 달성할 수 있느냐를 놓고 분파별로 심한 충돌을 빚었다. 1917년까지도 대부분의 사회주의자들은 민주주의라는 이념을 적극 지지했다. 그러나 러시아에서 볼셰비키 혁명이 일어나면서 사회당은 분열이 극심해져 파국을 맞았다.

그러나 20세기 처음 12년 동안 사회주의의 꿈은 실현 가능해 보였다. 무신론자인 데브스는 인민당 분파와 기독교인, 마르크스주의자, 극렬 노조 중심주의자들을 통합해 1901년 사회당 깃발 아래로 모이게 했다.

사회주의자들은 머크레이킹 계열 언론의 열렬한 애독자였다. 머크레이킹이라는 표현은 원래 시어도어 루스벨트〔미국의 제26대 대통령. 재임 1901~09년〕가 경멸하는 표현으로 만든 말이다. 정적과 탐사보도 전문기자들은 초대 조지 워싱턴부터 조지 W. 부시까지 역대 대통령들을 화나게했지만 대통령들은 또 나름대로 기자들을 잘 이용하고 때로 악용해서 상당한 성과를 봤다. 1906년 루스벨트 대통령은 고만고만한 백악관 출입기자들을 잘 구슬려 4년 동안 쏠쏠한 재미를 봤다. 그러나 루스벨트와 당시 대중들은 백악관 보도자료를 그대로 받아쓰지 않는 '말썽꾼' 기자들의 기사도 읽고 있었다.

19세기 말~20세기 초 머크레이킹 저널리즘이 시작됐을 때, 정치권에서는 '개인주의' 신조를 적극 선전했다. 그런 이미지가 대중의 마음에 깊이 각인됐기 때문에 허버트 후버[미국의 제31대 대통령. 재임 1929~33년]가 형용사 하나를 더해 "강인한 개인주의^{rugged individualism}"[모든 개인은 혼자 힘으로 성공할 수 있으며, 따라서 정부의 보조는 최소화해야 한다는 사상]라는 걸 들고 나왔을 때는 대단한 박수갈채를 받았다. 수십 년 후에는 로널드 레이건이 이 용어를 복권시켜 재미를 봤다. 19세기 말에 개인주의 개념을 확산시킨 것은 보수파 학자들과 언론사 사장들이었다. 그중에서 주목할 만한 인물이 사회주의에서 전향해 「뉴욕 선^{New York Sun}」 편집국장을 지낸 찰스 A. 데이나[1819~97]였다. 개인주의에 대한 숭배는 "무슨 수를 써서라도 성공한다"는 탐욕을 이상적인 것이며 누구나 이룰 수 있는 꿈이라고 떠들어대는 지경까지 갔다. '개인주의'는 미국의 자본가들과 사업가들을 '정부 도움 없이 본인 머리와 노력만으로 부를 일군 대단한 사람들'이라는 식으로 정당화시켜줬다.[13] 교묘하게 조작된 이런 신화는 부패, 뇌물수수, 정부와의 뒷거래, 노예 수준의 저임금 같은 것들은 깡그리 무시했다. 악덕 자본가들이 부를 일구는 기초가 된 것은 바로 그런 사회악들이었다.

대표적인 사례가 존 D. 록펠러[1839~1937]였다. 록펠러가 세계 제일의 부자가 되는 데에는 정치인들에게 뇌물을 바치거나 경쟁업체의 정유공장을 파괴하는 등의 온갖 불법과 비리가 있었다. 머크레이킹 언론은 록펠러의 스탠더드 오일 이면에 감춰진 진실은 물론이고 그 이상의 비리까지 폭로했다. 대부분의 도시에서 경찰은 너무나 썩어 있어서 군중들이 폭동을 일으킬 때면 거기 묻어서 약탈을 했다. 육류 도축·가공·배급 공장들은 아침에 먹는 소시지에 쥐는 물론이고 불운하게 절단된 노동자들의 신체 일부까지 몽땅 쓸어 넣었다.

시어도어 루스벨트 대통령은 처음에 부유한 동료 공화당원들이 폭로 저널리즘에 시달리는 것을 별로 개의치 않았다. 심지어 이발하는 시간이면 지방자치단체의 부정비리를 파헤치는 것으로 유명한 링컨 스테펀스 기자의 배석을 허용할 정도였다. 그러나 1906년, 스테펀스를 비롯한 기자들이 너무 나갔다. 데이비드 그레이엄 필립스[1867~1911. '미국의 발자크'라고 불렸던 소설가, 저널리스트]가 허스트계 잡지「코즈모폴리턴」에 미국 상원—이때만 해도 상원의원은 선출직이 아니라 당 지도자들이 낙점했다—을 '국민에게 봉사할 생각 같은 것은 전혀 없는 고용된 창녀들'이라고 폭로한 것이다.(그의 연재기사는 전국적인 반향을 불러일으켰고 연방 상원의원을 직접 선거로 뽑도록 하는 수정 헌법 17조가 통과되는 계기가 됐다. 이런 제스처는 사실 본질적인 변화는 아니었다. 자본가들은 매수한 정치인들의 선거운동에 자금을 지원하는 식으로 영향력을 행사했고, 이는 지금도 별로 달라지지 않았다.)

이어 1906년 4월 14일, 루스벨트는 사회주의 계열 기자들에게 마구 씹히고 있는 동료 정치인들에게 격려의 말을 전했다. 그는 오른팔을 휘두르며 존 버니언[1628~88. 영국의 설교가, 작가]의 『천로역정Pilgrim's Progress』을 멋대로 인용하면서 폭로 언론을 비난했다. "(『천로역정』에 나오는) 쓰레기 뒤지는 자에 대한 묘사를 생각해보십시오. 눈 부릅뜨고 더럽고 지저분한 것만 찾아다니지요." 버니언이 말한 '쓰레기 뒤지는 자'란 돈을 찾아 쓰레기를 뒤지는 것으로 인생을 낭비하는 사람으로 폭로 전문 기자들이 먹잇감으로 삼은 바로 그 대상이었다. 그러나 루스벨트의 비유가 잘못됐다는 것은 문제가 아니다. 보수 언론을 포함해 탐사 언론investigative journalism의 적들은 폭로 전문 기자들에 대한 루스벨트의 비난을 계기로 유례없는 정치적 탄압과 경제적 압력을 가했고, 그 결과 독특한 언론 운동으로서의 머크레이킹은 위기를 맞았다. 스톤은 조롱조의 머크레이커muckraker라는 표현은 싫어했지만 머크레이커들에 대해서는 높이 평가했다. 그러나 스톤은 남들이 자신을 머크레이커에 비교하면 이의를 제기했다.

머크레이커들은 폭로에 치중할 뿐 해결책 제시를 본업이라고 생각하지 않았다. 그러나 잠시나마 그들은 대단한 영향력을 발휘했고, 20세기의 첫 16년 동안 진보적인 개혁의 물결이 확산되는 데 큰 역할을 했으며, 많은 좌파 지식인들에게 큰 영향을 미쳤다. 지금까지도 그런 수준의 역할을 했다고 자부할 만한 언론인—특히 대통령이나 재벌과 격의 없이 지낸 언론인들의 경우는—은 거의 없다.

과감하면서도 노회한 S. S. 맥클루어[1857~1949. 미국 머크레이킹 저널리즘의 대표적 인물]는 지방자치단체 독직 사건을 폭로한 링컨 스테펀스의 기사가 독자들에게 먹힐 것이라고 직감했고, 1902년 자신이 경영하는 「맥클루어스 매거진McClure's」에 게재하기 시작했다. 이 잡지는 정통 기사와 가벼운 읽을거리(소설, 여행기, 직장생활과 결혼생활 관련 수필 등등)를 버무린 스타일로 1900년 구독 가정 독자가 35만 가구에 달했다. 「맥클루어스 매거진」의 스타 기자인 스테펀스는 오만함이 없지 않았다. 제재업계의 백만장자가 "난 언론 타는 거 싫소"라며 인터뷰 요청을 거절하자 스테펀스는 바로 "띄워드리려는 게 아니라 씹어드리려는 거예요"라고 맞받아쳤을 정도였다.[14]

맥클루어는 무명 기자를 고용하기도 했다. 그는 냉정하고 객관적인 스타일의 이 기자에게 거의 무제한의 자유를 주었다. 한 줄의 기사가 나가기까지 무려 5년이라는 취재기간을 준 것이다. 스톤은 이 기자를 우상처럼 떠받들었다. 그는 역사상 가장 탁월한 언론인의 한 사람으로 당시만 해도 남성의 독무대인 언론계에서 보기 드문 여성이었다. 여기자 아이다 타벨이 맡은 과제는 록펠러와 스탠더드 오일을 조사하는 것으로 그녀는 이 일에 불타는 열의를 보였다. 그녀의 아버지 프랭크 타벨은 당시 수많은 독립

석유생산업자 중 한 사람이었는데 경쟁자의 정유시설을 폭파시키기까지 하는 스탠더드 오일의 사악한 독점 전술 때문에 빚더미에 올라앉은 전력이 있었다. 스탠더드 오일 때문에 망하게 되자 동업자는 자살을 했고, 프랭크 타벨은 절망적인 상황에 빠졌다. 그는 딸에게 '스탠더드 오일이 너와 잡지를 파멸시킬 것'이라고 경고했다. 그러나 아이다 타벨을 막을 수는 없었다. 타벨은 열네 살 때 신에게 결혼하지 않도록 해달라며 "저는 자유로워야 하고, 자유로우려면 독신이어야 합니다"라고 기도했다. 기자가 된 뒤 타벨은 남자 같은 복장을 하고 현장을 누볐다.

타벨은 록펠러를 잡고야 말겠다는 일념으로 케케묵은 소송 서류와 묘하게도 정부 조사를 면한 사안과 관련된 의회 기록을 뒤졌다. 록펠러의 영향력에도 불구하고 증언을 해준 취재원들도 만났다.[15]

발등에 불이 떨어진 스탠더드 오일 경영진은 막강한 중재자인 마크 트웨인〔1835~1910. 『톰 소여의 모험』으로 유명한 소설가〕을 내세웠다. 트웨인은 기자를 협박하려는 사업가들이 자주 활용하는 창구였다. 그런 트웨인이 항의를 해도 맥클루어는 들어주지 않았다. 트웨인이 기사 내용을 묻자 맥클루어는 퉁명스럽게 대꾸했다. "아이다한테 직접 물어보시오."

1902년에 시작된 아이다 타벨의 연재기사는 스탠더드 오일이 경쟁업체보다 훨씬 낮은 운송비를 책정받은 비밀 거래를 포함해 록펠러가 온갖 불법과 탈법, 비리를 저지르면서 대재벌이 된 과정을 낱낱이 파헤쳤다. 타벨은 독자들이 쉽게 알아들을 수 있는 말로 기사를 썼다. 운송비의 경우는 "개인 용도로 철도를 전세 내는 수준"이라는 식으로 표현했다. 록펠러에게 우호적인 판사들은 스탠더드 오일의 경쟁사 정유시설 파괴 행위에 대해 가벼운 벌금형에 처하는 특혜를 베풀었다. 스탠더드 오일이 오하이오 주 의회를 매수한 사건은 너무도 악명 높아서 역사에 '석탄·석유 의회 Coal Oil Legislature'라는 고유명사로 정착돼 있을 정도다.

신문사 사장들도 정치인 못지않게 부패했다. 오하이오 주의 신문사

110여 곳은 광고와 기사를 맞바꾸는 식으로 스탠더드 오일 홍보팀이 제공하는 "기사"와 그쪽에 유리한 사설을 싣는 계약을 맺었다. 이런 식으로 매수된 신문사들이 아이다 타벨에 대한 중상 모략에 나섰다. 전형적인 방식은 타벨이 여성이라는 점을 부각시키는 것이었다. "히스테리 부리는 여자와 역사적 사실 가운데 어느 쪽을 믿을 것인가?" 운운하는 식이었다. 하버드 대학의 한 경제학자가 그녀를 공격하는 책을 쓰자 스탠더드 오일은 5,000부나 구입해 뿌렸다.

그러나 이 모든 공세를 타벨은 완벽한 취재로 버텨냈다. 그녀가 낸 책이 유명세를 타면서 3년 사이에 여러 주 법원에서 스탠더드 오일에 대해 21건의 반독점법 위반 소송이 제기됐다. 루스벨트 대통령도 어쩔 수 없이 스탠더드 오일의 독점 구조를 깨기 위한 반독점 조치를 명했다. 반독점법 위반 관련 소송은 여러 해를 끌었지만 결국 1911년 연방대법원은 스탠더드 오일에 대해 해산 결정을 내렸다. 그렇게 해서 스탠더드 오일은 일곱 개의 자매 석유 카르텔[기업연합]로 쪼개졌다. 분할 명령에 따라 록펠러는 수백만 달러의 손실을 보았다. 억만장자에게 이 정도는 가벼운 처벌이었겠지만 어쨌든 록펠러로서는 고통스러운 시간이었다. 록펠러는 자선사업가이기도 했지만 자손들도 가문을 일으킨 시조 존 D. 록펠러에게 타벨이 덧씌운 추악한 이미지를 지울 수는 없었다.

타벨이 강철같이 냉철한 스타일이라면 또 한 명의 유명한 머크레이커 업턴 싱클레어는 펄펄 끓는 용암 같은 스타일이었다.[16] 이지는 열두 살 때 싱클레어의 대표작 『정글The Jungle』[1906년에 나온 머크레이킹 저널리즘의 대표작]을 놀러온 사촌에게 읽어보라고 억지로 떠맡기는가 하면 아는 사람을 만날 때마다 권유했다. 1904년 「이성에의 호소」는 싱클레어에게 시카고 지역 육류가공 업체 이주 노동자들에 대한 기사를 써달라며 500달러를 선인세로 주었다. 연재기사는 즉각 책으로 나와 베스트셀러가 됐고, 17개국 언어로 번역돼 국제적으로도 큰 성공을 거뒀다. 그러나 그런 성공의 이면에는 『정글』 출판을 막으려는 쇠고기 업체들('쇠고기 트러스트Beef Trust')의 치열한 방해공작이 있었다.

싱클레어가 치밀하게 수집한 자료들은 폭발성이 엄청났고, 그는 그런 사실들을 하나의 소설로 구성했다. 슬픔과 고통의 표현으로 점철된 이 걸작은 에밀 졸라나 찰스 디킨스의 걸작과 어깨를 나란히 한다. 싱클레어는 밥도 제대로 못 먹는 어린이들이 하루에 열 시간 이상 일하는 상황을 서술했다. 그것은 당시 미국 어린이 175만 명이 똑같이 겪는 고역이었다.

> 몇 시간, 몇 일, 몇 년이고 아이는 좁은 바닥에 서 있어야 한다. …움직여서도 안 되고 생각을 해서도 안 된다. 오직 돼지기름 통조림 세팅만 해야 한다. 여름이면 뜨뜻해진 돼지기름에서 토할 정도의 악취가 났고, 겨울이면 통조림이 꽁꽁 얼어붙어 난방 안 된 지하실에서 장갑도 끼지 않고 일하는 아이들의 가녀린 손가락에 쩍쩍 달라붙었다. …평일에 햇빛 찬란한 바깥 풍경이 어떤지 아이는 전혀 모를 것이다. 그렇게 일을 하고서 주말에 아이가 집으로 가져가는 돈은 고작 3달러였다. …시간당 5센트.[17]

성인 남녀는 주급 6달러로 고문과 같은 상황을 견뎠다.

> 난방은 안 됐다. …남자들은 발을 신문지와 낡은 자루로 싸서 묶고 일을 했기 때문에 핏물이 스며들어 얼어붙었다. 그렇게 핏물이 스며들고 다시 얼고 하는 식이 계속되어 밤이면 다리가 코끼리 다리만 하게 부풀었다. …칼을 쓰는 사람들은 모두 장갑을 낄 수 없는 형편이었다. 그래서 팔은 서리가 앉아 허옇고 손은 곱아서 감각이 없었다. 그러니 사고가 빈발하는 것은 당연지사였다.[18]

점심때에도 핏물과 각종 분비물, 그리고 사체의 악취를 떨쳐버릴 수 없었다. 여름이면 작업대는 피가 흥건하게 고여 뚝뚝 떨어지는 난로 같았다. 악취가 노동자의 코에서 떠나지를 않았다. 도살한 동물이 컨베이어벨트를 따라 매우 빠른 속도로 이동했기 때문에 안 다치는 노동자가 없었다. 손가락 잘리는 것은 일도 아니었다.

싱클레어는 『정글』의 성공으로 갑자기 부와 명예를 거머쥐었지만 늙어서도 자신의 작품이 독자들에게 사회주의나 노동 개혁이 필요하다는 확신을 심어주는 데 별 기여를 하지 못한 것을 안타까워했다.[19] 이런 상황을 빗대어 "나는 대중의 가슴을 노렸는데 공교롭게도 배에 맞았다"고 말한 것은 유명하다. 많은 독자들이 갑자기 채식주의자가 되자 싱클레어는 이렇게 말했다. "내가 '유명 인사'가 됐다는 걸 알았을 때 참으로 씁쓸했다. 왜냐하면 대중은 노동자들의 고통을 걱정하는 게 아니라 결핵 걸린 쇠고기를 멀리하려고만 했기 때문이다."

미국인이 결핵 걸린 소의 고기와 썩은 고기를 먹고 있다는 충격적인 사실을 담은 『정글』이 출간되자 업계에 매수된 의회조차 6개월 만에 식품·의약품안전법Pure Food and Drug Act과 쇠고기검사법Beef Inspection Act을 통과시켰다. 이런 법들이 최악의 노동 학대는 없앴지만 "육류업자들이 고용한 로비스트들이 워싱턴을 활개치고 다녔고, 그 결과 육류 검사법은 이빨 빠진 호랑이가 됐다"고 싱클레어는 개탄했다.[20]

싱클레어는 루스벨트에게 노동자들을 위한 제도를 만들라고 열심히 설득했지만 허사였다.[21] 『정글』 출간 10년 뒤, 싱클레어는 신규 노동 실태 조사에서 나타난 것처럼 본인의 걸작이 "거대한 육류 가공 공장에서 일하는 임금 노예들"을 위해 아무 도움도 안 됐다고 토로했다. 「새터데이 이브닝 포스트Saturday Evening Post」처럼 쇠고기 트러스트에 우호적인 잡지들은 육류업계 거물 J. 오그든 아머에게 『정글』을 반박할 기회를 넘치도록 보장해 줬다. (공교롭게도 아머의 부하 직원이었던 조지 호러스 로리머가 「새터데이 이브닝 포스트」의 편집장이었다.) 보수적인 「뉴욕 타임스」는 싱클레어를 공격한 반면 허스트가 운영하는 「뉴욕 이브닝 저널New York Evening Journal」의 필치 현란한 아서 브리즈번[1864~1936]은 싱클레어를 극찬했다. 허스트는 센세이셔널한 가치를 알아보고는 이 소설을 연재했다. 영국에서는 윈스턴 처칠[1874~1965. 2차 대전을 승리로 이끈 영국의 총리]이라는 젊은 정치인이 이 책에 대해 "아무리 두꺼운 대가리, 아무리 가죽 같은 심장이라도 꿰뚫을 책"이라고 극찬을 했다.

이렇게 명성을 얻은 싱클레어도 기업과 결탁한 미국 언론의 '매춘 행위'를 폭로한 『창녀 언론The Brass Check』은 출판사를 못 구해 자비로 출판을 했다. 『창녀 언론』은 언론의 부패와 타락을 다룬 책으로는 스톤이 성서처럼 꼽는 책이었다. 스톤은 평생 이 책을 자주 거론했다. 특히 1950년대에 냉전 세력이 "대기업의 이익에 방해가 되거나 말 안 듣는 괴짜들을 '여론 산업'에서 쫓아내는" 작전을 펴는 동안 스톤은 싱클레어가 당대의 "소심하고 무기력한" 언론상을 폭로한 얘기를 많이 언급했다. "문제를 전체적으로 보려면 우리는 『창녀 언론』과, 우리 사회에 많은 기여를 한 '머크레이킹' 언론을 결국 말살시킨 거대 기업들에 관한 이야기로 돌아가야 한다."[22] 『창녀 언론』에는 자조적인 대목이 많지만 거기 거론된 사실들은 지금도 여전히 신문의 타락에 대해 경종을 울려준다. 어린 나이에 이 책을 읽은 것이 회의적인 성격의 스톤에게는 큰 도움이 되었다.

2004년에 스터즈 터클(20세기 미국을 기록한 탁월한 역사학자이며 스톤의 친구다)은 『창녀 언론』이 미친 영향 얘기를 하면서 책 제목[The Brass Check. '황동 전표'라는 뜻이다]에 대해 설명했다. "황동 전표라는 게 뭔지 말씀을 드리지요. 그 시대에는 남자가 창녀촌에 가면 2달러를 냈어요. 옛날 얘기죠. 그럼 포주가 황동 전표를 주고 그 친구는 그걸 아가씨한테 줍니다. 그날 일이 끝나면 아가씨는 본인이 받은 황동 전표를 포주에게 주고 전표 하나당 50센트를 받아요. 싱클레어는 '황동 전표'가 당시 기자들을 뜻한다고 말했어요. …오늘날에는 더하지요. …그들은 '진보 언론'의 죄악이라는 말을 합니다. 하지만 그건 우리의 지성에 대한 모욕이에요! 진보 언론이라는 건 요즘엔 없어요. 그 책에 나오는 사람들이 진짜였어요. 누구든 뒤지고 폭로했으니까. TV와 라디오가 나오기 전 일이었지요. 지금은 더 나빠요, 당연히."[23]

싱클레어와 친한 친구였던 잭 런던은 『정글』에 대해 "가슴 저린 옹호"(싱클레어의 표현이다)의 글을 썼다. 1906년 명성이 절정에 올랐을 때를 기준으로 본다면, 훗날 싱클레어가 소심한 출판업자들에게 원고를 퇴짜 맞고, 런던이 사회당이 "열정과 투지를 상실했다"는 이유로 탈당하고 자살로 생을 마감하리라고는 아무도 상상하지 못했을 것이다.

   소년 시절 이지가 영웅으로 떠받든 사람들 가운데 누구보다도 그를 가슴 설레게 한 인물은 잭 런던이었다. 이지는 "런던 덕분에 나는 사회주의자가 됐다"고 패트너에게 고백했다. 런던의 자전적 소설 『마틴 이든Martin Eden』(1909)은 스톤이 태어나기 2년 전에 나왔고, 스톤이 이 작품을 읽은 열두 살 무렵에 런던은 모르핀 과다 복용으로 죽은 지 이미 4년이 지난 상태였다. 많은 젊은 독자들이 『야성의 부름Call of the Wild』과 『바다 늑대The Sea Wolf』 같은 모험담 계열 소설에 열광하는 사이 이지는 런던의 좀더 심오한, 사회주의적인 메시지를 흡수했다.

   런던은 계급 관계를 고찰한 『마틴 이든』에 대해 "부르주아지에 대한 공격으로… 그 탓에 나는 친구를 다 잃게 될 것"이라고 자평한 바 있다.[24] 그러나 많은 독자들은 『마틴 이든』을 런던이 공격한다고 주장한 바로 그 개인주의에 대한 찬사로 봤다. 그런 독자들을 탓할 수는 없다. 런던은 이든을 호감 가는 주인공으로 설정했다. 주인공은 세탁공장에서 단돈 몇 푼을 벌기 위해 중노동을 마다하지 않고, 나중에는 중산층 여성과 사랑에 빠지고, 그 여성은 그에게 글을 가르쳐준다. 이후 이든은 니체 철학에 매료돼 사회주의자 그룹에 니체를 전파한다. 여기서 사회주의자들의 모습은 그다지 강하게 묘사돼 있지 않다. 열심히 일해서 빈곤에서 벗어나 신분 상승을 이루고자 하는 주인공 젊은이에게 독자들이 호감을 느끼는 것은 당연하다. 주인공이 발전해가는 과정에서 흔들림과 주저함이 교차하는 것을 보면 '런던은 혁명가가 될지 중산층 지주가 될지 마음을 정하지 못했다'는 싱클레어의 예리한 지적이 납득이 간다.[25] 어린 스톤은 런던이 주는 메시지를 오해하지 않았다. 자본주의에 반대하는 내용을 온전히 흡수하고, 이든이 열정적으로 지식을 탐하는 대목에서 깊은 감동을 느낀 것이다.

머크레이커들도 개인적으로 부담이 만만치 않았다. 기사가 인기를 끌수록 업계의 보복 대상이 되기 때문이다. 1907년 벤저민 B. 햄프턴은 판매부수 1만 2,000부로 빈사 상태인 잡지를 매입했다. 개편을 거친 「햄프턴스Hampton's」지는 3년 후 판매부수가 48만 부로 폭증했다. 이 잡지를 대표하는 폭로 전문 기자 찰스 에드워드 러셀(1860~1941)은 "살금살금 움직이는 악랄한 조사팀"에게 미행을 당했다. 업계가 고용한 사설탐정들은 어떻게 해서든지 그를 비리로 엮어 기사의 공신력을 떨어뜨리려 했다. 러셀은 희대의 사기극을 폭로하는 기사를 계속 썼고, 나중에는 뉴헤이븐 철도회사New Haven Railroad까지 씹었다. 그동안 햄프턴 사장에게 돈을 빌려줬던 뉴욕의 은행들이 갑자기 그가 제시한 우량 채권을 담보로 잡아주지 않았다. 철도회사가 은행들에게까지 손을 쓴 것이다. 이렇게 해서 「햄프턴스」는 폭로 대상이었던 대기업에 의해 '살해'당했다. 러셀은 이렇게 썼다. "미국의 머크레이킹은 저명한 인물과 기업들의 손에 목 졸려 죽임을 당했다. 유명 재벌들은 흐뭇했을 것이다. 그러나 국가가 그런 상황을 반겨야 하느냐는 다른 문제다. 비판이 없는 곳에 건강은 없다."[26]

이지가 사회당 자원봉사를 할 만한 나이가 됐을 무렵, 사회당의 열정은 다 식은 상태였다. 사회당이 정당으로서 "실패"한 이유 중 하나는 아이러니하게도 사회주의의 성공이었다. 어떤 의미에서 사회주의 정당이 주변적이고 불필요하게 된 것은 일부 사회주의 개혁 요구가 주류 정당들에 의해 채택됐기 때문이다. 사회당의 선동적인 구호들은 부자는 물론이고 경우에 따라 일부 지지 계층에서도 공포심을 자아냈지만 사회당의 이념 자체는 인기가 있어서 지배계급조차 수용하는 경우가 많았다. 처음에는 공화당 진보파가 그랬고, 나중에는 민주당이 그랬다. 1916년 진보세력의 표가 필요했던 우드로 윌슨 대통령은 농가 금융 지원 제도, 아동 노동 관련 법, 철도 노동자 일일 8시간 근무제와 같은 입법안을 수용했다. 프랭클린 델러노 루스벨트가 추진한 뉴딜 정책도 사회당의 개혁 프로그램에서 기본구상을 따온 것이다.

초기에는 유진 데브스식 사회주의가 정치적으로 잠재력이 있어 보였다. 「이성에의 호소」가 잘나가면서 데브스는 1912년 대선에서 근 100만 표를 얻었다. 전체 투표수의 6퍼센트에 해당하는 표였다. 그해에 사회당은 미국 전역에서 시장과 하원의원을 포함해 1,200명에 가까운 선출직 공직자를 배출했다. 그러나 4년 후 사회당은 내리막길에 접어들었다.[27] 데브스의 반전反戰 주장으로 내분이 일고 정부의 탄압이 계속되면서 위축됐기 때문이다. 1920년 100만 명 가까운 유권자가 다시 데브스에게 표를 던졌다. 당시 데브스는 감방에서 대선 운동을 해야 했다. 당시 정치인들은 당선이 되고도 감옥살이를 하는 경우가 많았다.[*]

사회주의 노동 세력의 승리는 폭력과 죽음을 무릅쓴 대가였다. 최악의 계급투쟁의 하나가 1912년 '러들로 학살Ludlow Massacre' 사건〔1914년 4월 20일 콜로라도 주 러들로 광산에서 회사 측과 노동자가 대치 중인 가운데 주 방위군이 투입돼 어린이와 부녀자를 포함해 19명이 사망한 사건〕이었다.[28] 당시 광부 가족

---

[*] 1920년 사회당이 예상외의 놀라운 득표수를 기록한 것은 뉴욕 로어이스트사이드에 거주하는 러시아 출신 유대계 이민자들이 투옥된 데브스를 찍었기 때문이다. 이들은 미국에 정착한 지 꽤 된 상태여서 토박이 시민이나 다를 바 없었고, 정도는 다르지만 죽어가는 사회당을 지지하는 경우가 많았다.

여럿이 불에 타거나 질식해 숨졌다. 화염이 록펠러 소유의 콜로라도 석탄 회사Colorado Coal Company에 맞서 파업 중인 광원들의 텐트를 덮쳤고, 사측의 계략에 빠진 노동자와 그 부인, 아이들의 절규가 하늘을 찔렀다. 기독교사회주의 계열 신문 잡지들은 파업을 깨기 위해 민병대까지 고용한 록펠러를 비난했다. 그러나 열렬한 반反노조 성향을 보여온 언론들은 사실을 왜곡하고 폭력을 "선동한 자들"에게 비난의 화살을 돌렸다.

언론은 비폭력 파업에 대해서는 사실상 보도를 하지 않았다. 일반적으로 뉴스의 90퍼센트를 신문을 통해 얻었던 시대에 메이저 신문들이 그런 사실을 묵살해버리면 진실을 알기는 불가능했다. 매사추세츠 주에서 캘리포니아 주까지 파업이 잦은 지역 신문들은 대개 노동자들의 지탄을 받는 산업계 거물이나 그들과 친한 인사들이 소유하고 있었다.[29] 몬태나 주에서는 록펠러의 광산회사가 사실상 주 내에 있는 모든 신문을 소유 내지 통제했다. 일부 신문과 통신사는 거짓말을 밥 먹듯이 했다. 예를 들어 AP통신Associated Press〔1848년에 설립된 미국 최고最古·최대의 통신사. 여러 신문사와 방송사가 출자해 운영하는 비영리 법인이다〕은 펜실베이니아 주 요크의 선량한 시민들이 사회주의의 대변자 격인 게일로드 윌셔〔1861~1927. 미국의 부동산 개발업자, 사회주의 계열 잡지 발행인〕를 에워싸고 협박한 사건을 자세히 보도했다. 그런데 한 가지 문제가 있었다. 윌셔는 그날 스케줄이 바빠서 요크에 가지 못한 것이다.

급진파들은 좋은 공격 목표였다. 신문과 정치인들은 난동꾼들이 급진파의 사무실을 습격해 서류를 불태우고 발언을 막는 것을 잘한다고 편들어줬다. 샌디에이고에서는 자유 발언 금지 조치를 어겨 수감된 급진파 인사들을 자경단원들이 감옥에서 끌어내 35킬로미터를 끌고 다니며 구타했다.[30] 경찰은 모른 척했다. 이 과정에서 두 사람이 사망했다. 무정부주의자 에마 골드만〔1869~1940. 러시아 출생의 미국 여성 무정부주의자. 산아 제한 운동과 반전 활동으로 투옥되기도 했다〕은 호텔에 갔다가 성난 군중들에게 쫓겨 달아나야 하는 처지가 됐다. 군중들은 저지하는 호텔 지배인에게 타르를 끼얹었고 닭털을 뿌려 모욕을 주기도 했다.

사회당은 세계산업노동자동맹IWW〔Industrial Workers of the World. 1910년대에 활동한 미국 최초의 노동조합. 보통 워블리스Wobblies라고 한다〕이 주도하는 파업에 거금을 지원했지만 양자의 관계는 점차 악화됐다. IWW 지도자인 빅 빌 헤이우드〔1869~1928. IWW 창립 멤버이자 지도자. 1900~20년대에 중요한 노동운동 투쟁에 관여했다〕는 1913년 태업을 공식 운동 방식으로 인정했다. 그러자 사회당 집행위원회가 반발하고 나섰고, 헤이우드는 겸직하던 집행위원 직을 사임했다. 데브스는 8년 전만 해도 열심히 후원했던 IWW에 대해 "이름만 빼고 완전히 무정부주의 조직"이라고 비난했다.[31]

헤이우드는 어둡고 위험한 성격 때문에 오히려 그리니치빌리지 사람들에게는 특이한 존재로 받아들여졌다. 부유한 예술애호가이자 급진파 작가 존 리드의 여자 친구였던 메이블 다지는 맨해튼에서 살롱을 운영했는데 막 감옥에서 나온 급진파 인사부터 검은 넥타이를 매고 숙녀들과 데이트를 즐기는 하버드대 출신 지식인까지 온갖 사람들이 드나들었다. 리드가 자주 기고하는 잡지 「대중The Masses」은 개혁만 떠들고 유머라고는 없는 잡지들과는 달라서 진지한 사회주의자는 물론이고 그리니치빌리지에 모여든 "말뿐인 사회주의자들"에게도 큰 인기를 끌었다. 헤이우드와 에마 골드만은 뉴욕 맨해튼 5번가에 있는 다지의 고급 아파트에 들러 부유한 친구들에게 짓밟힌 자들의 삶이 어떤지에 대해 열심히 설명했다. 그럴 때마다 차를 나르고 심부름하는 사람들은 박봉의 하녀와 집사였다. 그런 상황을 아이러니하게 생각하는 사람은 아무도 없었다. 다지는 "비교적 급진적인 인사들만" 초대했다고, 즉 "남이 소신에 따라 살인을 해도 관여하지 않는, 너는 너대로 나는 나대로 스타일의 사람들"이 주로 왔다고 주장했다.[32] 이런 다소 황당한 얘기가 그녀의 회고록에는 아주 많이 나온다.

다지의 평등주의가 언론에까지 적용되지는 않았다. 한번은 기자들이

들어오자 보석으로 치장한 한 손님이 "웩, 밥맛이야!"라고 중얼거렸다. 그래서 문제될 건 없었다. "당당한 체구의 청년"이 기자들을 내쫓아버렸기 때문이다.[33] 그렇게 경비원 역할을 한 사람은 23세의 월터 리프먼으로 다지가 발굴한 청년들 가운데 하나였다. 리프먼은 사회주의에 살짝 관심이 있었지만 이미 엘리트주의자였고 시시한 기자들은 우습게 봤다. 기자들은 1914년 헤이우드가 개최한 야회夜會를 보고 충격을 받았다. IWW 조합원들은 해고를 당해 굶주리고 공원 벤치에서 잠을 자는 동안 그 지도자들은 거하게 파티를 여는 행태에 급진파 신문들은 비난을 퍼부었다.

윌리엄 태프트[미국의 제27대 대통령. 1909~13년 재임] 행정부에서 가혹한 압박이 계속되면서 머크레이커들은 대단히 위태로워졌다. 정부 당국이 「이성에의 호소」를 기소한 것은 캔자스 주 레번워스의 연방교도소를 다룬 시리즈 때문이었다. 이 교도소는 부패와 부정이 판을 치는 악의 소굴로 교도관인 경찰들이 남성 수감자를 강간하는 등 온갖 악행을 저질렀다. 기사는 공식적으로 사실임이 입증됐는데도 정부는 범죄행위는 무시하고 부副교도소장의 "부자연스러운 행동"을 기사화했다는 이유로 기소를 한 것이다. 1911년 창간발행인 줄리어스 웨일랜드를 포함해 「이성에의 호소」 편집자들은 "점잖지 못하고, 더럽고, 외설적이고, 음란하고, 선정적인 인쇄물"을 우편으로 배포했다는 혐의로 기소됐다. 1913년 5월 최종심에서 「이성에의 호소」 측이 승소했지만 정부의 흠집 내기 작전으로 이미 상당한 타격을 입은 상태였다. 1912년 보수 성향의 「로스앤젤레스 타임스」는 웨일랜드가 열네 살짜리 고아 소녀(벌써 오래전에 죽은 아이였다)를 유혹했다는 허위 기사를 내보냈다. 1912년 11월 10일 웨일랜드는 입에 권총을 넣고 방아쇠를 당겼다. 자살 직전에 그는 침대 맡에 둔 책 속에 절망적인 심경을 담은 메모를 넣어놓았다. "경쟁 시스템에서 아등바등하는 것은 정말 못할 짓이다. 그냥 흘러가리라."[34]

웨일랜드는 최악의 상황이 곧 닥치리라는 걸 알았던 듯하다. 그리고 실제로 곧 그렇게 됐다. 맹목적인 애국주의가 판치는 전시에는 종종 그렇듯이 1차 세계대전은 모든 반대세력을 분쇄하고 미국의 외교 정책에 의문을 제기하는 사람에게는 비애국적이라느니 비미국적이라느니 하는 딱지를 붙였다. 1차 대전 기간과 그 직후에 벌어진 언론과 사상에 대한 탄압은 용의주도하게 짠 각본에 따라 발휘된 광기였다.

평화를 공약으로 내걸고 당선된 우드로 윌슨 대통령은 참전을 꺼리는 국민들을 참전 지지로 돌려야 하는 입장이 됐다. 그러나 1차 대전은 무의미하고 더러운 전쟁이었다. 광고, 팸플릿, 각종 희한한 집회 등을 통해 참전 여론을 조작하는 데 수백만 달러가 투입됐다. 별도 정부기관으로 설립된 공보위원회Committee on Public Information 수장은 기자 출신의 조지 크릴이 맡았다. 이 위원회에서 임명한 대변인들—7만 5,000명이나 됐다—이 미국 전역의 도시 5,000곳을 발이 닳도록 누비면서 독일군을 비난하는 4분짜리 연설을 무려 75만 회나 했다. 각종 선전물은 수녀들을 강간하느라 바쁜 악랄한 독일군이 벨기에를 유린할 짬을 냈다는 사실이 놀랍다고 떠들었다. 친프랑스 계열 선동가들은 독일군의 만행을 상세히 묘사한 애기를 마구 꾸며냈다. 아기의 팔다리를 자르고 수녀의 유방을 도려냈다, 어느 마을에서는 목사를 종에 매달아 종을 두드리는 장치로 사용했다 등등. 기자들은 진실을 찾으려고 했지만 그런 '만행'은 확인된 게 하나도 없었다.[35]

의회도 전쟁에 반대하는 행위를 범죄로 규정하는 법률을 서둘러 통과시켰다. 징집을 반대했다는 이유로, 또는 정부에 대해, 심지어 군복軍服에 대해 안 좋은 말을 하거나 글을 썼다는 이유로 수백 명이 기소됐다. 정부쪽 밀정들이 전국 곳곳을 누볐고, 영장 없는 가택 수색이 확산됐다. 전쟁 히스테리가 심해지면서 독일 냄새가 나는 것은 모두 의심의 대상이 됐다. 독일어 수업이 금지됐다. 자우어크라우트Sauerkraut[독일식 양배추 백김치]는 '승리의 양배추victory cabbage'라는 애국적인 명칭으로 개명됐다. 성난 군중은 사회주의 옹호 연설을 했다는 이유로 한 독일 출신 사회주의자를 미국기로 둘둘 말아 목매달아 죽였다.

IWW 조합원이나 사회주의자, 노동운동가에 대한 박해는 그 어느 때보다 노골화됐다. 전쟁 자체를 반대한 평화주의자들도 많았고, 1차 대전이라고 하는 특정 전쟁을 제국주의 전쟁이라는 이유로 반대하는 사람들도 있었다. 사회주의자들은 순진하게도 공공연히 전쟁에 반대해도 된다고 생각했다. 데브스는 전쟁을 지독한 야만이라고 했다. 「이성에의 호소」와 「대중」 편집자들에 대한 기소가 잇따랐고, 「더 네이션」과 리프먼이 편집진으로 있는 「뉴 리퍼블릭」(당시 대통령의 기관지나 마찬가지였다)까지 못살게 굴었다. 「대중」과 「이성에의 호소」는 우편 발송이 금지됐다. 전시의 방첩법防諜法과 적성국교역법敵性國交易法Trading with the Enemy Act에 따라 전쟁 반대 주장을 출판하거나 우편으로 발송하는 것은 불법이 됐다. 방첩법은 심지어 선전포고는 국민투표를 거친 뒤에 해야 한다고 주장하거나 강제 징집에 반대하는 행위조차 범죄로 규정했다. 이런 법률에 대해 연방대법원은 합헌으로 인정해줬다.[36] 이성을 대변하는 목소리로 존경받아온 올리버 홈즈 대법원 판사도 다수 의견[합헌]을 냈다. 이에 대해 「대중」지의 맥스 이스트먼[1883~1969. 미국의 작가, 정치운동가]은 1917년 7월 한 모임에서 이렇게 꼬집었다. "저들은 독립선언서를 인용했다고 90일, 성서를 인용했다고 6개월을 때립니다. 이러다간 우드로 윌슨 대통령의 말을 인용했다는 이유로 종신형을 선고받게 될 겁니다."[37] 사회주의 비판 세력은 이내 사실상 궤멸된다.

뉴욕의 신문들은 우정청 관리들과 한통속이 되었고 관리들은 "반역자들"에 관한 자료를 흘렸다.[38] 정부 관리들과 반노조 성향의 언론은 오랫동안 급진파들의 주장을 탄압하는 데 골몰했지만 이제는 광신적 애국주의를 적극 동원했다. 평화 촉구 집회는 공격당하고, IWW 조합원들에게는 장기형이 선고됐으며, 관리들은 자경단원들이 구리 광산 노동자들을 몽땅 사막으로 끌고가 괴롭히는 행위를 은밀히 지원했다. 자경단원들은 사회당 지부와 집회소 1,000여 곳을 습격해 때려 부수고 서류를 탈취해갔다. 선고 형량도 엄청났다. 어떤 사람은 「캔자스시티 스타^{Kansas City Star}」에 정부가 폭리 취득자를 우대한다고 비난하는 독자투고를 보냈다는 이유로 10년 형을 받았다. 네 아이의 어머니인 한 사회주의 운동가는 전쟁을 규탄했다는 이유로 5년 형을 받았다. 사회당의 하원의원 후보는 징병에 반대한다는 이유로 1년 형을 선고받았다. 인디애나 주의 한 주민이 "미국 망해라"라고 소리친 이민자를 총으로 쏴 죽였을 때 재판부는 2분 동안 심리한 뒤 살인자를 무죄 방면했다.

전쟁 히스테리의 추악함이 전형적으로 드러난 것이 데브스에 대한 박해였다.[39] 그가 이끄는 사회당이 안팎으로 갈가리 찢기고 추종자들이 경찰과 난동꾼들에게 곤욕을 당하자 데브스는 1918년 6월 오하이오 주 캔튼에서 방첩법에 도전했다. 방청객들(기관원이 많이 들어와 있어서 수가 더 늘었다)을 향해, 그리고 길 건너 급진파 인사들이 수감된 교도소를 바라보면서 데브스는 이렇게 말했다. "주인 계급은 항상 전쟁을 선포해왔습니다. 노예 계급은 항상 전쟁은 싫다고 싸워왔습니다. …노예 계급은 얻을 것은 없고 잃을 것뿐이었으니까요. 특히 생명을 잃었습니다."[40]

재판에서 데브스는 수정 헌법 1조를 인용했다. "의회는 언론이나 출판의 자유를 규제하거나 평화롭게 집회를 할 수 있는 권리 및 정부에 불만 사항 해결을 요구할 권리를 제한하는 법률을 제정할 수 없다." 그는 또 방첩법이 수정 헌법 1조 위반이 아니라면 "내가 영어를 읽을 줄 모르거나 이해하지 못하는 것"이라고 비꼬았다. 데브스는 유죄 판결을 받고 10년 형에 처해졌다. 요즘도 그런 상황이라면 베트남전쟁에 반대한 조지 맥거번이나 유진 매카시 같은 상원의원, 2003년 조지 W. 부시 대통령의 이라크 침공에 반대한 극소수 하원의원들, 이라크 아부그라이브 포로수용소에서 벌어진 미군의 잔학행위를 폭로한 탐사 저널리스트 시모어 허시는 감옥에 갔을 것이다.

휴전 협정으로 1차 대전이 끝나자 당국자들은 얼굴을 싹 바꿨다. 윌슨 대통령은 전쟁이 일어난 진짜 이유가 "독일이 라이벌 국가들의 추월을 우려했기 때문"이라고 인정했다.(후일 기밀 해제된 문건에서 그런 탐욕에 젖은 것은 독일만이 아니었음이 밝혀진다. 유럽 연합국들도 벌써부터 전리품을 나눌 계획을 짜고 있었다.)[41] 대통령 후보가 된 워런 하딩은 미국의 1차 대전 참전을 공격하면서 백악관에 무사히 입성했다. 데브스를 비롯한 사람들이 불과 몇 년 전에 했던 주장을 그대로 옮겨 재미를 본 것이다. 하딩은 "애당초 세계의 민주주의를 지키기 위한 전쟁이라는 건 거짓말이었습니다"라고 떠들었다.[42]

플랑드르 전선에서 마지막 병사가 쓰러져갈 때 상이군인들이 「뉴욕 타임스」(전에는 맹목적 애국주의의 첨병이었다)에 전쟁의 쓰디쓴 진실을 상세히 털어놓기 시작했다. "전쟁은 누구에게도 좋을 게 없었다. 그 세대 사람들은 죽지 않으면 불구가 됐고, 소모품처럼 쓰고 버려졌다." 1차 대전의 참상을 그린 독일 작가 레마르크의 소설 『서부 전선 이상 없다All Quiet on the Western Front』 서평에서 평론가 T. S. 매튜스가 한 말이다.[43]

사정이 이렇게 되자 데브스를 비롯해 전쟁에 반대했다는 이유로 수감된 사람들이 골칫거리로 떠올랐다. 하딩은 "크리스마스 선물"로 이들의 형기를 감해주었다. 데브스는 크리스마스에 석방됐다.[44] 그는 몰려든 영화 카메라와 사진 기자들 앞에서 10분 동안 포즈를 취했다. 창살 달린 유리창 뒤에서 죄수 2,300명이 잘 가라고 소리쳐 교도소가 떠내려갈 듯했다. 데브스는 죄수들을 돌아보며 모자를 벗어 작별을 고했다. 그의 마른 얼굴에는 굵은 눈물이 흐르고 있었다.

전쟁이 끝나자 미국 내에서 폭력 사태가 격화됐다. 러시아 혁명이 대중에게 알려지면서 좌파에게 붙이는 딱지는 "친독파"에서 "친러파"로 잽싸게 바뀌었다. 모든 좌파를 '빨갱이'라고 부름으로써 20세기에 가장 성공적이고 장수하는 프로파간다가 시작된 것이다. 그 때문에 스톤은 끊임없이 언론의 자유와 시민적 자유에 집착했다. 당시 그는 소년이었지만 1919년에 벌어진 '파머 일제검거Palmer Raids' 사건(1919년 11월부터 1920년 1월까지 법무장관 A. 미첼 파머 주도로 급진 좌파와 무정부주의자들을 일망타진해 외국으로 추방한 사건)을 결코 잊지 않았다. 냉전(冷戰)은 2차 세계대전이 끝나기 훨씬 전에 이미 시작된 것이다. "냉전cold war"이라는 개념과 정책과 선전전은 1차 대전 말에 이미 시작됐다. 1946년이면 이미 미국인의 의식 속에 빨갱이에 대한 반감이 뿌리 깊게 자리 잡아서 빌미만 있으면 곧바로 마녀사냥으로 이어질 정도가 됐다.

언론의 자유와 반대를 말할 권리를 헌법에 명시한 나라는 미국밖에 없었다. 그런데 이제 연방공무원들이 그런 자유를 한 점 남김없이 말살했다. 자금 지원을 넉넉히 받는 초강경 애국주의 단체들이 시민들에게 '비애국적인'(모호한 개념이다) 단체나 출판물은 보이콧하라고 부추겼다. 파업은 볼셰비키의 선동으로 낙인찍혔다. 그에 앞서 「뉴욕 타임스」를 비롯한 신문들은 1919년 워싱턴 DC와 시카고에서 일어난 인종 폭동에 대해 "볼셰비키의 사주를 받은 것이며 레닌이 직접 조종했고, 이제 미국은 정치적 히스테리에 몰린 나머지 무슨 짓을 해도 되는 지경이 됐다"고 썼다.[45] 당국에서는 민간인 첩자 수천 명을 고용해 빨갱이 색출에 나섰다.

이런 상황에서 사회당은 내부 분열로 붕괴됐다. 당내 좌파가 떨어져 나와 공산당Communist Party과 공산노동당Communist Labor Party을 설립했다. 그중 한 명이 학자이자 법률가인 루이스 부딘(1874~1952. 러시아 출신 미국 마르크스주의 이론가, 정치인)이었다. 부딘은 트로츠키가 미국에서 망명 생활을 할 때 만찬을 함께했고, 러시아 혁명 전야에 잠시 미국을 떠났던 인물이다. 이지는 그를 우상시했고, 나중에는 인척이 된다. 부딘은 끊임없는 내분에 염증을 느낀 많은 당원 가운데 한 사람으로 나중에는 세 당 모두와 결별했다. 그는 사회당에서 공산노동당으로 이적했다가 곧 환멸을 느끼고 이렇

게 말했다. "사기꾼 정당을 피하려다 미치광이 정당을 만났다." [46]

미국 언론이 바람을 잡으면서 좌파나 공산주의에 대해 극도의 염증을 느끼는 '레드 히스테리Red Hysteria'가 탄생했다. 후일 스톤은 미국이 번영을 구가하고 러시아와 경쟁관계가 되면서 "1차 대전과 2차 대전 직후 좌파들은 결정타를 맞았다"고 회고했다. [47] 양차 대전 직후 좌파들에게 가해진 공격은 미국 역사에서 기괴한 한 장으로 남아 있다. 당시를 겪어보지 못한 세대들은 도저히 불가사의한 일로 여길 것이다. 그 시대를 겪은 많은 사람들도 마찬가지다. 1919년 법무장관 A. 미첼 파머는 빨갱이들을 "미국 노동자의 집안까지 파고드는" 치명적인 기생충이라고 규정했다. 표현의 절제 같은 것에는 관심이 없던 파머는 "혁명의 열기로 달아오른 날카로운 혓바닥들이… 교회 제단까지 날름거리다가 학교 종탑에 뛰어오르더니, 신성한 미국의 가정까지 기어들어가 결혼 서약을 방탕을 조장하는 법률로 대체하려 들고, 사회의 근간에 불을 지르고 있다"고 떠들었다. [48] '미국 혁명의 딸들Daughters of the American Revolution'[1890년에 설립된 미국의 여성단체로 '하느님, 가정, 국가'를 모토로 한다]은 이민자들을 "내쫓아버려야 할 외국 거머리들"이라고 비난했다. [49]

1919년 무정부주의자 두 명이 워싱턴의 고급 주택가 듀폰트 서클에 있는 파머 장관의 저택을 폭파했다. 이 과정에서 본인들도 폭사했고, 시체 파편이 길 건너편 프랭클린 루스벨트 해군차관보[후일 대통령이 된다]의 집 출입구 계단까지 튀었다. 다행히 화를 면한 파머 장관은 곧바로 행동에 들어갔다. [50] 한 열혈분자가 미첼 파머를 도와 용의자 관련 서류 26만 건을 수집했다. 그 열혈분자가 바로 미래에 FBI 국장으로 장기 집권하게 되는 J. 에드거 후버로 당시 직함은 장관 특별보좌관이었다. 1919년 파머와 후버는 1917년 제정된 방첩법과 그 이듬해 발효된 반정부선동금지법을 걸어 급진파 인사들과 좌파 조직 때려잡기에 나섰다. 이를 '파머 일제검거'라고 한다. 일제검거는 미국 헌법을 철저히 유린하면서 몇 달간 계속됐다.

공산주의자나 무정부주의자로 찍힌 용의자 1만 명 이상이 체포됐다. 혁명을 기도했다는 증거는 하나도 없었다. 영장 없이 체포된 대부분의 사람들에게 죄가 있다면 오로지 미국에서 태어나지 않았다는 것뿐이었다. 기관원들은 유죄를 입증하는 서류를 위조해 불법 체포한 무고한 사람들을 추방했다. 당국에서는 연방 예산을 불법 투입해 풀pool 기사〔특정 사안을 한 기자가 대표로 취재해 쓰고 모든 신문이 그대로 받아 내보내는 기사〕를 조판한 아연판을 공짜로 신문사에 넘겼고, 신문들은 이를 찍어 법무부의 탄압을 편들어줬다. 무정부주의자들과 러시아노동자동맹Union of Russian Workers〔러시아 출신 이민자들의 무정부주의 운동 단체로 1908년 미국에서 설립됐다〕 회원으로 찍힌 사람들은 재판도 거치지 않고 배편으로 추방됐다. 하원에서는 의원으로 당선된 사회당원들에게 좌석을 내주지 않는 일까지 벌어졌다. 「뉴욕타임스」는 편파 보도에 심혈을 기울였고, 「워싱턴 포스트」와 함께 "빨갱이들을 잡아라"라는 사설을 통해 파머를 지지했다.[51]

가히 매카시즘의 선구였다. 교사들은 정직당하고 "빨갱이" 사서들은 해직됐다. 공산당원—당시 공산당 가입은 불법이 아니었다—이라는 것만으로도 추방 사유는 충분했다. 검거와 조사를 너무 서두르다보니 헌법에 규정된 권리를 짓밟는 일이 비일비재했고, 그 여파로 미국시민자유연맹American Civil Liberties Union(ACLU)이 탄생했다. 나중에는 파머 일제검거에 대한 항의가 곳곳에서 터져 나와 여론의 지지를 받았다.

분노는 사회적 평판이 좋은 변호사들(대표가 후일 연방대법원 판사가 되는 펠릭스 프랭크퍼터였다)이 모여 작성한 일제검거 실태 보고서에서도 분출됐다.[52] 보고서는 정부의 "극도로 불법적인" 행위들을 상세히 열거했다. 코네티컷 주 브리지포트에서는 100명 가까이가 체포돼 "5개월 동안 수감됐다. 구타하고 굶기고 질식시키고 고문하고 죽이겠다고 협박하면서 자백을 끌어내려 했지만 허사였다." 일부는 증기와 열로 펄펄 끓는 보일러실 위에 60시간 동안 억류되기도 했다. 보고서는 "아직 수감 중인 사람들 가운데 특정한 정치적 소신 같은 것도 없는 이가 많다"고 밝혔다. 영어를 거의 또는 전혀 못하는 러시아 출신 노동자들은 "5개월 동안 산 채로 묻힌 것이나 마찬가지였다." 무고한 러시아 이민자들은 연주회장이나 야학에 갔다가 영문도 모른 채 연행됐다. 감옥에서는 겁주기가 계속됐다. 가족이나 변호인 접견은 허용되지 않았고, 습기 찬 콘크리트 바닥에서 자야 했다. 디트로이트에서는 800명의 시민이 아무런 혐의도 없이 3~6일 동안 수감됐다. 이들은 좁다랗고 창문도 없는 복도에서 공동 화장실을 쓰며 지내야 했다. 그들이 저지른 범죄라는 것은 공산당 본부에서 주최한 댄스 교습 모임에 참석했거나 거기서 밥을 먹었다는 정도였다. 보스턴에서는 수백 명이 수갑을 찬 채 야유하는 군중 앞에서 조리돌림을 당했다. 보고서의 결론은 명쾌했다. "우리는 미첼 파머 법무장관을 미국 법률을 가장 크게 위반한 인물로 낙인찍지 않을 수 없다."

가장 분개한 저널리스트가 월터 리프먼이었다. 그는 윌슨 대통령(리프먼은 윌슨이 평화 계획을 짤 때 개인적으로 도움을 준 바 있다)을 비난하면서 애덤스[미국의 제2대 대통령 존 애덤스. 재임 1797~1801년]와 외국인 추방 및 반정부선동금지법[1798년] 이후로 공무원들이 헌법이 규정한 자유권을 "그렇게 과감하고도 위험하게 공격한" 적은 없다고 격한 어조로 규탄했다.[53] 1922년에도 파머는 여전히 자신이 취한 조치를 옹호하고 있었지만 대통령 출마의 꿈은 날아갔고, 신문들은 결국 그가 새로 제안한 시민권 규제 법안을 비난했다. 그러나 파머의 공포 통치는 노동운동과 좌파 정치운동을 골병들게 함으로써 지속적인 억압 효과를 거뒀다. 사람들은 좌파가 운영하는 잡지 구독을 두려워했고, 반노동 세력은 "노조 가입 금지"를 "미국적인 문화"라고 선전했다. 교사들도 수업시간에 극도로 조심하게 됐고, 불의에 항거하는 목소리는 쑥 들어갔다. 날카로운 논조로 구독자가 75만이나 됐던 사회당 계열의 「이성에의 호소」는 풍비박산이 나면서 결국 1922년에 폐간됐다. 그 무렵 경제적 번영과 문화적 활기가 넘치는 '시끌벅적한 20년대Roaring Twenties'가 본격 시작됐고, 대중 매체들은 '밸리후ballyhoo'〔야단법석〕와 '메이킹 후피making whoopee'〔신이 나서 야호 하고 소리 지름〕같은 알듯 모를 듯한 신조어를 마구 퍼뜨렸다. 정신없이 돈과 쾌락을 쫓아다니는 시대로 분위기가 바뀐 것이다.

　당시 진지한 급진파 사회주의자 이지는 아직 성인이 아니었다. 너무 늦게 태어나서 현실적으로 행동에 나설 수 있는 나이가 아니었고, 그저 사회주의의 황금시대를 마음으로만 환영할 수밖에 없었다. 그러나 이지는 지칠 줄 모르는 낙천주의를 가지고 언론 일을 시작했다. 그는 급진적 진보주의를 "과거의 추억이자 미래의 모델"로 여기는 열정적인 영혼들 가운데 한 사람이었다.

5
반바지를 입은 소년 통신원

그는 타블로이드 신문 편집국장이었지만 자식들을
사랑했다. 그래서 아이들에게는 자기는 강도라고
했다.
유머 잡지 「칼리지 유머 College Humor**」에서, 1927년경**

「진보」지 발행인이었던 이지 스톤은 1923년 고등학교 1학년이 됐고, 방
과 후에는 내키지는 않지만 아버지 대신 가게를 보기도 했다. 어느 날 「캠
던 쿠리어 포스트」 발행인 J. 데이비드 스턴이 가게에 들렀다. 스턴은 "네
얘기 들었다. 우리 신문 해든필드 통신원 해볼래?"라고 물었다.

"네엣!" 열다섯 살 소년은 흥분한 나머지 우렁찬 목소리로 바로 답했다.

「캠던 쿠리어 포스트」 편집국장 해리 T. 세일러는 이지가 찾아오자 같
잖다는 듯이 꼬나봤다. 나중에 이지는 패트너와의 인터뷰에서 이렇게 말
했다. "유대계 꼬마가 두꺼운 안경에 반바지를 입고 나타났으니! 돌아가
시는 거지요. 해든필드 주재기자라니까 당연히 어른으로 생각했겠지요."[1]

이지는 일주일만 지나면 세일러한테 잘릴 것이라고 생각했다. 그러나
이지를 입이 마르도록 추천한 사람은 바로 사장 사모님 질 리트 스턴이었
다. 3년 전 가게에서 스피노자를 읽고 있던 소년을 발견한 푸른 옷의 귀부
인은 이제 이지의 열렬한 멘토가 됐다. "그 아이는 열두 살 꼬마치고는 지

적 능력이 정말 비상했다"는 게 스턴 사장의 회고다.[2]

이후 15년 동안—1920년대와 뉴딜, 인민전선, 스페인 내전을 거쳐 2차 대전의 포성이 곧 시작될 순간까지—정력적인 스턴 사장은 이지의 후원자였다. 그는 이지의 기사 스타일 형성에 도움을 줬고, 든든한 바람막이가 돼줬다. 이지가 미국 주요 신문 최연소 주필主筆이 된 것도 스턴이 경영한「필라델피아 레코드Philadelphia Record」와「뉴욕 이브닝 포스트New York Evening Post」(인수하면서 제호를「뉴욕 포스트」로 바꾼다)에서였다.

'스턴-파인슈타인 콤비'(이지가 스턴을 사장으로 모시고 일할 때 사람들은 두 사람을 이렇게 불렀다)는 성과가 좋았지만 다툼도 많았다. 이지로서는 보수파인 쿨리지 대통령 시대에 신념이 통하는, 리버럴하면서도 공정한 보도를 강조하는 사장을 만났다는 것은 기적이었다. 그러나 이지가 모든 것에 만족하지는 않았다. 스턴은 자서전『반골 신문 발행인의 회고록Memoirs of a Maverick Publisher』에서 이지 얘기를 아예 빼버렸을 정도로 두 사람은 끝이 안 좋게 결별했다. 스턴의 회고. "이지는 항상 사회부장과 충돌했다. 하지만 아내가 고집을 부려서 그때마다 다시 불러들였다."[3]

스턴은 이지를 채용하기 4년 전에「캠던 쿠리어 포스트」를 인수했는데 뇌물 밝히는 구악舊惡 기자들도 그대로 승계됐다. 그들은 사실상 뉴저지 주 캠던 출신 상원의원 데이비드 베어드의 하수인이었고, 베어드는 캠던을 25년 동안이나 꽉 잡고 있었다. 스턴은 그런 기자들을 모두 잘라버렸다. 스턴은 미국의 양대 광고주인 빅터 레코드사Victor Talking Machine Company와 캠벨 수프가 공장을 확대하자 캠던에 부동산 붐이 일 것으로 전망했다. 그래서 뻔한 전국 뉴스를 다루는 필라델피아 신문들과 경쟁하기보다는 지역 뉴스에 중점을 뒀다.

이지가 채용됐을 무렵 스턴은 베어드 패거리를 제압한 상태였고, 신문은 7년 만에 규모가 여섯 배로 커졌다. 스턴은 파업이나 노조 관련 뉴스는 싣지 않는 관행도 재빨리 타파했다. 그러자 "내가 위험한 급진파라는 소문이 돌았다"고 스턴은 술회했다.[4] 광고 취소 사태가 심각해지자 스턴은 캠던 주민들을 상대로 직접 해명에 나섰다. 자신이 그런 뉴스를 보도하지 않으면 노조가 나서서 훨씬 선동적인 팸플릿을 찍어 뿌려댈 것이라는 논리였다. 그렇게 해서 광고 취소 사태는 끝이 났다.

「캠던 쿠리어 포스트」의 고속 성장은 1920년대의 급속한 사회 변화에 힘입은 바 크다. 1926년 델라웨어 다리가 개통되면서 필라델피아 쪽 교통이 좋아졌고, 캠던에는 부동산 붐이 일었다. 허스트가 운영하는 신디케이트Syndicate〔칼럼이나 기사, 사진, 만평 등을 언론사에 유상으로 공급하는 회사〕의 칼럼니스트로 주당 5,000달러라는 거액을 버는 아서 브리즈번은 캠던에 내려와 「캠던 쿠리어 포스트」 사무실에서 샴페인을 곁들인 아침 식사를 하면서 칼럼을 썼다.[5] 캠던의 매력을 격찬하는 내용이었다.

이로부터 몇 년 후 이지는 노먼 토머스와 프랭클린 루스벨트, 대기업의 부패, 뉴딜 정책, 파시즘으로 치닫는 이탈리아와 히틀러의 불길한 부상 같은 주제에 관한 기사를 쓰게 된다. 그러나 1923년 당시에는 해든필드 소년 주재기자로서 닥치는 대로 써야 할 처지였다.

일을 시작한 다음날 이지는 열심히 기삿거리를 찾아다니다가 우연히 해든필드 향토사학회 회장을 만나게 됐다. 이름도 디킨스 소설에 나오는 등장인물처럼 페니패커였다. 그는 이지에게 해든필드를 세운 엘리자베스 해든이 잠들어 있는 공동묘지에 가보면 기삿거리가 있을 것이라고 말해줬다. 영국에서 이주해 1701년경 해든필드에 정착한 그녀가 퀘이커교 선교사와 나눈 사랑의 이야기는 시인 롱펠로의 유명한 시 「길가의 주막집 이야기Tales of a Wayside Inn」〔1863〕에서 다뤄진다. 향토사학회는 당시 녹슨 묘지 안내판을 새로 단장할 돈이 필요했다. 페니패커 회장은 이지에게 그런 내용을 홍보해줄 기사를 써보겠느냐고 물었다.

'당근이죠.' 말은 이렇게 했지만 병아리 기자인 이지가 보기에도 그런 얘기는 기삿거리로는 약했다. 그래서 이지는 "약간 초를 쳤다."[6] 묘지 안

내판 단장을 위해 기금을 모으는 노신사가 "어느 날 밤 엘리자베스 해든의 유령이 나타나 안내판을 깨끗이 닦는 광경을 보고 공포에 떨었다"는 식으로 쓴 것이다. 다음날 이지가 가판대에서 신문을 사 들었을 때는 1면 머리 2단 제목에 바이라인(기자 이름)까지 달려 있었다.

후일 이지는 지면에 처음 이름이 나갔을 때 느낀 흥분을 회고했다. 그 때의 스릴을 잊는 기자는 거의 없다. 재능 있는 기자들은 그 맛에 월급이 형편없다는 사실도 잊고 마구 기사를 쏟아냈다. 이지는 후일 패트너와의 대담에서 엄청난 횡재를 한 기분이었다고 말했다. "그 기사로 보너스를 받았는데 기사 1인치당 10센트였으니까 전체로는 45센트가 됐지요."

1920년대는 텔레비전 시대는 아직 멀었고, 라디오도 신문의 라이벌이 되기에는 아직 약했다. 개별 신문들의 각축 구도를 깨고 신문업계에 독점구조가 자리 잡은 상태도 아니었다. 모든 주요 도시마다 잘나가는 일간지가 6개 정도는 있었다. 1923년 뉴욕시의 경우 영어 일간지 17개가 경합했고, 필라델피아에는 6개가 있었다.[7] 당시 지역 뉴스 편집실에는 빡빡한 회사 생활을 못 견디는 반골들이 차고 넘쳤다. 이들은 해고당해도 바로 일자리를 찾을 수 있다는 걸 알기에 안하무인이었다. "난 항상 신문쟁이가 되고 싶었다"고 이지는 말했다. 이런 정서는 1950년대 들어 텔레비전이 신문을 압도하기 이전에 언론계에 입문한 기자들 대부분이 갖고 있는 것이었다.

1920년대는 편파 보도가 판을 치기도 했지만 전설적인 기자들도 많이 등장했다. 「뉴욕 월드New York World」에서 사설·칼럼난op-ed page을 처음 만든 허버트 베이어드 스워프가 대표적이다. 사설·칼럼난은 이후 전 세계 신문이 따라갔다. 신랄한 위트와 정치판에 대한 예측이 풍성했고, 프랭클린 P. 애덤스, 헤이우드 브룬, 제임스 M. 케인(스릴러물 『우편배달부는 벨을 두 번 울린다The Postman Always Rings Twice』(1934)를 쓴 그 케인이다), 월터 리프먼 같은 재사才士들이 최고의 대우를 받는 유명 인사가 됐다.

그런 분위기를 잘 묘사한 것이 『1면The Front Page』이라는 희곡이었다. 이 작품은 1928년 벤 헥트와 찰스 맥아더가 같이 써서 브로드웨이 무대에서 히트한 코미디로 신문업계를 신랄하게 꼬집으면서도 흥미진진하게 묘사했다. 이후 신문을 주제로 한 영화들의 전범이 되었고, 기자들은 『1면』의 주인공 기자—당시에는 기자reporter를 저널리스트journalist라는 품위 있는 호칭으로 부르는 사람이 아무도 없었다—와 똑같이 되고 싶어했다. 술 냄새가 물씬 풍기는 기사와 피살자 집에서 훔쳐온 사진들은 상당한 진실을 담고 있었다. 대학까지 졸업한 기자는 그런 흠결들을 감추기 위해 최선을 다했다.

기사를 쓰는 데는 알코올이 활력소가 됐다. 최고의 기자(링 라드너, 헤이우드 브룬 등등)나 최악의 기자(일리노이 주 피오리아에서 아이오와 주 더뷰크까지 주요 정치인 진영에서 하수인 노릇을 하던 자들)나 간에 술에 찌들기는 마찬가지였다. 기사를 두셋 또는 여러 명이 작성하는 것은 다반사였다. 원 저자가 기사를 쓰다가 술에 취해 곯아떨어지면 옆의 동료가 이어서 썼다. 월급은 고스란히 포커로 들어갔다. 포커는 당시 기자 사회의 유행이었다. 결혼해서 가정을 꾸린 기자들도 집보다는 편집국에서 훨씬 많은 시간을 보냈다.

이지를 포함해 많은 기자들이 맨땅에 헤딩하는 식으로 살았다. 패트너와의 대담에서 이지는 전혀 모르는 스포츠 부문을 취재했던 이야기를 소개했다. 아버지의 만류로 「진보」지를 폐간한 직후 「캠던 포스트 텔레그램Camden Post-Telegram」에 통신원으로 들어갔는데 중요한 야구 경기 취재 지시가 떨어졌다. "난 스포츠는 별로인 소년이었어요."[8] 말은 이 정도로 했지만 사실은 베이브 루스(야구), 잭 뎀프시(권투), 보비 존스(골프), 빌 틸던(테니스) 같은, 당시 각계를 주름잡은 선수들 이름조차 모르고 있었다. 이지는 만나는 선수마다 붙잡고 극히 초보적인 질문을 열심히 해댔다. "오늘 경기 목표는? 몇 점이나 낼 생각이시죠? 오늘 특이한 점이 있습니까?" 등등. 이지는 이렇게 말했다. "기사는 아주 멋지게 썼어요. 아주 다채롭고, 그럴듯하게. 체육 기자 노릇을 해낸 거예요. 그때가 체육 담당으로는 처음이자 마지막이었지."

그러나 종종 진실은 가려졌고, 일부 신문쟁이들은 정당 파벌 보스나 갱단의 하수인이 됐다.[9] 옛날 기자들은 지금 일부 신문 인사부에서 하는 것처럼 심리검사가 의무화됐다면 대개 알코올 중독자 판명이 났을 것이다. 스톤의 혼령이 근사한 카펫이 깔린 요즘 신문사 편집국에 들어와 본다면 IBM에 잘못 왔다고 생각할 것이다. 원고를 들고 편집국과 공장을 바삐 오가는 사환들은 사라지고 대신 노트북으로 기사를 전송한다. 요즘 기자들은 법학사 학위에 인터넷에는 달인이다. 큰 괘종시계가 요란하게 시간을 알리는 대신 조용한 편집국에는 컴퓨터 클릭거리는 소리만 들린다.

지금은 기자들이 사회 주류에서 밀려난 계층이 아니며, 현재에 만족하는 경우도 많다. 아웃사이더처럼 불평불만을 일삼고 기성 체제와 싸우는 것을 낙으로 삼던 시절은 월급이 좋아지면서 과거지사가 됐다. 1991년 제임스 스코티 레스턴은 여러 세대의 기자를 비교하며 이렇게 말했다. "우리는 대공황의 아이들이었어요. 우리는 가난한 사람들 속에서 살았습니다. 요즘 세대는 빈곤에 대해 더 많이 알지만 우린 그걸 몸으로 느꼈지요. 요즘 기자들은 뭔가가 빠졌어요."[10] 「워싱턴 포스트」의 미디어 평론가 하워드 커츠(1953~)와의 인터뷰에서 한 말이다. 요즘엔 많은 기자들이 기자직을 TV로 가는 징검다리로 생각한다. 물론 주류에 대한 선호는 새로운 것은 아니다.

"1930년대 초에 「뉴욕 타임스」는 정말 구악이었어요." 스톤은 패트너와의 대담에서 이렇게 회고했다. "리처드 V. 울리한이 워싱턴 지국장이었지요. 그는 당시 백악관에서 매일 아침 허버트 후버 대통령과 공차기를 하곤 했어요. 좋은 기자를 망치기 딱 좋은 거죠. …관리들과 친하게 지내면서 기자로서의 독립성을 유지한다는 건 불가능해요." 스톤은 이 점을 강조했다. 그에게 관리들이 "양질"이냐 "악질"이냐는 중요한 문제가 아

니었다. "기자를 이용해 먹으려 하는" 것은 마찬가지이기 때문이다.[11]

특정 정치인이나 기업인과 결탁하는 풍조가 확산돼 '캠프 기자들'까지 생겼다. 이들은 촌지를 받거나 거액을 챙기기도 했으며, 퓰리처상과 같은 주류 사회가 주는 장식품을 걸치기도 했다.[12] 심지어 가장 탁월한 기자들도 1920년대에는 기생충 노릇을 했다. 퓰리처상 수상자인 베이어드 스워프는 영향력 있는 인물들과 친구가 되는 데 남다른 재능을 발휘했다.[13] 그 중에는 월스트리트의 금융가인 버나드 버루크도 있었다. 스워프는 버루크의 홍보 고문으로 있으면서 「뉴욕 월드」 칼럼난에 그를 "금융의 귀재"로 격찬하는 글을 여러 번 썼다. 그 대가로 스워프는 내부자 주식 거래를 통해 이득을 챙겼다. 리프먼은 "어지간한 월급 받는 어지간한 신문쟁이가… 마침내 1,200만 달러나 챙겼다네"라고 빈정거렸다. 칼럼니스트 아서 크록은 스워프 비슷하게 버루크를 통해 이것저것 챙겼을 뿐 아니라 금융회사 딜런 리드Dillon, Read & Co에서 홍보 담당 고문으로 아르바이트까지 했다. 크록은 '내일 나가는 사설이 일부 주식에 영향을 줄 것'이라는 얘기를 딜런 리드 관계자에게 전화로 알려주는 것을 우연히 엿들은 리프먼에 의해 「뉴욕 월드」 논설위원 자리에서 쫓겨났다.

1919년, 새로운 형태의 저널리즘이 등장해 성공을 거뒀다. 타블로이드라고 하는 판형에 저속한 내용을 담은 신문이었다. 센세이셔널한 이혼 사건이나 도끼 살인 사건, 남편을 죽인 루스 스나이더가 전기의자에서 최후를 맞는 사진 등등은 오늘날 TV에서 정보와 오락을 동시에 잡는다는 명목으로 방영하는 인포테인먼트infortainment 프로그램이나 끔찍한 내용을 대서특필하는 현대 저널리즘의 선구였다. 그런 경향을 가장 대표적으로 보여준 것이 뉴욕 타블로이드 신문의 1면 제목 '토플리스 바〔여종업원이 가슴을 드러내놓고 서빙하는 술집〕에서 머리 없는 시신 발견되다Headless Body in Topless Bar'였다. ~less라는 표현을 중첩시키고, B로 두운을 맞춘 것이 나름대로는 꽤나 신경을 쓴 제목이다.

그만큼 센세이셔널리즘이 먹히는 시대였다. 미국의 소도시에서도 빅토리아 시대의 정숙이나 품위 같은 것은 완전히 사라졌다. 그로 인한 세대차를 절묘하게 묘사한 것이 1927년 아트 영이 그린 카툰이다. 자유분방한 딸이 넓적다리에 딱 달라붙는 스커트를 입고 소파에 누워 소파 가장자리에 다리를 걸친 채 뚱뚱한 부인에게 말한다. 부인은 무릎 아래까지 내려오는 드레스에 실용적인 구두를 신고 머리는 뒤로 땋아서 묶었는데 굉장히 당혹한 표정이다. "엄마, 엄마 어렸을 땐 처녀라는 게 짜증나지 않았어?"[14]

미국 최초의 타블로이드 신문인「뉴욕 일러스트레이티드 데일리 뉴스 New York Illustrated Daily News」는 소유주인 조지프 메딜 패터슨[1879~1946]의 획기적인 창안이었다. 패터슨은 "정신연령 12세에 맞춰" 사진과 그림으로 도배를 하다시피 한 신문이 "틀림없이 대성공을 거둘 것"이라고 예견했다. 예측은 정확했다. 그가 이런 발상을 하게 된 근거는 미 육군의 아이큐 테스트였다. 당시 검사 자료에 따르면 인구의 거의 절반(47.75퍼센트)이 열두 살 수준의 정신연령으로 나타났다. 패터슨은「데일리 뉴스」사옥을 초고층으로 지으면서 건물 정면에 이렇게 새겨 넣었다. "하느님은 평범한 사람들을 사랑하신 게 분명하다. 그러니까 그런 사람들을 그렇게 많이 만드셨을 것이다." 시니컬하다. 예일 대학 시절의 패터슨은 아버지한테 물려받은 주식으로 배당을 챙기면서 사회주의를 떠드는 유한계급 청년이었다. 1919년에 조지 셀드스는 "그 사람은 사회주의나 급진파적인 성향이 전혀 남아 있지 않다. 리버럴한 구석조차도 없다"고 평했다.[15]

이미 신문은 수가 줄고 있었고, 통신이나 신디케이트에서 돈 주고 사다 쓰는 화제 기사로 내용도 평준화되고 있었다. 마치 일관 조립 생산 라인에서 쏟아져 나오는 T형 포드 자동차 같았다. 이런 흐름은 결국 통폐합의 시작이었고, 그 결과는 나중에 한 도시에 한 신문만이 살아남거나 거대한 기업이 계열사를 다수 거느리는 형태로 귀결된다. 미디어 평론가 A. J. 리블링은 1925년의 경우 "신문 도살자" 프랭크 먼지[1854~1925. 신문, 잡지를 많이 경영한 미국의 언론인이자 작가)가 "뉴욕 일간지 4개를 땅에 묻었다"고 썼다.[16] 그렇게 해서 뉴욕의 일간지는 16개에서 12개로 줄었다.

라디오는 이제 신문 광고에 위협이 되는 존재로 성장했다. 1922년부터 1929년까지 라디오 광고 매출은 6,000만 달러에서 8억 4,300만 달러 가까이로 껑충 뛰었다. 7년 사이에 1,305퍼센트가 늘어난 것이다. 텔레비전이 1950년대의 총아였다면 라디오는 1920년대의 총아였다. 어떤 식으로든 물건을 팔아야 하는 기업 입장에서는 없어서는 안 될 선전 도구였다. 라디오는 정치에도 혁명을 가져왔다.[17] 1924년 사상 처음으로 미국인들은 매디슨 스퀘어 가든에서 열린 차기 대통령 후보 선출을 위한 민주당 전당대회 실황을 맨 앞자리에 앉아 있는 것처럼 들을 수 있었다. 격론과 의사봉 두드리는 소리가 그대로 중계됐다. 경선 후보 윌리엄 매카두와 앨 스미스 두 사람 중에서 결론이 나지 않아 대회는 며칠을 끌었다. 휴회 때면 청취자들은 다이얼을 돌려 〈바니 구글Barney Google〉 같은 히트곡을 들었다.(민주당 대의원들은 95차례나 투표를 한 끝에 어설픈 타협책으로 존 W. 데이비스를 후보로 선택했다.)

이지는 그해에 고등학교를 졸업하고 열여섯의 나이에 신문쟁이를 하면서 제3당 대선 후보 밥 라폴렛의 선거 운동을 했다. 라폴렛은 이지가 가장 좋아하는 잡지 가운데 하나인 「더 네이션」이 미는 후보였다. 2년 전에 비공산주의 계열의 좌파 이탈 세력은 진보정치행동회의Conference for Progressive Political Action라는 모임(회원은 주로 사회주의자, 농민·노동자 그룹, 철도 노조, 진보적 공화당원 등이었다)을 결성했다. 라폴렛은 막차 탄 포퓰리스트라는 비난을 받기는 했지만 그가 외치는 메시지는 이지에게 매력적으로 다가왔다. 라폴렛은 철도와 수력 발전을 국유화해야 한다고 외쳤으며 대통령 선거인단 제도 폐지를 요구했고, 의회가 보수적인 연방대법원의 결정을 거부할 수 있는 권한을 가져야 한다고 주장했다. 피오렐로 라과디아(1882~1947. 뉴욕시 출신 공화당 소속 장수 하원의원으로 뉴욕시장도 지냈다)

와 어니스트 그루닝, 제인 애덤스, 정치 주간지 「더 네이션」 사장 오스월드 개리슨 빌라드, 1930년대에 내무장관으로 재직하면서 뉴딜 정책을 집행한 해럴드 익스 같은 진보파 인사들이 합류했다. 펠릭스 프랭크퍼터는 친구인 리프먼에 대해 대단히 비판적이었다.[18] 리프먼이 「뉴욕 월드」 사설에서 민주당의 데이비스를 자유주의자로 묘사함으로써 진실을 가렸다고 봤기 때문이다. 프랭크퍼터는 라폴렛을 미는 세력이야말로 "최소한 꿈을 실현시키기 위해 애쓰는" 사람들이라고 주장했다.

민주당 후보 데이비스는 800만 표를 얻었다.[19] 라폴렛은 500만 표 가까이(전체 유효 투표의 16퍼센트)를 얻으면서 서부 17개 주에서 데이비스를 앞섰다. 그러나 경기 호황을 타고 공화당 후보 캘빈 쿨리지가 두 사람을 손쉽게 물리쳤다. 이렇게 1924년 대선을 기점으로 전국 규모의 운동으로 발돋움하려는 사회당의 꿈은 완전히 끝이 났다. 2년 후 데브스의 죽음은 사회당의 종말을 상징하는 사건이었다.

이지의 회고에 따르면 1920년대는 "광야에서" 외치는 삶을 견디기에 썩 좋은 훈련장이었다. "급진파는 결국 소수파로 남을 수밖에 없었어요. 20년대는 정말이지 어벙한 시대였지요."[20] 이지는 민주당이 대통령 후보로 내세운 데이비스에 대해서도 "거대 금융그룹 J. P. 모건의 변호사로 그 이상을 기대할 수 없는 인물"이라고 혹평했다. "하지만 「뉴욕 월드」와 「세인트루이스 속보速報 St. Louis Post-Dispatch」 같은, 진보 계열의 양대 신문이 있었고, 규모는 작지만 캠던에는 내가 일하는 신문이 있었지요."

1920년대는 자본주의가 왕이었고, 국민들은 흥청망청했다. 광고는 할부라고 하는 새로운 구매 방식을 동원해 소비를 부추겼다. 자동차 회사들은 "타면서 갚으세요"라고 유혹했고, 냉장고, 피아노, 재봉틀, 세탁기 광고에서는 "쓰면서 갚으시면 됩니다"라고 꼬드겼다. 비서와 구두닦이 소년까지 주식에 투자했고, 이지의 아버지도 가게로 어렵게 번 돈을 부동산에 대거 투자했다.

'시끌벅적한 20년대'는 경제가 잘나가는 것처럼 보였지만 결국은 정크 본드junk bond〔신용도가 낮은 회사가 발행하는 고위험·고수익 채권〕와 흥청망청하는 기업들, 하이테크 산업 투기 등으로 사상누각이 되고 만 1980~90년대와 놀라울 정도로 흡사했다. 두 시대 모두 경고의 말을 귀담아 듣는 사람은 없었다. 1920년대에도 제대로 된 학자들은 이 나라가 언제까지 신용 구매를 버텨낼 수 있을지에 의문을 제기했다. 그러나 대중은 인기 이코노미스트들이 하는 얘기만 듣고 안심했다. 한 경제학자는 「콜리어스 위클리 Collier's Weekly」에 기고한 칼럼에서 "빚이 많은 것도 자산이다. '신용이 좋다'는 것을 입증하기 때문이다" 라고 썼을 정도다.[21]

영화관들은 술탄의 궁정처럼 화려하게 치장하고 대형 오르간으로 무성 영화에 음향을 공급했다. 스톤은 평생 영화광이었다. 후일 스톤이 개최한 파티에 참석하게 되는 찰리 채플린은 세계적으로 유명한 광대였다. 장대에 오래 앉아 있기, 오래 버티는 사람이 이기는 마라톤 댄싱 같은 시대의 유행이 미국 서부 해안에서 동부 해안으로, 또 그 반대 방향으로 급속히 퍼져갔다. 치마 길이는 점점 짧아졌고, 점잖은 시민들도 금주법을 비웃었다.

경제가 흥청망청하는 동안 언론의 용의주도한 부추김으로 좌파에 대한 공포심이 슬금슬금 커졌다. 농민과 광부, 직물 제조 노동자는 성장의 과실을 누리지 못했다.[22] 노조도 마찬가지였다. 사회주의가 그래도 먹히던 시절 수준을 현상 유지하기도 바빴다. 마르크스주의는 완전히 죽었다. 자본주의가 시들어 고사하기는커녕 자본가들은 번창에 번창을 거듭했다. 자동차 왕 헨리 포드가 대표적이었다. 포드 자동차는 직원들에게 고임금을 지급하며 저가로 T형 자동차를 대량 생산했다. 농민 외에는 농업 부문의 장기 침체를 우려하는 사람은 거의 없었다. 공장에서는 요술 방망이 같은 기계들이 인력을 대체해 실업률이 증가했지만 역시 관심을 끌지 못했다. 이런 전후 호황기에 일반 가정에서는 어지간한 공산품 값조차 지불하기가 어려웠다.

'고상한' 지식인들은 탐욕의 문화를 비웃었다.[23] 그러나 부패한 정치와 불평등한 경제(1910년대에는 이것이 공격 대상이었다)에 초점을 맞추기보다는 막연한 천박성에 비판이 집중됐다. 이런 태도는 "중산층 자제들이 부르주아적 관습과 관념과 편견을 철저히 거부하던" 1960년대 풍조의 선구라고 할 만했다. "고급 지식인들이 도시 중심가마다 포진했지만 자기들끼리도 의견이 천차만별이었다. 그 진앙은 단연 뉴욕이었다."[24]

이지도 그런 무리의 한 사람으로 "머리도 안 자르고 넥타이도 안 매는" 젊은 보헤미안이었다. 딜레탕트와 "유행을 좇는 오합지졸들"은 미국 문화를 지배하는 소수의 재능 있는 작가들 뒤꽁무니를 쫓아다녔다. 싱클레어 루이스가 펴낸 통렬한 풍자소설 『메인 스트리트Main Street』(1920)와 『배빗Babbitt』(1922)은 문화의 빈곤과 대중의 추악한 편견을 폭로했다. 소설이 현실을 반영한 것이다.

1925년 KKK 단원 4만 명이 백악관 앞 펜실베이니아 애비뉴를 행진하며 국회의사당을 지났다. 머리에 쓴 두건을 벗어버릴 만큼 두려움이라곤 없었다. 미국에 환멸을 느낀 사람들은 유럽에 정착했다. 물론 그 수는 미미했고, 재능 있는 인사도 많지는 않았다. 대부분은 사회에 적응하지 못하는 사람들이었다. 1차 대전 후 미국의 현실에 환멸을 느끼고 프랑스 등에 정착한 청년 작가, 예술가를 지칭하는 표현으로 '잃어버린 세대lost generation' 라는 말이 널리 사용됐지만 사실은 상당히 잘못된 개념이다. 표현 자체는 멋있게 들리지만 거트루드 스타인(1874~1946. 미국의 여성 시인, 소설가)이 한 이 말은 원래 자동차 정비소 주인의 얘기를 그대로 옮긴 것이었다. 스타인이 차 수리를 맡겼는데 수리가 잘 안 돼서 불만을 표시했다. 그러자 주인은 유능한 정비공이 없어서 그렇다면서 '잃어버린 세대'라는 말을 했다. 전쟁에서 돌아와 보니 일자리는 없어지고 환멸스러운 현실만 남은 노동자

세대를 말한 것이다.[25] 예술가와 문인을 두고 한 얘기는 아니었다.

　이지는 외국으로 나간 예술가들을 사회적 책임을 회피한 것으로 보는 젊은 행동파 그룹에 속했다. 월간 평론지 「아메리칸 머큐리American Mercury」가 창간된 것은 1923년 말이었다. 미국 문화를 날카롭게 비판한 초기 편집진은 멘켄의 글을 대학 캠퍼스에 퍼뜨렸다. 1927년 리프먼은 「아메리칸 머큐리」의 공동 편집장인 멘켄을 자기 세대 지식인 가운데 가장 영향력이 큰 인물로 격찬했다. 멘켄의 비판은 분야를 가리지 않았다. 무지몽매한 테네시 주 농민들을 "입을 헤 벌리고 있는 유인원", "원숭이 닮은 오합지졸" 같은 표현으로 매도하기도 했지만 사회주의자나 무정부주의자 역시 바보 취급하기는 마찬가지였다. 1919년에 나온 그의 저서 『미국어The American Language』는 미국식 영어에 대해 독창적인 조사를 통해 진지하게 접근한 기념비적인 연구서다. 그러나 멘켄을 유명하게 만든 것은 역시 "미국 대중의 지성을 과소평가해서 파산한 사람은 아무도 없다" 같은 식의 신랄한 비판이었다. 멘켄의 혹평을 지금 다시 읽어보면 듣기 거북한 것이 많다. 그러나 그 시대의 많은 사람들이 그랬던 것처럼, 이지도 개인의 자유를 침해하는 모든 것에 대놓고 반대한 멘켄을 대단한 인물로 떠받들었다.

　교육 수준이 높은 많은 자유주의자들은 몇 년 전까지만 해도 최저임금법, 여성 투표권 허용 같은 개혁을 위해 싸우고 "호적에서 지워져 상속권을 박탈당할 위험까지 무릅쓰면서 1915년 사회주의자 대행진에 참여했다. 그러나 1925년이 되면 사회주의 얘기를 들으면 하품을 했다."[26] 이지는 하품을 하는 축이 아니었고, 그가 모시는 J. 데이비드 스턴 사장도 마찬가지였다. 이지는 패트너와 나눈 한 대담에서 스턴에 대해 이렇게 말했다. "그분은 파시즘에 적극 반대했고, 폭로 저널리즘도 많이 했습니다. 진정한 머크레이커였지요. 탐사언론이 갈 길이라는 신념이 있었어요. 그걸로 부수도 재미를 많이 봤죠."[27] 스턴이 운영한 신문은 필라델피아에서는 1924년 대선 때 라폴렛에 대해 우호적으로 쓴 유일한 신문이었다.

이지가 질 스턴 부인을 만나지 않았거나 그 남편이 이지를 채용하지 않았다면 그의 인생이 어떻게 달라졌을지는 상상하기 어렵다. 그토록 가고 싶어하던 하버드 대학에 진학했다면 또 어땠을까? 하기야 성적이 별로여서 어려웠을 것이다. 이지의 모순적인 기질을 잘 모르는 사람은 이해가 안 가겠지만 하버드에서 퇴짜를 맞은 기억은 평생을 두고 이지를 따라다녔다. 그는 미국 최고의 명문대학에서 지성의 나래를 펴보고 싶어하면서도 유대계에 대한 차별이나 자잘한 문제를 가지고 지식인입네 하며 꼬치꼬치 따지고 드는 태도는 못마땅해했다. 부잣집 백인 도련님들은 한가하게 C학점을 받고도 출세하는 멍청한 시절이었다. 하버드의 유대계 학생 비율은 1900년 7퍼센트였다가 이지가 고등학교를 졸업하기 2년 전인 1922년에는 21.5퍼센트로 급증했다.[28] 하버드 대학 총장 A. 로렌스 로웰 같은 아이비리그 백인지상주의자들은 깜짝 놀라 사실상의 인종별 쿼터제를 도입했다. 예일 대학 학장 프레더릭 존스는 유대계가 좋은 장학금을 싹쓸이하고 있다고 불평했다. 유대계의 흠결은 지적 능력이 아니라 '품성'에 있었다. 학교 측에서는 학점이 낮다는 이유로 불이익을 줄 수 없자 '성격'을 근거로 입학을 제한한 것이다. 1920년대 뉴욕 컬럼비아 대학은 전체 학생의 40퍼센트가 유대계였다.

펜실베이니아 대학은 신입생 선발 방식이 개방적이었기 때문에 이지 같은 학생을 받아들였다. 그는 캠퍼스에 지적 자극이 부족한 것에 실망했지만 해든필드 같은 좁은 동네 분위기와는 전혀 다른 친구들을 접했다. 그들은 "뉴욕 출신의 유대계 청년 지식인들"로 급진적 개혁에 대한 열정이 아직 식지 않는 부류였다. 그중 한 명이 시드니 코언으로 후일 마르크스주의 학자 루이스 부딘(이지의 사고에 주요한 영향을 미쳤다)의 사위가 된다.(루이스 부딘의 조카인 레너드 부딘은 나중에 이지의 손아래 동서가 된다.) 이지와 코언은 대단히 친했다. 이지는 "엘리자베스 여왕 시대 연구로 유명한 빅토리아 시대 중기의 문학사가" 알렉산더 다이스의 2권짜리

리 선집을 팔아서 무일푼의 코언이 뉴욕으로 돌아가는 기차 요금을 대주기도 했다. 후일 이지는 "그 생각만 하면 지금도 아까워서 가슴이 찢어진다"며 낄낄거렸다.[29]

평생지기가 된 또다른 대학 동창은 소설가이자 시나리오 작가로 유명한 마이클 블랭크포트였다. 블랭크포트는 이지가 회원들의 반대로 급진파 동아리에 가입하지 못한 것을 가슴 아파했다. 가입 자격심사 모임에서 이지가 남들은 이름조차 못 들어본 한 시인 얘기를 끝도 없이 늘어놓자 회원들이 반대표를 던진 것이다. 스톤은 블랭크포트가 만나본 사람들 중에서 "가장 활기찬" 인물이었고, 로마사를 쓴 기번에서부터 길 가다 만나는 지지배배 우는 새들에 이르기까지 명쾌하게 설명을 했다.[30]

이지는 현역 신문쟁이로서 현실 세계에 발을 담고 있었기에 환멸 섞인 청춘의 권태 같은 것은 느낄 시간이 없었다. 소도시를 취재해본 기자라면 잘 아는 얘기지만 "기삿거리 찾기가 정말 어려웠다." 후일 이지는 "시장이 할 말이나 목사가 써먹을 만한 좋은 설교를 궁리해보는 게 일"이었다고 회고했다. 잠시 "교회 홍보 담당"도 했다. 설교를 기사로 써주고 5달러를 받았다는 것이다. "어린 유대계 무신론자"는 목사들의 설교를 도와주기도 했다. "목사들은 좋은 분들이었고, 나를 좋아했어요. 나도 그분들을 좋아했지요."[31] 이지는 패트너와의 대담에서 "설교 주제도 잡아서 권해주고 기삿거리도 얻고 일석이조"였다고 말했다. 이지는 한동안 설교 담당을 하다가 연극평을 맡게 됐다. 그러나 건건이 혹평을 해서 필라델피아의 주요 극장에서 쫓겨났고, 그것으로 연극 담당은 끝이 났다.

그 무렵 이지는 평생 처음이자 마지막으로 정당 실무자로 선출된다. 투표권도 없는 나이에 뉴저지 주 사회당 당료가 된 것이다. 그러나 파벌 싸움이 자폭 수준에 이르자 그만두었다. 이지는 저널리스트로서 무엇에 "매이는 것"을 대단히 불편해했다. 독립성을 방해받지 않고 싶어한 것이다.

그렇다고 냉정한 관찰자이기만 한 건 아니었다. 유대인으로서 1920년대 파시즘의 확산에 대해 동료들보다 훨씬 예민하게 촉각을 곤두세웠고, 사태 추이를 깊이 우려했다. 이탈리아에서는 무솔리니의 파시즘 정권이 들어섰고, 독일에서는 히틀러가 집권을 위해 과격한 행동을 계속했다. 많은 사람들이 히틀러는 반유대주의에 물든, 헛소리 뺑뺑 치는 광대일 뿐이라고 생각했다. 자신의 정체를 분명히 밝힌 히틀러의 자서전 『나의 투쟁 Mein Kampf』은 일고의 가치도 없는 것으로 치부됐다. 그러나 이지의 고성능 안테나는 히틀러를 예의주시했고, 큰 일 낼 인물로 봤다.

당시 많은 신문 발행인들은 파시즘을 자본주의와 일맥상통하는 것으로 봤다. 캠던에는 이탈리아계가 많이 살았다. 그들은 한 펜실베이니아 대학 교수가 1926년 캠던 로터리 클럽 모임에서 파시즘 정권 치하의 이탈리아가 경제적으로 놀랍게 성장하고 있다고 칭찬하는 강연을 들으며 흐뭇해했다. 그러나 이지는 이미 외국의 좌파 신문들을 읽었고, 무솔리니에 대해 정확히 꿰뚫고 있었다. 문제의 교수 강연을 취재하라는 지시를 받은 이지는 강연이 끝나기 전부터 분개했다. 화를 삭이지 못한 10대 기자는 기자석에서 벌떡 일어나 빽빽거리는 목소리로 강연자에게 질문을 퍼부었다. "그 이면에 대해서는 왜 말하지 않습니까? 파시스트들이 노동운동을 어떻게 탄압했는지는 왜 얘기 안 하죠?" 이지는 흥분이 극에 달해 "마테오티 살해 사건은 어떻게 된 겁니까?"라고 소리쳤다.[32]

어안이 벙벙해진 청중들의 눈길이 키 작은 청년 기자에게 쏠렸다. '마테오티가 도대체 누구야?' 하는 표정들이었다. 이탈리아 사회당 소속 3선 국회의원인 자코모 마테오티가 살해당한 사건은 주요 언론에서 철저히 무시했기 때문에 대부분의 미국인들은 전혀 모르고 있었다. 이는 당시 유럽 소식이 얼마나 의도적으로 왜곡됐는지 잘 보여주는 사례다. 미국을 포함해 전 세계에서 온 많은 특파원들이 무솔리니로부터 매달 뇌물을 받았다.[33] 현금을 받는 것은 아니고 전보나 전신으로 기사를 보낼 때 5,000단어까지는 공짜로 해주는 형태였다. 더구나 국제적인 기업들—주요 호텔

오너, 관광을 비롯한 각종 산업 재벌 등등—은 무솔리니에게 수백만 달러씩 갖다 바쳤다. 파시즘에 보조금을 대준 셈이다. 영국 일간지 「맨체스터 가디언Manchester Guardian」은 마테오티 피살 사건을 과감하게 보도했고, 「뉴욕 월드」와 「세인트루이스 속보」는 가디언의 기사를 그대로 받았다. 그러나 영향력 있는 AP 통신이나 허스트계 국제통신International News Service, 그리고 대다수의 신문들은 '이탈리아에서는 기차가 정시에 칼 같이 도착한다'는 식의 좋은 얘기만 기사화했고, 기업들이 무솔리니에게 뇌물을 먹인다는 기사는 싣지 않았다. 마테오티는 싱클레어 오일Sinclair Oil[1916년 설립된 미국 석유회사]과 파시스트당 거물들 간에 오간 뒷거래를 폭로하겠다고 선언한 직후 살해됐다.●34

1920년대에 「뉴욕 데일리 뉴스New York Daily News」는 무솔리니를 최초로 찬양한 미국 신문 가운데 하나였다.35 그런 추세는 30년대까지 계속됐다. 1929년 대공황 이후 파리에 본부를 둔 영자 신문 「헤럴드 트리뷴Herald Tribune」은 매출 급감을 우려해 이탈리아, 독일, 폴란드, 포르투갈, 루마니아 독재자들의 비위를 맞췄다. 특히 사설에서 "미국에도 파시즘을"이라고 외치며 그런 체제를 칭송했다. 관광 붐을 유지하기 위해 「헤럴드 트리뷴」은 무솔리니의 파시스트당과 급부상하는 히틀러와 나치를 빨아주는 기사

● 조지 셀드스는 당시 「시카고 트리뷴Chicago Tribune」 이탈리아 특파원이었는데 미국 신문에 무솔리니가 마테오티를 암살했다는 얘기가 한 줄도 나오지 않는 것이 의아했다. 이탈리아에서는 이미 범행에 관여한 인물이 자백한 내용이 널리 알려진 상태였다. "세계를 뒤흔들" 기사가 미국에는 송고되지 않은 것이다. AP 통신과 「뉴욕 타임스」의 특파원은 이탈리아인 아버지와 아들이었는데 무솔리니 홍보 담당을 겸했다. 그들은 문제의 기사를 깔아뭉갰다. 셀드스(이지는 셀드스를 "탐사 저널리즘의 할아버지"라고 할 정도로 "어려서부터" 그에게 깊은 영향을 받았다)는 본사에 마테오티 피살 사건 기사를 써 보내면서 '스타 기자'(본인을 말함)의 기사를 계속 받고 싶으면 파리판에는 기사를 빼라고 신신당부했다. 이튿날 발행된 파리판—유럽 전역에서 판매된다—에 문제의 기사가 그대로 실렸다. 셀드스라는 바이라인도 선명하게. 셀드스는 바로 오리엔트 익스프레스(파리에서 터키 이스탄불까지 가는 호화 열차)를 집어타고 뛰었다. 기차가 한 정거장에서 서자 고함과 함께 "도베 셀드스?"(이탈리아어로 '셀드스 어딨어?') 하는 소리가 들렸다. 검은 셔츠 입은 자들(파시스트당의 전위 활동대인 검은셔츠단을 말한다)이 왔을까봐 덜컥 겁이 난 셀드스는 영국 해군 장교 넷이 타고 있는 칸으로 황급히 뛰어 들어가 '특파원인데 파시스트 당원들한테 죽게 생겼다'고 전후 사정을 설명했다. 총을 든 자들이 셀드스가 들어간 칸을 들여다보며 "도베 셀드스?" 하고 소리치자 영국군 제독이 "꺼져, 이 파시스트 돼지새끼들아!" 하고 맞받았다. 그들은 제독의 기세에 눌려 가버렸다.

들을 올렸다. 저술가 리처드 클루거의 회고에 따르면 「헤럴드 트리뷴」은 그 대가로 독일과 이탈리아의 선박회사 및 정부 통제를 받는 여러 기업들로부터 지속적으로 광고를 받아 빚 없이 굴러갔다.

신문사에서 하루 종일 일을 하고 난 뒤 이지는 사장과 함께 전차를 타고 집으로 돌아왔다. 서류 정리에 물건 구매에 정신없이 하루를 보낸 스턴 사장은 피곤에 지쳐 곯아떨어지곤 했다. 이지의 회고. "전차 종점에서 사장님을 흔들어 깨우는 게 내 일이었어요."[36]

마테오티 소동이 잠잠해질 무렵, 이지는 또다시 중요한 사건에 휘말렸다. 7년 전인 1920년 5월 5일 제화공 니콜라 사코와 생선 행상 바르톨로메오 반체티가 매사추세츠 주 브록톤에서 체포됐다. 혐의는 강도살인. 구두 제조 회사 월급 운송 차량을 털고 경리부장과 경비원을 죽였다는 것이었다. 무정부주의자로 찍혀 있던 두 사람은 바로 재판에 회부돼 사형을 선고받았다. 두 사람이 범죄 현장에 있었다는 증거는 전혀 없었다. 매사추세츠 주 검찰도 도난당한 돈이 영어도 더듬거리는 두 이민자와 연관이 있다는 사실을 밝혀내지 못했다. 일부 법률가를 포함해 두 사람의 정치관에 동의하지 않는 사람들조차 급진파 청소의 희생양으로 누명을 씌운 것이라고 생각했다. 유죄든 무죄든 편견에 사로잡힌 판사가 주관하는 불공정한 재판에서 정당한 판결을 기대할 수는 없었다.[37]

10년 전만 해도 직물노조 파업이 격렬하게 진행 중인 상황에서 살인 혐의를 뒤집어쓴 두 용의자가 국내외 노동계와 좌파의 항의가 10개월간 계속되자 방면된 바 있다. 그러나 급진파에 대한 반감이 높아진 1920년대에는 사코와 반체티를 돕는 움직임도 미지근했다. 겨우 1924년에 가서야 멘켄이 명망 있는 작가로는 처음으로 변호 운동에 참여했고, 이어 소설가 존 더스패서스와 업턴 싱클레어가 합류했다. 미국 예술가와 지식인의 대규모 지원 움직임은 변호위원회가 1927년 8월 8일 마지막으로 지원을 호소한 직후에야 시작됐다. 사형 예정일 이틀 전이었다. 21일간의 사형 유예 기간에 여론에 호소하는 운동이 치열하게 펼쳐졌다. 전 세계 노동자와 지식인이 사코와 반체티의 구명을 촉구하는 시위에 참여했다.

이지는 극도로 분개했다. 바야흐로 엄청난 불의가 벌어지려는 상황에서 아무것도 할 수 없다는 사실이 원통했다. 신문쟁이로서 뭔가 기여하고 싶은 마음에 그는 사건을 담당하겠다고 애걸했다.(「캠던 쿠리어 포스트」는 캠던-필라델피아 지역에서 무정부주의자들을 지지하는 유일한 신문이었다.) 편집국장이 안 된다고 하자 이지는 회사를 때려치우고 집으로 달려가 여분의 양말만 챙겨 사형 집행 장소로 향했다. 후일 그때 일을 회고할 때도 이지의 얼굴에는 흥분이 가시지 않았다. "계속 생각을 했지요. 그런 재판에 항의하지 않는다면 나중에 내 손자들이 어떻게 생각할까 하고 말입니다."[38] 아버지가 차를 타고 급히 이지를 쫓아갔다. 당연히 말리려고 한 것이다. 그러나 성공하지 못했다. 19세의 이지는 지나가는 차를 얻어 타며 보스턴까지 갔다. 그러나 사형 집행은 연기된 상태였다. 아는 사람도 없고 보스턴에 체류할 돈도 없고 회사로 돌아가자니 쪽팔리기도 해서, 이지는 히치하이크를 계속하며 버몬트 주 벨로스 폴스에 사는 친구네 집을 찾아갔다.

사코-반체티 변호위원회는 차츰 힘이 빠졌지만 그래도 이지가 보스턴에 남아 있었다면 유명 인사들과 하나가 될 수 있었을 것이다. 더스패서스, 캐서린 포터, 도로시 파커 같은 남녀 소설가, 극작가, 시인 들이 사형 반대 시위를 벌이다가 다른 시위자들과 함께 연행됐다. 시위대는 자유주의자, 급진파, 외국인 등 온갖 부류가 뒤섞여 있었다. H. G. 웰스〔영국의 작가, 문명비평가〕, 마리 퀴리〔노벨 물리학상과 화학상을 받은 프랑스 여성 과학자〕, 알프레드 드레퓌스 대위〔19~20세기 전환기에 세계를 떠들썩하게 한 '드레퓌스 사건'의 주인공. 유대계라는 이유로 간첩 혐의를 뒤집어썼으나 국제 여론의 지지로 무죄가 선고돼 프랑스군에 복직했다〕 같은 해외 저명 인사들이 구명 촉구서한을 보내왔다. 사형이 집행되던 날, 시계가 자정을 알리자 시위대는 일제히 1초, 2초, 3초, 하고 큰 소리로 외쳤다. 이윽고 인근에 있던 알림판에 "사코, 반첸티 사망"이라는 글이 올라왔다.[39]

젊은 이지는 이 소식을 듣고 울었다. 당시 이지는 직장도 잃고 도시 세계에서 멀리 떨어진 시골에 있는 상태였다. 그러나 그는 중요한 교훈 하나를 얻었다. 사상과 대의가 아무리 좋아도 대중의 무관심에 직면할 수 있다는 것이다. 그해의 기나긴 여름 한철을 주류 언론은 사코-반첸티 사건에 완전히 귀를 틀어막고 보냈다. 월터 리프먼이 쓴 사설들이 미지근하게나마 감형을 촉구했을 뿐이다. 리프먼은 무정부주의자들이 표적이 됐다는 좌파 일반의 시각과는 거리를 두면서 법원과 별도로 사건 특별조사위원회를 구성한 주지사를 칭찬했다. 스톤과 전혀 다른 것은 리프먼이 "당파적이라는 비난"을 받거나 "주류 여론으로부터 고립"되기를 원치 않았다는 점이다.[40]

리프먼의 거리두기에 분개한 헤이우드 브룬은 3인 특별조사위원회가 판사의 사형 선고를 그대로 인정했다며 맹공을 퍼부었다.[41] 조사위원장은 하버드대 총장 로렌스 로웰이었다. 하버드 출신인 브룬은 "하버드대 총장쯤 되시는 분을 자기편으로 만드는 것은 아무나 할 수 있는 일이 아니다"라고 비꼬았다. 브룬은 「뉴욕 타임스」로부터 하버드대 총장을 공격하는 "비열한 저격수"라는 비난을 받았다.[42]

브룬은 다시 한번 강타를 날리고는 잠잠해졌다. 저명한 칼럼니스트들조차 내부 검열에서 자유롭지 못하다는 증거였다. 「뉴욕 월드」는 더이상 사코-반체티 사건 관련 칼럼을 게재하지 않았다. 상당수의 하버드 출신들은 브룬의 맹공에 정신을 차리지 못한 상태였다. 브룬은 하버드 출신 논설위원실장인 리프먼이 브룬의 칼럼을 싣지 않은 이유를 변호하는 사설을 직접 썼다고 의심했다. 「뉴욕 월드」에 입사할 때 쓴 계약서에 따르면 브룬은 사직시 3년 동안 다른 신문사에서 일할 수 없게 돼 있었다. 브룬은 사직했다. 일단 「더 네이션」 쪽을 알아보다가 결국 「뉴욕 월드」로 돌아갔지만 다시금 해고됐다. 브룬은 가톨릭교회의 검열관 같은 행태를 비판하는 사설이 너무 약하게 나간 데 분개해 "이 집단의 가공할 힘의 영향을 받지 않는 뉴욕의 논설위원은 단 한 명도 없다"고 공격했다.

몇 년 후 이지 스톤은 브룬이 주도하는 전국 단위 최초의 신문 노동조합 결성 운동에 동참하게 된다.

1927년 여름 이지는 버몬트의 농장에서 일자리를 알아봤지만 허사였다. 호미 한 번 제대로 잡아보지 못한 점을 고려하면 그런 발상 자체가 무리였다. 하지만 스턴 사장한테로 돌아가자니 자존심이 용납지 않았다. 그래서 「필라델피아 인콰이어러The Philadelphia Inquirer」에 자리를 알아봤다. 예의 건방진 자세로 그는 "나폴레옹 같은 땅딸보 편집장한테로 대뜸 찾아가서 괜찮은 친구 필요하십니까?"라고 물었다.[43] 편집장은 답답하다는 듯이 "그런 친구가 있다면 여섯 명이라도 쓰겠네"라고 했다. 그러자 이지는 "그게 바로 전데요" 하고 맞받았다. 이지는 그날로 채용됐다.

이지는 곧 대학을 자퇴했다. 철학은 신문 일에 비하면 따분했다. 학교에 다닐 때도 이지는 낮부터 밤까지 하루 열 시간을 일했다. 리라이트〔rewrite: 사실 중심으로 개요만 대충 보내온 원고를 다시 써서 완벽한 기사로 정리하는 일〕와 편집 일까지 했다. 주급으로 40달러를 받았는데 당시로서는 큰돈이었다. 그해 가을 이지는 신문 일과 학업을 병행하느라 도저히 짬을 내기 어려운 상황에서 또다른 곳에 정신을 팔았다. 그는 이제 친구들에게 신나는 파티를 했다거나 같이 놀기 딱인 "죽이는" 여자를 만났다고 자랑하는 편지나 쓸 나이는 아니었다. 진짜 사랑에 빠진 것이다.

이지가 에스터 로이스만을 소개팅에서 만난 것은 1927년이었다. "정말 운이 끝내준 거죠. …바로 사랑에 빠졌으니까요. 우린 애들 같은 커플이었어요."[44] 어느 토요일 밤, 이지는 필라델피아 오케스트라 연주회장 맨

위층으로 올라가고 있었다. 그때 한 친구가 따라오면서 말했다. "이지, 소개팅 안 나갈래?" "여자와는 담을 쌓고 지내는" 이지였지만 어쩐 일인지 흔쾌히 그러겠다고 했다. 그 다음 주에 열아홉 살의 이지는 열여덟 살 난 에스터를 만나게 된다. 두 사람이 살아온 과정을 보면 그 이상 다를 수 없었다. 에스터는 호리호리하고 작은 키에 예뻤다. "찰스턴[1920년대에 유행한 사교 재즈 댄스]을 잘 추는 말괄량이"로 공화당원인 가족과 함께 웨스트 필라델피아에 살았는데 정치에 대한 관심은 전혀 없었다. 그러나 에스터는 이지에게 끌렸고, 이지도 마찬가지였다.

"열다섯 살 때 형부를 처음 알게 됐지요. 당시에는 그냥 끔찍하다고 생각했어요." 에스터의 여동생[이지의 처제] 진 부딘의 회고다.[45] "언니한테 소개해주고 싶은 타입은 전혀 아니었어요." 에스터는 고등학교를 마치고 타이피스트로 일하고 있었다. "주급 15달러로 꽤 괜찮은 편이었어요. 언니는 부모님한테 말씀드리고 봉급을 모아서 옷을 샀지요." 한때 모델을 했을 정도로 꽃봉오리처럼 아름다운 진은 언니한테서 옷을 자주 빌려 입었다.

"에스터 언니는 예뻐서 항상 데이트가 있었어요. 커다란 검은색 자가용이 우리 집 앞에 서곤 했지요. 대개 운전사가 있었는데 도련님들은 아직 운전할 수 있는 나이가 아니었거든요. 차가 오면 언니가 나가곤 했어요. 그런데 갑자기 어느 날 밤 그 사람이 옆구리에 책을 한 짐 끼고 나타난 거예요. 무지막지하게 두꺼운 안경에다가 그 후줄근한 외모라니…. 그런데 언니는 뛸 듯이 계단을 내려갔어요. 이지한테 가는 거죠! 정말 이해가 안 갔어요. 그런 일이 계속됐지요. 그럴수록 번쩍번쩍 빛나는 검은 자가용은 점점 줄었어요. 그러던 어느 날, 이지가 깡통차를 몰고 나타나더니 크랭크를 돌려 시동을 걸더라고요. 소음이 요란했어요. 이웃 사람들이 다 나와서 무슨 일인가 하고 지켜보곤 했지요."

진은 언니한테 끊임없이 걱정된다는 얘기를 했다. 당시 유행가를 개사해 언니를 놀려주기도 했다. "이지는 누구 애인? 당신 애인? 아님 내 애인? 이지만 보면 어지러워진다네, 언제나." 에스터는 동생의 말을 무시하는 것으로 일관했다. "전혀 신경을 안 쓰더라고요. 언젠가 둘이 다퉜어요. 근데 이지가 언니한테 수정 목걸이를 선물하는 것으로 끝이 났죠. 그때부터는 세상에 둘밖에 없었어요. 그 보조개라니! 언니는 형부 보조개 얘기를 자주 했어요. 내가 보기엔 검정 캐딜락이나 뭐 그런 거에 비하면 아무것도 아닌데. 내 친구들은 '두꺼운 안경 쓴 저 사람 누구니?' 하고 수군거렸지요."

에스터와 진 자매의 아버지 모리스 로이스만은 가정용 보존식품 제조회사 사장이었다. "그분은 열심히 일했고, 자애로우셨어요. 정말 훌륭한 가장이었지요." 이런 가정 배경을 생각하면 에스터와 진 둘 다 '우상파괴자' 스타일의 인물과 결혼한 것은 놀라운 일이다. 언니는 급진파 저널리스트와, 동생은 민권 운동 변호사와 결혼했다. 레너드 부딘[1912~89. 미국의 인권 변호사, 좌파 운동가로 루이스 부딘의 조카다]과 이지 스톤은 평생 친구이자 경쟁자가 됐다. 그리고 둘 다 유명 인사가 됐다. 그러나 당시 "에스터는 정치에는 전혀 무관심했고, 우리 부모님도 정치 얘기는 하는 법이 없었어요. 사회주의요? 우린 집에선 그런 단어조차 들어본 적이 없어요. 한 번도. 가족을 위해서 일하면 그게 전부였지요."

이지의 아버지 버나드 파인슈타인과 달리 모리스 로이스만은 음식을 유대교 율법에 맞게 조리하는 관습을 지켰다. "수건도 두 장, 식기도 두 벌이었어요. 그런 건 아주 철저했지요. 할머니가 우리 계모를 좀 의심했거든요. 관습대로 하지 않을까봐 말이에요. 유대인이라는 건 늘 어떤 짐 같은 거였어요." 진의 회고다. "우리 동네에서 우리 가족은 분명 소수자였어요. 학교에 가도 우린 소수자였지요. 유대인이 아니었으면 정말 좋겠다 싶었어요. 내가 열일곱 살 때 친구들하고 레스토랑에 갔다가 아는 랍비를 우연히 만났어요. 열여섯 살 때 나한테 가톨릭으로 치면 견진성사 같은 의식을 집전해준 분이었지요. 난 랍비한테 가서 이렇게 말했어요. '신이 존재하지 않는다는 걸 뻔히 알면서 어떻게 저한테 그런 의식을 집전하신 거죠?' 정말 무례하기 짝이 없는 짓이었지요."

언니는 훨씬 유순해서 그런 행동은 하지 않았을 것이다. 에스터는 사려가 깊어서 인기가 많았고, 속 깊은 얘기를 털어놓을 수 있는 친구였다. 이지 부부의 오랜 결혼 생활이 끝날 때까지 에스터는 남을 편하게 해주는 사람, 좋은 말과 칭찬을 해주는 사람이었다. 에스터는 남의 감정을 공감하고 남의 문제를 직감하는 능력을 타고났다. 그런 면모는 어린 시절에 입은 깊은 상처에서 연유한 측면도 크다.[46] 그 상처를 에스터는 평생 떨쳐버리지 못했다. 어린 시절 에스터는 중병에 걸렸다. 진 부인의 회고. "디프테리아였어요. 정말 끔찍했지요. 어머니는 줄곧 의사를 대기시켜 놓았던 것 같아요. 에스터 언니 걱정으로 밤잠을 못 이루셨지요."

그렇게 극진하던 어머니가 돌아가시자 에스터는 극도의 상실감에 시달렸다. "언니가 열두세 살 때쯤 엄마가 돌아가셨어요. 언니는 정말, 정말 엄마를 사랑했지요. 엄마의 죽음은 언니한테는 그야말로 최악이었어요." 극도의 고통을 겪으면서 에스터의 몸도 변했다. 열 살 내지 열한 살 때 이미 어깨가 안으로 굽었고, 몸도 구부정하게 안으로 휘었다. "언니는 쑥 들어갔어요." 여동생의 회고다.

1917년 독감이 크게 퍼져 사망자가 많이 나던 해에 아버지는 부유한 과부와 서둘러 재혼했다. 못 말리는 아들 찰스를 포함해 세 자녀를 키워줄 아내가 필요했기 때문이다. 엄마에 대한 기억을 떨치지 못한 에스터는 계모를 평생 미워했다. 중년이 돼서도 차를 타고 가다가 사고가 날 것 같은 순간에는 엄마를 부르며 살려달라고 소리치곤 했다.

에스터는 이지를 만나면서 자기만의 가정을 꾸리고 예전에 엄마와 같이 지냈던 가족 간의 친밀한 관계를 재현해보고 싶어했다. 에스터가 강인한 이지 어머니와 정반대 스타일이라는 것은 분명하다. 이지의 어머니는 남편과 맞싸우는 여장부에, 가게를 직접 경영했다. 그녀가 있으면 그 존재감에 방이 꽉 차는 느낌이었다. 어린 시절의 에스터는 몸도 약하고 극도로 수줍고 자신감이 없었다고 친구와 가족들은 기억한다.

그러나 에스터는 대단히 본질적인 측면에서 이지의 어머니와 꼭 닮았다. 이지를 극진히 사랑하고 이지라면 깜빡 죽을 만큼 남편을 대단한 존재로 떠받든 것이다. 얘기 들어줄 사람이 필요한 말 많은 남자에게 에스터는 완벽한 배필이었다. 둘은 깊은 교감과 사랑으로 뭉친 공생관계였고, 그야말로 진정한 연애결혼이었다. 결혼한 지 20년 가까이 지난 1947년, 에스터는 아랍인들과의 전쟁으로 피폐해진 이스라엘에 가 있는 이지에게 편지를 보냈다. "오늘 아침 유대교 예배당에 가서… 하느님께 당신이 계속 일 잘할 수 있도록 힘을 달라고 기도했어요. 내 눈엔 당신이 위대함의 망토를 걸치고 있는 것 같아…. 깊은 사랑을 담아 에스터가."[47]

에스터는 이지가 꿈과 이념과 지식을 풀어놓을 때면 넋을 잃고 열심히 들어줬다. "여자와는 담을 쌓고 지내는" 이지도 에스터를 만나면서 댄스를 배웠다. 찰스턴을 좋아하는 여자 친구의 환심을 사기 위해서였다. 그러나 두 사람이 나누는 달콤한 대화라는 것은 재계의 부패처럼 낭만과는 거리가 먼 주제에 관한 것이었다. "난 처음 에스터를 만났을 때 대기업을 까는 폭로 기사를 쓰고 있었어요. 그 얘기를 자주 했지요. 보통 여자라면 아마 비명을 질렀을 거예요."[48] 그 오랜 세월 동안 "에스터는 온갖 난해한 주제들에 관한 얘기에 늘 귀 기울여 주었어요. 제일 재미없고 이상한 주제들에 대해 '수업'을 들은 거지요. 잘 모르거나 관심이 안 가는 사안이라도 아내는 정말 진지하게 들어줬어요. 한 번도 내 얘기 중간에 끼어드는 법이 없었지요."

이지와 에스터가 사랑을 시작한 직후인 1928년 이지는 사회당 대통령 후보 노먼 토머스 선거 운동에 뛰어들었다. 평화주의자인 토머스는 청중을 사로잡고 열정에 들뜨게 하는 힘이 있었다. 스톤은 홍보 담당 자원봉사자가 됐다. 토머스는 "쓸데없이 어려운 말은 피하고 놀라울 정도로 미국적인 언어로 사회주의를 잘 설명했다. 사회주의를 미국이라는 특수한 나라의 문제에 대한 실용적 대안으로 제시한 것이다."[49] 토머스 선거 운동은 이지가 특정 정당 후보와 직접 관계를 맺은 마지막 케이스였다.

그 사이 이지와 스턴은 다시 사이가 좋아졌고, 이지는 「캠던 쿠리어 포스트」에 복직해 리라이트 담당이 됐다. 당시에는 좋은 리라이트 담당 기자가 신문의 중추였다. 현장에 나가 있는 기자가 부른 메모를 받아서 잽싸게 완벽한, 때로는 반짝이는 기사로 만들어내는 일이었다. 이지는 "죽어라 일만 했고" 논설위원이 휴가를 간다든가 하면 적극적으로 대타를 자원해 가끔 칼럼을 쓰기도 했다. 나이 스물에 이사도어 파인슈타인은 훨씬 선배가 할 일을 맡아 했다. 그는 이미 "자동 식자기植字機 만지는 것 빼고는" 신문의 모든 것을 하고 있었다.[50]

1929년 여름 이지와 에스터는 결혼했다. 이지는 결혼 기념으로 임금을 5달러 올려달라고 해서 관철시켰다. 이렇게 해서 주급은 45달러가 됐다. 스톤은 아내가 몸이 약해서 집에 있어야 한다고 생각했다. "내가 처음 아내에게 시킨 일은 직장을 그만두라는 것이었어요. 애틀랜틱시티에 방 하나짜리 아파트를 얻어서 아내가 여름에 그곳에서 지내게 했습니다."[51] 그는 여기서 매일 캠던까지 출퇴근했다. "아내는 「I. F. 스톤 위클리」 창간 때까지는 다시 직장에 안 나갔어요."

얼마 후 주식 시장이 붕괴하고 대공황이 시작된다. 이지의 아버지가 하는 사업은 완전히 거덜이 나고, 어머니의 정신병은 끝없는 나락으로 빠져든다. 유럽에서는 파시즘과 히틀러가 부상한다. 기자로서 치명적인 신체적 핸디캡 두 가지를 꼽으라면 시력과 청력이 안 좋은 것이다. 이지는 시력이 아주 나빴는데 얼마 후 청력이 시력보다 더 나빠졌다는 사실을 알고 노심초사했다.

그러나 1929년 7월 그날만은 만사형통이었다. 에스터는 하늘하늘한 드레스에 치렁치렁 늘어진 치맛단이 화사했고, 커다란 백합 부케를 들고 있었다. 반세기 후 시인인 딸이 그날의 모습을 「우리 엄마 결혼식 날」이라는 시로 표현했다.[52]

젊은 아가씨
백합꽃 가슴 한가득
손 흔드는 절정의 순간
바로 직전,
신부는
환히 빛난다,
이 흑백 사진 속에서도.
그 자리의 하객인 양 내가 다 어질어질해.
오십 년 지난 지금 봐도 눈에 선한 건
베일 뒤로 젖히고
이제부터 달려갈 인생…
아하, 정말 그렇다,
삿됨과 액운은 모두 떨어져나가고
그 순수한 눈망울에
바라보는 우리들은 잘되기만 바랄 뿐
늘어선 친지들
훈훈함을 더하네.

신부는 한껏 모양을 냈고, 까다로운 진도 흠잡을 게 없었다. 에스터가 보는 이지는 "더할 나위 없이 멋졌다." 결혼식 사진에 등장하는 이지는 턱시도를 걸치고 꼿꼿한 자세로 앉아 있다. 빳빳한 칼라 밑으로 검정색

매듭 넥타이가 단정하고, 검은 커프스단추가 풀 먹인 셔츠 소매 끝동에서 반짝인다. 머리는 말끔하게 뒤로 빗어 넘기고, 입가에는 흐뭇한 미소가 번진다.

온 세상이 두 사람 것이었다.

2부
격동의 1930년대

2부에서는 1930년대를 집중 조명한다. 좁게는 언론과 정치, 넓게는 인생에 대한 I. F. 스톤의 시각과 철학이 완성되는 결정적인 시기이기 때문이다. 기자 겸 논설위원인 청년 스톤은 굵직굵직한 세계적 사건들을 최전선에서 취재하고 보도하고 논평했다. 프랭클린 루스벨트 대통령의 당선과 대공황, 노동운동의 확산, 미국 공산당의 전성기, 인민전선, 스페인 내전, 괴물 독재자 히틀러와 스탈린의 등장, 전쟁이 끝나기도 전에 이미 5,000만 명 이상의 희생자를 낸 2차 세계대전 등등…. 우리의 주인공은 1937년까지는 성을 파인슈타인에서 스톤으로 바꾸지 않았지만(법률적으로는 1938년 개명한다) 여기서는 '스톤'(성)과 '이지'(애칭)라는 이름을 그대로 사용한다. 단 '파인슈타인'으로 인용됐거나 개명하지 않은 부모를 언급할 경우에는 파인슈타인으로 썼다.

6
대공황과 루스벨트 대통령 당선

'시끌벅적한 1920년대' 말에 파인슈타인 부부가 탄생했지만 이지는 그때 두 사람은 "애들"이었다고 회고했다. 소꿉장난하듯이 결혼생활을 시작한 것이다. 신혼 부부는 필라델피아에 "귀여운 작은 아파트"를 얻었다.[1] 에스터는 직장생활하면서 모은 돈과 아버지가 물려준 돈으로 파란 플러시 카펫과 하나에 15달러나 하는 사발형 고급 술잔도 사들였다. 1929년 당시 급진파 기자의 수입으로는 그야말로 사치였다. 그러나 에스터는 자신이 부자라고 생각했다. 아버지가 결혼 선물로 1,000달러나 주었기 때문이다.

이지는 평생 열렬한 페미니스트를 많이 만나게 된다. 대부분 동료이고, 상사로 모신 여성도 있다. 그러나 에스터는 가정을 지키기로 했다. 남편 뒷바라지하면서 줄줄이 태어난 아이 셋을 키우는 일에 전념한 것이다. 주급이 45달러라는 사실에 대해 스톤은 대단한 자부심을 갖고 있었다. 많은 기자들이 주급 25달러로 살아가던 시절이었다. 이제 겨우 투표권을 갖게 된 나이에 이지는 스턴의 신문 제국에서 정점을 향해 치고 올라갔다.

이지는 자신감이 넘치고 공격적인 스타일이었으며, 남과 충돌을 빚는 일은 예사였다.[2] 「캠던 쿠리어 포스트」에서 일하는 동안 사회부장은 물론 스턴 사장과도 허구한 날 말다툼을 했다. 취재 지시가 마음에 안 든다고 툴툴거리는가 하면 사설을 쓰게 해달라고 줄기차게 고집을 부렸다.

전년도에 스턴 사장은 「필라델피아 레코드」를 인수했다.[3] 이 신문은 당시 회계 장부 위조 혐의로 조사를 받는 등 내리막길을 걷고 있었다. 친기업 보수 성향에 판매부수는 10만 부가 조금 안 됐다. 스턴은 이 신문을 125만 달러에 인수했다. 원래 저쪽에서 부른 가격의 절반이었다. 인수 직후 스턴은 펜실베이니아철도회사Pennsylvania Railroad 사장을 조지고 들어갔다. 운송 시스템에 주 예산을 다시 투여하려는 음모를 폭로한 것이다. 그렇게 되면 철도회사는 수백만 달러의 이득을 보는 반면 납세자는 불필요한 수백만 달러를 뜯기는 셈이었다. 이 전쟁에서 승리한 스턴은 여세를 몰아 일요일에는 아무것도 못하게 하는 구닥다리 필라델피아 주법州法을 물고 늘어졌다. 당시 안식일(일요일)에는 영화관과 공연장은 물론, 스포츠 행사를 비롯해 입장료를 내고 들어가는 일체의 오락 행사는 금지되고 있었다. 그런 청교도적인 금법禁法으로 말미암아 필라델피아는 호텔과 관광 분야에서 연간 1,000만 달러의 손실을 봤다. 스턴이 고리타분한 법률과 싸우자 구독자가 늘고 업계도 지지의 손길을 보냈다. 주 의회는 안식일 엄수주의자들의 반발을 물리치고 일요일 금법을 시군구별로 탄력적으로 운영하도록 했다.

1929년 9월 「필라델피아 레코드」는 10층짜리 빌딩으로 이사를 갔다. 당시로서는 대단한 고층 건물이었다. 지역 신문사 사장 가운데 유일하게 자유주의 성향인 스턴은 재계와 공화당 정치인, 보수 신문 사장들의 카르텔에 맞서 싸우는 것을 즐겼다. 이지도 「필라델피아 레코드」에 합류했다. 스턴 사장이 캠던에서 그를 데려 온 것은 재주를 높이 평가한 것도 있지만 「캠던 쿠리어 포스트」에서 부장들과 힘겨루기를 하면서 계속 말썽을 부리는 인물을 아예 빼버리자는 계산이기도 했다.

이지의 소동은 「필라델피아 레코드」에 와서도 멈추지 않았다.[4] 출세를 위해 밀어붙이는 오만방자함은 한이 없었다. 그는 논설위원을 시켜달라고 계속 우겼다. 스턴은 사장이지만 기사와 편집까지 모든 분야를 직접 챙겼다.(이런 스타일은 전 시대의 행태로 1920년대가 되면 상당히 드문 경우에 속한다.) 사설도 본인이 방향을 정하고, 직접 쓰기도 했다. 그는 제 자가 우격다짐만 하는 것에 분노했다.

이지의 회고는 다르다. 스턴 사장이 "고집불통"이었고, 그럴수록 자신은 결심이 확고해졌다는 것이다. 이지는 "개자식, 논설위원 시켜줄 때까지 계속 괴롭혀야지" 하고 결심했다고 한다. 몇 달을 읍소를 거듭하다가 이지는 어느 날 사설을 한 편 써서 스턴 사장 책상 위에 올려놓았다. 이지는 다음날 업무 보고를 하러 갔다가 한결 누그러진 듯한 스턴 사장의 모습을 보고 깜짝 놀랐다. 「필라델피아 레코드」는 사설 중에서 한 꼭지를 조금 키워서 창문 형으로 테두리를 감싸 도드라지게 편집하는 것이 관행이었다. 외출했던 이지가 사무실에 돌아와 보니 자기가 쓴 사설이 조판돼 있었다. 후일 이지는, 눈 가진 사람은 누구나 볼 수 있을 만큼 큼지막하게 인쇄된 사설을 보고 정말 가슴이 뛰었다고 회고했다.

1931년 초가 되면 신문들은 재정적으로 대단히 어려워진다. 스턴 사장도 대공황으로 어려움이 말이 아니었다. 비용 절감을 위해 주필을 비롯한 직원들을 다수 해고했다. 그 덕분에 스톤은 오히려 23세의 나이에 주요 일간지 최연소 수석 논설위원이 됐다. 저널리스트들이 일자리를 잃고 월급이 삭감되는 시대에 이지의 봉급은 오히려 50퍼센트 가까이 뛰었다.[5] 그러나 주변에는 빈곤과 공포로 신음하는 현실이 있었다.

1929년 10월 29일 "검은 화요일^{Black Tuesday}"에 주식 시장이 붕괴했다.[6] 주가는 숨 가쁠 정도로 곤두박질쳤다. 초고층 빌딩이 순식간에 한 층 한 층 차례로 주저앉는 것 같았다. 백만장자가 하룻밤 사이에 가난뱅이로 전락했다. 건실하지 못한 주식 시장 투자 관행과 무조건 빨리 부자가 되려는 욕심, 지나친 투기 등등이 몰고 온 패닉 사태였다. 규모가 큰 투자가들만이 아니었다. 수많은 개미들은 불로소득이 한없이 계속될 줄 알았다. 가정주부들도 그 대열에 합류했었다.

홍청망청한 1920년대에 대한 징벌이었을까. 금융계에는 암흑기가 닥쳤다. 유에스 스틸U.S Steel (1901년에 설립된 세계 최대의 미국 철강회사)이나 RCA 같은 블루칩도 주가가 바닥을 쳤다. 금융 기관이 밀집한 뉴욕 월스트리트에는 흥분한 군중 1만여 명이 쏟아져 나와 인산인해를 이루었다. 이들은 종잇조각이 돼버린 주식을 팔려고 아귀다툼을 벌였다. 일부 투자가는 어찌나 절박했던지 월스트리트에서는 상상하기 어려운 행동을 하기도 했다. 증권거래소 객장 바닥에 무릎을 꿇고 신에게 기도를 한 것이다. 대공황을 연구한 고든 토머스와 맥스 모건위츠는 세계에서 가장 부유한 나라라는 미국에서 "그런 재앙이 일어난 것은 전례가 없다"고 말한다.[7] 최소한 100만 명의 미국인(연구자에 따라서는 300만 명으로 잡기도 한다)이 이 날 하루 주가 폭락으로 직격탄을 맞았다. 그들 중 다수는 완전히 파산했다. 코미디 쇼에서 호텔 직원이 방을 달라는 손님에게 "잠 잘 방이요, 뛰어내릴 방이요?" 하고 물었다는 농담은 현실의 반영이었다. 실제로 일부 백만장자는 고층빌딩에서 투신자살하는 것으로 모든 것을 정리했다.

사상 최악의 금융 재앙은 곧바로 대공황을 유발했고, 유럽 경제를 강타했다. 특히 피폐한 독일 경제를 더더욱 악화시켜 아돌프 히틀러가 급부상하는 계기가 됐다. 재임 기간 대부분을 어영부영 보낸 허버트 후버 대통령은 일자리를 잃고 집세를 못 내 쫓겨난 사람들이 나무상자와 깡통 같은 것을 모아 판잣집을 꾸미고 사는 현실을 보고서 인기 하락을 절감했다. 무능한 후버를 비꼬아 그런 판자촌을 후버빌Hooverville이라고 불렀다. 1932년 말 1,500만 명이 실업자로 전락했다. 전체 노동인구의 3분의 1에 달하는 수치다. 잘리지 않은 사람들도 월급이 대폭 삭감됐다. 예금자들은 돈을 인출하려고 울면서 은행 문을 두드렸지만 은행은 폐쇄된 상태였다.

하딩 대통령은 1920년대 거품 경제의 상징이었다. 가난한 사람은 배를 곯았고, 부자는 더욱 부자가 됐다. 그 사이 하딩은 측근들이 부정부패로 도박판을 키우는 것을 묵인했고, 티팟 돔 스캔들^{Teapot Dome scandal}[1921년 내무장관이 와이오밍 주 티팟 돔에 있는 정부 소유 유전을 사기업에 빌려주고 거액의 뇌물을 받은 사건. 하딩 행정부의 부정과 부패를 상징하는 사건이다]로 뒤통수를 맞았다. 이어 허버트 후버는 "냄비마다 닭 한 마리, 차고마다 차 두 대"를 보장하겠다고 호언장담했다. 주가 대폭락 이후 후버 대통령은 백악관을 일절 벗어나지 않았다. 무료급식소에서 퀭한 눈을 하고 있는 국민들 볼 면목이 없었기 때문이다. 수척해진 지식인들은 도랑 파는 일을 했다. 한때 중산층이었던 사람들은 길거리 모퉁이에서 사과를 팔아 입에 풀칠을 했다. 기아에 허덕이는 농부들이야말로 1920년대의 호황 때도 말없이 희생을 감내한 사람들이었다. 그들은 총을 들고 찾아와 나가라고 윽박지르는 지주의 하수인들과 맞서 싸웠다. 소작농과 그 자녀들은 맨발에 누더기만 걸친 채 퀭한 눈으로 세상을 바라봐야 했다. 그것은 나치 집단수용소에서 살아남은 사람들의 눈빛과 같았다.

이지 스톤의 집안에게도 대공황은 남 얘기가 아니었다. 1920년대에 스톤의 아버지는 호황의 절정에 있었다. 가게를 보는 시간보다 해든필드와 인근 클레멘튼에서 부동산을 사들이고 가게와 소형 아파트 신축에 들이는 시간이 훨씬 많았다. 러시아에서 이민 온 행상이 이제 잘나가는 사업가로 변신한 것이다. 그러나 부동산 쪽으로 진출하면서 부부 사이는 심각하게 금이 갔다. 가게 일은 온전히 케이티 몫이 됐다. 케이티는 필라델피아에 나가 가게에 진열할 물품을 잔뜩 사왔고, 돌아와서는 기진맥진해 쓰러졌다. 특히 건막류가 심해 발이 아프다고 엉엉 울곤 했다.

그나마 케이티는 남편 버나드가 신흥 개발지역에 멋지게 지은 벽돌집에 식구들이 들어가 살 날을 생각하며 화를 삭였다. 그런데 대공황이 닥친 것이다. 결국 파인슈타인 일가는 그 멋진 새 집에서 살지 못했다. 대공황이 깊어지면서 고객들도 신발이나 바지, 드레스 같은 생필품조차 살 여유가 없어졌기 때문이다. 1933년 버나드와 케이티는 썰렁해진 파인슈타인 의류점을 마지막으로 둘러봤다. 우크라이나 출신 청년과 오데사 출신 아내가 뉴저지 주 남부에 소유하고 있던 모든 것이 날아갔다. 이지의 남동생 루가 쓴 얘기를 보자. "새로 지은 저택은 결국 살아보지도 못했고, 1912년부터 운영하던 가게와 다른 곳에 새로 지은 가게와 아파트 네 채도 날아갔고, 별장 네 개와 개인주택 두 채, 클레멘튼에 지은 가게 열 곳과 극장도 다 넘어갔다. 화이트 호스 파크에 있는 상당한 규모의 토지는 개발도 못 해보고 넘어갔다."[8]

버나드는 끝내 파산 신청을 하지 않았다. 그 모든 빚을 갚기 위해 지칠 줄 모르고 일했다. 하기야 그래 봐야 무일푼 신세는 달라지지 않았다. 버나드와 케이티, 두 동생(루는 10대였고, 주디는 아주 어렸다)은 필라델피아의 복작거리는 주택가로 이사를 갔다. 당시 주디는 어려서 그때가 특별히 어려웠다는 기억이 없지만 아버지는 다시 행상을 나섰다. 노스캐롤라이나 주립대학교에 다니는 마크는 『해든필드 인명·주소록』으로 번 돈으로 근근이 버텼다.

루는 이 시기를 "비참한 시대"라고 부르면서도 아버지가 불굴의 의지로 살림을 꾸려간 것을 매우 자랑스러워했다.[9] "여러 달 동안 아버지는 여성용 스타킹을 가방에 잔뜩 넣어가지고 다녔어요. 친척과 친지들은 물론이고 모르는 집도 여기저기 찾아다니며 팔았지요. 자존심 다 죽이고 매부인 제이콥 벨한테서 물건을 떼다가 팔기도 했고요." 경매인인 벨은 망해가는 가게 주인들한테서 주식을 사다가 "떨이"를 하기도 했다. "주먹구구식으로 동업 비슷하게 했기 때문에" 버나드와 제이콥은 서로 뭔가 꿍꿍이가 있다는 식으로 의심하게 됐다. 그런 분란을 자식들한테 털어놓을 수도 없는 일이고, 두 사람의 적대감은 커져만 갔다. 친인척끼리 동업을 하다 보면 자주 있는 일이다. 루는 양쪽 집안 사이에 모종의 "그림자"가 드리워져 있었다고 회고한다. 자존심 강한 버나드로서는 벨의 도움을 받아야 한다는 게 그야말로 괴로운 일이었다.

대공황은 많은 사람들에게 영구히 사라지지 않을 상처와 공포와 불안을 안겨줬다. 꿈은 산산조각 났다. 버나드도 그런 희생자들 가운데 하나였던 것 같다. 그 무렵 이지의 아이들은 할아버지를 기억할 정도의 나이가 됐다. 막내인 크리스토퍼는 어려서 할아버지가 특유의 유머러스한 농담을 하는 모습을 본 적이 없다. 할아버지는 "뚱한 표정으로 불만을 삭이는 모습이었어요. 우리가 모르는 야심과 희망이 다 허사가 됐기 때문이겠지요. 난 할아버지를 늘 그 자리에 그냥 있는 가구 같다고 생각했어요. 반면에 할머니는 존재감이 대단했지요. 심하게 아파서 정신이 오락가락했지만 보통 때는 아주 명랑하고 위트와 에너지가 철철 넘치는 분이었어요."

루에게 암울한 대공황 시절은 "어머니의 비극"으로 말미암아 더더욱 어려웠다. 파인슈타인 일가는 원래 하던 가게나마 유지하려고 아등바등했는데, 그러면서 케이티는 약물을 과다 복용했다. 당시 예닐곱 살쯤 됐던 주디의 회고. "그중에서도 제일 생각나는 건 어머니가 자살을 시도한 그날 밤이에요. 난 비눗물을 어머니한테 먹였어요. 약을 토하게 하려고요. 그러고 나서 이지 오빠랑 새언니가 달려온 기억이 납니다." 일이 어떻게 된 건지는 모르고 어머니가 아프다고만 생각한 여섯 살짜리 딸은 오빠 부부에게 '엄마 기분 좋아지게 신문 만화면 보여주라'고 졸랐다.

주디와 루에게 가족의 해체는 지울 수 없는 고통으로 남아 있다. 주디는 "모든 게 참 힘들었다"고 회고한다. 주디보다 7년 위인 루는 그 짐의 상당 부분을 짊어져야 했다. 그날 밤 신경질을 내며 흐느끼는 어머니 기억이 선명하다고 한다. "어머니를 병원에 데려갈 사람은 저밖에 없었어요. 정말 힘들었죠." 루는 어머니를 전차에 태우고 나룻배 있는 곳까지 가서 배에 태우고 강을 건너 병원으로 모셨다. "아버지는 가게를 봐야 했다."

리튬 같은 약제가 나오기 전인 그 시절에 조울병(탁월한 재능과 에너지가 넘치는 사람들도 이 병에 걸리는 경우가 종종 있다)은 뾰족한 치료법이 없고, 무시무시하고 고통스러운 치료를 받아야 했다. 병원에서는 케이티를 침대에 올려놓고 가죽 끈으로 묶은 뒤 머리에 전극을 꽂고 입에는 혀를 못 깨물게 막대기를 물린 상태에서 충격 요법을 실시했다. "의사들말이 정신병 때문에 입원 치료가 필요하다고 했어요. 그 시절에는 법원에서 정신병 환자를 병원에 강제 수용하라고 명했거든요. 당시 펜실베이니아 정신병원이었어요." 루의 회고는 이렇게 이어진다. "어머니는 상태가좋아지면 일시 퇴원하곤 했어요. 2~3년씩 집에 돌아와 계실 때는 모든게 좋았지요. 그러다가 다시….." 루는 더이상 말을 잇지 못했다.

케이티의 발작은 미친 듯이 재봉질을 하는 형태로 나타났다. "어머니는 미친 듯이 에이프런을 만들어 이웃에 다니며 팔곤 했어요. 보통 때 어머니는 재봉질을 아주 잘했어요. 하지만 발작 상태가 되면 형편없었지요.허리띠가 전혀 안 맞았어요. 하지만 상관 안 하셨죠. 마구 만들어서 온갖곳을 다니며 팔려고 했어요." 그 어려운 시절에 "어머니는 울고 또 울었어요. 정말 힘들고 괴로운 시절이었습니다."

2005년 연구자들이 보통 사람들과 달리 끊임없이 에너지가 용솟음치는 흥미로운 사례들에 대해 분석을 시도했다.[10] 그런 스타일들은 "자신감에 충만하며 끝없는 호기심이 넘친다." 그런 사람들은 부모가 양극성 기분 장애['조울병'이라고도 한다]인 경우가 많다. 그런 경우는 특히 다른유전병도 같이 물려받곤 한다. 인과관계를 분명히 제시하지는 못했지만하버드대 의대 로널드 C. 케슬러 교수(보건 정책)는 이렇게 말한다. "양극성 스펙트럼 전체를 들여다보면 그런 사람들의 10~15퍼센트는 우울증에 빠지지 않는다는 걸 알 수 있다. 그들은 기분이 좋은 상태를 유지한다. 다행스럽게도 갑자기 우울 상태로 곤두박질치지 않는 것이다." 이런 사람들이 지속적으로 생산적인 삶을 살게 되는 이유는 "계속 흐르는 정신적 에너지와 집중력" 때문이다. 이런 해석은 이지 스톤에게 꼭 들어맞는다. 그는 항상 기분이 들떠 있고 에너지가 넘쳤지만 우울 모드에 빠진 적은 거의 없었다.

대공황 기간에 스톤은 주급에서 일부를 떼어 부모님에게 보냈다. 그는 데이비드 스턴 사장을 설득해 사장의 정치적 연줄로 아버지에게 일자리를 마련해줬다. 아버지는 처음에는 주택소유자대출공사Home Owners' Loan Corporation(HOLC)에 들어갔다가 나중에 주화조폐국U.S. Mint으로 옮겼다. HOLC는 빚더미에 앉은 집주인들에게 연방 예산으로 대출을 해줬다. 버나드는 1940년대 주화조폐국에서 퇴직했다. 1947년 8월 10일 버나드가 사망했을 당시 스톤은 39세였다.

에스터와의 결혼은 스톤과 아버지의 갈등을 완화하는 데 도움이 됐다. 그러나 큰아버지 슈메르에 대한 찬사 같은 식의 애정 표현은 없었다. 루는 대공황으로 삶이 피폐해지면서 어머니와 아버지가 더욱 불편한 관계가 된 데 대해 이지가 어떻게 느꼈는지는 자세히 말하지 않았다. "형은 결혼을 했고, 일에 바빴고, 아내와 딸이 있었어요. 나도 하루하루 살아가느라 정신이 없었고."

후일 케이티는 평생 병원을 들락거리는 신세가 된다. 1947년 버나드가 세상을 떠난 뒤 케이티는 11년을 더 살았다. 필라델피아 집에서 몇 달을 보내다가 다시 필라델피아 외곽에 있는 노리스타운 주립정신병원에 장기입원하곤 했다. 그녀는 1958년 7월 6일 병원에서 사망했다. 아들을 그토록 끔찍이 생각했던 어머니의 죽음에 대해 스톤이 어떤 반응을 보였는지는 알 수 없다. 사적인 감정에 대해 말을 하지 않는 성격 그대로 어머니의 병에 대해서도 언급한 바 없기 때문이다. 가족들과도 아무런 얘기가 없었다. 어떻게 보면 방어적 차원에서 문제를 회피한 것일 수 있다. 그런 어려운 상황에 어떤 식으로든 관여하는 것 자체가 도저히 견딜 수 없는 고통인 사람들이 있다.

대공황은 모두에게 극심한 고통이었지만 좌파 쪽 작가들은 '신 나는 시
절'이었다. 좌파 지식인들의 사상이나 사회에 대한 경고는 사회의식이 빵
점인 시대에는 완전히 무시당했다. 그러나 이제 대기업들마저 무너지면
서 1920년대의 문화적 무감각 상태가 깨져버린 것이다. 스톤을 비롯한 지
식인들에게는 사회를 어떤 식으로든 개조하는 것이 가능해 보였다. 많은
미국인들이 변화를 열망했다. 작가나 시대의 증인들에게는 그야말로 의
미 있는 시대였다. 미국 최고의 재능들이 시대의 절박함과 더불어 흑인,
소작농, 이민자, 파업 노동자 들의 아픔을 공유했다.

　스톤은 시대의 참상을 기록하는 동료 작가들의 작품을 샅샅이 읽었다.
흙먼지 자욱한 대초원 지대에서 시커먼 구름이 피어오르고 바람소리가 울
부짖는 가운데 소작농의 부인들은 삶의 무게에 짓눌린다. 셋집에 담요 하
나 깔고 누운 아이들은 걸을 힘조차 없다. 노동자들은 피켓을 들고 최저 임
금을 달라고 외치다가 곤봉으로 두들겨 맞거나 총알 세례를 받기도 한다.

　스톤의 분노는 간곡한 설득의 형식으로 표현됐다. 그는 이제 공화당 장
기 집권을 끝내야 한다고 썼다. 대통령 선거 유세가 한창인 1932년, 스톤
보다 훨씬 왼쪽에 있는 사람들—무정부주의자와 공산주의자에게는 전 국
민적 시련이 오히려 세를 키우는 좋은 토양이 됐다—은 민주당 후보 프랭
클린 델러노 루스벨트를 또 하나의 착취형 부르주아 정치인으로 봤다. 스
톤은 루스벨트가 실질적인 변화를 가져올 수 있느냐에 대해 깊은 회의를
갖기도 했지만 결국에는 기존 체제 안에서 좀더 나은 세상을 구현하기 위
해 싸워야 한다는 결론을 내렸다. 그는 1932년 대선전에 뛰어들었다. 대
공황의 해악과 공화당 후버 행정부의 무능을 질타하는 사설을 쓰고 심한
비판을 받으면서도 루스벨트 후보를 지지했다.

　스턴 사장은 루스벨트 후보를 두번째 만나면서 그의 열성 팬이 됐다.

루스벨트는 상대의 비위를 맞춰주는 데 탁월했다. "대화를 상대방이 관심 있는 쪽으로 유도하는 데 재주가 있었다."[11] 스턴은 후일 루스벨트가 자신에 대해 사전 조사를 철저히 했다는 걸 알게 된다.(정치인은 대개 누구를 만나기 전에 그런 준비를 한다.) 그러나 그렇다고 해서 루스벨트의 매력이 줄어들지는 않았다. "정말 미남이었지요. 생기와 열정이 넘쳤어요. 허리 위만 보면 그가 소아마비로 휠체어 생활을 한다는 걸 상상도 할 수 없었지요." 루스벨트는 스턴에게 자신도 원래는 신문사 사장이 꿈이었다고 말했다.(루스벨트가 대통령에 당선된 뒤 스턴은 하버드대 재학 시절 교내 신문 「하버드 크림슨Harvard Crimson」 편집장을 했던 그에게 신문 일을 계속했으면 지금쯤 언론인으로 대성했을 것이라고 농담을 하곤 했다.)

수많은 신문이 난립하던 시대에 「필라델피아 레코드」는 스턴의 기억에 따르면 대도시 신문으로는 최초로, 그리고 유일하게 루스벨트가 민주당 전당대회에서 후보로 선출되기도 전에 그를 지지했다. 당시 다른 신문들은 루스벨트를 "볼셰비키 뉴욕 주지사"라고 매도했다. 9종의 공화당 계열 신문들 틈에서 유일하게 리버럴한 「필라델피아 레코드」의 사설이 독자들의 시선을 끌었다. 눈길을 끄는 제목에 문장을 대문자로 인쇄한 것도 주효했다. 많은 사설이 이지의 손에서 나왔다. 1920~30년대 영화에 많이 출연한 셰퍼드 린틴틴이 죽었을 때는 개의 충성심을 극찬하는 가벼운 사설을 쓰기도 했다. 여기서 스톤은 영화계의 스타였던 린틴틴도 견공 노동자로서 자본주의 체제에 착취당하다 희생된 것이라는 식으로 유머러스하게 서술했다.[12]

● 지금과 마찬가지로 당시에도 사설에는 필자 이름을 달지 않았다. 이지는 수석 논설위원으로서 사설을 직접 쓰기도 하고, 논조를 주도하기도 했다. 그리고 다른 사람이 썼더라도 신문에 실린 사설에 대해서는 생각을 같이했다. 집필은 스턴 사장이 하기도 하고 이지나 또다른 논설위원 샘 그래프턴이 하기도 했다. 나는 1979년 이지 스톤과, 1991년 그래프턴과 인터뷰를 했는데 두 사람 다 어느 사설을 누가 썼는지 전혀 기억하지 못했다. 이 장에서는 이지가 쓴 것으로 보이는 사설만 인용했지만 「뉴욕 포스트New York Post」 사설 선집에서 확실히 확인된 경우가 아니면 그가 썼다고 단정하지 않았다.

「필라델피아 레코드」는 루스벨트가 대통령으로 선출된 뒤에도 임기가 남은 후버 대통령에 대해 700만이나 되는 실업자와 그 가족들을 위해 한 일이 거의 없다며 계속 비난을 퍼부었다. 그러면서 **연방정부**가 충분한 규모로 **직접 지원**"해야 한다고 주장했다. 한 사설에서는 "공황의 원인을 한마디로 말하면 '이기심'"이라고 지적하기도 하고, 산업계가 공장 효율화를 통해 "총소득"에서 임금으로 지출하는 "퍼센티지를 줄인다"고 비난하기도 했다. 또 "포드를 비롯해 의식이 깬 제조업자들"에 대해서는 고임금이 "생산과 소비를 지탱해주는 유일한 수단"이라는 것을 잘 알고 있다며 높이 평가했다. 반면 "거대 기업의 탐욕은 너무 심하다. 공장은 계속 키우면서 고용은 점점 줄인다. 옷, 신발, 자동차, 라디오를 많이 생산할수록 그런 제품을 구매할 여력이 있는 가정은 줄어든다."

"대규모 정부 구제"를 촉구하는 「필라델피아 레코드」의 주장에는 전국 2,000개 은행을 인수하고 "죄 없이 희생된 수백만 예금자"에게 은행에 남아 있는 20억 달러의 절반을 반환하라는 주장도 포함됐다. 신문은 또 실업자들에게 10억 달러를 대출해주어 자신감을 회복시켜야 한다고 주장했다. "전체의 복지가 각 개인의 복지를 좌우한다." 이런 정서는 스톤의 신념과 정확히 일치하는 것이었다. 특히 아래의 마지막 문장은 스톤이 항상 예수를 세계 최초의 사회주의자라고 봤다는 점을 생각하면 그의 신념이라고 할 수 있다. "예수의 철학이 기업에도 최고의 철학이라는 걸 우리는 언제나 깨닫게 될까?"[13]

미국의 질병을 퇴치하고자 하는 바람으로 스톤과 스턴 사장은 뉴욕 출신 '귀족'을 열심히 선전하는 치어리더가 됐다. 루스벨트는 재정 문제에 대해서는 보수적인 입장이어서 경기 조기 회복 정책에 있어서는 후버와 큰 차이가 없었다.(두 사람 다 연방정부의 직접 구제에는 반대했다.) 그러나 1932년 봄에 스턴과 스톤의 입장에 많이 근접했고, 그래서 두 사람은 그를 지지할 수 있었다. 루스벨트는 민주당 경선 후보 앨 스미스를 포함해 그 어느 후보보다도 실업자 직접 구제에 적극적인 것처럼 보였다.

루스벨트의 정치적 속임수에 대해서도 심한 비판은 없었다.[14] 그는 수많은 독자를 거느린 신문왕이자 정적인 윌리엄 랜돌프 허스트나 자신을 우습게 평한 리프먼에게 잘 보이려고 개혁 세력을 외면하기도 했지만 문제가 되지는 않았다.

미국인을 위한 '새로운 정책'이라는 뜻의 "뉴딜New Deal"이라는 구호는 루스벨트가 세 번 연임하는 12년 동안 줄곧 따라다녔다. 「필라델피아 레코드」는 이 교활하고 카리스마 넘치는 뉴욕 주지사에게 점점 더 강한 애정을 표현했다. 예를 들면 "승리의 가능성이 누구보다 높은… 유일한" 후보이고 "모든 계급을 위한 구제를 목표로 내걸고 있다"는 식으로 좋게 써준 것이다.[15] 「필라델피아 레코드」는 "경제라고 하는 피라미드의 맨 밑바닥에서 잊혀진 사람들을" 돕겠다는 루스벨트의 다짐에 찬사를 보냈다.

「필라델피아 레코드」는 보수반동 계열 신문들이 민주당 예비 경선 과정에서 루스벨트 후보에 대해 "정도를 벗어나 **사실을 왜곡하고, 뉴스를 깔아뭉개고 조작했다**"고 비난했다.[16] 전반적으로는 맞는 지적이지만 일부는 부당한 과장으로 보인다. 실제로 루스벨트의 선거 운동은 한동안 답보상태였다. 엉망이 되고 만 매사추세츠 주 경선에서는 다수인 아일랜드계 가톨릭 신자들을 효과적으로 공략한 앨 스미스 후보에게 3 대 1로 참패했다. 그래도 「필라델피아 레코드」는 후보 지명이 순조로울 것이라고 여겼다. 그 결과 곧 "소심한 회계원" 소리를 듣던 스미스가 주저앉고 "개척자"라고 주장하던 루스벨트가 부상한다.

식량배급을 기다리는 줄이 한없이 길어지고 빈민구호소에서 멀건 죽을 나눠주는 상황에서 민주당에서는 1932년 대선은 따놓은 당상이라는 낙관론이 퍼졌다. 또 루스벨트 캠프에는 각양각색의 사람들이 몰려들었다. 그들은 "정말 다양했다. …옛날 하버드 친구들, 시장, 백만장자, 서부 출신 급진파, 남부 꼴보수, 중서부 출신 기회주의자들은 물론… KKK단

단원들과 우드로 윌슨 대통령을 지지했던 부류, 윌리엄 제닝스 브라이언 지지자, 대학 교수, 관세를 높이자는 사람, 낮추자는 사람도 있었다."[17]

금주법은 끝없는 위선을 낳았다. 정치인들은 "맨 정신에 투표하고 나서 코가 비뚤어지도록 마셨다." 부동층 유권자들에게는 밀주를 안겼다. 민주당 전당대회에 참석한 대의원들이 금주법 폐지 공약을 찬성 4 대 반대 1로 관철시키자 「필라델피아 레코드」는 열렬히 환호했다. 민주당 강령은 사상 최초로 실업보험 실시를 정책 목표로 내걸었다는 점에서 흥분을 안겨주었다. 1932년의 시끄럽던 시카고 전당대회에서 루스벨트 세력은 3분의 2 이상 득표자를 후보로 한다는 당헌을 폐지하기 위해 애를 썼다.[18] 단순 과반수로 후보 지명을 따내려는 작전이었다. 그러나 반대파에게 밀려 성공하지 못했다. 1차 투표에서 루스벨트는 스미스를 가볍게 물리쳤지만 제3의 후보와 격차를 확실히 벌리지 못했다. 결국 킹메이커 격인 짐 팔리가 나서서 존 낸시 가너에게 러닝메이트(부통령) 자리를 받는 대신 경선을 포기하게 만들었다. 이때부터 루스벨트의 인기는 급상승했다.

루스벨트는 전례를 깨고 극적인 연출을 통해 사상 최초로 전당대회에서 대통령 후보직 수락연설을 했다. 당시까지만 해도 교통편이 여의치 않아서 선출 소식을 널리 알리는 데 시간이 많이 걸렸기 때문에 경선 결과가 나오고 나서 몇 주 후에 수락연설을 하는 것이 관례였다. 물론 식민지 시절 유습이다. 측근들이 하반신 불수인 루스벨트를 들어서 경비행기에 태웠고, 비행기 안에서 후보 지명 수락연설을 다듬었다. 물론 대중에게는 그런 모습을 일절 노출시키지 않았다. 언론도 점잖은 '허위보도'를 했고, 그것은 루스벨트 대통령 재임 12년 동안 관행이 됐다. 대통령이 자리를 잡은 다음에 찍은 사진을 게재하는 것이다. 물론 휠체어는 보이지 않았다. 만평들도 하나같이 그를 씩씩하게 걷는 지도자의 모습으로 그렸다.

루스벨트가 전당대회에서 승리했다는 소식을 접한 스톤은 다른 신문사 간부들과 함께 스턴 사장의 별도 사무실에서 모여 축하파티를 했다. 물론 거기에는 밀주가 하나 가득이었다. 그런데 부유층 인사들이 찾아와 스턴 사장은 깜짝 놀랐다. 그동안 말은 안 했지만 자신들도 루스벨트를 지지했다는 것이다. 스턴 사장은 부자에 공화당 성향인 주주들을 극찬했다. 이들은 사장이 루스벨트를 적극 미는 것을 말리지 않았다. "차기 대통령이 되기를 기대한다. 프랭클린 D. 루스벨트. 훤칠한 키에 교양 있고 상냥하고 **인간적인** 후보."[19] 민주당 전당대회 다음날 실린 사설이다.

현직 대통령인 공화당 후보 후버에게 치명타가 된 것은 '보너스 군대 Bonus Army'를 가혹하게 진압한 사건이었다. 제대군인 2만 명이 찌는 여름날 수도 워싱턴의 애너코스티어로 몰려와 텐트를 쳤다. 대공황으로 생활이 어려우니 1차 대전 참전 용사들에게 1945년부터 연차적으로 지급하게 돼 있는 보너스를 당장 달라는 요구였다. 상원은 이들의 요구를 거부했다. 후버 대통령은 '부랑자들'을 해산시키기로 하고 장성 세 명에게 임무를 맡겼다. 해산을 담당한 장성은 더글러스 맥아더, 드와이트 D. 아이젠하워, 조지 패튼으로 후일 모두 유명 인사가 된다. 병력 800명이 여러 대의 탱크까지 몰고 나와 착검 상태로 예비역과 그 가족들에게 해산을 명했다. 최루가스까지 뿌려댔다. 신문에 실린 사진은 완전히 아수라장이었다. 성인 남녀는 물론 아이들까지 놀라 날뛰는 말에 차이고 최루가스에 질식하는가 하면, 불 붙은 임시 천막에서 황급히 달아나는 모습도 보였다. 후버는 국가 권위에 대한 도전을 "신속하고도 단호하게 처리했다"고 선언했다. 이 호재를 놓치지 않고 루스벨트는 후버를 멍청이라고 부르며 그들에게는 커피와 샌드위치를 대접했어야 한다고 비판했다.

스톤은 이 순간을 영영 잊지 못했다. 수십 년 후인 1968년 수도 워싱턴에 다시 많은 사람들이 모여 텐트를 치고 거처하면서 일자리와 주택 문제 해결을 촉구한 '빈민들의 행진 Poor People's March'이나 1971년 반전反戰 베트남전참전용사회 Vietnam Veterans Against the War가 백악관 인근에 캠프를 치고 벌인 전쟁 반대 시위 때 스톤은 32년의 보너스 군대 진압사건 얘기를 하곤 했다.

1932년 대선과 총선에서 루스벨트가 실업 문제에 대한 입장을 약화시키고 심지어 균형 예산 달성이라는 공약을 내놓았을 때(후버 후보가 "급진주의"니 "집단주의"니 하고 몰아붙였기 때문이다)에도 「필라델피아 레코드」는 그리 심하게 비판하지 않았다. 사실 「필라델피아 레코드」는 전에 후버가 그런 공약을 했을 때는 맹공을 퍼부었었다. 그해 11월 봄부터 맨 먼저 루스벨트를 지지해온 「필라델피아 레코드」는 루스벨트의 승리가 확정되자 "우리 모두의 승리"라며 환호했다.[20]

「필라델피아 레코드」는 루스벨트의 승리를 "평화로운 혁명"이라고 불렀다. 이후 12년 동안 그가 혁명적인 사회 변화를 가져온 것을 고려하면 정확한 예언이다. 신문은 1932년을 미국 역사에서 "놀랍고도 어처구니없는 한 장"의 종언이라고 규정했다.[21] 그러면서 "놀랍다"고 한 것은 "1차 대전 종전 12년 만에 산업계 지도자들이 우리를 경제력과 번영의 새로운 정점에 올려놓았기" 때문이고, "어처구니없다"고 한 것은 "그런 번영을 좀더 광범위한 계층에게로 확산시키지 못했기" 때문이라고 설명했다.

루스벨트는 경제적 재앙에 대해 일관된 접근을 하지 않고 그때그때 땜질식으로 대응할 뿐 아니라 모두를 만족시키려고 애쓴다는 비판을 받았다. 그러나 스톤은 루스벨트 및 워싱턴에 입성한 뉴딜 추진 세력과 생각이 완전히 같았다. 사회와 경제 전반의 변화를 원했고, 그것은 결국 "부의 재분배"를 추구한다는 의미였다. 1933년 루스벨트 세력이 갈 길은 멀었다. 그러나 스톤은 루스벨트의 참모들에 대해 "핵심을 잘 파악하고 있고, 헌신적"이라는 이유로 높이 평가했다. 청년 이지는 그들이 그 누구보다도 인도적인 목표를 이루겠다는 이상에 불타고 있다고 본 것이다. 스톤은 후일 열렬한 어조로 이렇게 말했다. "그때는 흥분과 희망이 있었고, 정말 대단했지요."

이후 스톤의 시각은 거의 변하지 않았다. 물론 그 사이 루스벨트는 심각한 오점을 남겼다. 히틀러를 피해 망명할 수 있게 해달라는 유럽 유대인들의 호소를 외면했고, 일본계 미국인들을 적국 동조세력으로 의심해 집단수용소에 장기 구금하는가 하면, 남부 인종주의 정치인들과 관계를 끊고 린치(집단폭행)를 연방 범죄로 명문화하는 법에 서명하라는 요구를 물리쳤다. "1936년의 루스벨트는 1932년의 루스벨트와는 달랐다." 스톤의 회고는 이렇게 이어진다. "그는 위대한 인물이 될 그릇이었어요. 그리고 위대한 인물이었지요! 그는 사기꾼이고 협잡꾼이었어요. 하지만 그 모든 결함에도 불구하고 위대했지요. 다들 아는 사실이었어요! 그가 거목이라는 것은 다들 인정했지요." 스톤은 최상류층 출신인 그(스톤은 "프랭클린 루스벨트는 귀족이다. 뉴욕 주 허드슨 강 유역에 정착한 네덜란드 귀족 지주의 후예였다"고 했다)가 세상을 자신과 똑같이 본다는 사실을 대단히 신기해했다.[22] 루스벨트는 스톤 같은 좌파들의 애정을 받음으로써 오히려 부자들에게는 "자기 계급의 배신자"라는 비아냥거림을 듣기도 했다.

2002년 스톤이 죽은 지 10년이 훨씬 지난 시점에 경제학자들은 그의 판단에 공감했다. 폴 크루그먼(1953~ . 프린스턴대 경제학과 교수로 2008년 노벨 경제학상을 수상했다)은 「뉴욕 타임스」 기명 칼럼에서 이렇게 썼다. "일부(전부는 아니다) 경제학자들은 불평등의 확산을 분석하는 과정에서 얼마 전까지만 해도 대단히 혼란스러운 가정으로 간주됐던 이론을 진지하게 검토하기 시작했다. 그 이론은 사회 규범이 불평등에 제한을 가하는 데 중요한 역할을 한다고 강조한다. 그런 견해에 따르면 뉴딜은 그것을 열렬히 지지한 사람들이 생각했던 것보다도 더 크나큰 영향을 미국 사회에 미쳤다. 임금의 상대적 평등에 대한 규범을 제시했고, 그 규범은 30년 이상 지속되면서 중산층이 크게 늘어난 사회를 만들어냈다. 우리는 그것을 당연시했다. 그러나 그런 규범은 1970년대 들어 흔들리기 시작했고, 이후 급속히 해체됐다."[23]

스톤은 필라델피아의 논설위원실에서 루스벨트의 재임 첫 9개월을 지켜보면서 역사적 소용돌이에 휘말려 들어갔다.[24] 루스벨트는 재임 첫 100일 동안 경기 회복 촉진을 위한 주요 법률 15개를 의회에 밀어붙여 통과시켰다.

취임 첫 주에 당장 금융 위기가 닥쳤다. 대부분의 은행이 문을 닫았다. 그러나 루스벨트는 과감하게 나흘 동안 은행 휴무를 명하고 "은행 돌아가는 사정"을 라디오를 통해 6,000만 국민에게 차분히 설명해 안심시켰다. 그는 국민들에게 돈은 장롱 속에 넣어두는 것보다 은행에 넣어두는 것이 훨씬 좋다는 확신을 심어줬다. 재무부는 예금 인출 쇄도 사태를 막기 위해 달러를 찍어 유동성을 충분히 공급했다. 그리고 지급 능력이 충분한 은행에 대해서만 영업 재개를 허용했다. 현금을 가지고 있던 미국인들은 인출 대신 예금을 했다. 이렇게 해서 패닉 상태가 진정되면서 은행업계는 부분적으로나마 살아났다.

그렇다고 그 조치가 만사형통은 아니었다. 스톤이 쓴 사설은 실질적인 변화를 이끌어내려는 루스벨트의 노력에 대해 다양하게 평가했다. 사람들이 굶주리는 시기에 경작지 면적을 줄이는 농민에게 보조금을 주는 농업조정법Agricultural Adjustment Act은 논란이 많았고, 스톤은 이 법을 대단히 못마땅해했다.[25] 소농의 어려움을 가중시키고 주로 대농장 소유주들에게 혜택이 가는 법률이었기 때문이다.

논란 끝에 결국 위헌 판결이 난 전국산업부흥법National Recovery Act은 많은 좌파들이 보기에 무솔리니의 파시즘을 연상시켰다. 이들은 이 법이 생산을 제한해 경기 회복에 장애가 될 것이라고 여겼다. 스톤은 이 법의 핵심과 지속적인 효과를 정확히 간파했다. 어린이 노동을 금지하고, 임금과 노동 시간을 연방정부가 규제하며, 노동자들이 노조를 조직해 집단적으로 회사 측과 협상할 권리가 확보된다는 것이었다. 스톤은 민간국토보존단Civilian Conservation Corps(CCC)의 탄생에도 갈채를 보냈다. 이 기구는 청년 실업자들을 국립공원 등의 홍수 통제 프로젝트에 대거 투입했다. 스톤은 특히 사람들에게 일자리를 만들어주는 공공사업 프로그램에 대해서는 종류를 불문하고 적극 지지했다. 특히 테네시강유역개발공사^{Tennessee Valley Authority(TVA)}에 대해서는 가장 파격적인 조치로 평가했다. 국영기업이 댐을 건설하고 발전소를 지어 극빈 수준의 농촌에 전기를 싼값으로 공급하는 사업이었기 때문이다.

그러나 스톤은 뉴딜이 처음 며칠 동안 빈민 중에서도 가장 가난한 소작농들을 위해 아무 일도 하지 않는 것에 대해 비판했다. 스톤은 연방예금보험공사^{Federal Deposit Insurance Corporation(FDIC)} 창설을 골자로 하는 글래스 스티걸 법^{Glass-Steagal Act} 추진 초기에 루스벨트가 반대의사를 표하자 "재정 문제에 관한 한 반동적인 인물"이라고 맹공을 퍼부었다. 연방예금보험공사는 은행이 파산하거나 할 경우 일정 규모의 예금에 대해서는 정부를 대신해 지급을 보증하는 기관이다. 루스벨트는 이런저런 압력에 밀려 마지못해 입장을 바꾸었다. 이 문제에 대해서는 스톤이 역시 선견지명이 있었다. 후일 연방예금보험공사 설립은 뉴딜의 혁신 중에서도 가장 중요한 것 가운데 하나라는 역사적인 평가를 받게 된다. 백악관을 자주 드나든 스턴 사장은 당시 이 사안에 대해 우격다짐하듯이 루스벨트 대통령과 논쟁을 벌였다. 스턴의 회고를 들어보자. "FDIC는 결국 그의 행정부가 추진한 법률 가운데 가장 건설적인 역할을 한 것으로 입증됐다. …보수적인 은행가들도 FDIC 폐지는 원치 않았을 것이다."[26]

루스벨트 대통령이 엄청난 노력을 기울이면서 정부 주도로 일자리가 많이 생겼다. 그러나 사정이 급속히 나아졌다기보다는 다시금 희망을 가질 수 있게 됐다는 점이 중요했다. 1933년 여름에도 실업자는 1,000만 명이 넘었다. 1934년 1월 당시 어떤 형태로든 생필품 구입을 연방정부 보조에 의존하는 사람은 2,000만 명이나 됐다.[27]

25세 나이에 스톤은 H. L. 멘켄이 편집장으로 있는 월간 평론지 「아메리칸 머큐리」에 기사를 씀으로써 일약 유명 저널리스트가 됐다. 억만장자 펜실베이니아 주지사 기퍼드 핀초의 호화 생활을 잘근잘근 씹는 내용이었다. 그는 귀족의 성 같은 저택 그레이 타워스^{Grey Towers}에 살았는데 벽난로만 23개에 운동장만 한 객실이 부지기수였다. 스톤은 주지사 부부가 빈민들을 위한 잔치를 벌이면서 홍보를 아주 잘했다고 비꼬았다. 주지사 부부는 대통령 부인 엘리너 루스벨트 환영 모임에 손님 50명을 초대해 한 끼에 5.5센트도 안 되는 만찬을 대접한 것에 불과하다고 주장했다. 그러나 스톤은 정치가의 말을 꼬치꼬치 따져보는 능력을 한껏 발휘해 이 주장이 새빨간 거짓말임을 폭로했다. "국민들은 하객 수가 50명이 아니라 35명 수준이었다는 얘기는 듣지 못했다. 후식으로 나온 아이스크림은 추가경정예산에다가 넣어버렸다. 각종 음료며 버터, 설탕, 소금, 후추, 샐러드드레싱 등은 비용으로 잡지도 않았다." 프랑스인 셰프는 뻔한 햄버거를 "실업자 가족은 가끔이라도 구경 못할" 만큼 "화려하게" 만들어 내놓았다.[28]

스톤은 핀초 주지사가 실업보험 건을 "교묘한 방식으로" 쓰레기통에 처박아버렸다고 비난했다. 고속도로 건설에는 안간힘을 써서 1억 400만 달러를 투입하려고 한 반면 가족 구제 기금으로는 2,000만 달러밖에 책정하지 않았다는 사실을 대조시켰다. 스톤은 「아메리칸 머큐리」에 실린 필자 소개에서 과하다 싶을 정도로 너스레를 떨었다. 해든필드에서 어린 시절을 보낸 "나는 책을 너무 읽어서 근시가 됐고, 시를 많이 써봤지만 형편없었고, 고등학교를 졸업은 했는데… 52명인 반에서 49등이었다. …그래도 기사 쓰는 재주는 있어서 「캠던 쿠리어」에서 월급을 받았다." 이력 소개는 이렇게 이어진다. "나는 대학에서 삼각법을 네 번 과락했고, 「캠던 쿠리어」 시절 연극평을 담당하다가 세 번이나 해고됐다. 지금은 고인이 된 연극 제작자 플로 지그펠드의 특별 지시로 필라델피아 에어랑어 극장 출입 금지를 당하기도 했다." 나중에 「필라델피아 레코드」에서 논설위원을 맡은 후로는 "이 나라를 일본과의 전쟁, 인플레이션, 부의 엉터리 재분배, 답답함에서 구해내느라 바쁘다"고도 했다.

멘켄의 영향력은 1920년대만은 못했지만 미국 사회 전반을 통렬하게 비판하는 것으로 유명한 「아메리칸 머큐리」는 여전히 세련됐고, 화사한 녹색 표지도 그대로였다. 이 잡지는 광고는 거의 없고, 중요한 작가들의 단편소설과 대공황기 사망률 급증을 우려하는 기사 같은 글들을 실었다. 멘켄의 「아메리칸 머큐리」와 극과 극의 대조를 이룬 것이 미국 갑부들 취향에 맞춘 종합 경제 잡지 「포춘Fortune」이었다. 당시 사장은 헨리 루스, 편집장은 랠프 잉거솔이 맡고 있었다. 괴짜 천재 잉거솔은 나중에 스톤의 평생 친구가 되는데 1940년대에는 일간지 「PM」〔피엠〕을 창간해 경영하기도 했다. 「PM」은 단명했지만 미국 역사상 가장 논쟁적이면서도 특이한 좌파 성향의 일간지로 꼽힌다.

그러나 1932년 여름의 잉거솔은 「포춘」 편집장으로 별 생각 없이 부유층의 관심을 끄는 일을 하고 있었다. 배고픈 실업자들이 넘쳐났지만 「포춘」에 실린 광고는 완전히 딴 세상이었다. 예를 들면 한 남자가 한정 판매 중인 피트케언 오토자이로Pitcairn Autogiro(비행기의 두 날개와 헬리콥터의 로터를 갖춘 초기 형태의 2인승 비행기)를 어떻게 하면 남보다 먼저 사서 운 좋은 극소수(26명) 구입자 대열에 낄 것인가를 고민하는 장면이 나온다. 「포춘」의 광고는 유럽으로 크루즈 여행을 가거나 캐딜락, 패커드, 링컨 같은 최고급 승용차를 4,300달러(대공황 시기로는 천문학적인 금액이다)에 살 수 있는 독자들을 대상으로 근심걱정 없는 별천지를 묘사했다. 「포춘」의 '어떻게'라는 난에 실린 기사들은 예를 들면 연간 2만 5,000달러를 가지고 시카고에서(뉴욕 맨해튼은 5만 달러) 사는 법 같은 것을 천연덕스럽게 소개했다.

「포춘」은 프랭클린 루스벨트라는 이름만 들어도 경기를 일으키는 수준이 아닌, 좀더 고상한 금융가들에게 초점을 맞추려고 했다. 그러나 대부분의 기사는 미화와 과장이 넘쳤다. 심지어 1936년에는 증오를 부추기는 디트로이트의 선동가 커글린 신부에 관해 무비판적인 기사를 싣기도 했다. 특히 자본가들은 산업화에 매진하고 있는 공산주의 소련을 잘만 활용하면 떼돈을 벌 수 있다고 본다는 기사를 실었다. 돈만 벌 수 있다면 볼셰비키 이데올로기나 독재 같은 것은 상관없다는 식이었다. 결국 산업자본가들도 젊은 급진파 못지않게 러시아에 관심이 있다는 것이 사실로 입증된 것이다.

7
뉴딜, 뉴 라이프, 「뉴욕 포스트」

신혼 때 이미 스톤은 평생 지속될 생활 스타일을 확립했다. 그는 「필라델피아 레코드」에 재직할 때 하루 종일 일을 하면서도 엄청난 집중력을 발휘했다. 그러고는 집에 돌아와 에스터와 저녁을 먹었고, 젖먹이인 첫딸 실리아를 끔찍이 귀여워했으며, 사설을 쓸 때와 똑같은 열정을 가지고 사교생활을 즐겼다. 스톤 부부는 창의성 넘치는 좌파들이 우글거리는 서클의 중심이었다. 두 사람은 필라델피아 오케스트라 연주회나 연극을 같이 보러 다녔으며, 과다할 정도로 춤을 즐겼고, 파티를 많이 열었다.

"이지는 일에는 늘 의욕이 넘쳤고, 에너지가 부글부글했어요. 같이 있어 보면 바로 알게 되지요. 꼭 얘기를 해보지 않아도 일단 그 사람이 나타나면 분위기가 달라졌으니까요."[1] 극작가이자 연출가인 셰퍼드 트라우베의 부인 밀드레드 트라우베의 회고다. "이지는 정말 재미나거나 웃기는 얘기 아니면 세상 돌아가는 황홀한 얘기를 하곤 했어요. 항상 정신이 깨어 있었지요. 정말, 하지만 항상 남에게 큰 즐거움을 주는 스타일이었어요."

스톤이 매력이 없다고 보는 사람들도 있다. 그러나 적어도 친구들은 그에게 열광했고, 그의 얘기 듣는 걸 아주 좋아했다." 트라우베의 평가는 이렇게 이어진다. "다른 곳에서는 들을 수 없는 진실을 그 사람한테서는 들을 수 있었어요. 세계사적 안목이 뛰어났으니까요."

스톤 부부가 어울린 서클은 문화적 식견이 풍부한 사람들이 많았고, 그들 중 다수는 곧 유명한 예술가, 작가, 배우로 성장한다. 이들은 고리타분한 필라델피아 독일-유대계 코뮤니티를 벗어나고 싶어했다. 그들은 러시아와 폴란드 출신 유대계 이민자들은 글자도 모른다고 떠들었다. 러시아와 폴란드 출신 유대계 사회에서 가장 인기 있는 지도급 인사는 모리스 블라디미르 레오프로 다들 '레오프 아빠Poppa Leof'라고 불렀다. 필라델피아의 저명한 진단 전문의인 그는 박식하고 지적인 러시아 출신 유대인으로 이디시어 악센트를 평생 버리지 못했다. 사우스 16번가 322번지(다들 그냥 322번지라고 불렀다) 4층 저택에서 살롱을 운영한 것은 레오프의 부인 제니 챌핀이었다. 부르주아식 관습을 거부하는 두 사람은 결혼식은 올리지 않고 동거하는 관계였고 자녀가 셋이었다. 챌핀은 나중에 민권 운동에 뛰어드는데 처음에는 여성 참정권 운동을 했고, 유대계 인사들의 히틀러 타도 시위에도 참여했다. 마녀사냥이 한창인 시절에는 성난 군중이 322번지 저택에 뿌린 빨간 페인트를 말없이 닦아내기도 했다. 빨간 페인트는 내부에 숨어 있는 "공산주의자"라는 의미였다.

레오프와 스톤은 사회당 활동을 하면서 만났다. 스톤과 마찬가지로 레오프도 당원이기는 하지만 고분고분하지는 않았다. 한번은 그런 식으로 당의 지시를 따르지 않으면 묏자리도 남아나지 않을 거라는 협박을 받기도 했다. 레오프는 도덕주의자였다. 알코올 중독자나 동성애자는 좋게 보지 않는다고 분명히 밝히기도 했다. 그러나 그런 사람들도 그의 거실을 버젓이 드나들었다. 땅딸막한 레오프는 안경알 너머로 주름이 자글자글했는데 온화하게 웃음 띤 얼굴로 얘기도 잘했다. 레오프 서클에는 작가 숄럼 아시, 연극 연출가 리 스트라스버그, 유대계 비극 전문 배우 제이콥 아들러, 피아니스트이자 작곡가인 마크 블리츠스타인, 스톤의 오랜 친구이자 소설가인 마이클 블랭크포트 등이 자주 어울렸다.

"세상 돌아가는 얘기가 그 집에서는 바로바로 화제에 올랐어요." 레오프의 딸 매디의 회고다.[2] 매디의 의붓아들 블리츠스타인은 사회성 짙은 뮤지컬 드라마《요람이 흔들리리라The Cradle Will Rock》의 음악을 담당한 재능 있는 작곡가였다. '이지 파인슈타인'(아직 개명 전이었다)은 모임에서 인기 있는 대화 상대였다. 그는 프랭클린 루스벨트와 정치에서부터 히틀러와 파시즘의 부상, 미국 노동운동에 대해 논했고, 최근 결성된 아방가르드 계열 연극 단체 '그룹 시어터Group Theater'가 무슨 작품을 상연 중인지 등에 대해 떠들었다.

막 두각을 나타내기 시작한 한 극작가는 이지의 얘기에 매료됐다. 그는 그렇게 광범위한 대화 주제는 자신이 감당할 수 있는 수준이 아니라고 생각하고 감탄 어린 눈으로 이지가 떠드는 것을 지켜봤다. 그러나 이 극작가는 곧 서클 인사들 가운데 가장 유명한 인사가 된다. 그가 바로 클리퍼드 오데츠(1906~63)였다. 오데츠 전기를 쓴 마거릿 브렌먼깁슨의 회고에 따르면 미남 배우 뺨치는 외모에 매혹적인 눈을 한 오데츠는 아직 발표하지 않은 작품들을 서클 친구들에게 낭독해줬다. "우리는 클리퍼드 오데츠가 새로 쓴 희곡을 낭송하는 것을 밤이 새도록 들었어요. 너무 피곤했지요. '하느님, 이 희곡이 끝나기는 끝나는 건가요?' 하고 생각했을 정도였으니까요."[3] 에스터의 여동생 진의 회고다. 진은 대학 시절 레오프 서클과 어울렸다. 오데츠의 희곡들은 하루아침에 센세이션을 일으켰다. 1935년 택시 운전사 파업을 다룬 멜로드라마『레프티를 기다리며Waiting for Lefty』가 그랬고, 1937년 자본주의 사회의 경쟁에서 밀려 자살하는 젊은 음악가 이야기를 다룬『골든 보이Golden Boy』가 그랬다.

루스벨트 취임 후 첫 100일 동안 이지 스톤은 유례없이 왼쪽으로 기울었다. 마르크스주의 계열 문학·문화평론가 V. F. 캘버튼이 편집장으로 있는 「월간 현대Modern Monthly」에 기고한 글에서는 공산주의식 접근을 지지하기까지 했다. 이지는 아벨라르 스톤이라는 가명으로 뉴딜을 맹렬히 비판하는 평론문을 기고했는데 자본주의 타도를 외치는 혁명가들에게 살짝 동조하기도 했다. 격변의 대공황기에는 그런 주장이 그리 낯선 것은 아니었다. 네 편의 기고문 가운데 하나는 제목이 '루스벨트, 파시즘으로 기울다'였다. 「필라델피아 레코드」 같으면 도저히 실어줄 수 없는 내용이었다. 스톤은 루스벨트가 "빌어먹을 월스트리트 종자들"이 주장하는 대로 디플레이션 정책을 쓰는 것에 분개했다.[4] 후일 스톤은 작가 로버트 코트렐에게 "그 시절을 사는 것은 정말 참혹한 일이었다"고 털어놓았다. 이지는 공산주의의 결함을 알고 있었지만 미국에서 그대로 모방할 것은 아니나 어느 정도는 지지할 만한 진보적 노선이라고 생각했다.

1933년이 끝나면서 스톤의 생활에 극적인 변화가 왔다. "스턴 사장이 「뉴욕 포스트」를 인수하자 이지는 바로 올라가 자리를 따냈어요."[5] 필라델피아 시절부터 뉴욕까지 선의의 경쟁관계를 이어간 샘 그래프턴의 회고다.(이지의 동생 루는 "형은 영전을 한 셈"이라고 말한다.) "스턴 사장이 불러서 갔더니 우리가 제일 높은 자리에 배치됐어요. 나이는 스물여섯밖에 안 됐는데. 그 기쁨을 뭐라고 설명할 수 있겠어요. 첫째, 원래 있던 논설위원 대부분은 구식에 공화당 지지 성향이었어요. 그런데 우리는 글발이 좋았고 스턴 사장은 그런 사람들을 밀어줬거든요."

이지와 그래프턴은 곧 뉴욕 일대에서 가장 생기발랄한 사설 면을 꾸민다는 평판을 얻었다. 스턴 사장은 톡톡 튀는 반대논리와 "다소 껄끄러운" 사설도 흔쾌히 밀어줬다. 다시 그래프턴의 회고를 들어보자. "분위기는 정말 유쾌했어요. 스턴 사장은 기를 잘 잡았어요. 그리고 우리가 사설을 마음대로 쓰게 해줬지요. 이지와 나는 새 세상이 열린 것 같았어요. 그리고 루스벨트에 대해 우리는 깊은 애정과 존경심을 갖고 있었지요. 하지만 대단히 반동적일 때도 있어서 예금 보험 기금 제도 같은 것들은 억지로 팔을 비틀어서라도 받아들이게 만들어야 했지요." 그런 협박과 강요 임무를 자임한 것이 스톤과 그래프턴이었다.

그렇게 어린 나이에 두 사람은 자유주의 계열 주요 일간지 논설위원이라는 권세를 누렸다. 1950년대 이후 그래프턴이 회고한 바에 따르면 「뉴욕 포스트」는 "지금 우리가 주변에서 보는 그 어떤 신문보다도 훨씬 힘이 셌다"고 한다. "어느 토요일 아침(그때는 토요일도 근무일이었다), 아홉 시쯤 되어 주지사한테서 전화가 왔어요. 주에서 병원을 새로 짓는데 병실이 90개쯤 된다. 그런데 '나는 110개가 필요하다' 이러는 거예요. '꼭 수를 채워야 한다'고 했지요. 그런 식이었어요. 그럼 우리가 그 문제를 사설로 긁는 거지요. 병실 다 얻어줬어요."

스턴 사장은 "항상 전화통에 매달려 광고 영업을 했다." 물론 잡담도 하고 수다도 떨었다. 스턴 사장이 아무리 유명 인사로 폼을 잡고 싶어도 신문 발행인이라는 건 비서가 전화를 바꿔주면 코미디언처럼 너스레를 떨어가며 광고를 따내야 하는 법이다. "여보세요, 여보세요? 제가 전화 드릴까요, 아니면 저한테 전화 주시겠어요?" 다시 그래프턴의 회고. "스턴 사장은 재미난 사람이었어요. 정말 좋은 분이었지요. 이지도 사장을 아주 좋아했어요." 스톤은 스턴 사장에 대해 "아랫사람으로서 모시기 정말 유쾌한 분이었다. 말대답을 해도 다 받아주었다"고 말했다.[6] 스턴은 지역 기관장이나 기업 대표들과 관계가 원만했고, 윤전기가 말썽을 부리면 소매를 걷어붙이고 달려들어 기어코 고쳐내는 스타일이었다. 스톤의 말에 따르면 그는 "격식 따지지 않는, 정말 호감 가는 인물"이었다.

스턴 사장은 뉴욕 언론계 입성 때도 조용히 넘어가지 않았다. 1933년 12월 11일 스턴이 인수한 「뉴욕 포스트」 첫 호는 자화자찬의 극치라고 할 수 있다. 대문짝만 한 활자로 거물 정치인들이 보내온 축전을 게재했다.

예를 들면 "루스벨트 맨 먼저 축하를 보내오다" 등등.[7] 제호 바로 밑에는 커다란 활자로 "친애하는 데이브〔데이비드 스턴 사장의 애칭〕"로 시작되는 대통령의 축전을 그대로 실었다. "새로 신문을 시작한 마당에 나는 세상의 모든 행운이 귀하에게 돌아가기를 기원합니다. …행정부로서는 비판받는 게 좋은 때가 있지요. 난 항상 솔직하고도 건설적인 비판을 환영합니다. 그 점은 잘 아실 것입니다. 귀하는 내가 정직한 확신을 갖고 싶을 때 의지할 수 있는 몇 안 되는 사람들 가운데 한 분입니다."

1933년 12월에 이지 부부는 꼬마 실리아를 데리고 뉴욕 웨스트 68번가 1번지의 널찍한 아파트로 이사를 갔다. 천장이 높고 방도 여러 개인 근사한 아파트였다. 월세는 약 70달러였다. 이 아파트에서 크리스마스이브에 이지는 26회 생일을 맞았고 가족과 함께 새로운 삶을 위해 건배했다. 열정적으로 일하는 스톤의 스타일은 계속됐다. 6개월 동안 온갖 기사를 도맡아 쓰고, 무수한 국내외 신문과 간행물을 읽고, 루스벨트를 미는 사설을 쓴 다음에는 늦게까지 남아 신문 시쇄본을 꼼꼼히 체크했다.

1934년 여름 그래프턴이 합류했다. 두 사람의 우정은 대학 시절로 거슬러 올라간다. 두 사람은 절친이지만 경쟁관계이기도 했다. "그 친구가 내가 쓴 사설을 두들겨 패면 내가 반격을 가하곤 했지요." 그래프턴의 회고다. 스턴 사장은 의도적으로 두 사람을 붙여놓은 것 같다. 서로 잘하려고 경쟁하다 보면 작품이 나오는 법이라는 걸 그는 잘 알고 있었다. 후대의 편집자들이 하는 말을 빌리면 '창조적 긴장' 관계였던 것이다.

스턴 사장은 보수적이고 고리타분한 「뉴욕 이브닝 포스트」를 뉴딜을 지지하는 자유주의 계열 신문으로 환골탈태시킴으로써 성공을 거뒀다. 그가 인수하면서 「뉴욕 포스트」로 제호를 살짝 바꾼 신문은 1937년에는 판매부수가 4배로 뛰었다. 정기구독자만 25만 명이 됐다. 당시 700만 뉴욕 시민 가운데 「뉴욕 포스트」를 보는 층은 좌파와 자유주의 쪽 유대계가 많았다. 이들은 주로 브롱크스와 브루클린에 살았다. 스턴이 지적했다시

피 대통령은 스턴 사장이나 스톤, 그래프턴 같은 치어리더가 절실히 필요
했다. 1935년 신문사 사장들과 칼럼니스트는 물론, 한때 그의 말 한마디
한마디를 놓치지 않던 백악관 출입기자들도 점점 루스벨트에게 적대적이
됐다. 그러나 「뉴욕 포스트」는 달랐다. "우리는 뉴욕에서 자유주의 계열
신문으로는 영향력이 대단했다. 「뉴욕 월드」가 「이브닝 텔레그램Evening
Telegram」에 인수 합병된 이후로 유례가 없는 일이었다."(스턴 사장의 증언)[8]

그래프턴과 스톤은 맨해튼에서 자주 모이는 자유주의자 및 뉴딜 지지
지식인 서클의 총아가 됐다. 스톤은 싸구려 오락인 벌레스크burlesque[코미디
와 코러스걸의 노래, 스트립쇼가 뒤섞인 쇼]를 자주 봤다. "우리들 보고 같이
가자고 애원하곤 했어요. 그는 그런 뻔한 농담을 정말 좋아했어요." 트라
우베의 회고다.[9] "스톤은 요란하게 엎어지고 넘어지는 슬랩스틱 코미디
도 좋아했다. 당시 코미디언 에드 윈이 타자기에 구운 옥수수를 끼워놓고
타자를 치거나 자동차 와이퍼가 달린 안경을 쓰고 자몽을 먹는 장면을 보
고 많은 사람들이 배꼽을 잡았다. 다행히 이지가 뉴욕으로 이사 온 시기는
벌레스크 전성기여서 가벼운 사설도 먹히는 분위기였다. "민스키 씨의 스
트립쇼"라는 사설은 프랑스 작가 장 콕토가 스트리퍼가 대거 등장하는 민
스키 벌레스크를 칭찬한 것을 찬미하는 내용이다. 콕토는 당시 유행하던
스트리퍼strip artist를 프랑스어로 어떻게 번역할까 고심하다가 '알몸의 요부
妖婦들déshabilleuses tentatrices'이라는 표현을 만들어냈다. 스톤이 쓴 사설의 결론
은 그렇게 유명한 작가가 칭찬을 했으니 "극장주 민스키 씨는 고마워해야
한다, 위대한 예술가가 남을 칭찬하는 건 극히 드문 일이기 때문"이라는
것이었다.[10]

벌레스크는 대공황기에 미국에서 번창한 쇼 가운데 하나였다. 5.5달러
를 내고 정통 연극이나 플로 지그펠드의 시사풍자극을 볼 수 있는 사람은
거의 없었다. 실업자들은 한 푼 두 푼 모아 값싼 벌레스크 공연을 찾았다.
부인들도 남편을 따라 같이 구경했다. 거기서 엔터테인먼트의 진수가 펼

쳐졌다. 벌레스크에는 무명 시절의 배우들도 많이 출연했다. 코미디언 애보트와 코스텔로 콤비, 필 실버스, 버트 라, 레드 버튼즈, 재키 글리슨, 대니 토머스, 에드 윈, 레드 스켈턴, 조 E. 브라운, 에디 캔터, 패니 브라이스, 로버트 알다 등등. 많은 배우들이 후일 정통 연극이나 영화, 라디오, 텔레비전에서 전성기를 누릴 때 벌레스크 시절에 익힌 기법을 써먹었다.

여배우 메이 웨스트는 교통신호("멈춤", "직진", "우회전")에 맞춰 옷을 하나씩 벗는 교묘한 연출을 하기도 했다. 앤 코리오나 집시 로즈 리 같은 스타 스트리퍼들은 주급 2,000달러라는 어마어마한 돈을 벌었다. 벌레스크도 경쟁이 치열해지면서 벗는 정도가 점점 심해졌다. 가톨릭계인 품위 군단Legion of Decency과 전국검열자유위원회National Council on Freedom from Censorship 같은 기관, 단체에서도 벌레스크 폐지를 놓고 편이 엇갈렸다. 이사도어 파인슈타인이 어느 쪽이었을지 한 번 맞춰보시라. 벌레스크에 치명타를 날린 사람은 뉴욕 시장 피오렐로 라과디아였다. 그는 스톤을 포함해 많은 사람들로부터 사랑을 받았는데 그 이유는 청교도적인 기질 때문이 아니라 정책적 입장 때문이었다. 1935년 뉴욕 경찰이 민스키 벌레스크를 폐쇄했다. 경찰이 들이닥쳤을 때 한 여성 스트리퍼는 벌거벗은 채 "은밀한 부위만 구슬 팔찌로 가리고 있었다".[11] 전국검열자유위원회는 이 사건을 법원으로 가져갔다. 법원은 민스키 벌레스크 쪽에 유리한 판결을 내렸다. 그러나 집행유예 기간은 오래가지 못했다. 1937년 벌레스크는 영구 폐쇄됐고, 후일 토플리스 바로 변질돼 아련한 흔적만 남게 된다.[12]

그래프턴과 스톤이 「필라델피아 레코드」에 같이 근무할 때 부인끼리도 친해서 저녁을 같이 먹고 주말이면 서로 자고 가는 경우도 많았다. 그러나 뉴욕에 와서 이해가 엇갈리면서 두 사람 관계는 불편해졌다. 1937년 당시 이지와 에스터는 자녀가 셋이었다. 장녀 실리아가 1932년 9월 9일에 태어났고, 장남 제러미 주다가 1935년 11월 23일, 막내 크리스토퍼가 1937년

10월 2일 출생했다. "이지는 애들 자랑이 엄청났어요. 우린 결혼하고도 늦게까지 애가 없었지요. 한번은 그 친구가 그러는 거예요. '저기 말이야, 우린 자네가 애 없다고 뭐라 그런 적 없어.' 그 말이 전혀 웃기지가 않았어요. '뭐라 그런 적 없다'라니!?" 그래프턴은 반세기가 지난 시점에 이 얘기를 하면서도 여전히 분이 안 풀린 표정이었다. "이지는 저만 잘났다는 식이었어요."

대공황이었지만 뉴욕 시절은 정말 흥분되고 활력이 넘쳤다. 사회 문제에 대한 문학의 관심이 놀라울 정도로 높아지고, 좌파들에게도 정치적 가능성이 보이던 때였다. 그래프턴의 회고를 들어보자. "일자리만 있다면 1930년대에 뉴욕에서 산다는 건 정말 재미가 있었어요. 하지만 일자리가 없으면 지옥이었죠. 나는 주급 125달러를 받았어요. 이지도 아마 같았을 거예요.〔당시 많은 기자들은 주급 15달러로 근근이 살아갔다.〕125달러면 나처럼 맨해튼 센트럴파크 웨스트에 방 여덟 개짜리 아파트를 얻을 수 있었지요. 한 달 집세가 75달러였어요. 우리는 일본인 요리사 겸 집사를 두었는데 한 달에 50달러였어요. 그리고 스테이크감이 1파운드에 29센트, 커피가 1파운드에 25센트 했지요. 일하는 사람들 다 합쳐서 주급 8달러였고요."

그래프턴 같은 스타일의 리버럴들은 경제구조 개혁을 위해 싸웠지만 열악한 고용 수준 자체는 별로 문제 삼지 않은 것 같다. 최저임금이나 노동시간 제한 같은 문제도 언급하지 않았다. 그래프턴의 요리사 겸 집사의 경우를 봐도 "매일 자정까지 일했고, 한 달에 쉬는 날은 4일이었다." 그래프턴 부부는 "주급 125달러로 호화생활을 했다. 나중에 할리우드에서 시나리오 작가로 일할 때 주급 1,000달러 이상을 받았지만 그때만큼 잘살지는 못했다."

그래프턴의 말을 좀더 들어보자. "그때 우리가 가졌던 관심은 오늘날 같으면 상상도 할 수 없는 것이었지요. 정말 흥분됐으니까요. 우리는 뉴딜이 미국인의 삶에 진정한 획기적 변화를 가져온다고 생각했어요. …실제로 세계가 열린 거지요. 하지만 그 창문은 불과 몇 년 가다가 다시 쾅 닫혀버리고 말았어요. 평범한 보통사람들—20~30년 전에 연간 수입이 8,000~1만 달러쯤 되던 계층—이 곧 보수적으로 변했지요."

만년에 스톤은 사회학자 기틀린과의 대담에서 뉴딜 추진 세력의 색깔에 대해 이야기한 바 있다. "제대로 보면 이렇죠. 루스벨트가 들어오면서 백악관 분위기가 달라졌어요. 우리는 1932년 대선 유세 때 그가 신통치 않은 모습을 보인 데 대해 실망이 컸습니다. 하지만 〔선거 이후에〕 올바른 방향으로 가면서 온갖 부류의 이상주의자들이 몰려들었지요. 사회주의자, 트러스트와 거대 기업에 반대하며 진정한 기업의 자유를 주창하는 이상주의자 등등. 워싱턴에는 다양한 부류가 들어왔어요. 공산주의자도 일부 있었지요. 물론 그 수에 대해서는 엄청나게 과장이 돼 있었지만 말이죠. 사회주의자와 리버럴도 꽤 많았어요. …트러스트 해체를 주장하는 포퓰리스트들도 있었고. 위대한 흥분의 시대였지요. 뭔가 이루어지고 있었으니까요. 타협도 많았습니다. 만족하는 사람은 아무도 없었지요. 하지만 사람들은 밥은 먹었고, 일자리가 만들어졌고, 경제 공황과의 투쟁이 진행됐으며, 인플레이션은 종식돼 갔습니다. 그런 식으로 아주 다양한 견해를 가진 사람들이 함께 협력하면서 〔다른 분파에 대한〕 악감정은 잠시 접어둔 거죠. 모두들 건설적인 역할을 한다고 느낀 겁니다. 희망이 넘치는 분위기였어요."[13]

공산주의에 대한 관심은 보수적인 수도 워싱턴보다는 맨해튼에서 훨씬 강했다. 공산주의 사상이 유행이라서 그런 측면도 있었다. "중산층은 소련에 대해 상당한 호감을 가지고 있었어요." 그래프턴의 회고다. "청년들은 13번가를 걸어가다가 가판대에서 「데일리 워커Daily Worker」〔미국 공산당 계열에서 1924년 창간한 일간지〕를 사고 책방에서는 공산주의 관련 책들을 구입했어요."

그러나 보수 신문들은 재빨리 공산주의를 매도했다. 허스트계 신문 체인은 노동 관련 기사에는 "빨갱이"라는 표현을 반드시 집어넣도록 지침을 내렸다. 「뉴욕 헤럴드New York Herald」 같은 공화당 계열 신문들은 루스벨트를 규탄했다. 반면에 보수적인 「뉴욕 타임스」는 중도우파적인 노선을 추구했다. 이지는 '급진파는 결국 소수파로 남을 수밖에 없다'는 말을 자주 했다. 그러나 이는 한 가지 중요한 정서적 측면을 고려하지 않은 것이다. 뉴욕의 좌파 지식인들은 배타적인 동지애와 함께 대단한 자부심을 갖고 있었다. 지식인 서클에서 좌파라고 하는 것은 일종의 훈장이었다. 덜 진지한 사람들은 공산주의를 유행 같은 것으로 받아들였다.

스톤은 뉴욕으로 이주한 뒤 좌파의 파괴적인 파벌 싸움을 보면서 극도로 혐오했다. 애들 전쟁놀이처럼 유치하기 이를 데 없었다. "정부에 있는 온갖 종류의 사람들을 알고 있었어요. 공산당원도 있고, 사회주의자도 있고 그랬지만 서로 간에 증오는 없었습니다. 〔필라델피아에서는〕 그들은 근본적인 문제를 가지고 고민했기 때문에 분파주의 같은 것은 없었고, 무의미한 종파주의 이론을 적용해봐야 아무 소용 없다는 걸 너무도 잘 알고 있었지요." 후일 기틀린과의 대담에서 뉴딜에 대한 회고를 할 때 스톤은 감개무량한 듯했다. "우리는 어떤 운동의 일부였어요. **진정으로 미국적인** 운동이었지요." 스톤은 뉴욕의 "난쟁이 나라 종파들"과는 무관한 독립적인 이성의 목소리로 자부했다.

"나처럼 캠던 같은 작은 도시에서 자라고 일을 하다 보면 급진파들은, 공산주의자건 사회주의자건 무정부주의자건 트로츠키파건 모두가 아주 친해지지요." 그러나 이와는 대조적으로 뉴욕의 좌파는 "증오와 경쟁심, 적대감과 시기심, '궁극적 이데올로기'로서 헤게모니를 장악하기 위한 싸움이 난무했다." 스톤의 회고는 이렇게 이어진다. "나는 조직이나 당파 같은 건 정말 안 좋아했어요." 스톤이 사회당을 그만둔 데 대해 자주 하는 대답 중 하나는 "신문쟁이는 어떤 당파에 너무 가까워서는 안 된다는 걸

절감했다. 안 그러면 독립성을 잃게 된다"는 것이다.

만년에 스톤은 급진파와 같은 길을 가는 처지였지만 공산당에 가입한 적은 없고, 공산당의 강압적 교조주의를 혐오했다고 밝혔다. 스턴 사장은 바로 그런 점을 마음에 들어했다. 전투적인 자유주의자인 스턴은 "공산주의자들을 미워했고" 공산주의 계열을 편집국에 들여놓을 생각은 전혀 없었다.[14] 그렇다고 해서 이지 스톤이 현실 문제에 초연했다는 얘기는 아니다. "나는 신문쟁이가 그런 사명 같은 것을 느낀다면, 급진파라면, 당대의 거대한 흐름에 적극 이바지해야 하지만 거기에 얽매여서는 안 된다고 생각했다."●[15]

스톤은 뉴욕에 올 때 노먼 토머스의 『뉴욕, 무엇이 문제인가What's the Matter with New York』(이지는 이 책을 없어서는 안 될 "성서" 같은 것이라고 칭했다. 1932년 발행)를 챙겨왔다. 이 책은 태머니홀Tammany Hall[뉴욕 시 민주당 중앙위원회. 보스 파벌 정치 집단으로 1930년대까지 부패의 산실이었다]의 조직적 부패와 독직 행위는 물론이고 그런 관행이 지미 워커 뉴욕 시장에서 말단 구청 직원까지 어떻게 이루어지는지를 상세히 파헤쳤다.[16] 또 최악의 빈민촌이 없어지지 않는 것도 바로 부패 때문이라는 것을 여실히 보여줬다. 워커 시장은 1932년 9월 1일 부패 스캔들로 사임했다. "정말 대단한 책이었어요. 논설위원으로서 그 책에서 많은 걸 배웠지요." 스톤의 회고다.[17]

사실을 파헤치는 데 철저한 스톤은 헌법도 독학했다. "뉴딜을 뒷받침하는 개혁 법률들이 대법원에만 가면 위헌 판결이 남으로써 효력을 상실했기 때문"이다. 1935년 대법원이 뉴딜 관련 법률들에 대해 무효 판결을 내릴 때마다 이지는 결정문을 철저히 읽었다. 어느 날 스턴 사장과 이지는 "당시에 대단히 저명한 세 명의 법학자와" 저녁을 함께하자는 초대를 받

● 이지 역시 수십 년간 FBI나 하원 반미활동조사위원회HUAC를 비롯한 기관의 뒷조사를 받았다. 그런데도 냉전 기간에 HUAC나 매카시 청문회에 불려나가지 않은 것은 특정 정당 같은 조직에 관여하지 않았기 때문일 것이다.

앉다.[18] 스톤은 적극적으로 임했다. "그자들의 감언이설에 속아 대법원 판결을 극도로 비판적으로 보는 우리 사장 생각이 달라질까 봐" 염려됐기 때문이다. "나는 그날 저녁 모임을 앞두고 시험공부 하듯이 열심히 공부했어요. 그러다 보니 중세 때 가톨릭교회에서 벌어진 논쟁까지 파고들게 됐지요. 여기서 보편적인 도덕률이라는 개념이 시작됐고—여기서 다시 입헌주의가 나온다—아리스토텔레스도 『안티고네』를 논하면서 같은 개념에 도달했더군요. 고대 그리스 극작가 소포클레스가 쓴 비극 『안티고네』에서는…. 그런 다음 나는 자신 있게 약속 장소로 갔지요."

법률가들은 "한참 무게를 잡았다." 후일 스톤은 법률적 관점에서 법률가들을 맞받아쳤다는 사실에 대해 대단히 흡족해하며 이렇게 회고했다. "우리 사장이 나를 한참 쳐다보더군요. '이지, 제발, 입 좀 다물어! 저 사람들은 선수야' 하고 야단을 치는 것 같았어요." 그중 한 명이 놀란 표정으로 옆의 동료를 보면서 스톤에 대해 "이분은 전문가네. 전문가야!" 하고 말했다. 이지는 이런 얘기를 패트너와의 대담에서 하면서 껄껄 웃었다. "나의 승리의 순간이었지요! 그래서 스턴 사장의 나에 대한 신임이 더 확고해졌지요. 그래서 헌법 관련 문제는 다 내가 쓰게 됐어요." 이지의 법률 관련 글들은 후일 첫 저서 『법원이 결정권자다The Court Disposes』(1937)로 결실을 보게 된다.

노조라면 치를 떠는 사람들과 뉴딜 반대자들을 설득하기 위해 대통령은 라디오 연설로 국민에게 직접 호소했다. 특히 부자들에게 맹공을 가함으로써 놀라운 성공을 거뒀다. 루스벨트의 첫 임기 말쯤 가면 점점 많은 신문쟁이들이 대통령에게 등을 돌렸다. 중앙정부의 힘이 세지면서 "독재"로 갈지 모른다는 우려가 커졌기 때문이다. 이에 맞서 루스벨트는 "보수" 언론을 물고 늘어졌다. '언론의 85퍼센트가 나를 반대한다'는 루스벨트의 유명한 대사는 이후에도 널리 인용됐다. 언론과 대통령의 관계를 연구하

는 학자들은 그 대사가 루스벨트가 잘 써먹는 과장법 가운데 하나라고 주
장했다.*

　그러나 부인할 수 없는 사실은 전국적으로 독자가 많은 칼럼니스트들
은 대부분 대통령을 줄기차게 공격했다는 사실이다. 웨스트브룩 페글러
는 신디케이트를 통해 500만 명 이상의 독자가 읽는 칼럼의 문패를 조롱
조로 '거기까지Fair Enough'로 달았다. 친구들은 페글러의 요트를 "분노의 출
항 호"라고 불렀다. 도로시 톰슨[1893~1961. 미국의 여성 언론인. 라디오 방
송 진행자]의 유명한 신디케이트 칼럼은 독자가 750만이나 됐다.[19] 뉴딜 비
판자인 톰슨은 1940년 2차 대전 참전 준비가 한창일 때에야 루스벨트 지
지로 돌아섰고, 루스벨트는 연설에서 그녀의 칼럼을 종종 인용했다.

　처음에 루스벨트는 미디어에 대해 양면작전을 폈다. 백악관 출입기자
들에 대해서는 구워삶는 작전을 썼다. 일부 출입기자는 루스벨트가 "위에
서 뭐라고 쓰라 그랬는지 충분히 짐작한다"며 편집국장이 시키는 대로 하
는 것 아니냐는 식으로 농담을 하자 모욕감을 느끼기도 했다.[20] 하지만 대
부분은 루스벨트에게 매료됐다. 그러나 루스벨트는 출입기자를 대하는
방식과는 달리 진실을 외면했다고 보는 허스트나 맥코믹 같은 신문 발행
인(사장)들에게는 맹공을 퍼부었다. 1936년 대선 유세 때 「시카고 트리
뷴」은 루스벨트를 1면에서부터 물고 늘어졌다. "독재자" 쪽에서 나온 정
보를 왜곡해 부인 엘리너 루스벨트를 빨갱이로 낙인찍은 것이다. 물론 날
조였다. 스톤이 공공사업진흥청Works Progress Administration(WPA)이 더 많은 일자리
를 만들어내야 한다고 촉구하는 칼럼을 쓰고 있는 동안 허스트는 WPA가

---

* 그레이엄 화이트Graham J.White가 쓴 『루스벨트와 언론FDR and the Press』을 보라. FDR('프랭클린 델러노 루스벨
트'의 약자)은 취임 초기 언론으로부터 상당한 지지를 받았다. 그러나 대부분의 신문들은 1935년 대법원
의 전국산업부흥청National Recovery Administration(NRA) 위헌 결정 비난 기자회견 같은 사안에 대해서는 부정적인
사설을 썼다. 민주당전국위원회Democratic National Committee(DNC)가 1936년 대선전 때 공개한 표에 따르면 신문
의 경우 123종이 반루스벨트, 50종이 친루스벨트, 31종이 중립으로 나타났다. 특히 반루스벨트 성향 신문
들은 판매부수(1,550만 부) 면에서 나머지(650만 부) 신문을 압도했다.

발주한 일을 하는 사람들을 공산주의자로 몰아붙였다.[21] "납세자들이 빨갱이 2만 명을 밥 먹여주고 있다. 이들은 모두 뉴욕 지역 구호 대상자 명단에 올라 있다."

이제 초조해진 루스벨트—스턴 사장에게 "솔직하고도 건설적인 비판"은 "항상 환영한다"고 했던 그 루스벨트다—는 백악관 출입기자들 가운데에도 "거짓말쟁이들"이 있다며 맹비난을 퍼부었다. 물론 대통령에 대한 비판이 정당하고 건전한 경우도 많았다. 1943년 루스벨트는 극도의 인신공격까지 했다.[22] 기자회견장에서 출입기자인 존 오도넬에게 나치 독일의 상징인 철십자훈장을 수여한 것이다.(당시 오도넬은 자리에 없었다.) 이날은 오도넬이 스턴 사장과 「필라델피아 레코드」를 상대로 자신을 나치 추종자이며 반유대주의자로 묘사한 사설을 걸어 제기한 명예훼손 소송 재판이 열리기 전날이었다. 루스벨트의 행동에 대해 좌파의 많은 인사들이 박수를 보냈다.

신디케이트를 통해 많은 신문에 칼럼이 실리는 월터 윈첼은 루스벨트 편으로 남았고, 칼럼니스트 조 앨솝은 루스벨트와 친척인 관계로 혈연에 이끌려 지지하는 입장이었다. 그러나 이런 정도를 가지고 루스벨트 반대로 돌아선 리프먼의 맹공을 맞받아치기에는 역부족이었다. 취임 후 처음 2년 동안 리프먼은 루스벨트로서는 보물 같은 존재였다. 그러나 1935년 리프먼은 지주회사 규제 입법과 관련해 루스벨트를 공격했다. 당시 재산세는 "부자 때리기"라는 비난을 받았다. 리프먼은 루스벨트가 경기 회복 조치를 넘어서서 사회구조를 근본적으로 개혁하려 하는 것이 아닌가 하는 우려를 갖고 있었다.

리프먼은 개혁과는 거리가 먼 사람이었다. 그는 평소 어떤 사안에 대해 냉철하게 거리를 두는 칼럼니스트였지만 점차 신경질적이 됐다. 그는 루스벨트가 자유 시장 경제를 "모종의 계획된 집단주의"로 대체하려 한다고 보았다.[23] 리프먼은 1936년 루스벨트가 재선에 도전했을 때 안 될 일이라는 것을 뻔히 알면서도 상대인 공화당 알프 랜던 후보를 지지했고, 독자들에게도 지지를 권유했다. "민주당의 대승보다 더 나쁜 건 없다"는 게 그의 논리였다. 민주당이 대선과 상하 양원 선거에서 대승을 거둔 뒤 스톤은 흐뭇한 표정으로 이렇게 썼다. "전국 편집국장의 80퍼센트가 루스벨트를 '악당!'이라고 소리 높여 외쳤지만" 결국은 재선에 성공했다. "그런 신문들은 특권층을 대변하고 수많은 미국 시민의 여론은 부정하다가… 11월 선거에서 패한 것이다."[24]

1937년 루스벨트가 대법원을 확대 개편하려 한 시도에 대해 리프먼이 보인 반응과 스톤의 입장은 강렬한 대조를 이룬다. 리프먼은 루스벨트가 의회에 만 70세 이상의 현직 대법원 판사에 대해 최고 6명씩 대법원 판사를 증원하는 내용의 법안을 통과시켜달라고 호소하자 적극 공격에 나섰다. 루스벨트의 이런 요구에 대해 민주당 의원 다수도 분노했다. 입법 사법 행정의 견제와 균형을 무시하려는 독재적인 시도라고 본 것이다. 리프먼은 루스벨트가 "권력에 취해 있다"고 소리를 질렀다.[25] 당시 5개월 동안 그가 쓴 칼럼의 반 이상은 대법원 개편안을 규탄하는 내용이었다. 리프먼의 전기를 쓴 론 스틸은 리프먼의 반응은 "루스벨트의 제안이나 계획은 무조건 반대할 만큼 완전히 균형을 잃은 것"이라고 평가했다.

「뉴욕 포스트」는 메이저 신문들 가운데는 유일하게 대법원 개편안 지지 입장이었다. 「뉴욕 포스트」의 헌법 전문가인 스톤은 독자와 의회에게 대법원 개편안이 민주주의를 저해하는 조치가 아니라는 점을 납득시키고자 애를 썼다. 루스벨트는 국민의, 국민을 위한 정부라고 하는 헌법적 전통을 지킴으로써 잘못된 것을 바로잡으려 하고 있다는 얘기였다. 반동적인 사법부가 표를 왕창 몰아줘 대통령을 재선시킨 국민의 목소리를 외면한다는 것이 스톤의 논리였다. 루스벨트는 "오랜 세월 편파적인 인사들"로 충원된 대법원을 "물갈이"해야 한다고 주장했다. 그들은 "헌법을 왜곡하고" "미국민이 선출한 대표들이 만든 사회적 법안들을 건건이" 방해했다는 것이다. 루스벨트는 "지난 4년 동안 개혁 프로그램에 대해 유례가 없을 정도로 조직적으로 파괴 공작을 벌이는 것"을 보았다며 제퍼슨과 링컨이 살아 있다면 당연히 규탄했을 것이라고 주장했다. 스톤은 사설에서 대문자로 "대통령이 도입하고 대법원이 거부한 자유주의 정책들이 지속되도록 표로써 심판하자"고 썼다.[26] 스톤은 "루스벨트는 '대법원을 자기 쪽 사람으로 채우는 선례'를 만들었으며, 앞으로 자질이 떨어지거나 정직하지 못한 대통령들은 그런 선례를 열심히 따를 것"이라고 주장하는 보수 언론의 "절박한 절규"에 대해서도 일갈했다.

그가 쓴 사설은 "그래서 뭐?"라는 반문으로 시작된다.

"그렇게 해서 벌어질 최악의 사태는 대법원이 헌법이 의도한 상태—최고 항소법원—로 원위치 되는 것이다. 대법원이 헌법이 의도한 바 없는 존재이기를 멈추는 것이다. 대법원은 지금 정부와 국민의 의지를 무시하는 독재적인 거대 사법부가 되었다." 스톤은 "일단 국민의 명령에 따르는 자유주의적인 대통령이 대법원을 '정비하면' 다시는 지금처럼 대법원이 비헌법적으로 권력을 찬탈해 남용하는 일이 생기지 않을 것"이라고 낙관했다. 그는 또 이렇게 썼다. "건국의 아버지들은 견제와 균형으로 이루어진 정부를 원한 것이지 판사들이 정부를 직접 규제하는 것을 원한 것이 아니다. 헌법은 의회와 대통령에게 전제적인 사법부를 견제할 권한을 부여하고 있다." 그러나 대법원 정비안은 민주당이 다수인 의회에서 큰 표 차로 부결됐다.

이 문제는 스톤이 가지고 있던 편견에 대해 되새겨보게 만든다. 보수파 대통령이 동일한 조치를 제안했다면 그는 어떤 논리를 폈을까? 역시 미국의 자유를 촉진하는 조치라고 했을 것 같지는 않다. 그가 쓴 사설들을 보면 스톤이 의뢰인에게 유리하게 사실관계를 조합해 재판에서 승리하는 유능한 변호사 같은 느낌이 든다. 공화당이 집권한 상태였다면 "대법원 정비"를 그토록 열렬히 주창하지는 않았을 게 분명하다.

스톤은 법률 문제에 심혈을 기울이면서도 대공황으로 고통당하는 사람들의 아픔에 대해서도 관심을 쏟았다. 독감과 폐결핵으로 많은 사람이 죽었고, 유아사망률은 치솟았다. 1934년 백인과 아프리카계 미국인[흑인]의 평균수명은 각각 50.3세와 50.2세였다.[27] 그러나 흑인 여성의 평균수명은 백인 여성보다 10년이 적었다. 53.7세 대 63.7세. 정규직 노동자의 연간 평균수입은 1,091달러였다. 대부분의 신문들이 공공사업진흥청과 민간사업진흥청Civil Works Administration(CWA)의 사업 규모 감축에 박수를 보내고 있을 때 스톤은 힘겹게 살아가는 국민들을 위한 일자리 공급 프로그램 유지를 위해 고군분투했다. 혼란 속에서도 뉴딜 정책이 착착 진행됨에 따라 소외된 수백만 농민과 산업노동자도 혜택을 봤다. 집이 담보로 묶인 주택 소유자 수십만 명이 주택소유자대출공사HOLC의 도움으로 집을 날릴 위기를 넘겼고, 사상 처음으로 수천 명의 화가, 작가, 배우, 극작가, 교사 등이 공공사업진흥청의 지원을 받았다.

루스벨트가 1934년 4월 민간사업진흥청 규모를 대폭 축소하자 스톤은 실망을 금치 못했다. 그는 '그들은 왜 소요를 일으키는가'라는 제목의 사설에서 경찰과 대치하고 시청 유리창에 돌을 던지는 군중들에 관해 이야기했다. 경찰은 그들을 최루탄과 위협사격으로 진압했다. 이런 사태는 당시 프랑스에서 벌어지고 있던 폭동과는 다르며 "미국에서도 가장 안정되고 법을 잘 지키는 도시인 미니애폴리스 시민들이 들고 일어났다…. 정부에 속아 보금자리를 빼앗겼다고 생각하는 사람들이라면 어느 곳에서나 똑같은 행동을 할 것"이라는 게 그의 주장이었다.[28]

폭동 사태는 개탄스러운 일이지만 "그런 사태를 야기한, 근시안적이고 인색하기 그지없는 정부 정책은 더더욱 개탄스러운 일"이었다.

1937년 두번째 임기를 시작하기 직전, 루스벨트는 보수 우파의 압력에 밀려 공공사업진흥청WPA을 사실상 빈껍데기로 만들어버리겠다고 다짐했다. 이런 굴복에 대해 스톤은 다시 맹공을 퍼부었다. 그는 알프 랜던을 뽑은 것과 뭐가 다르냐고 목소리를 높였다. 예산이 충분한데 "거의 전원 해고" 수준의 조치는 불필요하다는 것이 그의 주장이었다. 공공사업에 반대하는 친기업 세력은 노동자들을 민간 산업 부문으로 투입해 실업자 군을 유지하고자 했다. "잉여 노동시장이 있어야 저임금을 유지할 수 있기 때문이다. …민간 산업 부문이 WPA가 고용한 노동자들을 원한다면 민간 산업도 WPA가 주는 임금보다 더 높은 임금을 줘서 경쟁력을 유지하라.* … 경기 진작 프로그램에 재를 뿌리는 것은 11월 3일 대선에서 국민들이 지금의 대통령에게 표를 던진 취지를 정면으로 거스르는 것이다."²⁹ 이런 험난한 과정을 겪으면서도 WPA는 1930년대 내내 존속했다.

스톤의 하루는 뉴욕의 조간들을 훑어보는 것으로 활기차게 시작됐다. 그런 다음 에스터가 차려준 아침을 먹고 사설거리가 될 만한 기사들을 살폈다.(남편이 신문을 들여다보는 동안 에스터는 잠자코 할 일을 했다.) 이런 정도는 워밍업이었다. 출근한 뒤에는 작은 논설위원 방에 앉아 뉴욕은 물론 유럽과 미국 여러 도시에서 발행된 신문과 잡지를 한 무더기 앞에 놓고 열심히 뒤졌다.

스톤은 사옥 1층에 있는 담배 가게에 들러 시가를 사면서 주인과 농담을 하곤 했다. 시가는 사교계에 발을 들여놓으면서 배웠다. 아직 10대인 동생 루에게 시가 피우는 요령을 자세히 설명해준 적도 있었다. 루는 시가에 불을 붙이고는 연기를 퍽퍽 내뿜으며 스톤과 나란히 거리를 활보했다. 스톤도 열심히 연기를 뿜어댔다. 스톤은 씩씩하게 걸으면서 연기를 내뿜으며 루에게 이렇게 말했다. "근데 말이야, 루. 이렇게 길을 가면서 시가

---

* 동일한 주장이 50년 후인 1990년대에도 제기됐다. 보수파들이 복지 혜택을 삭감하기 위한 수단으로 '일하는 사람에게만 복지를 제공한다'는 노동복지workfare 개념을 들고나왔을 때다. 이 논리는 최저임금이 4인 가족이 빈곤선 수준의 생활을 유지하는 데도 부족하고, 저임금 일자리는 의료보험 혜택도 거의 없다는 사실을 무시한 것이어서 근로 의욕을 촉진하지 못했다. 더구나 일하는 어머니들을 위한 탁아 시설도 전무했다. 1990년대의 유례없는 호황 덕분에 노동복지 개념을 적용한 정책이 일부 성공한 것으로 보도되기도 했다. 그러나 경기가 나빠지면서 복지 혜택을 받던 사람들은 21세기 들어 다시 힘겨운 삶을 살게 됐다.

를 피우면 정말 세상을 다 가진 것 같은 기분이야. 정말 근사하지."[30]

아침이면 스턴 사장이나 편집국장 해리 T. 세일러와 편집 회의를 했다. 격식 차리지 않는 회의에서는 격론이 오가기도 했다. 참석자들은 메뉴에 오른 사설거리 가운데 최선의 것을 고르기 위해 각자 의견을 피력했다. 이 과정에서 열띤 토론이 벌어지기도 하고, 정해진 사설을 누가 쓸 것이냐를 놓고 말싸움이 벌어지기도 했다. 그런 다음에는 다들 점심을 먹으러 나갔다. 스톤은 가불 장부를 관리하는 그래프턴에게 1달러를 빌리기도 했다. 장부 관리는 액수는 얼마 안 되지만 적잖이 품이 가는 잡일이었다. 스톤은 어느 날 3달러를 빌리면 다음날 2달러만 갚고, 8달러를 빌리면 6달러를 갚는 식이었다. 이런 행태가 수년간 지속됐고, 그래프턴은 늘 1~2달러씩 손해를 봤다.

그래프턴과 스톤은 무개無蓋 전차를 잡아타고 중간에 내려서 로어이스트사이드의 조제식품점에 가서 15센트짜리 커다란 콘비프 햄버거를 사먹었다. 그런 다음 본격 레스토랑에 가서 맥주를 한잔 걸쳤다. 첫번째 잔은 10센트, 세번째 잔은 공짜였다. 한번은 독일식 레스토랑에서 점심을 거하게 먹은 스톤이 유독 말이 없어 그래프턴도 이상한 눈으로 쳐다봤다. 스톤은 지금 먹어치운 것이 토끼였다는 걸 뒤늦게 알았다는 표정이었다. "이지는 부활절 날 어린이들에게 선물을 준다는 토끼를 잡아먹었다는 생각에 가슴이 떨렸는지 눈물까지 흘렸어요."

점심을 먹고 나면 사무실로 돌아와 본격적으로 집필을 시작했다. 타자기 두드리는 소리가 요란했고 마감은 오후 4시 30분이었다. "우리는 너무 젊어서 중압감 같은 건 없었어요." 그래프턴의 말을 들어보자. "나는 국내 문제와 농업 정책 쪽을 많이 썼고, 가벼운 쪽 사설도 담당했지요." 스톤이 당시 쓴 사설을 보면 후일의 번득이는 스타일은 별로 찾아볼 수 없다. 브룬의 잘근잘근 씹는 재치나 리프먼의 대하장강大河長江 같은 산문, 조지프 앨숍의 박식함 같은 스타일과도 달랐다. 「뉴욕 포스트」 독자들을 위해 스톤은 핵심만 화끈하게 주장하는 스타일을 택했고, 모호함이나 난해함 같은 것은 없었다. 다만 다른 논설위원들에게서는 찾아볼 수 없는 공분公憤 같은 것이 넘쳤다. 그래프턴은 '선수' 입장에서 보면 "이지는 후일의 스타일과 크게 다르지 않았다"고 평한다. "그의 강점은 한 사안을 집중적으로 파고 관련 문건을 철저히 읽는 것이었다."

그래프턴은 이지와 자신의 차이를 이렇게 설명한다. "나는 어떤 추세를 포착하는 데 주안점을 뒀고, 다른 사람들은 '음모'를 잡아내는 쪽에 강했지요. 이지는 음모 포착 계열에 가까웠어요. 당시는 거대한 음모와 독재자와 비밀조직이 판을 치던 시대였지요. 이지의 약점이라면 추세는 무시하고 모든 것을 너무 음모의 관점에서만 생각하는 경향이 있었다는 겁니다. 그는 **누군가가** 국고에 손해를 끼치는 못된 짓을 하고 있다고 생각했어요. 물론, 나도 그랬지요. 하지만 그 정도로 심하진 않았어요." 개혁을 반드시 이뤄야 한다는 강박관념이 덜한 그래프턴은 어깨를 으쓱하며 이렇게 말했다. "이지는 사회주의를 신봉했고, 전 아니었지요. 그게 우리의 차이였어요."

그래프턴은 1930년대 경제학의 흐름을 되돌아보면서 이렇게 덧붙였다. "하지만 난 자본주의도 신봉하지 않았지요. 그는 과격한 변화에는 반대했고, 나도 마찬가지였습니다."

스톤은 언론계에서 독특한 존재였다. 그는 거리낌 없이 '지식인'을 자처했다. 당시 기자들은 지식인인 척은 해도 차마 자기가 지식인이라고 떠벌리지는 못하는 분위기였다. 그러나 스톤은 지식인인 동시에 신문쟁이로서도 썩 뛰어났다. 그래프턴의 회고. "그 친구는 특종을 하면 아주 기뻐했어요. 그 친구의 특종은 주로 도서관에서 건진 것이지요." 당시 여전히 파인슈타인이라는 이름을 사용했던 스톤은 「뉴 리퍼블릭」과 극단적 자유주의자인 오스월드 개리슨 빌라드가 운영하는 「더 네이션」 같은 잡지에 기명 기고를 함으로써 또다른 독자들로부터도 높은 평가를 받았다.

대학 중퇴자인 스톤은 「더 네이션」에 글을 쓸 때 마음이 편했다. 한번은 이 잡지 편집회의 때 도로시 파커가 "명문대 출신들이 판을 치는 분위기"가 아니어서 좋다고 할 만큼 개방적인 분위기였기 때문이다.[31]

그러나 스톤을 현장 취재를 별로 안 해본 상아탑 계열 전문가로 분류할 수는 없다.(리프먼은 '내부 정보를 토대로 한 논평informed commentating'이라는 새로운 접근법을 고안해냈다고 자부했지만, 그가 근거로 삼은 정보라는 게 국무장관이나 대사, 대통령 같은, 중립성이 떨어지는 정보원에게서 나온 경우가 많았다.)

스톤은 자신을 기본적으로 신문쟁이라고 생각했지만 동료 기자들과는 어울리지 않았다. 당시 기자들은 잭 블레이크가 운영하는 '예술가와 작가들의 레스토랑Artist and Writers' Restaurant'이라는 술집에 자주 모였다. 이곳은 금주법이 엄연하던 시대에도 술을 팔았는데 인근에 있는 「헤럴드 트리뷴」사람들의 아지트 같은 곳이었다. 블레이크의 술집에는 헤이우드 브룬과 링 라드너 같은 유명 저널리스트들이 저 아래 급 햇병아리 기자들과 스스럼없이 어울렸다. 당시 기자들은 술을 마시면서 '성냥 게임'이라는 걸 했다. 아무리 술이 취해도 할 수 있는 간단한 게임으로 주먹 쥔 손에 성냥개비가 몇 개나 들어 있는지를 알아맞히는 게임이었다. 오스카 와일드의 미국판이라고 할 만큼 다재다능한 루셔스 비비[1902~66. 미국의 작가, 저널리스트, 신디케이트 칼럼니스트, 사진작가, 미식가, 철도역사 전문가]는 가끔씩 붉은 벨벳 안감을 댄 망토를 걸치고 나타나 다이아몬드 알이 달린 금 성냥개비로 성냥 게임을 하곤 했다. 1933년 금주법 폐지 때까지 블레이크 레스토랑은 여성 출입 금지였고, 이후에도 여성은 환영받지 못했다. 그러나 딱 한 명 예외가 있었으니 여배우 탈룰라 뱅크헤드였다. 그녀는 어느 날 테이블에서 물구나무를 선 상태로 미국 국가 격인 "신이여, 미국을 축복하소서God bless America"를 불렀을 정도로 걸물이었다.[32]

스톤이 블레이크 레스토랑에 가지 않은 것은 그만큼 가정생활이 안정됐다는 증거이기도 하다. 당시 술을 세게 마시는 언론계에서는 드문 일이었다.(일부 기자들은 우편물 수취인 주소를 아예 블레이크 레스토랑으로 적어놓았다.) 스톤에게는 집에서 아내, 자녀들과 시간을 보내고, 지적인 친구들을 만나는 것이 술에 취해 동료들과 노는 것보다 훨씬 의미 있는 일이었다. 오래 사귄 친구들을 데려올 수도 있는 스턴이 동료들을 무시하는 행태는 많은 이들을 화나게 했다. 이들은 스턴이 저만 잘난 척한다고 생각했다. 당시 「헤럴드 트리뷴」에서 화제성 특집 기사로 유명했던 조지프 앨솝도 거만하기로 유명했지만 블레이크 레스토랑에 종종 들르곤 했다. 여기서 다시 그래프턴의 회고를 들어보자. "나는 이지가 진정한 의미의 신문쟁이였다고 생각하지 않습니다. 난 그 친구보다는 떠들썩하게 지냈지요." 스톤은 신문 만드는 일을 좋아했지만 동료들과 함께하기보다는 홀로 소신을 추구하는 스타일이었다.

스톤의 생각과 달리 동료 기자들과 어울리는 것은 시간 낭비만은 아니었다. 블레이크 레스토랑 같은 만남의 장소는 스트레스가 심한 기자들에게는 일종의 감압실 같은 곳이었다. 그들은 그런 아지트에 모여 '편집국장이 내 기사를 맹탕으로 만들어놓았다', '사장이 주는 월급이 쥐꼬리만 하다' 등등 온갖 불평불만을 늘어놓았고, '곧 대작을 쓸 것'이라며 허풍을 떨기도 했다. 신문쟁이들은 대개 체제에 순응하지 않는 반골 기질이 있지만 동료들끼리 어울려 스트레스를 터는 시간도 필요했다.

그런 블레이크 레스토랑에서 역사적인 반란이 일어났다. 신문노조가 결성된 것이다. 1933년 재계 엘리트 중에서도 명망이 있는 보수파 신문 발행인들은 혹독한 현실을 견디면서도 꿋꿋함을 잃지 않는 노동계급의 실상을 소개하는 등의 눈물샘을 자극하는 사설에 매료되곤 했다. 그러나 이런 감상과 기자들에게 노예 같은 노동시간과 저임금을 강요하는 것은 전혀 무관한 일이었다. 심지어 노조를 조직할 움직임만 보여도 바로 해고

되는 게 언론계 현실이었다.

이런 상황에서 헤이우드 브룬이 나타났다.[33] 브룬은 블레이크 레스토
랑을 비롯해 신문사 인근 술집을 돌아다니며 동시에 두 가지 미션을 수행
했다. 하나는 동료 기자들의 팔을 비틀어 노조에 가입시키는 것이고, 또
하나는 매일 정해진 양의 술을 마시는 것이었다. 1920년대에 작가, 평론
가, 언론인, 배우 들의 톡톡 튀는 사교 모임으로 유명했던 '앨곤퀸 원탁 모
임Algonquin Round Table' 정규 멤버였던 브룬은 신랄한 위트가 당대 제일이었다.
1927년 「뉴욕 월드」를 안 좋게 그만둔 뒤 브룬은 「이브닝 텔레그램」으로
자리를 옮겼고, 「이브닝 텔레그램」은 1931년 「뉴욕 월드」를 인수했다.
「뉴욕 월드」가 "죽은 것은 마지막 순간에 용기가 없었기 때문"이라고 브
룬은 말했다. 이렇게 두 신문사가 「뉴욕 월드 텔레그램New York World-Telegram」으
로 통합됐지만 미국에서 연봉을 제일 많이 받는 유명 칼럼니스트인 브룬
은 별로 어려움이 없었다. 주급 500달러인 그가 호화 펜트하우스에 사는
동안 같은 계열인 '스크립스 하워드 체인Scripps Howard chain' [E. W. 스크립스와 R.
W. 하워드가 세운 신문 그룹. 1930년대 초반 뉴욕의 「뉴욕 월드 텔레그램」을 비롯
해 미국 전역에서 일간지 25개, 일요신문 7개를 발행했다] 소속 기자들은 주급
15달러로 근근이 살아갔다. 그러나 노조 파업이 계속되는 동안 이 거물
칼럼니스트는 시위 현장 곳곳에 출몰했다. 한번은 경찰관이 브룬을 체포
하며 "뉴욕 부자 코뮤니스트Communist"라고 하자 브룬은 "에이, 에이, 뉴욕
부자 칼럼니스트columnist"라고 정정해주는 여유를 부렸다.[34] 브룬은 부스스
한 외모에 술고래에 이야기를 재미나게 하는 재주가 있어서 다른 면모는
부각되지 않았다. 그는 누구와 특별히 친해지는 것을 꺼렸다. 그러다 보
면 다툼이 일기도 하고 마음 상하는 일도 생겼기 때문이다. 그의 강한 자
존심 역시 사회적 공분으로 표출되곤 했다.

노조를 조직하는 데 주요한 장애물은 기자들의 개성이었다. 공황기의
대량 해고와 임금 삭감에도 불구하고 "언론계 신사 분들"은 하급 식자공

들처럼 무리 짓는 것을 품위 떨어지는 일이라고 생각했다. 1933년 뉴욕의 경우 기자들의 평균 주급은 27달러로 떨어졌다. 12달러나 깎인 것이다.[35] 그러나 브룬처럼 확고부동한 위치에 있지 않은 대부분의 기자들에게 노조에 가입한다는 것은 신문업계에서 얻을 수 있는 마지막 일자리를 상실할 수 있다는 의미였다. 브룬은 펜트하우스 규모를 배로 늘렸고, 기자들은 여기를 본부로 삼아 조심스럽게 노조 조직 활동을 했다. 「뉴욕 타임스」 기자는 브룬의 펜트하우스로 부인을 데려오기도 했다. 사장 귀에 부하 기자가 거기에 가 있다는 얘기가 들어가면 단순한 저녁 사교 모임이었다고 둘러대기 위해서였다.

스톤은 열렬한 노조 창립 멤버였다. "헤이우드 브룬이 뉴욕에서 필라델피아로 건너와 노조 조직 활동을 할 때 나도 가입했어요."[36] 코끼리 같은 체구의 브룬과 작달막한 이지가 나란히 서서 미국신문노조American Newspaper Guild(ANG) 출범을 축하하며 노조의 미래에 대해 얘기를 나누는 사진을 보면 우스꽝스러운 만화 주인공 콤비 같다. 스톤은 ANG 규약 작성에 참여했다. 규약은 주 5일 40시간 근무, 단체교섭권, 주간 최저임금 14.5달러를 강력히 요구했다.

이런 움직임에 격분한 발행인들은 전국적으로 똘똘 뭉쳐 노조에 가입하는 기자는 즉각 해고하겠다고 위협했다. 루스벨트 정부에서 통과된 전국산업부흥법NIRA은 모든 산업을 대상으로 노동시간 단축과 적정 임금을 권장했다. 그러나 창피스러운 일이지만 신문사 사장들은 입으로는 이 법을 좋게 말하면서도 자기들에게 적용되는 규정은 물타기를 했다. 노동자나 종업원이 소속 회사 노동조합 가입 여부를 임의로 선택할 수 있는 오픈숍제를 유지했고, 신문배달·판매 소년은 어린이 노동 제한 규정 예외를 인정받았으며, "전문가들"은 주 40시간이라는 노동시간 제한 규정의 적용을 받지 않도록 만들었다. 그러면서 주급 35달러 이상을 받는 사람은 모두 "전문가"로 규정했다.[37] 이듬해 여름 신문사 사장들은 전국적으로 기자들의 불만이 들끓는 상황에서도 여전히 신문노조를 무시했다.

1930년대 내내 허스트와 에스아이 뉴하우스^{Si Newhouse}[1895~1979. 미국의 언론·출판 재벌] 같은 재벌들은 노조를 무시하고 노조 운동을 하는 기자들은 해고하겠다고 협박하거나 부고 담당 같은 한직에 처박아놓았다. 그러나 같은 오너이면서도 전혀 다른 경우가 극소수 있었는데 스톤이 모시는 사장도 그런 경우였다. 1934년 4월 8일 스턴 사장은 「필라델피아 레코드」와 미국신문노조 필라델피아 지부 간에 체결한 계약에 서명했다.[38] 신문노조가 문건으로 얻어낸 성과로는 처음이었다. 내용은 기자들에 대해 노조 가입을 고용의 전제조건으로 하는 클로즈드숍제를 채택하고, 주간 기본 최저임금은 20달러로 하며, 퇴직 수당과 유급 휴가를 주고 초과근무는 별도로 보상한다 등등이었다. 스턴 사장이 서명한 계약서는 다른 산업 부문의 훨씬 강력한 노조들이 죽을 때까지 싸워서 얻어낸 것보다 훨씬 많은 혜택을 기자들에게 부여하는 내용이었다.

「뉴욕 데일리 뉴스」 사장 조지프 패터슨은 극단적인 보수파였는데도 노조 문제에 있어서만큼은 희한하게 스턴 사장과 비슷했다. 패터슨 역시 기자들도 보호가 필요하다는 데 동의했다. 두 사람을 제외한 뉴욕 지역 신문사 사장들은 "시대의 흐름에 저항하면서 노조를 우습게 여기고, 가장 소중히 여겨야 할 일꾼들이 뭉친 조합과 싸웠다."[39] 당시 노조 담당 변호사였던 모리스 에른스트[1888~1976. 미국시민자유연맹 공동 설립자]의 회고다.

1934년 여름 「뉴욕 포스트」 사설은 신문업계가 NIRA의 적용을 받지 않는 극소수 부문 가운데 하나라는 뼈아픈 지적을 했다. "남들에게는 '대통령의 정책에 협조하라'고 떠들면서도 정작 자신들은 아무 일도 하지 않는다"는 것이다.[40] 이 사설(표현으로 보면 스톤이 쓴 것이 분명하다)은 또 NIRA에 따라 신문사들이 제출한 운영 규약은 "최악"이라고 공박했다. "이런 협잡이 가능한 것은 '언론의 자유를 보호한다'는 그럴 듯한 구실로 치장했기 때문이다. 과거 국내 문제보다 중국의 조혼早婚 풍습이나 아프리카 통북투의 풍기 문란 같은 사안에 더 관심을 보이던 신문사들이 갑자기 언론의 자유를 걱정하고 나섰다." 웃기는 애기라는 것이다. "임금과 노동시간 관련 규제는 소방 지침이나 엘리베이터 정규 점검, 또는 위생 관련 규정처럼 언론의 자유와는 무관하다. …비겁한 자들의 언론 자유 주장이 진심이라면 제대로 된 회사 운영 규정을 만들었을 것이다." 스턴 사장도 한마디했다. 「뉴욕 포스트」는 사고社告를 통해 자신들은 신문사를 "위선적이고 비겁하게 운영하지 않는다"며 "'언론의 자유'라는 엄숙한 명제를 돈을 위해 악용하는 현실에 유감을 표한다"고 밝혔다.

서글픈 일이지만 스턴 사장도 '돈'에 시달렸다. 그는 주 5일 40시간 근무 제도를 유지했지만 「뉴욕 포스트」도 병가와 유급 휴가, 최저임금 규정을 모두 지키면서 살아남기는 힘들었다. 심지어 병가와 관련해서는 다른 분야에서 통용되는 수준에도 미치지 못했다. 그는 「필라델피아 인콰이어러」를 새로 인수한 갱 출신 사장 모 애넌버그의 강공에 밀려 출혈 경쟁을 해야만 했다. 애넌버그는 가진 게 돈밖에 없는 인물로 나중에 소득세 탈세 혐의로 감옥에 갔지만 그때까지만 해도 "데이브 스턴이 1달러를 잃는다면 내가 5달러를 잃어도 좋다"고 호언장담하고 있었다.[41]

필라델피아 지역 신문 노조원들의 투쟁이 극심해진 데 환멸을 느낀 스턴 사장은 이후 신문에 대한 열정을 다시는 회복하지 못했다. "노조는 반노조적이고 비타협적인 「필라델피아 인콰이어러」에게는 요구하지 않은 것을 우호적인 스턴 사장에게는 요구했어요."[42] 패트너와의 대담에서 스톤이 소개한 내용이다. "그로서는 악덕 자본가 취급을 받는 게 견디기 어려웠습니다. 조합은 그런 점에서 그에게 너무했다고 생각해요."

애넌버그와 싸우는 과정에서 스턴 사장은 정신적으로나 재정적으로 한계에 부딪혔다. 그는 「뉴욕 포스트」 직원들에게 임금 삭감을 받아들이지 않으면 신문을 매각할 수밖에 없을 것이라고 밝혔다. 또 백악관으로 달려가 루스벨트 대통령에게 당장 도와주지 않으면 뉴욕에서 뉴딜 정책을 지지하는 유일한 신문은 파산할 것이라고 경고했다. 루스벨트는 이 이야기를 산업별노동조합회의^{Congress of Industrial Organizations(CIO)} 의장 존 L. 루이스에게 전했고, 루이스는 브룬에게 전화를 했다. 브룬은 "공산주의 계열의 뉴욕 지부 관계자에게" 다시 이 얘기를 전했고, "이 관계자는 떨떠름해하는 「뉴욕 포스트」 노조원들을 우격다짐으로 설득해 임금 삭감을 받아들이게 만들었다."[43]

「뉴욕 포스트」는 1939년 도로시 쉬프[1903~89. 저명한 독일 출신 유대계 은행가 제이콥 쉬프의 손녀로 40년간 「뉴욕 포스트」 발행인으로 있으면서 사회복지 활동도 많이 했다]에게 넘어간다. 이지 스톤은 스턴 사장이 "백화점 집안을 잡지 못한 것이 문제였다"고 말했다. 스톤은 사면초가에 몰렸을 때 스턴이 보여준 용기에 대해 극찬했다. "당시 유대계 퍼시 가문 소유인 세계 최대의 메이시 백화점^{Macy's}은 나치 물건을 팔고 있었다."[44] 그런 물건에 대한 불매운동을 스턴 사장과 스톤은 적극 지지했다. "백화점 광고는 단순한 수입원이 아니라 판매부수와도 직결됐어요. 여자들이 백화점 광고를 보려고 신문을 샀으니까요. 또 메이시 백화점을 잡으면 다른 것들도 잡을 수 있었습니다." 메이시 백화점은 스턴 사장의 불매운동 지지 입장 때문에 광고를 안 주려고 했다. 이익보다 원칙을 우선하다 보니 스턴으로서는 절실히 필요한 광고에서 손해를 보게 된 것이다. "우리 사장과 퍼시 스트라우스 간에 화해의 자리가 마련됐고, 모든 게 잘 돼가는 것 같았습니다. 광고도 받을 수 있을 것 같았고. 그런데 퍼시가—뜬금없이—불매운동 얘기를 꺼내면서 '데이비드, 사설은 어쩔 거요?'하고 물었다. 패트너와 대담때 이지 스톤은 이 대목에서 갑자기 말을 멈췄다. 눈에는 눈물이 그렁그렁했다. "…이 얘기만 하면 그때 생각이 나서. 그건 아주 예민한 문제였어요…." 스톤은 자세를 가다듬고 설명을 이었다. "그러자 스턴 사장이 벌떡 일어나 퍼시 스트라우스의 목덜미를 움켜쥐었습니다. 그걸로 평화 회담은 끝이 난 거죠."

스톤은 사람들의 참상에도 관심을 쏟았다. 법의 보호를 받지 못한 채 공장과 광산에서 일하는 어린이들, 농토에서 쫓겨난 소작농, 영장 없이 체포당하고 학대받는 흑인들 등등. 1938년에는 뉴딜 정책 지지세력에 대해 환멸을 표하는 글을 쓰기도 했다. "그들은 노사 간 단체교섭을 주장하면서도 노동계가 성과를 거두는 것처럼 보이면 잠자리에 들어서는 오한을 느낀다. 시카고 경찰이 파업 노동자들을 뒤에서 쏘았을 때 언론은 노동계의 폭력이 원인이라고 비난했다."

노동자 시위 때 기자들이 경찰에게 얻어터지고 나서야 뉴욕의 일부 신문들은 '폭동의 배후는 빨갱이들' 식의 상투적인 반노동적 제목을 재고하게 됐다. 스톤은 기사 내용을 면밀히 검토한 뒤 1934년 「뉴 리퍼블릭」에 언론과 경찰을 조지는 기사를 썼다. 화이트칼라가 중심이 된 시위가 시작된 것은 시 구제 예산과 월급이 삭감됨으로써 3만 노동자 가운데 3분의 2가 당장 끼니를 잇기조차 어려워졌기 때문이었다. "폭동을 선동했다"는 이유로 체포된 사람들은 법정에 서게 됐는데 신문 절차는 중세 암흑기를 방불케 했다. 스톤의 기사에 따르면 "판사의 신호가 떨어지자 법정에서 일반인들은 모두 쫓아냈다."[45] 이어 법정 옆방에 "숨어 있던" 경찰들이 들어와 "시위 혐의로 끌려온 사람들을 인정사정없이 두들겨 팼고, 보다 못한 기자 두 명이 경찰을 말렸다."

스톤은 정론지를 표방하는 「뉴욕 타임스」를 공격하는 일을 평생 게을리하지 않았다. 당시 「뉴욕 타임스」는 문제의 사건에서 부상자는 없다고 보도했는데 「뉴욕 데일리 뉴스」 기자들은 갑자기 진실을 보도했다. "자기들도 다쳐서 열을 받았기 때문"일 것이다. 「뉴욕 데일리 뉴스」에 실린 1면 톱 제목 '광란의 경찰들, 빨갱이 재판에서 폭력을 휘두르다'는 극히 이례적인 것이었다. 경찰에게 맞은 한 기자는 두 사람이 계속 두들겨 맞고 발로 차여서 "거의 실신할 지경이 됐다"고 보도했다. 그러나 이 신문의 사설은 현장 취재기자의 증언은 무시한 채 시위자들이 "경찰에게 대들었다"

고 비난하고, "모든 공공 질서는 결국 무력, 즉 경찰과 군에 의존하는 것"이라고 주장했다. 이에 대해 스톤은 「뉴욕 데일리 뉴스」는 지금 국가와 국가의 무력은 지배계급의 도구라는 공산주의 이론을 옹호하고 있는 것 아닌가?" 하고 비아냥거렸다.

스톤은 "시위 지도부에 일부 공산주의자가 있다"고 전제한 뒤 신문별로 시위를 부정적으로 다룬 기사들을 상세히 분석했다. 「뉴욕 데일리 미러^{New York Daily Mirror}」는 "빨갱이 선동가들이 판치지 않는 곳이 없다"며 공산주의자들을 "살금살금 숨어 다니는 쥐새끼들"이라고 칭하면서 "그들을 근절하는 전쟁에 경찰 6,000명이 필요하다"고 주장했다. 「뉴욕 데일리 미러」의 희한한 전략에는 "사실" 보도도 포함됐다. "뉴욕시에만 빨갱이 20만 명이 암약하고 있다"는 것이었다. 스톤은 "그것이 사실이라면 공산주의자들로서는 정말 좋은 소식"이라고 비아냥거렸다. 「헤럴드 트리뷴」은 시위에 나선 실업자들을 "누런 쥐새끼들"이라고 공격했다. 스톤은 무엇보다 중요한 것은 "'자본가' 언론 어디서도 독자들에게 폭동이 왜 일어났는지를 말해주지 않았다"는 점이라고 지적했다.

이어 스톤은 중요한 경고를 발했다. 그는 이 경고를 1950년대에 가서 다시 한번 강조하게 된다. "도처에서 우파 노선으로 급선회하는 흐름이 감지된다. …학교에서도 공산주의에 대한 공포감을 조성하는 방식으로 자유로운 표현과 비판에 재갈을 물리고 있다. 경찰은 반나치 운동가들까지 점차 적대시하고 있다." 스톤은 한 실례를 소개했다. "하버드 출신의 한 괜찮은 재계 인사가 지방경찰청장에게 편지를 보내 나치 반대 시위를 하는 사람들을 경찰이 가혹하게 진압한 데 대해 항의했다. 그러자 불과 몇 시간 만에 부하 직원들이 '사복형사가 그의 정치적 색깔과 자주 어울리는 인물들에 대해 탐문을 하고 다닌다'는 얘기를 전해줬다." 이 인사가 제기한 가혹행위에 대해서는 아무런 조사도 이루어지지 않았다. 스톤은 우파들이 작성한 "요주의 외국인·범죄자 명단"을 소개하는 것으로 기사를 마무리했다. 그 명단은 일종의 "급진파 인명사전"으로 "사회개혁가로도 유명한 감리교 감독(주교) 맥코넬, 저명한 랍비 와이즈, 프랭클린 루스벨트 대통령 부인"도 명단에 올랐다. 뉴욕 시장 라과디아 같은 사람은 이 명단을 "허겁지겁 덮기에 바빴다."

스톤은 노조에 우호적이었지만 노조의 불법 갈취 행위를 폭로했다. 그는 산업별노동조합회의^{CIO}보다는 반공 계열의 미국노동총동맹$^{American Federation of Labor(AFL)}$에 주로 관심을 쏟았다. 그는 "강력하고 전투 의지가 넘치는 노조"가 "파시즘의 위협이 점증하는" 시기에 꼭 필요하지만 "독재적인 조직 운영과 협잡질 같은 부패"는 AFL을 치명적으로 약화시키는 요인이 된다고 지적했다.[46] 스톤은 시장 관리 부서의 보고서를 치밀하게 조사한 끝에 노조가 가금류 생산·판매업자들을 어떤 방식으로 길들이는지에 관해 흥미로운 사실들을 밝혀냈다. 노조는 독가스탄을 터뜨려 닭을 죽이기도 하고, 먹이에 독약을 넣어 우리에 던져넣는가 하면, 운송 트럭을 파괴하기도 하고, 닭을 불태워 죽이기도 했다. "부패한 정치인들은 떡고물을 챙기면서 그런 범죄행위를 눈감아줬다."

건축 현장에서 금품을 뜯어내는 사기꾼, 건달들은 "노조 돈을 착복했다는 혐의로 고소를 당하면" 노조 돈으로 재판 비용을 댔다. 스톤은 산더미 같은 진술서를 꼼꼼히 분석해 노조가 간부 선거에서 "승리"하기 위해 어떤 편법을 동원하는지를 밝혀냈다. 한 도장공 노조 위원장 후보자는 반대편에게 흠씬 두들겨 맞고 초죽음이 되다시피 했다. 조직폭력배 두 명이 노조원들의 투표 과정을 일일이 감시했다. 투표를 한 사람이 또 투표하는 경우도 비일비재했다.

스톤은 위선적인 언사와 실제 행동을 대비하는 수법을 자주 썼다. 「더 네이션」에 기고한 장문의 기사에서 그는 「뉴욕 타임스」에 메스를 들이댔다. 평소 사회적인 현안에 대해서는 보도를 하지 않다가 크리스마스 때만 되면 눈물샘을 자극하는 특집 기사를 통해 불우이웃 돕기 캠페인('우리의 손길을 간절히 기다리는 뉴욕의 불우이웃 100명')을 벌이는 이중적인 행태를 파헤친 것이다. 스톤은 '인쇄할 가치가 있는 뉴스는 모두 보도한다All the News That's Fit to Print'는 「뉴욕 타임스」 모토의 허구성을 꼬집는 의미에서 기사 제목을 '인쇄할 가치가 없는 뉴스'로 달았다.[47]

　"각 케이스마다 세상의 힘겨운 삶이 펼쳐진다. '우리 아빠 건강 되찾게 도와주세요', '늙고 외로운 이들', '동생 열 명을 먹여 살리는 열아홉 가장' 등등." 스톤의 설명은 이렇게 이어진다. "이런 사진 설명을 보면 목석 같은 사람도 가슴이 아프다. 그리고 그 이면의 참상은 진짜다." 이렇게 해놓고 나서 스톤은 「뉴욕 타임스」를 공격한다. "「뉴욕 타임스」는 매년 전에는 인쇄할 가치가 없다고 생각했던 소식을 독자들에게 잠시 전한다…. 그런데 나는 「뉴욕 타임스」가 뉴욕시나 여타 지역에서 공공기관의 구제 조치가 제대로 되고 있지 않다는 사실을 지적하는 사설을 쓴 것을 본 기억이 없다."

　"일을 하다가 손이 불구가 된 사람 이야기가 많은 것을 말해준다." 수년간 모자 만드는 일을 해온 한 노동자는 손이 일그러졌고 습기 찬 공장에서 일을 하다 보니 만성 호흡기 질환에 시달렸다. "「뉴욕 타임스」가 직업병에 시달리는 노동자에게 보상을 해줘야 한다고 주장하는 것을 들은 사람이 있는가?" 스톤은 공분을 이기지 못하고 이렇게 반문했다. 「뉴욕 타임스」가 움직임을 보이는 것은 "크리스마스 직전이다. 그러나 「뉴욕 타임스」나 대부분의 다른 신문이 절실하게 도움이 필요한 1억 명에 대해, 사회보장에 대해, 좀더 나은 구제책이 필요하다는 것에 대해, 의지할 데 없는 소액투자자들의 현실에 대해, 대다수 노동자들의 참상에 대해 발언하는 경우는 거의 찾아볼 수 없다." 크리스마스에 맞춰 눈물샘을 자극하는 기사를 올린다고 해서 「뉴욕 타임스」가 평소 중요한 법안이나 사회 변화에 대해 무관심했던 것이 상쇄되는 것은 아니다. 대다수 신문들은 "실업자에 대해 징징거리는 불평불만 분자라고 비난하거나 우리가 관심 가질 필요가 없는 외국인이 대부분이라는 식으로 치부하고 넘어간다." 1936년 스톤은 "수백만 미국인이 지금 3, 4, 5등급 수준의 밥을 먹으며 살고 있는 것은" 루스벨트가 "보수파에 밀려 구제 예산을 삭감하고 있기 때문"이라고 강하게 비판했다.[48]

광기가 소용돌이친 1930년대는 지식인으로서 국내 문제에만 관심을 집중할 수 있는 시대가 아니었다. 스톤이 그토록 많은 글을 쏟아낸 것도 시대적 특성 때문인 측면이 있다. 스톤은 세상의 미래가 암울하다는 것을 누차 예고했다. 스페인 내전의 참상, 히틀러의 유럽 침공, 미국 내 친나치 파시스트 조직의 활동, 스탈린과 히틀러의 불가침 조약 체결 등등을 빼놓지 않고 다뤘다.

1937년, 이사도어 파인슈타인은 극히 개인적인 문제와도 씨름하고 있었다. 그는 동생 루를 불러내 잠시 같이 걸으며 이런저런 얘기를 나눴다. "그 무렵 형은 파시즘과의 투쟁이 매우 중요하다고 했어요. 필자의 이름이 파인슈타인이라고 하면 유대계라는 걸 금세 알 수 있기 때문에 다들 한 자락 깔고 대할 거라는 얘기도 했지요. '사람들이 유대계 작가한테 뭘 기대하겠느냐?'는 게 요점이었어요. 그래서 우리 형제는 모두 성을 바꾸기로 했지요."[49]

스톤이 법적으로 이름을 바꾼 것은 1938년 초였다. 낭만적인 느낌을 주는 "제프리 듀프라이온"으로 할까 하다가 그만뒀다.[50] 부모는 파인슈타인이라는 성을 계속 썼다. 아버지 버나드는 자녀들이 이름을 바꾸는 데 대해 섭섭해 하거나 하지는 않았다. 그 역시 파인슈타인이라는 성을 물려받은 지 그렇게 오래된 것도 아니었다. 러시아계 유대인들은 상황에 따라 성을 바꾸는 경우가 많았다.

1930년대에는 히틀러에 대한 지지가 놀라울 정도였다. 미국판 갈색셔츠단^{brownshirts}〔나치 돌격대. 대원들이 갈색 셔츠를 입었다고 해서 이런 이름이 붙었다〕이 확산됐고, 반유대주의가 창궐했다. 개명을 안 할 수 없다고 생각하는 유대인들도 있었다. 예를 들어 샘 그래프턴은 1932년에 성을 리프슈츠에서 그래프턴으로 바꾸었다. 스턴 사장은 흡족해했다. 소속 칼럼니스트들의 이름이 "너무 유대인 냄새가 나면" 곤란하다고 생각했기 때문이다. 스톤의 새 이름 'I. F. 스톤'은 위장과는 거리가 멀었다. 스톤^{Stone}이라는 성은 독일식 성 파인슈타인의 슈타인^{stein}〔'돌'이라는 뜻〕을 영어로 바꾼 말이다. F는 어떤 이름의 약자가 아니라 파인슈타인^{Feinstein}이라는 원래 성을 가리키는 표시다. 스톤의 적들이 봐도 새 이름은 달라진 게 거의 없었다. 그 무렵 시작된 FBI의 사찰 기록 탓에 반유대주의 선동가들은 이지 스톤을 비방할 때 여전히 파인슈타인이라는 성을 썼다.

"셋째가 태어날 무렵이었어요. 녀석에게는 유대인 냄새가 좀 안 나는 이름을 물려줘야겠다 싶었지요. 그러면 조금이라도 말썽에 휘말리는 일이 덜할 테니까요."⁵¹ 스톤은 이런 식으로 설명했지만 후일 이름을 바꾼 것에 대해 괴로운 심경을 토로하기도 했다. 스톤은 안 그런 척했지만 아들 크리스토퍼의 회고는 다르다. "아버지는 아주 우울해 하기도 했어요. 파시즘에 대한 공포가 정말 컸지요. 아버지는 유대계인 내 이름을 크리스토퍼라고 지었어요. 16세기 영국의 극작가이자 시인인 크리스토퍼 말로에서 따온 이름이지요. 동시에 파시즘이 몰아닥쳐도 해를 입지 않도록 보호하려는 뜻이 담긴 이름이었어요. 아버지는 비극의 씨앗이 싹트는 것을 예민하게 포착했지요. 자기 보호 본능도 작용을 한 것이고요. 파인슈타인이라는 성은 별로 주저하지 않고 빼버리셨어요."⁵²

스톤은 이름 문제 말고도 또다른 어려움에 시달렸다. 청력이 떨어져가고 있었던 것이다. "아버지나 어머니나 그 문제에 대해서는 일절 말이 없었어요." 역시 크리스토퍼의 회고다. "뭔가 입에 담아서는 안 될 부도덕한 얘기 같았지요." 스톤도 아무 말 없이 보청기를 꼈다. 청각 장애는 오히려 자산이 됐다. 귀가 잘 안 들려서 더더욱 기록을 깊이 팔 수밖에 없었기 때문이다. 그는 보청기에 전선을 연결한 검은 상자를 목에 차고 다녔다. 어찌 보면 초기 워크맨 같은 모양이다. 스톤은 상대와 얘기를 하다가 지루해지면 볼륨을 낮추곤 했다.

'I. F. 스톤'이라는 바이라인이 처음 나간 기사 가운데 하나가 1937년 12월 29일자 「뉴 리퍼블릭」에 실린 서평이었다. 『허스트 제국Imperial Hearst』으로 유명한 퍼디낸드 런버그가 쓴 『우리나라 재벌가Our Reigning Families』를 평하는 기사였다. 스톤은 "우리나라에서 가장 부유한 가문들이 행사하는 힘에 대한 방대한 연구"라고 극찬하면서 "월스트리트는 그 엄청난 도적질을 감추기 위해 분장을 하고 화장을 한다"처럼 정곡을 찌르는 구절들을 소개했다. 런버그는 부호들의 "도둑고양이 같은 탐욕"을 비판했다. "소수의 손에 경제력이 집중됐고, 그에 대한 문제 제기가 있었지만 그때마다 잘 버텨내면서… 지금은 그 어느 때보다 커졌다." 런버그는 지난 150년 동안 "과격파와 노예제 폐지론자, 포퓰리스트, 진보파, 뉴딜 주창자, 머크레이커, 비판적 언론 등등 여러 저항세력이 있었지만 미국은 지금 이들 가장 부유한 60개 가문에 의해 소유·지배되고 있다"고 설파했다.

"[런버그의 글을 읽어보면] 시어도어 루스벨트가 주장한 혁신주의나 우드로 윌슨이 내건 '새로운 자유New Freedom'가 말로는 독점 기업 규제를 목표로 한다고 했지만 사실은 그렇지 않다는 것을 알게 된다. J. P. 모건 그룹은 '트러스트 해체' 시대에 대통령에게 적극 협력함으로써 눈부시게 발전했다." 특히 윌슨 대통령은 출마 과정에서 "구리 광산으로 재벌이 된 다지 가문(클리블랜드 H. 다지)의 전폭적인 도움"을 받았다. 그러나 스톤은 런버그에게 "좀더 사려 깊은 판단을" 해주기를 기대했다. "재벌 가문에서 공익 목적을 위해 특정 질병을 치료하는 특수 병원이나 의료기관을 세운 것까지 이기심의 발로라고 비난할 필요는 없다"는 것이다.

스톤은 뉴딜이 체제 내의 개혁이라는 것을 잘 알고 있었다. 어쩌면 그 정도가 바랄 수 있는 최상의 것일지 모른다. 이 점에서 그는 미국에서 가장 유명한 칼럼니스트 리프먼과 의견이 달랐고, 훨씬 선견지명이 있었다. 리프먼의 전기를 쓴 론 스틸은 리프먼이 "뉴딜을 심각하게 오해했고, 개혁이라기보다는 혁명이라고 봤다"고 지적했다.[53] 리프먼은 "뉴딜을 닥치는 대로 실험을 하는 사악한 정책"이라고 봤다는 것이다. 당시 좌파들은 리프먼을 월스트리트 반동反動이라고 규탄했다.

스톤은 때로 좌파적 입장에서 뉴딜을 맹렬히 비판했다. 산업부흥법은 결국 노동자들보다는 대기업에 혜택이 돌아갔다. 사회개혁은 완전히 공고해지지 않았고, 대공황을 종식시키지도 못했다. 그러나 장기적 효과를 예상한 부분에서 스톤의 전망은 맞아 떨어졌고, 뉴딜 반대자인 리프먼보다 훨씬 정확했다. 1938년 클로드 페퍼 민주당 상원의원 주도로 도입된 최저임금법은 시간당 25센트를 확보함으로써 적정임금 확보 투쟁의 첫걸음을 내디뎠다. 사회보장은 뉴딜의 위업 가운데 하나였다. "마침내 연방정부가 미국인의 미래 안전을 강화하는 행동에 나선 것이다."[54]

스톤은 「뉴 리퍼블릭」에 기고한 평론에서 진보 시대의 "신석기 자유주의자"를 자처한 윌리엄 앨런 화이트(1868~1944. 미국의 언론인, 작가)를 자신과 비교해 분석하면서 개혁이 달팽이걸음인 상황에 대한 견해를 밝혔다. "우리 뉴딜 세대는 청동기 시대다. …그들은 규제 위원회를 통해 과감히 대기업과 맞붙었지만 이런 악마를 처치하는 순간 저런 악마가 나타났다. …우리는 좀더 단순한 해결책을 제시했다. 이윤만을 추구하는 사자와 최소한의 필요를 위해 아등바등하는 어린양이 함께 살 수 있게 하는 방법은 대중의 구매력을 높이는 것뿐이다. 그러나 임금을 높이고 복지 지출을 늘려 구매력을 한 단계 높여놓으면 고임금과 이윤이라는 무게에 짓눌려 두 단계 뒤로 미끄러지는 상황이다. 우리는 모호하나마 케인스의 후예라고 할 수 있다. 케인스는 우리에게 공공사업은 일종의 영구운동이며, 필요를 위한 생산과 이윤을 위한 생산이라는 평행선을 만나게 할 수 있는 것은 중앙은행밖에 없고, 신념은 적자赤字라는 산도 옮길 수 있다고 가르쳤다. 저 언덕 위에서 내려다볼 새로운 세대는 그런 얘기는 비非유클리드 경제학이라고 비웃을 것이다. 우리는 쪽팔리는 상황을 맞게 될 수도 있다. …그러나 뉴딜은 이를 극복할 것이다. 노조 운동을 강화한 것은 파시즘에 대항하는 진정한 보루를 마련한 것이고, 집중된 자본의 힘을 현실적으로 견제하는 힘이 될 것이다."

암울한 미래가 기다리고 있을지 모른다는 점을 인정하면서 스톤은 이렇게 썼다. "우리나 화이트 씨나 역사가 인간보다 덜 논리적이라는 절망감을 이겨내야 한다. 역사는 자체 패턴을 뒤집을 수도 있고, 나름의 도구를 동원할 수도 있고, 우리의 예상을 교묘히 벗어날 수도 있다. 역사는 괴팍하고 변덕스럽다. …하지만 우리는 희망을 먹으면서 자신감을 키운다. 그렇게 해서 기대에 못 미치는 결과가 오더라도 나는 그 자리에 화이트 씨를 초대해 함께 만찬을 하고 싶다."

8
우익 선동가들과 인민전선

"(1920년대) 이탈리아 파시즘의 경험은 지금도 생생하다"고 이지는 회고했다.[1] 히틀러의 부상과 짝을 이룬 이탈리아 파시즘은 이지를 "열렬한 인민전선人民戰線 주창자로 만들었다. 인민전선이 형성되기도 **전의 일**이었다." 후일 그를 높이 평가한 사람들조차 I. F. 스톤의 이중 잣대를 비판했다. 많은 좌파가 그랬듯이 스톤은 히틀러의 등장에 충격을 받고 그 불길한 앞날을 꿰뚫어봤지만 1930년대 스탈린의 잔혹 행위에 대해서는 뜨뜻미지근하게 비판하는 정도에 그쳤다.

스톤은 자기처럼 인민전선popular front〔1930년대 중후반 공산당, 사회민주당, 자유주의 정당, 단체들이 파시즘의 확산을 막기 위해 만든 연합전선. 1936년에는 프랑스와 스페인에서 인민전선 정부가 발족했다〕을 전심을 다해 지지한 같은 비공산주의자들을 옹호했다. 이들에게 파시즘에 대항해 하나로 뭉친다는 것은 공산주의 체제의 냉혹한 진실에 대해서는 무시하거나 잠시 눈감아주는 것을 의미했다. 후일 스톤은 비판자들이 주장하는 것보다 훨씬 더 스탈린의 잔혹한 통치를 비판했다고 주장했다. 히틀러를 막기 위해서는 어쨌든 "단일 대오를 형성해야 한다는 의식이 저변에 깔려 있었다. 나는 공산주의자들에 대한 나의 태도를 잘 설명하려고 애썼다." 1980년대 중반 스톤은 친구인 토드 기틀린과의 대담에서 이렇게 말했다. "나는 파시즘을 증오하고 혐오했지만 아무리 그래도 공산주의자들을 지지하지는 않았다." 스톤은 또 당시 공산주의가 과격한 우파, 단골 맞수인 사회주의자, 냉전 기간에 예전의 동지를 규탄한 공산당 탈당파 등 여러 분파와 맞서고 있던 상황을 상세히 묘사했다.

스톤은 급진 좌파의 구호가 난무하고 좌파끼리도 반목이 극심했던 1930년대에 이데올로기의 파도를 독자적으로 헤쳐나간다고 자부했다. 그는 1930년대에 유럽과 미국에서 좌파가 하나로 뭉쳤다면 파시즘의 득세를 막을 수 있었을 것이라고 믿었다. 그가 "사회주의자들(좌파건 우파건)과 친했고, 공산주의자 및 공산당 탈당파, 트로츠키파와도 친했던" 것은 바로 그런 신념 때문이었다. 그러나 "그들 눈에는 내가 빌어먹을 자유주의자로 보였을 것입니다. 나는 공산주의자와 사회주의자가 서로 죽기살기로 싸우는 독일이 파국을 맞지 않기를 바랐습니다." 이미 반세기가 지난 시점의 얘기를 회고하는 일흔일곱 살 스톤의 목소리에서는 지금 여기서 벌어지고 있는 위태로운 사태를 논하는 듯한 열정이 묻어난다. "좌파의 분열 때문에 파시즘이 득세한 겁니다. 독일에서도 히틀러가 다수를 획득한 것은 아니었다는 사실을 분명히 알아야 합니다." 2차 대전이 일어나기 전에 좌파가 단일 전선으로 뭉치지 못한 것은 "정치적 자살 행위"였다는 것이다. "가장 중요한 것은 파시즘과, 히틀러주의와 싸우는 것이었어요. 전쟁이 닥쳐오고 있었거든요."

그러나 1930년대에 좌파의 단결이 가능하다고 본 사람은 스톤 같은 낙관주의자뿐이었다. 공산당원들은 사회주의자라면 이를 갈았다. 구파 사회주의자들은 신파 사회주의자들과 싸웠고, 마르크스주의의 변종들은 또 서로 물고 뜯었다. 노동계급 이데올로그 대열에 중산층 내지 상류층 출신의 아이비리그 졸업생들이 합세했다. 이들은 마르크스주의를 무슨 유행처럼 받아들였다.

그러나 스톤이 좌파의 단결을 주창했다고 해서 폭력에 대해 비겁하게 침묵한 것은 아니다. 그는 1934년 매디슨 스퀘어 가든에서 열린 집회에서 발코니에 있던 공산주의자들이 아래층에 있는 사회주의 계열 노조원들에게 의자를 집어던진 행위를 비난했다. 그는 공산당원들의 행태를 "나치 깡패들"이나 하는 짓이라고 비판했다.[2]

극좌파가 보기에 루스벨트의 뉴딜 정책은 바람이 들 대로 든 자본주의라는 거대한 풍선을 작은 핀으로 살짝 살짝 찔러대는 것에 불과했다. 사회주의에서 말하는 진정한 진보를 사실상 정체시키는 정책이라는 것이다. 반면에 우파 선동가들은 상처 입은 미국 실업자들에게 감성적으로 호소했다. 이런 사태 전개에 놀란 스톤은 뉴딜 집행자들에게 공산주의자들의 집회가 혁명을 촉발하는 것이 아니라 빈곤과 배고픔이야말로 혁명의 도화선이라고 경고했다.

스톤은 여러 사설을 통해 1930년대에 엄청난 인기를 끌고 있던 커글린 신부와 휴이 롱(1893~1935. 미국의 정치인. 상원의원과 루이지애나 주지사를 지냈고, 파격적인 정책을 제시한 것으로 유명하다)을 파시스트라고 맹비난했다. 스톤은 두 사람을 비난했지만 그들이 자유롭게 발언할 권리는 인정했다. 언론의 자유를 인정하지 않으면 히틀러주의와 다를 게 없다는 게 스톤의 논리였다. 반면에 리프먼은 자유를 그렇게 폭넓게 인정하는 것에 반대했다. 언론의 자유를 절대시하지 않은 리프먼은 롱과 같은 독단적인 인물이 과반수 득표를 하도록 놓아두는 것은 "민주주의를 전복시키는 작업"에 일조하는 것이라고 비판했다. 리프먼은 "언론의 자유라는 권리는 그것을 지킬 의지가 있는 사람들만 누릴 수 있다"며 롱의 행보를 저지해야 한다

고 주장했다.[3]

20세기 내내 이런 식의 아이러니한 정치적 풍경이 지속됐다. 우파 진영의 교활한 선동가들은 사회주의를 공산주의라고 비난하면서 바로 그 사회주의 색채를 가미한 언행으로 세력을 확대했다. 히틀러와 무솔리니도 처음 정치에 뛰어들 때 사회주의 깃발을 내걸었다. 롱과 커글린은 자신들이 보통사람의 도구라고 설교했다.

1930년대는 청중의 가슴을 때리는 웅변가들의 시대였다. 홍보 담당자들이 그렇고 그런 광고문구를 고안해내던 시대가 아니었다. 농부와 소도시 주민들이 멀리서 차를 타고 걷고 해서 방청객이 빽빽이 들어찬 법원으로, 광장으로 몰려들어 정치 연설을 경청했다. 이런 연설은 진부한 문구가 되풀이되는 스타일이 아니었다. 아직 텔레비전이 등장하기 전이어서 라디오 앞에는 전국 곳곳에서 청중이 몰려들었다. 라디오는 정치인들에게 간단한 한두 마디가 아니라 한참동안 연설할 수 있는 기회를 제공했다.

라디오는 프랭클린 루스벨트나 휴이 롱, 커글린 신부, 노먼 토머스처럼 요란하고 매혹적인 연사들에게는 최적의 매체였다. 루스벨트의 귀족적인 목소리는 앨라배마 주 터스컬루사에 사는 '깡촌' 농부에서부터 맨해튼의 자유주의적인 지식인들까지 수많은 청중의 심금을 울렸다. 가운데가 옴폭 팬 턱과 곱슬머리가 인상적인 휴이 롱은 값비싼 더블 수트 정장에 중절모를 쓰고 나타나 집회에 모인 청중들과 라디오 앞에 앉은 사람들에게 열변을 토했다. 리듬을 타는 그의 연설은 듣는 이의 가슴 깊이 파고들었다. 인종차별, 반유대주의, 외국인 혐오가 심각하던 시절, 거리낌 없는 정치인들은 "검둥이", "유대인", "외국 빨갱이" 같은 욕설을 퍼붓고 정적들에 대해서는 "겁쟁이 스컹크"라고 놀렸다.

롱의 적들은 그를 '남부 무지렁이들의 메시아', '열네번째 자식으로 태어난 촌놈'이라고 부르며 조롱했다.[4] 롱은 농가 안뜰까지 쫓아들어가 적들에게 '말구유에서 여물 먹는 놈들', '얼간이' 하는 식으로 욕을 해댔다. 그가 적들을 향해 독설과 비난을 날리며 "꼭지 돌게" 만들면 군중들은 우우 함성을 질렀다. 롱의 과장된 제스처와 언변은 기자와 추종자들을 사로잡았다. 그러는 사이 그는 루이지애나 주지사를 하면서 수뢰와 부패, 가혹행위, 후원금 착복 등을 통해 독재자적인 지위를 굳혔다. 롱은 밤에도 조용히 있지 않았다. 브라스밴드가 맨 앞에 서서 그가 탄 자동차 행렬을 이끌었다. 요란한 행렬은 경호원과 부하들, 그리고 삼림감시원 모자에 무릎 위까지 올라오는 가죽 장화를 신은 황갈색 제복의 권총 찬 기마경찰이 호위했다. 롱은 확성기 달린 선전차를 최초로 사용한 인물이었다. 그의 연설은 확성기를 타고 저 멀리 있는 사람들에게까지 울려 퍼졌다.

롱의 연설은 "다이내믹한 경험이었다. …심지어 그가 하는 한마디 한마디가 듣기 싫은 얘기일지라도 연설 솜씨에는 감탄을 금할 수 없었다. 그런 식으로 그는 대중을 조작했다." 미시시피 주 그린빌에서 민권 운동을 하면서 「삼각주 민주 타임스Delta Democrat Times」 신문을 발행하고 퓰리처상을 수상한 호딩 카터의 부인 베티 카터의 증언이다. 호딩 카터는 루이지애나 주에서 언론 일을 시작했고, 휴이 롱을 혐오하게 된 인물이다.

롱은 없는 사람들의 구세주처럼 행동했다. 그는 일부러 분노를 키우면서 J. P. 모건이 소유한 백 벌의 정장은 "노동자를 등쳐서 훔친 것"이라고 떠들곤 했다. 롱과 청중들은 롱 본인이 사치스러운 의상을 걸치고 다니는 것은 전혀 문제시하지 않았다. 그는 온갖 불법과 탈법을 저지르면서 미국의 그 누구보다도 더 큰 정치적 영향력과 부를 특정 주(루이지애나)에서 거머쥐었지만 그런 본모습은 촌사람 같은 포즈에 묻혀버렸다.

뉴딜 지지자들은 롱을 그저 시골 출신 광대로 보고 1936년 대통령 선거에 도전하겠다는 그의 호언장담을 농담으로 치부한 것이 실수였다는 것을 너무도 뒤늦게 깨달았다. 1935년 루스벨트 대통령 진영에서 실시한 비밀 여론조사 결과 롱이 제3당 후보로 나올 경우 민주당 지지표 400만 표를 빼먹게 돼서 1936년 재선은 완전히 물 건너가는 것으로 나타났다. 3년 전 민주당 전당대회에서는 롱이 남부 지역 대의원들을 확고히 장악하고 있었기 때문에 루스벨트 지지대열의 이탈을 막을 수 있었다. 그런 그가 이제 루스벨트를 "거짓말쟁이에 사기꾼"이라고 비난하며 "부富를 공유하자 Share Our Wealth"는 구호를 들고 나왔다. 부자들로부터 막대한 세금을 거둬 "모든 사람을 왕으로" 만들어주겠다는 얘기였다.

수석 논설위원이었던 스톤은 「뉴욕 포스트」 사설을 주관하면서 롱에 대해 히틀러 같은 인물이라고 맹공을 퍼부었다. 그러나 스톤은 많은 보통 사람들처럼 이중적인 감정을 가지고 있었다. 후일 스톤은 이렇게 말했다. "롱은 분명 대단히 능력 있는 정치인이었어요. 고대 로마의 카이사르를 많이 닮았지요. 그는 우리 공화국의 자유 같은 것은 깡그리 무시했지만 가난한 사람들에게는 실질적인 도움을 주었거든요."[5] 스톤과 북부의 인종차별 폐지론자들에게 롱은 드물게 반가운 존재였다. 1930년대 남부 정치인답지 않게 인기를 끌려고 인종차별적 발언을 하지 않았기 때문이다. 롱은 루이지애나 역사상 그 어떤 주지사보다 많은 업적을 지극히 짧은 시간에 이뤄냈다고 스톤은 지적했다. 롱은 인두세人頭稅를 폐지하고, 전화, 가스, 전기 요금을 대폭 낮췄으며, 대학과 의대를 신축했다. 학생들에게는 교과서를 무상으로 지급했고, 시골 지역 학생들에게는 스쿨버스를 공짜로 태워줬다. 또 글을 모르는 사람들을 위해 야학을 개설했고, 가난한 사람들을 위해 병원 시설도 개선했다. "돼지우리에서 늪지까지" 루이지애나 전역에 콘크리트, 아스팔트, 자갈을 사용한 도로를 깔았다. 교량도 무려 100개 이상이 건설됐다. 1931년 음울함이 극에 달했던 대공황 시기에 미국 전역의 교량·도로 건설 부문에서 일하는 노동자의 10퍼센트는 루이지애나 주정부가 고용한 사람들이었다.

그러나 롱은 반사 이익을 엄청나게 챙겼다. 가난한 사람들의 사랑을 받은 '왕물고기Kingfish'〔롱의 별명〕는 루이지애나를 본인이 독재자 노릇하는 파시즙적인 아성으로 변질시켰다. 그의 동생은 상원 청문회에 출석해 1932년 지방선거 투표 다음날 롱과 부하 한 명이 어떤 선거구의 개표를 조작하는 바람에 당선이 유력했던 반대파 후보가 큰 표 차로 떨어졌다고 증언했다.[6] 왕물고기에 반대하는 자유 언론의 목소리는 전혀 들리지 않았다. 그는 뇌물로 구워삶은 정치인들에 대해서도 경멸로 일관했다. 한번은 한 정치인이 악수를 청하자 외면하면서 "돈 줬는데 악수까지 해줄 필요는 없지" 하고 비아냥거렸다.

　1935년 스톤은 롱이 민주주의를 와해시키는 법률을 밀어붙이는 것을 보고 경악했다. 그에게 시군구 통제권과 고속도로건설위원회, 제방축조위원회, 교육위원회 관할권을 모두 헌납하는 법안이었다. 그는 병원에서 학교, 교도소에 이르기까지 공공시설을 지을 때마다 후원금 명목으로 돈을 착복했다. 그의 "D자형 상자"에는 주에서 고용한 노동자의 봉급에서 매월 10퍼센트씩 공제한 돈이 들어갔다.[7] 많은 주에서 후원 시스템으로 활용하는 관행이었다. 이렇게 공제한 돈으로 롱은 선거 운동 자금을 대고 호화 여행을 하고 정치인들에게 뇌물을 주었다. 추종자들은 이런 행태에 대해 전혀 거부감을 느끼지 않았다. 그는 아무리 거센 비판도 모두 이겨내는 난공불락의 정치인이었다. 주지사 재임 금지 규정 때문에 하는 수 없이 상원에 진출한 뒤에도 주 의회에 손을 써서 최고층 초호화판 주 청사를 짓는 법안을 통과시켰다. 사실상 개인용 성城과 같은 건물이었다. 롱에 반대하는 주 의원이 이의를 제기하자 롱은 기존 청사 천장에 구멍을 뚫게 했다. 지붕 구멍으로 샌 물이 머리에 떨어지자 문제의 의원은 찬성표로 돌아섰다. 롱이 계획한 새 청사는 결국 완공이 됐다. 롱은 수도 워싱턴에서 상원의원 노릇을 하면서도 루이지애나 주의 정치와 행정을 확고히 장악했다. 물론 법률적으로는 아무 권한이 없는 상태였다.

　스톤과 「뉴욕 포스트」는 이런 사태를 도저히 그냥 두고 볼 수 없었다. 1935년 7월 9일자 사설은 앞부분을 이탤릭체로 강조해 롱을 비판하고 나섰다. **"히틀러가 독일에서 집권하자마자 처음 취한 조치는 지역 자치정부를 완전히 없애버린 것이었다.**" 이번 주에 루이지애나에서 지방 자치정부가 완전히 폐기됐다. 독재자 롱의 신호에 따라 그의 손아귀에 들어간 주의회가 그에게 전권을 헌납하는 법안을 통과시킨 것이다."

롱은 자신이 권력을 장악한 것은 보통사람들을 돕기 위해서라고 주장했다. 그러나 롱이 장악한 주 의회는 "연방정부가 고령자를 대상으로 새로 지급하는 연금을 받지 않기로 결정했다. 그렇게 되면 롱이 지배하는 주 정부에서도 매칭 펀드 방식으로 연방정부가 주는 액수만큼을 주민들에게 지급해야 하기 때문이다." 「뉴욕 포스트」의 비판은 이 다음부터 본격화된다. "그런 롱이 뻔뻔스럽게도 대통령을 '거짓말쟁이', '사기꾼'이라고 부르고 있다. 사정이 이럴진대 주를 장악한 정치인들과 의견이 다르거나 그들을 반대하는 공무원이나 부동산 소유자, 또는 평범한 시민들에게 어떤 일이 닥치겠는가?" 이렇게 묻고 나서 사설은 "독일에서 어떤 일이 벌어졌는가?"라는 또다른 질문으로 답변을 대신했다.

1935년 롱이 대선 출마를 공언한 지 2주 후에 「뉴욕 포스트」는 다시금 맹공을 퍼부었다.[8] "의사 진행 방해만 일삼는 저 바보 같고 이기적인 상원의원[롱]에 대해 미국민이 느끼는 분노를 '혐오'라는 말로 표현하는 것은 너무 점잖다." 그가 의사 진행을 방해함으로써 행정부는 "사회보장 프로그램을 개시할 예산을 확보하지 못했고, 그가 한 짓거리 때문에 노인, 맹인, 장애인 들이 고통받고 있다"는 얘기였다. 사설은 여기서 다시 분노의 톤을 높인다. "짓밟힌 자들의 위대한 대변인을 자처하는 인물은 일말의 주저도 없이 정치적 보복욕을 인간적인 고려보다 앞세웠다. …그가 전국적인 영향력을 행사하리라고는 도저히 생각할 수 없다. 한때 대중의 지지를 받았을지 몰라도 이제는 다 까먹고 말았다."

스톤 같은 반파시스트들에게 롱 못지않게 짜증나는 인물은 찰스 E. 커글린 신부였다. 미시간 주 로열 오크의 작은꽃성당Church of the Little Flower에서 그가 하는 설교는 전국에 라디오로 중계됐고, 커글린 신부는 미국 정치의 태풍의 눈이 됐다. 1933년 그의 인기가 절정에 달했을 때 뉴욕의 한 강당에는 그의 연설을 들으러 온 관객 수천 명이 몰렸고, 그보다 더 많은 사람들이 강당 밖에서 추위에 떨며 대형 스피커로 흘러나오는 영웅의 말에 귀를 기울였다.⁹ 일요일 오후면 선수와 코치, 가족들은 지역 미식축구 경기를 잠시 중단하고 커글린 신부의 설교 방송에 주파수를 맞췄다. 여름이면 커글린 신부의 목소리가 이 집 저 집에서 흘러나왔다. 그래서 몇 블록 가다 보면 그의 설교 내용을 한 구절도 빠짐없이 다 듣게 됐다. 그의 방송은 전국 4,000만 청취자가 들었고, 그의 라디오 연설을 담은 팸플릿은 100만 부가 금세 팔려나갔다. 좌파로서는 꿈조차 꾸기 힘든 반응이었다.

휴이 롱과 커글린 신부 지지세력은 1935년 힘을 합쳐 백악관 입성에 도전했다. 처음에 커글린은 한편으로는 공산주의자들, 다른 한편으로는 금융업자와 "환전상들"을 증오했다. 그러면서 루스벨트의 혁신주의를 칭찬했다. "뉴딜은 그리스도의 딜이다!"라고 했다. 그러나 나중에는 로만칼라로 영적 위엄을 과시하면서 뉴딜을 "유대인의 딜"이라고 비난했다.¹⁰

노동자를 착취하는 부자들에 대한 커글린의 비난은 대공황기에 참담한 현실을 살아가는 수많은 사람들로부터 깊은 공감을 얻었다. 스톤의 아버지조차 잠시나마 가톨릭 신부의 주장을 지지했다.¹¹ 그러나 스톤처럼 민감한 글쟁이들은 그가 쓰는 표현들이 곧 드러내놓고 반유대주의를 외칠 징조임을 금세 알아챘다. 커글린은 여러 계층의 금융가들을 공격했지만 그들을 일컫는 표현은 주로 "샤일록shylocks"〔셰익스피어의 희극『베니스의 상인』에 등장하는 유대인 악덕 고리대금업자〕나 "고리대금업자들usurers"〔고향에서 쫓겨나 이국땅에 살면서 다른 직업을 가질 수 없었던 유대인들이 고리대금업에 많이 종사했고, 그 때문에 증오의 대상이 됐다〕이었다. 그러나 1930년대 초까지 커글린과 롱은 반유대주의나 인종주의, 파시즘적인 성향을 별로 드러내지 않았다. 그들은 단순한 포퓰리즘으로 관심을 끌었으며 부자들에 대한 공격도 "호화판 말구유에서 게걸스럽게 처먹는 돼지들"(휴이 롱) 같은 재미난 표현으로 대중의 관심을 끄는 정도였다.[12] 커글린은 부자들을 공격하는 데서 재미를 본 뒤로 공격 대상을 주식 중개인과 금융업자들까지로 넓혔다.

스톤의 영웅인 노먼 토머스는 1934년 뉴욕에서 열린 대중 토론회에서 휴이 롱의 "부를 공유하자"는 주장이 얼마나 기만적인 것인지를 폭로했다. 그러나 사회당원들조차 그의 비판을 도외시하고 롱의 단순명쾌한 호소에 귀 기울였다. 토머스는 가난한 농민들을 인종 구분 없이 하나의 연합체로 묶으려고 노력했지만—1935년 당시로서는 그야말로 무모한 꿈이었다—백인들에게 린치를 당하는 흑인이나 입에 풀칠하기조차 어려운 소작농으로 전락한 백인 농민들은 등을 돌렸다. 그들은 롱의 열렬한 지지자가 돼 있었다.

롱과 커글린의 단순무지하면서도 때로 혼란스러운 메시지는 기본 입장을 확실하게 취하고 있었다. 역사적으로 볼 때 대부분의 미국인들은 급진주의를 혐오한다는 사실을 잘 알고 있었던 것이다.[13] 아이러니한 것은 이런 독선적인 연설가들이 부자의 온갖 못된 짓거리를 비판하면서도 일종의 집단주의를 외쳤다는 점이다. 두 사람은 사회주의를 공격하면서도 사회당 지도자 유진 데브스의 표현을 도용했다. 게다가 커글린의 수사법은 속물 중산층 취향을 노골적으로 드러냈다. 흑인, 유대계, 좌파, 외국 태생 주민은 그가 이상화한 공동체에서는 설 자리가 없었다. 이런 부류가 살 길이 막막해진 백인들에게는 편리한 희생양이었다. 이렇게 책임을 엉뚱한 데로 돌리는 논리는 후대의 정치인들도 자주 써먹는 수법이다. 예를 들어 로널드 레이건 대통령은 좋았던 과거에 대한 향수에 호소하면서 식품 보조금을 타서 놀고먹는 "복지 귀족"을 비난함으로써 대중의 분노를 자극했다. 그러나 대부분의 국민에게 그런 좋은 시절은 남 얘기였고, 복지 귀족이라는 것도 허구에 가깝다.

커글린의 목소리가 높아지자 스톤의 「뉴욕 포스트」는 커글린은 파시즘적 성향이라는 면에서 신문 재벌 윌리엄 랜돌프 허스트와 한패이며 "또한 사람의 위대한 웅변가인 아돌프 히틀러와 견주어" 봐야 한다고 꼬집었다.[14] 히틀러는 "자신이 공격한 마르크스주의자들보다 더 '급진적'으로 비과학적인 사회주의를 시행하겠다고 외치고 다녔다. 그러면서 자신이 반대하는 모든 것에 공산주의라는 딱지를 붙여 비방했다. …그러나 그런 선동의 결과로 집권을 하고 나서는 당연히 독일 재벌들의 이익을 위해 복무하는 앞잡이가 되었다. 지금 커글린은 '보통사람의 친구' 행세를 하지만 결국은 백만장자 윌리엄 랜돌프 허스트와 같이 일하고 있는 셈이다. …미국은 이제 그런 파시스트들의 위험이 어디에 있는지를 알고 있다."

정치적 폭발력이 있는 커글린과 휴이 롱의 연합 가능성은 1935년 9월 8일 일요일 롱이 루이지애나 주 청사 복도에서 사망함으로써 물거품이 되고 말았다. 당시 롱은 청사 안을 걸어가고 있었는데 칼 웨이스라는 의사가 천천히 다가오더니 롱의 배에 권총을 발사했다. 그는 롱에게 정치적으로 희생된 인물의 친척으로 당시 나이 30세였다. 롱의 경호원들은 일제사격을 가했고 웨이스는 즉사했다. 맞은 총알만 60발이었다. 수만 명의 시민이 롱의 관이라도 보려고 몰려들었다. 유명한 변호사 클래런스 대로는 그를 "탁월한 인품의 소유자였으며 우리 사회에 소중한 자유주의자"라고 불렀다.[15]

이지 스톤과 스턴 사장은 평소 롱을 혹평했던 만큼 「뉴욕 포스트」로서는 그의 부고 기사를 쓰기가 대단히 조심스러웠다. 그중 한 대목을 보자. "휴이 피어스 롱 상원의원은 표로 심판을 받았어야 했는데 유감스럽게도 암살자의 총탄을 맞고 말았다." 신문은 "수백만 명이 큰 슬픔과 충격에 빠졌다"고 전하면서도 비판을 숨기지 않았다. "정치에서 유혈 사태가 있어서는 안 되지만 더 많은 사람들이 미래의 독재자가 더이상 존재하지 않게 됐다는 사실에 깊은 안도의 한숨을 내쉬고 있다. 롱 의원은 남북전쟁 이후 미국 연방정부에 대항해 강력한 조직을 구축한 유일한 정치 지도자였다. …이번 살해 사건은… 미국 민주주의의 오점인 동시에… 이 나라에서 독재자의 말로는 어떻다는 걸 보여주는 경고이다."

죽기 몇 해 전에 I. F. 스톤은 이렇게 말했다. "이런 말 하면 벌 받을지 모르지만 그가 총에 맞아 죽었을 때 나는 정말 기뻤다. 나는 테러나 암살을 좋다고 보지 않지만 그는 그대로 그냥 갔으면 미국판 독재자가 됐을 인물이다."[16]

연방정부에 반기를 드는 분위기도 롱의 사망과 더불어 시들해졌다. 커글린도 혼자가 되고 나서는 전 같지 않았다. 그러나 영향력은 줄었어도 증오의 설교는 계속하고 다녔다. 1936년 11월에 실린 「뉴욕 포스트」 사설은 당시 스톤이 어떤 심리상태였는지를 보여준다. 루스벨트가 재선에서 압승한 것은 커글린이 주목할 만한 세력으로는 완전히 끝났음을 보여주었다. "본인을 위해서나, 그의 성당과 미국의 통합을 위해서, 그리고 지적인 정치 토론을 위해서도 우리는 커글린 신부가 이제 영구히 활동을 접기를 제안한다." 물론 커글린은 이런 제안을 따르지 않았다. 1939년 히틀러의 성공에 고무된 커글린과 여타 반동 세력들은 기독교전선Christian Front[1938년부터 미국이 2차 대전에 참전하기 직전까지 활동한 미국의 반공, 친나치, 반유대주의 조직] 쪽의 히스테리를 극도로 자극했다. 정치평론가 제임스 웩슬러 [1915~83. 미국의 언론인. 「뉴욕 포스트」 칼럼니스트와 워싱턴 지국장을 지냈고, 자유주의의 목소리를 대변한 인물로 유명하다]는 "파시즘 운동이 뉴욕에 확고히 뿌리를 내린 것이 분명하다는 공포감이 있었다"고 썼을 정도다.[17] 커글린의 선동에 놀아난 성난 군중들은 길거리에서 난동을 부리고 유대인 상점을 급습했다. 나치의 청소년 조직인 히틀러 유겐트Hitler-Jugend와 판박이였다. 1939년에는 조종사 출신의 찰스 린드버그 같은 유명한 인사들이 히틀러를 편들며 미국은 참전하면 안 된다는 주장을 폈다. 스톤이 이들을 비판하는 글을 쓰는 시점에 그 지지자들은 미국에서 한층 격렬한 반유대주의 선동과 난동을 일삼았다.

좌파 진영에서는 미국 공산당이 삶의 의욕을 잃은 노동자와 이상주의적 지식인 사이에서 세를 넓혀가고 있었다. 공산당 열성분자들은 1920년대에 거의 사라졌지만 이제 대공황이라는 황무지가 다시금 공산주의 운동이 싹틀 수 있는 토양이 된 것이다. 공산당은 정식 당원 수는 적었지만(인민전선이 최고조에 달했을 때 7만 명이었다) 동조하거나 공감하는 사람들이 많았다. 동조자 범주에 넣을 수 있는 사람들 중에는 후일 공산주의에 환멸을 느끼게 되는 유명 지식인, 학자, 극작가, 소설가 등이 꽤 있었다. 그중에서도 존 더스패서스, 싱클레어 루이스, 아서 쾨슬러[1905~83. 헝가리 출생 영국의 소설가, 언론인], 어니스트 헤밍웨이 같은 소설가, 릴리언 헬먼[1905~84. 미국의 여성 극작가. 좌파 지식인으로 유명하다], 제임스 서버[1894~1961. 미국의 유머 작가, 만화가], 대실 해밋[1894~1961. 미국의 추리소설가], 클리퍼드 오데츠, 어윈 쇼[1913~84. 미국의 극작가, 소설가], 작곡가 마크 블리츠스타인, 시드니 하워드[1891~1939. 미국의 극작가] 등이 특히 주목할 만했다. 이들은 좌파식 사회정의를 옹호했지만 공산당의 지시를 그대로 따르기에는 너무 개인주의적이었다.

당시 스톤을 아는 사람들은 그가 주관이 너무 뚜렷하고 독자적이어서 어떤 조직 같은 데 들어갈 타입이 아니라는 얘기를 많이 했다. 청년공산주의자동맹Young Communist League에 가입했다가 탈퇴한 웩슬러는 1953년 냉전과 매카시즘이 한창일 때 스톤의 공산당과의 관계에 대해 '낭만적인 지지자이지만 공산주의자는 아니다'라고 규정했다. 1930년대 말의 「더 네이션」 편집진에 대해 웩슬러는 "공산당에 가입하지도 않은 사람들이 공산주의에 대해 묘한 매력을 느꼈다"고 썼다. "특히 I. F. 스톤이 그랬다. 스톤은 지금[1953년]까지도 여전히 공산주의자들을 그 어떤 정파보다도 물불가리지 않는, 좀 이상하지만 다채로운 정치집단이라고 보고 있다. 따라서 다소 이상한 행동을 하는 정도는 용인해줘야 한다고 봤다. …나는 항상 스톤이 공산주의자들을 변호하는 쪽이라는 느낌을 받았고, 중간 중간에 좌나 우로 입장이 조금씩 바뀔 수는 있지만 조직화된 운동에 발을 담그지는 않을 것으로 봤다. 타고난 반골들이 그러하듯이 그는 특정 조직 안에 오래 머물 사람이 아니었다."[18]

스톤은 웩슬러를 한층 좋게 평가했다. 사회주의자와 공산주의자가 서로에 대해 갖고 있는 증오심이 없었던 스톤은 양쪽 진영에서 좋은 점만 봤고, 후일 이렇게 말했다. "스탈린주의가 저지른 모든 악행을 옛 좌파에게만 책임을 돌리거나 옛좌파가 1930년대에 좋은 일을 많이 했다는 사실을 감춰서는 안 된다. 사회주의자들도 마찬가지였다. 소작농, 특히 남부 소작농 조직에서 그런 정파들이 아주 좋은 일을 했다."[19]

스톤은 좌파가 하나로 뭉치기를 바라는 기대는 접었지만 좀더 큰 대의를 위해 행동했으면 하는 희망은 놓지 않았다.[20] 대니얼 아론(1912~. 미국의 작가, 미국사학자)은 "이런저런 방식으로 운동과 관계가 있는 작가들이 급진파가 된 것은 정당 때문이 아니라 시대적 요청 때문이었다"고 본다. 그는 공산당이 지식인들에게 매력적인 이유를 이렇게 설명했다. "공산당만이 미국의 사회적 질병에 대한 올바른 진단과 처방을 가지고 있는 것처럼 보였다. 지식인 절대다수는 당에 가입하지 않았다. …그러나 1930년대 전반부에 공산당이 몰두했던 문제들—굶주리고 셋집에서조차 쫓겨난 사람들의 고통, 흑인에 대한 착취, 실업자들의 비참한 생활, 독일에서 진행되고 있던 유대인 박해, 노동자들의 투쟁 등등—은 지식인들이 붙잡고 씨름하는 과제이기도 했다. …작가들이 사회적인 역할을 그토록 헌신적으로 떠맡았던 시대는 없었다."

공산당이 심정적 공감자들을 힘들게 한 것은 분명했다. 공산당원들은 무정부주의자와 트로츠키주의자를 심하게 비난했고, 스톤의 친구인 밥 라폴레트와 노먼 토머스를 "사회적 파시스트"라고 몰아붙이고, 뉴딜에 대해서도 혹평을 가했다. 공산당 지도부는 모스크바의 지령을 받고 있었다. 공산당 비판자들은 그렇게 주장했지만 공산당원들은 이를 믿지 않았다. 1945년에 얼 브라우더(1891~1973. 미국의 공산당 지도자. 1930~44년 당 서기장을 지냈으며, 36년과 40년에 공산당 후보로 대통령선거에 출마했다)가 그랬던 것처럼 스탈린에게 반기를 든 지도자들은 당에서 쫓겨났다. 사소한 일탈의 조짐만 보여도 당원들은 아예 따돌리고 상대조차 안 했다.

당 노선에 의구심이 생겨도 당원들은 잠자코 있는 경우가 많았다. 딴소리를 하면 친구들은 물론이고 인생의 목적 자체를 잃을 것이 두려웠기 때문이다. 공산당원이었다가 탈당한 빌 베일리(1909~95. 미국의 사회주의자, 노동운동가)는 이렇게 말했다. "일단 당에서 쫓겨난 사람에게는 '접촉금지령'이 적용된다. 그와는 전화도 하면 안 된다. 나는 밤에 몰래 그런 사람들을 만나곤 했다. 내가 당에서 쫓겨나 그런 사람들을 자유롭게 만나게 된 것은 오히려 크나큰 다행이었다."[21]

그러나 대공황 시기에 이상주의적인 지식인과 노동자 사이에서 공산주의의 매력은 여전히 강력했다. "미국 공산주의의 심장부" 뉴욕에서는 유대계가 압도적이었다. 1933년 의류 노동자 대파업 때는 각 지부에서 공산주의자들이 불구대천의 경쟁자인 사회주의자들과 협력했다. 당시 파업을 주도한 국제여성의류노동자연맹International Ladies' Garment Workers' Union(ILGWU)은 사회주의자들이 장악하고 있었고, 이들이 의류산업 노동자를 총동원했다. "유대계로서 파업을 깨는 행동을 한다는 것은 기독교로 개종하는 것만큼이나 생각할 수 없는 일이었다"고 역사학자 어빙 하우(1920~93. 미국의 문학·사회비평가)는 썼다.[22] "…심지어 유대계도 아니고 파업과도 무관한 이웃들에도 급진적인 정서가 뿌리를 내리기 시작했다. 1934년이 되면 '급진파가 뭐가 문제냐'는 정도의 분위기였다."

급진주의가 매력으로 다가온 시대에 대한 설명을 두 가지 사례를 통해 얻을 수 있다. 하나는 아일랜드계 미국 선원인 빌 베일리이고, 또 한 사례는 가난한 유대계 이민자 집안 출신 여성이다. 이 여성은 공산당이 모든 좌파의 친구로 변신을 꾀하고 인민전선이 최고조에 달했을 때 노동조합주의〔노조는 정치투쟁을 지양하고 노동자의 경제·사회적 권익 향상에 집중해야 한다는 노선〕 운동을 했던 인물이다. 훌륭한 교사이기도 했던 그녀는 평범한 공산당원이었던 과거를 숨겨왔다. 그런 사실이 알려지면 매카시 시대에 직장에서 잘릴 것이 뻔했기 때문이다. 세상이 다 바뀐 21세기에도 그녀는 여전히 이름이 밝혀지는 것을 원치 않고 있다. 좌파 진영의 많은 사람들이 그랬듯이 그녀에게도 1950~60년대에 「I. F. 스톤 위클리」는 성서와 같았다. 1930년대를 회고하면서 그녀는 이렇게 말했다. "당시 우리는 희망에 들떠 있었어요. 친구네 집에 가면 사람들이 하나같이 그런 희망을 공유했지요. 수년 뒤 니넬Ninel이라는 이름으로 알고 지낸 남자를 우연히 만났어요. 부모님이 붙여주신 이름인데 레닌을 거꾸로 쓴 것이었지요. 내가 '니넬!' 하고 부르니까 그 친구는 화난 표정으로 나를 쳐다보더니 '안 돼, 이젠 레너드야' 하고 속삭였어요. 그렇게 모두들 과거를 잊고 싶어했지요."[23]

베일리가 유대계 친구들을 처음 만난 것은 공산당을 통해서였다. "우리는 〔러시아에〕 유대인에 의해, 유대인을 위해 운영되는 위대한 공화국이 들어섰다고 믿었어요. 지금이야 그게 완전 꽝이라는 건 다 아는 얘기지만. 당시 나는 유대계 친구들에게 '거기는 정말 낙원일 거야'라고 말하곤 했어요. 달리 볼 이유가 없었지요." 이런 설명에 대해 앞에 소개한 유대계 여교사도 동의한다. 당시 러시아는 차르의 압제를 타파한 유대인의 안식처라고 하는 이미지가 강해서 유대계 미국인들 가운데 스탈린 지지자가 많았다. 그녀의 회고를 들어보자. "러시아는 틀을 갖춰가고 있었어요! 그런데 때로 나는 「데일리 워커」〔미국 공산당 계열 일간지〕 파는 일이 싫었어요. 신문을 들고 있으면 사람들이 침을 뱉거나 '더러운 빨갱이'라고 손가락질을 하곤 했거든요. 그래도 열심히 팔았어요." 지식인 입장에서는 공산당의 무조건적인 소련 추종은 이해가 잘 안 간다. 그녀 역시 지금에 와서는 왜 자신이 의문을 제기하지 않았는지 이해가 안 간다고 생각한다. "사람들은 우리 당의 자금줄 역할을 하는 것은 '모스크바 돈'이라고 떠들었어요. 그러면 우리는 고개를 저으며 '말도 안 돼!'라고 맞받았지요. 그건 부동의 확신이었거든요."

베일리는 이런 식으로 설명했다. "내부에 있으면 뭐가 잘못되고 있다는 걸 알아도 인정하고 싶지 않게 되요. 그런 부조리를 인정하는 것은 곧 '내가 지금까지 잘못됐다'는 걸 인정한다는 의미이기 때문이지요." 1956년에 일어난 헝가리 혁명은 베일리에게 공산주의와의 최종 결별을 의미했다. "헝가리 인민들은 변화를 요구했는데 얻은 게 뭔가요? 소련은 탱크와 대포로 밀어붙였고, 경찰봉이 날아들었지요. 그때 난 '엿 먹어라, 이 새끼들아. 다 틀려먹었어'라고 했습니다. 그러고는 바로 탈당했지요." 공산주의를 흔히 종교에 비유하는데 베일리가 보기에는 올바른 평가다. "공산주의자에게 '스탈린은 이렇게 말했다'는 얘기는 가톨릭 신자에게 '하느님은 이렇게 말씀하셨다'나 마찬가지였어요."

베일리는 찢어지게 가난한 아일랜드계 이민자 집안의 아들로 태어나서 선원이 되고 공산주의자가 되었다. 스페인 내전에 참전했고, 1950년대에는 공산주의자로 블랙리스트에 올랐다. 후일 공산주의자 혐의가 풀린 그는 과거에 했던 노조 운동이 높은 평가를 받아 그 시대를 극화하려는 영화 제작자들에게 좌파의 모습을 완벽하게 구현한 인물로 구애를 받았다. 마음씨가 따뜻하고 열정적인 베일리는 스페인 내전에 참전한 미국인들을 그린 〈선한 싸움The Good Fight〉[1984], 미국 공산당원들의 활동을 담은 〈분노Seeing Red〉[1983] 같은 유명 다큐멘터리 영화에 출연하며 세상 밖으로 나왔다. 또 난해한 영화 〈온 디 에지On the Edge〉[1986]에서는 성격파 배우 브루스 던의 친노조 성향 아버지 역으로 출연했고, 로버트 드니로가 감독과 주연을 맡은 1991년 작 〈비공개^{Guilty by Suspicion}〉 제작에도 참여했다.

드니로는 이 영화에서 하원 반미활동조사위원회^{HUAC}의 영화계 조사 과정에 걸려든 할리우드 감독 역을 맡았다. 베일리가 처음 드니로와 스태프를 만났을 때 감독인 드니로가 한 말씀 해달라고 부탁했다. "그래서 내가 그랬지요. '이 영화에서 내가 느끼는 가장 큰 쾌감은 우리에게 못된 짓을 했던 자들, 매카시를 비롯한 인간쓰레기들이 이제는 다 이 세상 사람이 아니라는 것입니다. 우린 지금 살아 있고, 그자들 무덤에 오줌을 갈겨줄 수 있어요. 그건 정말 기분 좋은 일이지요.' 그 사람들도 기분 좋게 생각했어요. 그리고 스톤도 마찬가지지요. 그 역시 그렇게 생각했어요."

공산주의자로 찍혀 일자리를 구하지 못했던 슬픈 시절에 베일리는 I. F. 스톤에게 편지를 써서 「I. F. 스톤 위클리」가 용기를 주었으면 좋겠다는 얘기를 했다. "난 그에게 당신은 정말 드물게 보는 좋은 사람이라는 얘기만 했어요. 기본적으로 편지는 그가 정말 우리 모두를 위해 열심히 노력했고 세상을 더 좋은 곳으로 만들기 위해 애썼다는 사실에 대해 그저 감사를 표하는 내용이었지요."

스톤과 베일리는 안면은 없지만 역사적인 순간들을 공유하고 있었다. 거기에는 베일리가 나치 반대 시위 사건으로 유명해진 소동을 벌인 것도 포함된다. 당시 베일리는 뉴욕 항에 정박 중인 독일 정기여객선 브레멘호에 걸린 만자卍字 문양[나치의 상징] 깃발을 찢어버렸다. 베일리가 선박·항만노조^{Marine Workers Industrial Union}를 조직했다는 이유로 경찰에 두들겨 맞고 교도소에 갇혔을 때 스톤은 선박·항만노조의 파업을 지지했다. 1936년에 그가 쓴 사설은 "섭씨 65도가 넘는 기관실에서 선원들은 실신을 하기도 하고, 썩은 음식을 먹는다"는 식으로 선원과 부두 노동자들의 "충격적인" 노동 조건에 대해 언급했다.[24] 스톤은 일반에 공개되지 않은 정부 보고서를 인용해 언론이나 정치인들이 조직적으로 무시해버린 가혹 행위 등을 자세히 폭로했다.

베일리의 아들도 선원이 됐다. "녀석에게 옛날에 얼마나 어려웠는지 얘기를 많이 해주죠. 쥐가 득실거리고 운이 좋아야 일요일에 겨우 달걀을 먹을 수 있고, 사과는 일주일에 하나 먹으면 다행이고. 그러면 아들 녀석은 '왜 그랬대요?'라면서 시큰둥해하지요. 그럼 내가 그럽니다. '1930년대에 파업이 왜 일어났는지 모르냐? 그 덕분에 너희가 텔레비전이며 인터폰이며 좋은 물건 다 있는 집에서 이렇게 편히 사는 거야. 나 같은 멍청이들이 온갖 핍박 받아가며 노력한 결과 너희가 이런 호사를 누리는 거라고.'" 베일리의 사례와 공산당이 세를 키운 과정을 보면 스톤이 그토록 강조했던 단체교섭이 시행되기 이전 미국 노동자의 삶이 얼마나 비참했는지를 잘 알 수 있다. 선원들은 "관이라고 하기엔 너무 크고 무덤이라고 하기엔 너무 작은" 비참한 숙소에서 지내야 했다.[25] 뇌물이 고용과 해고를 좌우했다. 베일리의 회고에 따르면 "매일 일이 벌어졌다. 10 내지 15센트를 찔러줘야 했다. 더럽고 썩어문드러진 업종이었다."

베일리가 공산당에 입당한 것은 대공황기에 삶의 토대를 잃은 많은 사람들이 그랬던 것과 마찬가지다. 베일리의 부모는 아일랜드계로 "여기 오기만 하면 큰돈을 벌 수 있을 것으로 생각했어요. 그러나 미국은 난장판이었지요. 팬티를 내릴 때마다 아이가 생겼어요. 부모님은 애를 열셋을 낳았는데 그중 일곱은 죽었습니다. 부모로서도 다행이고, 살아남은 여섯 형제에게도 다행이었어요. 대개 영양결핍이나 병으로 사망한 거죠." 주정뱅이 아버지를 피해 달아난 가족은 뿔뿔이 흩어졌다. "난 열네 살 때 해변을 어슬렁거리며 돈벌이를 시작했어요." 어머니는 셋집에 사는 아일랜드 남자를 졸라 "해변에서 놀이차 미는 일자리를" 얻었다. "일주일에 꼬박 엿새를 일하고 23.52달러를 집에 가져갔어요. 우린 '대가리 박고 엉덩이 쳐들고' 하는 일이라고 불렀어요. 사장이 그러라 그랬지요."

베일리는 21세라고 속이고 화물선을 탔다. 거기서 선원으로서 겪은 체험을 후일 스톤이 인용한 바 있다. 배가 휴스턴에 정박했을 때 벌어진 일을 베일리는 이렇게 회고했다. "내가 처음 본 것은 분수식 식수대였는데 '유색 인종 전용'이라고 쓰여 있더군요. 열 걸음쯤 떨어진 곳에 있는 식수 대는 '백인 전용'이라고 돼 있었어요. '뭐 이런 게 다 있나?' 싶었지요. 그런데 그날 밤 버스를 탔는데 뒷좌석이 편할 것 같아 안으로 들어가려니까 운전사가 못 가게 막는 거예요. 이해가 안 갔지요. 나중에 누가 설명을 해 주더라고요. 뒷좌석은 흑인 전용이라고. 당시 남부 상황이 그랬어요."

베일리는 바다에 싫증이 날 무렵 어느 날 세계산업노동자동맹IWW에서 발행하는 신문 「산업노동자Industrial Worker」를 보고 평소 느끼던 울분의 정체 를 깨달았다. "산업노동자동맹 회원이 내게 그러더군요. '노동계급은 바로 당신이고, 당신의 멍청한 아들이다. 선주는 자본가계급이다.' 그 말이 참 인상적이었습니다." 이어 베일리는 공산당에 가입했고, "평당원들"의 동지애에 감명을 받았다. "당시 좌파의 대부분이 그런 사람들이었어요. '엿 먹어라. 난 나 혼자 살란다. 너희들이 굶어죽어도 상관 않겠다'는 식의 자세도 버리게 됐지요. 당내 분위기는 '밥 먹었나? 잘 잤어? 당신은 우리 동지야' 하는 식으로 살가웠어요. 밤에는 한솥밥을 나눠먹다가 서너 명이 같이 쓰러져 잤습니다. 누군가는 또 '네 걱정 많이 했다'고 말을 건넵니 다." 빌 베일리 같은 사람들로서는 지금까지 한번도 들어보지 못한 관심 의 표현이었다.

강력한 노조의 등장을 막기 위해 정치인, 금융업자, 재벌 등등은 적색 공 포를 이용했다. 스톤은 신문과 강연을 통해 이런 세력에 맞서 싸우면서 공 산당원이 되는 것은 불법이 아니라는 점을 강조했다. 공산당 계열이 이끄 는 산업별노동조합회의CIO나 국제여성의류노동자연맹ILGWU이 더 나은 삶 을 추구한다면 스톤은 거기에 찬성했다. 한편 노조를 장악하는 것은 공산 당의 최우선 과제였다. 열성분자들은 각종 모임에서 비당원 회원들이 지 루하게 기다리다 못해 회의장을 떠난 틈을 타 일사천리로 안건을 상정해서 공산당 후보를 한꺼번에 요직에 앉히는 수법을 썼다.

CIO의 등장은 정치적으로 각성된 노동자들이 등장해서 자본주의의 이윤 시스템을 개선하려고 한다는 신호였다. 그러나 그들은 공산주의자들의 기대와는 달리 이윤 시스템 자체를 해체하려는 것은 아니었다. CIO 의장 존 L. 루이스는 결국 조직에서 공산주의자들을 쫓아내게 된다. 하지만 당시 공산주의자들의 활약이 컸던 CIO는 제너럴모터스^{GM}나 유에스 스틸에서 연좌 파업을 잇달아 성공시킴으로써 여러 나라 언론의 주목을 받았다. 그러나 공산당의 목표는 일반 노동자들의 목표와 갈등을 빚었다. 노동자들은 프롤레타리아의 연대보다는 노조가 방패막이 역할을 함으로써 임금을 올리고 작업시간을 줄이고 노동조건을 개선하기를 원했다. 일자리 또는 심지어 목숨을 잃을지도 모르는 상황을 무릅쓰고 피켓 들고 시위하고 파업하는 것은 "혁명을 위해서가 아니라 자본주의가 주는 정당한 보상을 받아내기 위해서"였다.[26]

그러나 미국 공산당원들은 스톤의 말대로 "좋은 일도 많이" 했다. 당내 투쟁에서 밀려난 사회주의자들도 공산당을 강력히 비판하면서도 그들이 도시 길거리에서 겁 없이 투쟁했다는 점은 인정하지 않을 수 없었다. 특히 남부에서 흑백 모두가 참여하는 조직을 건설하는 일은 위험하고도 고독한 작업이었다.

공산당은 흑인만의 독립 공화국 건설을 요구하는 어처구니없는 실수를 범했다. 대부분의 흑인들이 원한 것은 인간다운 품위를 지키고 체제 내에서 평등을 누리는 것이었다. 공산당 운동을 위협한 또 하나의 요소는 백인 중심 조직에 대한 흑인들의 반감과 백인 군중의 린치에 대한 공포심이었다. 당시 루스벨트 행정부는 백인에 의한 흑인 폭행에 대해 원칙을 갖고 처리하기보다는 쉽게 쉽게 가려는 성향을 보였다. 1935년 전미유색인지위향상협회^{National Association for the Advancement of Colored People(NAACP)} 보고에 따르면 일요일을 제외한 주 6일을 기준으로 한 주에 한 건의 린치 사건이 발생했다. 그러나 린치를 연방범죄로 규정하려는 법안은 보류됐고, 대통령도 아무런 조치를 취하지 않았다. 의회에서 남부 출신 민주당 의원들이 등을 돌릴 것을 우려했기 때문이다.

그러나 공산당은 미국에서 유일하게 흑인들에게 애정과 관심을 표하는 집단으로 흑인들의 존경을 받았다. 특히 스코츠버러 사건Scottsboro case을 떠맡아 누명 쓴 흑인 청소년들을 변호하면서 공산당의 인기는 올라갔다.[27] 스톤에게는 스코츠버러 사건이 사코-반체티 사건 못지않게 사회적으로 중요한 사건이었다.(리프먼의 칼럼에는 스코츠버러 사건은 거의 등장하지 않는다. 전기에서도 언급조차 되지 않았다.) 1931년 앨라배마 주 스코츠버러에서 흑인 청소년 9명이 백인 여성 2명을 화물열차에서 집단 강간한 혐의로 기소됐다. 피해 여성 중 한 명인 루비 베이츠는 성폭행을 당했다는 당초의 진술을 나중에 번복했을 뿐 아니라 혐의자인 흑인들의 구명을 촉구하는 집회에 나와 그런 사실을 분명히 밝혔다. 전미유색인지위향상협회에서 나온 변호사들은 재판 초기에 흑인 청소년들을 변호하려는 노력을 하지 않았다. 지역 주민들의 편견 때문에 승산이 없다고 봤기 때문이다. 혐의자 중 8명이 사형 선고를 받았다. 항소심이 지루하게 계속되는 가운데 공산당은 NAACP가 제대로 반격을 못해서 유죄 판결을 막지 못했다고 비난하며 적극 나섰다.

공산당 연계 조직인 국제노동수호단International Labor Defense이 과감한 구명 운동을 시작했다. 공산당으로서는 누명을 쓰고 사형 선고를 받은 흑인 청소년 9명의 목숨을 구하는 것보다 더 큰 과제는 이 사건을 계기로 국제적으로 반미 여론을 환기시키는 것이었다. 각국 주재 미국 공사관, 대사관, 영사관 앞에서는 피켓 시위가 벌어지고 돌이 날아들었다. 유럽과 라틴아메리카에서는 대규모 군중집회가 열렸다. 그러나 위선적인 사법 제도를 폭로했다고 해서 피의자 소년 모두가 자유를 얻지는 못했다. 나중에 양쪽 사이에 타협이 이루어져 4명은 방면됐지만 나머지 5명은 계속 복역했다.

1935년 공산당이 기존 입장에서 180도 돌아서자 중도파 자유주의자와 온 갖 성향의 정치인들은 놀라움을 금치 못했다. 공산당은 사회주의자들을 더이상 "파시스트"니 "기생충"이니 하는 식으로 비난하지 않았다.[28] 루스 벨트는 이제 탁월한 인물이 됐다. 공산당원들은 스톤이 그토록 떠받드는 제퍼슨의 명언을 인용하기도 했다. 공산당은 이제 "급진적"인 노동자가 아니라 "노조를 가진" 노동자에 만족하는 것처럼 보였다. 이런 태도 급변 은 스탈린주의적 사고가 바뀌어서가 아니라 히틀러의 파시즘 체제가 러 시아를 위협하면서 공산주의를 근절하겠다고 떠들고 있었기 때문이다. 그러나 어찌됐든 이런 변화를 통해 미국 공산당은 그동안 버림받은 정당 이라는 이미지를 떨쳐낼 수 있었다. "인민전선 시기에 미국 좌파 진영 곳 곳에서 공산당과의 협력을 꺼리는 분위기가 사라졌다."[29] 신중한 정치인 들조차 공산주의자를 쓸모 있고 "환영할 만한 이데올로그"라고 봤다.

스톤은 1950년대 마녀사냥이 한창일 때 공산당 지도자였던 브라우더 의 기사를 실어준 유일한 신문 발행인이었다. 문제의 기사는 지금 반공을 외치는 공화당 정치인들이 1930년대 인민전선 시기에는 공산당과 긴밀 히 협력했다는 사실을 폭로하는 내용이었다. 매카시 시대에 반공이라는 성역에 도전하려는 주류 언론은 없었다.

2차 대전 종전 후 브라우더는 스탈린의 급작스럽고 위험한 정책 변화 를 "어리석은 짓"이라며 공개적으로 반대했다. 그런 정책 변화의 결과로 "냉전으로 가는 첫걸음"이 내디뎌졌고, 이는 "모든 관련 국가에 재앙"이 었다는 것이다. 1945년 공산당에서 추방된 브라우더는 공산주의자나 반 공주의자 양쪽 모두에게 따돌림을 당했다. 스톤은 브라우더가 1954년에 「I. F. 스톤 위클리」에 쓴 기사는 "대단한 용기가 필요한 글"이라는 점을 강조했다.

브라우더의 회고에 따르면 1937년에 뉴욕 주 지방검사 선거에 출마한 야심만만한 공화당원은 공산당에게 지지를 호소했다. 공산당원들은 유명한 공산주의자 루이스 와인스탁이 주도하는 노조 위원회를 통해 나름으로 지원을 아끼지 않았다. 선거 승리 축하연에서 만면에 미소를 띤 지방검사 당선자가 와인스탁과 팔짱을 낀 모습이 사진에 잡히기도 했다. 브라우더가 「I. F. 스톤 위클리」에 폭로한 이 공화당원은 다름 아닌 당시 뉴욕 주지사 토머스 E. 듀이였다.

듀이는 냉전이 본격화되던 1948년 공화당 대통령 후보 경선에 나가 적수인 해럴드 스타슨에 대해 공산주의를 대하는 태도가 물렁하다고 비난하고 공산당을 불법화하는 법을 만들겠다고 떠든 인물이었다.[30] 그러면서 현직 대통령인 민주당의 트루먼에 대해서도 행정부 내의 공산주의 계열 인사들을 감싸주고 있다고 강력히 비판했다. 1954년 스톤은 공화당 전략가인 듀이에 대해 "매카시만큼이나 파렴치하다"고 썼다.[31] 브라우더는 듀이가 과거 1937년에 공산당과 거래를 한 것은 "사랑 없는 정략결혼"이었음을 냉철하게 꿰뚫어보고 있었다. "듀이는 원하는 자리를 차지했고, 공산주의자들은 그를 통해 도장공·식료품노동자노조를 괴롭히는 세력을 뉴욕에서 쫓아냈다."

'비타협적인 정통 공화당 노선 주창자'로 알려진 오하이오 출신 상원의원 로버트 A. 태프트의 경우도 스톤의 주간지에 실린 브라우더의 기사에서 과거사가 폭로됐다. 1938년 태프트는 미국청년회의American Youth Congress(AYC) 전국 모임에 연사로 내보내달라고 부탁했다. 회의 측에서는 부탁을 들어줬는데 단 공산주의자인 브라우더와 연단을 같이 써야 한다는 조건이었다. 아무런 문제도 없었다. 브라우더와 태프트는 "다정하게 서로 미소를 보내며 사진도 찍었다." 이런 장면은 1950년대 기준으로 보면 "충격적인 사건"이었다. 당시 민주당 상원의원 밀러드 타이딩스 같은 사람은 브라우더와 함께 있는 가짜 사진이 공개되면서 상원의원 선거에서 낙선했다. "그 사진은 매카시 상원의원의 부하인 돈 수리노라는 자가 위조한 것이라는 얘기를 들었다"고 브라우더는 말했다. 1950년대에는 미국

청년회의도 "체제 전복 조직"이라는 딱지가 붙었다. 브라우더의 기사에 따르면 "1930년대에 활동했던 회원들은 정보기관의 감시를 벗기까지 힘겨운 나날을 보냈다"고 한다. HUAC나 매카시, FBI 등등이 냉전 시기에 "체제 전복 조직"이라는 딱지를 붙인 단체들은 많은 경우 이미 오래전에 해체된 상태였다. 따라서 뒤늦게 그런 호들갑을 떤다는 자체가 웃기는 일이었다. 하물며 1930년대에는 사회 전반의 분위기로 볼 때 "공산당조차" 체제 전복세력으로 간주되지 않았었다. 1945년에만 해도 공산당 서기장을 지낸 브라우더가 상원의원, 교수 등과 함께 미국변호사협회 주최 라디오 토론회에 패널로 초청받을 정도였다.

그 시대를 살아보지 않은 많은 사람들에게는 매카시즘의 광기에 그렇게 많은 사람이 희생되고 다쳤다는 것이 도저히 이해가 가지 않는 일이다.

인민전선 시기에 다소 온건한 좌파들은 별 거리낌 없이 시류에 편승했다.[32] 미국작가회의American Writers Congress가 결성됐는데 주류는 공산주의자들이었다. 그중 한 회원이 스톤의 친구인 마이클 블랭크포트였다. 후일 미국 시나리오 작가노조 위원장이 되는 인물이다. 그랜빌 힉스, 리처드 라이트, 맬컴 카울리, 링컨 스테펀스, 브라우더 같은 공산당원 및 공산당 동조자들이 작가회의 발족 모임을 주도했다. 「대중」지의 속편격인 「새 대중The New Masses」은 문화적 좌파의 기관지를 표방하면서 유명 작가들을 빨아들였다. 그중 많은 경우는 공산주의자가 아니었다. 이 잡지는 월간 시절 판매부수가 6,000부이던 것이 주간으로 바뀌면서 주당 2만 4,000부로 늘었다. 이는 「뉴 리퍼블릭」이나 9,000부가 채 안 되는 「더 네이션」을 훨씬 능가하는 판매량이었다. 좌파 간행물들은 판매부수 면에서는 대중 잡지들에 밀렸지만 발행부수와 관계없이 상당한 영향력을 발휘하면서 여론을 주도했다.

미국 공산당 주도로 발족한 미국작가동맹League of American Writers 회원 명단을 보면 유명 인사 리스트와 다를 바 없다.[33] 토마스 만[1875~1955. 독일의 소설가, 평론가. 1929년 노벨 문학상을 수상했고, 나치의 박해를 피해 1938~52년 미국에 체류했다], 존 스타인벡[1902~68. 미국의 소설가. 1962년 노벨 문학상을 수상했다], 헤밍웨이, 시어도어 드라이저[소설가], 제임스 패럴[소설가], 아치볼드 매클리시[시인], 루이스 멈퍼드[1895~1990. 미국의 철학자, 문명비평가, 도시학자], 릴리언 헬먼, 윌리엄 칼로스 윌리엄스[시인], 넬슨 올그런[소설가], 윌리엄 사로얀[소설가, 극작가], 너대니얼 웨스트[소설가, 시나리오 작가], 클리프턴 패디먼[작가, 방송 진행자] 등등. 심지어 선풍적인 인기의 데일 카네기[1888~1955. 미국의 베스트셀러 작가, 연사. 자기계발서의 원조로 유명하다]도 회원이었다. 이들 대부분은 가끔 동맹 명의로 성명서를 내는 데 이름을 빌려주는 정도였다. 공산당원이었거나 공산당 지지자였던 회원들도 잠시 그런 정도였다.

스톤은 작가동맹에 가입한 적이 없다. 반면에 동료인 샘 그래프턴은 잠시 회원으로 있었다. 그래프턴은 공산주의자도 아니고 사회주의자도 아니었는데 "친구한테 끌려 가입한" 경우다.[34] "그들은 우리가 확실히 발을 담글 때까지 조직이 국제작가동맹 모스크바 지부나 마찬가지란 얘기를 일절 해주지 않았어요. 그들은 개나 소나 끌어들였지요. 당신이 레스토랑 메뉴판을 썼다면 그것도 작가라고 회원으로 집어넣으려 했을 거예요."

미국 연극계에서도 흥미로운 변화가 일어나고 있었다. 가장 충격적인 드라마들 가운데 일부는 선전선동을 목표로 하는 연극이었다. 그러나 급진적인 극단 그룹 시어터―처음에는 시큰둥한 평론가들로부터 "어쩔 줄을 몰라 더듬기만 하는" 연극 단체라는 평을 받았다―는 공산당원인 클리퍼드 오데츠가 강렬한 프롤레타리아 정서를 담은 작품 〈레프티를 기다리며〉를 내놓음으로써 뉴욕을 강타했다.[35] 스톤은 필라델피아 시절 친구가 놀라운 성공을 거둔 데 대해 매우 흐뭇해했다. 레오프의 저택에서 그가 읊던 대사를 유명 배우 루터 애들러와 본인이 무대에서 소리쳤다. 2년 후 역시 스톤의 지인인 배우 존 가필드도 오데츠 작 『골든 보이』에서 화려한 복서로 출연했다. 가필드는 나중에 할리우드 영화 스타가 됐는데 1950년대에는 HUAC 청문회장에 불려나오기도 했다.

〈레프티를 기다리며〉 관객들은 공연 첫날 밤에 폭발했다. 객석에 포진한 배우들이 "자, 답이 뭘까요?" 하고 외치면 관객들은 큰 목소리로 "파업! 파업!" 하고 응수했다. 이 작품이 주는 메시지는 "1930년대의 개막을 알리는 외침이며… 선한 싸움에 동참하라는 호소였다." 커튼콜이 28회나 이어져 공연 시간에 버금가는 한 시간 동안 계속됐다. 관객들은 모자와 외투를 벗어 던지고 무대로 뛰어올라갔다. 공연이 끝나고 24시간도 지나기 전에 노조는 물론이고 전쟁과 파시즘에 반대하는 학생 단체, 정당, 프로와 아마추어를 막론한 극단, 동호인 모임 등에서 〈레프티를 기다리며〉 상연을 허가해 달라는 요청이 그룹 시어터에 쇄도했다. 돈 되는 공연만 골라서 하는 브로드웨이에서도 이 과격한 작품을 상연했다. "〈레프티를 기다리며〉는 연극사상 세계적으로 그 어떤 작품보다 더 많이 상연됐고, 더 많이 공연 금지 처분을 받았다. 맨해튼의 유니언 스퀘어 공원에서부터 모스크바까지, 도쿄에서부터 요한네스버그까지." 오데츠 전기를 쓴 마거릿 브렌먼깁슨의 평가다.

그런 오데츠가 미국작가동맹 팀을 이끌고 쿠바의 노동·사회 실태를 조사하러 갔을 때 스톤도 열렬히 지지했다. 당시 쿠바는 바티스타와 멘디에타가 쿠데타를 통해 독재를 하고 있었다. 「뉴욕 포스트」는 작가 팀의 조사 활동을 '오데츠가 쿠바의 인권 유린을 고발하다!'라는 제목으로 1면부터 대서특필했다. 극작가 오데츠를 비롯한 15명의 조사단에는 여성이 다섯 명 포함돼 있었는데 쿠바에 도착하자마자 전원 체포됐다. "사방에서 총을 든 자들이 몰려들었다. 대표단 중 한 명이 우리의 권리를 주장하려고 했지만 들어주는 사람은 아무도 없었다."[36] 오데츠는 카스트로 집권 이전이었던 당시 상황을 이렇게 설명했다. "우리가 가져간 짐은 저들이 다 열어젖혔다. 노트며 책 같은 것도 모두 압수했다. …현지 경찰은 네이선 샤퍼가 의족 속에 무기를 숨겼다며 난리를 쳤다. …그들은 내가 머리가 긴 것을 보니 러시아인이 분명하다고 떠들었다." 일행은 정치범 수용소에 갇혔고, "소장이 다가오더니 흑인 팀원 한 명을 후려갈겼다." 오데츠가 쿠바의 수용소에 앉아 있는 동안 미국 뉴저지 주 뉴어크의 우크라이나 홀에는 경찰이 들이닥쳤다.[37] 관객이 무슨 잘못을 했던가? 그들은 그저 〈레프티를 기다리며〉를 보고 있을 뿐이었다. 이것이 〈레프티를 기다리며〉 공연을 무산시킨 여섯번째 사건이었다.

  이런 다사다난한 시기에 스톤은 여전히 국내 정치에 온 신경을 쏟고 있었다. 그러나 해외에서 벌어지는 파시즘의 대두 역시 그의 사고와 글쓰기의 중심 주제로 떠올랐다.

9
히틀러, 리프먼, 이지, 그리고 유대인

스톤은 히틀러의 부상을 처음으로 불안과 공포의 눈으로 바라본 미국 문필가들 가운데 한 사람이었다. "아주 일찍부터 스톤은 동시대 미국인들보다 앞서서 독일에서 벌어지는 상황을 정확히 알고 있었어요. 그는 히틀러를 심각하게 봤지요. 더 많은 사람들이 그랬어야 했는데…." 독일 역사학자 베른트 그라이너는 60년 후 "그랬다면 아마 역사는 달라졌을 것"이라고 말했다.[1]

이미 1929년에, 불과 21세의 스톤은 히틀러가 유대인 청소와 세계 정복으로 치달을 것을 간파하고 있었다. 반면에 다른 사람들은 히틀러의 자서전 『나의 투쟁』을 광기에 찬 헛소리로 치부했다. 1932년 스톤은 "조만간 저 교활한 오스트리아 출신 얼치기 땅딸보 화가 히틀러가 독일제국 총리 비스마르크 흉내를 낼 것"이라고 예언했다. 24세 때 스톤은 「필라델피아 레코드」에 예언적 사설들을 쓰면서 독재자 히틀러가 1933년 봄 집권한 것을 맹비난했다. "유럽과 세계에 위험이 된다는 이유는 그가 전쟁에서 출구를 찾을 것이기 때문이다." 1930년대를 일관한 스톤의 논설은 미국에서 가장 영향력 있는 목소리로 여겨졌던 리프먼이 독일과 유대인 문제에 대해 침묵한 것과 극단적으로 대비된다. 히틀러를 "유럽의 문제"로 돌리는 리프먼의 무관심은 대단히 안 좋은 영향을 미치게 된다. 리프먼은 많은 독자는 물론이고 동료 언론인과 세계의 여러 지도자도 자신의 칼럼에서 큰 영향을 받는다고 자부하고 있었다. 그의 영향력은 아주 대단해서 시사 주간지 「타임」은 히틀러의 만행에 대해 아무 비판도 하지 않은 데 대해 리프먼을 핑계로 끌어댈 정도였다. 리프먼은 「타임」이 자신을 미국에서 "정치적으로 가장 영향력 있는 유대계 원로"라고 했을 때 분명 놀라움과 두려움을 느꼈을 것이다.[2]

나치 독일의 역사를 책으로 쓴 저널리스트 윌리엄 시어러[1904~93. 미국의 언론인. 『제3제국의 흥망The Rise and Fall of the Third Reich』의 저자로도 유명하다]는 당시 독일 주재 통신사 특파원이었는데 후일 스톤에 대해 대단히 예외적인 경우라고 평했다. 시어러는 나치의 유대인 박해를 몇 달간 목격한 뒤 상황을 얘기하면서 이렇게 회고했다. "우리의 무지는 변명의 여지가 없었습니다. 서방의 우리 모두는, 특히 정치지도자와 우리 신문들은 아돌프 히틀러를, 그리고 그가 독일과 독일 국민을 지배하고 있다는 사실을 과소평가했습니다."[3] 스톤의 경고가 나온 지 거의 2년 만에 시어러가 내린 결론은 대부분의 독일인이 히틀러를 선뜻 따랐다는 것이었다. 그들은 자유와 기타 민주주의적 권리를 상실하는 것에 대해서는 "조금도 개의치 않았다."

스톤이 쓴 사설들은 점점 심해지는 히틀러의 유대인 박해를 비난했다. 「필라델피아 레코드」 1면은 히틀러가 1933년 총리로 취임하자마자 유대인을 억압한다는 뉴스로 가득했다. 「필라델피아 레코드」는 일찍부터 히틀러가 유대인에게 공포와 모욕을 준다는 뉴스를 주요하게 취급했다. 나치 돌격대가 유대계 가게주인들을 끌어내면 군중들이 둘러싸고 야유하고 괴롭히는 일이 비일비재했다. 바지를 벗기고 할례(유대인의 징표)를 받았는지를 조사하기도 했다. 나치 데모대는 유대인 가게에서 물건을 사가지고 나오는 사람들 이마에 "우리 배신자들은 **유대인**한테서 물건을 샀습니다"라고 쓴 딱지를 붙이기도 했다. 유대인이 운영하는 가게는 "유대인"이라는 표지를 붙이게 했다. 1933년 나치 돌격대와 난동꾼들이 책을 한 아름씩 들고 나와 불태웠다. 군중들은 환호했고, 그렇게 수많은 책들에 대한 장례식이 치러졌다. 불태운 책은 유대계와 자유주의 계열 작가들이 쓴 것이었다. 아인슈타인의 상대성 이론은 "유대인이 세계를 지배하려는" 음모라는 비웃음을 당했다. 나치는 이 위대한 과학자를 "방랑하는 유대인"이라고 불렀다. 아인슈타인은 독일 국적을 거부하고 미국에 정착해 후일 스톤의 친구가 된다.

히틀러의 나치가 권력을 장악한 제3제국第三帝國〔1934~45년의 독일을 일컫는 말〕은 첫날부터 유대계 판사, 법률가, 직원을 법원에서 내쫓았다.[4] 교수들은 대학에서 해직되고 히틀러는 '과학과 인종'이라는 과목을 개설하게 했다. 많은 유대계 독일인들은 여전히 그런 미치광이가 오래갈 수는 없다고 생각했다. 반유대주의적 행동이 도처에서 공공연히 벌어졌다. 1933년 7월 20일 유대계 가게주인 300명이 뉘른베르크 시내에서 조리돌림을 당했다. 군중들은 이들을 에워싸고 따라다니며 야유와 조소를 퍼부었다. 돌격대는 걸음이 느린 노인들을 걷어차거나 수염을 잡아당겼다. 바로 그날 슈투트가르트에서는 군중들이 성인 남녀와 어린이 400명에게 욕을 하고 침을 뱉는가 하면 지저분한 포장도로를 핥거나 잡초를 뽑게 했다.

독일인들은 2차 대전 종전 후 "나치의 그런 행동에 대해 전혀" 몰랐다고 주장했지만 수십 년 뒤에 사실이 아님이 밝혀졌다. 홀로코스트를 연구한 학자들이 1930년대 독일 주재 미국 공관들이 국무부와 백악관에 다급하게 보낸 전문들을 찾아내 당시 상황을 복원해낸 것이다. 역사학자 아서 D. 모스는 미국을 비롯한 주변국들의 무관심을 폭로한 역작 『600만이 죽어나가는 동안While Six Million Died: A Chronicle of American Apathy』〔1968〕에서 사례를 중심으로 "히틀러의 유대인 학살이 시작될 때부터 독일 대중은 그 악행에 대해 충분히 알고 있었다"는 것을 증명했다. 도시별로 경쟁하듯이 관할 구역 시작 지점에 "유대인 없음"이라고 쓴 간판을 내걸기도 했다.

1934년 7월에 게재된 「뉴욕 포스트」 사설은 역사적인 깊이와 열정, 그리고 스톤이 어려서부터 입증해온 선견지명을 잘 보여준다. 고딕체로 인쇄된 사설은 "평화가 심각한 위기에 처했다"고 주장했다. "열강들이 즉각 나서서 독일에게 반항해봐야 소용없다는 것을 분명히 보여주지 않으면 오스트리아는 합병되고 세계 평화는 물 건너갈 것이다. 오스트리아 위기 때 영국이 그랬던 것처럼 이것저것 따지며 주저하는 것은… 평화를 보장하는 길이 아니라 나치의 야욕을 키워 전쟁을 불러오는 길이다."[5]

1930년대 초 특파원들은 공산주의자, 사회주의자, 가톨릭교회, 유대인에 대한 히틀러의 공격이 시시각각 심각해지는 상황을 기사로 보냈다. 그러나 신문들은 이런 기사를 광고 옆에 단신短信으로 처박아버리는 경우가 많았다.[6] 양으로만 보면 「뉴욕 타임스」가 관련 보도를 가장 많이 했지만 기사를 잘 안 보이는 데 묻어놓았다. 1932년 4월 독일 남부 바이에른 주 다카우에 강제수용소가 건설 중이라는 기사도 그랬다. 목격자들은 신규 수용자 4,000명이 수용소 안에서 인부 500명과 함께 작업을 하고 있다고 증언했다. 담장에는 고압 전류가 흐르고, 총을 든 보초들이 감시하고 있었다. 대도시의 많은 신문 잡지들과 달리 미국 중서부의 작은 신문들이 오히려 독일은 더이상 문명 세계의 일원이 아니라고 규탄하며 사회주의 성향 독자들에게 호소했다.

리프먼이 이런 신문들과 똑같은 일을 했다면 여론을 돌려서 루스벨트 행정부가 행동에 나서도록 만들었을지 모른다. 루스벨트가 과연 그렇게 적극적으로 행동했겠느냐는 물론 이론의 여지가 있다. 루스벨트는 홀로코스트가 벌어지기 전부터 한창 진행 중일 때까지 국무부 내부 전문 등을 통해 사정을 잘 알고 있었지만 줄곧 침묵을 지켰다. 이는 충격적일 만큼 부도덕한 태도였다.[7] 그러나 리프먼은 5년 세월 동안 내내 유대인의 처지를 나 몰라라 하고 외면했다. 1938년에 5년간의 침묵을 깨고 했다는 얘기가 고작 유럽의 "인구 과잉" 문제(유대인이라는 표현을 직접 쓰지는 않았다)는 유대인들을 아프리카로 이주시킴으로써 해결할 수 있다는 것이었다. 리프먼은 "나치의 공포정치가 함의하는 인간적인 차원에 대해서는 놀라울 정도로 무감각했다. 특히 유대인과 관련이 있을 경우 그랬다." 리프먼 전기를 쓴 로널드 스틸의 지적이다.[8] 많은 저널리스트들이 그랬던 것처럼 리프먼도 히틀러가 집권 초기에 "평화"를 외친 것을 호의적으로 평가했다. 그러나 그 정도에서 그치지 않고 히틀러를 "제대로 된 정치가"이며 "진정으로 문명화된 민족의 진정한 목소리"라고 치켜세웠다.

스톤과 마찬가지로 시어로도 리프먼 식의 생각이나 정서와는 거리가 멀었지만 "중립성"을 강조하는 통신사 기자 특유의 직업의식에 손발이 묶였다.[9] 고작 일기에 히틀러의 "평화" 제안은 "순전히 사기"라고 쓰는 정도였을 뿐이다. 당시 일기에는 이런 내용도 나온다. "내가 용기가 있다면, 아니, 미국 언론이 용기가 있다면 오늘 보낼 기사에 그렇게 썼을 것이다. 하지만 난 '사설 쓰는 사람'이 아니었다." '그래도 기자는 봐준다'는 말이 나치 독일에서는 통하지 않았고, 따라서 일기에 쓴 얘기들은 기사화되지 않았다.

한편 리프먼은 무관심을 넘어 심각한 실수를 저질렀다. 일부의 행동을 이유로 민족 전체를 판단할 수 없다고 씀으로써 사실상 유대인을 비방했기 때문이다. "프랑스인을 혁명 당시의 공포정치로 판단하는 것이 공정할까? KKK단의 행동을 가지고 개신교를, 일부 졸부의 행태를 가지고 유대인을 판단하는 것이 공정할까?"[10] 이런 주장은 히틀러의 반유대주의를 옹호하는 듯한 느낌을 주었을 뿐 아니라 유대인에 대한 상투적인 비난을 다시 한번 되풀이한 것이다. '유대계 부자는 천박하고, 앵글로색슨계 백인 부자들과는 달리 기품이 없다'는 얘기와 다를 바 없었다.(리프먼은 이 칼럼에 대한 반응을 보고 당황했는지 문제의 칼럼을 2년 후 출판한 논설집에서는 빼버렸다.) 이런 칼럼들 때문에 뉴딜 지지자이자 후일 대법원 판사가 되는 펠릭스 프랭크퍼터는 리프먼과 절교한다.

「필라델피아 레코드」수석 논설위원인 스톤이 본지에 실린 리프먼 칼럼에 대해 편집자 주 형태로 경고를 발한 것은 놀라운 일이 아니다. "편집자 주: 월터 리프먼의 칼럼을 본지가 게재하는 이유는 리프먼 씨가 미국에서 가장 중요한 정치평론가의 한 사람이기 때문이다. 그의 의견은 오로지 그 자신의 견해이며, 본지의 편집 방향과 일치하지 않는 경우가 있다."[11]

1933년 리프먼의 무신경한 칼럼이 실렸던 어느 날 「필라델피아 레코드」는 히틀러의 유대인들에 대한 비인간적 학대 기사로 도배를 했다. 리프먼이 히틀러의 거짓 평화 요구를 좋게 평하는 칼럼을 쓰기 한 달 전에 이미 독일에서 벌어지는 사태는 히틀러의 의도가 무엇인지 분명히 말해주고 있었다. 베를린의 군중과 경찰은 시너고그를 나서는 유대인들을 다짜고짜 체포했다. 그해 4월 1일 「필라델피아 레코드」 두번째 섹션 1면에 큼지막한 사진이 실렸다. 돌격대원 4명이 미국 체인점 독일 지점 앞에서 영업을 방해하는 장면이었다. 나치 만자 문양 완장을 두른 갈색 셔츠에 각반을 찬 사내 넷이 발을 쩍 벌리고 나치 노래를 큰 소리로 부르고 있었다. 하나같이 범죄자처럼 험상궂은 표정이었다. 히틀러는 독일의 인간쓰레기들에게 제복을 입히고 무기를 들려주어 지지세력으로 동원했다. 6부 시리즈 마지막 편인 이 기사의 제목은 '독일의 암울한 미래, 독재자가 모든 반대세력을 탄압하다'였다.[12] 대부분의 미국 신문들도 이 불매 운동에 대한 기사를 싣기는 했다. 그러나 「필라델피아 레코드」는 1면에 대서특필하면서 유대인들은 여권도 압수당했기 때문에 이제 달아날 곳도 없다고 보도했다. 물론 "하루 동안의 반유대 불매운동이 끝난 뒤, 베를린은 평소와 같이 영업이 이루어지고 있다"는 식으로 아무 생각 없이 기사를 쓴 특파원도 있었다.

미국 국무부는 이미 히틀러에 대한 문제 제기를 포기한 상태였다.[13] 미국유대인회의American Jewish Congress는 뉴욕 매디슨 스퀘어 가든에서 대규모 항의 집회를 열 계획이었지만 불매 운동 다음날 침묵 모드로 돌아섰다. "국무부의 뜻을 존중해 우리는 이번에는 독일 내 유대인들의 비극적 상황에 대한 언급을 자제하기로 했다." 당시 「필라델피아 레코드」 보도에 따르면 유대인회의는 이런 간단한 성명만 발표하고 전후 사정에 대해서는 아무 설명도 하지 않았다.

많은 사람들이 유럽 유대인들이 겪고 있는 참상을 과소평가했지만 리프먼이 그에 대해 무시로 일관한 것은 비난받아 마땅하다. 그는 1939년에 가서도 배를 타고 국외로 탈출한 유대인들이 망명지를 구하지 못하고 떠도는 현실에 대해 아무 말 하지 않았다.[14] 1942년 죽음의 강제수용소의 존재가 알려지고 일부 신문들이 상세하게 보도했을 때도 리프먼은 아무것도 쓰지 않았다. 다른 저널리스트들이 국무부에 대해 히틀러의 유대인 말살 계획을 알면서도 비밀로 했다고 비판했을 때에도 리프먼은 아무것도 쓰지 않았다. 이와는 정반대로 스톤은 의회와 루스벨트 대통령에게 미국의 이민 정책을 완화해 유럽 유대인 난민을 수용할 것을 강력히 촉구하는—일부 평범한 시민, 극소수 작가, 유대교에서 퀘이커교도에 이르는 종교 단체들도 이런 목소리를 냈다—글을 썼다.(효과는 없었다.) 리프먼은 이민자 수 제한 정책을 바꾸는 것에 반대했다. 이는 대공황으로 찌든 미국인들의 전반적인 정서였다. 실업자들은 외국인이 들어와 노동시장에서 경쟁자가 되는 것을 두려워했다.

리프먼의 칼럼들은 시간의 시험을 이겨내지 못한 반면 이지의 글들은 반세기 후 홀로코스트를 연구한 역사학자들로부터 높은 평가를 받았다. "대부분의 언론이 무관심까진 아니더라도 냉정한 자세를 보였다는 것은 「뉴욕 포스트」나 「더 네이션」, 「뉴 리퍼블릭」, 「커먼윌Commonweal」(1924년 창간된 가톨릭계 종교·정치·문화 관련 평론지), 「PM」 같은 신문·잡지들의 행태와 비교하면 지극히 대조적이다."[15] 홀로코스트를 연구한 역사학자 데보라 립스태드의 지적이다. "I. F. 스톤, 도로시 톰슨, 윌리엄 시어러, 아서 쾨슬러, 맥스 러너, 프리다 커치웨이 같은 사람들이… 다른 동료 저널리스트들에 비해 정보가 더 많았던 것은 결코 아니다. 이중 일부는 다른 주요 일간지에 난 기사에 의존했다. …이런 신문들과 대부분의 주류 언론의 진짜 차이는 사태를 사실이라고 믿었느냐 믿지 않았느냐가 아니라, 행동을 했느냐 안 했느냐, 열정을 가지고 글을 썼느냐 그저 냉정한 자세만 유지했느냐이다." 그들은 연합국이 "유대인은 희생돼도 할 수 없다"는 식의 태도를 버리면 상황을 호전시킬 수 있다고 확신했다.

스톤 본인이 맞닥뜨린 미국 유대인들의 일반적인 정서는 리프먼의 그것과 다르지 않았다. "한 독일계 유대인 독자가 찾아온 기억이 나네요. 1931년이나 32년쯤이었어요."[16] 이지가 패트너와의 대담에서 한 회고다. "그 사람이 그러더군요, '왜 그렇게 히틀러를 까는 사설을 쓰는 겁니까? 그가 핍박하는 것은 동유럽 유대인들뿐입니다.'" (독일계 유대인들은 동유럽 유대인들을 우습게 여겼고, 당시에 자신들은 히틀러의 박해 대상이 아니라고 생각한 것이다.)

리프먼과 스톤을 비교해보면 1930년대 유대인들의 분열상이 드러난다. 당시 전 세계적으로 정계, 재계, 언론계, 법조계는 물론, 대학과 기업 이 사회에서도 노골적인 반유대주의가 지배적이었다. 스톤이 존경해 마지않는 프랭클린 루스벨트조차도 유대계를 고위직에 앉히기는 했지만 개인적으로는 반유대주의에 젖어 있었다. 「뉴욕 타임스」의 사업 관행을 "더러운 유대인의 속임수"라고 비판해 아서 헤이즈 설즈버거 사장이 길길이 뛴 적도 있다.

리프먼과 스톤은 같은 유대계지만 출신으로 보면 정반대다. 리프먼은 대단히 부유한 집안에서 자랐고, 부모는 독일계 이민 2세대였다. 그는 하버드 대학에 진학할 때도 비싼 정장을 트렁크 하나 가득 가지고 갔다. 리프먼과 같은 상류층 유대인들에게는 미국 사회에 동화되는 것이 목표였다. 이들은 대개 이디시어를 쓰는 러시아와 폴란드 출신 유대인들(이지 스톤이 대표적이다)을 우습게 여기는 분위기에서 자랐다.

두 사람이 모든 점에서 대조적이라는 것은 그야말로 연구거리다. 리프먼은 냉철하고 고상한 스타일이었다. 반면 스톤은 다혈질이고 열정적이었으며 대중의 편에서 발언했다. 스톤이 이데올로기적 열정에 치우쳤다면 리프먼은 그런 정열이 없다는 게 단점이었다. 리프먼은 일찌감치 저널리스트로 명성을 얻었지만 스톤은 나이가 들어서 유명해진 축이다. 리프먼의 친구들은 그의 이름(월터)을 줄여서 부르는 법이 없었고, 잘 모르는 사람이 그를 애칭으로 부르는 경우도 없었다. 반면에 스톤은 일면식도 없는 사람들도 **이지**라고 불렀다. 스톤은 아웃사이더 입장을 유지하는 것이 정치를 보도하는 유일한 방법이라고 생각했고, 정부는 지속적인 감시가 필요하다고 봤다. 반면에 리프먼은 국왕과 대통령들, 금융가, 재벌과 교류하면서 인사이더로서의 강점을 한껏 누렸다. 그가 쓴 칼럼을 보면 민주주의가 열등한 평균적 시민들이 행사하는 표에 의존하는 것을 경멸하는 경우가 종종 있다. 심지어 어떤 경우에는 월스트리트가 행정부를 통제해야 한다는 신념을 드러내기도 했다.

1916년이면 이미 리프먼은 유대인들이 당하는 고통은 상당 부분 본인들 책임이라는 생각을 굳힌 상태였다. 그러나 스틸은 "리프먼이 유대인들이 '다르다'는 것을 비판하면서도 '이방인들'이 그런 차이를 과장하고 핍박하는 것에 대해서는 말하지 않았다"고 지적한다.[17] 이런 발상은 스톤에게는 저주나 마찬가지였다. 스톤은 이름을 바꾸기는 했지만 유대인이라는 것을 자랑스럽게 생각했고, 어떤 문제를 다룰 때 자신이 유대인이라는 것을 분명히 밝혔다. 스톤은 동유럽 유대인들의 처지에 깊이 공감했고,

팔레스타인에 유대 독립 국가를 세워야 한다고 열렬히 주장했다.(그러나 후일 이스라엘이 팔레스타인 사람들을 핍박한 것을 비판함으로써 동료 유대인들에게 질타를 당한다.) 리프먼은 동유럽 유대인들은 무시했다.

리프먼은 자신이 유대인이라는 것을 끝까지 숨기려 했다. 어린 시절 친구인 칼 빙어는 리프먼 70회 생일을 기념하는 에세이집에 들어갈 전기를 써달라는 부탁을 받고 난감했다. 당시 사정을 기자 출신 작가 데이비드 헬버스탬은 이렇게 전한다. "빙어는 월터가 유대인이라는 얘기를 차마 할 수 없었다. 그렇게 되면 월터는 자신을 결코 용서하지 않을 것이고, 다시는 말도 붙이지 않을 것"이기 때문이었다.[18] 빙어는 리프먼이 삭스 박사가 운영하는 남학생 전용 학교에 다녔다는 말로 리프먼의 내력을 암시하는 정도로 그쳤다. 이 학교는 부자 유대인 자식들이 다니는 곳이었다.

유대계라는 사실을 감추려 한 유명 저널리스트는 리프먼만이 아니었다. CBS를 작은 라디오 방송에서 거대 기업으로 키운 빌 페일리 사장은 러시아계 유대인이라는 사실이 알려지지 않도록 극도로 조심을 했고 와스프[앵글로색슨계 백인 개신교도]들과만 어울렸다. 그는 유대계라는 딱지가 붙는 것을 두려워했지만 결국 워싱턴의 고위급 백인 남성 전용 클럽인 '에프 스트리트 클럽F Street Club' 인기투표에서 회원 자격 불가 '판결'을 받았다. 그는 뮤지컬《지붕 위의 바이올린》을 후원할 기회가 왔을 때도 "작품은 좋은데 유대인 색깔이 너무 강하지 않나요?" 하면서 거절했다.[19]

「뉴욕 타임스」의 유대계 소유주들은 유대계한테는 고위직을 주지 않는다는 불문율을 고집했다.(후일 「뉴욕 타임스」는 유대계가 소유하고, 가톨릭계가 편집하고, 개신교도들이 읽는다'는 말이 생겼다.) 아서 헤이즈 설즈버거[스페인계 유대인 집안]는 당시 사장인 아돌프 옥스[독일계 유대인]의 딸 이피지니와 결혼했고, 1930년대 중반에 「뉴욕 타임스」편집국장이 되었다. 원래 주인인 처가는 "우리 신문은 유대인 색채가 너무 강하지 않게 해야 한다는 신념"을 가지고 있었다고 헬버스탬은 썼다. 1937년 설즈버거는 단호한 어조로 "내가 이 신문사에 있는 동안 유대계를 중용한 적은 없다"고 주장했다. 「뉴욕 타임스」 워싱턴 지국장이었던 아서 크록은 유대계라는 사실을 숨겼고, 지국에 유대계 기자를 두지 않았다. 설즈버거는 1939년 유대계 지도급 인사들이 프랭클린 루스벨트 대통령에게 프랭크퍼터를 대법원 판사로 임명하지 말 것을 촉구할 때도 함께했다. 유대계를 앞힘으로써 오히려 반유대주의 분위기가 확산될 것을 우려한 것이다. 아서 설즈버거의 조카인 사이 설즈버거는 1952년에도 유럽 통신원이었던 대니얼 쇼어에게 정식 기자로 채용할 생각이 없다고 말했다. "우리는 유럽에 유대계 기자가 너무 많아서"라는 게 이유였다고 해리슨 솔즈베리[1908~93. 미국의 저명 언론인]는 전한다.

공화당 주류의 수호자를 자처하는 「뉴욕 헤럴드 트리뷴New York Herald Tribune」은 더 심한 분위기였다. 편집장을 지낸 바 있는 작가 리처드 클루거의 말에 따르면 유대계는 가급적 채용이나 승진에서 배제됐다. 이 신문사에서는 유대계는 거칠고 급진적이거나 지나치게 저돌적이라는 평이 지배적이었다. 리프먼은 와스프 발행인들이 가장 편하게 지낼 수 있는 스타일의 유대인이었다. 하버드 출신이면서도 모교의 유대계 신입생 정원을 제한해야 한다고 말하는 유대인….●20

이런 분위기에서 국내외를 막론하고 유대인 문제를 심각하게 취급하는 메이저 언론은 거의 없었다. 「헤럴드 트리뷴」의 유럽 취재 지침은 그중에서 가장 나쁜 경우였다.21 이 신문은 파리 특파원들에게 미국인 관광객을 많이 유치하기 위해 유럽의 매력을 많이 보도하라는 지침을 내렸다. 그래야 유럽판 판매부수가 올라간다는 계산이었다. 「헤럴드 트리뷴」은 중

● 미국 미디어 업계에서는 20세기 후반까지도 흑인과 여성에 대한 차별이 공공연히 존재했다. 불문율 같은 것이 작용해 채용에서 불이익을 봤지만 이에 대해 이의를 제기하는 목소리는 1960년대 말까지 없었고, 그런 차별 관행이 바뀌지도 않았다. 눈에 보이지 않는 차별은 21세기인 지금도 많은 거대 언론사에 여전히 존재한다. 흑인과 여성에 대한 평등 요구는 유대계 이름을 가진 남성들이 대도시 언론사에서 별다른 차별을 받지 않게 된 뒤에나 가능해졌다.

요한 시기에는 뉴스 보도를 아예 하지 않았다. 예를 들어 나치 독일이 오스트리아를 합병할 때는 현장에 특파원을 보내지 않았다. 리처드 클루거는 과거 이 신문은 파시스트 정권들의 비위를 맞추었다고 쓰고 있다. "그이유는 오로지 소유주들이 개인적인 특권을 박탈당하는 것을 원치 않거나 자금조달이 필요해서였다." 「헤럴드 트리뷴」의 변명은 "우리는 외국을 적으로 만드는 위험을 감수할 수 없다"는 것이었다. "외국 정권의 잘못을 까발리거나 현지에서 곧 전쟁이 벌어질 위험이 있다는 식의 칼럼을 게재함으로써 관광객들을 겁먹게 해서는 안 된다"고도 했다.

유대계라는 자부심이 있는 I. F. 스톤 같은 사람은 이런 신문에 채용되지도 않았을 것이고, 설령 입사했다 해도 살아남지 못했을 것이다. 데이비드 스턴 사장과 끈이 닿았다는 것은 이지 스톤에게는 정말 축복이었다. 스턴 사장은 유대계라는 사실이나 사회 문제에 대한 열정 같은 것을 결코 숨기지 않는 극소수의 훌륭한 유대인 신문사 사장이었다. 그런 그도 소속 칼럼니스트들에게 유대식 이름을 바꾸라고 종용할 수밖에 없었다.

스톤 역시 리프먼과 마찬가지로 히틀러 등장의 배경을 1차 대전 이후 베르사유 조약에 따라 독일이 엄청난 규모의 전쟁배상금을 물게 된 상황에서 대공황까지 겹쳐 경제가 극도로 악화됐다는 점에서 찾았다. 전쟁배상금과 관련해서는 독일에 "정신 나간 액수"를 요구했다고 썼다.[22]

1930년대 초에 스톤이 쓴 기사를 보자. "독일은… 전체 영토와 인구의 10분의 1을 빼앗겼고, '폴란드 회랑'〔베르사유 조약에 따라 폴란드에 할양한 지역으로 2차 세계대전의 도화선이 되었다〕으로 국토가 반으로 나뉘었다. 산업적으로는 석탄 생산의 30퍼센트, 철광석의 75퍼센트를 빼앗김으로써 경제적으로 절름발이가 됐다."[23] 독일 공화국을 약화시키는 것은 "그러지 않아도 불만 많은 수다쟁이에게 마구 휘두를 칼을 쥐어주는 것이나 마찬가지였다." 스톤은 터키의 케말 파샤, 이탈리아의 무솔리니, 러시아의 스탈린과 같은 다른 독재자들에 대해서는 "기질과 목표의식이 대단한 사람들"이라고 썼다. 그들이 사회주의라는 것을 내세우며 잔혹한 방법으로 집권한 사실은 접어둔 표현이었다.

히틀러가 총리가 되기 위해 무슨 약속이든 할 것이라고 본 스톤의 예언은 정확했다. 스톤은 또 "하지만 히틀러의 약속은 별로 가치가 없다. …히틀러가 독일의 정부수반이 되면" 결국 "유혈 내전과 함께 계급투쟁이" 발생할 것이라고 봤다. 그러나 대부분의 관측자들과 마찬가지로 스톤도 히틀러가 국민을 그토록 쉽게 장악해 "하일 히틀러!"를 외치게 할 것이라고 예상하지는 못했다. 후일 스톤은 "독일 프롤레타리아의 반란 같은 것은 전혀 없었다. 1918년에만 해도 그렇지 않았다"고 언급했다.[24]

1933년 1월 「필라델피아 레코드」 사설은 앞부분에서 "독일 자본주의와 민주주의의 몰락"에 대해 개탄했다.[25] "채플린 수염에 교활한 눈을 한 시끄러운 선동가"이자 "중부 유럽 KKK단" 단장인 히틀러가 힌덴부르크 대통령에 의해 독일 총리로 임명됐다. 그로부터 한 달 후 제국의회 의사당 방화 사건이 있었고, 이를 계기로 히틀러는 하룻밤 사이에 영웅이 되었다. 히틀러는 방화가 공산주의자들의 음모라고 주장했다. 물론 나치가 동정 여론을 얻기 위해 방화 사건을 꾸몄다는 것이 대부분의 역사학자들의 평가다. 히틀러는 방화를 테러로 규정하고 테러에 대한 전쟁을 선포하는가 하면, 언론과 집회의 자유, 불법 수색이나 체포를 당하지 않을 권리 같은 헌법적 권리들을 정지시켰다. 그러면서 돌격대[SA]와 친위대[SS]를 투입해 반대세력을 철저히 파괴했다. 이런 무자비한 탄압으로 나치는 이후 실시된 총선에서 야당을 물리쳤다. 1933년 3월 5일 나치는 44퍼센트의 득표율로 제국의회를 장악했다.

미국을 비롯한 그 어느 자유국가도 히틀러 반대세력을 지원해야 한다는 선견지명 같은 것은 없었다. 더구나 영국 총리 네빌 체임벌린은 히틀러의 선제공격 허용이 "우리 시대에 평화를" 확보하는 것이라고 주장했다.

히틀러는 오스트리아를 침공하면서 독일은 "압제자가 아니라 해방자로" 오는 것이라고 말했다. 오스트리아인들은 열렬히 환영했다. 내부 반대세력은 국가 안보라는 이름으로 철저히 탄압됐다. 히틀러는 연설 때마다 팔을 요란하게 휘두르며 신경질적인 목소리로 "유대인들은 가라"고 고함쳤다. 수많은 남녀와 어린이들이 그의 주장에 환호했다. 홀로코스트 기념박물관에 있는 각종 동영상과 반세기에 걸쳐 수집된 증거 자료는 전후에 독일인들이 히틀러의 진짜 의도가 뭔지 처음에는 몰랐다고 한 주장이 사실이 아님을 분명히 보여준다.

유대인을 박해해 관심을 다른 곳으로 돌리는 것은 "지지자들을 규합하는" 작전이라고 스톤은 지적했다. 그는 이런 전술에 대해 강렬한 분노를 표했다. 리프먼의 잔인할 정도로 무관심한 태도와는 극명하게 대비된다. 리프먼은 "유대인 박해"는 "**유럽을 보호**하는 일종의 피뢰침" 같은 역할을 한다고 썼다.[26]

스톤은 미국이 2차 세계대전에 참전하면 안 된다고 하는 주류 고립주의isolationism[자국의 이익이나 안보에 직접 관련이 없는 경우 타국이나 다른 지역의 분쟁 등에 개입하지 않는 외교 정책]나 무관심, 유대인 박해 사실 부정이나 히틀러 지지에 대해 반론을 제기한 반면 리프먼은 "고립주의라고 하는 미국의 대세를 거스르려 하지 않았다."[27] 1933년 리프먼은 "유럽이 전쟁을 준비하는 동안 미국은 중립을 준비해야만 한다"고 썼다. 유럽의 안정은 중요하지만 리프먼은 그 안정을 지키기 위해 행동에 나서는 것은 거부했다고 스틸은 지적했다. "그는 대중의 지혜를 우습게 알았지만 평균적인 사람만큼이나 어쩔 줄을 몰라 혼란스러워했다."

초기 단계에서는 희망과 비관주의가 경합했다. 스톤은 독일인들이 유대인 상점 불매 운동을 하면 결국은 독일 은행들이 엄청난 손실을 보게 되고, 비유대인과 유대인의 건전한 거래 관계는 붕괴되는 상황이 올 것이라고 낙관했다. 그러나 이는 합리성과는 거리가 먼 체제에 합리성의 잣대를 들이대는 논법이었다.

1935년 미국 뱃사람들의 과격 행동이 국제적인 사건으로 비화됐다. 미국 언론들은 이 사태를 이상하게 해석했다. 뉴욕 사건은 1935년 히틀러가 뉘른베르크 법^{Nuremberg laws}〔유대계 독일인의 독일 국적을 박탈하고, 유대계와 독일인의 성관계 및 결혼을 금지하는 한편, 유대인의 공무 담임권을 박탈한 나치의 법〕을 만들어 유대인을 탄압하는 데 좋은 빌미가 됐다. 뉘른베르크 법은 유대계 독일인의 시민권을 공식 박탈했고, 몇 달 후에는 유대인들의 목숨까지 빼앗았다. 그러나 미국의 언론들은 뉴욕 사건이 히틀러의 유대인 박해를 촉발했다고 설명했다. 당시 뉴욕 항에 정박한 독일 정기여객선 브레멘호에서 나치의 만자 문양 깃발이 펄럭이는 것을 보고 분노한 미국 선원 여섯 명이 배에 올라가 깃발을 뜯어냈다. 히틀러보다는 볼셰비키를 증오하는 미국에서 만자 깃발을 훼손한 "빨갱이들" 사건은 도발적인 제목으로 대서특필하기에 충분했다. 「뉴욕 타임스」는 '선상 난동에 베를린 분노'라는 제목을 달아 히틀러를 두둔했다.²⁸ 기사 첫 문장은 이렇게 시작됐다. "어제 오전 발생한 여객선 브레멘호에 대한 공산주의자들의 난동은 곧바로 국제적인 사건으로 비화됐다."

뉴욕 치안판사 루이스 브로드스키는 ('이들이 일을 저질렀다는 분명한 증거가 없다'는 식으로) 센스 있게 관련자 전원을 방면했다. 그러면서 만자 같은 "해적" 깃발은 "우리 시민들이 보기에는 미국의 이념에 어긋나는 상징물로 불필요하게 오해될 소지가 있다"는 설명을 덧붙였다.²⁹ 스톤의 「뉴욕 포스트」는 처음에는 다른 언론들과 마찬가지로 그들의 행동을 "개탄스럽다"고 평했다. 이는 반공주의자인 스턴 사장이 쓴 구절임이 분명하다. 그러나 스톤은 만자 깃발 훼손 사건에 대한 독일의 분노가 도를 넘었다고 이의를 제기했다. 나치가 저지른 훨씬 "개탄스러운" 행동이 브레멘호 사건 같은 해프닝을 촉발시켰다고 본 것이다. "나치 비밀경찰은 함부르크 항에 입항한 미국 맨해튼호 선원 로런스 심슨을 체포해 재판도 거치지 않고 보석도 불허한 채 '음모'를 꾸몄다는 혐의로 구속했다."[30] 이어 고딕체로 다음과 같이 강조했다. **"심슨은 지금도 수감 중이다. 그를 억류한 데 대해 동료 미국인 선원들은 브레멘호의 만자 깃발을 끌어내림으로써 항의의 뜻을 표한 것이다."**

뉘른베르크 법 집행 과정에서 벌어진 끔찍한 인권 탄압은 무시하고 만자 깃발 소동을 대서특필한 것은 뉴스 가치 판단이 얼마나 잘못돼 있었는지를 잘 보여준다. 뉘른베르크 법은 7월의 브레멘호 사건이 일어나기 세 달 전에 이미 시행됐다. 1935년 4월 28일 나치는 독일의 모든 유대인의 시민권을 박탈한다고 공식 선언했다. 스톤과 「뉴욕 포스트」는 사태를 제대로 짚었다. 「뉴욕 포스트」는 브레멘호 사건에 대한 히틀러의 분노는 "고도의 제스처"라고 규정하고 "나치가 이 사건을 국내에서 유대인 박해를 강화하는 명분으로 삼으려는 것은 의심의 여지가 없다"고 비판했다.[31]

뉘른베르크 법은 유대인들의 운명을 결정하고 테러리즘을 합법화했다. 유대인들은 더이상 정부나 '아리안족[Aryan]'[나치가 순수 독일인을 일컫는 말]이 하는 비즈니스 분야에서는 일할 수 없고, 군에도 갈 수 없으며, 투표권도 없고, 만자 깃발을 흔들 수도 없었다.(이것도 박해라면 박해다.) 유대인은 '아리안족'과의 결혼, 약혼, 성관계가 일절 금지됐다. 탈출구는 없었다. 독일 국민이 아닌 자에게는 국경이 폐쇄됐기 때문이다. 나치를 두려워하거나 지지하는 독일인들은 이웃이 비명을 지르며 끌려갈 때 외면했다. 유대인들을 천천히 목 졸라 죽이는 작전이었다. 아이들은 부모가 식량을 마련하기 위해 가재도구를 내다파는 모습을 멍하니 지켜봤다. 학교에도 가지 못하게 돼 부모와 꼭 붙어 지내면서 나치 돌격대가 언제 들이닥칠지 몰라 벌벌 떨었다. 브레멘호 사건에 대해 미국이 잘못을 인정하는 듯한 저자세를 보이자 히틀러는 이제 파란불이 켜졌다고 생각했다.

스톤은 계속 경고를 발하고 행동을 촉구했다. 그는 로마 황제 코모두스에 대한 기번의 평가를 인용하면서 "가톨릭교회가 '공산주의자들'과 연합해 반정부 음모를 꾸몄다는, 말도 안 되는 히틀러의 주장"에 대해 맹공을 퍼부었다.[32] 그는 또 무솔리니가 "독가스를 사용해" 에티오피아를 강점한 것에 대해 "국제 협약 위반"이라고 공격했다. 이와 함께 국제연맹League of Nations[유엔의 전신]의 허약성을 비판하고 에티오피아 같은 운명이 "내일이면" 유럽 어디서나 재현될 수 있다고 경고했다. 스톤은 "파시스트들은 독가스와 총탄과 고문실은 인간 육신으로는 버텨낼 수 없다는 사실을 발견했다"면서 평소 자주 인용하는 악당 얘기를 덧붙였다. "예전에 그런 수단을 썼던 토르케마다 같은 자들은 후대에 자신을 모방하는 자들이 똑같은 결론에 도달하리라는 걸 잘 알고 있었다. 그러나 인간의 육신이 버텨낼 수 없는 것을 인간의 정신은 이겨낼 수 있다." 스톤은 이렇게 희망을 잃지 않으면서도 다시금 불안감을 토로했다. "위험할 정도로 많은 미국인들에게 파시즘이 먹혀들고 있다는 증거가 매주 나타나고 있다."

1986년에 나온 데보라 립스태드의 『믿기지 않는 사실Beyond Belief: The American Press and the Coming of the Holocaust, 1933~1945』은 그보다 18년 전에 나온 모스의 『600만이 죽어나가는 동안』보다 언론에 대해 훨씬 혹독한 평가를 내린다. 모스는 미국 독자들이 좀더 세심하게 신문을 읽었다면 나치의 실상을 좀더 정확히 알 수 있었을 것이라고 주장한다. 립스태드와 모스 두 사람의 주장은 명쾌하다. 뉘른베르크 법, 1936년 베를린 올림픽 개최, 1938년 독일의 오스트리아 합병과 크리스탈나흐트Kristallnacht[1938년 11월 9~10일 밤 독일 전역에서 나치가 유대인을 집단 살해·폭행하고 유대인 상점을 불태운 사건. 당시 거리를 뒤덮은 유리창 파편이 수정처럼 반짝거렸다고 해서 '수정Kristall의 밤nacht' 사건이라고 한다] 같은 주요한 사안들은 그런대로 보도가 잘 됐다.

그러나 일상적인 유대인 박해를 지속적으로 보도하는 경우는 극히 드물었다. 게다가 신문잡지에 나온 분석은 히틀러의 야만적인 유대인 박해를 설명하기 위해 견강부회 식 논리를 동원해 독자를 헷갈리게 만드는 경우가 많았다. 예를 들면 히틀러가 어쩔 수 없는 상황에서 불량배들을 단속하기 위한 고육지책이었다는 논리에서부터 유대인의 자업자득이라는 이론까지 종류도 다양했다. 그러나 히틀러의 반유대주의가 광기에 찬 학살 계획으로까지 이어진 것에 대해 문제를 제기하는 언론은 거의 없었다. 히틀러는 이미 1920년에 그런 구상을 밝혀둔 바 있다.

우파 수정주의자들과 21세기의 작가, 언론은 아직도 히틀러 정신분석에 몰두하고 있다. 도저히 설명이 안 되는 행동을 어린 시절 경험 탓으로 설명하려고 애쓰면서 악마를 인간화한다. 이에 대해 나치의 유대인 학살을 치열하게 추적한 장편 다큐멘터리 〈쇼아Shoah〉[1985]를 만든 유대계 프랑스 영화감독 클로드 란츠만 같은 홀로코스트 연구자들은 분노를 금치 못한다. 란츠만은 히틀러를 설명하기 위해 정신분석 운운하며 종잡을 수 없는 소리를 하는 것은 "우리에게 욕설을 퍼붓는 것"이라고 말했다.[33] 그런 식의 다큐멘터리가 2003년과 2004년에 미국에서 상영됐다. 제목은 〈사각지대: 히틀러의 여비서Blind Spot: Hitler's Secretary〉[2002]로 다소 뜬금없는 느낌을 준다. 이 영화에서 증언자로 나오는 트라우들 융에는 1942년 히틀러의 비서로 일하기 시작해 히틀러가 지하 벙커에서 최후를 맞을 때까지 비서로 있던 여성이다. 그녀가 하는 얘기는 집단수용소 얘기는 전혀 몰랐다는 식의 케케묵은 역겨운 방어 논리다.

립스태드는 강제수용소가 세상에 모습을 드러낼 때까지 전혀 몰랐다는 기자와 편집자의 주장이 솔직하지 않다는 사실을 밝혀냈다. "그들은 몰랐다는 얘기를 왜 그렇게 강조해서 떠드는가? …왜 대부분의 언론은 그런 지적에 대해 미지근한 반응을 보였는가?"

보수적인 신문사 사장들 가운데 한 사람 예외가 있다면 윌리엄 랜돌프 허스트였다. 일부 관측통들은 허스트가 유대인 구출을 강력히 주장하고 팔레스타인 지역 내 유대인 독립 국가 건설을 공공연히 지지한 것은 영국인들에 대한 혐오감 때문이라고 봤다. 이유야 어쨌든 허스트가 보인 반응은 여타 대중매체와는 극명하게 대조됐다. "많은 정부 관리, 언론계 인사, 다른 종교 지도자들은 유대인의 목숨은 싸구려 상품인 것처럼 행동했다"고 립스태드는 지적한다.[34]

최근에 나온 책들에서 미국 행정부가 히틀러의 '최종 해결책Final Solution' [유대인 말살 계획을 일컫는 나치의 은어]에 대해 일찍부터 알고 있었다는 사실이 속속 드러나고 있다. 하지만 2차 대전 종전 20여 년 후에 출간된 『600만이 죽어나가는 동안』은 지금도 여전히 국무부와 백악관의 행태를 제대로 고발한 고전이다. 이 책은 비밀 문건들을 근거로 히틀러 집권 초기부터 유럽 각국 주재 공관에서 워싱턴으로 사태와 전망을 정확히 파악한 급전을 띄웠지만 미 행정부가 줄곧 미적거린 양상을 상세히 파헤친다. 또 행정부가 정보 은폐에 관여했고, 강제수용소로 연결되는 철도는 폭격하지 않기로 결정한 내막도 폭로한다. 그때 폭격만 했어도 수많은 생명을 구할 수 있었을 것이다. "독일의 민주주의는 다시는 회복할 수 없을 정도로 타격을 입었다."[35] 독일 주재 미국 대사 프레더릭 새킷이 1933년 3월 9일 본국에 보고한 내용이다. 독일 전역의 미국 외교관들은 유대인 말살 작업이 신속히 진행되는 것을 보면서 바로바로 관련 정보를 본국에 타전했다. 1933년 7월 8일 히틀러가 집권한 지 몇 달밖에 되지 않은 시점에 이미 "유대인들은 거의 모든 영역에서 철저히, 지속적으로 제거되고 있었다."

스톤과 「뉴욕 포스트」는 워싱턴 당국은 무시해버린 사건들을 열심히 보도했다. 예를 들면 1935년에는 노조 운동가를 포함한 좌파 군중 3만여 명이 매디슨 스퀘어 가든을 가득 메우고 '미국은 나치의 유대인 박해에 항의하라'고 요구했다. 또 1936년에는 많은 미국인들이 올림픽 불참을 촉구했다. 여론조사로 보면 찬성이 많지 않지만 유대인에 대한 이민 쿼터를 철폐하라는 요구도 있었다. 그러나 루스벨트와 국무부는 침묵으로 일관했다. 유대인 박해 보도는 과장된 것이라는 게 국무장관 코델 헐의 공식 입장이었다. 미 행정부의 공식 방침이 '침묵'이었다. 그러면서 내세운 변명이 개입하면 오히려 문제를 악화시킬 뿐이라는 것이었다.

이렇게 해서 "역사상 최대의 대량학살"이 시작되는 동안 미국은 수수방관했다는 것이 『600만이 죽어나가는 동안』에서 모스가 주장한 핵심이다. 이 책을 쓴 시점은 1967년으로 스탈린의 만행에 대해서는 알려진 지 오래였고, 미국은 베트남전에 한참 휘말려 있던 때였다. 마오쩌둥의 문화혁명은 아직 세상에 전모가 알려지지 않은 상태였다. 그러나 이후에도 캄보디아의 킬링필드, 보스니아와 르완다 내전의 인종청소, 미국에 대한 테러 공격, 이라크전쟁, 수단 다르푸르 사태 같은 학살극은 계속된다. 히틀러의 홀로코스트 이후 수백, 수천만 명이 학살당했지만 나치의 대량학살이 가장 끔찍한 사례로 남아 있는 이유는 학살을 위한 기술적 준비가 너무도 치밀했다는 데 있다. 예를 들어 1942년 말 폴란드 남부 아우슈비츠 강제수용소에 시신 처리용 초대형 소각로가 설치됐다. "샤워실"에 시안화수소 결정체를 던지면 곧 기화되면서 독가스가 피어나고 남녀노소 할 것 없이 숨을 헐떡이다가 질식사한다. 독일 기술자들의 효율적인 처리 방식을 보면 등골이 서늘해진다. 아우슈비츠는 살인 효율을 크게 높였다. 원래 1939년 폴란드에서 사용한 최초의 이동식 가스차는 한 번에 90명밖에 처리하지 못했다. 당시에는 디젤 가스를 사용했는데 디젤이 떨어져 죽이는 데 한 시간이 더 걸린 경우도 있었다. 이후 그런 결함들은 모두 극복됐다.

한편 독일에 주재하는 외국 기자들은 애로가 컸다. 제3제국에 불리한 기사를 쓴 기자는 바로 추방됐기 때문이다. 그러나 프레더릭 T. 버컬 같은 최고의 기자들은 「뉴욕 타임스」에 쓴 기사에서 "독일인들이 그토록 자랑스럽게 떠드는" 아리안족의 우수성은 세계가 말리지 못할 경우 비아리안족의 "멸족(나치가 사용하는 표현이다)으로까지 나아갈 수 있다"고 경고했다.[36] 「뉴욕 헤럴드」는 가벼운 기사를 주로 내보낸다는 편집 방침에도 불구하고 일부 용기 있는 기자들이 히틀러의 악행을 폭로했다. 이들은 뉴욕판 기사에서 히틀러가 "전 세계의 유대인을 제거하려 한다"고 지적했다.[37] 「뉴욕 타임스」 사설들은 스톤이 쓴 사설과 달리 종종 히틀러를 규탄하면서도 정부가 조율한 조치라는 명명백백한 증거는 무시하고 깡패 소탕을 위한 극약 처방이라는 식으로 해석했다. 미국의 유대인들이 "미국 행정부가 그러한 인권 유린에 대해 수수방관하는 것은 이해할 수 없다"고 항의하자 국무부는 심정적으로는 공감한다는 식으로 얼버무렸다.[38]

뉘른베르크 법 시행 이후 여론이 반으로 나뉜 미국 사회의 갈등을 극단으로 몰고간 것이 나치가 주관한 1936년 베를린 올림픽이었다. 미국에서는 올림픽 보이콧 촉구 데모가 많이 일어났다. 하지만 미국올림픽위원회 위원장이자 국제올림픽위원회[IOC] 위원인 에이버리 브런디지와 보좌관인 찰스 H. 셰릴 준장은 그런 요구를 단호히 거부했다.[39] 미국이 베를린 올림픽에 참가해야 하는지를 놓고 스포츠 담당 기자들을 대상으로 실시한 한 여론조사에서는 찬반이 거의 반반이었다. 참가 반대파 중에는 「워싱턴 포스트」의 스포츠 담당 기자이자 칼럼니스트인 셜리 포비치도 있었다. 비타협적인 칼럼니스트로 퓰리처상도 수상한 포비치는 후일 당시를 회고하면서 쩌렁쩌렁한 목소리로 브런디지와 셰릴을 싸잡아 "그 개새끼들"이라고 욕을 했다.[40] 여든여덟 살의 고령인데도 불참 요구를 무시했던 두 사람에 대한 분노가 여전했다.

스톤은 여러 사설에서 미국노동총동맹[AFL]이 올림픽 참가 반대 입장을 정한 것은 "미국의 올림픽 보이콧 정서가 확산되고 있는 또 하나의 징표일 뿐"이라고 지적했다.[41] 그는 다른 나라 지도자들에게도 올림픽 반대를 촉구했다. "독일과 히틀러에게 유대인 박해를 계속하면 응징이 따른다는 신호를 보내야 한다"는 취지였다.[42] 1936년 나치 올림픽에 미국이 참가하기로 한 것은 전 세계적으로 대서특필됐고, 히틀러에게는 일종의 대박이었다. 그는 이제 자신의 정책을 마음놓고 밀어붙여도 된다고 확신했다.

그런데 약간의 문제가 생겼다. 미국의 육상 영웅인 흑인 제시 오언스가 금메달을 4개나 딴 사건이었다. 히틀러는 오언스와 같이 사진을 찍어야 한다는 얘기를 듣고 노발대발하면서 그를 만나지 않겠다고 했다. 당시의 「뉴욕 포스트」 사설은 이렇게 썼다. "우리는 그 순간을 기억하고 싶다. 히틀러와 그의 인종주의는 그의 코앞에서 펼쳐진 경주에서 완전히 웃음거리가 되었다. 히틀러는 그런 진실을 외면하기 위해 스탠드 아래로 총총히 사라졌고, 위대한 흑인 제시 오언스는 환한 햇살을 받으며 환호하는 독일 군중 앞에 섰다." 환호와 기대로 들뜬 이 사설은 유럽의 미래에 대해서는 틀린 전망을 내놓았다. "오언스가 결승 테이프를 끊을 때마다 히틀러에게 수천 권의 책을 다 불태워도 진실은 가릴 수 없다는 것을 보여줬다."

올림픽을 계기로 미국 재계의 거물들이 독일로 행차했다. 그중에는 신문 발행인들도 있었다. 이들은 현지에 도착했을 때보다 상당 기간 머물고 나서 떠날 때 오히려 독일에 대해 더 무지해졌다. 그들이 본 것은 히틀러가 급조한 선전용 마을이었다. 대로변과 도시의 반유대주의 간판은 모두 철거됐고, 거리는 분단장을 했으며, 화려한 파티 때는 군인들이 특유의 절도 있는 동작으로 거수경례를 했다. 시어러는 빈정대는 조로 "이제 독일에서 유대인 박해는 '공식적으로' 완전히 사라졌다"고 썼다.[43] 그는 미국 실업가들과 독일 주재 미국 상무관의 점심을 주선해주었다. 상무관은 독일에 관해 가장 빠삭한 인물 가운데 하나였다. 시어러는 그들을 지켜보면서 실망을 금치 못했다. "재벌들은 자신들이 보고 들은 나치 독일의 상황을 친절하게 말해줬다." 파업도 없고, 말썽부리는 노조도 없고, 선동가도 없고, 공산주의자도 없는 나라라는 것이었다.

항공 영웅 찰스 린드버그는 퉁퉁한 몸집의 독일 공군 사령관 헤르만 괴링의 극진한 대접을 받았다. 한번은 화려한 올림픽 관련 파티에서 그동안 언론을 피해온 린드버그가 기자들 테이블로 다가왔다. 시어러는 그에게 독일 사정을 알려주고 싶었지만 린드버그는 대놓고 나치를 찬양했다.

1938년 10월 18일 린드버그는 히틀러가 주는 독수리십자공로훈장을 받았다. 외국인에게 수여하는 최상급 훈장이다. 린드버그의 무감각과 무지는 끝이 없었다. 훈장을 받고 나서 한 달도 지나지 않은 11월 9일에는 그때까지 유대인들이 겪은 최악의 박해 사건이 일어났다. '부서진 유리창의 밤'이라고도 하는 크리스탈나흐트는 히틀러의 최종 승리를 알리는 신호탄이었다. 이후에도 린드버그는 독일의 협력자로 남았다. 심지어 5만 명이나 되는 유대인을 끌어갔다는 보도가 신문 1면을 도배하는 와중에도 린드버그 일가는 베를린에서 겨울을 날 집을 구하러 다니고 있었다. 한 통신 기사에 따르면 "최근 유대인 집이 많이 비어서" 집 구하기는 수월했다고 한다.[44]

1939년 7월 세계 지도자들은 프랑스 휴양지 에비앙레뱅에서 한담을 즐기는 식으로 "유대인 문제"를 논했다. 오스트리아는 "우리는 인종 문제가 전혀 없기 때문에 한 명도 받을 수 없다"고 말했다. 프랑스는 가타부타 입장을 밝히지 않았다. 미국은 1937년 이후 대공황이 깊어진 터라 난민 수용 쿼터를 늘리려 하지 않았다. 그런데 리프먼은 유대인을 아프리카로 보내자고 했다. 많은 사설들이 난민 지원을 강력히 반대했다. 반면에 스톤은 난민 지원 모금행사에서 열변을 토하고, 사설과 기사를 써서 미국의 이민 정책을 바꾸기 위해 애썼다. 1937년에는 반유대주의를 "프랑스인을 프랑스인과 싸우게 하고, 영국인을 영국인과 싸우게 하고, 미국인을 미국인과 싸우게 만드는" 일종의 "바이러스"라고 규정했다.[45] "또 하나의 허깨비는 공산주의다. 파시즘은 공산주의라는 도깨비를 들먹이며 민주국가의 지배계급에게 겁을 주면서 자신들이 보호 역을 떠맡겠다고 나섰다. 거기에는 당연히 대가가 따른다."

독일의 오스트리아 합병은 오스트리아에 거주하는 20만 유대인에게는 죽음을 의미했다. 이를 계기로 유럽 특파원들은 많은 경우 더이상 활동을 할 수 없었고, 일부 특파원은 본색을 드러내기도 했다. 시어러는 빈에 주재할 때 조수로 두었던 에밀 마스의 사례를 회고했다. 어느 날 마스가 기자들이 잔뜩 모인 카페에 당당한 모습으로 들어섰다. "그는 만면에 미소를 가득 머금고는 '친애하는 동료 여러분, 이제 때가 됐네요' 하고 소리치더군요. 이어 상의 깃을 뒤집더니 깃 뒤에 숨겨둔 만자 나치 당 배지를 빼서 깃 앞쪽 단춧구멍 위에다가 고정시켰습니다."[46] 더 심한 경우는 UP 통신 기자 밥 베스트였다. 그가 쓴 기사는 스턴 사장의 「뉴욕 포스트」를 비롯해 미국의 많은 신문에 실리고 있었다. 이후 그는 독일군에 들어가 나치 방송을 했다. 시어러가 개인적으로 극도로 분개한 경우는, 돈에 눈이 먼 한 편집 간부가 헤르만 괴링을 잡아서 칼럼을 쓰게 하라고 요구했을 때다.

독일 사태를 깊이 우려한 스톤 같은 저널리스트들에게 나치의 질주는 그야말로 죽음과 같은 고통이었다. 스톤은 루스벨트의 수수방관을 아프게 비판하는 칼럼을 썼고, 다른 나라는 유대인 난민을 받아들이는데 국무부는 아무것도 하지 않는다는 점을 문제 삼았다. 국제 언론이 마침내 충격에 빠진 것은 크리스탈나흐트 사건 때였다. 사건 이후 불과 한두 주 만에 나치를 비난하는 사설이 1,000건 가까이 쏟아졌다. 그러나 고립주의와 반유대주의 성향의 언론은 그런 보도조차 왜곡했다. "많은 신문들은 나치가 인종 혐오 때문에 그런 짓을 한 것은 아니라고 주장했다"는 것이다.[47] 물론 스톤은 달랐다. 크리스탈나흐트 직후 실린 사설 제목은 '독일의 윤리적 문둥병'이었다.[48] "제3제국 역사에서 유대계 또는 일부만 유대계인 자국민을 대량학살한 이번 사건처럼 잔인하고 비열한 짓거리는 없었다. …엄청난 규모의 범죄행위다." 이어 사설은 유대인은 이제 "게토[ghetto] [유대인 집단 거주 구역]에 처박혀 죽을 날만 기다리게 될 것"이라고 경고했다. 아무런 조치도 취하지 않는 루스벨트에 대해서도 비난을 퍼부었다. "말하지 않는 것은 묵인하는 것이다. 묵인한다는 것은 나치 정권의 야만성을 당연한 것으로 받아들이는 것이다." 1938년 당시 이미 영국 외교부는 독일 부헨발트 강제수용소에서 유대인들이 매일 죽어나간다는 사실을 확인했다. 가족들은 죽은 식구의 뼛가루라도 챙기기 위해 3마르크를 내야 했다. 루스벨트는 마침내 "충격을 받았다"며 독일 주재 대사를 "협의차" 본국으로 소환했다. 그러나 더 많은 난민을 미국이 떠안는 것은 거부했다. 한편 I. F. 스톤이 쓴 대로 미국 기업들은 독일과의 관계를 지속했다.

21세기 들어 "국가사회주의National Socialism〔나치가 표방한 통치 이념〕 등장 과정에서 미국에 본사를 둔 다국적 기업들은 물론이고 모건, 체이스 내셔널 뱅크, 록펠러, 워버그 같은 금융기업들이 음으로 양으로 지원을 했다(2차 대전 발발 이전에는 물론이고 전쟁 중에도)"는 사실을 밝혀낸 연구서들이 나왔고, 그때마다 뉴스로 소개가 됐다.[49] 하지만 스톤은 당대에 이미 그런 사정을 폭로하고 있었다.

1930년대가 끔찍한 말기로 치닫는 상황에서 일어난 한 참사는 세계를 흔들었다. 1939년 5월 13일 독일 여객선 세인트루이스호가 함부르크항을 떠나 쿠바로 향했다.[50] 배에는 유대인 930명이 타고 있었다. 가스실에 끌려가지 않으려는 마지막 탈출 시도였다. 항해는 합법이었다. 이들은 쿠바 당국자에게 입국 비용조로 거금을 주었고, 미국에 들어갈 수 있는 이민 쿼터 적용 대상이었다. 그런데 갑자기 쿠바 대통령이 입항 허가를 취소했다. 일주일 동안 피 말리는 협상이 진행됐지만 승객들은 쿠바 연안을 떠돌다가 다시 독일로 돌아갈 수밖에 없게 됐다. 공황에 빠진 승객들은 코앞의 항구에 나와 여러 날 대기하고 있던 가족들의 얼굴이 멀어지는 것을 바라봐야만 했다. 강제수용소에 있다가 나온 한 승객이 칼로 손목을 긋자 승객들은 자살 방지 순찰조를 편성했다. 아이들은 갑판에 있는 접의자를 장애물처럼 늘어놓고 놀이를 했다. 한 아이가 "보초"에게 다가가 들여보내달라고 하면 보초 역을 맡은 아이들은 "너 유대인이지?" 하고 묻는다. 그렇다고 하면 보초는 "유대인은 입장 불가!" 하고 소리친다. 그러면 아이는 "오, 제발, 들여보내주세요. 전 꼬마 유대인이잖아요" 하고 대꾸한다.

보트를 타고 세인트루이스호에 다가간 기자들은 승객들이 자비를 애걸하는 걸 보고 엉엉 울기도 했다. 온갖 못 볼 꼴 다 본 기자들도 가슴이 찢어지기는 마찬가지였다. 세인트루이스호가 마이애미 해변을 떠도는 동안 애가 탄 미국 유대인 지도자들은 쿠바 대통령 페데리코 라레도 브루에게 돈을 줄 테니 제발 좀 봐달라고 간청했다. 밤마다 멀리 마이애미에서 가물거리는 불빛은 세상에서 가장 슬픈 배에 갇힌 사람들에게는 닿을 수 없는 낙원처럼 느껴졌다. 루스벨트 대통령과 국무부, 의회는 아무것도 하지 않았다. 승객들은 루스벨트에게 편지를 보내 전체 인원 가운데 여성과 어린이 400명이라도 받아달라고 호소했다. 대답은 없었다.

수수방관 정책에는 여러 가지 요소가 작용했다. 1939년「뉴욕 타임스」사설은 "인간의 인간에 대한 비인간성이 하늘을 찔렀다"고 지적했다. 국무부와 의회에 자리 잡고 있는 반유대주의자들은 이민 장벽 완화를 원치 않는 미국인들의 정서를 잘 읽고 있었다. 미국 제일주의자, 친나치주의자, 그리고 다수의 미국인이 중립을 강하게 요구했다. 이들과, 아니 히틀러와 척을 지고 싶지 않았던(수치가 아닐 수 없다) 루스벨트는 유대인들을 버리는 선택을 했다.

수많은 신문이 세인트루이스호 사건을 규탄했지만 미국이 아니라 독일과 쿠바에 책임을 돌리는 경우가 많았다.「크리스천 사이언스 모니터」의 사설보다 더 잔인한 경우는 찾기 어렵다. 사설은 감사를 모르는 유대인 난민들은 "개척정신이 없어서 문명화되지 않은 아프리카 미개발지"에 정착하라는 권고를 수용하지 않는다고 비판했다. 결국 영국, 벨기에, 네덜란드, 프랑스가 이들 난민을 받아들였다. 영국으로 간 사람들을 제외하고는 그들이 누린 자유는 단명했다. 국제 사회의 수수방관하는 모습에 힘을 얻은 히틀러는 곧 벨기에, 네덜란드, 프랑스를 침공했다. 세인트루이스호에서 이들 나라에 정착한 유대인들은 결국 가스실에서 죽었다.

스톤은 악몽이 점차 현실화되는 것을 불안과 두려움 속에서 지켜봤다.

그런 그가 대결하지 않을 수 없는 또 하나의 과제는 스페인 내전이었다. 스페인 내전은 2차 대전의 예행연습이었다.

IO
스페인 내전: "나의 가슴은 공화파와 함께"

스톤에게 하나의 전환점이 된 비극은 스페인 내전〔1936~39〕이었다. 후일
스톤의 회고를 들어보면 그가 당시 서서히 진행되는 전 지구적 차원의 학
살극에 온 신경을 쏟고 있었음을 알 수 있다. "전쟁이 다가오고 있었다.
그리고 스페인은 그 예고편이었다. 인민전선이 없었다면 스페인은 훨씬
일찍 파탄이 났을 것이다."[1] 기틀린과의 대담에서 한 얘기다.

　많은 미국인들은 매일 매일 스페인 땅에서 벌어지고 있는 참혹한 내전
에 둔감했지만 여러 정파에서는 이 문제를 놓고 치열한 다툼을 벌였다. 그
런 다툼은 베트남전쟁이 한창일 때 벌어진 반전 논란에 가서나 다시 보게
된다. 미국 좌파들에게 스페인 내전은 결국 파시즘에 대항하는 단일대오
를 형성하는 문제였다. 그것은 흑과 백의 대결이었다. 파시즘을 막으려면
합법적인 선거를 통해 수립된 스페인 제2공화국을 지지해야만 했다. 정
부를 지지하는 공화파는 제2공화국에 충성한다는 의미에서 '충성파
Loyalists' 라고도 했다. 스톤은 스페인 인민전선 정부를 지지하는 것이 히틀러

를 막기 위한 마지막 수단이라고 보는 부류에 속했다. 그러나 가톨릭교회와 대부분의 신문사 사장을 포함한 우파 성향의 미국인들은 파시즘이 아니라 공산주의야말로 재앙의 근원이며 이를 막는 방법은 프랑코 장군을 중심으로 한 국가주의자들(쿠데타 세력)을 지원하는 것이라고 생각했다.

거짓과 기만이 판을 친 내전에서 공화파는 대단히 불리한 입장에 있었다. 프랑코의 강력한 동맹자인 히틀러와 무솔리니가 국제연맹이 주도한 불개입 조약을 무시하고 프랑코에게 전투기와 대포, 병력을 대규모로 지원한 것이다. 영국, 프랑스, 미국은 독일과 이탈리아를 규탄하거나 공화파 합법 정부를 위해 중재에 나서기를 거부했다. 극적인 드라마가 펼쳐지고 이데올로기의 열정이 뜨겁게 불타오르는 전쟁이라는 차원에서 보면 스페인 내전은 완결판이었다. 저널리스트들도 편이 갈렸다. 그들은 사주나 자기 입맛에 맞게 "뉴스"를 자체 검열하거나 조작했다. 유명한 작가들이 나서서 전쟁을 취재·보도했고, 그 덕분에 스페인 내전에 대한 국제적 관심은 높아졌다. 그중에서도 앙드레 말로[1901~76. 프랑스의 소설가, 정치인. 스페인 내전 때 의용군으로 참전했고, 2차 대전 때는 독일에 맞서 레지스탕스 운동을 했다. 드골 정권 때 문화부장관을 지냈다], 스티븐 스펜더[1909~95. 영국의 시인, 평론가], 아서 쾨슬러, 앙투안 드 생텍쥐페리[1900~44. 『어린 왕자』로 유명한 프랑스의 소설가], 조지 오웰[1903~50. 『동물농장』, 『1984년』으로 유명한 영국의 소설가], 어니스트 헤밍웨이 등이 특히 유명하다. 이들은 전쟁을 보도하는 것과 전쟁에 참전하는 것을 모순으로 생각지 않았다. 그리고 대부분 공화파 편에 섰다.(헤밍웨이는 정부 쪽 앰뷸런스 운전사였고, 말로는 조종사들을 훈련시키고 항공 작전에 참여했다.) W. H. 오든[1907~73. 영국 출신의 미국 시인], 레베카 웨스트[1892~1983. 영국의 여성 소설가, 비평가], 올더스 헉슬리[1894~1963. 영국의 소설가, 비평가], 숀 오케이시[1880~1964. 아일랜드의 극작가] 같은 영국과 아일랜드 지식인들도 공화파 지지 운동에 나섰다.

헤밍웨이가 사실 보도라고 한 것은 사실은 최악의 허구였다. 그는 소련 특파원 말을 믿고 소련이 지원하는 공화파가 승리할 가능성이 높다고 자신했다. 그러나 6개월 후 공화파는 참패했다. 필립 나이틀리[1929~. 호주의 기자. 역사학자. 미디어 평론가]는 저서 『최초의 희생자The First Casualty』[2002]에서 전쟁을 취재하는 특파원으로서 헤밍웨이의 가장 큰 결함은 진실을 외면했다는 것이라고 지적했다. 당시 프랑코의 파시스트 반란세력에 맞서 제2공화국을 지키려는 세력은 '공화파'라는 이름으로 통했지만 사실은 사회주의자, 공산주의자, 아나키스트, 바스크와 카탈루냐 민족주의자, 자유주의자 같은 다양한 세력의 연합체였다. 그런데 "소련의 지시를 받는 공산당은 공화파 내의 다른 분파 동지들을 박해하고 투옥하고 '믿을 수 없는 자'라는 이유로 즉결처분을 했다. 당시 헤밍웨이는 그런 사정을 알고 있었지만 일절 보도하지 않았다. 그런 진실을 폭로했다면 더이상의 만행은 막을 수 있었을 것"이라는 게 나이틀리의 주장이다.[2]

많은 좌파들이 그랬던 것처럼 스톤도 공산주의자들의 '배신'에 환멸을 느낀 조지 오웰이 글로써 고발한 진실을 무시했다. "우리는 오웰이 상기시킨 메시지에 귀 기울이려 하지 않았다"고 스톤은 후일 회고했다. "실상은 너무 끔찍했어요. 특히 스페인 공화국이 마지막 안간힘을 다하는 순간에 그런 일이 많이 벌어졌지요. 끔찍한 내부 투쟁이었습니다."[3]

좌파 진영 내 온갖 정파들이 극심한 분열에 휘말렸다. 가장 대표적인 경우가 마르크스주의통일노동자당Partido Obrero de Unificación Marxista(POUM)이었다. 스탈린주의 계열의 스페인 공산당은 당분간만이라도 권력을 집중시켜야 한다며 제2공화국을 적극 지지했다. 반면에 트로츠키주의 계열인 POUM은 전국 규모의 노동자 반란을 추구했다. 여기서 생기는 아이러니를 오웰은 이렇게 지적했다. "[보수·반공 색채인] 「데일리 메일Daily Mail」[1896년 창간된 영국의 조간신문]은 모스크바가 재정 지원을 하는 공산 혁명이 다가왔다고 떠들었지만 대단한 오판이었다."[4] 자유주의 정부를 떠받치고 있는 좌파 세력 가운데에서 모스크바의 지시를 받는 "공산당이 맨 오른쪽에 있었기" 때문이다.

많은 좌파 저널리스트들은 POUM이 파시즘 격퇴라고 하는 대의를 해치는 위험한 장애물이라고 생각했다. 나이틀리의 설명을 들어보자. "특파원들이 공화파의 일그러진 얼굴을 보도하지 않은 것은 일부러 속이려고 해서 그랬다기보다는—[아서 쾨슬러처럼] 사실 보도보다는 드러내놓고 선전선동에 나선 경우도 있었다—개인적으로 전쟁에 푹 빠져 있었기 때문인 것 같다."[5] 스톤도 이런 축에 속했다. 더구나 그는 사설을 쓰는 논평가 입장이었기 때문에 사실 보도를 담당한 일반 기자보다 훨씬 자유롭게 기금 모금 집회 같은 데에서 자기주장을 펼 수 있었다. "우리는 POUM이나 무정부주의자들, 극렬한 반공주의자들을 더는 그냥 두고 봐줄 수가 없었어요."[6] 당시 얼마나 현실을 제대로 들여다보려 하지 않았는지에 대해 스톤은 후일 이렇게 설명했다. "우리는 그 사람들이 하는 말이 대부분 진실이라는 걸 알고 있었으면서도 그랬지요."

오웰은 좌파로는 유일하게 그런 잔학행위의 진실에 대해 발언한 인물이었다. 이상주의자로서 오웰은 좌파의 어느 분파와도 힘을 합쳐 파시스트들과 싸울 수 있었을 것이다. 그가 POUM에 합류한 것은 순전히 우연이었다. POUM은 다른 정파가 볼 때 못마땅한 점이 아주 많았다고 오웰은 지적했다. 그러나 스페인 공산당은 격한 언사로 규탄하는 정도에 머물지 않았다. 공산당 비밀경찰은 POUM 관련 인사들을 찾아내 감옥에 처넣고, 많은 경우 파시스트의 스파이라는 명목으로 처형했다. 그렇게 희생된 사람 중에는 "부상자, 간호사, 주부… 그리고 어린이들도 있었다. 공산당 계열 언론에서는 개인적인 주장을 제외하고는 처형의 근거가 될 만한 증거를 전혀 제시하지 못했다."[7]

오웰은 공산당과 POUM 사이에 벌어진 한 전투를 POUM의 일방적인 반란이라고 규정한 것에 대해서도 "거의 모든 신문 보도는… 멀리 떨어져 있는 기자들이 만들어낸 것으로 고의적인 사실 왜곡"이라고 지적했다. 공공연한 사실들조차 무시됐다. 많은 공산당원들은 프랑코와의 전쟁에서 승리하고 나면 POUM의 씨를 말리겠다고 "노골적으로 떠들었다."[8]

스페인 내전이 한창인 1938년에 나온 『카탈루냐 찬가Homage to Catalonia』는 오웰이 공산당의 만행을 고발한 책이다. 그러나 오웰은 파시즘과 싸워야 한다는 대의에 대해서는 여전히 같은 생각이었다. 그는 공산주의자들에게 환멸을 느끼기는 했지만 "내전이 끝나고 나서 들어설 정부가 어떤 잘못을 저지를지는 모르지만 프랑코 정권이 더 나쁠 것은 분명하다"고 확신했다.[9]

스페인 내전은 1936년 한여름에 시작됐다. 그해 2월 광범위한 연합세력인 인민전선(공화파)이 군부 독재 정권을 타도하고 합법적인 총선을 통해 집권했다. 그러자 국가주의자들은 피의 보복에 나섰고, 적대세력을 고문하고 살해하고 굶겨죽였다. 좌파 진영은 내분이 치열했지만 적에 대한 증오에 있어서는 한결같았다. 적은 크게 두 부류로 하나는 국가주의자들이고, 다른 하나는 국가주의자들의 시녀가 된 가톨릭교회였다. 이들과 공화파의 싸움을 내전이라고 하지만 여러 나라가 끼어들면서 남녀노소를 가리지 않는 대학살극이 벌어졌기 때문에 '내전'이라는 표현은 무색해졌다. 그것은 세계대전의 전초전이었다. 스톤은 스페인에서 파시스트들이 승리하면 무자비한 전면전의 "전주곡"이 될 것이라고 일찍이 예언했다.[10] "한쪽에 러시아가 서고, 다른 쪽에 독일과 이탈리아가 대치하는" 형국이 된다는 얘기였다. 이 사설의 다음 구절에는 스턴 사장의 입김이 들어간 흔적이 엿보인다. "우리 미국은 파시즘이나 공산주의와 전혀 무관하다. 여기서 볼 때는 둘 다 다른 나라들 얘기다. …그러나 미국인들은 유럽이 전쟁에 빠지는 것을 나 몰라라 하고 있을 수는 없다."

가장 열심히 싸움을 뜯어말리는 쪽은 영국이었다. 영국은 프랑스 사회주의 지도자인 당시 총리 레옹 블룸을 압박해 공화파에 대한 지원을 중단하게 만들었다. 프랑스가 스페인을 놓고 독일과 전쟁을 하게 되면 돕지 않겠다는 협박이 먹혀들었다. 은밀히 일부 지원을 계속했지만 프랑스는 바로 국제연맹 주도의 불개입 조약에 가입했다. 내전 발발 6개월 뒤 스톤은 교전국에 대한 무기 지원을 금지한 중립법Neutrality Act을 비웃으며 미국이 아무 역할을 하지 않는 것을 규탄했다. 그는 '그 어떤 외부 세력도 스페인을 좌지우지하게 놓아두지 않겠다'고 선언한 영국 외무장관 앤서니 이든을 거짓말쟁이라고 불렀다. "이든이 그런 말을 하고 있는 순간에도 영국은 전과 다름없이 히틀러와 무솔리니가 스페인에 대군을 파병하는 것을 방관하고 있었다. 영국이 합법적인 스페인 정부에 대한 지원과 자원병 참전을 완전히 봉쇄함으로써 독일과 이탈리아가 이베리아 반도를 지배하도록 도와준 꼴이다."[11] 영국과 미국의 대중들이 자기 정부의 방침에 항의하고 있는 동안 석유회사 텍사코 같은 미국 기업들은 중립법 따위는 개의치 않고 프랑코에게 석유를 팔았다.(이와 관련해 스톤은 몇 건의 폭로 기사를 썼다.) 루스벨트 대통령과 미국 신문 발행인들은 프랑코를 지지하는 가톨릭교회에 대해서도 납작 엎드렸다.

월터 리프먼은 미국의 무기 수출 금지 정책 고수에는 박수를 보냈고, 서방으로부터 버림받은 공화파가 러시아로부터 무기를 지원받자 불만을 토로했다. 리프먼에게 중립이란 스페인 정부가 잔인하고 강력한 반란군에게 유린당하도록 내버려둔다는 의미였다. 스틸의 설명을 들어보자. "유럽의 위기 상황에 관해 그가 쓴 모든 글의 논리는 미국은 중립 정책을 버리고 영국, 프랑스와 방어 동맹을 구축하라는 것이었다. 그것만으로 히틀러의 침공을 예방하고 러시아를 히틀러의 견제세력으로 묶어둘 수 있다는 얘기였다."[12] 리프먼은 그런 점을 잘 알고 있었지만 "경쟁국들보다 너무 앞서 나가지"는 않으려고 했다. 무솔리니가 모든 규정을 비웃으며 항공기와 병력을 파시스트 반란세력에게 보낸 뒤에도 리프먼은 냉정한 어조로 이제 양측이 힘의 균형을 이뤘다고 주장했다. 스페인 사람들은 "좋은 계기가 찾아와서 화해가 이루어지기 전까지는 스스로 구원책을 마련하는 수밖에 없다"는 게 그의 입장이었다.[13]

반면에 스톤은 좌파 진영의 많은 사람들이 그랬던 것처럼 내전 당시 공산주의자들이 저지른 만행을 외면했지만 러시아의 개입을 비난하는 사람들이 가지고 있는 이중 잣대를 정확히 짚어냈다. 그런 점에서 리프먼보다는 훨씬 균형 감각이 있었다. 스탈린은 항공기와 대포, 탄약, 탱크, 병력을 보냈다. 스톤은 독일과 이탈리아가 "불개입 협약을 준수해 프랑코 군대를 지원하지 않는다면" 러시아의 공화파 지원을 비난하지 않는 것은 "부당하다"고 썼다.[14] "민주주의 강대국들은 지금 합법적인 정부에 대한 지원만을 금하는 '불개입' 협약에 기대 손을 놓고 있다. 그 사이 히틀러와 무솔리니는 병력과 자금을 쏟아부어" 반군을 돕고 있다는 것이다. 스톤의 결론은 이렇다. "유럽 사정을 보면 그야말로 아이러니가 아닐 수 없다. 혁명의 방파제인 척하는 파시즘은 이 나라 저 나라에서 혁명의 촉진제 역할을 하고 있다. 루마니아가 그랬고, 그리스, 스페인이 그렇다. 히틀러는 독일은 가난하다고 우는 소리를 하면서도 스페인 반군 지원에 1억 8,000만 달러를 썼다."

그러나 스톤이 제시한 방어 논리 자체는 오류였다. 그는 "공개적으로 혁명을 외치는 소련이 급속히 유럽의 소규모 민주국가들이 유일하게 도움을 기대할 수 있는 나라가 돼가고 있다"고 했다. 그러나 실제로 스탈린은 다른 열강과 마찬가지로 스페인의 미래는 안중에 없었다. 그가 공화파를 지원하기로 결정한 것은 냉혹한 계산의 결과였다. 그의 목표는 영국과 프랑스를 자기 진영으로 끌어들여 히틀러와 맞서는 것이었다. 스탈린은 스페인에서 파시스트들이 승리할 경우 히틀러가 프랑스를 제압하고 연이어 소련을 치는 상황을 우려했다. 그래서 스탈린은 공화파를 지원했지만 더이상 쓸모가 없다고 판단되자 주저 없이 내버렸다. 그의 지원은 공화파에 일시적으로 도움이 됐지만 공화파의 패배를 지연시킨 정도에 불과했다.

한편 리프먼 역시 잘못된 생각을 하고 있었다. 그는 런던과 파리가 프랑코가 받아들일 수 있는 "단순하면서도 공정한" 타협안을 마련할 것이라고 계속해서 주장했다. 하지만 그런 신념을 뒷받침할 만한 증거는 어디에도 없었다.[15]

리프먼과 스톤의 평판의 차이는 리프먼은 잘못을 해도 기성 체제와 주류 인사들에게 **봐줄 만한** 잘못으로 받아들여졌다는 점이다. 사실 잘못한 것으로 비쳐지지도 않았다. 리프먼은 말도 안 되는 소리를 했을 때도 국제적 영향력은(좌파에게는 예외였지만) 손상되지 않았다. 그 이유 중 하나는 그의 판단 착오가 종종 주류 서클의 입장을 그대로 반영한 것이었기 때문이다. 예를 들면 뉴딜을 비방한 것이나 히틀러의 등장에 대한 근시안적 평가, 스페인 내전과 관련해 중립을 주장한 일, 파괴적인 결과를 가져온 고립주의 주창 같은 경우가 그랬다.

반면에 스톤은 같은 잘못을 해도 '몹쓸' 좌파 진영에 치우친 것이 문제였다. 그 때문에 곳곳에서 융단폭격을 받았고, FBI에게 평생 감시당했으며, 주류 저널리스트와 신문 사주들에게 멸시당했다.

리프먼과 스톤은 1930년대에 여론 형성에 큰 영향력을 미쳤다. 따라서 그들이 잘못하면 그만큼 해악도 컸다. 리프먼은 사회 곳곳에 스며 있는 주류적 사고에 호소했다. 스톤은 뉴딜을 지지하는 좌파의 대변인이었고, 그들의 의견 형성에 큰 영향을 미쳤다. 스톤과 달리 리프먼은 전쟁으로 인한 학살 자체에는 신경을 쓰지 않았고, 스페인 내전이 선과 악의 도덕적 대결이라는 개념 같은 것도 없었다. "나는 스페인 내전에 대해 도덕적이거나 당파적인 관심 같은 것은 전혀 없었다." 후일 리프먼은 사적인 대화에서 이렇게 털어놓았다. "내가 우려한 것은 그러다가 유럽 전쟁이 시작되지 않을까 하는 것이었다. …나의 희망은 사태가 악화되지 않고 진정되는 것, 평화적으로 해결되는 것이었다. **하지만 개인적으로는 관심이 없었다.** 내 정신은 스포트라이트처럼 사물을 비추는 스타일인데, 당시로서는 스페인 내전은 관심 가는 대상이 아니었다."[16] 그는 이 전쟁이 세계에 미칠 파장에 대해 거의 알지 못했고, 히틀러의 군사적 지원이 야기한 인간적 피해는 전혀 고려하지 않았다. 독일군은 "이 도시 저 도시에 매일 1만 톤의 폭탄을 퍼부었고, 발렌시아 같은 평화로운 마을들을 말살했다."[17] 1차 대전 때는 항공기 사용이 제한적이었지만 스페인 내전 때는 기술이 발달해 독일 폭격기가 마을들을 초토화시켰다. 그것은 새로운 형태의 학살이었고, 2차 대전에서 등장하게 될 융단폭격의 전주곡이었다.

　1937년 4월 26일 바스크 지역의 한 소도시를 폭격한 사건은 새로운 시대의 전쟁이 얼마나 끔찍한 결과를 가져올 수 있는지 잘 보여주는 사례였다. 당시 게르니카는 장날이어서 많은 주민이 밖에 나와 있었다. 그런데 교회 종소리들이 일제히 적기가 나타났다고 알렸다. 그로부터 몇 분 만에 폭격기들이 모습을 드러냈고, 세 시간 동안 20분 간격으로 폭탄을 퍼부었다. 주민 1,600여 명이 사망하고 1,000명이 부상했다. 중심지는 건물 하나 남지 않을 만큼 완전히 파괴됐다. 공습을 피해 달아나던 사람들은 길거리에서 기관총 일제사격으로 쓰러져갔다.[18] 공습이라는 것이 지금처럼 당연한 전쟁 방식이 아니던 시절에 게르니카 폭격 사건은 많은 언론들이 태도를 바꾸는 계기가 됐다. 「타임」, 「라이프Life」, 「뉴스위크Newsweek」 같은 영향력 있는 시사 잡지들이 좌파인 공화파 지지로 돌아섰다. 파블로 피카소의 걸작 〈게르니카Guernica〉[1937]는 전쟁의 공포를 묘사했다. 잘려나간 시체들, 팔다리가 곳곳에 널려 있고, 벌린 입은 공포에 질려 비명을 지르지만 소리는 나오지 않고, 쓰러진 말의 얼굴은 기괴하게 일그러져 있다. 분노한 민주국가 정부들은 항의의 뜻을 표했지만 여전히 중립을 지켰고, 그런 식의 파괴가 2년 더 계속됐다.●

　게르니카 폭격으로 공포에 질린 시민들의 압력에 밀린 영국과 프랑스는 결국 바스크족 난민 어린이 수천 명에게 배를 내줘 안전한 곳으로 대피시켰다. 그러나 미국은 "중립을 철저히 지켰기 때문에" 바스크 어린이 수용 계획은 "불개입을 이유로" 철회됐다.[19]

언론은 게르니카 사건이 있은 지 얼마 되지도 않아 다시금 '전쟁에서 제일 먼저 희생되는 것은 진실'이라는 격언을 확인시켜주었다. 기자와 발행인들은 공공연히 소설을 썼다. 대중에게 거짓말을 하고, 있지도 않은 학살 행위를 상대편이 저질렀다고 떠들었다. 스톤이 매일 읽는 영국 신문들이 대표적으로 그런 극단적 성향을 보였다. 「맨체스터 가디언」은 오웰이 "그 정직함을 점점 신뢰하게 된" 유일한 신문이었다.[20] 그러나 객관적 냉철함을 유지하는 특파원은 거의 찾아볼 수 없었다. 그나마 보수적인 「시카고 트리뷴」이 프랑코파가 저지른 대량학살에 관한 기사를 실었다. 이 신문의 스페인 특파원 제이 앨런 기자는 반란군 세력이 남자 수천 명(여성도 일부 있었다)을 투우장에 줄 지어 세워놓고 24시간 동안 처형한 사건을 밝혀냈다. 앨런은 "1,800명의 시체에서는 생각보다 훨씬 많은 피가 나왔다"고 썼다.[21]

  가톨릭계 언론은 프랑코 세력의 선전기관과 다를 바 없었다. 공화파가 수녀와 신부를 강간하고 폭행했다는 식의 날조 기사는 사람들의 분노를 자극했다. 그런 범죄에 가담한 인물 중에는 공화파가 신부의 성기를 절단했다는 사실 무근의 기사를 보낸 AP 통신 기자도 있었다.(이런 식의 잔혹행위 얘기는 전시에 대표적으로 등장하는 날조로 베트남전 때도 그런 사례가 있었다.)

● 국제적 비난 여론에 대해 파시스트들은 오히려 바스크족의 자작극이라며 성을 냈다. 나중에는 공화파를 지지한 바스크족 가톨릭 신자들(이들은 극소수였고, 가톨릭교회는 파시스트들 편이었다)의 성지인 게르니카를 "군사" 목표물이라고 주장했다. 게르니카는 무고한 민간인까지 말살하는 20세기식 대량살상의 전주곡이었다. 학살극은 2차 대전 때 런던과 드레스덴 공습에서 본격화됐고, 베트남전 때 민간인 마을 폭격에서도 재연됐다.

좌파도 나을 게 없었다. 「더 네이션」의 루이스 피셔는 소련의 끄나풀이
었다. 소련 대사들에게 정보를 주는가 하면 본인의 소망을 근거로 공화파
가 승리할 것이라고 주장하기도 했다. 헤밍웨이, 말로와 마찬가지로 그
역시 공화파를 위해 총을 들고 싸운다는 것과 기자로서의 역할 사이에 전
혀 갈등을 느끼지 못했다.(심지어 공화파를 위해 무기를 구매하는 일을
하느라 기사 쓸 시간도 없었다.)

헤밍웨이는 진실을 가지고 있다가 소설 『누구를 위하여 종은 울리나^{For}
$^{Whom The Bell Tolls}$』(1940)에 담았다. 그는 1938년 출판사 편집자 맥스웰 퍼킨
스에게 스페인 내전은 "반란군과 공화파 양쪽 모두 배신과 타락의 카니
발"이었다고 털어놓았다.[22] 그러나 특파원 시절에는 독자에게 이런 진실
을 전하지 않았다.

「뉴욕 타임스」 특파원 허버트 매튜스는 좌파 기자들의 태도를, 공화파
정부는 "어쨌든 결국은 정의이고, 합법이고, 도덕적이다. ⋯우리는 옳았
다. ⋯우리는 알고 있었다, **알고는 있었다**"는 식이라고 묘사했다.[23] 이런
생각을 가진 사람들 대다수(스톤도 포함된다)는 나중에도 여전히 그렇게
생각했다. 스페인 내전과 카스트로의 쿠바 혁명 보도 때 편견에 물들었다
는 비난을 받은 매튜스는 자신의 입장을 이렇게 옹호했다. "나는 내가 편
견이 있음을 항상 솔직하게, 공개적으로 인정한다. 신문쟁이는 머리만이
아니라 가슴으로 일하기 때문이다."[24] 이런 주장은 저널리즘이 본질적으
로 부닥치는 딜레마를 고백한 것이다. "나는 편견이 없다고 주장하는 사
람들의 가식과 위선, 그리고 전쟁을 취재하는 특파원들에게 객관성이나
불편부당을 요구하는 편집자와 독자의 그 바보 같은 몽매함을 늘 실감했
다. ⋯독자는 완벽한 사실을 요구할 권리가 있다. 그러나 기자나 역사를
기록하는 자에게 자신과 같은 입장이 되라고 요구할 권리는 없다." 그러
나 매튜스는 과거를 돌아보면 자신 역시 스페인 내전 당시 좌파 진영 자체
의 내전에 대해서는 부당하게 무시해버렸다고 인정했다.

지금도 그렇지만 당시에도 일부 언론은 객관성을 주장하면서 기사를 구석에 처박아버리거나, 반대로 1면에 올리는 식으로 교묘하게 편견을 조장했다. "나는 매일 밤 최선을 다해 독일을 자극할 만한 내용이 신문에 들어가지 않도록 했다." 영국 일간지 「더 타임스The Times」 편집국장 제프리 도슨은 친구에게 보낸 편지에서 이렇게 털어놓았다. 신문이 객관적이라고 믿고, 또 그렇게 기대하는 독자로서는 이런 자기 검열에 대해서는 알 방법이 없다. 하지만 편집자들은 기사를 고치거나 깔아뭉개거나 크게 키우는 식으로 주관적인, 때로 편견이 들어간 판단을 지면 제작에 개입시킨다.

매튜스는 자신의 편견을 드러내고 인정했지만 사실관계는 제대로 전했다. 스페인 내전 보도에서는 극히 드문 경우다. 매튜스가 가톨릭 언론으로부터 악의적인 공격을 당하자 「뉴욕 타임스」는 양측의 목소리를 다 보여주기 위해 가톨릭 신자이고 프랑코 반란군 지지자인 윌리엄 P. 카니를 특파원으로 보냈다. 「뉴욕 타임스」는 매튜스와 카니의 기사를 똑같이 내보냈다. 카니의 기사는 사실을 별로 존중하지 않았다. 그래서 독자들은 매튜스와 똑같은 비중으로 나간 부정확한 정보를 접했다. 카니의 날조 기사는 곧바로 매튜스의 반박을 받았다. 매튜스의 기사가 사실에 충실했기 때문에 「뉴욕 타임스」는 카니에 대한 반론을 실어줄 수밖에 없었다고 나이틀리는 전한다.

당시 「뉴욕 타임스」의 편집 간부들은 거의 다 가톨릭이었고, 반공 성향의 기사를 키우는 편이었다. 그들은 "정론지"를 표방하면서도 기사 가지고 장난을 쳤다. 매튜스의 기사를 충격적일 만큼 개악한 사례는 스페인에 이탈리아군이 등장한 것을 직접 보고 쓴 특종이었다. 그때까지만 해도 프랑코 반란군은 이탈리아군의 참전 사실을 부인하고 있었다. 정치적 의미가 큰 이 기사는 편집자들에 의해 난도질당했다. 매튜스의 원래 기사는 문제의 병사들이 "이탈리아인이고, 이탈리아인임이 명명백백하다"고 썼는

데, 신문에 인쇄된 문장은 "그들은 반란군(프랑코군을 일컫는 용어다)이고 반란군임이 명명백백하다"로 둔갑했다. 말도 안 되는 소리였다.

내전 초기에 공화파가 그나마 버티고 있을 때 전 세계 젊은이들이 스페인으로 몰려와 공화파 편에서 싸웠다. 그들은 공화국 스페인의 대변인이었던 라 파시오나리아La Pasionaria['정열의 꽃'이라는 뜻으로 스페인 내전 당시 공화파 지도자의 한 사람인 공산당 소속 여성 국회의원 돌로레스 이바루리의 별명)에게 매료됐다. 그녀는 '라디오 마드리드' 방송을 통해 노동자에게 무기를 들라고 호소하고, 여성들에게는 식칼이라도 들고 나서라고 촉구하면서 "무릎 꿇고 살기보다 서서 죽길 원한다! 놈들이 여기를 통과하게 놓아두지 않겠다!"고 외쳤다. 모든 공화파에게 무기를 들라는 호소였다. 공산당은 외국에서 온 자원병 4만 명으로 국제여단International Brigade을 꾸렸다. 미국, 영국, 프랑스, 헝가리, 유고슬라비아, 체코슬로바키아, 폴란드, 알바니아 청년들이 참여했고, 이탈리아와 독일의 좌파도 일부 들어왔다.

미사여구 저널리즘의 왕인 헤밍웨이가 앞장을 섰다. 특히 28세의 대학 교수인 로버트 메리먼을 지도자로 해서 미국인들로 결성된 에이브러햄 링컨 여단Abraham Lincoln brigade이 각광을 받았다. 국제여단은 젊고 이상주의에 넘쳤으며 용감했다. 평화주의자, 시인, 화가 들이 참여해 앰뷸런스를 운전하는 등의 활동으로 고귀한 십자군 전쟁을 수행했다. 스탈린의 냉혹한 현실주의는 그런 영웅주의를 교묘하게 악용했다. 국제여단 생존자들은 후일 자신들과 죽은 동료들이 무시무시한 국제 정치 게임의 인질이었다는 사실을 깨닫게 된다.[25]

프랑코군이 공화파를 최종 격파하기 6개월 전에 스탈린은 프랑스, 영국과 반히틀러 동맹을 맺으려던 생각을 접고 히틀러와의 동맹을 추진해 보려고 했다. 이처럼 생각이 바뀌자 스탈린은 공화파를 내버렸다.[26] 공화파들은 민주주의 국가들로부터 도움을 이끌어내려는 마지막 노력으로 중립성을 과시하기 위해 국제여단에게 귀향을 명했다. 1938년 11월 15일 빌 베일리(1935년 브레멘호에서 만자 깃발을 뜯어 내린 바로 그 선원이다)는 치열한 전투를 겪고 살아남은 국제여단 단원들과 함께 스페인을 떠나고 있었다. "그들이 우리를 내보냈어요. 거창한 퍼레이드를 하고 끝이었지요. 많은 사람들이 우리가 승리하고 나면 엔지니어나 배관공, 전기공 같은 인력이 많이 필요할 테니 남아서 돕겠다고 다짐하고 있었지요. 거기서 친구도 정말 많이 사귀었고…."[27]

국제여단이 바르셀로나 거리를 행진하자 엄청난 인파가 몰려들어 환호하고 고함치고 이별의 노래를 불렀다. 라 파시오나리아가 다시 불을 댕겼다. "어머니들이여! 여성들이여! …전쟁의 상처가 아물거든… 그대들의 자녀에게 말하십시오. 이들이 어떻게 바다를 건너고 산을 지나 총을 들고 국경을 넘어 여기까지 달려왔는지를. …이들은 자유의 십자군으로 우리나라에 왔습니다. 이들은 모든 것을 포기했습니다. …우리에게 달려와 이렇게 말했지요. '우리가 왔다. 당신네 스페인의 대의大義는 바로 우리가 추구하는 대의다.' …우리는 여러분을 잊지 않을 것입니다!"[28]

한편 미국 국내에서는 작가, 시인, 지식인, 배우, 화가 들이 뉴욕과 할리우드에서 대규모 집회를 열었다. 런던과 파리도 상황은 비슷했다. 지원금 모금회를 열고, 인민전선 정부에 대한 지지를 촉구하고, 자원병 여단을 격려하고, 가슴 뛰게 하는 인터내셔널가歌Internationale[19세기 말 파리코뮌을 계기로 만들어진 노래로 좌파의 애창곡이며, 사회주의권 국가로도 많이 쓰였다]를 불렀다. 공산당에 반대하는 사회주의자 어빙 하우는 당시 급진주의는 일종의 유행 같았다고 회고했다. "스페인은 대리만족을 주었다. 칵테일을 마시면서도 스페인 내전 얘기로 스릴을 느꼈다."[29] 이런 사람들도 도우려는 마음만은 똑같았다. 하우는 엘리너 루스벨트가 후원한(남편인 루스벨트 대통령은 스페인 내전에 대해 중립이었다) "스페인 난민 어린이 후원 모금 행사가 성황리에 열렸다"고 전한 기사가 행사명을 '스페인 페스티벌'이라고 붙인 것을 비난했다. 여배우 카르멘 미란다가 룸바를 추면서 무대를 건너 세사르 로메로의 품으로 뛰어드는 1930년대 영화를 연상시키는 제목이었기 때문이다. 할리우드에서도 그런 행사를 모방해 '할리우드 페스티벌 위원회'가 스페인 난민 어린이를 위한 기금 모금 행사를 열었다.

평화주의자들이 대개 그랬지만 I. F. 스톤도 평생 전쟁을 지지한 것은 그때가 처음이자 마지막이었다. 1937년 「더 네이션」에 '중립—위험한 신화'라는 제목으로 기고한 글('제프리 스톤'이라는 필명을 썼다)에서 스톤은 열변을 토했다. "나는 파시즘을 증오한다. 나의 가슴은 스페인 공화파와 함께한다. 미국을 세계로부터 격리시킬 수 있다면, 우리끼리만 틀어박혀 살 수 있다면, 우리의 밭을 갈고 우리의 책을 쓰고 우리의 아이들을 기르고, 해외의 분란과는 담 쌓고 지낼 수 있다면 나는 고립주의 중립 법률을 찬성할 것이다. …그러나 나는 격리와 고립이 가능하다고 보지 않는다. …중립법은 환상을 키우는 것에 불과하다. 우리가 세계의 보모 노릇을 해야만 하느냐고? 유감스럽지만 그렇다."[30]

스톤은 또 이렇게 경고했다. "새로운 전쟁이 다가오고 있다. 결국 우리도 휘말려 들어갈 것이다. 그렇다면, 평화 세력을 지원하고 침략 세력에 반대하는 것이 낫다. 나는 전쟁을 피할 다른 방법이 전혀 없다고 본다. 또다른 전쟁이 시작되면 거기서 우리가 빠질 방법은 없다." 스톤은 고립주의자들을 설득하는 방편으로 감성적 호소 대신 지구촌 경제의 역학관계를 강조했다. 미국이 고립주의를 유지하는 사이 히틀러가 유럽 국가를 하나씩 하나씩 집어삼키는 것을 보면서 계속 강조한 논법이다. "고립의 악효과는 우리 경제 전반과 우리나라 곳곳에서 볼 수 있다." 약 200만 명의 미국인이 "먹고살기 위해 외국과의 무역에 직접적으로 의존하고 있다." 텍사스의 면화 재배 농민과 캘리포니아의 과일 생산업자, 중서부의 밀과 옥수수 재배 농가, 대형 항구에서 일하는 노동자들 등등. "고립을 고집하면 바로 이들이 전염병에 걸리듯이 타격을 입을 것이다. 식량배급을 받으려고 줄을 선 빈민과 실업자, 폭락하는 가격, 공황 상태인 시장, 도산 기업들, 농지를 빼앗긴 소작농들을 위해 우리가 무엇을 할 것인가? 세계대전을 외면하기 위해 수출입 금지로 중립을 유지한다면 그런 상황은 계속될 수밖에 없다."

히틀러는 이미 미국을 "더이상 자유로운 국가가 아니게" 만들었다. "우리의 통제를 넘어서는 세력이 우리에게 선택을 강요하고 있기 때문이다. 우리 시대 상황에서 고립은 교과서에나 나오는 비현실적 해법이다." 스톤은 "국제 협력"을 촉구했다. "우리가 힘을 쓰면 먹힐 것이고, 침략 국가들을 제어해 전쟁을 막을 수 있을 것이다. 다른 방법은 없다."

스페인 내전 당시의 아픔과 공포도 컸지만 국제여단에 참여했다가 살아남은 사람들은 종전 이후의 현실이 더욱 고통스러웠다. 동유럽 출신들은 스탈린의 광란의 숙청에 희생됐다. 무정부주의자, 사회주의자 등 비공산 계열과 손잡고 싸웠다는 것이 죄목이었다. 일부는 총살당하고, 일부는 스탈린이 죽을 때까지 세상에서 완전히 격리됐다. 미국에서는 1950년대에 반공의 광풍이 몰아치면서 에이브러햄 링컨 여단과 조지 워싱턴 대대 Washington Battalion에 참여했던 사람들이 공산당 연계세력이라는 누명을 뒤집어썼다.

스톤은 스페인 내전이 공화파의 참패로 끝났다는 소식에 울음을 터뜨렸다. 1939년 한여름을 기준으로 사망자는 100만, 투옥된 인원은 20만이 넘었다. 수십억 달러 규모의 가옥과 건물, 가축이 파괴되고 몰살됐다. 소도시 180여 곳은 흔적조차 없어졌다. 농토는 황폐해졌고, 농민들은 피난을 떠났다. 외국으로 탈출한 난민만 50만이었다. 좌파 정당들은 풍비박산이 났다.

유럽에서 또다시 전쟁이 터질 것이라는 불길한 조짐이 현실화되고 있었다. 이런 상황에서 스톤은 독자들에게 상황의 위급성을 알리는 데 전력을 쏟았다.

미국 국내에서는 좌파 간의 분열과 다툼이 극심해져서 스톤 역시 논쟁에 적극 뛰어들게 된다. 많은 경우 논쟁은 참가자들이 노령으로 사망한 뒤에야 끝났고, 그러고도 끝이 나지 않는 경우도 있었다.

II
독재자의 시대: 스탈린과 히틀러

스탈린과 히틀러라는 두 미치광이 독재자가 정권을 잡으면서 규모를 헤아릴 수 없는 20세기 최대의 유혈극이 벌어졌다. 편집증에 사로잡힌 스탈린은 소련의 집단화·현대화를 철권으로 밀어붙이는 과정에서 자국민 2,000만 명을 죽였다. 히틀러는 가스실에서만 유대인 600만과 그 외 "위험 분자" 600만을 죽였다. 가톨릭 신자, 집시, 동성애자, 개신교도, 정적 政敵 들이 모두 위험 분자였다. 그러나 이 밖에도 2차 대전에서 스러져간 일반 시민과 유럽과 아시아 곳곳에서 전사한 군인들의 수는 수백, 수천만에 이른다.

역사에 대한 평가라는 것이 종종 그렇듯이, 지금 와서 보면 스탈린과 히틀러를 똑같이 비난하는 것은 쉬워 보인다. 그러나 전쟁으로 치닫던 시기에는 당대 특유의 열정이나 잔인한 실상을 외면하고픈 마음, 뉴스를 선전용으로 악용하는 풍토 등등이 얽히고설켜서 모든 진영의 시야가 흐려졌다. 특정 정파와 무관한 평화주의자들은 남들이 보기에는 도덕적으로 정당화될 수 있는 전쟁이라도 전쟁에 끼어드는 것 자체를 반대했다. 특정 정파에 속한 좌파 인사들은 스탈린의 잔학행위를 못 본 체하고 넘어갔다. 파시즘에 동조하는 부류가 히틀러의 만행을 간과한 것과 마찬가지다. "우리 시대의 대단히 특이한 점은 한 집단은 한쪽의 도살자들만 보고, 다른 집단은 다른 쪽의 도살자들만 본다는 점이다. 양쪽을 다 보는 사람은 별로 없었다." 스톤의 오랜 친구이자 강력한 반공 자유주의 입장을 견지해온 작가 니컬러스 본 호프먼의 지적이다.[1]

많은 좌파들이 그랬던 것처럼 스톤에게도 평소의 냉철한 비판적 자세가 흐트러진 사각지대가 있었다. 후일 스톤은 1930년대에 스탈린이 반대파 숙청을 위해 벌인 공개재판이 사기라는 걸 알고 있었다고 주장했다. 스톤의 회고를 들어보자. "그런 뉴스가 흘러나오면서 엄청난 환멸이 느껴졌어요. 인민전선 진영에서는 그게 사실이란 걸 알고 있었지요. 나도 프리다 커치웨이[「더 네이션」편집장]와 모스크바에서 벌어지는 재판이 완전히 조작이라는 걸 놓고 말다툼한 기억이 납니다."[2]

그러나 스톤이 여러 번 말했듯이 파시즘에 맞서는 연대를 위해서는 좌파 모두와 협력해야 했다. 그가 쓴 글들을 보면 1935년 미국 공산당이 노선을 180도 바꿔서 '통일전선'을 구호로 내걸고 다른 좌파들을 끌어들이는 작전에 나선 이후, 자극적인 표현을 누그러뜨리는 모습에서 고통스러운 동요를 느낄 수 있다. 앞서 1934년에 스톤은 스탈린이 소련 공산당 간부 암살 사건을 빌미로 정적들을 대거 처형한 것(숙청을 위한 공개재판의 전주곡이었다)에 대해 극도로 분개했다. "그 신조에 동의하건 안 하건 관계없이 러시아 혁명은 최소한 이상을 지닌 사람들의 작품이었다. 그런 정부가 파시스트 깡패들이나 쓰는 수법을 사용할 수는 없다."[3] 그는 스탈린이 언론의 자유와 정당한 법 절차를 말살했다고 공격했다. 그러나 1937년 1월이 되면 스톤의 비판은 많이 나긋나긋해졌다. "반파시즘 진영에서 소련이 차지하는 비중"을 고려했기 때문이라고 역사학자 로버트 코트렐은

분석한다.[4]

　일부 관측통들은 스탈린에 의해 반역 혐의로 기소된 소련 지도자 가운데 아무도 혐의를 부인하지 않는 것을 보고 당혹했다. 물론 그렇게 자백했다고 해서 사형을 면할 수는 없다는 것은 그들도 잘 알고 있었다. 의문부호를 계속 단 「뉴욕 포스트」의 인상적인 사설 제목은 이런 혼란스러움을 잘 보여준다. 스톤은 처형당하는 공산당 간부들의 자백이 진짜냐는 데 대해 의구심이 많았지만 사회주의와 반파시즘 전선에 대한 신념이 너무 강해서 그 사안은 얼버무리고 말았다. 날조와 조작으로 피의 숙청을 벌인 것이 스탈린이 아니라 히틀러나 무솔리니 또는 프랑코였다면 스톤이 어떻게 나왔을지는 족히 짐작할 수 있다.

　리프먼은 훨씬 예지력이 있었다. 스틸의 말을 빌리면, 리프먼은 히틀러에 관해서는 형편없는 판단력을 보여줬지만 "소련식 공산주의의 현실에 대해서는 자신을 비판한 좌파 인사들보다 훨씬 탁월한 감각을 보여줌으로써" 그 과오를 상쇄했다.[5] 1937년에는 스탈린의 대숙청이 서구의 진보파가 정신 차리는 계기가 될 것이라고 썼다. "러시아 공산주의는 과거 20년 동안 그들의 정신을 지배했다. 지금의 러시아 정부가 진실과 정의를 우습게 여긴다는 것을 깨닫는다면, 결국 그런 행태는 공산주의라는 이상이 타락했기 때문이 아니라 그 이상 자체의 불가피한 결과라는 것을 인식하게 될 것이다."

　스톤은 사회주의가 불가피한 세계사적 흐름이라고 믿어왔고, 소련 공산주의 체제를 규탄하기는 했어도 이상으로서의 사회주의를 완전히 포기한 적은 없었다. 스톤을 움직인 가장 근본적인 힘은 "비관적인 지성과 낙관적인 의지였다"고 「진보The Progressive」〔1909년 창간된 정치·문화 중심의 월간지〕 발행인 어윈 크놀은 지적한다.[6] "이지는 인간과 인간이 만든 제도가 오류를 저지를 수 있다는 걸 잘 알고 있었지만 그렇다고 희망을 버릴 이유도 없다고 생각했다."

1937년에 스톤이 쓴 글을 보자. 러시아 혁명은 "뼛속까지 썩어문드러진 절대주의 군주 체제"를 대체했다. 부패한 반半봉건적 차르 체제는 "죽어가는 모든 서구 문명의 특징인 악취를 내뿜고 있었다. 그것은 바로 반유대주의였다."[7] 혁명 러시아를 지배하는 "공산당은 완벽하지는 않지만 유럽에서도 가장 후진적인 축에 속하는 이 나라를 새롭게 갈아엎고자 노력하고 있다."

스톤의 신념은 시대의 온갖 시련을 겪으면서 형성된 것이다. 미국 언론은 볼셰비키 혁명을 편견을 가지고 보도했으며, 파머 일제검거 사건을 쉬쉬했고, 노동자 파업은 "빨갱이들의 준동"이라고 규정했고, 뉴딜에 대해서도 왜곡 보도를 일삼았다. 고삐 풀린 자본주의는 대통령과 신문 발행인 모두에게 집요한 영향력을 행사했다. 이 모든 사태가 많은 좌파 인사들로 하여금 소련에서 흘러나오는 부정적인 소식들을 믿지 못하게 만든 요인이다. 미국의 미디어는 우파적 시각을 강화하기 위해 스탈린을 음해하는 거짓말을 능사로 안다는 이유로 종종 불신을 샀다. 노동조합 운동을 하는 많은 사람들도 미국의 경찰과 사법제도, 편파 언론에 대한 불신 탓에 소련에 대한 부정적인 보도는 신뢰하지 않는 경향이 있었다.

1930년대 자료 사진을 보면 농장 노동자 노조를 만들었다는 이유로 구타당하고 수감된 16세의 도로시 힐리〔미국 공산당 소속 여성 운동가〕가 캘리포니아 교도소 창살을 배경으로 서 있는 사진이 있다. 악독할 정도로 반노조적인 신문으로는 「로스앤젤레스 타임스」를 따를 신문이 없었다. 이 신문은 적색 공포를 악용해 노조와 사회복지 법률을 무자비하게 공격했다. 그 왜곡과 날조는 유명했다. 따라서 힐리(나중에 스톤의 친구가 됐다) 같은 좌파들은 「로스앤젤레스 타임스」에 난 얘기라면 완전히 불신했다.

그러나 사정이야 어쨌든 보도에 대한 스톤의 이중 잣대는 비판받기 딱 좋았다. 설령 저널리스트로서의 원칙이 손상되더라도 파시즘에 맞서 통일전선을 지켜내야 한다는 신념이 그만큼 강했기 때문이다.

한편 좀더 현실적인 미국인 그룹은 소련을 대하는 방식이 달랐다. 이들은 미국 좌파를 "과격한 빨갱이들"이라고 맹비난했다. 인권이 아니라 스탈린 치하의 러시아에서 돈을 버는 데 관심이 있는 미국 금융가들은 스탈린이 산업화 추진 과정에서 엄청난 유혈 사태를 빚은 것에 대해서는 기꺼이 모른 척하고 넘어갔다. 기업들은 후버 대통령이 소비에트사회주의공화국연방U.S.S.R.(소련)을 절대 인정할 수 없다고 선언한 데 대해 입으로는 맞장구를 치면서도 스탈린과 거래를 시작했다. 이런 거래는 1930년대 들어 대숙청이 진행되는 동안에도 변함없이 지속된다.

재벌들의 성서인 「포춘」은 1932년 3월호를 러시아 공산주의 특집으로 꾸몄다. 특집 기사는 소련 비밀경찰의 무소불위를 지적하면서도 그런 강권 통치가 공산주의 체제에서 처음 시작된 것은 아니라고 덧붙였다. "혁명 이전에도 차르의 카자크 기병대가 반대자들을 말살한 것을 기억하는 농민과 프롤레타리아"는 스탈린의 철권통치를 무덤덤하게 받아들였으며, 다만 "외부에서 온 방문객들이 충격을 받는다"는 것이다.[8]

스탈린은 알고 보면 따뜻한, 가족적인 남자라는 식으로 묘사됐다. 하지만 스탈린은 이미 수많은 사람을 학살하고, 집단 농장 등을 추진하는 과정에서 수백만을 굶겨죽인 바 있었다. 그러나 「포춘」에 따르면 소련의 경제 개발 5개년 계획Five-Year Plan은 상당한 성과를 내고 있었다. 「포춘」은 소련의 엄청난 산업화에 흥분을 금치 못하는 것처럼 보였다. 트랙터 공장, 무기 제조 공장, 제너럴일렉트릭GE 장비를 주로 투입해 미국과 러시아 기술자들이 공동으로 건설한 드네프르 댐 등등은 산업화 성공의 증거였다.

잡지에 실린 광고들은 러시아에 가면 엄청난 투자 기회가 있다고 부추기는 내용이었다. 이미 앨리스 차머스 농기계에서 웨스팅하우스의 전기 설비까지 미국 굴지의 기업 50여 개가 상당한 규모의 거래를 하고 있었다. 그 사이에 당시 세계 2위의 철강회사 베들레헴 스틸, 스탠더드 오일, 백화점 체인 마셜 필드, 메이시 백화점, 체이스 내셔널 뱅크, 캐터필러 트랙터, 트랙터·중장비 제조업체 디어^{Deere & Co}, RCA 등도 진출했다.

이처럼 자본주의를 대표하는 기업들이 들어감으로써 스탈린은 많은 미국인들 눈에 그리 나쁘지는 않은 인물로 비쳐졌다.

1930년대에 스탈린이 공개재판을 통해 피의 대숙청을 진행하자 여전히 내분에 찌들어 있던 좌파 파벌들은 초조해졌고, 이지 스톤과 스턴 사장의 불화도 돌이킬 수 없을 만큼 깊어졌다. 스턴 사장은 직접 쓴 다수의 스탈린 비판 사설에서 공개재판을 '짜고 치는 고스톱'이라고 봤다. 그러면서 수석 논설위원 스톤과 같은 인민전선 주창자들에 대해 민주주의와 독재를 짬뽕하려 한다고 비웃었다. 스탈린의 철권통치를 히틀러와 다를 바 없다고도 했다. "러시아 헌법에는 반대파 '제거'가 언론의 자유보다 훨씬 확고하게 보장돼 있는 것 같다."[9]

스탈린의 숙청이 길어지면서 좌파들의 신념은 시련에 빠졌다. 스탈린은 1917년 러시아 혁명을 주도한 엘리트들에 대해, 현 소련 지도자들을 암살하기 위한 테러 조직을 만들고, 나치와 결탁했으며, 자본주의로 복귀하려는 음모를 꾸몄다고 비난했다. 실제로 소련 군대 적군赤軍의 참모 전원이 처형당했다. 음모자로 찍힌 사람들 다수는 영문도 모른 채 죽거나 "실종"됐다. 역사학자 하비 클라인은 소련 체제 전복 혐의로 기소된 트로츠키 재판에 대해 이렇게 비꼬았다. "트로츠키는 용케도 좌파인 지노비예프주의자, 우파인 부하린주의자는 물론, 불만 많은 스탈린주의자들까지 포섭했고, 이어 나치 독일 및 제국 일본과 결탁해 소련 체제를 전복하고 자본주의를 복원하려고 했다."[10]

스톤은 공산당에 대해 심정적으로 점점 멀어졌지만 1938년이 되면 멘토 격인 스턴 사장과 자주 다퉈 「뉴욕 포스트」에 근무하는 것 자체가 "너무 힘들어졌다."[11] 이지에게는 스턴 사장이 위험할 정도로 우경화하는 것으로 보였다. 스턴은 "통일전선에 대해 딱 부러지게 반대"하는 사설을 쓴 것을 대단히 자랑스러워했다.[12] 미국 공산당의 180도 노선 전환은 사기이며 "그 위선에 많은 뉴딜 지지자들이 속아 넘어갔다"는 것이다.

그런 어수선한 시절에 파시즘에 대한 공포는 커져갔고, 그 때문에 많은 좌파들이 결집했다. "여기서는 그런 일이 일어날 수 없다"는 민주주의에 대한 신념은 미국 내에서도 친나치 조직이 급성장하면서 힘을 잃어갔다. 친나치 세력은 히틀러식 군중집회를 흉내 냈고, 만자 문양을 넣은 돌격대 유니폼을 입고 돌아다녔다. 이들을 호의적으로 보는 뉴딜 지지자들은 친나치 집회를 깨뜨리려는 유일한 세력은 공산주의자들이라는 것을 간파했다. 스턴 사장은 "진보와 보수를 막론하고 극단주의자와 얼간이들은 국가·사회적인 문제에 대해 정신적 혼란에 빠져 있다"고 썼다.[13]

그러나 스턴의 직접 집필이 늘어가는 「뉴욕 포스트」 사설은 전혀 혼란에 빠지지 않았다. 1938년 스턴은 이례적으로 1면에 장문의 사설을 올렸다. 파시즘과의 싸움을 위해 인민전선을 선호한 사람들은 이제 "이 주의主義나 저 주의나 똑같이 사악하다"는 것을 깨달아야 한다는 내용이었다. 그의 공산주의 공격은 스톤의 입장에 대한 직격탄이었다. 공산주의자를 선출직으로 뽑거나 공직에 임명하는 것은 "우리 체제를 파괴하려고 작심한" 혁명가를 불러들이는 행위라고 스턴은 비난했다.[14] 미국 노동자의 삶과 시민권 향상에 헌신하는 평범한 공산주의자들을 많이 알고 있던 스톤에게 이런 논리는 공산주의자를 도매금으로 매도하는 것이었다.

1938년에 스턴 식의 메시지를 원하는 독자는 섬세한 구분 같은 것과는 거리가 멀었다. 스턴의 사설에 딸린 만평은 피가 뚝뚝 떨어지는 단도를 등 뒤에 감춘 스탈린이 미국인의 상징인 엉클 샘을 보며 싱긋이 웃고 있는 장면을 그렸는데 엉클 샘 옆에 달린 설명은 "노동"이었다. 그날 밤 스턴은 어린 딸을 데리고 조지 셀드스 집에서 열리는 파티에 갔다. 셀드스는 1920년대에 러시아 특파원을 할 때 검열관 몰래 정보를 빼돌렸다는 이유로 추방됐다. 파티장으로 들어가면서 스턴은 딸에게 "네 애비의 진가를 알아주는" 친구들을 만나게 될 것이라고 말했다. 그런데 "진보파 인사 열두어 명"이 그에게 다가와 "혐오스러운 사설" 운운하며 욕설을 퍼부었다. 이들은 주먹을 치켜들며 협박까지 했다. 그러자 딸은 깔깔 웃으며 말했다. "아빠, 저 사람들 정말 아빠의 진가를 알아주네요."[15]

소련에서 무슨 일이 일어나고 있는지를 알아내기란 어려웠다. 외국 언론이 검열이 극심한 소련에서 취재·보도하는 것은 그야말로 악몽 같은 일이었고, 본의든 아니든 스탈린 지지 쪽으로 흐르기 십상이었다. 일부 특파원은 소련 당국에게 속았고, 또다른 일부는 검열관 몰래 기사를 보낼 수 없었고, 미국 본사에서는 데스크들이 소련 기사에 무관심하거나 기사 자체를 난도질하는 일이 많았다.

스톤 같은 인민전선 주창자들이 왜 스탈린 지지를 정당한 것으로 여겼는지를 이해하려면 우선 소련 관련 보도 상황을 알아야 한다. 예를 들어 「뉴욕 타임스」의 소련 보도는 그야말로 형편없었다. 당시 모스크바 특파원은 월터 듀랜티[1884~1957. 영국인 기자로 1922~36년 「뉴욕 타임스」 모스크바 지국장을 지냈고, 1932년 소련 관련 보도로 퓰리처상을 받았다]였다. 1939년 스톤은 듀랜티를 "비공식 크렘린 대변인"이라고 칭했다.[16] 사실 이런 표현은 향락에 빠져 취재에는 관심 없는 전형적인 구악 기자에게는 너무 약하다. 듀랜티는 기차 사고로 한쪽 다리를 잃고 유럽 각국의 수도에서 아편과 집단 성행위 같은 퇴폐의 늪에 빠져 허우적거리다가 정신 차리고 소련으로 가서 특파원으로 눌러앉은 인물이다. 그는 인간의 고통에 무관심한 것을 자랑으로 삼을 만큼 지극히 현실주의적인 인물로 우크라이나 기근으로 인한 사망자 수를 너무 적게 잡고도 전혀 신경 쓰지 않았다.

반면에 「시카고 트리뷴」 프랭크 기븐스의 탁월한 보도는 수많은 시체 더미와 피골이 상접한 사람들의 모습을 그대로 전함으로써 세계를 충격에 빠뜨렸다. 듀랜티는 현장에 가보지도 않았다. 그 때문에 듀랜티는 나

중에 "대단하신 거짓말쟁이", "바람잡이 기자" 같은 혹평을 받았다.[17] 그
는 정부情婦와 모스크바에 틀어박혀 하녀들의 시중을 받으며 캐비아와 보
드카로 시간을 보내다가 소련을 방문 중인 유명 인사들이 찾아오면(「뉴
욕 타임스」특파원인데다 퓰리처상까지 탄 인물이라는 데 속은 것이다)
나가서 접대나 하는 게 일이었다. 스탈린의 집단화 정책으로 수많은 사람
이 죽어나가면서 비판이 쏟아지자 그는 "요리를 하다 보면 접시 몇 개쯤
깨기 마련"(원래 독재자 스탈린이 쓴 표현이라는 설도 있다)이라고 능청
을 떨었고, 그런 변명이 소련의 참상을 과도기적 현상으로 보고 싶어한 사
람들에게는 먹혀들기도 했다.

　듀랜티가 소련의 참상을 역사적 과도기로 왜곡하는 것은 「뉴욕 타임
스」특파원들이 누리는 국제적 권위를 생각하면 말도 안 되는 얘기였다.
소련을 후진적인 농업국가에서 산업화 강국으로 변신하고 있다는 식으로
빨아주는 듀랜티의 기사들은 루스벨트 대통령이 1933년 소련 체제를 인
정하는 데에도 적지 않은 역할을 했다.[18] 그러는 사이 듀랜티는 소련의 성
장에 따른 인간적 희생에 대해서는 줄곧 은폐했다. 동료 특파원들은 그가
개인적 특권을 누리는 조건으로 뭔가 거래를 했다고 봤다.

　「뉴욕 타임스」독자들은 이렇게 해서 소련의 아사 사태에 관해서는 아
무것도 모르게 됐다. 그 사이 듀랜티는 디너파티에서 노닥거리고 있었다.
동료들은 듀랜티 앞으로 나온 캐비아를 덥석덥석 집어먹으면서도 기근으
로 인한 아사자가 그가 보도한 것보다 훨씬 많다는 얘기를 들었다. 이에
대해 듀랜티는 어깨를 으쓱해 보이며 "그래봤자 러시아인들 얘기일 뿐인
데 뭘"이라고 맞받았다.

　후일 역사학자들은 스탈린이 광기라고밖에 할 수 없는 집단 농장 추진
과정을 어떻게 은폐했는지에 주목하게 된다. 농장 집단화 과정에서 벌어
진 기근과 아사 사태에 대한 제대로 된 보도가 나오려면 한 기자가 소련을
벗어나 극심한 검열로 파묻혔던 내용을 폭로할 때까지 좀더 기다려야 했

다. 소련에서는 기자회견 같은 것도 없고, 장관에 해당하는 인민위원들을 만날 수도 없었다.[19] 전화는 도청당했고, 취재원은 잘못하면 바로 감옥행이었다. 이런 취재 환경은 수십 년 동안 계속됐다.

1940년대에 가장 탁월한 미국 기자 가운데 한 명이었던 해리슨 솔즈베리[1949~54년 「뉴욕 타임스」 모스크바 특파원을 지냈다]는 「뉴욕 타임스」 본사에 보낸 기사가 자꾸 '알맹이'가 빠지자 엄청 화가 났다. 이러다가 독자들이 자신을 친소파라고 생각할지 모른다는 걱정도 들었다. 솔즈베리는 이런 문제에 대한 완벽한 해결책을 본사에 제시했다. 기사마다 맨 위에 '검열필'이라는 주의문을 붙여달라는 것이었다. 유감스럽게도 「뉴욕 타임스」는 그의 제안을 거부했고, 이에 대해 솔즈베리는 훗날까지도 분을 삭이지 못했다.[20]

1930년 당시 모스크바에서 활동하는 특파원은 6명에 불과했다. 소련은 자영농들을 시베리아로 유형 보내 수백만 명을 죽였으며, 기근 관련 뉴스는 철저히 검열하고 해당 지역 방문도 금지했다. 1933년 「시카고 데일리 뉴스Chicago Daily News」의 윌리엄 스톤맨과, 듀랜티의 라이벌인 「뉴욕 헤럴드 트리뷴」의 랠프 반즈는 기근으로 만신창이가 된 지역에 잠입했다가 당국에 체포돼 모스크바로 환송됐다. 두 사람은 특집 기사를 용케 빼돌려 미국 독자들에게 학살이나 다름없는 현장의 모습을 알렸다. 주민들은 못 먹은 나머지 배만 산처럼 부풀어 오르고 팔다리는 성냥개비 같았으며, 살점이라곤 하나도 없는 얼굴은 데스마스크 같았다. 얼마 후면 히틀러의 강제수용소에서 보게 될 모습들과 똑같았다. 듀랜티는 여전히 "기근은 대부분 헛소리"라고 주장했다.[21] 그러나 「뉴욕 헤럴드 트리뷴」은 '러시아 남부에서 수백만 명 사망 추정'이라는 제목을 달아 반즈의 기사를 1면부터 대서특필했다.[22] 3주 후에 듀랜티는 기근 지역을 처음으로 돌아봤다. 그는 굶어죽는 아이들을 본 사실은 인정하면서도 "기근이라는 얘기"는 "터무니없는 소리"라고 썼다. 후일 연구자인 마코 카리닉은 듀랜티에 대한 통렬한 반박 글 '뉴욕 타임스가 보지 못한 기근'에서 1차 대전 당시 하루에 6,000명꼴로 죽었다면 대기근 때 소련 농민은 하루에 2만 5,000명꼴로 죽어갔다고 지적했다.[23]

모든 사정을 고려할 때 듀랜티는 해고돼야 마땅했지만 「뉴욕 타임스」는 미적거렸다. 편집 간부와 발행인은 늘 단독 인터뷰 같은 것을 기대하기 마련이다. 그것이 설령 거물들을 '빨아주는' 기사가 되고 자화자찬 식 "특종"에 불과한 것이라 해도 그런 욕심을 떨쳐버리지 못한다. 듀랜티는 스탈린과 단독 인터뷰를 여러 차례 했다. 그러나 불행하게도 그의 사기성 특집 기사들은 세계 여론에 영향을 미쳤다. 듀랜티 평전을 쓴 S. J. 테일러는 이렇게 지적했다. "퓰리처상 수상자인 듀랜티가 「뉴욕 타임스」에 우렁찬 목소리로 명료하게 발언했다면 세계는 그의 말을 무시할 수 없었을 것이다. …그랬다면 사태는 어쩌면 달라졌을 것이다."[24]

고의든 고의가 아니든 소련의 진실을 은폐한 기자는 듀랜티와, 「더 네이션」의 루이스 피셔(역시 러시아 기근에 대해 한 줄도 쓰지 않았다)만이 아니었다. 국내적으로 불황에 시달리던 서구 신문들은 먼 나라에서 일어난 참사를 중요하게 취급하지 않았다. 서구 외교관들도 동맹국이 될지도 모르는 나라 문제에 관여하려 들지 않았다. 미국 국내의 검열도 심각한 폐해를 가져왔다. 1937년 「뉴욕 헤럴드 트리뷴」 모스크바 특파원 조 반즈(전임자 랠프 반즈와 친척관계는 아니다)는 그야말로 괴로웠다. 회사에서 비용 절감을 위해 취재비조차 제대로 대주지 않는 바람에 기사를 뻔히 보고도 놓치는 상황에 화가 났다. 그는 역사가 굽이치는 현장을 보면서도 기사를 보내지 말라는 압력을 받았고, 소련 당국의 검열을 거친 대숙청 재판 관련 기사는 다시 뉴욕 본사에 앉아 있는 친소련 성향 편집 간부에 의해 난도질을 당했다.

듀랜티는 숙청 재판에 대해 "특별히 언급할 만한 게" 없다고 보고 있었다.[25] 소련 내에서도 특파원과 외교관 사이에 의견이 엇갈렸고, 그런 상황이 여론 형성에 중요한 역할을 했다. 모스크바 주재 미국 대사 조지프 E. 데이비스는 기자들에게 숙청 재판은 "소련 체제 전복 음모의 실상을" 보여주는 것으로 생각한다고 말했다.[26]

나중에 소련 체제에 환멸을 느끼게 되는 미국 좌파 데이비드 프렌스키는 이렇게 회고했다. "듀랜티의 보도를 우리는 진짜 정직한 보도라고 생각했어요. 그리고 우리의 생각에 더욱 중요한 영향을 미친 것은 조지프 데이비스 대사였지요. 부유한 변호사 출신으로 수많은 법정 경험을 갖고 있었고, 현지 재판을 참관까지 한 그의 평가는 그야말로 절대적인 영향을 미쳤습니다."[27]

심하게 왜곡되거나 검열을 거친 보도가 소련에 대한 미국 좌파의 호의적인 태도를 형성하는 데 상당한 역할을 한 것은 분명하다. 그러나 좌파들은 엄연한 사실조차 무시하곤 했다. 기자인 유진 라이언즈는 1920년대 말에 소련을 방문해 평소 "유토피아"라고 생각했던 나라를 취재했다. 공산주의에 동조했던 그는 이후 비판적인 관찰자로, 공산주의 체제의 적으로 변했다. 러시아 취재를 마치고 돌아와서 쓴 『유토피아에서의 취재 Assignment in Utopia』〔1937〕는 소련 당국의 검열을 받지 않은 것으로 스탈린 체제의 암울한 현실을 처음으로 본격 폭로한 책이었다. 이 책에 대해 미국의 공산주의자들과 소련 지지자들은 맹공을 퍼부었다. 이렇게 해서 소련에서 2차 숙청 재판이 벌어지던 1937년에야 현장을 직접 보고 들은 뉴스가 세상에 나온 것이다. 그러나 스톤은 라이언즈를 악의적인 필자로 보는 부류에 속했다.

라이언즈는 몇 가지 미스터리에 대해 의문을 제기했다. 기소된 공산당 지도급 인사들의 가족은 다 어디에 갔는가? 스탈린은 무슨 약점을 잡아 말도 안 되는 기소 내용을 인정하게 만들었을까? 니콜라이 이바노비치 부하린〔볼셰비키 지도자로 1938년 스탈린에 의해 총살됐다〕의 부인은 1988년 자서전에서 한 남자가 고문 당하는 이야기로 그 답을 대신했다. "그는 혐의를 오래 부인하지 못할 것 같았다. 그는 '자백', 즉 거짓말을 강요당했다."
그녀 자신은 어린 아들과 격리되어 고문당하고 "인민의 적"과 결혼했다
는 이유로 투옥됐다. 부하린은 러시아 혁명을 이룩한 지도자 가운데 한 사
람인데 말이다. 그녀는 습기 찬 감옥 구덩이 속에서 굶주림과 추위에 떨다
가 남편이 처형됐다는 소식을 들었다. "소름끼치는 희극"이었다.[28]

소련에서 숙청 재판이 벌어지는 동안 뉴욕에서는 트로츠키 지지파와
스탈린 지지파 지식인들 간에 싸움이 일어났다. 여기에 관여했던 사람들
가운데 다수가 후일 열렬한 반공주의자가 된다. 아서 쾨슬러는 스탈린의
대숙청을 고발한 작품 『정오의 어둠Darkness at Noon』을 1941년에 출간했다. 대
숙청을 날카롭게 비판한 이 소설은 감옥에 갇힌 무고한 사람들의 이야기
를 전하면서 한때 혁명 영웅이었던 사람들이 "자백"을 짜내기 위한 고문
에 비명을 지르는 모습을 그려낸다. 작품의 주인공은 혹독한 고문으로 자
백을 강요받고 체념 속에서 운명을 맞는다. 경찰관이 복도로 질질 끌고나
가 더 이상 안 보이는 곳에서 관자놀이에 총을 겨눈 뒤 방아쇠를 당겨 총살
을 집행한 것이다. 좌파 진영의 많은 사람들이 쾨슬러를 무시해버렸다.
그러나 「더 네이션」은 서평에서 이 소설을 좋게 평가했다.

한편, 내내 삐거덕거리던 이지와 스턴 사장의 관계는 결국 파경을 맞는
다. 후일 이지가 한 설명을 들어보면 그는 스턴 사장이 재정난과 광고난
탓에 "지나치게 우편향이 됐다"고 생각했다. 그러나 1939년 스톤이 멘토
인 스턴 사장과 최종적으로 갈라선 이야기에 관해서는 사람마다 해석이
조금씩 다르다.

가족과 친구들이 기억하는 이야기를 들어보면 원칙을 놓고 싸웠다고
하기는 좀 애매하다.[29] 스톤의 동생 루는 이렇게 말했다. "이지 형이 쓰던
스페인 내전 관련 사설들 때문이었다고 생각합니다. 스턴 사장은 도허티
추기경[1918~51년 필라델피아 대주교였다]으로부터 상당한 압력을 받았고,

이지도 '공화파 지지를 중단하라'는 얘기를 공공연히 들었지만 그럴 수 없다고 했지요."

샘 그래프턴은 "이데올로기 차이와는 아무 관계가 없는 문제"라고 말했다. 다음은 그래프턴의 회고. "하루는 편집국장이 나 대신 사설을 쓰겠다고 했어요. 그런데 다음날 아침 회의 때 이지는 편집국장이 쓴 걸 모르고 사설 문제를 끄집어내 말이 좀 안 되는 비판을 했습니다. 나는 이지에게 그만하라는 신호를 보내려고 했지만 그는 내가 쓴 줄 알고 계속 물고 늘어졌어요. '왜 날 가지고 저러나?' 싶었지요. 어쨌든 그렇게 해서 결국 끝이 났어요. 이지가 사설에서 완전히 손을 떼게 된 거죠."

그래프턴의 설명에 대해 스턴 사장의 딸은 이렇게 말했다. "뭐랄까, 이지와 샘은 일종의 라이벌이었어요. 나중에 샘은 보수적으로 바뀌었고, 이지는 여전히 극좌파였지요. 내 생각엔 샘이 시기했던 것 같아요. 이지는 국민적 영웅이 되었으니까요."

1950년대 초에 나온 J. 데이비드 스턴의 설명을 들어보면 더더욱 혼란스러워진다.[30] 그는 "「뉴욕 포스트」를 인수한 지 얼마 안 되는 시점"이었다고 하지만 사실 이지는 1938년에 평기자로 강등됐다.(스턴이 「뉴욕 포스트」를 도로시 쉬프에게 판 것은 1939년 여름이었다.) 스턴에 따르면 「뉴욕 포스트」는 뉴욕 교통 시스템 리파이낸싱(재융자) 계획에 반대 입장이었다. "이지는 열심히 연구를 해서 그 문제에 관한 사설을 아주 많이 썼다. 전문가적 식견이 넘치는 내용이었다. …하지만 늘 반대 수준에 머물렀다." 어느 날 스턴 사장은 복도에서 이지를 만난 김에 이렇게 말했다. "이지, 생각해봤는데 말이야, 건설적인 대안을 좀 제시해보면 어때? 자네가 생각하는 해결책은 뭔가?"

"시가 담보권을 행사하는 거지요."

"시가 투자자를 다 죽이라는 건가?"

"그럼 안 됩니까?"

스턴은 "시가 이런 상황을 이용해서 그런 식으로 행동한다는 건 부도 덕하지"라고 반박했다.

"전 안 될 이유가 없다고 보는데요." 이지가 맞받았다. "기업가가 결정 권을 쥐고 있다면 시에 대해 그렇게 했을 겁니다."

스턴은 바로 자리를 떴지만 그 문제에 대한 이지의 "유치한 태도"를 보고 걱정이 이만저만이 아니었다. "나는 이지와 편집국장에게 메모를 보내서 차후로 이지는 월급은 똑같이 받되 편집국에서 전문기자로 근무한다고 통보했어요. 이에 대해 이지는 내게 일언반구 없이 신문노조를 끌어들여 경영진이 부당한 인사를 했다고 문제를 제기했습니다. 그는 신문 발행인은 논설위원 선발 권한이 없다고 주장했어요. 이 문제는 중재로 넘어갔지요. 중재를 맡은 인물은 당시 미국 항소법원(3지구) 판사 프랜시스 비들로 후일 법무장관이 됐지요. 비들 판사는 기자에게 무슨 업무를 맡길 것이냐는 전적으로 경영진 권한이라는 결정을 내렸어요. 그러자 이지는 사표를 냈습니다."

이지가 패트너와의 대담에서 밝힌 내용은 좀더 다채롭다. "1939년 스턴 사장이 내게 사설 하나를 쓰라고 했어요."[31] 백화점 노조가 해당 사업장 이외의 관련 기업에 대해 불매운동 등의 압박 활동을 하는 것(2차 피케팅)은 위헌이라는 요지였다. 이지는 "그런데, 대법원은 2차 피케팅에 대해 최근에 합헌 판정을 내렸습니다. 난 그런 거 못 씁니다"라고 했다. 그러자 스턴은 "제길, 그런 사설을 써야 백화점 광고가 된단 말이야"라고 했다. 스톤은 "제길, 그럼 왜 먼저 그런 얘기를 안 해줬어요? 뭘 어떻게 쓰라는 건지 한참 헷갈렸잖아요!"라고 했다. 이지의 기억으로는 결국 그 사설은 자기가 쓰지 않았지만 그런 말다툼 때문에 두 사람은 감정의 골이 깊어졌다. "내 생각엔 사장이 나를 해고하려 한 건 아니었어요. 그렇게 되면 엄청난 해직수당을 줘야 했으니까요. 그래서 평기자로 강등시킨 거죠. … 사장도 놀랐고, 다들 엄청 놀랐죠. 내가 편집국에 내려가서도 룰루랄라

하고 잘 지냈으니까요. 게다가 내려간 첫날 1면 기사를 물어왔어요. 다시 현장으로 나가니까 재미있더라고. …다들 나를 흘끔흘끔 쳐다봤어요. 사장의 총애를 한몸에 받던 친구가 강등돼서 내려왔으니까. 편집국에서도 내가 아주 즐거워한다는 걸 알고는 잡일은 더이상 시키지 않았어요. 찰스에반스 휴즈가 곧 죽을 것 같으니까 부음 기사를 준비하라고 하더군요. 그래서 도서관으로 갔지요. …연방대법원 판사 시절 판결문 등 관련 자료를 모두 읽었지요. …하지만 휴즈는 죽지 않았어요. 그 다음부터는 그냥 자리에 앉혀두고 아무 일도 시키지 않더군요. 그래서 「더 네이션」에 보낼 기사들을 썼어요. 그러고 나서 퇴직수당 관련 노조 판례를 뒤져서 나를 강등시킨 건 사실상의 해고라고 주장했지요. 그런데… 비들이 우리 사장 쪽에 유리하게 결정을 내렸어요. 그래서 난 졌고, 신문사를 관뒀지요."[32]

어느덧 세 자녀의 아버지가 된 스톤은 회사를 덜컥 그만두기에는 아직 경제적으로 여유가 없었다. 정기적으로 「더 네이션」에 기고를 했지만 원고료는 얼마 안 됐다. 스톤은 영향력 있는 일간지의 논설위원이라는 버팀목을 잃은 것이다. 그뿐 아니라 그를 처음 기자로 채용한 사장과의 인간관계도 잃었다. 스턴으로서는 이지가 15세 때 기자로 채용한 이후 신문사 사장을 한 세월의 절반을 이지와 같이 일했다. 스턴 사장은 이지에게는 여러 면에서 아버지와 같은 존재였다. "아버지는 이지에 대해 정말 비애를 느꼈고, 분노했다"고 스턴의 딸은 회고했다.[33] 스턴 사장은 회고록에서 이지 얘기는 아예 빼버렸다. 그러나 이후에도 이지는 스턴 사장에 대해 찬사를 아끼지 않았다.

미국 좌파 진영에 최악의 사태가 기다리고 있었다. 인민전선을 박살내는 청천벽력과도 같은 일이었다. 1939년 봄 전체주의 체제에 반대하는 선언문이 '문화적 자유를 추구하는 위원회Committee for Cultural Freedom'〔존 듀이와 시드니 후크를 중심으로 좌파 지식인 96명이 창설한 미국의 정치 운동 조직. 1939년 5월 발족해 1951년까지 소련과 나치 독일 전체주의 체제에 반대하고, 국내적으로는 공공·민간 부문의 민주적 개혁을 요구했다] 명의로 공표됐다. 지금 보면 대단히 선견지명이 있는 것처럼 보이지만 당시에는 트로츠키파가 많았고, 스탈린에 대한 이들의 증오는 다른 좌파들에게는 별 설득력이 없었다. 프리다 커치웨이는 문제의 선언문을 「더 네이션」 1939년 5월 27일자에 게재하고 이를 비판하는 사설을 썼다. "나는 이들이 진정으로 지적인 자유를 옹호하고자 한다는 데 대해서는 한 점의 의구심도 없다. 그러나 동시에 미국 내 진보·좌파 진영에 폭탄을 떨어뜨리려는 의도도 있다고 본다."[34] 커치웨이를 비롯한 좌파 인사들은 시드니 후크[1902~89. 미국의 사회철학자, 교육가. 존 듀이의 제자로 한때 마르크스주의에 기울었다가 모든 형태의 전체주의에 완강히 반대하고, 자유민주주의를 사회 발전에 가장 적합한 정치 체제로 옹호했다]가 주도한 '위원회'가 스탈린을 히틀러, 무솔리니와 동급으로 취급한 것에 분개했다.

커치웨이는 공산당의 전술이 "여전히 도발적이고 때로 파괴적"이며 "적들에 대해 파렴치하고도 냉혹한 공격을 가한" 것은 사실이지만 "그 모든 오류에도 불구하고 우리 시대의 혼란스러운 투쟁에서 필요한 기능을 수행하고 있다"고 썼다. "적대세력이 '전선'이라고 부르는" 조직들은 "진심이든 전략적 노림수든" 간에 민주주의를 위해 애쓰고 있는 것이기 때문에 인정해주어야 한다는 얘기다. 그러면서 그녀는 "분파들의 무장해제"를 촉구했다.

스톤은 커치웨이보다 훨씬 강한 입장을 취했다.[35] 공동 서명자 400명과 더불어 후크와 문화적 자유를 추구하는 위원회를 혹평하는 공개서한을 발표한 것이다. 서한은 「더 네이션」 8월 10일자에 실렸다. 서한에 서명한 사람들 중에는 작가와 극작가가 많았다. 주요 인사로는 대실 해밋, 그랜빌 힉스, 조지 S. 카우프먼, 맥스 러너, 클리퍼드 오데츠, S. J. 페럴먼, 빈센트 쉬앤, 맥스웰 S. 스튜어트, 루이스 언터마이어, 제임스 서버, 윌리엄 칼로스 윌리엄스 등을 꼽을 수 있다. 커치웨이는 스톤이나 맥스 러너(공개서한에 서명한 「더 네이션」 필자는 이 두 사람뿐이다)와는 거리를 두었다. '민주주의와 평화를 적극 지지하는 모든 분들께'라는 제목의 공개서한은 후크 그룹을 소련 인민과 "그 정부"에 대해 악담을 퍼붓는 것을 "주된 목표"로 하고 있다고 혹평했다. 서한은 이렇게 이어진다. 소련은 "늘 그래왔고, 지금도 여전히 전쟁과 침략을 막는 보루이며, 평화적인 국제 질서 수립을 위해 줄기차게 노력하고 있다." 스탈린의 러시아는 "인종적, 민족적 편견을 완전히 제거했으며, 차르 치하에서 노예화됐던 소수민족들을 먹여 살리고, 그들의 문화·경제적 복지를 증진시켰으며, 반유대주의나 인종적 증오의 표현을 범죄로 규정했다."

서한은 러시아가 "전국 규모의 사회주의 계획 경제를 추진하고, 여성을 해방시켰으며, 아동 보호 시스템을 발전시켰다"고 극찬했다. 소련의 모습은 "지금까지의 역사를 통틀어 문화·교육적 성취가 가장 탁월한 나라 가운데 하나이며… 나치가 불태운 작가와 사상가의 책이 소련에서 출판되고 있다"는 식으로 묘사됐다. 또 "소련이 고려하고 있는 정치적 독재는 과도기적 형태"라면서 "미국과 소련이 세계 평화를 위해 이상주의적으로 상호 협력할 수 있는 굳건한 토대가 존재한다"고 주장했다.

타이밍만 아니었다면 이 서한은 그저 소련의 선전에 깜빡 속아 넘어간 좌파들이 상대편을 공박하는 문건 정도로 치부되고 말았을 것이다. 그런데 1939년 8월 23일, 스탈린과 히틀러가 불가침 조약에 서명했다. 서로 동맹국이 됨으로써 세계를 놀라게 한 것이다. 스톤이 10여 년 동안 글로써 누차 경고해온 2차 세계대전 발발이 기정사실화된 셈이다. 이제 히틀러는 스톤이 열렬히 지지했던 소련의 도움까지 받게 됐다. 불가침 조약 서명 일주일 후 독일은 폴란드를 침공했고, 이에 맞서 영국과 프랑스는 독일에 선전포고를 했다.

상황이 이렇게 되자 미국 언론은 좌파들을 더더욱 비웃었다. 스톤 역시 후일 역사 교과서에 소련의 실체를 제대로 보지 못한 사례로 언급된다. 나중에 스톤의 강력한 비판자가 되는 저널리스트 리처드 로비어는 스탈린과 히틀러가 불가침 조약을 맺었을 당시 "그 충격적인 조약문에 스톤만큼 충격을 받은 사람은 없었다"고 지적했다.[36] 그러나 이미 대숙청과 스탈린에 대한 비판을 무마할 요량으로 소련을 호평하는 서한에 서명을 한 마당이어서—특히 이미 소련의 공개재판을 "조작"이라고 보고 있었으면서도 서명에 참여했다—스톤의 명성은 금이 가고 영향력은 떨어졌다. 전기 작가 로버트 코트렐은 "그의 언론인 경력에서 가장 어리석고 정직하지 못한 행동이었다는 것은 의문의 여지가 없다"고 지적했다.[37]

스톤은 후일 자신이 "일종의 (소련) 변호자"였다는 사실을 인정했지만 개인적으로 이미 스탈린의 문제를 알고 있던 저널리스트의 변명치고는 설득력이 떨어진다. 친구인 블랭크포트에게 보낸 편지에서 스톤은 깊은 분노를 표출했다. 독소 불가침 조약과 그에 대한 선전을 듣고 "속이 뒤틀리고, 미국 공산당과 그 조직들이 그야말로 역겨워졌다"는 것이다. 스톤은 미국 공산당이 모스크바의 지령에 따라 "로봇처럼… 이리 흔들 저리 흔들"하는 것을 경멸했으며, "동조자" 노릇을 완전히 청산했다.[38]

스탈린과 히틀러의 불가침 조약 체결 직후 스톤은 「더 네이션」에 기고한 2,000단어짜리 기사에서 분노의 목소리를 표출했다.[39] "소련이 파시즘에 맞서는 대열의 핵심이라고 봤던 우리들 모두는 지금 스탈린이 히틀러와 손을 잡은 것에 대해 분노와 배신감을 느낀다. 스탈린은 모스크바의 마키아벨리였다." 스톤은 미국 공산당과 "일이 터지고 난 뒤에도 소련을 옹호하는 사람들"이 이 불가침 조약에 대해 "민주주의 국가들을 강화하고 제2의 뮌헨 협정[1938년 9월 영국과 프랑스 등이 체코슬로바키아의 주데텐란트를 독일에 넘겨준 협정]을 피하기 위한 조치라고 어물쩍 둘러대고 넘어가려 한다"고 비난했다.

이 기사는 내용보다 제목('[영국 총리] 체임벌린이 야기한 스탈린-히

틀러 조약')이 훨씬 더 일방적이었다. 스톤은 먼저 이데올로기적인 이유
로 해서 보수 신문에 실린, 소련과 나치 독일이 손잡을 가능성을 논한 듀
랜티의 두 기사를 무시해버린 저널리스트들을 비난한다.[40] 그런 점에서는
듀랜티가 다른 기자들보다 사태를 훨씬 냉철하게 보고 있었다. 독소 불가
침 조약 체결 수개월 전에 그는 협정을 가로막는 유일한 장애물은 "히틀
러의 '유대인 볼셰비즘Judeo-Bolshevism' [공산주의 운동 내지는 볼셰비키 혁명을 경
멸적으로 부르는 말. 그 지도부에 유대계가 많다는 점을 강조한 인종주의적 표현이
다]에 대한 광적인 분노"라고 경고했다. 그러나 스톤은 "스탈린이 대숙청
기간 2년 동안 독일에서보다 더 많은 유대인을 총살했다"는 듀랜티의 "충
격적인 주장"은 절대 인정할 수 없었다. 듀랜티가 "무슨 이유에서인지 입
장을 급선회한 것"에 불과하다고 본 것이다.

이어 스톤은 체임벌린의 유화 정책의 치명적인 오류에 대해 논했다. 영
국 총리 네빌 체임벌린이 1938년 뮌헨 회담에서 히틀러에게 대폭 양보를
해줌으로써 소련만 고립되는 결과를 가져왔다는 것이다. "항상 우산을 들
고 다니는 키 작은 남자" (체임벌린을 말한다)는 "평화"를 원한다는 히틀
러의 말에 깜빡 속아 넘어갔고, 이후 히틀러가 주변국을 잇달아 침공할 때
도 모르는 척했다. 1938년 3월 나치 군이 체코슬로바키아 수도 프라하를
점령한 뒤에는 영국에서도 친파시즘 색채의 「더 타임스」와 클리브덴 서
클Cliveden set [1930년대 영국의 우파 상류층 유명 인사들의 모임. 나치 독일과의 친선
을 주장했다], 그리고 친나치 성향이었던 「옵서버The Observer」까지 나서서 "소
련과 동맹을 맺으라는 여론의 요구"를 지지했다. "체임벌린이 유화 정책
을 배격하는 쪽으로 돌아선 영국의 여론을 따랐다면 소련과의 동맹 조약
협상을 서두를 수도 있었다."[41]

영국 총리가 자신을 우롱하는 데 화가 난 스탈린은 베를린과 비밀 협상
을 시작했지만 이면으로는 영국, 프랑스와도 협상을 시도했다. 윈스턴 처
칠 의원은 체임벌린 총리가 소련 측의 프랑스-소련-영국 삼각 동맹 제안

에 대해 제대로 답을 주지 않고 있다고 맹공을 퍼부었다. "나는 우리 정부가 냉혹한 진실을 가슴에 새기기를 간절히 당부한다. …러시아가 없으면 동부 전선은 절대 보장할 수 없다."

후일 시어러를 비롯한 많은 사람들이 1939년에 스톤이 체임벌린을 비판한 데 대해 동의했다.[42] 2차 대전 때 종군기자를 한 시어러는 체임벌린이 소련의 협상 제안을 "'우리 셋〔영국, 소련, 프랑스〕이서 손을 잡고 히틀러의 목을 부러뜨리자'는 식으로" 적극적으로 받아들였다면 "의회가 승인했을 것이고, …그러면 역사는 다른 길을 갔을 것"이라고 말했다. "적어도 더 나쁜 쪽으로 가지는 않았을 것"이라는 얘기다. 그러나 당시 베를린에 있었던 시어러는 "나는 나치 독일과 공산 러시아가 은밀히 손을 잡은 사실은 정말 몰랐다"고 썼다.

전쟁이 나고 나서 두 달 뒤에 스톤은 히틀러의 폴란드 침공에 대해 스탈린과 체임벌린의 잘못 때문이라고 비난했다. 체임벌린은 영국 정부가 발행한 전쟁 원인 분석 보고서에서 "이 끔찍한 재앙의 책임은 오로지 한 사람(히틀러)에게 있다"고 주장함으로써 체면을 살려보려고 했다. 이런 설명에 대해 스톤은 "무책임한 역사 해석"이라며 "전쟁을 일으킨 것은 히틀러지만 그에게 '원인 제공을 해준 것'은 누구였는가. 영국 보수당은 최종 책임에서 자유로울 수 없다"고 주장했다.[43] 그는 소련의 책임도 언급했다. "우산〔체임벌린을 말한다〕뿐 아니라 낫과 망치〔소련 국기〕도 스와스티카〔나치 독일의 상징인 만자 문양〕와 결탁해 폴란드 침공에 책임이 있다. …바르샤바에서 구원을 호소하는 간절한 절규에 대해 영국 정부 보고서는 아무 답이 없다."

스톤을 「더 네이션」에 소개한 맥스 러너는 후일 당시 상황을 이렇게 회고했다. "내가 속은 걸까? 난 우리가 진실을 몰랐다고 생각한다. 당시 우리 정치 문화는 진짜 그랬다. 러시아 혁명에 공감한 진보파들이 특히 그랬다. 시드니 후크는 그런 문화를 앞서갔고, 그것은 그야말로 높이 평가해 줄 대목이다. 그러나 안타깝게도 우리들 대부분은 소련의 사정이 어떤지 알지 못했다." 소련이 공개재판으로 반대파를 한창 숙청하고 있을 때 러너는 「더 네이션」 정치부장이었다. "나는 차츰 의구심이 들었다. 루이스 피셔가 소련에서 돌아와 우리에게 '정말 참혹하다'는 얘기를 해주었을 때 그런 의구심은 더욱 확고해졌다. 피셔는 스페인 내전에 집중하고 공개재 판을 옹호하지 말라고 했다. 편집장 커치웨이가 공개재판 옹호에 가장 적 극적이었다. 사설을 쓰는 것은 고역이었다. 나 스스로 의구심이 너무 컸 기 때문이다."[44]

시드니 후크의 선언서를 규탄한 것에 대해서는 이렇게 말했다. "내가 줄 수 있는 유일한 답은 당시 우리는 시드니가 독특한 견해를 가졌다고 간 단히 치부하고 말았다는 것이다. 우리는 시드니에 대해 [사회주의자이지 만 스탈린에 대해서는 적극적으로 반대하는 인물이라는] 선입견을 가지 고 있었기 때문에 그의 새로운 발언까지 무시해버렸다. 나 자신도 공개재 판에 대해 새로 알게 된 사실을 판단이나 집필에는 적용하지 않았다."

독소 불가침 조약 체결 이후 스톤은 러너를 집으로 찾아가 '새 출발 그 룹New Beginnings Group' 결성을 추진했다. 와해된 인민전선을 대체할 비공산 계 열 조직이었다. 당시 두 사람은 시급히 "독립적인 좌파를 위한 새로운 신 조를 만들어야" 한다는 것을 절감했다고 러너는 회고한다. "벌써 동조자 역할을 포기한 사람들이 나왔고, 대부분 그럴 거라고 생각했지요." 그러 나 새 좌파 그룹은 흐지부지되고 말았다. 조직화가 잘 안 됐기 때문이다. "우리들 중에는 조직가가 전혀 없었어요. 우리는 결국 소수 분파로 남고 말았지요." 당시 러너는 "마르크스주의는 이제 만족스러운 신조가 아니" 라고 생각했다. "내가 관심을 가진 것은 이제 자본주의를 거부하느냐 인 정하느냐가 아니라 민주주의였어요. 자본주의 틀 안에서 좀더 집단적인 자본주의를 시행하는 것이었지요. 민주주의적 집단주의라고 할까…." 스톤은 마르크스주의와 제퍼슨의 융합을 주창했다. 이에 대해 러너는 "그건 그의 버전이었지요. 난 둘을 섞고 싶은 생각은 없었습니다"라고 말했다.

러너는 지식인들이 왜 증거가 나왔는데도 스탈린과 절연하거나 스탈린 체제의 문제점을 깊이 따져보려 하지 않았는가 하는 문제를 점검했다. "일단 지지를 한 이상 일종의 자존심이 걸린 문제가 됐지요." 다른 식으로 생각한다는 것은 결국 "가장 소중하게 여겨왔던 가치를 배신"하는 셈이 될 것이다. "공산주의가 진보파와 지식인을 장악하는 방식은 바로 그런 식이었어요. 이상의 세계가 된 거지요." 러너는 또 이렇게 말했다. "나도 그런 이상과 단절하는 데 애를 먹었어요. 하지만 내가 밟아온 길을 되돌아보면 그런 대로 만족스럽습니다. 이지는 원래 입장을 훨씬 더 오래 고수했지요."

다사다난한 1930년대가 저물 무렵 스톤은 32회 생일을 맞았다. 뉴욕의 가장 대표적인 진보 신문에서 맹활약하던 시절은 갑자기 끝이 났다. 그가 추구한 인민전선도 와해됐다. 소련에 대한 그의 시각도 벽에 부딪혔다. 나치는 전 유럽으로 진군을 계속하고 있었다. 미국이 전쟁에 휘말려드는 것은 시간문제였다. 이런 격변의 시점에 미국 우선주의를 외치는 우파와 미국 내 스탈린주의자들은 참전 반대를 열심히 외쳤다. 전혀 어울리지 않은 두 집단이 이상한 방식으로 하나가 된 것이다.

세계의 미래가 불안한 것처럼 스톤의 앞날도 불확실했다.

3부
2차 대전, 그리고 냉전

I2
기로에 선 미국: 「더 네이션」 시절

'그는 흑인들과 자주 어울리는가? 유대인 친구가
지나치게 많지 않은가? 적군赤軍 얘기만 나오면 얼
굴이 환해지는가?'
1943년 스톤이 쓴 FBI의 공무원 사찰 폭로 기사에서

스톤은 「뉴욕 포스트」에 있을 때 간간이 「더 네이션」에도 기고했다. 양쪽
일을 병행한 기간은 짧았지만 덕분에 경제적으로는 넉넉했다. 프리다 커
치웨이는 여건이 되는 대로 스톤을 「더 네이션」 정식 직원으로 부르겠다
고 약속을 한 상태였다. 영향력은 크지만 재정적으로는 쪼들리는 시사 잡
지 자리는 많은 월급을 보장하기는 어려웠다. 유머 작가 캘빈 트릴린이 농
담조로 "「더 네이션」은 넘버2까지만 월급을 준다"고 한 것은 잡지 사정을
잘 말해주는 표현이다.

어쨌든 양쪽에서 얻은 수입으로 스톤은 1932년형 다지 승용차를 뽑을
수 있었다. 그는 클러치와 기어를 가리지 않고 마구 질주하는 스타일이었
다. 그런데 전형적인 도시 스타일인 그가 다소 새로운 것을 시도했다. 뉴
욕 남동부 롱아일랜드 노스포트에 집을 구한 것이다. 월세는 맨해튼 아파
트를 다시 세놓아 충당했다. 스톤은 기차 타고 출퇴근하는 것을 즐겼다.
열차 안에서 유럽에 전운이 번지고 있다는 뉴스를 체크했다. 집에 돌아와

서도 일이 손에서 떠나는 적은 별로 없었다. 밤늦게까지 신문 잡지를 보고 책을 뒤적였다. 그러나 친구 블랭크포트에게 보낸 편지들을 보면 온갖 시시한 얘기들이 다 나온다.[1] 스톤은 롤러스케이트를 배우기 시작했고, 자녀들에게 별명을 붙여줬다. 장남인 제러미는 "제이 제이"라고 했고, 막내 크리스토퍼는 "크리피"라고 불렀다. 삼남매는 에스터의 보살핌을 받으며 잘 자랐다. 스톤은 한 편지에서 '제러미가 엄청 실망했다가 이제 겨우 좀 나아졌다'고 농담을 했다. 학교 친구의 아버지가 경찰관이었는데, 제러미가 어느 날 집에 와서는 "낙담한 표정으로 제 엄마한테 '왜 우리 아버지는 경찰이 아니냐'고 묻더라"는 것이었다.

「뉴욕 포스트」를 갑자기 뛰쳐나온 스톤은 다시 일자리를 찾아야 했다. 잠시 반백수로 지내면서 「더 네이션」에 파트타임으로 기고를 하는 한편으로 '이상한' 부업을 했다. 1938년 「더 네이션」 편집장 커치웨이가 스톤에게 내무부 공보 담당 일을 하면서 틈틈이 자기 일을 도와달라고 권했다. 스톤은 "공보 담당인 동시에 독립적인 저널리스트"가 되기는 불가능하다고 보고 거절했다.[2] 스톤 일가는 집을 줄이고, 가정부도 내보내는 식으로 해서 한 달 생활비를 100달러 절감했다. 1939년 여름, 스톤은 반反노조 성향의 농민협회 선전물을 분석하는 기관에서 일했다. 책을 써보라는 권유는 좀 우습게 여겨졌지만 모던 에이지 북스Modern Age Books 출판사에서 선인세 500달러를 받고 농업의 역사를 썼다.[3] 썩 내키는 일은 아니었다. 스톤은 조지 셀드스를 도와 투자자 전문지에도 잠시 글을 썼다. 스톤과 동생 루는 또다른 책 집필을 위해 자료조사까지 했는데 책으로 완성하지는 못했다. 1939년 9월 스톤은 유명한 오페라 가수 로런스 티벳의 홍보 및 연설문 작성 담당자로 채용됐다.[4] 티벳은 당시 미국음악예술가노조 위원장으로 노조를 접수하려는 갱 제임스 C. 페트릴로와 싸우고 있었다. 스톤은 주급 250달러를 받고 깜짝 놀랐다. 그가 평생 한 일 중에서 가장 수입이 좋은 일이었다. 그러나 오래 하지는 못했다.

그로부터 3주 후 커치웨이로부터 「더 네이션」 부편집장으로 일하라는 연락이 왔다. 스톤은 바로 달려가 펜을 들었다. 임금 조건은 주급 75달러에 취재비 10달러였는데 그 정도면 당시 기자들 수입으로는 평균 수준이었다. 1940년 이 잡지 워싱턴 특파원이 되면서 스톤은 아내와 아이들을 데리고 수도 워싱턴으로 이사했다. 워싱턴 북서부 네브래스카 애비뉴와 코네티컷 애비뉴 북쪽 끝이 만나는 지역에 새 보금자리도 얻었다. 이후 스톤은 이 집에서 30년 가까이 살게 된다.

새 집은 어떤 기준으로 보아도 크다거나 고급이라고 할 수는 없었다.[5] 한 친구는 "땅딸보 같은 집"이라고 했다. 하지만 친구들은 책으로 덮인 그 아늑함을 좋아했다. 현관은 없고 정문으로 들어가면 바로 작은 거실이 나왔다. 주방은 스톤이 종종 사무실로 썼는데 거실 바로 뒤에 접해 있었다. 2층에는 침실이 세 개였다. 2층 층계참에는 바닥에서 천장까지 책이 가득 쌓여 있었다. 스톤네 식구가 이곳으로 이사 왔을 때는 참 좋은 시절이었다. 당시 수도 워싱턴은 아직 한적한 남부 소도시 같은 분위기였다. 목련 꽃이 만발하고, 습도가 높아서 모기도 많았다. 그런데 미국이 본격적으로 전쟁 단계에 접어들면서 워싱턴은 크기도 배로 늘고 온갖 부류의 사람들이 속속 몰려들었다. 정부를 지원하는 기업인, 선원, 비서, 기자, 나치와 소련의 스파이, 오가는 젊은 군인들을 노리는 포주와 매춘부 등등.

거대한 국방부 청사(펜타곤) 건물이 포토맥 강 건너편에 올라가고 있었다.[6] 이 건물은 수도 전역의 군 및 정부 소속 직원 4만 명을 수용하게 된다. 펜타곤에서 길을 잃으면 몇 달 동안 복도만 돌아다니게 된다는 얘기가 있을 정도였다. 이런 농담이 대표적이다. 한 임신부가 헐떡거리며 경비에게 달려가 애가 나올 것 같으니 병원에 데려다 달라고 부탁했다. 그러자 경비는 "그런 몸으로 여기 들어오시면 안 되는데" 하고 말했다. 그러자 임신부가 말했다. "처음 들어왔을 때는 이러지 않았지요."

당시 워싱턴은 주택난이 심해서 새로 온 사람들은 이 집 저 집 셋방을 구하러 다녔다. 역시 유행하던 농담 하나. 한 남자가 어떤 사람이 포토맥 강에 빠져 죽어가는 것을 보고 '집이 어디냐'고 소리쳤다. 주소를 알아낸 남자는 죽어가는 사람 집으로 곧장 달려갔다. 그러나 방은 벌써 나갔다고 했다. 남자는 "지금 강에 빠져죽는 걸 보고 바로 달려왔는데요"라며 항의 했다. 그러자 집 주인은 "그러시겠죠. 하지만 그 사람을 강에 밀어넣은 사 람이 먼저 방을 차지했네요"라고 답했다.[7]

스톤의 지칠 줄 모르는 에너지와 호기심, 당대의 핫이슈와 씨름하는 자 세 등은 「더 네이션」 스타일에는 최적이었다. 그는 극적인 변화가 일어나 는 시점에 뉴딜의 본바닥에 입성했다는 데 대해 희열을 느꼈다. 이제 얼마 안 있으면 FBI의 인종주의적 반유대주의 사찰 관행에 대한 폭로로 그에게 유명한 적이 생기게 된다. 또 대기업 비리와 2차 대전 참전 반대세력에 대 한 폭로 기사는 미래의 미국 대통령으로부터 호평을 받게 된다.

페미니스트와는 거리가 멀었지만 스톤은 생애 최초이자 마지막인 유일 의 여성 상사를 잘 모셨다. 물론 지나치게 공격적인 인터뷰 스타일이나 스태프와의 사소한 언쟁 때문에 커치웨이가 스톤을 징계한 적은 몇 번 있 었다. 프리다 커치웨이[1893~1976]는 20세기 최초로 페미니즘 물결이 밀어닥친 상황에서 여성으로서 저널리즘 역사에서 유례가 없을 만큼 강 력한 힘을 발휘했다. 20세기 주류 언론계에서 여성이 그렇게 막강한 힘 을 발휘한 경우는 시시 패터슨[1881~1948. 기자 출신으로 「워싱턴 타임스 헤 럴드」 발행인을 지냈다], 캐서린 그레이엄[1917~2001. 기자 출신으로 「워싱턴 포스트」와 「뉴스위크」 발행인을 지냈다], 도로시 쉬프 정도밖에 없다. 커치웨 이의 논쟁적인 사설들은 편집자와 기자, 독자에게 외면당하곤 했다. 일 각에서는 그녀가 파시즘 공격에 너무 몰두한 나머지 소련에 대한 판단을 심히 그르쳤다고 봤다. 한편 평화주의자들은 그녀가 스페인 내전 때 미 국에 공화파 지원을 촉구하고, 이어 히틀러와 싸워야 한다고 목소리를 높인 것을 규탄했다.

1865년 노예제 폐지론자인 E. L. 고드킨이 창간한 「더 네이션」은 오스월드 개리슨 빌라드가 편집장을 맡으면서 국내와 국제 문제를 망라하는 진보 성향의 평론지로 세를 키웠다. 빌라드는 인종차별 종식과 만인의 자유를 주창한 개혁주의자로 고드킨의 창간 정신을 지켜나갔다. 스톤은 「더 네이션」이 "정치와 정치인들에 대한 도덕주의적 접근" 방식을 유지했다고 썼다.[8] 평화주의자인 빌라드와 「더 네이션」은 미국의 1차 대전 참전에 반대했고, 이 때문에 "애국심"에 문제가 있다는 평가를 받기도 했다. 이후 J. 에드거 후버 국장이 이끄는 FBI는 「더 네이션」과 그 필진들에 대해 수십 년 동안 사찰을 계속한다.

부모 모두 진보 성향이었던—아버지는 컬럼비아대 법대 학장이었다—커치웨이는 원래부터 선동적인 스타일이었다.[9] 1915년 바나드 칼리지[미국의 명문 여대] 졸업 당시 졸업생 투표에서 "가장 아름다운 졸업생"인 동시에 "가장 성공 가능성이 높은 졸업생"으로 뽑혔다. 그녀는 졸업생 대표 고별사에서 여성의 권리 신장을 외쳤고, 승마 바지에 속이 훤히 비치는 성긴 무명옷을 걸친 채 여성 참정권 촉구 퍼레이드를 벌였다. 졸업하던 해에 에번스 클라크와 결혼했지만 남편 성을 따르지 않고 처녀 적 이름을 그대로 썼다. 특히 「뉴욕 모닝 텔레그래프New York Morning Telegraph」(당시 경마 순위 예상 정보로 유명했다)에 기자로 입사해 시댁 식구들을 놀라게 했다.

1918년 「더 네이션」 입사 면접 때 커치웨이는 여성 참정권 확보 및 평화 운동에 관심이 많다는 점을 강조했다. 편집장 빌라드는 이 점을 특히 마음에 들어 했다. 커치웨이가 「뉴욕 모닝 텔레그래프」를 그만둔 것은 병치레가 끊이지 않는 첫아들 브루스터를 잘 보살피기 위해서였다. 아이가 생후 8개월 만에 죽자 슬픔에 빠진 커치웨이는 다시 임신한 상태여서 더는 회사 일을 할 수 없었다. 바로 그때 「더 네이션」이 일종의 피난처가 돼주었다. 사무실에는 진보적인 인사들이 넘쳐났다. 임신부는 대개 직장을 그만두고 집에 있는 게 통례였다. 그러나 「더 네이션」에서는 누구도 "만삭인 '미스 커치웨이'가 사무실 안팎을 어슬렁거리며 외국 작가들을 인터뷰하는 데 대해 문제를 제기하지 않았다." 편집장 빌라드는 그녀를 "미스 프리다 커치웨이"라고 소개했다가 아차 싶었던지 "사실은 에반스 클라크 부인입니다"라는 설명을 덧붙이기도 했다.[10]

둘째 아들이 태어나면서 커치웨이는 육아와 직장 일을 똑같이 열심히 하기로 마음먹었다. 그녀는 열정적으로 글을 썼다. 피임에 대해 파격적인 제안을 하는가 하면 광부 아내들의 참상을 파헤치기도 하고 미국의 반소 정책을 규탄하기도 했다. 그러면서 9개월 동안 매일 브루클린 다리를 건너 집까지 걸어가서 아이에게 젖을 물렸다. 그녀의 회고에 따르면 엄마 노릇과 일을 병행하기는 "정말 힘들었다."[11]

I. F. 스톤이 「더 네이션」 객원 기자로 활동하기 시작했을 무렵 커치웨이는 두 차례나 더 비극을 겪은 상태였다. 어머니가 충격적으로 세상을 떠났고, 이어 수년 동안 지극정성으로 보살핀 셋째 아들 제프리도 폐결핵과 척수막염으로 죽었다. 커치웨이는 회사를 그만두고 한동안 정신과 치료를 받았다. 이렇게 3년 동안의 공백 끝에 다시 「더 네이션」으로 돌아온 것이다. 그녀는 엄마 노릇과 일을 병행하는 게 힘들다는 얘기를 많이 했지만 이제 슬픔으로 얼룩진 개인사는 접고 「더 네이션」에 모든 열정과 에너지를 쏟아부었다.

1940년대 중반 커치웨이는 위트가 넘치고 놀기도 잘하는 「더 네이션」 편집장 겸 발행인이었다. 그러나 개인 스타일과는 대조적으로 잡지는 진지하고 중요한 문제에 집중했다. 1946년 그녀의 나이 50대 초반이었다. 반짝이는 지성과 젊어 보이는 외모는 많은 사람들의 호감을 샀다. 커치웨이는 외모를 가꾸는 데도 큰 공을 들였다. 한 여기자의 회고에 따르면 2차 대전이 한창일 때 편집회의를 미용실에서 했는데 "프리다가 헤어드라이어로 머리 손질을 하고 있어서 고함치듯이 말해야 했다"고 한다.[12]

좌파라는 사람들은 걸핏하면 서로 싸웠지만 그럼에도 불구하고 커치웨이는 유명한 작가들을 「더 네이션」으로 많이 끌어왔다. 그러나 그녀가 히틀러를 막기 위해서는 미국이 참전해야 한다고 주장하자 수천 명의 평화주의자들이 항의의 뜻으로 구독을 중단하면서 재정난이 심해졌다.[13]

조국이 참전 쪽으로 갈 가능성이 농후해진 상황에서 스톤은 주저했다. 그는 고립주의자들 편에 서지도 않았고, 전면적인 개입을 주장하는 진영에 가담하지도 않았다. 대다수 미국인들처럼 연합국을 지원하되 직접 파병까지 하는 것에 선뜻 동의하지 않았다. 「더 네이션」에 쓴 그의 칼럼들을 보면 그런 어수선함이 느껴진다. 스톤은 도덕적으로는 히틀러를 악이라고 확신했지만 전쟁에 발을 담그는 것은 도저히 못할 짓으로 여겼다. 게다가 소련이 독일과 동맹이 된 마당이어서 스톤으로서는 더이상 파시즘과 사회주의의 흑백 대결로 볼 수도 없었다.

그러나 일부 비판자들의 주장처럼, 스톤이 중립을 유지한 것이 스탈린과 히틀러가 불가침 조약을 맺을 당시 공산주의 편이었기 때문이라고 보는 것은 말이 안 된다. 이는 그가 미국이 영국에 무기를 무상으로 대여하는 것을 지지한 사실이나 미국 기업들이 나치 카르텔과 공모한 내막을 과감히 폭로하는 기사를 쓴 것을 보면 알 수 있다. 다른 저널리스트들이 이윤 추구를 최우선시하는 "기업"의 행태에 주목하기 훨씬 이전에 스톤은 전시 생산 체제에 반대하면서 독일, 일본, 이탈리아와 거래를 계속한 기업들과 정치인의 비리를 파헤치고 비판했다. 스톤은 미국 금융가들(후일 국무장관이 되는 존 포스터 덜레스도 포함된다) 및 이들과 추축국樞軸國들의 거래 관계를 다룬 특종을 연이어 터뜨렸다. 반세기 후 역사학자들이 미국 최고위급 와스프들이 독일 카르텔들과 그렇고 그런 관계였다는 것을 낱낱이 밝혀냈지만, 스톤은 당대에 이미 그에 관한 보도를 한 것이다.[14]

스톤은 나치와의 거래가 순전히 돈을 벌려는 욕심에서 비롯됐다는 것을 알아냈다. 전쟁이 끝난 뒤 존 포스터 덜레스가 독일인들에 대해 관대한 처분을 호소했을 때 스톤은 종교적 경건함을 가장한 그의 '위선'에 숨이 탁 막혔다.[15] 덜레스는 유럽에서 여러 차례 연설하면서 인간은 신의 형상에 따라 창조됐다고 떠들었다. 이에 대해 스톤은 다음과 같이 말했다. "나는 그가 신의 형상이되 검은색으로 창조된 인간이 나무에 목 매달린 애틀랜타에서 그런 말을 하는 걸 들었으면 한다. 나는 그가 유물론을 규탄하는 것을 듣고 싶지 않다. 그는 물질의 축복을 독점하려는 소수의 권리를 변호하는 것을 평생 업으로 삼아왔다. 부와 탐욕의 신 마몬을 고객으로 하는 변호사가 하느님에 대해 그렇게 많은 말을 해서는 안 된다. 예수가 그 인간으로 태어났다면… 예루살렘에 법률사무소를 열고 가장 부유한 바리새인들에게 아첨을 떨었을 것이다." 스톤은 덜레스가 2차 대전 이전부터 사업을 위해 가짜로 기독교에 "귀의" 운운했다며 비난했다. "히틀러가 세계 정복의 도구로 활용한 독일 카르텔들이 그가 사장으로 있던 로펌 설리번 앤드 크롬웰Sullivan & Cromwell의 고객이었다." 당시 덜레스는 전체주의 체제를 규탄한 적이 한 번도 없다고 스톤은 지적했다. "그는 나치의 비기독교적 만행을 비판하지도 않았고, 집단수용소에 항의하는 뜻에서 변호 의뢰를 거부한 적도 없다." 그런데 1948년이 되면 "나치 희생자들을 위해 발 벗고 나선 적이 한 번도 없던" 덜레스가 "패배한 억압자들을 위해 자비를 호소"하게 된다.

1940년 스톤은 국무장관 코델 헐을 맹렬히 비난했다.[16] 헐이 스톤 때문에 열 받은 것은 그게 마지막이 아니었다. 격식을 중시하는 은발의 정치인 헐은 언론을 대할 때 자주 거짓말을 했다. 독일, 이탈리아, 일본이 삼각 동맹을 맺었을 때 스톤은 국무부의 어설픈 대응을 낱낱이 해부했다. "베를린-로마-도쿄가 동맹을 맺었다는 소식이 워싱턴에 알려졌을 때 국무부만큼 무덤덤한 반응을 보인 곳은 없었다." 스톤의 비판은 이렇게 이어진다. "'우리는 다 알고 있었다'는 게 국무장관이 언론에 늘 하는 얘기다. …여기서 한 걸음 더 나아가 그는 '오래전부터 사실상 그런 관계였던 것이 이제 공식화된 것에 불과하며, 우리는 줄곧 상황을 예의주시해왔다'고 선언하기까지 했다. 이런 말을 액면 그대로 받아들인다면 우리 외교관들을 통렬히 질책하지 않을 수 없다. 추축국 동맹이 선언됐다고 해서 수년간 지속돼온 상황이 달라질 게 없고, 그런 상황을 '충분히 고려하고 있었다'면… 왜 국무부는 추축국 동맹의 중요한 축인 나라(일본)에 대한 전쟁용 물자 수출 금지를 그렇게 오랫동안 거부해왔는가?" 스톤은 미국이 시간을 질질 끌면서 일본에 대한 무기 제조용 물자 수출 금지 조치를 늦춘 것에 대해 날짜까지 헤아리며 물고 늘어졌다. 그렇게 해서 "미국 기업들이 침략 세력에게서 취하는 이득을 보호해줬다"는 얘기다. "일본과 중국의 전쟁이 시작된 지 근 8년이 지난 1939년 7월이 되어서야 미국은 마침내 일본과의 무역협정을 폐기하겠다는 의사를 통보했다. 수출 금지 조치를 취하기에 앞서 법률 요건을 완벽하게 갖추는 배려까지 해드린 것이다."

전년도(1939년) 여름에 발효된 조치들은 무의미하다고 스톤은 주장했다. "규정에 따라 무역 허가를 거부한 경우는 거의 없었다는 사실이 드러났다. 75개 품목의 고철에 대한 금수 조치 발효를 앞두고 미국은 이런 사정을 일본에 거의 3주 전에 통보해줬다. 그러니 그동안 우리가 마음씨 좋게 공급해준 900만 톤 외에 추가로 10만~20만 톤은 더 확보할 수 있을 것이다."

2주 후인 1940년 10월 스톤은 추축국들을 조사한다며 예산을 낭비한 공화당을 공격했다. "미국 기업들은 독일에 20억 달러를 투자했다. 자칫하면 그걸 다 날린다는 식의 협박이 통한 것 아닌가?"[17] 스톤의 폭로는 의회 청문회로 이어졌다.

스톤의 적들(이들은 스탈린과 히틀러가 불가침 조약을 맺는 동안 스톤이 소련을 옹호했다고 거짓 주장을 한다)은 그의 발언을 자기들에게 유리한 쪽으로 해석하는 데 능하다. 스톤은 히틀러와 스탈린을 둘 다 경멸했다. "나치는 소련과 조약을 맺는 것이 유리하면 볼셰비즘에 대한 증오는 얼마든지 접어줄 자세가 돼 있었다. 소련은 베를린과의 조약을 위해서라면 코민테른Comintern〔1919년 레닌의 주도로 창설돼 43년까지 활동한 국제 공산주의 운동 조직. 소련의 통제를 받았다〕의 '노선'을 수정할 용의가 있었다."**18** "연합국들"도 썩 나을 것은 없었다. 연합국들은 "프랑코와 무솔리니 같은 유명한 '민주주의자들'과 우정을 돈독히 해왔고" 경우에 따라서는 나치와 손을 잡을 수도 있었다. 실제로 영국 부자들의 모임인 친나치 성향의 클리브덴 서클(애스터 자작부인의 클리브덴 저택에서 자주 모였다고 해서 이런 명칭이 생겼다)은 히틀러에 홀딱 반한 나머지 그가 전쟁에서 이기면 영국은 꼭두각시 국가로 전락할 수 있다는 사실에 대해 별로 염려하지 않았다. '너희들끼리 지지든 볶든 알아서 하라'는 투로 스톤은 이렇게 썼다. "나는 미국의 개입이 필요한 이유를 모르겠다. 지금과 같은 갈등을 풀 수 있는 묘책도 보이지 않는다. 우리가 고귀한 인명과 비용을 투입했을 때, 전쟁으로 야기될 수밖에 없는 광기와 우매함을 감수했을 때, 과연 우리가 어떤 보상을 얻을 수 있을까. 전략에 따라 수시로 동맹이 바뀌는 영국, 프랑스, 독일, 러시아 간의 다툼은, 유럽이 등장한 이후로 줄곧 그래왔다."

스톤은 1940년 들어 다시금 스탈린을 공격했다. "나는 카르텔과 자본주의가 러시아를 걱정하지 않도록 하기 위해서 현재의 러시아 체제를 옹호할 생각은 없다. 그러나 모스크바 체제의 진정한 본질이 무엇이든 간에 소련에 대한 성전聖戰은, 아무리 약한 수준이라도, 결국 사회 개혁을 추구하는 사람들의 본국에서는 강력한 억압을 유발할 것이다." 점점 전운이 짙어지자 스톤과 커치웨이는 소련을 더욱 혹독한 어조로 비판했다. 그 결과 친스탈린 성향의 독자들로부터 분노에 찬 항의 편지가 쇄도했다. 스톤은 독소 불가침 조약이 체결되는 몇 달 동안 단계별로 좌파와 우파의 고립주의자들에 대해 줄기차게 반대 의사를 표명했다. 미국 공산당 영향 아래 있는 그룹들은 영국 지원을 위한 무기대여법Lend-Lease Act을 강력히 반대했다. 스톤은 이 법안이 하원에 올라가 있는 동안 줄기차게 옹호했고, 마침내 1941년 3월 상원에서 최종 통과됐을 때는 환호했다.

영국을 지원하는 무기대여법에 찬성하는 데에는 지금 우리가 상상할 수 있는 것 이상으로 엄청난 용기가 필요했다. 당시의 여론조사 결과를 보면 미국민 대다수가 아무런 행동도 하지 않는 것을 선호했다. "12퍼센트만이 전쟁에 직접 개입하지 않고 연합국을 지원하는 것에 찬성했다."[19] 1940년 파리가 독일군에 함락되기 직전, 클로드 페퍼 상원의원이 처음으로 무기대여법안을 발의했다. 그는 영국을 지원해 히틀러의 전격 작전에 맞서게 하는 것이 미국이 참전을 피하는 유일한 방법이라고 주장했다. 이후 격렬한 반대가 이어지면서 법안은 물타기가 됐고, 결국 이듬해 봄에 통과가 된 것이다. 그 사이 여성 수십 명이 미국어머니회^{Congress of American Mothers}라는 단체를 만들어 수도 워싱턴에서 시가행진을 하는가 하면, 페퍼 의원 허수아비를 교수형시키기도 했다.[20] 페퍼는 지푸라기를 채워 만든 그 허수아비를 평생 기념품으로 간직했다.

스톤은 중립을 주장하는 일부 인사들이 진심이며 충분히 이해가 가는 입장이라는 것을 잘 알고 있었다. 1차 대전 때 끔찍한 인명 손실을 본 것이 불과 20년 전 일이었기 때문이다. 일부 참전 용사들은 아직도 보훈처 지정 병원에서 시름하고 있었다. 그러나 색깔이 여럿인 고립주의자들 전체를 놓고 보면 사정은 훨씬 복잡했다. 술 마시고 떠드는 파시스트들에서부터 하룻밤 사이에 노선을 180도 선회한 공산당, 뉴딜 반대론자, 반유대주의자, 재벌 등등 온갖 부류가 다 있었다. 육지로 둘러싸인 중서부 주민들은 바다 건너 멀리 유럽 대륙까지 달려가서 신음하는 사람들을 구해줘야 할 이유를 알지 못했다. 스톤은 고립주의를 외친 상원의원들 대부분의 애국심에 대해서는 의심하지 않았다. "그러나 소수지만 유화주의자도 있었다. …그들의 전략은 유럽이 서로 싸워 무너지는 사이에 헤게모니를 잡자는 것이다. 이런 전략에는 약간의 반유대주의 색채도 가미돼 있다. 그들의 주요 공략 지역은 고립주의 성향이 강한 농업 지대가 될 것이다"라고 스톤은 경고했다.[21] 스톤은 집중 취재와 신문 보도 및 라디오 프로그램 검색, 뉴딜 정책 추진자들과의 인터뷰, 개인적인 평가 등을 곁들여 무기대여법안에 반대하는 의회 내 우파들에 대해 조직적인 비판을 가했다. 무기대여법안은 "우리가 살고 있는 시대보다 더 비상할 것도 없는 조치"였다. 이 법이 통과됨으로써 루스벨트 대통령은 추축국과의 싸움을 지원하기 위해 각종 장비를 특정 국가(대부분의 지원은 영국으로 들어간다)에 판매·양도·교환·대여할 수 있는 권한을 갖게 됐다. 스톤의 기사에 따르면 영국으로 가는 첫 배들은 식량을 싣고 있었다. 식량은 "대포를 만드는 철만큼이나 절실했다. '아사'는 과장이 없기 때문"이다.

스톤의 설명을 더 들어보자. "이제 우리의 과제는 직접 참전은 하지 않더라도 외국에 지원을 해준 것처럼 국내적으로도 전시 동원 능력을 갖추는 것이다. …무기대여법안 반대 투쟁으로 결집한 반대파는 이제 더더욱 공세를 강화할 것이다. 그들은 이미 전체주의 바이러스에 감염돼 있는 상태다." 스톤은 고립주의 주창자인 몬태나 주 출신 상원의원 버튼 휠러에 대해 "커글린식 선동"을 하고 있다며 맹공을 퍼부었다. 특히 휠러가 미국의 개입을 지지하는 부호들을 비난하면서 유독 유대계만 거론한 것을— "인도의 대부호 사순 가문the Sassoons, 유럽의 금융 재벌 로스차일드가the Rothschilds와 워버그가the Warburgs"가 미국의 개입을 촉구하는 것은 해외 투자금을 날리지 않기 위해서라고 했다—비판했다.

"그의 최근 발언이 확고한 입장을 밝힌 것이라기보다는 일시적인 히스테리 때문이라고 생각하는 분은 남편에 대한 영향력이 막강하다는 휠러 부인과 필자가 나눈 대화를 들어보면 대단히 당혹스러울 것이다. 휠러 부인은 자신이 볼 때 남편은 유대인들에 대해 지나치게 관용적이며, 집에서 대화를 할 때 경우에 따라서는 용납할 수 없을 정도로 그들을 옹호한다고 말했다."

스톤이 시간만 끄는 하원의원들과 미국 방위 프로그램의 결함을 폭로하면서 하루 빨리 전쟁 준비를 시작하고, 독일과 싸우는 나라를 도와야 한다는 인기 없는 주장을 외치고 있는 사이, 스탈린은 히틀러와의 불가침 조약을 충실히 준수했다. 스톤의 입장은 공산주의자들의 슬로건과는 정반대였다. 그런데 1941년 7월 22일 독일이 소련을 침공했다. 바르바로사 작전 Operation Barbarossa[소련 침공 작전 암호명] 개시 며칠 만에 독일 공군은 소련 공군을 궤멸시켰다. 소련은 엄청난 사상자를 냈다. 1941년 12월 현재 피해 상황은 탱크 2만 500대, 항공기 수천 대가 파괴되고 300여만 명이 포로로 잡혔다. 포로의 대부분은 사망한다. 좌파 진영의 많은 사람들은 이제 미국이 소련의 동맹이 되지 않을 수 없는 상황이 됐다며 오히려 안도했다.[22]

스톤은 귀가 거의 먹은 상태였기 때문에 각종 기록을 조사하고 연구하는 쪽으로 심혈을 기울였다. 이렇게 해서 얻은 지식의 깊이는 언론계에서 두각을 나타내는 데 필요한 비장의 무기가 됐다. 그러나 사건을 직접 취재하거나 고위급 인사를 인터뷰한 적이 별로 없다는 통념과 달리 스톤은 기자회견에 꼬박꼬박 참석하고 기사와 논평에는 고위급 당국자의 코멘트를 보탰다. 스톤과 다툰 사람도 많지만 그를 높이 평가하는 사람도 많았다.

경제학계의 거목인 존 케네스 갤브레이스[1908~2006. 캐나다 출신 미국 경제학자. 하버드대 교수를 지냈고, 2차 대전 때 물가관리청에서 근무했으며, 케네디 대통령 시절에는 인도 대사를 지냈다]는 후일 정치에도 상당한 영향력을 발휘하면서 촌철살인의 경구로 장구한 세월 독자들의 사랑을 받게 된다. 예를 들면 "처절하게 틀려본 경험은 유익하다. 경제학자도 예외가 아니다. 그런데 그것을 인정하는 경제학자는 많지 않다" 같은 표현이 그러하다.[23]

갤브레이스는 젊은 시절 루스벨트 행정부에서 근무했다. 당시는 기업들이 이윤 상실을 우려해 동참을 꺼리는 바람에 전시 물자가 태부족이었다. "진주만 공격 이전은 물론이고, 그 이후에도 대기업들에게 전쟁의 심각성을 납득시키기가 대단히 어려웠어요. 그들은 민수용품 생산을 포기하려 하지 않았지요. 자동차 산업이 특히 문제였어요." 갤브레이스의 회고를 더 들어보자. "기업을 설득해서 군수용품 생산을 독려하는 것은 아주 힘겨운 싸움이었고, 많은 언론인들이 그 작업에 동참했지요. 그중에서도 이지가 단연 주도적이고 최고의 역할을 해주었어요." 갤브레이스는 자동차 산업 분야의 민수용품 생산을 "즉각 중단"하고, "모든 노력을 전시 생산 체제로 전환시켜야 한다"고 주장했다. "하지만 물가관리청 Office of Price Administration and Civilian Supply(OPACS) 청장 레온 헨더슨은 〔은밀히〕 민간용 자동차를 두 달간 더 제조하여 재고를 소진할 수 있도록 양보를 해주었어요. 물론 누구도 그런 사정이 언론에 알려지길 원치 않았죠. 거창한 기자회견이 열렸고, 이지는 회견장 맨 앞줄에 앉아 있었습니다."

이 자리에서 스톤은 헨더슨과 논쟁을 벌이게 된다. 반세기 후 갤브레이스는 미소를 지으며 당시 일을 회고했다. "아직도 맨 앞줄에 앉은 이지의 모습이 눈에 선합니다. 시종 표정이 험악했지요. 그는 성향은 진보였지만 사실을 추구하는 데 있어서는 한 치도 양보가 없었어요. 정치적 성향과는 무관했지요."

"그날 헨더슨 청장은 자동차 회사들에게 두세 달 더 민간용 자동차 생산을 허용한 조치에 대해 그럴듯하게 설명을 했어요. 헨더슨은 최선을 다했지요. 문제의 기간에 생산된 차들은 후방 군사요원들이 사용할 것이라고 둘러댐으로써 그것 역시 군사용이라는 이미지를 준 겁니다. 항상 그런 식이었지요!" 다른 기자들이 말없이 설명을 받아 적느라 바쁜 가운데 누가 목소리를 높였다. 헨더슨의 주장은 "이지에 의해 완전히 박살이 났어요. 이지는 '헨더슨 청장님, 그럼 그건 거래라고 받아들여도 되겠지요?'라고 한마디 툭 던졌어요."[24] 헨더슨은 얼굴이 붉으락푸르락해졌고, 다른 기자들은 스톤의 말에서 무슨 일이 벌어지고 있는지 바로 감을 잡았다. 스톤은 몇 년 전에 이런 말을 했다. "최전선 참호까지 금전등록기가 지급되는 게 아니다. 파시즘은 돈의 속성을 잘 알고 필요한 모든 준비를 했다."

스톤은 "당시는 물론이고 나중까지도 가장 통제가 안 되는 기자였다"고 갤브레이스는 말했다.[25] 진보 성향의 행정부에서 "이지의 시각을 비방하는 일은 없었어요. 공무원들이 욕을 한 것은 그가 사용한 방법이었지요. 그는 교묘한 거짓말을 폭로하는 데는 가차가 없었고, 진실에 덧칠하는 사람에게는 양보가 없었어요. 거짓 설명만 하지 않는다면 이지하고는 아무 문제 없었지요. 난 아주 일찍 그 점을 깨달았어요."[26]

진주만 공격 이후, GM 회장 찰스 E. 윌슨이 군수용 생산 체제로의 완전 전환에 반대하는 자동차 업계 지도자들을 대신해 워싱턴으로 날아왔다. 전시 생산관리국Office of Production Management 공동 국장 윌리엄 S. 뉴드슨과 윌슨의 만남은 언론에 공개되지 않았다. 당시 취재차 모여든 기자들 중에는 스톤도 있었다. 그는 보청기 이어폰을 귀에 꽂고 별도의 선으로 연결한 리시버는 상의 주머니에 꽂아놓고 있었다. "스톤은 리시버를 회의실 문에다 바짝 붙이고는 볼륨을 높였어요. 안에서 나는 소리가 문에 진동을 주었지요. 그는 두 사람의 대화를 들으면서 다른 기자들에게 그대로 중계방송 해줬습니다."[27] 데이비드 브링클리〔1920~2003. 미국의 저명한 방송 앵커〕의 회고다. 이렇게 해서 워싱턴 기자단은 대화를 자세히 다 엿들었다. 윌슨은 자동차 생산을 계속하게 해달라고 호소했고, 뉴드슨은 "안 돼요, 찰리"하고 무뚝뚝하게 거절했다. 브링클리가 쓴 대로 "그 두 마디로 루스벨트 행정부는 세계에서 가장 규모가 큰 산업을 문 닫게 하고 다른 일을 시켰다." 브링클리는 스톤이 보청기로 그런 사정을 세상에 알리는 데 공헌한 얘기를 할 때마다 낄낄 웃었다.

스톤은 「더 네이션」 일을 하는 한편으로 1941년 『평상시처럼Business as Usual』이라는 저서를 발표해 호평을 받았다. 이 책은 그동안 썼던 칼럼을 모은 것이 아니라 미국의 전시 동원 과정을 명료하게 파헤친 작품이었다. 당시 상원 국방조사위원회 위원장은 "공익 차원에서 절대적으로 필요한 책이다. 독점의 관행과 대기업의 힘이 미국이 국방을 위해 자원을 동원하는 데 얼마나 방해가 되는지를 처음으로 보여준 책"이라고 극찬했다. 상원의원의 칭찬은 인사치레가 결코 아니었다. 그는 스톤의 이 책을 활용해 추축국 카르텔들과의 뒷거래를 폭로함으로써 산업계를 전시 생산 체제로 돌리는 데 큰 역할을 했다. 그는 수년 뒤 미국 대통령이 된다. 그 상원의원의 이름은 해리 S. 트루먼이었다.

스톤의 기사에는 종종 사람들의 생생한 모습이 가미되곤 했다. 예를 들면 1941년 12월 7일 일본이 진주만을 공격했을 때 워싱턴의 반응을 현장 중계하듯이 다룬 기사가 그러하다. 이 기사에 기자들 모습이 많이 들어간 것은 그날이 일요일이었는데도 내셔널 프레스 클럽에 나가 일을 하고 있었기 때문이다. 통신 기사용 단말기가 속보를 계속 타전했다. 스톤은 근처 백악관으로 달려갔다. 벌써 기자들이 구름처럼 몰려와 있었다. 다시 중국 대사에게 전화를 걸었다. 중국 대사는 "정말 유감"이라고 했는데 어감이 "진심"이었다. 밖에 나가 주변을 둘러보니 전쟁이 터졌다는 급박한 긴장감을 느낄 수 있었다. "헬멧을 쓰고 소총에 착검까지 한 병사들이 육군성 War Department 정문을 지키고 있었다. …위축되고 불안한 표정이었다. …해군성 Navy Department 민원실 여직원들은 집에서 급히 불려나왔는데 샌드위치를 사러 나가면서 일본군 폭격기 얘기를 했다." 도처에서 "긴장과 흥분, 그리고 결국 올 것이 왔다는 일종의 안도감 같은 것을 느낄 수 있었다. …우리는 이렇게 간단히 전쟁에 발을 담그게 됐지만 우리 모두에게 엄청난 시련이 될 것이라는 느낌이 든다. 결국에는 끝이 나겠지만…."[28]

그러나 이 시기에 스톤이 쓴 기사들은 대부분 문제를 깊이 천착하는 내용이다. 독자들이 기사를 읽고 분노를 느낀다면 주장을 내세우기보다는 진실을 파헤쳤기 때문일 것이라고 스톤은 생각했다. 스톤은 어린 시절 영웅으로 떠받들었던 업턴 싱클레어, 링컨 스테펀스, 아이다 타벨의 전통을 자신이 이어가고 있다는 것을 자랑스러워했다.

스톤과 커치웨이 편집장은 전쟁이 격화될수록 히틀러는 공산 혁명에 대한 공포를 부추길 것이라는 데 의견을 같이했다.[29] 그런 공포 덕분에 J. 에드거 후버 FBI 국장은 무소불위의 힘을 휘두르며 공무원들에 대한 뒷조사를 할 수 있었다. 스톤은 커치웨이에게 익명의 취재원을 활용해 FBI의 시민권 유린 실태를 폭로하는 기사를 써보고 싶다고 했다. 물론 커치웨이도 FBI의 행태를 심각하게 우려하고 있었지만 익명의 제보자에 의존한다는 게 영 찜찜했다. "옛날 같았으면 개인이나 정부기관에 심각한 타격을 주는 기사를 익명으로 「더 네이션」에 싣는 것은 반대했을 거야."[30] 커치웨이는 스톤에게 보낸 편지에서 조심 또 조심하라고 신신당부했다. "1탄이 나가고 나면 프랜시스 비들[법무장관]이 나한테 전화를 할 거야. 그럼 내가 '기사를 쓴 사람이 누구라는 걸 알고 있고, 지극히 신뢰할 수 있는 사람이며, 사실관계는 내가 보증한다'고 말할 수 있어야 하네."

스톤의 소스는 누구에게도 정체를 드러내려 하지 않았다. 그래서 커치웨이는 뉴욕에서 기차를 타고 워싱턴으로 가서 FBI의 "공무원 신상 조사"가 시민권 침해인지에 대해 직접 알아보았다. 커치웨이 전기를 쓴 사라 올펀[1942~. 미국의 여성 역사학자로 여성학 연구로 유명하다. 텍사스A&M대학교 역사학과 교수]의 설명을 들어보자. "커치웨이는 연방기관의 장인 장관 한 명과 정부 최고위급 인사 두 명을 만나 대화를 나눈 뒤 'FBI의 사찰은 정부에 들어와 있는 뉴딜 지지자와 진보적인 인사를 최대한 쫓아내기 위한 것'이라는 확신을 갖게 됐다. 커치웨이는 이런 사실 확인과 스톤의 진실성에 대한 신뢰를 토대로 사안의 중대성을 고려해 보도에 따르는 위험을 감수하고 기사를 내보냈다."[31]

이렇게 해서 스톤의 익명의 제보자는 30년 후에 벌어질 워터게이트 사건의 딥 스로트Deep Throat['깊은 목구멍'이라는 뜻. 닉슨 대통령 측이 민주당 대선 운동 본부에 도청 장치를 설치하려 한 사실을 「워싱턴 포스트」 기자에게 제보한 인물

을 말한다] 같은 내부고발자whistle-blower의 선구가 된다. 딥 스로트가 누구인
지는 2005년 여름에 가서야 밝혀지는데 스톤의 제보자처럼 소속 기관의
불법행위에 분개한 FBI 부국장 W. 마크 펠트였다. 스톤의 블록버스터 시
리즈 제목은 '워싱턴의 게슈타포Washington Gestapo'[게슈타포는 나치 독일의 악명
높은 비밀경찰이다]였고, "by XXX" ('글 XXX')라는 도발적인 바이라인을
달았다. 커치웨이는 편집자 주를 직접 썼다. "필자는 익명을 꼭 지켜달라
고 당부했다. 필자의 신상에 대해서는 본지 워싱턴 지국장 I. F. 스톤만이
알고 있다. 필자의 오랜 친구인 스톤 지국장은 필자의 신뢰성을 절대 보장
할 수 있다." 이어 커치웨이는 본인이 아는 정부 사이드 소스들도 "필자의
폭로 내용을 100퍼센트 확인해줬다"고 덧붙였다.

익명의 관리는 "'신상 조사'는 FBI에서 전쟁 관련 기관에 근무하는 공
무원 전원을 대상으로 실시하는데 여러 차례 하는 경우도 있다"고 밝혔
다. 사법기관이 나를 감시한다는 얘기는 들을 때마다 등골이 서늘하다.
FBI가 던지는 질문은 '누가 무슨 책을 읽었느냐'는 것에서부터 동료 공무
원에 관한 내용까지 다양하다. 동료 공무원에 관한 질문은 이런 식이다.
"그 직원은 흑인들과 잘 어울리는가? 유대계 친구가 너무 많은 것 같지 않
은가? 적군赤軍 얘기가 나오면 얼굴이 환해지는가? 신문을 볼 때 소련 관
련 뉴스부터 보는가? 프랑스 비시 정부Vichy France[1940년 6월 독일이 프랑스를
점령한 이후 들어선 괴뢰 정권]를 항상 비판하는가? 바람피우지 않는가? 유
색인종이 백인만큼 우수하다고 생각하는가? 그는 왜 그렇게 유대계 직원
을 많이 뽑았다고 보는가? 그는 「더 네이션」과 「뉴 리퍼블릭」을 본다는데
사실인가? 다른 도시에서 발행하는 신문을 사 보는가? 「PM」을 얼마나 자
주 보는가? 인두세에 반대하는 얘기를 많이 하는가? 그가 파시즘이나 나
치즘을 과다하게 반대한다고 생각하는가? 그는 신문노조를 지지하는가?
그가 '인터내셔널가' 같은 반체제 운동가를 흥얼거리거나 큰 소리로 부르
는 것을 들은 적이 있는가?"

스톤은 익명의 필자 글에 대해 다음과 같은 설명을 달았다. "이런 질문들은 파시즘에 반대하거나 진보적인 인사들을 정부에서 솎아내는 체 같은 것으로 활용되고 있다. 신상 조사의 목적은 바로 그것이다. 「PM」이나 「더 네이션」, 「뉴 리퍼블릭」을 읽은 사람들 가운데서 적의 첩자나 동조자를 찾아봐야 아무 소용 없다. 그들은 그저 모든 인간이 똑같이 존엄하고 평등하다고 믿는 사람들이고, 인두세와 비시 정부와 마틴 다이스[반미활동조사위원회 위원장인 민주당 소속 하원의원]와 흑인 차별을 규탄하는 사람들이고, 노조와 협동조합, 그리고 적군의 영웅적인 업적을 찬미하는 사람들이다."

스톤은 "평범하고 점잖은 사람들"이 특히 요주의 대상이라고 지적했다. 한 여성은 "혼성 파티"를 했다는 이유로 해고됐다.('혼성'이라는 표현은 처음에는 흑인과 백인이 섞여 있다는 뜻으로 썼다가 뒤에는 '남녀'를 의미하는 것처럼 "슬그머니 바꿔놓았다.") 한 과학자는 알토 가수 마리안 앤더슨의 콘서트를 도왔다는 이유로 정부에 "부적합한" 인사로 찍혔다.(당시 여성 애국 단체 '미국 혁명의 딸들[DAR]'은 앤더슨이 흑인이라는 이유로 협회 건물 대관을 거부했다. 그러나 이 유명한 흑인 오페라 가수는 엘리너 루스벨트 여사의 도움으로 워싱턴의 링컨기념관 무대에 올라 수십만 청중의 심금을 울렸다.)

'워싱턴의 게슈타포' 시리즈는 후버 국장의 인종주의를 맹비난하면서 연좌제를 적용해 괴롭히는 행태와 수사관들의 "바보 같은 편견과 말도 안 되는 증거"에 대해 낱낱이 까발렸다. "조사 과정에서 혐의가 드러나면 사전 예방 차원에서 공직에서 쫓아낸다. 이는 평생 블랙리스트에 오른다는 의미다. …지극히 사적인 문제까지 부도덕하게 문제 삼는 것에서 자유로울 수 있는 공무원은 아무도 없다."

스톤은 가벼운 터치로 정곡을 확실히 찔렀다. "루스벨트 대통령 본인도 아마 전쟁 관련 부서에서 일하기에 부적합하다는 판정을 받을 것이다.

백악관에 앉아서 소련 총리 몰로토프를 즐겁게 해주지 않았던가?"[32] 이 구절이 불편했던 커치웨이는 스톤에 바로 메모를 날렸다. "전쟁의 와중에 대통령을 규탄하지 않을 수 없는 상황이라면 대단히 진지하고 품위 있는 방식으로 하는 것이 훨씬 좋은 전략일 거야. 물론 세게 해야겠지."[33]

이 시리즈는 정부기관의 부조리에 대해 스톤이 어떻게 생각하는지를 여실히 보여줬다. 스톤은 글을 쓴 익명의 소스에게 FBI 수사관이 찾아갔을 때 얘기를 이렇게 서술했다. "한눈에 보아도 궁금한 게 많은 표정이었다. 그[익명의 소스]는 속으로 생각했다. '빌 스미스가 왜 수염을 길렀는지 저 친구한테 얘기해도 될까? 뭘 감추려고 그랬는지?' 쑥 들어간 턱을 감추려고 한 것이다. 스미스는 턱에 대해 열등감이 심했으니까." 이 에피소드를 소개한 뒤 스톤은 본인의 평가를 다음과 같이 덧붙였다. "FBI가 하는 일이란 게 그렇다. …은행 강도나 백인 매춘부를 쫓아다니던 형사에게 갑자기 특정인의 '생각'을 추적하라고 하면 어떻겠는가? 애매모호하지 않겠는가?"[34]

후버 국장에 대한 스톤의 적개심도 보고됐다. "스톤은 우리 국이 잘 아는 인물이다. 이미 1936년부터 FBI에 적대적인 사설을 썼다." FBI 자료를 인용한 스톤의 기사는 이렇게 이어진다. "그가 우리 국장과 FBI를 공격하고 비방한 것은 어제오늘 일이 아니다." 스톤이 딱 떨어지는 자료를 근거로 칼럼과 특종 기사를 통해 후버와 FBI를 계속 조지자 화가 치민 후버 국장은 보복에 나선다. 1943년 FBI '게슈타포' 시리즈가 연재될 당시 스톤은 이미 요주의 사찰 대상이었다. 그에 대한 사찰은 1936년부터 계속됐고, 후버 국장은 적어도 2년 동안 그를 집중 감시했다. 한 정보원(이름은 검은 매직으로 지워서 안 보인다)의 보고를 기록한 1941년 7월 29일자 FBI 메모를 보자. "오전에 본부로 들어와 보고했다. 「데일리 워커」[틀렸다]를 비롯한 급진파 신문잡지에 글을 쓰는 I. F. 스톤이 워싱턴에 들렀는데 그가 전화를 두 통화하는 것을 ○○○[메모 원본이 '빈칸' 처리 돼 있다]이 들었다. 하나는 법무차관 비들 방에 있는 ○○○에게 했고, 또 한 통화는 최근 차관실에 배속된 ○○○에게 했다." 정상적인 기자가 정상적인 취재원에게 전화를 한 것이 후버의 부하 수사관들에게는 정상적으로 보이지 않은 것이다. FBI식 용어로 하면 뭔가 '냄새'가 났다. "스톤은 그런 인사들과 가까운, 어쩌면 친밀한 관계다. 그들과 접촉하는 데 아무 어려움이 없었고, 흉허물 없이 대화를 나눴다."

이어지는 반유대주의적 평가 부분은 강조 표시가 돼 있다. "국장님은 **스톤이 원래 이름이 아니라고**[또 틀렸다] **지적할 것이다. 그는 유대계이고, ○○○의 말에 따르면, 대단히 거만하고, 거침이 없으며, 두껍고 무거운 안경을 쓰고 있고, 개인적으로 지극히 불쾌한 인물이다.**" 이어 익명의 정보원은 다시 한번 **"스톤의 접촉 내용을 파악하는 데 관심을 가져야 할 것으로 사료됨"**이라고 말한다.

후버는 부하들에게 두 가지 질문을 휘갈겨 써 보냈다. "H"라는 서명이 붙은 질문은 "그 친구 이름 뭐야?"와 "지금까지 그 친구에 대해 알아낸 게 뭐지?"였다. 두번째 질문은 간단하지만 섬뜩하다.

1972년 후버가 사망할 때까지 스톤의 뭔가를 "알아내기" 위한 사찰은 지속됐다. 『더 네이션』의 게슈타포 시리즈가 끝난 뒤, 소신을 공개적으로 말하고 쓰는 일을 멈춘 적이 없는 인물에 대해 감탄스러울 만큼 철저히 조사했던 FBI는 사찰 강도를 업그레이드시켰다. 스톤은 1940년대 내내 FBI를 바쁘게 만들었다. 그의 발언은 좌파 청중이라면 누구나 귀를 기울였으며, 그가 기고하는 "반체제" 신문잡지도 하나가 아닌 둘로 늘었다.

스톤은 20세기 저널리즘 최대의 실험이라고 할 수 있는 신문에 참여했다. 그 신문에 대해서는 극찬과 혹평이 엇갈린다. 뉴욕에서 발행된 이 신문은 10년도 가지 못했지만 20세기 말까지 독자들의 기억에서 지워지지 않게 된다.

신문의 제호는 간단했다. 『PM』이었다.

13
위대한 유산: 「PM」 시절

1940년 랠프 잉거솔이 20세기 신문사상 가장 획기적인 실험에 나섰다. 「PM」은 독자의 구미에 맞추기를 거부하는 타블로이드판 신문이었다. 경마 대진표도 안 넣고, 주식시세표도 없고, 스트리퍼가 잡혀가는 사진 같은 것도 싣지 않았다. 그러나 그가 시도한 혁명은 신문업계를 뒤흔들었다. 잉거솔은 광고는 일절 게재하지 않아도 흑자를 내거나 최소한 본전치기는 할 수 있다고 생각했다. 그는 광고 대신 좌파 성향 정치 칼럼들과 진지한 문제들을 다룬 폭로 기사 옆에 전면 사진을 배치했다. 경우에 따라서는 늘씬한 다리의 젊은 여성 사진을 올리기도 했다. 누구의 말마따나 "세계 유일의 일간 사진 잡지"〔PM은 Picture Magazine(사진 잡지)의 약자다〕였다.

잉거솔은 부유하고 대단히 매력적인 천재였다. 신경증 때문에 정신과 의사의 동의 없이는 아무 일도 못 한다는 악소문이 있었지만 항상 자신감이 넘쳤다. 그 시절에는 소파에 누워서 한 시간 동안 오로지 자기 얘기만

하는 식의 정신과 치료는 부자나 유명 인사들만 받을 수 있는 서비스였다.

신문 발행인들은 대개 자기 회사에서 만드는 신문에 대해 잘 몰랐지만 잉거솔은 탁월한 글쟁이였다. 스톤은 늘 그가 쓴 2차 대전 관련 저서를 『붉은 무공훈장The Red Badge of Courage』[미국 소설가 스티븐 크레인이 1895년에 발표한 소설]에 견주며 극찬했을 정도다.[1] 잉거솔은 국제적으로 유명했던 클레어 부스[미국의 여성 극작가, 저널리스트. 하원의원과 이탈리아 대사를 지냈다]와 헨리 루스[「타임」과 「포춘」의 창간 발행인] 부부를 소재로 한 고전적인 실화實話 소설 『위인들The Great Ones』을 쓰기도 했다.

스톤은 잉거솔이 확보한 탐사보도 전문기자들 가운데에서도 베스트에 속했다. 1941년 11월, 스톤은 전쟁인 와중에도 미국 석유회사들이 프랑코의 스페인을 경유해 나치 독일에 석유를 팔고 있다는 사실을 폭로했다. 이 기사로 말미암아 독일로의 석유 유출은 중단됐다. 스톤은 국무부의 한가한 대처를 지적하며 '게을러빠진 검열관들'이라고 혹평했다. "국무부가 생각하는 해결책이란 기름을 차단하는 것이 아니라 정보를 차단하는 것이다." 스톤은 검열법안이 하원에 상정되자 이렇게 보도했다. "이 법안에 따르면 정부 부서에서 기밀로 분류한 정보를 누설한 기자는 벌금 5,000달러나 징역 2년, 또는 두 형을 동시에 받게 된다."[2] 이 법안을 적극 후원한 사람이 바로 J. 에드거 후버 FBI 국장이었다.

스톤은 「PM」에서 다시금 자신을 최대한 밀어주는 편집국장을 만났다. 스톤은 패트너와의 대담에서 잉거솔은 그야말로 "대단한" 사람이라고 회고했다. "난 정말 그 사람이 좋았어요. 스턴 사장을 좋아한 것과 비슷하지요."[3] 랠프 잉거솔도 마찬가지였다. 다음은 잉거솔의 마지막 부인인 토비 잉거솔의 회고. **"랠프는 이지라면 깜빡 죽었어요.** 이지가 랠프를 좋아한 건 그의 자유로움 때문이었지요. 내가 아는 한, 랠프는 닉슨 대통령이 백악관으로 점심 초대를 해도 거절하는 유일한 사람이었어요. 그는 이지에게 무제한의 자유를 주었어요. 랠프 본인부터가 **펄펄** 살아 있는 사람이었거든요."[4] 이후 두 사람의 우정은 잉거솔이 1985년 사망할 때까지 지속된다.

외모로 보면 두 사람은 전혀 어울리지 않았다. 잉거솔은 신장이 1미터 93센티미터로 스톤이 옆에 있으면 마치 헐크 같았다. 다만 발을 질질 끄는 걸음걸이에 가끔씩 혀 짧은 소리를 했기 때문에 잘 모르는 사람은 그의 번득이는 지적 에너지를 알아보지 못했다. 특히 머리 한가운데가 돔처럼 벗겨지고 그 주변에 까만 머리가 조금 남은 모습이 인상적이었다. 잉거솔이 1939년 「PM」 창간을 준비할 무렵 그의 나이는 39세, 이지는 32세였다. 잉거솔은 이미 언론 분야에서 성가를 높인 인물이었다. 「뉴요커」 편집장을 지냈으며 「라이프」와 「포춘」에서도 최고의 브레인 역할을 했고, 헨리 루스가 운영하는 「타임」에서는 편집장을 했다. 일간지 창간을 결심하기 전에는 루스의 언론 제국에서 아주 잘나가는 자본주의자일 뿐이었다. 기자이자 작가인 윌콧 깁스가 「뉴요커」 인물 소개란에 쓴 것처럼 "우리 시대에 명성을 얻은 사람들 가운데 그토록 화려한 경력에도 불구하고 정의의 사도로 변신한 경우는 잉거솔 외에는 거의 없다."[5]

잉거솔은 뼛속까지 진보적이었고, 열렬한 반反파시스트였다. 미국의 유복한 유명 인사로서 그런 성향을 가진 사람은 거의 없었다. 그러나 그는 부하 기자들이 상상도 할 수 없을 정도로 화려하고 사치스러운 삶을 살았다. 부인이 넷이었고, 이혼을 세 번 했으며, 연애행각은 부지기수였다. 헤밍웨이와 낚시를 같이 다녔고, 대통령들과 만찬을 함께했다. 주주들이 미처 만류하기도 전에 그는 파란색 자가용 페어차일드 단엽기를 타고 "시속 200킬로미터로 창공을 날았다. 옆구리에는 서류가방을 끼고 있었다." 가방에는 다른 신문과는 완전히 다른 신문에 돈을 대줄 부자들 명단이 들어 있었다.[6]

「PM」은 친기업적인 주류 신문들이 대개 무시하는 사회적 발언으로 재미를 봤다. 예를 들어 미국 적십자사가 흑인과 백인 피를 나눠서 관리하는 관행을 폭로했다. 당시에는 흑인 헌혈자의 피를 백인 병사에게 수혈할 수 없다고 생각했다.[7] 흑백 분리 관행과 흑인에 대한 린치를 비판한 것도 그 시대로서는 놀라운 일이었다. 다른 신문들은 백인 독자들 구미에 맞추고 있을 때였다.

창간 후 첫 1년 반 동안 「PM」은 스탠더드 오일, 알루미늄 트러스트 Aluminum Trust의 비리와 생명보험사의 신용 사기 등을 폭로했다.[8] 나치 독일과 밀월관계였던 린드버그와 고립주의를 주창한 신문재벌 윌리엄 랜돌프 허스트도 공격했다. 커글린 신부는 물론이고 사회적 영향력이 막강한 가톨릭교회와도 맞붙었다. 광고에서 해방된 「PM」은 노조와, 전시戰時 파업권 (찬반이 분분한 사안이었다)을 비롯한 노동자의 권리를 열정적으로 지지했다. 스톤은 최저임금 증액에 앞장섰다. 기업들은 전시에도 상당한 이윤을 남겼기 때문에 노동자들의 생활수준을 높여줄 여력이 있다는 게 그의 주장이었다. 스톤은 또 대기업들과 추축국의 뒷거래를 폭로해 주목을 끌었다. 특히 잉거솔의 여자 친구인 로라 홉슨이 소설 『신사협정 Gentleman's Agreement』을 통해 교외 지역의 반유대주의를 묘사하기 훨씬 이전에 이미, 스톤은 유대계의 유입을 막는 주민 규약을 상세하게 파헤쳤다. 「PM」 편집국장을 지낸 레이 와이머의 회고를 들어보자. "우리는 뉴욕에 최초의 흑백 겸용 병원을 세우자는 캠페인을 벌였어요. 우리는 대중이 요구하는 것과는 전혀 다른 편에 서 있었지요." 이 말을 바꿔 해석하면 「PM」은 I. F. 스톤이 활동하기에 완벽한 환경의 신문이었다는 얘기다.

잉거솔은 자기선전에도 능했다. '나는'이라는 단어를 빼면 그의 이력서는 훨씬 짧아질 것이다. 그는 장제스蔣介石, 스탈린, 처칠 등과 같은 유명 인사들과의 인연을 과시했다. 루스벨트 대통령은 "친애하는 랠프에게"로 시작하는 편지를 보내왔고, 엘리너 루스벨트 여사는 칼럼에서 「PM」을 극찬했다.[9] 진주만 공격이 있기 5개월 전, 잉거솔은 세계적인 특종을 낚았다. 월터 C. 쇼트 미 육군 중장으로부터 "일본과의 전쟁이 임박했다"는 귀띔을 받은 것이다.[10] 잉거솔은 자원입대를 했지만 일반 병사들과 달리 그의 애국적 제스처는 「PM」 1면에 소개됐다.(스톤은 군 복무에 어울리는 부류가 아니었다. 신체검사에서 불합격 판정을 받았다.)[11]

「PM」의 편집 간부들은 대개 흔히 볼 수 있는 진보 계열이었다. 그러나 친공파와 반공파 간에 정치 논쟁이 치열했다. 일부 간부는 「PM」을 허스트 계열 신문들이 비난한 대로 "공산당 선전지"였다고 기억한다. 반면에 영웅적인 모험이었다며 자랑스러워하는 간부도 많다. "「PM」은 종종 감상적이기도 했고, 좀 이상하기도 했고, 완전히 엉뚱한 짓을 하기도 했다"고 스톤은 말했다.[12] 그는 1946년 유대인 난민들과 함께 팔레스타인에 잠입한 과정을 그린 연재물 하나로 「PM」 판매부수를 25만 부로 끌어올렸다. "그래도 「PM」은 지루하지는 않았어요. 끊임없이 불평을 하면서도 우리는 'PM 맨'이라는 게 자랑스러웠지요." 그러나 모두가 그랬던 것은 아니다. 편집국 간부였던 셜리 카챈더는 편집국 내 좌파들의 옹고집에 넌더리를 냈다. "누구랑 저녁을 먹으면 스탈린주의자가 돼요. 지미 웩슬러와 저녁을 먹으면 트로츠키주의자가 되고." 카챈더는 웃으면서 이렇게 덧붙였다. "그래서 결국은 혼자 밥을 먹어야 했어요. …중간이라는 건 정말 끔찍했어요."[13] 훗날에도 그녀는 열렬한 반공주의자인 웩슬러의 편이었다. 웩슬러는 한때 공산당원이었는데 불화가 잦았고 동료를 FBI에 문제 인물로 고자질했다. 펜 킴볼(컬럼비아 대학 저널리즘 대학원 교수)은 정보공개법에 따라 입수한 자료를 토대로 웩슬러가 문제의 직원에 대해 FBI에 거짓을 흘렸다는 사실을 밝혀냈다.[14]

잉거솔은 이상주의에 넘치는 저널리스트와 지식인을 끌어모았다. 독자도 탐욕스러운 광고주와 반동적인 사주社主에게 시달리지 않는 언론을 기대하는 층을 주로 공략했다. 「PM」이 내건 모토는 이런 식이었다. "우리는 남을 윽박지르는 자들과 맞서 싸운다. …미국에서 잘나가는 세력이건 외국에서 잘나가는 세력이건 가리지 않는다. 우리는 사기와 기만과 탐욕과 잔인함에 반대하며, 그런 세력의 추악함을 폭로하려고 애쓸 것이다."
잉거솔이 잡은 최대의 물주는 마셜 필드 3세〔1893~1956〕였다. 그는 시카
고의 백화점 체인 '마셜 필드'의 상속인으로 한때 '세계 최고의 부자 소년'
으로 일컬어지기도 했다.

기자들이 「PM」으로 대거 몰려든 것은 신문업계에서는 전무후무한 사건
이었다.[15] 200명을 뽑는 데 1만여 명의 기자가 지원했다. 잉거솔이 처음
모집한 기자들 가운데에는 이미 유명하거나 전도유망한 친구들이 많았
다. 그런데 편집국 진용의 상당수는 편집국 경험이 전혀 없었다. 예를 들
어 『그림자 없는 남자$^{The\ Thin\ Man}$』를 비롯한 추리소설로 유명한 대실 해밋은
어떤 기사를 재앙을 가져오는 짧은 주문呪文으로 오해하기도 했다. 제임
스 서버, 도로시 파커, 벤 헥트, 릴리언 헬먼 같은 작가들도 기자로 일했
다. 가십 칼럼니스트인 월터 윈첼은 부업으로 칼럼을 기고했는데 폴 리비
어〔1735~1818. 은세공사 출신으로 미국 독립전쟁의 영웅〕라는 특이한 필명을
썼다. 세계에서 가장 유명한 여성 사진작가 마거릿 버크화이트는 스냅 사
진을 찍었다. 익명으로 육아 칼럼을 쓴 의사는 후일 육아법 관련 저서로
세계적 베스트셀러 작가가 된 '스포크 박사$^{Dr.Spock}$'였다. 17년을 살충제 광
고문 쓰는 일로 보낸 한 일러스트레이터가 합류해 히틀러, 무솔리니, 일
본 지도자들과 린드버그 같은 인물들을 주인공으로 한 만평을 그렸다. 그
는 후일 그림동화 작가가 돼 전 세계 어린이들에게 '닥터 수스$^{Dr.\ Seuss}$'라는
애칭으로 인기를 끈다. 당시만 해도 무명이었던 제임스 볼드윈〔1924~87.
미국의 흑인 소설가, 시인, 민권 운동가〕은 원고 수발하는 소년 사환이었다.
　「PM」 창간호가 시중에 깔린 것은 1940년 6월 18일, 프랑스가 독일군
에게 함락된 지 나흘 뒤였다. 잉거솔은 사전에 「PM」을 열심히 선전했다.
그 덕분에 사람들이 신문 배달 트럭에 구름처럼 몰려들었고, 가판대에 꽂
힌 신문은 금세 동이 났다. 신문 상단 왼쪽에는 큼지막한 이탤릭체로 쓴

PM이라는 로고가 선명했다. 하얀색 로고는 빨간 네모 틀 배경과 극명한 대비를 이뤘다. 1면 가장자리는 에워가며 빨간 선을 둘렀다. 「PM」은 컬러 인쇄에도 혁신을 일으켰고, 일급 탐사 저널리즘을 지향했으며, 디자인을 혁신했고, 소비자 중심의 뉴스를 내보냈다. 연재 카툰 '바너비Barnaby'의 인기는 폭발적이었다. 「PM」은 한 부에 5센트로 「뉴욕 타임스」보다 2센트가 비쌌다. 암거래상들은 창간호를 50센트를 받고 팔았을 정도다. 대문짝만한 고딕체로 '히틀러, 뮌헨 도착. 무솔리니와 회동 예정'이라는 톱기사를 올린 창간호는 당일 해가 지기도 전에 45만 부가 완전 매진됐다.[16]

　「뉴요커」의 위트 넘치는 미디어 평론가 A. J. 리블링은 미디어 분야의 인수합병에 대해 늘 개탄하곤 했다. 한 도시를 한 신문이 장악하면 반대의 목소리는 질식되고 여론은 매너리즘에 안주하게 된다. 경쟁을 통해 돈을 번다는 것은 인수를 능사로 하는 신문 발행인들에게는 "안 통하는" 얘기였다. "신문사 매각을 통해 자본이득을 챙기거나 다른 신문을 사서 노예들을 착취하는" 식으로 더 많은 돈을 벌 수 있었기 때문이다. 리블링은 「PM」이 "[뉴욕 신문 역사상] 근 20년 만에 처음으로 독자 수를 늘렸다"는 점에 주목했다. "그때 우리는 울음소리가 특이한 신종 부엉이를 발견했다는 내무부 발표를 듣고 환호하는 탐조회원들처럼 기뻐했다."[17]

　"「PM」의 장점 가운데 하나는 뉴욕의 다른 신문들과는 달랐다는 점이다. 그 차이는 도저히 좁힐 수 없는 것이었다."[18] 「PM」이 경영난으로 폐간돼 다른 신문으로 넘어간다는 것은 상상도 할 수 없는 일이었다. "또한 「PM」은 순수했다." 그러나 리블링의 날카로운 유머는 '순수한 신문'이라고 봐주지 않는다. "「PM」이 조지는 불의는 정말 말 그대로 불의였어요. 그런데 항상 똑같은 불의만 조지는 인상이었지요. 1946년에 한 아가씨한테 구독을 권했더니 잠시 뜸을 들이다가 '유대인과 유색인종 말고는 어려운 사람이 없나요?'라고 하더군요. [이런 시각에서 「PM」은 '소수자만 보살핀다'는 얘기가 나왔다] 그래도 다른 신문들이 정부의 전시 가격 통제를 불신하게 만드는 일화를 날조하고 대기업이 어렵다는 개탄을 늘어놓는 동안, 「PM」은 독자들에게 진실을 전하려고 애를 썼습니다."

「PM」은 스태프끼리 불화와 알력이 끊이지 않았다. 극우 경쟁지들과 국회의원들의 중상모략도 거셌다. 특히 기대가 높았던 만큼 실망도 컸다. 이런저런 요인들이 결국은 「PM」의 폐간을 불러오게 된다. 그럭저럭 버티던 「PM」은 1948년 5월 1일 최대주주 마셜 필드 3세에 의해 변호사 바틀리 크럼에게 매각된다. 「PM」은 처음 몇 호가 지난 다음부터는 열성 독자층이 썰물처럼 빠져나갔다. 구독자 수는 3만 1,000명으로까지 떨어졌다. 실망한 어떤 독자는 구독을 끊는다는 편지를 신문사에 보내면서 '회사 소개 브로슈어는 언론의 이상을 담은 좋은 내용이 많으니 계속 보내달라'고 했다. 안 될 줄 알면서도 안타까운 마음을 그렇게 표시한 것이다.

　「PM」은 고정 독자를 12만 5,000명 수준으로 유지했다. 본전치기하기에도 부족한 수준이었다. 그러나 필드 3세가 어려울 때마다 급전을 대서 몇 년을 더 버텼다. "난 마셜 필드를 정말 좋아했어요."[19] 스톤이 패트너와의 대담에서 한 얘기다. "나한텐 참 잘해줬어요. 사회적 지위가 높은 사람이… 재미없는 급진파와 불그스름한 자들을 뒷받침해준다는 건 대단히 어려운 일이지요. …그가 클럽에 가서 친구들을 만날 때 어땠을지 족히 상상이 갑니다. 정말 힘들었을 거예요."

　잉거솔은 주로 시사 주간지에서 활동했기 때문에 일간지는 초보자나 마찬가지였다. 매일 매일 마감이 다가와도 잡지식 기법을 요구했다. "그는 뉴스를 스토리 식으로 쓰라고 했어요. 문제 인물의 이름이나 주소, 그의 할머니의 이름 같은 것은 첫 문장에는 쓰지 못하게 했지요." 스톤의 회고다.[20] 신문 기사는 전통적으로 맨 앞부분이 무겁고 뒤로 갈수록 중요도가 떨어지는 정보가 나열된다. 이를 역逆피라미드형 기사 스타일이라고 하는데, 지면 관계상 편집자가 기사를 잘라야 할 때 맨 뒤에서부터 쳐내도 중요한 정보는 앞에 남기 때문에 편리하다. 이런 관행을 깨라는 것이 잉거솔의 주문이었다. 그는 기자들에게 늘 좀더 창의적인 스토리텔링을 요구했다.

잉거솔은 부하 직원들을 탓하는 소리는 안 하는 스타일이었지만 한번은 이런 농담을 했다. "우리는 괴짜와 유능한 테크니션 두 쪽 다 필요하다. 그런데 나는 너무 괴짜만 뽑았다."[21] 그가 처음으로 뽑은 편집 전문 기자(「PM」이전에는 이런 직종이 따로 없었다)는 대장臺帳을 거창하게 타이프라이터에 걸더니 피아노의 대가가 건반을 두드리듯이 손을 힘껏 쳐들었다. 그러나 더는 어쩌지 못하고 동작을 멈추고 말았다. 타자를 칠 줄 몰랐던 것이다. 잉거솔은 돈을 더 들여 편집기자 대신 타자를 쳐줄 전담 조수를 채용했다. 구독 신청을 미리 한 독자 10만 명이 신문을 받아보지 못한 일도 있었다. 결국 엄청난 실수가 있었음이 밝혀졌지만 구독자 명부는 끝내 찾지 못했다. "잉거솔은 썩 실무적인 스타일은 아니었어요. **학교 선생**을 교육 담당 편집자로 채용했지요." 레이 와이머는 잉거솔에 대해 불만을 터뜨렸다. "그는 편집자용 책상을 따로 두지 않았어요. 그렇게 되면 '기사를 망친다'는 거지요. 기자가 자기 기사에 제목을 달아서 바로 조판에 보냈어요! 편집자가 고치지 않아도 될 만큼 완벽한 기사를 쓰는 기자는 하나도 없었는데 말이에요. 게다가 사진기자 마거릿 버크화이트한테 연봉을 12만 2,500달러나 줬다는 거 아닙니까! 정말 초고액 연봉이었지요."

여기서 스톤의 회고를 들어보자. "우리는 그 어떤 신문보다도 완벽한 신문을 만들려고 했어요. 그런데 자원이 없었지요. 말도 안 되는 얘기였어요."[22] 스톤은 신문의 방향을 놓고 잉거솔과 언쟁도 벌였다. 스톤은 사장에게 "우리는 2등 신문"이라는 현실을 직시하라고 충고했다. "그러니까 오히려 특종에 집중해야 하고, 「뉴욕 타임스」에 난 기사를 살짝 바꿔 쓰는 식으로 따라가서는 안 된다고 했지요. 좋은 기사 두세 건으로 승부를 걸자, 그걸 확 키워서 팔아먹자고 했어요." 10년 후 스톤은 「I. F. 스톤 위클리」에서 바로 그런 노선을 추구한다.

노동계급을 독자로 끌어들일 수 있다는 「PM」의 꿈은 물거품이 되고 말았다. 노동자들은 광고 없는 신문이 좀더 제대로 된 기사를 전할 수 있다는 발상 자체를 이해하지 못했다. 오히려 그들은 광고를 원했다. 그래도 「PM」에는 열혈 독자층이 있었다. 뉴욕시 코니아일랜드에서 자란 유명한 소설가 조지프 헬러는 뉴요커들의 신문 구독 행태가 미국 대부분의 지역과 어떻게 다른지를 자세히 설명한 바 있다. "나는 진보적인 사상을 억압하는 분위기가 있다는 것을 전혀 몰랐어요. 늘 진보 계열 신문들만 봤거든요. 그중 한두 신문은 이지가 기자로 있던 신문이었지요. 「뉴 리퍼블릭」이 있었고, 「더 네이션」이 있었고, 「새 대중」이 있었고, 「뉴욕 스타New York Star」가 있었고, 「뉴욕 포스트」가 있었어요. 「뉴욕 타임스」는 보수 내지는 우파 성향이었지요." 지하철에서 읽고 있는 신문을 보면 그 사람이 사는 지역이나 어디 계인지를 알 수 있었다고 헬러는 말했다. "환승역에서는 사람들이 쏟아져 나와 다른 선으로 갈아타지요. 59번가 역 같은 곳이 대표적이지요. 「월스트리트 저널Wall Street Journal」이나 스크립스 하워드 계열 신문을 읽는 승객들은 모두 그 역에서 내립니다. 「뉴욕 포스트」를 읽는 승객은 모두 브라이튼 비치나 코니아일랜드 역까지 계속 가지요. 1937년에서 1942년까지 그랬어요. 그 다음에 나온 게 「PM」이고."[23]

「PM」이 문패를 내린 지 반세기가 지난 지금 시점에 생각해보면 「PM」이 그렇게 많은 비난을 받았다는 것은 잘 이해가 되지 않는 부분이다. 사실 열정적인 기자라면 「PM」이 빠뜨린 기사를 보기 위해 다른 신문을 읽어야 했다. 그러나 「PM」에도 다른 신문들이 놓친 기사가 많았다. 「PM」은 편견이 있었지만 유럽 신문 스타일로 자기 입장을 드러내놓고 밝혔다. 공평무사한 척하는 신문들과는 달랐다. 사진과 레이아웃도 이목을 끌기에 충분했다. 「PM」지의 기사는 '아르헨티나: 나치의 온상이 되다'(1941년 10월 5일자), '전후, 미국 공황 재발 막으려면'(1942년 5월 10일자), '진 뮤어 〔영국의 여성 패션 디자이너〕, 영화계에 흑인 문제 제대로 다룰 것을 요구하다'처럼 다양하고 도발적이었다.

때로 "우리는 해머를 휘두르듯이 강타를 날렸어요. 좀더 부드럽게 했어야 하는데…." 와이머가 토로하는 아쉬움이다. 예를 들어 린드버그가 그 유명한 선동적인 연설을 했을 때 「PM」은 똑같은 방식으로 맞받았다. 1941년 10월 5일자는 1면부터 면을 이어가며 한 줄에 한 단어씩 해서 '린드버그, 미국 땅에 파시스트 반란의 씨를 뿌리다'라는 거대한 제목을 달았다. 기사 두 건을 4면 전체로 펼치면서 아이오와 주 디모인에서 참전 반대를 외친 린드버그를 공격했다. 린드버그는 "전쟁을 선동한" 유대인들은 응징을 당할 것이라고 경고하고, "비민주적인" 루스벨트와 영국도 마찬가지라고 외쳤다. 이 정도만 해도 심한데 그는 한참 더 나갔다. "유대인들이 이 나라에 가장 큰 위험이 되는 이유는 우리의 영화, 우리의 출판, 우리의 라디오 방송, 그리고 우리의 정부를 장악하고 엄청난 영향력을 발휘하고 있기 때문입니다." 후일 린드버그의 아내는 다소 후회스럽다는 듯이 이렇게 말했다. 당시 남편의 연설은 "별 생각 없이 반유대주의를 자극한 것이다. 그런데 대팻밥에 성냥불을 붙인 꼴이 됐다."[24]

「PM」이 린드버그를 정도 이상으로 두들기고 조롱하자 강경 보수파와 인종주의자들은 분개했다. 그러나 「PM」 직원들은 자기네 신문이 골수 인종주의자이자 반유대주의자인 하원의원 존 랜킨을 놀려준 것에 대해서는 특히 고소해했다. "우리는 항상 그의 이름을 소문자로 인쇄했어요. 당연히 그는 펄펄 뛰었지요." 와이머의 회고다.

스톤은 친파시즘 세력이 전후 미국의 정책을 산으로 끌고 갈지 모른다고 우려했다. 그는 국무장관 헐에 대해 프랑스 친나치 비시 정부(독일군이 프랑스에 진주하면서 세운 괴뢰 정권)와 "짝짜꿍이가 되어" 드골이 이끄는 망명정부 '자유 프랑스Free French forces'를 무시한다는 이유를 들어 해임을 촉구했다. 1940년 국무장관이 의회 청문회에 출석하자 스톤은 그가 "알맹이 없는 얘기를 장황하게 늘어놓는 재주"가 있다고 비꼬았다.[25] 이어 2년 후 스톤은 국무장관 헐이 자유 프랑스를 별것 아닌 존재로 치부함으로써 미국의 우방들을 격분시켰다고 썼다. "국무부를 말아먹고 있는 헐과 소수의 부패한 귀족주의자 및 타락한 자유주의자는 미국 국민을 대변하지 않는다."[26]

1943년 북아프리카 지역의 검열이 완화된 이후 「타임」 같은 주류 언론들은 스톤이 1년 전에 이미 설파한 내용을 뒤늦게 보도했다.[27] 파시스트 계열을 사실상 도와주는 검열 완화는 미국과 우방들의 관계를 위태롭게 만들었다. 한 기자회견에서 스톤은 헐에게 비시 정부 지지에 대해 날카로운 질문을 던졌다. 이에 화가 난 헐(남부 출신으로 상원의원까지 지낸 정치인이다)은 반유대주의 성향을 노골적으로 드러냈다. 당시 국무부 출입 기자였던 매들린 앰콧의 회고. "이지는 절대 화를 내는 법이 없었지만 가차 없는 질문을 교묘하게 했어요. 바로 문제의 핵심을 찌르고 들어갔지요. 그러면 헐은 얼굴이 붉으락푸르락해지곤 했어요." 대개 국무부 기자회견에는 기자 30명 정도가 참석했는데 마이크가 있는 탁자 주변에 둘러선 상태로 질문을 하고 답변을 들었다. 헐은 탁자 끝에 앉아 있다가 가끔 고개를 들어 질문하는 기자를 쳐다봤다. 스톤은 헐이 남부 출신 특유의 억양에 "혀가 잘 안 돌아가는지 따따따따 했다"며 "어지간한 노인도 안 그런데, 그의 눈에는 생기라곤 없다"고 썼다.[28]

한번은 기자회견 때 헐이 스톤을 공박한 사건이 신문에 기사로 났다. 헐은 리프먼에 대해서도 이름은 적시하지 않은 채 "사악하고 악의적으로 매도한다"고 비난한 적이 있었다. 스톤은 헐에게 '국무부는 비시 정부가 나치 협력자였던 마르셀 페루통을 알제리 총독으로 임명하는 것을 반대했느냐 반대하지 않았느냐'고 물었다. 대답 대신 헐은 "당신 이름 뭐요?"

라고 물었다.

"스톤입니다." 기자가 대답했다.

그러자 헐은 "다른 이름도 있을 텐데, 안 그렇소?"라며 노골적으로 비아냥거렸다.

I. F. 스톤으로 개명한 지 6년이 됐지만 그동안 아무 문제 없었다. 헐은 FBI로부터 스톤의 원래 이름에 대해 귀띔을 받은 것이 분명했다. 기자회견장의 기자들은 깜짝 놀라 멍하니 서 있었다. 헐의 반문에 반유대주의적인 속셈이 깔려 있다는 것을 잘 알고 있었기 때문이다. "헐의 태도며 경멸하는 눈빛이 너무도 확연했어요. 마치 '필라델피아 길거리에서 올라온 쪼그만 유대인 놈이 어디다 대고…'라고 말하는 것 같았습니다." 앰곳의 회고다. 헐이 공개석상에서 발끈하자 하원의원 랜킨도 덩달아 나섰다. 그는 의사당 회의장에서 벌떡 일어나 역시 '빨갱이 사냥꾼'인 마틴 다이스 의원에게 이렇게 물었다. "최근에 I. F. 스톤이라는 이름을 쓰는, **내가 알기로는 스톤이 아니라 파인슈타인인데**…. 어쨌든, 그 「PM」 기자가 주도하는 미치광이들이 코델 헐 국무장관을 공격하고 중상모략하려 하고 있다는 걸 아십니까?" 랜킨은 이튿날도 계속 물고 늘어졌다. "저 번슈타인인지 파인슈타인인지 하는 자는 「PM」이라는 공산당 간행물 기자인데…."[29]

「워싱턴 포스트」 사설은 헐의 못된 행동을 규탄했고, 「뉴욕 헤럴드 트리뷴」은 헐이 "어지러운 북아프리카 상황을 통제하는 완벽하신 지혜에 대해 감히 의문을 제기한 자들을" 꾸짖은 것을 맹비난했다. 「더 네이션」은 그의 "비열한 공격"을 비난했다. 헐은 기자의 중요한 질문에 답변은 하지 않고 "구정물을 튕기는" 식으로 맞받았고, 이는 랜킨 같은 "유대인 저격수 의원들"에게 멍석을 깔아주는 결과가 됐다.[30] 그러나 그런다고 기죽을 스톤이 아니었다. 그는 계속 가차 없는 질문을 나긋나긋하게 날려 관리들을 화나게 했다. 그러자 어떤 멋쟁이 특파원이 혹독한 질문을 했을 때는 공무원들 사이에서 이런 야유가 나왔다. "저 친군 뭐야? 지가 이지 스톤이라는 거야 뭐야?"

스탈린과 히틀러가 불가침 조약을 추진하던 몇 달간 잉거솔도 스톤처럼 미국을 전쟁으로 끌고 들어가려 한다는 이유로 스탈린주의자와 고립주의자 양쪽으로부터 공격을 받았다. "당시 우리의 입장은 나치를 끝장내는 사람 누구나와 손을 잡는다는 것이었다"고 와이머는 회고한다. "당시의 특수한 사정을 이해해야 합니다. 거대 보수 신문들의 힘이 너무도 막강했어요." 광고는 싣지 않는다는 방침이 「PM」이 다른 신문들로부터 공격을 받는 한 가지 이유였다. "우리가 성공하면 저들의 영업 방식에 결정적인 타격이 될 수 있기 때문이지요." 「PM」의 강점 가운데 많은 부분을 「PM」 폐간 후 한참 뒤에 다른 신문들도 벤치마킹했다. 잉거솔이 그토록 강조했던 '좀더 생생한 기사'는 기사 작성의 기본이 됐다. 1960년대에 「뉴욕 헤럴드 트리뷴」은 "필자들의 신문"으로 유명해진다. 「워싱턴 포스트」 편집국장 벤 브래들리는 1969년에 여성면을 없애고 스타일 섹션을 만들었다. 정치인들의 인간적인 면모를 소개하고 정가 소식과 예술, 연극 등을 안내하는 섹션이었다. 이 모험이 성공하자 전국의 신문들이 다투어 스타일 섹션을 만들었다. 「PM」 이전에는 소비자와 건강 관련 뉴스를 다루는 신문이 없었지만 지금은 보편화돼 있다.

"저의 진심과 정직성은 믿으셔도 좋습니다. 하지만 낯가림이 심하고, 말을 막 하고, 의욕이 지나칠 때가 종종 있습니다. 선배님께 본의 아니게 무례하게 군다면 솔직하게 그렇다고 말씀해주십시오. 좋은 쪽으로 새겨듣도록 하겠습니다."[31] 맥스 러너에게 보낸 편지인데 스톤으로서는 드물게 자기 잘못을 인정한 사례다. 유명 칼럼니스트였던 러너는 스톤에게 「PM」을 소개해준 인물이기도 하다. 그러나 스톤은 잘못은 인정하면서도 울뚝불뚝하는 성품은 바뀌지 않았다. 그래서 기사나 칼럼으로 공격을 받은 사람은 물론이고 동료, 상사들과도 불화를 빚었다.

셜리 카챈더에게 스톤은 유머라고는 없는 남성우월주의자였다. 나이가 든 뒤의 다채로운 성격과는 전혀 다른 모습이다. 그러나 그녀도 스톤의 직업정신만큼은 높이 평가했다. 그녀는 "이지 선배는 공산주의자가 아니었어요. 말도 안 되죠"라고 단언했다. "이지는 말이 되는 사람이었어요. 아주 말이 됐죠. 공산주의자들한테 속아 넘어가는 일은 없었을 겁니다. 이지는 '모범생'이라는 의미에서 정말 유대인다웠어요. 저널리스트로서도 '범생이'였지요." 그는 잡기를 밝히거나 술을 즐기는 스타일이 아니었다. 그렇다면 스톤은 나중에 성격이 좋은 쪽으로 변한 것일까? "내가 아는 한은 아니다"라는 게 그녀의 답이었다.

카챈더는 「PM」의 좌편향을 대단히 잘못된 것으로 봤지만 잉거솔만큼은 거의 우상으로 떠받들었다. "잉거솔 사장은 정말 짱이었어요. 내가 「PM」 기자라고 하면 어떤 사람들은 무릎을 꿇을 정도였지요. 하지만 난 그걸 보고 충격을 받았어요. 하루는 취재를 나가는데 한 부장이 '이러저러하게 좀 해줘' 하는 거예요. 난 그렇게 안 했지요. 그런데 이지한테는 이렇게 해라 저렇게 해라 말할 수 있는 사람이 아무도 없었어요. 절대 안 통하니까요. 그거 정말 대단한 뚝심이에요. 그의 기사를 고치려 들다가는 심장마비 걸릴 거예요. 갑자기 꼭지가 돌아서 달려드니까. 그 선배는 정말 누구의 간섭도 받지 않았어요."

카챈더는 스톤과 몇 건의 기사를 같이 쓴 적이 있었는데 스톤은 "요구가 많았다." 그러면서도 후배가 정보를 제대로 물어올 거라고는 별로 기대하지 않는 눈치였다. "맙소사, 그 선배는 남성우월주의자였어요."(스톤은 여자라고 봐주고 하는 스타일이 아니었다. 후일 남자 후배들도 똑같은 대접을 받았다.) 카챈더는 스톤은 취재력은 그야말로 탁월하다고 생각했다. "항상 논리에 편향이 있었지만 팩트로 탄탄히 뒷받침을 했어요. 그 많은 정부 사이드 문건을 잘도 건져냈지요. 다 꽁꽁 감춰둔 것이고 폭로 대상이었어요. 기자로서는 정말 끝내줬어요."

스톤의 변덕스러운 성격에 대해 「PM」 편집국장이었던 와이머는 전혀 다른 얘기를 했다. "이지는 제일 점잖고 상냥한 기자 축에 속했어요. 기자로서 최고라는 건 말할 것도 없고. 문체는 잔잔했어요. 하지만 사건을 파헤치는 걸 보면 결국에는 마지막 팬티 한 장까지 다 벗긴다니까요. 그 친구는 나대는 법이 없고, 말씨도 조용조용했어요." 그러나 스톤이 「더 네이션」에 있을 때 편집국장으로 모셨던 커치웨이의 말은 또 완전히 다르다. 커치웨이는 그를 좋아하고 높이 평가했지만 여러 차례 메모를 보내 질책했다. 한번은 "동료한테 그렇게 독설을 퍼부으면 되느냐"고 야단을 쳤고, 싸울 듯이 던지는 질문과 지나치게 신랄한 코멘트도 순화시키라고 호통을 쳤다. 특히 뉴딜 추진 부서에 있는 진보적 인사들이 "엉뚱한 쪽으로 가고 있는 것"에 대한 비판이 문제가 됐다. "그나마 고위직에 있는 극소수 진보세력을 그렇게 쉽게 내버려서는 안 된다"는 게 커치웨이의 논리였다. 그녀는 명예훼손을 우려해 스톤의 칼럼을 고치면서 법률적으로 자신이 있지 않으면 "기업 총수들을 '배신자'라고 부르는 건 현명치 못한 일이지"라며 "언어 표현이 폭력적"이라고 나무라기도 했다.[32]

「PM」 시절 와이머의 기억으로는 스톤에게 변덕스러움이나 글쟁이 특유의 옹고집성 자존심 같은 것은 전혀 없었다. "이지는 융화를 잘했어요. 뭘 지시하면 절대 대드는 법이 없었지요. 안 된다고 할 때도 조용조용 설명을 하는 식이었어요. 인기도 아주 좋았고. 다들 그 친구를 좋아했으니까. 초기에 잉거솔은 금요일 밤이면 부장 이상급 간부들을 자기 아파트로 데려갔어요. 술 마시고 밥 먹고 놀았는데, 그러다 랠프와 릴리언 헬먼은 연극을 보러 나가곤 했지요. 워싱턴 주재인 스톤은 가끔 뉴욕 본사에 들를 때 합류했어요. 그가 나타나면 완전히 일 얘기뿐이었지요."

언론계에 오래 회자된 얘기가 하나 있다. 저작권자는 「뉴요커」 편집국장

해럴드 로스로 얘기인즉 「PM」을 만드는 진지하기 이를 데 없는 친구들은 "젊은 노땅"이라는 것이었다. 리블링도 「PM」 사람들을 놀렸다. 「PM」 편집 간부들은 유머와는 거리가 먼 사람들이었다. 그래도 자기네 신문이 유쾌함이 부족하다는 건 알아서 이따금씩 유머 전문가들을 데려다 칼럼을 쓰게 했다. 그러나 아무 도움이 안 됐다. 유머 작가들은 오히려 맥스 러너의 칼럼에 푹 빠져서 자기들이 유머 작가라는 사실을 부끄러워했다."[33]

그러나 아무리 명망 있는 신문이라도 사람 사는 곳에는 늘 장난꾸러기나 말썽꾸러기가 있는 법이다. 「PM」도 얄궂은 일이 많았다. 그들은 신문을 위해서는 "죽어라고" 일했지만 심한 장난도 쳐가면서 긴장을 풀었다. 잉거솔이 소련 출장을 위해 회사를 나서는데 얼마 전 영입한 두 간부가 그의 머리 위에 폭죽을 떨어뜨린 일도 있었다. 「PM」 사무실은 다 무너져가는 낡은 공장 건물을 개조한 맨 위층이었는데 지붕에는 채광창이 나 있었다. 무더운 여름에는 에어컨도 안 되는지라 미풍이라도 들라고 그 창을 항상 열어놓았다. 여기서 와이머의 회고를 들어보자. "루스벨트 대선 유세처럼 특별한 기사가 있으면 늦게까지 야근을 했어요. 그럴 때면 일부 기자들이 옥상에 올라가 편집국에 물을 한 동이 쏟아부었지요. 아래서는 한참 작업을 하고 있는데 말이에요." 원고가 엉망이 된 것은 말할 것도 없었다. 하지만 간부들은 아무 일 없는 양 계속 일했다. 팬티 바람으로 일하는 사람도 있었다.

스톤은 '귀머거리'라는 핸디캡을 이용했다. "그 친구는 남의 말을 듣고 싶지 않으면 누가 있어도 모르는 척했어요." 와이머 편집국장의 회고다. 한번은 와이머가 스톤의 기사를 편집하다가 뭘 물어봤는데 대답이 없었다. "그래서 1달러짜리 지폐를 떨어뜨리고서 '이지, 자네 돈 떨어졌네'라고 했더니 바로 줍더라고요."

펜 킴볼은 스톤을 아주 싫어했다. 장난이랍시고 딱성냥을 스톤의 구두에다 그었는데 스톤이 노발대발했고, 그 다음부터는 그를 '젊은 노땅'으로 취급했다. "그 선배는 유머 감각이라고는 없었어요. 자기 생각만 하고 남에 대한 배려 같은 것은 없었지요." 킴볼의 평가는 이렇게 이어진다. "하지만 기자로서는 대단하다고 봅니다. 테리어처럼 집요했지요. 하지만 어떤 때는 자기 생각에 푹 빠져 있었어요. 사실 발견이 직업인 사람은 이데올로기 문제에서는 자기 생각은 좀 접어둘 필요가 있지요."

기자로서의 스톤은 이보다는 좀더 복잡했다. 그가 쓴 기사는 정부의 일탈을 비판하는 경우가 많아서 편향이 심하다는 딱지를 붙이기 쉽다. 하지만 취재를 철저하고 꼼꼼하게 한다는 데 대해서 이의를 제기하는 사람은 없었다. 그는 자신의 시각을 담은 기사에는 "의견"이라는 표제를 기사 위에다 크게 달았다. 중요한 사건을 파헤친 기사들은 관련 기록과 기자회견 내용을 정리하고 인터뷰를 곁들여 균형을 잡았다. 「더 네이션」과 「PM」, 그리고 이후 「뉴욕 스타」와 「데일리 컴퍼스The Daily Compass」〔둘 다 「PM」 폐간 이후 후속편 격으로 나온 일간지다. 「스타」는 1948년 6월부터 1949년 1월까지, 「컴퍼스」는 1949년 5월부터 1952년 11월까지 발행됐다〕에서 칼럼을 쓸 때는 여느 칼럼니스트처럼 자유롭게 견해를 표명했다. 그러나 탐사 보도를 할 때는 다시 사실 추구라는 기자의 본령으로 돌아갔다.

스톤은 자신의 기사가 실효를 볼 때 보람을 느꼈다.[34] 예를 들어 스탠더드 오일의 비리를 파헤친 3부작 폭로 기사가 나간 후 트루먼 대통령은 중요 정보를 보고하지 않은 관리들을 해임했다. 물가관리국Office of Price Management(OPM)이 발주하는 국방 관련 사업을 극소수 재벌 기업이 독점하고 있다는 폭로 기사가 나갔을 때는 중소기업 국방 관련 수주 증진 전담 부서가 신설됐다. 그가 펜의 위력을 실감한 것은 경제국방위원회Economic Defense Board가 프랑코에 대한 미국 기업들의 석유 수출을 금지하고 파시스트 스페인에 대한 석유 수출 허가 자체를 취소했을 때였다. 재무부는 독재자 프랑코에게 넘어간 석유의 양에 대한 스톤의 계산이 맞는다고 인정하지 않을 수 없었다. 한 달 후 스톤은 관행적인 일처리 방식이 무기 생산 효율을 떨어뜨린다는 기사를 썼다. OPM이 디트로이트에서 버벅거리는 사이 공장들은 생산능력의 일부만 가동하고 있다는 폭로였다. 이 기사가 나가자 루스벨트 대통령은 OPM을 없애고 전시생산위원회^{War Production Board(WPB)}를 신설해 군수품 생산·구매를 촉진시켰다. 또 시리즈를 통해 행정부가 소련 원조액을 크게 삭감한 사실을 밝혀내자 행정부는 원조액을 재조정했다. 1943년에는 헐 국무장관이 동결된 예산을 비시 정부와 가까운 세력에게 무리하게 배정했다는 사실을 파헤쳤다.

1944년에는 플로리다 주의 유명한 휴양지 팜비치의 부동산 소유주와 기업들이 부상병 전용 병원으로 쓰고 있는 브레이커스 호텔을 빨리 비우라고 군에 압력을 넣었다는 사실을 폭로했다. 그러자 부자들에 대한 항의 소동이 벌어졌다. 스톤의 특종으로 문제의 사안이 널리 알려지자 군은 병원 폐쇄를 4개월 늦추었다.

당시에는 공산주의에 대한 공포가 만연해 있었다. 그런 상황에서 스톤은 중앙인사위원회^{Civil Service Commission} 조사관들이 진보적인 사상을 가지고 있다고 의심되는 공무원들을 솎아내고 있다는 사실을 폭로했다. 기사가 나가자 처음에 위원회는 사실이 아니라고 항변했다. 스톤은 혹독한 사설로 반박했다. 몇 주 후 중앙인사위원회는 조사 대상 공무원의 인권을 좀더 존중하는 새 조사 규정을 만들었다.

이어 전쟁 관련 폭로 기사가 다시 이어졌다. 스웨덴 볼베어링 생산업체 SKF—필라델피아에도 자회사가 있었다—는 나치에게 필수 볼베어링을 공급하고 있었다. 스톤은 SKF의 부품이 독일 콤바인에 사용되는 과정을 추적했다. 시리즈 기사가 나간 뒤 며칠 만에 UP 통신은 SKF가 나치에 대한 판매량을 줄일 것이라고 보도했다. 그런 식으로 여기저기서 기사가 이어졌고, 「PM」에는 폭로 기사가 계속됐으며, 「더 네이션」에는 관련 칼럼이 속속 실렸다. 그러나 가장 중요한 것은 1942년에 「더 네이션」에 쓴 예언적 칼럼이었다. 홀로코스트가 이미 진행되고 있으며, "한 민족 전체를 말살하는 끔찍한 학살극이 벌어질 것이고… 앞으로 몇 년간 사람들은 그 끔찍함에 몸서리칠 것"이라고 한 것이다.[35]

잉거솔은 군 복무를 마치고 신문에 돌아온 뒤 웩슬러와 대판 싸우게 된다. 스톤은 웩슬러가 "랜프를 공산당 지령에 충실한 사람"이라고 중상 모략했다고 말한다.[36] 두 사람의 불화는 다사다난했던 「PM」 역사에서 가장 심각한 충돌로 번진다. 투자자들을 비롯해 「PM」이 살아남으려면 광고를 실어야 한다는 목소리가 높아졌지만 잉거솔은 고집스럽게 거부했다. "도산 위기에 몰리자 정신이 나갔다"는 말까지 나왔다. 비용 절감 조치의 하나로 잉거솔은 웩슬러에게 워싱턴 지국 인원 8명 가운데 3명을 해고하라고 했다. 웩슬러는 스톤과 다른 기자 한 명부터 자르라고 소리쳤다. 잉거솔이 스톤을 해고한다는 것은 말도 안 되는 소리였다. 잉거솔은 웩슬러를 강등시키고 웩슬러가 워싱턴에 앉힌 세 기자에게 뉴욕 근무를 명했다. 이들이 거부하자 잉거솔은 셋 다 해고했다. 신문노조가 소송을 냈지만 법원은 잉거솔의 손을 들어주었다. 웩슬러는 한 사람만 빼고 자기가 데려온 기자들을 다 데리고 나갔다. 이후 그는 잉거솔과 스톤에게 복수를 했다. 냉전 시기 사상 검열이 한창일 때 두 사람의 좌파 성향을 고발하고 규탄한 것이다. 잉거솔을 옹호하는 쪽의 톰 오코너 기자 같은 사람은 이렇게 말했다. "그때 일을 생각하면 걸리버를 맞은 소인국 사람들이 생각납니다. 소인들은 거인 걸리버를 죽여버리면 된다는 생각은 하지 못한 거죠." 잉거솔은 스톤을 워싱턴 지국장으로 앉혔다. 그런데 스톤은 그 자리를 "끔찍이도 싫어"했다. "내가 관리자가 된 것은 그때가 처음이었습니다. 난 사람들을 해고해야 한다는 게 정말 싫었어요. 그야말로 끔찍한 일이었지요." 패터너와의 대담에서 스톤이 한 얘기다.[37]

회사 사정 때문에 기분이 엉망이 된 스톤은 독자편지에 바로 답장을 하지 못한 것에 대해서도 죄책감을 느꼈다. 버지니아 레이드라는 젊은 애기

엄마가 당시 임시직으로 스톤의 비서를 하고 있었다. 원래 다니던 신문사가 파업을 하는 바람에 다른 일자리를 구한 것이다. 원래 있던 비서는 떠났고, 스톤은 타자 잘 치는 비서가 필요했다. 레이드는 3주 일하는 동안 "그분은 하루에 딱 10달러로 지냈다"고 말했다.[38] 출근 첫날 서랍을 열어 보니 엉망이었다. "종이 쪼가리가 한 300장쯤 되는 것 같았어요. …편지봉투도 있고, 발신인 주소 오린 종이랑, 답장 보내야 할 사람들 이름을 정리한 종이도 있었지요." 레이드가 '이걸 다 어떻게 할까요?' 하고 묻자 스톤은 '답장을 해줘야 하는데…' 하고 중얼거리며 한숨을 쉬었다. 그는 일부에 대해서만 답장을 쓰라고 했다. "음, 버지니아. 그 사람한테는 '정말 마음씨 고운 분이지만 내가 해줄 수 있는 게 없다'고 해요. 기분 상하지 않게, 부드럽게."

또다른 여성은 자신의 미래를 희생하면서까지 스톤에게 미국과 독일 카르텔의 거래에 관한 충격적인 특종을 제보했다. 취재하다 막히면 "하위직 직원들한테 도움을 구하라. 그들이야말로 돌아가는 사정을 가장 잘 아는 사람들이다"라는 스톤의 지론이 주효한 사례였다.[39]

1944년 전쟁이 소강상태로 접어들었을 무렵, 안티오크 대학 학생 바바라 빅은 워싱턴에 있는 적성국敵性國자산관리국Alien Property Custodian에서 인턴으로 일하고 있었다. 근무 기간이 학점으로 인정되고 보수도 받는 자리였다. 적성국자산관리국이 하는 일은 적국의 자산을 압류하는 것이었다. 빅은 독일 기업 최고 관리자 다수가 예전에 귀화해서 미국 시민권을 가지고 있다는 사실을 알게 됐다. "선견지명이 있어서일 수도 있고, 장기 계획으로 추진한" 일일 수도 있다. 그런 회사 가운데 하나가 이게 파르벤I.G. Farben 으로 히틀러의 가스실에 쓰는 독가스 결정체를 만드는 거대 화학회사였다. 빅이 일하는 부서의 장은 관리국이 파르벤의 자산을 미국 시민이 돼 있는 전직 독일인 간부들에게 넘기려 한다는 것을 알아냈다.

어느 날 아침 그 부서장이 갑자기 뛰어오더니 빅을 복도로 끌고 나갔다. 그녀는 남편 부대가 전출 명령을 받아서 마지막으로 며칠간 남편과 함께 지내려고 막 휴가를 가는 중이었다. 그녀의 얘기에 빅은 깜짝 놀랐다. 낮은 목소리로 '이지 스톤에게 제보를 해왔다'고 털어놓은 것이다. 부서장은 문서가 잔뜩 든 서류철을 내밀며 그날 저녁 자기 대신 스톤에게 전해달라고 했다. 빅은 두툼한 서류철을 빼돌렸다. 빅도 부서장과 같은 생각을 했다. 적성국자산관리국이 하고 있는 일은 잘못이라는 생각이었다. "내부고발자가 나오는 이유가 바로 그 때문이 아니겠어요?"[40]

「PM」은 스톤의 적성국자산관리국 비리 폭로 기사를 1면에 터뜨렸다. 미국이 압류한 이게 파르벤 자산을 슬그머니 독일 살인자들 손에 다시 넘겨주었다는 내용이었다. 스톤은 관리국장 레오 크라울리 책임이라고 비난했다. 빅에게서 받은 자료를 근거로 스톤은 크라울리의 스탠더드 개스 Standard Gas 사장 시절 패거리들이 적성국자산관리국 운영을 사실상 좌지우지하고 있다는 사실을 입증했다. 다음날 루스벨트 대통령은 기자회견에서 크라울리가 곧 사임할 것이라고 밝혔다.

"관리국은 발칵 뒤집어졌어요. 누가 서류를 유출했느냐는 거였죠." 빅의 회고다. 대학생 신분인 빅은 잔뜩 겁을 먹었고, 그녀 역시 FBI 조사 대상 명단에 올랐다. 빅의 어머니는 "젊은 시절을 차르 치하의 러시아에서 보냈기 때문에 그럴 땐 어떻게 해야 하는지를 본능적으로 알고 있었다. 어머니는 딸에게 '넌 아무것도 모르는 거야' 하고 누차 일렀다. 검은 눈으로 뚫어져라 노려보며 '아무것도 몰라!'라고 했다." 빅은 두 차례 조사를 받았다. 몇 달 후 그녀는 샌프란시스코에서 다음 인턴 근무를 했는데 그때 안티오크 대학에서 열린 회의에 불려나갔다. 학교 관계자들은 문제의 사건에 대해 물었다. 빅은 그들의 선의를 믿고 자초지종을 상세히 털어놓았다. 그런데 학교 측으로부터 정학을 맞았다. "이지는 분개했어요. 항상 나한테 죄책감 같은 게 있었지요. 하지만 그건 그의 잘못이 아니에요. 그는 사건을 키우려고 했을 뿐이니까. 하지만 부모님은 그 일이 세상에 알려지는 걸 원치 않았지요."

　이후 빅은 다른 대학으로 옮기지 않았다. "남편은 한동안 내가 정부 기밀문서 유출 혐의로 언제든 걸릴 수 있다고 불안해했어요." 1971년 대니얼 엘스버그가 국방부 기밀문서를 「뉴욕 타임스」에 제보한 사건이 무죄 판결이 난 뒤에야 빅은 '더이상 문제가 안 되겠구나' 하고 안도했다. 빅은 대학을 졸업하지 못하는 바람에 많은 기회를 놓쳤다. 그러나 스톤과 함께 했던 일은 "내 인생의 이정표가 되었다"고 했다. "'정부를 믿지 말라'는 깨달음을 얻었죠. 자유로운 언론과 용기 있는 저널리스트들, 그리고 깨어 있는 시민이야말로 민주주의 사회를 보장하는 버팀목이니까요."

　그리고 이지는 그녀의 "평생지기"가 되었다.

I4
남편 이지, 아버지 스톤

스톤의 인생은 마감에 시달리는 인생이었다. 아들 크리스토퍼는 아버지 얘기를 하면서 이 점을 특히 강조했다. 스톤이 친구들에게 자주 하는 말 중에 "지금 엄청 바빠"와 짝을 이루는 것이 "너무 신 나. 누가 나 좀 말려 줘"였다. 그는 일에 푹 빠져 있었고, 늘 마감시간이라는 압박에 시달렸기 때문에 가족들로서는 힘들 때가 많았다. "아버지는 펄떡펄떡 뛰는 삶을 사셨습니다. 우리도 거기 맞춰서 뛰었지요. 안 그러면 이탈하게 되니까요." 크리스토퍼의 회고다.[1]

자녀들은 아버지의 타자기 두드리는 소리를 자장가 삼아 잠이 들었고, 조간신문 찢는 날카로운 소리에 잠에서 깼다. 스톤은 신문을 책처럼 편 다음 양쪽 끝을 잡고 중간 부분을 죽 찢어낸 뒤 차곡차곡 포개놓고 읽었다. 360도 돌아가는 사무용 의자에 앉아서 이동한 거리만도 엄청났다. 이쪽 서류더미에서 저쪽 책더미로 뻔질나게 오가다 보니 의자 바퀴에 눌린 카펫에는 깊은 홈이 파였을 정도다.

매일매일의 생활이 어린 딸에게도 인상적으로 느껴졌던 것 같다. "아빠는 일하고, 엄마는 그런 아빠를 엄마처럼 보살펴주었다. 아빠와 일이 우선이고, 다른 것은 모두 그 다음이었다."[2] 장녀 실리아 길버트는 한 기고문에 이렇게 썼다. "아빠가 낮잠을 주무시면 우리는 까치발을 하고 살금살금 다녔다. 아빠가 배 고프다고 해야 우리도 밥을 먹었다. 아빠가 밤 9시에 잠이 들면 엄마는 2층에 올라가 조용히 있었다." 저녁 식사에 모인 손님들은 그가 피아노 앞에 앉으면 조용히 들어주어야 했다. "찻잔에 차가 찰랑찰랑할 정도로 차 있지 않으면 아버지는 마치 당신을 죽이려는 음모를 발견한 것처럼 화를 냈다." 실리아는 또 넌지시 아버지식 유머를 구사하며 "나는 루이 14세 회고록을 읽을 때가 정말 푸근했다"고 회고했다.

스톤이 평생 누린 것 가운데 가장 큰 행운을 꼽으라면 단연 에스터를 아내로 맞은 것이다. 60년을 같이 사는 동안 주변 친구들과 자녀들은 에스터가 남편의 변덕을 잘 맞춰주는 것을 보면서 혀를 내둘렀다. 그렇게 까다로운 사람과 어떻게 사는지 도저히 이해가 안 갈 때도 많았다. 1979년 결혼 50주년 기념일에 스톤의 여동생 주디—오빠보다 17년 아래여서 1929년 스톤 부부 결혼식 때 꽃을 들고 들러리 역을 했다—는 우스갯소리로 에스터에게 "장기근속 훈장"을 주어야 한다는 말을 했다.[3] 주디는 큰오빠를 존경한다면서도 이렇게 말했다. "어떤 때 이지 오빠는 말싸움도 안 돼요. 에스터 언니는 가끔 슬쩍 한 마디 붙이는 정도지요."[4] 성질 급한 스톤은 손을 쳐들고 가로막으면서 "잠깐만, 에스터. 조용해!"라고 소리치곤 했다.(주디의 흉내가 압권이다.) 주디는 스톤 부부를 잘 아는 사람들이 하는 얘기도 소개했다. "그래도 그 사람은 아내를 열정적으로 사랑했어. 아내가 자기 인생에서 얼마나 중요한지 잘 알고 있었고, 그런 얘기를 항상 아내한테 하곤 했지."

스톤이 「I. F. 스톤 위클리」를 운영할 때 조수였던 척 나탄슨의 얘기를 들어보자. "이지는 일을 할 때는 정말 점잖은 사람이었어요. 에스터를 대하는 방식만 빼고는, 나쁜 사람이라고 생각한 적이 없어요. 나쁘다는 것도 마감을 지키느냐 못 지키느냐 때문이었지요. 에스터는 이지가 화가 나지 않도록 늘 배려하고 다독거렸어요. '방해하면 안 돼. 방해하지 말아야지'라고 했지요. 이지가 에스터를 대단히 사랑한 건 분명하지만 자제가 안 된 것 같아요."[5] 그러면서도 "늘 에스터만 찾는" 스톤이 나탄슨으로서는 놀라웠다. 스톤은 노발대발 날뛰다가도 「I. F. 스톤 위클리」가 편집이 끝나 인쇄에 들어갈 때쯤이면 완전히 풀어졌다. 차이나타운에 나가 좋아하는 만두집에 들르곤 했고, 그럴 때면 "완전히 여유를 되찾아 웃음이 넘쳤다."

에스터는 일에 대한 강박관념과 불안이 스톤에게 엄청난 스트레스라는 걸 본능적으로 알았다. 각종 문건을 뒤지고, 취재수첩과 관련 서적을 다시 점검해서 방향을 잡고, 전화로 취재원에게 꼬치꼬치 묻고, 마감시간에 맞춰 불이 나게 타자기를 두드리고, 틈틈이 구독을 권유하는 일 등등이 다 일차적으로는 생계를 위한 활동이었다. 에스터는 남편이 울뚝불뚝해도 별로 마음에 담아두지 않았다.

에스터는 스톤의 조수들에게 어미닭 같은 존재였다. "사모님은 내가 생각할 수 있는 가장 완벽한 인간입니다."[6] 앤디 무어선드의 평이다. "내 생각엔 그분이 없었다면 이지는 대성할 수 없었을 겁니다. 에스터는 유머 감각이 탁월했어요. 이지가 가끔 저에게 노발대발하면 그분은 '에, 신경 쓰지 마. 저 양반 늘 저래'라고 말하곤 했지요."

후일 「워싱턴 포스트」 편집 간부에서 랜덤하우스^{Random House} 출판사 편집 주간으로 변신했다가 퍼블릭어페어즈 북스^{PublicAffairs Books} 출판사를 설립해 사장으로 있는 피터 오스노스의 얘기를 들어보자. "이지의 부정적인 측면을 뒤집으면 미덕이 보이지요. 그는 목표가 확고하고 세상이 자기를 중심으로 돌아가주기를 기대했지요. 흔히 인간의 결함으로 꼽는 게으름, 탐욕, 불륜, 과음 같은 것은 이지와는 거리가 멀었지요. 그는 분명 위선자도 아니었고, 힘 있는 자들에게 빌붙는 스타일도 아니었고, 탐욕적이지도 않았습니다. 단 '정보'에 대해서만은 예외였지요. 그는 의지력이 매우 강하고, 용기 있고, 강인한 정신에, 성질이 급했습니다. 누구에 대해서나 엄청나게 높은 기준을 요구했고, 자신에 대해서는 특히 그랬습니다. 그에게 불쾌감을 느낄 수는 있지만 누구를 미워하거나 악의를 가지고 대하는 스타일은 아니었습니다. 진정으로 어떤 신념 같은 것이 있지 않으면 평생 훌륭한 기자로 남는다는 건 대단히 어렵지요. 이지에게 분노가 있었다면 그건 정의를 위한 공분公憤이었습니다. 결국 유일하게 비판받을 수 있는 부분은 다른 사람들이 대가를 치러야 한다는 거였지요. 기본적으로 부인과 자녀들이 그럴 겁니다. 하지만 에스터는 절대 희생이라고 생각하지 않았고, 자녀들이 그렇게 느꼈을지는 몰라도 어른이 돼서는 아버지 입장을 다 이해했습니다."[7]

이지와 에스터 부부에 관한 이야기들은 1970년대 CBS 방송의 유명한 시트콤 〈모두가 한 가족All in the Family〉에 나오는 아치 벙커와 에디스 벙커 부부를 색깔만 좌파로 바꾸어놓은 듯한 느낌을 준다. 한 친구의 회고를 들어보자. "1960년대였어요. 이지네 집에서 파티가 열렸죠. 이지는 열변을 토하고 있었어요. 그런데 그날 밤엔 폭풍우가 몰아쳤지요. 벽난로에 장작을 더 넣어야 할 상황이었어요. 에스터가 스카프를 두르고 코트를 걸치더니 어둠 속으로 나갔다가 장작을 한 아름 들고 비틀비틀 하면서 들어왔어요. 그러자 이지가 장작을 어디다 놓으라고 손가락으로 가리키더니 아무 일 없었다는 듯이 하던 얘기를 계속하더군요." 에스터의 여동생 진은 후일 형부네 집에 가서 목격한 일을 들려주었다. 이른 아침이었는데 스톤이 "에스터!" 하고 소리를 질렀다. "내 원고 도대체 어디 있는 거야?! 원고가 없어!" 주방에서 일을 하던 에스터는 2층 올라가는 계단으로 달려가더니 이지에게 소리쳤다. "이지, 당신 책상 오른쪽에 있어요. 책 쌓아놓은 데 아래요. 알죠? 오늘 아침 내가 거기다 놓았더니 당신이 '책을 위에다 올려

봐. 그걸 먼저 봐야 하니까'라고 그랬잖아요?"[8](에스터의 가녀린 목소리를 흉내 내는 진의 솜씨가 일품이다.) 진이 에스터에게 "언니, 형부가 저런 식으로 말하는데 왜 가만히 있어?"라고 다그치자 에스터는 대수롭지 않다는 듯이 "아, 못 찾겠으니까 그러는 거지"라고 했다. "조카 실리아는 늘 '아빠는 엄마한테 제대로 말을 안 해요'라고 하더군요. 그런 언니를 보면 그냥 웃음만 나와요. 하지만 언니도 꼭 필요할 때는 자기 하고 싶은 대로 해요."

스톤은 마지막 저서 『소크라테스의 재판The Trial of Socrates』(1988)을 탈고하고 나서 친구인 여성 작가 주디스 바이어스트에게 "이건 지금까지 내가 쓴 것 가운데 최고의 작품이야"라고 소리쳤다.[9] 그는 80이 넘은 나이인데도 아이처럼 펄쩍펄쩍 뛰며 "수플레〔거품 낸 계란 흰자에 치즈와 감자 따위를 섞어 오븐으로 구워 부풀린 과자 같은 요리〕 같은 책이야"라고 말했다. 그러면서 "에스터가 없었다면 이 책은 물론이고 그 어떤 일도 하지 못했을 거야"라고 했다. 바이어스트는 이 말에 "큰 감동"을 받았다. "나는 그가 아내에게 그런 말을 하는 줄 모르는 상태였어요. 그래서 에스터에게 그런 칭찬을 자주 하느냐고 묻자 그녀는 슬며시 웃으며 '매일이요'라고 하더군요."

결혼 34주년이 지난 시점에도 스톤은 아내에 대해 "그 여자는 천사이고, 난 정말 그 여자를 사랑해"라고 말했다.[10] 그러면서 아내도 "여전히 날 미치도록 사랑한다"며 "나처럼 웃기게 생긴 사람을 좋아하는 걸 보면 어려서 머리가 어떻게 됐나 보다"라고 했다. 1960~70년대에 페미니즘이 한창 유행일 때 여자 지인과 친척들은 스톤이 에스터에게 하는 것을 보고 놀라 말들이 많았다. 70세 때 에스터는 이렇게 말했다. "우리 딸 실리아는 내가 재능을 많이 포기했다고 생각하더군요. 뭐, 상관없어요. 나는 이지의 인생에서 충분한 만족을 찾으니까. 그의 넘치는 에너지와 열정과 흥분은 정말 대단하지요. 뉴스거리를 잡으려고 난간을 타고 우당탕탕 내려가는 사람과 살면서 매일 아침 그의 농담을 듣다 보면 중독이 되는 것 같아요. 그이의 인생은 정말 나를 황홀하게 했지요. 난 마치 최면에 걸린 것 같았어요. 완전한 집중이 필요한 사람이 있어요. 이지가 바로 그런 사람이죠. 완전한 집중, 완전한 헌신, 창조적 인간이라고 하는 완전한 느낌 속에서 사는 사람이에요."[11] 에스터의 일은 그런 목적에 이바지하는 것이었다. 후일 스톤은 에스터의 말에 동의하느냐는 질문을 받고 "에스터의 말이 그렇네요. 그렇게 느끼는 거지요"라고 했다.[12] 스톤은 분명히 여성도 남성과 똑같이 하고 싶은 일을 할 권리가 있다고 하면서 다소 방어적으로 "하지만 집사람처럼 아내와 엄마로서 사는 걸 좋아하는 여성들은 그렇게 살아야지요"라고 말했다.

에스터는 가끔씩 분출되는 스톤의 애정표현에 매료됐고, 두 사람은 평생을 그렇게 살았다. 1987년 유럽에 회의차 출장을 갔을 때 스톤은 같이 걷던 남자 동료에게 사랑에 빠진 소년처럼 "오늘이 내가 에스터와 처음 걸은 지 60주년 되는 날이야"라고 말했다. 스톤은 에스터를 "나에게 최고인 사람"이라고 부르며 저서를 헌정하기도 했다. 첫번째 저서『법원이 결정권자다』에서 스톤은 부인에 대한 사랑을 라틴어로 이렇게 표현했다. "그대는 나의 안식처. 까만 밤에도 내게 환히 빛나고, 황량한 곳에서도 내게 풍족한 세계가 되도다."

이지 역시 에스터에게는 풍족한 세계였다.

에스터는 따스한 마음씨가 남에게 전염되는 스타일이었다. 그녀는 스톤에게 쏟는 시간을 잡아먹지 않는 한 늘 새로운 일을 하거나 새로운 친구를 사귀는 것을 좋아했다. 1960년대에 스톤 부부는 사교춤을 배웠는데 샌프란시스코의 '엉덩이를 흔들어'라는 무도장에서 강렬한 비트에 맞춰 몸을 흔드는 가장 나이 많은 부부였다. 스톤은 어린 세대와 함께 춤을 추는 "자유"를 즐겼다. 누구를 붙잡고 리드하고 할 필요도 없이 그저 하고 싶은 대로 하면 됐다. 1960년대 중반 수술을 하기 전까지는 귀가 거의 먹은 상태였기 때문에 스톤은 시끄러운 밴드에 맞춰 춤을 추면서 그 리듬을 발로 느꼈다. 록이 시작되면 그 쿵쾅 쿵쾅 하는 리듬을 정말 좋아했다. 그가 춤을 잘 춘다고 하는 사람은 아무도 없었지만 스톤은 밤새 흔들어댔다.

에스터는 안온한 생활 이면에 있는 다른 측면들도 잘 포착했다. 한번은 아는 여자가 결혼생활이 행복하지 않다며 슬며시 불만을 표시했다. 그런데 에스터가 공감한다는 듯이 고개를 끄덕이며 "성생활은 행복한 결혼생활에서 정말 중요한 부분이지" 하고 중얼거리는 것을 듣고 깜짝 놀랐다. 손녀인 제시카는 에스터에 대해 "무슨 이야기를 해도 놀라지 않을 만큼 현명하고, 남의 얘기를 잘 들어준다"고 생각했다.[13]

"에스터는 정말 나보다 이해심이 많아요." 스톤은 예전에 자랑스러운 말투로 이렇게 회고한 바 있다.[14] "그 사람이랑 5분만 있으면 소파에 다리 뻗고 누운 기분으로 온갖 속사정까지 다 털어놓게 됩니다. 도무지 나쁜 마음이란 게 없는 사람이니까. 사람들한테 참 잘해줘요. 다독이는 말을 참 잘하지요. 난 집사람한테 '당신은 여기저기 돌아다니며 부상자들 붕대 매주는 나이팅게일이야'라고 말하곤 합니다."

딸 실리아에게 어머니 에스터는 "아빠의 정반대"였다.[15] "아빠는 스스로를 만족시켜야 행복한데, 엄마는 남을 만족시켜야 행복한 스타일이지요. 어머니는 본인만의 우선순위가 있었어요. 보살피고 챙겨야 할 사람, 가족에 대한 사랑, 친구, 매일매일의 관계 등등." 이처럼 스타일이 전혀 다른 양쪽 부모의 재능을 물려받아 자녀들은 셋 다 독립성이 강한 성인으로 성장했다. 부모처럼 다들 이혼하지 않고 결혼생활을 잘하고 있으며, 지적 관심이 넘친다. 실리아는 시집까지 낸 시인이 됐고, 힘이 넘치면서도 우아한 시를 쓰고 있다. 수학자인 제러미는 미국과학자연맹Federation of American Scientists 회장으로 30년을 일했다. 크리스토퍼는 남가주대학USC 법대 석좌교수로 환경법과 윤리학, 세계화 등을 가르치고 있다.

활기 넘치는 집에서 스톤은 미국의 냉전 전략을 비판적으로 보는 전 세계의 유명 인사, 학자들과 통화를 했다. 숨 막히는 냉전 시대에 집은 적대적인 세상과 단절된 안식처였다. 집에는 책과 신문, 스톤이 두고 보는 각종 서류와 문서가 가득했다. 거실에서는 격렬한 정치 토론이 벌어졌다. 스톤은 늘 시를 인용했고, 식탁에서 밥을 먹다가도 갑자기 생각이 나면 서재로 달려가 호라티우스나 휘트먼, 『투사 삼손Samson Agonistes』[밀턴의 운문 비극], 윌리엄 블레이크[1757~1827. 영국의 시인, 판화가]의 시집을 꺼내오곤 했다.

스톤을 남성우월주의자라고 보는 여성 지인이 일부 있지만 딸 실리아에 대한 태도는 전혀 그렇지 않았다. "아빠랑 나랑은 정말 잘 통했어요." 실리아의 회고다. "아빠가 병원에서 고생하실 때 나 보고 '또다른 자아alter ego'라고 했지요. 우리는 정신적으로 생각이 참 비슷했어요." 모녀는 같은 인물이나 그림, 시에 대해 똑같은 반응을 보이는 경우가 많았다.[16]

스톤은 딸을 볼 때마다 늘 즐겁고 대견했다. 파티나 인터뷰, 여행, 책방 같은 데에도 많이 데려갔다. 롱아일랜드에서 가까운 파이어 아일랜드에서 파티를 할 때면 모녀에 대해 "'여기서 제일 예쁜 사람은 집사람이고, 제일 위트가 넘치는 사람은 내 딸입니다'라고 소개하곤 했다." 마감시간에 몰리면 정신이 없었지만 그래도 딸에 대해서는 늘 신경을 썼다. 여행 중에 에스터에게 보내는 사랑의 편지에는 늘 세 자녀에 대한 당부의 말이 담겨 있었다. "아버지는 우리 모두를 자랑스러워하셨어요." 집 안에는 늘 그의 열정적인 에너지가 넘쳤다. "아버지가 나가 계시면 집은 거의 적막강산이었어요. 그러다가 문을 쾅 열고 들어오면 우리는 모두 신이 나서 달려갔지요. 엄마가 제일 먼저 포옹을 하고, 그 다음이 우리들 차례였어요."

가족끼리 해변이나 스미스소니언 박물관에 자주 놀러갔고, 주말이면 워싱턴의 록 크리크 공원Rock Creek Park으로 소풍을 갔다. 그러나 실리아와 이지 부녀의 유별난 공통점은 글에 대한 사랑이었다. 실리아는 일찍부터 이지의 글에 대한 평가자였다. "아빠는 집에서 타자기를 두드리면서 당신이 쓴 글을 항상 내게 보여주었어요." 그는 타자지를 쭉 찢어 원고에 검은색 연필로 표시를 하고는 딸에게 의견을 물었다. 물론 "정치적 주장에 관한 것이 아니라 문장에 관한" 질문이었다.

실리아는 열 살 무렵의 소중한 기억을 아직도 간직하고 있다. 당시 아버지 이지는 로빈슨 제퍼스(1887~1962. 미국의 시인)의 시집 『얼룩 털의 종마와 그 밖의 시들The Roan Stallion and Other Poems』(1925)을 딸에게 주면서 "시인이라는 건 세상에서 제일 멋진 일이야"라고 말했다. 딸이 시인이 된 뒤 스톤의 딸 칭찬은 끝이 없었다. 한번은 딸이 다니는 스미스 칼리지를 찾아가기도 했다. "아빠는 내가 그리스어를 공부하는 걸 좋아했어요. 아빠한테 영향을 받은 거지요. 당신이 쓰시던 『리델 앤드 스코트 그리스어 사전Liddel and Scott lexicon』도 내게 주셨지요."

스톤은 산책을 하면서 대화하는 걸 아주 좋아했다. 친구, 가족과 평생 그런 식으로 교제를 나눴다. 그렇게 거닐면서 나눈 대화들이 나중에는 "아버지의 기분에 따라 강연이 되기도 하고, 통렬한 비판이 되기도 하고, 설교가 되기도 했다"고 크리스토퍼는 회고했다.[17] 가로수가 있는 길을 한가로이 거닐 때만 대화를 하는 것도 아니었다. 워싱턴 집에서 코네티컷 애비뉴까지 언덕길을 터덜터덜 걸으면서, 해변의 파도를 쫓아다니면서, 또는 차가 별로 없는 도심 거리를 건너면서, 슈퍼마켓에서 물건을 사면서도 스톤은 끊임없이 이야기를 했다. 앤드루 패트너의 『I. F. 스톤 전기I. F. Stone: A Portrait』에는 생선가게 카운터에서 갑자기 그리스 시와 라틴 시를 읊거나 토마토를 고르면서 윌리엄 시어러의 『제3제국의 흥망The Rise and Fall of the Third Reich』이나 니카라과 상황을 논하는 스톤의 모습이 생생하게 묘사돼 있다.

후일 스톤은 어떻게 그렇게 자신의 생각을 인상적인 인용구로 풀어내느냐는 질문을 많이 받았다. 패트너가 목격한 바에 따르면 그는 계산대에서 계산을 하거나 길 가다 거지에게 동냥을 주면서도 교단에 선 강사처럼 쉬지 않고 고전에 나오는 구절들을 읊어댔다. 그러면서 스톤은 이렇게 말했다. "거지를 보고 그냥 갈 수는 없지요. 그들도 최저임금은 벌어야 한다고 생각해. 직업적인 거지라도."[18]

스톤을 처음 만난 사람들은 어떤 주제가 나와도 거침없이 말하는 것을 보고 많이들 놀란다. 상대가 화가라면 별로 이름 없는 조각가의 비상한 측면에 대해 이야기하고, 시인을 만나면 고금의 소네트[14행의 짧은 시]를 인용해가며 특징을 논한다. 역사학자라도 스톤의 역사적 평가를 반박하려면 상당한 연구를 해야 한다. 스톤은 동서고금의 흥망성쇠에 대해 빠삭했다. 그에게는 고대 그리스어가 현실로 살아 있고, 그리스어 구절을 프랑스어를 하듯이 인용하곤 했다. 발음은 형편없었지만 듣는 사람이 괴로울 것은 상관하지 않았다. 한 손녀는 우스갯소리로 '할아버지가 외국 시를 낭송할 때 발음이 엉망이라며 말릴 수 있는 사람은 아무도 없었다'고 했다.

아이들은 아버지의 지식을 스펀지처럼 흡수했다. 그러나 "사랑을 느끼고, 삶의 지혜를 배운 것은" 엄마한테서였다고 크리스토퍼는 말했다.[19] 실리아도 "아버지가 국가라고 하는 정치체를 꿰뚫어봤다면 어머니는 사람의 마음을 깊고 명료하게 들여다봤다"고 말했다. 크리스토퍼는 아버지가 가족에 대해 무관심했다기보다는 "열정과 즐거움을 줄" 친구와 독자가 늘 필요한 스타일이었다고 말했다.

크리스토퍼는 삼남매가 "다소 어려운" 아버지와의 관계에서 문제가 없지 않았지만 아버지를 "흠모하는 마음은 똑같았다"고 강조했다.[20] 스톤 자신도 "내가 애들한테 신경을 좀 못 쓰는 아버지인 건 분명하다"고 인정했다. 1948년 스톤은 아이들 기분은 아랑곳하지 않고 저녁을 먹는 자리에서 '내일 이스라엘 전쟁 취재차 출장 간다'는 얘기를 불쑥 꺼냈다. 위험천만한 취재였다. 그는 음식을 우물거리며 "아랍인들한테 총 맞아 죽는 건 상관없어. 하지만 유대인 총에 맞아 죽기는 정말 싫어"라고 농담까지 했다.

친구와 가족들의 설명을 종합해 보면, 장남인 제러미가 아버지와의 관계에서 특히 껄끄러웠다. 마치 어린 시절 이지와 아버지 버나드의 관계 같았다. 제러미는 엄마를 끔찍이 따랐고, 아버지가 어머니를 대하는 방식을 혐오했다. 제러미는 「I. F. 스톤 위클리」 구독자들이 보내온 수표를 일람표 식으로 정리하는 기계를 사와서 어머니의 수고를 덜어준 적도 있다. 남편은 그런 기계를 쓸 생각조차 못했던 것 같다. 스톤은 수표를 서랍 속에 처박아둬서 나중에는 수표가 삭아버리기도 했다. 평생의 친구이자 「워싱턴 포스트」 편집국장을 지낸 헬렌 더드맨은 제러미가 이지에 대해 할 말이 많은 것 같다고 보고 장례식이 끝난 뒤 제러미를 따로 불러냈다. "다른 식구들은 다 추도사를 했는데 넌 왜 안 했니?' 하고 물었지요. 그랬더니 제러미의 대답은 '아줌마도 기자니까 잘 아시잖아요?'였다. 그것이 전부였다."[21]

제러미는 집안에서도 인정받는 과학 천재였다. 후일 제러미는 아버지가 핵무기와 관련해서 궁금한 것이 있으면 물어볼 정도의 전문가가 됐다. 제러미는 어려서부터 3차원 체스를 했다. 하루는 에스터가 체스를 같이 하는 아들 친구들을 불러 파티를 열어주기로 했다. 당연히 열두 살짜리 아이들이 올 줄 알았다. 그런데 나타난 것은 "다들 늙은이였다." 에스터의 증언이다.

어른이 된 실리아나 크리스토퍼에게 어린 시절 아버지와 있었던 문제 같은 것들은 희미한 기억으로 묻히고 말았다. 크리스토퍼가 기억하는 아버지의 인생은 "남들과는 아주 다르고 대단한" 것이었다. 스톤의 괴팍한 행동들은 어느덧 소중한 일화로 채색돼버렸다. 스톤은 자신의 행동이 주변 사람들에게 피해를 주지 않을까 해서 이런저런 배려를 하는 것과는 거리가 먼 스타일이었다. 그 단적인 예가 가족 소풍이었다. 실리아와 크리스토퍼는 차 뒷좌석에 앉았었는데 스톤이 액셀러레이터를 내키는 대로 밟았다 뗐다 하는 바람에 앞뒤로 마구 흔들렸다. 스톤은 속도를 갑자기 높이기도 하고 낮추기도 하면서 멀미에 시달리는 아이들에게 신나는 목소

리로 "재미있지 않니, 애들아?" 하고 소리쳤다.[22]

"연습을 해야겠어." 어느 날 스톤이 친구인 기자 매들린 앰콧에게 이렇게 말했다.[23] 운전면허증을 딸 생각이었던 것이다. 스톤에게 운전을 가르치는 것은 힘겨운 일이었다. 마침내 스톤은 앰콧과 함께 면허시험장에 갔다. 스톤은 차를 반대편으로 놓고 주유를 하는가 하면 주차 표시 블록을 들이받기도 했다. "그래도 면허는 땄어요. 하지만 그 양반이 모는 차를 타도 된다는 얘기는 아니에요." 앰콧의 말이다.

앰콧은 그가 "자신의 성격과 행동양식에 대해 아주 만족스러워하는 스타일"이라고 회고했다. 어느 날 밤 앰콧이 스톤 부부네 집에 찾아갔는데 부부는 아이들처럼 낄낄거리며 크리스마스트리를 2층으로 옮기고 있었다. 혹시 유대계 청년들이 놀러와도 눈에 안 띄게 하려는 것이었다. 앰콧의 회고. "그는 청년들을 하가나^{Haganah}〔이스라엘 독립 이전인 1920~48년 팔레스타인 지역에서 활동한 유대인 지하 군사조직. 후일 이스라엘 정규군이 된다〕 대원으로 훈련시켰어요. 투쟁을 통해 이스라엘 국가를 건설하자는 것이었지요. 스톤이 그랬다는 게 상상이 가나요? 그들은 야외에 나가서 막대기 들고 행진을 하기도 했어요! 이지는 그런 식이었어요. 크리스마스트리도 꾸미고 이스라엘 국가도 세우고 싶어한 거지요." 이지의 여동생 주디는 "이지 오빠가 유머 감각이 있다는 건 정말 하느님께 감사할 일이에요"라고 말했다. "그런 두뇌에 웃을 줄도 모른다면 아마 본인부터 참지 못했을 거예요."[24]

스톤은 성격이 복잡했다. 평소에는 온화하다가도 갑자기 꼭지가 돌아 화를 내곤 했다. 그는 남의 뒷얘기나 잡담을 싫어했으며, 스스로도 그런 얘기는 한 적이 없다. 많은 지인들은 그에게 가족 얘기를 들은 적이 없다고 증언했다. "그가 가족 얘기를 하는 건 한 번도 본 적이 없어요. 가족들을 소개해주겠다는 얘기도 안 했지요."[25] 업무상 스톤과 오래 알고 지낸 「워싱턴 포스트」 기자 월터 핑커스의 말이다. "나는 그의 과거에 대해서는 정말 전혀 아는 게 없어요. 그는 항상 '지금 여기' 얘기만 했습니다."[26]

지금 여기 얘기만 하다가 낭패를 보기도 했다. 주디의 전언. "오빠는 항상 남들과 어울리는 걸 좋아했어요." 하지만 속마음을 감추지 못하는 게 병통이었다. 워싱턴의 미디어 업계나 정가는 세련된 포장이 특기였다. 에스터의 말에 따르면 "그는 파티에 가는 걸 좋아했는데 상대방을 모욕해 놓고도 나중에 '왜 다시 초대를 안 하는지 모르겠다'며 의아해하곤 했다." 에스터는 남편이 "사고를 칠 때마다" 안절부절못했다. 스톤은 좋아하는 친구들과 있을 때도 속마음을 감추지 못했다. 영화계 인사들이 블랙리스트에 오르던 험악한 시절에 한번은 스톤이 할리우드에서 열린 파티에서 강연을 했다. 그러고는 할리우드의 "프롤레타리아들"이 호화판 생활을 한다고 몇 마디 씹는 얘기를 덧붙였다. "그 후로는 아무도 오빠와 얘기를 하려고 하지 않았어요." 주디의 회고다. 단 "스톤에게 코냑을 따라준" 여배우 셸리 윈터스만은 예외였다. "거기 모인 사람들은 정말 화가 났어요. 사방에서 시달리는 상태였거든. 그런데 이지가 나타나서 좋은 얘기로 잘 나가다가 결국은 호화 생활 운운함으로써 다 망쳐버린 거예요." 크리스토퍼가 열한 살 때 아버지가 그를 영화관에 데려갔다. 영화 시작 전에 하는 뉴스 화면이 돌아가는 중에 중국 지도자 장제스의 모습이 나오자 이지 스톤은 우우 하며 야유를 퍼부었다. 그러자 누군가가 "여기 공산당이 있구먼!" 하고 소리쳤다. 크리스토퍼는 좌불안석이었다. "지금은 우리 아빠가 그랬다는 게 정말 자랑스러워요. 하지만 그때는 정말 쥐구멍이라도 찾고 싶었어요."[27]

좋았던 순간도 많았다. 스톤 부부 자녀들의 학교 친구는 대개 아버지가 한 가닥 하는 사람들이었다. 그러나 알베르트 아인슈타인 같은 세계적인 유명 인사를 잘 알고 자녀들에게 소개해줄 정도의 아버지는 거의 없었다. "그분은 신문에서 본 그대로였어요." 크리스토퍼의 회고. "사진에 나온 것처럼 두껍고 헐렁한 스웨터에 운동화, 백발이 치솟은 모습 그대로였지요. 가장 인상적이었던 건 생각하고 말하는 게 아주 느렸다는 거예요. 그런 점에서 그분은 우리 아빠보다 훨씬 생각이 많았던 것 같아요. 하지만 아빠의 의견에 대해 깊이 생각을 해보고 대답하는 건 분명했어요. 두 분은 미국의 정치와 독일 상황에 대해 말씀을 나눴지요. 아빠는 속사포처럼 말이 빨랐고, 아인슈타인은 독일식 말투가 특이했어요."

집에 가야 할 무렵에 아인슈타인이 "꼬마 친구들, 질문이 있으신가?" 하고 물었다. 크리스토퍼는 아인슈타인의 말투를 흉내 내며 그 때 일을 소개했다. 아인슈타인은 "최선을 다해서 답해줄게"라고 했다. 크리스토퍼는 "신 앞에 서 있는" 기분이어서 말이 나오지 않았다. "정말이지 입을 열수가 없었어요. 그저 멍했지요." 이밖에도 유명 인사들과의 만남은 많았다. 에스터가 썩 좋게 기억하지 않는 만남도 있었다. 1950년 스톤 일가가 파리 외곽에서 살 때 프랑스 철학자 장폴 사르트르가 놀러왔다. 에스터는 사르트르가 오렌지 껍질을 벗겨서 아무 생각 없이, 말끔하게 가꿔놓은 정원에 툭툭 내던지는 것을 보고 '저런 게 실존주의인가' 싶어 영 탐탁지 않았다.

스톤 일가는 파이어 아일랜드에 작은 오두막이 있었다. 파이어 아일랜드는 작가, 사상가, 법률가, 배우 등등 좌파들의 아지트 같은 곳이었다. 위트 넘치고 재미있는 잭 길퍼드와 칼 라이너와 같은 코미디언도 있었고, 언제 봐도 인상적인 리 제이 콥도 있었다. 후일 「I. F. 스톤 위클리」를 창간하기 이전에 이미 스톤은 「더 네이션」이나 「뉴욕 포스트」, 「PM」에서 그의 기사나 칼럼을 읽은 많은 독자들에게 일종의 우상이었다. 스톤은 현관에 나와 기사를 타이핑한 다음 에스터와 함께 한참 동안 해변을 거닐곤 했다. 동서인 레너드 부딘—후일 빨갱이 사냥에 휘말리기도 하고, 가족 간의 스캔들로 아픔도 겪는다—은 스톤의 자녀들과 자주 공놀이를 했다. 해변에 나가 고기 구워 먹고 놀 때에도 정치 얘기는 빠지지 않았다. 가끔 찰리 채플린 같은 유명 인사들이 합석하기도 했다. 채플린은 스톤네 집 현관에서 칵테일을 마시곤 했다.

이웃도 많았다. 루스 스몰버그는 처음 이지를 만났을 때 그가 좋은 얘기를 해줄 것으로 기대가 많았다. 그런데 "자리에 그냥 조용히 앉아서 보조개가 움푹 들어가는 미소만 짓고 있는 거예요. 우리 얘기를 듣기만 했지요. 나중에 그 딸이 와서 하는 말이, 우리가 하는 얘기의 반만 듣고 말았다는 거예요. 보청기를 꺼놓고 있었다는군요."[28] 스몰버그 씨의 얘기를 좀더 들어보자.

"스톤 씨네 아이들과는 아주 잘 지냈어요. 그 아이들이 우리 애들 보모 노릇도 했지요. 다들 좋은 아이들이었어요. 그중에서도 크리스토퍼가 제일 활달했어요. 아주 재미있고! 파이어 아일랜드에는 차가 없었어요. 그래서 아이들이 카트 같은 걸 끌고 부두로 나가서 짐을 받아왔지요. 크리스토퍼가 그때 열 살쯤 됐는데 아이들 대장 노릇을 했어요." 크리스토퍼는 동네 아이들을 데리고 일종의 노조 같은 것을 조직했다. "크리스토퍼는 운임을 서로 높여 부르지 못하게 단속을 했어요. 똑같은 운임을 낸 거죠." 원래 운임은 배에서 목적지까지의 거리에 따라 정해졌다.

"크리스토퍼는 아주 어린 나이에 아기 돌보기 아르바이트를 조직했어요. 영화관에다가 보모 모집 광고를 낸 거죠. 광고 위에다가는 제 이름을 써놓았어요. 하루는 런던에서 온 보모 아줌마가 일자리를 얻을 요량으로 스톤 씨네 집을 찾아갔어요. '크리스토퍼 스톤 씨' 계십니까 하자 에스터가 '낮잠 주무시는데요' 했지요."

스몰버그의 회고에 따르면 스톤네 집은 "그렇게 화기애애할 수 없었다. 물론 에스터가 집안의 중심이었다."

이지도 에스터도 아이들을 엄하게 키우는 스타일이 아니었다. 그래서 크리스토퍼의 경우는 부모에게 반기를 든다든가 한 기억이 전혀 없다. 이웃에 직업 군인 해군 장교가 살았는데 크리스토퍼는 그 아저씨한테 처음이

자 마지막으로 볼기를 맞았다. "그 집 아들 티미와 염색약을 가지고 장난을 치다가 바닥에 엎고 말았어요. 티미는 내가 한 번도 볼기를 맞은 적이 없다는 말에 깜짝 놀랐지요. 그 말 생각하느라 아빠한테 맞고도 아픈 줄 몰랐을 거예요."[29]

이런 집안 분위기 덕분에 아이들은 원하는 대로 생각하고 자유롭게 행동했다. 스톤은 흉금을 터놓고 속 깊은 얘기를 하거나 자식이 노는 것을 흐뭇하게 지켜보는 스타일의 아버지는 아니었다. 심지어 크리스토퍼가 하버드 대학 하키 팀에 들었을 때도 아버지 이지는 한 번도 가보지 않았다. 아버지의 이런 행태가 경우에 따라 아이들 마음을 아프게 했지만, 아버지가 자신들에게 무관심하다고 생각하는 아이는 없었다. 스톤은 자녀들과 대화를 할 때도 자신과 다른 의견에 대해 그냥 넘어가지는 않았다. 그러나 대놓고 비판을 하거나 자녀들의 선택에 대해 간섭을 하지는 않았다. 크리스토퍼는 아버지 스타일은 스타일대로 인정했지만 신세대형 아버지가 됐다. "나는 애들과 훨씬 더 많이 같이 놀아주는 스타일입니다."

크리스토퍼는 집안의 여러 남자 친척 가운데 외삼촌 찰리를 가장 좋아했다. 찰리는 에스터의 중산층적 행동규범에서 크게 벗어나는 골칫거리 남동생이었다. 크리스토퍼의 말을 들어보자. "삼촌은 정말 죽었어요. 블랙 무슬림Black Muslims〔흑인 이슬람 국가 창설을 추구한 미국 흑인들의 정치·종교 운동 조직〕과 어사 키트〔1928~2008. 미국의 흑인 여성 가수〕를 선전하고 다녔고, 디지 길레스피〔1917~93. 미국의 흑인 재즈 트럼펫 연주가, 가수〕의 트럼펫을 특허내 판매하기도 했지요. 내가 '근데, 엄마, 우리 집안사람들 중에서 난 찰리 삼촌을 제일 닮은 것 같아'라고 하면 엄마는 아주 뒤집어졌어요. '오, 말도 안 돼! 너 지금 그게 무슨 말인지 알고나 하는 소리냐?'라며 한숨을 쉬었지요." 크리스토퍼의 부인인 앤은 에스터가 사사건건 간섭하는 시어머니와는 정반대라고 말했다. 에스터는 간섭 같은 건 전혀 하지 않았고, 무슨 일이 있어도 동요하지 않았다. "단 크리스토퍼가 찰리 삼촌이랑 닮았다는 말이 나올 때만 빼고. 그 말에는 어머니도 질겁하셨지요."

막내인 크리스토퍼는 형제 중에서 자기가 제일 못났다는 얘기를 스스럼없이 했다. "우리 집에서 내가 제일 머리가 나빴어요. 형이랑 누나는 신동이었지요. 엄마는 내가 조금만 발전이 있어도 정말 기뻐했어요. '하느님 감사합니다, 이렇게 정상적인 아이를 주셔서'라는 식이었지요. 나는 숲에 나가 뛰놀고 운동이나 하고 여자 친구 꽁무니를 쫓아다니는 식으로 모두를 즐겁게 해드렸어요. 제러미 형은 책을 정말 열심히 읽었고, 내게 공부를 가르쳐주려고 했지요. 실리아 누나는 내가 외국어를 하나도 모른다는 걸 알고는 깜짝 놀랐어요. 역시 내가 아주 어렸을 때부터 공부를 가르쳐주려고 했지요." 실리아는 2층 층계참에 소형 책상 달린 의자를 가져다놓고 크리스토퍼에게 프랑스어를 가르치다가 "손들고 말았다." 크리스토퍼는 5년 연상인 누나에 대해 외경심을 가지고 있었다. "누나는 대단히 지적이고 성숙했으며 문학에 밝아 나로서는 꿈도 꿀 수 없는 통찰력이 있었어요." 집안에 여자라곤 실리아와 에스터뿐이었기 때문에 모녀는 유달리 친밀했다. 모녀는 "공모자처럼 집안 남자들, 특히 아버지에 대해 쑤군거리곤 했다." 여자들끼리의 일이라 크리스토퍼도 끼지 못했다. "난 아버지 편인 경우가 많았어요. 물론 아버지는 아랑곳하지 않았지요. 당신 페이스로 나갔으니까. 하지만 그게 그렇게 나빠 보이지는 않았어요. 본인의 의지에 충실한 거였으니까."

실리아는 어머니와 가까웠던 만큼 재능을 접고 평범한 주부로 살아갔으면 하는 어머니의 기대에 대해 불만이 많았다.

"내가 오로지 아내이자 어머니로서만 살았다면 우리 엄마는 정말 흡족해했을 거예요. 그런 길에서 벗어나는 순간 엄마의 사랑을 잃을까 봐 두려웠지요."[30]

그러나 실리아는 어머니와는 다른 쪽에서 격려를 받기도 했다. 아버지는 "거침없이, 하고 싶은 대로 큰 소리로 말하라"고 했다. 이런 점에서 실리아는 상당히 독립적일 수 있었고, 어머니와는 전혀 달랐다. 그래서 "혼란을 겪기도 하고, 반항적인 아이"로 비치기도 했다. 어머니는 딸에게 늘 아버지와 남동생들에게 양보하라고 했다. 실리아가 에스터에게 '아버지는 어머니한테 왜 그렇게 함부로 하느냐'고 항의하면 에스터는 "아버지가 갑자기 화를 내는 것은 일로 인한 스트레스 때문"이라며 이지를 두둔하곤 했다.

스톤 본인은 1960년대에 유행한 페미니즘에 별로 영향을 받지 않았다. 기존의 '성性 역할'을 내버릴 생각 같은 것은 전혀 없었다. 그는 사회적으로 큰 반향을 불러일으킨 반전 운동이나 시민권 운동에 대해서는 열렬히 지지했지만 여성 문제는 관심을 두지 않았다. 후일 그는 젊은 여성 언론인들에게 격려의 말을 자주 하게 된다. 그런데 그런 행동은 진보적인 것과는 거리가 멀었다. 스톤은 "젊고 예쁜 여자들만 보면 눈이 번쩍 뜨였다"는 한 친구의 말은 시사하는 바가 크다. 실리아는 어린 시절 색다른 경험을 했다. 아버지와 정치 얘기를 하는 여자들은 "외모가 평범"하거나 "주관이 뚜렷한" 스타일이었다. 그런데 아버지는 평범한 여자들에 대해서는 "실망하는 기색이 역력했고", 주관이 뚜렷한 여자들에 대해서는 "별 흥미가 없었다"는 것이 실리아의 회고다. "그런데 나는 달랐어요." 실리아는 아버지의 이미지를 닮은 작가가 된다. "아버지는 내가 '당신과 똑같다'는 걸 아셨습니다."

스톤 집안에서 일과 결혼을 병행한 여성은 없었다. 실리아는 시를 쓰는 진 이모 및 주디 고모와 친했다. 주디는 "독립적이고 에너지가 넘치는 스타일로 혼자 사는 삶에 아주 만족했다." 신문에 글을 썼고, 영화평론가로서 세계를 누비며 국제적인 감독들을 인터뷰했다. 이에 대해 어머니(에스터)는 "가엾어라, 항상 **혼자**잖아"라고 말하곤 했다.

실리아가 고등학교 때 데이트를 나가려고 하면 스톤은 "이젠 잠자코 있거라"라고 농담을 하곤 했다. 실리아의 회고에 따르면 그 말은 "물론 농담"이었다. 그러나 실리아는 속으로 엄마 쪽이 늘 잠자코 있는 것이 부모의 결혼생활에서는 당연시되고 있다고 생각했다. "어머니는 나직하면서도 의기양양한 목소리로 이렇게 말하곤 했어요. '저이는 내가 어젯밤에 하라고 한 대로 할 거야. 하지만 당연히 그게 자기 생각이라고 여기겠지.' 엄마의 말은 진심이 아니었을까요?"

실리아는 아주 어려서부터 글과 책에 대한 대화가 오가는 걸 들으며 자랐다. "시는 아버지의 삶과 글에서 빼놓을 수 없는 부분이었어요." 그러나 알게 모르게 에스터로부터 아내이자 어머니가 어떠해야 하는지에 대한 교육을 받았고, 그런 이미지를 완전히 떨쳐버리지 못했다. 그래서 실리아는 어린 나이에 시를 때려치우고 집을 나가 결혼을 했다.

실리아와 약혼자는 소란이 일어나는 걸 피하기 위해 이지의 차를 빌려 타고 워싱턴 DC를 벗어나 치안판사의 주례로 둘만의 결혼식을 올렸다. 돌아오는 길에 두 사람은 술잔과 와인을 사가지고 자축연을 하면서 에스터에게 전화로 결혼 사실을 알렸다. "제 얘기가 너무 의외였던지 엄마와 아빠는 깜짝 놀랐어요." 하지만 신문 제작에 여념이 없던 이지가 보인 반응은 후일 집안의 전설로 남게 된다. 그는 이렇게 말했다. "근데, 그거 농담인지 진담인지는 모르겠는데 차는 여기 갖다놓아라. 신문 배달해야 하니까!"[31]

다행히 실리아는 집안끼리 오래 알고 지내던 집안으로 시집을 잘 갔고, 이지와 에스터는 흡족해했다. 남편 월터 길버트는 천재 과학자로서 후일 DNA 연구로 노벨 화학상을 받게 된다. 특히 미국 최대의 유전공학 회사 가운데 하나를 공동 창립해 떼돈을 벌었다. 실리아는 10년 동안 어머니 역할을 충실히 했고, 결혼 생활도 거기에 맞췄다. 어머니 에스터처럼 5년만에 세 아이를 낳았고, 남편을 뒷바라지했으며, 남편의 동료 학자들을 불러 파티를 열었다. 그러면서 시에서는 손을 뗐고, 자신의 욕망 같은 것은 일절 말하지 않았다.

정치·사회 의식이 높아진 1970년대 초, 30대 후반에 들어선 실리아는 마음을 새롭게 먹고 하버드 대학 창작 강좌를 수강했다. 다른 학생들보다 나이도 많고 준비도 덜 됐다는 생각에 고민도 많았다. 그렇게 해서 독립적인 개인으로 새 출발을 하는 데는 "오랜 시간이 걸렸다." 1977년 45세인 실리아는 마침내 그런 갈등 과정을 멋지게 기록한 「부드러운 선언」이라는 글을 발표했다. 이렇게 작가적 능력을 발휘하면서 실리아가 쓴 시는 「뉴요커」에 실리고 바이킹 출판사에서 시집으로 출간됐다. 실리아는 처음에 자기가 쓰고 있는 시에 대해 어머니에게 말을 하려고 할 때 다시 과거로 돌아간 기분이었다. 에스터는 "그거 좋구나" 하면서도 곧 "근데 **애들은** 어떡하니?"라고 말하곤 했다. "나는 다시 한번 배반당한 기분이었다. 어렸을 때 그랬던 것처럼. 엄마는 내가 다른 사람을 보살필 때만 예뻐해 주는 것 같았다." 실리아의 글은 이렇게 이어진다. "나는 그때 엄마의 지독한 자신감 없음이 내게 어떤 식으로든 투사됐다는 걸 이해할 수 없었다."

토비 잉거솔이 남편이 죽은 뒤 자수 제작·판매를 시작했다는 얘기를 했을 때도 에스터의 반응은 비슷했다. "에스터는 들으려고 하지 않았어요. 내가 랠프에게 뭘 해줬는지에만 관심이 있었지요. 자수 얘기에 기분이 상한 듯한 느낌까지 들었다니까요. 이지 부부와 호화 여객선 퀸 엘리자베스 2세호를 타고 같이 여행을 다녀온 뒤 이지가 백내장 수술을 받았지요. 아예 안 보였으니까. 에스터는 남편 수발에만 온 신경이 가 있었어요. 그러면서도 그게 당연하다고 생각했지요. 한번은 내게 그러더군요. '결혼 생활 65년 동안 저이는 나를 한 번도 지루하게 한 적이 없어요'라고 말이지요."[32]

실리아는 부모의 결혼 생활이 "19세기식"이라고 생각했지만 사실 에스터가 주부로서 한 역할은 그 시대에 중산층 집안에서 나고 자란 다른 여성들과 별로 다르지 않았다. 실리아 연배의 꿈 많은 딸들은 그런 어머니들의 현모양처 상을 자유를 구속하는 불편함으로 느끼곤 했다. 2차 대전 이후에도 사회는 여전히 아내는 내조를 해야 한다는 관념을 선호했다. 독자적으로 직장 생활을 하는 극소수 여성들도 「레이디스 홈 저널^{Ladies Home} ^{Journal}」처럼 '집안 살림'을 중시하는 여성 잡지들로부터 좋은 평을 받지 못했다.

"그이가 이런저런 걸 안 좋아하면 나는 거기 맞춰서 바꿨다. 나 개인적으로는 좋아했지만 그런 건 상관없었다. 난 그이에 맞춰 바꿨다. 우리는 그이가 좋아하는 걸 먹고, 그이가 좋아하는 걸 하고, 그이가 좋아하는 식의 생활을 했다. 난 대단히 만족스러웠다. 그이가 좋아할 거라고 생각했기 때문이다."[33] 이런 말을 한 사람이 누굴까? 천하의 캐서린 헵번(1907~2003. 미국의 여배우. 아카데미 여우주연상을 네 번이나 수상했다)이다. 유부남인 배우 스펜서 트레이시와 오래 동거한 헵번은 작품에서는 대단히 개성 있는 여자 역할을 한 것으로 유명하다. 그러나 이렇게 실생활에서는 자신이 주연한 영화의 마지막 장면들처럼 '전형적인' 부인 내지는 여자 친구로서 집으로 돌아온 것이다.

에스터는 스스로 선택한 가정생활에서도 자신감이 없었다고 보는 친구들도 일부 있었다. "에스터는 요리는 젬병이었어요. 내가 계란 프라이 하는 법을 가르쳐주었을 정도니까요." 토비 잉거솔의 말이다. "에스터는 아내로서도 어머니로서도 스스로 부족하다고 생각했던 것 같아요." 헬렌 더드맨은 또 이렇게 말한다. "우리는 이지 부부를 불러 칠면조 구이를 같이 먹곤 했어요. 에스터는 칠면조 구이를 할 수 있다는 것에 대해 정말 놀라워했지요." 토비 잉거솔은 "에스터가 여자들과 얘기하는 걸 정말 좋아했다"고 느꼈다. 물론 이지와의 관계가 그녀에게는 최우선이었다. "이지가 없을 때 에스터는 왕수다였어요. 나는 패션에 관심이 많았는데 에스터는 안 그랬지요. 패션이 문제가 되는 때는 이지가 에스터의 옷에 대해 너무 섹시하다고 생각한다든가 별로 좋아 보이지 않는다고 할 때뿐이었어요. 한번은 속이 비치는 블라우스—당시 대유행이었다—를 사주었더니 '이지가 안 좋아할 거예요'라고 하더군요. 이지는 그런 점에서는 구약 시대 유대인 같았어요. 여자 옷 남자 옷 같은 걸 엄청 따졌지요."

에스터는 이지가 유럽 출장을 갔을 때는 무슨 횡액이나 당하지 않을까 노심초사하곤 했다. 물론 이지가 어디 어디로 출장을 간다는 얘기를 할 때는 잘 다녀오라고 했고, 겉으로는 다른 내색을 전혀 하지 않았다. "이지는 이스라엘 출장을 가곤 했고, 그럴 때면 랠프가 에스터와 아이들을 돌봐줬어요. 에스터는 거의 정신이 나간 상태로 이지가 정확히 어디를 갔는지 알아내려고 애를 썼지요. 전화로 랠프에게 미친 듯이 '이지 어디 있어요!?' 하고 따져 묻곤 했어요." 토비 잉거솔의 회고다. 그중에서 한번은 에스터가 공포를 느낄 만도 했다. 이지가 외국 출장 중일 때 에스터는 스톤이라는 이름의 남자가 총에 맞아 죽었다는 소식을 들었다. 몇 시간 동안 초조 불안 상태에서 기다리던 에스터는 그 사람이 이지가 아니라는 사실을 알고 나서야 겨우 안도의 한숨을 내쉬었다.

가까운 사람을 잃을지 모른다는 에스터의 지나친 불안감은 그녀의 어린 시절을 생각해보면 충분히 이해가 간다. "심리학적인 분석을 굳이 해보면(보통 때는 이런 걸 별로 좋아하지 않지만) 어머니의 경우는 충분히 그럴 만한 이유가 있지요." 차남 크리스토퍼의 말이다. 에스터는 어려서 어머니를 잃었고, 그것이 "평생에서 가장 큰 사건으로 여전히 남아 있다"는 것이다. "어머니는 할머니의 죽음에 큰 충격을 받았어요. 그래서 아버지(할아버지)한테라도 잘해드려야 한다는 강박관념을 가지셨던 것 같아요. 그런데 얼마 후 할아버지는 재혼을 했지요. 엄마는 근본적으로 시련을 헤쳐나가는 것이 본인의 운명이라고 여겼어요. 그런 점에서 우리 아버지와 사는 어려움을 오히려 증폭시키는 측면이 있었던 것 같아요." 크리스토퍼는 누나 실리아는 "좀더 현대적인 정치 인식"의 세례를 받았고, 페미니즘적 가치관에 공감했기 때문에 "어머니의 재능이 싹부터 잘렸거나 아빠 때문에 희생됐다고 생각했다"고 본다. "하지만 내가 아는 한 어머니는 전적으로 만족했어요." 주디 스톤도 이 평가에 동의한다. "실리아는 제 엄마를 해방시키고 싶어한 것 같아요. 하지만 엄마를 온전히 이해하지는 못했다고 봐요. 에스터 언니는 이지 오빠에게 진정으로 완전히 헌신했어요."

실리아의 회고에 따르면 아버지는 자신의 작업을 지지해준 유일한 남성 친족이었다. "아버지 글쓰기의 힘의 비밀은 예나 지금이나 과거에 있다. 아버지는 그 과거에서 편히 쉬면서 에너지를 얻는다. 과거는 항상 그분에게는 현재였다. 아버지는 늘 에밀리 디킨슨이 말한 바 '서가의 친족들 kinsmen of the shelf'[책, 시집 등등을 일컫는 말]에게 둘러싸여 살았다."[34]

최고의 글쟁이들도 예외가 아니듯이 이지도 기사와 칼럼을 쓰면서 늘 불안과 초조에 시달렸다. 1952년을 기준으로 12년 동안 「더 네이션」과 뉴욕의 몇몇 신문에 300만 단어에 달하는 글을 쓴 것을 회고하면서 그는 "그렇게 많은 기사를 쓰면서 느낀 고통은 신문쟁이들만이 제대로 알 것"이라고 말했다.[35] "쓰고 싶은 내용과 최종적으로 인쇄돼 나온 내용 사이의 영원한 간극으로 말미암아 항상 '이건 아닌데' 하는 후회에 시달렸어요." 거기에 마감시간에 쫓기는 저널리스트 특유의 어려움도 더해졌다. 그는 "몇 시간만 더 있었으면 기사가 훨씬 좋아졌을 텐데!"라고 말하곤 했다.

그는 「더 네이션」과 「PM」에서 풀타임으로 꼬박 6년을 일하는 동안 매주 여섯 편의 칼럼을 썼다. 살인적인 노동이었다. 패트너와의 대담에서 밝힌 어느 날의 일과는 대단히 인상적이다. 스톤은 「더 네이션」의 금요일 마감을 넘기자 그날 아침 일찍 비행기를 타고 뉴욕으로 날아가 잡지사까지 뛰었다. 사무실에 도착해서는 '주간 전망'은 물론이고 사설과 작은 기사까지 한 건 써놓고, 24시간 하는 식당에서 스테이크를 먹은 다음 사우

나를 한 뒤 「PM」으로 달려갔다. 거기서 1면 톱기사를 쓰고 나서 기차를 타고 다시 워싱턴의 집으로 돌아갔다.[36]

어떤 식으로든 글을 쓰는 사람이라면 마감을 한참 넘긴 한밤중에 겨우 원고를 끝내고, 이제는 더이상 내용을 고칠 수조차 없게 됐을 때의 스톤의 심정을 이해할 수 있을 것이다. "나는 빨아준 기사에 대해 후회한 적은 거의 없어요. 조지는 기사에 대해서는 종종 후회하곤 했지요. 과연 내 기사가 공정했을까? 폼만 잡으면서 상대의 입장 따위는 아예 무시한 것 아닌가?" 그런 생각 끝에는 자책이 생긴다. "난 정말 인간이라는 존재에 대해 잘 이해하지 못하고 있구나. 인간들 간의 갈등과 그렇게 행동할 수밖에 없었던 불가피한 상황, 그들 나름의 사정 등등에 대해…. 신문기자로서 작으나마 도덕의 재판관이 되어 남을 재단한다는 게 얼마나 쉬운 일인가, 또 얼마나 수치스러운 일인가!" 그러나 이런저런 생각에 잠 못 이루다가도 날이 밝으면 "회개의 순간은 온데간데없이 활기차게" 일어났다.[37]

스톤은 머릿속에 온갖 지식의 보고가 들어 있었지만 일만큼은 열심히 했다. "그는 천 번은 고쳐 쓰곤 했어요. 특유의 표현법이 있지만 항상 다듬고 다듬었어요." 「I. F. 스톤 위클리」 조수였던 앤디 무어선드의 전언이다. "그는 순간적인 위트가 넘쳤어요. 하지만 그 이면에는 문제의 핵심을 견고하게 엮어넣는 탄탄함이 있었습니다."[38]

스톤은 훌륭한 문필가가 되고 싶어했고, 오랜 세월을 거치면서 열정적이고도 지혜가 넘치는 산문체를 완성했다. 그러나 완벽한 문장을 추구하면서도 탁월한 작가들이 늘 그런 것처럼 성에 차지 않아 했다. 그러나 독자들로서는 대단히 재미나게 느껴졌다.

스톤은 평생 정곡을 찌르는 코멘트로 이름을 얻었다. 뉴욕 주지사 토머스 듀이의 연설을 듣고 나서는 그 용의주도한 언급들에 대해 "너무나 완벽해서 유쾌하지가 않을 정도"라고 비꼬았다. 1944년 8월 8일의 공화당 전당대회에 대해서도 신랄한 평을 했다. "전당대회를 제대로 지켜보려면 비위가 아주 강해야 한다. 그들은 햄버거를 솔즈베리 스테이크라고 내놓을 사람들이다. 그야말로 컨트리클럽판 미국이다. …시카고 전당대회는 아무 말 하지 않는 정치인들이 운영하는 아무것도 하지 않는 당의 대회였다. 그들은 과거를 동경하면서도 겁이 많아서 과거를 과감하게 변호하지도 못한다." 유대계 부자들을 대상으로 공연하는 코미디언이 내뱉었을 법한 구절도 있다. "골드워터[극우파 공화당 상원의원인 배리 골드워터. 아버지가 유대계다]의 말만 들어서는 절반이 유대 혈통인 남자가 평범한 이교도보다 두 배나 어리석어 보일 수 있다는 것을 실감하기 어렵다." 스톤은 이런 식의 배꼽을 쥐게 하는 촌평에서 독보적이었지만 항상 철저한 배경 분석을 바탕에 깔고 있었다.[39]

글쓰기는 스톤이 항상 관심을 갖는 주제였다. 여동생 주디의 회고를 들어보자. "나는 바보 같은 평을 들으면서도 위안이 되곤 했어요. 그런데 이지 오빠는 내 글에 정말 공감해주곤 했지요. 그러면서 '근데 말이야, 주디, 글을 쓴다는 건 어려워. 어렵지'라고 말하곤 했어요. 우리는 5,000킬로미터 가까이 떨어진 상황에서도 전화로 토론을 하곤 했어요. 내가 샌프란시스코에 있을 때였지요." 기사가 이미 신문에 난 뒤에도 이지는 열심히 논평을 하곤 했다. 그러나 동생의 초고를 접했을 때는 더더욱 교사이자 재판관 같은 역할을 했다. "미리 원고를 보내면 그것에 대해 오빠가 비평을 해주곤 했어요. 오빠가 아니라 전혀 모르는 남이었으면 더 잘할 수 있었을 거예요."

영국인 저널리스트 피터 프링글과 부인 엘리너 랜돌프(지금은 「뉴욕타임스」 논설위원이다)는 1970년대에 스톤 일가와 친구가 됐다. 이른 아침에 스톤한테서 걸려온 전화는 프링글이나 랜돌프가 쓴 기사를 읽은 소감을 말하는 것으로 시작됐다. 프링글의 회고. "전화가 오면 깜짝 놀라게 되죠. 이지는 당시 거의 맹인이었는데 이런저런 칭찬을 해주거든요. 그걸 읽느라고 얼마나 오래 걸렸겠어요. 조금 있다가는 그러죠. '딱 하나 사소

한 건데…. 세번째하고 네번째 문단에, …꼭 맞는다고는 할 수 없는 부분
이 있네.' 그럼 '에이, 좋은 얘기만 해주면 안 되나? 이번엔 또 뭐야' 하는
생각이 들죠. 물론 그의 지적은 늘 옳았어요!"[40]

프링글은 스톤의 삶에 대한 열정에 놀라움을 금치 못했다. "그는 전화
를 할 때마다 이런 식이었어요. '이번에 놀라운 일본 영화가 들어왔네. 금
요일 날 같이 보러 가자고.' 좋은 일본 영화가 나왔다는 건 또 어떻게 알았
을까? 난 그런 것 찾아보고 할 시간이 없었거든요. 그는 정말 못 말릴 정
도로 에너지가 넘쳤어요. 내가 그 에너지의 반만 가지고 있다면 얼마나 좋
겠어요!"

프링글이 지금도 또렷이 기억하는 일이 하나 있다. 어느 날 오후 스톤
이 프링글의 집에 놀러왔다. 프링글의 딸은 갓난쟁이였고, 담요를 깐 마
룻바닥에 누워 있었다. 프링글은 먹을 것과 음료수라도 내오려고 주방으
로 갔다. 그런데 돌아와 보니 스톤(당시 70대였다)이 바닥에서 아기 옆에
누워 있었다. 또다시 호기심에 사로잡힌 것이다. 스톤은 두꺼운 안경을
낀 눈으로 아기를 들여다보는 정도가 아니었다. 손에는 돋보기를 들고 아
기의 생김새 하나하나를 자세히 뜯어보고 있었다.

15
원폭 투하와 팔레스타인 잠행

인간의 육신과 인간의 정신에 끔찍한 짓이 가해졌다.
I. F. 스톤, 1945년 8월 12일

1945년 4월 어느 화창한 봄날, 스톤은 백악관 맞은편 라파예트 광장에서 성조기를 덮은 프랭클린 루스벨트 대통령의 관을 보려고 몰려든 수많은 군중들을 바라보고 있었다. 최근 몇 달간 스톤이 가까이서 본 루스벨트는 눈가에 다크서클이 두드러지는 등 병색이 완연했고, 손을 떨곤 했다. 그러나 뇌출혈로 갑자기 세상을 떠난 것은 그야말로 충격적인 사건이었다. 스톤이 그토록 흠모하던 지도자가 떠난 것이다. 그리고 이제 스톤을 비롯한 뉴딜 지지자들은 슬픔과 동시에 불안과 두려움에 사로잡혔다. 전쟁은 아직 한창이었고, 종전 이후 평화 체제 구축 논의는 끝나지 않은 상태였다. 스톤은 엉뚱한 정책이 나와서 사태가 파국으로 치닫는 것은 아닌지 격정이 이만저만이 아니었다.

　스톤은 1945년 4월 12일 루스벨트 서거 이후 잇달아 벌어진 주요 사건들에 대한 논평을 썼다. 6월 26일 유엔 헌장 채택으로 유엔^{United Nations(UN)}이 사실상 발족됐고, 7월 26일 스탈린, 처칠, 트루먼[루스벨트의 급서로 부통령으로서 대통령직을 승계했다]이 참석한 포츠담 회담이 열렸고, 5월에는 독일이 항복함으로써 유럽 전선에서 연합국이 최종 승리했고, 이어 8월에는 사상 최대 규모의 대량살상무기가 일본의 히로시마와 나가사키를 초토화시켰다. 원자탄은 세계의 외교 지형을 완전히 바꾸면서 수많은 비판자들을 양산하게 된다. 그중에는 아이젠하워 장군이나 스톤도 있었다. 비판자들은 원자탄 사용이 과연 필요했는지, 그리고 그런 대량살상무기를 사용하는 것이 윤리적으로 정당한지에 대해 의문을 제기했다.

그러나 어쨌든 4월의 그날, 스톤은 한 영웅에게 작별을 고하는 수많은 사람들의 아픈 가슴을 절절히 표현했다. 스톤의 애도의 글이 인상적인 이유는 개성 있는 표현 때문이 아니라 장례식 장면을 상세하게 묘사했기 때문이다. "백악관 너머로 워싱턴 기념탑의 잿빛 꼭대기 부분이 보였다. … 의장대가 백악관 잔디밭에 늘어서고 거친 구령 소리가 울려퍼졌다. 화환을 가득 실은 영구차들이 백악관 정문 앞에 늘어섰고, 거대한 화환이 연신 안으로 들어갔다. …카메라맨들은 인도에 사다리를 놓고 올라가 앉았다. 새들이 노래하는 소리가 들렸지만 군중들은 침묵했다. …오토바이를 탄 경찰관들이 장례행렬이 다가온다는 사실을 알렸다." 하늘에서는 비행기들이 대형을 이루어 행렬을 호위했다. "운구자들과 엄숙한 밴드들, 무장차량, 흑인 연대, 제복 입은 여군 부대, 병력을 가득 태운 군용 트럭, 관리들과 대통령 일가를 태운 검은색 리무진이 천천히 지나갔다." 스톤은 이런 광경을 눈물을 글썽거리며 바라봤다. "성조기에 덮인 관을 보러 나온 것이 아니라면" 마치 화려한 퍼레이드가 펼쳐지고 있는 것 같았다. "우리들은 운구행렬을 보면서 한 위대하고 선한 인간에게, 그리고 한 시대에게 작별인사를 했다."[1]

프랭클린 루스벨트는 휠체어에 앉아서 일을 했지만 그가 나타나면 존재감이 엄청났다. 반면에 대통령직을 승계한 트루먼은 단조롭고 콧소리 나는 중서부 말씨에 용모도 평범하기 이를 데 없어서 대통령직을 수행하기에는 함량미달로 보였다. 귀족과 평민의 모습이 극적으로 대조된다고 할 만했다. 트루먼은 말쑥한 정장에 키 작은 마네킹처럼 서 있는 모습이 '남성복 가게 주인^{haberdasher}'[1919~22년 캔자스시티에서 남성복 가게를 하다가 망해서 이런 별명이 붙었다]이라는 별명이 딱 어울렸다.

당시 스톤이 쓴 글을 보면 트루먼이 루스벨트의 비전을 계속 실현할 것이라는 희망 같은 것이 엿보인다. 전년도에 스톤은 루스벨트가 러닝메이트(부통령 후보)로 헨리 월리스를 지명할 것이라고 잘못 예측했다. 트루먼도 자기한테 기회가 올 줄은 몰랐다. 루스벨트는 판을 노련하게 운영함으로써 가능성 있는 후보들 가운데 누구도 자신이 선택될 줄 모르게 한 것이다.

"이런 고백은 하기 싫지만, 나는 루스벨트가 심모원려가 있다고 생각한다." 스톤은 루스벨트 사후, 트루먼을 부통령으로 발탁한 데 대해 이렇게 썼다. "이 중차대한 시기에… 트루먼 씨는 잘해나갈 수 있을 것이다. 월리스가 대통령직을 승계했다면 국론이 완전히 분열됐을 것이다. 월리스 본인보다도 우파의 반감 때문에 그렇다."[2]

그러나 스톤은 트루먼에 대한 기대를 금세 접게 된다. "루스벨트가 살아 있었다면 평화는 어렵게 얻는 것이라는 소신을 굽히지 않았을 것이다. 그러나 서거 이후 이미 어떤 변화가 감지된다. …국무부는 독일 문제를 근본적으로 해결하는 데 반대하는 입장을 굳히고 있다."[3] 나치 전범과 경제인들에 대해 솜방망이식 처벌 쪽으로 흐른 데에는 "재벌과 재계의 입김이 많이 작용했고, 그것은 여기 영국에서도 마찬가지"라고 했다. 유엔 헌장에 서명하기 전날 밤 스톤은 영국과 미국에서 막강한 힘을 발휘하는 그런 세력들 때문에 "우리가 그토록 많은 피와 돈을 쏟아부어가며 궤멸시키려 했던 독일과 일본이 예전과 거의 같은 모습으로 되살아날 것"이라고 비관적인 전망을 내놓았다. 그러나 소련에 대해서는 잘못된 예측을 제시했다. "소련이 이룩한 인종적 평등이 식민주의 세력에게 수치가 아닐 수 없는 것과 마찬가지로 소련이 이룩한 완전고용은 자본주의 체제로서는 치욕이 아닐 수 없다."

그해 5월 스톤은 샌프란시스코에서 열리는 유엔 헌장 조인식을 취재했다. 전 세계에서 유명 인사와 기자들이 몰려들었다. 샌프란시스코 회의 [1945. 4. 25∼6. 26. 미국, 영국, 소련, 중국 등 50개국 대표가 모여 유엔 창설을 논의하고 유엔 헌장을 채택했다]는 그의 오랜 기자 인생에서도 손꼽힐 정도로 중대한 사건이었다. 스톤은 "나는 뉴딜과 루스벨트 덕분에 주류 언론인 대접을 받았고, 샌프란시스코 회의에 '참여'하게 됐다"고 회고했다.[4] 그는 기자단과 유명 인사들을 태운 특별 열차를 타고 샌프란시스코로 향했다. 이동 도중 급진파 언론인들은 미국에서 가장 부유한 민주당 소속 정치인들과 점심을 먹는가 하면 행정부 고위 관리들과 한담을 나눴다. 회의 관계자들이 묵는 팰리스 호텔은 크기도 거대할 뿐 아니라 사람들로 바글바글했다. 이지는 거기서 매혹적인 프랑스 배우 샤를 부아예와 할리우드 최고의 갱스터 배우 에드워드 G. 로빈슨을 보고는 "여느 영화팬처럼 눈이 휘둥그레졌다."[5] 그가 냉철하게 관찰한 바로는 특파원들은 대개 "사람 많은 바에서 서로 취재한 내용을 물어가며 은밀한 내부 정보를 얻었다."

스톤은 에스터에게 보낸 편지에다가 그런 유명 인사들 얘기며, 자신이 호평을 받았다는 얘기를 잔뜩 소개했다. 술과 대화가 넘치는 파티가 끝없이 이어졌고, 거기서 자신이 어떤 농담을 했는지도 상세히 전했다. 에스터를 간절히 보고 싶다는 얘기도 써 보냈다. "사랑하는 아내에게: 사랑하오. 여기는 정말 피곤해. 빨리 집에 가서 당신과 애들이랑 영화나 보러가고, 9시 30분에 잠자고, 피아노 치면서 두 주에 한 번 술 한잔하고 그랬으면 정말 좋겠소. 당신은 나한테는 세상에서 제일 대단한 여자요. 할리우드 여배우를 트럭으로 갖다 준다고 해도 안 바꾸지. 답장 좀더 많이 보내요. 당신 편지 받으면 정말 기분이 좋아." 그러면서 이렇게 덧붙였다. "그래도 여기 온 건 좋아요. 최대한 버텨볼 작정이야. 정말 희한한 볼거리들이 많아. 밖에 나가서 도저히 믿기지 않는 일들을 보곤 하지. 여기서는 소련에 대한 강박관념이 깊어지는 걸 느낄 수 있어. 전쟁이 다시 날지도 모른다는 위기감도 그렇고. 난 그런 걸 보고 관찰하고 재앙이 닥치지 않도록 경고하는 일을 해야지."[6]

오페라 하우스에서 개막식이 열리던 날 밤 "카메라 플래시가 여름 밤 번갯불처럼 번쩍번쩍 터지는 가운데" 스톤의 눈길은 갈색의 네 기둥에 쏠렸다. 루스벨트가 역설한 '네 가지 자유four freedoms'〔1941년 1월 루스벨트 대통령이 의회 합동 연설에서 한 말로 언론의 자유, 신앙의 자유, 가난으로부터의 자유, 공포로부터의 자유를 말한다. 전 세계적인 군비 축소를 호소한 '공포로부터의 자유'는 이후 유엔의 기본 사상이 된다〕를 상징하는 조형물이었는데 "맨 꼭대기 부분은 꿈틀거리는 보아 뱀 같은 형상으로 연결이 돼 있었다."

트루먼의 연설은 "공허한 설교와 과장된 미사여구, 사실과는 거리가 먼 장밋빛 전망"으로 가득했다. 스톤은 "바보 같은 소리"라고 비판했다. 상원의원 시절 트루먼을 좋아했던 스톤은 이렇게 썼다. "트루먼은 사적인 자리에서는 '힘든 일이다. 우리가 해낼 수 있을지 확신이 안 선다. 하지만 우리는 최선을 다할 거다'라고 말할 것이다. 왜 그런 얘기를 공개적으로 하지 않는가?" 그의 연설은 대부분 스톤을 실망시켰다. "이토록 중차대한 시점에, 이토록 심각한 위기 상황에서, 이토록 절박한 현실을 놓고, 그렇게 뻔한 소리를 하다니….'

스톤은 "세계 질서를 규정하는 최초의 잠정적인 틀"을 짜는 작업을 대충 서둘러 끝내버리려는 각국 대표들의 이름을 거명한 뒤 "강대국들이 똘똘 뭉치지" 않으면 유엔의 대의大義는 물 건너 갈 것이라고 강조했다. 그러면서 "독일이 패망했기 때문에 독일 문제는 더이상 세계의 주요 이슈가 아니"라고 생각하는 경향이 있다고 지적한 리프먼에 대해 탁견이라는 칭찬을 아끼지 않았다. 리프먼은 유엔 창설 회의에 참석한 다수의 대표들이 가장 신경을 쓰는 것은 "독일이 아니라 소련이었다"고 썼다. 스톤은 "솔직히 말해서 우리가 국제기구를 소련을 길들이기 위한 수단으로 생각하는 순간, 우리와 소련의 관계는 파탄날 것"이라고 한 리프먼의 경고까지 인용했다. 리프먼의 칼럼이 나가고 난 뒤 한 주 만에 "반소 분위기가 팽배해졌다"고 스톤은 지적했다. "솔직히 말해서 샌프란시스코 회의는 겉으로는 화려하지만 결국 어리바리하다가 2차 대전을 일으키고 만 바로 그 노땅들이 다시 모인 회의나 마찬가지다."

그러나 스톤은 열네 살 때 국제연맹을 지지한 것처럼 유엔의 기본 원칙에 대해서는 깊이 공감했다. 샌프란시스코에서 유엔 창설을 논의하는 사이 추축국은 붕괴했다. 무솔리니는 빨치산들에게 붙잡혀 사살됐다. 빨치산들은 그의 시신을 도시 광장에 거꾸로 매달았고, 군중들은 환호했다. 히틀러는 벙커 안에서 자살했다. 5월 7일 나치 사령부 잔당들이 연합군에 항복했다. 이렇게 해서 엄청난 인명 피해를 내며 6년을 끌었던 유럽의 2차 대전은 만인의 환호 속에 끝이 났지만 평화를 확보하는 힘겨운 작업은 이제 시작이었다.

국제 동맹은 근본적으로 협정을 체결하느냐 마느냐의 문제가 아니라 필요를 공감하느냐의 문제다. 스톤은 전후 공산국가 지도자들과 협력이 가능한지 여부를 과거 정권과의 비교를 통해 점검했다. "체코슬로바키아만 빼고" 동구권 국가 중에서 2차 대전 이전에 자유나 민주주의를 경험해본 나라가 없었다. "우익 정권의 억압과 봉건적인 착취가 만연해 있었다." 이런 상황 때문에 "끔찍한 수준으로 치달았던 '혁명적인 방법'이 불가피한" 측면이 있었다. 스톤은 동구권은 "서구적 의미에서 자유의 땅이 아니"라는 사실을 인정하면서도 "러시아적 의미에서 일당 독재 국가도 아니"라고 주장했다.[7]

인민 혁명이라는 가면은 20세기 좌파 독재자들에게도 좋은 빌미가 됐다. 그들이 종종 보여준 독재 통치는 대량학살, 암살단 투입, 정적 말살과 정복 등등으로 표출됐으며, 이는 역사적으로 미국의 지원을 받은 우익 정권들이 하던 행태와 다를 바 없었다. 그러나 2차 대전 종전 직후 시점에서는 좌파 독재 정권들을 비교적 괜찮은 선택이라고 봐줄 만한 이유가 있었다. 그러면서도 스톤은 최근에 불가리아에서 반대파 정치인을 처형한 것을 예로 들면서 그런 나라에서 개인의 자유는 불가능하다는 사실은 인정했다.

스톤은 맹목적 추종자가 아니었기 때문에 미국 내 스탈린주의자들과 「데일리 워커」로부터 집중 공격을 받았다. 이들은 그가 1941년 스미스법 Smith Act [미국 정부 전복 선동 행위를 범죄로 규정하고 미국 체류 외국인의 등록을 의무화한 법률] 위반 혐의로 법의 심판을 받은 트로츠키파를 지지하고 있다고 비판했다. 「데일리 워커」와 미국 공산당은 스톤이 1948년 스탈린에 의해 공산권에서 쫓겨난 유고슬라비아 지도자 요시프 티토를 지지한다고 맹비난을 퍼부었다. 2차 대전 종전 직후 스톤은 스탈린에 대해, 특히 그가 마셜 플랜 Marshall Plan [미국의 서유럽 경제 부흥 정책. 2차 대전 종전 후 1947~51년에 피폐해진 서유럽에 대규모 원조를 제공해 큰 효과를 거뒀다]을 거부한 것에 대해 비판적이었다. 그러나 스톤은 스탈린을 여전히 민족주의자로 보았고, 침략자로 간주하지는 않았다. 스톤은 미국이 독일, 프랑스, 영국, 터키, 라틴아메리카에서 입지를 굳히려는 것처럼 스탈린도 동구를 세력권으로 해서 우방 국가들을 주위에 포진시킬 필요가 있다고 주장했다.

두 초강대국이 경제적으로나 지정학적으로 동맹관계를 유지하는 것이 핵심이라고 그는 주장했다. 원자탄의 등장으로 전 세계적으로 깊은 불안이 생겨났다. 인류를 멸절시킬 수 있는 능력이 생김으로써 사려 깊은 외교가 그만큼 긴요해졌다. 이런 사실을 전쟁 불사를 외치는 강경파들은 무시하고 있었다. 스톤처럼 우려의 눈길을 가진 입장에서 볼 때 전쟁으로 말미암아 형성됐던 불안한 동맹이 이제 급속히 해체되고 있었다. 평화가 정착되기도 전에 냉전에 들어선 것이다. 두 초강대국은 서로에 대한 피해망상성 적대감과 공포심에 사로잡혔고, 이는 트루먼이 표현한 대로 기나긴 "신경전"으로 치닫는다.

세계 최악의 도살자들의 불가사의 내지 비밀은 대중을 순식간에 매혹시키고, 만만찮은 적국들을 거짓의 가면으로 무장해제시킬 수 있었다는 점이다. 스탈린의 부드러운 목소리와 조용조용한 행동거지는 우호의 표시로 쉽게 오해됐다. 처칠, 루스벨트, 트루먼과 아이젠하워 모두 스탈린에 대해 개인적으로 호감을 보였다. 그리고 그러한 개인적인 인상은 강대국들이 세계를 재편할 때 적지 않은 역할을 했다. 동구권에 드리워진 "철의 장막Iron Curtain"을 강력히 비판한 영국 총리 처칠조차도 스탈린에 대해서는 대단히 좋게 평했다. 스탈린이 "개인적으로 우정과 동지애를 발휘했"으며 "비범한 성품을 가진 인물인 듯하다"고 말했을 정도다.[8] 루스벨트도 1945년 2월 얄타에서 만난 이후 그에 대해 칭찬을 아끼지 않았다. "(스탈린은) 강인한 결단력과 선량한 유머를 겸비한 인물이다. 나는 그가 러시아의 가슴과 영혼을 진정으로 대변한다고 믿는다."[9] 소련 주재 미국 대사를 지냈고, 얄타 회담에 루스벨트를 수행했던 85세의 애버렐 해리먼은 스탈린은 "나에게는 친절하게 대해줬지만 무자비한 인물이었다"고 회고했다.[10] 유쾌하게 건배를 제의했던 스탈린이 어떻게 세기의 학살자가 될 수 있었느냐는 질문에 해리먼은 고개를 저으며 "지금도 도저히 이해할 수 없는 일"이라고 답했다.

　스탈린을 만났을 때 가장 놀라운 것은 그의 키였다. 머리털과 콧수염을 강조해 얼굴을 크게 잡은 근엄한 초상화는 장대하고 강인한 지도자라는 인상을 심어줬다. 그러나 키는 기껏해야 162~3센티미터였고, 일부 기록에 따르면 152센티미터가 겨우 넘는 수준이었다. 트루먼은 포츠담에 있는 동굴 같은 궁전에서 책상에 앉아 있다가 처음 스탈린을 만났는데 올려다보니 "꼬맹이 같은 친구"가 앞에 서 있었다.[11] 스탈린은 캐비아와 보드

카를 내놓은 만찬장에서 매력적인 모습을 과시했다. 트루먼은 아내에게 보낸 편지 몇 통에서도 그렇고, 헨리 윌리스와의 사담에서도 그를 높이 평가했다. 실제로 트루먼은 브랜디를 벌컥벌컥 마시며 지루하게 장광설을 늘어놓는 처칠이 짜증났다.

소련군이 점령하고 있는 베를린 교외 포츠담에서 열린 회담에서 트루먼은 성과를 거뒀다. 스탈린이 얄타 협정을 준수해 일본과의 전쟁에 참전한 것이다. 스탈린은 소련이 장악한 유럽 지역을 포기하는 것은 결단코 거부했지만 세 거두巨頭의 만남은 적대적이지는 않았다. 모든 건배와 우호적인 미소와 잘 가시라는 인사가 끝난 뒤 트루먼은 스탈린도 자신을 좋아하며, 앞으로 양국 관계는 잘될 것이라고 생각했다. 그러나 스탈린의 평가는 트루먼은 "별 볼일 없다"는 것이었다. 트루먼이 당시 너무 순진했다는 사실을 인정하기까지는 "수십 년이" 걸렸다. 그는 "내가 그런 개새끼를 좋아했다니…"라며 후회했다.[12] 루스벨트라면 스탈린을 좀더 세게 밀어붙였겠지만 이제 갓 대통령직을 승계한 트루먼으로서는 스탈린이 움직이지 않으려고 할 때 압력을 가할 수 있는 지렛대가 별로 없었다. 회담의 최대 난제는 독일과 폴란드를 분할하는 문제였다. 2차 대전은 적군(소련군)이 끈질기게 버티면서 승리를 쌓아가지 않았다면 절대 이길 수 없는 상황이었다. 소련은 군인과 민간인을 합쳐 3,000만 명이 사망한 만큼 가볍게 무시할 수 있는 상대가 아니었다.

스톤은 포츠담 회담의 결과에 환호했다. 협정 내용은 "약간 수정을 했지만 루스벨트의 계획이기도 했던 이른바 모겐소 플랜Morgenthau Plan(1944년 루스벨트 행정부의 재무장관 헨리 모겐소가 입안한 전후 독일 문제 처리안. 독일을 철저히 비군사화·비공업화시키는 것이 핵심이다)에 제시된 기본 구상을 수용하는 것이었다. …가장 안전하고 현명한 길은 독일의 산업 능력, 즉 전쟁 준비 능력을 억제하는 것이었다."[13] 이것이야말로 "아마도 이번 역사적 회담의 최대 성과"라고 할 만한 것이었다. 그러나 포츠담에서 이뤄진 연대는 스탈린이 협정을 이행하지 않으면서 금세 깨지고 만다.

포츠담에 가 있는 동안에도 트루먼은 원자탄 투하 준비 상황에 대한 비밀 보고를 계속 접했다. 트루먼은 처칠과는 이 문제에 대해 자주 협의했지만 스탈린에게는 신무기에 대해 모호하게 운을 떼는 정도로만 했다.(후일 밝혀진 바로는 스탈린은 핵무기 개발 상황을 클라우스 푹스를 통해 몇 년 전부터 알고 있었다. 푹스는 영국에 귀화한 독일 출신 이론물리학자로 미국 로스알라모스에서 원자탄 개발 프로젝트 일을 하면서 소련 스파이로 활동했다.) 트루먼은 일기에서 이제 러시아만 참전하면 일본은 끝이라고 자신만만하게 예언했지만 그러면서도 미군 희생자를 줄이려면 원자탄 투하가 필요하다고 늘 말했다. 연합군 최고사령관 아이젠하워는 당시의 각종 정보보고와 마찬가지로 일본은 궤멸 직전이며 그런 무시무시한 무기로 타격할 필요까지는 없다고 주장했다. 오랜 세월 미국인들은 트루먼의 설명을 당연시했다. 원자탄이 떨어졌다는 소식을 들었을 때 미국은 군인과 민간인 가릴 것 없이 환호했다. 텔레비전이 널리 보급되기 전이라서 현장 사진이 바로 공개되지는 못했다. 대량살상의 규모조차 실감하지 못하는 상황이었다. 일본군을 치기 위해 소련군 100만이 만주로 진격하는 상황에서 다시 나가사키에 원자탄을 또 떨어뜨릴 필요가 있었느냐에 대한 의문 제기도 없었다. 두번째 원폭 투하가 핵무기 과시용이라는 의구심을 불러일으킨 것은 트루먼이 추가적인 명령을 내리지 않았다는 점 때문이다. 준비가 되는 대로 "추가로 폭탄을 투하하라"는 기본 지침만 하달한 상태였다는 것이다.[14]

이처럼 의견이 완전히 엇갈리는 상태여서 역사학자들도 관점이 다양하다. 일부에서는 엄청난 규모의 미군 사상자를 야기할 대규모 지상 공격은 몇 달 동안 계획한 바도 없고, 그 이전에라도 재래식 전쟁만으로 승리를 거둘 수 있었을 것이라고 주장한다. 미국의 역사학자 가 알페로비츠는

'지금 일반론은 원폭 투하가 불필요했다는 것'이라고 주장한다.[15] 그러나 이런 이론에 대한 반론은 여전히 많다.

미국은 공식적으로 '히로히토 천황의 무조건 항복'을 '일본군의 무조건 항복'으로 완화시켜줬다고 주장해왔다. 그렇다면 결국 미국은 원자탄 투하 이전에 일본이 제안한 천황제 유지를 받아들인 것이다. 진주만 공격은 많은 미국인들을 분노에 떨게 했다. 스톤도 마찬가지였다. 그토록 치열하게 시민권을 옹호했던 스톤도 일본계 미국인들이 전시 보안 조치로 집단 수용소에 수감되어 집과 직장과 자유를 잃었을 때 항의하는 글을 한 줄도 쓰지 않았다.(이후 1949년에 스톤은 일본계 미국인 강제 수감은 "끔찍한 인종적 편견"에 따른 것이라고 언급했다.)[16]

그러나 히로시마에 원자탄이 떨어진 지 며칠 뒤 스톤은 원자탄 사용은 "무시무시하고" "끔찍한" 일이라고 썼다. 1945년 8월 6일 원폭 투하로 8만 명이 즉사했으며, 그 대부분이 민간인이었다. 일부는 숯덩이가 됐다. 피부가 뼈까지 녹아가면서도 정신없이 뛰어가는 사람들도 있었다. 수개월 만에 추가로 6만 명이 숨졌다. 이후 방사선 피폭과 화상으로 수천, 수만 명이 수년에 걸쳐 죽어갔고, 또다른 사람들은 얼굴과 몸에 소름끼치는 화상의 흔적을 간직한 채 살아가야 했다. 8월 9일 나가사키에서는 다시 7만 명이 사망한 것으로 추정된다. 그나마 폭탄이 목표 지점에서 3킬로미터 이상 벗어난 지점에 떨어졌기에 망정이지 중심가에 명중됐다면 더 많이 죽었을 것이다.

처음에는 환호한 미국 신문들도 많은 경우 사설을 통해 두려움과 불안을 표시했다. 「세인트루이스 속보」는 현대과학이 "포유류 세계에 대한 사형집행장에 서명한 것"이라고 썼다.[17] 핸슨 볼드윈[1903~91. 미국의 군사 문제 전문 저널리스트로 「뉴욕 타임스」에서 주로 활동했다]은 「뉴욕 타임스」에 "우리는 승리를 얻었지만 회오리바람을 풀어놓았다"고 썼다. 스톤은 "원자탄보다 더 무서운 것은 우리 모두가 이런 식으로 이루어진 전쟁의 종언을 스스럼없이 받아들이고 있다는 점이다"라고 썼다.

파시즘과의 투쟁은 불가피했다. 그러나 스톤은 전쟁이 야기한 무시무시한 파괴가 어느 정도인지 잘 가늠할 수 없었다. 그는 사람들이 "공포와 충격에 정신이 멍해졌다"고 회고했다. "인간의 육신과 인간의 정신에 끔찍한 짓이 가해졌다." 미국은 "유럽과 아시아의 여러 지역에서 얼마나 무시무시한 일이 진행됐는지를 생생하게 파악"하지 못했다. "민주주의와 자유"를 외치는 자들은 그 대가가 어떠한 것인지도 모른 채 입으로만 떠들어댔기 때문에 "누추하고 혐오스러운 단어"가 됐다. "우리는 우리나라가 안전했다는 데 대해 얼마나 감사했던가. 우리의 아이들이 한밤중에 공습경보가 비명처럼 울릴 때 침대에서 뛰어나와 숨어야 하지 않아도 됐던 것에 대해, 지하철 구내로 달려가 가족들과 부둥켜안고 불안에 떨지 않아도 됐던 것에 대해, 우리의 딸들이 배에 실려 노예로 전락하지 않고, 우리의 어머니들이 죽음의 차량에 실려 가지 않아도 됐던 것에 대해… 우리의 도시들이 폭격을 맞아 껍데기만 남지 않은 것에 대해, 우리 아이들의 얼굴이 기아로 일그러지지 않은 것에 대해 얼마나 감사했던가."[18]

종전 이후 소련과는 오랜 세월 적대 관계가 계속됐고, 독일은 미군이 60년 동안 주둔하면서도 평화와 번영을 이룩했다. 그리고 새로운 21세기에 접어든 지금 2차 대전 직후 독일에 대한 우호적인 제안이 야기했던 불안은 여전히 이해하기 어렵다. 스톤의 친구로 대통령 부인이었던 엘리너 루스벨트는 신문 인기 연재 칼럼 「나의 나날My Day」에서 미국은 "독일의 중공업 재건을 용인해서는 안 된다"고 썼다. "다시 거대 공업 국가가 되어 전쟁 기계를 만들 수 있기 때문이다." 그녀는 "독일이 다시 잠재적인 전쟁 도발국이 될 수 있도록 하는" 그 어떤 행동도 해서는 안 된다고 주장했다.[19]

다들 신경이 날카로워진 시대였다. 히틀러의 홀로코스트가 얼마나 어마어마한 규모였는지가 드러나자 수많은 사람들이 평범한 시민들까지 그런 조직적인 야만행위에 가담했다는 것을 알게 되면서 분노와 혐오로 치를 떨었다. 의사들은 과학실험이라는 미명하에 야만적인 고문에 가담했다. 곳곳의 소도시 주민들은 인간을 열차에 태워 도살장으로 보내는 일을 거들었다. 1945년 봄, 다카우, 트레블링카〔폴란드 바르샤바 부근에 있는 유대인 강제수용소〕, 아우슈비츠, 베르겐벨젠〔독일 북서부에 있던 나치 강제수용소〕은 거의 폐허 상태로 해방을 맞았다. 그때의 사진들은 아직도 많은 사람들의 뇌리에 섬뜩한 기억으로 남아 있다. 시체 같은 얼굴에 퀭한 눈, 간신히 살아남은 자들의 성냥개비 같은 다리들, 수감자들에게서 깎아낸 머리털과 안경들이 산더미처럼 쌓여 있는 광경, 입을 헤 벌리고 있는 소각로 등등. 양차 대전을 시작한 나라를 영구히 무장해제하는 조치는 스톤을 비롯한 많은 사람들에게는 너무도 절실한 것이었다. 특히 미국 유대인들에게는 그랬다.

프랭클린 루스벨트 대통령 시절 재무장관이던 헨리 모겐소는 유대인이라는 것에 강한 자긍심을 지닌 갑부였다. 그는 동료 유대인들의 우려를 대수롭지 않게 생각하다가 나치의 만행을 보고 나서는 "시온주의의 열렬한 지지자"로 변신했다. 그는 "히틀러에게 희생된 유대인들을 돕도록 루스벨트를 채근하지" 않고 손 놓고 있었던 펠릭스 프랭크퍼터 같은 동료 유대인들에 대해 분개했다.[20] 모겐소는 독일을 비군사화·비공업화하고 경공업과 농업만 살리는 쪽의 전후 처리 계획을 강박관념이라고 할 정도로 심하게 밀어붙였다. 루스벨트 대통령의 사망은 그런 모겐소 플랜의 종언을 의미했다. 이어 트루먼은 곧 그를 해임했다. 스톤은 모겐소의 노력을 옹호했다. "모겐소 플랜은 비판자들이 추정하는 것처럼 '독일을 염소들이 뛰노는 풀밭으로 만들려는' 것이 아니었다. 루르 공업지대를 국제 공동 관할하에 둠으로써 독일의 군사적 회생 위험을 영구히 종식시키려고 한 것이다."[21]

스톤은 1946년 12월에 나온 의회 보고서를 파헤쳐 미국이 독일의 요구를 순순히 들어주는 과정을 추적했다. 이 보고서는 당시 언론에서는 거의 무시됐던 것으로 미국이 "전쟁에 필수인 쌍둥이 산업, 즉 합성석유와 합성고무" 생산 능력을 유지시키는 쪽으로 기울고 있음을 보여준다. "종전 2년도 안 된 시점에" 이미 독일 부흥과 소련 무력화가 대세가 된 것이다. 스톤은 미국이 3차 세계대전에 대비하고 있다고 보았고, "이번 상대는 러시아"라고 판단했다. 문제의 의회 보고서는 전쟁으로 피폐해진 러시아에 대한 재건 원조를 엄격히 규제할 것을 촉구하고, 국무부에게는 영국과 유럽 국가들한테도 동일한 보조를 취하도록 "최대한 압력을 행사할 것"을 요구했다. 스톤은 "러시아에 차관을 거부하는 것만으로는 충분치 않다"는 대목도 확인했다.[22] 6개월 전에 그는 "독일 소생을 일차적 고려 대상으로 삼는 것은… 독일을 전반적인 부흥 계획에 맞추는 것과는 다르다. …프랑스는 물론이고 영국도 우리의 새로운 정책 아래서는 서자 취급을 받고 있다"고 썼다.[23]

스톤은 또 전쟁의 와중에도 호의호식한 카르텔들에 대한 엄격한 규제 조치를 요구했다. 그는 전쟁이 끝나기도 전에 이게 파르벤에 대한 세탁 조치가 시작되고, 수백만 유대인을 죽이는 데 사용된 독가스를 대량생산한 이게 파르벤과 미국이 거래를 재개하려 한다는 사실에 분개했다.

한참 뒤 젊은 독일 역사학자 베른트 그라이너는 전 세계의 진보주의자들에게 이렇게 선언했다. "마셜 플랜의 스펠링은 'M-A-R-T-I-A-L('군사적'이라는 뜻) Plan'[Marshall Plan이 아니라]이다. 독일 경제를 부흥시켜 독일의 주요 전쟁 관련 산업을 그대로 유지시키려 한 것이다. 그들은 이게 파르벤을 쪼갰지만 우리는 그게 눈 가리고 아웅 하는 짓이라는 것을 다들 알고 있다."

그라이너는 아버지들이 발을 담근 고통스러운 과거를 깊이 천착하는 젊은 독일 세대 학자의 한 사람이었다. 1991년 그는 스톤이 50년 전에 쓴 글들을 발견하고 깜짝 놀랐다. "그가 쓴 글들은 이후 후대 역사학자들이 쓴 것들과 비교해도 조금도 손색이 없다. 「PM」에 실린 글들은 특히 뛰어나다! 지금 우리가 알고 있는 것처럼 미국 기업들은 독일이 한창 전쟁으로 치닫는 와중에도 '은밀한 파트너'로서 독일과의 거래를 꺼리지 않았다."[24] 실례로 그라이너는 베를린에 있는 회사에게 항공 항법 관련 특허를 판매한 미국 기업 두 곳을 들었다. "이를 통해 괴링의 공군 강화 계획이 탄력을 받았다"는 것이다. 그라이너는 워싱턴에서 강연할 때 1943년 「PM」에 실린 스톤의 칼럼을 인용했다. "미국 국무부가 유럽 유대인 구조 계획을 가로막고 있다"는 내용으로 당시에 헐 국무장관에게 분노를 안겨주었을 내용이다.

1946년에 쓴 칼럼에서 스톤은 노기 어린 목소리로 "이게 파르벤의 재탄생이 임박했다"고 지적했다.[25] 한편 곧 있을 또다른 탄생은 스톤에게 희망을 안겨주었다. 팔레스타인 지역에 유대인들의 안식처를 만드는 작업이 결실을 보게 된 것이다.

스톤이 평생 처음으로 유럽을 방문한 것은 2차 대전이 끝난 직후였다. 한때 번창했던 도시들은 잿더미가 되어 회색 먼지로 뒤덮여 있었다. 그 아래서 썩어가는 시신들은 악취를 풍겼다. 어디서나 기아에 시달리는 사람들을 볼 수 있었다. 집 잃은 소년들은 꾀죄죄한 옷차림을 한 채 점령군 쓰레기통을 뒤지고 다녔다. 해방의 감격은 금세 사라졌다. 유대인들은 여전히 강제수용소에 남아 있었고, 다수는 영양실조로 죽어가고 있었다. 빵과 커피로 간신히 연명하면서 수용소 시절 누더기를 그대로 걸치고 있거나 "수치스럽게 독일군이 남긴 친위대 제복을 입고 있었다."[26] 스톤은 연합군이 이들 수십만 영혼을 위해 아무 일도 하지 않는다고 비난했고, "해방된 사람들이 패전한 억압자들보다 더 나쁜 대우를 받고 있다"고 절규했다.

그래도 6주간의 여행을 마치고 돌아올 때는 "세상의 아름다움에 취했다"고 할 만큼 여행기 작가 같은 분위기를 풍겼다.[27] "황혼 무렵 런던에서 본 성 바울 성당은 폐허 속에서 우뚝하면서도 달콤한 슬픔을 느끼게 했다. 누구나 한 번쯤은 가보고 싶었을 파리…. 그리스 쪽으로 이어지는 발칸반도 위로 석양이 지는 황량한 풍경. …이스라엘 네게브 사막 위로 아침 해가 뜨고…. 예루살렘은 고대부터 이어온 언덕 위에서 깨끗하고 하얗게 사랑스러운 모습을 간직하고 있다." 웅장하고도 고요한 파리 노트르담 대성당에 들어설 때 스톤의 뺨에는 눈물이 흘렀다. 예루살렘 구시가의 좁은 길을 누비다가 하얗게 빛나는 통곡의 벽을 마주했을 때도 마찬가지였다.

이어 스톤은 정치 문제를 논한다. 그는 이집트를 "증오"했다. "그렇게 극심한 가난은 본 적이 없었기" 때문이다.[28] 스톤은 유대인들이 수십 년 전부터 팔레스타인에 정착했지만 "원주민인 아랍인들을 위협하지 않고 그들의 생활수준을 오히려 향상시킨" 것을 보고 감격했다. 그는 팔레스타인이야말로 "유대인이 완전히 공포에서 해방된 것처럼 보이는 유일한 곳"이라고 느꼈다. "팔레스타인에서는 유대인이 유대인일 수 있다." 스톤은 유대인의 조국을 건설해야 한다는 강한 신념을 갖고 있었지만 한편으로는 우려를 표했다. 그런 우려는 시간이 가면서 더욱 커졌고, 스톤은 많은 유대인들로부터 따돌림을 받았으며, 친구, 친척들과 논쟁을 빚거나 미움을 사기도 했다.

유대인 정착촌을 방문한 스톤은 "고통스럽지만 유대인 다수 여론에 동의할 수 없다"고 생각했다. "나는 팔레스타인에 유대인의 국가를 세우는 것에 찬성하지 않는다." 그는 "평등의 원칙을 토대로 한" 두 민족〔유대인과 아랍인〕 국가가 "윤리적으로 올바른 길"이라고 생각했다. 그는 유대인 정착민들의 열정을 이해했고, "염소도 거들떠보지 않을 지역을 식민화한 열정과 민족적 신념"을 높이 평가했다. 하지만 "똑같은 인간이고, 현지에 역사적 권리도 있는" 아랍인들에게 "유대 국가에 복속될 것을 요구하면 반드시 맞서 싸울 것이다. …이민족의 지배를 받고 싶어할 민족은 없기 때문이다."

스톤의 판단은 빨랐다. 1945년에 이미 불길한 미래를 예언했다. 문제는 "팔레스타인의 유대인들이 아랍인들과 정치적 타협을 보지 않고 막다른 골목으로 치닫고 있기 때문이었다. …팔레스타인에 유대인만의 국가를 요구하는 한 정치적 합의는 불가능할 것이다." 스톤은 후일 여러 차례 이 지역을 다시 찾을 때마다 똑같은 주장을 되풀이했다. 이후 상황은 평화가 아닌 폭력이 지배했고, 그런 양상은 21세기에 들어서까지도 지속되고 있다. 일부 이스라엘 군인들은 팔레스타인인들과의 전쟁을 민간인을 상대로 한 부도덕한 전쟁이라며 거부했다. 팔레스타인 테러리스트들은 자폭 공격으로 가까이에 있는 이스라엘인들을 죽이는 방식으로 대응하곤 했다. 스톤이 팔레스타인을 처음 방문한 지 반세기가 더 지난 지금, 스톤이 했던 주장을 주류 여론 주도층들이 그대로 되풀이하고 있다.

스톤은 중동의 미래가 전쟁으로 얼룩지는 것을 두려워했지만 히틀러에게 희생된 사람들이 정착할 수 있는 고향을 찾는 일에도 매진했다. 스톤은 사태를 예의주시했다. 약 60만의 유대인이 이미 팔레스타인에 들어가 있었다. 팔레스타인 지역을 관할하던 영국은 삶의 터전을 잃은 유대인들의 이주를 완강히 거부하면서 강경 아랍 지도자들을 지지했다. 지금도 마찬가지지만 석유가 정치적, 경제적 결정의 기본 요인이었다. 테러는 사방에서 격화됐다. 스톤은 '누구에게는 테러리스트지만 또 누구에게는 자유의 전사'라는 오래된 격언을 인용했다. 1946년이 밝았을 때 스톤은 하가나를 스턴 갱$^{Stern\ Gang}$이나 이르군^{Irgun}보다 훨씬 절도 있는 "민주적 민병대"라고 칭송했다. 두 민병조직은 아랍인들을 잔인하게 공격하는 것으로 악명이 높았고, 특히 이르군은 성향이 "파시즘에 가까웠다." 「더 네이션」에 쓴 칼럼 제목을 '갱이냐 애국자냐?'로 잡은 것은 그런 점을 노린 것이었다. 하가나 대원들은 영국에 맞서 싸운 토머스 제퍼슨이나 조지 워싱턴처럼 "갱이 아니다"라고 스톤은 주장했다.[29]

스톤은 하가나를 옹호하는 칼럼을 쓴 덕분에 대단한 국제적 특종을 낚을 수 있었다.[30] 하가나 측에서 신성한 땅(팔레스타인)으로 초청을 한 것이다. 하가나 측이 불법으로 운영하는 배를 타고 영국의 해상 봉쇄망을 뚫고 가야 하는 길로서 지금까지 그 어떤 기자도 가본 적이 없는 곳이었다. 스톤은 대단히 위험하고 장애가 많은 여정이 될 것이라는 얘기를 미리 들었다. 이 연락책에서 저 연락책으로 인계되는 식으로 가야 했다. 당연히 아무한테도 말해서는 안 될 비밀이었다. 하가나 대원들은 신분이 노출되면 위험했기 때문이다. 스톤은 「PM」 편집국장인 잉거솔과 산업별노동조합회의[CIO] 의장 존 루이스, 그리고 "내가 아는 한 세상에서 가장 입이 무거운 여자" 에스터에게만 계획을 말했다. 「더 네이션」에는 거짓말을 했다. 「PM」을 위해서 파리 평화 회담 취재를 간다며 휴가를 낸 것이다.

이렇게 해서 팔레스타인 출장이 시작됐다. 위험한 것은 물론이고 불법도 감수해야 하는 험난한 여정이었다.

뉴욕의 25만 독자가 팔레스타인 잠입 르포가 실린 「PM」을 사러 가판대로 몰려들었다. 시리즈는 신문 전체를 도배하다시피 했고, 대문짝만한 글씨로 예고를 한 상태였다. 스톤은 나중에 연재기사를 확대해 한 권의 책으로 만들었다. 그의 저서 가운데 가장 감성이 넘치는 책으로 열정과 더불어 흥미진진한 모험담이 가득하다. 그는 뉴욕 독자들에게 자신은 단순히 기자로서 팔레스타인에 간 것이 아니라고 밝혔다. 많은 독자들이 그의 개인사에 공감했다. "나는 미국인인 동시에 이 험한 세상에서 어쩔 수 없는 유대인이다. …우리 부모는 러시아에서 태어났다"고 스톤은 썼다.[31] "그분들이 미국으로 이민을 오지 않았다면… 나는 아마도 가스실로 갔을 것이다. 그게 아니면 삶의 뿌리를 잃고 남루한 차림으로 떠도는 난민이 됐을 것이다. …내가 그들과 같이 팔레스타인행에 나선 것은 그림 같은 명소를 찾는 관광객으로서가 아니었다. 단순히 좋은 기삿감을 찾는 신문쟁이로서만도 아니었다. 나는 동포로서 도덕적 의무를 이행하고 싶었다."

스톤은 팔레스타인행에 나선 뒤에도 전쟁이 끝난 유럽에서 보고 들은 참상을 떨치지 못했다. "조차장操車場은 폭격 맞은 상태였고… 반파된 화물차와 낡은 3등 열차에는 나치 독일의 강제수용소에서 살아남은 난민들이 하나 가득이었다." 그들은 "운 좋게 살아남은 극소수"였다. 동유럽과 중부유럽 유대인 10만여 명이 "돌아갈 집도 없이" 이곳저곳을 떠돌았다.

전쟁이 끝난 지 1년 반이 지난 시점에도 그들 중 다수가 여전히 열악하기 그지없는 난민 캠프에서 생활하고 있었다. 스톤은 간이화장실에 흘러넘친 오물을 보면서 그 악취에 구토를 했다. 난민 접수 센터의 폭격 맞은 담장에는 실종자 이름이 하나 가득이었다. 친구나 친척이 혹시 보고 연락할까 하는 기대에 이름과 주소를 남긴 것이다. 그러나 거기서 스톤은 희망을 발견했다. 유대인들의 고통은 "이제 지겨운 옛날 얘기"가 됐다. "진짜 뉴스"는 그들에게 낙관적인 기운이 넘친다는 것이었다. 그들은 "여러 달이 걸릴 여행길에 올랐다. 그것은 어쩌면 평생 도달하지 못할 목표일지도 모른다. …반면에 유럽 곳곳에서는 패배주의가 느껴졌다."[32]

스톤이 팔레스타인행을 안내해줄 연락책들과 만나는 과정은 그레이엄 그린의 소설을 연상시킨다. 스톤은 어둠침침한 카페나 지저분한 바의 구석자리에 앉아서 다음 목적지로 안내해줄 사람을 기다린다. 물론 그가 누군지는 알지 못한다. 뮌헨에서 연락책을 기다리는 동안 스톤은 '폭격의 변덕'을 목격했다. 벽은 거의 무너지고 "일부 미친 벽돌만 유골처럼" 겨우 남아 있는데 "그 틈으로 멀쩡한 욕조가 툭 튀어나와 있었"던 것이다. 어느 날 오전에는 2차 대전 전범 재판이 열리는 뉘른베르크에서 산더미 같은 재판 기록을 열람하며 시간을 보냈다. "나는 생생한 한 대목을 보고 충격을 받았다. 그것은 아우슈비츠 수용소장이었던 루돌프 헤스의 증언이었다.* 가스실에 대해 그는 이렇게 말했다. '우리는 비명 소리가 멈추면 사람들이 죽었음을 알았다. …여자들이 자녀를 치마 속에 숨기는 일이 많았다. 그러나 당연히 우리는 그들을 찾아내 가스실로 보냈다.'" 오스트리아

접경 베르히테스가덴에 있는 히틀러 별장 벽에는 미군들이 글씨를 써놓 았는데 특히 유대계 병사들은 '다윗의 별'〔유대인임을 나타내는 육각별〕을 그려놓았다. 스톤은 부서진 유리벽으로 밖을 내다보면서 이렇게 높은 알프스 산맥을 보고 있으면 "과대망상증 환자가 안 될 수 없겠다"는 생각을 했다. 흡족한 순간도 있었다. "나는 (히틀러에게) 경멸을 표하는 원시적인 행동을 엄숙히 거행했다."[33]

스톤은 독일에서 길을 잘못 들어 원래 목적지인 밤베르크 대신 암베르크로 들어갔다. 아는 사람이라고는 하나도 없고, 그를 기다리는 사람도 없었다. 스톤은 마침 종군기자 옷을 입고 있어서 미군 장교 클럽에서 먹고 잘 수 있었다. 이튿날 아침 스톤은 안데르센의 동화에나 나올 법한 소도시를 여기저기 둘러보다가 "고풍스러운 교회에 아치 모양의 다리, 굴뚝 위에 들어선 황새 보금자리가 인상적인 이곳에서 공포가 시작됐다"는 것을 알게 됐다.[34] 스톤이 파악한 바에 따르면 암베르크는 호전적인 나치의 소굴이었고, 나치당원이었던 관계로 주민의 40퍼센트가 투표권을 잃었다. 한 주민은 스톤에게 나치 독일이 부활하면 두 손 들어 환영할 것이라고 말했다.

체코의 한 소도시에서 스톤은 마구 달려서 낡아빠진 기차를 잡아탔다. 기관차는 "당장이라도 기관이 터질 것만 같았다." 열차에 꽉 들어찬 유대인 난민들은 그에게 몰려와 지가고Jigago〔시카고〕에 사촌이 사는데 아느냐, 네표르크Nefyork〔뉴욕〕에 이모가 있는데 혹시 아느냐고 물었다. 스톤은 이디시어와 더듬거리는 독일어로 강제수용소 수감자에게 문신한 죄수 번호처럼 지워지지 않는 기억들을 겨우 끄집어냈다. 스톤은 전쟁으로 피폐해진

● 연재기사를 증보한 책 『팔레스타인 잠행기Underground to Palestine』에 나오는 "루돌프 헤스Rudolf Hess"라는 표현은 오류 아니면 오타다. 아우슈비츠 소장은 헤스보다 훨씬 덜 유명한 루돌프 회스Rudolf Höss로 친위대 중령이었다. 한때 부총통까지 올랐던 헤스는 1941년 메서슈미트 전투기를 몰고 스코틀랜드로 와 낙하산을 타고 내렸고, 이후 전쟁이 끝날 때까지 영국 당국에 억류됐다가 전범 재판을 위해 독일로 송환됐다.

러시아에서 쏟아져 나오는 난민들을 보면서 친러 감정이 강해졌다. "소련에서만 유대인 일가족 전원이 살아남는 기적이 일어났다."[35] 스톤은 독일인과 폴란드인의 적의에 찬 반유대주의가 여전하다는 사실을 알게 됐다. "내가 만난 대부분의 폴란드인들은 그 어느 때보다도 더 유대인을 미워했다"고 한 난민 여성은 말했다. 소련 국경을 넘어온 또다른 난민은 폴란드인들이 처음 외치는 소리가 '유대인 공산당들!'이라고 전했다. "우리는 그저 죽여버려야 할 유대인에 불과했다." 국경을 넘다가 폴란드 수비대에게 구타당해 머리에 붕대를 감은 사람들도 있었다.

냄새 나고 덜컹거리는 3등 열차에서 스톤은 밤 늦도록 유대인 난민들과 대화를 나눴다. 어른들이 다 좋아한 아브람이라는 10대 소년은 전쟁이 터졌을 당시 아홉 살이었다. 어머니와 아버지, 두 형은 이미 폴란드 중부 로즈의 게토에서 사망했다. 나치가 게토를 폐쇄하고 사람들을 죽음의 수용소행 열차에 태울 때 아브람은 살그머니 빠져나갔다. 혼자 남은 소년이 살아남을 수 있는 유일한 길은 다른 강제수용소로 들어가는 것뿐이었다. 한 독일인 공산주의자가 경비들을 피해 소년을 숨겨주었다. 그 독일인은 미군이 부헨발트 수용소를 해방시켰을 때 살아 있었다. 아브람의 이야기는 대부분의 유대인들보다는 그나마 행복하게 끝이 난다. 누나가 살아 있다는 희망을 버리지 않은 소년은 유대인들을 로즈로 송환하는 열차를 몰래 잡아탔다.[36]

"거기서 누나를 찾았어요." 소년은 스톤에게 "저기요"라고 하면서 웃고 있는 19세 아가씨를 가리켰다. 스톤은 두 남매가 함께 있는 것을 보고 깜짝 놀랐다. "기적이라고 하지 않을 수 없었다." 아브람의 누나 사라도 용감하게 자신을 도와준 독일인 이야기를 해줬다. 베르겐벨젠 강제노동수용소에서 사라는 탄약 만드는 일을 했다. "기계 앞에 서서 엉엉 울곤 했어요. 눈물이 앞을 가려서 아무것도 안 보였지요." 그런데 독일인 여성 감독이 왜 우느냐고 물었다. "이 총알들이 내가 사랑하는 사람들을 죽이니까요." 사라의 울음소리는 더 커졌다. 독일인 감독은 총알을 못 쓰게 만드는 방법을 몰래 가르쳐줬다. 들켰으면 둘 다 죽임을 당할 일이었다.

스톤이 들은 인도주의적인 사례는 하나가 더 있었다. 유대인 레지스탕스 전사가 헝가리 국경에서 나치 친위대에게 붙잡혔다. 그는 아리안족이라는 위조 서류를 소지하고 있었다. 그러나 국경 수비대는 미심쩍어했다. 그때 마침 지나가던 독일인 의사가 현장을 살펴보다가 나치에게 아리안족인지 아닌지 자신이 검진을 해보겠다고 했다. 의사는 그를 인근 헛간으로 데려갔다. 유대인은 부들부들 떨고 있었다. 의사는 할례[유대인의 상징으로 일종의 포경수술] 흔적을 보고는 아무 말도 하지 않았다. 의사는 경비들을 불렀다. 유대인은 숨이 멎었다. "이 사람은 아리안족입니다"라고 의사가 말했다.[37] 그의 목숨을 구해준 것이다. 문제의 유대인은 죽음의 수용소가 아닌, 아리안족을 수용하는 노동수용소로 보내졌다.

스톤은 여행 도중에 많은 사람들을 만나면서 큰 힘을 얻었다. 팔레스타인행 배를 타러 가는 길에 사람들과 만나고 헤어지고 하면서 포옹과 눈물이 끊이지 않았다. 한번은 고물단지 기차가 밤새워 칙칙푹푹거리며 달리는 동안 객차 연결 통로로 나가 밤바람을 맞다가 지붕 위로 올라가보기도 했다. 거기서 "멀리 나지막한 다리들을 내려다보며 시원함과 안락함을" 느꼈다. 후일 스톤은 파리에 살던 셜리 카챈더에게 어떻게 기차 지붕 위에 올라타고 동유럽을 빠져나왔는지 얘기해줬다. 그는 "그때 정말 신났어!"라고 했다.[38] 이 얘기를 전해들은 내트 헨토프는 "그때 이지를 찍은 사진이 있어야 하는데…. 두꺼운 안경에 신기한 표정으로 기차 지붕 위에 올라 위험천만한 체코슬로바키아 시골을 누빈다? 그런 장면이야말로 자유 언론의 상징인데"라고 말했다.

마침내 이탈리아에 도착한 스톤은 항구로 이동했다.[39] 그의 체험담은 한 편의 이탈리아 희가극을 보는 듯하다. 주인공 스톤은 잽싸게 의상을 갈아입으면서 엉망인 악센트로 떠들고 창을 든 수행원들을 윽박지른다. 경찰은 그를 잡으러 쫓아다닌다. 스톤은 팔레스타인행 배로 가면서 바스크 족이 쓰는 베레모를 썼다. 뉴욕에서 만난 적이 있는 젊은이가 배에 타고 있어서 그를 놀려줄 요량이었다. 그는 폼을 잡으며 건널판을 건너다가 경비의 제지를 받았다. 스톤은 형편없는 프랑스어로 "선장 나오라 그래"라고 떠들었다. 경비가 이름을 대라고 하자 스톤은 프랑스 FBI의 자크 피랑델이라고 둘러댔다. 아무도 못 알아볼 것 같자 스톤은 너털웃음을 터뜨리며 「PM」 기자증을 꺼내 보였다. 경비원 일을 하는 선원도 크게 웃었다. 알고 보니 「PM」 열성 독자였던 것이다.

입국 승객 명단에는 아무도 올라 있지 않았기 때문에 항구에서 배에 타는 것은 스톤으로서는 대단히 위험한 일이었다. 그래서 스톤을 비롯한 일행 세 명은 차를 타고 저 아래쪽 해안의 접선지점으로 갔다. 자정 무렵 칠흑 같은 어둠 속에서 세 사람은 해변에 앉아 배를 기다렸다. 한 시간 후 "멀리 바다에서 작은 삼각형 불빛이 우리 쪽으로 다가오는 게 보였다. … 마치 유령선이 천천히 해변으로 다가오는 것 같았다." 헤드라이트가 구불구불한 해변 도로를 비췄다. 난민을 가득 실은 열두 대의 트럭 행렬은 잠시 멈춰 서더니 사람들을 토해놓고 바로 떠났다. 난민들은 "바다표범 무리처럼 해변에 옹기종기 모여 앉았다." 신호 불빛이 깜빡거렸다. 배는 바로 들어오지 않았다. 난민들은 공포에 사로잡혔다.

새벽 3시경 배가 들어오더니 곧 부서질 것 같은 건널판을 내렸다. 바로 그 순간 이탈리아 경찰 6명이 해변의 어둠 속에서 튀어나왔다. 스톤의 번역에 따르면 그들은 "어이, 유대인들이 여기 있어!"라고 소리쳤다. 난민들은 잽싸게 건널판으로 뛰어올랐고, 스톤은 경찰들에게 붙잡혀 실랑이를 벌였다. 경찰이 힘 있는 기관에 약하다고 생각한 스톤은 "미국 국무부에서 발행한, 황금 독수리 상이 새겨진 빨간색 기자증"을 꺼내 보이며 경찰에게 관등성명을 대라고 호통을 쳤다. 스톤은 통역을 통해서 경찰 우두

머리를 꾸짖으며 "당신과 당신 부하들이 이곳 해변에서 오늘 밤 한 짓거리를" 폭로하는 기사를 쓰겠다고 협박했다. 그러면서 카멜 담배를 경찰들에게 돌렸다. 덕분에 경찰들의 태도가 "상당히 누그러진" 것을 눈치챈 스톤은 다른 사람들은 보내달라고 요구했다. 자그마한 미국인이 이상한 얘기를 마구 떠벌이자 경찰들은 주춤했고, 그 사이를 틈타 난민들은 모두 승선했다.[40]

스톤은 경찰서까지 끌려갔다. 거기서 한 이탈리아인 친구가 스톤은 유명한 기자이며 "트루먼 대통령의 친구"라고 소리쳤다. 그러자 경찰들은 "트루먼"이 어쩌고저쩌고 자기들끼리 얘기를 주고받았다. 이어 한 경찰관이 들어와서 배가 떠났다고 소리쳤다. "당시 나는 엄청 화가 난 척하면서 '이제 난 잘렸다'고 소리를 질렀다"고 스톤은 회고했다. 그는 미국인임을 증명하겠다며 기자 복장으로 갈아입을 수 있게 해달라고 요구했다. 그러면서 잽싸게 취재수첩을 새 군용 양말 속에 숨겼다. 연안 감시 경찰대 전원이 들어와 옷 갈아입는 것을 지켜보는 상황이었다. "대령은 내 녹색 장교 제복을 보고는 감탄하더군요."

스톤은 결국 풀려났지만 이탈리아에 혼자 떨어진 꼴이었다. 본격 취재는 물 건너간 것처럼 보였다. 그러다가 이웃 동네에서 운 좋게도 내일 아침 출항 예정인 배를 찾아냈다. 스톤이 할 일은 술집을 돌아다니면서 선원들을 채근해 배를 몰게 하는 것이었다. 그 과정에서 술을 너무 퍼마신 스톤은 다음날 아침 비틀거리며 배가 있는 곳으로 나갔다. 승객이 너무 많아서 "우리 갑판은 뜨거운 여름날의 오차드 비치 해수욕장이나 코니아일랜드 같았다." 이어 승객들은 훨씬 더 바글거리는 배로 옮겨 탔다. 이지는 젊은 사람들이 환자들을 위해 갑판에 자리를 내줘야 한다고 주장했다. 남자 난민들은 말을 듣지 않았지만 스톤은 갑판 아래 악취가 진동하는 화물칸에 들어가 있다가 차례가 되면 꽉 들어찬 사람들을 뚫고 위로 올라가 바람을 쐬곤 했다. 화물칸은 발 디딜 틈이 없었고, 승객들은 악취로 구토를 했다. 특히 갑판으로 올라가는 사다리 주변에는 땀에 전 승객들이 다닥다닥 붙어 있었다.

육지가 가까워지자 난민들은 영국 감시선에 자수했다. 영국 배가 이들을 호위해 하이파 항구까지 데려갔다. 그 와중에도 선원들은 흰색 바탕에 파란 줄이 간 이스라엘 국기를 게양했다. 그런데 놀랍게도 영국인들은 깃발을 끌어내리지 않았다. 스톤은 다시 제복을 입고 당당하게 영국 해군 해안경비정으로 건너갔다. 여기서 감동적인 이별 장면이 연출된다. "그들은 손을 흔들고 환호하며 샬롬^{shalom}('평화'라는 뜻의 히브리어로 만날 때나 헤어질 때 하는 인사말)을 외쳤다. 나는 경비정 갑판에 서 있었다. 영국군들은 다소 놀란 표정이었다. …나도 샬롬을 외치면서 그들에게 손키스를 보냈다. …저 유대인들은 내 동포였고, 나는 정말 그들을 사랑하게 된 것이다." 그들은 운이 좋은 편이라고 스톤은 말했다. "불법 이민자들이 탄 배로서는 거의 마지막으로 상륙이 허가됐기" 때문이다. 스톤의 가슴은 열정으로 넘쳤다. 유대인이고 기독교인이고 할 것 없이 "이른바 '불법 이주'를 전폭적으로 지지하는 것이 도덕적 의무"였다.

스톤은 책을 끝맺으면서 독자들에게 이렇게 말했다. "그 배들이 불법이라면, 보스턴 차茶 사건^{Boston Tea Party}(1773년 식민지 미국인들이 영국 소유의 값비싼 차를 싣고 보스턴 항에 정박 중인 배를 파괴한 사건. 미국 독립전쟁의 도화선이 되었다)도 마찬가지다."

시리즈가 나간 뒤 30년도 더 지나서 후속 보도가 나왔다. 1980년 스톤은 한 「워싱턴 포스트」지 기자에게 전화를 걸어 대단한 특종감이 있다고 말했다. 스톤은 그에게 이스라엘에서 온 여자를 꼭 만나서, 그 여자 얘기를 쓰고, 편집국장한테 오케이 사인을 받으라고 신신당부했다.[41] 스톤은 은퇴 후에도 필이 꽂히는 사안이 생기면 주류 언론계에 있는 친구들에게 꼭 기사화해야 한다고 닦달하곤 했다.

스톤의 말이 맞았다. 이스라엘에서 온 여성의 얘기는 감동적이었다. 시작은 그녀가 여섯 살 때로 거슬러 올라간다. 당시 그녀는 부모와 함께 폴란드 바르샤바 게토를 빠져나와 강제 노동을 하게 된 사람들 무리 속으로 숨어들었다. 일을 나가는 틈에 그녀는 이모와 함께 숲으로 달아났다. 부모는 트레블링카 수용소로 끌려간 상태였다. 이후 소녀는 3년 동안을 가톨릭에서 운영하는 고아원에서 아리안족 행세를 하며 지냈다. 어느 날 어느 방으로 불려가서 보니 폴란드 사람 한 명과 독일 관리가 와 있었다. 두 사람은 독일어로 소녀에 대해 얘기를 나눴다. 폴란드인은 소녀가 유대인이라고 확신했다. 아홉 살이 된 소녀는 아무것도 모르는 척하면서 "제일 재미있는 사람은 우리 이탈리아인 할머니예요. 다들 내가 할머니를 닮았다고 하지요"라며 재잘거렸다. 소녀의 독일어는 완벽했다. 이디시어 어감은 전혀 없었다. "그 사람들은 잠시 후 미소를 짓더니 날 놓아두고 가더군요."[42]

위조 아리안족 신분증으로 강제수용소 압송을 모면한 소녀의 이모가 1946년에 소녀를 데리러 왔다. 바글바글한 난민 승객들로 기우뚱해진 팔레스타인행 배에서 한 남자가 메모를 하고 있었다. 남자가 소녀에게 말을 걸자 소녀는 미소로 답했다. "우리 배에서 가장 나이 많은 승객은 78세였고, 가장 어린 친구는 열 살 난… 검은 머리의 폴란드계 유대인 소녀였다." 당시 스톤은 이렇게 기록했다.[43] "소녀는 똑똑하고 퉁명스럽지만 조숙하고 폴란드어로 시를 썼다. 그 배에 오기까지 5개국 국경을 몰래 넘었다."

34년 후 소녀는 워싱턴에서 I. F. 스톤을 다시 만났다. 그녀의 어린 시절 이름은 유디스 그린버그였다. 1980년에 만난 그녀의 이름은 요엘라 하셰피, 나이는 44세였다. 이스라엘의 유명 저널리스트이며 종군기자도 했다. 스톤과 하셰피는 먼 과거의 추억 이상의 것을 공유하고 있었다. 두 사람 다 이스라엘 정부의 팔레스타인 정책을 규탄했다. 스톤은 그런 정책을 계속하면 "이스라엘은 끝없는 재난에 휘말릴 것"이라고 예언했다. 욤키푸르 전쟁^{Yom Kippur War}[1973년 10월 6일 이집트의 공격으로 시작돼 10월 25일까지 계속된 이스라엘과 아랍연합군 간의 전쟁. 제4차 중동 전쟁이라고도 한다] 때 최전선에서 종군기자로 활동했던 하세피는 평화 운동을 하는 소수 그룹에 속해 있다. 그녀는 소신을 표현했다는 이유로 주류 신문에서 해고됐다. 1980년 당시에는 좌파 간행물의 정치 담당 칼럼니스트였다.

"이스라엘과 팔레스타인이 죽음으로 치닫는 유혈극을 멈추는 가장 적절한 방법은 화해와 공존"이라고 하세피는 말했다. "그들이 그들의 나라를 갖지 못하면 우리도 우리의 나라를 가질 수 없을 것이다. 우리는 그들을 인종주의적으로 대해서는 안 된다. 바로 우리가 홀로코스트를 겪은 당사자였기 때문이다." 그녀는 "악의 뿌리"는 요르단 강 서안에 이스라엘 정착촌을 확대하는 것이라고 지적했다. "우리는 과다한 사치를 누려서도 안 되고 누릴 수도 없다."⁴⁴

스톤이 팔레스타인 잠행을 마치고 돌아왔을 때 그는 이미 미국 유대인들의 영웅이 돼 있었다. 시너고그와 하다사^{Hadassah}[1912년 뉴욕에서 창설된 여성 시온주의 운동 조직] 지부들에서 강연 요청이 쇄도했다. 저서 『팔레스타인 잠행기』는 열렬한 호평을 받았다. 특히 지루한 산문으로 흐르지 않고 감동적인 이야기들을 잘 살린 것이 주목을 끌었다. 60년이 지난 지금 봐도 대단히 흥미진진하다. 자유를 찾아 떠나는 사람들의 모습을 담은 그 생생한 묘사는 최고의 소설과도 어깨를 견줄 만하다. 「뉴욕 헤럴드 트리뷴」은 스톤의 "멋진 이야기"를 극찬했다. 「뉴욕 타임스」는 스톤이 이 작품에서 "3차원 입체 보도"라고 할 만한 수준에 도달했으며, "주목할 만한 저널리즘의 성취"를 이루었다고 평했다. 하가나에서는 공로 훈장을 수여했다.⁴⁵

이런 호평을 받으면서 스톤은 생애 처음으로 부자가 될 것처럼 보였다. 시온주의 운동 지도자들이 스톤에게 접근해온 것이다. 그중에는 굴지의 광고회사 동업자도 있었다. 그들은 저서 홍보에 2만 5,000달러를 쓰겠다고 했다. 1946년 기준으로는 엄청난 금액이었다. 그 대신 저서에서 "딱 한 두 문장만" 삭제하자고 했다. 두 민족을 아우르는 국가를 건설해야 한다는 스톤의 주장을 빼자는 얘기였다.

스톤의 답은 "노"였다. 랠프 잉거솔이 「PM」에 연재할 때 이미 그렇게 내보낸 내용이었다. 그러니 "내가 홍보를 위해 그런 검열에 굴복했다면 그 친구는 속으로 나를 우습게 여겼을 것이다."

스톤은 "그걸로 그날 점심은 끝이었다"고 회고했다. 문제의 책도 그렇게 끝이 났다. "사실상 보이콧당한 것이다."[46]

16
충성 서약, 하원 반미활동조사위원회

전후 황폐해진 유럽과 중동의 긴장 상황을 천착하던 스톤은 이제 세계 분쟁의 평화적 해결책을 확산시키는 쪽으로 나아갔다. 1947년 스톤은 그 명쾌함으로 유명한 "효과적인 외교 정책의 ABC"라는 글을 썼다. "이념을 죽일 수는 없다. 총알로 빵을 대신할 수도 없다. 비참함을 감시로써 완화할 수도 없다. 착취와 부패 위에 안정된 사회를 건설할 수는 없다. 트루먼 씨가 이런 점을 루스벨트 씨처럼 온전히 이해한다면 미국의 외교 정책은 파산한 지배계급을 토대로 보루를 쌓아 소련의 팽창을 막으려는 헛된 시도보다는 그래도 나은 쪽으로 갈 것이다."[1]

후일 스톤은 당시 자신이 투쟁 목표로 삼았던 이상을 시민권, 자유 언론, 세계 평화, 진실한 정부, 인간적인 사회 등등으로 요약한 바 있다. 국내의 냉전 상황은 그런 가치들을 비웃고 있었다. "신문의 헤드라인과 의회의 '조사'를 통해 세 가지 지극히 단순한 생각이 미국인들 의식 속에 주입됐다.[2] 하나는 우리가 소련과 싸워야 한다는 것이고, 또 하나는 우리가 독일을 재건해줘야 한다는 것이다. 마지막 세번째는 루스벨트는 전혀 잘한 일이 없다는 것이다." 이 세 가지를 "예전의 루스벨트 반대파들이 분홍 리본으로 묶어 하나의 꾸러미로 포장했다." 굶주리는 유럽인들을 본 스톤은 국내에서 맹목적 애국주의가 판치는 것을 규탄했다. "미국 정치에서 불평불만만 쏟아져 나오는 것을 듣고 있노라면 정말 신물이 났다."[3]

이런 상황에서 태어난 것이 트루먼 대통령의 충성도 심사Loyalty Program 정책이었다. 사회 전반에 두려움을 주입하려는 의도가 너무도 뻔했다. 공화당 상원의원 아서 밴던버그는 트루먼에게 비용이 많이 드는 유럽 부흥 계획에 대한 지지를 얻고 싶으면 "악마들에게 겁을 주어 이 나라에서 쫓아내라"고 설득했다. 트루먼은 바로 그렇게 했다.

1938년부터 활동을 시작한 하원 반미활동조사위원회HUAC가 좌파 척결 가속화를 편들고 나섰다. 당시 상황에 대해 스톤은 다음과 같이 분석했다. "미국이 소련과 싸워야 한다는 정서가 강화되는 상황에서는 종류 불문하고 급진파와 좌파를 영향력 있는 자리에서 몰아내기가 쉬웠다. 그럼으로써 평화적인 개혁은 다시 성공할 수 없게 됐다. 트루먼이 스탈린에게 험악한 얼굴을 보이는 한 민주당을 공산주의 추종세력이라고 비난하기는 어려웠다."[4]

국내적으로 공산주의에 대한 공포를 자극하는 것은 꽤 오래 효과를 발휘한 고전적인 수법이었다. 그렇게 해서 좌파를 약화시키고, 독립적인 사고를 질식시키고, 군사적 긴장을 고조시키면서 뉴딜로 가동한 복지 프로그램을 해체하려는 자들이 권력의 자리에 앉았다. 트루먼은 충성도 심사로 야기된 막대한 폐해에 대해 한 번도 사과한 적이 없다. 그러나 사석에서는 유명한 변호사 조지프 L. 라우 주니어(당시 진보적 정치조직 '민주행동을 위한 미국인 연맹Americans for Democratic Action(ADA)'에서 활동 중이었다)에게 "끔찍한" 실수였다고 털어놓았다.[5]

1947년 3월 21일 트루먼이 서명한 대통령령은 미국 헌법의 가르침과는 완전히 배치되는 것이었다. 충성도 심사는 연방정부 소속 공무원과 공무원 지망자를 대상으로 일제 사찰을 할 수 있도록 했다. 충성도 심사 위원회가 설치돼 불충인지 반역인지 애매한 경우에 대해 판결을 내렸다. 공산당원이었던 적이 있는 사람은(공산당은 불법이 아니었다) 매국노 취급을 받았다. 밀고는 칭찬받을 일이 되었고, 밀고자의 왕은 역시 후버 국장이었다. 수많은 조항 가운데 하나는 "연방정부 각 부서는… FBI에… (FBI의 "요청이 있을 경우") 현직 공무원 전원의 명단(과 기타 필요한 신원 관련 사항)을 제출한다"고 규정하고 있다.[6] "중앙인사위원회에서 1939년 9월 1일 이후 정부 부서에서 충성도 조사를 한 직원 전원의 인적 사항을 망라한 마스터 색인을 작성·운영한다"는 조항도 있다.

이런 프로그램을 운영하는 데에 납세자들 세금이 엄청나게 들어갔고, 사찰 대상이 된 사람들은 개인적으로 큰 불행을 겪었다. 1951년에 300만 명의 공무원이 중앙인사위원회의 조사를 받았고, 수천 명이 FBI의 조사를 받았다. "충성심이 의심스럽다"는 이유로 200명이 해고됐지만 기소된 사람은 아무도 없었고, 간첩 행위의 증거는 단 한 건도 발견되지 않았다.⁕ 그러나 충성도 심사 프로그램은 그 존재만으로도 부서장들을 긴장시켜 해고 조치를 남발하게 했다. 해고 대상자 중에는 교사나 구내식당 담당 직원처럼 기밀에는 아예 접근이 불가능한 경우가 대부분이었다.(스톤은 이 점을 누누이 강조했다.)

후일 충성도 심사 프로그램을 설계한 주요 인물은 정치적 목적을 노린 조치였다고 인정했다. 당시 스톤이 누차 강조한 대로였다. 선거에서 어려움을 겪은 트루먼이 "공산주의에 대한 태도가 물렁하다"는 비난을 불식

⁕ 반세기 후, 스톤이 사망한 지 6년이 지난 시점에 새로 공개된 러시아 쪽 기밀 해제 문건을 통해 과거 일부 고위 공무원의 스파이 혐의가 신빙성을 얻게 된다. 그러나 공무원 전체를 대상으로 한 숙청 작업을 정당화할 정도는 전혀 아니다. 기밀 해제된 러시아 문건들은 충성도 심사나 매카시즘의 광풍을 정당화하는 수준과는 거리가 멀다.(이에 대해서는 이 책 19장을 참조하라.)

할 필요를 느낀 것이다. 미국에서 가장 사려 깊은 역사학자 가운데 한 사람인 개리 윌스는 '충성 서약$^{Loyalty\ Oath}$'이라는 것을 고안해낸 클라크 클리퍼드를 비난했다. 클리퍼드는 세련되면서도 노회한 인물로 민주당 출신 여러 대통령의 고문 역할을 했고, 트루먼 대통령 때도 특별고문으로 활동했다. 윌스는 "그는 국가 안보를 강조하고 그에 필요한 논리와 조직을 만드는 데 누구보다 큰 역할을 했다"고 썼다.[7] 트루먼은 클리퍼드의 과격한 정책 메모를 읽고 나서 사본을 모두 폐기하라고 명하고 자신이 갖고 있던 문서는 서랍에 숨겨두었다. 이 문건이 누출되면 "백악관과 크렘린은 다 날아갈 것"이라고 트루먼은 말했다. 1991년에 낸 깔끔한 회고록에서 클리퍼드는 민감한 사안은 빼버렸으며, 당시 트루먼을 그토록 놀라게 한 내용이 무엇인지에 대해 일절 언급하지 않았다. 그러나 과거에 일부 수정하지 않은 원고를 칼럼니스트 아서 크록에게 넘겼었고, 크록은 이를 1968년에 발표한 회고록에 부록으로 실었다.

1991년 윌스는 크록의 버전을 살펴본 뒤 클리퍼드의 원고는 "세균전을 준비하라"는 내용이라고 정리했다. 클리퍼드는 소련을 제압하려면 "미국은 핵전과 세균전을 준비해야 한다"고 썼다. 1998년 클리퍼드는 저널리스트 칼 번스타인에게 정치에는 상당한 대가가 따른다는 섬뜩한 고백을 했다. 그는 트루먼은 공산주의에 대한 공포를 "대부분 헛소리"로 여겼다고 말했다.[8] "나는 이 모든 것이 조작되고 있다고 생각했다. …우리는 충성 문제에 대해 심각한 토론을 한 적이 없었다. …실제로 문제가 되는 경우는 없었다. 그런데 마침 우리는 대통령 선거를 앞두고 있었다. …게다가 대단히 불리한 문제가 있었다. 그래서 그가 그런 식으로 〔깨끗이 청소하기 위해〕 판을 벌인 것이다."

충성 서약을 들고 나오자 우파가 오히려 주눅이 들었다. 이것으로 트루먼은 "강경" 외교 정책을 팔아먹는 데 큰 효과를 봤다. 스톤은 마셜 플랜(공식 명칭은 유럽 부흥 계획$^{European\ Recovery\ Program}$이다)을 옹호했다. 그는 스탈린과 미국 공산당이 마셜 플랜을 거부함으로써 동유럽 국가들을 미국이 주도하는 원조 프로그램 대상에서 제외시키려고 한 것을 비난했다. 러시아의 반대 논리는 미국이 진지하게 제안한 적이 없다는 것이었다.(소련 입장에서 받아들일 수 없는 조건은 서유럽과 중부유럽 국가 재건 비용을 소련이 대라는 것이었다.) 영국 외무장관 어니스트 베빈의 고문으로 냉전 시대의 산 증인이었던 글래드윈 경卿은 "소련이 협조했다면 난감한 상황이 벌어졌을 것이다. …그렇게 되면 의회에서 예산을 확보하기가 대단히 어려웠을 것"이라고 했다.[9] 스탈린이 마셜 플랜을 받지 않은 것은 트루먼으로서는 승리였다. 우여곡절 끝에 170억 달러 규모로 확정된 마셜 플랜은 이제 공산 정권의 등장을 막는 조치로 여겨졌다. 미국 의회(상·하원)가 압도적인 찬성으로 마셜 플랜을 승인한 것은 1948년 4월이었다.

스톤을 난감하게 한 또다른 조치는 트루먼이 공산 반군과 싸우는 그리스 우파 정권에 무기원조를 한 것이었다. 관측통들은 터키에 대한 원조를 포함하는 트루먼 독트린Truman Doctrine〔1947년 3월 트루먼이 선언한 미국의 '반소 반공' 외교 정책 원칙〕을 소련에 대한 엄청난 위협으로 보았다. 트루먼은 "억압에 저항하는 자유로운 국민들"을 보호할 필요가 있다고 말했다. 스톤은 트루먼이 "범죄자와 무능력자, 추축국의 하수인들과 부패한 왕당파들의 연합체를" 지원하고 있다고 규탄했다. "마셜 플랜은 원래 불만을 가진 자들을 먹여 살림으로써 혁명을 피하려고 한 것이었다. 반면에 군사 원조는 그들을 총으로 쏴 죽임으로써 혁명을 피하고자 하는 것이다."[10]

1947년 공화당이 다수인 의회는 그리스와 터키에 대한 400억 달러 규모의 군사 원조 예산안을 승인했다.[11] 이러한 방향은 이후 수십 년 동안 미국 외교의 골간으로 지속된다. 스톤과 달리 리프먼은 그리스 원조를 올바른 방향으로 평가했다. 그러나 그 역시 트루먼의 호전적인 수사가 자칫 군비 경쟁으로 치닫게 되지 않을까 우려했다.[12] 미국의 다른 언론인들은 놀라우리만큼 이구동성으로 트루먼 독트린을 격찬했다. "버벅거리는 트루먼" 운운하며 놀려대던 기자들도 잽싸게 태도를 바꿔 루스벨트의 매가리 없는 계승자가 아닌, "새로운 모습의" "대담한" 트루먼이라고 분칠을 했다.

그러나 미국의 외교 정책이 "범죄적이고 독재적인 세력과 결탁하는 쪽으로" 나아간다는 스톤의 예언은 대단히 정확한 것으로 입증됐다. 1947년 스톤은 이렇게 썼다. "우리는 독재자들에게 군수품 상점을 열어준 것 같다. 이라크와 터키에서 브라질과 아르헨티나에 이르기까지 달라고만 하면 반민주 정권에 공짜로 총을 내주고, 그 총은 제 나라 국민을 탄압하는 데 사용된다. 거기 붙은 유에스에이 표시는 광고로서는 최악이다."[13] 스톤은 무자비한 좌파 정권들에 대한 비판은 여전히 최대한 자제하면서 이들이 점차 나아져서 "미래를 위해 기존 세대 전체를 안 먹이고 안 입힐 만큼 혹독하고 무자비하며 고집스러운" 소련과는 달라질 것으로 기대했다.[14] 그는 또 이렇게 썼다. "미국의 정책이 외국의 대다수 인민이 중도 노선을 택하는 것조차 허용하지 않을 만큼 어리석지만 않는다면 세계는 소련 식으로 공산화되지는 않을 것이다."[15] 자본가들이 두려워한 "사회적 소유와 생산수단의 통제"는 "적어도 예수와 그 첫 세대 추종자들 입에서도 나왔을 만큼 오래된 발상이고, 현대에 들어서는 가장 설득력 있는 이념"이었다.[16] 그는 성서를 자주 보지 않는 독자들을 위해 칼럼 끝에다 "사도행전 2장 44~45절[믿는 사람은 모두 함께 지내며 그들의 모든 것을 공동 소유로 내어놓고, 재산과 물건을 팔아서 모든 사람에게 필요한 만큼 나누어주었다.]"이라는 주석까지 붙였다.

의견이 다른 것과 국가에 대한 불충을 동일시하는 것이 우파의 특징이었다. 우파는 반대 의견에 대해 습관적으로 "비애국적"이라는 딱지를 붙였다. 스톤은 항상 미국 민주주의에서 말하는 자유를 높이 떠받들었으며 반대 의견을 말하는 것은 권리일 뿐 아니라 의무이기도 하다는 점을 강조했다. 이런 주장은 1950년대 들어 철저히 묵살됐다. 충성도 심사가 도입된 지 3년 만인 1950년 상원의원 조지프 매카시가 무대에 등장했다. 당시 냉전의 광기는 거의 극단으로 치닫고 있었다. 하원 반미활동조사위원회 HUAC에 출석한 증인들은 의심 가는 사람들 이름을 대며 그들이 온갖 나쁜 짓을 저질렀다고 목청을 높였다. 미디어 평론가 A. J. 리블링은 이런 엉터리 증언을 비꼬아 이렇게 말했다. "공산주의자로 지목된 사람들은 하나같이 매일 아침 이를 닦기 전에 신을 모욕한 뒤 밖에 나가 외국에 넘길 비밀이 뭐 없을까 하고 찾아다닌다는 얘기였다."[17]

스톤은 좀더 유머러스하게 씹었다. "'나는 공산당원이었는데 너무 지겨워서 탈당했다'고 말하는 편이 채색되지 않은 진실에 가깝다고 할 수 있겠다. …공산당이 변절자나 FBI '거지들'이 주장하는 것의 10분의 1만큼이라도 매력적이었다면 그들은 벌써 국회의원을 배출했을 것이고, 기관지인 「데일리 워커」 직원들에게 월급도 잘 주고 있을 것이다."[18] 후버는 의회에 출석해 빨갱이 색출 예산을 배정해달라고 호소할 때마다(항상 승인됐다) 미국 공산당 당원 수를 과장했다. 스톤은 당원의 절반은 FBI 요원이라는 식으로 비꼬곤 했다. 그는 환히 불 켜진 상원 청문회 풍경도 대놓고 씹었다. "소수의 성직자 같은 분들이 계시고 아부하는 시종들은 서둘러 특별석을 갖다 바친다."[19] 공산당원이었던 정보원들의 말은 "신탁神託으로 간주된다. 군중들은 불길한 예감에 몸을 떤다. …정보원들은 당을 나간 지 오래된 경우일수록 무시무시한 음모를 더 잘 알고 있다."

후일 스톤은 반동적인 의원들이 「데일리 워커」를 열심히 읽는 것을 보고 배꼽을 잡았다. "청문회 테이블에는 적어도 두세 뭉치의 「데일리 워커」가 놓여 있었다. 의원들은 어느 대목이 1쪽에 나오느냐 3쪽에 나오느냐를 놓고 탈무드를 해석하듯이 꼬치꼬치 따졌다. 소련 연구자들이 「프라우다Pravda」〔소련 공산당 기관지로 '진실' '진리'라는 뜻이다〕를 꼼꼼히 읽는 것 같은 모습이었다. 그것은 **악마**의 텍스트였지만 거의 성서 같은 취급을 받았다."[20] 사회학자 기틀린과의 대담에서 스톤이 한 말이다. 당시 벌어진 일들에 대한 그의 기억은 사실 이보다 훨씬 우울했다. "공산당원이었던 사람들은 가슴이 덜컥 내려앉았어요. 그들은 친구를 밀고하고 싶지 않았지만 말썽에 휘말리는 것도 원하지 않았지요. 나이도 있고, **좋은** 사람들이 많았는데⋯."

HUAC의 할리우드 텐Hollywood Ten[영화를 공산주의 선전의 도구로 사용했다는 혐의를 받은 시나리오 작가, 제작자 등 영화계 유명 인사 10명] 청문회가 대중의 관심을 끈 가운데 무고한 보통 시민들—교사, 노조원, 공무원 등등—은 직장을 잃고 평생 공산주의자라는 낙인이 찍혔다. 이들은 자신을 고발한 당사자와 대질도 안 됐고, 심지어 누가 고발했는지, 자신에게 적용된 혐의가 무엇인지에 대해서도 알 수 없었다. 공무원들은 '불충'이라는 "합리적인 이유"만으로 해고당하기도 했다. 당국에서는 "불충"이 구체적으로 무엇을 말하는지 밝히지도 않았다. 1951년에는 정부에서 구성한 위원회가 특정인에 대해 "불충"이라고 의심하면 그걸로 끝이었다. "충성"과 "불충"에 대한 정의 같은 것은 없었다.

하원과 상원에서 벌어지는 각종 조사 위원회의 축소판이 여러 주로 퍼져나갔다. 공산주의에는 반대하지만 진보 내지 리버럴이라고 하면 그것은 정치적 자살 행위였다. 반대파들은 리버럴도 공산주의자나 마찬가지라고 몰아붙였다. 이 문제를 정면으로 따지고 드는 용기 있는 언론은 거의 없었고, 정치인들은 더했다. 기관으로부터 돈을 받고 일하는 정보원들은 소문이나 험담, 중상모략 같은 것들을 FBI에 그대로 일러바쳤다. 그들은 왜 그랬을까? 그런 정보원들의 이름은 반세기가 더 지난 지금까지도 FBI 검열관들에 의해 검은 매직으로 지워진 상태로 남아 있다.

체제 전복을 기도했다는 이유로 공산당과의 연루 여부에 대해 신문을 받는 사람이 혐의를 부인하는 것은 결백의 증거가 될 수 없었다. 조사 위원들은 KGB['국가보안위원회'의 약자로 소련의 비밀경찰·첩보기관이다]는 최고위급 정보원을 노출시킬 수 있다는 이유로 "공식" 기록을 남기지 않았다고 주장했다. 따라서 누구든 비밀 공산당원으로 낙인찍는 것은 일도 아니었다. KGB에서 CIA에 이르기까지 스파이 조직은 은폐가 기본이기 때문에 일단 의회 조사 위원회의 표적이 되면 결백을 입증하기는 대단히 어려웠다.

"정말 정말 끔찍한 시대였다."[21] 충성도 심사 관련 사건을 많이 맡았던 뉴욕의 저명한 변호사 빅터 라비노위츠는 이렇게 회고했다. "당신은 공산주의자인가 또는 공산주의자였던 적이 있는가"라는 질문을 받는 것 자체가 재앙이었다. 1948년 공화당 대통령 후보로 나선 토머스 듀이를 포함해 공화당 정치인들도 10년 전만 해도 미국 공산당에게 지지를 부탁하곤 했다. 조사 위원회에 고발된 사람들 중 다수는 대공황 때 공산당원이었거나 공산당 노선에 동조했지만 탈당한 지 오래된 경우였다. 개인의 정치적 견해는 남이 관여할 문제가 아니라거나(수정 헌법 1조에 보장돼 있다) 유죄 인정을 강요당해서는 아니 된다(수정 헌법 5조)고 주장해봐야 소용없었다. 라비노위츠는 "수정 헌법 1조나 5조를 들이대는 것은 '유죄'라는 확실한 징표였다"며 "언론이 전혀 도움이 안 된 것과 마찬가지로 법원도 거의 도움이 안 됐다"고 지적했다.

"직장이 완전히 망가지는 사람들도 있었다. 일부는 임시직 교사로 공립학교에서 가장 낮은 직급이었다. 하지만 그런 사람들도 뉴욕 교육청에서 수정 헌법 5조 운운한 사람은 바로 해고한다는 결정을 내렸기 때문에 가차 없이 잘렸다. 이런 조치가 위헌 소지가 있다는 주장이 제기되자 양식을 조금 바꿔서—해고 대상자는 동일했다—**불복종**을 이유로 들이댔다. 이런 사안에 대해 소송을 제기하면 시간은 수년이 걸리고 대법원까지 올라가야 겨우 승소할 수 있었다. 문제는 끝까지 법정 다툼을 할 만한 능력도 돈도 없는 사람이 500명이나 됐다는 사실이다. 그것이 얼마나 끔찍한 일인지는 설명하기조차 어렵다.

매카시의 보좌관인 로이 콘과 위원회는 청문 대상자에게 시간적 여유를 주지 않고 소환했기 때문에 달리 방어 준비도 할 수 없었다. 소환을 받았다는 것만으로 사형선고나 마찬가지였다. 나는 그 불쌍한 사람들과 워싱턴으로 내려갔는데 그들은 기차를 타고 가는 동안 내내 흐느끼며 '직장에서 잘릴 거야'라고 말하곤 했다. 위원회 위원 중에 내가 정말 혐오한 인물은 5~6명에 불과했지만 그중에서도 콘이 가장 심했다. 콘은 정말 악의로 똘똘 뭉친 자였다. 그에 비하면 매카시는 그저 술 취한 기회주의자로 대세를 타는 정도에 불과했다."

한편 좌파들은 분열과 상호 적대를 계속함으로써 저절로 해체돼가고 있었다. 스톤처럼 예전에 인민전선파였던 사람들은 미국 공산당을 비판했지만 수정 헌법 1조의 자유권을 옹호했다. 1947년 새로 발족한 민주행동을 위한 미국인 연맹ADA은 반공 진보 조직이었다. 이들은 공산당을 좌파의 생존을 위협하는 존재로 봤다. "독자적 세력화의 목표는 어리석은 짓거리와 분열과 이단 사냥을 피함으로써 공산당처럼 우스꽝스러운 꼴이 되지 않기 위한 것이다."[22] ADA에 대해 스톤이 1950년에 쓴 글이다. 공산당은 "폭넓은 전선을 구축해 파시즘에 대항하자는 노선과 '순수 혁명 노선' 사이를 오락가락했다. 혁명 노선이란 당 지도부들이 생각하기에 모스크바의 지침을 충실히 따르는 것으로" 완고하고 평범한 인물들이 중심이 되어 끌어갔다.

"1930년대에는 공산당원 친구가 한둘씩 있었다. 그들은 대부분 작은 스탈린, 즉 꼬마 독재자들이었다."[23] 스톤은 패트너와의 대담에서 이렇게 회고했다. 1948년 스톤은 소련에 대해 "추방과 억압과 공포"에 의존하는 체제라고 혹평했다.[24]

1952년 스톤은 대실 해밋에게 보낸 편지에서 미국 공산당의 V. J. 제롬〔1896~1965. 폴란드 이민 출신 유대계 미국인 작가. 마르크스주의 문화평론으로 유명했고, 미국 공산당에서 발행하는 잡지의 편집장을 지냈다〕구명 집회를 지지할 수 없다고 밝혔다. 당시 제롬은 미국 정부 전복 선동 행위를 처벌하는 스미스법에 의해 기소된 상태였다. 'V.J.는 개인적으로는 정말 좋은 사람입니다… 하지만 지성과 문화의 자유를 믿는 사람 입장에서는 도저히 용납할 수 없을 정도로 지식인들을 감시하려고 했어요. …그의 교조주의적이고 독재적인 사고방식과 나의 극명한 차이를 무시하고 그의 편에 선다면 그야말로 바보 같은 일일 것입니다."[25] 스톤은 제롬이 스미스법의 희생자라는 점은 인정하지만 "그를 자유주의자인 것처럼 말할 수는 없기 때문에 구명 집회에는 나서지 않는 게 좋겠다"고 말했다.

스톤은 이미 1940년에 스미스법에 도전한 바 있었다. 그때도 역시 이 법이 원수인 트로츠키파를 겨냥한 것이라는 이유로 아무 발언도 하지 않는 스탈린주의자들을 비난했다. 이 법의 정식 명칭은 외국인등록법Alien Registration Act인데 발의자인 하원의원 하워드 스미스(버지니아 출신으로 인종차별주의자였다)의 이름을 따 스미스법이라고 했다. 1940년 루스벨트 대통령이 서명함으로써 발효된 이 법은 어떤 이념을 옹호하는 행위 자체를 범죄로 규정했다. 후버 FBI 국장은 후일 트루먼에게 스미스법을 공산당 단속에 활용할 것을 제안했다. 1940년 트로츠키파 때려잡기에 이 법이 악용됐을 때 그랬던 것처럼 스톤은 1949년 이 법이 11명의 공산주의자에게 적용됐을 때도 잘못이라고 주장했다. 그들에게 적용된 혐의는 겉으로 드러난 구체적인 행동에 관한 것이 아니라 "마르크스-레닌주의를 의도적으로 옹호하고 가르치려는" 음모를 꾸몄다는 것이었다. 정부 측은 이를 미래의 어느 시점에 "미국 정부를 무력과 폭력으로 전복하고 파괴하려는 행위"로 해석했다. 그중 10명에게 5년 징역형이 선고됐다. 수훈십자훈장까지 받은 2차 대전 참전 용사 출신의 로버트 G. 톰슨은 3년형을 받았다. 톰슨은 수감 중 동료 재소자들에게 살해당했다.

이들에 대한 유죄 판결은 좌파 진영 전체에게 타격이었다. 스톤은 이 사건에 대해 이렇게 썼다. "처음부터 끝까지 정부 측은 피고인들이 불법적인 행위를 했다고 주장하거나 입증하려고 하지 않았다. 그들은 국회의 사당에 폭탄을 던지려 하거나 그런 행위를 사주하거나 사병私兵을 훈련시켜 워싱턴으로 진격하려고 했다는 이유로 기소된 것이 아니었다. 그들이 기소된 이유는 혁명적 이념을 전파했다는 것이었다. …미국 독립선언서 Declaration of Independence와 링컨 대통령 취임 연설에도 혁명적 이념이 나온다. 혁명적 이념을 말할 권리는 언론의 자유에 의해 보장되는 것이다."[26]

정부는 한번도 "명백하고도 현존하는 위협"이라는 논리를 사용하지 않았다. 이런 논리라면 스톤도 현실이 부합할 경우 인정할 수 있었다.(정부는 이념을 주장하는 것이 "명백하고도 현존하는 위협"이 될 경우 개입할 권한이 있다.) "30년 동안이나 합법적으로 존재해온 미니 정당 공산당이 실제로 정부를 전복할 만한 '명백하고도 현존하는' 위협이 된다고 입증할 만한 증거는 없었다." 스톤은 스미스법 위반 관련 재판을 "더러운 경주競走"라고 불렀다. "1차 대전 이후 반공 히스테리가 극성을 부린 이후로 이렇게 막무가내인 재판은 없었다. …이런 말도 안 되는 기소를 주도한 것은 트루먼 행정부로서 민주당 대선 후보 경선에서 헨리 월리스 진영에 밀릴 것 같으니까 취한 조치였다."

피고인 측 변호사들도 전원 법정모독죄로 소환되어 실형을 살았다. "그런 종류의 급진파 피고인을 변호할 용기가 있는 변호사는 지금도 많지 않다. …변호인까지 교도소에 집어넣음으로써 변호인의 조력을 받을 권리와 같은 기본권조차 약화시킨 것이다." 사흘 뒤 스톤은 변호인을 구금한 조치에 대해 "바보 같은 짓거리의 완결판"이라고 규탄했다. 반면에 "과거, 미국의 기본 가치를 옹호했던"「뉴욕 타임스」,「뉴욕 헤럴드 트리뷴」,「워싱턴 포스트」,「볼티모어 선Baltimore Sun」은 "노망이 들었는지 비틀거렸다." 그런 유죄 판결을 용인하는 것은 "비겁해서"라는 말 이외에는 달리 설명할 길이 없었다.

이듬해인 1950년 좌절감을 느낀 스톤은 "워싱턴이 그 경직성과 의구심, 부자연스러운 일사불란함에 있어서 점점 더 모스크바를 닮아가고 있다"고 썼다.[27] 스톤이 사회주의 성향이면서도 어느 정파에 기울지 않는다는 것은 이미 1940년 FBI 보고서에 지적돼 있다. 관련 문건에서 한 정보원은 스톤은 "공산당원이 아니다"라고 분명히 밝혔다.[28] 정보원은 스톤이 "진보progressive"는 물론이고 "심지어 리버럴"에서도 이탈하는 입장을 취하는 경우가 많다는 점을 강조했다. 정보원은 '진보'란 공산당 노선을 추종하는 자이고, 리버럴은 당 노선을 추종하지 않지만 대부분 사회주의적인 입장을 견지하는 경우를 말한다고 용어 정의까지 해놓았다. 스톤을 만나본 적도 없는 또다른 공산당원 출신도 FBI에게 미국 공산당원들은 스톤을 "얼치기"라며 우습게 본다고 확인해주었다. 스톤이 유고슬라비아 지도자 티토가 스탈린과 결별한 것에 대해 서방 지도자들과 마찬가지로 박수를 보냈을 때 가장 화를 낸 사람은 「데일리 워커」의 편집국장 존 게이츠였다. 그는 "I. F. 스톤과 같은 고약한 사례에 대해서는 가차 없이 투쟁해야 한다"며 이를 갈았다.

스톤은 패트너와의 대담에서 이렇게 말했다. "고분고분 따르지 않는 사람을 좋아하는 집단은 없습니다. 나는 좌파지만 특정 정파를 추종한 것은 아니었지요."[29] 좌파와 연을 끊은 사람들은 "내가 아직도 좌파라는 이유로 나를 미워했고, 우파들은 내가 '역사의 기관차'에서 이탈했다는 이유로 나를 경멸했습니다." 좌파와 우파의 많은 인사들은 스톤이 추구하는 최고의 가치, 즉 어떤 개인이나 집단에 대해서도 자유롭게 말할 권리를 인정해주어야 하고 그 권리를 옹호해야 한다는 것을 결코 받아들일 수 없었다. 이 경우 발언 내용이 마음에 들고 들지 않고는 문제가 아니었다. 예를 들어 1949년 스톤은 "정직 상태인 가톨릭 신부 터미니엘로가 유대인을 비방하는 연설을 한 데 대해 시카고시가 치안방해 혐의로 100달러 벌금을 매긴" 사건에서 터미니엘로 신부 편을 들었다.[30] "터미니엘로가 연설에서 '무신론에 공산주의자이며 시온주의자인 유대인'이라고 한 것은 바로 나

같은 사람을 염두에 두고 한 말이라고 볼 수 있겠다. 하지만 나는 그의 말할 권리를 박탈함으로써 나 자신과 우리 민족의 품위를 떨어뜨리고 싶지는 않다." 스톤은 "나는 내가 미국인으로서 누리는 자유를 남이 '야비한 망상'을 떠든다고 바로 자리를 뜰 만큼 옹졸한 차원으로 생각하지 않는다"고 밝혔다.

스톤은 개인적으로는 급진파 친구들에게 자주 화를 내곤 했다. 레너드 부딘과 법률 구조 일을 함께한 빅터 라비노위츠는 "그는 내게 종종 화를 내곤 했다"고 말했다. "그는 내가 공산당 노선을 너무 옹호한다고 봤다."[31] 스톤은 미국 공산당에 대해 라비노위츠와 논쟁을 했다. "스탈린과 소련의 정책을 지지함으로써 미국의 상황을 악화시키고 있다. 그것이 역효과를 내 매카시를 돕고 있다"는 주장이었다.

공식적으로 스톤은 "좌파는 적으로 삼지 않는다"는 입장을 표명하곤 했다. 단결이 가장 중요하다는 이유에서였다. 그러나 몇 년 사이에 입장이 좀 바뀌어서 다른 좌파들은 공산당과 결별해야 하고, 공산당은 해산하는 것이 좌파 진영 전체에 도움이 된다고 주장했다. 후일 역사의 가정에 대해 스톤은 답을 하지 않았다. 예를 들어 '냉전이 없었다면 대외 관계가 더 좋았을까요?' 하고 패트너가 물었다. 스톤의 답변은 이랬다. "모르겠네요. 양쪽이 서로에 대해 불신이 워낙 컸으니까. …러시아인들은 정말이지 피해망상이 심해요. 우리도 피해망상이 심하지요."[32]

스톤은 1917년의 러시아 혁명과 이후 1949년의 중국 혁명은 그 모든 과오에도 불구하고 황제나 차르, 부패한 독재자들의 극악한 통치의 불가피한 결과라고 봤다. 그는 소련이 "농민과 노동계급에게 실질적인 이득을" 주었다고 주장하면서도 "서구식 자유와 생활수준"과 비교해서 하는 말은 아니라는 점을 강조했다. 그는 또 마오쩌둥은 부패한 국민당의 직접적인 결과이며, 그의 집권은 좋은 쪽으로 변화를 가져왔다고 주장했다. 그러나 과거 정권의 잔학행위를 근절하는 대신 마오는 스탈린과 마찬가지로 그 비슷한 흉내를 내면서 호화사치 생활을 했다. 그 사이 수백만 국민들은 굶어죽거나 살해당했다. 생산 증대를 목표로 한 대약진大躍進 운동이 재앙으로 끝나자 1966년부터 1976년까지 10년 동안 문화혁명의 공포가 중국을 휩쓸었다. 한 세대가 완전히 괴멸됐다. 몸이라도 살아남은 사람들은 반지성주의에 시달리면서 무지와 몽매로 내몰렸다. 이 모든 과정에서 살인적인 독재자 마오쩌둥은 외부세계를 농락했다. "그를 만나본 일부 외국인들은 그가 점잖고, 마음씨 따뜻하고, 심지어 링컨과 같은 풍모를 지녔다고 주장했다."[33]

이처럼 당시 사정이 적나라하게 밝혀진 것은 모두 훗날의 일이었다. 그러나 1950년 당시 스톤은 미국 정부에 새 공산 중국을 인정하라고 촉구했다. 그러면서 공산 정권이 집권한 것은 "인민의 대다수가 부패하고 부도덕한, 살인적인 국민당 정부에 염증을 느꼈기" 때문이라고 했다. 당시로서는 많은 관측통들도 인정하는 정확한 평가였다. 스톤은 우파로서 막강한 영향력을 발휘한 차이나 로비는 타이완에 망명한 장제스 정권을 지지하면서 민주당 의원들을 협박했다고 썼다. "중국은 자신의 운명을 결정할 권리가 있다." 개입과 봉쇄는 미국뿐 아니라 "극동의 우리 위성국들, 특히 일본"에 해를 끼친다. "성숙한 정책이라면 이데올로기에 관계없이 국가들 간에 무역이 필요하다는 것을 인정해야 한다."[34] 공산 중국과 관계를 개시하는 데는 사반세기 세월과 더불어 공화당 출신 대통령이 필요했다. 스톤은 하원의원 시절 공산 중국을 적대시하며 민주당 의원들이 중국을 "말아먹었다"고 비방했던 닉슨이 대통령이 되어 취한 행보에 대해 호평을 아끼지 않았다.

1950년 스톤은 리프먼 같은 주류 저널리스트들과 같은 입장을 취했다. 차이나 로비가 행정부에 미치는 영향력을 약화시키려 한 것이다. 물론 스톤은 리프먼에 대해 비판을 아끼지 않았다. "중국 문제에 대해 올바른 입장을 보여주는 것은 다행이지만" 리프먼은 여전히 "부정적인 시각을" 가지고 "중국 빨갱이들에 대항할 연합전선을 생각하고 있다"고 지적했다.[35] 영향력 행사에 익숙한 리프먼과 에드워드 머로 및 기타 유명 저널리스트들이 「워싱턴 포스트」 칼럼니스트 마퀴스 차일즈 집에서 사적으로 모여 국무장관 딘 애치슨과 토론을 벌였다.[*] 이들은 자신들이 재무부 기록에서 찾아낸 내용을 까라고 애치슨을 설득했다. 차이나 로비가 마약 자금의 지원을 받고 있으며 중국에 보낸 미국 원조를 은밀히 빼돌려 홍보비로 쓰고 있다는 내용이었다.[36] 애치슨은 이 정보를 일절 활용하지 않았다.

스톤은 애치슨에 대해 "의회 비판자들의 비위를 맞추느라고 너무 굽실거린 나머지 키가 반으로 줄었다"고 혹평했다.[37]

국내에서는 억압이 가중됐다. 법무장관은 체제 전복을 노리는 "공산주의 조직"으로 에이브러햄 링컨 여단으로 스페인 내전에 참여했던 노인들과 2차 대전 때 소련에 구호품을 보낸 소수의 할머니들을 거명했다. 대부분 사회적으로 아무 해가 없거나 이미 해체된 조직을 시간을 소급해 탄압 대상으로 삼은 것이다. '다리 잃은 퇴역 군인의 경우'라는 글에서 스톤은 트루먼의 충성도 심사 정책의 가증스러운 면을 폭로했다.[**] 스톤이 제기한 문제를 정리해보면 이렇다. 1948년 주급 42달러를 받는 보훈처 직원이 있었다. 그는 "독일군의 포탄으로 두 다리를 잃었는데 이제 미국인의 공산주의 히스테리로 생계마저 잃었다." 그가 해고된 것은 스탈린에 반대하는 트로츠키주의 그룹인 사회주의노동자당Socialist Workers Party 당원이었기 때문

---

* 리프먼과 애치슨은 조지타운 대학에서 열린 파티에서 다툰 적이 있다. 당시 애치슨은 리프먼이 비판적인 칼럼으로 트루먼 독트린을 "파괴하고 있다"고 비난했다. 두 사람이 언성을 높이자 다른 손님들은 흥미진진하게 지켜봤다.(Ronald Steel, *Walter Lippmann and the American Century*, 439쪽 참조)

** 이 사건은 2002년 상원의원 맥스 클릴랜드의 경우를 연상시킨다. 클릴랜드는 베트남전쟁에서 두 다리와 팔 하나를 잃은 참전 용사였지만 이라크전쟁에 반대한다는 이유로 정적들로부터 "비애국적"이라는 비난을 받았다. 이런 비난은 클릴랜드의 상원의원 재선 실패에 결정적 역할을 했다.

이다. 스톤이 지적한 대로 "(스탈린과는 철천지원수인) 트로츠키주의자가 원자탄을 훔쳐서 배에 실어 크렘린으로 보낸다고 상상할 수 있는 사람은 아무도 없었다. 스탈린이 찻주전자 뚜껑을 여는 순간 원자탄이 폭발하는 장치를 따로 달아놓았다면 또 모르지만."[38] 보훈처 직원이 하는 일은 기밀이랄 게 없었다. 그러나 해고 이유에 대한 설명은 전혀 없었다. 정부가 블랙리스트 명단에 올린 단체의 회원이라는 것이 그가 해고된 유일한 이유였다. 스톤은 이 칼럼을 트루먼에 대한 비판으로 끝낸다. "두 다리가 없는 남자보다 더 불쌍한 것은 확고한 원칙이 없는 대통령이다."

스톤은 여러 운동단체에 강연을 많이 다녔다. 그때마다 단체 회원들은 겁을 먹고 별로 나오지 못한 반면 FBI 정보원들은 꼬박꼬박 자리를 채웠다. 스톤은 농담으로 이들을 놀려주곤 했다. 어느 겨울날 밤 스톤은 텅 비다시피 한 강연장에서 'FBI 정보원들이 앉아 계시기에는 너무 춥겠다'고 농담을 했다. 1949년 11월 8일 스톤은 워싱턴 서점Washington Book Shop이 후원한 모임에서 강연을 했다. 좌파 서적을 판다는 이유로 "조직"으로 찍힌 서점이었다. 그날 밤 스톤은 워싱턴 서점에 '가입'했다고 농담을 하면서 "신분증까지 꺼내 보였다." 1950년 5월 25일에는 FBI 정보원이 스톤이 진보당Progressive Party에서 한 강연 내용을 받아 적었다. 스톤은 강연도 청중의 성향에 맞게 조금씩 스타일을 달리했다. 정보원 메모에 따르면 급진 계열인 진보당 강연에서 스톤은 "러시아가 뭐가 문제냐? 그들은 세상에서 가장 썩은 종교를 제거해버렸다"고 말한 것으로 돼 있다. 그는 또 '조롱조로'(FBI 문건에는 "야유조로"라고 돼 있다) "이제 빨갱이를 좀더 수입해야 할 때가 됐다. 빨갱이가 없으니까 공화당이 공격할 대상이 없다"라고 덧붙였다.

또다른 정보원의 보고를 기록한 문건에는 스톤이 "급진적인 이념"을 가진 사람들 목소리가 들려야 한다고 말한 것으로 돼 있다. 그 이유는 정치적 사고의 폭이 넓은 건전한 사회가 되어야만 "모든 이에게 유익한 중도적인" 정책을 발전시킬 수 있기 때문이라고 했다. "공산주의 내지는 혁명적인 정당이 간섭받지 않고 제 기능을 하는 사회라야만 진정한 민주국가라고 할 수 있다." 스톤은 미국에서 가장 비미국적이고, 체제 전복적인 인사는 법무장관이라는 말을 자주 했다. 1951년 스톤은 한 반정부 그룹 모임에서 강연을 했는데 그룹 이름이 볼티모어권리장전수호위원회Baltimore Committee to Defend the Bill of Rights였다. 흑백 분리가 보편화된 시대에 이 조직은 놀라울 정도로 흑백이 혼합된 형태의 조직이었다. 400여 명의 "흑인과 백인 시민들"이 볼티모어의 오드 펠로즈 홀에 모였다.[39] 6개월 후(1951년 7월 25일) 스톤은 예술, 과학, 전문직 관련 전국 모임에서 청중 3,000명을 상대로 강연을 했다. 그 자리에 모인 사람들을 보고 스톤은 "우리는 외롭지 않다"고 했다. "우리가 여기 모인 것은 법을 비웃어주기 위해서입니다. …나는 타인의 말할 권리를 존중합니다."[40]

그러나 우파 언론은 스톤에게 그런 존중을 보내지 않았다. 스톤은 「뉴욕 헤럴드 트리뷴」에 연재되는 「레드 언더그라운드Red Underground」('지하에서 암약하는 공산주의자'라는 뜻이다)라는 칼럼을 조롱했다.[41] 이 칼럼은 루스벨트 대통령의 부인이었던 엘리너 여사까지 체제 전복세력이라고 했다. 1951년 스톤은 「레드 언더그라운드」 칼럼이 "내가 전국을 돌아다니며 스미스법 반대 강연을 한다는 사실을 '폭로'하기 시작했다"고 썼다. "듣자니 더 센세이셔널한 폭로가 있었다. …내가 스미스법에 반대하는 강연을 (여섯 달 사이에) 아홉 개 도시에서 열두 차례나 했다는 것이다." 칼럼은 스톤이 "바이올린 연주회라고 밝히지도 않은 채" 보스턴 음악학교와 시카고 쇼팽 홀에 출연했다고 지적했다. 이에 대해 스톤은 "나는 미국 지리학협회에서 보낸 강연자인 척한 적이 없다. …그런 모임들은 일반에 공개된 모임이었다. 더구나 몇 마디 농담을 이디시어로 한 것 빼고는 모두 영어로 진행했기 때문에 누구나 알 수 있는 내용"이라고 비꼬았다. 그런 모임에 '언더그라운드'라는 딱지를 붙이는 것은 참석자 모두를 불온세력으로 몰아붙이려는 작전이었다. "유해한 내용을 열심히 찾는" 「레드 언더 그라운드」는 스톤이 "미국보다 소련이 더 자유가 많다"고 말한 것으로 인용했다. 이에 대해 스톤은 "말도 안 되는, 정치적으로 무지몽매한 소리"라며 "내가 말하고 쓰는 내용을 보면 그런 주장과는 정반대"라는 걸 알 수 있다고 반박했다.

스톤은 1948년 헨리 월리스가 트루먼에 대항해 제3당 평화 후보로 출마했을 때 그를 지지한 극소수 언론인 중 한 사람이었다. 월리스는 남부의 적대적인 군중들 틈을 누볐다. 대통령 후보로서는 처음으로 흑백 분리 호텔에서 지내거나 흑백 분리 식당에서 밥 먹기를 거부하면서 지지자들 집에서 밤을 보냈다. 노스캐롤라이나에서는 썩은 달걀과 토마토 세례를 받으면서도 연설을 계속했다. 로스앤젤레스에서는 트루먼보다 더 많은 군중을 끌어모았지만 "모스크바의 장난에 놀아난다"는 기자들의 비난 때문에 큰 피해를 봤다.[42] 1950년 스톤은 월리스가 평화와 군축을 주장한 것을 놓고 서글픈 목소리로 "불과 몇 년 전에 월리스가 그런 얘기를 했을 때는 온갖 욕을 먹었는데 지금은 엉뚱한 사람들이 똑같은 얘기를 하면서 박수를 받는 것을 보니 정말 괴롭다"고 말했다. 1948년 공산주의에 대한 히스테리가 극심할 때 월리스는 지지자들로 인산인해를 이룬 진보당 전당대회에서 열렬한 환영을 받으며 흑인, 청년, 여성 들에게 연설했다. 그렇게 다종다양한 시민들이 모인 대통령 후보 선출 대회는 1972년 조지 맥거번이 나선 민주당 전당대회 때까지 다시는 볼 수 없었다.

리프먼은 이제 스톤과 마찬가지로 트루먼을 싫어했지만 스톤과 달리 우파로 기울었다. 고상하신 관찰자처럼 굴던 현인은 1948년 공화당 대통령 후보로 트루먼과 승부를 벌이게 된 토머스 듀이에게 은밀히 자문을 해줬다. J. 에드거 후버도 마찬가지였다. 스톤은 소속 신문사의 논조를 무시하고—「PM」은 트루먼을 지지했다—월리스를 지지했다. 스톤은 월리스의 뜨거운 가슴과 용기를 칭찬하며 "보통 사람의 대변자"라고 했다. 그러나 월리스가 대단히 실망스럽다는 평가도 했다. 1945년 스톤은 개인적으로 월리스를 "성자聖者와 촌무지렁이의 잡종"이라고 평가했다.(40년 후 스톤은 "내 생각은 아직도 바뀌지 않았다. 그는 어떤 점에서 정말 **멍청했다**"고 말했다.)[43] 월리스가 1965년 사망했을 때 스톤이 쓴 부음 기사는 "그는 성인과 순진한 촌사람의 잡종이었다"는 식으로 표현이 다소 부드러워졌다.

1950년 스톤은 그를 "피그미 좌파 세계의 거인"이라고 표현했다.

월리스는 빨갱이 딱지가 붙는 것을 피하기 위해 진보당은 공산주의자들과는 추구하는 목표가 "아주 다르다"는 점을 누누이 강조했다. 스톤은 진보당을 강력히 비판하면서도 여전히 단결을 촉구했다. "공산당이 실패하면, 인민전선주의자들이 그 뒤를 이을 것이고, 우리가 날아가면 민주행동을 위한 미국인 연맹ADA과 진보파들이 전선에 나설 것이다."[44] 진보당의 몰락은 "미국에 남은 극소수 좌파 세력"에게는 "재앙"이 될 것이었다.

이로부터 2년 전, 1948년 월리스가 대선 유세를 할 때만 해도 스톤은 "한 어수룩한 자의 고백: 나는 왜 월리스를 지지했나" 같은 가벼운 제목의 칼럼을 썼다.[45] "나는 누구 못지않게 헨리 월리스의 진보당에 반대와 불만이 많은 사람이다. 나는 요기들['요기'는 '요가 수행자'라는 뜻으로 월리스가 당시로서는 드물게 요가식 명상에 탐닉했기 때문에 그의 지지자들을 이렇게 표현했다]을 좋아하지 않는다. …나는 프롤레타리아들이 정부 전복을 위해 시가행진을 하는 과정에서 내 꽃밭을 짓밟는 것을 원하지 않는다. …나는 여동생이 공산주의자와 결혼하는 것을 원하지 않는다. 그렇게 되면 일요일 아침마다 매제와 변증법 논란을 하느라 먹은 밥이 제대로 소화되지 않을 것이기 때문에. 나는 진보당의 강령에서 온갖 흠결을 얼마든지 찾아낼 수 있다. 가부좌를 틀고 30분만 명상에 들면 월리스보다 훨씬 나은 정당을 만들어낼 수 있을 것이다."

비판적인 서론에 이어 스톤은 그럼에도 불구하고 "트루먼과 냉전에 매몰된 공화·민주 양당에 투표를 하면 평화와 집값과 물가 안정을 얻을 수 있다고 생각할 만큼 바보"는 아니라고 말했다.(2년 후 미국은 한국에서 전쟁에 휘말리게 된다. 그러나 스톤과 전후 많은 경제학자들이 예언한 것과 같은 불황은 일어나지 않았다.)

스톤은 진보당 비판자들에게 "후벼 파기는 이제 그만하자"면서 이렇게 말했다. "나도 모든 것을 인정한다. 공산주의자들이 월리스의 유세에서 큰 역할을 하고 있다. 집집마다 전단 돌리고 당 강령 작성하고 등등. 하지만 그게 어쨌단 말인가?" 스톤은 월리스가 결국은 떨어진다는 걸 알고 있었다. 그가 추구한 것은 "냉전과 고물가, 좌파 히스테리에 대한 반대 의사를 표로써 보여주자"는 것이었다.

월리스를 지지하는 것은 "배수의 진을 치는 일"과 같다는 것을 스톤은 잘 알고 있었다. 그는 "일주일을 꼬박 고민한 끝에 마음을 결정했다. 절대 후회하지 않았다"고 회고했다. 후일 역사가들은 월리스를 끔찍이도 힘겨운 시절에 더할 나위 없는 과단성을 보여준 인물로 높이 평가했다. 스톤은 그를 비판하면서도 "나는 월리스가 올바른 길에 들어섰다고 생각한다. 그 길은 후일 데탕트détente [1970년대 미국과 소련을 중심으로 한 동서 냉전 진영 간의 긴장 완화]라고 일컬어지게 된다"고 했다. 그러나 스톤은 1948년 2월 선거로 들어선 체코슬로바키아 정부를 소련이 궤멸시킨 것에 대해 월리스가 침묵하자 분개했다. 좌파의 몰락을 분석하면서 스톤은 이렇게 말했다. "가장 중요한 문제는 월리스가 바보라는 점이다. 월리스는 말도 안 되는 공산당 노선을 그대로 지껄임으로써 스스로 명성에 치명적인 손상을 입혔다." 티토를 "아주 어리석은 방식으로" 비판한 것도 그런 예였다. 늙어서도 스톤은 당시의 월리스에 대해 분노를 감추지 않았다. "그 사람은 왜 티토 문제에 끼어들었을까요?! 나는 티토가 명분 면에서 우월하다고 생각했어요. 그래서 티토에 대해 우호적인 글을 썼지요. 하지만 전면에 나서지는 않았어요. 그는 다분히 독재자적인 면이 있지만 나는 스탈린과의 비교라는 관점에서 본 거지요. 그런데 월리스는 뭘 몰랐습니다." 기틀린 과의 대담에서 스톤은 "월리스는 감상적인 구호만 앞세웠다"고 평했다.[46]

1950년 마녀사냥의 효과를 목격하면서 스톤의 글에는 서글픔 같은 것이 스며들었다. 그는 또 한 명의 유명 인사가 마녀사냥에 "굴복"하는 것을 보 면서 "미국에 대한 유감"과 "소중한 것이 사라져가는 데 대한 슬픔"을 표 현했다. 다음은 상원 청문회의 한 장면에 대한 스톤의 묘사. "환한 조명이 켜진 가운데 카메라가 돌아가고 높다란 대리석 벽으로 된 상원 회의실에 서 신문관들 앞에 여위고 노쇠한, 코가 뾰족한 남성이 북동부 소도시의 단 조로운 악센트에 강한 목소리로 증언을 했다." 이어 스톤은 증인으로 나 온 윌리엄 제섭 판사의 발언을 인용한다. 제섭의 증언은 17세기에 조상들 이 처음 뉴잉글랜드에 왔고, 증조할아버지는 링컨을 대통령으로 지명한 공화당 전당대회 대의원이고, 아버지는 법률가이자 장로교 평신도 지도 자이고, 아내는 전직 상원의원의 딸이라는 등 집안 소개로 넘쳤다.

"여기 앉아 있는 신문쟁이는 부모가 러시아에서 태어난 유대계로서, 우리나라가 제섭처럼 고결한 인품에 평생 학자로 활동하신 분조차… 조 상과 종교 얘기까지 들먹이며 가문의 사회적 지위에 대해 장광설을 늘어 놓아야 하는 지경까지 온 것에 대해 수치스러운 마음을 금할 길 없다. 제 섭은 '보시오, 나는 진짜 미국인이오. 내가 어떻게 체제 전복 혐의를 받을 수 있다는 거요?'라고 호소하는 듯하다." 이민자의 아들인 스톤의 글에서 는 특히 미국에 대한 애정과 배신감이 동시에 느껴진다. "나는 지금도 '우 리 선조들이 돌아가신 땅Land where my fathers died'이라는 가사[미국 국가처럼 불리 는 〈아메리카America〉에 나오는 구절]를 목청껏 부르는 사람들에 대해 초등학교 꼬마 때 느꼈던 것과 똑같은 외경심을 느낀다."[47]

스톤의 칼럼은 미국 상공회의소와 같은 영향력 있는 조직들이 자유를 파괴하는 과정을 폭로하면서 점점 과격해졌다. 사실 상공회의소의 정책 건의안에 나오는 **공산주의자**라는 표현을 **유대인**으로 바꾸면 히틀러의 뉘른베르크법과 매우 흡사하다. 1952년 스톤은 5년 동안에 걸친 상공회의소의 공산주의 세력 근절 노력(시작은 1946년이었다)을 추적했다. 사실상 "미국을 경찰국가로" 만들려는 시도였다.[48] 상공회의소는 공산당원과 동조자들, 그리고 그 "하수인들"이 여론에 영향을 미치는 기관이나 직종—신문, 라디오, 텔레비전, 책과 잡지 출판, 연구소 등등—에 취업할 수 없도록 법제화할 것을 제안했다. 그들은 교사나 사서도 될 수 없고 학교나 대학에 자리를 차지해서도 안 되었다. "연예오락 분야"와 같은 "특권과 급료가 높은 분야"나 "노조가 있을 만큼 규모가 큰" 공장 같은 데에도 채용돼서는 안 된다고 했다.

스톤은 이런 제안이 극단적인 세력에게서 나온 것이 아니라는 점에 주목했다. "상공회의소 회원과 이사진에는 미국의 거대 기업(생각나는 대로만 꼽아보아도 식료품 제조회사 제너럴 밀스General Mills, 스탠더드 오일, 농화학회사 몬산토 케미컬Monsanto Chemical, 제너럴 모터스 등등 어마어마하다)이 망라돼 있다." 상공회의소는 "입법부와 여론에 영향력을 미치기 위해 조직된 광범위한 네트워크"였다. 스톤은 상공회의소에서 발행하는 정책 보고서 같은 것들이 정부에 의해 채택된 사례를 열거했다. 1946년 상공회의소는 할리우드에서 활동하는 공산주의자들에 대한 조사와 숙청을 제안했고, 이는 이듬해 수용됐다. 1947년 1월 상공회의소는 법무부가 "문제가 되는 전위 조직과 노조의 명단을" 공표할 것을 제안했고, 이는 곧 시행됐다. "1948년 보고서는 공산주의자는 교사, 사서, 사회복지사, 서평가로 활동하지 못하도록 조치할 것을 촉구했다." 그 직후 해당 분야에는 칼바람이 불었다. CIO와 ADA는 스미스법에 반대한다는 이유로 비난을 받았다. 스톤은 상공회의소가 "공산주의의 음모"를 적발했다는 내용도 소개했다. 시민권 운동을 하는 ADA 회원 수천 명은 반공 계열 진보파이지만 독자적인 생각을 갖고 활동하는 것이 아니라 공산당의 꼭두각시라는 것이다.

스톤은 정치 분야뿐만 아니라 언론에 대해서도 '불길한 시대'에 접어들었다며 분석과 비판을 아끼지 않았다. "냉전 시대의 공포를 이용해 '오피니언 산업'에서 대기업의 이익에 반대하는 세력을 몰아내려는 조직적 시도"가 진행 중이라고 본 것이다.[49] 진보파가 미디어를 지배하고 있다고 하는 신화는 당시 미국에 놀라울 정도로 널리 퍼져 있었다. 우파들은 수십 년 동안 그런 관념을 악용했고, 그런 양상은 21세기인 지금도 여전히 계속되고 있다. 1950년 6월, 라디오 방송 소유주와 후원세력이 비판적인 목소리를 내는 듯하다가 수그러들자 스톤은 "공산당 동조자와 앞잡이들"이 여론을 조작하고 있다고 주장한 후버 FBI 국장을 비웃었다. 후버 국장의 주장과는 정반대로 "겁먹은 라디오 방송에서 진보의 목소리는 거의 들리지 않는다"는 것이었다.

1940년대 말, 스톤은 〈언론과의 만남Meet the Press〉[1947년 11월 시작해 지금도 인기를 누리고 있는 NBC 방송의 주간 시사 토크쇼] 프로그램에 게스트로 가끔 출연했다. 이 프로그램은 1947년 라디오로 시작했다가 얼마 후 텔레비전으로 이어졌다. 나라 전체가 오른쪽으로 쏠리다 보니 스톤은 당시로서는 찾아보기 어려운 "급진파" 역할을 떠맡게 됐다. 사실 그를 출연시킨 것은 프로그램이 공정하다는 것을 과시하기 위한 제스처에 불과할 뿐 나머지 패널들은 "불쌍한 빨갱이나 '불그스름한' 세력을 개 패듯이 팼다."[50] 스톤은 사석에서 프로그램에 대한 불만을 표기하기도 했고, 「데일리 컴퍼스」에 연재하는 칼럼에서 혹평을 하기도 했다. 한번은 〈언론과의 만남〉에서 스톤이 장제스의 친구인 패트릭 헐리 소장에게 미국이 왜 독재자(장제스)에게 수십 억 달러를 계속 쏟아부어야 하느냐고 몰아치자 헐리는 "빨갱이 노선을 버리라"고 떠들다가 급기야는 "예루살렘으로 돌아가라"고 소리를 질렀다.[51] 한편 스톤은 "쓰레기 같은 코민포름Cominform[소련 공산당 주도로 1947년 설립된 국제 공산당 정보기관]"을 따르지 않는다는 이유로 「데일리 워커」한테도 "더러운 반혁명 분자"로 낙인찍혔다.[52] 스톤은 〈언론과의 만남〉을 기획하고 사회를 봤던 로런스 E. 스피백과도 다퉜다. 스피백은 다혈질의 반공주의자였다. 스피백은 91세 때 당시를 회고하면서 이지는 "제대로 된 기자"라며 "나는 그가 프로그램에 적합하다고 생각했다. 물론 항상 그의 입장에 동의한 것은 아니었다"고 밝혔다.[53] "대부분의 사람들은 그가 많은 문제에서 엉뚱한 생각을 하고 있다고 봤고, 그를 공산주의자라고 생각했다. 그러나 나는 그가 공산당원인 적은 없다고 생각했다."

1949년 스톤은 분을 이기지 못하고 〈언론과의 만남〉에서 하차했다. 당시 〈언론과의 만남〉은 성가가 점점 높아지는 상황이어서 전국 규모의 청중과 만날 기회는 물론이고 명성을 높일 기회도 사라진 셈이다. 글을 쓸 수 있는 기회도 점점 줄었다. 팔레스타인 잠행에서 돌아왔을 때 「더 네이션」이 스톤을 반겨주지 않은 것은 당연했다. 「PM」 쪽 일이었기 때문이다. 「PM」도 사정이 여의치 않았다. 스톤이 출장간 사이 잉거솔은 물주인 마셜 필드와 한두 번 싸운 게 아니었다. 필드는 주변 사람들 얘기를 듣고 광고를 실으면 흑자가 될 것이라고 확신한 반면 잉거솔은 필드에게 '내가 나가는 수밖에 선택의 여지가 없다'고 통보했다. 잉거솔은 "나를 해고한다는 최종 결정이 내려지기 전에 내가 그만뒀다"고 말했다.[54] 잉거솔은 당시 심신이 엉망이었고 이후 상당 기간 배신감을 지우지 못했다. 1946년 잉거솔이 나가고 「PM」에 광고가 실리자 다른 신문들(예나 지금이나 광고가 가장 큰 수입원이다)은 '한 시대의 종언'이라고 떠들었다.

스톤은 「PM」에 계속 남았지만 광고를 한다고 해서 판매부수가 크게 늘지는 않았다. 큰 모험을 했던 필드는 1948년 「PM」을 바틀리 크럼에게 매각했다. 크럼은 할리우드 텐을 변호한 유명 변호사로 인수 후 제호를 슬그머니 「뉴욕 스타」로 바꿨다. 「PM」이 문패를 내렸다는 애기는 하지 않았다. 크럼은 「뉴욕 헤럴드 트리뷴」 모스크바 특파원 출신의 조지프 반즈와 함께 「뉴욕 스타」를 맡았지만 7개월 만에 손을 들고 말았다. 스톤은 「PM」폐간에 대해 "담대한 패배"라고 평했다.[55] "그 패배는 승리보다도 더 영광스러운 것이다. 왜냐하면 뭔가 독창적이고, 과감하고 색다른 것을 추구했기 때문이다." 잉거솔은 후일 다른 신문들이 다 따라오게 될 새로운 기법을 과감히 개척했다. 잉거솔 전기를 쓴 로이 후프스는 1989년에 이렇게 지적했다. "지금에야 신문들이 노동, 라디오, 언론, 소비자 관련 뉴스를 당연하게 취급하지만 그때는 모험이었다."[56]

1949년 2월 18일 리블링에게 "우울한 임무"가 떨어졌다.[57] 「PM」과 「뉴욕 스타」의 부고 기사를 쓰는 일이었다. 그는 「PM」을 좌초시킨 "돌이킬 수 없는 추세"를 목격하면서 구역질이 났다. 「뉴욕 스타」도 "발전적인 방향으로" 「PM」과 달라지려고 노력했지만 "물속에서 옷을 갈아입는 것처럼 힘겨운 작업"이었다. 이제 뉴욕은 "24년 전보다 인구는 최소 200만 명이 늘었지만 신문은 세 개나 줄었다. 이는 뉴스 판매업의 집중도가 그만큼 빠른 속도로 높아졌다는 의미"라고 리블링은 썼다.

"우리는 항상 다음 주 월요일이면 내가 일하는 신문사가 문을 닫지 않을까 불안에 떨었다. 그리고 내가 일한 신문사들은 다 그렇게 됐다."[58] 스톤이 후일 농담조로 한 애기다. 그러나 당시에는 이런 애기가 전혀 농담이 아니었다. 리블링은 뉴욕의 신문들을 "보수 일색인 언론"이라고 평했다.[59] 스톤도 1952년 칼럼에서 이렇게 썼다. "반대 의견을 전하는 언론이 판매부수가 적다는 것은 현실을 그대로 반영하는 것이다. 지금과 같은 추세가 5년만 더 지속된다면 지금 모스크바에서 그런 것처럼 워싱턴에서도 다른 목소리는 들을 수 없게 될 것이다."

「뉴욕 스타」가 1949년 1월 말로 문을 닫자 「뉴욕 포스트」 주필 테드 새

크리가 스톤이 쓰던 칼럼을 급료를 많이 주겠다며 자기 신문으로 끌어갔다. 스톤은 빼먹지 않고 칼럼을 썼다. 그러나 몇 주 후에 돈이 들어오지 않고 있다는 것을 알게 됐다. 새크리가 사장인 도로시 쉬프(당시에는 새크리의 부인이기도 했다)에게 보고도 하지 않고 일을 벌인 것이었다. 스톤으로서는 다행스럽게도, 새크리는「뉴욕 포스트」를 그만두고「PM」과「뉴욕 스타」가 쓰던 건물을 구입해 뉴욕에서는 마지막이 될 좌파 신문을 창간했다. 이렇게 시작된 것이「데일리 컴퍼스」로 미국 신문으로는 전무후무하게 프랑스 소설가 빅토르 위고의 고전『레미제라블Les Misérables』을 만화로 연재하기도 했다.

「데일리 컴퍼스」가 1952년 문을 닫을 때까지 스톤은 매주 칼럼 여섯 편을 집필했다. 살인적인 작업이었다. 독자들의 충성도는 대단했지만 수는 점점 줄었다. "지금처럼 좌파 히스테리가 극심한 시대에는 빨갱이 딱지를 피할 수 없다."[60] 1950년 스톤은 한 칼럼에서 좌파에게 이렇게 경고했다. "우파들"은 공격 전선을 "ADA와 트루먼"으로까지 확대했고, "「뉴욕 헤럴드 트리뷴」조차 중산층용「데일리 워커」라는 조롱을 받을 정도였다. 빨갱이 딱지는 그저 웃어넘길 수밖에 없는 것이 되고 말았다."

I7
한국전쟁과 특파원 피살 사건

1950년 6월, 2차 대전이 끝난 지 5년밖에 되지 않은 시점에 미국은 다시 젊은이들을 전선으로 내보내게 됐다. 이번에는 저 먼 아시아의 한국이었다.

당시 스톤은 뉴욕의 한 호텔에서 좌파 청중들에게 "마음의 준비를 해두라"며 농담조로 당부를 하고 있었다. 그러면서 "미안하지만 북한이 남한을 공격했다고 말할 수밖에 없겠다"고 했다. 스탈린이 북한을 지원했다는 애기였다. 자리에 있던 많은 사람들은 스톤이 미국과 소련을 동시에 규탄하는 것을 들으며 깊은 침묵에 잠겼다. "양측 모두 위선적입니다. …두쪽 다… 세계 시장을 원하는 것이지요. 신은 러시아인들이 점령한 나라를 도와줄 수도 있고, 미국인들이 점령한 나라를 도와줄 수도 있겠지요. …이제 아시아인들에게 맡기고 손을 떼야 합니다."[1] 여기저기서 성난 질문이 쏟아지자 그는 "이것은 나의 의견일 뿐"이라고 누누이 강조했다.

트루먼, 맥아더, 애치슨, 덜레스는 즉각 북한의 남침은 "노골적인 소련의 침략"이며, 스탈린이 세력 팽창 드라이브를 걸면서 미국을 시험해보려는 시도라고 규정했다. 미군이 주도하는 유엔군은 스탈린과 그 "꼭두각시" 군대인 북한군에 맞서 싸우기 위해 달려갔다. 수십 년 동안 이것이 보편적으로 받아들여진 역사였다. 한 유명한 학술서는 북한의 남침을 "소련의 전쟁 계획"에 따른 것이라고 표현했고,[2] 또다른 책은 스탈린이 남침을 "계획하고 준비하고 개시했다"고 서술했다.

스톤이 원래 입장을 그대로 유지했다면 한국전쟁 문제에 관해서는 지금쯤 주류에 속해 있을 것이다. 그러나 그는 생각을 바꿨고, 한국전쟁의 기원에 대해 추리소설 같은 이론을 제시한 『한국전쟁 비사秘史The Hidden History of the Korean War』[1952]를 발표함으로써 엄청난 비난에 시달렸다. 전쟁이 한창 치열해지는 상황에서 쓴 스톤의 역사서는 남한 지도자인 이승만 대통령이 북한의 공격을 "고의적으로 유도"했고, "장제스와 미국 정부 일각으로부터 은밀한 지원을 받았다"고 주장했다. 이승만을 지원한 미국 쪽 인사로는 자만심 덩어리인 더글러스 맥아더 장군과 냉전의 전사戰士인 덜레스 국무장관을 "가능성 있는 인물"로 꼽았다.[3] 스톤의 가설은 이단적일 뿐 아니라 사실관계와도 거리가 멀어 보였다. 북한이 아무 대비 없던 남한을 몰아붙이며 곧바로 서울까지 쳐내려왔기 때문이다. 후일 스톤은 남한이 전쟁을 촉발했다는 센세이셔널한 원래 주장과 거리를 두게 된다. 패트너와의 대담에서는 이렇게 말했다. "남한이 전쟁을 도발했다고 보기는 어렵지요. 정확히 모르겠어요. 하지만 남한이 그랬다면 불과 며칠 만에 북한이 파죽지세로 한반도 끝까지 밀고 내려간 건 정말 이상한 일이지요."[4]

남한이 전쟁을 촉발했다는 이론은 완전히 틀렸지만, 새로 드러난 증거들을 보면 스탈린이 한국전쟁을 기획했다는 역사적 가정을 비판한 점에서는 스톤이 옳았다. 노획된 북한 문서와 러시아, 중국 쪽 기록을 보면 스톤이 쓴 것처럼 미·소 양대 강국은 북한이나 남한을 지원함으로써 3차 세계대전으로 번질지 모르는 위험을 감수하려 하지 않았다. "스탈린은 전쟁이 미국과의 직접적인 군사적 충돌로 이어지는 상황을 전혀 원하지 않았다. 오히려 고비마다 그런 방향으로 상황이 번지는 것을 막기 위한 조치들을 취했다."[5] 한국전쟁 전문가인 역사학자 캐스린 웨더스비의 지적이다. 56년 전 소련 기록을 보면 스탈린은 전쟁 개시에 동의하기까지 여러 달 망설였으며, 북한의 김일성에게 내전이 일어날 경우 미국이 남한을 지원하지 않는다는 보장이 있는가를 따져 물었다.[6](이 문건을 어떻게 해석할 것이냐에 대해서는 아직 학자들 간에 이견이 많다. 일부 학자들은 여전히 스탈린이 남침 결정 과정에서 핵심적인 역할을 했다고 보고 있다.)

당시 스톤은 스탈린이 한반도에서 미국과 전쟁을 하게 되는 상황을 극도로 우려했음을 정확히 포착한 극소수 인사 가운데 한 명이었다. 독재자 스탈린은 김일성에게 군사력 강화를 촉구했지만 북한과 중국에 대해 조심스럽게 거리를 두는 식으로 대했다. 비밀 문건이 해제되면서 『한국전쟁 비사』는 1950년대에 비판당했던 것과는 달리 비교적 옳은 부분도 있는 것으로 입증되고 있다. 당시에는 스탈린이 2차 대전 승리의 여세를 몰아 3차 대전으로 끌고갈 것처럼 여겨지던 분위기였다. 모든 당사자들 사이에 피해망상과 불신이 팽배해 있었다. 이후 수십 년간 냉전이라는 적대 관계가 지속됐고, 수많은 미군 사상자가 났으며, 동남아에서는 민간인 수백만이 죽거나 부상했고, 여러 나라가 피폐화됐으며, 천문학적 비용이 투입된 핵무기 강화 경쟁이 진행됐다. 이런 비극들은 미·소 양대 강국이 직접 외교 협상에 나섰다면 피할 수 있었을 것이다. 소련과 미국은 한반도에서 벌어진 전쟁을 적극 지원하는 것은 꺼렸지만 직접 협상에 나설 생각도 없었다.

그동안 발굴된 새로운 증거에 비춰볼 때 스톤이 예전에 했던 평가 가운데 대단히 통찰력 있는 것으로 보이는 부분이 하나 있다. 한국전쟁이 시작됐을 때 그는 진실은 "어느 한쪽이 단순화시킨 선전에서는 찾을 수 없다"고 썼다.[7] "나는 한반도에서 양대 강국은 한판 승부로 사태를 끝장내려 한 고집 센 두 위성국의 희생자였다고 본다. 워싱턴과 모스크바와 베이징은 그런 사태를 충분히 예상했고, 피하려고 애를 썼다."

1950년 초 미국은 한국 방위에서 손을 뗀다는 방침을 공표했다. 딘 애치슨 국무장관은 당시 내셔널 프레스 클럽에서 한 유명한 연설에서 그런 내용을 강조했고, 행정부는 이를 널리 홍보했다. 남한도 타이완도 미국의 방위선에서 제외됐다. 따라서 미국이 그들을 보호하기 위해 군대를 파견하는 일은 가능할 것 같지 않았다. 스탈린은 최근에 벌어진 중국 내전에 미국이 관여하지 않는 것을 보고 애치슨 선언이 단순한 선전이 아니라고 믿고 싶었다. 역사학자 브루스 커밍스는 기밀 해제된 문건들을 검토한 후 소련도 미국 비슷하게 "조급하게 구는 북한 지도자들을 저지하려 했다"고 지적한다.[8] 1950년 봄 미국 의회는 남한에 대한 1억 달러 규모의 경제·군사 원조 패키지를 승인했고, 일본에 유화적인 태도를 보임으로써 스탈린을 놀라게 했다. "스탈린은 여전히 제한된 규모의 교전交戰 정도를 희망하고 있었다." 그러나 결국 스탈린은 파국을 몰고올 도박에 나섰고, "전全 전선에 걸친 동시다발적 진격"을 지원함으로써 서방을 똘똘 뭉치게 만들었다.

깜짝 놀란 트루먼은 "꼼꼼하게 재고 따지던 정책을 갑자기 급선회했다"고 웨더스비는 썼다.[9] 한국전쟁은 냉전의 향방을 가르는 분수령이 됐다. 소련을 "노골적인 침략자"로 보는 것이 이후 수십 년 동안 미국 정책의 기본이 됐다. 트루먼은 서둘러 일본과 평화조약을 맺음으로써 아시아 지역에 확실한 동맹국을 확보했다. 이어 "장제스의 타이완과 인도차이나의 프랑스 거점을 방어하기 위해 작성한 대규모 재무장 계획을 서둘러 이행했다."

스톤과 리프먼을 비롯한 정치평론가들은 트루먼이 불과 몇 년 전만 해도 악의 세력으로 간주됐던 예전 추축국들을 신속히 끌어안는 것을 놀란 눈으로 바라봤다. 일본과의 유착은 물론이고 독일을 나토NATO[북대서양조약기구. 미국이 주도하는 서유럽 집단 안전 보장 기구]에 가입시키려고 애를 쓰고, 타이완으로 쫓겨난 중국 독재자 장제스를 비호하는 것 등등이 소련과의 관계를 아슬아슬하게 했다.

역사에 대한 해석은 변하게 마련이다. 이는 한국전쟁에 관한 논란에서 극명하게 드러난다. 스톤의 비판자들을 분노하게 한 것은 맥아더 장군과 덜레스 국무장관을 비롯한 지도자들이 남한의 인기 없는 지도자 이승만과 1949년 마오의 공산군에 밀려 중국 본토에서 쫓겨난 장제스를 위해 전쟁을 계속해줬다고 암시한 부분이었다. 스톤은 음모론은 별로 신뢰하지 않는 스타일이었다. 그러나 북한의 남침에 대해서는 미국이 주장한 것처럼 놀라운 일이 아니라는 흥미로운 이론을 제시했다. 그는 무수한 사전 경고들을 예시했다. 그중에는 맥아더가 받아보고 무시한 메모도 있었다. 스톤은 「뉴욕 타임스」와 「헤럴드 트리뷴」 파리판版에 보도된 기자회견 내용, 정부 쪽 취재원, 많은 미국 기자들이 간과한 유엔 공식 문건 등을 활용해 특유의 이론을 전개했다.

스톤이 특히 주목한 것은 전쟁 발발 하루 전인 6월 24일자 국무부 백서에 포함된 한 유엔 위원회의 문건이었다. 이 문건은 "유엔 현장 요원들의 보고에 따르면 2주 전부터 38선을 따라 '군사 충돌까지 갈 수 있는 사태'가 벌어지고 있다"고 보고하는 내용이었다.[10] 스톤은 맥아더를 비롯한 인사들이 "38선 일대에서 병력과 장비가 대규모로 증강되고 있다"는 CIA의 경고를 알고 있었지만 "즉각적인 위협"이 된다고 보지는 않았다는 사실을 밝혀냈다. 그로부터 6주 뒤에 전쟁이 터졌다. 스톤은 각종 사전 경고가 늘어나는 상황에서 왜 "아무런 조치도 취하지 않았는가"에 대해 의문을 제기했다.

그의 추론은 너무도 파괴력이 커서 출판사들은 그의 책을 내려고 하지 않았다.(결국 좌파 계열인 먼슬리 리뷰 프레스Monthly Review Press에서 출간됐다.) 1954년 미 육군 보안부서의 W. A. 페리 대령은 FBI 국장에게 스톤의 책을 "각종 육군 도서관에서" 모두 치워버렸다고 공식 통보했다.[11] 그러면서 후버 국장에게 책 내용이 미국 정부의 이익에 "유해한지"를 물었다. 이에 대한 비밀 답변 메모에는 "1953년 8월 14일 신문에서 ○○○는 I. F. 스톤의 책을 읽었다고 진술했다…. ○○○은 전쟁포로였다"고 적혀 있었다.

스톤이 미국 정부의 공식 견해와 같은 내용을 썼다고 해서 비난할 일은 아니다. "북한이 남한에 대한 공격을 준비하고 있었다고 믿을 만한 이유가 있는 상황에서 [맥아더나 덜레스] 누구도 사전 경고를 하지 않았다. 전쟁 발발을 전후해, 맥아더가 사태가 어떻게 돌아가는지 몰랐을 만큼 엄청난, 일련의 실수와 거짓과 날조와 무시가 있었던 것일까? 후에 벌어진 사태—한국전쟁은 한반도뿐 아니라 타이완에 대한 미국의 정책을 완전히 뒤집어놓았다—를 가지고 판단한다면 맥아더는 '멍청한 척'했고, 한국은 더 큰 게임을 위한 희생양이었다고 보는 편이 한결 타당할 것이다."[12] 이어 스톤은 "이는 나의 추측일 뿐"이라며 "외부인은 아직 알 수 없는 불유쾌한 비사秘史일" 수 있다는 식으로 애매하게 얼버무린다.

스톤은 책 뒷부분에서 맥아더가 중국 공산 정권과 한판 붙기를 열망했다고 강력히 주장하면서 비극적인 대치 상황에 이르게 된 과정을 상세히 소개한다. 겸손 같은 것에 구애받지 않는 맥아더는 중국을 폭격해 전쟁을 확대시키고 장제스 군을 불러들여야 한다고 주장하는 차이나 로비 측 의원들에게 바로 달려감으로써 트루먼의 권위에 도전했다. 그런 오만불손한 불복종에 대해 트루먼 대통령은 1951년 전쟁 영웅을 바로 해임했다.

당시 전쟁의 참화를 목격하고 있던 리프먼도 애치슨과 트루먼이 맥아더의 압록강 진격을 아무 고려 없이 무작정 독촉했다고 비난했다. 리프먼은 스톤만큼이나 신랄했다. 트루먼 행정부는 "역전노장들 앞에서 열등감에 시달렸고, 장성들은 정부가 경험 없고 무능하다는 것을 알고 있었다."[13] 리프먼과 스톤은 트루먼이 공산주의에 대한 대처가 물러 터졌다는 비난에 주눅이 든 것을 제대로 보고 있었다. 두 사람은 공화당이 민주당보다 평화 협상을 잘할 것이라는 이유로 1952년 대선 때 아이젠하워를 지지했다.

「더 네이션」조차도 스톤의 저서를 "편향적"이라고 평했지만 리처드 로 비어는 원한 맺힌 사람처럼 "각종 자료로 무장한 쓰레기"라며 친공 편향 이 극심하다고 비난했다.[14] 로비어의 서평은 후버에 의해 FBI 스톤 파일에 포함됐다. 특히 "그토록 치밀하게 연구조사를 했지만 공산당 노선을 옹호 하는 데는 철저히 실패했다고 본다" 같은 공산당 관련 구절에는 굵은 밑 줄이 쳐져 있다. 로비어는 스톤이 "한때 그야말로 미국에서 가장 성공적 인 저널리스트가 될 것 같았다"고 썼다. 로비어는 명예훼손 문제를 의식 한 듯 스톤에 대해 "어디에도 매이지 않은 필자"이며 "공산주의자였던 적 도 없고 지금도 아니다"라고 하면서도 "불쌍한 공산주의자들의 입장을 편드는 그럴듯한 논리를 고안해내는 인물"이라고 비난했다. 스톤은 패트 너와의 대담에서 어느 정파에 매이지 않는 자신의 성향이 모든 이를 화나 게 한다는 얘기를 한 적이 있다. "로비어가 나를 미워한 것은 내가 좌파 진 영에 속해 있었기 때문입니다. 반면에 좌파들은 [내가 그들에게 동조하지 않는다는 이유로] 나를 경멸했지요. 로비어는… 한때 공산주의자였습니 다. 변절한 사람들은 전향 사실을 분명히 입증해야만 하는 법이지요."[15]

UP 통신 기자로 한국전쟁을 초기부터 취재한 러더퍼드 포우츠 같은 한 국 전문가들은 로비어의 평가에 동의하지 않았다. 후일 포우츠는 스톤의 책이 "공산주의를 지지하는 맹목적인 이데올로그의 쓰레기가 전혀 아니 며 모든 측면을 살피는 연구자의 대단히 세심한 분석"이라고 공언했다.[16] "스톤은 치밀한 대안적 관점을 제시한 것이다. 남한은 전쟁 발발 이전에 치고 빠지는 식으로 소규모 도발을 감행했고, 북한은 이를 격퇴하곤 했 다." 그럼에도 불구하고 포우츠는 "공산주의 진영에 대해 너무도 근시안 적인 태도를 보인 것"을 결함으로 지적한다. "나는 그가 쓴 글에서 중국 비판을 거의 보지 못했다. 공산 중국은 '정당하게 영토를 수호하고 있는 것'이라는 식이다. 이지는 그런 결함에 대해 알려고 하지 않았고, 공산주의 체제를 그저 또 하나의, 다소 강력한 사회주의 운동쯤으로 여기는 경향이 있었다."

1960년대 들어 베트남전쟁의 도화선이 된 '통킹 만 사건Gulf of Tonkin Incident' [1964년 8월 통킹 만에서 북베트남 어뢰정이 미국 구축함을 공격해 미군이 반격한 사건으로 후일 미국의 자작극임이 밝혀졌다]이 날조라는 사실이 밝혀지면서 환멸이 찾아들었고, 새로운 독자들은 스톤의 『한국전쟁 비사』를 새로이 주목했다. 그들은 "베트남전과 한국전이 공교롭게도 공통되는 점이 많다"는 부분을 강조했다.[17] 1969년에 나온 『한국전쟁 비사』 재판 서문을 쓴 한 인사는 "스톤은 우리가 우리 자신의 선전에 얼마나 세뇌당했는지를 상세하게 보여줌으로써 베트남전쟁에 대해서도 똑같이 깊이 살펴볼 것을 요구한다"고 평했다. 역사학자들은 지금도 스톤이 중국의 한국전쟁 참전을 공산권이 세계를 정복하려는 거대한 음모의 일환이라고 보는 서구학자들의 일반적인 견해에 도전한 것은 타당하다고 보고 있다.(1994년 중국 학자 천지안陳智安은 공산권 음모론은 "몇 종의 연구서를 제외하고는" 표준적인 해석이라며 그런 '몇 종의 연구서'의 대표 격으로 스톤의 『한국전쟁 비사』를 꼽았다.)[18]

스톤은 외교 정책의 두 가지 핵심에 대해 대부분의 미국 저널리스트들보다 현명하게 판단했다. 그는 미국의 오만을 수십 년 동안 아시아 외교 정책에 파탄을 가져온 주범이라고 비판했다. "미국은 러시아인들을 노예 수준의 후진적인 국민으로 치부했고, 아시아 유색인종들은 그보다도 더 후진적이라고 여겼으며, 그들이 공중전 같은 것을 해낼 리 없다고 생각했다. 그 결과 한국전쟁에서 낭패를 보게 됐다." 1952년 초 스톤은 이렇게 썼다. "미국의 오만한 우월감에는 진실이 스며들 여지가 없었다."[19] 이렇게 해서 그는 베트남전쟁에서 수렁에 빠지게 되는 미국의 미래를 예견한 셈이다. 스톤은 베트남전 발발 10여 년 전에 이미 "무기력한 '동남아 놈들'이나 '짱깨' '로스케'들을 만화 주인공 버크 로저스처럼 신속 간단하게 제압할 수는 없을 것"이라고 경고했다.

특히 스톤은 공산권이 일사불란하게 움직인다는 신화를 문제 삼았다. 사실관계를 보면 한국전 발발 몇 달 전에 김일성은 모스크바와 베이징을 반목시켜 어부지리를 얻으려 했고, 스탈린은 단안을 내리지 못하고 있었다. 마오와 스탈린 간에 극심해진 긴장이 그나마 수그러든 것은 1949년, 마오가 그 유명한 '대소對蘇 일변도' 정책을 선언하면서부터였다. 이로써 중국의 외교 정책은 스탈린을 적극 지지하는 쪽으로 낙착됐다. 그러나 맥아더가 1950년 9월 한반도 북쪽 끝 중국 접경 지역까지 진격했을 때 스탈린이 약속했던 원조를 주지 않자 마오는 격분했다.[20] 포우츠의 회고. "그러나 당시에 우리는 공산권은 단일체라는 시각에 길들여져 있었다. 스톤은 그것이 사실이 아니라는 것을 잘 파헤쳐 보여줬다. 그러나 우리는 덜레스 국무장관의 관점에 너무도 젖어 있었다."[21]

스톤이 한국전쟁에 관해 제기한 많은 논점들은 후대 역사학자들에 의해 새롭게 논의됐다. 종전 후 50여 년이 흐른 뒤 중국 쪽 문서에서 발견된 증거에 의하면 맥아더가 중국 국경까지 진격하고 김일성에게 무조건 항복을 요구한 것이 중국의 참전에 결정적 요인이 됐다. 반면에 러시아 쪽 기록들을 보면 마오가 전쟁 발발 직후인 1950년 7월에 이미 참전 계획을 스탈린과 상의했던 것으로 나타난다. 현재 일부 역사학자들은 마오가 중국의 팽창을 "천명天命"이라고 확신했기 때문에 맥아더의 진격이 있었든 없었든 참전을 했을 것이라는 결론을 내리고 있다.[22]

스톤은 전쟁을 무미건조하게 바라보는 스타일이 전혀 아니었다. 그는 북한에 대해 무조건 항복을 요구했기 때문에 오히려 "무의미한 학살극"이 여러 달 더 지속됐다고 썼다. "휴전 협정이 한 달 지연될 때마다 발생하는 미군 사상자는 4,666명이다. 협상이 지속되는 동안 미국이 전투를 고집함으로써 치른 대가다." 그는 또 적군 피해 규모 공식 집계가 들쭉날쭉한 것을 추적한 뒤 "순전한 통계 놀이"라고 비판했다.[23] 미국 대중도 부풀린 전과에 넌더리를 내는 분위기여서 "허스트계인 「뉴욕 저널 아메리칸New York Journal American」조차도 정부에 불만을 터뜨렸다."

1951년 말 종전 협상이 정체되자 스톤은 미국 지도부가 경제적, 지정학적, 이데올로기적 이유로 인명을 소모시켜가며 전쟁을 지속하려 한다고 맹공을 퍼부었다. "공군기지와 포로 교환 문제에 대한 말씨름이 한없이 이어지면서 종전 협상이 다시 정체되자 워싱턴에서는 안도감 같은 게 느껴졌다. …장제스와 이승만은 여전히 평화가 자신들의 종말이 될 것이라고 우려했다." 스톤의 주장은 이렇게 이어졌다. "덜레스는 평화가 소련에 맞서는 새로운 체제 구축을 위한 구 추축국 세력 재무장화 계획에 치명적인 장애가 될 것으로 우려했다. 트루먼과 애치슨은 평화가 선거의 해에 다시금 극동 문제와 중국의 공산 정권을 인정하는 문제로 비화돼 골치를 앓게 될 것으로 우려했다. …따라서 냉전 전선을 똘똘 뭉치게 하려면 전쟁의 연장이… 필요해 보였다." 끝으로 스톤은 이런 주장까지 덧붙였다. "지도자들은 평화가 경제에 미칠 악영향에 대한 불안에 사로잡혔다."[24]

로비어를 비롯한 인사들은 스톤이 걸핏하면 "평화에 대한 우려" 운운하는 것을 "헛소리"로 일축하고 스톤의 주장은 더이상 진지하게 들을 필요가 없다고 주장했다.[25] 지도자들이 지정학적, 경제적 이유 때문에 미군이 죽어나가는 상황을 일부러 연장시킨다고 하는 얘기는 많은 사람들에게는 그야말로 어불성설이었다. "이지를 왕따로 만든 최대의 분수령은 한국전쟁 관련 저서였다"고 머레이 켐프튼[1917~97. 미국의 저널리스트]은 회고했다.[26] "우리 모두는—특히 미군이 2차 대전 때 한 역할에 대해 어쩌면 다소 과장일 수도 있는, 낭만적인 견해를 가지고 있는 사람들은—당시 한국전이 '정당한' 전쟁이라고 생각했다. 우리 모두는 당시 스톤을 기본적으로 소련 옹호자라고 봤다." 스톤의 친구로 베트남전에 관한 결정판을 쓴 스탠리 카노우(1925~) 기자는 이지에 대해 "다소 삐딱한" 견해를 가지고 있다고 느꼈다. "그는 마치 오른팔을 뒤로 돌려서 왼쪽 귀를 긁으려는 사람 같았다."[27] 스톤은 어떤 면에서는 이데올로기의 포로가 돼 있었다. 그러나 정작 휴전 협상을 정체시키려는 공산주의자들의 음모에 대해서는 서구 학자들과 저널리스트들도 스톤이 죽은 지 한참이 지나서까지 전혀 알지 못했다.

어쨌든 미국만을 비난하는 스톤의 경향은 당시에 문제가 됐고, 당연히 강한 비판을 받았다. 2년 동안 하다가 말다가를 되풀이한 판문점 휴전 회담을 취재한 CBS 방송 특파원 밥 피어포인트는 회담이 "스탈린이 죽고 나서 몇 주 만에" 속개됐다고 또렷이 기억했다.[28] 실제로 1953년 3월 스탈린 사망은 평화 협상 촉진의 결정적 요인이 됐다. 그의 후계자들은 서둘러 전쟁을 끝내려 했다. 항공기와 기타 군사 장비를 제공했던 스탈린은 마오와 김일성에게 휴전 협상을 질질 끌라고 조언하기도 했다. 중국군이 유엔군을 격퇴하자 스탈린은 마오에게 전문을 보내 속도를 늦추라고 하면서 "전쟁을 지연시켜야… 트루먼 정권을 흔들 수 있고… 미군과 영국군의 군사적 우위를 깨뜨릴 수 있다"고 주장했다.[29] 중국군과 북한군이 엄청난 사상자를 내는 상황에서도 스탈린은 지연 전술을 주장했다. 마오에게는 "강경 노선을 추구하면서 조급함을 보이지 말고 협상을 빨리 타결하는 데는 관심이 없는 척"하라고 했다.

스톤은 미국의 정책을 가장 강하게 비판하는 언론인이었다. 그러나 평화 협상이 정체되자 보수 신문들까지 나서서 비교적 온건한 어조로나마 비판을 가했다. 1951년 11월 「월스트리트 저널」은 평화가 오면 유럽의 재무장을 추구하는 미국의 입장이 오히려 어려워지는 것이 아닌가 하는 의문을 제기했다. "한반도에 평화가 오면 유럽 방위를 주도하는 미국은 훨씬 더 어려워지고, 비용도 훨씬 더 많이 들게 될 것이다."[30] 이 기사가 나온 것은 애치슨이 중국을 "야만족"보다 더 나쁘다고 공격하면서(외교적으로는 패착이다) 잘될 것 같던 휴전 협상이 다시 교착 상태에 빠진 직후였다. 스톤은 「뉴욕 타임스」 기자 제임스 레스턴의 말을 인용했다. "관리들도… 〔워싱턴에서는〕 미국이 한국전 휴전을 의도적으로 회피하는 듯한 인상을 전 세계에 준 것은 사실이라고 인정했다."[31]

스톤 사후에도 지속된 그럴듯한 비난은 미국이 한국전 때 세균무기를 썼다는 공산주의자들의 주장을 그가 그대로 전파했다는 것이다. 1952년 공산 중국은 미국이 감염된 설치류와 곤충들을 항공기로 투하해 탄저병과 콜레라를 비롯한 전염병을 퍼뜨리려 했다고 비난했다. 1952년 「데일리 컴퍼스」에 쓴 칼럼에서 스톤은 그런 비난을 허위라고 강력히 비난했다. "나는 그런 얘기를 믿지 않는다. 나는 전쟁의 열기에는 반드시 어느 정도의 거짓이 숨어 있다고 본다. 그것은 날조일 수도 있고, 진실로 그렇게 믿은 것일 수도 있다."[32] 그런 잔학행위가 있었다는 주장은 "어느 쪽이 봐도 객관적이라고 할 만한" 증거가 제시되지 않는 한 믿을 수 없다는 얘기다. 리프먼은 내부자의 관점을 받아들였다. 그런 비난은 "오랜 친구인" 두 고위 관리가 자신에게 거짓이라고 밝혔기 때문에 사실일 수 없다는 것이다.[33] 미국은 오랫동안 그런 행위를 한 적이 없다고 부인했지만 그런 부인을 사실로 확인해주는 증거는 46년이 흐른 뒤에야 나왔다. 1998년 일본의 「산케이신문産經新聞」이 소련 문서를 근거로 "그런 비난은 날조이며 허위라고 하는 명백하고도 구체적인 증거"를 제시한 것이다.[34]

스톤은 당시 공산주의자들의 거짓말에 대해 대단히 관대했다. "나는 세균전 주장이 해볼 만한 의심에서 시작돼 전쟁의 증오 분위기를 타고 일종의 열렬한 확신으로 바뀐 것이라고 보고 싶다."[35] 그러나 베트남전에서 미군이 네이팜탄을 사용한 것에 대해서는 태도가 사뭇 달랐다. "네이팜탄은 베트콩이 은신해 있는 것으로 의심 가는 마을을 완전히 불태워버리는 데 가장 좋은 무기지만 세균전보다 더 나쁘다." 스톤은 미국은 적이 미국의 행동을 어떻게 받아들일지를 예상하고 행동을 취한다고 주장했다. "미국이 세균전 금지를 지지하지 않은 것은 그들에게는 단순히 전술적인 또는 기술적인 문제로 여겨지지 않는다." 그러나 스톤은 중국이 공개한 격추당한 미군 조종사들의 "자백이라고 하는 것들"에 대해서는 전혀 신뢰하지 않았다. "구금 상태에서 받은 자백이라는 것은 믿기 어렵다. 새빨간 거짓말로 들리는 공산당식 상투어와 슬로건"으로 가득 차 있기 때문이라는 것이다.

스톤은 중국과 북한이 참여하는 유엔 청문회를 열자고 주장했다. 물론 미국은 반대했다.(이런 주장을 하는 스톤은 대단히 순진해 보인다. 후일 공개된 관련 자료에 따르면 그들은 국제 청문회가 열리면 시신에 콜레라균을 주입해놓으려고 했다.)

스톤은 전쟁 보도를 거의 신뢰하지 않았고, 그 영향으로 신세대 기자들은 기자회견에서 난무하는 거짓말에 촉각을 곤두세웠다. 스톤은 도쿄 유엔군사령부에서 나오는 공식 보고서들을 거의 신뢰하지 않았다. 후대 기자들이 베트남전쟁 때 미군 사령부가 매일 오후 5시에 하는, 미화와 변명과 궤변으로 얼룩진 브리핑을 "5시의 헛소리"로 치부한 것과 마찬가지다. 이어 그 후대 기자들은 좀더 발전된 상태에서 2003년 이라크전 "뉴스"를 보도하게 된다. 스톤은 도쿄 유엔군사령부가 "전쟁을 마치 돈 잘 버는 광고 회사에서 잠시 휴가 나온 사람들이 지휘하는 듯한 느낌이 들게 만드는 재주가 있다"고 꼬집었다.[36]

스톤은 동료들에 대해 안쓰러워하며 "특파원들이 보복을 당할 수 있다"는 점을 지적했다. 보복은 "경쟁사 기자에게만 기삿감을 주는 것에서부터 보도 내용을 확인해주지 않는 것까지 다양하다." 「뉴욕 타임스」의 핸슨 볼드윈은 "분칠한 형용사가 팩트를 대체했다"고 불만을 털어놓았다. 당시의 취재 환경은 지금과 비교하면 거의 석기시대라고 할 만큼 열악했다. 뉴욕으로 보낸 필름이 방송을 타려면 최소 사흘이 걸렸다.[37] 포우츠는 기사를 보내는 데 전서구傳書鳩를 써봤지만 처음 띄운 비둘기가 한국에서 도쿄까지 가는 데 11일이나 걸리자 그마저도 포기했다. 베트남전 이후 (이라크 내 대량살상무기의 존재 여부, 애국자법 등에 관한 무비판적인 보도가 문제가 되기 전에 한 인터뷰에서) 포우츠는 이렇게 말했다. "기자들은 당국의 발표에 대해 거의 신뢰하지 않지요. 당시에는 그 정도가 아주 심했어요. 맥아더에 대해서는 좋은 기사만 써야 했으니까요. 기자가 독자적으로 취재를 해서 보도할 공간이 충분치 않았습니다. 스톤이 당시 덜레스의 역할에 대해 다른 생각을 갖고 있었던 건 분명해요. 나는 그 사람처럼 독자적으로 취재하고 보도하는 사람은 본 적이 없습니다."

스톤의 회의 정신은 이후 베트남전에서, 그리고 또다른 취재 상황에서 계속 이어졌다. 남한이 공산주의로부터 자유롭게 됐기 때문에 한국전쟁은 정의로운 전쟁이라고 주장하는 사람이 있는 반면, 당시 스톤이 그랬던 것처럼 과연 그런 정도의 대가를 치러야 할 만한 전쟁이었느냐에 대해 의심하는 사람도 있다. 엄청난 인명 손실을 봤지만 결국은 전쟁이 시작될 때와 똑같은 분단 상태로 돌아갔고, 미군은 지금까지 60년 가까이 주둔 중이고, 남한의 민주주의는 지루하고도 험난한 길을 걸어왔고, 지금은 다시 북한의 핵무기 때문에 남북 간에 적대적인 충돌이 계속되고 있기 때문이다.

한국전쟁이 발발하고 나서 몇 주 뒤에 스톤은 인도로 갔다. 소속사인 「데일리 컴퍼스」의 사장이 인도 총리 자와할랄 네루를 인터뷰하라는 명을 내린 것이다. 스톤은 네루를 1949년 미국에서 만나본 적이 있었다. 그는 네루가 휴전을 위한 중재자 역할을 할 수 있기를 기대했다. "네루는 중립주의자였다. 당시 중립주의는 모스크바와 워싱턴 어느 쪽에서도 환영받지 못하는 단어였다."[38] (네루는 「뉴욕 타임스」의 제임스 레스턴을 통해 애치슨에게 메모를 보냈다. 그때가 전쟁 발발 6개월 후였고, 베이징은 타이완 문제를 협상하는 조건으로 휴전을 할 수 있다는 제안을 한 상태였다. 애치슨은 네루의 제안을 일언지하에 거절했다.)[39]

1949년 스톤은 새로 시작하는 칼럼 첫 회를 꼭 네루가 흑백 분리가 여전한 남성 전용 내셔널 프레스 클럽에 등장하는 얘기로 채우고 싶었다.[40] 당시 프레스 클럽은 "유색인종이 마이크를 잡는 것을 금하는 조항은 폐지한" 상태였고, "네루에게 점심도 대접했다."(스톤은 1941년 프레스 클럽에서 탈퇴했다. 흑인 손님을 데려갔는데 클럽 측에서 서빙을 거부했기 때문이다. 그래서 49년에는 "클럽 회원인 친구에게 부탁해" 네루 기자 회견장에 참석했다.) 스톤은 네루가 서구식 정장을 한 것을 보고 깜짝 놀랐고, 그런 식의 언론 데뷔에 실망했다. 그는 "용의주도한 자세로 교묘하게 아무 말 안 하면서 영국 변호사 같은 여성스러운" 느낌을 주었다. 다만 두 눈만이 "뭔가를 강렬히 말하고자 하는 것 같았다. 검은 안와 속에 깊이 들어앉은 진한 갈색 눈은 서서히 타오르는 듯했다. 마치 뭔가 불편한 비전이 억눌려 있는 것 같았다."

다음날 밤 네루는 컬럼비아 대학에서 감동적인 연설을 함으로써 완전히 변신했다. 내용은 "냉전에 대한 공격이자 트루먼 외교 정책에 대한 비판이었고, 워싱턴이 다른 나라들에게 자기 뒤로 줄을 서라고 가하는 압력에 대한 항의이자, 식민지 세계의 걸출한 대변인으로서 인종적 우월주의, 특히 백인 우월주의에 대해 던지는 경고였다. 경제 원조를 애걸해야 하는 인도 총리 입장에서 참으로 용기가 필요한 얘기였다." 스톤은 인도에 가서 네루를 만나봤지만 아무 소득도 없었다. 그는 네루가 한국전에 개입할 생각도 없고, 그럴 능력도 없다는 사실만을 확인하고 인도를 떠났다.

스톤은 바로 미국으로 돌아가지 않았다. 에스터의 말에 따르면 그는 생애 처음으로 "뉴스거리가 기다리는 곳으로 우당탕탕 뛰어가지" 않았다. 워싱턴의 냉전 분위기는 그의 활달한 성미로도 견디기 어려울 만큼 억압적이었다. 인도로 떠나기 전, 스톤은 주변 사람들에게 "이 빌어먹을 도시"를 도저히 견딜 수 없다는 식으로 불평을 하곤 했다.[41] 스톤은 좌파 지식인들이 활발히 활동하는 파리로 갔고, 거기서 편안함을 느꼈다. 독일 점령군에 항거한 레지스탕스 출신으로 「옵세르바퇴르L'Observateur」 편집국장인 클로드 부르데[1909~96]가 한국전쟁 관련 스톤의 칼럼들을 실어주었는데 진보 성향이 강한 프랑스 독자들에게는 한결 잘 먹혔다. 스톤은 "코딱지만한 지붕 밑 호텔 방에서 비는 추적추적 내리고 으스스하게 추운 날"을 내다보며 "여기가 파리가 아니라면 이런 날은 정말 비참하다고 할 수밖에 없을 것"이라고 썼다.[42] 스톤으로서는 파시즘으로 치닫고 있는 듯한 조국으로 돌아가자니 정말 두려웠다. 스톤은 급히 에스터에게 전화를 걸어 즉시 파리로 오라고 했다. 당시 유럽을 오가는 여객선 퀸 엘리자베스호는 열흘에 한 번씩 출항을 했다. 에스터와 아이들은 그 배를 타야 했다.(실리아는 대학에 다니고 있었다.) 파리행은 에스터에게는 무조건적 명령이었다. 그러나 두 아들에게는 다니던 학교를 떠나 친구들과 헤어져야 하는 일이었다.

에스터는 파리까지 갈 여비가 없었다. 그러나 집을 파는 대신 스톤의 충고에 따라 집을 담보로 대출을 받았다. 스톤도 꽤 되는 규모의 종군 특파원 보험을 들어놓은 것이 있었다. 에스터는 집을 세놓은 뒤 열흘 만에 모든 짐을 꾸려 배에 올랐다. 스톤은 영국해협에 접한 프랑스 서북부 항구 도시 셰르부르에서 식구들과 상봉했다. 크리스토퍼는 아버지의 초췌한 모습에 깜짝 놀랐다. 42세의 저널리스트는 베오그라드에서 유고슬라비아 총리 티토를 인터뷰한 뒤 밤새 기차를 타고 오느라 녹초가 된 상태였다.[43] 그는 티토에 대해 열심히 떠들면서 그가 새로운 사회주의의 얼굴이 되기를 기원했다. 유고에서도 반대파 탄압 문제가 있기는 했지만 그나마 다른 유럽 지역에서는 볼 수 없는 어떤 희망 같은 것을 느낀 것이다.

스톤은 파리 근교 주이앙조사에 셋집을 얻었다. 집주인은 프랑스 총리였던 고故 레옹 블룸의 부인이었다. 막내 크리스토퍼는 프랑스 학교와 현지에 그런 대로 잘 적응했다. 그러나 둘째 제러미는 프랑스가 싫었다. 스톤은 장폴 사르트르, 알베르 카뮈 같은 프랑스 지식인들과 마음 편히 어울리면서 한국전쟁에 관한 책 원고를 열심히 썼다. 클로드 부르데는 스톤에게 스탠리 카노우[당시 「타임」지 파리 특파원이었다]를 소개해줬다. 카노우는 뉴욕에서 "막 건너온 아이"였는데 기자 생활을 파리에서 시작한 것을 대단히 행복해했다.⁴⁴ 카노우의 회고에 따르면 부르데는 유명한 철학자 사르트르보다 한결 중립적이고 섬세했다. "그는 반공주의자는 아니지만 공산주의와는 거리가 멀었지요. 주변 사람들도 마찬가지였어요." 파리는 히틀러의 프랑스 점령 직후부터 온갖 좌파들의 본산이었다. "진짜 스탈린주의자 그룹(스톤의 여동생은 이들을 "미친놈들"이라고 했다)도 있었지만 이지는 그런 부류와는 결코 어울리지 않았다"고 카노우는 회고했다. 스톤은 신문사의 부산한 분위기가 그리울 때면 점잖은 「뉴욕 타임스」 파리지국으로 불쑥 쳐들어가곤 했다.

당시 카노우는 20대 중반으로 스톤을 만난 것을 대단한 영광으로 생각했다. "이지는 뉴욕 출신으로 기자 지망생에게는 그야말로 영웅이었어요. 그는 유대인 커뮤니티에서 영향력이 매우 컸고, 「뉴욕 포스트」나 「PM」을 읽는 독자라면 다들 이름을 알 정도였어요. 당시 프랑스 사정은 매우 어려웠지요. 이지가 거처하는 곳은 별로 호화롭지 않았어요. 점잖은 정도였지요. 나한테 정말 잘해줬어요. 같이 있으면 참 재미있었지요."

스톤 일가는 마치 망명을 와 있는 듯한 느낌이었다. 크리스토퍼는 "앞으로 우리 집이 어떻게 될지 불안하기만 했다"고 말했다. "매카시즘을 피해, 블랙리스트를 피해 망명 온 사람들이 많았어요. 서로 이야기를 나누면서 미국에 대한 공포가 증폭됐지요. 파리의 망명자 그룹은 자주 만났어요. 지적, 사회적 배경도 같았지요. 글 쓰는 사람이거나 영화업에 종사하는 경우가 많았어요. 외국에 있다 보니 안 좋은 얘기만 들렸어요. 서로 의

지하고 살 수밖에 없다 보니 그만큼 피해망상이 커진 거지요."

프랑스에서 여러 달을 지내고 나자 미국으로 돌아갈 것인가 말 것인가가 심각한 문제가 됐다. 「데일리 컴퍼스」 사장은 빨리 돌아오라고, 대표 칼럼니스트가 없으면 신문이 망한다고 난리였다. 스톤의 동생 마크가 "아버지의 귀국을 적극 주선했다"고 크리스토퍼는 말했다. 스톤의 여동생도 오빠에게 돌아와서 매카시즘과 싸우라고 호소했다. "그땐 아주 난리였다"고 주디 스톤은 웃으며 회고했다. "내가 엉엉 울었다니까요. 그러면서 '그래, 오빠가 돌아오지 않겠다면 다른 사람들이 미국에 남아 싸울 거야'라고 비장하게 말했지요. 그래서 결국 오빠는 귀국을 결심했어요. 사실 나는 올케언니랑 조카들이 너무 힘들어하는 것 같아서 그런 거거든요."[45]

스톤은 이스라엘행을 염두에 두고 있었다. 크리스토퍼에게는 말도 안 되는 소리였다. 그는 아버지가 중차대한 결정을 내리는 동안 차 한잔을 들고 아버지 침실로 살금살금 들어갔다. "맙소사, 아버지는 주무시고 계셨어요. 우리 인생에 가장 중요한 결정을 하다 말고 말이에요!" 이튿날 아침 스톤은 "돌아가자"라고 선언했다. 일가족은 자유호^{Liberté} 좌석을 예약한 뒤 "잽싸게 떴다."

1951년 6월 스톤 일가가 뉴욕항에 들어섰다. 크리스토퍼가 뱃머리에 기대서 "예인선이 우리 배를 미는 것을 보고" 있을 때였다. "스피커에서 갑자기 우리를 찾는 소리가 들렸어요. 'I. F. 스톤 씨와 가족 되시는 분들은 갑판 사무장한테로 와주시기 바랍니다.' '올 게 왔구나' 싶었지요. 우리 가족은 체포되는 건가? 아빠는 체포될까? 정말 무서웠어요. 갔더니 우람한 사나이가 '여권 보여주세요' 하더군요."(당시 급진파들에게는 여권이 발급되지 않았다.) 사무장이라는 남자는 스톤을 빤히 쳐다보면서 브루클린 악센트로 이렇게 말했다. "「PM」에 글 쓰시는 그 스톤 씨인가요?"

"네." 스톤이 답했다. 남자는 갑자기 환하게 웃으며 여권에 입국 도장을 찍어주면서 말했다. "가이 게준트$^{Gei gesund}$." 이디시어로 '건강하세요',

'안녕히 가세요'라는 말이었다. 사무장 뒤에서 스톤 일가를 찾는 사람이 또 나타났다. 알고 보니 「데일리 컴퍼스」에서 나온 사진기자였다. 스톤이 귀국했다는 기사는 곧 FBI 스톤 관련 파일에 첨가됐다. 세 달 후 국무부 요원이 스톤의 사무실로 찾아와 여권을 내놓으라고 했다. 스톤은 누차 거부했다. 요원은 앞으로 외국 여행은 금지라고 경고했다.

스톤은 "빌어먹을 도시" 워싱턴으로 돌아가지 않고 뉴욕 맨해튼 중심가 파크 애비뉴 1133번지에 셋집을 구했다. 스톤 사후 적대적인 우파들이 "모스크바의 자금"으로 구입한 호화주택이라고 비난했지만 전혀 사실이 아니다. 다만 전후 아파트 전세금이 통제되던 때라 운이 좋았을 뿐이다.[46] 한 친구가 헐값에 구입한 아파트를 이지와 에스터에게 싸게 세를 준 것이다.

　스톤은 귀국을 결심하면서 걱정이 이만저만이 아니었지만 일단 돌아와서는 다시 기운이 났고, 그 어느 때보다 더 도전적이 되었다. 일도 가정 생활도 썩 잘나갔고, 수정 헌법, 특히 1조에 규정된 자유권을 지키기 위해 목소리를 높였다. 그는 이제 우파는 물론이고 좌파와도 싸웠다. 매카시즘의 공세가 격렬해지자 좌파 진영에서도 침묵하는 사람이 많았다. 정치적으로 박해받는 사람들의 권리를 옹호해야 할 미국시민자유연맹ACLU이 미적거리는 데 혐오감을 느낀 스톤은 비상시민자유위원회Emergency Civil Liberties Committee(ECLC) 창설을 거들었다. ACLU 변호사 모리스 에른스트는 당시 후버 국장에게 매료돼 낯간지러운 편지를 보내는가 하면 뉴욕의 고급 레스토랑 스토크 클럽에서 그와 만찬을 즐기고, 공산주의자로 의심 가는 인물에 대한 마녀사냥에 동참했다. 스톤은 ACLU가 창립 발기인이자 이사인 엘리자베스 걸리 플린을 공산당원이라는 이유로 쫓아내고, 동서인 부딘을 비롯해 공산주의자들을 변호한 법률가들을 돕지 않은 것에 대해 강력히 비난했다. 당시 스톤은 에른스트가 ACLU와 결별한 인사들 및 자신이 보낸 개인 서신까지 후버에게 넘겨주고 있다는 사실은 알지 못했다.[47]

스톤은 냉전 세력이 벌이는 푸닥거리를 지지하는 주류 언론 공격에 더 많은 정열을 쏟았다. 그는 "어느 쪽이 어느 쪽을 공격하면 반드시 재앙이 일어나는 세상에서는 공멸하거나 공존하는 수밖에 없다"고 경고했다. 특히「콜리어스 위클리」가 한 호 전체를 "우리가 원치 않는 전쟁 사전事前 점검"에 할애하자 바보 같은 짓이라며 비웃어줬다.[48] '소련의 패배와 점령, 1952∼1960'이라는 제목을 단 특집호는 달빛 어린 바다의 시커먼 함대에서 포가 작렬하고, 미군 공수부대 낙하산이 화염으로 붉게 물든 하늘에서 소련의 우랄 산맥으로 떨어지는 요란한 그림까지 곁들였다. 유명한 작가와 저널리스트들―로버트 E. 셔우드, 아서 쾨슬러, 월터 윈첼, 로웰 토머스, 에드워드 R. 머로, 2차 대전을 소재로 한 카툰으로 유명한 빌 몰딘 등등―이 나서서 "승리할" 전쟁의 가상적 측면을 다양하게 짚었다. 미국이 승리한다는 게 결론이었다. 그러나 소련도 원자탄을 무수히 떨어뜨려 디트로이트, 뉴욕, 필라델피아와 수도 워싱턴까지 초토화된 뒤에 얻는 승리다.

스톤이「콜리어스 위클리」의 어처구니없는 특집에 특히 놀란 이유는 잡지사 측이 "본 특집은 연구 작업에만 수개월이 걸린 '진지한 기록'인 만큼 심각하게 주목해달라"고 주문했기 때문이다. 스톤은 이 특집과 관련해 몇 편의 칼럼을 썼다. 그 중 하나는 제목이「콜리어스」가 러시아를 가볍게 말살하다'였다. "「콜리어스 위클리」는 '자, 이제 핵전쟁은 그렇게 끔찍한 게 아닙니다'라고 말하는 것이나 마찬가지다. …가장 사악한 선전선동이라고 아니할 수 없다."「콜리어스 위클리」는 "일단 원자탄이 우리 영토에 떨어졌을 때 어떤 무시무시한 적색 공포 현상이 벌어질 것인가에 대해서는 설명하려고" 하지도 않았다. 스톤은 "원자탄으로 해방전쟁을 할 수는 없다"고 단언했다.

1952년 스톤은 분노 어린 5부작 폭로성 칼럼을 통해 월터 리프먼을 비롯한 유명 저널리스트들을 신랄하게 비난했다. 칼럼 제목도 'I. F. 스톤, 포크 피살 사건 세탁을 폭로하다', '어물어물 덮어버린 범죄' 등등 매우 과격했다.[49] 이들 칼럼은 당대의 가장 중요한 칼럼으로 평가되고 있다.

사태의 발단은 4년 전으로 거슬러 올라간다. 1948년 5월 그리스의 살로니카 만에서 시신 한 구가 그물에 걸려 올라왔다. 뒤통수 부위는 날아간 상태였다. 물속에 여러 날 잠겨 있은 탓에 얼굴은 알아볼 수 없었다. 시신의 주인공은 생전에는 멋진 외국인 특파원이었다. 사진을 보면 날씬한 몸매에 머리를 뒤로 빗어 넘긴 품이 미남배우 뺨치는 외모다. 시신은 물에 불었고, 여기저기 얼룩덜룩해진 상태였다. 두 손과 두 발이 밧줄에 묶인 것으로 보아 살해당한 것이 분명했다. 죽기 전에 바다에 던져진 것으로 보인다. 신원을 은폐하려는 시도도 없었다. 신분증이 낙타털 재킷 주머니에 들어 있었고, 손목에는 조지 포크라는 이름을 새긴 금속 팔찌가 그대로 채워져 있었다. 당시 35세였던 포크[1913~48. 권위 있는 언론상인 '조지 포크 상 Goerge Polk Awards'은 그를 기려 만든 것이다]는 미국 CBS 라디오 특파원으로 그리스 내전을 취재 중이었다. 미국의 지원을 받는 정부군과 공산 반군이 싸우는 상황이었다. 포크의 시신이 발견된 것은 1948년 5월 16일이었다.[50]

처음에 이 사건은 기자들 사이에서 센세이션을 불러일으켰다. 포크는 유명한 CBS 앵커 에드워드 R. 머로의 "아이들"(머로와 같이 일하는 팀원 기자들을 이렇게 불렀다) 가운데 하나였다. 특파원이 전쟁에서 죽는 경우는 종종 있지만 이렇듯 잔인한 살인은 보복이자 협박의 메시지였다. 미국 기자들은 그리스 정부가 연루돼 있을 가능성 내지는 최소한 살인사건 수사에 부당한 영향을 미칠 가능성을 우려해 독자 조사를 추진했다. 월터 리프먼이 조사위원회 대표를 맡고, 장성 출신의 윌리엄 J.(와일드 빌) 도노반을 조사 책임자로 위촉했다.[51] 도노반은 2차 대전 때 CIA의 전신인 전략정보국OSS 총책임자로 일했으며 당시에는 법률회사를 운영하고 있었다.

당시 도노반을 발탁한 것은 의심해보아야 할 대목이라고 스톤은 강조했다. 국무부와 긴밀하게 연계돼 있는 인물이어서 "정부 관료들이 쉽게 손을 뻗칠 수 있기" 때문이라는 것이 그 이유였다. 리프먼은 수년간 도노반을 다그친 끝에 겨우 보고서를 받아냈고, 이는 결국 1952년에 공개됐다. 당시 스톤은 지연된 보고서가 "취약한 조사 성과를 근거로" 그리스 정부의 "우스꽝스러운" 재판 결과를 확인해주는 "눈가림용"이라고 본 유일한 기자였다.[52] 1949년 그리스 정부 주도로 진행된 재판은 이 사건을 공산주의자들의 소행이라고 결론 내렸다. 맨해튼 창고 밀집 지역의 허름한 「데일리 컴퍼스」 사무실에서 스톤은 보고서에 첨부된 부록을 샅샅이 뒤졌다.(그는 기자들에게 늘 기록을 뒤에서부터 읽으라고 말했다.) 스톤은 "트루먼 행정부는 포크 피살 사건이 어떻게 결론 나느냐에 따라 그리스 정부만큼이나 정치적으로 깊은 이해관계가 있다"는 결론을 내렸다.[53] 스톤은 "견습기자"도 그보다는 잘할 것이라며 리프먼 위원회를 신랄하게 비난했다. 그리스 정부와 미국 정부 모두 제대로 된 조사를 은연중에 방해했고 "엉성한 기자 무리를 공범으로 만드는" 데 성공했다는 것은 분명했다. 더 큰 문제는, 리프먼이 개인적으로는 조사 결과에 의구심을 표하면서도 "그럴 듯해 보이는 동시에 냉전 정치에는 타격을 주지 않는 결론을 수용했다"는 것이다.[54] 리프먼 전기를 쓴 로널드 스틸의 지적이다.

스틸은 리프먼이 냉전 정책은 본질적으로 방어적이라는 가정을 "놀라울 정도로" 강하게 인정하고 있었다고 썼다.[55] "그는 정책 결정권자들을 비판하기는 했지만 그들이 제시한 정책의 기본틀은 거의 손대지 않았다." 포커 피살 사건이 미칠 파급효과에 대한 접근방식에 있어서 리프먼과 스톤은 천양지차였다. 스톤은 도노반에 대해 "그렇게 많은 것을 그가 보지 못했다는 것은 참으로 이상하다"며 모종의 중대한 정치적 은폐 행위가 있었을 것이라고 비난했다. 스톤은 조사위원회 대표인 리프먼이 도노반에게 감사의 말을 새긴 술잔을 기념품으로 선사하는 자리에서 한 연설도 비꼬았다. 리프먼은 "우리는 귀하의 정의감이 용기의 또다른 표현임을 알게됐다"며 도노반을 역겨울 정도로 극찬했다. 그러면서 "환상을 갖지 않는 것이 직업인 사람들을 대신해서" 하는 말이라고 했다. 이에 대해 스톤은 "환상을 갖지 않는 사람들이 볼 때 그들은 그리스와 미국 정부에게 속아 넘어간 게 분명하다"고 맞받았다.[56]

1947년 미국은 수백만 달러를 그리스 정부에 쏟아붓기 시작했다. 그리스는 전 지구적 차원의 공산권 봉쇄 작전의 최전선이었다. 트루먼 독트린의 "요체 가운데 하나"는 좌익 반군에 맞서 싸우는 우익 정부를 지원하는 것이라고 스톤은 지적했다.[57] 그리스 내전은 도미노 이론의 시험대가 됐다. 1952년 스톤은 당시 독립적인 사고를 한 기자들은 그리스 우파 언론과 미국 국무부의 "일종의 게릴라성" 선전전의 희생자였다고 썼다. 기자들은 "공산주의자"라는 비방과 모함에 시달렸고, 사무실에는 비난 편지가 쏟아져 들어왔다. 예를 들어 「뉴욕 헤럴드 트리뷴」의 호머 비가트는 미국 그리스원조단American Mission for Aid to Greece(AMAG) 단장 드와이트 그리스월드로부터 "그리스의 진실을 왜곡하는 자"라는 욕을 먹었다.

스톤에 따르면 포크는 정직한 기자로 "점잖고 좋은 사람"이었다. 둘은 카이로에서 만난 적이 있었다. 포크는 "급진파는 전혀 아니지만 겁이 없는" 기자였고, "보도자료를 받아쓰거나 감언이설에 넘어가는 스타일이 아니었다." CBS 보도에서 포크는 양쪽 모두를 과감히 비판하면서도 미국이 부패한 그리스 정부를 지지하는 것을 특히 문제 삼았다. 그는 그리스 군은 "괴물 군대"이며, 트루먼 독트린에 따른 원조는 "쓸데없는 투자"라고 했다.[58]

리프먼 조사보고서는 포크가 그리스 정부를 "혹독하게 비판했다"고 하면서도 그리스 법원의 석연찮은 판결을 그대로 수용하고 "정치적 동기가 있는지는 확실치 않다"고 설명했다. 이에 대해 스톤은 "앞뒤가 안 맞는 말"이라고 코웃음 쳤다. 그는 "너무도 일방적인" 재판을 그렇게 쉽게 인정한 것은 일종의 사기라고 주장했다.[59] 재판 과정에서 증인들은 극심한 압력을 받았고, 미국식 대질신문訊問 같은 것은 허용되지 않았다. 그리스인 좌파 기자인 그레고리오스 스타크토풀로스가 공범으로 유죄 판결을 받았다. 그러나 정작 살인범으로 지목된 공산당 고위 간부 두 명은 실종됐고, 궐석재판에서 사형 판결을 받았다. 반면에 스타크토풀로스에게는 종신형이 떨어졌다. 도노반은 정의가 집행된 것에 만족한다고 공언했고, 리프먼 조사위원회는 포크를 죽음에 이르게 한 자가 수감된 것을 "전적으로 확신한다"고 호들갑을 떨었다. 스틸에 따르면 스톤과 뉴욕 신문노조 관계자들이 별도의 조사 기구를 조직했지만 "리프먼이 또다른 조사 기구를 만들면 그리스와 미국 관리들의 협력을 얻기 곤란해진다며 반대하는 바람에" 무산됐다. "당시 가장 크게 불만의 목소리를 높인 사람이 I. F. 스톤이었다."

포크 피살 사건의 경우에도 스톤은 보고서 속에 감춰진 단서 뭉치를 찾아냈다. 사건을 제대로 파헤칠 마음이 있는 사람이라면 적극 활용해볼 만한 내용이었다. 공식 조사 보고를 믿지 않는 사람 중에는 하버드대 형법학 교수 E. M. 모건도 있었다. 그는 "스타크토풀로스의 자백은 많은 경우 사실관계 규명에 별 도움이 안 된다고 할 만큼 알맹이가 없다"고 결론 내렸다. 이 그리스인의 자백은 오히려 "반대신문이 절대적으로 필요하다는 것을 분명히 보여준다"는 것이다. 스톤은 모건의 분석이 "리프먼 보고서 관련 신문 보도에서 완전히 무시됐지만" 당시에 공표됐다면 "공식 이론에 심각한 타격을 주었을 것"이라고 주장했다. 스톤은 포크 피살 사건이 "거의 잊혀진 지금까지도"(1952년) 모건의 견해가 알려지지 않은 것에 대해 분노하고 있었다.[60]

스톤은 조사위원회와 언론이 또 하나의 중요한 단서를 무시했다고 비난했다. 도노반의 보좌관으로 일하던 G. L. 켈리스 중령이 본국으로 송환된 것에 대해 큰 관심을 두지 않았다는 것이다. 당시 그리스 사정에 정통했던 켈리스는 "범행 주체로 우파 쪽을 지목하는 단서들을 추적했던 유일한 조사관이었다."

스톤이 당시 쓴 글들은 지금 봐도 놀라울 정도로 정확한 판단이 돋보인다. 더욱 놀라운 것은 재판 과정을 공정하고도 날카롭게 전한 CBS 라디오 방송 내용을 포함해 그가 찾아낸 증거들이 보고서 부록에 들어 있었다는 점이다. 50년 뒤 몇몇 눈 밝은 연구자들은 언론계 간판스타들과 맞서 그들의 비겁함과 흐리멍덩한 진실 규명 자세를 폭로한 스톤을 다시 주목했다. 연구자들은 당시 스톤으로서는 입수 불가능했던 자료를 활용해 '범행은 우파가 저질렀고, 진실은 누군가가 용의주도하게 은폐했다'는 스톤의 주장을 뒷받침했다. 그러나 당시 스톤은 비주류 신문에 글을 쓴다는 것이 얼마나 절망적인지를 맛보고 있었다. 그의 군더더기 없는 명쾌한 분석은 한국전쟁과 냉전 분위기에 묻혀 전혀 주목받지 못했다.

"당시 그 모든 것을 제대로 보고 발언한 사람은 I. F. 스톤밖에 없다고 말할 수 있다." 언론인 크리스토퍼 라이든은 1996년 「뉴욕 타임스 북 리뷰Book Review」[주 1회 발행되는 책 소개 별지 섹션이다]에 신간 『누가 조지 포크를 죽였는가?Who Killed George Polk?』를 소개하면서 이렇게 썼다. 새로 밝혀진 세부 사실들은 흥미롭지만 "I. F. 스톤의 간단명료한 판단을 더 보충하는 내용은 없다"는 것이 라이든의 평가다.[61]

1952년에 스톤은 "언젠가 아마도 진실이 밝혀질 것이고, 그 과정에서 그들은 자신들이 한 역할에 얼굴을 붉히게 될 것"이라고 썼다.[62] 포크 피살 사건이 재조사될 무렵 얼굴을 붉힐 일은 이미 사라졌다. 가석방된 스타크토풀로스는 수년 뒤 자신이 한 자백은 정부 관리들의 고문에 의한 것이었다며 자백 내용을 공개적으로 부인했다. 20년 이상 침묵을 지킨 켈리스는 "조사와 재판 모두가 은폐 공작이었다"며, 범인들은 우파 정권의 사주를 받은 자들이었음을 말해주는 단서를 파헤친 직후 소환된 것도 바로 그때문이라고 주장했다. 그러나 여론의 관심이 다시 일어났을 때 스톤과 리프먼은 이미 이 세상 사람이 아니었다. 당시 조사위원회 위원이었던 「뉴욕 타임스」칼럼니스트 제임스 레스턴은 1990년 "그 위원회 건은 하나도 기억이 안 난다"고 말했다.

레스턴은 스톤에 대해서는 좋게 말했다. 조사위원회가 도노반의 판단을 너무 쉽게 믿었다는 스톤의 비난에 대해서는 이렇게 말했다. "우리가 그랬다면 바보짓이지요. 난 도노반의 판단은 그 어떤 것도 믿지 않았어요. 도노반은 그런 종류의 은폐에 장난을 치고도 남을 인물이라고 생각할 수 있습니다. 하지만 리프먼은, 조 하쉬[1905~98. 신문, 라디오, TV에서 두루 활동한 미국의 언론인], 레스턴, 또 누구누구는 그럼 뭡니까? 우리가 동료의 피살 사건을 은폐했다는 건 도저히 상상조차 할 수 없는 일입니다. 내가 그 보고서 봤냐고요? 그것도 기억이 안 나네."[63]

1991년 스틸은 "포크 피살 사건은 그야말로 충격이었다"며 "적어도 리프먼은 도노반을 너무 믿었던 것, 그리고 어영부영하다가 모두를 불편하게 하지 않는 해결책을 내밀고 말았던 것에 대해 비판받아야 한다"고 지적했다. 조사위원회, "특히 리프먼은 좀더 의심을 갖고 조사에 임했어야 한다"는 것이다.[64] 그러나 스틸은 위원회가 도노반 개인 파일에 접근할 수 없었고, "미국과 그리스 관리들 간에 있었던 공공연한 결탁"에 대해서도 알지 못했다는 점을 강조했다. 위원들은 하나같이 냉전 질서를 뒤흔들지 않는 결론을 별 생각 없이 수용했다는 얘기다. 여기서 변명이 안 되는 부분은 그들이 "그렇게 쉽게 남을 믿었다"는 점이다. "그들은 책임을 다하지 않았다. 그러나 그것이 진실 은폐와 동의어는 아니다. 여기서 도노반이 가장 핵심적인 용의자로 떠오른다." 이러한 스틸의 추론은 대단히 합리적이지만 스톤과 크게 다를 바 없다. 오히려 스톤은 당시 조사위원회와 별로 다른 증거도 없는 상태에서 위원회와는 전혀 다른 결론에 도달했다는 점에 주목해야 할 것이다.

1952년 여름, 스톤은 다시 불확실한 미래에 직면한다. 포크 피살 사건 시리즈 칼럼은 스톤이 「데일리 컴퍼스」에 마지막으로 쓴 글들 가운데 하나였다. 그는 트루먼 행정부의 국내외 정책에 대해 몇 차례 더 집중사격을 했다. 트루먼 대통령의 임기가 끝나갈 무렵(1952년 11월)의 어느 날 밤 적자에 허덕이던 「데일리 컴퍼스」도 문패를 내렸다. 당시 스톤은 만 45세에서 한 달이 빠지는 나이였고, 세 자녀와 아내의 생계를 책임져야 하는 가장이었다. 그러나 냉전이 한창인 시대에 급진파 반골 기자가 달리 선택할 수 있는 길은 없었다. 이후 35년 동안 스톤은 수많은 글과 말을 쏟아내면서 파리에서 런던에 이르는 유럽 좌파 서클과 거의 모든 미국의 대학 캠퍼스에서 유명 인사로 변신하게 된다. 그러나 신문사 사장들이 그를 영입할 일은 없었다.

스톤의 미래는 추웠던 그해 11월의 밤처럼 을씨년스러워 보였다.

4부

혼자서 가다

18
이지를 잡아라

"1953년 11월 6일 워싱턴 DC. 표적 거주지 인근에서 오후 7시 50분 감시 시작." 수천 쪽 분량의 스톤 사찰 파일 가운데 한 쪽은 이렇게 시작된다.[1] 그해에 스톤은 다시 워싱턴으로 이사해 모험이라고 할 만한 사업을 시작했다. 자신만의 신문을 창간한 것이다. 경찰 보고서는 체호프 연극에 나올 법한 음산한 분위기다. "폭설이 쏟아졌다. …차가 못 다니는 도로가 많았다."

당시 FBI가 잘못된 정보를 입수해 이지와 에스터가 파티를 하고 있는 줄 알고 손님들이 타고 온 자동차 번호판을 적어 "방문객들의 신원을 확인할" 수 있는 좋은 기회라고 봤다. 스톤 일가와 다른 두 부부가 모습을 드러냈다. 보고서는 첩보영화의 한 장면을 연상시킨다. "표적의 집에 불이 다 꺼지고 사람들이 밖으로 나왔다." 여섯 명은 폭설이 내리는 길을 걸어서 네브래스카 애비뉴와 31번가 북서쪽 모퉁이로 올라가 "1952년식 밝은 회색 포 도어 폰티액^{Pontiac} 세단"에 올라탔다. (스톤의 차는 FBI 파일에

1952년식 녹색 내시^{Nash}로 돼 있다.)

FBI는 스톤 일행이 탄 차를 따라 워싱턴 내셔널 시어터^{National Theatre}까지 갔다. 스톤 일행은 극장 안으로 들어갔고, 로비에서 표를 든 스톤의 모습이 목격됐다. 스톤이 "다른 사람들에게 '마티는 안 왔어'"라고 말하는 소리가 들렸다. 무슨 암호임이 분명하다.

표가 없는 감시 요원들은 어떻게 했을까? 눈 덮인 길을 열심히 걸어서 스톤 일행이 주차해놓은 차로 갔다. 요원들은 차와 글러브 박스를 불법 수색해 자동차 등록증과 뉴욕 우체국 소인이 찍힌 봉투 하나, 한 주소에 동그라미를 친 뉴저지 주 프린스턴 지도, 뉴저지에서 온 엽서, 그리고 동부 연안 여러 주의 자동차 여행용 지도 다수를 찾아냈다.

이런 식으로 FBI가 평생 불법 미행과 수색을 했다는 것을 스톤 일행은 까맣게 몰랐다.(일행의 이름은 반세기 후 공개된 파일에 검은 매직으로 지워져 있다.)

수천 건의 다른 문건과 마찬가지로 이 보고서도 FBI가 미국 시민을 연좌제까지 적용해 밤낮으로 따라다니며 뒷조사했다는 것 외에는 아무것도 말해주지 않는다. 거의 40년 동안 FBI는 상상할 수 있는 모든 방법으로 스톤을 추적했다. 심지어 그가 내버린 쓰레기까지 뒤졌다. "쓰레기 줍기"라는 제목이 붙은 사찰 보고서를 보면 후버가 시민권을 얼마나 침해했는지 그야말로 역겹다. 쓰레기를 뒤진 이유는 "우리 사무실 파일에는 자료가 없는 자들의 신원을 날짜까지 명시된 표적의 쓰레기에서 찾아내기 위해서"였다. 그렇게 주운 쓰레기 쪼가리에는 "발신인이나 각종 이름"이 적혀 있었다. 이 보고서는 1952년에 작성된 것으로 추정되지만 공식 날짜는 1954년 5월 20일로 돼 있다.

산더미 같은 스톤 파일에는 그의 강연과 기사 내용이 많이 들어 있다. 이들 자료는 스톤이 엉터리 재판과 청문회, 블랙리스트, 도청, 임의 추방, 충성 서약 같은 부당한 조치들과 맞서 싸워왔다는 것을 잘 보여준다. 또

FBI가 풍문에 불과한 것을 정보랍시고 인용할 만큼 때로 대단히 엉성하고, 반유대주의 성향이 강하다는 것도 엿볼 수 있다. 스톤의 이름을 어빙, 핀켈슈타인처럼 이상하게 적은 부분도 나온다. 스톤은 "그의 진짜 이름이 아니다"라고 적은 메모들도 있다. 사실 후버는 스톤이 수십 년 전에 합법적으로 개명했다는 사실을 알고 있었다. 후버의 권세를 더 키워준 것은 CIA, 국무부, 군, 국세청, 우정청 같은 기관들이었다.

때로는 스톤 미행에 여러 요원이 동시 투입되기도 했다. 그들은 지루한 보고서를 직접 작성했다. 예를 들어 1951년 9월 27일 자료를 보자. 오전 7시 요원들이 뉴욕시의 스톤 아파트 앞에 배치됐다. 오전 10시 55분 "스톤이 밖으로 나왔다. …걸어서 동쪽으로 91번가를 지나 렉싱턴 애비뉴로 갔다." 2분 후 "스톤이 맥스 슈워츠 시가 가게로 들어갔다." 1분 후 스톤이 나왔다. 들어갈 때보다 시가를 한두 개 더 가지고 있을 것임은 불문가지다. 3분 후 "스톤이 렉싱턴 애비뉴에 위치한 잡화점에 들어갔다. 89번가와 90번가 사이다." 6분 후 스톤이 잡화점에서 보따리 하나를 들고 나와 북쪽 렉싱턴 애비뉴로, 이어 서쪽 91번가로 갔다. 11시 08분, 표적은 상가를 잠시 둘러보고는 집으로 돌아갔다. 이렇게 4시간 동안 아무 일도 일어나지 않았고, 그 사이 감시 요원은 지루해 죽을 지경이었을 것이다. 스톤은 한참을 걸어 내려가다가 지하철로 들어갔다가 다시 지하철에서 나와 「데일리 컴퍼스」 사무실로 향했다. 오후 3시에서 3시 29분까지의 상황이다. 6시 30분, 스톤이 아직 사무실에 '짱박혀' 있는 상황에서 미행 기록은 중단됐다.

요즘 사람들은 후버라고 하면 여자 옷을 즐겨 입고 '메리'라는 이름의 인물과 파티를 즐기곤 한 동성애자쯤으로 생각할 것이다. 그런 내용을 담은 전기물이 많이 알려졌기 때문이다. 그러나 당시 철권을 휘두르던 그와 맞서 싸우려면 얼마나 용기가 필요했을지는 도저히 상상이 안 될 것이다. 후버는 냉전 주도 세력에게 사실 확인조차 되지 않은 혐의와 거짓말로 가득 찬 자료를 계속 공급했다. 당시는 미국 역사에서 가장 흉흉하던 때였다. 하원 반미활동조사위원회^{HUAC}를 모방한 '새끼 HUAC들'이 여기저기서 생겨났고, 미국 전역에서 활동하는 시민권 운동 단체나 평화 운동 단체에는 자발적인 감시원들이 침투했다. 그런 기관들에서 작성한 파일은 기업에도 제공돼 요시찰 인물을 감시하는 블랙리스트로 활용됐다.

파일에서 검은 매직으로 지워진 부분에 무슨 얘기가 쓰여 있었는지, 정보공개법으로도 공개가 안 되거나 "폐기"로 분류된 자료에는 또 어떤 내용이 있었는지는 알 도리가 없다. 분명한 것은 후버가 의회나 언론계 우호 세력에게 자신의 적들을 강타할 수 있는 자료를 흘렸을 것이라는 점이다. 그러나 스톤 파일은 그토록 공개적으로 자기 주장을 펴는 사람을 미행한다는 것이 얼마나 헛수고인지를 말해줄 뿐이다. 스톤은 왜 HUAC를 비롯한 각종 조사위원회에 불려나가지 않았다고 생각하느냐는 질문에 이렇게 답했다. "매카시가 나를 더 어쩌겠어요? 나를 폭로하겠어요? 그럼 아마 집시 로즈 리[유명한 스트립댄서]를 벗기겠다는 얘기나 마찬가지가 될 거예요. 나는 매주 어떤 식으로든 나 자신을 폭로하니까."[2]

스톤을 오랜 기간 사찰했다는 것은 우호적인 인물이나 적에게 넘겨줄 군사 기밀 같은 것은 전혀 갖고 있지 않은 애꿎은 기자에게 시간과 국민 세금을 쏟아부었다는 의미다. 스톤은 "적국에 이익이 되게 행동하는 영향력 있는 인물"이라고 할 만큼 엄청난 청중 동원력을 가진 것도 아니었다. 정보기관에서는 평화적인 행동을 촉구하는 칼럼니스트에 대해서도 소련과 똑같은 얘기를 주장한다는 이유로, 또는 정부 사이드에서 들은 얘기를 공표했다는 이유로 문제 인물로 낙인찍곤 했다. 스톤은 루스벨트 시대가 끝난 뒤에는 주변에 특종을 줄 만큼 교분 있는 고위급 인사도 없었고, 혹여 고급 정보를 입수하면 어떤 식으로든 바로 신문에 써버렸다.

FBI, CIA, 군, 국무부, 우정청 등은 미국 곳곳은 물론이고 유럽까지 따라다니며 스톤을 철저히 미행했다. 그들은 스톤 가족과 친구들에게 그의 행적에 대해 꼬치꼬치 캐물었다. 일부 메모에는 스톤의 동생 마크가 한때 공산당원이었다고 기록돼 있다. 기관원들은 소포와 상자를 뜯어보고 전화를 도청했으며, 그의 집을 드나드는 사람들의 이름을 기록에 올리고, 강연회장을 따라다녔으며, 그가 쓴 기사를 오려놓고, 취재원이나 친구, 친척, 이웃, 동료 기자 또는 공산주의자로 의심되는 사람들—스톤이 아는 사이라고 당당하게 밝힌 사람들—은 물론이고, 각종 기관과 접촉한 내역에 대해서도 자세한 기록을 남겼다. 특히 그가 '접촉'했다는 기관은 스무 개가 넘는데 법무부는 이들을 A(에이브러햄 링컨 여단)에서 W(워싱턴 서점)까지 알파벳순으로 정리하고 "공산주의 전위 조직"으로 간주했다.

FBI는 스톤을 1945년까지 미국 공산당 서기장을 지낸 얼 브라우더나 노동운동 지도자 해리 브리지스(미국 정부는 브리지스를 추방하려고 수십 년간 노력했지만 허사였다)와 연결시켰지만 별 재미를 보지는 못했다. 스톤은 두 사람과 아는 사이라는 것을 감춘 적이 없다. 그는 또 공산당원이 많이 들어가 있는 진보당과 윌리스를 지지하면 "자동으로 반정부 인사 리스트에 오른다"는 것을 잘 알고 있었다. 스톤은 자유로운 사회라면 공산당도 존재할 권리가 있다고 적극 주장했다. 그는 여권 신청을 할 때 특정 정파政派와의 관계를 묻는 질문에 "원칙의 문제"라며 답변을 거부했다. 그러나 1956년 외국 취재 여행을 위해 여권을 새로 발급받을 때는 '공산당원인 적이 없다'는 진술서에 서명했다. 후일 스톤은 당시의 '굴복'을 회고하며 한숨을 쉬었다.

스톤이 외국에 나가면 FBI로서는 비용을 절감할 수 있었다. 국내처럼 비행기를 타고 일일이 쫓아다닐 필요가 없기 때문이다. 어디에 전화를 했는지(대개는 집이다), 누가 찾아왔는지(찾아오는 사람은 거의 없었다) 알아내기 위해 호텔 벨보이나 프런트에게 뇌물을 줄 필요도 없고, 요주의 인물과 점심을 먹으며 나누는 얘기를 엿들을 필요도 없었다. 다음날 스톤이 쓴 기사가 실린 신문 한두 부만 사 보면 어디어디를 돌아다녔는지, 누구를 만났는지, 무슨 얘기를 했는지가 다 나와 있기 때문이다.

FBI가 그토록 심혈을 기울였건만 정보공개법에 따라 공개된 스톤 파일에는 범죄라고 할 만한 부분은 없다. 스톤 파일을 정리되기 이전에 열람한 FBI의 한 관리도 이렇게 말했다. "후버는 스톤을 보기보다 문제가 심각한 인물로 생각했습니다. 그러나 그렇게 생각할 만한 내용은 전혀 없었어요. 스톤 파일에서 깜짝 놀랄 만한 내용은 전혀 없었습니다. 사실 후버는 스톤을 엄청나게 미워했지요."[3] 이 관리는 후버가 스톤을 증오한 이유를 이렇게 해석했다. "후버가 그를 싫어한 이유는 상상력이 대단한 인물이었기 때문입니다. 후버는 고리타분한 스타일이어서 자유분방한 사고를 하는 사람들을 아주 못마땅해 했어요. 후버가 볼 때 스톤은 동에 번쩍, 서에 번쩍 하는 인물이었어요. 그만큼 다루는 주제가 다종다양했지요. 시각은 항상 좌편향이지만. 내가 볼 때 스톤은 대단히 흥미로운 인물입니다. 여기저기 날아다니는 나비 같은 지식인이라고 할까…. 후버는 사람들에게 집착하는 경향이 있었어요. 스톤에 대해서도 그랬던 것 같습니다. 이지는 글을 엄청 쏟아냈기 때문에 일종의 '움직이는 표적'이었지요." 이 관리는 의미심장한 얘기를 살짝 던지기도 했다. "공개되지 않은 자료는 훨씬 흥미롭지요. 스톤 파일은 아주아주 민감한 정보원들이 작성한 겁니다. 상식적으로 볼 때 그게 기밀 해제되면 우리 조직은 아주 좋은 평을 받을 수 있을 겁니다." 그러나 열람한 내용 중에서 스톤을 곤란하게 만들 만한 부분은 없다고 단언했다.

후버는 스톤의 열렬한 애독자였다. FBI 파일은 스톤에 관한 미니 도서관이라 해도 과언이 아니다. 1930년대부터 1970년대까지 각종 기사와 칼럼을 스크랩한 것은 물론이고, 수많은 강연을 받아 적은 문서가 가득하다. 그러나 열심히 따라다니는 요원들에게는 실망스럽게도 아리따운 미녀와의 밀회 같은 것은 전혀 없다. 스톤 파일은 쪽를 넘길 때마다 이지와 에스터가 같이 다니는 장면이 지루하게 이어진다. 요원들은 부인에게 그토록 충실한 남편을 보고 눈물을 흘렸을 것이다. "1951년 7월 24일 오후 6시 45분. 표적이 가방 두 개와 작은 상자를 들고 사무실을 나섰다. 택시를 타고 유니언 스테이션 역으로 갔다"는 정도가 가장 흥미진진하다고 할 만한 대목이다.

빨갱이 사냥꾼들은 수정 헌법 1조를 극히 협소하게 해석했다. FBI를 비판하거나 파시즘에 반대하거나 뉴딜 정책, 시민권, 평화를 옹호하는 저널리스트들(특히 평화를 주장하는 경우는 친소파로 간주됐다)은 일단 요주의 인물로 분류됐다. "문제가 있는" 취재원과의 "커넥션"은 집중 사찰 대상이었다. 표현의 자유를 말살하려는 후버의 입장에서는 국장인 본인을 비판하는 언론인들은 정치적 불만세력과 똑같은 체제 전복세력이었다. 후버는 자신에 대한 비판에 대단히 예민했다. 20세기의 위대한 미국 작가들 다수에 대해 별도 파일을 작성한 가장 큰 이유도 그들이 후버를 조롱하고 비판했기 때문이다.[4] 제임스 에이지, 넬슨 올그런, 셔우드 앤더슨, 제임스 볼드윈, 루드비히 베멀먼즈, 헤이우드 브룬, 펄 벅, 트루먼 카포티, 데일 카네기, 윌라 캐더, 존 치버, E. E. 커밍스, E. L. 닥터로, 존 더스패서스, 윌리엄 포크너, 프랜시스 스콧 피츠제럴드, 대실 해밋, 벤 헥트, 릴리언 헬먼, 어니스트 헤밍웨이, 링 라드너 주니어[링 라드너의 아들이다], 월터 리프먼, 노먼 메일러, H. L. 멘켄, 제시카 미트포드, 오그든 내쉬, 아나이스 닌, 클리퍼드 오데츠, 그레이스 페일리, 도로시 파커, 데이먼 러니언, 윌리엄 사로얀, 존 스타인벡, 제임스 서버, 손턴 와일더, 토머스 울프, 허먼 우크 등등이 요시찰 대상이었다. 영화계 가십 전문 칼럼니스트 헤다 호퍼와 루엘라 파슨즈, 칼럼니스트 월터 윈첼(나중에 후버의 충실한 애완견이 된다)도 별도 파일이 있었다.

스톤의 광팬이자 퓰리처상을 수상한 저널리스트 머레이 켐프튼은 자기 파일을 보고 나서 후버는 "완전히 미친 사람"이라고 단언했다.[5] 후버는

켐프튼의 정치 성향보다는 풍자와 조롱이 담긴 글에 더 탐닉했다. 켐프튼
은 FBI가 자신이 1930년대에 잠시 공산당원이었다는 사실조차(당시 그
는 선원이었는데 그 시절 선원들은 거의 공산당원이었다) 모르고 있었다
고 말했다. 1950년대에 켐프튼은 FBI에 그런 사실을 솔직히 밝혔다. "내
파일은 온통 후버 얘기뿐이었어요." 켐프튼과 마찬가지로 후버가 스톤을
집요하게 추적하기 시작한 것은 그가 1930년대 중반에 후버를 우습지도
않은 인물로 치부하면서부터였다.

후버는 FBI 요원들에게 늘 잠복근무를 철저히 하라고 당부했다. "스톤
이 떠드는 얘기와 우리 국을 자주 헐뜯는 것을 보면 극도의 주의가 요망된
다." 1951년 스톤이 유럽에서 돌아온 뒤 FBI 요원들은 맨해튼의 지저분한
공장 지대에서 그를 감시하기가 어렵다며 고충을 토로했다. "오전 8시에
서 오후 6시까지는 트럭이 많이 오가서 「데일리 컴퍼스」 건물 입구가 가
로막힌다. …출입구에 서 있어야 하는데… 그러다 보니 오래 감시할 수가
없다."

파이어 아일랜드에 있는 스톤의 작은 오두막 별장—"오존Ozone 비치에
있는 베이 워크 왼편의 두번째 집"(FBI는 오션Ocean 비치를 오존 비치로 잘
못 적었다)—역시 미행에는 아주 곤란한 곳이었다. 섬에는 자동차가 들어
갈 수 없었고, 집에는 전화가 없었다. 스톤은 "웨스턴 유니언[송금업체] 사
무실에 있는 공중전화를 사용했다." 정보원은 스톤이 "귀가 잘 안 들려서
큰 소리로 떠들어야 하기 때문에 공중전화로 '은밀한 사안'을" 얘기하지
는 않을 것이라고 했다.

파이어 아일랜드 잠복근무는 "효과가 거의 없는 것으로 판단됐다." 하
지만 후버에게 보고된 여러 메모를 보면 "요원들이 전보와 우편, 섬을 오
가는 배편을 감시"했던 것을 알 수 있다. 그들은 보청기 회사에서 보낸 편
지와 같은 '은밀한' 서신을 찾아냈다. 비밀작전에나 쓰는 용어들이 난무
한다. 그들은 "위장 전화"를 걸어 스톤이 사무실에 있다는 것을 확인하기

도 했다. "1951년 8월 24일 정보원[검은 매직으로 지워져 있다]은… 스톤이 오후 4시 10분 페리를 타고… 파이어 아일랜드로 갔다. 정보원은 스톤이 섬에서 다음날 저녁 '모임'이 있다고 말했다." '은밀히' 진행될 이 "모종의" 모임은 "약 100명이 참석할 예정"이라고 돼 있다.

스톤이 인권변호사 레너드 부딘과 "친하다"는 보고도 있다. 두 사람이 동서지간인 점까지 고려하면 FBI로서는 '호재'였을 것이다.

스톤이 1953년 「I. F. 스톤 위클리」를 창간했을 때 후버는 스톤 몰래 구독 신청을 하느라 속이 쓰렸다.[6] 1955년에는 두 부 가운데 한 부는 끊었다. FBI 메모에는 "광범위한 조사를 했지만 표적 쪽에서 간첩 활동이 있다는 증거를 찾지 못했으며, 현재 공산당 활동을 한다는 증거도 확인하지 못했다"고 되어 있다.[7] 요원들은 「I. F. 스톤 위클리」를 계속 살피라는 명령을 받았다. "이 잡지는 특히 후버 국장과 FBI, 법무장관을 자주 비판하고 멸시한다." 후버를 "악의적"으로 비난한다는 평가도 기록돼 있다. 한번은 법무부 수사국에서 FBI에 스톤과 인터뷰를 해달라는 부탁이 왔다. 인터뷰 과정에서 스톤이 「더 네이션」에 실어준 기사를 쓴 필자의 신원을 발설하지 않을까 하는 기대에서였다. 후버는 부하들에게 보낸 메모에 "노!"라고 휘갈겨 썼다.[8] "우리는 어떤 상황에서도 그런 일은 하지 않는다. 인터뷰를 하고 싶으면 자기들이 직접 하라 그래."

후버는 할 말 하는 저널리스트들에 대한 음험한 보복뿐 아니라 정치 지도자들의 성적 취향을 물고 늘어짐으로써 끈질기게 살아남았다. 스톤은 언젠가 대통령이 그를 해임할 것이라고 기대했지만 허사였다. "후버의 사무실에는 해골이 하나 가득이다"라고 스톤은 썼다.[9] "워싱턴에 있는 많은 사람들이 그가 딸그락거리고 있을 뼈를 두려워한다." 남의 뒤를 캐는 데는 선수인 후버도 어두운 비밀이 있었다. 그래서 오히려 남의 비행을 더 잘 잡아낼 수 있었을 것이다. 후버를 괴롭힌 것은 동성애자라는 소문이었

다. 뒤틀린 사생활 탓에 후버는 후일 친구인 윌리엄 F. 버클리 주니어에게
도 원한을 품게 된다. 1967년 버클리가 자신이 운영하는 정치 잡지 「내셔
널 리뷰^{National Review}」에 「뉴욕 타임스」 1면을 흉내낸 풍자 기사를 신고 "후버
가 '풍기 문란'으로 체포된 직후 사임했다"는 설명을 단 것이다.[10] 후버는
버클리를 용서하지 않았다.

후버는 성적인 문제에서 극도로 이율배반적이었다. 그는 동성애를 "일
탈 행위"라고 비난하면서도 매카시의 보좌관 로이 콘, 게이 친구들, 프랜
시스 스펠먼 추기경 같은 인물들과 어울려 다니며 장난을 쳤다.(후버의
파일에는 친구인 스펠먼 추기경이 "대단히 적극적인 동성애자"라는 뉘앙
스를 풍기는 기록이 무수히 나온다.)[11] 후버는 죽을 때까지 국장 자리를
유지했다. 지금처럼 섹스 스캔들에 관심이 많은 시대였다면 독신인 후버
가 클라이드 톨슨(FBI 부국장으로 후버의 오른팔이었다)과 특이한 관계
를 유지한 것은 당연히 대중의 놀림감이 됐을 것이다. 두 사람은 함께 차
를 타고 출퇴근하고, 파티를 하고, 저녁을 같이 먹고, 휴가도 함께 갔다.
후버 전기를 쓴 역사학자 리처드 지드 파워스는 두 사람을 "부부 관계"라
고 했다.[12]

스톤은 후버의 사생활에 대해서는 일절 언급하지 않았다. 그가 비난한
것은 공인으로서의 행적이었다. 다만 후버가 성적인 문제에 관한 허위 자
료를 올가미로 삼아 상대를 묶는 행위는 경멸했다. 냉전 시기 유명한 간첩
사건에서 스톤의 동서인 레너드 부딘은 FBI가 불법으로 피고인인 법무부
직원 주디스 코플론의 전화를 도청하고, 기밀 문건을 미끼로 던졌으며,
영장 없이 그녀를 체포했다는 것을 입증함으로써 항소심에서 코플론에
대한 유죄 판결을 뒤집는 데 성공했다. 코플론의 혐의는 기밀 문건을 소련
측에 넘겨주었다는 것이었다.(거의 50년이 지난 후, 후버는 간첩 혐의를
입증할 수 있는 KGB 문건을 확보했고, 이를 토대로 FBI가 코플론을 추적
했다는 사실이 드러났다. 코플론은 간첩이었다.)

코플론 사건이 법정에 올라가자 타블로이드 신문들은 대서특필했다. "FBI 파일에서 쏟아져 나오는 무수한 중상과 비방, 혐의 등등은" 그녀가 간첩임을 입증하는 것과는 아무 상관이 없다고 스톤은 주장했다.(스톤은 코플론이 무죄라고 주장하지는 않았다. 사려 깊은 태도다.) 스톤은 "생각과 행동에서 철저히 보조를 맞춰가며" 쓰레기를 뒤지는 '3인방'의 정체를 분명히 밝혀냈다. FBI는 HUAC과 매카시에게 "산더미 같은 쓰레기"에서 일부 입맛에 맞는 자료를 제공하고 있었다. 물론 이에 대해 후버는 그런 일 없다고 줄곧 부인했다. "의회 조사관들에게 공급되는 출처 불명의 소문과 중상모략"이 "코플론 사건에서 FBI 파일에 나타나는 바로 그 잡동사니"였다.[13] FBI는 "더러운 일"을 하고 있었다.[14] "FBI 수사관들은 성 관련 이야기를 수집하고 파일에 보관한다. …'간통'은 여러 종류의 사건에서 유죄 판결을 얻어내기 위한 도구라고 할 수 있다."

부딘이 후버 국장의 역겨운 전술을 폭로하자 트루먼은 후버를 해임하려고 했다. 그러나 재선 유세 시점에 빨갱이 사냥의 영웅을 그대로 두고 잘 활용하는 것이 낫다는 주변의 권고를 듣고 해임 계획을 접었다. 그러자 후버는 잽싸게 납작 엎드렸다. 그는 FBI 지하실에 비밀 파일(스톤 관련 파일도 포함된다)을 보관하고 경비원까지 붙였다.(많은 비밀 파일이 1960년대에 폐기됐다.) 1950년 12월, 후버의 의회 쪽 친구들이 코플론 사건이 엉망이 된 후 FBI에 도움이 되는 법을 통과시켰다. "간첩 활동" 관련 사건일 경우('간첩 활동'이 무엇인지 명확히 정의하지는 않았다) FBI 요원들이 용의자를 영장 없이 체포할 수 있다는 내용이었다.

"비밀경찰은 대단히 위험하다"고 스톤은 늘 주장했다.[15] 나이 여든 되던 해에는 이렇게 말했다. "미국 헌법과 미국의 제도, 그리고 감시하는 자유 언론, 이런 것들이야말로 바람직하고 유일한 안전판이다. (간첩 적발을 위해) 비밀경찰이 그것을 대신할 수는 없다."

스톤 파일은 쪽마다 "일급기밀" 도장이 꽝꽝 찍혀 있다. FBI가 스톤을 모종의 음모에 엮어넣으려 한 가장 적극적인 시도는 엘리자베스 벤틀리 사건으로 시작됐다. 벤틀리는 1945년 제 발로 FBI 사무실에 걸어 들어가 2차 대전이 아직 끝나지 않은 시점에 미국 행정부 고위층에 대규모 간첩단이 암약하고 있다는 충격적인 이야기를 털어놓았다. 벤틀리는 국무부와 재무부, 전략정보국^{OSS}, 국방부에서 활동하는 스파이들의 상세한 내역과 함께 백악관 보좌관 로클린 커리, OSS 간부 던컨 리, 재무부 차관보 해리 덱스터 화이트 같은 고위 관리들의 이름도 꼽았다. 벤틀리는 이 간첩단을 총괄한 것이 경제학자 출신으로 뉴딜 정책을 주도한 네이선 그레고리 실버마스터라고 주장했다. FBI가 벤틀리 파일 암호명을 '그레고리'라고 한 것은 이 때문이다.

많은 기자들이 그랬던 것처럼 스톤도 거명된 사람들 가운데 일부를 취재원으로 알고 지내는 사이였고, 특히 화이트 차관보에 대해서는 호감을 갖고 있었다. 벤틀리는 스톤도 일부 간첩들과 아는 사이라고 밝혔기 때문에(스톤을 만나본 적은 없다) 스톤 파일은 "보안" 문제에서 "그레고리 간첩단" 사건 관련으로 격상됐다. 벤틀리가 FBI에 귀순한 것은 1945년 모스크바 측이 전문가를 보내 그녀가 운영하는 간첩단을 접수하려 한 데 격분했기 때문이다.¹⁶ 벤틀리는 어수룩한 겉모습과 달리 매우 중요한 역할을 맡고 있었다. 그녀의 폭로는 사실로 입증되지는 않았지만 냉전을 가속화하고 미국 역사상 최대 규모의 스파이 사냥 소동으로 이어지게 된다. 이 과정은 캐스린 올름스테드가 쓴 벤틀리 전기에 드라마틱한 필치로 묘사돼 있다.

벤틀리는 살해 위기에 몰린 상태인 만큼 기꺼이 모든 것을 자백하겠다고 했다. 충분히 그럴 만했다. 소련 문서에 따르면 소련 정보기관에서는 그녀를 총으로 쏘아 죽이거나 자동차 사고나 지하철 사고를 위장해서 죽이거나 약효가 천천히 나타나는 독약을 쓰는 방법 등을 고려하고 있었다.

그러나 결국 그들은 살해 계획을 포기했다. 벤틀리는 FBI에 고위급 소련 스파이망을 직접 관리했다고 털어놓았다. 처음에는 조직원으로 14명의 이름을 불었고, 나중에는 80명, 그리고 이후 거명 대상은 그보다 조금 더 늘었다. 그중에서도 직급과 영향력이 가장 높은 유명 인사가 커리와 화이트였다. 특히 화이트는 1944년 미국 대표로 전후 국제 통화 질서가 될 브레턴우즈Bretton Woods 체제를 만들고 국제통화기금International Monetary Fund(IMF)과 세계은행World Bank 창설에 핵심적인 역할을 한 인물이었다. 벤틀리는 화이트가 자신의 "영향력을 발휘해 공산당원과 공산당 동조자들을 정부 내 전략적 요직에 앉혔다"고 주장했다. 이것이 사실이라면 다른 정부 기관에 KKK단이나 존 버치 협회John Birch Society(1958년 창설된 극우 반공 단체) 비밀 회원, 파시스트 계열 나치 동조자 또는 공공연한 인종주의자들이 들어가 있는 것과 유사하다. 이 모두가 20세기 미국에서 벌어진 일이다. 화이트가 어떤 인물이 간첩 행위와 관련이 있는 줄 알면서 조직에 끌어들였다면 전혀 다른 얘기가 된다. 그러나 벤틀리가 화이트를 지목하면서 내놓은 증거는 전혀 없었다. 미국 공산당원으로 소련 스파이로 활동하다가 전향한 것으로 유명한 휘태커 체임버스도 국무부 고위 관리인 앨저 히스가 공산주의자라고 증언했지만 간첩 행위를 했다는 얘기는 전혀 하지 않았고, 화이트에 대해서는 (화이트가 사망한 뒤까지도) 언급조차 하지 않았다. 그러나 당시는 친공이라고 찍히는 것만으로도 당사자는 치명적인 타격을 입는 시대였다. 게다가 공산당과의 관계에 대해 조금이라도 거짓말을 하면 위증죄로 처벌을 받게 돼 있었다. 1948년 벤틀리가 언론에 공개됐을 때는, 그녀가 말한 간첩 행위가 이루어지던 시기(1945년 이전)는 소련이 미국의 동맹국이던 시절이라는 사실조차 거의 잊혀진 상태였다.

후버는 1945년부터 1948년까지 벤틀리를 비밀리에 집중 신문하고, 그녀가 간첩으로 찍은 인물 전원에 대한 사찰을 강화했다. 1948년 스톤은 벤틀리가 정식 기소 여부를 결정하는 "대배심 앞에서 주워들은 풍문을 마구 떠벌렸지만 결과는 신통치 않았다"고 평가했다. 당시에는 스톤처럼 벤틀리의 주장에 의구심을 가진 사람들이 많았다.

스톤은 뉴딜 정책이 집행되고 2차 대전이 한창일 때 정부 쪽 인사들과 교분이 많았던 만큼 벤틀리가 찍은 관리들과도 당연히 교제가 있었다. 정보공개법에 따라 FBI 문건이 공개될 때까지 수십 년 동안 HUAC과 매카시 위원회의 후버 서클을 제외하고는 벤틀리가 스톤의 이름을 거명했다는 사실을 아는 사람은 거의 없었다. 스톤이 죽고 스톤 파일이 공개된 이후에야 후버가 스톤을 그토록 철저히 뒷조사한 이유가 그나마 드러나게 된다.

FBI는 문제가 되는 인물에 대해 처음에는 미국 공산당원이었는지, 아직도 공산당원인지를(당시 공산당은 불법이 아니었다) 철저히 조사했다. 벤틀리는 1945년 FBI를 찾아가서 "공산당 열성 당원이라고 주장하는 인물들"에 관한 간단한 기록을 제시했다. 그녀는 스톤은 「더 네이션」 특파원이고, 「더 네이션」은 "공산당원들을 정부 요직에 앉히는 공작을 하는 공산당 기관"이라고 설명했다. 이후 FBI는 벤틀리의 설명을 그대로 옮기면서 「더 네이션」 부분을 빠뜨렸고, 그 때문에 나중에 작성된 많은 사본에는 스톤 본인이 공산당원을 정부 요직에 심는 작업을 했다고 돼 있다.

1946년 FBI 메모는 스톤이 "그레고리 사건과 관련해 집중 조사 중인" 인물들과 아는 사이라면서도 "그런 인물들과의 연관관계가 어느 정도인지는 아직 알 수 없다"고 분명히 기술하고 있다.[17] "그의 풀네임은 이사도어 핀클슈타인 스톤Isadore Finklestein Stone이라고 했다"는 대목이 벤틀리의 증언에서 따온 것이라면 그녀는 스톤을 잘 몰랐음이 분명하다. 또다른 1946년 메모는 "워싱턴 본부에서 스톤을 그레고리 사건 일부 표적과 가까운 연락책인 것으로 확인했다"고 돼 있다. 정보원이 흐리멍덩해서 스톤의 이름을 정확히 몰랐거나 보고서 작성 과정에서 부주의가 있은 것이 분명하다. 스톤을 공산주의자로 "생각하는" 한 정보원은 그의 이름을 "어빙"이라고 했다. 또다른 정보원은 스톤의 가운데 이름을 "핀클슈타인"이라고 하면서 신문사 사장 J. 데이비드 스턴과 친척이라고 생각했다. 역시 잘못된 정보다.

1945년부터 48년까지 3년 동안 FBI는 벤틀리의 주장을 입증하기 위해 무진 애를 썼고, 스톤에 대한 사찰도 한층 강화했다. 그때부터 1954년 벤틀리 사건이 공식 종료될 때까지 스톤은 집중 공략 대상이었다. 「뉴욕 포스트」편집 간부를 지낸 한 인사는 스톤이 1930년대에 공산당 지도자 얼 브라우더를 초빙해 편집회의를 하면서 브라우더와는 얼굴만 아는 정도인 척했다고 주장했다. 스톤이 뭔가를 숨기고 있었음을 시사하는 주장인데 이 정도로는 '나는 스톤이 싫다'라는 얘기에 불과하다. 실제로 이 인사는 스톤이 「뉴욕 포스트」를 상대로 소송을 낸 뒤부터 그를 싫어했다고 말했다. 스톤이 1930년대에 공산당원 내지는 적극적인 공산당 동조자였을 것이라는 시각도 마찬가지다. 당시에는 "그런 게 일종의 유행"이었기 때문이다.

스톤이 간첩이라는 얘길 슬쩍이라도 흘린 사람은 아무도 없었다.

더구나 FBI 스톤 파일을 보면 그는 공산주의자들과 「데일리 워커」로부터 매도를 당하곤 했던 것으로 나와 있다. 1945년에 도청한 내용을 적은 파일에 따르면 한 공산당원은 스톤을 맹렬히 비난했다. "스톤은 소련을 편들어줘야 한다는 걸 전혀 몰라. 진정한 급진파, 아니 최소한 진보파라도 된다면 어떻게 그런 감정이 없을 수가 있지?!" 공산당에 대한 충성도의 판단 기준은 "소련을 어떤 일이 있더라도, 남들이 뭐라고 하든 믿어야 한다"는 것이었다. "그리고 마지막 피 한 방울까지 바쳐서라도 소련을 옹호해야 해. 그런데 이지 스톤은 그런 적이 없어. 말도 안 되는 거지!"[18]

후버는 일말의 정확성은 기해야 한다고 생각했던지 「데일리 워커」의 조지프 스타로빈이 1944년 '자유가 없다는 점에서 소련은 독일, 일본과 마찬가지'라고 한 스톤을 비난한 사실을 기록해놓았다. 당시 스타로빈은

"이제 스톤 같은 사람들도 GPU(소련 비밀경찰)가 소련 내 히틀러 끄나풀들을 발본색원했다는 것을 인정해줘야 할 때가 됐다. 그런 수고 덕분에 전 세계가 이렇게 이득을 보고 있는데…"라고 말했다. 또다른 메모에는 FBI에게 전혀 도움이 안 되는 증거도 들어 있다. "이 정보원의 인상으로는 스톤은 미국을 그야말로 살기 좋은 나라로 생각하는 것 같다. 외국에서 태어난 그의 입장에서는 이민자를 규제하는 스미스법이나 월터-매캐런법 Walter-McCarran Act 같은 못마땅한 부분도 있지만 자기 조상들보다는 훨씬 많은 기회를 누릴 수 있는 나라라는 것이다."[19]

벤틀리가 전향한 시점에 영국 정보기관 고위 간부이자 소련 간첩인 킴 필비가 워싱턴과 런던이 KGB 전신電信 암호를 해독하고 있다고 소련 측에 제보했다. 해독된 전신 내용 중에는 벤틀리가 발설한 이름들도 들어 있었다. 따라서 후버가 전력을 보강해 벤틀리가 점찍은 인물들을 잡기 위해 노심초사하는 동안 KGB는 망 가동을 완전히 중단했다. 결국 "마녀"가 있었던 것은 분명한데 마녀사냥은 마녀들의 활동이 중단된 이후에 시작된 셈이다. 후버가 KGB 파일—후일 '베노나 파일Venona file'이라는 명칭이 붙었는데 왜 그런 이름을 붙였는지는 확실치 않다—을 움켜쥐고 있지 않았다면 냉전 시대에 국내를 혼란으로 몰고 갔던 많은 사건은 피할 수 있었을 것이다. 그러나 초기 냉전의 전사戰士들은 모호하고 단편적인 KGB 파일을 동원해 뉴딜 정책 지지자들(소련과의 비밀 접촉을 통해서라도 히틀러와의 싸움을 지속해야 한다고 생각했다)을 쳐내려 했던 것 같다.

당시 집중적인 사찰과 조사가 이루어졌지만 간첩 행위를 사실로 밝혀낸 것은 하나도 없었다. 벤틀리의 주장은 대부분 사실이 아니거나 별로 중요하지 않은 것으로 여겨졌다. 올름스테드의 설명대로 KGB 파일과 FBI 파일에는 벤틀리가 알코올 중독이어서 정신이 불안정하다는 점에 주목하는 대목이 나온다. 그녀는 자신의 추접스러운 과거를 분칠해서 순진하고 불쌍한 처녀인 것처럼 굴었다. 그러나 실제로는 교활하고 똑똑했으며, 한 동안 KGB를 속이고, 후버에게 협박까지 했다. FBI는 그녀가 진실을 말한 것일 수도 있지만 거짓말일 수도 있다는 것을 깨달았다. 순진한 척한 것은 조작이었다. 방탕한 양성애자라는 친구들의 증언도 있었다. 벤틀리가 간첩이 된 것은 이데올로기 때문이 아니라 한 KGB 간부 요원에 대한 사랑 때문이었다.

성격적 결함보다 더 중요한 것은 벤틀리의 증언이 증거로서는 허점투성이였다는 점이다. 그녀는 자신이 간첩이라고 꼽은 사람들 중 대다수는 만나본 적조차 없는 인물들이라는 사실을 시인했다.[20] 벤틀리는 누가 공산당원이고 동조자인지, 아니면 그저 이상에 불타는 뉴딜 지지자인지에 대해 전해들은 것 외에는 아무런 증거도 내놓지 못했다. 그녀는 소련과 진짜로 선을 대고 있던 간첩과 그저 미국 공산당을 돕겠다는 생각에 정보를 빼돌린 경우, 파시즘 분쇄라는 목표를 가지고 독일군과의 전투에 일조하는 것이라고 생각하고 활동한 경우를 구분하지도 못했다. 특히 자신의 주장을 입증할 만한 문건을 하나도 가지고 있지 않았다. 실제로 간첩망을 운용한 그레고리 실버마스터조차도 수정 헌법 5조를 내세워 자신에게 불리한 증언을 거부함으로써 유죄 판결을 면했다. 벤틀리는 처음에는 제2의 마타 하리(1876~1917. 1차 대전 때 활동한 네덜란드 출신 미모의 독일 스파이. 프랑스에서 총살당했다)로 일컬어지면서 타블로이드 신문들에 의해 '빨갱이 스파이의 여왕'으로 크게 조명 받았다. 사실을 입증할 자료가 없었던 벤틀리는 증언대에 나와서 윤색과 과장과 노골적인 거짓말을 일삼았다. 한동안 언론의 집중 조명을 받았던 벤틀리는 결국 다시 알코올 중독에 빠져 가련한 삶을 살게 된다. 그녀는 친구에게 새롭게 폭로할 게 없는데도 로이 콘을 비롯한 조사관들의 압력 때문에 거짓말을 할 수밖에 없었다고 말했다.

사실 후버는 그녀를 증인석에 세우는 것을 우려했지만 다른 선택의 여지가 없었다. 1948년 후버와 법무장관 톰 클라크는 아무 조치도 취하지 않을 경우 HUAC가 '간첩단 사건을 망쳐놓았다'고 비난할지 모른다는 점을 우려했다. 후버는 과장이나 확인되지 않은 증거로는 인기에 목말라하는 의원들을 설득할 수 없다는 것을 알고 있었다. 청문회는 표적으로 삼은 인물을 공개적으로 망신을 주거나 위험인물로 느껴지게 만드는 것만으로도 사명을 완수하는 셈이었고, 그런 목적을 위해서는 대상자를 증언대에 세우는 것만으로도 족했다. 스톤이 종종 지적했듯이, 후버는 자신이 수집한 기밀 '쓰레기'를 HUAC에 넘겨주곤 했다. 여기에는 입증되지 않은 벤틀리의 증언을 담은 파일도 있었다. 클라크 장관은 대배심이 편견 없이 기소 여부를 엄정하게 결정한다는 것을 잘 알고 있었지만 체면이라도 세울 요량으로 대배심을 소집했다.[21] HUAC가 대배심의 효용성에 의문을 제기할 경우, 클라크로서는 법무부는 할 만큼 했다고 둘러댈 수 있었다. 후버는 전향한 익명의 간첩이 여성이라는 보도가 나가자 화들짝 놀랐다. 벤틀리도 마찬가지였다.

FBI는 더 큰 조직을 일망타진할 생각에(소련이 스파이망을 이미 완전히 닫아버렸다는 사실은 모르고 있었다) 협조적인 증인 벤틀리를 감옥에 처넣겠다는 식으로 협박하지 않았다. 그런데 후버가 확보한 최고의 증인이 최대의 골칫거리가 돼버렸다. 벤틀리는 언론 같은 데에 발설하지 않는 조건으로 돈을 달라고 요구했고, 안 그러면 폭로해버리겠다고 협박했다. 이 사건에 대한 위장책으로 후버와 법무부는 대배심에 좀더 사실관계가 분명한 사건을 제출했다. 1948년 7월 20일 대배심은 미국 공산당 간부 12명에 대해 스미스법 위반 혐의로 정식 기소하라는 결정을 내렸다. 이에 대해 스톤은 헌법적 권리인 표현의 자유를 짓밟았다며 비난을 퍼부었다.

한편 후버 국장은 벤틀리가 이미 뉴욕의 한 기자에게 사안을 폭로했다는 것을 까맣게 모르고 있었다. 기자는 1면 기사에 벤틀리를 익명의 섹시한 금발 여성이라고 떠들었다. 물론 벤틀리는 금발도 아니고 섹시하지도 않았다. 후일 벤틀리는 프린트 천 드레스에 촌스러운 모자와 안경을 쓰고 증인석에 본모습을 드러낸다. 그러나 언론 보도를 통해 사건이 세상에 알려지자 후버로서는 내키지는 않지만 밀고나갈 수밖에 없었다. 아무런 확증도 없었지만 벤틀리는 하루아침에 유명 인사가 됐고, 대배심과 HUAC은 물론 온 세상 앞에서 증언을 했다.(앨저 히스와 법적으로 다투고 있던 휘태커 체임버스가 그녀의 증언 일부를 뒷받침하는 얘기를 함으로써 벤틀리는 더더욱 언론의 주목을 받게 된다.)

이 유명한 간첩 사건은 그 어떤 부분도 기소나 유죄 판결에 이르지 못했다. FBI는 1954년에 사건을 덜렁 종료시켜버렸다. 역사학자들은 이 사건을 가장 오랜 시간과 가장 많은 비용을 들이고도 아무런 성과를 거두지 못한, 후버의 최대 실패작으로 규정한다. 한편 중간급 관리로서 벤틀리와 접선했던 윌리엄 레밍턴은 이후 벤틀리를 상대로 명예훼손 소송을 내 승소했지만 후일 위증죄로 유죄 판결을 받았다. 레밍턴은 수감 중 "공산당"을 증오하는 죄수에게 곤봉으로 맞아죽었다.

냉전 분위기 조장에 적지 않은 역할을 한 벤틀리는 1963년 거짓말쟁이 알코올 중독자라는 조롱을 받으며 사망했다. 벤틀리는 후버가 자신의 주장 일부를 입증할 증거를 확보하고 있었다는 사실을 까맣게 몰랐다. 그로부터 30년이 지나서야 그런 사실이 일반에 공개된다.

여기서 분명히 해두어야 할 것은 스톤은 원자탄이나 군사 관련 기밀을 적에게 넘겨주는 것은 처벌받아 마땅한 반역행위라고 보았다는 점이다. "정부가 그런 활동으로부터 기밀을 보호하려고 애쓰는 것은 반드시 필요하고 당연한 일이다." 1950년대 초에 스톤이 쓴 글이다. 1953년, 세계의 이목이 줄리어스 로젠버그와 에설 로젠버그 부부 간첩 사건에 쏠렸다. 세계적 유명 인사가 된 두 사람은 소련에 원자탄 관련 기밀을 넘겨준 혐의로 처형을 기다리고 있었다. FBI는 스톤이 두 사람이 수감돼 있는 싱싱교도소에서 부부 담당 변호사 이매뉴얼 블로크를 만나 얘기를 나눴으며, 블로크는 파이어 아일랜드로 가서 스톤과 변론 문제를 더 상의할 계획이라고 기록했다. 스톤은 로젠버그 부부 사건을 보도하는 동시에 형 경감을 위해 적극 싸웠다. 그러나 좌파의 많은 사람들과 달리 스톤은 부부가 무죄라고는 결코 주장하지 않았다.

당시 스톤은 이렇게 썼다. "소련에 원자탄 관련 기밀을 넘겼다는 얘기를 헛소리로 치부하기는 쉽다. 그러나 불행하게도 사실관계는 부정할 수 없다. 캐나다의 앨런 넌 메이[영국 출신 물리학자로 2차 대전 때 영국과 미국의 원자탄 연구 관련 기밀을 소련에 넘겼다], 영국의 클라우스 푹스, 우리나라의 데이비드 그린글래스[에설 로젠버그의 남동생으로 미국 원자탄 개발 계획에 참여한 육군 중사였다. 로젠버그 부부에게 기밀을 넘겨주었다]와 해리 골드[로젠버그 부부로부터 기밀을 받아 소련 부영사에게 전달한 미국 첩보요원], 이들 모두가 소련을 위해 간첩 행위를 했다는 사실을 자백했다." 로젠버그 부부 지지자들이 "원자탄이 비밀이 아닌 지는 오래됐다"고 주장하는 것은 잘못이라는 얘기였다. "많은 과정과 상당 부분의 노하우가 비밀이 아니라고 주장하는 것은 말이 안 된다. 러시아인들은 바로 그런 정보를 얻기 위해 혈안이 돼 있었다. …스파이들이 그들에게 유용한 정보를 넘겨주었다는 것은 의문의 여지가 없다." 그런 정보로 말미암아 소련의 원자탄 개발 계획이 앞당겨진 것이다.

이어 스톤은 "나는 지금까지 이 사건에 대해 침묵을 지켰다"며 그 이유를 다음과 같이 설명했다. "로젠버그 부부 구명 운동에 설득력을 느끼지 못했기 때문이다. 그런 운동은 많은 사람들을 고무시켰지만 어떤 점에서는 득보다 해악이 많았다. 감상적으로 흘렀고, 사실관계를 왜곡했으며, 부부[둘 다 유대계였다]에 대한 처벌을 반유대주의의 발로라고 비난했기 때문이다."[22] 이는 스톤의 독자들이나 스톤 파일을 작성하는 FBI 관계자들 모두 듣고 싶지 않은 얘기였다. 합리적인 지적이었기 때문이다.

스톤은 좌파 진영에서도 별로 호응받지 못할 입장을 취하고 있었다. "로젠버그 부부 간첩 사건을 날조라고 생각한 적이 없다"고 한 것이다. "그러나 나는 로젠버그 부부에게 부과된 형량이 야만적이며 정의에 부합하지 않는다고 믿는다. 로젠버그와 그 아내를 전기의자에 보낸다면 (간첩 행위를 한 것은 맞지만 소련 측에 넘긴 기밀이 원자탄 관련 핵심 사항은 아니라는 의미에서) 정말 터무니없고 수치스러운 일이 될 것이다. (혐의가 훨씬 중한) 푹스와 메이도 각각 14년과 10년형을 받았다."(메이는 7년 복역 후 석방됐다.) 로젠버그 부부를 끌고 들어간 그린글래스는 30년형을 받았다. 스톤 식의 구명 호소는 전 세계적으로 번져갔다. 교황까지 나섰다. 트루먼에게 "인간의 품위라는 이름으로, 법령이 허용하는 바에 따라" 로젠버그 부부에 대한 형량을 30년형으로 감형해달라는 호소가 빗발쳤다.

스톤의 사형 반대는 후일 각계의 호응을 얻는다. 스톤이 죽기 3년 전, FBI는 사형을 추진한 것은 로젠버그 부부를 압박해 다른 간첩 행위를 자백하게 하려는 작전이었다고 인정했다.[23] 에설 로젠버그가 처형될 무렵 FBI는 에설은 본건이 아닌 만큼 사형은 면할 줄 알았다. 당시 FBI 간첩 담당 책임자 로버트 J. 램피어는 줄리어스 로젠버그에 대해 사형 언도를 요구했지만 판사가 "FBI에 협조하면 형을 줄여줄 수 있다"는 점을 분명히 밝혀야 한다고 말했다. 1997년 로젠버그 부부와 관계를 맺었던 소련 요원 알렉산드르 페클리소프도 부부를 처형한 것은 부당하다고 말했다.[24] 그는 줄리어스 로젠버그가 군사 기밀을 넘긴 것은 맞지만 원자탄 제조에 쓸모가 있는 내용은 없었다고 주장했다. 또 에설 로젠버그 사형이 특히 유감인 것은 그녀가 적극적인 스파이가 아니었기 때문이라고 말했다.

세계가 기다리는 가운데 스톤은 형 집행 유예를 얻어내기 위해 동분서주했다. "나는 스톤을 대단한 기자라고 생각하고 있었어요. 그런데 그날은 블로크의 '고문'으로 와 있었지요. 로젠버그 부부 구명을 위한 작전을 짜기 위한 것이었지요." 국제통신[INS] 기자로 백악관을 출입하던 앨 스피백의 회고다. "이지가 블로크에게 '백악관에 직접 청원을 해보는 게 어때? 대통령을 만나보면?'이라고 하는 소리를 들었어요. 처형을 앞둔 한밤중에 전화통을 들고 '대통령님, 이 문제를 가지고 얘기 좀 하고 싶은데요'라고 말하라는 얘기가 아니라는 건 다들 알고 있었어요." 변호사들은 "스톤의 충고에 따라" 시간 끌기용으로 잘 먹힐 만한 선전전을 고안해냈다. 그들은 "백악관 북서문北西門으로 가서 대통령에게 보낼 서한을 전달할 것이라는 얘기를 언론에 퍼뜨렸고, 이지도 같이 가기로 했어요. 단순한 관찰자가 아닌 것이지요." 그러면서 스피백은 "정말 혐오스러운 일이었다"고 말했다.[*]

로젠버그 부부에 대한 사형이 집행되자 언론은 허드슨 강에 비치는 불타는 석양을 사건의 전말을 상징하는 것이라고 묘사했다. 처형은 특히 끔찍했다. 집행관들은 줄리어스 로젠버그를 죽이기 위해 전기 충격을 세 번 가했다. 에설 로젠버그는 무려 다섯 차례의 전기 충격을 받은 끝에 사망했다. 이 소식을 듣고 울음을 터뜨린 사람들 중에는 스톤도 있었다.

1954년 12월 16일자 FBI 메모에는 워싱턴 본부는 "더이상 눈에 띄는 단서가 없으므로… 이 사건을 종료한다"고 기록돼 있다. 그러나 평소 어설픈 일처리 방식을 보여주듯이 FBI 원본 파일 일부는 그 이후에도 여전히 이

---

[*] 이 부분에서 스피백은 유사한 사안에 대한 평가가 얼마나 주관적일 수 있는지를 드러냈다. 스피백은 당시 신망이 높았던 「볼티모어 선」 기자 필 포터를 매카시 격퇴에 적극 참여했다는 이유로 극찬했다. 포터는 매카시 위원회의 한 위원을 설득해 매카시가 군을 음해하려고 노력했음을 보여주는 군 관련 비망록을 언론에 흘리게 했고, 이것이 매카시 몰락에 결정타가 됐다. 그렇다면 이 경우에도 역시 스피백은 포터가 단순히 관찰만 하는 기자에 머물지 않았다는 것을 인정할까? 이 질문에 스피백은 미소 지으며 "네, 나는 그의 일처리 방식이 좋았어요"라고 말했다. 포터는 협상 과정에서 특종을 포기하면서까지 자칫 걸려들 수 있는 기자 여러 명을 구해냈다. "그는 그 기사가 「볼티모어 선」에 실려봐야 실익이 없다는 걸 알고 있었어요. 포터는 퓰리처상 같은 것에 욕심이 없었지요. 그저 매카시를 잡으려 했을 뿐입니다." 스피백이 필자에게 한 증언.(1990)

사건을 '간첩단 사건'으로 분류했다. 1955년 FBI는 "워싱턴 본부는 표적이 과거 5년간 혁명 조직 활동에 참여했거나 회원으로 있은 적이 있다는 증거를 갖고 있지 않다"며 스톤을 '국가 안보 관련 위험인물 명단security index'에서 뺄 것을 권고했다. 그러나 1년 후 FBI는 다시 스톤의 해외 취재와 관련해 해외 요원들에게 주의를 당부하는 지시문을 보냈다. 지시문 한 부는 런던 주재 요원(이름은 검은 매직으로 지워져 있다), 또 한 부는 외국 주재 한 연락사무소로 발송됐다. "1956년 4월 2일자 「I. F. 스톤 위클리」 독자 안내에 따르면 'I. F. 스톤이 외국 출장을 가 있는 두 주간은 신문을 발행하지 않고, 다음 호 4월 23일자는 이스라엘에서, 그 다음 호는 모스크바에서 보낼 예정'이라고 하니 주의가 요망된다"는 내용이었다. FBI가 스톤 파일을 다시 가동한 것은 그가 시민권 운동과 베트남전 반대 운동에 적극 나설 때였다. 후버 말년〔1972년 사망〕, 「I. F. 스톤 위클리」 종간〔1971년 12월〕 때까지 스톤에 대한 사찰은 계속됐다.

FBI는 불법 도청을 통해 스톤의 길고도 집요한 인터뷰들을 엿들었다. 내용은 스톤이 상대방에게 나가떨어질 만큼 집요하게 캐묻는다는 것 외에는 아무것도 없었다. 거의 귀가 먹은 스톤은 같은 질문을 여러 차례 반복하고도 다시금 "뭐라고요?!"라고 묻곤 했다. 이런 전화 도청 기록은 스톤이 스스로를 공산주의자라고 생각한 적이 없다는 것을 잘 보여준다. 그는 공산당원들을 항상 "그들"이라고 칭했고 한 번도 "우리"라고 한 적이 없다. 혼란스러운 대배심 증언 내용을 명확히 하는 차원에서 스톤은 신원 미상의 남자가 공산당 모임에 들어와 "공산당 소속 청년들은 군에 들어가서 그들의 사기를 꺾어놓아야 한다. …그런 식으로 곧 자본가들을 타도하고 군을 장악할 수 있을 것"이라는 식의 얘기를 했다는 속기록 내용을 인용했다. 이어 변호인에게 "FBI의 선입견에 딱 짜맞춘 듯한 증언 같다"며 "군을 장악하면 자본가들을 곧 타도할 수 있다는 식으로 멍청한 생각을 하는 공산당원은 없을 것 같다"고 말했다.²⁵ 다른 증언에 대해서도 스톤은 변호인에게 "공산당이 신입 당원을 바로 전국위원회에 참석시키고, 바로 그날 밤 7인 위원회의 은밀한 모임에 자리를 함께하게 할 만큼 얼마나 멍청하겠습니까?"라고 물었다. 그러자 변호인은 "제 말이 그 말입니다"라고 응수했다.

스톤은 다윗과 골리앗 같은 싸움을 하면서 청중들에게 누차 후버, HUAC, 매카시를 비웃어주라고 촉구했다. 그는 "진정한 악은 의회가 사람들의 정치적 견해를 신문할 **권리**가 있다고 하는 생각 그 자체"라고 일갈했다. 스톤은 FBI를 소련 비밀경찰의 미국판과 다름없다고 함으로써 공산주의자들과 후버를 동시에 격분시켰다. 스톤은 "오늘날 미국에서는 생각을 하는 것조차 범죄다"라는 말을 자주 했다.

　매카시 선풍이 한창일 때 많은 저널리스트들은 이런저런 압력에 밀려 침묵했다. 스톤은 압력의 진원지를 독일, 이탈리아, 일본을 지칭하는 추축국에 빗대어 '매카시-후버 추축樞軸^{McCarthy-Hoover Axis}'이라고 불렀다. 걱정 많은 오너 때문에 침묵하는 기자도 있었고, 일부는 아무리 마감이 촉박해도 당국자의 코멘트를 따야 한다는 강박관념에 빠져 기사를 포기하는 경우도 있었다.(문제 발언을 부인하는 코멘트나 진짜 사실은 대개 나중에 코딱지만하게 보도됐다.) 매카시와 술자리를 벌이거나 센세이셔널한 기삿감을 공급받는 대가로 침묵하는 기자들도 있었다. 스톤은 비판을 할 때도 종종 유머를 구사했다. 1950년 매카시는 빨갱이 사냥꾼으로 데뷔하면서 종이 한 장을 손에 쥐고 흔들며 국무부에서 암약하는 간첩들 이름이 "이 손 안에 다 있다"고 떠들었다.(후일 밝혀진 바로는 그 종이는 그냥 백지였다.) 얼마 후 스톤은 1950년 카네기홀에서 열린 수소폭탄 반대 집회에 나와 "안녕하세요, FBI요원 여러분, 그리고 체제 전복세력 여러분"이라는 말로 강연을 시작했다.²⁶ 몇 주 후 스톤이 무대에 오를 때 아주 작은 사람이 거대한 빨간 카드〔공산당 당원증을 상징한다〕를 들고 뒤를 따르자 청중석에서는 폭소가 터졌다. 스톤은 "이 친구는 제가 국무부에서 데려온 정식 공산당원입니다"라고 말했다. 후버가 보낸 요원들은 그 자리에서 모든 상황을 기록하고 있었다.

스톤은 칼럼에서 의회 청문회는 "헌법에 어긋나는 신문"이라고 썼다. 용의자로 불려나온 사람들은 자신을 고발한 사람들과 대질할 수도 없었다. 그는 그런 청문회를 중세 영국의 성실법원星室法院Star Chamber에 비유했다. 천장에 별 모양의 장식이 있어서 '성실'이란 명칭이 붙은 이 형사재판소(1641년 폐지됐다)는 배심원도 없는 비밀 심리와 고문, 극도로 자의적인 판결 등으로 악명이 높았다. 냉전 시대 초기 사상·안보 관련 각종 조사 상황을 돌이켜볼 때 놀라운 점은 피해를 당하지도 않고, 잘 알지도 못한 평범한 미국인들은 아무 문제의식 없이 그러려니 했다는 사실이다. 이와는 대조적으로 스톤이 아는 좌파 진영은 조사위원회에서 슬쩍 흘린 의심의 말 한마디로 동료들의 명예가 실추되는 상황에 대해 분노와 공포와 좌절을 느꼈다. 스톤은 일부 청문회 진행 방식이 "대단히 잘못됐다"고 하면서 의회 위원회는 "교사와 과학자를 신문하거나 체제 전복세력을 색출해낼" 권리가 있다고 주장한 「뉴욕 타임스」 사설에 대해 난타를 가했다. "이데올로기 신문訊問을 인정하는 것은 일체의 반론을 사회에 유해한 것으로 만드는 행위다. …의회가 모호하고 정확히 규정되지 않은, 규정할 수도 없는 어떤 것을 '체제 전복'이나 '반미국적인' 행위로 규정하고 색출하도록 허용하는 것은 이단 사냥을 용인하는 것이다. …어떤 사람의 '체제 전복 행위'는 또다른 사람에게는 진보다. 모든 변화는 낡은 것을 전복함으로써 새로운 것을 준비한다. '반미국적'이라는 것은 거부감을 담은 형용사이지 법률적 기준이 아니다."[27]

스톤은 월터-매캐런법과 스미스법을 지속적으로 공격했다. 미국은 두 법에 근거해 외국인과 공산당원을 정치적 신념을 이유로 국외 추방했기 때문이다. 적극적으로 노동운동을 하는 인물이나 외국어 신문을 만드는 늙은 편집 간부들이 체포됐다. 이민자들은 친노조 활동을 중단하거나 공산당원인 친지를 당국에 신고하지 않을 경우 추방당할 것이라는 협박을 받았다. 영장 없는 가택 수색이 비일비재했다. "사람들은 서로 쳐다보는 것조차 두려워했다. …독일의 선량한 시민들도 이런 식으로 타인의 불행을 외면하며 종종걸음치고 그들의 비명에 애써 귀를 막은 것이다."[28]

미국의 일반 시민들은 귀를 막아버렸다. HUAC는 매카시가 설쳐대기 훨씬 이전부터 활동했고, 매카시가 몰락한 뒤에도 여봐란듯이 활동을 계속했다. 매코맥-딕스타인 위원회McCormack-Dickstein Committee[HUAC 발족 당시 위원장과 부위원장을 맡은 의원의 이름을 따서 붙인 별칭이다]는 "인종주의와 파시즘을 전파하는 자들을 조사할 목적으로 설립됐지만 마틴 다이스 의원에게 주도권이 넘어가면서 뉴딜과 중도좌파를 공격하는 수단으로 변질됐다"고 스톤은 지적했다.

노조 소속 노동자와 지식인이 만만한 사냥감이었다. FBI의 조종을 받은 HUAC는 당시 CBS 방송 무대연출가로 활동하던 연극 연출가 조지프 파피로프스키를 신문했다. 미주리 주 출신의 한 의원은 사정을 뻔히 알면서 그가 만든 연극 작품에 공산주의 선전을 넣었느냐고 질문했다. 그러자 파피로프스키는 "의원님, 우리가 하는 연극은 셰익스피어입니다"라고 답변했다.

'조 파프'라는 애칭으로 유명했던 파피로프스키는 뉴욕 셰익스피어 페스티벌New York Shakespeare Festival을 처음 조직한 인물이었다. HUAC가 파피로프스키를 야금야금 물고 들어간 과정이 2001년에 세상에 알려졌다. 릭 펄스타인[1969~. 미국의 기자 출신 역사학자]은 「뉴욕 타임스」에 쓴 글에서 "의원들은 그를 화나게 함으로써 HUAC를 모독했다는 혐의를 씌워 감옥에 보내려 했다"고 말했다. 상투적인 수법이지만 그에게 동료 네 명의 이름을 대라고 요구한 것은 일종의 미끼였다. 의원들은 이미 그 이름들을 알고 있었다. "법률적 위험을 피하면서 그런 질문에 답변하는 가장 무난한 방법은 수정 헌법 5조의 묵비권을 행사하는 것이었다. 그러나 그렇게 되면 위원회가 의도한 '죽이기 작전'은 성사된다. 뭔가 불법적인 일을 저질렀다는, 뭔가 숨기고 싶어한다는 인상을 주기 때문이다. 또 5조를 주장한 인물은 단순한 증인 명단에서 블랙리스트로 등급이 올라간다."[29]

HUAC의 박해가 악명을 떨친 것은 1947년 할리우드 텐 신문에서 좌파 작가, 감독, 배우 들의 정치적 신념을 조사하면서였다. 로널드 레이건은 1938년 공산당이 입당을 거부한 데 대해 감사해야 할 것이다. 10년 후 레이건은 적극적이고 "우호적인" 증인으로서 HUAC에 좌파 동료 배우들에 대해 자신이 아는 내용을 증언했다.[30]

시나리오 작가 링 라드너 주니어의 인생은 증인으로 협조하지 않을 경우 어떤 고난을 당하게 되는지를 상징적으로 보여준다. 스톤은 1947년 HUAC 위원장 파넬 토머스가 라드너를 꼬치꼬치 물고 늘어지면서 신문하는 것을 보고 격분했다. 5년 전인 1942년 당시 26세의 라드너는 스펜서 트레이시와 캐서린 헵번이 주연한 위트 넘치는 영화 〈여성의 해Woman of The Year〉로 아카데미 각본상을 공동 수상했다. 그런 그를 HUAC는 공산당원이었을 개연성이 있고, 이런저런 영화에 체제 전복 선동 메시지를 심었다는 이유로 불러냈다. 토머스 위원장은 "귀하는 지금 공산당원인가요, 아니면 과거에 공산당원이었나요?"라며 호통 치듯이 물었다. 라드너는 비꼬는 조로 "대답을 할 수는 있겠는데 그렇게 되면 내일 아침에 저 스스로가 혐오스러워질 것 같네요"라고 답했다.[31]

이 대답 때문에 라드너는 감옥에서 9개월을 썩었다. 의회 모독으로 유죄 판결을 받은 것이다. 감옥에 있는 동안 라드너는 우연히 자신을 신문했던 인물을 만나게 된다. 토머스 의원도 정부 자산 사취 혐의로 같은 교도소에 수감된 것이다. 이런 아이러니를 스톤은 독자들에게 자주 언급했다.

노역 시간에 오갔다는 두 사람의 전설적인 대화는 이렇다. 라드너는 낫으로 풀을 베고 있었고, 전임 HUAC 위원장은 양계장 청소를 하고 있었다. 토머스가 라드너에게 소리쳤다. "공산당 깃발이 반쪽이네. 낫은 있는데 망치는 어디 갔나?" 이에 라드너는 "옛날에 하던 짓거리를 아직도 하고 계신군요. 의원님. 닭똥 뿌리기 말입니다"라고 비아냥거렸다.[32]

1948년은 반공주의가 극성을 부린 해였다. 미국재향군인회^{American Legion}, 가톨릭교회, 허스트와 스크립스 하워드 계열 신문 체인, 각종 특별위원회 등이 요란을 떨었다. 지금 같으면 블로그 같은 현대적인 매체를 총동원했을 것이다. 재향군인회는 반공 편지 발신단을 조직해 라디오와 TV 광고주들에게 문제 인사들에 대한 출연 금지를 강력히 요구하는 편지를 뿌렸다. 반세기도 더 전에 러시 림보[1951~. 미국의 보수적인 라디오 방송 진행자. '러시 림보 쇼' 호스트다] 스타일의 공세가 판을 쳤다. 그들은 "증명할 필요 없습니다. …그냥 '너희 프로그램 싫다'고 하면 됩니다"라며 방송사를 압박하자고 선동했다.[33]

국가 전체가 이런 전술에 말려들었다는 것은 지금 보아도 섬뜩하다. 미디어 전체에 영향을 미친 것은 물론이고 안보에 아무 위협도 되지 않는 사람들이 증언대에 서게 됐다. 작가, 배우, 방송 게스트, 편집 간부들이 스폰서들의 요구에 밀려 해고되거나 강등됐다. 「뉴욕 타임스」 같은 주류 언론과 라디오, 당시 갓 선을 보인 TV 방송도 할리우드 대형 영화사들처럼 문제 인물 숨아내기에 한몫했다. (취직이 안 되는 라드너는 아카데미상 트로피를 둘 벽난로 선반마저 없었다. 생활비 때문에 집을 팔았기 때문이다.)

아이러니한 것은 방첩법은 3년 시한의 한시법이었는데 엉터리 블랙리스트는 당사자를 평생 따라다니며 괴롭혔다는 것이다. 존 헨리 포크[1913~90]는 위트를 겸비한 수더분한 입담으로 정치 만평을 잘하는 방송인이었다. CBS 방송은 그를 "제2의 윌 로저스〔1920~30년대를 풍미한 미국의 방송인, 배우〕"라고 치켜세울 정도였다. 그런 포크가 우여곡절 끝에 정치 논쟁의 중심에 서게 된다. 그는 1950년대 중반 방송사에 블랙리스트를 공급하고 출연자들 뒷조사를 해주는 서비스 업체 어웨어 인코퍼레이션 Aware Inc.에 대해 문제를 제기했다. 포크는 블랙리스트에 반대하는 연예인 노조를 이끌면서 블랙리스트에 오른 인물들을 출연시키지 않는 관행에 도전했다. 당시 어웨어는 포크를 공산당원으로 잘못 낙인찍었다. 그러자 CBS는 도덕적 용기를 발휘하기라도 하는 듯이 포크를 바로 해고했다. 유명한 소송 전문 변호사 루이스 나이저가 기념비적인 사건이 될 포크 대 어웨어 사건을 맡았다. 재판이 끝날 무렵 배심원들은 재판장에게 포크의 당초 요구보다 손해배상액을 **더** 올려주어도 되느냐고 물었다. 이렇게 해서 포크에게 300만 달러를 배상하라는 판결이 내려졌지만 사실은 상처뿐인 승리였다. 어웨어 인코퍼레이션은 이미 문을 닫은 상태였기 때문이다.

스톤과 에드워드 R. 머로(백수인 포크가 법정투쟁을 하는 동안 1만 달러를 지원했다)는 포크가 영웅시하는 극소수의 저널리스트였다. 포크 재판으로 블랙리스트는 사라지지만 그러기까지 7년의 세월이 걸렸다. 포크는 이미 예전의 명성을 모두 까먹고 파산 상태였다. 포크는 스톤을 친구이자 수정 헌법 1조의 자유권을 신봉하는 "동지"라고 생각했다. "이지는 수정 헌법 1조를 언론인으로서 실천하고 지키는 것은 엄청나게 힘든 일이라고 생각했다"고 포크는 말했다.[34] 스톤과 마찬가지로 포크는 공산당원들의 열렬한 지지 같은 것은 필요로 하지 않았지만 "이지 말처럼 공산주의자도 제칠일안식일재림예수교회 Seventh-Day Adventis 신자나 다른 누구나처럼 일할 권리가 있다고 생각했다." 이지는 항상 "미국에서는 누구나 괴롭힘 받지 않고 일할 권리가 있다"고 말했다. 이지와 마찬가지로 포크도 "세상이 다 아는 소련 요원"과 저녁을 했다는 이유로 비난을 받았다.[35] 그것은 1946년 뉴욕 애스터 호텔에서 열린 모임에서였다. 문제의 "요원"은 안드레이 그로미코 미국 주재 소련 대사였고, 다른 행사도 아닌 유엔 창립 1주년을 기념해 엘리너 루스벨트를 비롯한 유명 인사 수백 명이 함께한 자리였다.

이런 광적인 분위기가 오히려 진짜 간첩 색출 노력에는 장애가 됐다. 포크는 스톤이 "굴종"이라고 칭한 것, 즉 사상에 아무 문제가 없음을 입증하기 위해 과거 전력이나 한때의 생각을 극력 부인하는 행위를 혐오하는 시민권 옹호론자였다. 포크는 공산당을 공개적으로 비판한 적은 없었다. 스톤은 오랫동안 공산당 비판을 내켜하지 않았다. 스톤의 친구인 저널리스트 몰리 아이빈스도 비슷한 이유에서 "미국인들은 반공 선전은 이미 너무 많이 듣고 있다. 거기에 한마디 더 붙이는 것은 아무 의미가 없다"고 말했다. "아버지는 변절을 혐오했다"라고 스톤의 아들 크리스토퍼는 말했다. "아버지는 그런 부류와 동급이 되고 싶어하지 않았습니다. 소련을 때리는 것은 너무 쉬운 일이었어요. 그것 말고도 쓸거리는 태산이었지요."[36]

스톤은 미니 정당인 미국 공산당은 아무것도 뒤엎을 수 없다는 주장을 하곤 했다.(이에 대해 1950년대의 반공주의자들과 마찬가지로 지금의 네오콘도 극력 반발한다.) 스톤의 시각은 역사적으로 인정되는 평가와 일치한다. 일부 네오콘조차 "대부분의" 공산당원들은 스파이가 아니었다는 것을 인정한다. 1959년 공산당은 당원 수가 5,000명으로 줄었다. 그중에서도 많은 경우가 FBI 정보원이어서 후버는 공산당을 아예 접수해버릴까 하는 생각을 했다고 할 정도다.

스톤 파일에서 스톤이 과거 공산당원이었다고 주장하는 증언자는 딱 한 명이다. 익명의 이 정보원은 한때 공산당원이었던 스톤의 동생 마크와 다른 소스(모두 매직으로 지워져 있다)를 통해 사실관계를 확인했다고 주장했다.(다른 가족들과 친구, 심지어 스톤을 싫어한 사람들조차 그가 공산당원이었다는 것은 극력 부인한다.) 이런 주장은 FBI 스톤 파일에 계속 복제돼 남았다. 그러나 절대 다수의 정보원들(이름은 다 지워져 있다)

은 스톤이 공산주의자라는 '사실'을 알지 못했고, 그렇게 믿지도 않았으며, 그런 주장 자체를 접하지도 못했다. 아마 FBI 보고서 가운데 가장 맥이 빠지는 부분은 스톤이 "공산주의자와 그 동조자들을 옹호했다"고 평한 대목일 것이다.

앞에서 언급한 것처럼 FBI가 벤틀리 리스트에서 낚고자 한 최고 거물급 뉴딜 관련 인사는 스톤의 친구인 재무부 차관보 해리 덱스터 화이트였다. FBI는 화이트의 집을 불법 침입해 수색하고, 부인인 앤 화이트가 전화로 스톤이 쓴 칼럼에 대해 말하는 것을 줄곧 도청했다.[37] FBI는 앤 화이트와 통화하는 상대방은 스톤을 개인적으로 모르지만 "대화 내용으로 볼 때 앤은 스톤을 알고 있을 가능성이 높다"는 결론을 내린다. 또다른 메모는 스톤 부부가 1946년 11월 익명의 인사 몇몇과 함께 화이트 차관보 집에서 열리는 파티에 초대받았다고 적고 있다.(스톤 부부가 실제로 그 파티에 갔는지는 언급이 없다.)

　　FBI는 화이트 부부가 갖고 있는 기밀을 알아내는 것 못지않게 불법으로 팔레스타인으로 탈출하는 유럽 유대인들을 돕는 스톤에 대해 우려하고 있었다. "1946년 8월, 앤 화이트가 버니스 번스타인과 만났다. 버니스는 남편인 버니 번스타인〔유럽연합군 사령관이었던 드와이트 아이젠하워 장군의 재정 담당 보좌관이었다〕은 유럽에 가 있다고 했다." 두 여자는 스톤이 「PM」에 쓴 기사들에 대해 이야기했다. FBI 메모에 따르면 스톤은 "전 세계 유대인들은 조직을 만들어서 배를 구입해 난민캠프를 떠나… 팔레스타인으로 가야 한다. 그러려면 영국의 해상 봉쇄를 뚫어야 한다"고 촉구했다는 얘기도 했다.

　　스톤은 화이트의 급작스런 죽음에 슬픔과 분노를 금치 못했다. 그의 죽음은 HUAC/벤틀리 청문회 와중에 일어난 충격적인 사건으로 이후 빨갱이 사냥은 정당성 차원에서 상당한 타격을 입게 된다. 1948년 화이트는 벤틀리와 체임버스가 주장한 혐의를 부인하기 위해 HUAC에 자진 출석했다. 1948년 8월 13일 스톤은 청문회장에서 수많은 기자들과 함께 화이트를 지켜봤다. 대낮같이 밝게 카메라 플래시가 터지면서 화이트의 안경이 번쩍였다. 그는 잠시 눈을 가늘게 뜨더니 자신이 생각하는 미국의 정신에 대해 열변을 토했고, 청문회장에서는 박수갈채가 터져 나왔다. 많은 청문회 위원들도 화이트의 발언이 "대단히 설득력 있다"고 생각했다.

화이트는 체제 전복세력으로 거론된 인사들 전원과 아는 사이임을 기꺼이 인정하고 실버마스터 부부와는 암실이 딸린 지하실에서 탁구를 쳤다는 얘기까지 털어놓았다. 벤틀리가 실버마스터가 소련 측에 넘겨줄 서류를 현상한 장소라고 주장한 바로 그 암실이었다. 잠시 후 화이트는 심장이 안 좋으니 중간중간 휴식을 취해도 되겠느냐고 물었다. 토머스 위원장은 "심장이 그렇게 안 좋다는 사람이 운동을 참 많이 하는군요"라고 빈정거렸다. 그날 오후 화이트는 기차를 타고 뉴햄프셔에 있는 여름 별장으로 갔다. 그런데 갑자기 가슴에 통증이 왔다. 사흘 뒤 화이트는 심근경색으로 세상을 떠났다.

화이트 유족에게 세계 곳곳에서 조의가 답지했다. 국내외를 막론하고 신문들은 사설을 통해 화이트를 애꿎은 희생자로 묘사하면서 HUAC가 환자를 "부주의하게" 처우했다고 비난했다. 「뉴욕 타임스」는 그의 죽음이 HUAC 책임이라고 할 수는 없지만 "법률적 보호를 보장하지 않은 것은 잘못"이라고 썼다.[38] "증인들은 입증되지 않은 주장을 마구 떠들 수 있도록 허용된 반면, 고발당한 사람들은 언론 보도 등을 통해서만 그 내용을 알 수 있었다. 미국 수정 헌법 조항에 명시된 권리들을 무시한 것이다."

스톤의 분노는 극에 달했다. "나는 분명 해리 화이트를 그들보다 훨씬 잘 알았다. 말릴 수 없는 편견에 사로잡힌 조사위원들은 그의 아픈 심장에 마지막 참을 수 없는 부담을 가했다. 그리고 나는 해리 화이트가 공산주의자였다고 생각지 않는다." 그러면서 스톤은 "공산주의자라는 말을 올바로, 그리고 따옴표 없이 사용한다면"이라는 애매한 단서를 달았다. 화이트는 "시끄럽지만 확고한 민주주의적 절차를 통해 필요한 사회 개혁을 만들어내려고" 애쓴 이상주의자였다. "화이트 같은 사람들만큼 헌신적인 미국 공무원은 없다." 화이트를 묘사하면서 스톤은 자기 생각의 핵심을 표현했다. "그런 사람들은 파시즘을 증오했다. 정상적인 사람이라면 누구나 그럴 것이다. 그들은 소련에 우호적이었다. 러시아 혁명이 탄생한 끔찍한 배경을 잘 알고 있었기 때문이다. 그들은 시간이 가고 평화적인 여건이 마련되면 소련의 독재도 다시 민주주의로 회귀할 것이라고 기대했다. 그들은 전후에 새롭고 좀더 나은 세계를 건설하고자 했다. …화이트는 우리 시대의 지식인이라면 누구나 그렇듯이 국제적인 전망을 가지고 있었다."

스톤은 화이트와 알고 지낸 경험을 토대로 이렇게 말했다. "그와 오프더레코드^{off the record}〔보도하지 않는 것을 전제로 하는 이야기〕로 대화를 나눠본 사람이라면… 화이트는 절대 물렁한 사람이 아니며, 겉보기와 달리 미국적 자부심과 강단이 대단하다는 것을 알 수 있다." 이어 스톤은 소련은 물론이고 영국이 "엉클 샘〔미국〕을 등치려 해도" 그는 절대 가만두지 않았을 것이라고 썼다.

많은 사람들이 그랬지만 스톤도 화이트에 대한 문제 제기에 반박하기 위해 그가 전후 국제 자본주의 질서를 미국에 유리한 쪽으로 구축하기 위해 부단히 노력했다는 점을 강조했다. 평화 공존에는 소련 체제도 당연히 포함됐다. 화이트는 소련을 다루기가 어렵다는 것을 인정하면서도 그렇게 하지 않을 경우 "불가피하게 닥칠 악영향"을 우려했다고 스톤은 말했다. 서방과 소련 관계에 파국이 닥치면 "위협적인 독일이 재탄생"하게 되고, 그러면 결국 미국은 "또다시 독일과 싸울 수밖에 없는 상황"이 될 수 있다는 얘기다. 이런 시각은 뉴딜 지지자들은 물론이고 나치 집단수용소의 공포를 절감한 미국인들도 공유하는 바였다.

화이트는 "1차 대전에 참전해 조국을 위해 싸웠고, 2차 대전 때는 성실과 명예를 다해 공직을 수행했다"고 스톤은 썼다. "그의 죄라면 국내적으로는 민주주의를, 밖으로는 국제 협력을 이룩하려고 했다는 것뿐이다. 나는 '그는 공산주의자가 아니었다'는 말로써 해리 덱스터 화이트에 대한 기억의 수준을 떨어뜨리고 싶지 않다." 여기서 스톤은 다소 야릇한 한마디를 덧붙인다. "그가 공산주의자라면 공산주의자들은 공산주의자라는 것에 대해 자부심을 느낄 이유가 있다." 이어 스톤은 감정에 복받친 나머지 "화이트를 죽인 것은 그를 키운 자유로운 미국을 죽이기 위한 전쟁에서 일어난 하나의 사건에 불과했다."[39]

스톤이 죽은 뒤 일부 역사학자들은 새로운 증거를 들어 화이트를 "간첩"이라고 칭했다. 물론 유족들은 항의했다. 또다른 학자들은 그를 "적국에 유리한 행동을 한 영향력 있는 인사agent of influence"라고 규정했다. 그러나 2차 대전 당시 그가 소련과 은밀히 거래한 것을 1948년에 스톤이 해석한 것과 같은 맥락에서 보려는 학자들도 여전히 많다.

19
거짓말 그리고 스파이

1944년 들어 크렘린의 피해망상은 극심해졌다. 프랭클린 루스벨트가 2차 대전 승전 이후 유럽의 구도를 어떻게 가져갈 것인지에 대해 아무 말도 하지 않고 있었기 때문이다. 소련과 미국은 전쟁이 한창일 때는 첩보요원 합동 작전을 고려할 정도로 사이가 원만했다. 그러나 이제 스탈린은 요원들의 보고를 통해 루스벨트가 겉으로는 모스크바와의 협력을 강조하지만 중요 사안에서는 자신을 따돌리려 한다는 것을 알았다. 이 때문에 스탈린은 피해망상이 커지면서 미국 행정부 내부 사정 정보에 목말라했다.

이런 점을 염두에 두고 소련 기밀문서 해독문을 통해 드러난 다음 두 사례를 살펴보자. 어느 쪽이 히틀러와의 싸움이 한창인 중차대한 시기에 소련에 "유리하게 행동한 영향력 있는 인사"로 더 가능성이 있을까?

사례 1: 1944년 작성된 꽤 긴 메모 두 건은 "세르게이"라는 NKGB〔국가보안인민위원부. 1945년 4월 KGB로 개칭하기 이전의 소련 비밀경찰을 말한다〕 요원과 미국 언론인이 만난 내용을 상세히 기록하고 있다.[1] 여기서 미국 언론인은 영문자 I라는 이니셜로 표시돼 있다. 첫번째 메모는 44년 5월 16일 자로 돼 있는데 언론인 I는 세르게이에게 "미국은 향후 유럽 전선 공략에서 성공할 것을 확신하고 있으며, 처칠도 '그런 종류의 작전'에 이의를 제기하지 않고 있다"고 말했다고 적고 있다. I는 세르게이에게 미국은 "일본과의 전쟁에 소련이 참여하는 문제를 미소 관계의 걸림돌로" 보고 있다고 말했다. I는 이 문제에 관한 이견은 언론에 드러나지 않게 하는 것이 바람직하다는 데에 세르게이와 의견을 같이했다. 그러면서도 소련이 일본과의 전쟁에 참전해야 전후 협력 관계가 좋아질 것이라고 주장했다.(I는 다음 만남에서 이 문제에 대해 자세히 설명했다.) 또한 I는 세르게이 요원에게 "미국은 1944년 말 현재 필리핀, 대만, 싱가포르를 점령할 계획"이라고 말했다. 이 대목 이후의 메모 내용은 해독이 불가능했다.

I와 관련된 또 하나의 메모는 1944년 6월 15일자로 돼 있다.[2] 세르게이는 "정부와 긴밀히 접촉하는" 미국 언론인 네 명으로부터 "프랑스의 미래 문제가 골칫거리"라는 정보를 얻어냈다. I는 루스벨트 대통령과 헐 국무장관이 프랑스의 미래를 놓고 다퉜다고 말했다.(루스벨트는 1944년 가을까지 샤를 드골과 그가 이끄는 '자유 프랑스'를 인정하려고 하지 않았다.) I는 국무부 내 여러 분파는 드골을 계속 냉대하면 "프랑스는 소련 영향권에 들게 될 것"으로 우려하고 있다고 말했다. 당시 미국의 유럽 분할 구상은 소련의 초미의 관심사였다. 소련과 폴란드 망명정부(런던) 중도파 지도자 스타니슬라우스 미콜라이치크 간에 영토와 관련한 민감한 협상이 진행 중이었는데, 미콜라이치크는 스탈린을 멀리하고 있었다. I는 세르게이에게 폴란드 지도자 미콜라이치크가 협상에 미온적인 것은 미국 국무부가 그를 밀어내고 망명정부를 반소 연합세력으로 대체하려 하고 있기 때문이라고 말했다. I는 스탈린이 폴란드와의 협상에 "일시 양보"를 하는 것이 바람직하다고 조언했다. 소련은 공화당 후보 토머스 E. 듀이(암호명 쿨라크[러시아어로 '소규모 부농富農'을 말함])와 프랭클린 루스벨트 현직 대통

령(암호명 카피탄〔'캡틴'이라는 뜻〕)이 격돌하는 대선이 임박하자 선거 결과를 대단히 궁금해했다. 여기서 I는 듀이가 전후 독일 처리 문제에서 좀 더 강경한 입장을 보여주기를 기대했다. 또 미국은 종전과 달리 "이제 독일 분할을 생각하지 않고 있지만 동프로이센은 반드시 폴란드에 할양해야 한다고 보고 있다"고 말했다.

사례 2: 세 건의 메모는 사례 1에 등장한 소련 비밀요원 세르게이가 블린(러시아어로 '팬케이크'라는 뜻)이라는 암호명을 쓰는 또다른 미국 언론인과 접촉하려고 했으나 여의치 않았던 상황을 보여준다. 1944년 9월 13일자 메모는 세르게이가 문제의 언론인과 "세 차례 접촉을 시도했다"고 적고 있다. 그러나 "그는 매번 여행 때문에 바쁘다는 이유로 만남을 거부했다." 1944년 10월 10일 세르게이는 문제의 언론인이 여전히 자신을 피하고 있다고 보고했다. 2주 후인 10월 23일 세르게이는 마침내 "그 언론인을 만났다"고 했다. 제3의 인물이 풀어쓴 관련 보고는 모피상으로 가장한 뉴욕 주재 요원 스테판 아프레시안을 거쳐 모스크바로 보내졌다. 문제의 언론인이 세르게이를 만나기를 꺼린 것은 자칫 말썽이 생기거나 FBI의 감시가 따라붙을 것을 우려했기 때문으로 추정된다. 세르게이가 또 만나자고 하자 그는 "그러고 싶지만 뉴욕에 오는 일이 별로 없다"고 말한 것으로 돼 있다.

12월 23일 세르게이가 다른 미국 기자 세 명을 만난 자리에서도 그 언론인 얘기가 나왔다. 당시 세 기자는 세르게이에게 미국 "참모본부는 독일군의 공세에 대단히 놀랐고, 그 때문에 우리와 조율해 독일군을 궤멸시킬 총공세를 재개하려면 수개월이 더 걸릴 것"이라고 했다. 사례 2의 내용은 여기까지다.[3]

여기서 쉽게 짐작할 수 있는 것은 맨 앞에 언급된 언론인이 정보원으로서는 훨씬 적극적이고 쓸모가 있을 것이라는 점이다. 그러나 이니셜 I는 "Izzy(이지)"를 나타내는 게 아니었다. I는 "Imperialist(제국주의자)"의 약자로, FBI는 I가 다름 아닌 월터 리프먼이라고 판단했다. 사례 2를 보면 KGB 파일에는 스톤에 관해 별다른 얘기가 없고, 다른 미국 기자들과 나눈 대화에서 슬쩍 이름만 언급된 정도다. FBI는 소련 요원과 만난 기자들 신원을 알아내기 위해 생쇼를 하다시피 한 결과 1951년 "블린"은 스톤으로 "보인다"는 결론을 내렸다. 비판자들은 FBI가 블린의 정체를 스톤으로 확인한 것은 정확하다고 여긴다. 그러나 블린이 스톤인가조차도 확실하지는 않다. FBI 요원들이 블린을 두 사람으로 좁힌 뒤 그중에서 누가 블린인지를 놓고 다툰 것을 보면 모종의 술책 같은 것이 개입됐을 가능성도 있다.

리프먼과 스톤도 다른 많은 기자들처럼 세르게이의 구애를 받았다. 세르게이는 일명 블라디미르 프라우딘으로 공식 직함은 타스 통신^{TASS news} ^{agency}〔소련의 국영 통신사〕 특파원이었다. 그는 요원이라는 사실은 철저히 숨기고 합법적, 공식적으로 블린에게 접근했다. 미국과 소련이 핵심 동맹 관계였던 2차 대전 당시 언론인들이 타스 통신 기자들과 만나 정보를 교환하는 것은 흔한 일이었다. 아마도 리프먼은 프라우딘에게 수백만 독자들이 자기 칼럼에서 읽지 못한 내용은 하나도 말하지 않았을 것이다. 반면에 스톤은 프라우딘을 피한 것 외에는 뭘 했다는 기록조차 없다. 딱 한 번 프라우딘과 만났다는 언급이 있을 뿐이다. 그러나 KGB 암호 해독 기록을 다룬 수많은 책(우편향인 경우가 많다)에서 리프먼이 프라우딘과 만난 것은 전혀 문제가 되지 않는 반면,[4] 스톤은 아무 증거도 없이 "스파이"로 낙인찍혔다. 증거라고는 위에서 살펴본 빈약한 KGB 메모와 소련 간첩 출신 인사의 발언에 대한 잘못된 해석이 전부다.

스톤이 스파이와 무관하다는 증거는 무수히 많은데도 HUAC의 똘마니 역할을 한 관리 출신의 허버트 로머스타인이나 앤 코울터와 로버트 노백 같은 극우 칼럼니스트들은 지금도 새빨간 거짓말을 퍼뜨리고 있다. 그런 허위날조에 대해서는 일단 이렇게 답해두자. 첫째, 스톤은 기밀에 접근할 수조차 없었다. 둘째, 기자들이 타스 통신 특파원(프라우딘의 공식 직함이다)으로부터 소련 쪽 정보를 얻으려고 한 것은 자연스러운 일이다. 특히 파일에서 드러나는 것처럼 스톤보다 리프먼이 프라우딘에게 훨씬 많은 것을 얘기해줬다. 스톤은 얼굴 한 번 본 게 전부다.*

스톤 때리기가 다시 시작된 것은 1992년, 그가 죽고 나서 3년 뒤였다. 당시 네오콘들은 1960년대에 소련 대사관 보도담당관 직함을 가지고 암약했던 첩보요원 출신의 올레그 칼루긴이 한 얘기를 엉뚱하게 해석해 스톤이 소련에 고용된 스파이였다고 떠들었다! 이런 어처구니없는 비난은 칼루긴이 영국 대학생들에게 한 강연에서 비롯됐다. 언론 보도에 따르면 그

---

* 다음은 블린(팬케이크) 관련 베노나 파일 영어 번역문 전문으로 뉴욕 주재 KGB 요원 스테판 아프레시안이 모스크바의 P. M. 피틴(암호명 빅토르) 중장에게 보낸 것이다.
  1944년 9월 13일. "세르게이[블라디미르 프라우딘]는 팬케이크와 세 차례 접촉을 시도했다. …신분은 감춘 상태로. 그러나 팬케이크는 매번 여행 때문에 바쁘다는 이유로 만나기를 거부했다. IDE[타스 통신 기자로 미국 기자들과 교분이 많은 소련 측 요원 새뮤얼 크래프서]가 조심스럽게 떠봤으나 팬케이크는 반응을 보이지 않았다. 팬케이크는 언론계에서 명망이 아주 높고, 각계각층 인사들과 폭넓은 교분을 가지고 있다. 그와의 관계를 확보하려면 에코[유명한 미국 공산당원 버나드 슈스터]에게 도움을 청해야 할 것 같다."(베노나 파일 번역문 #54, 333쪽)
  다음 메모는 1944년 10월 23일자로 돼 있다. 세르게이가 "팬케이크를 만났다. 앞서 세르게이는 여러 차례 개인적으로 또는 IDE를 통해 접촉을 시도했지만 만남을 피하는 듯한 인상을 받았다. 이 첫 만남에서 세르게이는 그에게 '평소 쓰시는 글 감명 깊게 읽고 있고, 칭찬하는 얘기도 많이 들었다'고 [23개 단어는 해독 불가능] 말했다. 팬케이크는 우리가 자신과 접촉하려고 여러 차례 시도한 것, 특히 IDE와 트러스트[워싱턴 주재 소련 대사관] 관계자 두 명이 연락한 것을 알고 있지만 뒷일이 어떨까 몰라 부정적인 반응을 보였다고 말했다. 아울러 그는 그런 접촉 시도들이 다소 부주의했고, 중간에 나선 사람들도 격에 맞지 않았다는 점을 시사했다. 세르게이가 '우리로서는 당연히 당신이 곤란해지는 상황을 피하고자 한다'고 답하자 팬케이크는 '선의를 거부하는 것이 아니라 자녀가 셋인 형편에 오두막[FBI]의 관심을 끌고 싶지 않아서 그런다'고 말했다. 계속 만나는 것이 어떻겠느냐는 세르게이의 질문에 팬케이크는 '그리고 싶지만 티레[뉴욕]에 오는 일이 [54개 단어는 해독 불가능] 별로 없다'고 답했다. 그가 우려하는 것은 기본적으로 직장 일에 혹시 문제가 생길지 모른다는 것이었다. 물질적으로 그는 대단히 안정돼 있다. 월급이 1,500달러나 된다. 그러나 부수입을 올리는 데에도 적극적인 것 같다. 그와 업무적인 연락 관계를 확립하기 위해 우리는 '서로에게 좋은 일'이라는 점을 [한 구절 해독 안 돼 있음] 강조하고 있다. 그런 작업에는 [두 문단 해독 안 돼 있음] 카르타고[워싱턴 DC]가 필요하다. 이에 대한 의견을 보내주기 바람."(베노나 파일 번역문 #1506, 359쪽)
  마지막으로 오간 전신은 1944년 12월 23일자로 돼 있다. "군부 지도자와 접촉했던 기자들[팬케이크를 포함해 네 명이 암호명으로 등장한다]은 세르게이와의 대화에서 나라[미국]의 참모본부는 독일의 공세에 대단히 놀랐다…고 주장했다."(본서 본문에 인용된 부분) 이 메모의 나머지 부분은 또다른 익명의 기자와 나눈 대화를 정리한 것이다.

는 "우리에게 정보원이 하나 있었는데, 미국의 유명한 언론인이었다. … 그런데 (소련의) 체코 침공 이후, 그는 우리 돈은 절대 다시 안 받겠다고 했다"고 말했다. 소동이 벌어지고 나서 영국 일간지 「인디펜던트Independent」에 칼루긴 관련 기사를 썼던 앤드루 브라운〔1955~. 영국의 기자, 작가〕은 「뉴욕 리뷰 오브 북스The New York Review of Books」〔뉴욕에서 격주간으로 발행되는 문예·시사지〕에 칼루긴 발언을 상세히 소개했다. 그런데 「뉴욕 리뷰 오브 북스」 편집장이 마감에 임박해서 브라운에게 재미난 일화 같은 것을 넣어줬으면 좋겠다고 했고, 그래서 추가한 것이 바로 문제의 대목이었다. 그런데 그 저널리스트가 돈을 안 받겠다고 한 얘기는 상대가 점심 값 내주는 것을 거절하는 말이라는 설명은 쏙 빼버린 것이다.

칼루긴의 발언이 와전됐다는 또다른 증거는 「더 네이션」의 D. D. 거튼 플랜으로부터 나왔다. 스톤을 못 잡아먹어서 안달하는 자들이 따로 정보원을 고용해 독자적으로 취재를 시킨 것이다. 칼루긴은 공식 업무 차원에서 가끔 스톤에게 점심을 사주었을 뿐이라고 누차 밝혔다. 주류 신문 사설들은 스톤을 옹호했지만 엉터리 비난은 줄곧 이어졌다. 오랜 세월 묻혀 있던 소련 문서 암호 해독본이 1995년과 1996년에 공개됐다. 블린이라는 암호명의 언론인에 관한 언급은 별 내용이 없었지만 이것이 극우파에게는 '대어大魚를 낚은 것'이었다. 이후 극우파들은 일제히 이지가 간첩이었다고 떠들어댔다.

스톤 비판자들이 입증되지 않은 소련 쪽 메모와 엉뚱하게 해석된 칼루긴의 발언을 근거로 스톤이 "고용된 스파이"였다는 거짓말을 계속하는데 대해 주류 미디어들이 강력하게 반론을 제기하지 않은 것은 별로 놀라운 일이 아니다. 이는 우파 미디어가 얼마나 견고한 세력을 구축하고 있는지를 보여주는 현상일 뿐이다.(오랜 기간 스톤에 대해 '친한 언론인이었을 뿐 아무것도 아는 바 없다'고 했던 KGB 요원 출신의 한 인사는 본서를 위해 자신의 입장을 상세히 설명해줬다.)

그런데 2004년 대선전이 한창일 때 칼럼니스트 로버트 노백—일부 동료 언론인들이 그를 "보수"라고 칭하는 것은 너무 좋게 봐준 표현으로 말도 안 되는 소리다—이 다시금 스톤을 비방하고 나섰다. 노백은 '보수'라는 표현이 전혀 어울리지 않는다.[5] 그는 진실과 양심의 가책 같은 것은 대수롭지 않게 여기고—2004년 칼럼에서 CIA 요원 발레리 플레임의 신원을 무책임하게 폭로해 온갖 말썽을 빚었다—사실관계 왜곡도 밥 먹듯 하는 인물이다. 2003년 ABC 방송 진행자 조지 스테파노풀로스가 민주당 대통령 후보 경선에 나선 존 에드워즈 상원의원에게 가장 감명 깊게 읽은 책이 뭐냐고 묻자 에드워즈는 "I. F. 스톤의 『소크라테스의 재판』"이라고 답했다. 그러자 노백은 CNN 방송에 출연해 "말도 안 된다! 에드워즈 상원의원은 이지 스톤이 평생 소련을 옹호했다는 사실을 몰랐단 말인가? 스톤이 은밀하게 크렘린으로부터 돈을 받았다는 증거가 엄연히 있다는 걸 몰랐단 말인가?"라며 게거품을 물었다.[6] 둘 다 케케묵은 새빨간 거짓말이었다. 로버트 노백도 그런 사실을 알고 있었음이 분명하다. 그것은 상식이었고, 그 문제에 관한 책도 수없이 나와 있었기 때문이다. 1930년대에 이미 스톤은 스탈린의 "비밀경찰"이 국민을 혹독하게 탄압한다고 비판했다. 그는 생애 마지막 30년 동안 스탈린을 규탄하고 소련 체제 전체가 "뼛속까지 썩었다"고 비난했다. 그는 소련 반체제 인사들을 소리 높여 옹호했다. 그리고 당연히 스톤이 어떤 식으로든 크렘린으로부터 돈을 받았다는 일말의 증거도 없다.

문제는 극우파들이 왜 그렇게 말도 안 되는 주장에 열을 올리느냐이다. 2차 대전 시기의 단편적인 파일이 중요시된 이유는 냉전의 전사들이 소련이 미국과 서유럽에 치명적인 위협이라는 자신들의 확신을 입증하는 증거라고 고집했기 때문이다. 이런 논리를 따라가면, 소련을 동맹국으로 지지했거나 후일 동유럽 긴장 상태의 평화적 해결을 주장한 사람들은 바보 내지는 소련의 프락치가 된다. 이런 주장을 무지막지하게 계속하면 매카시즘의 과오까지도 정당화할 수 있다. 오늘날 네오콘들이 스톤을 '돈을 받고 일한 크렘린의 앞잡이'라고 헐뜯는 것은 극우파들이 신봉하는 그 모든 것을 경멸하는 사람들에게 그가 여전히 하나의 아이콘으로 남아 있기 때문이다.

수많은 책과 잡지를 통해 사실이 엄연히 밝혀졌는데도 네오콘들이 스톤에 대해 거짓말을 계속하자 스톤 일가를 대표하는 한 인사가 사실을 토대로 그들의 주장을 한 방에 날려버렸다. 명칭과 달리 부정확하기로 유명한 공정미디어감시연대Accuracy In Media/AIM〔언론 보도의 정확성과 공정성을 감시하는 미국 시민단체로 보수 성향이 강하다〕는 1995년 모스크바가 「I. F. 스톤 위클리」에 자금을 지원했다는 의혹을 제기했다. 4쪽짜리 주간신문 구독료 5달러로는 "발송에 필요한 우표 값도 대기 어렵다"는 것이 논거였다.[7] 그러나 사실은 이렇다. 1953년 스톤이 「I. F. 스톤 위클리」를 창간했을 당시 구독자는 5,000명이었고, 신문 잡지 등 정기간행물에 적용되는 2등 우편 요금은 8분의 1센트였다. 따라서 한 달 구독료 5달러 가운데 6센트 정도만이 우표 대금으로 들어갔다. 총 구독료 2만 5,000달러의 나머지 99퍼센트 가운데 스톤과 비서인 아내가 봉급으로 가져간 것은 1만 달러였다.(이 정도 수입을 올렸기 때문에 아이의 하버드대 장학금 신청을 하지 않은 것이다.)

더구나 FBI도 1966년에 뉴스레터 형식의 「I. F. 스톤 위클리」는 "구독자가 2만 5,000명"에 부부 기업으로서 "연간 6만 달러 이상의 순이익을 올리고 있다"고 함으로써 장사가 썩 잘된다는 사실을 인정했다. 오늘날의 달러 가치로 환산하면 스톤은 연간 25만 달러 이상을 번 것이다. 말년에 스톤은 구독자가 7만이었고, 2006년 달러 가치로 환산하면 연간 총수입은 175만 달러나 됐다. 그래서 더 큰 집으로 이사를 갔던 것인데 조작의 명수인 로머스타인은 이를 빌미로 또다른 거짓 비방을 일삼았다.('스톤이 개인적으로 문서를 따로 남긴 것은 없다'는 거튼플랜의 말을 비틀어 스톤의 문서가 "폐기됐다"고 떠든 것이다.) 스톤이 오래전부터 소련을 강력히 규탄했고, 자본주의 기업가로서 성공했다는 사실을 자랑스러워하곤 했다는 점을 생각하면 이런 비방이 얼마나 근거 없는 것인지 알 수 있다.

AIM은 심지어 중요한 역사적 사실조차 왜곡했다. 스톤이 1956년 소련을 둘러보고 쓴 기사 때문에 독자 수백 명이 떨어져나갔다는 얘기를 하곤 했다는 것이다. 독자가 끊긴 것이 소련에 대한 "고집스러운 숭배" 때문이라는 얘기다. 그러나 이런 주장이야말로 진실과 거리가 먼 것이었다. 그가 소련을 규탄함으로써 잃어버린 독자는 소련을 우호적으로 보는 좌파 독자들이었다.

스톤이 죽은 지 수년 후에 NSA[미국 국가안보국]와 CIA가 요란한 선전과 함께 1940년대 소련 정보기관 비밀 교신 문건을 공개했다. 이것이 바로 50년 전 미국이 암호 해독을 해놓고 당시까지 비밀로 숨겨왔던 '베노나 파일'이다. 극우파들은 베노나 파일(이런 명칭이 붙은 이유는 명확치 않다)을 완전무결한 증거인 것처럼 떠받들며 매카시를 비롯한 빨갱이 사냥꾼들을 복권시키려 했다. 극우파들은 이 문건이 1942~45년, 즉 러시아와 미국이 동맹국이던 시기에 작성됐다는 사실은 완전히 무시한다. 이 파일은 소련이 고위급 미국 관리들을 포섭하는 데 큰 성공을 거두었다는 사실을 잘 보여준다. 베노나 파일 공개로 거둔 가장 큰 성과는 과거의 1급 스파이들—로젠버그 부부, 앨저 히스, 클라우스 푹스—에 관한 증거를 확인해 주었다는 점이다. 이들에 대해 스톤은 의구심을 가지고 있었고, 무죄라고 옹호한 적도 없다. 베노나 파일은 또 스톤의 친구인 해리 덱스터 화이트가 소련을 위해 영향력을 발휘했다는 벤틀리의 주장을 확인시켜주었다. 그러나 누가 무슨 일을 했고, 그런 행위를 통해 미국의 이익이 과연 침해됐는지, 어떤 기밀이 소련에 넘어갔는지에 관한 분석은—널리 알려진 딱 떨어지는 사례를 제하고는—이데올로기로 덧칠해진 부분이 많다. 소련 측 교신 내용 중 일부만 해독된 베노나 파일에는 "아마도" "어쩌면" "그럴 수 있다" 같은 표현이 수없이 등장한다. 심지어 네오콘과 가까운 「워싱턴 타임스Washington Times」조차 "전체적으로 무슨 소리인지 잘 알 수 없다"고 자료의 한계를 인정했다.[8]

그러나 베노나 파일 공개 당시 당국은 "이 파일이 과거 스파이 사냥 때 등장했던 '인물과 정치 성향'에 관한 '논란을 다시금 촉발하는' 계기가 되어서는 안 된다"는 식의 단서를 달았지만 일은 그렇게 되지 않았다. 오히려 의심의 대상이 되었던 인물 얘기를 다시 끄집어내 공격을 퍼붓는 계기가 됐다. 제대로 된 학자들은 베노나 파일을 역사적 사실을 밝혀내는 중요한 자료로 활용했지만 무책임한 작가들은 몇몇의 단편적인 "단서들"을 짜맞춰 다시금 좌파에 대한 중상모략에 나섰다. 한편 베노나 파일이 매카시즘의 준동을 정당화할 만한 정보를 담고 있는 것이 아님에도 불구하고 좌파들은 당혹감을 감추지 못했다. 작가 조지프 E. 퍼시코의 말처럼 "광기에 가까운 빨갱이 사냥을 규탄했던 우리들 입장에서 가장 받아들이기 힘든 부분은, 매카시의 거짓 광분은 논외로 하더라도, 빨갱이 사냥이 우리가 생각했던 것보다 훨씬 더 사실에 근거한 부분이 많다는 점이다."[9]

이런 자료를 그동안 감춰둔 것이 정의와 역사에는 해가 됐다. 이제 네오콘들은 반세기 동안 베노나 파일의 존재를 모르는 상태에서 빨갱이 사냥 문제를 천착해온 학자와 언론인을 집중적으로 매도하기 시작했다. 그들은 뉴딜 진영 인물이면 무조건 문제가 있다고 씹어댔으며, 네오콘의 관점을 비판하는 인사들에 대해서는 "홀로코스트를 부인하는 자들"과 마찬가지라고 비난했다.

베노나 파일의 문제점 가운데 하나는 문건에 기록된 소련 측 요원들의 얘기가 진실인지, 아니면 자신의 활약을 돋보이게 하려고 과장해서 한 얘기인지 확인할 방법이 없다는 점이다. KGB 요원들이 포섭 내용을 과장되게 미화했을 가능성이 많다. 그들 입장에서는 중요 인사를 포섭하는 데 성공한 것처럼 보여야만 살아남을 수 있기 때문이다. 두번째 팬케이크 관련 메모에 담겨 있는 상부의 질책은 프라우딘이 자신의 활약상을 그럴듯하게 포장할 수밖에 없는 절박한 상황이었음을 보여준다. 프라우딘의 신통치 않은 공작 성과에 대한 다음과 같은 평가는 그에게 심각한 압박이 됐을 것이다. "그간의 성과를 볼 때 세르게이에게 다시 '이론' 교육을 시키지 않아도 되기를 희망한다." 이런 압력에도 불구하고 베노나 파일에는 세르게이가 팬케이크를 한 번 만났고(팬케이크는 세르게이와의 만남을 주저하는 것으로 묘사돼 있다), 여러 기자들과 잠시 자리를 함께했다는 것 외에는 이렇다 할 사항이 나오지 않는다. 팬케이크가 그를 타스 통신 기자가 아닌 다른 기관 소속으로 알고 있었을 가능성을 시사하는 내용도 없다. 통신사 기자를 통신사 기자로 대하는 것은 당연한 일이고, 특히 소련 문제를 취재하는 기자라면 타스 통신 기자와의 접촉을 마다할 이유가 없었다.

베노나 파일의 또다른 결점은 그것이 과거를 들여다보는 하나의 창에 불과하다는 점이다. 특히 그 과거는 러시아가 미국의 핵심 동맹국이었고, 루스벨트가 막후 접촉을 권장하던 시기였다는 점을 유의해야 한다.(당시는 워싱턴에도 나치가 득실거렸고, 언론계에도 나치가 많이 침투해 있었다.) 오늘날의 극우파는 이 KGB 교신 기록을 복음처럼 떠받들지만 냉전 시대 이데올로기 싸움을 주도한 선배들이라면 오히려 크렘린 쪽에서 나온 얘기라는 이유로 일절 신뢰하지 않았을 것이다. 참으로 아이러니가 아닐 수 없다. 오늘날 베노나 파일은 마치 냉전 시대 전체를 망라하는 기록인 것처럼 과장돼 있다. 예를 들어 코울터 같은 칼럼니스트는 사실관계는 아예 아랑곳하지 않는다. 그녀는 암호 해독된 베노나 메모가 "1940~50년대에 미국에서 소련 스파이들이 광범위하게 활동했다는 사실"을 입증한다고 썼다.[10] 그러나 베노나 파일에는 1950년대 기록은 전혀 없다. 1945년 크렘린은 벤틀리의 전향 사실을 알고 곧바로 미국 내 첩보 활동을 완전 동결시켰다.[11] 프라우딘에게도 공작을 중단하고 귀국하라는 명이 떨어졌다.

KGB 요원들은 팬케이크가 "언론계에서 명망이 아주 높고, 각계각층 인사들과 폭넓은 교분을 가지고 있다"는 식으로 과장했다. 이들이 나눴다는 대화도 스톤이 한 얘기 같지 않다. "팬케이크는 우리가 자신과 접촉하려고 여러 차례 시도한 것을 알고 있지만… 뒷일이 어떨까 몰라 부정적인 반응을 보였다고 말했다. …세르게이가 우리로서는 당연히 당신이 곤란해지는 상황을 피하고자 한다고 답하자 팬케이크는 선의를 거부하는 것이 아니라 자녀가 셋인 형편에 [FBI]의 관심을 끌고 싶지 않아서 그런다고 말했다. …그가 우려하는 것은 기본적으로 직장 일에 혹시 문제가 생길지 모른다는 것이었다. 물질적으로 그는 대단히 안정돼 있다. 월급이 1,500달러나 된다. 그러나 부수입을 올리는 데에도 적극적인 것 같다."

이런 식의 과장된 보고(일부 단어는 해독조차 안 된 상태다)는 팬케이크가 프라우딘과 접촉하기를 원치 않았다는 것 외에 아무것도 말해주지 않는다. 실제로 어떤 일이 있었는지에 관해 우리가 확보한 자료는 KGB 요원의 말밖에 없다. 이 요원의 보고를 제3의 요원이 다시 모스크바에 전달하면서 스톤이 한 말 그대로라고 전제하고 있을 뿐이다. 스톤은 후버를 심하게 공격함으로써 당시 이미 FBI의 요주의 인물이었다. 따라서 프라우딘을 피한 것이 FBI의 관심을 끌 것을 우려했기 때문일 가능성은 별로 없다. "부수입을 올리는 데에도 적극적인 것 같다"는 대목은 별 과장이 없는 듯하다. 그러나 "직장 일에 혹시 문제가 생길지 모른다고 우려"한다는 부분은 스톤의 성격과 잘 안 어울린다. 그랬다면 소련 쪽 취재원이나 미국 공산당원들과의 관계는 진작 끊어버렸을 것이다. 스톤이 전시에 소련 쪽 인사들과 접촉했다면 좌파 독자들은 오히려 잘했다고 박수를 보냈을 것이다.

베노나 파일까지를 포함해 스탈린 시대 소련 첩보 활동의 전모를 학술적으로 분석한 역작으로 손꼽히는 『유령의 숲The Haunted Wood: Soviet Espionage in America-The Stalin Era』(2000)은 극우파의 해석이 대단히 잘못됐음을 보여준다.

이는 소련 문건을 두루 활용해 사안을 다각도로 대조·조명했기 때문에 가능한 일이다. 저자로 참여한 알렉산더 바실리에프[1962~. KGB 출신의 러시아 저널리스트, 역사학자. 지금은 런던에서 활동하고 있다]가 소련 문건 분석을 맡았다. 공저자인 바실리에프와 앨런 와인스타인은 스톤에 대해서는 언급조차 없다. 두 공저자는 2차 대전 당시 소련에 정보를 넘겨준 미국인들의 다채로운 면모를 그려낸다. 이상주의자들은 자신의 역할에 대해 혼란스러워하는 경우가 많았다. 다른 학자들은 스톤을 지나가는 길에 슬쩍 언급하는 정도이고, 베노나 파일이 그의 혐의를 오히려 벗겨주었다고 보는 학자들도 있다.

바실리에프와 함께 『스파이들: KGB의 흥망성쇠Spies: The Rise and Fall of the KGB』를 쓴 존 얼 헤인즈와 하비 클러는 "베노나 파일에는 스톤이 KGB에 포섭됐다는 증거가 없다"고 단언한다.[12] 반면에 코울터는 "I. F. 스톤이 소련으로부터 돈을 받고 일하는 스파이였다는 사실은 수많은 기록으로 입증됐다"고 썼다.[13] 코울터는 그런 "증거"를 어디서 입수한 걸까? 그녀가 제시한 근거는 다름 아닌 (스톤이 간첩이라는 증거가 없다고 한) 클러와 헤인즈, 그리고 오래전에 거짓말쟁이로 낙인찍힌 로머스타인이었다. 증거 따위는 깡그리 무시하는 코울터의 주장은 후안무치하고도 악의적인 거짓말이다. 그녀는 지금도 스톤이 "소련으로부터 돈을 받고 활동한 간첩"이며, "기밀 해제된 소련 측 교신 내용은 그가 간첩이었음을 확인해준다"고 떠들고 있다.[14] 하나같이 새빨간 거짓말이다. 앞에서 살펴본 것처럼 "수많은 기록으로 입증된 것"은 아무것도 없고, 그가 "간첩으로 확인됐다"는 주장도 확인된 바 없다.

헤인즈와 클러도 의구심을 제기하지 않은 것은 아니다. "스톤이 단순히 타스 통신 기자와 만나는 정도로 생각했다면 그렇게 극도로 조심하거나 불안해하지는 않았을 것이다." 두 저자는 스톤이 협조적으로 나오지 않은 이유를 크렘린에 어떤 식으로든 설명해야 했던 소련 요원들이 그와 나눈 대화라고 보고한 내용 자체는 일단 진실로 인정한다. 헤인즈와 클러는 스톤이 프라우딘에게 "우리 쪽에서 여러 차례 접촉을 시도했다는 것을 알고 있다고 말했다"는 부분도 사실로 본다. 그러나 소련 요원이 기록한 이 대목을 가지고 스톤이 중요한 내용을 "발설했다"고 하는 것은 억측에 불과하다. 이어 헤인즈와 클러는 스톤이 자신에게 접근하는 인물이 KGB 요원이라는 사실을 알았음이 분명하다고 주장한다. 왜냐하면 "당시 미국의 좌파 언론인은 물론이고 주류 언론인들도 타스 통신 기자와 만나는 것을 두려워하지 않았고, 1944년 당시에는 그렇게 만난다고 해서 FBI가 당장 뒷조사에 나설 것으로 생각지는 않았을 것이기 때문"이라는 것이다. 그러나 이런 터무니없는 가정은 평생을 빨갱이 사냥에 매진해온 후버를 대단히 너그러운 인물로 보는 데서 비롯된다. 후버는 소련 측 요원들을 좌파 저널리스트들이 아무 생각 없이 어울려도 상관없는 아군으로 본 적이 단 한 번도 없다. FBI는 스톤에게 특종을 홀리는 자들의 정체를 밝혀내기 위해 노심초사했다.

스톤을 비난하려고 혈안이 된 사람들은 또 있다. 필립 노빌 같은 작가는 "스탈린의 요원들이 왜 그렇게 스톤을 포섭하려고 열심이었을까?"라는 질문을 스스로 던지고는 "스톤은 원래가 반역 체질인 것 같다"는, 말도 안 되는 답을 제시한다.[15] 노빌은 KGB가 스톤을 따라다닌 것은 그가 좌파를 대변하는 목소리였기 때문일 수 있다는 것, 보도담당관을 가장한 요원들은 기자들과 최대한 많이 접촉하려 한다는 것 따위는 전혀 고려하지 않는다. 좌파 간행물에 글을 쓰는 스톤에게 소련 측이 암호명을 부여했다는 사실 자체는 아무 의미가 없다. 그런데도 노빌은 스톤이 "지적으로 정직하지 않다"고 비난했다. 다만 노빌 역시 "베노나 파일은 뭔가 말해주는 것 같으면서도 딱 떨어지는 부분이 없다"는 것은 인정한다.

소련 측 암호를 깨기 위해 오랜 세월 고생한 미국 요원들의 압박감도 무시할 수 없는 요소다. 그중 한 명은 신경쇠약에 걸렸고, 또 한 사람은 자살을 시도하기도 했다. 이들의 노고는 후버를 비롯한 당국자들이 해독 내용을 기밀로 감추는 바람에 헛수고가 되고 말았다. "그들의 수고는 오늘날 상황에서는 당시 미국 공산주의자들의 활동을 제대로 파악하는 데에 거의 도움이 되지 않는다."[16] 언론인 제이콥 와이스버그는 「뉴욕 타임스」기고에서 이렇게 지적했는데 맞는 말이다.

매카시즘의 광기를 연상시키는 극우파들의 비난은 객관적 사실을 밝히려는 학문적 연구에는 심각한 해가 된다. 사실관계가 발생한 지 반세기 후에 세상에 나온 파편적인 정보를 증거라고 들이대는 것은 뻔한 술수다. 당시의 맥락에서 소련과 은밀히 협력하려 했던 양상을 설명하고자 하는 학자들에게는 비난이 쏟아졌다. 역사학자 로버트 크레이그가 그런 경우다. 역사학자 테드 모건은 「워싱턴 포스트」에 크레이그의 저서를 비난하는 서평을 실었다. 해리 덱스터 화이트에 관한 각종 자료를 세심하게 추적한 책 『반역과 의심Treasonable Doubt: The Harry Dexter White Spy Case』(2004)에서 크레이그는 베노나 파일은 화이트가 2차 대전 기간과 그 직후 짧은 시기에 "스파이 활동"에 관여함으로써 "외국에 이익을 준 영향력 있는 인사"임을 입증한다는 데 동의했다. 크레이그의 결론은 화이트는 상대가 누구인지 뻔히 알면서 민감한 대외 정책에 관해 소련 요원들과 대화를 나눴으며, HUAC에 출석해 친구인 실버마스터가 소련의 돈을 받는 스파이인 줄 몰랐다고 한 것은 분명히 위증이라는 것이다. 그러나 크레이그는 반세기 전에 스톤 같은 사람들이 했던 얘기를 다시 한번 되풀이했다. 즉 이상주의자인 화이트는 소련과 미국의 협력을 대의大義라고 생각했고, 자신의 행동이 상부상조하는 정책을 발전시키는 계기가 될 것으로 보고 그렇게 행동했다는 것이다.

스탈린이 기밀 정보를 확보하려고 애쓴 이유는 프랭클린 루스벨트가 기밀 누설을 우려해 공식 채널을 회피한다고 봤기 때문이다.[17] 화이트는 새로 포섭이 됐지만 겁이 많은 인물이었다. 실버마스터는 화이트가 자신의 역할은 좀더 큰 차원에서 "주요한 정치·경제 문제에 자문을 하는 것"이라고 생각하고 더이상 "정보나 문건을 넘겨주지 않는다"고 불평한 적이 있다. 그를 혹평하는 쪽에서는 화이트가 모스크바의 지령을 받아 미국의 정책을 "엉망으로 만들었다"고 본다. 그러면서 그가 제시한 금융 정책이 전후 국제 체제를 미국에 유리하게 만들었다는 사실은 외면한다.

이런 고위급 인사들이 무엇 때문에 외국(동맹국이기도 하다)을 은밀하게 지원하게 됐을까? 신학자이자 역사학자인 코넬 웨스트가 지적했듯이 당시에는 "미·소라는 양대 제국만이 나치의 세계 정복 시도와 맞서 싸울 수 있을 것으로 보였다."[18] 이런 시대적 상황이 대단히 중요하다. 당시에는 우방(소련)을 돕는 행위로 생각했던 것이 불과 수년 뒤 냉전 분위기로 바뀌면서 체제를 위협하는 잘못으로 여겨지게 된 것이다.

서로 물고 뜯는 데 여념이 없는 사람들에게 행동의 동기 같은 것은 새삼 논할 가치도 없어 보였다. 전쟁 기간에, 그리고 종전 직후에 소련에 협력한 가장 큰 이유는 오로지 파시즘을 쳐부숴야 한다는 일념, 그리고 공산주의에 대한 낭만적인 기대 때문이었다. 1944년 당시 루스벨트 행정부 관리들은 의견이 분분했다. 일부는 종전 이후 독일 문제를 "강경하게" 처리하면서 소련과 협력을 계속해야 한다고 주장했다. 반면에 종전 이후 독일 문제를 "온건하게" 처리하면서 소련에 대해서는 "강경한" 대응을 해야 한다는 부류도 있었다. 이처럼 입장이 양쪽으로 극단화된 데에는 반유대주의가 알게 모르게 작용을 했다. 루스벨트 행정부 안에 있는 유대계 인사들과 스톤 같은 글쟁이들(부모가 유럽에서 박해를 피해 미국으로 탈출해 온 경우가 많다)에게는 인민전선을 지지하고 전후에도 소련과 동맹을 유지해야 할 충분한 이유가 있었다. 이들은 독일을 다시 강국으로 만들 수 있는 정책에 대해 극도로 우려했다. 이들은 실제로 홀로코스트에서 가족을 잃기도 했고, 수백만 유대인과 아픔을 같이하고 있었다. 스톤 역시 뉴딜을 추진한 그런 부류의 사람들과 강한 유대감 같은 게 있었다.

1945년에 쓴 사설 '제국의 미래'에서 스톤은 대통령에게 영향을 미치는 보좌관들 가운데 "전쟁 전에 제3제국과 거래가 많았던 재벌, 금융계, 기업 담당 로펌 출신 인사가 너무 많다"며 신랄한 비판을 퍼부었다.[19] 스톤은 나치와의 거래에서 그렇게 큰 이득을 본 인사들이 "전후 정책을 현명하게" 수립할 수 있겠느냐고 의문을 제기하면서 OSS 간부 출신의 앨런 덜레스[설리번앤드크롬웰 법률회사에서 일했고, 1953~61년 CIA 국장으로 재직했다]와 데이비드 브루스(알루미늄 제조업체 알코아Aluminum Company of America에서 일했다)를 실명으로 거론했다. OSS는 "대단히 바람직스럽지 않은" 스톤의 기사에 대해 후버에게 불만을 호소했고, FBI는 문제의 내용을 스톤에게 흘린 인물을 찾아내기 위해 혈안이 됐다.[20]

당시 소련과의 협력을 주창한 사람들은 유대계나 "친스탈린" 성향 인사들만이 아니었다. 리프먼은 "러시아와 서방 간에 정치 협정" 같은 것을 체결해 "미군이 군사적 개입을 할 필요가 없도록" 하자고 촉구했다. 리프먼은 이데올로기적 "선의나 감상"이 아니라 순전히 실용주의적 입장에서 그런 주장을 한 것이라고 스틸은 지적한다. 리프먼과 스톤을 비롯한 사람들은 소련군이 "접경 지역에 반소 정권이 들어서게 놓아둘 리 없다"는 사실을 잘 알고 있었다.[21] '소련이 거대한 고릴라가 되면 미국은 그 고릴라와 함께 춤추는 법을 배워야 한다'는 얘기다.

베노나 파일을 맹신하는 사람들은 화이트가 크렘린의 지시를 받는 상태에서 독일 화폐 원판을 자금이 고갈된 소련에 넘겨주는 계획, 장제스와 전전戰前 일본에 대한 강경책, 모겐소 플랜 등을 추진했다고 주장한다. 그러나 화이트는 지나친 강경책에는 반대했다.[22] 1944년 아이젠하워 유럽 연합군 사령관이 화이트와 모겐소에게 '재무부 금융연구국장(화이트)의 강경책을 선호한다'고 밝히면서 국제적 논란이 가열됐다. 아이젠하워는 "독일은 '세게' 다뤄야 한다. …괴롭더라도 자업자득이다"라고 말했다.

당시 그는 나치 죽음의 수용소에서 벌어진 끔찍한 사태를 처음 접한 상태였다. 그런 보도는 독일의 전쟁 수행(산업 생산) 능력을 과감하게 감축해야 한다고 주장한 많은 사람들에게 큰 영향을 주었다. 전후 소련과의 협력을 낙관했던 아이젠하워는 모겐소 재무장관에게 의견이 다른 국무부와 맞서 싸우는 데 도움이 필요하면 루스벨트 대통령에게 직접 건의해주겠다고 말했다. 모겐소는 그런 지지가 필요한 상황이었다. 헐 국무장관은 모겐소 재무장관의 전후 독일 처리 계획을 나치에 대한 "복수에 눈이 먼" 안이라고 비난했다. 전후 국제질서의 설계사 역할을 한 존 매클로이는 모겐소를 "유대인 특유의 울분 때문에 편견에 사로잡힌, 대단히 위험한 참모"로 봤다.

스파이나 스파이로 추정되는 인물, 공산주의자 내지는 공산당 동조자를 "유대인"으로 낙인찍는 것은 후버나 HUAC, 벤틀리 등이 자주 쓰는 수법이었다. 벤틀리는 화이트가 유대계라는 점을 강조했다. 화이트의 아버지 웨이트Weit는 리투아니아에서 행상을 하다가 유대인 박해가 극심해지자 미국으로 탈출했다. 벤틀리는 실버마스터(유대계로 러시아 출생이다)가 주도하고 자신도 관여한 간첩단 "전원이 다 유대계"라고 주장했다.[23] 의회 내 반유대주의의 기수인 존 랜킨 하원의원은 미국 공산주의자 내지 공산당 동조자들에 대해 "음험하고, 오만하며, 피에 굶주린, 멍청한 유대인들"이라며 게거품을 물었다. 초기 증언에서 벤틀리는 정보원으로 활동한 사람들은 선의로 협조한 것이며 "미국에서 폭력을 동원할 계획"은 없었다고 주장했다. 그러나 HUAC 카메라 앞에 서서는 그들의 행동이 엄청난 범죄인 것처럼 과장했다. 이에 힘을 얻은 랜킨 의원은 평소 이를 갈던 두 부류, 즉 유대인과 흑인에 대한 공세를 가속화했다.(그는 시민권 운운은 "공산주의자들의 헛소리"라고 떠들고 다녔다.) 그러면서도 벤틀리가 실버마스터와 로클린 커리를 한통속으로 엮었을 때는 "어떻게 실버마스터란 이름을 '스코틀랜드계'[커리] 앞에 놓을 수 있느냐?"며 호통을 쳤다.

신성한 의회에서 이런 언사가 난무하는 가운데 "정의"가 집행되고 있었다. 랜킨은 아무런 증거도 없이 상대를 빨갱이로 모는 데 선수였으며, 신문 1면을 장식하는 기술도 탁월했다. 그런 그가 설쳐대는 모습을 보면서 제대로 된 언론인이라면 혐오감과 함께 의구심을 갖지 않을 수 없었다. 특히 유대계 언론인이라면 당연히 그랬다.

이상한 것은 소련이 진정한 냉전의 적이었던 1960년대에는 소련과의 막후 접촉이 별다른 문제가 되지 않았다는 점이다. 2차 대전 시기의 협조 관계가 1950년대 빨갱이 사냥 때 크게 문제가 된 것과는 사뭇 다른 양상이다. 1962년 존 F. 케네디 대통령은 동생인 법무장관이 보도담당관 직함으로 활동하는 소련 첩보원 게오르기 볼샤코프와 비밀 접촉을 하는 것을 승인했다.[24] 법무장관 로버트 케네디는 게오르기와는 서로 이름을 부르는 친구 사이였다. 케네디 형제는 그가 KGB 소속이라는 것을 잘 알고 있지만 법무장관은 쿠바 미사일 위기 때 그를 소련 공산당 서기장 니키타 흐루쇼프와 접촉하는 비밀 창구로 활용했다. 케네디 대통령이 좋아한 칼럼니스트 찰스 바틀릿도 볼샤코프와 친구였다. 그러나 바틀릿이나 케네디 형제 모두 "적국을 이롭게 하기 위해 영향력을 행사하는 인물"로 간주되지 않았고, 볼샤코프와 터놓고 왕래하는 기자들도 마찬가지였다. 그것은 오히려 외교의 일환으로 인정됐다.

그래도 남는 의문은 왜 루스벨트 행정부의 고위급 인사들이 비밀 접촉이 필요하다고 생각했느냐 하는 점이다. 국내 정치 문제가 결정적인 요인이었다. 당시 루스벨트 행정부는 뉴딜에 반대하는 보수 의회가 주도하는 국내 정치 상황을 조심스럽게 헤쳐 나가고 있었다. 스톤이 특종을 통해 제대로 폭로한 것처럼 미국의 많은 대기업들은 나치 독일과 거래하고 있었고, 심지어 진주만 공격 이후에도 일본과 거래했다. 스톤은 국무부가 프랑스의 친나치 비시 정부를 지지하는 것을 통렬히 비난했다. 1939년 스탈린이 히틀러와 불가침 조약을 맺자 미국은 촉각을 곤두세웠고, 이것이 표현의 자유를 억압하는 빌미가 됐다. FBI 요원들은 미국 공산당 관련 조직들의 사무실을 급습하고, 서기장 얼 브라우더를 체포했다. 브라우더는 여권 위조 혐의로 복역하게 된다.

그러나 히틀러가 소련을 침공하면서 상황은 급반전된다. 소련 스파이 사냥은 이제 초미의 관심사가 아니었다. 1944년 OSS가 소련 암호해독기를 핀란드인들로부터 구입하자 백악관은 OSS에게 소련에 돌려주라고 지시했다. 루스벨트는 긴요한 동맹국을 자극하려 하지 않았고, 이후 소련과는 막후에서 협조관계를 유지했다. 1942년 스톤은 얼 브라우더 석방을 위한 시민 위원회 결성에 참여했다. 그해에 루스벨트는 브라우더를 감형해 줬다.(1945년 브라우더는 호전적인 파벌에 의해 미국 공산당에서 축출됐고, 이후 그의 영향력은 급감했다.)

한편 후버는 미국 공산당을 계속 감시했다. 미군 암호보안국^{Signals Security} ^{Agency(SSA)}—NSA의 전신이다—은 암호화된 소련 전신을 수집하기 시작했다. 베를린이 모스크바와 별도의 평화 협정 체결을 시도할지 모른다는 우려 때문이었다. KGB 암호문 해독은 지난한 작업이었다. 1948년 FBI는 해독 불가능이던 암호명의 실명을 파악해내기 시작했다. 그러나 엄청난 노력을 들인 해독 작업은 과도한 비밀주의와 정보기관들끼리의 경쟁심, 협력 부족 등으로 인해 쓸모없는 것이 되고 말았다. 경쟁과 비밀주의는 2차 대전 종전 이후에도 계속됐다.(후버는 CIA 발족을 막으려고 열을 올렸다. 벤틀리의 주장에 관심을 쏟은 것도 그녀가 스파이로 지목한 사람들 중에 자신의 경쟁자가 있었기 때문이다. 이들은 CIA의 전신인 OSS 소속이었다.) 베노나 파일이 뒤죽박죽인 것처럼 정보기관들 간의 경쟁은 어설픈 일처리와 속임수, 위장, 내분 등등으로 혼란의 극치였다. 그 결과가 바로 9·11 테러와 대량살상무기 존재 날조 같은 사태로 이어지고, 부시는 이라크 전쟁이라는 위험천만한 선택을 하게 된다.[25]

1940년대에 비밀주의가 횡행한 것은 정부가 소련 쪽에 그들의 암호가 깨졌다는 사실을 알리고 싶어하지 않았기 때문이다. 그러나 베노나 파일이 오래전에 공개됐다면 냉전 시대의 역사는 아마도 다른 방향으로 전개됐을 것이다. 우선 소련은 원자탄 제조를 앞당기지 못했을 것이다. 냉전 시기 국내의 좌우 다툼도 덜했을 것이고, 매카시즘이 설치지도 못했을 것이다. 따라서 유죄 판결을 받았거나 무고한 사람들 다수가 험난한 시절을 겪지 않아도 되었을 것이다. 그러나 베노나 파일의 불완전성을 고려할 때 마녀사냥은 그래도 계속되었을 것이다. 트루먼이 1948년 재선 승리를 위해 빨갱이 사냥 여론에 굴복하지 않았다면 충성도 심사 같은 정책을 시행하지는 않았을 것이다. 뒤늦게 '반체제' 딱지가 붙은 조직에 가입한 사람들에 대한 부당한 박해도 막을 수 있었을 것이다. 그리고 로젠버그 부부의 무죄를 입증하기 위해 40년간 지속돼온 운동도 불필요했을 것이다.

미디어와 국민의 알 권리라고 하는 민주주의의 기초는 치명적인 손상을 입었다. 그러나 1995~96년 대니얼 패트릭 모이너핸[1927~2003. 민주당 소속으로 노동부 차관보, 인도 대사, 유엔 대사, 상원의원을 지냈다] 상원의원이 베노나 파일 공개를 명함으로써 후버가 꼬불치고 있던 비밀이 만천하에 알려지게 된다. 당시 민주·공화 양당 합의로 발족한 '정부 기밀주의 조사위원회Commission on Government Secrecy' 위원장이었던 모이너핸은 평소 기밀주의를 최소화해야 한다고 주장했다. 스톤과 같은 신념이었다. 모이너핸은 베노나 파일 공개가 기밀주의의 어리석음을 폭로하고, 정보기관의 악습을 혁파할 계기가 되기를 바랐다. 물론 앞에서 살펴본 것처럼 이는 헛된 기대였다.

1995년 베노나 파일 공개문은 극히 온건한 어조로 "정보기관들은… 방첩 관련 분석 내용을 대통령[트루먼]과 보좌관들에게 제공하는 임무를 제대로 수행하지 못했다"고 지적했다. 트루먼이 무엇을 알고 있었고, 언제 알았느냐 하는 문제를 가지고 양당 간에 입씨름이 계속되는 상황이었다. 후버로부터 입증되지 않은 수많은 메모를 받은 트루먼은 의회나 벤틀리, HUAC, 매카시 위원회 같은 데서 떠드는 뜬소문 같은 비방들 말고 좀 더 정확한 증거를 가져오라고 요구했다. 트루먼은 베노나 파일은 보지도 못했다. 이 대목에서 모이너핸은 이렇게 물었다. "FBI 국장은 작년에만 해도 대통령에게 달려가서 허구나 다름없는 '워싱턴에서 암약하는 엄청난 규모의 소련 간첩단'에 관한 보고를 하려고 작심하고 있었다. 그런데 엄청난 것까지는 아니더라도 진짜 공산당 스파이망이 있다는 증거를 잡고 대통령에게 보고를 했는가?"[26] 답은 '노'였다.

1997년 정부 기밀주의 조사위원회 최종 보고서에서 모이너핸은 이렇게 썼다. "기밀주의 풍토는 미국 역사학자들이 미국 역사 기록에 접근할 기회를 조직적으로 봉쇄했다. 최근 상황을 보면 우리는 20세기 중반에 워싱턴 상황이 어떻게 돌아가고 있었는지를 파악하기 위해 모스크바의 기록에 전적으로 의존하고 있는 실정이다. 말이 안 되는 얘기다."[27]

베노나 파일이 공개되자 후버를 미심쩍어하던 사람들은 의구심에 휩싸였다. FBI의 원자료는 틀린 정보와 허위 정보투성이였다. 불만에 찬 유급 정보원들은 신뢰성이 떨어지는 경우가 많았고, 현장 요원들도 철자가 틀린 엉터리 메모를 많이 만들어냈다. 심지어 본연의 업무인 '감시^{surveillance}'라는 단어도 L자 하나를 빠뜨릴 만큼 부주의했다. 그런 파일이 이제 암호명의 실제 인물을 공개하게 된 것이다. 많은 실명이 확인되기도 했지만 일부는 지금까지도 미확인 상태다.

블린(팬케이크)이라는 암호명의 인물이 스톤이라는 사실을 확인하기 위해 후버는 집요하게 물고 늘어졌다. 이 과정에서 FBI가 얼마나 어설픈지가 잘 드러난다. 1951년 봄, FBI 요원들이 처음으로 스톤에게 떼로 달라붙었다. 그러나 "블린"을 찾으려는 노력은 허사였다. 스톤은 아직 프랑스에 있었다. 1951년 4월 6일 FBI는 영국에 주재하는 익명의 관리("런던 주재 법무담당관")에게 메모를 보냈다. "우리는 최근 스톤에 대한 조사를 시작했다. 블린이라는 암호명을 쓰는 인물과 동일인일 가능성이 높기 때문이다. …I. F. 스톤과 익명의 표적 블린에 관한 정보가 있으면 보내주기를 요망한다." 런던 쪽에서 곧바로 퉁명스러운 답이 왔다. "우리는 스톤이 공산주의자이거나 공산당 동조자라는 어떠한 증거도 가지고 있지 않다. 그는 1945~46년 이곳에서 극단적인 친시온주의자로 활동해 주목을 끌었을 뿐이다." 같은 날 스톤과 관련한 또 하나의 메모가 CIA 국장에게 발송됐다. CIA 산하 특수전본부^{Office of Special Operations} 책임자 W. G. 와이먼 소장도 참조하라는 표시가 돼 있는 이 메모에서 후버는 "스톤은 유명한 친공親共 성향 기자"라고 설명했다. 비밀 행낭 편으로 파리 법률담당관에게 보낸 같은 날짜의 긴급 메모 역시 "I. F. 스톤(진짜 이름은 '이지도어 파인슈타인')은 유명한 친공 성향의 기자로…"라는 내용이었다.

후버가 베노나 파일을 토대로 스톤이 블린(팬케이크)임을 확인하려고 혈안이 된 상황에서 작성된 FBI 메모들은 소련 요원 보고 못지않게 과장이 심하다. 후버는 최소한 스톤이 "소련에 호의적인 인사들"과 연관이 있다고 봤다. 그러면서 "지금 시점에서 스톤이 해당 시기(베노나 파일에 거론된 2차 대전 시기를 말한다)에 그런 인사들과의 접촉을 꺼렸는지는 알 수 없다"는 설명도 덧붙였다.(FBI 메모)[28]

FBI 메모들을 보면 무관한 두 사안을 나란히 대비시키거나 불리한 부분은 완전히 빼버리는 데 능하다는 것을 알 수 있다. 예를 들어 "1940년부터 1943년까지 그의 사무실은 내셔널 프레스 클럽 빌딩에 있는 것으로 알려져 있다. 주목할 것은 이 건물에 타스 통신과 「데일리 워커」〔미국 공산당 기관지 격인〕 사무실도 입주해 있다는 사실이다"라는 대목을 보자. 여기서 FBI는 국내외의 명망 있는 신문들이 모두 같은 빌딩에 사무실을 두고 있다는 사실은 언급하지 않는다. 스톤과 공산당을 연결시키려는 의도가 있는 것이다.

1951년 3월은 "블린" 색출에 총력을 기울인 시기였다. FBI 국장실에서 워싱턴 본부에 보낸 급전은 "어빙 F. 스톤"을 오랫동안 "안보 문제"로 분류된 저널리스트라고 묘사했다. 그러면서 스톤 추적은 "이제 스파이 활동 조사 차원에서 진행되어야 하며" 파일도 "미확인 표적 블린"으로 분류하라고 지시했다.[29]

FBI 파일에서 스톤이 '자녀가 셋인 신문기자'로 표현됐다는 것은 스톤 사후 베노나 파일이 공개된 이후에 밝혀진 사실이다. 소련 측 메모에는 "자녀가 셋"에 암호명이 "블린"인 유명한 저널리스트라고 돼 있다. 따라서 FBI는 자녀가 셋인 미국 저널리스트들을 추적하다가 다른 가능성으로 어니스트 K. 린들리[1899~1979. 「뉴욕 월드」, 「뉴욕 헤럴드 트리뷴」에서 기자로 일했다. 1941~61년 「뉴스위크」 워싱턴 지국장을 지냈다. 루스벨트 대통령 부부와 가까웠고, 루스벨트 전기를 쓰기도 했다]를 주목했다. 젊은 시절 영국의 권위 있는 로즈 장학금을 받아 옥스퍼드 대학에 유학했고, 프랭클린 루스벨트에 관한 책을 여러 권 쓴 린들리는 주류 언론계의 전형이었다. 그의 칼럼은 「워싱턴 포스트」와 뉴욕 트리뷴 신디케이트New York Tribune Syndicate에 실렸고, 라디오 쇼를 진행하기도 했으며 「뉴스위크」 워싱턴 지국장을 오래 지냈다. 리프먼이 주도한 포크 피살 사건 조사위원회 위원으로서 아무런 의문도 제기하지 않은 린들리가 블린 내지는 스톤과 연관이 있는 것으로 간주됐다는 자체가 뭔가 어색하다. 그러나 한 정보원은 1945년 11월 9일 린들리가 소련 대사관에서 개최한 "공산 혁명" 28주년 기념 리셉션에 참석한 듯하다는 보고를 올렸다. 그런 리셉션에는 으레 보드카를 마시면서 소련에 관한 뉴스를 건지려는 기자들이 들끓기 마련이다. 그러나 이 정도만으로도 린들리를 주목하기에는 충분했다. 많은 기자들과 마찬가지로 그 역시 "벤틀리가 소련 간첩망의 정보원으로 지목한 사람들 중 한 명"과 친구 사이였다. 그리고 그 역시 "상당한 수입에 자녀가 셋인" 유명한 신문기자라는 점에서 블린이라는 인물과 맞아떨어진다.

그러나 FBI 메모는 스톤이 블린일 가능성이 가장 높다고 봤다. 그러면서 "나중에 스톤이 [블린이] 아니라는 게 밝혀지면 그때는 당연히 다른 용의자들을 조사해야 할 것"이라고 했다.* 이로부터 불과 아흐레 만인 4월 9일 뉴욕의 요원은 "어니스트 K. 린들리가 블린일 가능성이 가장 높다"고 주장하면서 "I. F. 스톤은 [블린과] 동일 인물이 아닌 것 같다"고 보고했다. 두번째 메모(1951년 4월 20일자)는 "스톤은 간첩 활동 조사 차원에서 다루기에는 부적절한 것 같다"면서 등급을 다시 '안보 문제'로 낮추어야 한다고 권고했다. 뉴욕 지부가 제시한 이유는 세 가지였다. 우선 간첩으로 포섭돼 돈을 받는 인물이라면 스톤보다는 훨씬 여유가 있을 것이라는 점이다. 따라서 스톤이 아닌, "대중이나 동료들은 모르지만 진짜로 친소 성향의 인물이 존재했음이 분명하다"는 것이다. 둘째로, 스톤은 "공산당 전위 조직과의 관계가 너무 드러나 있어서" 간첩 활동을 한다고 보기는 어려웠다. 메모는 스톤이 "수년간 공산당원이었다"(잘못 알고 하는 얘기다)며 베노나 파일에서 블린이 간첩 활동에 연루되기를 "꺼렸다"고 한 대목과 비교했다.(후버는 "불일치하는 부분이 있는 것처럼 보인다고 해서 스톤을 용의선상에서 제외하면 안 된다"고 했다.) 세번째 이유는 "입수된 정보에 따르면 스톤은 [블린과 같은] 명망이" 없다는 점이다. 이런 점들을 고려할 때 린들리가 "가장 확실한 용의자로 보인다"는 얘기였다. 이 메모 사본은 전국의 FBI 지부에 배포됐다.

후버는 "이지도어 F. 스톤을 용의선상에서 제외하려는" 뉴욕 지부에 "동의하지 않는다"는 입장을 밝힌 메모(5월 4일자)를 화급히 보냈다. 메모는 대충 이런 내용이다. "전위 조직에서 하는 강연으로 회당 200달러나 부수입을" 올렸고, 다른 매체에도 글을 써서 용돈을 번 것으로 "추정되

---

* 암호명은 FBI 메모에서는 대개 지워져 있지만 베노나 파일을 잘 읽어보면 편집된 부분이 블린임을 알 수 있다. 따라서 여기서는 블린을 괄호 안에 넣는 식으로 처리했다.

기" 때문에 경제 사정은 생각보다 훨씬 나을 것이다. 더구나 "워싱턴의 일급 주택가"에 집이 있고—번잡한 네브래스카 애비뉴에 있는 스톤의 작은 집은 워싱턴 북서부 "일급" 주택가에서는 비교적 수수한 편에 속한다—딸은 대학에 다닌다. 부수입 없이 그런 생활을 유지하는 것은 "불가능하다." 그러나 "부수입이 어디서 나며 어떤 종류의 것인지 우리 국은 아직 모르고 있다." 후버 국장은 스톤의 국세청 소득세 신고 내역을 입수해 재정 상황을 면밀히 들여다본 뒤 "용의자 스톤을 관심을 가지고 계속 감시" 하도록 했다.(1951년 5월 9일자)

2주 후인 1951년 5월 24일 FBI 실험실에서는 "용의자 I. F. 스톤이 쓴 육필과 타이핑 표본(여권 신청 때 국무부에 제출한 서류)을 사진 찍어 복사한 것을 소련 첩보원들의 육필 및 타이핑 표본과" 비교했다. 결과는? 일치되는 것은 하나도 없었고, 따라서 실험은 "소득 없이" 끝났다. 그러나 후버는 스톤의 필적과 타이핑 "표본"을 "앞으로 다시 비교해야 할 경우에 대비해" 보관해두었다.[30]

그 다음 달인 1951년 6월 13일자 기록에는 "수집된 정보에 따르면〔블린은〕I. F. 스톤과 동일 인물일 가능성이 높다"고 돼 있다. 여기서 "수집된 정보"란 대수롭지 않은 스톤의 발언 몇 가지인데 이것이 그가 위험인물이라는 증거로 해석됐다. 그는 "빨갱이라는 사실을 공공연히 인정했고", 또다른 익명의 "믿을 만한" 정보원도 그를 공산주의자로 지목했다는 것이다. 게다가 스톤은 "수많은 공산당 전위 조직"과 '연결'돼 있었다. 이 메모는 「데일리 워커」가 그의 말을 자주 인용했다는 점을 강조하면서도 스톤을 비판하기 위한 인용이라는 사실은 무시했다.

이런 식으로 스톤은 불과 두 달 사이에 '엄청난 용의자'에서 '용의자일 가능성이 떨어지는 인물'로, 다시 '엄청난 용의자'로 변신을 거듭한다. 이 무렵 스톤은 미국으로 돌아갈까를 고민하고 있었고, 아마도 FBI의 조사를 받은 친구들로부터 FBI가 열심히 자기 뒷조사를 하고 있다는 얘기도 들었을 것이다. 이런 상황에서 그가 취한 행동을 보면 그가 무고하다는 것을 알 수 있다. 후버가 기다리고 있는 조국으로 돌아가 후버와 매카시즘과 어떤 식으로든 싸우기로 한 것이다. 스톤은 귀국하자마자 강연과 칼럼을 통해 적색 공포를 적극 비판했다. 스톤이 돌아왔다는 사실을 후버가 알자마자 FBI 메모에는 스톤이 기사와 칼럼을 통해 "스미스법 위반으로 유죄 판결을 받은 공산주의자들을 열렬히 옹호하고 있다"는 보고가 올라왔다.[31] FBI 본부는 뉴욕 지부에 "스톤에 대한 24시간 감시 체제를 즉각 가동해 소련 측이 자유주의 성향의 미국인들에게 영향을 미치기 위해 그를 이용하고 있는지 확인"하라고 지시했다. "그는 정부가 공산주의자들을 체포함으로써 사상과 표현의 자유를 억압한다는 얘기를 계속 떠들고 있다." 물론 정부는 사상과 표현의 자유를 억압하고 있었다. 그러나 당시 스톤은 급진파 빨갱이로 찍힌 상태여서 독자와 청중은 점점 줄었다. 게다가 독자라고 해야 스톤보다 더 왼쪽에 있는 부류가 대부분이어서 "자유주의 성향"의 사람들에게 영향을 미칠 수 있는 처지가 못 되었다. 그런데도 집중 감시 지시가 전국의 FBI 지부에 내려졌다. 보스턴 지부는 "추가 정보"를 추적했고, 뉴욕 지부는 "파이어 아일랜드의 부동산이 스톤 소유인지 확인"했다. 뉴욕 지부는 또 **그녀**(벤틀리임이 분명하다)와의 인터뷰를 통해 "소련에 우호적인 명망 있는 기자들"의 신원을 확인했다. 필라델피아 지부는 "스톤이 〔예전의 상사인〕 J. 데이비드 스턴과 친척관계인지, 스턴 일가로부터 돈을 받았는지" 알아보라는 지시를 받았다. 워싱턴 본부에서는 "입수 가능한 정보를 철저히 분석"했다. 로스앤젤레스와 샌프란시스코 지부는 각종 보고를 취합하는 일을 맡았다.

　여러 명의 요원이 멀리 서부 샌프란시스코까지 스톤을 뒤따라갔다. 그들이 올린 보고는 스톤이 해리 브리지스의 변호사인 빈센트 핼리넌을 비롯한 몇 명과 "전화 접촉"을 했고, 접촉한 사람들은 "모두 공산당원이거나 공산당원들과 관계가 있었던 것으로 알려진 인물들"이라는 것이었다.

스톤이 한 통화의 "내용이나 그 중요도에 대해서는 알 수 없음"이라고 돼 있다. 노동운동 지도자인 브리지스는 1950년 4월 4일 샌프란시스코 지방 법원에서 미국에 귀화하고 난 뒤에 공산당에 가입했는데 이를 부인했다는 이유로 위증 혐의로 유죄 판결을 받았다. 스톤은 브리지스 사건을 보도하고 있었고, FBI는 스톤의 뒤를 쫓느라 혈안이 돼 있었다. FBI는 스톤이 국제항만노조 International Longshore and Warehouse Union(ILWU)에 전화를 했고, 나중에는 웨스턴 유니언(송금업체)에도 전화했다는 시시콜콜한 일까지 낱낱이 파악했다. 그러나 당시 스톤이 무엇을 하고 있었는지는 「데일리 컴퍼스」를 잠깐만 훑어보면 금방 알 수 있는 일이었다.

1951년 9월 18일 린들리는 "용의선상에서 제외됐다." FBI 메모에서 그를 블린으로 단정한 경우는 없지만 역시 후버가 노리는 인물은 스톤이었다. FBI는 스톤이 「PM」, 「더 네이션」, 「뉴욕 스타」, 「데일리 컴퍼스」에서 받는 월급 이상의 호화 생활을 하는지 확인하기 위해 꾸준히 노력했다. 모스크바에서 자금 지원을 받고 있다는 전제를 깔고 하는 사찰이었다. 스톤이 1947년에—「더 네이션」을 그만둔 뒤다—신고한 연봉은 5,000달러였다. "신용평가기관 기록 1947년 5월 19일자 보고에는 스톤이 1940년 9월 1일 이후 네브래스카 애비뉴 북서쪽 5618번지에 거주했다는 사실이 '밝혀져'(별것 아닌 일도 대단한 비밀을 알아낸 것처럼 표현하는 것이 FBI의 습관이다) 있다." 스톤 일가는 이 집에 6년간 세를 살다가 1946년 3월 7일 1만 250달러를 주고 매입했다. 집을 저당 잡히고 대출도 받았다. 한 정보원은 스톤이 「PM」과 「더 네이션」에서 받는 봉급만으로 사는 것 같다"고 말했다.[32] FBI는 소규모 토지 두 필지와 파이어 아일랜드 오두막 별장은 에스터 이름으로 돼 있다는 것을 "확인했다." 한 정보원은 FBI에 스톤이 "워싱턴 집을 팔려 하고 있고, 뉴욕 파크 애비뉴 1133번지 아파트를 취득했다"고 보고했다.(이 메모는 14부를 복사해 전국 FBI 지부에 보냈다.) 그러나 스톤은 뉴욕 아파트를 사지 않았다. 워싱턴 집에서 나오는 세로 다시 방 일곱 개짜리 아파트를 빌렸을 뿐이다. 변호사 친구한테 빌린 아파트는 월세 197달러였다.

오늘날 스톤을 간첩 행위와 연결하려는 시도들은 사실에 부합하지 않는 비열한 짓거리다.(스톤이 살아 있다면 잘근잘근 씹어서 박살을 냈을 것이다.) 허버트 로머스타인은 빨갱이 사냥 전문가로 공산당 여름캠프와 모금 활동 조사를 시작으로 1965년부터 1983년까지 하원 전문위원으로 일했다. 1960년대에는 공화당이 주도하는 HUAC 조사관으로 활동했고, 이어 1980년대 레이건 행정부 시절에는 해외정보국^{USIA} 산하 대소對蘇방첩본부 Office to Counter Soviet Disinformation and Active Measures 본부장을 지냈다. 1950년대에는 미국 기업컨설팅협회(FBI 출신들이 만든 회사)가 발행하는 주간지 「반격^{Counter-Attack}」에서 일했다. 「반격」은 적색분자 명단을 제공했는데 스톤을 포함해 많은 사람들에 관해 거짓말을 퍼뜨렸다. 이 잡지는 문제 인물의 이름을 블랙리스트에 올린 뒤 돈을 받고 빼주는 식으로 장사를 해 재미를 봤다.

네오콘들이 또 이런 장사를 할까 겁난다. KGB 요원이었던 칼루긴은 지금 시베리아 강제수용소가 아닌 워싱턴 DC 외곽에 살고 있다. 칼루긴을 만나는 것은 어렵지 않았다.

필자는 칼루긴과 인터뷰를 하는 동안, 청중의 취향에 따라 지구는 둥글다고 했다가 평평하다고 했다가 하는 노회한 정치인과 얘기를 나누는 기분이었다. 로머스타인이 1992년에 소련 간첩에 관한 주장을 제기했을 때 거튼플랜은 칼루긴과의 통화에서 "나는 스톤을 포섭하지 않았다"는 증언을 들었다고 했다. 스톤이 간첩이 아니라는 증거였다. 그러나 베노나 파일이 공개된 뒤 필자와의 대담에서 칼루긴은 처음에는 "나는 그를 포섭할 필요가 없었다. 그는 훨씬 이전에 포섭이 됐다"는 식으로 애매하게 말했다. 그러고는 1966년부터 1968년까지 알고 지냈지만 스톤이 소련 측 요원으로 활동했다는 증거는 없다는 식으로 말을 뒤집었다. 스톤은 그저

"유용한 접촉 대상"이었다는 것이다. 이런 증언도 개의치 않고 로머스타인은 거짓말을 계속했다. 칼루긴은 필자에게 "우리는 비밀스러운 관계가 전혀 아니었다. 우리 사이에 비밀 협상 같은 것은 없었다. 나는 보도담당관이었다. 가끔 전화해서 '점심이나 할까요?' 하고 묻는 정도였다. 그에게 돈을 주거나 한 적은 없다. 가끔 점심을 샀을 뿐이다"라고 분명히 밝혔다.[33] 실제로 1966년 스톤은 칼루긴에게 후버가 자주 가는 하비 레스토랑에서 점심을 하면 어떠냐고 농담을 하기도 했다. "후버를 놀려주자"는 뜻이었다.[34]

필자와의 몇 차례 인터뷰에서 칼루긴은 스톤이 '요원'이라는 증거는 없다고 누차 강조했다. 그러면서 공개된 베노나 파일을 읽어봤을 뿐이라고 했다. 칼루긴은 미국 부임 당시 모스크바로부터 보도담당관과 언론인의 관계를 재개하라는 지침이 내려온 것으로 보아 '스톤이 한때 소련 측 요원이었을 가능성은 있다'고 "추정"했다. 칼루긴이 한 답변 중에는 지극히 애매한 부분이 많다. 바로 그런 점 때문에 유능한 KGB 요원이었다고 하는 모양이다. 칼루긴과 '거래'를 했던 워싱턴의 언론인들은 그가 하는 얘기는 다 믿으면 절대 안 된다고 경고했다. 모든 스파이는 거짓말을 한다. 윤리도덕과는 무관한 그쪽 업계의 속성이다. 미국 정보기관은 2차 대전 때 소련인들을 고용해 독일 정보를 빼냈고, 종전 직후에는 나치 친위대 장교 출신들을 고용해 소련 정보를 빼냈다. 수도 워싱턴에는 일본, 독일, 소련, 영국 스파이들이 득시글거렸다. 전쟁 이전에도 그랬고, 전쟁 중에도 그랬다. 다들 공식 직함은 따로 내걸었다.

1940년 공화당 전당대회에서 고립주의자와 개입주의자들 간에 격론이 벌어졌을 때 영국 요원들은 월터 윈첼, 드루 피어슨, 월터 리프먼 같은 언론인들을 거명하며 "특정 가치에 봉사했다"고 평가했다.[35] 그런데 외교와 관련한 공화당의 고립주의 강령은 나치 요원들이 은밀히 작성해 「뉴욕타임스」에 낸 광고를 "그대로 베끼다시피 한 것이었다."

모든 첩보원이 그렇듯이 칼루긴도 진실이 아닌 얘기를 떠벌였지만 스톤을 아주 좋아했고, 그래서 그에게는 "다른 기자들에게 하는 것처럼 허위 정보를 제공하지 않았다"고 한다.[36] 칼루긴은 1992년 "로머스타인이 약속을 어기고 헛소리를 했을 때 대단히 당황"했다. "나는 그에게 분명히 말해줬어요. '이보시오, 진심으로 말하건대, 그(이지)는… 우리 쪽 요원이 아니라 그냥 신뢰하는 사람일 뿐이오'라고."

칼루긴은 스톤에 대해 "나와 만나기 훨씬 전에 소련 정보기관 쪽에 협력한 동조자"라고 설명했다. 그러면서 그런 협력은 "전적으로 자신의 세계관에 입각한 행동이었다. 미국에만도 그런 사람이 수백 명이었다"고 했다. 칼루긴은 스톤이 금전을 받은 적이 있는지에 대해서는 '전혀 아는 바 없다'고 말했다. 그러면서 블린(팬케이크)은 베노나 파일에서 잠시 언급된 정도이고 확인된 것은 전혀 없다는 점을 강조했다. 그는 스톤이 소련 정보기관에 협력했다는 확실한 증거를 갖고 있을까? "아니요. 지금 하는 얘기는 내가 알고 있는 내용일 뿐입니다. 워싱턴에 부임하기 전에 사전 지식 확보 차원에서 과거 스파이 활동 관련 기록을 좀 읽어봤지만, 그 사람들 중에 I. F. 스톤은 없었어요. 우리는 좀더 가치 있는 자산에 관심이 있었지요. 스톤은 기밀문서에 접근할 수 있는 인물이 아니었거든요. 훔친 것도 전혀 없고."[37] KGB가 가치 있게 여긴 것은 "그의 두뇌"였다. 칼루긴은 스톤이 1940년대에, 그리고 자신과 만났던 1960년대에 생각하고 있던 것은 모두 글로 표현됐고, 누구나 읽을 수 있었다는 점에 동의했다. "그건 사실입니다. 그는 자유주의 성향을 아주 솔직하게 드러냈지요."

추가 인터뷰에서 칼루긴은 앞서 "돈을 받는 요원"이라고 한 것과 또다른 얘기를 했다. 자신은 공개된 베노나 파일에 언급된 내용 외에는 아는 것이 없다는 것이다. 파일에 나오는 이름들에 대해서는 이렇게 말했다. "내가 항상 하는 얘기는, 엄밀하게 보면 그들을 스파이라고 할 수 있겠지만 그들이 소련을 도운 것은 이상주의자로서 한 행동이라는 겁니다. 그들은 돈을 원하지도 않았고, 미국을 뒤집어엎으려 하지도 않았습니다. 그런 의미에서 스톤은 그런 부류, 즉 이상주의자 세대에 속했지요. 우리는 그들을 '적국에 유익하게 행동하는 유명 인사'라고 불렀어요. 그런 인사들은 여론을 형성하고 조작할 수 있는 위치에 있었거든요."

베노나 파일에서는 '스파이', '간첩 활동', '반정부 활동', '적국을 이롭게 하는 인사' 같은 용어들이 뒤섞여 사용된다. 칼루긴이 스톤에 대해 설명한 내용을 전체적으로 보면 스톤은 스파이와는 거리가 멀다. 칼루긴은 주장을 널리 펴서 영향을 미치는 언론인에게는 '적국을 이롭게 하는 인사'라는 표현이 어울린다고 했다. 그렇더라도 스톤은 그렇게 중요한 역할을 한 것은 아니었다. "예를 들어 내가 아는 「타임」지 기자가 있었는데 그 친구는 대어였다. 그에 비하면 I. F. 스톤은 일개인에 불과했지요. 그는 진정한 리버럴이고, 공산주의자가 아니었으며, 미국 정부 전복에는 관심이 없었어요." 칼루긴은 웃으면서 이런 말을 덧붙였다. "그는 미국을 해치려 하지 않았습니다. 그는 그저 하나의 고리로서 과업을 수행하려고 했을 뿐이지요." '과업'이라는 건 무엇일까? 이에 대한 답은 스톤이 "정부 인사 누구, 또는 어떤 상원의원이 어떠어떠한 문제에 대해 어떤 입장을 갖고 있는지 알아내려 했다"는 것이다. 칼루긴은 스톤이 기사에 쓸 정보를 찾아다녔을 뿐이라는 데에 동의했다. 로머스타인이 스톤과 일부 인사들을 "스파이"로 모는 것에 대한 생각은 어떨까? 칼루긴은 이렇게 말했다. "그건 그 사람 생각입니다. 나는 반대쪽으로 봐요. 그런 사람들은 대의를 추구한 것이고, 나 역시 그런 대의를 깊이 신봉했습니다."

칼루긴은 1966년에 처음 전화로 스톤에게 접근했다. 그는 보도담당관이라고 신분을 밝히고 앞으로 계속 만나고 싶다고 했다. 두 사람은 가끔 만나 점심을 같이했다. 두 달에 한 번꼴이었다. 칼루긴은 스톤이 소련에 다녀오고 나서, 특히 1956년 헝가리 침공 이후 소련을 규탄하고 소련에 대한 기대를 완전히 접었다는 사실을 잘 알고 있었다. 두 사람의 점심이 끝난 것은 1968년이었다. "그가 다시 자리를 뜨려고 했어요. 나는 그와 그의 친구들의 견해를 듣고 싶었지요. 소련의 〔체코슬로바키아 내정〕 간섭에 대해 어떻게 생각하는지가 궁금했거든요. 그는 대놓고 비판하면서 '자, 이걸로 당신네들 보는 것도 끝이오. 당신들은 나를 배신했고, 지금도 배신했어. 다시는 당신들 보고 싶지 않아'라고 말했어요." 그런데 칼루긴이 점심 값을 계산하려고 하자 스톤은 "피 묻은 돈은 이제 안 돼!"라고 소리쳤다. 점심 값을 두고 하는 말이었다.(칼루긴이 쓴 책에는 "나는 피로 더럽혀진 당신네 정부에서 나오는 돈은 절대 안 받아"라고 돼 있다.) 계산은 스톤 일행이 나눠서 했고, "그게 마지막 접촉"이었다.

스톤이 어지간한 신문에서 볼 수 없는 '정보'를 준 적이 있을까? 칼루긴은 낄낄 웃으며 이렇게 답했다. "음, 정보 계통 사람들은 신문 헤드라인 얘기는 안 하지요. 품위 없는 짓이니까." 그는 미·소 양국 사이에 치열하게 벌어진 스파이 게임에 대해 이런 얘기를 했다. "상대가 하는 얘기가 아침에 내가 「워싱턴 포스트」에서 본 것과 똑같을 수도 있어요. 하지만 내 나름의 정보원을 확보하고 있어야 합니다." 두 사람의 만남은 보도담당관과 기자의 교류 같은 것이었다. 스톤은 종종 칼루긴에게 질문을 던지기도 했다. "그는 '만만한 상대'가 아니었어요." 스톤으로부터 중요한 정보를 얻은 게 있을까? "그는 그저 쓸모 있는 정도였지요. 그런 수준의 접촉 상대는 수십 명은 됐어요." 마지막으로 칼루긴에게 "이지에 대해 달리 기억나는 게 없느냐"고 묻자 이런 답이 돌아왔다. "없어요. 내가 기억하는 건 전혀 없습니다. 내가 워싱턴에서 관리하는, 중요 정보에 접근할 수 있는 친구들만도 상당수였기 때문이지요." 스톤은 그런 친구들 축에 끼지 못했다. 칼루긴은 "이지는 비주류"에 불과했다고 말했다.[38]

스톤의 오랜 친구인 존 케네스 갤브레이스는 스톤이 스파이라는 얘기를 간단히 일축했다. "이지를 아는 사람이라면 그런 얘기는 귀담아듣지 않을 겁니다. 그가 살아온 내력 전체가 그 반증입니다." 갤브레이스는 웃으면서 이렇게 덧붙였다. "당신이 전체주의 국가라면… 이지 같은 사람은 원치 않을 겁니다."[39]

20
고독한 게릴라 전사: 광기의 1950년대

언론은 대부분 공화당 편이고, 행정부도 공화당이
기 때문에 정부 비리 "폭로"는 사실상 관심 밖이다.
···워싱턴 주재 기자들은 공보관들이 떠먹여주는 것
을 받아쓰는 데 만족하고 있다.[1]
I. F. 스톤, 1953년

1952년 겨울 어느 날 스톤은 「데일리 컴퍼스」가 문을 닫은 뒤 다들 떠난
신문사 사무실에 혼자 앉아 있었다. 유령이 된 듯한 기분이었다. 인수를
저울질하던 사람들은 불 꺼진 3층 편집국을 둘러보다가 혼자 있는 스톤을
보고 깜짝 놀랐다. "유령이 출몰하는 곳이라고 생각했던 모양이다." 다
쓰러져가는 그 벽돌 건물에서 "10년 동안 독립적인 자유 언론을 위한 온
갖 실험이 이루어졌다. 이제는 다 옛날 얘기가 되고 말았지만···." 스톤은
"나도 그 실험에 참여했었다"고 썼다.[2]

그 세월은 영광스러운 선물이었다. "12년 동안 우리는 다른 미국의 신
문쟁이와 지식인이 누리지 못한 자유와 기회를 만끽했다. 나는 내가 옳다
고 생각하지 않는 말은 단 한마디도 쓸 필요가 없었다. 나는 나의 심장과
정신을 뛰게 만드는 대의를 위해 마음껏 싸울 수 있었다. 나는 인간이 누
릴 수 있는 최대의 특권을 누렸다. 하고 싶은 일만 하면서 밥벌이를 했으
니까 말이다."

만 45세의 스톤은 이제 30년 가까이 몸담아온 일간지 생활을 마감하게 된다. 당시 스톤이 가장 관심 깊게 들여다본 문제는 냉전으로 야기된 두 가지 위협, 즉 위험한 대외 정책과 국내 반대세력에 대한 탄압이었다. 스톤은 위궤양도 없었고 정신질환도 없었다. 그러나 기자에게 트루먼 시대는 괴로운 시기였다. 뉴딜에 열광하는 스톤의 친구와 지인들("이상주의자와 자유주의자와 급진파가 희한하게 뒤섞여 있었다")도 힘들기는 마찬가지였다. "충성도 심사는 그런 사람들을 정부에서 몰아내기 위한 작전이었다. 급진파 활동 전력을 걸어서 걸리지 않을 사람은 거의 없었기 때문이다." 스톤은 매카시즘을 "50년대를 사로잡은 광기狂氣 fetish of the fifties"라고 불렀다.

스톤은 트루먼 시대를 햄버거 하나에 전전긍긍하는 "거지들의 시대"라고 봤다. 트루먼의 "똘마니들"은 갈팡질팡을 거듭했다. "자유에는 용기가 필요하고, 평화 공존에는 신뢰가 필요하다. 그러나 그들에게는 두 가지 모두 결여돼 있었다." 트루먼을 통해 "과격함은 나약함의 가면이 됐고, 고집은 강인함의 대용품이 됐다." "정치와 종교의 분리, 개인의 신앙과 양심에 대한 존중"을 비롯해 미국 건국의 기본 철학은 마녀사냥의 희생물이 되고 말았다. 스톤은 경건을 가장한 허위를 역겨워했다. "정치가와 장군들은 끊임없이 신에게 기원하지만 젊은이에게는 우리 건국의 아버지들이 설파한 복음을 믿지 말라고 교육한다." 스톤은 가톨릭교회와 상공회의소가 크렘린 스타일의 "사상 통제"를 극악하게 강요하고 있다고 혹평했다. 사회주의자는 공산주의자 못지않게 위험한 존재로 여겨졌고, "자유주의자는 사회주의자와 공산주의자의 언론의 자유를 옹호한다는 이유로 저주를 받았다."

스톤은 이런 생각들을 표현할 공간을 얻지 못했다. 사회 분위기가 점점 자유로운 사고를 억압하는 쪽으로 흘렀기 때문이다. 분위기가 분위기인 만큼 당시 보수 성향의 하원의원 리처드 닉슨이 "중도파의 대변인"으로 통했고, "「워싱턴 스타Washington Star」와 「뉴욕 타임스」 같은 보수지가 '좌파 언론'으로" 분류됐다.[3] 이런 상황에서 일반 신문 판형의 4쪽짜리 주간 신문을 창간한 것은 불가피한 선택이었고, 본인도 얼마나 갈지 확신을 못했다. 그러나 기사와 논평을 담은 「I. F. 스톤 위클리」는 20년 가까이 장수하게 된다. 그의 독자들은 어떤 면에서 억압적인 1950년대에 감사해야 한다. 스톤이 일자리를 구했다면 그런 모험은 결코 하지 않았을 것이기 때문이다.

1953년 1월에 급진파 성향 신문을 창간한다는 것은 정신이 나갔다고 할 만큼 낙관적인 사람이 아니면 불가능했다. 3년 동안의 마녀사냥을 통해 국제적 악명을 얻은 매카시는 상원 '정부 활동 조사위원회Committee on Government Operations' 위원장이 돼 있었다. "그는 이 자리를 악용해 중도 좌파 인사들은 물론이고 아이젠하워 행정부와 동료 상원의원들까지 협박했다."[4] 스톤이 창간호 톱기사를 '매카시, 아이젠하워의 왕골칫거리가 되다'로 올린 것은 선견지명이 돋보이는 선택이었다. 스톤은 "무모함은 과다하고 양심은 없는" 매카시가 "자기 말을 듣지 않는 정부 관리는 누구든 엿 먹일" 작정을 하고 있다고 지적했다. "물러가는 민주당이나 이제 집권한 공화당이나 결국에 가서는 기회가 있을 때 매카시를 자르지 않은 것이 한이라고 통탄하게 될 것이다."[5]

스톤은 속으로는 주간지가 잘될까 불안해하면서도 겉으로는 쾌활하게 치고 나갔다.[6] "아이젠하워 장군이 자신감을 가지고 대통령에 취임하기를 바라는 것처럼 본인도 마찬가지다. …냉전이 한창인 워싱턴에서… 나를 반정부 성향의 위험인물로 보는 사람이 많다는 것은 나도 잘 안다."[7] 그러면서 이제 자신보다 왼쪽에 있는 것은 「데일리 워커」밖에 없다는 농담을 덧붙였다. 우정청은 스톤의 "정치적" 성향을 문제 삼지 않고 2등 우편 요금을 적용해줬다. 언론 자유를 위해 주어진 그런 특혜에 대해 그는 늘 감사했다. 그 덕분에 「I. F. 스톤 위클리」는 순항할 수 있었다. 「위클리」는 창간 구독자 5,300명을 시작으로 1963년에는 2만 명을 돌파했고, 마지막 해인 1971년에는 구독자가 7만 명이나 됐다.

스톤은 창간 구독자들에게 늘 감사했다. 빅터 나바스키〔컬럼비아 대학 언론대학원 교수〕가 지적한 대로 창간 구독자는 「더 네이션」을 비롯해 폐간된 좌파 신문·잡지 독자 명부에서 "인계받은" 경우가 많았다. 창간 당시부터 「I. F. 스톤 위클리」는 미국 공산당을 혹독하게 비판했다. 공산당은 1953년 '의사들의 음모Doctors Plot'〔스탈린이 유대계 의사들이 자신을 포함한 소련 지도부를 암살하려 했다며 유대인을 조직적으로 숙청한 사건〕 사건에서부터 동구권 국가들의 이탈을 무력으로 진압한 일에 이르기까지 사사건건 소련을 편들거나 어정쩡한 태도를 보였다. 스톤은 공산당 비판 보도가 독자 감소로 이어진다는 것을 잘 알고 있었다. 스톤의 종잣돈이라고는 「데일리 컴퍼스」 퇴직수당 3,500달러에 친구한테서 무이자로 빌린 3,000달러, 그리고 주변의 소액 부조가 전부였다. "에스터와 이지는 처음에 참 힘들었다."[8] 1957년 「워싱턴 포스트」 기자가 된 어윈 크놀의 회고다.

그러나 당시 스톤이 쓴 편지들을 보면 에너지가 넘치고 성공의 가능성이 많이 엿보인다. 딸 실리아는 당시 스미스 칼리지 2학년으로 파리에 가 있었다. 에스터가 실리아에게 보낸 1952년 12월 8일자 편지에는 "구독 신청자가 벌써 2,000명이나 돼. 정말 감동이야"라는 대목이 나온다.[9] 에스터가 한 달간 뉴욕에 머무는 사이 이지는 워싱턴으로 가서 창간 작업을 시작했다. "아빠가 확보한 구독 예약자가 5,000명을 넘었어. 이런 속도로 진행돼서 참 다행이야." 에스터의 1월 12일자 편지다. "내일 워싱턴에서 아빠를 만나 그동안 확보한 구독자 명단을 전해줄 거야. 새 신문 창간호는 17일쯤 모든 독자들이 볼 수 있을 거야. 이제 우리 다섯 식구는 파리, 뉴욕, 워싱턴으로 떨어져 살게 되는구나."

열흘 후 이지는 환호성을 질렀다. "구독 신청이 5,907건을 돌파했

다.(조금 전 뉴욕에서 온 편지에 몇 건이 들어 있는지는 아직 모름)" 이렇
게 해서 1953년 1월 22일에는 성공의 확신을 갖게 된다. "재정적으로는
이미 흑자고, 기운이 펄펄 난다. 구독 신청을 한 사람들은 정말 이상하고
좋은 사람들이다. 대법원 판사도 있는데 이름은 만나서 얘기해줄게."(여
기서 말하는 판사는 자유주의 성향의 대법원장 윌리엄 O. 더글러스일 것
이다. 더글러스는 나중에 스톤의 친구가 됐다.) 「I. F. 스톤 위클리」는 순
조롭게 출발했다. 1953년 2월 24일 다시 딸에게 보낸 편지에서 스톤은 이
렇게 썼다. "아가야, 반가운 네 편지가 인쇄 시작 시점에 도착했구나. …
판매 부수는 6,600부를 넘어섰고, 이번 주부터는 가판대에도 9,300부가
나간다." 신문의 성공에 큰 역할을 한 우편 요금 얘기도 나온다. "2등 요
금을 따냈어. 100달러 이상 절약이 되지…."

맨 처음 구독 신청을 한 사람 중에는 버트런드 러셀과 엘리너 루스벨트
같은 유명 인사들이 있었다. 스톤의 서재에는 알베르트 아인슈타인이 보
낸 5달러짜리 수표를 표구한 액자가 수십 년 동안 걸려 있었다. "수표를
액자에 넣어 보관해도 되겠느냐고 묻자 비서는 신음소리를 냈다. 아인슈
타인이 보낸 수표를 받은 사람들은 하나같이 액자에 넣어 보관을 했기 때
문에 비서로서는 장부 정리가 여간 번거롭지 않았기 때문이다. 그래서 나
는 현금을 보내고 비서는 다시 내게 수표를 보내는 식으로 처리했다."[10]
여배우 마릴린 먼로는 극작가 아서 밀러와 결혼할 무렵 스톤을 알게 됐는
데 하원의원 전원에게 구독권을 보내줬다. 스톤은 그녀가 자살한 사건을
회고할 때마다 "그 참 불쌍한 아가씨…"라며 한숨지었다.

그렇게 유명 인사 독자들이 많았지만 과거 동료 언론인이나 정치가, 취
재원은 스톤을 피했다. 그래서 하염없이 전화벨 울리기만을 기다리는 적
막한 사무실은 바로 정리를 했다. 대신 스톤의 집이 「I. F. 스톤 위클리」의
사무실이 됐다. 주방 테이블과 3층 복도, 침실 두 곳, 칸막이한 1층 벽난로
쪽 공간(여기서 에스터가 장부와 우편물 정리를 했다), 그리고 지하실(나

중에 조수들이 일하는 공간이 됐다)이 작업공간이었다. 스톤은 에스터가 일을 많이 해서「I. F. 스톤 위클리」가 성장했다며 '그럴 줄 알았으면 부인을 하나 더 얻을 걸 그랬다'고 능청을 떨기도 했다. 책과 서류와 신문이 산더미처럼 쌓인 집에서 안락의자에 편히 앉아 있는 사람은 아무도 없었다. 의자는 신문을 쌓아두는 장소가 된 지 오래였다.

지금은 상상하기 어려운 일이지만, 당시에는 좌파 인사와 자리를 함께하다가 남에게 들키기만 해도 전전긍긍하던 시절이었다. 스톤은 각종 기자회견이나 청문회 같은 곳에 참석했다가 볼일만 보고 휙 사라졌다. 메이저 신문 기자들은 그를 가까이해서는 안 될 초라한 퇴물로 여겼다. "일부에서는 그가 공산주의자라고 생각할 정도였다."[11] 당시 신참 라디오 방송 기자였던 데이비드 브링클리의 회고다. 브링클리는 스톤이 쓴 기사를 읽으면서 그의 깊이 있는 취재에 감탄을 금치 못했다. "그는 집에 앉아서 세상에 나온 모든 기사를 읽었어요. 이름도 들어보지 못한 통신사에서 보낸 기사를 인용하곤 했는데 우리가 전혀 모르는 내용이었어요. 그리고 그런 걸 가지고 흥미로운 기사를 엮어냈지요."

"그는 문체가 참 좋았어요."[12] 카투니스트이자 소설가, 극작가인 줄스 파이퍼의 회고다. "좌파 작가들은 대개 문체가 형편없기로 악명이 높아요. 근데 이지는 재미있었죠." 스톤은 산들바람 같은 우아함에 단순명쾌하면서도 의미심장한 코멘트를 곁들이고 사실과 역사적 배경을 탄탄하게 조합했다. "글을 보면 그 사람을 알 것 같았습니다. 신기한 일이지요. 그는 개인적으로 친구 되기가 쉽지 않은 스타일이었습니다. 하지만 그가 쓴 글을 읽으면 그와 쉽게 친구가 되지요." 1973년 스톤은 신참 상원의원 짐 애부레즈크[1931~ . 사우스다코타 주 출신. 민주당 소속으로 1973~79년 상원의원을 지냈다]에게 점심을 같이하자고 청했다. 이단아 같은 행보를 보이는 젊은 상원의원에게 흥미를 느낀 것이다. "근데, 어쩌다 그렇게 급진파가 된 거죠?" 스톤이 물었다. "「I. F. 스톤 위클리」를 너무 오래 읽어서 그런 것 같습니다." 애부레즈크의 답변이다. 그는 나이 많은 유대계 의사 친구가 다 읽고 난 「I. F. 스톤 위클리」를 갖다주어서 읽게 됐다고 했다. 그러자 스톤은 이렇게 말했다. "그 사람 이름이 뭐더라? 사우스다코타에는 정기 구독자가 한 명밖에 없을 텐데…."[13]

스톤은 곧 시대의 격변에 휘말리게 된다. 한국전쟁은 지루하게 계속됐고, 스탈린은 죽었고, 로젠버그 부부는 사형당했고, 반정부 인사들은 신념을 이유로 투옥됐고, 그들을 옹호하던 변호인들은 변호사 자격을 박탈당했다. 흑인 소년 에멧 틸이 잔혹하게 살해된 사건은 시민권 운동의 기폭제가 되었고, 핵무기로 인류가 멸망하는 상황이 가능해졌으며, 블랙리스트는 여전히 위력을 발휘했다.

초기에 딱 한 번 남성복 광고를 한 것을 제외하고는 스톤은 광고를 싣지 않았다. 따라서 '외부의 압력을 받지 않으니 벤저민 프랭클린[1729년 「펜실베이니아 가제트」를 창간하면서 당시로서는 파격적으로 광고를 다양화한 것으로 유명하다]보다 낫다'고 너스레를 떨기도 했다. 사실 급진파 신문에서 광고를 따기도 쉽지 않았을 것이다. 딱 한 번 광고를 낸 것도 사실은 의회 출입용 프레스 카드[기자증]를 발급받기 위해서였다. "광고가 있어야 카드 발급이 된다더군요." 맨해튼의 한 양복점 주인이 "해리스 트위드, 플란넬, 개버딘 같은 기성복" 한 벌을 59.97달러에 특가 판매한다는 광고를 냈다. 스톤은 광고비 대신 공짜로 옷 한 벌을 받았다. 그러나 의회 직원은 광고 수입이 어느 수준 이상 돼야 프레스 카드를 발급해줄 수 있다고 했다. 스톤은 패트너와의 대담에서 당시 사정을 이렇게 설명했다. "그럴 정도는 못 됐어요. 그래서 프레스 카드는 발급받지 못했지요. 대신 '특별 방청인' 카드를 내주더군요. 덕분에 아무 때나 출입할 수 있었지요. 대통령이 왔을 때만 빼고. 내가 위협적인 존재라고 생각한 모양이에요!"[14]

광고에 목을 매는 대신 스톤은 물불 안 가리고 신문 선전에 나섰다. 애

결과 호소와 설득에서부터 특별 할인까지 다양한 작전을 구사했다. 선전 문구도 도전적이었다. 예를 들면 "친구를 잘 꼬여서 구독을 권해주세요. 구독 신청권은 4쪽에 있습니다" 등등.[15] 스톤이 제시한 "당근"은 "두 부 구독하는 분께는 본인의 신간 『트루먼 시대The Truman Era』를 무료로 드린다"는 것이었다. 그러면서 책은 "최고의 칼럼을 엄선한 양서"라고 소개했다. 사업은 번창했다. "물론 편집국장과 발행인을 겸한 사람(사환 노릇도 같이 했다)은 종종 숨 돌릴 틈도 없었다."

사업은 호조를 이어갔다. 「I. F. 스톤 위클리」는 뉴욕과 브루클린의 가판대 수백 곳에도 배포됐다. 그러나 스톤은 멀리 작은 동네 독자들에게도 가판대에 「I. F. 스톤 위클리」를 갖다놓으라는 압력을 가해달라고 호소했다. "친구에게 전화 한 통만 해주시면 「위클리」가 확고하게 자리를 잡을 수 있습니다. 오늘 바로 전화해주시겠지요?" 그해 3월 말 스톤은 「I. F. 스톤 위클리」가 "이제 모든 주에 들어가고, 알래스카, 하와이, 푸에르토리코는 물론 캐나다 6개 지역까지 진출했다"고 선언했다. 멕시코, 파나마, 콜롬비아, 브라질, 자메이카, 노르웨이, 스웨덴, 벨기에, 영국, 프랑스, 오스트리아, 베를린시 영국군 관할 지역, 그리고 이스라엘에도 구독자가 있었다. 한 구독자는 철의 장막 뒤편에 있었다. 캐나다 동남부 뉴펀들랜드섬과 북서부 유콘에는 구독자가 없었지만 "곧 개썰매를 구입하는 대로 판매국〔에스터 담당이다〕에서 배달을 갈 것"이라고 했다.

구독 신청은 크게 늘었고, 자신감이 붙은 상황에서도 스톤은 가끔씩 반짝 판촉 작전을 폈다. 크리스마스카드 같은 홍보 광고도 그 한 예였다. "셰익스피어 대사는 아니지만 우리 판매 담당자의 심금을 울렸을" 크리스마스 축하 인사라며 스톤은 이렇게 썼다.

당신의 다이아몬드며

모피, 캐딜락은

'그이한테'

그리고 '그녀에게'

그냥 주세요.

난, 그저 「I. F. 스톤 위클리」

1년만 더 보면 족하답니다[16]

판촉을 겸해 독자에게 보낸 스톤의 따뜻한 인사말이다.

스톤은 엄밀한 사실을 파헤치면서도 평이하고 친근한 문체로 독자와의 거리감을 좁혔다. 자극적인 제목이나 감탄사를 연발하는 요란한 제목도 달지 않았다. "내 생각은 「I. F. 스톤 위클리」를 시각은 급진적이되 포맷은 보수적으로 하자는 거였습니다." 그의 유명한 박스 기사는 「뉴요커」 맨 끝에 나오는 실수담 못지않게 많은 독자를 끌었다. 검은 선으로 둘러싼 기사는 정부의 발표나 언론 보도 가운데 틀린 부분이나 모순된 부분을 날카롭게 짚어내고 조롱조의 제목을 올림으로써 웃음을 자아냈다.

후일 스톤은 1950년대의 억압적인 상황과 싸우는 것이 "정말 재미있었다"고 주장했지만 주류 언론계에서 왕따를 당하면서 상처도 많이 받았다. 그는 「I. F. 스톤 위클리」 초창기를 장밋빛으로 기억하지만 아들 크리스토퍼의 기억은 다르다. "아버지는 감정을 잘 추슬렀어요. 하지만 가끔 화가 폭발하기도 했지요. '난 이 빌어먹을 도시에서 그냥 산송장이 되진 않을 거야'라고 소리치곤 했어요."[17] 크리스토퍼는 아버지가 화가 극에 달하는 걸 보고 깜짝 놀라기도 했다. "아버지는 원래 욕을 안 하는 분이었어요. 그러려니 하고 넘어가는 경우가 많았지요. 하지만 한이 맺혀서 화를 내기도 했어요. 자신을 멸시한 사람들에 대한 분노 같은 걸 키우고 있었던 거지요. 그래도 워낙 활기찬 분이라 가슴 쓰린 기억은 묻어버리곤 했는데…. 늘 왕따였고, 그게 참을 수 없었던 거지요." 크리스토퍼는 여름 방학 때면 아버지 일을 도왔다. "아버지랑 [의회] 기자실에 들어갔던 기억이 나요. 그 냉랭한 눈길들⋯."

스톤의 좋은 친구 가운데 「세인트루이스 속보」 기자인 리처드 더드맨 [1918~]이 있었다. 더드맨이 처음 스톤을 찾아온 것은 1947년으로 스톤이 그 유명한 팔레스타인 잠행을 마친 직후였다. 곧 팔레스타인으로 취재를 가게 돼서 경험자에게 조언을 구하려고 온 것이었다. 잠시 후 스톤은 솔직하면서도 상냥한 어조로 "딕[리처드의 애칭], 자넨 역사를 잘 모르는 것 같군" 하고 말했다.[18] 그러면서 사전 준비 차원에서 읽어야 할 책 목록을 적어주었다. 이후 두 사람은 스톤이 죽을 때까지 40년간 이런저런 인연으로 얽히며 친하게 지냈다. 부인들끼리는 물론이고 아이들도 서로 친해져서 두 집이 같이 영화 구경도 가고 포도 다이어트, 고기 다이어트 같은 것도 함께했다.

1954년 더드맨이 워싱턴 주재 발령을 받고 나서 이지와 에스터 부부를 저녁 식사에 초대했다. 그런데 그 자리에는 USIA(해외정보국) 직원인 더드맨의 친구(이름도 똑같이 더드맨이었다)도 합석했다. 친구는 음료 준비를 돕겠다는 핑계로 주방에 들어가 더드맨에게 따지듯이 물었다. "도대체 어쩌자는 거야? 어떻게 I. F. 스톤이 와 있는 자리에 날 불러? 잘못하면 잘린단 말이야!" 더드맨은 너무 놀란 나머지 화도 내지 못하고 "이지는 내 친구야"라고 말하면서 '알고 보면 자네도 좋아할 거야'라는 식으로 둘러댔다. 그로부터 10년도 더 지난 시점에 더드맨 부부와 스톤 부부가 즐거웠던 시절을 회상하는 자리에서 에스터가 이렇게 말했다. "그날 저녁 파티 생각나요? 정부 쪽 사람 누가 왔었지요? 그런데 지금은 이렇게 유명한 워싱턴 주재 기자 집에 우리도 오고 정부 사람들도 들락거리는 걸 보니까 우리가 성공을 하긴 한 것 같네요." 더드맨은 당시 일을 얘기할까 말까 하다가 스톤도 이제 유명 인사가 됐으니 괜찮겠다 싶어 말을 꺼냈다. 그러나 스톤은 괜찮지 않았다. "'그 개새끼, 누구야'라며 당장 대라고 하더군요."

1950년대에 더드맨은 스톤을 옹호하느라 애를 먹기도 했다. "바보 같은 편집국장이 스톤은「세인트루이스 속보」사설 난에 거론하기에는 너무 과격한 인물이 아니냐'고 문제를 삼았던 것이다. "다들 극도로 경직돼 있었어요.「더 네이션」같은 신문 얘기는 입에 올리지도 못했지요. 그랬다간 '입 닥쳐'라는 소리가 날아올 테니까. 누가 관계기관에 이를까봐 두려웠던 겁니다. 책이나 신문 잡지를 읽다가 탁자에 놓아둘 때도 조심을 해야 할 정도였어요." 스톤, 메리 맥그로리, 앨런 바스, 드루 피어슨 정도가 "최전선에 나선 용사들"이었다고 더드맨은 말했다. "뭔가 새로운 걸 쓴다는 것은 위험한 일입니다.〔언론은〕항상 특종을 원한다고 말하지요. 하지만 다른 사람이 이미 손댄 걸 좋아합니다. 고위급 인사와 만나는 자체가 대단한 일로 간주되지요. 한번은 월터 리프먼이 닉슨을 찍었다기에 내가 물었지요. '왜 그랬습니까?' 리프먼은 '그 사람이 우릴 베트남전쟁에서 빼내줄 거니까'라고 하더군요. '그걸 어떻게 알지요?' 했더니 리프먼이 그러더군요. '그가 나한테 그랬어!'" 그때의 어감은 "자네도 알아볼 수 있으면 한 번 알아보라고" 하는 식으로 빼기는 느낌이었다고 한다.[19]

더드맨 같은 개성 강한 기자들은 후일 닉슨의 정적政敵 리스트에 오르는 영광을 누리게 된다. "이지처럼 나도 고위급 인사한테 들은 얘기를 그대로 기사화하는 건 탐탁지 않았어요. 실무를 담당하는 낮은 직급 사람들이 더 좋은 취재원인 경우가 많지요. 하지만 신문사 간부들은 그런 걸 좋아하지 않았던 것 같아요. 그들은 CIA 국장이나 국무장관 또는 대통령을 만날 수 있느냐 없느냐를 가지고 기자를 평가하곤 했습니다. 독립적인 주류 신문은 없습니다. 하지만 이지는 독립적이었지요. 전통적인 이해관계에 빚진 게 없었으니까요." 스톤은 날카로운 질문으로 안온한 기자실 분위기를 깨기는 했지만 "지극히 전통적인 기질도" 있었다고 더드맨은 지적했다. 이름이 나고 남들이 알아주고 하는 걸 대단히 좋아했다는 얘기다.

"1950년대는 그에게 끔찍이도 외로운 시기였다."[20] 「워싱턴 포스트」의 스타 기자였다가 나중에 「뉴욕 타임스」로 옮긴 버나드 노시터의 말이다. 노시터는 「더 네이션」 편집장 케리 맥윌리엄스의 소개로 1955년에 스톤을 처음 만났다. "이지는 취재원과 허물없이 지내는 거 안 좋아했어요. 저녁 자리에 어울리지도 않았지요. 월터 리프먼 같은 스타일은 싫은 거죠. 리프먼과는 정반대 스타일이었어요. 그런 점에서 뒤에서는 그를 높이 평가하는 사람들도 많았어요. 하지만 그러면서도 사교적이었지요. 그는 참 외로웠습니다. 당시에는 말을 거는 사람도 거의 없었을 정도니까." 한번은 크리스토퍼가 아버지에게 왜 무례한 자들에게 반격을 가하지 않았느냐고 물어봤다. 스톤은 매카시즘과 싸운 극소수 상원의원 중 한 사람인 윌리엄 풀브라이트가 해준 충고를 전해줬다. "미친개랑 진흙탕에서 싸우지 마라."

한번은 의회에서 USIA가 해외에 보낸 예술품 관련 청문회가 열렸다. 스톤은 아들 크리스토퍼에게 청문회 취재를 맡겼다. "그걸 보고 있자니 계속 웃음만 나왔어요. 나중에 청문회 속기록을 받으러 갔지요."[21] HUAC 법무담당관은 기자석에 앉아 있던 크리스토퍼를 알아보고 다정하게 어깨를 감싸쥐며 물었다.

"어느 신문에서 나오셨나?" 그런데 크리스토퍼가 "I. F. 스톤 위클리」요"라고 답하자 남자는 갑자기 손을 떼면서 "내가 무슨 악마라도 되는 양 '나가'라고 소리쳤다." 크리스토퍼는 한 발짝도 물러서지 않고 "속기록 주세요"라고 말했다. "날 패기라도 할 것 같은 기세였어요." 크리스토퍼는 일반에 공개되는 속기록을 요구할 권리가 있다고 주장했다. 남자가 크리스토퍼를 문밖으로 밀어내는 과정에서 약간의 멱살잡이가 있었다. 크리스토퍼가 의회 경비대를 불러 자초지종을 설명했지만 경찰은 사건을 접수조차 하지 않았다. 크리스토퍼는 다시 기자실로 돌아갔다. "기자실에 아주 보수적인 「시카고 트리뷴」 기자가 앉아 있었어요. 아버지를 좋아하는 아저씨였지요. 항상 '난 네 아버지와 의견은 다르지만 그분은 기자로서는 훌륭하다'고 말하곤 했어요. 그 아저씨가 두어 시간 만에 속기록 사본을 구해다줬습니다."

「워싱턴 포스트」를 비롯한 여러 신문에 예절 칼럼을 쓰는 주디스 마틴('미스 매너Miss Manners' 라는 필명으로 유명하다)은 크리스토퍼와는 1955년도 윌슨 고등학교 졸업 동창이었다. 당시 동급생인 찰스 밀러, 에드먼드 게임스 주니어와 함께 교내 서클 '우드로 윌슨 철학회'를 이끌던 주디스는 "크리스토퍼 스톤의 아버지"를 서클 모임 연사로 초청했다. 당시 워싱턴 북서부 백인 상류층 아이들이 주로 다니는 공립학교에는 주디스 마틴처럼 부모가 뉴딜 지지 진보 성향인 경우가 많았다. "우리 때가 윌슨 고등학교에서 흑백 분리 수업을 한 마지막 세대였어요."[22] 마틴의 회고. "흑백 통합을 위한 개축 공사가 시작됐고, 우리는 던바 고등학교[윌슨 고교가 백인의 명문이라면 던바는 흑인의 명문이었다] 애들한테 미팅을 제안하기도 했어요. 이지 스톤을 초청했다는 얘기에 교장은 화를 내며 '우리 학교에서 그럴 수는 없다! 어디 가서 윌슨 고등학교 다닌다는 얘기도, 신문기자 부를 생각도 하지 마라!'고 소리쳤지요." 이 대목에서 마틴은 웃음을 터뜨렸다. "우리는 생각지도 못한 좋은 아이디어를 교장 선생님이 준 거예요. 바로 「워싱턴 포스트」에 연락했더니 취재를 나오더라고요."

찰스 밀러의 회고를 들어보자. "매카시즘은 워싱턴 DC 공립학교 관리자들 사이에 가장 심했어요. 국회의원 자녀들이 많이 다녔거든요. 학교 예산은 남부 출신 인종주의자들이 지배하는 하원 위원회 손에 달려 있었어요. 학생들이 조금만 이상한 기미를 보여도 안절부절못했지요. 교장 선생은 우리에게 이지 스톤 강연을 취소하라고 했습니다."[23] 마틴을 비롯한 세 학생은 스톤의 집으로 가서 "이지에게 전후 사정을 다 털어놓았다." 교장은 말 안 듣는 학생들을 그냥 내버려두지 않았다. 그는 "너희 셋 중 하나라도 좋은 대학에 진학하면 내가 손에 장을 지진다"고 했다. 다시 마틴의 회고. "그 말은 일종의 협박이었어요. 좋은 대학 진학은 우리한테는 중요한 문제였으니까요." 교장이 협박만 하고 실제로 불이익을 주지는 않은 것인지, 아니면 학생들이 너무 뛰어났던 것인지는 알 수 없지만 게임스는 하버드에 갔고, 밀러는 스워스모어 칼리지, 마틴은 웰즐리 여대에 진학했다. 모두 다 손꼽히는 명문이다.

스톤은 학교 대신 밀러네 집에 모인 소수의 학생들을 대상으로 강연을 했다. 처음에는 행정부에 관한 얘기를 하려고 했다가 아이들이 강연 문제로 이런저런 소동을 겪은 것을 고려해 표현의 자유로 주제를 바꿨다. 그것이 학생들에게 더 중요하다고 봤기 때문이다. 스톤은 밀턴의 『아레오파지티카』를 들고 갔다. 크리스토퍼의 회고에 따르면 당시 "교장이 바짝 쫀" 것은 놀라운 일이 아니었다. "정말 놀라운 일은 우리 아버지를 고등학교 강연에 초청할 생각을 했다는 것입니다. 매카시를 좋아하는 사람은 아무도 없었고 서로 그런 얘기를 나누기도 했지만, 다들 전전긍긍하며 관망만 했고 두려움에 사로잡혀 있었으니까요."

매카시가 죽은 지 5년이나 지난 1962년에도 그의 망령은 사라지지 않고 있었다. 후일 유명한 기자가 되는 핀리 루이스의 에피소드가 상징적이다.[24] 1962년 루이스는 기초 군사 훈련을 막 마치고 "군 정보기관에서 복무할 전자 감시 요원을 양성하는 군사언어학교"에 배치됐다. "당시 빨갱이 사냥이 기승을 부렸던 기억이 지금도 생생합니다." 「I. F. 스톤 위클리」의 열렬한 독자였던 루이스는 군사학교에서도 「위클리」를 계속 봤다. "FBI가 주시하고 있을 것은 당연하지요." 그런데 정기 검열 때는 "사물을 모두 앞에다 내놓아야 했다." 루이스는 불현듯 묘책이 떠올랐다. 검열 당일 "밥맛인 웨스트포인트 출신 장교가 폼을 잡으며 들어왔는데 내가 읽던 신문에 바로 눈길이 가더군요." 장교는 한참을 노려봤다. 과격 성향의 「I. F. 스톤 위클리」와 극우반공단체 존 버치 협회의 기관지 격인 잡지 「휴먼 이벤츠Human Events」가 나란히 놓여 있었던 것이다. 루이스는 극우 잡지를 돈

내고 구독한 보람이 있었다고 말했다. "장교는 머리를 절레절레 흔들며 그냥 나가버렸다." 기가 막혀서 검열을 포기한 것이다.

지금 기준으로 보면 스톤이 왕따를 당하고, 겁먹은 주류 언론은 후버와 매카시가 던져주는 기삿거리를 넙죽넙죽 받아먹었다는 것이 잘 이해가 가지 않는다. 그러나 스톤이 「I. F. 스톤 위클리」를 시작했을 때는 매카시즘의 위력이 언제까지나 지속될 것처럼 보이던 시절이었다. "내 여동생이 그 끔찍한 시기에 조지프 매카시의 비서였어요." 데이비드 브링클리의 회고다. "우린 그때 서로 말을 할 수 없었어요. 나는 그를 개새끼라고 생각했고, 실제로 그랬지요. 그런데 매카시가 죽고 나서 동생이 자기도 그가 거짓말쟁이라고 생각한다고 하더군요. 실제로 그랬고." 브링클리는 스톤이 가끔 글로 썼던 얘기를 똑같이 했다. "예산 배정액이 나올 때쯤 되면 이런저런 위원회에서 갑자기 공산주의자들의 무시무시한 음모를 적발해냈다고 떠드는 거예요. 완전히 예산 따내기 작전이지요. 스톤이 맞는 말을 많이 했어요. 그들은 공포를 팔고, 공포를 곤봉으로 써먹은 겁니다. 의회 내 우파들이 그런 조작을 하면, 강경파 공화당 성향 신문들이 대서특필을 하는 식으로 맞장구를 치곤 했지요." 브링클리의 말을 좀더 들어보자. "내가 일간지를 경영했다면 당시 강경 노선을 취하는 것에 대해 대단히 회의적이었을 겁니다. 물론 그러다 신문이 망할 수도 있다고 하면 지금으로서는 이상하게 들리겠지요."[25]

통신사 기자였던 앨 스피백은 "매카시가 언론을 가지고 놀았다"고 말했다.[26] 마감 시간에 쫓기는 생리를 잘 이용했다는 얘기다. 통신사 기자들은 그가 한 얘기가 대단히 의심스러워도 기사화하지 않을 수 없는 상황이었다. 통신사는 속성상 사안에 대한 의문 제기나 비판보다는 육하원칙에 의한 속보速報를 최우선으로 한다. 먼저 보내야 신문방송에서 받고, 기사가 얼마나 채택됐느냐에 따라 성가聲價가 결정되기 때문이다. 더구나 당시는 3대 통신사 간에 경쟁이 치열했다. "매카시는 최종 마감에 임박해서 중요 사안을 슬쩍 흘리고, 우린 어쩔 수 없이 받아쓰는 상황이 계속됐지요."

1960년대에 극장에서 영화 시작 전에 상영되는 뉴스를 통해 매카시의 옛 모습을 본 세대라면 그를 대단히 우스꽝스러운 인물로 기억할 것이다. 군軍을 상대로 한 청문회에서 콧소리를 내며 상대를 비웃거나 바보같이 낄낄거리는가 하면 안하무인 식의 태도로 '공산주의자 명단'을 장황하게 읽어 내리다가 갑자기 "의사진행 발언이요!" 하고 큰 소리로 떠드는 매카시의 모습은 과연 그렇다. 그러나 1950년대 초에만 해도 위세가 등등했다. 국무장관 존 포스터 덜레스는 국무부 요직에 특정인들을 채용한 것에 대해 매카시에게 해명을 하기도 했다. 매카시와 후버는 해체되다시피 한 미국 공산당이 엄청난 위협이나 되는 양 떠들었다.

20세기 미국 언론인 중에서 문학적 필치로 유명한 머레이 켐프튼은 이렇게 말했다. "우리는 매카시가 가장 큰 문제라고 보고 쫓아다녔지만 이지는 저 비열한 J. 에드거 후버를 추적했어요. 다들 알다시피 FBI는 유대인과 공산주의자의 자녀들 학교까지 쫓아갔어요. 혹시 아버지가 나타나서 아이한테 무슨 얘기를 하지나 않을까 하고 말입니다. 한때 공산당원이었다는 이유로 상이용사의 연금까지 박탈했고. 그런 짓들을 저지른 거죠. 이지는 매카시에 대해 많은 글을 썼지만 사안의 심층을 꿰뚫고 있었습니다. 소금쟁이처럼 돌아다니며 물 표면을 어지럽히는 자들이 있지요. 조지 프 매카시처럼 말입니다. 그런데 연못 저 깊은 곳에서 물 전체를 흐리는 자들이 있습니다. 그게 바로 J. 에드거 후버였지요. 우리는 대개 수면 위에서 논 겁니다. 수면 위의 날벌레들을 잡으려 했지요. 그런데 이지는 누구보다 용감했습니다. 후버를 바로 겨눴으니까요."[27]

스톤은 후버가 익명의 정보원들이 작성한 오류와 허위투성이 자료를 매카시와 HUAC, 기타 조사 관련 위원회에 흘리고 있다는 증거를 누구보다 먼저 포착하고 있었다. 대통령이 FBI 국장을 해임시켜도 변명의 여지가 없는 행위였지만 후버는 딱 잡아떼면서 자리를 유지했다. 스톤에 대한 후버의 분노가 극에 달한 것은 스톤이 매카시와 후버를 싸잡아 추축국에 비유했을 때였다. 대통령을 비롯한 거물들도 두려워하지 않던 미국 최대의 협박꾼이 스톤의 조롱에는 질겁을 했다. 스톤은 위원회 같은 데에 증인으로 소환된 적이 없다. FBI가 매카시의 부정행위를 은밀히 조사 중인 상황에서 후버는 그를 좋은 친구라고 극찬했다. 스톤은 둘 사이에 틈이 벌어지는 지점을 적극 공략했다.[28] 다른 기자들은 엄두도 내지 못하던 때였다.

스톤은 자신을 고발한 사람과 대질 신문조차 못하는 상황이나 도청 등을 통한 사생활 침해, 언론 자유에 대한 억압, 여권 몰수, 정치적 신념을 이유로 한 추방과 같은 불의에 대한 항거를 결코 멈추지 않았다. 「I. F. 스톤 위클리」를 창간한 1953년에 친구인 찰리 채플린이 후버에게 시달림을 당하다 못해 미국을 떠났다. 당시 스톤은 '찰리 채플린의 작별 케이크'라는 칼럼을 썼다. "채플린이 더이상 살 수 없다면 우리 미국은 뭔가 단단히 잘못된 것이다. 미국 시민도 아닌 사람이 자발적인 망명을 한 것은 바로 우리 때문이며, 믿을 수 없는 정보원들이 대중의 영웅이 되는 미국의 희비극을 영화화한 그의 '잘못' 때문이다. 자신의 불투명한 재정 문제에 대해서는 답변을 회피하는 한 상원의원[매카시]이 남들에 대해서는 무시무시한 신문을 진행하고 있다. …저들에게 비웃음을 날려주게, 찰리. 우리나라를 위해서. 여기 워싱턴에서 지금 절실히 필요한 건 저들 얼굴에 케이크를 정통으로 던져주는 거야."[29] 아인슈타인이 마녀사냥에 항의해 시민 불복종 운동을 펼치자고 호소했을 때 스톤은 환호했다.

스톤은 수정 헌법 5조에 대해 "(우리 사회가) 놀라울 정도로 무신경하다"고 지적했다. 문제의 조항은 "누구라도 대배심의 고발이나 공소 제기에 의하지 아니하고는 사형에 해당하는 죄나 중죄에 대해 신문받지 않는다"는 내용이다. 스톤이 이런 지적을 했어도 의회는 대배심이 기소 대상이 아니라고 판정한 사안에 대해서도 관계자들을 공공연히 모욕했다. 모욕의 대상이 된 사람들은 입증도 안 되고 반증도 안 되는 비난에 시달렸다. "어떤 사람이 아이젠하워가 백악관 위를 빗자루를 타고 날아다니는 걸 봤다고 주장한다면, 대통령이 아무리 '나는 그 시간에 침대에서 서부 개척 시대를 그린 소설을 읽고 있었다'고 주장해도 믿지 않을 것이다."[30] 매카시가 "군이 공산주의자들을 감싸고돌았다는 '바보 같은' 비난"을 퍼붓자 납작 엎드려 있던 공화당 상원의원들이 자체 조사를 시작했다. 그러나 "결국은 피해망상을 증폭시키고 선전선동에 놀아나는" 결과가 되고 말았을 뿐이다. 매카시의 "광신자 집단"은 오히려 그것 보라는 듯이 역공세를 펼쳤다.

스톤이 아이젠하워를 지지했을 때 주변의 많은 친구들이 놀랐다. 스톤 입장에서는 전쟁의 참상을 직접 겪어본 사람인 만큼 한국전을 끝낼 것으로 기대한 것이다. 그러나 새 대통령이 마녀사냥에 대해 보인 태도를 접하면서 그의 기대는 급속히 실망으로 바뀌었다. 취임 30일 후 대통령은 "국무부가… 매카시에게 굴복하는 것을 수수방관했다"고 스톤은 썼다. "어떤 공무원도 매카시 조사관들의 조사에 응할 의무가 없다"거나 조사관들은 별도의 허가 없이 관련 파일을 말소할 수 없다는 규정을 삭제해버린 것도 "노골적인 굴복 행위"였다. 스톤은 이렇게 비웃었다. "월터 리프먼 같은 사람들은 일말의 기대를 버리지 않았다. …유명한 장군 출신 대통령을 가진 공화당이 기고만장한 자들을 충분히 통제할 것으로 낙관한 것이다. 그러나 기대는 처참한 실망으로 주저앉았다."[31]

스톤은 일찍부터 매카시를 공격했고, 공격의 고삐를 늦추지 않았다. 드물지만 그런 언론인이 스톤만은 아니었다. 조지프 앨솝 같은 칼럼니스트는 외교 정책은 보수 노선을 주장하면서도 매카시를 강력히 비판했다. 「타

임」은 1951년 매카시를 표지 인물로 올리면서 그의 협박조의 행태를 규탄
했다. 그러나 공산주의자 색출이라는 목표 자체를 문제 삼지는 않았다.
「워싱턴 포스트」는 당시 사정이 꽤 어려워서 모험을 할 수 있는 처지는 아
니었다. 그러나 정치 만평을 담당하는 유명 카투니스트 허블록^{Herblock}〔본명
은 허버트 블록〕은 '매카시즘'이라는 용어를 만들어냈다. 이 용어를 탄생시
킨 카툰은 이런 내용이다. 그림 왼쪽에 오물이 잔뜩 든 통이 여러 개 높다
랗게 쌓인 모습이 위태롭기 그지없다. 맨 위의 제일 큰 통에는 '매카시즘'
이라고 적혀 있다. 그런데 오른쪽에서는 국회의원들이 코끼리〔공화당을
상징〕를 억지로 밀고 당기며 통 위에 올려놓으려 하고 있다. 흔들리는 통
들은 언제 와르르 무너져 내릴지 모르는 상황이고 코끼리는 "나보고 저길
올라가라고?"라며 잔뜩 겁먹은 표정이다. 글로 된 매카시 비판은 독자적
인 칼럼으로 유명한 인사들로부터 나왔다. 「워싱턴 스타」의 메리 맥그로
리는 군 관련 매카시 청문회를 다루면서 한 편의 연극처럼 묘사했고, 「워
싱턴 포스트」의 머레이 마더는 잘근잘근 씹는 스타일의 분석 기사를 썼
고, 논설위원 앨런 바스는 사정없이 비난을 퍼부었다. 그러자 「워싱턴 포
스트」 발행인인 필 그레이엄이 저지하고 나서는 상황도 가끔 벌어졌다.
「뉴욕 타임스」는 맥없이 굴복했다. 위원회에 소환된 기자들은 한직으로
밀려나거나 해직을 당했다. "신문에 이름이 나면 해고될 수도 있었어요.
위원회에 소환돼 수정 헌법 5조〔묵비권〕를 주장하면 즉각 블랙리스트에
올랐지요." 켐프튼의 회고다.³²

　　스톤의 고뇌와 분노는 넓고도 깊어졌다. 그는 전국 곳곳으로 강연도 다
녔다. "생각을 전파하는 것을 음모로 몰아붙이는 상황이라면, 정보원이
되기를 거부하는 것은 모든 미국인의 의무다." 1954년 로스앤젤레스에서
한 강연 중 한 구절이다.³³

　　마침내 매카시의 무차별 공세가 힘을 잃게 되자 스톤은 이렇게 말했다.
"이제 사람들은 누구나 공산주의자란 딱지가 붙을 수 있다는 걸 실감하기

시작했다. 진보적인 생각을 하는 사람이나 민주당원만 그런 것이 아니라 장성도, 군인도, 심지어 체이스 내셔널 뱅크〔체이스맨해튼 은행의 전신〕사장도 그런 딱지가 붙는다. …노조운동가는 말할 것도 없다. 빨갱이 딱지 붙이기에 마녀사냥이라는 표현이 딱 어울리는 이유가 있다. 〔1692년 미국 매사추세츠 주 세일럼 마을에서 벌어진 마녀사냥Salem witch hunt 때〕저 불쌍한 할머니들에게 초자연적인 주술적 힘이 있다고 여긴 것처럼, 한줌의 공산주의자들이 마치 초자연적이고 주술적인 힘을 가지고 있는 것처럼 보기 때문이다. 중세 이단 신문 시대나 악마의 힘이 정말 존재한다고 믿었던 고대와 다를 바 없다."

여러 강연에서 스톤은 법무장관 허버트 브라우넬〔아이젠하워 대통령 때인 1953~57년 재임〕을 한껏 조롱했다. 브라우넬은 공산주의자 또는 공산주의자로 추정되는 교사들이 권한을 남용했다는 아무런 증거도 찾지 못한 상태에서 "교실에서 사상을 퍼뜨린 것"은 죄악이라며 문제의 사상은 "너무도 미묘해서 감지할 수조차 없다"고 주장했다. 스톤은 "그래서 더더욱 교사들이 '악마적'이다"라고 비아냥거렸고, 청중석에서는 웃음이 나왔다. "너무도 미묘해서 감지할 수조차 없는 어떤 생각을 어린 학생들 머릿속에 주입해서 그들을 하루아침에 마르크스주의자, 사적유물론자로 만든다는 얘기다! 그런 공산주의자 교사가 있다면 '엄청나게 마술적인 교수 능력을 인정해주셔서 대단히 감사합니다'라고 할 것이다."

도청법을 비판하면서 스톤은 이렇게 말했다. "법무장관 말을 들어보면, 사람들이 전화로 공공연히 범죄 모의를 한다는 인상을 받게 된다. 한 친구가 전화를 턱 들고서 '어이, 조, 내일 밤 원자탄 설계도를 훔치면 어때?' 하고 떠든다는 식이다. 하지만 사람들이 그러지 않는 건 도청법이 없어서가 아니다! 전화를 사용하는 범죄는 딱 두 가지, 납치와 갈취다. 그런데 공교롭게도 행정부가 요구하는 도청 대상에는 이 두 가지 범죄가 빠져 있다."

스톤의 날카로운 비판은 끝이 없었다. "차이나 로비 계열 상원의원들은 우리를 전쟁으로 끌고 가려고 공모하고, …사람들이 평화를 입에 올리는 것조차 두려워하게 만들려고 공모한다. …그들이야말로 진정한 미국의 반역자다."

반핵을 특집으로 한 1954년 3월 19일자 「I. F. 스톤 위클리」는 FBI에서도 영구 보관했다. 그중 한 대목. "미국은 양분된 세계에서 거대한 한쪽 동맹체를 이끄는 지도자이고 물주다. 미국은 지금까지 인간이 개발한 것 중 가장 끔찍한 살상무기를 가지고 있다. …미국은 그것을 '즉각 보복'을 위해 사용할 권리가 있다고 주장한다. …'보세요, 상황이 너무 심각해서 이제 우린 소련과 평화롭게 지내야 해요'라고 말하는 사람은 아무도 없다. 아무도 그런 얘기를 더는 하지 않는다. 적어도 여러 사람에게 영향을 미칠 수 있는 인사는 그런 얘기를 안 한다. 이 나라는 평화를 얘기하는 것조차 두려워하고 있다. 전쟁 분위기가 조성되고 있다. 전쟁은 모든 인류를 구렁텅이로 빠뜨릴 것이다."

그해 봄에 스톤은 미국의 인도차이나 개입 정책에 반대하면서 국무장관 덜레스의 호전성이 결국 동남아에서 또 하나의 한국전쟁을 유발할 것이라고 예언했다.[34] 그는 덜레스가 "필요할 경우 인도차이나 지역에 일방적으로 개입하려 한다"고 비판했다. 그는 당국이 좌파 성향의 원자탄 개발 관련 과학자들을 뒷조사하고 괴롭히는 것을 보면서 미국이 파시즘으로 흐르고 있다고 판단했다. 스톤은 국내안전보장법[Internal Security Act]을 혐오했다. 이 법은 에이브러햄 링컨 여단으로 스페인 내전에 참전했던 사람들을 공산주의 전위 조직 조직원으로 분류했다. "스페인 내전 때 파시즘과 맞서 싸운 소수의 용사들이 꾸린 상호부조 단체가 지금은 핍박당하고 있지만 언젠가 다시 그 업적에 걸맞은 존경을 받게 될 것이다."[35] 스톤은 의회가 "FBI가 매카시에게 군의 위신을 떨어뜨리는 자료를 누출한 데 대해 후버 국장에게 따져 물을 생각조차 하지 않았다"고 비판했다.

1956년이 되면 매카시는 완전히 끈 떨어진 신세가 되어 알코올 중독자로 전락한 상태였다. 이미 1954년에 상원에서 비난을 받았고, 그런 분위기를 타고 언론도 그를 내버렸다. 매카시의 "악동들"(매카시의 보좌관인 로이 콘과 데이비드 샤인을 스톤은 이렇게 불렀다)은 국무부가 운영하는 미국의 소리^{Voice Of America} 방송[1942년 미 국무부에서 설립한 대외 선전 방송]과 해외 문화원들을 감축하기 위해 책을 불태우는 악수를 두면서 신문 1면에서 급속히 밀려났다. 그러나 매카시가 사라진 뒤에도 이단 신문은 계속됐다. FBI와 의회의 빨갱이 사냥을 씹어대던 스톤은 마침내 "미국 최고의 신문" 「뉴욕 타임스」에 대해서도 일격을 날렸다. 스톤이 「뉴욕 타임스」를 비난한 이유는 1955년 의회가 문제 삼은 인물들의 이름을 불지 않은 편집 기자를 해고했기 때문이다. "어떻게 사설로는 수정 헌법 5조를 지지한다고 하면서 그 조항[묵비권]을 들어 증언을 거부한 직원을 해고할 수 있는가?"라는 게 요지였다.³⁶

미국 언론은 "부다페스트에서 표현의 자유를 요구하며 목숨을 거는" 사람들에 대해서는 적극적인 지지를 보냈다. 그러나 "우리 동료에 대해서는 지지해주는 언론이 전혀 없다"는 것은 아이러니라고 스톤은 꼬집었다. 여기서 '우리 동료'는 「뉴욕 타임스」 편집자 로버트 셸턴인데 사실은 의회가 제보를 받는 과정에서 신원을 잘못 파악해 엉뚱하게 청문회에 불려나갔다. 셸턴은 상원 국내안전보장위원회^{Senate Internal Security Committee}에 불려나가 수정 헌법 5조를 근거로 증언을 거부함으로써 의회 모욕죄 유죄 판결을 받았다. 셸턴과 사서 한 명에게 징역 4개월의 실형이 선고됐다. 놀라운 일이 아닐 수 없었다.

"우리는 매일 자유는 원자탄이 떨어지는 순간에도 목숨을 바쳐서라도 지켜야 할 소중한 자산이라는 얘기를 듣는다. 그러나 한 시간이라도 시간을 내 법정에 가서 수정 헌법 1조가 위험에 처했는지 확인하는 사람은 아무도 없다." 얼마 후 「뉴욕 타임스」의 또다른 직원이 법정에 섰다. 스톤은

「뉴욕 타임스」를 다시 비판했다. "우리는 존 피터 진저[1697~1746. 뉴욕의 주간지 발행인. 1733년 식민지 영국 경찰을 비판했다는 이유로 명예훼손 혐의로 체포됐으나 후일 사실 보도라는 이유로 무죄 판결을 받았다. 미국 언론 자유의 초석을 놓은 인물로 평가된다]처럼 오래전에 돌아가신 분에게만 갈채를 보내는가? 「뉴욕 타임스」는 언제 공격에 나설 것인가?" 스톤은 "의회의 조사망에 걸린 신문쟁이들을 도울 생각조차 하지 않는" 신문노조 문제를 보도하면서 쓰라린 심정을 토로했다. 당시 셸턴 사건을 제대로 보도한 신문은 진보 성향의 「뉴욕 포스트」뿐이었다. 「뉴욕 포스트」는 머레이 켐프튼 기자를 재판정에 파견하고 판결을 사설로 비판했다.

스톤은 언론에 대한 실망감을 표하면서 편집 간부들에게 HUAC가 최근 발간한 개정판 『반체제 조직 및 간행물 편람Guide to Subversive Organizations and Publications』을 한 번 보라고 촉구했다. 언론인들이 이런 분위기가 계속 "곰팡이처럼 번져나가는 것"을 용인해야 하는가? 정부기관이나 위원회가 "어떤 간행물이 반체제인지 아닌지 판단할 권한이 있는가?"[37]

스톤의 친구인 조지프 라우 변호사(반공주의자이며 진보 성향이었다)의 회고를 들어보자. "워싱턴은 완전히 겁먹은 상태였습니다. 의뢰인들이 변호인한테도 거짓말을 했으니까요."[38] 라우는 당시 얘기를 하면서 아직도 믿기지 않는 표정이었다. "난 의뢰인들한테 그랬어요. '당신이 공산당을 위해 한 가장 나쁜 행위를 말해달라. 무슨 일이든 털어놓아라.' 그들은 공산당이 운영하는 서점 직원이었다는 얘기조차 하지 않았어요. 그러다가 나중에 사실이 드러나죠. 그럼 물리는 겁니다. 결국 철저히 다짐을 받았어요. '자, 분명히 말해두겠다. 한 가지만 더 말 안 한 게 나오면 나도 당신 변호인 때려치우겠다.' 그랬더니 좀 나아지더군요."

라우의 오랜 친구인 「워싱턴 포스트」 발행인 필 그레이엄조차도 종종 발을 뺐다. "이지를 제외하고는 「워싱턴 포스트」가 그래도 제일 나았어요. 하지만 필과 논설위원 앨런 바스(시민권을 옹호하는 논설로 유명했

다) 사이에 여러 차례 크게 말다툼이 벌어졌습니다." 라우의 설명을 더 들어보자. "필은 나하고는 정말 친했어요. 어느 날 그러더군요. '내가 광고주들한테 얼마나 시달리는지 자넨 모를 거야.' 필은 젊었고, 집안의 신임을 받아 「워싱턴 포스트」라는 거함을 이끌고 있었어요. 당시 경영 사정이 좋지 않아서 잘못해서 망하면 어쩌나 걱정이 많았던 거지요. 그래도 매카시 문제에 대해서는 잘했어요. 특히 다른 신문들과 비교하면 그렇지요. 하지만 완벽했다고 할 수는 없지요."

매카시 청문회를 취재하는 기자들은 마감 시간에 임박하면 난감할 때가 많았다. 뉴스거리가 없는데도 매카시 상원의원은 폼을 잡으며 걸어나와 기자들에게 호언장담을 했다. 한번은 "해리 트루먼 〔전직〕 대통령을 소환하겠다!"고 떠들었다.[39] 그의 호언장담이 실행된 적은 없지만 다음날 1면 머리기사를 장식하기에는 족했고, 그가 노린 것도 그것이었다.

리프먼이 매카시 청문회 관련 기사를 정당화한 논거는 "객관적인" 보도라는 것이었다. 그는 한 칼럼에서 "반역이나 간첩 행위, 부패, 부정 등을 적발했다는 매카시의 주장은 무시할 수 없는 뉴스다"라고 썼다. "미국 상원의원에게서 나온 얘기"이기 때문에 그만큼 비중이 있다는 뜻이다. 국무부와 국방부에 대한 매카시의 공격은 "기사화해야 할 뉴스"였다. 이에 대해 매카시 전기의 결정판을 쓴 리처드 로비어는 조롱조로 반박했다. "미국 상원의원이 거짓말을 능사로 하고 국민과 정부를 등쳐먹는 것도 당연히 뉴스였다."

'기자가 어떤 관리를 거짓말쟁이라고 부르려면 다른 관리가 그를 거짓말쟁이라고 해줘야 한다'는 얘기가 있다. 이 농담은 언론계에서 지금도 유효하다. 고위 공무원에 대한 취재 의존도가 그만큼 높다는 얘기다. 그러나 그렇다고 해서 독자적인 취재나 거짓을 입증할 자료의 발굴을 포기하거나 핵심적인 질문을 던지지 않은 것이 변명이 되지는 않는다. 로비어는 매카시가 낸 한 보고서에 관해 뒤에 달린 주석은 "그럴듯하게 번호가 매

겨져 있지만" 아무 의미도 없다는 말을 한 적이 있다. "그것을 잘 추적해
보면 누구나 매카시가 진실을 어떻게 죽여버렸는지 분명히 알 수 있다."

매카시의 이런 허점을 스톤은 누차 물고 늘어졌다. 그런데 「뉴욕 타임
스」는 한때 이런 푸념을 늘어놓았다. "그런 보고서들이 대개는 거짓으로
판명된다는 이유로 매카시 상원의원이 제기한 주장을 무시하는 것은, 불
가능하지는 않겠지만 대단히 어렵다."[40] 신문은 기사를 쓰고 판단은 독자
가 할 몫이라는 얘기다. 이에 대해 로비어는 "레스토랑에서 독이 든 음식
을 내놓아도 먹고 안 먹고는 손님 몫이라고 말하는 것과 마찬가지"라고
꼬집었다. 후일 제임스 레스턴은 회고록에서 "매카시의 거짓 주장에 따옴
표를 찍었다고 해서 우리의 공모 혐의가 벗겨지는 것은 아니다"라고 일갈
했다.[41]

통신사 기자인 앨 스피백은 스톤의 초기 보도에 대해 이런 말을 했다.
"그 신문을 아무도 읽지 않는다면 누가 무엇이라고 하든 무슨 상관인가?
나는 그가 사회적으로 어떤 영향을 미쳤다고 생각지 않는다. 극소수 사
람들은 예외겠지만 그 사람들이야 어차피 매카시를 싫어하던 부류 아닌
가."[42] 많이 팔리는 신문이 좋은 신문이고 판매부수가 적은 신문은 아예
논외라는 식의 논리가 물씬 느껴지는 주장이다. 에드워드 R. 머로는 매카
시의 몰락을 촉진한 기자로 유명하다. 그러나 머로는 항상 자신과 CBS가
1954년에 매카시를 공격한 것은 뒷북치기였다며 겸손해했다. 스톤을 비
롯한 극소수 기자들이 훨씬 전에 쓴 내용을 TV용으로 재탕했을 뿐이라는
얘기다. 그러나 스톤은 당시 머로가 진행하는 TV 쇼를 "멋지다"며 높이
평가했다. 문제의 프로그램은 미국 공군 장교 밀로 라둘로비치 사건의 문
제점을 파헤쳐 수많은 청중에게 전달했다. 라둘로비치는 공산주의자일
'가능성이 있는' 아버지, 여동생과 자주 연락을 했다는 이유만으로 "안보
상의 위험인물"로 분류됐다. 그러나 머로의 보도로 공군은 하는 수 없이
라둘로비치를 무혐의 처리했다. 매카시의 가장 큰 실수는 텔레비전에 나

가 머로와 대담을 하기로 한 것이었다. 카메라는 악의에 넘치면서도 생기 없는 눈과 숱 없는 머리칼을 기름 발라 넘긴 매카시의 모습을 시청자들에게 그대로 보여줬고, 이것이 결정타였다.

켐프튼은 「I. F. 스톤 위클리」가 초기에 구독자가 5,300명에 불과했지만 부수보다 훨씬 큰 영향력을 발휘했다고 주장한다. 다른 기자들이 그의 기사를 보고 자극을 받았다는 것이다. 켐프튼은 처음에 스톤의 한국전 관련 책을 보고 그를 우습게 여겼다. 그래서 그에게 "우리 친척 한 사람이 공산주의자인데 선배님 신문의 열렬한 독자랍니다"라고 슬쩍 비아냥거렸다.[43] 그러자 스톤은 바로 "자네는 미래가 촉망되는데 좀더 진지했으면 좋겠네"라고 대꾸했다. 후일 켐프튼은 공산주의자들만 스톤의 신문을 읽는다는 식으로 얘기한 것을 대단히 부끄러워했다. "그는 대단히 못마땅해했어요. 충분히 그럴 만했지요. 내 농담이란 게 정말 야비했으니까. 나름의 길을, 그것도 대단히 치밀하고 분석적인 길을 가는 사람에게 그런 말을 한 것은 너무 심했어요. 그 일을 계기로 「I. F. 스톤 위클리」를 읽기 시작했습니다. 정말 놀라웠어요. 그래서 그를 대단히 존경하고 좋아하게 됐습니다. 그는 자료를 읽고 분석하는 데는 천재였어요. 역사적 상상력 또한 대단했지요."

결국 매카시즘은 내리막길을 걷게 된다. 기자들은 관리의 코멘트를 보도하기 전에 먼저 그것이 사실인지 확인해야 한다는 주장을 하기 시작했다. 그러나 앞에서 보았듯이 성급한 판단은 여전히 진실을 훼손하는 경우가 많았다. 주류 언론에서는 보도자료 같은 것들을 비판적으로 분석하려는 의욕과 기술이 부족했고, 타블로이드나 TV 기자들은 부족한 정도가 아니라 아예 없었다. 1958년 머로가 오락에 치중하는 TV 산업의 문제점을 규탄하고 방송을 떠난 것도 그런 맥락에서 이해할 수 있다.

1954년 상원이 매카시를 비난하자 스톤은 이렇게 썼다. "매카시가 비난을 받는 것은 기본적으로 거칠게 물어뜯는 역할에서 오버를 했기 때문이다. 아이젠하워 대통령과 군을 몰아세우는 자살행위를 하기 전까지는 공화당을 위해 민주당을 빨갱이로 모는 역할을 아주 잘 수행했다. 그래서 공화당도 짐짓 잠자코 있었던 것이다."[44] 스톤은 매카시는 몰락했어도 매카시즘은 전혀 그렇지 않다고 썼다. 정확한 지적이었다. 그러나 매카시를 규탄하는 소리가 높아지는 것을 보면서 스톤도 미래를 낙관하게 된다. "미국에서 처음으로 파시즘에 맞서는 광범위한 전선이 형성될 가능성이 보인다." 매카시의 관심사는 "진실이나 조국이 아니라… 명성이었다." 반세기 후에 공개된 자료를 보면 매카시는 버거운 증인은 아예 빼버리기 위해 뒷거래도 마다하지 않았다.

스톤 만년에 사람들은 그를 '랩톱 출판의 선구자'라고 불렀다. 좋은 뜻으로 한 얘기지만 스톤은 언짢아했다. 컴퓨터로 다 되는 게 아니라 "인쇄기가 따로 있었던" 번거롭기 그지없는 시대였다는 것이다. 컴퓨터에 걸면 나오는 프린터가 아니라 진짜 쇳덩어리 인쇄기였다. 에스터와 이지에 대해, 부부가 어렵게 꾸려가는 신문에 대해 신경 쓰는 사람은 FBI 요원들밖에는 없었다. 부부는 인쇄공장까지 한참을 걸어가서 몇 시간이고 작업을 했다. 요원들은 내내 그 뒤를 따랐다. 밖에서 대기하고 있는 요원들은 까맣게 몰랐지만 저널리즘의 역사가 새로 만들어지고 있었다. 스톤은 라이노타이프 식자기 식자공에게 악을 쓰면서 이런저런 지시를 했다. 주변의 인쇄기 돌아가는 소리가 너무 요란했기 때문이다. 그런 다음 인쇄돼 나온 신문 다발을 차에다 잔뜩 싣고 배본에 나섰다.

스톤의 1인 신문에 영감을 준 선구자는 조지 셀드스였다. 그때까지 셀드스는 20세기에 진지한 주제를 다룬 1인 신문으로 성공을 거둔 유일한 인물이었다.(벤 A. 프랭클린은 다시 「I. F. 스톤 위클리」에서 영감을 얻어 1974년 격주간 「워싱턴 스펙테이터」[The Washington Spectator]를 창간했고, 2005년 죽을 때까지 계속 발행했다.) 101세에도 여전히 쩌렁쩌렁한 목소리의 셀드스는 자신과 스톤이 위태로운 모험에 나선 이유를 이렇게 설명했다. "우리는 어려서부터 사회의식이 강했던 것 같아요. 대부분의 신문쟁이들은 사회의식이 없습니다. 이건 확실히 말씀드릴 수 있어요."[45] 셀즈스의 「사실은In Fact」은 대기업과 정부, 언론에 대한 맹공을 퍼부은 것으로 유명했다. "신문쟁이들이 가장 중시한 것은 1면에 자기 이름이 나는 거였어요. 나머지는 상관없었지요. 실제로 다들 그걸 위해 일했어요. 이런 장면을 한 번 생각해보세요. 한 남자가 편집국에 들어와 사회부장에게 조금 전에 광고비로 낸 2달러를 보여줍니다. 그런 다음 타자 쳐온 '기사'를 꺼내다음 판부터 인쇄하라고 요구합니다. 「피츠버그 리더Pittsburgh Leader」에서 실제로 있었던 일이에요. 그때가 1906년이니까 내가 16세 때였지요."

스톤은 셀즈스가 폭로 저널리즘의 공백을 메움으로써 "우리 같은 탐사 저널리스트의 태두이자 할아버지"가 되었다고 평가한 바 있다.[46] 셀즈스의 특종은 파장이 크고 무거웠다. 1930년대 말에 이미 담배가 암을 유발할 수 있다고 최초로 경고하고, 신문 소유주들이 담배 광고로 수백만 달러를 벌면서 담배의 해악을 보여주는 증거는 은폐하고 있다고 비판했다. 셀즈스의 탁월한 취재 능력은 신문 재벌들의 눈에 거슬렸다. 그가 문제 삼은 대기업들과 우호적인 관계였기 때문이다. 이에 환멸을 느낀 셀즈스는 주류 언론을 포기하고 1940년에 「사실은」을 창간했다. 다행히 노조가 번창하면서 대량 구독을 해준 덕에 10년간 신문을 낼 수 있었다. "18만 부까지 갔어요. 「더 네이션」, 「뉴 리퍼블릭」 등등 좌파 진영 신문을 모두 합친 부수보다 많았지요. 좌파 신문을 5달러에 모두 구독하는 독자들까지 포함해도 마찬가지였어요."

「사실은」은 1950년에 문을 닫았다. 당시 스톤은 셀즈스에게 "선배님 신문을 인수하고 싶다"고 했다. 후일 셀즈스는 이 제안을 거부한 이유에 대해 "젊은 스톤을 보호하고 싶어서였다"고 설명했다. "나는 그 친구가 최대한 나와는 단절하기를 원했어요. 나는 빨갱이로 몰려 신문을 접었기 때문이지요."[47] 「사실은」의 폐간 이유에 대한 스톤의 설명은 셀드스와는 엇갈린다. 스톤은 셀드스가 유고슬라비아 문제로 공산당 노선과 결별하면서 부수를 엄청나게 까먹었다고 말한 바 있다. 당시 「사실은」을 대량 구독하던 노조는 공산당원이 장악한 경우가 많았기 때문이다. 그러나 셀드스는 「사실은」을 죽인 것은 이데올로기 다툼이 아니라 후버였다고 말했다. 2차 대전 당시 "FBI는 검열 시스템을 가동해 「사실은」과 「뉴 리퍼블릭」의 숨통을 조였어요. 「데일리 워커」는 말할 것도 없고. 그런 신문 잡지를 보는 군인들도 철저히 감시했습니다." 셀드스가 받은 한 병사의 독자 편지는 이런 내용이었다. "「사실은」을 일반 봉투에 넣어서 보내주세요. 「사실은」 없이는 살 수 없지만 저들이 알면 안 되거든요." FBI가 "대다수의 우리 구독자를 협박해서 구독을 취소하거나 갱신하지 못하게 했다"는 얘기다.

1982년 셀드스가 91세의 나이로 조지 포크 상을 수상했을 때 스톤은 이렇게 말했다. "나는 선배님이 「I. F. 스톤 위클리」의 모델이었다는 것을 자랑스럽게 생각합니다. …선배는 당대의 관습을 뛰어넘어 높이 날아올랐습니다. 외로운 독수리처럼. 두려움도 몰랐고, 깨지지도 않았지요. …선배는 오래 살면 주류 사회의 핵심에 진입할 수 있다는 걸 잘 보여주는 사례입니다."[48]

1957년 매카시가 갑자기 사망했다. 알코올 중독이 깊어진 끝이었다. 스톤은 "술에 찌든 상태에서 대중으로부터 외면당한다는 절망감과 좌절이 종말을 앞당겼다"고 썼다.[49] 그러면서 이제 미국 정치가 좀더 밝아지기를 기대했다. "상원이 지난주에 매카시를 매장하는 사이 대법원은 매카시즘을 매장했다." 그는 대법원이 마녀사냥에 항거해온 두 사람에 대해 무죄 판결을 내림으로써 "20년간 지속돼온 악몽을 날려버렸다"며 환호했다.

그러나 빨갱이 딱지 붙이기는 시민권 운동과 베트남전 반대 운동을 펼

훼하기 위한 수단으로 다시 동원된다. 하지만 당시로서는 스톤이 환호성을 지를 만했다. 이후 스톤은 당대의 양대 조류에 깊은 관심을 기울였다. 그러나 그에 앞서 우선 스스로 진실을 밝히는 의식이 필요했다. 그것은 고뇌에 찬 고백으로 나타난다.

21
환멸과 고백

우리는 앞에서 소련 문제의 경우 낙관적인 기대나 평화 공존에 대한 열망이 스톤의 날카로운 지성을 어떻게 오그라뜨렸는지 살펴보았다. 2차 대전 종전 이후 스톤은 종종 소련에 비판적인 입장을 보였다. 특히 공산당이 주도하는 로젠버그 부부 순교자 만들기에는 아예 발을 담그지 않았다. 그는 스탈린의 억압 통치를 비난했고, 핵무기 개발 경쟁을 늦추지 않는다는 이유로 미국과 소련을 싸잡아 공격했다.

그러나 스톤은 대중적 환상을 꽤 오래 간직하고 있었다. 그의 지성과 진실의 옹호자라는 명성에 비추어보면 선뜻 이해가 가지 않는 대목이다. 1953년 봄, 스톤의 입장은 극과 극을 오갔다. 스탈린 사망 직후 스톤은 그를 "위대한 인물", "예수회Society of Jesus[1534년 이그나티우스 데 로욜라가 파리에서 창설한 가톨릭 수도회. 군대식 규율로 유명하다] 이후 유례가 없는 새로운 의미의 조직, 일당一黨 국가를 통치하는 정당의 위대한 지도자"라고 불렀다.[1] 미국 행정부의 애도 표시에 대해서도 "의례적인 것에 불과하며, 소심하고 강대국답지 못하다"고 비판했다. 스탈린이 없었다면 "2차 대전은 훨씬 더 오래갔을 것이고, 미국인도 훨씬 더 많이 희생됐을 것"이라고도 했다.

그러나 한 달 후 스톤은 스탈린이 죽기 직전 마지막으로 시도한 피의 숙청을 강력히 비난했다. 사실 '의사들의 음모' 사건 재판이 진행되는 동안 스톤은 그들의 혐의가 "믿을 수 없을 정도로 끔찍하다"고 썼다. 그런데 이제 와서는 "스탈린 체제는 무엇이 잘못되었기에 그런 불의가 벌어질 수 있는가? 얼마나 많은 정치범들이 누명을 쓰고 강제수용소에 갇혀 있는가"라고 물었다. 소련의 공개재판은 "청중이 너무도 무지해서" 진실과 멜로드라마를 구분하지 못한다고 보는 자들이 꾸며낸 드라마였다. 스톤은 전 세계 유대인과 시온주의자들의 명에 따라 유대계 의사들이 소련 지도자들을 독살하려 했다는 스탈린의 주장에 대해 반유대주의의 악취가 난다고 썼다.

좌파 유대인들은 유대인들에 대해 똑같이 평등을 보장하고 있다는 소련의 선전을 액면 그대로 믿었기 때문에 스톤의 많은 독자들은 스탈린 시대에 벌어진 반유대주의적 만행이 얼마나 심각한지 알 수 없었다. 그런 스톤이 이제 "과도한 소련 비판"에 항의하는 독자나 "모스크바와 당 윗선에서 나온 얘기는 무엇이든 맹신하는" 사람들을 비난했다. 스톤은 소련의 새 지도부가 변호인의 조력을 받을 권리를 보장하고 "사상이 아닌, 겉으로 드러난 행동만을 유죄 판단의 증거로 삼는" 원칙을 확립함으로써 "음모라는 오명을 떨쳐버리기를" 기대했다. 그러면서 평화를 호소했다. 그런 개혁이야말로 미국인들을 안심시킴으로써 "전쟁 불사를 외치는 자들로 하여금 공포심을 조장하지 못하도록" 할 것이라는 주장이었다.[2]

스톤이 소련을 좀더 일찍 방문했더라면 생각이 어떻게 달라졌을지 참으로 궁금하다. 1956년 소련을 둘러본 뒤 스톤은 다분히 고백적인 칼럼을 썼다. 이 칼럼으로 말미암아 재정적으로 순탄치 않던 스톤은 독자 400명을 잃어버렸다. 이후 그는 다시는 소련을 적극적으로 옹호하지 않는다. 문제의 칼럼은 평소의 그와는 달리 아주 조심스런 어조로 시작된다. "나는 일개 기자일 뿐이다. 대중에게 진실을 완벽하게 전달할 만큼 현명하지도 않다. …이 글은 내 생각을 담은 것이다. 틀릴 수도 있지만 허구는 아니다." 이 칼럼에 나오는 "여기[소련]는 좋은 사회가 아니며, 좋은 사람들이 주도하고 있지도 않다"라는 유명한 구절에 대해 비판자들은 줄곧 "대단히 점잖으신 표현"이라고 비아냥거렸다.³ 그러나 칼럼 전체를 놓고 보면 훨씬 강한 비판과 개인적 고뇌와 자책이 담겨 있다. 스톤은 진실을 마주하면서 글자 그대로 숨이 막혔다. "모스크바에서 집으로 돌아가는 길이 내게는 고뇌의 시간이었다." 스톤은 독자들에게 솔직히 털어놓았다. "나는… 오래 잠수를 한 기분이다. 바로 수면 위로 올라가지 않으면 폐가 터져버릴 것만 같다." 스톤은 예전에 소련에 대해 본의와는 다소 다르게 호의적인 평가를 한 이유도 설명했다. 주변에서 "세계 평화를 위한 투쟁"이라는 대의를 위해 우군인 소련에 대한 비판을 누그러뜨리라는 압력을 많이 받았다는 것이다. 그러나 그는 더이상 침묵할 수 없었다. "진실을 은폐하다가 결국 늪에 빠지고 마는 상황은 정말 끔찍하다. 은폐의 결과가 참담할 수 있기 때문이다. **지금 진실로 공산 러시아는 바로 그런 늪 위에 서 있다.** …나는 소련을 보고 나서 진실로 느낀 것을 말하지 않을 수 없다. …인간이 자유롭게 말을 하는 것은 고사하고 자유롭게 생각하는 것조차 두려워하는 사회는 절대 좋은 사회가 아니다." 사회주의의 이상은 도처에서 파산 상태였다. 스톤은 사람들의 공포를 보았다. 그들과 대화를 나눠보려 했지만 누군가가 꼭 그림자처럼 따라다녔다. 정치범 누구누구가 살해당했고, 누구누구는 투옥됐고 하는 속삭임이 들려왔다.

스톤은 소련 체제 자체를 비난했다. "스탈린주의는 공산주의 운동을 이끌어온 정신의 자연스러운 결과였다. 이유 없는 처형과 혐의 날조, 말도 안 되는 유죄 판결과 유배형 등등이 가능한 이유는 공산주의 운동이 무조건적인 복종뿐 아니라 증오를 가르쳤기 때문이다. …반대파 말살은 단순한 의무가 아니라 잔인한 쾌락이었다." 스탈린 사후 소련 지도자들이 그의 심복이었던 베리야[1899~1953. 공안·정보기관 수장으로서 대숙청을 지휘한 것으로 악명이 높다]를 처형하자 스톤은 이렇게 비아냥거렸다. "공산당에서 발간하는 문헌에 푹 빠져 완전히 바보가 된 자들만이 베리야가 영국 내지는 제국주의 국가의 간첩이었다는 주장을 액면 그대로 받아들일 것이다." 새로운 체제도 스탈린 때보다 나을 게 없었다. "스탈린이 하던 방식 그대로다. …먼저 중상과 비방을 한 뒤 총살하는 것이다. …그리고 처형당한 사람은 어쩌면 그렇게 **하나같이** 외국 간첩이었다!"

스톤의 관찰은 날카로웠다. "이 사회는 바보 같은 공산당원에게만 낙원이다. …신문에서 읽는 것을 다 사실이라고 믿고, 상상력이 부족하고, 스스로 생각할 필요를 느끼지 않는다면 그야말로 행복할 수 있다." 그러나 "인간과 역사의 근본 문제를 깊이 생각하는 사람에게 소련은 외부와 철저히 단절된 감옥이었다." 겁에 질린 언론은 공산당 노선에 충실한 "역겨운 쓰레기"만을 앵무새처럼 되뇌었다. "서구 언론도 결함이 많지만 소련 언론은 언론이라고 할 수조차 없다." 외부 세계 소식이 전혀 들어오지 않는 사회를 직접 본 소감은 공포 그 자체였다.

1956년 2월 제20차 공산당 전당 대회에서 흐루쇼프가 한 유명한 연설[스탈린의 잔학행위를 폭로하고 스탈린 개인숭배를 비판하는 내용이다]을 비밀에 붙인 것도 스톤으로서는 납득할 수 없는 일이었다. 왜 공산주의 언론인들은 그 소식을 외국 신문에 흘리고, 외국에서 역으로 흘러들 때까지 보도를 하지 않았을까? "아무도 모른다. …놀랍게도 모스크바가 어떻게 돌아가는지 아는 사람은 거의 없다." (흐루쇼프의 연설 전문은 20년 후 그의 회고록이 나올 때까지 소련에서는 보도되거나 출판되지 않았다.)

1956년 흐루쇼프의 전당 대회 연설은 스탈린이 저지른 만행에 관한 얘기들이 "허구나 악선전이 아니라는 것"을 만천하에 폭로했다.[4] 스톤은 폭로 내용을 그대로 인정했다. 2,000단어 분량의 연설은 스탈린의 공포정치를 구체적으로 까발렸고, 그 파괴력은 폭발적이었다. 한때 그럴 리는 없을 것이라고 믿었던 스톤은 분노했다. 스탈린 사후 일어난 미미한 변화도 흐루쇼프가 폭로한 만행과 별로 다를 바 없다고 봤다. 게다가 흐루쇼프는 "과거의 스탈린주의와 분명히 단절"하지도 않았다. 흐루쇼프는 "스탈린의 허수아비를 목매달거나 그를 모욕함으로써 반사이익을 취하는 것" 이상의 일을 해야만 했다.

스톤은 흐루쇼프 비판에 머무르지 않고, 이후 평생 목소리를 높이게 될 주장을 시작했다. 군비 경쟁과 대소對蘇 무력 대결론을 비판하고 나선 것이다. 그는 미국은 "평화를 위해 창문을 열어놓아야 한다"면서도 스탈린주의가 저지른, 그리고 그 후계자들이 저지르고 있는 행위를 "용서하거나 잊어서는 안 된다"고 경고했다.

과거 월리스의 진보당을 공산당원들이 좌지우지해도 아무 잘못된 것이 없다고 했던, 인민전선을 실천하고 사회주의가 왜곡된 공산주의와는 다른 형태로 승리를 거둘 것으로 믿었던 과격파가 이제 와서는 미국 공산당에게 마지막 일격을 날렸다. 스톤의 비판은 좌파의 분열을 야기한다는 비난을 받았던 민주행동을 위한 미국인 연맹ADA의 진보파들의 얘기처럼 들린다. 그는 "더 나은 세계와 더 나은 사회를 위한 투쟁에서 서방의 공산당들과 손을 잡음으로써" 얻을 수 있는 것은 아무것도 없다고 단언했다. 서방 공산당들은 "이념에 사기당한 불쌍한 정당"에 불과하다는 것이다. 그러면서 스톤은 공산당에게 당원들의 안녕과 다른 모든 좌파들을 위해 해산할 것을 촉구했다.

스톤의 공산주의 비판에 일부 독자들은 분노했다. 그러나 미국 최고의 권력자 가운데 한 명은 그가 쓴 글을 한 줄 한 줄 열심히 읽고 있었다. 포르노 잡지를 티 안 나는 일반 봉투에 넣어 배달해달라는 독자처럼 J. 에드거 후버는 수년간 「I. F. 스톤 위클리」를 몰래 구독했다. 그런데 이제 비밀리에 1,000부를 구해오라는 지시를 내렸다. 1956년 6월 15일자 FBI 메모를 보면, 한 요원이 FBI의 "야비한" 비판자인 스톤에 대해 놀라움을 표시한 대목이 나온다.[5] "그는 지금까지 이런저런 형태로 공산주의의 하수인 노릇을 해왔다. …그런 그가 최근에 완전히 변신한 모습을 보이는 것은 정말 놀라운 일이다. 니키타 흐루쇼프를 비롯한 소련 지도자들을 맹렬히 비난하고 있다. …우리 요원들은 그런 내용의 기사들을 읽어볼 필요가 있다." 따라서 "은밀히 여러 부를 구입해" 요원들에게 배포해야 한다는 건의였다.

후버는 건의를 즉각 수용했다. "스톤이 소련을 통렬히 규탄했다. …따라서 우리 국은 여러 부를 확보해야 한다. 아주 은밀히 1,000부 정도 확보할 수 있는지 알아보라. …우리 국이 알아본다는 사실이 드러나지 않게 주의해야 한다." 후버는 메모를 통해 "신속한 처리"를 당부했다. 뉴욕 지부는 11일 후 「I. F. 스톤 위클리」 구매에 실패했다는 보고를 올렸다. 뉴욕 지부는 스톤에게 직접 주문하려 했으나 그렇게 많은 부수가 필요한 이유를 둘러대기가 곤란해 포기하고 만 것이다. 이렇게 해서 이 일은 워싱턴 본부에서 떠맡게 됐다.[6] 2주 후 현장 요원들은 스톤 사무실과 접촉조차 안 됐다고 보고했다.[7] 그럴듯한 이유를 대서 스톤과 직접 접촉을 해보려고 했으나 전화를 해도 응답이 없고, 집으로 찾아가는 것은 노출 위험이 높아 포기했다는 것이다. 요원들은 스톤의 신문을 파는 것으로 알려진 14번가와 뉴욕 애비뉴에 있는 가판대로 갔다. FBI 요원은 "신분은 밝히지 않고" 가판대 주인에게 해당 호가 몇 부나 남아 있는지 알아봐달라고 부탁했다. 그러면서 "직원이나 인쇄소에는 우리 국이 재고 부수를 챙긴다는 인상을 주지 않게 했다."[8] 후버는 스톤이 이런 내막을 알면 자신을 얼마나 비웃을지 생각도 하기 싫었다. 석 달 후 구매 작전은 끝났다. 그들이 원하는 만큼의 부수를 확보했는지는 공개된 FBI 자료에는 나타나 있지 않다. 정치적으로는 암울했지만 그래도 1956년 당시 기술 수준을 고려할 때 등사기나 복사기 같은 것으로 원하는 만큼 복사를 했을 가능성도 있다.*

1953년 3월, 스톤은 스탈린에 대한 맹목적 추종의 연원을 분석한 칼럼을 썼다. 그것은 "뿌리 깊은 러시아적 특성이며… 헌신을 요구한다는 면에서 종교 못지않은 철학적 운동에서 비롯된다"는 것이 스톤의 설명이었다.[10] "공산주의 운동은 러시아의 산업화를 이뤄냈고, 대중들에게 새로운 지평을 열어줬다." 공산주의가 아시아와 여타 가난한 나라들에게 매력적으로 비치는 것은 바로 그 때문이며, 서방은 "평화적인 경쟁"을 통해서만 공산주의를 극복할 수 있다고 스톤은 주장했다. "공산주의가 침투하지 않은 세계에 그나마 남아 있는 정신적 자유와 자본주의적 요소를 말살시키는 가장 확실한 방법은" 소련이 엄연히 존재한다는 사실과 공산주의의 강점을 "무조건 부인"하고 "지구상에서" 공존하기를 거부하는 것이다. 이런 경고는 전쟁 불사를 외치는 냉전의 전사들에게 꼭 필요한 것이었다. 그러나 종전의 스톤은 소련 현실에 대한 비판을 거부함으로써 설득력을 발휘하지 못했다.

소련 수립 이전에 이미 차르 치하의 러시아는 공포정치와 학살 체제를 구조화했다. 스탈린과 히틀러가 운영한 강제수용소는 원래 제국주의 국가들의 아이디어였다. 스페인은 식민지 쿠바의 반란 세력을 고문하고 괴롭히는 도구로 강제수용소를 세웠고,[11] 영국과 독일의 제국주의자들은 보어 전쟁Boer War[1899~1902년 영국이 네덜란드계 보어인이 지배하는 남아프리카를 침략해 벌인 전쟁] 때 악명 높은 강제수용소를 운영했다. 벨기에 왕 레오폴드 2세[재위 1865~1909년]는 식민지 콩고에서 노예 노동자 수백만 명을

● 한편 우파 인사들은 스톤을 환영했다. 1956년 9월 22일 「내셔널 리뷰」 편집장 윌리엄 F. 버클리는 이렇게 썼다. "스톤은 '과거에는' 골수 공산당 동조자였지만… 최근 폴란드에 다녀온 뒤로 공산주의를 혹독하게 비판하는 글을 써서 「데일리 워커」로부터 '우리를 벗어난 양'이라는 비난을 들었다. …그것이 사실이라면 우리 「내셔널 리뷰」는 그가 자유의 품으로 돌아온 것을 환영하는 바이다."[9]

학살했다. 미국인들도 역사의 오점에서 자유롭지 못하다. 흑인을 노예로 부렸고, 아메리카 원주민을 학살하고 인디언 보호구역에 가뒀으며, 2차 대전 때는 일본계 미국인들을 수용소에 구금했다.

　제국주의 시대에도 만행이 있었다고 해서 20세기 중반에 벌어진 소련의 잔학 행위가 용인될 수 있는 것은 아니다. 그런 소련을 스톤도 당연히 규탄했어야 했다. 소련은 폐쇄된 사회였지만 일부 관찰자들은 당대에 이미 굴라크gulag[1930~55년에 운영된 소련의 강제수용소]의 문제점을 폭로했다. 스톤이 남보다 먼저 나치 강제수용소의 실상을 집요하게 파헤친 것과 마찬가지다. 그러나 스톤은 미국 정부의 "선전선동으로 소련의 이미지가 왜곡됐다"고 주장했다.[12] "미국 정부는 국민들에게 소련은 광대한 노예 노동 수용소라고 하는 관념을 계속 주입했다. 이제 사람들은 압제자가 죽은 마당에 왜 대중이 들고 일어나지 않는지 의아해할 것이다." 그러나 이로부터 한 달 후, 회개한 스톤은 의사들의 음모 사건의 전모를 파헤치는 글을 썼다.

　앤 애플바움[1964~ . 미국의 여성 작가, 언론인. 『굴라크의 역사Gulag: A History』로 2004년 퓰리처상을 받았다]이 스탈린 시대 굴라크를 파헤친 책에서 설명한 것처럼, 굴라크는 처음에는 히틀러의 대량살상용 강제수용소와 성격이 달랐다. 당초 스탈린의 목적은 노예 노동을 통해 산업화를 앞당기는 것이었다. 그 과정에서 질병과 기아와 학대로 말미암아 많은 수감자들이 희생됐다. 그러나 이후 스탈린이 인민전선을 적극 후원할 무렵이 되면 "소련의 강제수용소는 허술한 관리로 사고사가 속출하는 수준을 넘어 악명 높은 대량살상용 수용소로 변질된다."[13]

　미국인들은 예나 지금이나 나치 죽음의 수용소에 비해 소련 굴라크에 대해서는 감이 훨씬 떨어진다. 그 한 가지 이유는 굴라크에 수용된 "인민의 적들"이 스탈린의 가까운 동료 친지를 포함해 성분이 다양하기 때문이다. 말하자면 유대인을 핵심 타깃으로 한 히틀러의 가스실처럼 가해 대상이 명백하지 않았다는 점이다. 굴라크 수감자들은 전투병이 필요하거나 수용소가 감당할 수 없을 만큼 만원이 됐을 때는 석방이 되기도 했다. 그리고 소련에서 죽은 사람들의 수는 가스실 희생자보다 훨씬 많지만 기간이 수십 년에 걸쳐 있고, 사람들의 눈길을 확 잡아끌 만큼 극적인 폭로가 이루어지지도 않았다. 굴라크는 독일군이 관리한 강제수용소처럼 카메라에 노출된 적도 없다.

나치 강제수용소와 소련 굴라크를 같은 선상에서 보기를 꺼리는 또 한 가지 이유는 지금도 여전히 2차 대전을 "선한" 전쟁으로 보는 우리의 기억 때문이라고 애플바움은 주장한다. 2003년 애플바움은 "우리가 학살자를 물리치는 과정에서 또다른 학살자의 도움을 받았다는 사실, 그 학살자가 서방 지도자들과 좋은 사이였다는 사실을 흔쾌히 인정할 수 있는 사람은 없다"고 썼다.[14] 아니면 스톤의 말처럼 스탈린이 미국인들의 생명을 구했다는 사실을 어떻게 잊을 수 있겠는가? 전시의 뉴스 영화에 나오는 강인하고 신사적인 민족과 그들의 지도자인 엉클 조Uncle Joe[프랭클린 루스벨트 대통령이 이오시프Josef 스탈린을 호의적으로 일컬은 애칭]가 그런 야만행위를 저지를 수 있으리라고는 누구도 생각지 못했다.

스톤은 공식적으로 반反스탈린적 입장을 취하기 훨씬 전부터 개인적으로는 그를 혐오했다. 아들 크리스토퍼의 회고를 들어보자. "아버지는 평소 스탈린에 대해 좋은 얘기는 한 번도 하지 않았어요. 불안감을 겉으로 표현하시지는 않았지만 소련에 가기 훨씬 전부터 버트런드 러셀이 쓴 소련 비판 글을 읽었지요. 서가에는 숙청 재판 관련 기록들이 있었습니다. 아버지는 내게 그걸 보여주면서 '완전 쓰레기야'라고 했습니다. 정의에 대한 무자비한 학살의 기록이었지요. 아버지 편을 들기는 싫지만 아버지는 '이미 비판은 할 만큼들 했으니 내가 더 덧붙일 것은 없다'고 생각하셨던 것 같아요. 그런데 모든 사태를 단번에 일깨워주는 사건이 있었어요. 소련에서 이디시어를 쓰는 분을 만났는데 아버지를 집으로 초대하기로

했었대요. 그런데 약속 장소에 나가보니 그 사람 말이 '아무 말도 할 수 없다'는 거였어요. 길 건너편에는 KGB 요원 둘이 지키고 있었답니다. 바로 그 순간, '이건 완전한 경찰국가로구나' 하고 절감한 거지요. 책으로 읽던, 머리로만 알던 실체와 직접 부딪힌 순간이었을 겁니다."

크리스토퍼의 또다른 회고. "제가 하버드 다닐 때였어요. 당시 하버드는 대단히 보수적인 대학이었어요. 하키 팀에 공립학교 출신이 세 명 있었는데 제가 그중 하나였어요. 아버지는 제가 운동하는 것을 보러 온 적이 없는데 그해에 마침 오셨어요. 아직 소련 여행에서 받은 충격이 가시지 않은 상태였지요. 아버지가 이런저런 체험을 한 것을 보고 적이 안심이 되더군요. 동창들이 우리 아버지가 급진파라고 쑤군거렸었거든요."[15]

1956년 이후 스톤은 소련 공산주의 체제를 맹렬히 비판했고, 이런 자세는 만년까지도 지속됐다. 그래서 옛날 좌파 친구들과 멀어지기도 했다. 스톤은 안드레이 사하로프[1921~89. 소련 수소폭탄의 아버지로 일컬어지는 핵물리학자. 인권·민주화 운동으로 1975년 노벨 평화상을 받았다] 같은 소련 반체제 인사들과 출국이 금지된 유대계 인사들refusenik을 지지했고, 노벨 문학상을 수상한 폴란드 반공 시인 체스와프 미워시(1951년 공산 폴란드를 탈출해 미국에 정착했다)와 친구가 되었다.

스톤의 오랜 친구인 조지프 라우는 시민권 운동에 헌신한 변호사로 확고한 반공주의자였고, 1947년 ADA 결성에 참여했다. 라우는 스톤과 함께했던 20세기의 고비 고비를 회고하면서 스톤이 결국 소련 공산주의 체제에 환멸을 느낀 것이 「I. F. 스톤 위클리」의 성공에 큰 도움이 되었다고 말했다.

"난 평소 이지가 두 가지 점에서 대단히 중요한 인물이라고 생각했어요. 하나는, 언론이 당시 중요한 자유주의적 이슈들을 너무 잘못 다뤘기 때문에 이지처럼 절대적인 독립을 누리는 언론이 해야 할 역할이 크다고 봤죠. 둘째는, 그가 그런 절대적 독립을 누릴 수 있었던 건 바로 뭔가에 매여 있다가 살짝 상처를 받았기 때문입니다." 라우는 스톤이 죽기 전해인 1988년 아내의 말을 듣고 충격을 받았다는 얘기를 꺼냈다. 아내 말이, TV를 보다가 스톤이 자신은 공산주의자인 적은 없지만 "동조자였다"고 말하는 걸 들었다는 것이었다. 그런 발언을 사람들이 어떻게 볼지 잘 아는 라우로서는 일단 아내의 입단속부터 했다. "올리, 당신이 잘못 들었을 거야! 이지한테 직접 확인할 때까지 어디 가서 그런 얘기 하지 말아요."**16**

라우의 증언을 더 들어보자. "그래서 이지와 차를 마시다가 물어봤죠. '그런 말 했어?' 그랬더니 '응, 그랬어'라고 하더군요. 「I. F. 스톤 위클리」를 하면서 그가 그토록 독립적일 수 있었던 건 자신에 대한 입장 정리를 했기 때문입니다. 무엇의 동조자라는 건 잘못된 것이다, 세상에서 가장 중요한 건 독립성이다라는 걸 확실히 깨달았다는 거죠. 그렇게 해서 입장이 확고해졌다고 봐요. 그래서 나중에 가서도 독립성을 유지할 수 있었던 겁니다. 언론계의 그 누구보다 선입견과 편견에 얽매이지 않는 자유로운 정신이었지요."

옛날 얘기를 하던 라우는 슬며시 미소를 지었다. "그래도 그런 말을 했다고 해서 참 놀랐습니다. 더이상 얘기는 안 하더라고요. 나도 더 얘기할 생각이 없었고." 매카시즘이 기승을 부리던 시절, "'당신은 공산당원이었던 적이 있습니까? 지금도 공산주의자입니까?'라는 조사관들의 질문에 주눅 든 우리 세대는 '당신, 과거에 뭘 했어?'라고 묻지 않습니다." 라우의 설명이다.

스톤에 대한 비판이 한참 뒤까지도 끊이지 않은 것에 대해 라우는 이런 말을 했다. "글쎄요, 이지를 위해서라면 혼신의 힘을 다해 변호해야죠. 이지에게 공산주의는 파시즘과 싸우는 동맹자였어요. 개인적으로 친한 사람들과의 관계도 있었겠지요. 옛날 친구들 중에 공산주의자들이 많았으니까." 라우 자신은 공산당원 출신 일부 ADA 회원들에게 환멸을 느낀 바 있다. "하지만 그런 얘기를 공개적으로 하고 싶지는 않아요. 한때 같이 일했던 사람들한테 상처를 주기는 싫으니까."

그러나 스톤은 "누구든 자유롭게 비판했다"는 게 라우의 설명이다. "나도 예외가 아니었어요. 마녀사냥 당시 '익명의 제보자' 문제가 심각했어요. 나는 고발인과 대질 신문할 권리를 주장했지요. 이지도 마찬가지였어요. 그런데 우리는 좌에서도 우에서도 호응을 받지 못했어요." 대법원까지 올라간 한 사건에서 라우는 이러저러한 이유로 "약간의 예외"를 두어야 한다고 주장했다. "그래서 예외를 주장했는데 이지가 나를 통박했어요. 그때 일을 생각하면 지금도 이지에게 유감은 없어요. 다른 쪽에서도 압력이 많았지요. 약간의 압력으로 자세를 가다듬을 수 있었으니 나쁜 건 아니었어요. 그 칼럼이 불공정했다고 생각지는 않았어요. 하지만 이지는 일단 타자기 앞에 앉으면 도끼를 휘두르는 사람이에요. 무섭죠."

이런 농담이 있다. 부패한 정치인이 선거에 나선 후보에게 무엇을 도와주면 좋겠느냐고 물었다. 그러자 돌아온 답변은 "저쪽 후보를 지지해주세요"였다. 스톤의 혹평은 라우의 명성을 높여주는 결과가 됐다. "다들 나보고 과격파라고 할 때였어요. 그런데 「I. F. 스톤 위클리」에서 비난을 받았으니 정말 다행이지요!"

반공 자유주의 진영과 좌파 진영 사이의 다툼은 매카시즘과의 지난한 싸움에 필요한 에너지를 갉아먹었다. 그러나 라우와 스톤은 서로에 대한 존경심을 잃지 않았다. 라우는 인기 없는 인권 관련 사건을 맡기를 주저한 적이 없었고, 스톤은 인기 없는 기사를 쓰기를 주저한 적이 없었다. 라우가 HUAC 청문회에서 극작가 아서 밀러를 변호하고 있을 때 밀러는 "조〔조지프 라우〕는 세상이 권리장전〔국민의 권리를 규정한 미국 수정 헌법〕으로 시작해서 권리장전으로 끝난다고 생각한다"고 말했다. 이에 대해 라우는 "아서의 말이 맞다"고 했다. 라우가 공산당을 규탄하면서도 공산당원이나 피고인이 된 공산주의자들도 정당한 법적 절차를 적용받을 권리가 있다고 대변하는 것은 바로 그 때문이다. 라우는 많은 공산당원들이 소련에 충성한 것이 아니라 사회주의의 이상과 공산당이 표방한 인종 간의 평등에 충성한 것이라는 사실을 잘 알고 있었다. "그 점은 나도 높이 평가합니다. 그리고 매카시는 악랄하게도 좌파 전체를 때려잡으려고 했지요."

스톤은 얼버무리거나 머뭇거리는 법이 없었다. '개인의 정치적 신념은 수정 헌법이 보호하는 권리다, 끝.' 늘 이런 자세였다. 1957년 스톤은 얼 워런[1953년 아이젠하워 대통령에 의해 대법원장으로 임명돼 1969년까지 재임했다] 원장이 이끄는 대법원이 왓킨스 대 연방정부 사건에서 의회 증언을 거부할 권리를 인정하는 판결을 내리자 "1957년 6월 17일은 대법원이 HUAC를 확실하게 무력화시킨 날로 역사책에 기록될 것이다"라며 환호했다.[17] 그러면서 HUAC에 대해서는 "온갖 곳에서 대배심 행세를 한다. 그것도 여론의 집중 조명을 받으며 기소 대상도 아닌 사람들을 급진파라는 이유로 비방해 사실상의 형벌을 가하는 조직"이라고 비난했다. 대법원은 판결에서 의회는 "법 집행기관도 아니고 재판기관도 아니다"라고 못 박았다. 대법원 판결은 "'이단 신문'으로부터 정치적 자유와 학문의 자유를 결정적으로 보호해준 것"으로 "의회에 의한 이데올로기 신문은 위헌(수정 헌법 1조 위반)이라고 선언한 것과 마찬가지"였다. 스톤은 이 판결로 "수십 년 동안 우리에게 고통을 안겨준 HUAC가 문을 닫고" 각 주에 설치된 HUAC 아류들도 폐지되기를 기대했다. 스톤은 1928년 이후 공화당 소속으로는 처음 대통령으로 선출된 아이젠하워가 "우리에게 이런 대법원을 선사해줄 줄 누가 알았겠느냐?"며 쾌재를 불렀다. 그러면서 우파 공화당 의원들이 뉴딜파 민주당원들을 공격한 것은 "번지수를 잘못 짚은 것이며, 얼 워런 탄핵"을 준비했어야 했다고 비아냥거렸다.

1956년 말, 스톤은 공산 소련에 대해 다시금 혹평을 퍼부었다. 그해 11월 4일 소련군 20만과 탱크 수백 대가 헝가리 수도 부다페스트로 밀고 들어가 닷새 동안 시민군과 교전하면서 수천 명을 학살했다. 이로써 동구권에서 일어난 가장 큰 규모의 무장 봉기는 진압됐다. 자유의 전사들이 라디오를 통해 보낸 호소는 수많은 사람들의 심금을 울렸다. "전 세계 문명인 여러분, 우리는 여러분에게 호소합니다. …우리 배는 지금 침몰하고 있습니다. 헝가리 땅 곳곳에 시시각각 검은 그림자가 밀려들고 있습니다. 우리의 절규를 들어주십시오… 그리고 행동해주십시오."**18**

"평생 사회주의를 이상으로 여겼던 우리 같은 사람들에게 동유럽을 휩쓰는 격변의 주역이 노동계급이라는 사실은 참으로 곤혹스러운 일이다." 스톤은 사실을 인정했다. "19세기에 사회주의를 위해 싸웠던 바로 그 집단—노동자, 이상주의적인 학생, 양심적 지식인 등등—이 지금 폴란드와 헝가리에서 20세기 마르크스-레닌주의의 악폐와 싸우고 있는 전사들이다." 스톤은 이런 인식을 뒤늦게 갖게 된 만큼 비판은 더 치열했다. 그는 헝가리 봉기가 유럽 전역으로 번져나갈 것으로 예견하고, 동구권 위성국가들은 "소련과 그 꼭두각시 정권"에 항거하는 것이라는 점을 분명히 했다. 1848년 파리에서 일어난 혁명은 전 유럽으로 연쇄반응을 일으켰다. 그것은 "신성동맹Holy Alliance〔나폴레옹 몰락 이후인 1815년 9월 러시아, 오스트리아, 프로이센이 체결한 동맹. 자유주의와 민족주의의 분출을 억압하기 위한 조치였다〕과 메테르니히〔1773~1859. 오스트리아의 총리로 나폴레옹 몰락 후 유럽의 보수반동화를 주도했다〕로 상징되는 비밀경찰과 교회의 가증스러운 결탁에 대한 항거였다." 이제 그로부터 100년이 지난 시점에 "억압과 착취를 일삼는 부패한 사회주의 관료 체제"에 대한 항거가 다시 시작된 것이다. 한때 억눌린 자들을 대변하고 이끌었던 자들이 다시금 '군주'가 되었다. "그들은 캐딜락을 타고, 별장을 따로 두고, 보통사람보다 훨씬 넓은 아파트에 거주하고, 좋은 옷을 걸치고, 하인들을 두고 살았다." 여기서 다시 한 번 스톤은 사태를 제대로 짚었다. "동유럽에 살았던 우리 같은 사람들은 지배계급의 무사안일을 본능적으로 느꼈다. 공산당 관료들은 안일에 절어 있었다."[19]

스톤의 낙관주의는 동유럽 사태에서도 다시 드러났다. "다뉴브 강 저편에서 일어나고 있는 새 혁명에서 우리식 제퍼슨주의Jeffersonianism〔개인의 자유를 극대화하고, 작은 정부와 지방 분권을 강조하는 미국식 민주주의 모델〕의 재탄생을 본 것은 큰 기쁨이다."[20] 노동자들은 "정부의 통제를 받지 않는 노동 언론을 설립할 권리"를 요구했다. 부다페스트 시내 건물에 난 총탄 자국들은 곧바로 진압된 봉기의 기억을 되새기게 해주는 기록이다. 아돌프 아이히만〔1906~62. 독일 나치 친위대 중령으로 2차 대전 때 유대인을 대량 학살한 책임자다. 아르헨티나로 도망쳤으나 이스라엘 정보기관에 체포돼 예루살렘에서 재판을 받고 처형됐다〕이 학살에 혈안이 됐을 때도 살아남은 극소수 유대인들의 생존 정신이 헝가리 자유의 전사들에게로 이어졌다. 그러나 그들은 소련을 혼내주겠다고 큰소리치는 서방 지도자들로부터 아무런 도움도 받지 못했다. "그렇게 오랜 세월 떠들던 '해방'이 현실로 다가올 기미를 보이자 덜레스 선생과 그의 서독西獨 친구들은 반공 혁명의 의미를 축소했고", 이것이 "모스크바에는 '우리는 개입하지 않을 테니 신경쓰지 말고 진압하라'는 신호로" 받아들여졌다.[21]

헝가리인들의 봉기가 실패로 끝난 상황에서 스톤은 동구를 포함한 세계의 상황에 주목했다. "황폐화된 부다페스트에서 총파업이 두 달째로 접어들었다. 헝가리인 9만 명이 국외로 탈출했다. 중동에서는 다시 전쟁이 일어날 조짐이 보인다. …유럽은 녹초가 됐고, 영국과 프랑스에서는 반미 감정이 들끓었다. 그러나 여기 워싱턴은 그저 고요하다." 각국 주재 대사들은 워싱턴에 지침을 달라고 급전을 쳤지만 이렇다 할 답이 없었다. "문고리에 내걸린 팻말은 그저 '깨우지 마시오'였다. '자유세계'의 지도부는 조용히 휴식을 취하고 계셨다. 그런 침묵은 모스크바에 '우리는 동유럽에 대해 완전히 수수방관하는 정책을 취하고 있다'는 신호를 보내는 것이나 마찬가지다. 아마도 그렇게 하면 소련은 우리의 물질적 이익이 걸린 중동 문제에 대해서는 관여하지 않을 것이라고 기대하는 모양이다."

스톤은 제국주의식 선제공격을 찬성한 적은 한 번도 없지만 그 역시 "미국이 동유럽을 도울 기회를 놓친 것을 불만스러워하는" 부류에 속했다. "'우리가 서유럽에서 군대를 뺄 테니 소련 너희도 동유럽에서 철수해라'라는 식으로 밀어붙일 수 있었다"는 것이다. 이제 스톤은 "미국의 정책은 유럽을 둘로 분할하는 것을 선호한다"는 사실을 알게 됐다. "부다페스트가 소련에 반기를 들었다고 해서 그런 정책을 바꾼다는 것은 펜타곤에게는 감상적인 난센스로 보일 것이다."[22]

결정적인 해인 1956년, 스톤은 또 하나의 개인적인 고백을 내놓았다. 칼럼 제목은 '내 눈의 티끌'이었다. "누구나 마음속으로는 군대를 내보내고 싶을 것이다. 나도 별로 다를 바 없다는 사실을 인정하지 않을 수 없다. 나로서는 이스라엘과 여러 면에서 끈끈한 유대가 많기 때문에 예방 차원의 선제공격을 묵인하고 싶은 마음 간절하다. 나는 국제 협력을 주장하고 유엔을 지지하지만 서로 싸우는 민족들이 평화를 깰 때 들이대는 온갖 변명을 이스라엘에 대해서만큼은 용인해주고 싶다. …이스라엘의 생존은 평화를 희생시켜도 좋을 만큼 절실했다. 늘 그런 식이고 바로 거기서 문제가 시작된다. 이것이 내가 이 자리에서 밝히는 내 눈의 티끌이다."[23]

다시 소련과 관련해서 스톤은 이렇게 썼다. "소련이 지금 부다페스트에서 하고 있는 짓은 너무도 끔찍해서 인도, 아이슬란드, 미국 공산당까지 항의하고 있다. 모스크바는 정치적으로 입맛에 맞는 정권을 '안전지대' 안에 묶어두기 위해서는 무슨 짓이라도 할 준비가 돼 있다." 이어 스톤은 "미국이 안전지대로 생각하는 것을" 보호하기 위해 하는 행동들을 규탄했다. "정부는 '우리는 과테말라의 아르벤스[선거로 대통령에 당선됐으나 1954년 미국의 사주를 받은 쿠데타로 쫓겨났다] 정부를〔CIA 공작을 통해〕신속히 전복시켰다고, 우리는 자유의 전사들에게 열렬한 지지를 보낸다'고 떠들어댔다. 자유의 전사들은 결국 니카라과에 있는 우리의 **독재자** 친구들을 쏴죽일 것이다."

스톤은 소련과의 협상이 지난한 일이라는 걸 인정하면서도 핵 억지력에 관한 합의를 이루는 것만이 세계를 위기에서 구하는 유일한 길이라고 주장했다. 매파의 핵무기 개발 경쟁으로 수소폭탄까지 나온 마당이어서 "다시 전쟁이 터지면 지구가 멸망할 것"이기 때문이다. 그런 문제는 "전쟁이 각자의 생사가 걸린 문제로 여겨지는 순간 잊히고 만다. …지구 바깥에서 새로운 위협이 다가와야만 사람들은 지구가 우리 모두의 것이라는 사실을 절감하게 될 것이다." 다음과 같은 마지막 대목에서는 강렬한 자기비판 의식이 물씬 느껴진다. "그러나 이 멋진 말들을 자세히 보시라. 나역시, 다른 사람들과 마찬가지로(당신도 포함될 수 있다), 어떤 면에서 위선자다."[24]

스톤은 그 과오에 대해서는 더이상 자세히 논하지 않고 다시금 국내 문제로 눈을 돌린다. 마녀사냥은 약해졌지만 계속되고 있었고, 군비 경쟁은 점점 치열해졌고, 덜레스 국무장관이 공산 중국을 위협해도 대통령은 저지하지 않았다. 세계적으로 불안 요소가 많았지만 이후 스톤은 국내에서 벌어지는 폭력과 죽음에 관심을 집중했다. 그것은 정의를 구현하기 위한 투쟁에서 벌어진 사건들이었다. 그 과정에서 젊은 세대의 자유의 기수들은 I. F. 스톤의 목소리를 발견하게 된다.

22
민권 운동: 미국의 유혈 혁명

우리의 아파르트헤이트^{Apartheid}(인종 분리 정책) 실험은
세계에서 가장 오래되고 가장 성공적인 사례다.[1]
I. F. 스톤, 1966년 8월 18일

스톤은 1954년 5월 17일 월요일, 기념비적인 판결이 이루어지는 현장에 있었다. 대개 판결문은 기자실에서 받아보는 게 상례지만 당시 기자들은 법정에 진을 치고 있었다. 스톤도 기자와 방청객이 가득 들어찬 연방 대법원 법정에서 선 채로 '브라운 대 토피카 교육위원회 사건^{Brown et al. v. Board of Education}' 판결문을 재판장이 큰 소리로 낭독하는 것을 들었다. "공립학교 학생들을 오로지 인종을 기준으로[흑백으로] 분리해 교육하는 것이, …다른 요소들이 아무리 평등하다 하더라도, 소수집단[흑인] 학생들의 평등한 교육 기회를 박탈하는 것인가?" 스톤은 숨을 죽인 채 귀를 치켜세우고 대법원장의 다음 발언을 기다렸다. "우리는 그렇다고 믿는다."

당시 분위기에 대해 스톤은 "환호하고 싶은 마음을 참느라 정말 힘들었다. 일부는 감동에 겨워 눈물을 흘렸다"고 설명했다. 대법원 밖에서는 역사적인 장면이 연출되고 있었다. 사건을 대법원까지 끌고 간 전미유색인지위향상협회^{NAACP} 변호사들은 서로 얼싸안고 승리의 환호성을 질렀다.

스톤은 다 큰 어른들이 아이들처럼 환호하는 것을 보고 목이 메었다. 그러나 학교에서의 흑백 분리 철폐는 "백인 전용" 버스 좌석 폐지 같은 모욕적인 관행을 종식시키는 정도의 의미에 불과했다. 예순 먹은 흑인에게 손자뻘 백인 아이가 "어이", "깜둥이" 하고 부르는 관행은 여전했다. 흑인들은 백인이 다니는 식당이나 수영장, 화장실, 도서관을 이용할 수 없고, 백인 동네에 집을 살 수도 없으며, 고객을 직접 대면하는 일자리에는 진출할 수 없었다. 언젠가 구타, 총격, 린치, 방화 같은 훨씬 폭력적인 악습도 사라질 날이 오겠지만 "인종차별이 하룻밤 사이에 종식되지는 않는다"는 것을 스톤은 잘 알고 있었다.[2] 남부에서는 치과 치료를 받는 어린이 비율이 "급속도로" 높아졌다. 그러나 인종차별주의 성향이 강한 남부 출신 의원들을 지켜본 스톤은 민주당이 인종차별 철폐에 힘을 합칠 가능성은 거의 없다고 봤고, 이는 정확한 판단이었다. 민주당은 연방정부의 교육비 지원이나 흑인에 대한 주요 산업 노조 노조원 자격 부여 같은 전향적 조치에 반대했다. 남부 출신 민주당 인종차별주의자들은 인종 "잡종화"에 거세게 저항하면서 비폭력 시민권 운동의 기수인 마틴 루터 킹^{Martin Luther King Jr.} 목사를 "마틴 루터 쿤(Coon: 흑인에 대한 경멸적인 호칭으로 '검둥이'라는 뜻)"이라고 부르며 조롱했다. 대법원 판결의 여파가 어떨지는 남부에서 벌어지는 가혹한 흑백 차별이 어떻게 될 것인지에 달려 있었다.

비인간적인 만행은 그칠 것 같지 않았다. 연방 차원의 흑백 통합 움직임이 일어난 이후 KKK단의 십자가 불태우기, 린치, 구타, 거세, 폭탄 투척, 암살 같은 만행이 더 심해졌다. 일 년 후인 1955년 여름에는 시카고 출신의 14세 흑인 소년이 미시시피 판자촌(동네 이름은 돈을 뜻하는 '머니'였는데 왜 그런 명칭이 붙었는지는 알 수 없다)에 있는 친척집에 놀러갔다가 변을 당했다. 당시 소년이 저질렀다는 범죄는 기껏해야 가게 주인의 부인을 빤히 쳐다봤다거나 야유조로 휘파람을 불었다거나 상스러운 말을 했다는 정도였다. 소년은 찌는 듯한 여름날 손님도 별로 없는 문제의 가게에서 사탕을 샀다. 가게 주인의 부인 캐롤라인 브라이언트는 백인이고, 소년 에멧 틸은 흑인이었다. 밤늦게 가게 주인 로이 브라이언트와 그의 처남 J. W. 밀럼이 에멧의 큰아버지인 모즈 라이트의 오두막으로 쳐들어와 소년을 끌고 나간 뒤 자기들 차에 던져넣었다. 사흘 후 틸의 시신은 솜 트는 기계 팬에 묶인 상태로 강물 위에 떠올랐다. 틸은 총에 맞기 전 심하게 구타를 당해 두개골이 함몰되고 눈 하나가 도려내진 상태였다. 엉망이 된 틸의 시신은 배에 실려 시카고로 보내졌고, 틸의 어머니 메이미 브래들리는 장례식 때 관 뚜껑을 열어놓았다. "저들이 내 아들한테 무슨 짓을 했는지 온 세상이" 보라는 뜻이었다. 7만 시민이 차례로 에멧의 관 앞에서 애도를 표했다. 엉망이 된 시신의 사진을 보고 미국 전체가 경악했다. 그러나 사진은 거의 대부분 흑인이 운영하는 잡지에만 실렸다. 열네 살 소년이 죽음으로써 북부 지역 흑인과 그 지지자들을 각성시킨 것이다. 유례없는 일이었다. 소년의 어머니도 이렇게 말했다. "남부의 흑인들에게 무슨 일이 생기면 난 '그건 그 사람들 문제야, 난 몰라'라고 했어요. 그런데 이제 내가 잘못이라는 걸 알게 됐습니다."

"남부의 질병"(흑백 차별이 남부에서 유독 심하다는 의미로 스톤이 쓴 표현)에 대한 북부의 규탄이 이어지자 오히려 반발이 터져나왔다. 흑인 소년을 잔혹하게 죽인 것에 경악했던 일부 미시시피 주민들도 그런 반발에 합류했다. 저명한 변호사 다섯 명이 가해자인 밀럼과 브라이언트 변호에 나섰다. 당시 미시시피에서는 백인이 저지른 범죄에 대해 흑인이 공개적으로 고소를 한다는 것은 상상도 할 수 없는 일이었다. 그러나 에멧의 큰아버지는 두 사람을 범인으로 정확히 지목했다. "우리는 그의 용기에 경의를 표한다"고 스톤은 썼다. 다른 흑인들도 거들고 나섰지만 증언 이후 관계기관의 보호를 전혀 받지 못했다. 이들의 진술은 먹히지 않았다. 피고인 측 변호사 존 C. 위튼은 "외부 선동세력"과 싸워나가야 한다고 떠들었다. 자주 등장하는 수법이었다. 위튼은 전원 백인인 배심원들에게

(사건이 일어난 지역은 주민의 3분의 2가 흑인이었다) 이렇게 호소했다. "[밀럼과 브라이언트가 유죄 판결을 받는다면] 여러분의 아버지들이 무덤에서 벌떡 일어날 것입니다. 여러분은 앵글로색슨족의 마지막 후예로서 [외부의] 압력에도 불구하고 이들을 석방하는 용기를 발휘해주실 것이라고 본인은 확신합니다."[3] 1955년 9월 23일 배심원들은 백인 동포들에게 무죄를 선고했다. 바로 이날은 권리장전[미국 수정 헌법 1~10조]이 작성된 지 166주년 되는 날이었다.

스톤은 배심원단과 "엽기적인 살인"을 비난했다. "소년을 죽인 자들은 미친 자들이다. 인종증오라는 병에 걸린 자들이다. 그런 살인과 그런 재판은 미친 나라에서만 일어날 수 있다. …어느 나라에서 변호인이 감히 그런 살인이 NAACP가 '조작한' 것이라고 주장할 수 있는가? 어느 나라 신문들이 소년을 죽인 자들이 아니라 살인자들을 정의의 심판대에 세우려는 사람들이 잘못된 것처럼 보도할 수 있는가?" 북부의 안일한 자세—인종증오라는 질병은 남부의 문제라는—를 공유하고 있던 스톤은 "그런 범죄들로부터 언젠가 히틀러 식의 인종말살 같은 어마어마한 죄악이 탄생할 것"이라고 우려했다. 그는 또 맥없는 "북부의 백인 중심 언론"을 질타하고 기본적으로 "북부와 남부의 우리 백인 모두"를 문제 삼았다. 백인들은 "백인 지배 체제를 유지함으로써 값싼 흑인 노동력으로 이득을 취하고 있다"는 얘기였다.

이제 흑인들이 들고일어나야 할 때였다. 스톤은 항의 차원에서 수도 워싱턴까지 대규모 가두행진을 하자고 촉구했고, 그렇게 될 것이라고 예언했다. "미국 흑인들은 간디 같은 지도자가 필요하며, 우리는 흑인 지도자가 필요하다."[4] 평화적인 대중 집회를 촉구하면서 스톤은 1930~40년대의 흑백 분리 반대 운동을 떠올렸다. 그것은 스코츠버러 사건에서 누명을 쓴 흑인 청소년들을 옹호한 사람들일 수도 있고, 헨리 월리스의 진보당에서 활동한 사람들일 수도 있었다. 그런 운동을 주도한 활동가 중에는 유독 유대계가 많았고, 그들은 비상한 열정으로 흑인 해방을 위해 헌신했다. 아마도 유대인으로서 박해와 차별을 절감했기 때문에 더더욱 그랬을 것이다. 그러나 매카시즘의 득세로 그런 운동가들도 몸을 사리게 됐다. 백인 운동가들은 "공적인 무대에서 자취를 감추었으며" 뉴욕시 할렘이나 볼티모어, 시카고, 디트로이트 같은 대도시에서 더이상 흑인 편에 서지 않았다.[5] 1955년 스톤이 놀라운 통찰을 보인 이후 8년 만에 미국에서 흑인 간디가 나타났다. 전 세계가 마틴 루터 킹 목사의 연설 "나에게는 꿈이 있습니다"를 듣고 감동했다. 1963년 워싱턴 링컨기념관 계단 위에서 킹 목사가 연설할 때 주변 일대는 인파로 뒤덮였다. 노래하며 물결치듯 움직이는 인파에 점령되지 않은 곳은 기념관 바로 아래에서 워싱턴기념탑까지 이어지는 연못뿐이었다. 그러나 일부는 연못에 들어가 무릎까지 물에 담근 채 서 있었다. 흑과 백이 어우러진 이런 평화적인 집회를 본 사람이라면 누구나 그 낙관적인 분위기에 가슴이 벅차올랐을 것이다. 스톤은 불현듯 "모두가 서로를 걱정하고 있다는 생각에 이 삭막한 수도도 더이상 외롭지 않다는 기분이 들었다."[6] 스톤은 거친 흑인들이 발언을 통제하는 것이 매우 못마땅했고, 킹 목사의 연설도 본인의 "취향에는 다소 너무 미적지근했다." 그러나 그는 땡볕에 탄 볼품없는 흑인 노인들이 운동권 노래 〈흔들리지 않게 We Shall Not Be Moved〉를 부르는 것을 보고 감동했다. "도저히 말릴 수 없는 급진파 오비 OB들이 총출동한 것"을 보면서 가슴이 벅찼고, 이제 그들이 "외로운 구닥다리가 아님"을 절감했다.

그러나 그 감동적인 1963년의 순간이 지난 뒤 힘겹게 흑백 통합으로 가는 과정에서 폭탄 투척과 린치, 살인, 거세, 방화, 십자가 불태우기, 연좌농성, 집단폭행 같은 사건들이 더욱 잦아졌다. 사제폭탄이 터져 흑인 교회가 날아가는 일이 비일비재했다. 이에 항의해 행진하는 시민들을 향해 경찰견이 달려드는 뉴스 화면은 전 세계 사람들을 경악에 빠뜨렸다. 시위대에게 퍼붓는 물대포는 어찌나 셌던지 10대들도 맥없이 쓰러지고 날려갔다. 백인들은 간이식당에서 농성 중인 흑인과 백인들 머리에 케첩과 설탕을 끼얹으며 낄낄댔다.

킹 목사가 미국의 수도 워싱턴을 행진하기 22년 전인 1941년, 스톤은 내셔널 프레스 클럽에서 비슷한 시위를 벌인 바 있다. 일행인 하워드 대학 로스쿨 학장(나중에 판사가 된다)과 함께 프레스 클럽에 갔다가 "물 한 잔 대접받지 못하고" 쫓겨난 것이다.[7] 스톤은 "흑인 집단 거주지역을 제외하고는 유색인에게 음식을 내주는 곳은 없다"는 사실을 잘 알고 있었다. 그러나 "일부 싸늘한 눈초리를 보내는 사람들"이 있기는 하지만 그래도 기자 클럽만큼은 인종차별이 조금은 덜할 줄 알았다. 스톤과 윌리엄 H. 해스티 학장(후일 트루먼 대통령에 의해 미국령 버진 아일랜드 지사로 임명된다)은 홀에서 멀찍이 떨어진 창가 쪽에 자리를 잡았다. 그러자 웨이터가 다가오더니 스톤에게 귓속말로 전화가 왔다고 전했다. 그런데 카운터로 가보니 기다리고 있는 것은 전화가 아니라 클럽 매니저였다.

"저 유색인이 일행이신가요?" 매니저가 스톤에게 물었다. 스톤이 "그렇다고 실토하자" 서빙을 해줄 수 없다는 답이 돌아왔다. 스톤은 화가 난 나머지 클럽 회원이 데려온 손님에게도 당연히 서비스를 해줘야 한다고 소리치고는 돌아서서 자리로 돌아갔다. 그로부터 한 시간이 더 지나도 웨이터는 올 생각을 하지 않았다. 결국 두 사람은 자리를 떴다.

스톤은 공식 항의를 하려 했지만 클럽 특별 안건 모임 소집에 필요한 회원 25명의 서명을 확보하지 못했다. "동료 기자들 가운데 서명을 해주겠다는 사람은 열 명밖에 안 됐다. 나는 클럽을 탈퇴했다." 그는 자유로운 사상의 요새라고 하는 이 클럽에서 벌어진 사건을 잊고 넘어가지 않았다. 1948년 '(백합처럼 새하얀) 내셔널 프레스 클럽과의 투쟁Mein Kampf with the (Lily-White) National Press Club'이라는 제목[히틀러의 『나의 투쟁Mein Kampf』을 패러디한 것이다]으로 칼럼을 썼다. "워싱턴 주재 기자 가운데 내셔널 프레스 클럽의 유색인 출입금지 조항을 폐지함으로써 미국의 수도에서 벌어지고 있는 흑백 차별과 맞서 싸울 생각이 있는 사람은 얼마나 될까? 여기 동료 기자들은 민주주의에 대해 많은 글을 쓴다. 그러나 그들은 민주주의에 대한 신념을 간단한 행동으로나마 실제로 표현할까? 나는 이제 캐피털 프레스 클럽 Capital Press Club〔1944년 흑인 회원을 받지 않는 내셔널 프레스 클럽에 대항해 설립〕회원이다. 흑인 기자 클럽 말이다. 우리 검둥이들을 점심에 초대함으로써 규칙을 바꿔보시는 건 어떨까?" 이런 칼럼에 대해 스톤 집에서 오래 일한 흑인 가정부는 오히려 당혹해했다. 긁어 부스럼 만드는 짓이라고 생각했기 때문이다.[8]

내셔널 프레스 클럽과 스톤의 갈등은 수십 년 후까지도 완전히 가라앉지 않았다. 프레스 클럽 운영이사를 지낸 프랭크 홀먼은 1988년 스톤을 연사로 초빙한 프레스 클럽 오찬 모임 참석을 거부했다. 이유인즉 "그렇게 되면 예전에 클럽이 취한 조치들이 잘못임을 인정하는 꼴이 되기 때문"이라는 것이었다. 홀먼은 "프레스 클럽에 대한 스톤 씨의 비난은 사실에 근거한 것이 아니다. 그는 본인이 누누이 주장한 바와 달리 강제로 쫓겨난 것이 아니다. 동행인 흑인 손님에게 서비스를 하지 않자 자발적으로 클럽을 탈퇴한 것"이라 주장했다. 클럽에 보낸 메모에서 홀먼은 루이스 R. 로티에라고 하는 흑인 기자를 1955년에 회원으로 받아들였다는 점을 강조했다. 좀더 일찍 흑인을 회원으로 받지 못한 것은 흑인 회원이 생길 경우 은행 측이 프레스 클럽 건물을 담보로 빌려준 대출금 수백만 달러를 조기에 회수하려고 나설 것이 뻔했고, 그래서 반대세력이 많았기 때문이었다는 것이다. 알고 보면 운영이사인 홀먼도 썩 너그러운 사람이었다. 로티에의 회원 가입을 "몸소" 환영해주었으며 그에게 "이 방 저 방을 일일이 구경시켜주기도 했다."[9]

흑인의 회원 가입이 허용된 뒤인 1956년, 스톤은 내셔널 프레스 클럽 회원 가입을 다시 신청했다. 그러나 기존 회원들의 반대로 거부됐다. 어찌 보면 굳이 재가입할 필요가 있었을까 싶다. 당시 프레스 클럽에는 수구 꼴통 수준의 회원들이나 기사를 돈과 엿 바꿔먹는 기자들이 부지기수였기 때문이다. 그러나 클럽의 위상은 높아서 미국의 수도에 들른 유명 인사라면 국적에 관계없이 한번쯤 점심 초대를 받고 연설을 했다. 여기자들은 1970년대까지 발코니에서 싸들고 온 도시락을 먹어야 했다. 여성에게 정식 회원 자격이 허용된 것은 그 이후의 일이었다.

1972년 일단의 젊은 개혁파 기자들이 스톤을 찾아왔다.(전설적인 백악관 출입 여기자 헬렌 토머스가 막 클럽 회원이 됐을 무렵이다.) 신디케이트 칼럼니스트 워런 로저스의 말을 들어보자. "당시 우리는 이지를 꼭 회원으로 불러들이고 싶었어요. 클럽의 위신이 말이 아니었거든요. 우리는 개혁파였고, 이지의 회원 가입은 상징성이 크다고 생각한 거지요. 당시 이지는 이미 메이저가 돼 있었고, 더군다나 강력한 비판세력이었기 때문에 우린 그걸 필요로 했던 겁니다."[10]

로저스는 "좋은 말로 비위를 맞춰가며" 이지에게 클럽에 다시 가입하라고 종용했다. 그러자 "이지는 갑자기 핀잔을 주며(이지는 종종 그랬다) '자네들은 다 편협한 고집불통들이야'라고 말했다. 그러다가 조금 누그러져서 한다는 말이 '자네들은 다른 자들만큼 나쁘진 않지. 하지만 자네들도 다 한통속이야'라고 했다." 로저스는 당시 스톤이 내셔널 프레스 클럽과 어떤 악연이 있었는지 알지 못한 상태였다. 그러나 그렇다고 해서 이지의 무례한 행동이 정당화되는 것은 아니었다. 다음은 로저스의 말. "난 지금도 그의 직업정신을 존경한다. 그러나 그는 대단히 짜증나고 오만방자한 인물이었다. 그는 우리들 모두를 경멸했다."

스톤이 아이콘 반열에 오른 지 한참 뒤인 1981년, 내셔널 프레스 클럽에서 처음으로 그를 기리는 행사가 열렸다. 당시 스톤의 나이 일흔세 살이었다. 인종차별 문제로 클럽을 탈퇴한 지 40년 만에 젊은 세대 회원들이 그에게 기립박수를 보냈다.(그의 회원 재가입 신청을 거부했던 클럽은 이

전에도 오찬 강연에 나와달라고 요청했지만 이지 스톤 본인이 거부한 바 있다.) 1981년 오찬 연설 때 스톤은 유명한 좌파 인사들을 자신의 헤드 테이블에 불러 앉혔다. 일종의 복수였다. 이 자리에서 그는 주류 신문 사설들이 "똑같은 헛소리를 끝없이 반복하고 있다"며 자신은 그러지 않는다고 강조했다. 또 레이건 대통령의 정책에 대해 어마어마한 재정 적자를 낳게 될 것이라고 혹평하면서 "커피 한잔 사 마실 돈 없는 가난뱅이들"을 희생시켜 "부자들"의 배를 불려줄 뿐이라고 말했다. 디저트가 나오는 동안에도 스톤은 「뉴욕 타임스」의 레이건 행정부 관련 보도를 "정부와 한통속"이라고 씹어댔다.[11]

스톤은 기자정신과 언론인으로서의 업적에서는 높은 평가를 받지만 정은 없어서 동료 기자들과의 교분은 별로였다. 그런 스톤과 대비되는 인물로, 로저스는 피터 리서거[1915~76. 「시카고 데일리 뉴스」 워싱턴 지국장을 지냈고, 신디케이트 칼럼과 방송 시사 프로그램 출연 등으로 유명했다]를 꼽았다. 리서거는 저널리스트로서 탁월한 성취를 이루었고, 널리 존경받는 기자일 뿐 아니라 동료들과도 허물없이 잘 어울렸다. "두 사람은 스타일이 사뭇 달랐다. 피터는 사실보도에 능했고, 이지는 사회개혁 쪽으로 목소리를 높였다."[12]

스톤은 자기 신문을 발행하면서 토머스 페인[1737~1809. 미국 독립운동 지도자. 혁명을 촉구하는 팸플릿을 많이 썼다]처럼 자기주장이 강한 팸플릿 스타일의 기사를 많이 썼다. 첨예한 사안에 대한 그의 주장은 탄탄한 사실관계를 토대로 한 것이었다. 스톤이 쓴 글을 읽다 보면 빈틈 없는 논리를 펴는 논객의 얘기를 듣는 기분이다. 그의 팬들은 어떤 사안에 대해 「뉴욕 타임스」를 읽고 나서 스톤이 쓴 글을 보면 스톤의 통찰이 훨씬 시의적절하다는 것을 알게 된다고 말한다. 그는 민권 문제를 줄기차게, 열정적으로 제기했다. 많은 백인 언론인이나 주류 신문들과는 다른 태도였다. 이들은 민권 운동을 뒷북치기 식으로 보도하거나 시민 불복종 운동은 사회적으로 말썽을 일으킬 뿐이라는 식의 사설을 올렸다.[13]

리프먼과 아서 크록은 코스모스 클럽Cosmos Club[1878년 워싱턴 DC에서 출범한 유서 깊은 사교 클럽] 회원이라는 사실을 명예훈장처럼 여겼다. 이 클럽은 당시 흑인과 여성에게는 문호를 개방하지 않았으며, 유대계 인사들에 대해서는 암암리에 쿼터를 정해놓고 있었다. 리프먼은 1938년 흑인에 대한 린치를 연방범죄로 규정하려는 입법 활동을 방해한 남부 출신 의원들을 지지하기도 했다. 또 '브라운 대 토피카 교육위원회 사건' 판결을 환영하고 아이젠하워 대통령이 1957년 리틀록에서 군대까지 동원해 흑백 학생 통합 교육을 밀어붙인 것을 환영하면서도 "인종 문제는 (남부인들이) 원만하게 풀어가야" 한다는 주장을 내놓기도 했다.[14] 그는 거리에서 유혈 사태가 벌어질 때까지 문제의 심각성을 깨닫지 못했다.

리프먼이 1960년대에 민권 신장을 위해 나선 경우는 저명한 흑인 언론인 칼 로언의 코스모스 클럽 회원 가입을 지지한 일뿐이었다. 로언은 클럽 회원인 기자, 정치인과 테니스를 같이하는 동료였고, 흑인이지만 주류에 속하는 "우리 편"이었다. 이처럼 리프먼과 스톤은 더할 수 없이 다른 부류였고, 이는 스톤이 로언에 대해 비난한 글을 보면 여실히 드러난다. 스톤은 1965년 맬컴 엑스[1925~65. 미국의 급진파 흑인 인권 운동가]가 블랙 무슬림 운동 내 라이벌들의 총격으로 암살당하자 스톤은 「뉴욕 리뷰 오브 북스」에 『맬컴 엑스 자서전The Autobiography of Malcolm X』(흑인 작가 알렉스 헤일리와 같이 썼다)에 대한 장문의 서평을 썼다. 여기서 스톤은 맬컴 엑스를 동정적으로 평가하면서 그가 그토록 과격한 노선을 걸은 이유를 깊이 천착했다.(맬컴 엑스는 "KKK단이 폭력을 쓰지 않으면 나도 비폭력적으로 하겠다"는 말을 자주 했다.) 스톤은 특히 맬컴 엑스가 백인과의 유대를 점차 강조한 대목에 주목했다. 흑인 동료들에게 살해당한 이유도 바로 그 때문이었다. 스톤은 이렇게 썼다. "아프리카에서도, 미국에서도 재능 넘치는 흑인의 아들을 잃었다는 정서가 지배적이었다. 그런데 당시 미국 해외정보국장이던 칼 로언은 '전과자 출신으로 마약 밀매를 하던 자가 인종주의 광신자가 됐고' 운운하며 백인에게 영합하는 꼴불견을 연출했다."[15]

수세기에 걸친 학대를 비폭력적 방식으로 근절하려는 노력은 '브라운 대 토피카 교육위원회 사건' 판결이 나온 이듬해인 1955년에 시작됐다. 앨라배마 주 몽고메리에 사는 흑인 여성 로자 파크스가 버스에 탔다. 백화점에서 재봉사 일을 하며 민권 운동에 참여하고 있는 여성이었다. 그녀는 너무 피곤한 나머지 "유색인 전용"인 버스 뒤 칸까지 가지도 못했다. 파크스가 앉은 좌석은 사실상 무주공산이었다. 앞쪽 출입문에서 반쯤 뒤로 들어간 곳으로 백인 손님이 없는 경우에는 흑인들도 앉을 수 있는 곳이었다. 그러나 "백인 전용" 좌석이 모자라자 운전사는 로자 파크스를 비롯한 흑인들에게 더 뒤로 들어가라고 소리쳤다. 흑인들은 맨 뒤에서 서서 가야 했다. 일부 흑인은 운전사가 시키는 대로 했다. 그러나 로자 파크스는 자리에서 일어나기를 거부했다. 이후 '몽고메리 버스 보이콧 투쟁'으로 일컬어진 운동을 조직화한 것은 마틴 루터 킹이 이끄는 남부기독교지도자회의의 Southern Christian Leadership Conference(SCLC)였다. 오랜 세월 유색인 전용 칸에 군말 없이 앉았던 사람들이 버스 승차를 거부했다. 버스는 텅텅 비었다. 흑인들은 걸어 다니거나 노새를 타고 일터로 갔다. 스톤은 환호했다. 그러나 이런 저항은 흑백 분리주의자들에게는 전면전을 선언한 것이나 마찬가지였다.

　1957년 당시 비폭력 시위자들이 폭도들에게 폭행을 당하는 것은 다반사였다. 평화롭게 행진하는 사람들이 피를 흘렸고, 경찰은 그런 장면을 보고도 수수방관했다. 경찰은 스스럼없이 순찰차 뒷좌석에 KKK단 복장을 준비해놓고 다니곤 했다. 아이젠하워 대통령은 마침내 결단을 내렸다. 1957년 흑인 학생 등교를 거부하는 아칸소 주 리틀록의 백인 고등학교에 군대를 투입해 안전한 등교를 보장한 것이다. 당시 아칸소 주지사 오벌 포버스는 주州 방위군을 동원해 흑백 학생 통합을 강력히 막았다. 그러자 아이젠하워가 101 공수사단 병력 1,000명을 리틀록으로 보내 흑인 학생의 백인 학교 등교를 보호한 것이다. 겁에 질린 흑인 학생 아홉 명은 군인들의 보호를 받으며 침을 뱉고 욕을 하는 군중을 뚫고 학교로 들어갈 수 있었다.

분노한 스톤은 공수부대 동원과 같은 과격한 조치는 피했어야 한다고 주장하는 사람들을 향해 비판의 화살을 날렸다. "이른바 남부 온건파들이 리틀록 사태에 대해 못마땅해하고, 백악관에서는 군대를 빼서 포버스 주지사의 체면을 살려줘야 한다는 논의가 오가는 상황에서, 우리는 중요한 사실 한 가지를 잊고 있다. 이번 리틀록 사태가 흑인들에게는 법이 처음으로 법다운 법 노릇을 하는 것으로 보였다는 점이다. 약자를 못살게 구는 남부 백인들의 정체가 폭로되고 있다. …백인의 남부는 스스로를 억압받는 소수로 착각하고 있다. 북부의 백인들이 끼어들어 흑인들을 괴롭히지 못하게 했다는 이유에서다. 백인의 남부는 불의와 오해와 폭력의 희생자인 양하고 있다. 그러나 정작 말할 수 없이 고통당하는 희생자는 힘없는 흑인들이다. 그걸 보면 인간이란 자신이 당할 때는 그토록 격렬하게 저항할 악행을 타인에게는 얼마든지 천연덕스럽게 해댈 수 있는 존재라는 걸 알 수 있다."[16]

워런 대법원장이 그해 가을 리틀록의 흑백 학교 통합을 계속하라는 판결을 내리자 스톤은 바로 남부로 향했다. 스톤은 당시의 여정을 농담조로 "해외 출장"이라고 불렀다. 스톤은 테네시 주에서 발행되는 일간지 「내시빌 배너Nashville Banner」를 보다가 「워싱턴 포스트」의 허블록과는 전혀 다른 만평을 발견했다. 워런 대법원장의 얼굴을 그로테스크하게 묘사한 캐리커처 아래 "교육을 교수형에 처한다!"라는 캡션이 달려 있었다. 또 리틀록에서 발행되는 한 신문에서는 흑백 분리주의자인 웨슬리 프루덴 목사의 다음과 같은 황당한 주장도 접할 수 있었다. "남부는 이런 참담한 사태를 용납하지 않을 것이다. 공산주의자들이 지배하는 정부가 우리에게 사태를 강요하고 있다."

스톤은 도처에서 백인들이 흑인과 잘 지내왔다고 떠드는 모습을 보았다. 어떤 백인들은 선조들이 노예를 풀어주려고 했지만 노예들이 제발 그러지 말아달라고 "애원"을 했다고 주장했다. 그래서 스톤은 "나는 노예제가 횡행했던 남부에서 원해서 노예를 소유한 사람은 하나도 없다, 다만 그들을 잘 보살펴주려는 일념에서 그랬을 뿐이라고 믿게 됐다"고 비아냥거렸다. 호텔 엘리베이터 운행 담당자도 "남부 흑인들이 종종 그러는 것처럼 일부러 저능아 같은 표정을" 짓고 있었다. "불만투성이인 남부 리버럴들"과 하룻저녁을 같이 보내고 나니 테네시 윌리엄스[1911~83. 남부 미시시피 출신으로 현대 미국을 대표하는 극작가의 한 사람이다]가 한 얘기가 과연 거짓이 없음을 깨달았다고 스톤은 지적했다. "그들은 스스로를 나면서부터 엘리트라고 생각하지만 이제는 그것도 점차 옛날 얘기가 되고 있다는 것을 안다." 남부 리버럴들은 다른 사람이 인종주의 발언을 하면 놀라지만 그렇다고 그러지 말라고 호통을 칠 생각도 없다. 술이 한 순배 돌고 나자 "그들 입에서 '깜둥이'니 '검둥이'니 하는 소리가 자연스럽게 흘러나왔다. …흑인은 남부에서 인간으로서 사는 것이 아니라 유령처럼 떠도는 것 같은 느낌이다."

당시 미디어는 리틀록 사건을 "거의 전적으로 백인 입장에서" 보도했기 때문에 스톤은 부유한 백인 클럽에서부터 리틀록의 지저분한 할렘까지 발로 뛰었다. 빈민촌에서 만난 한 청년은 취재를 거부하면서 "당신이 뭐라고 하면 백인들은 반드시 보복할 거예요"라고 했다. 한 흑인 대학에서는 아무도 말을 하려 하지 않았고 기자라면 아예 외면했다. "이렇게 침묵이 쌓여가는 것이 오히려 그 어떤 발언보다도 더 웅변적이었다." 꽤 잘나가는 한 흑인 의사가 사는 동네의 태도는 달랐다. 실제로 그 흑인 의사가 받는 환자의 20퍼센트는 백인이었다. 흑백 어느 한쪽이 압도적인 다수가 아니었다. 그러나 의사 부인은 백인들에게 멸시를 당한다고 고백했다. 백화점 같은 데를 가도 흑인이 용변을 보거나 음식을 먹을 장소는 없다고 했다.

한번은 렌터카 회사의 흑인 소년 사환이 스톤을 따라 사무실 안까지 들어왔다. 그의 일정을 확인하기 위해서였다. 그러자 회사 매니저가 흑인 소년에게 퉁명스럽게 말했다. "자리 지켜. 어디라고 사무실까지 들어와?" 스톤은 '나 때문에 그렇게 됐다'고 변명을 해줬고, 그 사이 소년은 다소곳이 뒤로 물러서 있었다. 매니저는 처음 보는 손님한테도 거리낌 없이 떠들었다. "깜둥이 마을을 둘러보시겠다는 거죠? …벼와 면화와 깜둥이들이 자라는 곳이죠."

백인들이 이용하는 헬레나 컨트리클럽에서도 흑인들 얘기에 별 거리낌이 없었다. 한 여성은 스톤에게 이렇게 말했다. "다들 '깜둥이'라는 말을 자연스럽게 해요. '상류층 깜둥이들은 떠났다' 등등." 그녀가 뒷집에 사는 흑인 여성과의 관계를 얘기할 때 스톤은 그 어감을 정확히 포착했다. "내가 그 여자한테 못해줄 것도 없고, 그 여자가 나한테 못해줄 것도 없지요. 하지만 내가 그 여자한테 우리 집으로 들어오라고 하지는 않아요. 그러면 우리 둘 다 불편해질 테니까." 한 남성은 "당연히 우리 깜둥이들도 투표를 한다"면서 인두세를 내는 것은 백인이니까 "흑인들을 집합시켜 양조업자들에게 표를 찍게 했다"고 스스럼없이 말했다. 스톤은 남부의 슬로건, 즉 인종 통합이 다가오고 있지만 "우리는 시간이 더 필요하다"는 말을 종종 들었다. 남부의 백인들은 북부의 선동가들을 비난했다. 선동가란 남부 지도자들과 J. 에드거 후버가 자주 들먹이는 표현이었다. 한 여성은 가난한 백인들 얘기를 하면서 "일부는 사는 게 아주 형편없어서 깜둥이들도 상대를 안 하려고 해요"라고 말했다.

이런 얘기를 끌어내기 위해 백인들이 하는 소리를 잠자코 들어야 했을 스톤은 내심 참으로 괴로웠을 것이다. 그는 마지막 대목에서 개탄조로 한

마디 던졌다. "우리의 새 친구들은 하나같이… 포버스 주지사의 강력한 지지자였다."[17]

스톤의 남부에 대한 혐오감은 대단했지만 수도 워싱턴의 인종차별도 무시할 수 없을 정도였다. "인종 분리를 우려하는 사람은 거의 없다. 흑인 아이는 흑백으로 나뉜 학교에 들어가는 순간부터 열등감이라는 낙인이 찍히게 된다. …수도 워싱턴의 학교들도 사실상 흑백으로 나뉘어 있기에 인종 통합이 지연되거나 요원해질 가능성이 높다."[18]

1950년대에 스톤이 이런 글을 쓰고 있을 무렵 한 백인 소년은 흑인들이 매일같이 모욕 행위를 당하는 것을 보면서 가슴이 아팠다. 소년의 부모인 앨 번스타인과 실비아 번스타인 부부는 좌파 노조와 시민권 운동을 하는 활동가였다. 매카시즘이 맹위를 떨치던 암울한 시절에도 흑인과 여러 좌파 진영 인사들이 번스타인 부부와 교분을 나눴고, 그중에는 에스터와 이지 스톤 부부도 있었다. 후일 그 집 아들인 칼 번스타인은 스톤을 본받아 유명한 기자가 된다. 동료인 밥 우드워드와 함께 워터게이트 사건을 파헤쳐 현직 대통령을 하야시키게 한 것이다.

그러나 당시 일곱 살이었던 칼 번스타인은 사회운동가인 부모에게 이끌려 데모에 나가는 것을 아주 싫어하는 소년에 불과했다. 그의 회고를 들어보자. "난 그런 일들이 정말 다 싫었어요. 내가 다닌 공립학교는 백인만 다니는 학교였어요. 시내의 모든 운동장과 수영장은 흑백이 같이 쓸 수 없게 돼 있었어요. 호텔은 백인만 사용할 수 있었고. …시립병원 병동도 백인용과 흑인용이 따로 있었으니까요. …목요일과 토요일이면 엉뚱한 데로 끌려 나갔지요. 농구도 야구도 못했어요."[19] 부모에게 끌려 시내로 가면 시위를 주도하는 사람이 "나를 흑인 아이와 짝지어주곤 했어요. 흑인 아이들은 대개 교회에서 입는 옷을 입고 있었지요. 소녀들은 핑크와 흰색에 레이스 달린 옷을 입고 에나멜가죽 구두를 신고 있었어요. 남자애들은 기다란 넥타이를 매고 있었고. …재킷 단추도 단정하게 잘 채웠지요. …시내에서 흑인들이 자리에 앉아 음식을 먹어도 되는 곳은 기차역과 공공기관 구내식당이 유일했습니다. 우리 아버지 말에 따르면 그런 곳에서도 노조는 식품 담당 책임자들과 계속 싸워야 했다고 합니다." 책임자들이 흑백 좌석을 따로 하려고 했기 때문이다. 공공장소에서도 흑인이 이용할 수 있는 화장실은 거의 없었다. "자리에 앉아 같이 농성하던 흑인 아이들 중 누구 하나라도 화장실에 가야 하는 지경이 되면 우리는 다섯 블록이나 떨어져 있는 내셔널갤러리[워싱턴 소재 국립 미술관]까지 뛰어가곤 했어요. 하지만 너무 늦은 경우도 많았지요. …그럼 아이들은 엉엉 울고, 때론 부모들까지 같이 울기도 했습니다." 여러 해가 지난 뒤 번스타인은 남부의 민권 운동 상황을 취재하면서 오래전에 흑인 친구들이 갑자기 용변이 마려워 "다리를 비비꼬며 괴로운 표정을 짓던" 때를 떠올렸다. 번스타인이 데모를 그토록 싫어한 것은 "친구들이 바지에 오줌을 지린다는 걸 알기" 때문이었다. "내게는 그 두 가지가 다 잔인한 일로 느껴졌어요. 흑백 분리로 모욕을 주는 것도 그렇고, 그에 항의해 데모를 하면서 우리 친구들이 또다시 겪어야 했던 그 창피함도 그렇고…."

스톤이 발행하는 「위클리」는 항거의 분출구가 되었다. 그는 다른 신문들이 무시하는 일들을 기사화했다. 의회 청문회에서 있은 증언을 토씨 하나 바꾸지 않고 게재하는 것도 그런 작업의 일환이었다. 전미유색인지위향상협회NAACP 사무국장의 1955년도 상원 청문회 증언을 보도한 기사에는 '미시시피 백인들은 흑백 분리 철폐를 감히 요구하는 흑인들을 어떻게 겁박하고 있는가'라는 제목을 달았다. KKK단 계열의 백인시민위원회White Citizens Council[1954년 결성된 백인 우월주의 조직]는 흑인들을 협박할 목적으로 미시시피 주 중서부 야주 시티에서 흑백 분리 철폐 청원에 서명한 사람 전원의 이름과 주소를 실은 전면 광고를 게재했다. "서명을 한 시민 54명 가운데" 6명을 제외한 전원이 주최 측에 청원서에서 이름을 빼달라고 했다.

이들이 입장을 바꾼 것은 직장에서 해고당했거나 해고당할 것이라는 협박을 받았기 때문이다. 한 배관설비자재 공급 회사는 청원서에 서명한 배관공에게 자재 납품을 거부했고, 배관공이 자주 다니는 슈퍼마켓 주인은 빵 하나에 1달러(당시로서는 터무니없이 비싼 가격이다)를 내라고 했다. 미시시피에 거주하는 유권자 두 명은 백주대낮에 엽총을 맞아 살해당했다. 보안관은 "희생자의 턱과 목에 박힌 산탄총알은 치아 보철 재료로 쓰면 좋았을 것"이라는 농담을 했다고 윌킨스는 증언했다.[20]

1962년, 흑인 학생 제임스 메러디스가 미시시피 대학에 입학하는 과정에서 찬반 양측 간에 폭력 사태가 일어났다. 스톤은 분노하며 "미시시피 대학의 백인 대학생 그 누구도 메러디스에게 다가가 악수하며 그 옆에 앉아 수업을 듣지 않았다"고 고발했다. 그는 또 케네디 대통령 형제가 시민권 문제에 정면으로 맞서지 않고 "진부한 냉전식 수사修辭"를 구사했다고 비난했다. "케네디가 어느 세월에 인종주의라는 표현을 사용하겠는가?"

스톤은 북부의 인종차별 문제도 묵과하지 않았다. "백인 남부의 대부분은 인종 문제에 관한 한 정신병에 걸린 상태다. 그들은 북부에서는 피해망상에 걸린 소수의 지원을 받고 있다. 이들은 대법원을 공산주의 음모꾼들이 장악하고 있으며, 뉴욕에 있는 유대계 언론인들이 흑인들을 선동하는 탓에 온갖 불미스러운 사태가 벌어지는 것이라고 생각한다."[21]

1963년 NAACP 회원인 메드거 에버스가 차에서 내려 미시시피의 자기 집 현관으로 들어서다가 엽총에 맞아 사망했다. 에버스 부인은 수십 년 동안 뒤에서 총을 쏜 살인자를 찾아다녔다. 열렬한 인종차별주의자인 하원의원 윌리엄 콜머(21세기에 들어서도 스트롬 더몬드의 흑백 분리주의를 적극 지지한 상원의원 트렌트 로트의 멘토이기도 하다)는 당시 이 살인 사건을 "정치가와 쓸데없이 일 벌이기 좋아하는 자들, 그리고 자유주의라는 잘못된 깃발을 들고 설쳐대는 자들의 선동으로 불가피하게 벌어진 일"이라고 치부했다.[22] 31년 후 바이런 들라 베크위드라는 자가 살인자로 밝혀졌다. 당시 FBI는 처음부터 그가 범인이라는 것을 알고 있었다. KKK단 단원인 한 정보원이 FBI에 베크위드가 "내가 그 깜둥이를 죽였지"라고 떠들었다는 사실을 전해준 것이다. 그러나 후버 국장은 정보원 신원 보호를 위해 이런 중요한 정보를 덮어두었다.

바로 그해에 앨라배마 주 북부 버밍햄에서 벌어진 폭탄 테러 사건은 인종차별과 관련해 남부에 씻을 수 없는 오점을 남겼다. 일요일 오전, 버밍햄에 있는 한 흑인 교회에서 폭탄이 터져 아수라장이 됐다. 하얀 드레스로 갈아입고 주일학교에 나온 어린 소녀 넷이 그 자리에서 숨졌고, 시신은 엉망인 상태로 폐허 속에 묻혀 있었다. 후버 국장은 베노나 파일 때 써먹은 수법을 그대로 사용했다. KKK단 소속 정보원의 신원을 노출시키지 않기 위해 법무부 검사들에게 관련 정보를 제공하지 않은 것이다.

"돌이켜보면, 남부가 결정적으로 변하기 시작한 것은 바로 그날부터였다."[23] 미시시피 출신 작가 커티스 윌키의 회고다. 그는 당시 사건들을 담은 저서 『딕시』Dixie: a Personal Odyssey Through Events That Shaped The Modern South』(2001)에서 고향 사람들이 각성을 하고, 자신도 민권 운동에 적극 나서게 되는 과정을 기록했다. "그 후로도 강력한 저항은 오래 지속됐다. 그러나 많은 백인들의 의식이 그 일요일 이후 심하게 흔들렸다. …죄 없는 아이들을 죽였다는 것은 도저히 용납할 수 없는 일이었던 것이다." 당시 스톤은 이런 평가에 동의하지 않고, 여러 지역 출신의 상원의원들이 "1963년의 폭탄 테러에 대해 죄책감과 관심이 부족하다"고 질타했다. 이런 내용을 담은 칼럼 제목이 '백인 가슴 속의 황무지'였다. 스톤은 온갖 주제에 관한 의원들의 발언을 담은 『연방의회 의사록Congressional Record』를 점검해가며 "여느 때에는 그렇게 말 많던 상원의원 100명 가운데 딱 네 명만이 발언에 나섰다. 뉴욕 출신 재비츠와 캘리포니아 출신 쿠첼 의원만이 분노를 표했다"고 지적했다.[24] 다수당(민주당) 원내총무인 마이클 맨스필드와 함께 교회 폭탄 테러 사건을 규탄한 상원의원은 남부 출신 윌리엄 풀브라이트가 유일했다. 미시간 주 출신 필 하트와 휴버트 험프리 상원의원은 하루를 국가 애도의 날로 하자는 결의안을 작성했다. 두 사람은 이 결의안을 동료 상원의원들에게 "제출하는 것조차" 무의미하다고 보고 바로 백악관으로 보냈다. 그러나 이 안건은 백악관에서도 유야무야되고 말았다.

"4세기 동안의 백인 우월주의 지배 체제로 말미암아 우리 백인들은 인종 문제에 있어서 본능적으로 이중 잣대를 지니게 됐다"는 것이 스톤의 지적이다. 그는 고질적인 공산주의 공포증을 거론하면서 "공산주의자들이 베를린에 있는 교회에 폭탄을 터뜨려 어린이 넷이 죽었다면 이 나라는 전쟁을 불사하겠다고 난리를 쳤을 것"이라고 말했다. 그는 케네디 대통령과 로버트 케네디 법무장관에 대해서도 "흑인들의 연방군 투입 호소를 거부했다"며 맹렬히 비난했다. 스톤은 기마경찰이 빨리 움직이지 않는다는 이유로 늙은 흑인을 구타하고 현관에 나와 있는 사람들에게 "집으로 들어가, 이 깜둥이들아"라고 소리쳤다는 「뉴욕 포스트」 기사를 그대로 전재했다. 반면에 「워싱턴 포스트」는 구태의연한 자세를 되풀이했다. 버밍햄의 한 백인 주부 말을 빌려, 사람이 죽은 것은 "끔찍한 일"이지만 "자기들 고집대로 하려다 보니 그렇게 된 것"이라는 식이었다.

스톤은 버밍햄 교회 폭탄 테러 사건을 접하면서 전후 독일의 황량함을 떠올렸다. "당시 나는 독일인의 가슴 속이 온통 황무지가 된 것 같은 기분을 느꼈다. 지금 나는 흑인 문제에 관한 한 미국 백인들의 가슴 속이 꼭 그런 것 같은 기분을 느낀다. …당시 많은 독일인들은 유대인들이 가스실에서 죽어간 것은 어떤 면에서 그들 잘못이라고 생각했다. 똑같다. 북부고 남부고 할 것 없이 지금 이곳의 많은 백인들은 이번 폭탄 테러가 흑인들이 그렇게 과격하게 나오지만 않았다면 일어나지 않았을 일이라고 생각한다."

스톤은 1964년에 쓴 박스 기사에 '최대한 신속하고도 신중하게. 결국은 백년하청'이라는 제목을 달았다. 1954년 대법원이 '브라운 대 토피카 교육위원회 사건'에서 "최대한 신속하고도 신중하게" 흑백 통합 교육을 실시하라는 판결을 내림으로써 사실상 흑백 통합을 한없이 미룰 수 있는 빌미를 준 것을 빗댄 제목이었다. 스톤은 각종 자료를 열심히 뒤져 놀라운 사실을 밝혀냈다. 흑백 통합 교육 판결이 난 지 10년이 지난 1964년도 민권위원회Civil Rights Commission 보고서에서 "남부 흑인 학생의 98.8퍼센트가 여전히 흑백이 분리된 학교에 다니고 있으며, 이 수치는 실제로는 더 높을 것으로 보인다"는 내용을 찾아낸 것이다.[25]

정부와 흑백 분리주의자들은 진보를 위해 싸우는 사람들에게 계속 찬물을 끼얹었다. 민권 운동 초기부터 스톤은 후버를 공격했다. 그의 병적인 인종주의와 킹 목사 증오에 대해 백인 주류 언론은 거의 보도하지 않았다. "깜둥이 뉴스"는 보도할 가치가 없는 일로 여기는 것 같았다. 1959년 스톤은 이렇게 질문했다. "왜 J. 에드거 후버는 흑인을 도우려는 사람에 대해 그토록 못 잡아먹어서 안달인가? …해가 갈수록 그의 발언은 정의와 평등을 추구하는 흑인들의 투쟁을 빨갱이들의 음모로 치부하려는 남부 인종차별주의자들의 그것과 닮아간다."[26] FBI는 시점을 명시하지 않은 한 메모에서 스톤에게 "인터뷰를 시도하지 않은 것"은 "그가 시민권을 공공연히 주창하는 자이기 때문"이라고 설명했다. 이 메모에 기록된 대로 그는 "FBI가 접촉을 시도하는 순간 그것을 FBI 비판의 빌미로" 사용했을 것이다.

1960년 FBI는 비상시민자유위원회ECLC가 스톤의 후버 국장 비판 기사를 돌려보고, 스톤이 민권 운동 단체들 앞에서 강연을 한다는 정보가 올라오자 그에 대한 사찰을 재개했다. 강연에서 스톤은 줄곧 1960년대의 과제는 "평화"라고 강조했다. 일찍부터 그는 흑인들에게 정당한 권리를 보장해주지 않으면 거리에서 폭동이 일어나고, 미국이 베트남 개입을 확대하면 인도차이나 지역에 재앙이 일어날 것이라고 예견했다. 스톤은 특히 후버에 대해 "온갖 좌파 인사들을 잡아들이는 데는 혈안이 돼 있지만 미국이 2차 대전에 참전하기 전에는 나치와 유대계 사회주의자들을 단속하기를 꺼렸다"고 지적했다. FBI는 하나의 거대한 악惡이 돼버렸다. "많은 사람들이 그런 사실을 알지만 그걸 겉으로 드러내 말하는 사람은 없다. FBI와 맞서 싸운다는 것은 너무도 위험하다. 그러나 FBI는 자유로운 우리 사회에서 암세포처럼 자라나고 있다."[27]

후버 못지않게 스톤의 악담의 대상이 된 사람이 남부 출신 상원의원인 존 스테니스와 제임스 이스트랜드였다. 1955년 스톤은 이스트랜드 의원을 상대로 말도 안 되는 소송을 냈다는 소식을 「I. F. 스톤 위클리」 1면에 대서특필했다. 제목은 '왜 「위클리」는 제임스 이스트랜드의 5달러를 거부했는가'였다. 앞서 스톤은 빨갱이 사냥이 목표인 상원 국내안보소위원회Internal Security Subcommittee로부터 구독 신청을 받았다. 소위원회는 위원장인 이스트랜드가 서명한 5달러짜리 수표도 동봉했다. 이를 본 스톤은 소위원회에 대한 해묵은 적대감이 폭발했다. 소위원회는 오랜 기간 언론인들을 못살게 굴고, 흑인이든 백인이든 마음에 안 드는 인사는 "공산주의" 활동에 연루돼 있다는 식으로 엮어넣는가 하면, 무고한 사람도 연좌제를 걸어 괴롭혀왔기 때문이다. 스톤은 5달러를 돌려보내고 구독 신청을 거부했다. 위원회가 "'국내 안보' 차원의 감시 목적으로" 신문을 이용할 것이 뻔한 상황에서 구독에 공공예산을 사용하는 것은 수정 헌법 위반이라는 것이 거부 이유였다.

스톤은 이스트랜드와 위원회 위원들을 고소한 뒤 본인의 변호인 자격으로 법정에 출두했다. 물론 스톤은 이런 소위원회의 활동은 사법부가 관여할 문제가 아니기 때문에 소송은 당연히 기각된다는 것을 잘 알고 있었다.[28] 그래서 본인도 "이 소송은 단순히 사람이 개를 물었다는 식의 흥밋거리 기사를 내보내기 위한 것이 아니"라는 설명을 붙였다. "상원 소위가 신문과 언론인들의 사상을 통제하는 경찰 노릇을 해야 한다는 신념을 가지고 있다는 것을 보여주기 위해서다. 소위 청문회에서는 언론계에 공산당이 '침투'했다느니 하는 표현을 공공연히 쓰는데 그 정도면 과대망상이 얼마나 심한지 쉽게 알 수 있다. 소위가 언론에 관한 사찰 파일을 작성해왔다는 것은 비밀도 아니다." 이스트랜드가 「I. F. 스톤 위클리」 구독을 신청한 것은 바로 그런 "병적인 관심"의 표현이었다. 이스트랜드는 소송이 제기됐다는 소식을 듣고 기가 막힌 나머지 "말도 안 돼"라고 내뱉었다.

스톤은 후버 국장이 인권 보장을 외치며 연좌 농성하는 시위대에 대해 "공산주의자들의 음모"라고 비난함으로써 "남부의 피해망상적인 인종차별 정서를 부추겼다"고 말했다. 그는 또 개를 풀어 흑인들에게 겁을 주는 식으로 "경찰국가" 시대에나 가능한 행태를 보인 FBI에 대해 일절 보도하지 않는 신문들을 강력히 비난했다.[29] 킹 목사의 동지였던 프레드 셔틀워스 목사는 편파적인 신문의 행태를 잘 보여주는 제목으로 '흑인 목사가 공산주의 조직의 수괴首魁'라는 제목을 꼽았다. 셔틀워스 목사는 "난 골수 미국 흑인이어서 체질적으로 빨갱이가 될 수도 없는데!"라며 억울해했다.

1963년 플로리다 주 세인트오거스틴에서 역사에 남을 인종차별 반대 운동이 벌어졌다. 그러나 언론은 사건 자체를 묵살하거나 왜곡 보도로 일관했다. 판사는 연좌 농성 중 연행된 10대 소녀 세 명에게 부모가 더이상 피켓 시위에 참여하지 않겠다는 청원서를 써오면 방면하겠다고 했지만 소녀들은 오히려 부모에게 그런 청원서에 서명하지 말아달라고 호소했다. 그 덕분에 소녀들은 52일간을 더 소년원에 갇혀 있어야 했다. 구금 기간에는 "엎드려서 마루를 닦고 훔치고 광을 내느라 무릎에서 피가 줄줄 흘렀다." 소년원에서 구타당한 남자 청소년들 가운데 한 명은 수십 년 뒤 "당시 우리의 요구는 신문이 진실을 보도해달라는 게 전부였다"고 말했다. 2004년, 플로리다 주의 인종차별 반대 민권 운동의 역사를 논하는 토론회에서 흑백 인사들이 자리를 함께했다. 당시 검사였던 백인 댄 워런은 세인트오거스틴 시위 사태는 "내 눈을 뜨게 해주었고, 사회라는 것이 얼마나 쉽게 타락할 수 있는지를 알려주었다"고 말했다. 백인 언론인들은 40년 전 당시 상황을 제대로 보도하지 않거나 아예 기사화하지 않은 것에 대해 사과했다.[30]

그 길고 뜨거웠던 여름날, 스톤이 영웅으로 생각한 사람은 "극소수의 10~20대 흑인 청소년들"이었다. 노먼 토머스는 이들을 "세속의 성자聖者들"이라고 불렀다. 스톤의 평가를 들어보자. "그들과 소수의 헌신적인 백인 청년 동조자들은… 연좌 농성을 하는가 하면 버스와 기차를 타고 남부를 돌면서 사회혁명을 시작했다. 극소수 동아리에 불과한 인종평등회의 Congress of Racial Equality(CORE)와 학생비폭력조정위원회 Student Nonviolent Coordinating Committee(SNCC)의 몇몇 청년들이 국민 전체의 해방에 기여한 업적은 더할 나위 없이 크다."[31]

이들 청년 가운데 세 명이 1964년 미시시피 주에서 '자유의 여름Freedom Summer'이라는 명칭으로 일어난 흑인 유권자 등록 운동에서 목숨을 잃었다. 뉴욕 출신의 앤드루 굿맨(당시 20세)은 미시시피 주 머리디언에 사는 흑인 청년 제임스 체이니와 동행했다. 어느 날 밤 이들이 탄 차에 뉴욕 출신의 마이클 슈워너가 합류했다. 슈워너는 적극적인 CORE 현장 활동가로 KKK단의 미움을 사고 있었다. 슈워너는 백인으로서는 최초로 미시시피 주에서 민권 운동을 한 인물로 6개월 동안 여러 차례 살해 협박과 경찰의 괴롭힘을 당한 상태였다. KKK단 백기사단White Knights 우두머리인 샘 바워스는 슈워너를 "제거"하라고 명했다. CORE 입회 신청서에서 슈워너는 남은 평생을 인종 통합을 위해 일하고 싶다고 썼다. 몇 달 후 FBI는 정보원들을 통해 세 피살자의 시신을 찾아냈다.

스톤은 오랫동안 경찰의 야만적인 행동, 특히 흑인에 대한 만행을 묵인하는 세력이 있다는 주장을 펴왔다. 슈워너, 체이니, 굿맨 세 청년의 경우에는 그런 세력들의 공모 증거가 너무도 뚜렷했다. 세 사람은 아무런 이유도 없이 네쇼바 카운티 부副보안관 세실 프라이스에게 체포됐다. 이어 프라이스는 경찰의 공식 허가를 얻고 KKK단 관계자들과 공모해 이들을 한밤중에 유치장에서 내보냈다. 그런데 세 청년이 탄 승용차가 시골길을 가는데 일단의 무리가 앞을 가로막고 나섰다. 세 청년은 괴한들에게 구타를 당하고 총에 맞아 살해됐으며 시신은 임시로 판 구덩이에 묻혔다. 백인 인권운동가 청년 두 명이 살해당하는 것을 지켜보던 KKK 단원은 마지막 남은 흑인 청년 체이니를 쏘아죽이면서 "왜 깜둥이가 내 차지야?"라고 투덜거렸다.[32]

미시시피 주는 살인자들을 기소하는 데 별 관심이 없었다. 그러나 전국적으로 규탄 여론이 번지자 연방정부가 나서지 않을 수 없었다. 연방법원에서 최대로 적용할 수 있는 혐의는 피살자들의 인권을 유린했다는 정도였다. 살인자들은 법정에 증언하러 나온 "깜둥이" 기자들에게 조소를 날렸다. KKK 단원 가운데 일부는 유죄 판결을 받았지만 대부분 무죄가 났다.

이런 살인 사건들에 대해 스톤은 진저리를 쳤다. 특히 인종차별에 불을 붙인 성과 관련된 만행에 대해서는 극력 규탄했다. 디트로이트에 사는 가정주부 바이올라 리우조는 NAACP 회원으로 1965년 앨라배마 주에서 벌어진 시위에 참여했다. 당시 킹 목사는 2만 5,000명의 시위대와 함께 셀마에서부터 주청사가 있는 몽고메리까지 행진한 뒤 주지사 조지 월리스에게 흑인의 투표권 보장을 요구하는 청원서를 전달했다. 시위가 끝난 뒤 리우조는 행진에 참여했던 사람들을 몽고메리 공항까지 바래다주려고 차에 태웠다.

그런데 KKK 단원 네 명이 리우조의 차 옆으로 차를 대더니 그녀의 머리에 두 차례 총격을 가했다. 리우조는 즉사했다. 스톤은 "인종적 순수성"에 대한 남부인의 집착이 "살인자들로 하여금 살인 행위를 백인종을 위해 신성한 의무를 다한 것이라고 생각하게 만들었다"고 썼다.[33] "리우조 부인이 차 안에서 처형당한 것은 운전석 옆자리에 흑인 남성이 앉아 있었기 때문이다. 이것이야말로 사람들이 마주하고 싶어하지 않는 이 살인 사건의 진실이다." 사건의 본질을 흐리기 위한 작전으로 리우조가 공산당원이고 자녀 다섯을 방치해 시민권 운동을 하는 흑인들과 성관계를 갖도록 했다는 루머가 돌았다. 후일 밝혀진 바로는 루머의 진원지는 FBI였다.

앨라배마 주 법원은 문제의 KKK 단원들을 무죄 방면했다. 이에 대해 스톤은 "점잖은 사람들"은 리우조 살인 사건을 극악한 KKK단 소행으로만 해석함으로써 자신들의 고질적인 편견에 대한 죄책감을 털어냈다고 썼다. "지역에 인종차별이라는 질병이 번져 있는 것처럼 국가 전체로 보면 일이 잘못될 때마다 공산주의자들 탓으로 돌리는 악습이 번져 있다"는 얘기다. 스톤은 존슨 대통령이 하원 반미활동조사위원회^{HUAC}의 조사를 촉구했을 때도 "천박한 기회주의"라고 비난했다. 그는 조사위원들을 "마녀 사냥을 일삼는 우습지도 않은 수구꼴통들"이라고 칭하면서 다음과 같이 반문했다. "흑인과 유대인과 가톨릭 신자에 대한 증오를 설교하는 그런 조직들이⋯ 기실은 우리 사회를 심각한 분열로 이끈다는 것을 따로 연구해봐야 알 수 있단 말인가?" 스톤은 40년 전 CORE와 SNCC에 대해 "'빨갱이' 조직이라는 식으로 음해한" 극우 칼럼니스트 로버트 노백에게도 비난의 화살을 날렸다.

스톤이 영웅으로 극찬한 인물이 모두 젊은이는 아니었다. '나는 사람들의 절규를 듣는다'라는 제목의 「I. F. 스톤 위클리」 박스 기사에서 스톤은 흑인 여성 소작농 패니 루 해머[1917~77]의 증언을 상세히 전했다. 그녀는 한때 감옥에서 구타당해 사경을 헤맸지만 후일 저명한 흑인 민권 운동 지도자로 일어선다. 해머는 "나는 넌더리가 난다는 사실이 넌더리난다. 미시시피 흑인들은 목매는 것을 제외하고는 할 수 있는 일이 아무것도 없다" 같은 발언을 통해 사람들에게 참담한 현실을 일깨워줬다.[34] 해머는 어린 시절 소아마비에 걸렸으나 용케 살아났고, 여섯 살 때부터 목화 따는 일을 했다. 그러나 감옥에서 구타당한 후유증으로 평생 고생하며 살아야 했다. 해머는 흑인의 유권자 등록을 독려했다는 이유로 18년간 일해온 직장에서 잘렸다. 그러나 그녀의 생생한 증언은 『연방의회 의사록』에 기록됐다. 스톤의 독자들은 그 내용을 1964년 6월 22일자 「I. F. 스톤 위클리」에서 다시 접할 수 있었다. 1962년 해머의 집은 괴한들로부터 16차례나 총격을 받았다. 집에서 42킬로미터나 떨어진 법원까지 가서 유권자 등록을 했기 때문이다. 그녀는 동행한 민권 운동가들과 함께 체포됐다. 일행 중 일부가 버스 정거장 "백인 전용" 구역을 침범했다는 것이 체포 이유였다. 유치장에서는 "사람들의 비명 소리가 들렸다." 해머는 흑인 죄수 두 명과 같은 감방을 쓰게 됐다. 그런데 한 경찰관이 그들에게 해머를 때려주라고 명했다. "기다란 곤봉 끝에는 뭐가 달려 있었다. …나는 흠씬 두들겨 맞다가 정신을 잃었다. …그들이 일어나라고 했지만 일어날 수가 없었다. …덕분에 신장도 손상됐다." 해머는 한쪽 눈도 거의 실명하다시피 했다. SNCC 소속 변호사들이 경찰을 고소했지만 경찰은 무죄 판결을 받았다. 놀랄 일도 아니었다.[35]

1964년 뉴저지 주 애틀랜틱시티에서 민주당 전당대회가 열렸다. 스톤은 미시시피 자유당Mississippi Freedom Party이라는 단체 소속으로 전당대회에 참석한 해머 일행에게 환호를 보냈다. 이들은 민주당 전당대회에 미시시피 주를 대표해 파견되는 대표단이 백인 일색인 것에 이의를 제기했다. 해머는 이렇게 고함쳤다. "이 미국에서, 자유인의 땅이며 용감한 자의 고향인 이 나라에서 우리가 품위 있는 인간으로 살아가기를 원한다는 이유로 매일 위협을 받는다는 것이 말이 됩니까?" 타협이 이루어졌다. 이들에게 미시시피 대표단 자리 두 석을 주기로 한 것이다. 민주당도 앞으로는 주 대표단을 전원 백인으로 채우는 일은 없도록 하겠다고 약속했다. 남부 출신 골수 흑백 분리주의 성향 대의원들은 전당대회장을 박차고 나간 뒤 아예 탈당해버렸다.

결국 그해 여름 스톤이 다시 기뻐할 일이 생겼다. 1964년 7월 린든 존슨 대통령이 주도한 민권법Civil Rights Act이 통과되자 스톤은 "남북전쟁 이후 처음으로 시민권을 연방 차원에서 입법화한 사례로서 이제 흑인은 미국 정치의 주요 세력으로 등장하게 됐다"고 평했다. 그는 민권법 통과를 대서특필하고 린든 존슨 대통령을 극찬했다. 텍사스 출신인 존슨은 "15년 전 상원의원으로 데뷔했을 때" 연방 차원의 시민권 입법화에 모두 반대했으며, 심지어 "린치를 연방 범죄로 규정하는 입법"에도 반대했었다. 존슨이 주도해 통과시킨 민권법은 원안과 달라진 부분에서 일부 맹점이 없지는 않지만 "원래 케네디 대통령이 제안했던 법안보다는 훨씬 낫다. …의원들을 설득하고 막후에서 수완을 발휘하는 존슨의 재능은 대단했다. … 그는 시민권 확대에 전력을 다한 최고의 로비스트였다고 해도 과언이 아니다."[36]

스톤이 수십 년 동안 집중해온 두 가지 이슈가 1967년에 가서 하나로 통합됐다. 한 유명한 흑인이 베트남전 참전을 거부하고 또다른 저명한 흑인 목사가 그의 편에 서는 사건이 벌어진 것이다. 캐시어스 클레이[1942~]가 소니 리스턴을 누르고 프로복싱 헤비급 세계 챔피언이 된 것은 1964년이었다. 이후 클레이는 흑인 무슬림[이슬람교 신자]으로서 선조들이 노예 시절에 얻은 이름을 내버리겠다고 선언했다. 넘치는 카리스마에 국제적으로도 유명해진 클레이는 자신을 무하마드 알리로 불러달라고 했다. 백인 일색인 스포츠 담당 기자들은 이런 오만한 행동에 따귀라도 맞은 양 당황했으며, 계속 클레이라고 불렀다. 기성 문화에 도전하는 삐딱한 젊은이들의 시대가 시작됐다는 것을 아예 무시해버린 셈이다. 젊은이들은 이렇게 말했다. "당신들이 뭐라고 하든 난 상관 안 해. 난 자유니까."

알리는 타이틀을 아홉 차례 방어했다. 그를 무너뜨릴 도전자는 없었다. 그는 상대의 주먹을 교묘히 피해가며 "나비처럼 날아서 벌처럼 쏘았다." 1967년 헤비급 세계 챔피언인 알리는 징집을 거부하면서 자신은 무슬림 성직자로서 양심적 병역거부자이며, 전쟁은 잘못이라고 선언했다. 백인 특권층들은 대학생 자격으로 징집을 면제받거나 인맥을 동원해 주 방위군에 들어가는 식으로 전쟁을 피했다. 그러는 동안 흑인과 가난한 백인들이 베트남전의 부담을 몽땅 짊어졌다. 알리는 "나는 베트콩과 말다툼한 번 한 적 없다"거나 "베트콩은 나를 검둥이라고 부른 적이 없다"(이는 흑인 해방 운동가 스토클리 카마이클이 한 얘기라고도 한다)는 식으로 말했다. 베트남에 가서 싸울 이유가 하나도 없다는 얘기다. 이렇게 해서 그는 반전 운동의 영웅이 되었다. 복싱계가 챔피언 타이틀을 박탈하자 그에 대한 열광은 더 커졌다. 베트남에 아들을 보낸 적이 없거나 교묘하게 법에 구멍을 만들어 특권층 자제들을 징집 대상에서 빼준 국회의원들은 알리를 비방했다. 알리는 징집 기피 혐의로 5년 형을 선고받았다. 항소심이 진행되는 동안 보석으로 풀려나긴 했지만 타이틀을 박탈당한 챔피언은 3년 동안 경기를 하지 못하는 신세였다.

알리의 행동은 킹 목사에게도 영향을 주었다. 킹 목사는 주변 사람들의 만류를 뿌리치고 비폭력 불복종 노선에서 전쟁을 규탄하는 쪽으로 방향을 틀었다. 베트남전은 수많은 흑인 청년의 목숨을 앗아가고 있었다. 킹 목사는 인종차별이라는 질병은 전쟁이 끝나야만 치유될 수 있다고 주장했다. 1967년 전 세계가 징집 거부를 촉구했다는 이유로 킹 목사가 교도소에 가게 될지를 주시하는 가운데 스톤은 이렇게 경고했다. "최고의 흑인 설교자와 최고의 흑인 스포츠 아이돌이 하나로 뭉쳐 흑인(과 백인) 청년들에게 군 복무를 거부하라고 촉구한다면 이는 국가적으로 작은 문제가 아니다." 스톤은 킹 목사의 격정적인 호소를 인용했다. "이 전쟁이 혐오스럽고 부당하다고 생각하는 이 나라의 모든 청년은 양심적 병역거부를 선언해야 합니다." 스톤은 알리가 그렇게 한 것을 칭찬하면서 킹 목사에 대해서는 다음과 같이 말했다. "그는 미국의 양심을 대변하는 최고의 인물이며, 빈곤과 불행에 허덕이는 2,000만 흑인의 모세다. 클레이 선수 (스톤은 이때까지도 알리라는 새 이름을 사용하지 않았다)와 킹 목사가 감옥에 간다면… 그 파급효과는 먼 동양의 독재자가 타도되는 것보다 훨 씬 엄청날 것이다."[37]

1968년 킹 목사가 테네시 주 멤피스에 갔다가 묵고 있던 모텔 발코니에 서 총격을 받아 쓰러졌다. 현장에는 피가 흥건했다. 킹 목사 암살에 상심 한 스톤은 "그는 간디에서 예수로 거슬러 올라가는 성인聖人 반열에 들었 다"고 썼다.[38] 전국 흑인 집단 거주지역 곳곳에서는 폭동이 일어났다. 비 폭력 불복종 운동의 희망은 킹 목사의 시신과 더불어 싸늘하게 식어갔다. 11년 전 스톤은 이렇게 예언한 바 있다. "시련의 시기가 닥칠 것이다. 앞 으로 당분간 우리 시대의 가장 심각한 갈등이 정치를 어지럽힐 것이며, 폭 력사태로 분출되기도 할 것이다." "인종 통합의 발걸음은 멈출 수 없다" 는 것을 모두가 받아들인다면 얼마나 좋을까. 그러나 이제 민권 운동 진영 내부의 분열이 혼란으로 이어지면서 호전적인 세력이 득세하게 됐다. 스 톤은 새롭게 대두된 폭력 노선을 격렬히 규탄했다. "그를 추종하던 사람 들 가운데 소수가… 이제 〔킹 목사에 관한〕 기억을 약탈과 방화로 더럽히 고 있다. 과격파 흑인들과 신좌파新左派들은 그런 광란의 축제를 대중봉 기라며 환호하고 있다. …킹 목사의 비폭력 노선을 구닥다리라고 비웃던 이들이 이제 그의 죽음을 빌미로 그가 그토록 혐오했던 폭력으로 치닫고 있다."[39]

킹 목사 암살 사건에 대한 각계의 공식 반응은 "엄청난 위선의 분출"이 었다. 대통령과 워싱턴 주류 사회는 킹과 그가 이끄는 '빈민들의 행진' 시 위대를 워싱턴에 들여놓지 않기 위해 "안간힘을" 쓰던 마당이었다. 그런 데 가난한 사람들과 함께 워싱턴에서 시위를 계획하고 있던 킹 목사가 갑 자기 암살당한 것이다. 스톤은 "전국적인 애도처럼 기만적인 것은 없다" 고 꼬집었다. 수면 아래서는 아무것도 달라진 게 없었다. 킹 목사 본인도 암살당한 민권 운동가들을 애도하는 사회 분위기에 대해 "열흘만 지나면" 완전히 잊힐 것이라고 말한 적이 있다.

스톤은 "나처럼 거의 새하얀 백인들만 거주하는 워싱턴 북서부 지역에 사는 백인들에게" 흑인 집단 거주지에서 일어난 폭동은 "먼 나라에서 일어난 일과 마찬가지"라고 고백한 바 있다. 동정적인 백인들조차 흑인들과 완전히 단절된 것은 지리적인 거리나 물리적 차단선 때문이 아니라 "흑인들의 무차별적인 적대감" 때문이었고, 그런 적대감이야말로 흑인 지위 향상 운동을 백인 진보파와도 결별하게 만드는 요인이었다. 과격파 흑인 청년들의 세상에 대한 적대감은 오랜 세월 민권 향상을 위해 노력한 사람에게는 당혹스러운 것이었다. 그러나 스톤은 그것을 "핍박받아온 종족의 고통스러운 절규"로 이해하면서 "이제 불이 제대로 붙었다"고 했다. 사회에 대한 준열한 경고였다.

23
케네디, 흐루쇼프, 카스트로

1967년 병원에 입원한 스톤은 이제 죽는구나 싶어 잔뜩 겁을 먹고 있었다. 들것에 실려 맨해튼의 심장 전문 병원에 들어선 것이다. 스톤은 호메로스의 한 구절을 인용해 바로 그때 "죽음의 예행연습을 했다"고 말했다. 불과 몇 년 전에 새로운 수술법이 나와 청력은 상당 부분 회복한 상태였다. 보청기를 빼면 적막의 내면으로 들어가야 하는 세월을 30년이나 보냈지만 이제는 온갖 소음에 시달릴 정도였다. 아이들에게 "그렇게 크게 떠들지 마. 나 귀 안 먹었어" 하고 말해야 할 지경이었다.[1]

1967년 스톤은 눈 수술을 받아야 했다. 자칫 실명할 수 있는 위기였다. 그는 「I. F. 스톤 위클리」 창간 이후 14년 동안 네 쪽짜리 신문을 만드느라 매일 그야말로 노예처럼 일했다. 수천 건의 서류를 뒤지면서 혹사한 것도 눈이었다. 쏟아낸 논평만도 이루 헤아릴 수 없을 정도다. 그해 4월에는 왼쪽 눈 색소상피에서 망막이 떨어져나가는 바람에 그냥 놓아둘 수 없는 상태였다. 4월에 발행한 몇 호는 대충 만들고 넘어갔다. 딱 한 번, 평화 운동 진영이 이렇게 분열하다가는 2차 대전 이전에 독일 사회주의 세력이 분열함으로써 히틀러 집권에 결정적인 도움을 준 것과 같은 상황이 올 수 있다는 경고는 했다.

스톤은 좌파 성향의 많이 배운 의사들을 극찬했다. 한 의사에 대해서는 "그 사람 우리 독자야! 우리 독자라고!" 하면서 싱글벙글하기도 했다. 아들 크리스토퍼는 생각이 달랐다. "난 그 의사가 윌리엄 버클리(1925~2008. 미국의 저명한 보수파 정치 평론가)의 칼럼을 열심히 본다고 해도 상관없어요. 자기 할 일만 제대로 알고 있다면 말이죠." 크리스토퍼의 말로는 1967년 8월 7일 맨해튼의 한 안이비인후과 병원에서 수술을 했는데 그게 "엉망"이 됐다는 것이다. "아버지 각막을 다시 붙였는데 제대로 못한 거죠. 그 사람들은 반창고를 떼고 '이 손가락 보이세요?' '이 손가락 보이세요?' 하고 계속 물었어요. 그때마다 아버지는 '아니요'라고 했지요." 크리스토퍼 부부는 당시 병원에서 "수술이 잘못돼 당황하고 있는 의사들을 쫓아다니며 방법을 찾고 있었다." 그런데 스톤이 갑자기 "심장마비가 온 것 같다"고 폭탄선언을 했다.

날벼락 같은 얘기에 가족들은 부랴부랴 스톤을 뉴욕 주립대 부속병원 심장 전문 클리닉으로 옮겼다. 차남 크리스토퍼는 아버지가 극심한 흉통에 괴로워하는 것을 보면서 어쩔 줄을 몰랐다. "끔찍한, 끔찍한 시간이었어요. 아버진 겁을 먹었지요, 정말 겁먹었어요. 앤과 나는 의료진의 관심을 더 끌기 위해 한바탕 쇼를 했어요." 크리스토퍼는 자신이 "USC 교수"라고 "거짓말을 했다." "그러면 USC 의대 교수로 알고 더 많이 신경 써줄 거라고 생각한 거죠." 스톤은 엘리베이터에 태워지자마자 농담을 던졌다. 그렇게 해서라도 죽음의 공포에서 벗어나고 싶었던 것이다. "아버지는 심각해지기도 전에 먼저 우스개 얘기를 하기도 했어요."

당시 스톤은 비교적 가벼운 급성 심근경색이었던 것 같다. 가슴 통증이 극심했던 것은 분명하다. 이후 회복 과정에서 옛날 친구 둘을 우연히 만났다. 이들 역시 수술을 받고 입원 중이었다. 랠프 잉거솔과 『분노의 포도The Grapes of Wrath』로 유명한 노벨상 수상 작가 존 스타인벡은 스톤과 함께 휠체어를 이리저리 굴리고 다니며 농담 따먹기를 하고 지냈다. 늘 그렇듯이 스톤은 불평 한마디 없었다. 다음은 아들 크리스토퍼의 회고. "그걸 보면 우리 아버지는 참 대단했어요. 눈 수술이 그렇게 엉망이 됐는데도 그 얘기는 절대 꺼내지 않았지요.〔이 수술 때문에 왼쪽 눈은 거의 실명하게 된다.〕아버지는 통증이라면 진절머리를 쳤기 때문에 일단 그렇게 된 이상 이것저것 따진다는 건 아무 의미가 없는 일이었어요." 스톤은 그때부터 심장약을 복용했고, 하루에 8킬로미터씩 걷기 운동을 했다. 걷기를 통해 정신이 맑아졌고, 다음 칼럼을 쓸 힘을 얻었다. 친구나 가족을 데리고 걸을 때는 세미나를 하듯이 한참을 떠들곤 했다.

그렇게 시간이 흘렀지만 스톤의 일 욕심은 엄청나서 의사들은 안심하지 못했다. 그래서 일시 신문을 휴간하라고 당부하기도 했다. 그해 가을 스톤은 여객선(프랑스호)을 타고 여기저기 다니는 것이 건강 회복에도 좋다고 의사들을 설득했다. 그렇게 해서 파리와 런던에 있는 지식인과 팬들을 만나고 즐거운 대화를 나누면서 건강도 한결 좋아졌다. 그해 11월에는 다시 신문을 발행했다. 매년 이월되는 옛날 FBI 사찰 기록을 보면 "표적은 지저분한 옷차림으로 유명하다"는 대목이 나온다. 머리도 빗지 않았다. 그러나 이제 스톤은 신사복 정장에 넥타이를 매고, 조끼도 갖춰 입었다. 전형적인 신사라는 소리도 들었다. 그는 남들에게 우습게 보이는 걸 싫어해서 장발에 슬리퍼를 끌며 진 바지를 입고 다니는 노땅 평화 운동가들과는 어울리지 않았다. 그러나 젊은이들과는 필이 통했다. 스톤의 팬은 두 그룹으로 대별됐다. 하나는 1930~40대부터 그를 알고 있는 할아버지 세대이고, 또 한 부류는 1960대에 그를 발견한 손자뻘 되는 세대였다.

스톤은 "폭풍 한가운데로 다시 뛰어들어… 전투에 동참하기"를 좋아했다. "늘 그렇듯이 지는 쪽에 서게 되는 것은 아랑곳하지 않았다."[2] 그는

"대중을 움직이고 변화시켜" 전쟁 반대 여론을 키워가는 사람들을 높이 평가했다. 그는 신문 장사를 하는 틈틈이 "추수감사절에 (NBC 방송 아침 토크쇼) 〈오늘Today〉에 출연도 했다." "존경받는 유명 인사들"과 나란히 추수감사절이라는 가장 미국적인 명절에 TV에 나온 것이다. 이지는 자신이 그런 자리에 출연하는 것이 썩 어울리는 일이라 생각했다. 그는 뉴욕 시민회관에서 여는 60회 생일 및 창간 15주년 행사 티켓을 「I. F. 스톤 위클리」를 통해 판매하기도 했다. 1968년 1월 19일 시민회관에 많은 관중이 몰려들어 스톤이 건배하는 모습을 지켜봤다. 축사를 하는 사람들 가운데에는 E. Y. 하버그[1896~1981. 미국의 저명한 대중가요, 뮤지컬 작사가]도 있었다. 그는 대공황 시대의 아픔을 읊은 노래 〈형씨, 10센트만 빌려주소Brother, Can You Spare A Dime?〉와 〈무지개 넘어Over The Rainbow〉 같은 명곡을 작사했고, 뮤지컬 《피니언의 무지개Finian's Rainbow》의 가사를 썼다. 잘나가던 하버그가 주저앉은 것은 블랙리스트 때문이었다. 물론 그는 공산당원이 아니었다. 스톤은 하버그가 〈공화국 찬가The Battle Hymn of the Republic〉[남북전쟁 때 북군이 부른 군가. 미국에서는 공식 행사 때 국가처럼 많이 부른다] 곡조에 맞춰 낭독하는 찬사를 들으며 흐뭇해했다.

> HUAC는 그의 글을 읽고 그를 인용하고,
> 앨솝은 그의 글을 읽고 그를 비난하고,
> 레스턴은 그의 글을 읽고 교묘하게 차용하네,
> 하지만 돌덩어리 스톤은 떼굴떼굴 계속 굴러가![3]

「I. F. 스톤 위클리」 창간 14년 만에 스톤은 FBI가 뒤따라다니는 아웃사이더에서 입심 좋은 평론가로서 인기 있는 TV 토크쇼의 러브콜을 받는 인물이 됐다. 이렇게 된 데에는 베트남전이 큰 역할을 했다. 스톤은 "나는 전쟁으로 큰 이득을 본 자"라는 농담을 하곤 했다. "이지의 영향력은 엄청났다."[4] 나이트 신문 계열 칼럼니스트 에드 레이히가 1968년에 한 말이다.(당시 스톤의 주간지 구독자 수는 4만 명이었고, 이듬해에는 5만 명으로 껑충 뛴다.) "일종의 촉매반응 같았다. 스톤의 글을 읽는 사람들은 다른 사람들에게도 영향을 미친다. 그렇게 꼬리에 꼬리를 무는 식으로 해서 결국은 스톤이라는 이름조차 들어본 적 없는 사람들도 물이 드는 것이다." 스톤은 프랑스의 「르몽드Le Monde」에서부터 펜실베이니아 주의 소도시 요크에서 발행되는 「가제트」까지 일간지 12종을 구독하며 온갖 정보를 모았다.

1960년대의 시작은 전망이 썩 밝아 보이진 않았다. 민권은 아주 조금씩 향상되는 수준이었다. 매카시즘은 한물갔지만 반공 논리를 토대로 한 냉전 시대 핵무기 경쟁은 위험한 지경으로 치달았다. 쿠바에서 일어난 혁명은 미국의 신경을 거슬렸고, 공산 중국 및 동베를린과의 관계도 위태위태했다. 1968년 닉슨이 공화당 대통령 후보로 나서 평화를 가져오겠다고 공약했을 때 스톤은 독자들에게 역사의 교훈을 상기시켰다. 거짓 공약에 속지 말라는 얘기였다. "아이젠하워와 닉슨은 1952년 평화를 외치며 대통령과 부통령으로 당선됐다. 그런데 …아이젠하워는 한국전쟁을 평화로 바꾸지 못했으며, 닉슨은 미국을 인도차이나 전쟁으로 끌고 들어갈 준비가 돼 있었다. …그는 한국 문제에 대해서는 트루먼보다 맥아더의 입장을 지지했다. 또 중국의 여러 기지를 폭격하고 장제스를 투입하는 쪽에 찬성했다." 1960년 스톤은 '닉슨의 베트남 문제 처리 방식은 틀렸다'는 제목으로 경고성 1면 톱기사를 올렸다. 당시 대부분의 미국인은 베트남이 어떻게 돌아가고 있는지조차 모를 때였다.[5]

1960년 민주당 전당대회가 끝나자 스톤은 이렇게 빈정거렸다. "이렇게 관심을 못 끄는 전당대회는 본 기억이 없다. 그래서 우리는 이런 무관심을 국민적 성숙의 징표라고 본다."[6] 스톤이 보기에 당시 민주당 전당대회는 새로운 비전을 전혀 제시하지 못하는 평범한 수준이었다. 엘리너 루스벨트가 아들라이 스티븐슨을 열렬히 지지한 것이 "인상에 남을 만했다. …특히 그녀의 존재감은 다른 대의원들을 압도했다." 대선 후보 경선 주자로는 "저능아 사이밍턴"과 "외화내빈 잭슨", "수완가 존슨" 등이 나섰지만 단연 빛을 발한 것은 케네디였다. "그의 우아함과 센스, 지성은 단연 눈에 띄었다." 민권을 강조한 민주당 강령은 연좌 농성을 옹호하고 국가에 대한 충성과 안보를 빌미로 한 인권 탄압을 규탄했다. 피고인들이 "얼굴 없는 정보원"들과 대질신문을 할 권리도 도입했다.

역사상 가장 젊은 미국 대통령 내외가 백악관에 입성하자 온 세계가 환호했다. 스톤도 마찬가지였다. 케네디 부부는 "동화책에나 나오는… 왕자와 공주처럼 매혹적이었다." 스톤은 43세의 대통령이 첫 기자회견에서 마음껏 매력을 뿜내는 것을 직접 보고 감탄을 금치 못했다. 그러나 그렇다고 해서 대통령에 대한 비판이 무뎌질 스톤은 아니었다. 그는 곧 "국가 지도력이 급속히 퇴화하고 있다"고 비판하고 나섰다. 그는 케네디가 대통령으로 선출되기 전에도 쿠바 침공은 불가하다고 경고한 바 있다. 케네디가 취임식을 하기 직전 스톤은 그에게 CIA를 통한 외국 요인 암살 등등 아이젠하워 시대의 정책과 완전히 단절할 것을 촉구했다. 스톤은 라틴아메리카 우파 독재자들과의 동맹 및 쿠바 지도자 피델 카스트로에 대한 기만적 행동은 대단히 위험하다고 경고했다. 그는 또 미국이 "전쟁 예방 차원의 선제공격"에 유혹을 느끼는 것에 대해서도 우려를 표했다. 미국은 "오만한 태도로" 유엔 안전보장이사회에 우리의 의도는 "새하얀 눈처럼" 명백하다고 단언하면서도 뒤로는 "해상과 공중 봉쇄를 통해 카스트로 정권을 질식시키는 계획을 기자들에게 넌지시 흘렸다."[7] 1961년 스톤은 "왜 갑자기 안 그런 척하는가… CIA 요원들이 「프라우다」〔소련 공산당 기관지〕만 번역하고 있다는 게 말이 되는가?" 하고 반문했다. (CIA는 1950년대에 라틴아메리카 좌파 정권 전복에 적극 관여했다.) 1962년 스톤은 케네디가 민권 향상 문제에 미지근하게 대처하고 있으며 "외교적으로는 베트남에서 베를린까지 해외 6개 지역에서 우리를 전쟁 일보 직전으로 끌고 가고 있다"는 식으로 대통령을 조롱했다.[8]

케네디 대통령이 취임한 지 몇 주밖에 안 된 시점에 CIA가 주도하는 피그 만灣The Bay of Pigs 침공을 승인하자 스톤은 이를 쿠바에 대한 "우리의 진주만 침공 사건"이라 불렀다. 피그 만 침공〔바티스타 정권을 몰아낸 카스트로가 1961년 4월 16일 쿠바를 사회주의 국가로 선언하자 다음날인 4월 17일 CIA가 주축이 돼 쿠바를 공격한 사건. 쿠바인 망명자 1,500명으로 구성된 침공군 '2506 공격여단'은 미 공군의 막판 지원 거부로 100여 명이 죽고 1,000여 명은 체포됐다. 이때부터 카스트로와 미국의 대립이 본격화된다〕작전은 처음부터 끝까지 엉망이었다. 미국 신문들은 이미 미국의 쿠바 침공 가능성을 보도한 바 있다. 카스트로는 이런 보도를 접했기 때문에 따로 정탐을 해서 대비할 필요도 없었다. 케네디도 침공 가능성을 시인했다. 그러나 쿠바 해안을 침공한 "해방군"을 맞아줄 내부 지지세력의 봉기 같은 것은 없었다. 역사는 늘 그랬다. 스톤은 피그 만 침공 실패 이후 그 이상의 "일방적인 개입"은 안 된다고 경고했다.

미국 마이애미에 거주하는 쿠바 망명자들과 카스트로 정권의 관계는 썩 안 좋았지만 상당히 복잡한 구석이 있었다. 마이애미의 형제들은 쿠바에 거주하는 형제들과 싸웠다. 많은 온건파 망명객들은 카스트로에게 쫓겨난 독재자 바티스타를 혐오했고, 카스트로에게 갈채를 보냈다. 이런 분위기는 카스트로가 사회개혁을 적극 추진하면서 억압 통치로 노선을 바꿀 때까지 지속됐다. 그러나 모든 것을 잃은 부유층 망명자들은 죽을 때까지 카스트로와 싸우겠다고 다짐했다. 카스트로는 CIA와 케네디 대통령 형제가 자신에 대한 암살 음모를 꾸미고 있다는 것을 정확히 포착했다. 미국 정부는 쿠바 수도 아바나의 카지노를 장악한 미국 갱들에게 우호적이었고, 쿠바에 대한 수출입 금지 조치를 발동했으며, 쿠바를 불법 침략할 계획을 세우고 있었다.

피그 만 침공으로 수많은 비극이 벌어졌다. 당시 29세였던 침공군 사령관 호세 페페 산 로만의 자살은 침공 작전 전체의 성격을 말해주는 일종의 은유다. 그는 미국의 지원을 추호도 의심치 않았다. 그러나 자신이 이끄는 군대가 쿠바군에게 처참히 학살당하는 것을 그저 바라볼 수밖에 없었다. 1961년 4월 17일 침공 당일 산 로만은 미국이 약속한 지원 사격을 기다렸지만 허사였다. 산 로만은 무전으로 지원을 호소했으나 지원은 오지 않았다. 새벽녘 교신 내용. "당신들 지금 여기 상황이 얼마나 절박한지 알아? 우릴 지원해줄 거야, 말 거야? 우리가 원하는 건 전투기로 엄호해달라는 거야. ⋯절박해, 안 그럼 우린 다 죽어." 한 시간이 흐른 오전 6시 13분. "블루비치에서 공격당하고 있다. ⋯공중 엄호 해준다더니 어떻게된 거야?" 오전 7시 12분. "적이 레드비치 쪽에서 트럭을 타고 몰려오고 있다⋯." 오전 8시 15분. "상황이 심각하다. ⋯공중 지원이 절실하다." 오전 9시 14분. "공중 엄호는 도대체 어떻게 된 거야?" 오전 9시 55분. "제발 좀 도와줘. 뭐든 좋아. 제트기 보내라고." 전투가 종료될 무렵 상황. "탄약이 떨어졌다. 적들이 들이닥친다. ⋯당장 비행기 다 보내." 미국에 대한 마지막 지원 호소가 거부되자 산 로만은 소리쳤다. "이, 개새끼들아."[9]

산 로만은 당시 전투에서 죽지 않았다.[10] 그는 쿠바군에 포로로 잡혔다가 미국으로 송환됐고, 1962년 12월 마이애미에서 남은 포로들의 생환을 축하하는 모임에 참석해 케네디 대통령과 나란히 섰다. 그는 평생 미국의 배신에 대해 이를 갈다가 세월이 한참 지나 기억조차 희미해진 시점에 자살로 생을 마감했다. 스톤이 사망하던 1989년의 일이었다.

피그 만 침공이 참패로 끝난 뒤 스톤과 평화 운동가들은 「뉴욕 타임스」에 미국의 추가 개입을 반대하는 기명 광고를 냈다. 스톤은 "교류 거부와 수출입 금지 조치 등 쿠바에 철의 장막을 치려는" 케네디의 정책을 맹렬히 반대했다.[11] 그는 그런 정책을 통해 쿠바의 "소비에트화가 촉진됐으며,

그보다 더 자멸적인 정책은 상상하기 어렵다"고 지적했다. 쿠바와의 외교 관계는 대단히 중요했다. "쿠바는 공산권 국가들 가운데 소련이나 중국 진영에 확실히 가담하지 않은 유일한 나라"이기 때문이었다.

피그 만 침공이 처참한 실패로 끝났지만—「타임」지도 "충격적일 정도로 어설픈 작전"이라고 비난했다—도덕적으로 잘못된 전쟁이라고 문제 삼는 언론인은 거의 없었다. 냉전 경쟁에 익숙해진 미국인들은 케네디를 지지했다. 갤럽 여론조사에서 그에 대한 지지율은 10퍼센트 포인트가 뛰어 83퍼센트를 기록했다. 케네디는 아이젠하워 수준의 지지율을 기록했다고 큰소리쳤다. "못할수록 사람들은 더 좋아한다"는 말이 딱 들어맞는 결과였다.[12]

1960년대 초 스톤은 신좌파New Left[1960년대에 유행한 좌파 색채의 사회개혁, 체제비판 운동. 미국과 유럽 선진국 젊은이들을 중심으로 유행처럼 번졌다]에게 쿠바 문제를 집중적으로 얘기했다. 당시 신좌파는 막 세를 얻고 있었다. CIA와 FBI는 그런 상황을 주목하고 있었다. 민주사회를 위한 학생연합Students for a Democratic Society(SDS) 창설 멤버였던 역사학자 토드 기틀린은 후일 스톤과의 대담에서 이렇게 말했다. 당시 스톤은 70대였다. "제 기억으로는 선생님의 입장은 카스트로는 진정으로 독립적인 과격파이며, 대단히 유감스럽게도 미국 정부가 그를 소련의 품으로 밀어넣었다는 것이었습니다." 그러자 스톤은 이렇게 답했다. "지금도 나는 그렇게 봅니다. 나는 카스트로 집권 이전에 쿠바에 세 번 가봤고, 카스트로 치하의 쿠바도 세 번을 가봤습니다. 그런데 쿠바는 그가 점점 밀리면서 달라졌어요. 기성세력인 쿠바 공산당과 적대적인 미국 사이에서 곤경에 처한 상태였지요. 그래서 정치적으로 뭔가 그럴듯한 제스처를 취해야 할 상황이었어요. 1920년대에 창설된 쿠바 공산당은 다채로운 이력을 가지고 있었습니다. 바티스타를 지지했고, 카스트로에 대해서는 우호적이지 않았습니다. 그들은 카스트로를 제거할 수 있다고 생각했어요. 미국이 쿠바에 대한 석유 수출 금지 조치를 취했을 때 카스트로는 모스크바 외에는 손을 벌릴 데가 없었습니다. [스톤이 이 얘기를 한 것은 소련이 붕괴되기 5년 전이었다.] 하지만 난 그가 그 빌어먹을 공산권에서는 유일하게 가장 유능한 인물이라고 봐요."[13]

스톤은 카스트로를 너무 낭만적으로 봤다는 평에 대해 발끈했다. 아닌 게 아니라 그는 처음에 카스트로를 1776년 미국 독립을 쟁취한 혁명가들에 버금가는 영웅이라고 불렀다. "처음에는 분위기가 소비에트식으로 가는 쪽은 전혀 아니었어요. 하지만 그 뒤로 변했지요. 원래 그는 신좌파에 가깝다고 할 만했습니다. 사회주의를 두려워하지는 않았지만 어떤 도그마에 사로잡힌 상태는 아니었거든요." 기틀린이 카스트로는 "어쨌거나 큰소리만 떵떵 치는 독재자"라는 일부의 의견을 전하자 스톤은 잠시 주춤했다. "글쎄, 그럴 수도 있겠지요. 하지만, 내가 거기 가 봤을 때는…" 그러면서 스톤은 1960년 여름 쿠바 방문 당시 얘기를 꺼냈다. 흑인들이 레스토랑에서 버젓이 식사를 하고 있었다. 예전에는 부자와 외국인만이 들어갈 수 있었다. 그리고 언론의 자유가 있었다. 당시 스톤은 쿠바를 빈자는 억눌리고 부패가 판을 치는 가난한 중남미의 작은 농업 국가 정도로 봤다. 스톤은 쿠바 혁명에 큰 기대를 걸고 있었다.(쿠바의 개혁주의자, 좌파, 온건파도 카스트로가 전체주의 노선을 드러내기 전까지는 그의 편을 들었다. 많은 사람들이 쿠바의 인권 유린을 규탄하지만 지금도 쿠바의 초기 농업 개혁, 문맹 퇴치, 높은 의료 수준 등에 대해서는 칭찬을 아끼지 않고 있다.) "지금은 소비에트식 국가지요. 하지만 그 책임이 난 미국에 있다고 봅니다." 스톤의 주장이다.

오래전에 스톤은 양측에 상호 이해를 촉구했다. 카스트로에게는 혼합 경제 체제와 선거 제도를 도입하라고 촉구했고, 케네디에게는 미국이 다른 공산국가들과 하는 것처럼 쿠바와도 무역을 하라고 촉구했다. "미국은 혁명 쿠바와 공존할 수 있었습니다. 하지만 우리는 약소국을 우습게 알고 함부로 굴었지요. 우리는 101퍼센트를 요구한 겁니다."[14]

쿠바와 미국 정부는 하나같이 쿠바에 대한 스톤의 평가를 자기 입맛에 맞게 이용했다. 스톤은 혁명 이후의 쿠바를 방문하고 돌아왔을 때 미국 정부와 카스트로 개인숭배 양쪽 모두에 대해 대단히 비판적이었다.[15] 스톤의 친구인 칼럼니스트 에드 레이히는 「I. F. 스톤 위클리」를 백악관으로 보내줬다. 며칠 후 쿠바를 비판하는 백악관 보도자료에는 스톤의 글이 일부 인용돼 있었다. 쿠바에서도 스톤의 똑같은 기사를 미국 규탄 연설에 써먹었다.

카스트로는 종종 쿠바에 대한 미국의 "외교 정책"이 사실은 "국내용 정책"이라는 주장을 했다. 플로리다에 사는 쿠바 망명자들에게 증오를 부추기고 수출입 금지 조치를 강화한 것은 오랜 세월 플로리다 지역 표를 확보하기 위한 작전이었고, 이는 잘 먹혔다. 한편 그런 미국의 억압을 빌미로 카스트로는 반미 목소리를 높일 수 있었다. 거인 골리앗에 맞서는 다윗을 자처한 것이다. 그렇게 해서 지금까지 반세기를 버텨왔다.

스톤은 당초 쿠바 혁명에 호감을 갖고 있었지만 1961년이 되면 냉정해진다. 전년도에 현지를 방문하면서 쿠바에 많은 변화가 생긴 것을 봤기 때문이다. 61년 4월 피그 만 침공 2개월 전에는 쿠바에 대한 답답함을 "가슴속에 있는 얘기를 몽땅 털어놓고 싶다"는 식으로 표현하기도 했다.[16] 스톤은 쿠바에서 벌어지고 있는 모순적인 양상에 직면했다. 쿠바는 악선전을 하는 자들의 주장처럼 끔찍한 나라도 아니지만 지지자들의 착각처럼 좋은 나라도 아니었다. 그는 미국이 쿠바와 외교 관계를 회복하고 냉전적인 강경 조치들을 철회하는 동시에 선린우호 관계를 발전시켜나가기를 희망했다. 그러나 쿠바에서 오만으로 점철된 "극좌주의"가 모습을 드러내고 언론 탄압과 함께 "비밀경찰과 자의적인 법 집행이 강화되는" 것을 보면서 그런 희망은 차츰 사그라졌다. 그러나 그런 상황에서도 스톤은 여전히 갈등했다. "부자 나라 국민인 우리 같은 관찰자가 그들의 절박한 고군분투를 제대로 이해하기는 참으로 어렵다. 쿠바의 열렬한 이상주의자들은 적대적인 강대국의 위협을 받으면서도 가난한 식민지 사회를 단기간에 재건하기 위해 애쓰고 있다." 그는 카스트로가 "우리의 티토"가 되기를 희망했다. 「타임」을 비롯한 언론들의 쿠바 재침공 주장에 대해서는 위험천만한 일이라고 비난했다.

1962년 가을에 소련 미사일이 쿠바 섬에 배치된 정황이 포착됐다. 62년 10월 22일 케네디 대통령은 쿠바에 대한 해상 봉쇄를 명하고 소련한테 쿠바에 배치한 미사일을 모두 철수시키라고 요구했다. 스톤은 이를 전쟁 도발 행위로 간주했다. 닷새 후 미국의 행동에 분개하며 핵전쟁 발발 위기를 절감한 스톤은 평화 운동에 앞장서온 노먼 토머스, A. J. 머스티와 나란히 백악관 앞에서 2,000여 시위대를 향해 일장연설을 했다. 공군 예비 병력이 소집된 상태였고, "핵전쟁 일보직전"에 왔다고 보이는 상황이었다.

언론인들과 역사학자들은 흐루쇼프(소련 공산당 서기장)와 케네디가 눈싸움을 했는데 소련 지도자가 "먼저 눈을 깜빡였다"는 사실을 강조했다. 그러나 스톤은 이보다 더 중요한 질문을 던졌다. 흐루쇼프가 먼저 깜빡이지 않았다면 어떻게 됐을까 하는 것이다. 스톤은 케네디에게서 마초적인 무모함을 봤다. 당시 케네디로서는 피그 만 침공 좌절 이후 모종의 승리가 필요했다. 쿠바 미사일 위기 사태 이후 내부 자료가 속속 드러났지만 스톤은 신빙성이 떨어진다고 비판했다. 스톤은 두 강대국 지도자 모두 서로를 속이려는 외교 정책을 폈다는 비난에서 자유롭지 못하다고 봤고, 케네디는 핵전쟁으로 인한 세계의 파멸 가능성을 우려한 것 못지않게 민주당의 의회 다수 의석 유지에 관심이 많았다고 주장했다. "소련 미사일 문제를 해결하지 못한 채 11월 선거를 맞게 되면 케네디와 민주당으로서는 재앙이었을 것이다."[17] 스톤은 소련과의 결전 하루 전날 "감상적인" 케네디가 노심초사한 것은 "자신의 안위가 아니라, 꽃 한 번 피워보지 못한 세상의 모든 무고한 어린이들이었다"고 한 대통령 보좌관 테드 소렌슨의 주장을 별로 신뢰하지 않았다. 냉철한 스톤은 오히려 "케네디가 아이들이 그렇게 걱정됐다면 선거 패배를 각오하고라도 소련과 협상에 나섰을 것"이라고 지적했다.

스톤은 "공멸에 대한 공포가 공존의 필요성을 절감케 했을 것"이라고 봤다. 흐루쇼프는 미국에 공포심을 느끼고, 케네디는 소련에 대해 새로운 의미에서 신뢰감을 느낀 것이 서로 맞아떨어져 추후 "데탕트 분위기로 나아가게 됐다"는 것이다. 케네디는 일단 위험한 모험을 택했다. 그러나 "아무리 시간이 오래 걸려도 협상이 3차 대전을 무릅쓰는 것보다는 나았을 것이다." 스톤은 쿠바 미사일 위기가 한창일 때 리프먼과 같은 해법을 제시하면서 서로 체면을 살릴 수 있는 묘책을 거부한 것은 케네디라고 비난했다. 당시 흐루쇼프가 최종적으로 미국에 제시한 타협안은, 소련은 쿠바에서 미사일을 철수하고 미국의 우방인 터키에 대한 불가침을 약속하는 대신 미국은 터키에 배치한 중거리 미사일을 철수하고 쿠바에 대한 불가침을 약속하라는 것이었다. 이에 대해 케네디는 "용인할 수 없다고 보고 즉각 거부했다"고 아서 슐레진저[1917~2007. 미국의 역사학자, 관리. 하버드대 역사학과 교수와 케네디 대통령 특별보좌관을 지냈다]는 설명했다. 그러나 스톤은 "소름끼칠 정도로 자국 중심주의적이며, 쿠바의 운명과 이해관계는 철저히 무시한 행동"이라고 평가했다.

스톤이 당시 케네디와 보좌관들 사이에 오간 대화 내용을 입수했다면 케네디에 대해 한결 온건한 평가를 내렸을 것이다. 케네디는 이미 터키 배치 미사일을 제거하는 쪽으로 조치를 취하겠다는 입장을 흐루쇼프에게 은밀히 밝힌 상태였다. 1997년에 공개된 테이프에 따르면 당시 국방장관 로버트 맥나마라는 물론이고 상원 외교위원장 풀브라이트 같은 사람들조차 군사적 해결책을 고집했지만 케네디는 고뇌를 거듭하며 막후에서 양보도 한 비둘기파였음을 알 수 있다.

쿠바 미사일 위기 종료 직후 스톤은 마지막으로 쿠바를 방문했다. 이어 귀국 직후인 1963년 1월 다시 한번 공산권 국가들의 처지와 노선이 모두 동일한 것은 아니라는 주장을 폈다. "공산권 지도자 가운데 유독 카스트로만이 모스크바와 베이징 사이에서 중립을 유지하겠다고 선언했다. 이는 미국에 유리하게 작용할 수 있다. 미국의 정책이 어느 정도 유연하고 실용적이라면, 경직된 이데올로기에서 벗어난다면, 괜찮은 결과가 있을 것이다. …우리는 공산권 국가들 대부분과 외교 관계를 가지고 있다. 무역도 한다. 문화교류도 한다. 심지어… 유고슬라비아와 폴란드에는 원조도 제공한다. 하지만 중국과 쿠바는 완전히 내놓은 자식 취급이다. 그런 그들이… 극도로 적대적으로 나오는 것이 어찌 놀랄 일이겠는가?"

스톤은 카스트로주의자들에 대해 "인류 문명의 봄날을 누리고 있다"는 식으로 순진하게 극찬했다. "다른 나라에서는 젊은이들이 버섯구름(핵전쟁)의 위협 속에서 반사회적 성향만 높아지고 있는 반면, 쿠바에서는 같은 또래 젊은이들이 아직도 신념을 가지고 있다." 스톤은 "양키 제국주의자들"이 아바나를 현대화함으로써 "세계 최초로 에어컨을 갖춘 도시에서 혁명을 쟁취하기 위해" 싸울 수 있도록 해주었고, 이는 쿠바 혁명가들에게는 오히려 다행스러운 일이라는 식으로 농담을 하기도 했다. 그러나 쿠바의 교도소를 가보거나 주민 감시를 위해 경찰력을 어떻게 동원하는지에 대해서는 살펴보지 못했다는 사실은 인정했다.

스톤은 미국에 망명해 있는 쿠바인들에게 동정심을 갖는 것은 당연하지만 미국이 그들의 시각에 맞춰 정책을 수립하거나 "우리 자신이 만들어 낸 쿠바에 대한 악선전에 스스로 놀아나서는 안 된다"고 주장했다. 그러면서 이렇게 덧붙였다. "쿠바에 대해 객관적으로 접근하거나 우호적인 관계를 유지하려는 사람들이 얼간이로 매도되고 있으며, 스탈린 시절에 그랬던 것처럼 실제로 얼간이들도 있다. 그러나 결국 그런 얼간이들이 자체 악선전에 놀아난 자들보다는 그나마 사태를 덜 악화시킨 것도 사실이다."[18]

일종의 변명이다.

　마지막 쿠바 방문 때 스톤은 일시 구금을 당했다. 워싱턴에서 출발하기 전날 케네디는 쿠바에 운항하는 국가들에 대해 새로운 제재조치를 취할 계획이라고 선언했다. 따라서 미국 기자가 쿠바 여행을 하기에는 시기적으로 안 좋았다. 스톤은 먼저 비행기 편으로 멕시코로 가서 거기서 다시 비행기를 갈아타고 쿠바로 들어갔다. 다른 승객들이 공항을 빠져나가는 사이 스톤은 "입국 창구로 갈 때마다 뒤로 물러나라는 얘기를 들었다."[19] 당연히 스톤은 가만있지 않았다. 아바나 공항 관계자들은 가방을 마구 뒤지는가 하면 아바나의 한 병원에 전달하려고 숨겨온 의약품 더미를 압수해갔다. "그때 난 정말 피곤하고 화가 났고, '좋다, 한 번 해보자는 거냐?' 는 기분에 열이 올랐다." 스톤의 회고다. 그는 한 젊은 병사와 고함을 주고받다가 결국 끌려가 조사를 받았다. 그는 경찰서 유치장 바로 앞에 마련된 간이침대에서 자기를 거부하고 밤새 "의자에 앉아 꾸벅꾸벅 졸거나 경찰서 안을 어슬렁거렸다."

　집으로 전화를 하려고 했으나 허용되지 않았다. 에스터는 남편한테 전화가 없는 걸 보니 유치장에 갇힌 게 틀림없다고 생각했다. 스톤에 대한 감시는 허술해서 "어디가 어딘지만 알면 충분히 도망을 칠 수도 있었다"고 할 정도였다. 그는 "한 번 세게 나가보자" 싶어 의자를 걷어차기 시작했다. 그러나 입국 절차 문제가 아니라 "보안" 문제라는 얘기를 듣고는 "정신이 번쩍 났다." 그때부터 스톤은 얌전하게 굴었다. 이스라엘 기자 친구가 체코 수도 프라하에서 날조된 혐의를 뒤집어쓰고 4년간 감옥살이를 했던 일이 생각난 것이다. 스톤은 쿠바 혁명의 2인자인 체 게바라에게 '내가 여기 와 있다'는 얘기를 전해달라고 경찰 관계자들에게 부탁했다. 게바라와는 개인적으로 아는 사이였다. 스톤은 자신이 왜 구금됐는지도 전혀 몰랐고, 그러다가 왜 하루 만에 풀려났는지도 몰랐다. 그러나 어쨌든 "피델 카스트로 본인도 최근 연설에서 관료주의를 공격하지 않았느냐,

지금 당신들이 이러는 거야말로 관료주의의 전형 아니냐?"고 따진 것이 주효했다는 생각을 했다.[●]

이후 스톤은 슬로피 조라는 호텔에 투숙해 면도를 하고 뜨거운 물로 샤워를 한 뒤 자유를 만끽했다. 관광객이 많이 가는 호텔로 플로리다 주 남단 키웨스트 섬에 있는 바와 이름이 똑같았다. 스톤은 90센트짜리 다이커리[럼주와 레몬을 섞은 쿠바식 칵테일]를 마시며 흐뭇한 기분을 느꼈다. "마르크스-레닌주의에도 불구하고… 그 맛은 여전히 세계 제일이었다."

바텐더는 미국인 관광객 스톤을 "마치 무슨 유령이라도 되는 양 경계하는 눈빛으로 바라봤다." 바텐더는 칵테일을 혼합하는 동작을 하면서 "쿠바에서 이제 미국인들은 끝났어요"라고 말했다. 아쉽다는 어감도 잘됐다는 어감도 아니었다. 그저 "객관적으로 완전히 그렇게 됐다, 이젠 변할 수 없는 사실이라는 투였다. 내가 마치 마지막 양키 제국주의자인 듯한 기분이 들었다. 환영받지 못하는 느낌이어서 영 마음이 편치 않았다."

스톤은 미국의 정책을 계속 비판했지만 그 방문 이후로 쿠바에 대한 생각도 달라졌다. 그는 더이상 쿠바를 사회주의의 이상향으로 보지 않았으며, 다시 방문할 생각도 하지 않았다.

한편 스톤은 조국에서는 계속 은밀한 사찰의 대상이 됐다. 핵 확산에 반대하는 강연을 계속한 것이 FBI의 주목을 끈 것이다. 특히 라이너스 폴링[1901~94. 미국의 물리화학자. 1954년 노벨 화학상, 1962년 노벨 평화상을 수상했다], 노먼 토머스, 벤저민 스포크 박사, 평화를 위한 여성 운동^{Women Strike for}

[●] 후일 스톤은 당시의 억류 상황을 곰곰이 돌이켜보면서 이렇게 말했다. "체코 대사관에서 그 사람들한테 '꺼져'라고 말한 게 잘못이었던 것 같아요. 당시 우리는 쿠바와 외교 관계가 단절된 상태여서 체코 대사관에서 쿠바행 비자를 받아야 했거든. 그 사람들이 날 부르더니 와서 같이 점심을 먹자며 시끄럽게 구는 거예요. 그래서 '여보시오, 난 정말 바빠요'라고 했지. 그들은 쿠바행 비자를 내주면서 뭔가 대가를 바랐던 것 같아. 그런데 난 체코 공산당 싫었거든. 지금도 세계에서 가장 비열한 공산당 가운데 하나였다고 생각해요. 체코인들이 손을 써서 날 엿 먹인 거라고 봐요."[20]

^{Peace}[1961년 창설된 미국의 반핵·반전 단체]과 함께 핵무기 반대 운동을 한 것이 문제였다. 그러나 1961년 상황에서 스톤의 주장을 모두가 열렬히 환영한 것은 아니었다. 당시 뉴욕시 하퍼 칼리지에서 스톤이 강연을 한다는 일정이 공지되자 미국여성애국군단^{American Legion Auxiliary}에서 반反쿠바 활동을 하는 베티 오하라라는 사람은 언론 인터뷰를 통해 스톤이 언론의 자유를 주창하면서 "우리의 안보 관련 법률들을" 없애버리려 한다고 비난했다. 이에 대해 기자가 소개한 스톤의 반론은 이런 식이었다. "하원 반미활동조사위원회^{HUAC}야말로 어떤 면에서 공산주의자들이나 마찬가지다. …그들은 자기와 생각이 다른 사람들을 괴롭히고 비방하는 것을 당연한 일로 여긴다. 그런데 안보 관련 법률을 폐기하려 한다는 식의 반응은 처음이다. …1949년 이후 지금까지 그런 반응을 보인 경우는 정말 기억에 없다."²¹

스톤은 자신의 애국심을 문제 삼는 반응에 너무도 화가 난 나머지 당초 계획했던 강연 대신 "애국심에 대한 일장 연설을 했다. 청중들 가운데에는 재향군인과 미국 혁명의 딸들^{DAR} 회원 및 사복형사, FBI 요원들도 많았다." 스톤은 현지 신문에서 HUAC가 자신이 관련이 있다고 발표한 "전위 조직" 명단을 그대로 게재한 것을 맹비난했다. 그는 그런 단체와 연대한 것이 "전혀 부끄럽지 않다"면서 오히려 "25년 전에 했던 연설들을" 물고 늘어지는 행위를 비난했다. 그러면서 "그들이 나한테 전화만 했더라도 좀더 최근에 한 연설을 보내주었을 것"이라고 꼬집었다. 스톤은 현지 신문들의 보도에 대해 "명예훼손"에 가까운 "쓰레기"라며 "점잖은 사람들이 겁을 먹고 내 얘기에 귀를 기울이지 못하게 하려는 수작"이라고 지적했다. 또 "자유로운 나라는 다른 의견을 갖기를 두려워하는 토끼 같은 겁쟁이들이 우글거리는 나라가 아니다. …언론의 자유가 너무 많아서 전복된 나라는 하나도 없다"고 일갈해 박수갈채를 받았다. 그는 전체주의 국가들의 폐해를 거론하면서 특히 소련을 문제 삼았다. 그러면서 "누군가가 다수의 의견과 다른 의견을 표명할 때마다 잡아먹을 듯이 들고일어

나는 바보들"이 있긴 하지만 "미국은 여전히 언론의 자유에 대해 관대하다"고 했다.

뒷부분 토론 시간에도 스톤은 보청기를 크게 해놓고 여러 질문을 귀담아들었다. 한 재향군인회 회원이 HUAC가 공산당 "전위 조직"이라고 비난한 에이브러햄 링컨 여단을 어떻게 지원할 수 있느냐고 묻자 스톤은 에이브러햄 링컨 여단은 나치와, 이탈리아 파시스트들과 싸웠다고 응수했다. 그러면서 "그때 질문자는 어느 편이셨습니까? 링컨 여단 편이었습니까 아니면 나치 편이었습니까?"라고 반문했다. 질문자가 계속 스톤을 몰아붙이려 하자 스톤은 "먼저 내 질문에 대답부터 하세요!"라고 소리쳤다. 그러자 질문자는 "할 말 없소"라고 퉁명스럽게 내뱉고는 자리에 앉았다.

1963년 11월 세계는 충격과 슬픔에 휩싸였다. 케네디 대통령이 댈러스에서 카퍼레이드 도중 총격을 받고 사망한 것이다. 스톤은 케네디 사망 이후 쓴 칼럼에서 이렇게 말했다. "그를 볼 때면 그 위트와 지성과 능력과 젊은 패기에 정말 기분이 좋았다. 바로 그 때문에 댈러스에서 느닷없이 일어난 그 비극적인 사건은 지금도 믿기지 않는다. 참으로 가슴 아프다."[22] 이어 스톤은 잠시 숨을 고른 뒤 당시로서는 놀라울 정도로 가혹한 평가를 내렸다. 다른 평자들이 비슷한 평가를 하기 시작한 것은 우상화된 케네디의 진면목이 세상에 알려지고 나서 한참 뒤의 일이었다. "아마도 어떤 의미에서 존 피츠제럴드 케네디는 절묘한 타이밍에 죽었다는 것이 진실일 것이다. 그는 적당한 때에 죽음으로써 본인이 기억되기를 원하는 대로 기억됐다. 늘 젊고, 항상 승리했으며, 총에 맞아 쓰러졌지만 결코 패한 적이 없었다…." 그러나 다음 문장은 이렇게 이었다. "케네디 행정부는 막다른 길에 봉착해가고 있었다. 국내적으로는 확실히 그랬고, 대외적인 차원에서도 곧 그럴 가능성이 높았다. 탈출구는 전혀 보이지 않았다. …대통령은 백인 우월주의를 여전히 고집하는 [의회의] 저 꼰대들과 '당장 자유를' 달라고 절규하는 진보적인 흑인 대중 사이에서 이러지도 저러지도 못하는 상태였다." 외교 문제에서 케네디는 소련과 아주 사소한 정도의 해빙을 시도했지만 역시 냉전주의자들에게 발목을 잡혔다.

스톤은 독자들에게 복합적인 현실을 제대로 꿰뚫어보라고 주문하면서 CIA의 비밀공작에 박수를 보내거나 아예 무관심한 태도를 비판했다. CIA는 콩고의 파트리스 루뭄바 총리가 처형되고 남베트남〔공산 통일 이전의 월남〕 응오딘지엠 대통령 형제가 암살당하는 과정에 적지 않은 역할을 했다. "우리 모두는 단도나 총을 잡으려고 한다. 그렇게 하는 것이 우리의 정치적 관점에 맞으면 적어도 머릿속에서는 그렇게 생각한다. …그런 의미에서 우리는 케네디를 죽인 오스왈드나 오스왈드를 살해한 잭 루비, 극우 정신병자들과 어느 정도 같은 정서를 갖고 있다고 할 것이다. 살인을 할 권리가 그토록 널리 인정되는 것이라면 우리는 우리의 젊은 대통령이 살해당해도 놀라지 말아야 할 것이다." 스톤은 "살인을 국가 간 분쟁 해결 수단으로" 여기는 풍조가 만연되는 것에 우려를 표했다.

스톤은 케네디와 그 보좌관들의 실상을 "냉철하게 뜯어볼" 필요가 있다고 말했다. 그들은 "어떤 의미에서 호전적인 행정부"였다는 것이다. 케네디 행정부는 "베트남에 군대를 파견할" 준비를 하고 있었고, "우리 국내법과 국제법을 어겨가며" 수치스러운 피그 만 침공을 감행했다. 쿠바 미사일 위기와 관련해서도 스톤은 소련이 "우리의 위협을 단순 협박으로 간주하고 도전함으로써 전쟁이 시작되고 상황이 악화됐다면" 그 결과가 어땠겠느냐고 물었다. 그럴 경우 역사가들이 살아 있다면 "우리가 소련과 협상을 하거나 문제를 유엔으로 가져가거나 또는 심지어 쿠바에 배치된 중거리 미사일을 용인한 것보다 인류의 대부분을 핵전쟁으로 죽어가게 한 것이 정당하다고 생각할까? 쿠바 미사일은 사실 오래전에 소련을 겨냥해 우리가 터키와 영국에 배치한 핵미사일과 다를 바가 전혀 없는 것이었다." 대통령직을 승계한 린든 존슨이 케네디의 정책을 계승하려 한다면 이런 사실들을 염두에 두고 평가해야 한다는 얘기다. "케네디를 평화의 사도로 우상화하기 전에 사실관계를 잘 따져보아야 한다."

전 세계에서 추모의 물결이 일었지만("장례식이란 항상 경건한 거짓말을 하는 자리다.") 그런 분위기와는 거리를 두면서 스톤은 이렇게 단언했다. "국제적으로나 국내적으로 전통적인 리더십이 감당하기에는 온갖 문제가 너무 커지고 있었다. 그리고 케네디는 그 화려한 겉모습을 벗기고 나면 전통적인 지도자였다. 그는 생각이 깬 보수파에 불과했으며, 그토록 젊어 보였지만 노인처럼 조심스러웠고, 기본적으로 국민을 신뢰하지 않았으며, 열정적인 사람들을 통치의 도구로 봤다. …아무리 좋은 향이라도 그 연기가 자욱하면… 우리의 현 위치가 과연 어디인지 정확히 알아야 할 때 길을 잃기 쉽다."

스톤과 마찬가지로 리프먼도 케네디에 대한 "추도사는 쓰지 않았"으며, 그를 신화화하지도 않았다.[23] 오히려 케네디 대통령이 매카시즘에 반대하는 입장을 표명한 적이 없다는 점을 강조했다. 둘 다 케네디 암살은 리 하비 오스왈드 "단독 범행"이라는 워런위원회Warren Committee[케네디 암살 직후 대통령직을 승계한 존슨이 사건 전모를 밝히기 위해 만든 특별위원회. 대법원장 얼 워런이 위원장을 맡아 이런 명칭이 붙었다]의 조사 결과를 신뢰했다. 다만 리프먼은 개인적으로 몇 가지 의문을 제기했다. 당시 항간에서는 음모론이 확산되면서 일각에서는 좀더 철저히 조사해야 한다고 목소리를 높이는 상황이었다. 스톤은 한 점의 동요도 없었다. 음모론에 빠진 어떤 사람이 1966년 "중요한 증거"가 있다며 전화로 제보를 했을 때 "그 빌어먹을 사건은 이제 관심 없어요!"라고 소리치고 끊었다.[24] 케네디 사망 40주년에는 신문과 TV 프로그램에서 다시금 음모론이 수없이 제기됐다. 그동안 새로운 조사 방법이 많이 나왔지만 워런위원회 보고서의 결론을 반박할 수 있는 증거는 아직 제시되지 않고 있다. 2006년에도 관련 단체들은 CIA로부터 케네디 피살 관련 기밀을 밝혀내기 위해 무진 애를 썼다.

스톤은 1면 톱기사 제목을 흐리멍덩하게 단 적이 거의 없다. 미국의 새로운 지도자를 다룬 기사 역시 예외가 아니었다. 제목은 '존슨은 세련미, 깊이, 매력 면에서 케네디에 훨씬 못 미쳐'였다. 그래 놓고는 한숨을 쉬듯이 "사람은 달라지고 성숙하는 법이라는 게 그나마 희망"이라고 썼다.[25]

이후 존슨은 인종차별을 효과적으로 금지하는 민권법民權法을 용의주도하게 통과시킴으로써 스톤의 찬사를 받게 된다. 스톤은 1964년 존슨 대통령이 휴버트 험프리를 부통령으로 지명하자 온갖 찬사를 아끼지 않았다. "상원 개혁파 가운데 그보다 더 효율적으로 일한 사람은 없다. …케네디가 슬로건으로 내건 뉴 프런티어New Frontier 정책 가운데 최고의 정책 상당수가 험프리가 오래전에 주창한 것들이다. 노인 대상 의료보험 메디케어Medicare, 개발도상국에 청년 봉사자를 파견하는 평화봉사단Peace Corps, 국민교육강화법National Education Act 등이 험프리가 처음 발의한 것들이다. …그는 또 군축이라고 하는 정치적으로 위험한 이슈를 과감하게 제기했다. 상원에서 흑인의 권리를 그만큼 옹호한 사람은 없다. 새 민권법이 지금과 같은 형태의 승리를 거두게 만드는 데 그만큼 열심히 뛴 사람은 없다. '평화를 위한 식량Food for Peace'이라는 대외 원조 계획을 통해 미국 외교 정책에 이상주의의 숨결을 그만큼 불어넣은 사람은 없다. …그보다 더 부통령 지명자로 걸맞은 민주당원은 없다."[26]

이후 베트남전쟁이 미국 최대의 골칫거리가 되는 상황에서 이런 찬사는 완전히 잊혀진 과거사가 되고 말았다. 스톤은 반전 운동에 전심전력을 다하면서 존슨 대통령을 표리부동한 전쟁광으로 보았고, 험프리 부통령은 타락한 영웅이자 존슨 대통령이 시키는 대로 하는 충실한 애완견이라고 봤다.

24
전쟁의 수렁 속으로

정부가 거짓말을 한다고 언론도 그러면 되겠는가?
I. F. 스톤, 1961년 5월 3일

1950년대 중반까지도 스톤은 미국을 공격하지 않은 국가에 대한 사전 예방 차원의 선제공격이나 비밀작전 같은 것의 위험성을 경고하는 입장이었다. 그러나 나중에는 "스파이 활동을 CIA에서 국방부로 이관하는 식으로" 한다고 해서 그런 위험이 제어될 수 있는 게 아니라고 강조했다. 2005년쯤에 나올 법한 경고 같다. 하지만 스톤이 이런 지적을 한 것은 45년 전, 피그만 침공이 참담한 실패로 끝난 직후였다. "우리 마음에 들지 않는 외국 정권에 대해 비밀리에 호전적인 행동을 하는 것은 주권과 국제 평화를 파괴하는 지름길이다." 1961년 5월 스톤은 이렇게 썼다. "정부가 국민을 속이도록 놓아두는 것이 국가 이익에 부합하는 걸까?"[1]

1965년 11월의 어느 날, 국방부 청사 주변은 많은 사람들이 바빠 오가고 있었다. 그러나 한 젊은 남자가 아기를 품에 안고 지나가는 것을 본 사람은 거의 없었다. 그를 알아봤을 때는 이미 늦은 상황이었다. 화염이 그 남자를 휘감고 있었기 때문이다. 그가 마지막으로 한 행동은 안고 있던 한 살배기 딸을 다치지 않도록 주변 사람들에게 살짝 던진 것이었다.

이 소식을 접한 스톤은 그저 먹먹했다. 「I. F. 스톤 위클리」에 실은 기사가 본의 아니게 퀘이커교도이자 평화주의자인 노먼 모리슨의 분신자살에 중요한 역할을 했다는 사실이 놀랍기만 했다. 모리슨은 그날 국방부 청사 계단에서 자신을 평화의 제물로 바쳤다. 「타임」지 국방부 담당 2진인 존 밴더체크 기자는 모리슨이 스톤이 발행하는 「위클리」를 분신 전날 읽었다는 사실을 알아냈다. 거기에는 베트남에서 벌어지고 있는 죽음과 파괴의 가슴 아픈 이야기들이 실려 있었다. 밴더체크는 스톤에게 전화를 했다. "정말 괴로워하더군요. 내가 알아낸 내용은 다른 언론에 난 것도 아니고 이지도 몰랐어요. 이지는 똑같은 말을 계속 중얼거렸어요. '오, 하느님 맙소사, 오, 하느님 맙소사. 어떻게 그런 끔찍한 일이!'"[2]

분신 사건이 있던 날 정오에 모리슨은 아내에게 평화를 위해 자기희생을 해야겠다는 얘기를 했다. 그러나 아내는 남편이 말하는 희생이 분신자살이라고는 꿈에도 생각지 못했다. 당시 베트남 승려가 전쟁에 항의하기 위해 분신한 사진이 보도돼 세계를 충격에 빠뜨린 바 있었다. 모리슨은 아무리 평화 시위를 해도 미국이 정책을 바꿀 가망은 없다고 생각했고, 미군의 폭격으로 수많은 양민이 죽었다는 한 가톨릭 신부의 피눈물 나는 절규를 담은 기사를 읽으면서 절망했다. 신부는 흐느끼며 "우리 신도들이 네이팜탄으로 새까맣게 불타죽는 것을 보았다"고 말했다. "여자와 아이들의 몸뚱이가 산산조각 나는 것을 보았다. 우리 마을이 깡그리 파괴되는 것을 보았다. 하느님께 맹세코, 이건 말도 안 되는 일이다!"[3]

이 기사를 모리슨은 「I. F. 스톤 위클리」에서 읽었다. 스톤이 외국 언론에 난 이 기사를 「위클리」에 전재한 것은 미국 언론보다 전쟁의 잔학상을 가감 없이 전한다고 봤기 때문이다. 스톤은 「파리 마치Paris Match」〔1949년 창간된 프랑스의 대표적인 대중 주간지〕 기사를 전면에 걸쳐 실었다. 당시 미국 언론들은 움직이는 것은 무엇이든 죽여도 되는 "자유 발포 지역"에서 발생하는 민간인 비전투원 피해에 대해서는 거의 언급하지 않고 있었다. 퀴리엥 신부가 사는 마을에서는 베트콩이 철수한 지 오래였지만 미군의 공습은 밤새 줄기차게 계속됐다. 지상의 모든 것이 초토화됐다. 신부도 중상을 입었지만 "이리 뛰고 저리 뛰며 시신을 매장했다. …일부 부상을 입고 죽어가는 사람들은 그대로 버려둘 수밖에 없었다." 사이공[지금의 호찌민]의 한 병원에 누운 신부는 이렇게 말했다. "그 지역에는 이제 남은 게 아무것도 없다. …공습 이전에 상공을 선회하는 비행기 스피커에서는… '논밭으로 나가지 말고 집 안에 있으라'는 방송이 흘러나왔다. 사람들은 집 안에 숨어 있었다. 그런데도 민가에 폭격을 가했다."

퀴리엥 신부는 20년째 부상자들 구하는 일을 하고 있었다. 1944년 베트남과 프랑스의 전쟁 때부터 시작한 일이었다. "우리 가톨릭신자들은 베트콩을 별로 좋아하지 않았다"고 그는 말했다. 그러나 그는 미국이 민간인에게 무차별 폭격을 퍼부었다는 점을 가장 크게 비난했다. 미국인들은 "그 죄과에 대해 신의 심판을 받아야 할 것"이라고 그는 말했다.

그런 참상을 모리슨은 잊을 수가 없었다. 모리슨이 사망한 이후 그의 친구들이 기자회견을 열고 "그가 그런 행동을 한 것은 미국 국민과 그 지도자들에게 진실을 알리려는 간절한 마음에서였다"며 "우리는 모든 이들이 그의 행동을 넘어서서 그가 말하고자 한 본질적인 메시지에 주목하기를 소망한다"고 밝혔다. 「워싱턴 포스트」는 모리슨이 퀴리엥 신부 기사를 봤다는 점을 강조하면서도 「I. F. 스톤 위클리」에서 읽었다는 사실은 언급하지 않았다. 「워싱턴 포스트」에 짧게 소개된 기사 내용 중에는 "여자와 아이들의 몸뚱이가 산산조각 나는 것을 보았다"는 문장은 빠져 있었다.[4] 스톤은 사설을 통해 입장을 표명하는 대신 한 의사의 분노 어린 독자편지를 실었다. 제목은 '모리슨이 맥나마라에게 보여주려고 한 것'이었다. "스톤 기자께. 저는 지금 이 편지를 맥나마라 국방장관과 합동참모본부에도 보냈습니다. …모리슨이 말하고자 한 것은 '봐라, 한 인간이 불에 타 죽는다는 게 어떤 건지. …당신들, 냉혹한 전쟁을 하는 자들은 에어컨 쌩쌩 돌아가는 사무실에 앉아 전술전략을 짜고 있겠지, 한 번 봐라, 바로 이런 일이 지금 베트남에서 매일 벌어지고 있다'는 얘기였을 겁니다." 캘리포니아 주 월넛크리크에 산다는 의사 메리언 E. 맨리는 분노에 찬 목소리로 이렇게 말을 이었다. "그 무시무시한 네이팜탄의 불길이 인간을 다 태워 죽입니다. 남녀노소, 정치적 신념 따위는 고려 대상도 아닙니다." 후일 하노이를 방문한 미국 평화 운동가들은 미국에서는 그렇게 빨리 잊혀진 모리슨이 북베트남에서는 국민적 영웅이 돼 있는 것을 보고 깜짝 놀랐다.

1960년대 중반, 「뉴욕 타임스」 워싱턴 지국은 파워가 대단해졌다. 지국장 스코티 레스턴은 똘똘한 기자들을 대거 영입했다. 러셀 베이커, 톰 위커, 맥스 프랭클, 펠릭스 블레어, 잭 레이먼드, 헤드릭 스미스, 앤서니 루이스 등이 맹활약을 했다. "전쟁에 반대하는 신문은 거의 없었고, 「타임」지도 그 점에서는 마찬가지였다. 이런 흐름에 슬며시 반기를 든 것이 데이비드 핼버스탬과 맬컴 브라운 같은 기자들이었다. 이들은 전쟁을 밑바닥부터 들여다봤고, 뭔가 제대로 되고 있지 않다는 얘기를 기사로 전했다." 밴더 체크의 회고다. 당시 언론계는 아직 TV의 영향력이 미약했다. 신문에서 활동하는 리프먼과 크록은 올림포스 산 위에서 제왕의 지위를 누리면서도 서로 사이가 좋지는 않았다. 둘 다 고담준론을 늘어놓으면서 본인들은 정부가 일을 꾸려가는 데 없어서는 안 될 존재라고 자부하고 있었다. 관리들로부터 진실을 짜내는 유능한 기자인 스코티 레스턴이 두 사람의 후계자로 떠올랐다. 스톤의 친구인 드루 피어슨은 칼럼니스트 중에서는 가장 영향력이 있고 독자도 많았다. 그러나 영향력은 떨어져도 자존심은 강한 전문가들은 피어슨이 온갖 출처에서 되지도 않는 얘기까지 끌어다 쓰는 센세이셔널리스트라고 우습게 봤다. 반면에 "스톤은 최초의 독립적인 목소리였으며, 독보적인 영역을 구축하고 있었다"는 게 밴더체크의 평가다. "각계 최고위급 인사와 편집국장, 기자들이 그의 글을 읽고 있었다. 많은 언론계 인사들이 그를 존경했지만 그는 본인의 양심에만 충실한 스타일이었다."

일부 언론인과 역사학자들은 당시 국방장관이었던 맥나마라가 후일 여러 저서에서 베트남전쟁과 관련해 "실수들"이 있었다고 인정한 데 대해 적절한 속죄라고 인정해줬다. 그러나 스톤은 달랐다. 그는 맥나마라나 국무장관을 지낸 딘 러스크와 키신저, 대통령이었던 존슨과 닉슨 및 그 주변 인물들이 했던 거짓말과 전쟁이 야기하는 인명 손실에 대한 무관심을 잊지 않았다. 케네디 대통령이 딘 러스크를 국무장관으로 임명했을 때 다른 사람들은 박수를 쳤지만 스톤은 우려의 목소리를 냈다.[5] 그는 러스크가 그동안 했던 발언과 과거 행적을 면밀히 조사한 뒤 '그는 결국 냉전 강경파가 될 것'이라고 예견했다. 이로부터 한참 뒤에 리프먼은 러스크가 "1944년쯤 2차 대전 참전으로 학업을 중단한, 대단히 진실한 사람"이라고 썼다.

스톤은 일찍이 1946년부터 미국의 인도차이나 정책을 예의주시하고 있었다. 그런 관찰과 연구를 바탕으로 1963년에는 베트남전쟁이 터진 것은 "오랜 기간 좋은 기회를 다 놓쳐버렸기 때문"이라고 썼다. 1961년에 이미 스톤은 "게릴라 소탕전이 사회 부패에 대한 처방이 될 수는 없다"는 기사에서 그동안 미국 외교 정책이 저지른 어리석은 행동을 일목요연하게 정리했다. "이제 우리는 군사적인 또는 준군사적인 방법으로 잔인하게 도려내는 것이 복잡한 사회·경제적 문제들에 대한 처방이 될 수 없다는 것을 깨달아야 한다. CIA는 1953년 인기 있는 이란의 개혁파 총리 모사데그를 제거했다. 그러나 그를 쫓아내고 들어앉은 부패한 쿠데타 정권은 지금 망해가고 있다. 과테말라에서도 1954년 CIA는 아르벤스 대통령을 제거했지만 이 나라는 다시 골칫거리로 전락했다. …우리가 라오스와 남베트남에 쏟아부은 수억 달러를 공적 부문 개선에 투입했다면… 두 나라는 지금쯤 안정 속에 발전하는 모델 국가가 됐을 것이다."

1957년 프랑스에서 나온 『군사 정보 리뷰』^{Revue Militaire d'Information}의 영역판이 1961년 "펜타곤에서 큰 인기를 끌었다." 이 간행물은 "두꺼운 판유리로 된 창을 통해 안에서 벌어지는 무도회를 들여다보는" 사람들이 쓴 것이었다. "그들은 움직임은 보지만 음악은 들을 수 없다. …손상당한 민족적 자존심이나 그들이 겪는 비참함, 사무치는 치욕, 증오심, 헌신, 열정과 좌절 등등은 거의 느낄 수 없다. 따라서 그들은 사람들이 왜 아내와 자식과 가정과 직장과 친구들을 버리고 밀림으로 들어가 쫓기는 사냥감처럼 총을 들고 살아가는지를 이해하지 못한다. 왜 더이상 모욕과 불의와 가난에 굴종하지 않고 군사적으로 압도적 우위인 세력과 맞서 싸우는지 이해하지 못한다." 이런 "군사이론가들"은 혁명군이 "무장이 훨씬 우수한 대군과 싸워 이기는 것을 보고 깜짝 놀란 나머지" 무기력한 정부를 쫓아내고 "경제·사회 개혁"을 곁들이면 게릴라들을 소탕할 수 있다고 착각한다. "대통령 주변의 일부 자유주의자들은 그렇게 생각하는 것 같다. …그러나 지금까지의 경험은 그런 발상이 통하지 않는다는 것을 보여준다. 우리는 장제스나 이승만을 지원해봤지만 개혁에는 전혀 성공하지 못했다. …남베트남에 응오딘지엠을 옹립하면 더 잘할 수 있을까?" 스톤이 내놓은 답은 '노'였다.[6]

호찌민이 미국 독립선언서를 모방해 독립을 선언했을 때 스톤은 그를 "친미" 성향으로 보고, 그가 이끄는 베트민^{Viet Minh}[베트남독립동맹]을 트루먼 대통령이 지원해주기를 기대했다. 베트민은 "2차 대전 때 미국 첩보기관 OSS와 긴밀히 협력했으며, 루스벨트 대통령의 식민지 해방 약속을 철석 같이 믿었다."[7] 이후 1946년 호찌민은 프랑스와의 독립 협상에서 프랑스 연방French Union 내에서 제한적 주권을 누리는 식의 독립을 받아들였다. 이로써 일본군에게 쫓겨났던 프랑스는 "총 한 방 쏘지 않고 하노이를 다시 점령"할 수 있었다. 그러나 프랑스는 "약속을 어겼고", 이로써 식민지 전쟁이 시작됐다. 프랑스는 50억 달러의 군비를 썼으며, 그중 상당 부분은 미국의 지원금이었다. 프랑스가 장악한 작은 마을들에는 병사들의 시체가 쌓여갔고, 결국 프랑스는 1954년 패전했다. 이어 전후 처리를 위한 제네바 협상이 시작됐다.

후일 스톤은 "놓쳐버린 좋은 기회들"에 대해 다시금 깊이 생각했다. 스톤은 1956년 북베트남에서 공산당이 벌인 "강압적인 사상 통제"를 규탄했다. 이 과정에서 "민중 봉기가 일어나고 지식인들 사이에서 반감이 확산됐다." 반면에 남베트남의 응오딘지엠은 "독재 체제 구축에 여념이 없었다. 1956년에는 촌락 자치 위원회 구성을 위한 선거조차 없던 일로 만들어버렸고, 57년에는 그의 사주를 받은 폭도들이 유일 야당의 인쇄시설을 박살내버렸다." 이후 "엉터리 농지 개혁이 실시되고, 강제노동수용소가 들어섰다." 농민과 불교도가 수천 명씩 투옥·고문·살해당했다. 그 결과 "북베트남이 지원의 손길을 내밀기도 전에" 국민적 반란이 일어났고, "온갖 반정부 세력"이 공산주의 계열 민족해방전선National Liberation Front과 연대했다.[8] 존슨 부통령은 1961년 남베트남을 방문하고 돌아와 "온갖 찬사를 늘어놓으며" 응오딘지엠을 "아시아의 처칠"이라고 치켜세웠다.[9] 스톤은 케네디까지 지엠을 극찬한 것에 대해 비난했다. 부패하고 잔인하고 인기 없는 지엠 정권이 미국의 골칫덩이가 됐을 무렵 지엠과 그 동생이 암살됐다. 케네디는 지엠을 쫓아낼 쿠데타를 원했지만 만에 하나 내막이 탄로 날 경우 미국은 무관하다고 발뺌할 수 있어야 했다.[10] 결국 "사이비 민주주의 체제인 무능한 경찰국가"를 "미국에 잘 협력하는 유능한 군사독재"로 대체하려 한 것이다.

응오딘지엠에 대해서는 우파(갈 데까지 갔다고 봤다)나 좌파 공히 증오했다. 스톤은 곧 "자유선거"를 실시하겠다는 거짓말을 전혀 신뢰하지 않았다.[11] "사이공에서는 중립 정부를 요구하는 거리 시위가 금지됐고, 시위대가 든 깃발은 경찰에 의해 찢겨나갔다. 검열은 여전히 계속되고 있고… 정부에서 공산주의와 무관하다고 보는 모임만 허용된다. …민주주의냐 전쟁 지속이냐를 선택하라고 한다면 결국 버려지는 것은 민주주의라는 의미다." 스톤은 미국 언론의 반응도 가당찮게 여겼다. 「워싱턴 포스트」 사설이 "낡은 정부가 사라졌다고 해서 자유의 대의마저 퇴보하는 것은 아니다!"라고 주장하자 스톤은 "독재를 옹호하는 주장"이라고 비판했다. "자유의 대의라는 것은 냉전과 열전을 지속하려는 세력을 빨아주는 선전용어"라는 얘기였다. 스톤은 또 "식민 정부든 민족 정부든 무조건 떠받들던 소수의 취약한 변절자들이 주도하는 정권은 베트남에 평화도 자유도 가져다줄 수 없다"고 예언했다.

이로부터 두 주도 지나지 않은 시점에 케네디 대통령이 암살됐다. 이듬해 여름, 존슨 대통령은 의회로부터 북베트남 응징을 위한 백지 위임장을 받았다. 북베트남 어뢰정이 통킹 만에서 미국 군함들에게 선제공격을 한 것에 대한 보복 차원의 결의안이 통과된 것이다. 통킹 만 사건은 후일 미국의 날조임이 밝혀진다. '통킹 만 결의안'이 통과되면서 미국은 베트남에서 전면전에 돌입한다. 리프먼은 이른바 '보복 폭격'을 환영했다. 그것이야말로 "미국의 의지를 보여주는 행위"라고 했다.[12] 그러나 통킹 만 사건을 빌미로 한 미국의 폭격은 돌발사태에 대한 즉각적인 반응이 아니었다. 존슨은 그동안 남베트남을 위해 미군을 파견하지는 않을 것이라고 공언해왔다. 그러나 뒤로는 북베트남 폭격 계획을 세우고 있었다. 그러던 차에 전쟁을(존슨은 '전쟁'이라는 표현은 애써 피했다) 확대할 수 있는 빌미가 생기자 지상군을 베트남에 파견했다. 베트남전에서 복무한 300만 미군 가운데 5만 8,000명이 전사했고, 34만 명이 부상했다. 귀국한 참전

군인들은 미국이 유일하게 패한 전쟁의 희생양으로 조롱거리가 되었다.

전쟁에 매파적 입장이거나 정부 쪽 주장을 그대로 믿는 언론인들과 달리, 스톤이 1964년 통킹 만 사건이 발생했을 때 곧바로 미심쩍은 측면들을 정확히 짚어낸 것은 놀랍다. 그는 일부 언론이 최근 6개월 동안 미국이 특공작전에서 "공개적인 북베트남 공격"으로 입장을 선회했다고 보도한 것에 주목했다. 그러나 "통킹 만 사건을 전혀 다른 각도에서 볼 수 있는" 상황에 대해 "의식하는 미국인은 거의 없었다."[13] 당시 "전쟁에 대한 정부 쪽의 신화화"의 허구를 까발린 사람은 스톤이 유일했다. 스톤은 상원 표결에서 통킹 만 결의안에 유일하게 반대표를 던진 웨인 모스와 어니스트 그루닝 의원의 외로운 반전反戰 발언을 지속적으로 게재했다. 모스 의원은 미국 전함이 적 전함에 그렇게 가까이 있었다면 "적들은 일종의 도발로 봤을 수 있다"고 주장했다. "몇 주 전 모스와 그루닝 의원의 반전 발언을 완전히 뭉개버린 언론은 이번 발언 역시 무시했다"고 스톤은 지적했다.

스톤은 사실을 파헤치는 과정에서 핵심적인 문제 하나를 제기했다. "대중의 의식을 조작하는 과정은 신문기자들에게 오프더레코드를 전제로 해주는 브리핑으로부터 시작된다. 북베트남의 보잘것없는 해군이 세계 최강의 미국 7함대를 왜 감히 공격했는지를 설명하기 위해 말도 안 되는 온갖 이론이 동원됐다." 다만 미군이 "공격을 유도했을 가능성"이 있다는 이론만은 제외됐다. 통킹 만 사건이 일어난 지 몇 주 만에 스톤은 정부 쪽의 조작 사실을 폭로했다. 이런 내용은 통킹 만 사건 발생 7년 후인 1971년에 가서야 미국 국방부 기밀문서Pentagon Papers가 언론에 보도됨으로써 세상에 널리 알려지게 된다. 스톤은 통킹 만 사건 관련 정부 쪽 설명에서 혼란과 사실관계의 불일치, 얼버무림 같은 이상한 부분들에 주목하고, 사건 전체가 "마치 불이 다 꺼진 술집에서 언쟁이 벌어진 것 같은 양상"이라고 지적했다.[14] 따라서 "맥나마라 장관이 최근의 통킹 만 사건 관련 기자회견을 갑자기 취소한 것도 놀랄 일이 아니다. 그래야 쓸데없는 질문에 답하지 않아도 되기 때문이다." 스톤은 독자들에게 이런 상황을 상상해보라고 당부했다. "소련이나 중국 구축함이 플로리다 해변을 어슬렁거리는 사이, 그들이 카스트로에게 공급해준 배들이 연안에서 공격 행위를 하고 있다면, 우리는 어떻게 대응할까? 적군 선장들한테 플로리다 포도 선물 바구니를 보내줄까?"

1964년 민주당은 공화당 대통령 후보로 지명된 배리 골드워터 상원의원을 위험스럽기 그지없는 호전적인 인물로 몰아붙였다. 그러나 재선을 노리는 존슨 대통령과 참모들은 핵전쟁까지 검토하면서 국민에게는 거짓말을 하고 있었다.[15] 1964년, 대니얼 엘스버그라는 인물이 국방부 국제안보 문제 담당 차관보 존 T. 맥노튼의 특별보좌관으로 임명됐다. 엘스버그는 후일 감옥 갈 각오하고 국방부 기밀문서를 언론에 제보한다. 엘스버그는 당시 상황을 회고하면서 "기자들의 비위를 맞추고 엉뚱한 쪽으로 유도하는 것은… 기밀을 유지하는 방법이기도 하다"라고 말했다. 어느 날 아침 상관인 맥노튼 차관보가 엘스버그에게 이렇게 말했다. "블루 스프링스 무인정찰기가 중국에서 떨어졌어. 장관님이 8시 30분에 기자회견을 하기로 됐다. 자, 남은 시간 10분, 거짓말을 한 여섯 개쯤 써와 봐."[16]

스톤은 엘스버그 같은 관리들의 기밀 유지 책략에 놀아나지 않았다. 그는 1965년 하노이(북베트남)가 베트콩Viet Cong['베트남 공산주의자'라는 뜻으로 남베트남의 공산주의 군사조직])에게 "은밀히 조직적으로" 무기를 대주고 있다고 적시한 정부 백서 내용이 거짓임을 폭로했다. 스톤의 기사는 정부에 "치명타였다"고 엘스버그는 회고했다.[17] 스톤은 백서 부속문서 D의 내용을 근거로 백서의 주장을 낱낱이 반박했다. 그러면서 이렇게 덧붙였다. "유감스럽게도 그런 부속문서들을 들여다보는 사람은 거의 없다. 인쇄할 가치가 있는 것은 모두 게재한다는 「뉴욕 타임스」조차 그런 부록 같은 것에는 관심이 없었다. 하지만 그런 것들이 백서의 본문 내용보다 훨씬 의미심장하다."[18]

　스톤은 분량이 그리 많지 않은 백서를 꼼꼼히 뒤지다가 18개월간 적으로부터 노획한 공산권 국가 제조 물품이 모두 179점이라는 대목을 찾아냈다. 그는 "이 정도 물량은 별로 놀라운 게 아니다"라고 봤다. 스톤은 지난 3년 동안 18개월마다 적으로부터 노획한 무기가 평균 7,500점이라는 국방부 통계 수치에 주목했다. "공산권 국가에서 만든 무기가 18개월 동안 179점이라면 국방부에서 밝힌 노획 무기 총수의 2.5퍼센트도 안 되는 양이다." 스톤은 국방부가 공산 게릴라들이 미군으로부터 노획한 무기의 규모를 대폭 축소했다는 결론을 내렸다.

　"스톤은 숫자를 다 더해보고 나서 '이것밖에 안 되나?!' 하고 말했어요. 그의 비판은 정확했어요." 엘스버그의 회고다. 엘스버그는 백서에 거짓말에 대해 발뺌할 수 있는 구절을 하나 슬쩍 끼워넣었다. "우린 그 보고서에 '이것은 우리가 발견한 무기의 한 예이다'라는 표현을 넣었어요. 사실은 우리가 발견한 무기 전체였지요. 일부만 예시한 것처럼 꾸민 거예요." 엘스버그는 웃으며 "그런데 스톤이 우리의 거짓말을 제대로 인용하지 않은 거지요"라고 말했다.[19]

이처럼 스톤이 정부 백서의 허위를 낱낱이 반박한 것은 지금까지도 많은 언론인들에게 정부의 거짓말 속에 묻혀버린 진실을 날카롭게 파헤친 대표적인 사례로 기억되고 있다. 스톤의 기사는 민주사회를 위한 학생연합[SDS]의 평화 운동에는 격려의 메시지가 되기도 했다. 이들은 스톤의 기사가 난 다음 달인 1965년 4월 최초의 대규모 전쟁 반대 시위에 나섰다. 스톤은 시위 현장의 주요 연사였다.

　「I. F. 스톤 위클리」는 매호마다 존슨 대통령이 말하는 전쟁이 필요한 이유와 "신중한 대응"이라는 논리를 잘근잘근 씹었다. "알아듣기 쉬운 말은 다 사라지고, 정부는 이런 식의 어지러운 사이비 언사만 마구 쏟아내고 있다"는 식으로 신랄한 조롱도 마다하지 않았다.[20] 스톤은 1차 대전 때 독일군이 적을 굴복시키기 위해 구사한 교묘한 발언들을 나쁜 사례로 들기도 했다. 이처럼 과거 역사까지 들춰가며 정부를 고발한 사람이 또 있었던가? 리프먼은 깊이가 있었지만 존슨 행정부에 대해 비판적 거리를 제대로 유지하지는 못했다.

전쟁을 비판하는 사람들은 적에게 접근할 수 없었다. 스톤도 북베트남의 공산군이 남베트남으로 얼마나 흘러들어왔는지 알지 못했다. 1965년 미국 평화운동 단체들은 하노이를 방문해 "북베트남 당국자들로부터 전후의 베트남은 서구적 의미의 민주주의 국가가 될 것이라는 확약을 듣고 적대감을 풀었다."[21] 퀘이커교도인 평화운동가 스토튼 린드는 남베트남에 가서 베트콩을 지원하는 북베트남군 병력은 얼마 되지 않는다는 얘기를 들었다. "내가 깜빡 속은 거지요." 후일 린드는 이렇게 말했다.

전쟁에서는 그 어느 쪽의 프로파간다[선전]도 깨끗하거나 진실되지 않다. 1960년대까지만 해도 2차 대전의 영웅담 분위기에 젖어 있던 미국 기자들은 처음에는 프로파간다의 지저분한 실상을 인정하려 하지 않았다. 사장과 편집국장을 설득해 뭔가 문제가 있다는 얘기를 기사화할 수도 없었다. 따라서 미국인들은 계속해서 전쟁에 대해 잘못된 인식을 갖게 됐다. 사이공에 앉아 매일 오후 5시면 군 관계자들의 미심쩍은 거짓 브리핑을 들어야 하는 특파원들 잘못이 아니었다. 특파원들은 경영진이나 편집국장으로부터 "회사를 우선시하라"는 강한 압력을 받았다. 경영진들은 대부분 전쟁 지지파인 사주社主들의 말을 무조건 떠받들었고, 편집국장들은 특파원이 보낸 기사를 거리낌 없이 고치거나 추측을 덧붙여 첨삭하곤 했다. 사설은 대부분 전쟁을 지지하는 쪽이었다. 1968년 북베트남군의 대대적인 구정공세舊正攻勢[Tet Offensive] 개시 이후까지도 그랬다.

스톤은 각종 독서와 연구를 통해 지상전은 승패를 장담할 수 없고, 막강한 공군력은 정글에서 게릴라전을 벌이는 적에게 별 효과가 없다는 사실을 알게 됐다. 그는 역사적 사례에 주목했다. 특히 한국전쟁 때 미군이 대규모 폭격을 했지만 별다른 효과를 보지 못한 사실을 지적했다. 당시 전쟁 발발 두 달이 안 된, 비교적 이른 시점에 미군은 "소련 국경에 근접해 위험 부담이 큰 해군 유류 저장고를 제외하고, 38선 이북의 모든 도시·산업 지역 목표물을 초토화시켰다. 그런데도 전쟁은 이후 3년을 더 끌었다."[22] (교착 상태가 2년 이상 지속된 한국전쟁을 겪고 나서 미군 내에는 "절대 다시는 안 된다"는 세력이 생겨났다. 그러나 거기에는 한 가지 조건이 있었다. 그 조건을 대니얼 엘스버그는 이렇게 설명했다. "아시아에서 지상전은 '절대 다시는 안 된다'는 말의 진정한 의미는 핵무기 사용을 배제한 중국과의 지상전은 절대 안 된다는 뜻이었다."[23]

40년 동안 언론계 생활을 한 스톤은 은퇴 후에도 정부 쪽의 거짓말에 대한 감각만큼은 무뎌지지 않았다. 그는 유럽과 영국을 많이 다녀봤고, 한동안 파리에서 살았기 때문에 미국 스타일과는 다른 시각에 익숙해 있었다. 또 외국 신문이나 정기간행물, 서적 등을 끊임없이 뒤적이며 필요한 정보를 찾곤 했다. 워싱턴에서는 여전히 스톤을 골치 아픈 좌파로 보는 사람이 일부 있었지만 외국의 유명한 지식인과 언론인들로부터는 환영을 받았다. 가까운 외국인 친구 가운데 한 사람이 탁월한 역사학자이자 언론인이고, 인도차이나 문제 전문가인 프랑스 태생의 버나드 폴〔1926~67〕이었다. 스톤은 그의 저서를 읽으면서 베트남의 게릴라전에 대한 이해를 심화시켰다.

맥나마라를 비롯해 "최고로 똑똑한" 베트남전 설계사들 가운데 누구도 프랑스군이 베트남에서 어떻게 왜 패했는지를 파헤친 폴의 고전적인 책에 주목하지 않았다는 것은 지금 생각해도 놀라운 일이다. 그러는 사이 베트남전은 미국 역사상 최악의 전쟁이 되고 말았다. 시간적으로도 가장 오래 끌었고, 국론 분열이 극심했으며, 지극히 비극적인 전쟁이었다. 스톤은 1960년대 초 미국에서 폴을 만나기 전에 이미 그의 저서를 읽었다. 폴은 아리따운 젊은 화가 도로시 와이너와 결혼해 워싱턴 북서부 스톤의 집 근처에 살고 있었다. 스톤과 폴 부부는 많은 시간을 함께 보냈다. 스톤과 마찬가지로 폴도 FBI의 감시를 받는 처지였다. "1960년대 초, 로버트 케네디 법무장관은 버나드를 프랑스 정보요원이라고 생각했다"는 게 지금은 홀로 된 도로시의 회고다.[24] 탁월한 탐사보도 전문 기자 시모어 허시는 도로시 폴에게 베트남 문제에 대해 일찍부터 제대로 쓴 사람은 "버나드와 이지밖에 없다"고 말한 적이 있다. 에스터는 후일 도로시 폴에게 이렇게 말했다. "난 그 일을 정말 잊을 수 없어요. 그때 버나드가 이지를 '내 친구'라고 사람들한테 소개했지요. 그때 이지는 워싱턴에서 완전 왕따 신세였거든요. 아무도 우리랑은 왕래를 하려고 하지 않을 때였어요." 이 부분에 대해 도로시 폴의 얘기를 들어보자. "그게 아마 1965년이었을 거예요. 당시 이지는 벌써 반전 좌파 인사들에게는 많이 알려져 있었어요. 하지만 에스터 마음에 그런 식의 소개는 보통사람은 하기 어려운 일로 느껴진 거지요." 바로 그해에 폴은 조지 포크 상 해설보도 부문 수상자로 결정됐고, 스톤을 하객으로 시상식에 데려갔다. 그런데 스톤을 알아본 사람들이 몰려들었고, 그중에는 수전 손택[1933~2004. 미국의 여성 소설가, 평론가]도 있었다. 손택의 얼굴은 스톤을 직접 만났다는 기쁨으로 환했다. 스톤으로서는 "우스꽝스럽게 생긴" 10대 시절에는 도저히 엄두도 못 낼 인기를 누린 것이다. "여자들은 그 키 작고 귀여운 남자를 정말 좋아했어요. 그리고 이지도 대단히 정중했지요." 도로시 폴의 회고다.

에스터와 달리 도로시는 자기네 부부가 아웃사이더라는 생각을 한 번도 해본 적이 없었다. "버나드는 논쟁을 불러일으키기는 했지만 추종세력도 있었어요." 버나드 폴은 미국 정부와는 거리를 둔 인사들 사이에서는 베트남전 최고 전문가로 인정받았고, 하워드 대학 국제관계 담당 교수였다. 특히 1965년이 되면 미 행정부 내 비둘기파 인사들도 그의 말을 경청할 정도였다. 그러나 폴은 "의견이 다른 사람들에게 박해를 받는다고 생각했다. 당국자들은 그를 좋아하지 않았고, 이런저런 방식으로 그를 입다물게 하려고 했다." 도로시 폴의 회고는 이렇게 이어진다. "예를 들어 국제개발처^AID 일을 거부당한 적이 있어요. 그런데 다른 채널로 알아보니까 그의 시각이 관리들과 다르다는 이유 때문이더군요."

파티 같은 데에서 버나드 폴과 이지 스톤은 늘 같이 다녔는데 뭔가 안 어울리는 커플 같았다. 183센티미터의 프랑스인 폴은 허리를 굽힌 상태로 스톤과 대화를 나눴다. 스톤은 연배가 아래인 이 군사 전문가를 부러워하기도 했다. 폴은 영어·불어·독어 3개 국어에 능통했고, 3개 언어로 글도 자유롭게 썼다. 폴은 10대 때 프랑스 레지스탕스 조직에서 나치와 싸웠다. 스톤은 그때의 경험이 "그에게 게릴라전을 비롯한 군사 문제에 깊은 관심을 갖게 하는 계기가 됐다"고 지적했다.[25]

스톤과 마찬가지로 폴도 지칠 줄 모르고 일하는 스타일이었다. 노년의 스톤은 폴이 자기보다 더 심한 워커홀릭이라고 말한 바 있다. 파티 같은 데에서 폴은 특유의 비꼬는 유머와 박학다식으로 사람들의 이목을 끌었다. "버나드는 자기 의견을 당당하게 밝히는 스타일이었지만 이지처럼 신랄하게 표현하지는 않았어요." 도로시의 증언이다.[26] "그이는 늘 따르는 사람이 많았어요. 하지만 아무한테도 부담을 주지는 않았죠. 자기 지식을 남들과 공유하는 걸 좋아했고, 이지와도 그랬지요. 이지처럼 그이도 진실을 찾아내 글로 표현하는 것을 사명으로 알았어요. 그 결과가 어떻게 되느냐는 신경 쓰지 않았지요." 그리고 "때로 퉁명스럽고, 한마디도 지지 않으려 한다든가, 논쟁의 중심이 된다든가" 하는 면도 스톤과 꼭 닮았다. 두 사람의 탄탄한 관계는 상호 존경을 토대로 한 것이었다. "두 사람은 한 번도 사소한 얘기는 한 적이 없어요. 항상 베트남 얘기를 했지요. 농담을 해도 심각한 소재에 관한 것이었어요. 둘 다 늘 탐구하는 스타일이고 정직했어요. 그리고 정책을 입안하는 사람들의 어리석음과 속임수에 대해 깊이 실망했지요."

폴은 직접 취재를 고집했다. 그는 1967년 마지막으로 베트남을 방문하게 된다. 그해 2월 21일 폴은 베트남 중부 후에^{Hue} 북쪽 지역에서 미 해병대와 수색을 나갔다가 지뢰를 밟고 즉사했다. 당시 41세. 유족은 부인과 딸 셋이었고, 막내는 젖먹이였다. "난 당시 홍콩에 있었어요." 도로시 폴의 회고. "그런데 이지와 에스터가 애도와 위로를 전하는 전보를 보내줬어요." 스톤 부부는 폴의 죽음에 큰 충격을 받았고, 이후에도 도로시와는 평생 친구로 지냈다.

굵고 검은 선으로 두른 「I. F. 스톤 위클리」 박스 기사에서 스톤은 "굵고 짧게 산" 친구의 경력을 이렇게 소개했다. "워싱턴이든 어디서든 베트남에 관한 글을 쓰는 사람치고 버나드 폴을 그리워하지 않을 사람은 없을 것이다. 이 나라에서 그만큼 베트남전쟁에 대해 잘 아는 사람은 없었다. 그리고 궁금한 것을 묻는 모든 사람에게 그렇게 친절하게 대해주는 사람도 없었다. 그를 찾는 사람은 우에서 좌까지 모든 스펙트럼에 걸쳐 있다. …그는 평화만을 고집하는 스타일은 아니었지만 교묘하게 현혹시키는 감언이설에 대한 증오심 때문에 평화 운동 진영의 동맹자가 되기도 됐다. 본인은 병사들이 처한 현실을 무엇보다 중시했다. 그는 병사들의 헌신을 잘 알고 있었고, 고위급들을 멀리하고 부대원들과 함께 지냈다. 해병대와 수색을 하다가 가는 식의 죽음도 어쩌면 고인이 원했던 것이었을지 모른다. 일찍이 저서 『기쁨 없는 거리^{Street Without Joy}』에서 본인이 묘사했던 장면처럼."[27] 스톤이 폴의 저서들은 "시간이 오래 지나도 읽힐 것이며, 병사 출신 학자로 기억될 것"이라고 한 예언은 정확했다. 스톤은 "친구로서 그를 늘 그리워할 것"이라고 했다.

1963년 스톤은 폴의 저서 『두 개의 베트남^{The Two Vietnams}』을 극찬한 바 있다. 당시 폴은 다른 두 외국 특파원과 함께 하노이로 가서 북베트남 지도자들과 인터뷰를 했다. 북베트남 당국자들은 협상을 통한 해결로 방향을 바꾸고 있으며, 남베트남에 중립적인 국가가 들어서면 인정할 것이라고 밝혔다. 미국 기자들은 북베트남행이 금지돼 있었기 때문에 미국 쪽에서는 이런 주장을 확인할 수 없었다. 사이공 특파원들은 "같은 편으로서 보조를 맞춰달라"는 미국 대사관 쪽의 압력에 반기를 들기 시작했다. 이렇게 해서 관리들과 언론 사이에 극심한 불화가 시작됐다. 미디어 평론가 필립 나이틀리는 이렇게 지적했다. "케네디 대통령 행정부는 베트남에서 벌어지고 있는 전쟁의 진실을 미국 국민에게 알리지 않기 위해 온갖 수단과 방법을 다 썼다. …그러나 미국의 개입이 커지고 응오딘지엠 정권의 위기가 깊어가는 상황에서도 사이공에 24시간 주재하는 특파원을 둔 일간지는 여전히 「뉴욕 타임스」가 유일했다.(전설적인 종군기자 호머 비가트가 특파원이었고, 나중에 데이비드 헬버스탬으로 교체된다.) 언론으로서는 창피한 일이 아닐 수 없었다."[28] 다른 신문들은 매일매일의 전황 보도를 통신기사에 의존했다. 당시 통신사 특파원에는 AP 통신의 맬컴 브라운 같은 비범한 기자들이 많았다. 퓰리처상을 수상한 기자 출신 작가 닐 시핸〔1936~. 뉴욕 타임스 기자 시절인 1971년 베트남전 관련 국방부 기밀문서를 폭로해 퓰리처상을 받았다〕이 UPI 통신에서 일했고, 「뉴스위크」 통신원으로 일한 프랑수아 설리도 유명했다.

전쟁이 잘못돼가고 있다고 쓴 일부 특파원들은 응오딘지엠으로부터 추방 위협을 받았고, 남베트남 비밀경찰의 미행을 받았다. "전쟁이 악화되고 있다"고 보도한 데 대한 보복은 "조직적인 인신공격"이었다고 스톤은 썼다. 헬버스탬이 "공산주의에 대해 유화적"이라고 주장하는 우파 신문의 말도 안 되는 비난 같은 것들이 그런 예였다. 케네디가 「뉴욕 타임스」에 압력을 넣어 헬버스탬을 베트남에서 쫓아내려 했다는 것은 유명한 일화다. 당시 「뉴욕 타임스」 사장 아서 헤이즈 설즈버거는 놀라울 정도로 잘 대처했다. 심지어 압력에 굴복하는 인상을 주지 않으려고 헬버스탬의 휴가를 취소하기도 했다. 반면에 「타임」지의 대응은 형편없었다. 1963년

「타임」지 특파원 찰스 모어가 통신원 머튼 페리와 기사 한 건을 같이 썼다. 두 사람은 스톤이 2년 전에 제시한 문제 제기로 기사를 시작했다. "베트남 전쟁은 지고 있다"는 것이었다. 그러나 이 문장을 「타임」 독자들은 보지 못했다.[29] 이 문장은 잘려나가고 대신 전쟁이 잘 진행되고 있다는 미사여구가 들어갔으며, 사이공 주재 기자단에 대한 사실 무근의 공격이 추가됐다.

당시의 부정적인 보도라는 것은 미국의 개입의 도덕성 내지 정당성에 대한 의문 제기 수준도 아니고, 그저 '잘 안 돼가고 있다'는 지적 정도였다. "우리는 전쟁이 잘되고 있다고 믿고 싶었던 것이다." 후일 핼버스탬이 한 말이다. 자신의 기사가 누더기가 된 데 격분해 「타임」지를 그만둔 모어는 일부 인사들이 자신을 반전 영웅으로 취급하는 것을 보고 당황했다. 이후 모어는 「뉴욕 타임스」로 자리를 옮겨 전쟁 보도를 계속했는데 후일 "나는 전쟁이 끝나는 그날까지 부도덕한 전쟁이라고는 생각하지 않았다"고 썼다.[30] 핼버스탬은 후일 나이틀리에게 이렇게 증언했다. "사실은 매 기사마다 세번째 문단이 있어야 했어요. 이런 정도 내용이 되겠지요. '이 모든 짓거리는 개수작이며, 아무런 의미도 없다. 왜냐하면 우리는 프랑스인들의 전철을 그대로 밟고 있고, 그들이 체험한 수준에서 한 치도 벗어나지 못하고 있기 때문이다.' 하지만 신문 보도의 규칙을 전제한다면 진짜로 그렇게 쓸 수는 없지요. 사건들은 그 자체로 판단해야 하는 것이니까. 마치 과거는 전혀 존재한 적이 없는 것처럼 말입니다."[31]

이런 변명에 대해 스톤은 종종 비판적인 입장을 취했다. 예를 들어 핼버스탬과 브라운이 쓴 저서(둘 다 퓰리처상을 받았다) 서평에서는 "정부쪽 주장은 무엇이든 일단 의심하는 자세로 대해야 한다고 하는 미국 저널리즘의 전통에 충실했다"고 극찬하면서도 "과거가 현재를 설명하는 데 도움이 될 수 있다는 발상이 별로 보이지 않는다"고 비판했다.[32] 스톤은 기자들보다는 일간지 저널리즘을 제약하는 조건들을 집중적으로 비판했다. "연구를 할 시간이 전혀 없다. 그리고 미국 편집자들은 (「르몽드」 같은 외국 신문들처럼) 깊이 있는 저널리즘을 별로 좋아하지 않는다." 마이클 헤어의 『디스패치Dispatches』 (남성 잡지 「에스콰이어Esquire」의 베트남 특파원을 지낸 기자의 체험을 기록한 책으로 1977년 출간됐다)는 지금도 베트남전의 초현실 같은 악몽을 포착한 걸작으로 손꼽힌다. 마이클 헤어는 「에스콰이어」에 처음 쓴 기사에서 "재래식 화력으로는 이 전쟁에서 승리할 수 없는 것처럼, 재래식 저널리즘으로는 이 전쟁의 실체를 제대로 보여줄 수 없다"고 주장했다.[33]

헤어나 폴과는 달리, 스톤은 현장에서 야전군을 본 적이 없었다. 따라서 두 사람처럼 병사들의 애환을 잘 이해하는 편은 아니었다. 현장을 직접 가보라는 폴의 성화에 못 이겨 스톤은 1966년 딱 한 번 베트남을 방문했다. "아주 흥분된 상태로 돌아오자마자 자리에 앉아 '상식의 확인—베트남에 다녀와서'라는 기사를 썼어요." 당시 스톤의 조수였던 피터 오스노스의 회고다.[34] 그러나 단숨에 완성하기가 쉽지 않았다. "낑낑거리며 진행을 했는데 또 글이 막혔어요. 그 기사를 에스터와 저에게 읽어보라고 하더군요. 화려한 옷을 입은 예쁜 소녀들 얘기 같은 게 많이 나왔어요. 에스터와 나는 '맙소사, 어쩌려고 이러지?' 하는 심정으로 서로 쳐다보았습니다. 문제의 기사는 아주 멀건 죽 같았습니다. 이지도 그런 사실을 알고 있었지요. 그는 방 안을 왔다 갔다 하며 노심초사했어요. 그러다 갑자기 아침에 침대에서 벌떡 일어나 기사 전체를 처음부터 끝까지 새로 썼어요. 타자기 두드리는 소리가 요란했지요. 스톤은 이 개정본을 「뉴욕 리뷰 오브 북스」 편집장인 밥 실버스에게 보냈고, 실버스는 썩 좋게 봐서 산문 모음집에 포함시켰어요." 찌는 듯한 더위와 인파가 바글거리는 길거리에 대한 산만한 묘사들은 그레이엄 그린을 재탕한 것 같은 느낌이 들고, 스톤이 쓴 다른 외국에 대한 날카로운 인상기보다 훨씬 수준이 떨어진다. 스톤은 언론 담당 장교들이 고도로 통제를 가하는 전투 현장은 가기를 거부했다. 스톤이 얻은 결론은 아무리 좋은 의도를 가지고 있다 하더라도 외부 세력이 베트남의 문제를 해결해줄 수는 없다는, 평범한 인식이었다.

호전적 애국주의의 세례를 듬뿍 받은 대부분의 미국인들에게 베트남의 진실은 생소한 것이었다. 1967년 갤럽 여론조사 결과를 보면 전체 미국인의 절반이 전쟁이 왜 시작됐는지 전혀 모르고 있는 것으로 나타났다. 심지어 1968년 구정공세 이후 하원 세출위원회House Appropriations Committee 위원장조차 예산안 승인을 요청하는 육군참모총장에게 "이 전쟁에서 우리의 적이 누구라는 겁니까?"라고 물을 정도로 무지했다.[35]

「뉴욕 타임스」의 해리슨 솔즈베리가 역사적 특종을 하자 폄하하는 반응을 보인 미국 언론들에 대해 스톤은 통렬한 비난을 퍼부었다. 솔즈베리는 미국 기자로는 처음으로 하노이를 방문했다. 1967년 1월 솔즈베리는 '정밀 폭격'이라고 하는 최악의 군사적 거짓말을 폭로했다. 당시 스톤은 정밀폭격이라는 것이 "민간인 사상자를 줄이기 위해" 필요하다는 것은 인정하지만 "우리가 북베트남을 외과수술하듯이 정밀하게 폭격하고 있다는 신화는 이미 죽었다"고 썼다. 미국 군부는 하노이 측이 12월 13~14일의 '크리스마스' 폭격 때 민간인이 다수 사망했다고 주장하자 세계 여론의 반응에 전전긍긍하고 있었다.

이런 상황에서 솔즈베리 수준의 명망 있는 기자가 하노이의 주장을 확인하는 기사를 썼으니 미국으로서는 "해외에서 일고 있는 비판을 적의 프로파간다 내지는 반미 편견 때문이라고 치부할 수 없게 된" 것이다. 일이 이렇게 되자 미국 언론들은 솔즈베리를 집중적으로 헐뜯었고, 이런 작태에 대해 스톤은 분개했다. 스톤은 '해리슨 솔즈베리의 비열한 전쟁범죄'라는 익살맞은 제목의 칼럼을 썼다. "미국 최고의 신문이 전쟁이 한창인 와중에 적의 수도에 특파원을 보내 우리 정부의 발표가 잘못됐음을 폭로할 수 있다는 것은 놀라운 일이었다. 역사상 거의 유례가 없는 일이다. 따라서 미국인들은 우리 언론이 이렇게 자유롭다는 사실에 대해 자부심을 가져야 할 것이다. 그러나 솔즈베리의 그런 공적에 대해 기자단에서는 박수갈채를 보내기는커녕 야비하고 치졸한 비난을 일삼고 있다. 내가 똑똑히 본 바다. …중상과 비방이 일제사격처럼 날아들었다."「뉴욕 타임스」조차 솔즈베리의 기사들을 "무비판적이고 일차원적"이라고 폄하했고, 레스턴도 그를 비판했다. 다른 칼럼니스트들도 마찬가지였다.「뉴스위크」는 민간인 사망에 대해 대단히 비판적인 그의 기사를 공산당 간행물에 나오는 얘기 같다고 씹어댔다.「워싱턴 포스트」와「뉴욕 스타」는 "국익"에 도움이 되지 않는 내용을 보도했다는 이유로 솔즈베리를 '배신자'라고 부를 정도였다. "광란의 저널리즘"이라는 표현이 어울릴 정도였다. 스톤은 이런 말도 안 되는 비난들을 "죽창 저널리즘"이라고 부를 만하다고 썼다. 베트콩들이 부비 트랩으로 구덩이 밑에 박아넣는 죽창과 같다는 뜻이다. 죽창 끝에는 대개 똥을 발라놓는다.[36]

리프먼은 솔즈베리를 옹호하고 퓰리처상 추천을 지지한 극소수 주류 칼럼니스트 중 하나다. 그러나 베트남은 여전히 너무 민감한 주제였고, 퓰리처상 선정위원회는 특정 성향의 인사들이 장악하고 있었다.

후일 솔즈베리는 스톤이 그토록 목소리 높여 자신을 옹호해준 데 대해 대단히 고마워했다. "아, 그때 정말 고마웠어요. 나도 감사하다는 뜻을 분명히 표했어요."[37] 솔즈베리는「워싱턴 포스트」에 실린 찰머즈 로버츠의 잘근잘근 씹는 칼럼에 마음이 상했다. "정말 너무 화가 났어요. …전체적으로「워싱턴 포스트」는 썩 좋지는 않았어요. 분명한 것은 펜타곤이 극도로 화가 나서 나를 엿 먹일 거리를 들입다 찾고 있었다는 겁니다. 그런데 그놈의 공산당 삐라 얘기가 나온 거예요."

스톤은 평소 아주 좋게 본「워싱턴 포스트」의 국방부 출입 기자 조지 윌슨이 솔즈베리가 북베트남의 선전 팸플릿을 기사 소스로 명시하지 않았다는 점을 문제 삼자 극도로 분개했다. 윌슨의 회고를 들어보자. "솔즈베리는 명확한 근거를 가지고 기사를 썼을 것이고, 그가 한 일만 가지고도 퓰리처상을 받을 수 있었을 것입니다. 적진으로 들어가서 문제의 '외과수술식 정밀 폭격'이 허구라는 기사를 썼으니까요." 회고는 이렇게 이어진다.[38] "난 그 점에는 전혀 이의가 없어요. 그런데 그는 이 비행기가 이렇게 했고 저 비행기가 저랬고 하면서 상세히 얘기를 했어요. 그런데 소스가 뭔지는 아무 얘기가 없습니다. '북베트남 측 보고에 따르면'이라는 말을 집어넣었어야 하는 거지요." 윌슨은 당시 「워싱턴 포스트」와 「뉴욕 타임스」의 불꽃 튀는 경쟁관계도 지적을 했다. "국방부는 솔즈베리의 기사 때문에 심각한 타격을 받고 있었고, 「워싱턴 포스트」도 마찬가지였어요. 당시 '적'은 적진으로 넘어가 있는 상태이고, 우리는 아무런 수단도 없었지요. 「뉴욕 타임스」 보도를 깔아뭉갤 수 있다면 「워싱턴 포스트」로서는 좋은 일이었지요. 그렇게 부정적인 문제 제기를 한 메신저가 바로 나였고, 그렇게 해서 간접적으로 국방부를 도와준 셈이 됐습니다." 솔즈베리의 반응은 이렇다. "조지나 그 어떤 다른 기자라도 잠시만 생각해보면 알 수 있을 겁니다. 공산주의 국가에 갔을 때 인용할 수 있는 소스는 공산주의자밖에 없다는 것을. 거기에 다른 소스는 없어요!" 가슴 아픈 것은 일부 인사가 솔즈베리가 피폭 현장을 직접 보지 않았다고 주장한 것이었다. "후일 그런 주장은 결국 다 CIA가 제공한 정보에서 나왔다는 게 드러났습니다. 당연하지요. 참으로 다행이었습니다." 솔즈베리의 말이다.

솔즈베리는 이후에도 스톤과는 정치적 견해가 상당히 달랐다. 특히 스톤의 한국전 관련 저서에 대한 입장이 그랬다. 그러나 솔즈베리는 스톤을 언론인으로서 깊이 존경했다. "이지 같은 사람들이 없었다면 우린 지금쯤 벌써 죽었을 겁니다. 그는 일종의 자극제였어요. 그는 파고 또 파는, [자신에게 주어진 정보에 대해] 확신을 가져야만 되는 스타일이었어요. 그리고 확신시키기 어려운 스타일이었지요. 그 친구는 나쁜 정책과 정치, 거짓말에 대한 후각이 대단히 예민했어요. 내가 「I. F. 스톤 위클리」를 즐겨 읽은 이유는, 그 친구가 이번 호에선 또 뭘 물고 늘어졌을지 궁금해서였습니다."

스톤이 솔즈베리를 두들겨 팬 워싱턴 기자들을 신랄하게 공격한 것은 어떤 면에서 오랫동안 자신을 무시했던 그들에 대한 분노의 폭발이었을지도 모른다. 베트남전쟁으로 스톤의 위상이 점점 높아지자 리처드 더드맨은 그에게 해외작가Overseas Writers라는 언론인 단체에 회원으로 올릴 테니 동의해달라고 요청했다. 스톤은 "좋다"고 했다. 그러나 "적극 호응한 것은 아니고 '그러겠다'는 정도였다." 이 단체 회장인 마빈 캘브는 스톤이 회원으로 들어온다는 말을 듣고 아주 좋아했다. 그런데 두 주 후 더드맨이 캘브에게 갔더니 캘브는 '약간 문제가 있지만 곧 해결될 거야. 이사회 노땅 둘이 문제를 제기했어. 스톤이 공산당과 깊은 관계라는 거야'라고 말했다. "캘브는 그런 문제 제기가 너무 바보 같은 짓이어서 다음 월례 모임 때쯤이면 다 해결이 될 것이라고 생각했어요. 그래도 나는 이지에게 회원 가입이 지연되고 있으며, 왜 그런지에 대해서도 설명을 해줘야 한다고 생각했습니다. 스톤은 마음 상하고 충격을 받았지요. 그러더군요. '이 일에 끼어드는 게 아니었어. 이제 난 빼주게! 똥덩어리를 밟은 기분이야.' 나는 조금만 기다려달라고 설득하려고 했어요. 그러나 이지는 없던 일로 해달라고 하더군요. 그래서 그렇게 됐지요."[39] 반면에 캘브의 회고는 이렇다. "일부 반대가 있었어요. 그런데 이지가 분노와 실망을 삭이지 못하고 입회 신청을 철회해버린 거지요. 그럴 바에는 왜 회원이 되겠다고 했는지 이해가 안 갔습니다. 그 클럽은 어차피 '고위 관리들'로부터 비보도를 전제로 배경 설명 등을 듣는 모임이었거든요. 이지는 공개를 원칙으로 하는 자기만의 저널리즘 세계에 살고 있었어요. '고위 관리들'이 '배경 설명'에서 뭐라고 하든 신경 안 썼지요. 어차피 그들은 언론에게 거짓말을 하거나 언론을 오도하고 있다고 생각했을 테니까요."[40] 사실 스톤은 배경 설명 모임

같은 데 끼지 못한다는 것이 일종의 이득이라고 말하곤 했다. 어떤 "비밀"도 지키기로 약속한 바 없으니 거기에 구속되지도 않을 것이란 이유였다. 스톤은 그런 특별 모임에 참석한 기자들로부터 브리핑 내용을 알아냈고 그런 정보를 활용했다. 그의 분노는 회원이 되지 못한 것보다는 무시를 당했다는 사실 때문이었다.

스톤이 베트남전 보도로 명성을 키워가는 가운데, 언론계의 황제와 같은 인물이 스톤과 닮아가는 이상한 일이 벌어졌다. 미디어와 권력이 얽히고설켜 돌아가는 워싱턴에서 한 인간의 부침을 예의주시하는 사람들에게는 충격적인 일이었다. 실용주의자인 리프먼은 정부 쪽 얘기를 곧이듣는 편이었다. 린든 존슨 대통령은 그를 추어올리면서 전쟁에 관한 조언을 청하는 식으로 대했다. 리프먼은 행정부가 자기 얘기를 귀담아듣고 있다고 믿었다. 1965년 프랑스 방문 직후 리프먼은 "그동안 내가 너무 살살 조졌다"며 존슨의 외교 정책에 대해 우려를 표했다.[41] 그는 「워싱턴 포스트」의 전쟁 찬성 입장을 바꿔놓으려고 애를 썼다. 그러나 1967년 주필인 존슨 대통령의 친구 러셀 위긴스가 나가고 필 제일린이 그 자리를 차지할 때까지는 그렇게 되지 않았다. 리프먼과 존슨의 관계에서 결정적인 파국이 온 것은 리프먼이 대통령이 "나를 오도했다"는 사실을 깨달았을 때였다.[42] 리프먼은 1965년 말 백악관의 정식 만찬 초대를 거절했다. 물론 리프먼은 여기저기 다니면서 대중 연설도 하는 스톤 식의 활동주의와는 거리가 멀었다. "그는 반전 시위대에 공감한다고 공개적으로 밝히지는 않았지만—품위를 지켜야 한다는 강박관념이 그만큼 컸다—그들을 비난하거나 하지도 않았다." 리프먼의 전기를 쓴 스틸의 지적이다.

대통령과 소원해진 리프먼은 존슨 행정부가 중국까지 끌어들일 위험이 다분한 제국주의 전쟁을 의도적으로 추구하고 있다고 맹공을 퍼부었다. 대통령이 "자신이 구세주라는 과대망상"에 사로잡혔다는 것이다. 1967년이 되면 그의 칼럼은 격한 표현으로 도배가 된다. 존슨은 "병적인 비밀주의에 사로잡힌" 인물이며, 미국을 망치고 있다 등등. 리프먼은 또 존슨 행정부 하의 미국은 "우월한 군사력에 의존해 목표를 달성하려는 못된 제국으로서, 더이상 자유사회의 지혜와 인간성을 보여주는 모범국가가 아니라는 인식이 세계적으로 널리 확산되고 있다"고 썼다. 리프먼의 방향 전환에 도움을 준 사람은 과거 본인 스스로 너무 과격하다고 평가했던 폴과 스톤이었다. 1966년 봄, 리프먼은 폴에게 연락해 고견을 듣고 싶다고 했다. 곧 리프먼은 폴과 스톤을 함께 만나게 된다. "두 반체제 저널리스트로부터 그가 배운 것은 전쟁 수행 과정에 대한 정부 발표를 믿지 않는 것"이었다.[43] 수도 워싱턴의 고급 주택가와 백악관, 코스모스 클럽 같은 곳을 벗어난 적이 없는 막강한 문필가가 이제 버나드 폴 부부 집에서 이지 부부와 함께 저녁을 먹었다. 그해 봄, 이지와 에스터는 리프먼이 자택 정원에서 여는 연례 파티에도 초대를 받았다. 그날 파티 참석자들은 중요한 행정부 관리들이 안 보인다는 점을 이상하게 생각했다. 물론 스톤은 그렇지 않았다. 그의 관점에서는 오히려 행정부 얼간이들이 너무 많이 눈에 띤다는 게 짜증나는 일이었을 것이다.[44]

리프먼은 스톤이 오랜 세월 겪어왔던 일을 이제야 비로소 겪게 됐다. 존슨은 조사팀을 만들어 정부의 잘못을 따지고 드는 리프먼의 칼럼들을 뒤지기 시작했다. 전쟁이 지속되면서 워싱턴에서 열리는 저녁 파티는 손님들의 언쟁으로 분위기가 엉망이 되는 경우가 많았고, 예전에 같은 진영에 있던 사람들도 의견이 갈렸다. 리프먼은 친구로 여겼던 권력자들로부터 냉대를 받자 깊이 상심했다. "고립감이 깊어졌다. '역시 늙으니까 판단력이 흐려진다'는 등등의 비방이 곳곳에서 들렸고, 클럽에서 지인들을 만났을 때 눈길을 피하는 모습들도 당혹스러웠다. 그런 반응들은 일종의 복수로 느껴졌다. 그 모든 것이 리프먼에게 엄청난 타격을 주었다." 스틸의 지적이다.[45] 그러나 리프먼은 이렇게 혹독한 교훈을 얻음으로써 냉전에 대한 전통적인 설명과 다른 방식의 관점을 갖게 됐다. "많은 사람들의 경우에서 보듯이, 그는 전쟁을 통해 미국의 과거를 달리 해석하게 됐다"고 스틸은 썼다.

"월터 리프먼과 I. F. 스톤은 마치 두 곡선의 교차점에서 만난 듯했다. 하나는 하강곡선이고, 하나는 상승곡선이었다." 앤드루 패트너는 이렇게 지적하면서도 리프먼에 대한 "사회의 냉대가 오래 지속되지는 않았다"고 평가했다.[46] 인사이더 생활에 너무 익숙한 리프먼은 이후 1968년 대선에서 민주당의 험프리 대신 공화당의 닉슨을 지지했고, 다시 한번 대통령과 와인을 함께하며 만찬을 즐기는 관계가 됐다. 물론 그 자리에는 닉슨의 교활한 오른팔 헨리 키신저〔1969~76년 국가안보담당보좌관과 국무장관으로 재직했다〕가 동석했다.

1969년 시모어 허시 기자가 미라이 마을 민간인 학살사건—1968년 3월 16일 남베트남 미라이 마을에서 "베트콩 색출 섬멸" 작전에 따라 미군이 여성과 어린이, 노인 등 민간인 수백 명을 모아놓고 학살한 사건—을 폭로할 때까지 미군의 잔혹행위에 관한 보도는 거의 없었다. 미라이 사건이 터진 뒤, 미군의 비인간적인 행위를 고발하는 기사가 수없이 쏟아졌다. 문제의 사건들을 목격한 기자들의 회고담이었다. 이로써 미군은 전투에서 물리적 피해를 입은 것은 물론이고 도덕성 면에서도 엄청난 타격을 받았다. 그들에게는 일종의 살인면허가 부여된 상태였다. 이는 제네바 협정 따위는 우습게 아는 미국 정책의 표현이었고, 그런 정책을 만드는 것은 전투 현장과는 격리된 채 안락의자에 앉아 있는 관리들이었다. 베트남전처럼 명확한 목표가 없는 소모전의 경우, 특정 지역에서 대대적으로 적을 소탕하고 빠지는 식의 전투가 주류였다. 어떤 전쟁에서건 병사들은 적을 말살하도록 훈련받는다. 모든 베트남인은 "그저 노란 동양인에 불과"했으며, 수색 섬멸 작전에서 그들을 "말살"하는 것은 문제될 게 없었다. 게다가 실제로 할머니나 열두 살 된 소년도 적일 수 있는 상황이었고, 따라서 그만큼 긴장도도 높았다. 적 사망자 수는 승리의 척도가 됐지만 거기에는 수많은 비전투원도 포함돼 있었다. 적 사망자 수는 부풀려지거나 허위 보고되기도 했고, "성과"를 독촉하는 상관들에 의해 살인의 자극제가 되기도 했다. "죽었으면 베트콩이다"라는 말이 널리 통용될 정도였다. 상이군인 지원 센터 소장인 잭 맥클로스키(본인도 참전 상이군인으로 훈장까지 받았다)는 이렇게 회고했다. "위에서는 경쟁을 부추겼다. 중대별로… 적을 제일 많이 죽인 중대에는 위로 휴가를 주거나 맥주 한 박스를 추가로 지급했다. 열아홉 살 먹은 병사에게 사람을 마구 죽여도 된다고 말하는 셈이다. 그런 행위에 대해 나중에 보상도 받게 된다. 그런 게 그의 정신에 어떤 영향을 줄 것이라고 보는가? 아무리 세월이 지나도 뇌리에서 떠나지 않을 것이다."[47]

2005년 이라크 아부그라이브 포로수용소 사건에서 보듯이 군사재판은 소수의 "찍힌 병사들"만 처벌하고 만다. 미라이 사건도 소대장인 윌리엄 캘리 중위가 다 뒤집어썼다. 고위층들은 아부그라이브 포로 학대 사건 때도 다시금 대중의 관심을 딴 데로 돌리는 데 성공했다. 죄악의 근원이 어디에 있는지, 전쟁의 현실이 어떤지는 망각 속에 묻히고 말았다. 허시 기자는 미라이 학살사건 이후 30여 년 만에 다시 아부그라이브 수용소에서 벌어진 이라크인 포로에 대한 고문과 학대를 폭로하는 특종을 잡았다. 그러나 두 사건을 보는 시각은 예나 지금이나 달라진 것이 없다. 미라이 학살사건이 폭로됐을 때 사건에 관련된 한 병사의 어머니는 이렇게 말했다. "착한 애를 보내놨더니 그자들이 아이를 살인자로 만들어버렸다."[48]

미라이 사건을 접하면서 스톤은 미군이 추악한 전쟁을 하고 있다는 외부의 지적을 인정했다. 그는 큰 틀에서 전쟁을 집행하는 자를 집중 공격했다. '닉슨이 묵인·지속하고 있는 잔학행위'라는 제목의 칼럼에서는 이렇게 썼다. "여기서 우리가 논하고자 하는 것은 경우에 따라 본의 아니게 벌어지는 잔학행위가 아니라 고의적인 정책이다. 공포와 증오에 휩싸인 병사들이 적성敵性 마을을 점령하는 과정에서 저지르는 행위는 결국 전쟁이 그만큼 잔인화돼가는 데에서 원인을 찾을 수 있다. 진정한 범죄는 훨씬 더 높은 곳에서 벌어지고 있는 것이다. …우리의 전략은… 공산 게릴라들이 거점으로 삼을 수 있는 농촌 지역을 완전히 초토화시키는 것이다. 먼저 쏘고 난 뒤 베트콩인지 아닌지 조사하는 게 안전빵이다. 아니면 조사도 필요 없고 그냥 적 사망자에 포함시키면 그뿐이다."[49] 스톤은 "끔찍하게 들리겠지만" 그런 방식에는 일정한 논리가 있으며 "양측의 증오가 커질수록 그 논리는 강화된다"고 지적했다. 베트콩은 민간인들을 이용했다. 민간인들은 "친지가 죽어나가고 마을이 파괴되자 더더욱 전의를 불태웠다. …최악의 더러운 부비 트랩은 결국 전쟁 자체라고 하는 똥구덩이다. 거기서 허우적거리는 우리는 세계인들로부터 따돌림을 받고 있다."

스톤은 베트남전쟁 때 가난한 흑인들이 주로 징집되는 현실을 안타까워했다. 그러나 소수의 미국인에게 모든 것을 요구하고, 대다수에게는 아무것도 요구하지 않는, 전쟁의 계급적 성격에 주목하지 않은 잘못은 회피할 수 없다. 왜곡된 징병 제도 때문에 베트남전 당시 성년이 된 미국 남성 2,700만 명 가운데 대다수는 실전 배치는 말할 것도 없고 군 복무 자체를 피할 수 있었다. 당시 대부분의 관찰자들과 마찬가지로 그런 면에서는 스톤도 통찰력이 부족했다. 그는 인종주의적 측면들을 보기는 했지만 가난한 자와 노동계급이 실제 전투를 거의 전담하는 끔찍한 불평등에 대해 거론한 적은 거의 없다. 사회비평가로서 스톤은 반전 운동에 열심히 참여한 젊은이들(같은 세대 중에서도 소수다)을 극찬했지만 구멍이 숭숭 뚫린 징병 제도(대학생 징집 연기, 질병을 이유로 한 관대한 병역 면제, 복무자 추첨 제도 등등)를 통해 대부분의 젊은이들이 어떻게 병역을 면제받는지를 살펴보지는 않았다.(그런 허술한 제도를 만든 국회의원들의 아들·손자 가운데 베트남전 전사자가 전혀 없다는 사실이 밝혀져 세인의 관심을 끈 건 훗날의 일이다.) 당시에는 예비군이나 주 방위군 복무도 조지 W. 부시 대통령 같은 특권층에게는 참전 회피 수단이었다. 부시 대통령의 보좌관 다수는 당시 대학생이라는 이유로 징집이 연기돼 베트남 파병을 면한 인물들이다. 딕 체니 부통령도 이런저런 제도상의 허점을 이용해 병역을 회피했다. 그러나 공화당의 각종 선전전과 베트남전에 대한 일반의 무지 덕분에 부시는 징병 기피 의혹을 말끔히 지우고 2004년 재선에서 승리했으며, 이후에도 계속 남의 자식들을 전쟁에 내보냈다.

로버트 맥나마라의 치욕스러운 유산이자 그의 창안물인 '프로젝트 100,000^{Project 100,000}'을 기억하는 사람은 거의 없다. 자기 합리화를 노린 그의 회고록조차 이 문제는 거론하지 않았다. 1966년 존슨 대통령은 예비군을 동원하거나 대학생 징집 연기 제도를 철폐할 경우 반전 시위가 더욱 거세질 것으로 우려했다. 맥나마라는 사석에서는 이미 '이 전쟁은 이길 수 없다'고 떠들면서도 프로젝트 100,000이라는 정책을 만들어냈다. 예전에 정신적·신체적 기준에 미달해 징집 면제된 사람들을 조직적으로 재징집하는 정책이었다. 모병관들이 도시 빈민가와 남부 농촌 지역을 샅샅이 뒤지고 다녔다. 심지어 지능지수가 62인 청년도 징집됐다. 이렇게 프로젝트 100,000을 통해 총 35만 4,000명이 새로 징집됐다. 정부에서는 이 프로그램을 위대한 사회 건설 정책의 일환이라고 선전하면서 징집자들에게는 복무를 마치면 공부도 더 시켜주고 빈곤으로부터 벗어나게 해준다고 약속했다. 그러나 결국은 베트남으로 가게 되는 것이었다. 당시 사회에서는 이들을 불쌍한 어조로 "바보 부대^{Moron Corps}"라고 불렀는데 실전에 투입되는 경우가 유독 많았다. 민권을 열렬히 옹호했던 존슨 대통령이 흑인 청년 사상자가 유독 많이 나게 될 프로그램을 승인한 것이다. 1970년에 나온 국방부 연구 보고서에 따르면 프로젝트 100,000 징집자의 41퍼센트가 흑인이었다. 흑인이 미군 전체의 12퍼센트인 점과 비교해보면 특이한 현상이다. 또 징집자의 40퍼센트가 실전 훈련을 받았다. 이는 대개 일반 징집자의 25퍼센트만이 실전 훈련을 받는 것과 대비된다.

스톤을 좀 봐주는 쪽으로 말하자면, 프로젝트 100,000의 온갖 문제점이 그의 독수리 같은 눈초리에 잡히지 않았다고 할 수 있다. 「I. F. 스톤 위클리」가 거의 종간될 때까지도 이 프로젝트 관련 기사는 실린 것이 없다. 스톤은 계급 차별적 성격이 강한 전쟁의 복합적인 측면을 깊이 들여다보지 않았고 불공정한 징병 제도의 문제점을 간과한 것으로 보인다. 1965년 남부에서 흑인의 인권 향상을 위해 목숨 걸고 싸운 학생비폭력조정위원회^{SNCC}와 인종평등회의^{CORE} 소속 대학생들—이들 중 다수는 베트남전 초기부터 전쟁에 반대했다—을 칭찬한 것은 당연하지만 스톤은 베트남전 참전을 본인의 선택으로 보는 경향이 있었다. "아무 생각 없는 열정이나 맹목적인 애국심, 반공주의나 사회 분위기에 잘 휩쓸리는 사람들만으로도 베트남에 필요한 군대는 충분히 동원할 수 있을 것이다." 스톤이 쓴 글의 한 대목이다.[50] 반면에 "남부에서 민권 투쟁을 하는 데에는 그보다 훨씬 더 많은 용기가 필요하다"는 것이다. 그러나 가난한 흑인과 백인 다수에게 베트남전은 불행하게도 선택사항이 아니었다.

베트남전의 모든 측면과 관련해 스톤은 맥나마라를 강력히 비난했다. "진실을 그렇게 왜곡할 수 있는 사람들이야말로 우리 국가안보에 위협이 된다."[51] 베트남전과 같은 역사적 재앙은 지금 돌이켜보면 필연적인 것처럼 보이지만 당시만 해도 그렇지 않았다. 1968년 스톤은 맥나마라의 "불명예스러운 기록"을 한참 열거했다. 4년 전 맥나마라가 했던 거짓말도 일일이 찾아냈다. 당시 맥나마라는 통킹 만 사건을 "아무 이유 없는 공격 행위"라고 선언함으로써 의회가 대통령에게 전쟁의 전권을 주도록 하는 데 결정적 역할을 했다. 특히 스톤은 당시 맥나마라의 증언과 1968년 상원 외교관계위원회에 나와서 했던 주장을 비교했다. 두 발언은 정면으로 모순됐다. 맥나마라의 말 바꾸기는 양심에 따른 변화가 아니었다. 그는 상원 외교위가 4년 전 본인이 거짓말을 했음을 입증해주는 국방부 문건을 확보하고 있다는 것을 알고 있었다. 그러면서도 여전히 "상황을 호도하면서 거짓말을 하려고 애를 쓰고" 있었다.

스톤의 단호한 비판에서 두 가지 측면을 엿볼 수 있다. 하나는 그가 각종 자료를 읽고 또 읽고, 관련 문건과 증언을 철저히 비교했다는 점이다. 또 하나는 행정부 관리들과 형님 아우 하는 워싱턴의 일류 언론인들과 달리 스톤은 맥나마라와 응접실에서 칵테일을 기울이며 잡담할 일 같은 것은 없으리라는 것을 잘 알고 있었다는 점이다. '아웃사이더'로서 맥나마라를 끝장내주는 것은 어려운 일이 아니었다. 스톤은 "많은 사람들이 맥나마라를 높이 평가했지만 지금 그가 보여주고 있는 것은 치욕의 극치"라고 몰아붙였다.

1969년 스톤은 '닉슨, 구태 재연'이라는 제목의 칼럼에서 대통령을 신랄하게 비판했다. "공산당 정권도 리처드 닉슨의 11월 3일 베트남 관련 연설만큼 역사를 노골적으로 왜곡한 적은 없다." 닉슨은 베트남 문제의 책임을 민주당에 떠넘기려고 했다. "그러나 진실은, 15년 전 닉슨이〔부통령으로서〕베트남에서 평화의 돌파구가 열리는 것을 최대한 막으려 했지만 실패했다는 것이다. 아이젠하워 대통령이 그의 편을 들어주지 않았기 때문이다. …이번 전쟁은 오래전부터 닉슨의 전쟁이었다."[52] 이어 스톤은 민주당도 비판했다. "그들에게 용기가 있다면" 전술핵무기 사용도 마다하지 않는 닉슨에게 굴복하는 대신 "국민들에게 사태의 심각성을 경고할 것"이다.[53] "닉슨은 여전히 중국을 봉쇄하려 하고 있으며, 베트남은 그런 목적을 달성하기 위한 전초기지다." 반면에 베트남의 "선택"은 그런 의도와는 무관했다.

구정공세 이후 많은 주류 언론이 보도와 비판 양면에서 괄목할 만한 성과를 보였다. 스톤도 그런 보도를 칭찬하고 격려했다. 「더 네이션」 발행인 빅터 나바스키는 스톤을 "탐사 전문 독자"라고 불렀을 정도다. 스톤도 나이가 들면서 사건을 파고들어 특종을 건져내는 힘이 떨어졌다. 「I. F. 스톤 위클리」는 차츰 다른 신문·방송에서 그러모은 기사들에다가 아슬아

슬한 제목을 달고 논평을 곁들이는 스타일로 바뀌어갔다. 그러나 많은 주류 언론인들이 「위클리」에서 다른 곳에서는 찾을 수 없는 정보를 찾았다는 것은 그만큼 최고 수준이었음을 말해준다. 4쪽짜리 「위클리」에 들어가는 7개의 박스 기사에는 「볼티모어 선」, 「워싱턴 포스트」(스탠리 카노우 기자), ABC 텔레비전에서 발췌한 전쟁 관련 중요 기사는 물론이고, 스피로 애그뉴 부통령의 기자회견, 전략무기제한협정^{SALT} 회담 관련 애그뉴 부통령 발언에 대한 에드먼드 머스키 상원의원의 비판(〈투데이〉 쇼 녹취록), 닉슨 대통령 연설 발췌문, 베트남에서 전투 중인 병사의 독자편지 등이 쫀쫀하게 정리됐다. 특히 독자편지는 베트콩 색출 섬멸 작전이 종료됐다는 정부의 거짓말을 반박하는 내용이었다.("색출 섬멸은 지금도 매일하고 있습니다. 우리가 사용하는 작전명은 '색출 섬멸'이 아니지만.")

스톤은 건강이 나빠져 베트남전이 끝나기 전에 「I. F. 스톤 위클리」를 문닫았지만 「뉴욕 리뷰 오브 북스」에는 계속 열심히 글을 썼다. 키신저가 외교 문제에서 보폭을 넓혀나가자 스톤은 그가 제시한 공산권과의 평화공존 제안에 대해 "사기꾼의 놀라운 제안"이라고 평했다.[54] 여기서 스톤의 "날카롭고 통찰력 있는 분석"이 특출했다고 허시 기자는 말했다.[55] "절대다수의 미디어는 논조가 비슷했다. …실제 문제보다는 비밀 외교에서 키신저가 수행하는 독특한 역할에 초점을 맞춘 것이다."

베트남전은 언론과 정부가 힘으로 오만을 부릴 때 어떤 비극적인 결과를 맞게 되는지를 보여주는 전형적인 사례였다. 바로 이 점을 스톤은 미국인들에게 분명히 알리려고 애를 썼다.

25
베트남전과 인종차별의 한복판에서

다시금 역사는 비극으로 흘러가고 있었다. 스톤은 언론의 중립성이라는 것을 지키고 싶은 마음은 추호도 없었다. 주장이 강한 신문을 발행하는 언론인으로서 스톤은 정부의 거짓말을 까발리는 딱 떨어지는 사실을 토대로 독특한 시각을 제시하는 스타일을 견지했다.

스톤은 일찍부터 전쟁 반대 시위를 주도한 극소수 인사 가운데 한 명이었다. '반정부' 성향이라고 할 수 있는 이들의 주요 관심사는 당초 민권 향상, 수소폭탄 실험·제조 금지, 대對쿠바 정책 온건화 등이었다. 이런 극소수 반전 운동 세력은 1960년대 말이 되면 전 세계적으로 베트남전 반대를 축으로 해서 수백만 명으로 확대된다. 스톤은 신좌파의 이미지에 먹칠을 하는 과격파의 무의미한 폭력·파괴 행위를 규탄했다. 스톤은 예전에 극소수 좌파 선봉대의 일원이었다고 할 수 있다. 젊은 층이 그를 존경한 것은 교조적인 이데올로그가 아니었기 때문이다. 게다가 스톤은 신좌파 젊은이들에게서 어떤 감흥 같은 것을 받았다. 이들은 암울한 매카시즘 시대에 잔뜩 쫄았던 선배 세대와는 전혀 다른 세대였다. 스톤은 "난 신좌파가 등장하기 전에 이미 신좌파였다"는 농담을 하곤 했다.

"신좌파의 훌륭한 점은, 세계의 복잡성을 제대로 파악하고, 어떤 특정 이론에 매몰되지 않는다는 것이었다." 스톤이 만년에 한 얘기다.[1] 물론 이런 평가가 신좌파 운동의 모든 측면에 해당된다고 할 수는 없다. 1963년 스톤은 뉴욕 타운 홀에서 토론회 사회를 보다가 워싱턴에서 참여한 토론자들의 주장을 듣고는 갑자기 퇴장해버렸다. 스톤은 이들의 주장에 대해 "순진함과 흑인 민족주의적 왜곡(흑인이 겪는 고통이라는 관점에서는 이해할 만하지만 왜곡인 것은 분명하다), 현실과 동떨어진 극좌주의가 뒤범벅된 것으로 보인다"고 지적했다.[2] 마오쩌둥주의 계열 학생들은 쿠바 여행 관련 하원 청문회에서 반미 구호를 외치다가 쫓겨났다. 스톤도 쿠바 여행 금지 조치에 항의했지만 학생들의 과격한 행태와 진부한 좌파적 언사는 혐오했다. 그는 이제 썩 유명한 언론인이 된 터여서 「뉴욕 타임스」와 「워싱턴 포스트」는 타운 홀에서 벌어진 소동을 기사화했다. 스톤은 이렇게 썼다. "의회 위원회가 여행의 자유를 요구하는 투쟁을 반미反美로 매도하면 웃음거리가 되는 것은 물론이고 국익에 해를 끼치게 될 것이다. 그런 면에서 학생들은 여행 금지 조치 철회에 적잖은 몫을 한 것이다. 하지만, 과장된 신경질적 반응은 용인하고 싶지 않다. 그런 행동은 미국과 쿠바의 원만한 관계 회복에 해가 된다."[3]

스톤은 정부를 비판하면서도 항상 애국자였다. 미국을 지칭할 때 늘 **우리**라고 했다. 그는 한때 과격파를 자처했지만 1965년에는 리버럴로 돌아섰다. "우리는 학생운동이 돌출행동을 일삼는 자들이나 자살골로 인해 타락하지 않기를 바란다."[4] 스톤은 평화 운동을 대충 세 그룹으로 분류했다. 하나는 좀더 많은 대중에게 전쟁을 끝내야 한다고 설득하는 스타일이다. 두번째는 설득보다는 "증언"에 더 관심이 많은 그룹이다. 이들은 세금 납부나 군 복무 거부 같은 도덕적 반대 행위를 주로 한다. 징병 활동을 방해하거나 군용열차를 막아 세우기도 한다. 세번째 그룹은, 베트콩과의 연대를 추구하고 "평화는 자본주의 체제를 타도해야만 가능하다고 믿는 혁명세력"이다. 스톤은 운동가들도 티토에서 마오쩌둥에 이르는 공산당 내부 투쟁을 보면서 자본주의가 타도되고 공산주의가 승리해도 모든 게 평화롭고 조화롭게 되는 것은 아니라는 사실을 깨달아야 한다고 주장했다. 나이 예순이 되면서 스톤은 전통적인 방식의 반대 운동을 옹호하게 된다. "첫번째 그룹만이 여론을 좋은 쪽으로 변화시킬 수 있다."

어느 집회나 시위를 가봐도 세 그룹의 요소가 뒤섞여 있다는 사실에 스톤은 주목했다. 그런데 일부 젊은이들이 "1930년대의 케케묵은 구호"를 다시 떠드는 것을 듣고는 진저리를 쳤다. 그는 폭력으로 폭력과 맞서 싸운다는 생각을 혐오했고, "긴장이 고조되는" 시기에는 평화운동이 "공격과 증오를 위한 위장수단"이 될 수 있다고 경고했다. "여기저기 날뛰며 소리를 질러서 동료 시민들을 안심시킬 수는 없다. 동료 시민들과 평화롭게 지내지도 못하면서 평화 공존을 떠들어봐야 아무 소용 없다." 스톤은 국방부 청사에 험한 낙서를 하거나 건물을 폭파시켜서 해결될 일은 아무것도 없다고 간곡히 호소했다.

스톤은 평화 운동을 하는 사람은 장발에 마리화나 피우는 '배신자들'밖에 없다는 식의 매파의 비난에 대해 "점잖은 사람들"이 시가행진에 참가해야 그런 편견을 깰 수 있다고 생각했다. 그는 한 집회에서 칼럼니스트 드루 피어슨의 미망인(루비 피어슨)을 보고는 수수한 복장을 칭찬했다. 스톤은 그녀의 손을 잡고 "그래요, 옷도 그렇게 입어야 평화에 도움이 되지요"라고 말했다.[5]

1961년, 스톤은 새로운 변화를 실감했다. 하버드대 대학생들 앞에서 강연을 하면서 그는 이렇게 회고했다. "1950년대에 하버드에서 강연을 하는데 청중석에 학생은 하나도 없었어요. 나이 든 주민들뿐이었지. 아이들은 강연회 오는 걸 두려워했어요. 급진파 집회에 나갔다 들키면 블랙리스트에 오른다고 생각했으니까."[6] 1960년대의 열렬한 청중을 보면서 스톤의 여동생 주디는 '중간의 한 세대는 그냥 건너뛰었다'고 표현했다. "청중은 이지의 오랜 독자들과 그 손자들이었으니까요." 전쟁이 점점 꼬여가면서 스톤의 명성은 높아졌다. 그는 미국을 동서남북으로 누비며 하버드에서 버클리까지 온갖 대학에서 강연을 했다. 주최 측은 예상보다 크게 늘어난 청중을 수용하기 위해 강연장을 더 넓은 곳으로 옮겨야 했다. 강연 시작 전에 신경이 예민해지는 스톤은 혼자 산보를 하곤 했다. 그런 다음, 청중 앞에 나아가 원고도 없이 역사와 개념과 사실과 의견을 버무려 청산유수로 이야기를 풀어나갔다. 강연이 끝난 다음에는 파티에도 기꺼이 참석했다.

1961년 스톤이 하버드에서 쿠바에 관한 강연을 할 때 토드 기틀린은 청중석에 앉아 있었다. 당시 강연은 쿠바의 노력에 "공감하면서도 쿠바에 대한 환상 같은 것은 갖지 않는" 현실적인 접근이 돋보였다. 기틀린은 "스톤이 카스트로의 권위주의화 경향에 주목하고 있다는 사실이 마음에 들었다." 그러면서도 스톤은 가난한 다수가 혁명으로 삶이 나아졌다는 사실을 인정했고, 학생들에게도 케네디의 혹독한 대對쿠바 정책에 항의할 것을 촉구했다. 그때부터 기틀린은 「I. F. 스톤 위클리」를 구독했다. "「위클리」를 통해 나는 정부가 거짓말을 한다는 것을 알게 됐다. 우리 시대의 많은 사람들도 마찬가지였다. 반전 운동 진영은 그런 거짓말을 파헤치기 위해 늘 스톤에게 의존했다."[7]

기틀린은 민주사회를 위한 학생연합SDS에서 민권·반핵 운동을 하는 과정에서 톰 헤이든을 비롯한 사회운동가들과 우정을 맺게 된다. 기틀린은 스무 살의 나이에 SDS 회장이 되었다. SDS는 당시 초창기였고 순수했다. 1960년대 초 보통 젊은이들이 입는 셔츠와 스커트를 입고 넥타이를 맸다. 1962년 10월 기틀린은 워싱턴에서 스톤의 강연을 들었다. 쿠바 미사일 위기 전날이던 그날 스톤은 미·소 핵전쟁 가능성에 대해 열변을 토했다. 그의 말 한 마디 한 마디에서 깊은 불안이 느껴졌다. 당시 스톤은 "수천 년 지속돼온 문명이 풍전등화의 위기에 처했다"고 경고했다.

"그는 거의 패닉 상태였기 때문에 나도 세상이 종말에 다다랐다는 위기감을 느꼈습니다." 기틀린의 회고다. 기틀린을 비롯한 일부 청중은 나중에 다시 차를 타고 가서 작은 모임에 참석했다. 거기서 라디오를 통해 흐루쇼프와 케네디가 의견을 교환하고 "세계를 날려버리지 않기로" 했다는 소식을 들었다. 스톤은 이 젊은이들 모임에 합류했다. "그래서 우린 참 기분이 좋았어요."[8] 그때부터 스톤과 기틀린의 우정은 시작됐다. 두 사람은 허름한 식당에서 같이 밥을 먹었고, 스톤은 기틀린의 멘토가 됐다.

1965년 「I. F. 스톤 위클리」 구독자 수는 2만 1,000명에 가까웠다. 전쟁이 지속되면서 평화운동이 번져갔고, 스톤의 독자도 크게 늘었다. 「I. F. 스톤 위클리」는 입소문이 나면서 유명해졌다. 구독자는 신문을 주위 사람들과 돌려봤고, 그러면서 「위클리」는 다른 대학으로, 잠재 구독자에게로 퍼져갔다. 「I. F. 스톤 위클리」를 보지 않으면 진실을 알 수 없다는 말이 미국, 영국, 유럽의 평화 운동 진영에 널리 퍼졌다. 전쟁이 지속되는 동안 구독자는 해마다 1만 명씩 늘었다. 1971년이 되면 스톤은 부유한 신문사 사장이었다. 그가 발행하는 신문은 의회는 물론이고 국무부와 백악관에서도 구독했다. 한편 FBI는 반전 운동 진영에 은밀히 침투해 공작을 하면서 다시금 스톤에 대한 공세를 강화했다. 공산당 및 "관련" 운동가들과 "친한" 정보원들을 최대한 동원했다. 그들은 스톤에 대한 신용조사기관의 조사 기록은 물론 워싱턴 DC 경찰 기록을 샅샅이 뒤졌다. (당연히 나온 건 아무것도 없다.) FBI는 아무리 작은 신문이라도 스톤에 관한 기사가 있으면 다 모았다. 지방지도 스톤의 활동을 기사화할 정도가 된 것이다. 편집국장들은 스톤의 메시지는 별로 좋아하지 않았다. "말랑말랑한 얘기" 대신 제대로 된 뉴스를 더 많이 실으라는 요구였기 때문이다. 1961년 스톤은 자신을 취재하는 기자들을 바라보면서 '언론이 이렇게 취약하니 대부분의 사람들은 베트남이 어디 붙어 있는지도 모른다'고 말했다.

그는 상식을 강조했다. 미국은 어느 시점에 가면 중국과 협상을 하지 않을 수 없게 될 것이고, 따라서 그 시점은 이를수록 좋다. 또 미국은 군비를 축소하고 평화봉사단을 쿠바에 파견하고 베트남에서 철수해야 한다는 것이었다. 스톤은 소련과 미국 둘 다에 대해 핵무기 감축 문제에 관해 서로 믿지 못한다고 비난하면서, 미국 정부는 핵실험 여부를 멀리서 탐지할 수는 없다고 거짓말을 하고 있지만 양국 모두 충분한 탐지 능력이 있다고 강조했다.

히로시마 원폭 투하 이후 스톤은 유명한 핵 과학자 무리에 합류했다. 에드워드 콘든, 로버트 오펜하이머, 한스 베테 같은 인사들이 중심이 된 이 모임은 핵실험을 군이 아닌 민간이 통제해야 한다고 촉구하고, 국제 협력을 통한 군비 경쟁 중단을 요구했다. 이들은 냉전이 한창인 시대에 평화를 외쳤고, 그 때문에 언론과 FBI, 매카시주의자들의 박해를 받았다. 이들은 문제의 과학자들이 1930년대에 공산당과 관련이 있었다는 얘기까지 파헤쳐 문제 삼았다. 스톤은 이런 과학자들을 열렬히 옹호했다. 많은 사람들이 일자리를 잃거나 심하게 괴롭힘을 당한 나머지 정치 문제에서는 완전히 손을 뗐다.

케네디 대통령은 공포를 조장하는 거창한 프로파간다에 관여했다. 아이젠하워 대통령 때 시작된 이 프로파간다는 학생들에게는 방공 훈련 때 책상 밑에 숨으라고 하고, 부모는 뒷마당에 방공호를 파야 한다는 식으로 떠들었다. 케네디는 지하대피소에 숨어서 저장해둔 통조림으로 버티면 핵공격을 이겨내고 살아남을 수 있다는, 말도 안 되는 소리를 떠들어댔다. 그는 "한 사람 한 사람에게 가급적 빨리 지하대피소를 마련해줘야 한다"고 촉구했다.[9] 스톤은 원자탄보다 훨씬 강력한 수소폭탄을 잔뜩 쌓아두면 안전해질 것이라고 믿는 에드워드 텔러〔1908~2003. 미국의 핵물리학

자. 수소폭탄 개발·제조에 업적이 크다는 이유로 '수소폭탄의 아버지'로 불린다)를 비롯한 일부 핵물리학자들을 끊임없이 조롱했다. 텔러에 대해서는 "그 미치광이"라고 지칭할 정도였다. 1964년 8월 6일 스톤은 히로시마에서 사망한 사람들을 기리는 평화집회에 참석해 연설했다. 집단 시위만이 정부 정책을 바꾸게 만드는 유일한 방법인 것처럼 보였다. 이어 1964년 12월 19일에는 아홉 개 단체 회원들과 함께 린든 존슨 대통령에게 베트남전 즉각 휴전을 촉구했다.

1965년 메릴랜드 대학의 한 강당이 스톤의 강연을 듣는 청중으로 꽉 찼다. 이 자리에서 스톤은 "베트남에서 보복 정책을 펴는 것은 게릴라 소탕전이 실패했음을 고백하는 것이나 마찬가지"라고 말했다.[10] 스톤은 "워싱턴의 주전론자들은 '발모제發毛劑를 머리가 아닌 가슴 털에다가 뿌린 모양이다. 남의 나라 사람들의 생명을 얼마나 과격하게 다루는지를 과시하기' 위해서일까…"처럼 알아듣기 어려운 비유를 일부 사용했지만 비웃는 사람은 아무도 없었다. 다만 객석에서 일부 젊은이들이 "발모제가 뭐지?" 하고 소곤거리는 소리가 들렸다.

스톤은 호찌민을 "대단히 인간적인 사람"이라고 칭했다. 또 순진하게도, 공산국가가 아닌 "민주국가"를 원하는 지도자로 묘사했다. 미국이 민간인 수백만 명과 미군 수천 명을 죽이고, 한 나라를 끝없는 파괴로 몰아가는 데 결정적인 역할을 했다는 주장은 오히려 설득력이 있었다. 1965년 2월 대학생 400명이 백악관 인근에서 피켓을 들고 시위를 한 뒤 워싱턴 DC의 한 교회에서 열린 집회에 참석했다. 그곳에는 스톤이 연사로 나와 있었다. 이 집회에 모인 사람들은 얼마 후 세력을 키우게 된다.

스톤의 이름은 이제 엉뚱한 사람들까지 도용하는 지경이었다. 그는 극좌파 일부에게는 더할 나위 없는 부르주아로 비쳤다. 그런데 매사추세츠 공과대학MIT 사회주의 클럽에서는 한 청년 공산주의자가 미국은 파시즘 정권이라고 소리쳤다가 반론에 직면하자 "I. F. 스톤을 불러다 나 대신 토론을 시키겠다!"고 큰 소리쳤다.[11] '쿠바 페어플레이 위원회'^{Fair Play for Cuba}
Committee' 로스앤젤레스 지부는 1963년 ABC TV에서 카스트로와 인터뷰한
녹취록을 전재한 「I. F. 스톤 위클리」를 배포했다. 스톤의 주장에 따르면
「뉴욕 타임스」 같은 "본격 신문"들은 보도하지 않는 내용이었다. 이는 바
로 스톤 파일에 올라 FBI 요원 참고자료로 활용된다.

스톤은 '하원 반미활동조사위원회 폐지 촉구 국민위원회'^{National Committee to}
Abolish the House Un-American Activities Committee'의 우군友軍으로 오래 활동했는데 이제 뜻
을 같이하는 젊은이들이 대거 등장한다. 스톤은 "돌출행동을 일삼는 자
들"을 경계했지만 제리 루빈[1938~94]과 애비 호프먼[1936~89] 같은 과
격파들의 우스꽝스러운 행동에는 웃음을 금치 못했다. 이들은 반체제 성
향의 반전 청년 단체 이피^{Yippie}[Youth International Party+hippie의 약어로 청
년국제당]를 만들어 언론조차 무시할 수 없는 희한한 행동을 구사했다. 그
런 방식을 통해 오히려 언론을 탄 것이다. 저명한 인사들이 하원 반미활동
조사위원회^{HUAC}나 매카시 청문회에 출석해 잔뜩 겁먹는 것을 봐온 스톤에
게는 루빈 같은 청년들의 행동은 속이 다 시원한 것이었다. 이들은 반전
활동이 국가에 대한 "반역"이라는 이유로 소환장을 받자 HUAC 청문회장
에 당당한 모습으로 나타났다. 루빈의 경우는 미국 독립전쟁 당시 군복 복
장을 하고 나타나 독립선언서를 의회 직원에게 제출했다. 직원은 당혹해
했고, 루빈은 시위를 하고도 소환장을 받지 못한 사람들은 "소환장 받은
사람을 오히려 부러워한다"고 떠들었다.[●]
　　스톤도 HUAC 철폐를 위해 평생 노력해왔지만 루빈과 호프먼 같은 스

● 루빈과 호프먼은 특이한 것을 갈구하는 젊은이들의 아이돌이 됐다. 두 사람은 미국이 전쟁에 돈을 쓰는 것
을 반대하는 의미에서 뉴욕 증권거래소 발코니에 올라가 달러화를 뿌리는가 하면, 마리화나에 취한 수천
명의 평화주의자들에게 국방부 청사를 날려버리자고 호소했고, 1968년 민주당 전당대회에서 소동을 벌인
사람들이 정부 전복 혐의로 재판을 받게 됐을 때는 주심인 줄리어스 호프먼 판사 앞에서 나치식 "만세"를
외치며 야유를 보냈다.

타일은 처음이었다. "갑자기 그런 젊은 애들이 툭 튀어나온 거예요. 공산당원인 적도 없고, 과거 정치 이력에 발목을 잡힐 것도 없고, 동료를 밀고 하라는 협박도 무서울 게 없는 친구들이었지요. 밀고할 게 아예 없으니까. 그들은 HUAC를 완전 바보로 만들었어요. 조롱하고 야유하고 비웃어줌으로써 HUAC의 정체를 폭로한 거지요. 그 이후 HUAC는 완전히 맛이 갔다고 봐요. 그전에는 이단 신문관과 이단이 있었고, 둘은 공생관계였지요." 마녀사냥이 시작되면 "공산주의자" 정보원들이 먼저 정보를 내놓았다. "그런데 그애들은 달랐어요. 그런 의미에서 그 친구들은 이데올로그가 아니었지요." 스톤은 스포츠에 비유해 이렇게 설명했다. "말하자면 그건 일종의 레슬링 시합 같은 겁니다. '상대가 이렇게 나오겠지' 하고 있는데 전혀 안 그러니까 어쩔 줄을 모르게 된 상황이나 마찬가지입니다. 위원회는 갑자기 뻘쭘하고 우스운 꼴이 된 거지요. 그 친구들은 확 오줌을 갈겨준 겁니다."[12]

스톤은 '평화를 위한 여성 운동WSP'도 좋아했다. "위원회도 우아한 숙녀들[이 증언을 한 1985년에도 스톤은 여전히 숙녀라는 표현을 썼다]을 윽박지르기는 곤란했지요. 꽃다발까지 들고나왔으니까요."[13] 스톤은 WSP 대표 대그마 윌슨이 의원들 질문에 답하는 모습을 생생히 기억해냈다. "점잖게 묻지요. '귀하의 조직에 공산주의자도 받아들일 생각이 있나요?' 그럼 '네.' 해요. 그 다음에는 '파시스트를 받아들일 생각이 있나요?' '아, 그럴 수만 있으면 좋지요!'" 스톤은 이런 얘기를 하면서 파안대소했다.

기틀린이 스톤을 인터뷰한 것은 『1960년대: 희망과 분노의 시절The Sixties, Years of Hope, Days of Rage』을 쓰기 위해서였다. 그러나 스톤은 반전 평화 운동의 몰락과 변질에 대해서는 별로 얘기하려 하지 않았다. 어떤 좋은 점을 보면 사소한 문제점 같은 것은 안중에 두지 않는 게 스톤의 스타일이다. 루빈은 만년을 1960년대의 활동을 속죄하듯이 살았다. 그토록 경멸했던 월스트리트에서 성공해보려고 애를 썼고, 80년대에는 이것저것 사업에 손을 댔다. 이런 행태 때문에 1960년대 청년들의 반체제 활동이 일종의 사기처럼 보이게 된 측면이 있다. 그러나 스톤은 당시 활동이 단순히 이목을 끌기 위한 해프닝이었다고는 전혀 생각지 않는다.

한때 기행을 일삼던 루빈과 호프먼은 결국 비극적인 최후를 맞는다. 호프먼은 열정적인 민권 운동가로 시작했지만 코카인 판매 혐의로 FBI에 체포됐다. 이후 잠적했다가 다시 세상에 모습을 드러냈지만 1989년 자살했다. 5년 뒤 루빈은 로스앤젤레스 윌셔 대로大路를 무단 횡단하다가 차에 치여 사망했다.

스톤의 절친한 친구이자 「진보」지 편집장이었던 어윈 크놀은 "이지는 항상 남을 좋은 쪽으로 봐주는 스타일이었다. 나보다 훨씬 더 그랬다"라고 말했다.[14] 그러나 스톤이 남의 말을 곧이곧대로 믿는 스타일이라고 보면 오산이다. 1965년 4월, 최초의 대규모 베트남전 반대 시위가 열렸다. 여기서 스톤은 사상 최대 규모의 반전 시위대 앞에서 연설을 했다. 그런데 워싱턴기념탑 앞에 모인 2만 5,000 군중 앞에 섰을 때 포크 가수 필 오크스가 비아냥거리는 조로 〈사랑해줘, 난 리버럴이야Love Me, I'm a Liberal〉를 부르자 스톤은 크게 화를 냈다. 리버럴들을 겁쟁이라고 부르는 것은 폭넓은 연대를 형성하는 데 아무 도움이 안 된다고 봤기 때문이다. 스톤은 자신은 리버럴이며, 통킹 만 결의안에 용감하게 반대표를 던진, 바로 옆에 서 있는 그루닝 상원의원도 마찬가지라고 외쳤다. 스톤은 오크스의 노래에 환호하는 군중들에게 영합하지 않고 "저기 마르크스-레닌주의자들이 왔다 갔다 하는 게 보입니다"라고 소리치기도 했다.[15]

한편 스톤은 SDS를 용공세력으로 몰아붙이는 나이 든 층들도 비난했다. 1965년 평화 행진 전날, A. J. 머스티와 노먼 토머스 등 스톤의 오랜 친구이자 열성적인 평화 운동가들이 평화 운동 단체라면 "어떤 형태의 전체주의"와도 무관해야 하며, "어떤 정부의 외교 정책도 묵종"해서는 안 된다는 내용의 성명을 발표했다. 기틀린을 비롯한 SDS 지도부는 그럴 생각도 없었고, 대중의 참여 폭을 최대한 넓혀야 한다는 입장이었다. "노땅들도 어떻게든 전쟁 반대세력을 극대화하자는 취지였을 것"이라고 기틀린은 생각했다. 그러나 "학생들이 백악관에 오줌을 갈기려고 한다는 괴담"까지 전파하는 상황은 설명이 되지 않았다.[16]

1965년 여름 그날, 베트남전 반대를 외치며 행진한 사람은 2만 5,000명이었지만 몇 년 후에는 50만으로 늘어난다. 일부 시위대는 베트남전이 격화되자 파괴적인 행동에 나서기도 했다. 그러나 반전 운동 진영이 "미국을 등 뒤에서 찔렀다"는 징고이즘적 주장들은 전혀 사실이 아니었다. 기틀린의 말대로 "베트남에서 자유와 민주주의의 승리" 같은 건 없었다.[17] 악화되는 통계 수치를 보면 사정을 알 수 있다. 1967년 말 현재 베트남 주둔 미군은 48만 6,000명이고, 남베트남에서 고엽제가 살포된 지역은 6,880제곱킬로미터나 됐다. 아름답던 농촌 지역은 곳곳에 포탄 구덩이가 파여 달 표면처럼 보였다. 북베트남과 남베트남에 투하된 폭탄은 150만 톤이나 됐다. 스톤이 늘 지적하듯이 미군은 남베트남을 해방시키는 것이 목적인데 폭격으로 오히려 그들을 죽이고 있었다. 1968년 닉슨의 대통령 후보 유세 구호는 '평화'였다. 그러나 뒤로는 북베트남에 대한 핵폭탄 투하를 은밀히 준비 중이었다. 미국이 베트남에 투하한 폭탄은 2차 대전과 한국전쟁 때 투하한 폭탄을 다 합친 것보다 많았다. 미군 전사자 5만 8,000명 가운데 2만 명 정도는 닉슨과 키신저가 취임한 이후에 사망했다.

1964년 스톤은 청년 평화 운동가들에게 평화를 촉구하는 행진은 길고도 지루한 투쟁이 될 것이라고 경고했었다. 남들과 마찬가지로 스톤은 닉슨이 시위대를 공공연히 무시하고 국론이 완전히 분열되자 절망했다. 그러나 반전 운동 진영은 결국 우파가 우려하던 역할을 해냈다. 존슨과 닉슨으로 하여금 핵전쟁으로 치닫지 못하게 한 것이다. 그랬더라면 갈등은 걷잡을 수 없게 되고, 지구 전체에 재앙이 닥쳤을 것이다.

스톤은 「뉴욕 리뷰 오브 북스」에 종종 장문의 칼럼을 기고해 닉슨의 거짓말을 폭로했다. 그는 닉슨이 심각한 피해망상과 비밀주의에 사로잡혀 있다는 사실을 일찌감치 간파했다. 하지만 이런 사실은 한참 후에야 세상에 알려진다. 한 칼럼에서 스톤은 "두 피해망상의 결합" 문제를 제기했다. 평소 언론이 자신에게 적대적이라고 생각하는 닉슨에 이어 군산복합체軍産複合體까지도 그런 피해망상에 젖게 됐다는 얘기다. 스톤은 과거 뉴딜 정책 추진자들도 비슷한 감정을 갖고 있었던 사실을 회고하며 이렇게 썼다. "그들은 뉴스 미디어가 편파적이라고 봤다. 하지만 두 시기 사이에는 중요한 차이가 있다. 가난한 사람들을 위한 신문은 없다. 뉴스 미디어는 예나 지금이나 부자들 손아귀에 들어 있다. 이들은 거의 대부분 보수적이고 공화당 지지 성향이다."[18] 미디어들은 민주당 소속인 프랭클린 루스벨트 대통령에게는 곧장 비난을 퍼부었지만 "공화당 소속 대통령은 그래도 오래 참아줬다." 그러나 1969년, 주류 언론들도 인내의 한계에 도달했다. 그러나 판매부수가 많은 신문들은 여전히 전쟁에 찬성하고 반전 시위대를 비난하는 쪽이었다.

스톤은 한나 아렌트(1906~75. 독일 태생의 미국 여성 정치철학자. 아이히만 재판 참관기로 유명해졌다)의 말을 인용해 "아이히만 재판은 세계에 악의 평범성을 가르쳐줬다. 그런데 닉슨은 세계에 평범성의 악을 가르쳐주고 있다"고 썼다.[19] 1970년 닉슨은 데모하는 학생들에게 달려가 엉뚱하게도 스포츠 관련 농담을 하려 했다. "데모하는 대학생들에게 미식축구와 서핑 얘기를 할 정도로 멍청한 자는 (존슨처럼) 전쟁을… 본인의 담대함에 대한 도전으로 보는 사람과 똑같은 자다."

닉슨과 애그뉴를 비롯한 매파들은 "장발족 아이들"에 대한 나이 든 세대의 분노, 공포, 불안감 같은 것을 최대한 활용했다. 그런 반사회적 청년들의 다수가 바로 본인들의 자식이었기 때문이다. 그들은 뭔가 완전히 달라져 있었다. 일부는 오만한 태도로 사회를 우습게 봤고, 대부분 대마초에 취해 있었으며, 히피 복장이나 장발에 염주를 들고 슬리퍼를 끌며 무리 지어 다녔다. 대학생들은 소동을 부리거나 학장실을 점거하고 "짭새"와 주 방위군(당시에는 징집 기피자들의 대명사였다)에게 악담을 퍼부었다. 폭력이 난무했다. 경찰은 과격파 흑인 해방 운동 조직 검은표범들Black Panthers의 은신처를 급습해 비무장 조직원 세 명을 사살했다. 반체제 좌파 운동 조직 웨더맨Weatherman 조직원 60명이 체포됐고, 총기를 소지한 흑인 대학생들이 코넬 대학 학생회관을 점거했다. 하버드 대학에서 학생들이 난동을 부리자 경찰은 경찰봉으로 무자비하게 진압했다. 경찰은 곤봉을 휘두르고 최루가스를 쏘고 평화적으로 시위하는 사람들을 유치장에 처넣었다. 한편 아들을 베트남에 보낸 보수적인 노동자들은 나름대로 조직을 만들어 "반전 운동가들"을 구타하는 것으로 분풀이를 했다.

선정적인 TV 화면에 나오는 어지러운 장면에는 당연히 진지하고 평화적인 시위자들 모습은 잡히지 않았다.(대학 구성원 대부분은 보수적이라는 여론조사 결과도 보도되지 않았다.) 1969년 11월 시위대 25만 명이 백악관 앞을 행진했다. 당시로서는 역대 최대 규모의 시위였다. 이어 그 주말에 열린 '죽음에 반대하는 행진March Against Death' 집회에는 4만 명이 참여했다. 선두에서 일곱 명이 전사자 명단에 맞춰 북을 치고, 그 뒤로 시위대가 일렬종대로 행진했다. 한 사람 한 사람이 베트남에서 전사한 병사 한 명의 이름을 수놓은 플래카드를 몸에 둘렀다. 이렇게 해서 모든 전사자의 이름을 두른 채 38시간 동안 행진이 계속됐다. 스톤은 이들과 함께 행진하면서 일종의 종교 행사에 참여한 듯한 기분을 느꼈다.

당시 미국인 대다수는 베트남전이 실수라고 생각했다. 그러나 평화에 찬성하는 것도 아니었다. 사안의 복잡성을 보지 못하고 세상을 '비정상'과 '정상'으로 나누는 논리가 횡행했다. 1969년이 되자 블루컬러 미국인들이 반기를 들었다. 꼭 전쟁이 잘못된 것이라고 생각해서가 아니라 너무 많은 아들들이 주검이 되어 돌아오는 현실에 충격을 받았기 때문이다. 가족이나 친구들끼리도 베트남전을 놓고 의견이 분분해 충돌이 많아졌다. 아버지와 아들, 매파와 비둘기파, 평화주의자인 엄마와 세게 밀어붙여야 한다는 아버지, 전쟁터에 간 사람들과 캐나다로 도피한 자들 간에 마찰이 일었다. 세대와 배경이 다른데도 그렇게 많은 사람들이 결국 정부 정책에 반기를 들었다는 것은 이유조차 잘 이해할 수 없는 전쟁을 치르며 산다는 것이 얼마나 힘든 일인지를 말해준다. 분명한 군사적 목표조차 없고, 전쟁이라고 선포된 적조차 없는 전쟁은 그런 식으로 떠밀려가듯이 진행되고 있었다.

스톤은 이러한 국가적 난제와 분열에 대한 해법을 갖고 있지 못하다는 사실을 인정했다. 그러나 그런 해법을 가진 사람은 아무도 없었다. 반체제 젊은이들이 벌이는 돌출행동에 대한 미디어의 관심은 공화당에 큰 도움이 되었다. 공화당은 반세기 동안 1960년대식 "부도덕성"을 들먹이고 비난하면서 유권자들을 자극했다. 그 사이 FBI는 코인텔프로COINTELPRO(Counter Intelligence Program의 약자로 '방첩防諜 작전'이라는 의미다)라고 하는 불법 공작을 시작했다. 공작의 주 내용은 문제가 있다고 보는 단체나 조직에 대한 요원 침투, 도청, 비밀 정보 수집 활동 등이다. 요원들은 반전 운동 단체나 시민 운동 단체에 침투해 폭력적인 행동을 저지르는 방식으로 해당 단체의 평화적 이미지를 망쳐놓았다. 그들은 심각한 타격을 주는 데 성공했고, 아무것도 모르는 대중은 FBI가 불법 침투 작전을 하고 있다는 비난에 대해서는 "정신 나간 자들의" 헛소리라고 생각했다. 민주당이 작성한 워커 보고서Walker Report는 시카고 경찰이 1968년 민주당 전당대회에서 난동을 부린 내막을 상세하게 정리했다. 당시 대회장에서는 "난폭하고 악의적이며 아무 생각 없는 폭력"과 "이유 없는 구타"가 난무했다. 그러나 여러 해가 지난 뒤에야 대중은 "대회장에서 시위를 한 자는 여섯 명에 한 명꼴로 FBI가 심어놓은 비밀요원이었다"는 사실을 알게 된다. 호텔 로비에서 똥오줌을 뿌린 것이 FBI가 배치한 선동꾼 소행이냐 극단적 과격파 짓이냐는

아직도 밝혀지지 않고 있다.[20]

미국인들은 이제 그런 식의 국가 부정행위에 익숙해져 있는 것 같다. 그동안 국방부 기밀문서 사건이 있었고, 코인텔프로가 있었고, 워터게이트 사건이 있었다. 정보공개법에 따라 FBI가 무수한 시민들을 대상으로 비밀 사찰 문건을 작성해왔음이 밝혀졌고, 이란-콘트라 사건[Iran-contra [미국 행정부가 관련 규정을 어기고 비밀리에 이란에 무기를 판매하고 그 대금 일부를 니카라과 반군에게 지원한 사건]에서도 수많은 거짓말이 드러났으며, 라틴아메리카와 아프리카에서 CIA가 벌인 각종 암살과 비밀 전쟁 행위도 밝혀졌다. 특히 미국 행정부는 이라크전을 정당화하기 위해 이라크에 대량살상무기[WMD]가 있다고 거짓말을 했으며, 2006년에는 또다시 영장 없이 도청을 하는 일까지 벌어졌다. 그러니 이제 그래도 조금은 깨끗한 시대가 있었다고 믿기조차 어렵다. 그런데 언론인이자 작가인 윌리엄 그라이더 같은 날카로운 관찰자도 2004년에 이런 회고를 했다. "반전 운동가와 민권 운동가들은 누차 내게 FBI와 CIA가 자신들을 미행하고, 도청하고, 요원을 침투시켜 조직을 교란시키고 있다고 말했다. 당시 나는 그런 얘기들을 피해망상으로 치부했는데 결국은 모두 사실로 밝혀졌다."[21]

스톤은 전쟁과 평화에 관한 글에 몰두했기 때문에 당시 수많은 젊은이들이 탐닉했던, 성과 마약과 로큰롤이라고 하는 문화혁명은 별로 주목하지 못했다. 1970년이 되면 전쟁 반대 단체들은 내분이 일어나 분파들끼리 서로 치고받고 하는 지경이 됐다. 웨더맨은 단원이 고작 300명 남짓이었지만 센세이셔널리즘으로 흐르는 미디어의 집중적인 관심을 끌었다. 오합지졸에 불과한 그들은 건물을 폭파하고 "짭새를 죽여라"라는 구호를 외치면서 갑자기 유명해졌고, 1969년에는 SDS 대회를 장악했다. 이 과정에서 그들이 신문방송의 테이프와 카메라를 압수하고 기자들을 내쫓은 것은 그들이 수정 헌법 1조의 언론 자유를 어떻게 생각하는지 잘 보여주는

아이러니한 사건이었다.[22]

그런 웨더맨 단원 중 한 명이 스톤의 처조카인 캐시 부딘[1943~]이었다. 캐시는 웨더맨이 조직한 1969년 분노의 날Days of Rage 시위에 참가해 시카고 경찰과 대치한 적이 있다.[23] 당시 여성단원들은 경찰에 체포됨으로써 빈민 및 검은표범들과 연대하고 있음을 세상에 알리려 했다. 캐시는 헬멧을 쓰고 베트콩 깃발을 흔들며 경찰에게 달려들었다.

웨더맨의 슬로건은 사회 변화를 촉진하기보다는 사람들에게 혐오감을 줄 목적으로 고안된 것처럼 보였다. 그리고 곧 평화 운동가 대다수는 웨더맨을 광신적인 좌파 그룹으로 보게 됐다. "일부일처제를 분쇄하라"는 웨더맨이 동성·양성 간을 불문하고 그룹섹스를 주장하면서 내건 슬로건이었다.[24] 선동가 기질이 농후한 웨더맨 지도자 버나딘 돈(캐시의 친구였다)은 워싱턴 연설에서 임신 상태로 살해당한 여배우 샤론 테이트를 포함해 "부르주아들을" 다 먹어치우겠다고 한 희대의 살인마 찰스 맨슨을 찬미했다. 이런 일부 단원들의 "병적인 일탈"을 스톤은 크게 나무랐다. "폭력 그 자체를 미화하는 경향이 있다. 맨슨을 영웅시하는 데서 보듯이 자기 부모와 다를 바 없는 사람들을 '부르주아 돼지들'이라고 부르며 살인을 일삼는다"는 것이다. 스톤은 심리학적 설명을 덧붙이기도 했다. "그들이 궁극적으로 두려워하는 것은 자기들 부모의 모습에 숨겨져 있는 자아다. 그들이 정치 무대에서 행동으로 드러내는 것은 바로 그런 점이다." 초기 SDS 지도자들은 SDS의 분파라고 할 수 있는 웨더맨이 변질되자 '이단'으로 규정했다. 평화적인 방법으로 전쟁을 종식시키고, 빈곤 속에서 허우적거리는 사람들을 돕고, 인종 간 평등을 보장하려는 노력을 오히려 망치는 자들이라는 얘기다. 친구들의 기억에 따르면 캐시도 원래는 생활보호대상자로 어렵게 살아가는 어머니들을 돕던 인물이었다.

1970년 3월 6일, 캐시 부딘은 뉴욕 그리니치빌리지 웨스트 11번가 주택 3층 사우나실에 있었다. 그때 지하실에서 설치 중이던 폭탄이 터지는 바람에 폭탄을 조립하던 두 사람과 1층에 있던 또다른 친구가 즉사했다. 부딘은 벌거벗은 채 비명을 지르며 거리로 뛰쳐나왔고, 겁에 질린 이웃이 위험하다며 그녀를 건물 안으로 데려갔다. 주택 잔해에서는 폭탄 장치가 발견됐다. 폭탄에 못이 사용된 것으로 보아 그 파편으로 대량살상을 의도했음을 알 수 있다.[25] 부딘은 옷을 빌려 입고 웨더맨 지하 은신처로 탈출해 10년간 숨어 지냈다. 도피 기간에는 수많은 가명을 사용했고, 이후에도 몇 차례 더 웨더맨 폭탄 테러에 가담한 것으로 추정된다.

1980년 캐시 부딘이 다시금 안 좋은 사건으로 세상에 모습을 드러냈다. 그녀는 렌터카 밴에 타고 있었는데 동승한 흑인 여섯 명은 코카인에 취한 상태에서 총을 갖고 있었다. 일당은 인근 쇼핑센터에서 현금 수송 차량을 털다가 차량 경호원 한 명을 죽인 상태였다. 그런데 밴이 뉴저지 주고속도로 검문소에 이르자 부딘이 나와서 경찰관들에게 제발 무기를 치워달라고 애걸했다. 경찰이 총구를 내린 사이 밴에 타고 있던 총잡이 여섯 명이 뒤쪽에서 뛰어내려와 총을 난사했다. 희생자 가족들은 캐시 부딘 때문에 경찰관들이 방심하게 된 것이라고 주장했다. 백인 여자가 자기는 무고한 시민이라고 하자 그 말을 믿고 긴장을 늦췄다는 것이다. 캐시가 범행에 가담한 것을 철없는 시절의 미친 짓이라고 주장할 수도 없었다. 그녀는 이미 젖먹이 딸이 있고, 마흔이 다 된 나이였다. 아버지가 변호에 나섰지만 캐시는 징역 20년형을 선고받았다. 캐시는 22년 동안 교도소에서 문맹자 교육과 재소자 에이즈 교육을 담당했으며, 교도소 여건 개선 운동을 했다. 2004년 석방 당시 그녀의 나이는 예순두 살이었다. 캐시의 부모와 이모 에스터, 이모부 이지는 이미 죽은 뒤였다.

캐시 부딘의 아들 치사 부딘은 웨더맨 단원인 버나딘 돈과 빌 아이어스가 키웠는데 후일 로즈 장학금을 받고 옥스퍼드 대학에 유학까지 갔다.

에스터와 이지는 어린 시절의 캐시와 반사회적 인물로 낙인찍힌 캐시를 도저히 같은 사람으로 볼 수 없었다. 스톤은 캐시가 혁명과는 무관한 파렴치한 범죄에 가담한 것을 보고 충격을 받았다. 스톤과 에스터는 수감 중인 캐시를 한 번도 찾지 않았다. 다만 가끔 책을 넣어주기는 했다. 스톤 부부는 캐시 얘기는 일절 입에 담지 않았다.

캐시가 체포됐을 때 주디 스톤은 「뉴욕 타임스」가 캐시의 이모부가 스톤이라는 사실까지 기사화할 필요는 없다고 생각했다. 그러나 오빠인 스톤은 언론계에 오래 몸담아온 터라 별로 개의치 않았다. "이지 오빠가 내게 그러더군요. '나도 그 기사의 일부가 되지. 이모부가 이지 스톤이고, 아버지가 레너드 부딘 같은 유명 인사라면 당연히 기사감이 될 거야.'" 그러나 스톤이 캐시가 처조카라는 사실을 글에 쓴 적은 없다.

이처럼 캐시는 극좌 폭력 조직에 빠졌지만 오빠인 마이클 부딘은 보수적인 분위기에서 잘 자라 연방 판사가 됐다. 많은 언론은 어린 시절 두 사람의 어떤 차이가 그런 결과를 야기했는지 집중 추적했다. 그러나 뚜렷한 이유는 아직도 밝혀지지 않고 있다. 점잖은 민권 운동가인 버지니아 더는 예전에 캐시를 며칠간 집에 재워준 적이 있는데 그때 본 캐시는 "아주 공손하고 쾌활했지만 속을 전혀 알 수 없었다"고 했다. 더는 "그렇게 똑똑한 아이가 그렇게 바보 같은 짓을 할 수 있다는 게" 너무도 당황스러웠다.[26]

1970년 스톤은 뉴욕시에서 각종 폭파사건이 잇따르자 깊이 우려했다. 그는 인기 TV 프로그램 〈딕 캐빗 쇼〉에 출연해 테러 행위를 일삼는 자들을 "혁명을 가지고 장난치는 아이들"이라고 비난했다. 〈딕 캐빗 쇼〉 프로듀서였던 밥 커니프의 회고다.

그리니치빌리지 주택 폭파사건 직후 스톤은 대학생들에게 강연하는 자리에서 자신은 웨더맨의 선언문을 "한 자도 빼지 않고 다 읽어본 극소수 사람들 가운데 한 명"이라며 이렇게 말했다. "거지발싸개 같은 소리였어요. 그런 설익은 이념을 가지고 혁명을 할 수는 없어요. 검은표범들이

하는 얘기 가운데 태반은 바보 같은 소리예요. 물론 그들이 경찰의 음모에 희생된 측면도 있지요."[27]

스톤은 애매한 대목이 많은 한 칼럼에서 그들의 행동 동기를 분석하려고 시도했다. 그러나 이제는 도망자 신세로 유명 인사가 된 처조카의 이름은 언급하지 않았다. "웨더맨 아이들은 극좌파 그룹으로서 다양한 각도에서" 보아야 한다는 것이 그의 주장이었다. "그들은 세상을 하루아침에 바꿀 수 없다는 사실에 화가 난 버릇없는 꼬맹이들로 볼 수 있다. …하지만 세상이 인류를 멸망시킬 핵전쟁으로 치닫고 있으며, 따라서 그것을 멈추려면 뭔가를 해야 한다는 것을 직감한 세대 중에서 가장 민감한 부류이기도 하다." 그들의 사상이란 것은 "어설픈 사이비 마르크스주의 쓰레기이며… 히스테리 정치 무도병舞蹈病이라고 할 수 있다." 그러나 "전쟁이 계속되는 상황에서 나와 같은 '전통적인 재야파'를 비판하고, 과거 식으로 해봐야 아무것도 안 달라진다고 조롱하는 데 대해서는 별로 반박할 거리가 없다. …참 거칠지만 대단한, 정말 대단한 친구들이다." 그러면서도 "그들은 합리적인 정치적 목표를 위해 복무하고 있다"며 '기성 사회 체제를 뒤엎으려면 급진파가 필요하다'는 식의 논리를 펴기도 했다. "그러나 나는 학살을 통한 구원이라는 것은 믿지 않는다. 증오와 히스테리는 새로운 유형의 인간을 창조할 수 없으며, 좀더 나은 세상을 건설할 수도 없다. **정치적 자살은 혁명이 아니다.**"

스톤은 당황한 늙은 세대에게 공감하면서 이렇게 밝혔다. "나도 줄리어스 호프먼 판사가 백악관에 귀빈으로 떡하니 나타나고, 저명한 목사 빌리 그레이엄이 거기서 달콤한 축복을 베푸는 식으로 설레발을 치는 것을 보면 돌멩이를 던져주고 싶은 마음이 든다는 것을 고백하고자 한다." 그런데 닉슨과 그 주변 인사들은 "다이너마이트의 도화선이 차츰 타들어가 백악관으로 치닫는 상황에서도 불안을 느끼기는커녕 사태 파악조차 안 되고 있다"는 것이다.[28]

6개월 후 스톤은 절망적인 심정을 토로했다. "대공황 때에도 나는 지금처럼 우리나라의 미래에 대해 절망감을 느끼지는 않았다." 스톤의 정부 비판은 이제 더 강렬해졌다. "〔과거의〕혁명가들조차 합리적인 목표는 있었다. 그런데 지금은 맹목적으로 파괴하고 싶은 좌절감밖에 없다." 스톤은 닉슨이 대공황 시절의 절망감을 이겨내는 데 큰 역할을 한 루스벨트 같은 지도력을 갖추지 못했다고 비판했다. "신뢰의 상실이 사회 모든 부문으로 번져간다. …사회 분위기상 장기적인 투자가 여의치 않다. 소수자인 흑인과 멕시코계는 지금 반란 상태다. …경찰은 암살자들의 표적이 되어 있고, 소방관들도 마찬가지다. 선동을 일삼는 극소수 청년들은 이미 협박한 대로 '전쟁을 국내로 끌어들이고' 있다. 유토피아와는 거리가 먼 무정부 상태와 야만행위, 인종 간 전쟁, 갱들이 설치는 상황이 바로 저 앞에 있다. 성질 급한 혁명가들이 우리를 그런 상황에 몰아넣고 있다. 충돌이 뻔히 보이는데도 사람들은 어쩔 줄을 모른 채 바라만 보고 있다."

스톤은 "상호 이해와 용서"를 촉구했다. 2년 전 암살당한 킹 목사가 할 법한 얘기다. "사람을 두들겨 패서 천사를 만들 수는 없다. 그들을 '돼지'니 '짭새'니 하는 식으로 부른다고 해서 더 좋은 사람으로 만들 수도 없다"는 것이다. 그러면서도 스톤은 또 이렇게 반문했다. "기성 사회가, 그 제도화된 폭력과 착취가 인간의 생명을 그렇게 가볍게 다루는 상황에서 어떻게 젊은이들에게 인간 생명의 존엄성을 말할 수 있겠는가? …'얼떨리우스들' 가운데 제일 미친 부류도 목적이 수단을 정당화하는 미국식 제국주의보다는 덜 미쳤다."

스톤은 한 박스 기사에 조지 맥거번 상원의원의 발언을 아무 논평 없이 전재했다. "본인이 일부 미국 급진파에 대해 가장 혐오하는 것은, 베트콩 깃발을 흔들거나 법정을 아수라장으로 만들고, 욕설과 고함을 비롯한 온갖 역겨운 행동을 일삼음으로써 건설적인 변화의 기회조차 날려버리려 한다는 점이다." 스톤은 이 기사에 '급진파냐 TV 카메라용 쇼냐?'라는 제

목을 달았다.[29]

그러나 스톤은 반체제 진영의 폭력 행위를 공권력으로 과잉 진압하는 것
도 용서할 수 없었다. 그런 대응은 정부 당국의 살인행위이며, 흑인에 대
한 "이 나라 백인 다수의 노골적인 적대감"까지는 아니더라도 근본적인
무관심을 입증하는 것이라고 봤다.[30] 1970년에 "메인 주 오거스타에서 흑
인 6명을 쏘아 죽인 사건은 모두 뒤에서 쏜 것으로 밝혀졌고, 미시시피 주
잭슨에서는 흑인 여학생 기숙사에 일제사격을 가해 여학생 2명이 사망했
다." 스톤은 닉슨의 최고위급 흑인 보좌관들에게 대통령은 문제의 사건들
에 대해 "별다른 문제 제기를 하지 않고", 존 미첼 법무장관은 "백인 상류
층이 모인 델타 위원회[미시시피 삼각주 지역 농민 단체]에 가서 주식시장 얘
기만 한참 하고 왔"는데 왜 대통령과 법무장관에게 항의하지 않느냐고 반
문했다. 유명한 민권 운동가 아론 헨리가 미첼 장관의 행적을 맹비난한 내
용이 「워싱턴 스타」 초판에는 실렸지만 다음 판에서는 바로 빠졌다. 스톤
은 헨리가 한 얘기를 그대로 실었다. 미첼은 "백인 경찰이 우리 국민을 마
구 쏘아 죽여도 되는 것 같은 분위기를 만드는 데 누구보다 큰 기여를 했
다"는 것이다. 스톤은 시카고 대배심의 경찰 위증 증거도 그대로 인용했
다. 그러면서 "경찰이 검은표범들을 급습하는 과정에서 고의적인 살인행
위가 있었고, 프레드 햄프턴과 마크 클라크가 죽었는데도 기소를 할 만한
물증은 없다는 것이 말이 되느냐"고 개탄했다.

1970년 5월 4일 주 방위군이 오하이오 주 켄트 주립대학에서 반전 시
위 중인 대학생들에게 발포해 4명이 죽고 9명이 중상을 입은 사건이 일어
나자 스톤은 더더욱 절망했다. 스톤은 대통령 직속 캠퍼스 소요사건 조사
위원회Commission on Campus Unrest를 다룬 칼럼에 '(흑인과 대학생에 대한) 사소한
살인사건?'이라는 조롱조의 제목을 달았다. 스톤은 조사위원회가 보고서
에서 "주 방위군의 살인 행위는 정당화될 수도 없고, 불가피한 것도 아니

었음이 명백하다"고 해놓고 "그에 대해 어떠한 조치도 취할 수 없다"고 하는 게 말이 되느냐고 비난했다.

스톤은 대배심의 미발표 보고서 사본을 입수하는 특종을 낚았다. 그는 신문재벌 나이트 일가가 소유한 오하이오 주 지역 일간지 「비콘 저널Beacon Journal」이 상원의원 스티븐 영의 발언을 '폭로'한 것을 극찬했다. 영은 학생들의 입장을 옹호한 유일한 상원의원(오하이오 주 출신)으로 그의 발언은 "센세이셔널"한 내용인데도 전국지에는 전혀 보도가 되지 않았다. 스톤은 영 의원의 발언 가운데 FBI 보고를 법무부가 요약해 전한 내용 일부를 대문자로 전재했다. "'자칫하면 학생들에게 목숨을 잃을 수도 있는 상황이었다'는 주 방위군의 주장은 사건이 터지고 난 이후에 날조된 것이라고 믿을 만한 충분한 이유가 있다."

5월 켄트 주립대학 발포사건 이후 스톤은 그 대학을 찾아가봤다. 그런데 "캠퍼스에서 만난 운동가라는 사람들은 진보 매체인 「더 네이션」이나 「뉴 리퍼블릭」은 들어본 적조차 없고, 학생들은 대중지인 「타임」과 「뉴스위크」를 본다는 이유로 아방가르드라고 자처하고 있었다." 동부 지식인의 비아냥거림이 느껴지기도 하지만 스톤은 "젊은이들을 많이 만나면서 그들에 대해 존중심과 애정을 갖게 됐다." 그는 베트남전 참전 용사들이 "귀국해서 이런저런 서러운 일을 당하면서 급진화되고, 부모들이 자신들 얘기를 들어줄 생각조차 안 하는 데서 좌절을 느끼는 것"을 보아왔다. 심각한 범죄에 대한 기소 여부를 결정하는 대배심이 "정치적으로 후진적인" 캠퍼스에서 주 방위군이 벌인 살인 행위를 얼버무리고 넘어가줬다는 사실이 엄청난 비극이었다. 한줌밖에 안 되는 시위자들은 "평균적인 미국인일 뿐 천재도 괴짜도 아니었"는데 말이다. 스톤은 허약한 오하이오 주 대배심이 주 방위군과 주 정부를 부당하게 면책해주는 대신 놀랍게도 시위 관련자 25명을 기소토록 했기 때문에 이제 연방 대배심을 소집해야 한다고 촉구했다.

FBI 문건이 포함된 오하이오 주 대배심 비밀 보고서를 입수한 스톤은 〈딕 캐빗 쇼〉에 출연해 사실관계를 폭로했다. 이 때문에 화가 난 켄트 주립대학 발포사건 관계자 한 사람이 후버 FBI 국장에게 서한을 보냈다. 그는 "조사 보고서 사본 전체"를 내놓으라며 "I. F. 스톤 같은 좌파 선동가가 켄트 주립대학 폭동과 관련해 FBI와 법무부 보고서를 통째로 입수해 〈딕 캐빗 쇼〉에서 폭로할 정도라면 나도 충분히 그 보고서를 열람할 자격이 있다"고 주장했다.[31] 스톤이 또다시 후버를 괴롭힌 셈이다. 후버는 답신에서 "우리가 조사 보고서 사본을 I. F. 스톤 씨에게 제공하지 않았다는 사실은 믿으셔도 된다"고 했다. 후버는 항의서한을 보낸 사람에게 법무부 민권국에 문제의 보고서를 보냈으니 그쪽과 얘기해보라고 했다. 그런데 후버의 답신에는 전형적인 오류가 그대로 남아 있었다. "I. F. 스톤은 공산당 조사와 관련된 안보사안"이며 스톤은 「데일리 워커」에 기사를 쓴 인물이라고 적시한 것이다. FBI의 마타도어 가운데 이보다 더 심한 것은 없다. 스톤은 공산당 기관지 「데일리 워커」에 글을 쓴 적이 없다. 게다가 이 신문은 1958년에 이미 폐간됐다.

　　스톤은 FBI 요원 100명이 작성한 보고서 내용도 폭로했다. 피살된 4명과 중상을 입은 대학생 9명 가운데 "학내 시위나 대학 구내 ROTC 건물 방화사건에 가담한 사람"은 하나도 없다는 것이었다.[32] (자녀들이 총에 맞아 널브러진 모습을 잊지 못한 부모들은 한참 뒤까지도 정부의 공식 사과를 요구하며 항의를 계속했다.) 스톤은 후버가 문제의 보고서를 은폐하려 한 것을 비난했고, 「워싱턴 포스트」와 「로스앤젤레스 타임스」의 잭 넬슨 같은 탐사보도 전문기자가 FBI 요원들이 시위대에 은밀히 잠입해 선동꾼 역할을 했다는 의혹을 파헤친 것을 높이 평가했다. FBI 요원들은 방화를 비롯한 불법 행동을 저지름으로써 캠퍼스 소요 사태에 대한 경찰의 과격 대응을 유도한 것으로 밝혀졌다.[33]

베트남전이 지루하게 계속되자 일부 언론은 평화 쪽으로 돌아섰다. 예컨 대 스톤은 평소 별 관심을 두지 않던 「월스트리트 저널」에 분노 어린 사설 이 실린 것을 보고 흐뭇해했다. 그가 인용한 1970년 5월 28일자 과격한 사 설 제목은 '닉슨이 좋아하는 떨거지들'(닉슨 대통령은 예전에 평화 시위 대와 학생들을 '떨거지들'이라고 칭한 적이 있다)이었다.[34] 「월스트리트 저널」은 노동자들이 금융 구역에서 난동을 피우는데도 닉슨이 침묵하자 맹비난을 퍼부었다. "정부는 구경꾼들의 머리를 걷어차거나, 물건을 집 어던지거나, 손가락으로 승리의 V자를 그려 보인 사람인들에게 침을 뱉 거나 구타를 가할 생각을 하고 있을지 모르겠다. 그러나 헬멧을 쓰고 무장 을 한 주 방위군에게 돌을 던지는 행위에 비하면 정말 약과다." 스톤은 월 스트리트의 일부 인사들이 평화 로비 움직임을 보이자 "월스트리트의 법 률가들조차 과격화되고 있다"며 쾌재를 불렀다.

스톤은 시카고 민주당 전당대회에서 소동을 피웠다는 이유로 정부 전 복 혐의로 기소된 피고인들에 대해 검사가 "호모"니 "좀도둑"이니 "인간 쓰레기"니 하는 말로 공격한 것을 맹렬히 비난했다. 반면에 상원의원들이 "정부에게는 당연히 법원의 사전 허가 없이 피고인들의 통화 등을 도청할 권리가 있다는 놀라운 결정"을 내린 줄리어스 호프먼 판사를 규탄한 것에 대해서는 박수를 보냈다. 호프먼 판사의 결정 못지않게 역겨운 것이 애그 뉴 부통령의 발언이었다. 그는 피고인들을 "괴짜"거나 "사회 부적응자" 라고 칭하면서 신문 1면에 내주면 안 된다고 주장했다. "그들이 주목받는 게 싫었으면 정부는 그들을 재판정에 세우지 않는 정도의 현명함은 발휘 했어야 했다."[35] 닉슨은 이제 완전히 수렁으로 빠져들 것이라고 스톤은 예 언했다. 또 베트남에서 철수하고 평화 협상에 나서겠다는 닉슨의 발언을 두고서는 "구체적" 철군 일정은 늘 "머지않아"라는 식으로 얼버무린다며 비아냥거렸다.

리프먼과 스톤은 베트남전이라고 하는 동일한 악몽에 시달렸다. 사태를 예의주시하는 미국인이라면 누구나 마찬가지였다. 그러나 스톤은 단신 성短信性 기사에서는 공산국가의 국민 탄압과 같은, 다른 이슈들에 대해서도 문제 제기를 하려고 노력했다. 그는 소련 반체제 인사들을 옹호했고, 소비에트 체제 아래서 작가들은 "차르 때보다" 더 큰 환난을 겪고 있다고 말했다. 1971년에는 카스트로에 대해 "혁명가 시인으로부터 스탈린 시대를 연상시키는 강제 고백을 짜냈다"며 비난을 퍼부었다. 유명한 쿠바 시인 에베르토 파디야가 쿠바 정부에게 탄압을 당하자 스톤과 국제적으로 명망 있는 작가들이 그를 옹호하고 나섰다. 시인 파디야가 감옥에서 풀려난 것은 "반혁명적 과오를 고백하는 문서에 서명한 뒤였다. 문제는 그것이 스탈린 시대에 있었던 최악의 것과 같은 허위 자백이었다는 사실이다. …진실에 대한 파디야의 열정적인 관심"은 카스트로가 감당하기에는 너무 버거웠다. 카스트로 "자신의 허영과 과대망상이야말로 혁명을 위협하는 적이었다."[36]

스톤은 1970년 미국 자연보호주의자들이 제정한 지구의 날Earth Day에 대해서도 회의적인 입장을 피력했다. 미국이 베트남전을 캄보디아로 확대하고 소련과의 전략무기제한협정SALT 협상도 회피하려는 것처럼 보이는 상황에서 지구의 날 운운하는 것은 "관심을 다른 곳으로 돌리고 젊은이들로 하여금 더 시급한 관심사에 대해 흥미를 잃게 하려는 감언이설"로 보일 수 있다는 것이었다.[37] 스톤은 대규모 지구의 날 집회에 연사로 나가 이런 생각을 분명히 밝혔다. 오늘날 지구 온난화 방지 운동가들이 보면 스톤이 특유의 선견지명을 발휘하지 못한 유일한 경우라고 안타까워할 것이다.

베트남전의 계급 차별적 성격에 뒤늦게 주목한 스톤은 이제 "군이 징병자들에게 준 더러운 선물"에 대해 많은 지면을 할애하면서 "지난해 육군 징집병들은 베트남에서 비징집 사병들보다 곱절 가까이 전사했다"고 보도했다. 스톤은 이런 사실과 CBS TV가 보도한 "에어컨 쐬는 군인들" 기사를 나란히 소개했다. 장성들과 직업 장교, 하사관들은 롱빈의 미 육군 본부에서 안전하게 호화판으로 지내고 있다는 얘기였다. 징집병들 사이에서 공공연한 반란 분위기가 번져가고 있다는 보도가 주류 언론에서까지 흘러나왔다. 부대마다 마리화나 흡연자와 상습 음주자가 넘쳐났고, 장교에게 분노의 표시로 수류탄을 까 던지는 일이 비일비재했으며, 인종 간 불화도 극심해졌다. 한 병사는 소속 부대 사정을 이렇게 전했다. "3분의 1은 KKK 단원 출신이고, 3분의 1은 검은표범들 출신이다. 그리고 나머지 우리 같은 사람들은 슬금슬금 피해 다닌다." 좌절감을 드러내는 낙서나 평화를 상징하는 표시들이 도처에 널려 있었다. 무의미한 살인 행위에 대한 비아냥거림은 "애들이 네이팜탄에 타고 있네"라는 끔찍한 유행어에 잘 표현돼 있었다. 부대를 시찰하러 온 VIP들은 그에 앞서 육군 이발사들이 헬기를 타고 와서 사병들 머리를 깎고 면도도 깔끔하게 해놓았다는 사실은 까맣게 몰랐다. 그러나 마음이 떠난 사병들은 통제가 안 됐다. 사병들은 방문자들에게 이 전쟁이 얼마나 무의미하고 바보 같은 짓인지를 거침없이 쏟아놓았다.

신문들이 닉슨을 심하게 비판할수록 애그뉴 부통령은 신문을 거세게 비난했다. "정부는 독립적인 보도를 비애국적인 행위로 보이게 만들려고 안간힘을 썼다."[38] 스톤이 미국의 문제점 가운데 하나로 날카롭게 지적한 이런 행태는 21세기에 들어선 지 한참 지난 지금도 여전하다. "우리가 어떤 식으로든 군국주의와 제국주의를 제어하지 않으면 평화의 시대는 올 수 없다. 그래서 우리에게는 베트남이 있었고, 새로운 베트남은 얼마든지 다시 나타날 수 있다."[39]

1971년 봄의 마지막 며칠 동안 스톤은 국회의사당이 있는 언덕 꼭대기에서 사상 최대 규모의 반전 시위대가 운집한 모습을 바라봤다. 무려 50만 명이 시가행진을 하고 있었다. 그들은 마치 "밝은 색깔의 수많은 색종이 같았다. 멀리 눈이 닿는 곳 너머까지 행렬은 끝이 없었다. …시위대 맨 마지막 줄의 외침이 연사들 귀에 들어오기까지 다섯 시간이나 걸렸다." 스톤도 그 연사들 중 하나였다. 이렇게 많은 사람이 모여들 줄은 아무도 몰랐다. 닉슨은 징병제를 추첨제로 바꾸고 전투는 남베트남 정부에 맡기겠다고 약속하면 사람들이 무관심해질 것으로 기대하고 있었다. "그러나 평화 운동은 그 어느 때보다 커졌다"고 스톤은 썼다. 그러면서도 그는 "흑인 밀집지역과 촌에서도 할 일이 많은데 백인과 중산층이 압도적으로 많다"는 사실을 우려했다.

스톤은 "올해 시위의 꽃"이라고 할 수 있는 사람들에게 큰 감동을 받았다. 그래서 한 호 거의 전체를 반전反戰베트남전참전용사회WAW 회원들이 국회의사당에서 워싱턴기념탑까지 길거리에서 나흘 동안 텐트를 치고 반전 시위를 한 사건에 할애했다. "이 사건은 전 국민의 심금을 울린, 미국 헌정사상 유례없는 사건이었다." 그런데 당시 법무장관 미첼은 시위자들의 야영을 금지하는 법원 명령을 받아놓은 상태였다. 그러나 시위대의 규모가 커지고 여론이 시위대 지지 쪽으로 돌아서자 "겁을 먹고" 판사에게 명령 내용을 정반대로 바꿔달라고 요청했다. 스톤은 "똥줄이 탄 것이 이해가 간다"고 낄낄거리면서 후버 대통령의 "최대의 실수"에서 교훈을 얻어야 한다고 주장했다. 1932년 후버는 전시 복무 기간에 대한 상여금 지급을 요구하며 집결한 보너스 군대(누더기를 걸친 1차 대전 참전용사들이었다)의 시위를 막으려고, 군을 투입해 시위자들을 야영지에서 몰아냄으로써 오히려 정치적으로 역풍을 맞은 바 있었다. 닉슨이 "경찰이나 군을 동원해 반전베트남전참전용사회 사람들을 몰아냈다면 역시 최대의 실수가 됐을 것이다. …다리가 없는 참전용사들이 공원에서 쫓겨나는 사진이 신문에 실렸다면 국내의 병영과 베트남에서 폭동이 일어났을 것이다." 스톤은 혼미해지는 전황 속에서 젊은 병사들의 의식이 눈에 띄게 달라져가고 있는 것을 포착했다. 82공수사단은 참전용사들의 시위를 막기는커녕 힘을 합치겠다고 약속했다. 현역병들이 수천 명의 예비역과 함께 시위에 동참했다. 일부 예비역은 휠체어를 타거나 목발을 짚고 나와 VVAW가 주최한 촛불 행진과 전사자 추모예배에 참여했다.

스톤은 특히 27세 해군 중위의 발언에 깊은 감명을 받았고, 그래서 「I. F. 스톤 위클리」를 상원 외교관계위원회에 출석해서 한 그의 증언으로 도배하다시피 했다. 그는 중위의 증언을 "워싱턴 취재기자로 일한 30년 동안 가장 감동적이고 웅변적인 연설"이라고 평했다. 바로 그 중위가 2004년 민주당 대통령 후보까지 오른 상원의원 존 케리다. 케리 중위는 애그뉴가 "사회 부적응자"라고 비난한, 반전 운동을 하는 참전용사들을 옹호하며 이렇게 말했다. "부통령이 사회 부적응자라고 부른 분들은 이 나라의 그 누구도 감히 할 수 없는 방식으로 우리들을 위해 행동에 나선 것입니다."

2004년 대통령 선거에서 케리 후보와 맞붙은 공화당은 당시의 증언에 대해 또다시 "비애국적" 반전 운동이라는 딱지를 붙여 비판했다. 그러나 케리가 한 증언의 많은 부분은 소외된 참전용사들에 대한 열정적인 옹호이자 탄원이었다. 그는 전쟁이 야기하는 잔학행위와 "제네바 협정에 대해 분개하면서 그것을 다시금 전쟁 지속을 정당화하는 논거로 사용하는 위선"에 대해 이야기했다. "우리는 자유 발포 지역을 설정하거나 교란과 차단, 색출 섬멸 작전, 폭격, 죄수 고문 등을 통해 그 어떤 국가나 조직보다 제네바 협정을 더 많이 위반했습니다." (여기서 케리가 언급한 내용은 VVAW가 1971년 1월 31일부터 2월 2일까지 사흘간 디트로이트에서 개최한 베트남전 관련 전쟁범죄 및 잔학행위 증언집회^{Winter Soldier Investigation}에서 나온 결론들이다. 케리는 이 집회에 참석한 다른 참전용사들이 개인적으로 범했거나 목격한 전쟁 범죄에 대해 한 증언을 전한 것이며, 자신의 경험은 언급하지 않았다.) 그가 분노한 것은 "보훈 병원에서 불필요하게 죽어가는" 상이 참전용사들에 대한 처우가 온당치 못하다는 것이었고, "조국에 돌아와 아무 관심도 보이지 않는 국가의 무신경을 대하는" 병사들을 조금이라도 돕는 것이었다. "우리나라 지도자들은 도대체 지금 어디에 있습니까? …맥나마라, 로스토, 번디, 질패트릭〔케네디와 존슨 행정부 시절 베트남전을 강력히 주창한 고위 관리들이다〕을 비롯한 많은 사람들은 지금 어디에 있습니까? 그들이 내보냈던 전쟁에서 우리는 이렇게 돌아왔는데, 그들은 지금 어디 있습니까? …그 양반들은 사상자를 모두 내버려두고 근엄한 지위의 방패 뒤에 숨었습니다. 그들은 그들의 명성이 빛 바래는 것 따위는 신경 쓰지 않습니다. 우리 정부는 우리에게 극도의 불명예를 안겨주었습니다. 그들은 우리를, 그리고 우리가 이 나라를 위해 한 희생을 외면하려고 했습니다."

케리는 또 이렇게 말했다. "닉슨 대통령이 죽지 않기 위해 누군가가 죽어야 한다면 그분은 결국 '전쟁에 지는 최초의 미국 대통령'이 될 것입니다." 이 다음 부분이 바로 케리가 정치인으로 변신하는 계기가 되는 발언이었다. "의원님들이 어떻게 한 젊은이에게 베트남에서 제발 죽지 말라고 당부할 수 있습니까? 어떻게 의원님들이 한 젊은이에게 실수로 죽지 말라고 당부할 수 있습니까?"[40]

스톤은 마침내 군의 영웅들을 발견했다. "수적으로 얼마 안 되는 레지스탕스가 프랑스의 명예를 구한 것과 마찬가지로 수천 명에 불과한 베트남전 참전용사들이 언젠가 미국의 명예를 구한 사람들로 평가받게 될 것이다."[41] 미국으로서는 창피한 일이지만 아직 분위기가 그렇게 바뀌지는 않았다. 군국주의는 여전히 맹위를 떨치고 있다.[42]

미국 국방부 기밀문서를 언론에 폭로한 대니얼 엘스버그가 스톤을 처음 본 것은 1965년 화창하기 이를 데 없는 어느 봄날 민주사회를 위한 학생연합^{SDS}이 주최한 반전 집회에서였다. 당시 엘스버그는 TV에 모습이 잡혀 국방부 상관들이 거긴 왜 갔느냐고 추궁하면 뭐라고 변명을 하나 싶어 걱정이 이만저만이 아니었다. 그날 집회에 간 것은 작가인 패트리샤 마르크스와 첫 데이트가 있었기 때문이다. 마르크스는 공영 라디오를 위해 집회를 취재 중이었다. 그로부터 4년 후, 정부의 거짓말과 변명과 은폐 행위(캄보디아 폭격도 비밀에 부쳤다)에 질린 엘스버그는 냉전 옹호자에서 역사의 진로를 바꾸는 열정적인 평화 운동가로 변신했다. 1969년 가을, 엘스버그는 7,000쪽짜리 일급기밀 보고서를 빼돌리기 시작했다. 지난 30년간 미국의 베트남 정책과 관련된 온갖 비밀과 거짓말이 다 담긴 보고서였다.

1971년 1월 엘스버그는 상원 구내식당에서 혼자 점심을 먹고 있는 스톤을 포착했다. 엘스버그는 자기소개를 한 뒤 스톤의 팬이라고 말했다. 그러자 스톤은 옆에 앉으라고 손짓을 했다. 엘스버그는 기밀의 보물단지로 불룩한 가방을 옆 의자에 내려놓았다. 베트남에 관한 대화가 깊어질 무렵 갑자기 스톤의 눈에 눈물이 맺혔다. 스톤은 모든 게 너무 절망적이어서 무슨 말을 해야 할지 모르겠다고 했다. 엘스버그는 "그의 기분도 살려줄 겸" 상의 차원에서 스톤(엘스버그에게는 "나의 영웅"이었다)에게 갑자기 국방부 기밀문서 얘기를 꺼냈다.[43]

후일 그날의 만남을 회고할 때 엘스버그는 평생 뉴스를 사냥해온 스톤이 왜 그런 어마어마한 특종에 욕심을 내지 않았는지에 대해서는 별다른 설명을 하지 않았다. 그런 종류의 기밀은 좀더 주류에 속하는 매체에서 공표하는 것이 좋다고 본 것 같다는 게 그의 추정이다. 엘스버그가 갖고 있던 기밀문서는 스톤이 오랜 세월 쓴 기사들을 사실로 입증시켜주는 내용이었다. 엘스버그가 다급하게 기밀 폭로 계획을 쏟아내자 스톤은 "결과를 감수할 준비가 돼 있느냐"고 물었다. 감옥에 가게 될 것이라는 의미였다. 엘스버그는 당시 패트리샤 마르크스와 결혼한 상태였지만 오래 교도소 생활을 해야 한다는 부분에 대해서는 심사숙고를 끝낸 단계였다. 스톤은 자리에서 일어서면서 엘스버그의 팔을 붙잡았는데 그때 다시 눈물이 쏟아졌다. 스톤은 "귀하가 하는 일에 신의 축복이 함께 하시기를…"이라고 말했다.[44] "그분한테서 그런 얘기를 들으니 정말 큰 힘이 됐다." 엘스버그의 회고다.

엘스버그가 조지 맥거번 상원의원을 찾아가보겠다고 하자 스톤은 게일로드 넬슨 상원의원도 만나보라고 권유했다. 그러나 그날 엘스버그는 빼돌린 기밀문서를 세상에 폭로해줄 상원의원을 한 사람도 만나지 못했다. 엘스버그의 국방부 기밀문서가 「뉴욕 타임스」와 「워싱턴 포스트」 및 일부 다른 신문에 실리기까지의 숨 막히는 이야기들은 이제는 전설이 됐다. 기밀문서가 언론에 공개되자 대법원은 기념비적인 판결을 내리게 되고 엘스버그 재판이 시작됐다. 정부는 엘스버그 뒷조사에 나서고, 그의 명예를 실추시킬 정보를 심는 공작을 추진했다. 또 닉슨 재선을 추진하는 공작원들이 엘스버그가 다녔던 정신과 의사 사무실에 불법 침입하는 사건까지 벌어졌다. 이런저런 범죄적인 사태가 겹치고 꼬이면서 결국 닉슨 대통령은 몰락하게 된다.

엘스버그는 변호인으로 레너드 부딘을 선임했다. 앞서 하버드대 법대 교수 짐 보런버그에게 변호를 요청했으나 거절당했다. 보런버그는 엘스버그에게 "범죄 시도"로 보이는 사안에 들러리 설 수 없다고 말했다. 엘스버그는 보런버그의 말을 듣고 분노가 치밀어 이렇게 쏘아붙였다. "나는 당신에게 7,000쪽짜리 전쟁 범죄 기록문서에 대해 얘기했다. 전쟁 범죄, 평화에 대한 범죄, 대량살육 등에 관한 내용이다. 네 명의 대통령이 재직하는 20년 동안 벌어진 각종 범죄기록이다. 대통령들은 다들 하버드대 교수 출신 하나씩은 옆에 끼고 있었다. 그들은 대통령에게 이렇게 해라 저렇게 해라 하면서 교묘히 빠져나가는 법을 일러줬다!"[45]

일부 출판물에 기록된 것과 달리 부딘을 소개해준 사람은 스톤이 아니라 엘스버그의 또다른 친구였다. 엘스버그 얘기를 듣고 나서 부딘은 이렇게 말했다. "자네도 알다시피 나는 영웅도 아니고 순교자도 아니야. 난 변호사지. 하지만 그런 종류의 사람들을 변호해왔어. 자네를 변호하게 돼서 기쁘네." 닉슨이 워터게이트 사건에서 한 역할이 폭로돼 세상이 뒤집어진 뒤 지루하게 끌던 엘스버그 사건은 기각됐다.

국방부 기밀문서 폭로로 유명해지기 직전인 1971년 5월 1일 엘스버그는 대규모 집회에 참석했다. 수천 명의 군중이 단단히 준비를 하고 나왔다. 대부분 청년이었다. 이들은 최루탄 가스를 닦아낼 요량으로 손수건에 물을 묻혀놓았고, 여차하면 잽싸게 튈 수 있도록 튼튼한 운동화를 신고 나왔다. 체포될 경우에 대비해 손바닥에는 바로 연락할 수 있는 변호사 전화번호를 적어놓았다. 당시에는 전쟁에 넌더리가 난 워싱턴 시민들도 무언의 지지를 보내는 상황이었다. 택시 운전사, 특히 흑인 운전사들은 데모 장소까지 공짜로 태워주기도 했다. 젊은 해병대원들은 한 손에 소총을 들고 다른 손으로는 평화의 표시를 그려 보였다. 시위자들이 곳곳의 도로를 봉쇄하자 일부 통근 노동자들은 정체되는 차 안에서 시위대에게 미소를 지어 보이는가 하면 경적을 울려 지지의 뜻을 표했다. 정오가 되면서 정부 기능을 마비시키는 시위가 끝이 났다. 그런데 갑자기 경찰이 마구잡이 검거에 나섰다. 대상자가 시위대의 일원이냐는 따지지도 않았다. 엘스버그는 당시를 이렇게 회고한다. "대부분은 시위에 참가하지 않았다. 그날 낮 워싱턴 조지타운 지역에서는 젊고 머리가 길면 무조건 붙잡혔다. 관광객, 수업 도중에 밖으로 나온 대학생들, 점원, 일부 국회의원 자녀들까지 일망타진됐다."[46] 1만 3,000명이라는 어마어마한 인원이 밤늦게까지 미식축구장에 억류됐다. 이때 붙잡혔던 사람들은 후일 집단 소송을 제기해 불법 체포였음을 인정받게 된다.

그날 정오에 엘스버그와 하워드 진[1922~2010. 미국의 역사학자, 정치학자. 반전·평화·인권운동에 앞장선 진보적·실천적 지식인] 및 노엄 촘스키[1928~. 저명한 언어학자로 미국을 대표하는 비판적 지식인]를 비롯한 일부 운동가들은 스톤을 불러 점심을 함께했다. 엘스버그는 "당시 우리는 모두 스톤을 존경했다"면서 그날은 스톤에게 "뭔가 이상한 점"이 있는 것 같았다고 했다.[47] "그때를 더듬어보면 그분은 그날 시위에 대해 우리가 기대하는 만큼 썩 열정적이지 않았어요." 스톤으로서는 지겹도록 오랜 세월 전쟁에 반대하는 수많은 글을 써온 상황에서 무엇을 더 보탤까 곰곰이 생각하고 있는 것 같기도 했다. 점심을 먹고 나서 스톤은 이렇게 썼다. "이 소란스러운 반전 분위기 속에서 전쟁에 대한 기억을 결정적으로 희미하게 만들어버린 팬터마임은 아마도 닉슨이 갑작스럽게 저우언라이周恩來 중국 총리와 밀월관계에 접어든 일일 것이다. 중국 봉쇄는 우리가 동남아에서 처음에는 돈을, 그 다음에는 피를 뿌리기 시작한 이후 20년 동안 최고의 목표였다. 하노이는 베이징을 봉쇄하기 위한 전초전이었다. 따라서 우리는 베트남에서 공산세력을 막아야 했다. 그러지 못하면 캘리포니아 해변에서 그들과 맞서 싸워야 하는 상황이 될 수 있었다. 한때 아시아판 아마겟돈 전쟁Asiatic Armageddon 운운하던 상황이 이제 핑퐁 외교로 낙착되고 있는 것이다. 그러니 살인 전쟁을 계속할 이유가 무엇인가?"[48]

스톤은 "무기력 외에 이 전쟁에서 이제 무엇이 남았는가?"라고 쓰면서 권태로워하는 것처럼 보였다. 그러다 국방부 기밀문서가 언론에 보도되자 활기를 되찾았다. 베트남전은 이제 최종적으로 종료될 분위기였다. 미군이 완전히 철수하는 것은 얼마 후인 1973년에 가서였다. 전쟁은 1975년에 공식적으로 끝난다.

1971년 12월, 스톤은 19년간 발행해온 신문을 이제 접겠노라고 공표했다. 심장이 아주 안 좋은 상태였고, 정서적으로도 그랬다. 스톤은 "그동안 들었던 경고 신호에 주의를 기울이기로 했다"고 말했다. 그는 앞으로는 매사에 "쉬엄쉬엄하겠다"고 했지만 결국은 이마저도 커다란 착각이었다.

5부

시대의 아이콘이 되다

26
우상파괴자에서 시대의 우상으로

1971년 겨울, 「I. F. 스톤 위클리」 종간호 판을 짤 때 스톤의 나이는 열흘 빠지는 만 예순네 살이었다. 그는 나이가 드는 것에 대해 "정말 인정하고 싶지 않다"고 말했다. 정신은 말짱했지만 스톤에게는 건강 악화라는 공포가 닥치고 있었다. 협심증으로 인한 통증이 극심했고, 백내장 때문에 그러지 않아도 안 좋은 시력이 더 나빠졌다. 이런 상황에서 스톤은 「보스턴 글로브The Boston Globe」, 「로스앤젤레스 타임스」, 「뉴욕 타임스」 같은 신문사는 물론이고 미얀마 출신의 우탄트U Thant 유엔 사무총장〔재임 1961~71〕이 보내왔던 축하 전문까지 다시 꺼내 실었다. 겸손과는 거리가 먼 행동이었다. 늘 그렇듯이 스톤은 독자들에게 친한 친구 같은 어조로 썼다. "여러분 덕분에 독립 언론으로서 거의 유일하다고 할 수 있는 실험이 가능했습니다. …여러분 덕에 저는 마녀사냥과 전쟁에 맞서, 불의와 정부의 표리부동에 맞서 타협 없는 투쟁을 계속할 수 있었습니다. 고립과 외로움의 시절을 그래도 견뎌낼 수 있었던 것은 독자 여러분의 사랑과, 저의 여러분에 대한 사랑 덕분이었습니다."[1]

　스톤은 종간호에서 과거의 주옥같은 기사들을 다시 실었다. 아인슈타인을 극찬하는 기사, 그리고 1968년 워싱턴 빈민 행진과 부자들의 복지 수준을 냉소적으로 비교한 기사도 포함됐다. 그 시절 빈민들의 행진을 균형 있는 시각에서 보려면 "부자들도 미국 탄생 이후 줄곧 워싱턴에서 사실상의 행진을 벌여왔다는 사실을 기억해야 한다. 그들은 과거에는 좋은 마차를 타고 나타났고 지금은 제트기를 타고 온다. 그들은 판자촌 같은 데 머물 필요가 없다. 그들의 목표는 항상 동일하다. 그러나 점잖은 사람들은 그것을 눈치 없이 '동냥'이라고 부르지는 않는다."[2] 스톤은 16년 전인 1955년 아인슈타인 사망 당시 썼던 부음 기사를 찬찬히 소개했다. "드높은 창공과 원자 속에서 새로운 조화를 찾으려 한 그는 인간관계에서도 질서와 정의를 찾고자 했다. …그는 어디서나 파시즘과 싸웠으며, 우리 조국에 파시즘의 조짐이 나타날까 몹시 걱정했다." 그러면서 아인슈타인이 가장 즐거운 때는 아마도 이웃 어린이들과 어울릴 때였을 것이라고 했다. "그는 나눠주면서 아이들이 좋아하는 것을 보고 참 행복해했다. …뉴턴과 코페르니쿠스와… 피타고라스도 천체의 운동을 두뇌로 날카롭게 포착한 과학자였다. 그러나 아인슈타인처럼 소박한 친절함으로 그렇게 많은 평범한 친구들에게 기억되는 사람은 없다. 정치와 물리학을 뛰어넘어 아인슈타인은 따스한 인간적인 추억으로 길이 기억될 것이다."[3]

　스톤은 "한 주에 쏟아져 나오는 뉴스의 홍수에서 요체만을 뽑아 내실 있고 세련되고 지적이며 재치 넘치는, 그러면서도 수플레처럼 가벼운 신문"을 만들고자 했다. 그러면서 겸손하게 "이런 말 하긴 뭐하지만 나는 성공했다고 생각해본 적이 별로 없다"고 했다.[4] 스톤은 이름이 높아지자 자기 비하에 가까웠던 자세(스스로를 "미국에서 가장 폭넓게 안 읽히는 언론인"이라고 했다)가 슬그머니 자기 미화로 옮아간다. 1968년 선집選集 출간 때는 "내 글들은 이 시대 미국 저널리즘을 대표하는 5대 걸작 중 하나로 살아남을 것"이라고 썼을 정도다.[5] 이런 표현은 주류 언론을 똥폼만 잡는 자들로 우습게보고 한 말 같다.

당시 비평가와 저널리스트, 역사학자 들은 스톤이 왜 퓰리처상을 한 번도 받지 못했는지 의아해했다. 특히 베트남전 관련 보도 업적을 보면 그럴 수는 없는 일이었다. 역사학자 헨리 스틸 커매저는 1968년판 선집에 실린 글들을 극찬하면서 "그가 미국에서 가장 큰 신문의 편집진으로 있지 않다는 것이 정말 기이하다"고 했다. 이런 지적에 대해 「워싱턴 포스트」의 벤 브래들리는 이런 지적이 오히려 이상하다고 봤다. "이지는 여기 들어오겠다는 생각은 한 번도 한 적이 없을 거예요. 그는 바깥에 있는 걸 좋아했지요."[6] 그러나 윌리엄 그라이더의 회고에 따르면 스톤은 주류적 성향도 강했다. "이지는 「워싱턴 포스트」를 아주 좋아했어요. 지금과는 시대가 상당히 다를 때지만 정도 이상으로 좋게 봐주곤 했으니까요." 그라이더는 「워싱턴 포스트」를 떠나 「롤링 스톤Rolling Stone」〔1967년 창간된 격주간지. 음악을 중심으로 대중문화와 진보 정치 문제를 주로 다룬다〕으로 옮기면서 스톤에게 조언을 구했다. "「워싱턴 포스트」를 떠나지 말라고 간곡히 당부하더군요. '큰 신문 안에 있어야 돼. 안에 있으면서 글을 써야지'라고 했어요." 그라이더는 스톤의 얘기를 「롤링 스톤」 창간편집장 잰 웨너에게 전했다. 웨너도 스톤의 열렬한 팬이었다. "웨너는 크게 화를 내면서 이지에게 무료로 잡지를 보내줬어요. 내가 올바른 선택을 했다는 걸 보여주기 위해서였지요."[7] 그라이더는 「롤링 스톤」으로 옮긴 뒤 날카로운 정치 기사를 많이 썼고, 정치 분야 저서도 여러 권 내놓았다. 그는 지금은 「더 네이션」에서 활동하고 있는데, 이 잡지의 철칙은 "어영부영하는 글은 안 된다"이다. 잡지에 칼럼을 쓰던 작가 캘빈 트릴린이 오래전에 사장 빅터 나바스키에게 받아낸 모토 같은 것으로 편집 간부라 해도 필자 허락 없이는 쉼표 하나 고칠 수 없다는 의미였다. 그라이더는 정체성을 잃지 않으면서 자기만의 생각을 글로 표현한다는 원칙을 끝까지 지켰다. 이는 그라이더나 스톤에게는 양보할 수 없는 철칙이었다.

　스톤의 성공은 "한 개인도 미국인 전체의 삶에 영향을 미칠 수 있다는 우리의 신념을 확인시켜준다"고 커매저는 말했다. 그러면서 인간의 권리를 옹호하고 주창하는 인물이라는 뜻에서 늘 쓰는 비유를 들어 스톤을 '현대판 토머스 페인'이라고 했다. 스톤은 권력에 대한 환상 같은 것은 없었다. 닉슨이나 존슨 같은 권력자가 「I. F. 스톤 위클리」를 읽고 그 자리에서 "이 지 말이 맞네. 정책을 바꿔야겠어!"라고 하지는 않는다. 그래도 1968년 상황이 되면 스톤은 영향력 면에서 리프먼보다도 강했다. 스톤은 베트남전의 부도덕성과 어리석음, 기만과 실책 같은 것들을 폭로하는 데서 머물지 않았다. 그런 것들을 역사적으로 설명하고, 놀라운 비전을 가지고 선택 방향을 제시했다. 그가 일찍부터 정부와 의견을 달리한 것이 올바른 판단이었음은 이미 오래전에 입증됐다. 1970년이 되면 그는 애그뉴 부통령으로부터 「I. F. 스톤 위클리」는 "또 하나의 거슬리는 반反자유주의의 목소리"라는 비난을 들을 정도로 거물이 돼 있었다. 이에 대해 스톤은 "모기가 무는 것 같다"며 대수롭지 않게 웃어넘기고 "부수가 오르니까 역시 반응이 온다"고 응수했다.[8]

　스톤은 대학 중퇴자지만 이제는 애머스트 같은 명문대에서 졸업식 연설을 하고 명예학위를 받을 정도로 지위가 탄탄해졌다. 그는 졸업식 날 무슨 얘기를 할까 밤새 돌아다니며 고민했다. 바로 그 졸업식에 딱 한 학생이 항의의 표시로 참석을 거부했다. 그가 바로 데이비드 아이젠하워로 아이젠하워 대통령의 손자이자 닉슨 대통령의 사위였다. 그러나 스톤은 "오늘 데이비드 아이젠하워 덕분에 제 명성이 더욱 높아졌네요. 올해 졸업하는 다른 급진파 운동권 학생들에게도 감사드립니다"라고 말해 청중을 웃겼다.

　스톤은 「I. F. 스톤 위클리」 폐간을 앞두고도 여느 때와 다름없이 활기찼다. 그러나 진지한 순간에는 "워싱턴에 신물이 나. 닉슨의 진부함도 그렇고, 모든 게 다 지겨워"라고 말하기도 했다.[9] 스톤이 이런 얘기를 한 것은 1972년 말로 닉슨이나 전쟁을 막을 수 있는 것은 아무것도 없는 것처럼 보이던 시점이었다. 그런데 그보다 6개월 전에 워싱턴에서 이상한 주거 침입 사건이 일어났다. 「워싱턴 포스트」는 이 사건에 무명 기자 두 명을 붙였다. 따라서 주요 신문들은 두 기자가 쓰는 단신성 기사들에 아예 신경을 쓰지 않았다. 워터게이트 사건은 이렇게 해서 대통령 하야를 야기한 20세기 최대의 특종이 된다. 두 기자 중 한 명이 밥 우드워드였고, 또 한 사람은 그가 걸음마를 배우던 시절부터 스톤이 잘 아는 인물이었다. 그의 부모 앨 번스타인과 실비아 번스타인은 평소 스톤 부부와 교분이 있었다. 그 집 아들 이름이 칼 번스타인이었다. 스톤은 칼의 특종을 그 누구보다도 대견해 했다.[*]

닉슨이 불명예를 안고 역사의 무대에서 내려갈 무렵 스톤은 유럽과 영국, 미국에서 열성팬들의 인사를 받고 있었다. 가히 인생의 황금기였다. 스톤은 영향력 있는 언론인 중에서도 수위에 꼽혔다. 그가 발행하는 「I. F. 스톤 위클리」는 부수는 적지만 「뉴욕 리뷰 오브 북스」와 더불어 '베트남전 문제에 가장 영향력이 큰 출판물' 조사에서 늘 최상위로 꼽혔다. 그는 「뉴욕 리뷰 오브 북스」에도 자주 기고했다.[10] 스톤은 베트남전과 관련해 "가장 영향력 있는 미국 지식인 10명" 중 한 명으로 꼽혔다. 1위는 절친인 버나드 폴이었다.

    그런데 아이러니하게도 글을 좋아하고 글로 먹고사는 스톤이 명성을

● 사건이 터지고 나서 30년 뒤 당시 FBI 부국장이던 W. 마크 펠트가 두 기자에게 제보를 해준 '내부고발자'는 자신이라고 밝혔다. 그러자 취재원을 익명으로 처리한 것을 놓고 언론에서는 다시 극심한 논란이 벌어졌다. 펠트는 당시 우드워드와 번스타인의 유일한 소스였다. 두 기자는 각종 기록을 열심히 뒤지고 단서가 될 만한 흔적을 꼼꼼히 뒤쫓았다. 이는 스톤의 취재 과정과 흡사했는데 아닌 게 아니라 스톤은 번스타인의 모델이었다. 극우 케이블 TV 쇼들도 극성을 떨었다. 찰스 콜슨과 G. 고든 리디를 출연시켜 펠트에 대해 "국가에 불충하는" 내부고발자라는 식으로 험담을 하게 만든 것이다. 그러면서도 콜슨과 리디가 워터게이트 사건에 깊숙이 개입한 중범죄자로 실형까지 살고 나왔다는 설명은 하지 않았다.

얻은 것은 독서 시간을 잡아먹는 두 매체, 즉 텔레비전과 영화를 통해서였다. 하기야 스톤은 스포트라이트 받는 것을 대단히 좋아했다. 무성영화 시절부터 영화광이었던 그는 1974년 자신이 영화의 주인공이 된 기분이었다. '칸 영화제의 새 스타 I. F. 스톤.' 당시 「뉴욕 타임스」 1면 톱기사 제목이다. 기사에서 영화평론가 빈센트 캔비는 이렇게 썼다. "67세의 미국 저널리스트가 페데리코 펠리니〔이탈리아 감독〕, 자크 타티〔프랑스 감독 겸 배우〕, 잭 니콜슨, 토니 커티스〔미국 배우〕, 루이스 부뉴엘〔스페인 감독〕 같은 영화계 거물들 못지않게 언론과 대중의 주목을 받고 있다. 영화제의 성격이 달라진 게 분명하다."[11] 에스터와 이지는 제리 브룩 주니어가 제작한 다큐멘터리 필름 〈I. F. 스톤 위클리 I. F. Stone's Weekly〉 시사회 참석차 영화제에 갔다. 「뉴욕 타임스」 칼럼니스트 톰 위커가 내레이션을 맡은 이 다큐멘터리 영화는 스톤의 개성을 날카롭게 포착하면서 존슨 대통령에서부터 월터 크롱카이트〔1916~2009. CBS 방송 저녁 뉴스 앵커로 유명한 미국의 전설적인 언론인〕까지 중요 인물들이 베트남전에 대해 언급한 내용을 스톤이 한 말과 나란히 대조해 보여주는 내용이었다. 스톤은 시사회를 마친 뒤 한마디 농담을 던지고 강연을 위해 옥스퍼드 대학으로 떠났다. "내가 보고 싶은 영화는 소년과 소녀가 키스를 하고, 바로 다른 장면으로 넘어가는 영화야. 그래야 참신하지."

스톤의 강연을 처음 듣는 사람은 그 부드럽고 차분한 음성에 놀라는 경우가 많다. 열정적인 주장을 논리적으로 풀어가는 사람이라는 이미지가 강했기 때문이다. 그는 진지한 어조로 관객을 향해 말했다. "미국 영화는 마르크스의 글이나 레닌의 말보다 더 전 세계 가난한 사람들을 선동하는 데 큰 역할을 했습니다. 안락한 환경을 갖춘 사회의 모습을 보여준 것이지요. 깨끗한 집, 수세식 화장실 등등. 아주 단순합니다. …진정한 선동이란 몇 킬로만 가서… 리오그란데 강〔미국과 멕시코의 국경을 이루는 강〕만 넘으면 바로 천국이라는 걸 알게 해주는 겁니다." 우파라도 시비 걸 게 없는 지적이다. 이어 스톤은 똑같이 부드러운 어조로 덧붙였다. "우리나라를 역사상 가장 빛나는 국가로 만든 위대한 이념은 라틴아메리카에서 욕먹고 더럽혀졌습니다. 독재 정권과 결탁했기 때문이지요. 그래서 우리는 위선자의 무리로 비치게 됐습니다."[12]

제리 브룩 주니어의 다큐멘터리가 개봉된 이후 스톤은 전국의 예술극장과 유럽, 심지어 공영방송 PBS TV에서까지 환호를 받았다. 이 다큐 필름을 본 일부 대학생은 언론계에 투신했다. 맥스 홀런드[1950~] 같은 이는 멀리 오스트리아에서 이 영화를 접하고 기자가 됐다. "그 영화 덕분에 이지는 존경받는 인물에서 컬트적인 숭배의 대상으로 올라섰어요."[13] 다큐에서 스톤의 조수로 등장한 피터 오스노스의 말이다. 오스노스도 영화 덕에 꽤 유명해졌다. 워터게이트 사건을 다룬 영화 〈대통령의 음모All The President's Men〉를 찍는 동안 「워싱턴 포스트」 편집국에 와 있던 배우 로버트 레드포드[밥 우드워드 역]는 오스노스에게 영화에서 당신을 봤다고 말했다. 이 말에 오스노스가 감동 먹었음은 물론이다. 스톤을 주인공으로 한 다큐 영화는 여러 예술극장에서 여러 주 동안 상영됐다. 어느 극장 상영 때는 친구인 풍자 칼럼니스트 아트 버크월드가 몸을 굽혀 스톤의 코트 깃에 겸허히 입 맞추는 시늉을 하기도 했다. 당시 스톤은 얼굴이 빨개질 정도로 쑥스러워했지만 친구들 말에 따르면 그러면서도 "의기양양했다"고 한다.

반전을 외치는 젊은이들은 브룩의 다큐 영화에서 정반대되는 장면을 병치시키는 것에 환호했다. 가장 극적인 예가 스톤과 월터 크롱카이트의 경우였다. 텔레비전에서 "가장 신뢰할 수 있는" 목소리로 유명한 크롱카이트는 1968년 구정공세로 미군이 크게 몰린 이후에도 베트남전 보도 태도는 한가했다. 한 대목에서는 크롱카이트가 남베트남 공군 장성 응웬카오키를 '뉴스의 인물' 코너에서 대단히 호의적으로 소개하는 모습이 나온다. "그는 점심도 밖에 나가서 먹지 않습니다. 미국 사업가처럼 책상 한

귀퉁이에서 해결하지요. 그는 베트남 국민들의 영웅입니다." 브룩의 다큐멘터리는 크롱카이트가 호의적으로 인터뷰하는 장면을 내보낸 다음 바로 스톤이 응웬카오키에 대해 조사한 내용을 밀어넣는다. 그가 영웅시한 사람 중 하나가 히틀러였고, "군사정권에서 실권을 잡은 뒤 처음 취한 조치 가운데 하나가 언론 활동을 일시 정지시키는 것이었다"는 얘기다. 크롱카이트가 B52 폭격기들로부터 여러 차례 폭격당한 지역을 비행기 편으로 둘러보는 장면도 나온다. 이때 스톤의 목소리가 들린다. 미군의 동맹 세력인 남베트남 집권자들의 부패와 타락을 "악취 나는 무리"라며 질타하는 강연에서 따온 것이다. 화면에서 스톤은 또 이렇게 말한다. "베트남전쟁은 우리가 최고라고 생각하는 메이커 모두에게는 끔찍한 패배였다. GE와 GM과 AT&T가 그랬다. 모든 대기업의 패배였다." 기술이 모든 것을 정복할 것이라는 신념도 참패를 당했다. "여기 이 정글에서는 저 아래 저 이상한 생물조차 우리가 짓밟아 죽일 수 없습니다. …인간들이 그 모든 살인기술에 저항할 수 있다는 게 정말 놀랍지 않습니까."[14]

1971년 스톤과 크롱카이트는 나란히 조지 포크 상을 수상했다. 칵테일 파티에서 스톤은 크롱카이트가 최근 베트남전 보도를 잘했다고 칭찬했다. 유명 인사들끼리 으레 하는 말이었는데 크롱카이트는 이지 주변을 힐끔거리며 쳐다봤다. 그러나 스톤은 그날 발언한 사람들을 머쓱하게 만들고 말았다. 그는 일단 "주류 언론계에서 주는 상을 처음 받게 돼서 대단히 기쁘다"고 한 뒤, 앞에서 뻔한 소리를 했던 발언자들과 달리 포크 기자 사망의 진실을 거론했다. "그는 겁내지 않고 냉전의 암흑 너머를 들여다본 극소수 미국 기자들 가운데 한 사람이었습니다. …그는 그리스 경찰에 의해 살해됐고, 경찰은 그 책임을 좌파에게 떠넘기려고 했습니다."[15] 이것이야말로 스톤이 조만간 밝혀지기를 기대한 사태의 진실이었다.

TV에 나온 스톤의 모습은 상당히 인상적이었다. 단 한 번 출연만으로 1953년 창간 당시 모집한 정도의 구독자를 새로 확보했다. 〈딕 캐빗 쇼〉

에 나와 켄트 주립대 발포 사건을 규탄했을 때에는 하루 만에 신규 구독 신청자가 4,000명이나 됐다. "그는 정부가 비밀리에 추진하는 일이 가져올 결과에 대해 극도로 비판적이었습니다." 〈딕 캐빗 쇼〉 프로듀서였던 밥 커니프의 회고다.[16]

커니프는 〈투데이〉 쇼를 하다가 〈딕 캐빗 쇼〉 프로듀서가 된 인물로 1960년대에 방송사들이 논란이 될 만한 인물을 게스트로 초대하는 데 얼마나 소심했는지에 대해 경험담을 소개했다. "대부분 논란 자체를 아예 포기했어요. 사상思想의 시장 같은 것은 사실상 없었던 셈이지요." 커니프는 1968년 시카고 민주당 전당대회를 전후해 벌어진 시위 사태에 대해서도 설명했다. "두 주 동안 경찰은 젊은이들이 대회장이나 대회장 근처에 얼씬거리기만 해도 두들겨 패고 쫓아냈습니다. 경찰이 '갑자기 통제력을 잃었다'는 건 말이 안 되지요. 과격 진압은 정책이었고, 나는 다 지켜보고 있었습니다." 커니프는 경찰이 반전 시위 청년들을 폭력으로 과잉 진압하는 장면을 내보내자고 제안했다. "그러자 상사는 '미쳤어? 그럼 저들은 우릴 죽이려 들 거야'라고 하더군요. 그러다가 시위대와 경찰이 크게 붙은 그 유명한 화요일 사건이 일어났습니다. 경찰은 애들을 고깃덩어리처럼 닭장차에 집어던졌지요." 이때 프로그램에서는 커니프가 경찰의 잔혹 행위를 찍은 필름을 내보냈다. "쇼가 끝나는 시점에 경찰들이 애들을 두드려 패는 장면을 내보내고 프랭크 시나트라의 〈시카고는 내 마음의 고향〉이란 노래를 배경으로 깔았지요. 프로그램 제작자 모두 얼마나 화가 났는지를 알 수 있습니다." 닉슨과 애비뉴가 반전 시위대를 "떨거지"라고 비아냥거리는 방송이 나갔을 때도 대중은 동의하지 않았다. "시청자 편지는 12대 1로 우리 방송을 비판하는 쪽이었어요."

「I. F. 스톤 위클리」 팬이었던 커니프는 "우여곡절 끝에" 1967년 추수감사절 특집 〈투데이〉 쇼에 스톤을 초대 손님으로 내보냈다. 이때 커니프는 스톤에게 "당신을 어떻게 소개해야 '우리 중산층 시청자들'이 기분 상하지 않겠느냐"고 물었다. 스톤은 이미 포장의 달인이었다. "'그거야 쉽지. 그냥 현대판 벤저민 프랭클린이다. 재미난 견해를 가진 마음씨 좋은 언론인이라고 소개하게'라고 하더군요. 그래서 소개문을 그렇게 썼지요! 그러자 사람들은 독특한 견해에 두꺼운 안경을 쓴 땅딸한 아저씨를 갑자기 주목하더군요. 급진파라고 보지 않았어요." 스톤은 방송에 나와서도 거침이 없었다. "미국인들이 사이공의 창녀촌 주인들을 구제하기 위해 돈을 언제까지 처들여야 하지요?' 이렇게 직설적으로 묻는 식이었습니다. 지금이야 그런 식으로 해야 먹히지만 그땐 분위기가 안 그랬죠." 커니프는 웃으면서 이렇게 말했다. "그런데 놀랍게도 시청자 편지는 대단히 우호적이었어요. 이지의 뭔가가 사람들한테 어필한 거죠. 시청자들이 좋아했으니까요."

커니프가 진행자 캐빗을 좋아한 이유는 깔끔한 스타일의 심야 토크쇼의 제왕 자니 카슨과 달리 "재미난 사람들을 많이 출연시켰기" 때문이다. 그러나 글도 모르는 젊은 애들과 같이 일을 한다는 것은 정말 힘겨운 일이었고("아시다시피 텔레비전 쪽은 대단히 무식합니다"), "윗사람들은 '힘센 이익단체들을 화나게 하면 안 된다'고 경고하고" 있었다. 그런데도 캐빗은 누구도 뭐랄 수 없는 인기를 누렸다. 캐빗이 스톤을 코미디언 데이비드 프라이와 나란히 출연시켰을 때 "데이비드는 특유의 닉슨 흉내를 냈고, 이지는 자기 하고 싶은 얘기를 계속했어요. 그러니 무대는 난장판이 된 셈이지요. 스톤 앞으로 온 시청자 편지가 하도 많아서 답장 쓰는 직원을 하나 고용해야 할 정도였어요. 거의 대부분은 이지의 주장에 찬성하는 내용이었습니다."

워싱턴 사람들이 대개 그러하듯이 스톤도 각종 상장이나 표창장 같은 것을 걸어놓는 벽이 따로 있었다. "거실은 이지에게 일종의 사원寺院 같은 곳이었습니다." 후배 기자 버나드 나시터의 회고다.[17] 커니프는 "스톤은 남이 알아주는 것을 굉장히 좋아했다"고 말했다. 방송 시작 전 초조한 상태에서도 스톤은 애드리브를 어떻게 칠 것인지를 여러 차례 연습했다. 나중에 방송에서 그걸 써먹으면 아무런 준비 없이 즉석에서 한 것 같은 느낌이어서 호평을 받았다.

시청자들은 그의 허심탄회한 의견 개진에 매료됐다. 그런 태도는 목에 잔뜩 힘이 들어간 워싱턴의 먹물들과는 매우 달랐다. 스톤은 워싱턴에서 활동하는 기자들이 관리들 말을 쉽게 믿다가 어떤 상황에 빠지게 되는지 간단히 언급한 적이 있다. "당신이 '아주 괜찮은' 친구이고 '장래가 촉망되는' 친구라면, 곧 저녁 식사 자리에서 사람들과 어울리게 되지요. 그들은 설익은 헛소리를 계속 떠들어대고, 당신은 아주 현명하게 머리를 절레절레 흔듭니다. 그러면 사람들은 당신이 머리를 아주 현명하게 절레절레 흔드는 걸 보고 당신이 아주 현명한 친구라고 생각합니다. …그런 식으로 어울리다가 보면 어느 날 당신은 빌어먹을 쓰레기더미 속에 같이 들어가 앉아 있게 되는 거지요."[18] 쇼가 끝나고 나면 긴장이 풀어진 스톤은 뉴욕 시내로 나가 즐거운 시간을 보냈다. 어느 날 밤 그는 커니프와 함께 코펜하겐 레스토랑에 갔다. 여기서도 스톤은 커니프에게 바이킹식 뷔페라 할 수 있는 스모가스보드에 나오는 온갖 음식을 하나하나 찍어가며 "장사꾼"처럼 아는 척을 했다.

1978년 스톤은 뻔뻔스럽게도 자기 자신을 인터뷰했다. 인터뷰는 「뉴욕 타임스」에 '이지가 말하는 이지Izzy on Izzy'라는 제목의 특집 기사로 나갔다. 스톤이 스스로에게 어떤 질문을 던지는지를 보면 그의 스타일을 엿볼 수 있다. 스톤이 이 기사에서 1950년대 초에 반공주의를 비판한 자신을 혹평했던 평론가들을 의식했는지 말았는지는 알 수 없지만, 어쨌든 공산주의의 해악을 대단히 강조했다. "공산주의는 영원히 정신의 거대한 감옥으로 굳어질 수 있다. 그런 위험성을 세계는 지금까지 보아왔다. 그것은 중세 유럽의 암흑기라고 하는 시대보다 훨씬 더 억압적이다."[19] 그러면서 스톤은 공산주의도 "종합, 말하자면 마르크스와 제퍼슨의 융합 같은 것을 성취한다면 위기에서 구제받을 수 있다"고 덧붙였다. 막무가내로 비난만 하는 입장은 아닌 셈이다. 10년 후 여든 살이 된 스톤은 서글픈 과거시제로 "그런 융합이 일어날 수 있기를 '늘 소망했었다'"고 말했다.

스톤은 만년 들어 대단한 유명 인사가 됐고, 그런 인기를 한껏 즐겼다. 이 대학 저 대학에서 명예학위를 수여했다. 1970년 펜실베이니아 대학은 본교 중퇴자인 스톤에게 명예 학사학위를 수여했다. 수여식 때 스톤은 유서 깊은 교내 서클 필로메이시언 소사이어티Philomathean Society의 검은색 회원복을 걸치고 나왔는데 이 서클은 1927년 스톤이 재학할 당시 그의 가입 신청을 거부한 바 있다. 졸업장을 받은 스톤은 환호성을 질렀다. "나 같은 지진아로서는 정말 멋진 날입니다. 학사학위를 따는 데 저처럼 48년이나 걸린 사람은 아마 없을 겁니다." 1978년 '이지가 말하는 이지'라는 기사에서 스톤은 놀랍게도 대학을 제대로 졸업하지 못한 데 대한 열등감을 토로했다. "한동안 대학 캠퍼스 근처를 지날 때마다 토머스 하디의 『무명無名의 주드Jude the Obscure』에 나오는 주인공 주드처럼 기분이 엉망이었다." 그러다가 명예학위가 쌓이면서 "무식한 촌놈이라는 강박관념에서 벗어났다"는 것이다. [20]

스톤은 「I. F. 스톤 위클리」 폐간 이후 과거에 사로잡혀 지내기보다는 끊임없이 새로운 주제에 관심을 쏟았고, 그런 것들을 남들에게 알려주고자 애썼다. 그러면서 민주주의의 초기 형태를 제대로 이해하기 위해 고대 그리스어와 아람어를 배웠다.

「위클리」를 폐간했을 때 스톤이 여전히 무명 인사였다면 왜 실패했을까를 곱씹고 있었을 것이다. 그러나 그는 오래전부터 사회적으로 높은 평가를 받고 있었다. 1968년에는 보수적인 「월스트리트 저널」이 1면에 스톤 관련 특집 기사를 실었고, 주류 신문 사설들이 그의 코멘트를 인용했으며, 대학생들은 그의 강연회에 모여들었다. 1969년 형편이 나아진 이지와 에스터는 워싱턴 북서부의 더 크고 우아한 집으로 이사했다. 널찍한 앞마당 잔디 사이로 오솔길이 구불구불 뻗어 있고, 뒤로는 테라스 같은 것을 설치해둔 집이었다. 집에는 장서가 7,000권이나 돼서 의회도서관 별관 같았다. 희귀본은 스톤이 직접 비닐로 싸서 조심스럽게 옮기곤 했다. 사무 공간은 위층 침실과 아래층 서재, 놀이방까지 잠식했다.

1971년 12월 스톤은 마지막으로 인쇄소 문을 쾅 밀치고 들어갔다. 종간호에 오자가 일절 없도록 다그치는 완벽주의는 여전했다. 오랜 세월 쿵쿵 치고 다닌 인쇄소 문에 생긴 움푹 들어간 자국은 지금도 그 시절을 말해주는 흔적으로 남아 있다. 인쇄소 주인은 「위클리」에 기사를 쓰기도 했던 스톤의 친구 내트 헨토프에게 스톤은 "정 많은 사람"이지만 "일에 관해서는 얄짤없는 사람"이라고 말했다.[21]

스톤은 종간호를 에스터에게 헌정했다. 오랜 세월 함께 일해온 에스터는 책상에 "곧 좋은 일이 생길 거야"라는 표어를 붙여놓고 기운을 북돋우곤 했다. 헌사는 "그녀의 협력과, 그녀의 변함없는 이해와, 아내이자 어머니로서 그 특출함 덕분에 우리가 함께한 세월은 행복하고 보람 있는 시간이 되었다"고 적었다.

스톤은 평소 「위클리」를 부부 둘이 하는 기업이라고 선전했지만 1960년대에는 조수를 쓰지 않을 수 없었다. 그는 조수로 뽑은 사원을 혹독하게 훈련시켜서, 사흘 이상 버티는 사람이 없다는 농담이 동네 주변에 파다할 정도였다. 자기가 꽤 잘난 줄 아는 한 청년은 그만큼도 버티지 못했다. 그 청년은 "'공동체주의적 무정부주의자' 운운하며" 자기소개를 했고, 스톤은 바로 툴툴거리듯이 "그게 뭔 소리야?" 하고 반문하면서 대화는 썰렁해졌다.

"이지는 악명이 높았어요. 정말 요구가 많고 까다로웠지요. 조수들도 버텨내질 못했어요. 물정 모르던 젊은 시절, 내가 거기서 장기근속을 했다는 것은 대단한 일이었죠. 최소한 전임자와 타이를 기록했으니까." 조수로 일했던 피터 오스노스의 회고다. 오스노스는 후일 「워싱턴 포스트」 편집 간부로 오래 일했고, 랜덤하우스 자회사 타임스 북스 사장으로 변신했다가 퍼블릭어페어즈 북스 출판사를 설립했다. 당시 스톤은 인쇄소 인근 중국집에서 점심을 같이 먹으면서 오스노스를 면접봤다. "난 모시기 더러운 상사야"라는 게 그의 첫마디였다. 주급 100달러에 "온갖 일을 도맡아했다. 쓰레기 버리고 잔심부름 다니고 허드렛일까지 했다." 한참 시간이 흐른 뒤에야 오스노스는 "이지 같은 분을 친구로 뒀다는 게 얼마나 즐거운 일인지" 알게 됐다.

조수로 거쳐간 사람들이 하나같이 기억하는 가장 괴로운 일은 아침 일찍부터 스톤에게 걸려오는 전화였다. 7시 30분이면 아침 '퀴즈'가 시작됐다. "근데, 오늘 기삿거리 뭐 건졌지?" "근데, 「뉴욕 타임스」 39면 이 기사는 왜 보고 안 했나?" 등등. 미국의 수도에서 흥미진진한 생활을 꿈꿨던 조수들은 아침 신문訊問에 대비하기 위해 『연방의회 의사록』을 끌어안고 잠자리에 드는 지경이 됐다. "마치 다시금 학교로 돌아간 기분이었어요."[22] 1963년에 조수로 일한 척 나탄슨의 회고다. "그는 나이나 경험, 사회적 지위 같은 건 안중에 없었어요. 그저 모든 게 늘 경쟁이었지요. '그는 건졌는데, 그는 그 건을 봤는데 난 못했다'는 자괴감에 시달렸습니다. 그분도 제가 하버드대 출신의 자존심 강한 청년이라는 점을 염두에 두기는 했겠지요. 하지만 우리 사이는 경쟁자 관계 같았고, 그게 참 재미있었어요." 나탄슨은 어떤 작가도 그러하듯이 스톤에게도 편집자가 필요하다고 생각했다. "스톤에게 요건 몰랐지 하고 문제가 될 수 있는 부분을 지적해주는 게 정말 재미났어요. '그렇게 표현할 수 있는 증거가 있느냐'고 따져 묻곤 했지요." 스톤은 대개 간단히 반박하고 넘어갔지만, 가끔 기사가 너무 샛길로 빠진 데 대해 나탄슨의 비판을 받았다. "이지는 인내심을 가지고 그런 비판을 귀담아들었고, 경우에 따라 일부 고치기도 했어요."

스톤은 어디를 가도 여러 칸으로 구획된 커다란 서류철을 가지고 다녔다. 청문회에 앉아서 친구와 귓속말을 하면서도 신문 기사를 훑어보다가 중요한 부분은 오려서 서류철에 끼워넣곤 했다. 다시 나탄슨의 회고. "그는 항상 괴짜처럼 보였어요. '아주 중요한 데이트'에 늦어 허둥대는 사람 같았지요." 스톤이 아무 일 않고 조용히 앉아 있는 것을 상상하기는 어려웠다. "지금 같은 한낮이면 산책을 하곤 했는데, 그때 제가 이렇게 물었지요. '걸으면서도 머릿속으로 기사를 쓰시나요?' 그럼 이렇게 농담으로 받았어요. '아니, 쓴 내용을 잊지 않으려고 노력하지.' 스톤은 마감 마지막 순간까지 기다렸어요. 최대한 물을 먹거나 중요한 기사를 빠뜨리지 않기 위해서였지요. 그는 실내복 차림에 면도도 하지 않은 상태로 타자기를 두드리곤 했어요. 대개 기사는 멋지게 나왔지요. 한 주 내내 심사숙고한 것이었으니까요."

가장 중요한 과제는 가능한 한 신문과 자료와 기록을 모두 뒤져 스톤이 박스 기사로 올릴 만한 아이템을 찾아내는 것이었다. 대개는 관리들의 말이 앞뒤가 안 맞는 부분을 보여주는 단신들이 선별됐다. 이지가 박스로 괜찮다고 생각할 기삿감 초안을 작성하는 것은 대단히 힘든 일이었다. "이지는 「위클리」에 올릴 기사에 대해 아주 까다로웠어요. 난 항상 살얼음판을 걷는 기분이었습니다." 나탄슨의 회고다.

조수들은 스톤의 집 지하실에서 일하다가 버저가 울리면 2층으로 달려 올라가곤 했다. 오스노스의 경우는 하루에 두세 번 정도 국회의사당과 국무부에 다녀왔다. 거기서 AP 통신 기사를 읽고, 보도자료와 각종 보고서를 챙기는 게 일이었다. 스톤은 주간지 기자로 분류됐기에 고상하신 기자 분들이 진 치고 있는 일간지 기자실은 출입이 안 됐다. 오스노스가 의사당에서 드나들 수 있는 기자실은 외진 곳에 있는 기자실이었다. "이지 밑에서 일할 때 대접받고 하는 것은 전혀 없었어요." 오스노스의 회고. "특별한 이점 같은 건 없었습니다. 제임스 레스턴 밑에서 일하는 거나 마찬가지였어요. 물론 나중에는 훈장처럼 됐지요. 하지만 당시만 해도 대부분의 주류 언론인들은 이지를 짜증나는 괴짜 정도로 보고 상대를 안 했어요."

역시 조수로 일했던 앤디 무어선드는 1970년 「워싱턴 포스트」에 지원했다가 인사국 직원으로부터 퇴짜를 맞았다. 그 직원은 스톤 밑에서 일했다는 것은 경력으로 쳐줄 만한 게 아니라고 말했다. 당시 이지의 글은 「워싱턴 포스트」에서도 가장 뛰어난 기자들이 읽고 격찬하는 시대였는데도 그랬다.

스톤은 젊은 기자나 후배 언론인을 만나면 '언젠가 4쪽짜리 주간지 만드는 골치 아픈 일을 자네가 맡게 될 거야'라는 얘기를 하곤 했다. 일종의 자부심을 담은 농담이었다. 그러나 스톤이 「위클리」를 남한테 넘길 것으로 생각하는 사람은 아무도 없었다.

스톤이 신문을 접었을 때는 이미 부자가 돼 있었다. 게다가 구독자 명부를 넘기고 본인이 고정 필자로 참여하는 조건으로 「뉴욕 리뷰 오브 북스」로부터 상당액(주변에서는 7만 5,000달러로 알고 있다)을 받았다. "그는 관리를 아주 잘해왔어요. 우리가 그의 구독자 명부를 사들였지요. 그리고 이지까지. 그렇게 타결이 됐습니다." 「뉴욕 리뷰 오브 북스」 투자자의 한 사람인 저널리스트 월터 핑커스의 설명이다.[23] 스톤은 「뉴욕 리뷰 오브 북스」의 객원 편집인이 된 것을 자랑스러워했다. "영어로 된 리뷰 전문지 가운데 최고"였기 때문이다. 스톤은 생각만 그렇게 하는 것이 아니라 홍보에도 열을 올렸다. "구독 기간이 남아 있다면 「위클리」 두 호분에 대해 「뉴욕 리뷰 오브 북스」 한 호를 배달해드립니다.(「뉴욕 리뷰 오브 북스」를 구독하고 계시다면 구독 기간을 일정 기간 자동 연장해드립니다. … 「뉴욕 리뷰 오브 북스」에 실리는 제 기사도 재미있게 읽어주시기 바랍니다.)"[24] 스톤은 자기가 아내에게 밍크코트를 사주는 "부유한 자본가"라는 말을 남들에게 자주 했다. 그러나 그런 그도 이제 또다른 문제에 봉착했다. 돈을 잘 굴리는 방법을 생각해야 할 때가 된 것이다. "아버지는 숫자에는 젬병이었어요. 내 생각에는 아버지는 경제 시스템을 이해하거나 거기에 제대로 관심을 가진 것 같지 않아요. 대충 굴러가는 걸 아는 정도지요." 아들 크리스토퍼의 말이다.[25] "아버지한테 자본이득에 대해 설명을 해드리려고 했어요. 하지만 아버지는 대공황을 겪은 연배의 사람들 사고방식 그대로였어요. 그때 할아버지가 모든 걸 날린 경험이 깊은 교훈을 남긴 거죠." 스톤은 조언을 받으면서 조심스러우면서도 현명하게 투자하는 법을 배웠다.

재정적으로 부담이 없어진 스톤과 에스터는 퀸 엘리자베스 2세호를 타고 신혼부부처럼 여행을 다녔다. 배에서는 저녁을 일찍 먹고 나서 잠시 눈을 붙인 뒤 밤새 댄스를 즐기곤 했다. 부부는 여객선을 자주 탔기 때문에 단골 여행사에서는 부부가 어느 방을 좋아하는지도 알고 있을 정도였다. 한번은 에스터와 이지가 퀸 엘리자베스 2세호에 타고 있는데 승객들이 곳곳의 휴게실로 몰려나와 영국 왕세자 찰스와 다이애나의 결혼식 장면을 시청했다. 그러나 스톤은 왕실 숭배와는 거리가 먼 스타일이었다. 그는 그냥 호화로운 갑판 위에서 바람을 쐤다. 그때 또 한 사람의 외톨이가 천천히 다가와 스톤에게 '결혼식 중계를 왜 안 보느냐'고 물었다. 스톤은 장난스럽게 이렇게 말했다. "내가 이런 말을 하게 되리라고는 정말 생각도 못했는데 평생 처음으로 하게 되네요. 저는 왕정을 싫어하는 공화주의자라서요."[26]

나이가 들어 느긋해진 스톤은 1971년 여름 여객선 프랑스호에 같이 탄 저명한 우파 언론인 윌리엄 버클리[1925~2008]와 칵테일을 마시며 담소했던 얘기를 한 적이 있다. 스톤의 친구들이 보기에는 버클리에게 위험할 정도로 잘 대해준 사건이었다. 버클리가 타고 있다는 것을 알게 된 스톤은 "메모를 써 보냈다. 미리 알려서 느닷없이 마주쳐 어색해지는 일이 없도록 하자는 취지였다."[27] 그는 메모에서 유머러스하게 "같은 배에 갇혔으니 나랑 결투를 하겠느냐, 아니면 내 술 한 잔 받을 테냐 택일하라"고 제안하고 답을 기다렸다. 두 사람은 부인까지 대동하고 바에서 만나 "썩 유쾌한" 시간을 보냈다. "평생을 빨갱이 괴롭히는 일에 헌신해온 닉슨이 그해 여름 막 베이징으로 갔어요. 그래서 버클리에게 '당신과 나는 배신당한 형제다. 당신은 닉슨한테 배신당했고, 나는 마오쩌둥에게 배신당했다'고 했지요." 스톤이 이 얘기를 한 것이 1988년으로 그때도 레이건이 미하일 고르바초프 소련 공산당 서기장을 만나던 시점이었다. 스톤은 이를 염두에 두고 "이러다간 우리가 더 큰 배신을 당하고 말 거야"라는 농담을 보탰다. 스톤이 사망했을 때 버클리는 자신이 운영하는 「내셔널 리뷰」 부고 기사에서 의례적인 인사치레 말고는 호의를 표시하지 않았다. 특히 스톤이 소크라테스에 관한 책을 써서 학자 반열에 오르고자 한 데 대해서는 '스톤이 하늘나라에 갔는데 소크라테스가 아는 척도 안 하고 무시했다'는 식으로 비아냥거렸다.

　문예·시사월간지 「애틀랜틱 먼슬리The Atlantic Monthly」 부편집장을 지낸 작가 잭 비티는 혈기왕성한 스톤이 라디오 토크쇼에서 칼럼니스트 조지 윌 [1941~]의 코를 납작하게 해준 사건을 기억한다. "상대가 유명 인사의 명언을 인용하면 이지는 다른 명언으로 응수를 했어요. 애덤 스미스를 들고 나오면 몽테뉴를 읊어대는 식이었지요. 똑똑한 척하는 싸움에서 윌이 지고 말았어요. 이지는 헤로도토스, 투키디데스, 헤라클레이토스 같은 그리스 사람들 이름을 청산유수로 읊어대더군요."[28]

스톤은 오래 싸워온 적들에 대해 악감정 같은 것은 없었다. 영국의 작가이자 언론인인 크리스토퍼 히친스[1949~2011]는 젊은 시절 「뉴 스테이츠먼 New Statesman」[지식인을 주 독자층으로 하는 영국의 고품격 중도 좌파 정치·문예 주간지. 1913년 창간됐다]의 기자였는데 스톤은 영국에 들를 때마다 이 잡지사에 꼭 들르곤 했다. "애그뉴는 사임을 했고, 많은 사람들이 기소됐어요. 거의 매일 비리 인물이 새롭게 등장했지요. 워터게이트 사건의 최종 책임자는 거의 닉슨으로 낙착되는 상황이었지요. 그날은 언론의 날이어서 우리는 이지에게 회의실에서 점심을 대접할 계획이었습니다. 나만 빼고 다들 인쇄소로 가면서 이렇게 말했습니다. '스톤 선생이 오시면 회의실로 가서 음료수 좀 대접하고 우리가 올 때까지 잘 모시고 있게.' 그때 '와, 이지 스톤을 직접 보는구나!' 싶었지요. 옥스퍼드 대학 베일리얼 칼리지에 다닐 때 학교 측을 설득해 「I. F. 스톤 위클리」 두 부를 구독하게 한 적이 있거든요. 그런데 완전히 오산이었어요. 바보짓을 한 거죠. '와, 스톤 선생님, 저 정말 오랜 팬입니다. 최근 돌아가는 사태를 보시면서 정말 기분이 좋으시겠네요'라고 했더니 '그게, 무슨 소린가?' 하더군요. 나는 '다 알면서 왜 그러느냐'는 식으로 얘기를 계속했죠. '그러니까 애그뉴는 낭패를 보고 있고, 다른 관계자들은 속속 기소를 당하고 있잖습니까. 이제 저들이 당할 차례지요. 고소한 기분이시죠?' 그런데 스톤은 이렇게 말했어요. '아, 그거. 아니야. 난 승자로 기쁨을 누리는 스타일과는 거리가 머네. 승자로서 흐뭇해한 적은 한 번도 없어.' 나는 정말 쪽팔렸어요. 못된 자들이 낭패를 보고 있으니 고소하겠다고 한 게 얼마나 천박한 짓인지 깨달았지요. 나중에야 알게 됐어요. 그분은 남을 조롱하거나 하는 스타일이 전혀 아니라는 걸."[29]

「더 네이션」 발행인이자 컬럼비아 대학 저널리즘 스쿨 교수이고 작가로서 수상 경력도 화려한 빅터 나바스키는 이지와 평생 친구로 지냈고, 한때 이지의 글을 받는 편집자 역할을 하기도 했다. 그의 회고록『여론과 언론A Matter of Opinion』[2005]에는 이지와 관련된 재미난 일화가 많다. 나바스키가 스톤을 처음 본 것은 청소년 시절 파이어 아일랜드에서 테니스를 칠 때였다. 공이 높이 솟아 "I. F. 스톤 씨네 집 현관"으로 날아갔다.[30] 조마조마했다. 현관에는 「PM」 기자인 스톤이 나와서 타자기로 글을 쓰고 있었다. 스톤이 글 쓸 때는 공 주우러 가지 말라는 얘기가 있었다. 나바스키는 스톤을 존경했다. "이지는 다른 사람들이 놓치는 것을 잘 포착했어요. 뻔히 보이는데도 못 보는 경우가 많으니까.[31] 시각 문제인 측면도 있지요. 이지는 항상 우리 역사를 형성하는 거대한 힘과 추세를 보여주는 증거를 찾아다녔거든요. '근본적인 투쟁, 이해관계, 계급, 결국 사실로 화하는 문제' 같은 것들 말입니다."[32]

1953년 나바스키는 평소 영웅시하던 스톤의 쾌락주의자적인 측면을 보게 됐다. 당시 나바스키는 스워스모어 칼리지 학생이었는데 학생회에서 스톤을 연사로 초청했다. 스톤은 강연을 수락했다. "그런데 1등석 기차표를 달라고 했어요. …불필요한 사치 같았고, 제가 이지에 대해 가지고 있는 이미지와도 어울리지 않았지요." 후일 나바스키는 그런 점이 이지의 매력 중 하나라는 걸 알게 됐다. "이단적인 주장을 하거나 독자 노선을 걷는다고 해서 순교자나 수도승이 될 필요는 없다고 생각한 거지요." 나바스키는 스톤이 "특별대우를 요구한 것"은 "품위와 자신감, 그리고 충분한 자격"에서 우러나온 것이라는 점을 깨달았다.[33]

그런 자격을 갖추는 데는 오랜 시간이 걸렸다. 1987년 나바스키는 스톤에게 탐사 저널리즘 관련 국제 세미나에서 기조 강연을 해달라고 부탁했다. 암스테르담에서 열리는 회로 「더 네이션」과 네덜란드의 한 주간지가 후원하는 행사였다. 나바스키가 전화를 한 뒤 「더 네이션」 발행인인 해밀턴 피시가 참석 여부를 확인하기 위해 다시 전화를 했다. 그러자 스톤은 "우리야 좋죠"라고 했다. "대회 비용 문제가 걱정된 피시 사장은 내 사무실에 들러 '우리'라는 게 누구지?' 하고 물었어요." 이지와 에스터 두 사람 비용을 대줘도 스톤의 관객 동원 능력이 그 값을 하고도 남을 것이라고 나바스키는 답했다. 당시 예산은 아주 빠듯해서 참석자들은 최저가 항공편에 허름한 호텔을 이용하고, 회의장까지는 가장 싼 버스 편으로 이동해야 할 상황이었다. 그런데 스톤의 요구는 그게 다가 아니었다.

스톤이 전화를 걸었다. 자신과 에스터는 "'비행기 타고 네덜란드까지 가려면 너무 힘이 든다. 그러니 배편으로 가겠다'고 했다. 그런데 부부가 탄다는 배는 퀸 엘리자베스 2세호를 말하는 눈치였다." 문제는 여기서 끝이 아니었다. 스톤은 퀸 엘리자베스 2세호가 회의 개막 며칠 전에 영국에 도착한다는 사실을 알고는 얼굴이 환해졌다. 그는 이렇게 설명했다. "우리 나이에는 오래 항해를 하고 나면 이틀 정도는 쉬어야 제대로 걸을 수 있어. 마침 런던에 작은 호텔이 있어서 쓸 만하네." 그러더니 두 사람이 신혼여행 때 묵었던 작은 펜션에서 묵겠다고 했다. "거기 좀 찾아서 예약 좀 해줄 수 있겠지?" 주최 측에서는 그렇게 해줬다. 그런데 다시 전화가 왔다. 참으로 공교롭게도 스톤의 가족 일부가 같은 기간에 그곳에 온다는 것이었다. 그러니 그들을 위해서도 숙소를 좀 알아봐달란 얘기였다. 그러고는 「더 네이션」이 암스테르담의 유명한 성당에서 공개 강연을 할 수 있도록 주선해주면 "그 강연료는 대회 비용으로 모두 기부하겠다"고 했다.

결국 그 모든 편의를 봐준 것이 그만한 값어치를 했다고 나바스키는 말한다. 스톤의 기조 강연은 네덜란드인 청중을 1,000명 가까이 끌어왔고, 사회운동을 하는 저널리스트 70명이 대회에 참여했다. 스톤은 "진정으로 영감을 주는" 기조 강연을 했고, 토론에도 열정적으로 참여했다. 대회는 대단한 성공을 거뒀다. 후속 세미나가 런던과 모스크바에서 열려 탐사 전문 기자와 사회운동가, 학자 등 수백 명이 참여했다.

대회 말미에 파티가 열렸다. 캐비아와 보드카가 도는 자리에서 스톤은 흡족한 표정으로 건배사를 했다. "혁명이 오면 우리 모두 이처럼 거하게 살리라."[34]

스톤의 「위클리」는 폐간 이후에도 반향이 상당했다. 그만큼 많은 사람들에게 강한 인상을 남긴 것이다. "이지는 옛날부터 내게 영감을 주는 인물이었다"고 빌 코바치[1932~. 기자 출신으로 미국 언론학의 대부로 꼽힌다]는 말했다.[35] "「내시빌 테네시언The Nashville Tennessean」 기자로 일하면서 밤에는 주州

노동위원회 기관지 편집장으로 부업을 했는데, 그때는 셀드스의 「사실은」 옛날 철과 주에서 구독하는 「I. F. 스톤 위클리」를 읽는 게 큰 즐거움이었습니다. 내가 「뉴욕 타임스」 워싱턴 지국장이 되고 나서 처음으로 한 일 가운데 하나가 이지를 점심에 초대해 도시락을 함께하면서 간부들과 토론을 한 것이었습니다." 그해가 1979년이었다. 이지는 이때 "처음 「뉴욕 타임스」에 초대를 받았다."

　「뉴욕 타임스」 기자들은 스톤의 업적에 극찬을 아끼지 않았지만 스톤의 비판 때문에 개인적으로 상처를 입은 경우도 있었다. 일부 재능 있고 열심히 일하는 저널리스트와 작가들은 스톤이 자신과 주류 언론을 다윗과 골리앗의 싸움이라는 대립구도로 규정하면서 자기는 독립 언론이고 다른 신문은 그렇지 않다는 것을 과시하려고 부당한 비판을 일삼고 있고, 그래서 피해가 적지 않다고 생각했다. 한 국무부 출입기자는 이렇게 말했다. "이지는 우리가 어떤 기사를 쓰면 정부에서 흘린 것으로 생각하는 경향이 있다. 정말 열받는 일이다. 정부는 어떻게 해서라도 감추는 상황에서 파고 또 파서 건진 기삿거리"를 그렇게 도매금으로 넘겨버리기 때문이다.[36] "그는 또 언론에서 일부 기사를 빼먹거나 충분히 다루지 않은 경우 은폐 음모로 보는 경향이 있다. 실수이거나 인간적인 약점 때문에 생긴 일에 불과한데도 말이다."

　「뉴욕 타임스」에 기자로 오래 있었고, 스톤을 가까운 친구로 생각하는 잭 레이먼드[1918~2007]는 "나는 이지가 동료 기자들을 함부로 비판했고, 때로는 잘 알지도 못하면서 공격했다고 본다"고 말했다. 그러다 "뒤늦게" 진실이 밝혀지는 경우가 한둘이 아니었다는 것이다.[37] "어느 날 하루는 「I. F. 스톤 위클리」를 집어들고 읽다가 내가 쓴 기사를 공격하는 내용이 실린 것을 보고 깜짝 놀랐어요. 결과적으로 그의 주장은 내가 국방부의 시녀라는 얘기였어요. 남이 나를 그렇게 생각할 수 있다는 것에 대해 나는 완전히 할 말을 잃었습니다." 더욱 나쁜 것은 "전화라도 해서 내 기사에 대해 한마디 묻지도 않고 그런 글을 썼다"는 점이었다. "내가 쓴 기사는 누가 봐도 명백했거든요. 그 일로 참 마음의 상처가 컸습니다." 스톤과 레이먼드는 얼마 후 저녁 파티에서 만났다. 파티가 끝나갈 무렵 화가 치민 레이먼드가 스톤에게 따졌다. 키가 큰 레이먼드는 허리를 굽혀 이지를 내려다보면서 "더 이상 참을 수가 없네. 정말 열받아" 하고 말했다. 그러자 스톤은 "뭐가 그렇게 열받아?" 하고 물었다. "당신은 내가 군비 강화론자들을 위해 시시껄렁한 기사를 쓰고 있다는 식으로 말했어… 그건 정말 참을 수가 없네." 그러자 이지가 손사래를 쳤다. "'아니, 잭! 작은 신문에 쓴 걸 가지고 뭘 그렇게 신경 써? 몇 사람이나 본다고.' 이 말을 듣고 나는 너무 실망스러워 가슴이 꺼지는 기분이었습니다." 여기서 스톤은 레이먼드의 기사와 판단력과 정직성을 근거 없이 비난했다는 도덕적 문제를 인정하지 않은 것은 물론이고, 자신이 발행하는 신문의 영향력이 별것 아닌 척함으로써 곤란한 상황을 벗어나는 데 급급했다. 레이먼드나 스톤이나 잘 알고 있었던 것처럼 「I. F. 스톤 위클리」는 당시 언론인들 사이에서 일종의 필독서처럼 돼 있었다.

한편 「애틀랜틱 먼슬리」 부편집장을 지낸 잭 비티는 많은 사람들의 평가를 요약해 "그가 죽을 무렵에는 이미 도덕적인 영웅이 돼 있었다"고 말했다. 반면에 「더 네이션」에 오래 기고하고 탐사보도로 유명한 로버트 셰릴은 "나에게 그는 영웅이 아니었다"고 말했다. 스톤은 "품위와 깨끗한 플레이 면에서는 탁월한 기자였지만 뭔가 부족했다"는 것이다. 셰릴은 스톤은 다정다감함 같은 게 없다고 주장하지만 그 심술궂은 겉모습 뒤에 살짝 숨겨져 있는 경우도 없지 않았다. 그러나 기분이 안 좋으면 편집자 나바스키 같은 친구들에게조차 심한 편지를 써 보내곤 했다. 하기야 「뉴욕 타임스」에 대해 "돈 받고 머리를 빌려준다"거나 모빌 오일 광고를 매주 실어서 사설란을 더럽힌다는 식으로 매도하는 데 대해서는 어떻게 반박을 할 수도 없었다.[38]

셰릴은 스톤의 신문에 글을 써주고 낭패를 본 경험을 잊지 않고 있었다.(스톤은 셰릴의 기사를 게재하지도 않고 "그 빌어먹을 원고료 125달러를 주지도 않았다. 덕분에 난 완전 파산이었다.") 셰릴의 입장에서 더욱 부당한 것은 존슨 대통령 때 부통령을 지낸 휴버트 험프리의 전기 『약방 진보파The Drugstore Liberal』[1968]를 냈을 때 스톤이 신랄한 공격을 가한 것이다. 그도 그럴 것이 셰릴은 이 책을 스톤에게 헌정했었다. "이지는 무슨 집착증 같은 게 있어요. 친구를 헐뜯지 않으면 자신의 정직성과 객관성을 입증할 수 없다고 생각하죠." 스톤의 비판과 셰릴의 저서를 동시에 칭찬하는 서평이 실렸을 때다. "난 내 책이 이지 얘기보다 먼저 언급되지 않아서 기분이 좀 그랬죠. 하기야 이지가 그쪽에 훨씬 가까웠으니까." 늘 그렇듯이 "스톤과 일이 꼬인 겁니다." 셰릴은 스톤이 책에 대해 "아주 좋게 말해줄 것"으로 기대하지는 않았지만 "그렇게까지 씹고 나설 것이라고 예상치도" 못했다. "나로서는 험프리가 정치에 입문할 당시 미네소타에서 민주당 급진파를 와해시키는 데 중요한 역할을 했다는 확고한 증거를 잡아냈거든요. 스톤은 그런 부분은 깡그리 무시하고 〔「뉴욕 리뷰 오브 북스」에 여러 권의 책을 두루 평하면서〕 『약방 진보파』라는 제목만 가지고 문제 삼았어요. 아무리 바보라도 '약방 주변에서 얼쩡거리는 카우보이drugstore cowboy'라는 관용어를 패러디한 표현으로 '자기는 그렇다고 주장하지만 사실은 전혀 그렇지 않다'는 의미로 쓴 것이라는 것쯤은 다들 알 것으로 생각을 했지요. 게다가 그런 취지를 책날개에 설명까지 해놓았습니다. 그런데 이지는 그 제목이 험프리의 초라한 출신 배경을 비아냥거리는 뜻이라고 해석했습니다. 나는 평생 글을 쓰면서 늘 엘리트주의와 힘 있는 자들을 비판해왔습니다. 험프리는 약국 집 아들이고 본인도 약사 일을 한 중산층 출신이지요. 어떻게 그런 험프리를 내가 비아냥거렸다고 생각할 수 있는지 이해가 안 갔습니다." 셰릴의 결론은 스톤이 "나의 졸저에 칼질을 한 것"은 자신이 얼마나 "독립적이고 객관적인지를" 입증하기 위해서였다는 것이다. "나 같은 무명 인사의 헌정 같은 아부에 깜빡 넘어갈 분이 아니"라는 걸 분명히 보여주겠다는 의미였다는 것이다.('무명 인사의 헌정' 운운은 셰릴이 겸손하게 한 얘기다. 당시 그는 이미 『존슨 대통령 전기The Accidental President』로 유명해진 상태였다.)

"제가 내린 결론은 이지의 인생을 움직이는 큰 동인動因은 두 가지라는 겁니다. 하나는 어떤 식으로든 사회에 좋은 일을 해야 한다는 것이지요. 다른 하나는 자기를 띄우는 겁니다. 그는 대단한 쇼맨이었어요." 셰릴의 평가는 이렇게 이어진다. "그는 열심히 노력해서 명성을 쌓아갔어요. '두꺼운 안경을 쓴 짜증나는 유대인 꼬마'의 이미지를 완전히 벗어던진 거지요. 사람들의 관심을 끌고 잘나가기 위해서 연기를 하는 게 잘못일 건 없어요. 그는 자신이 선택한 분야에서 소중한 공헌을 아주 많이 했습니다. 그러나 1960년대 중반 내가 그를 알고 그의 신문에 기고를 하고 할 때 그는 포퓰리스트는 아니었습니다." 그는 "직업적으로, 아니 상업적으로 비주류의 길을 걸은 겁니다. 이지를 유명하게 만든 이슈—베트남전 반대—는 포퓰리즘적인 문제는 아니었지요. 포퓰리즘을 들고 나올 사람이라면 그런 식으로 싸우지 않았지요. 반전 여론이 결국은 대세가 됐지만 전쟁 반대라는 것도 동부의 주류 진보 진영에서 처음 나온 얘기입니다. 이지도 그런 세력의 일부였지요. 거기서 이지는 약자도, 아웃사이더도 아니었습니다."[39] 스톤으로부터 속상한 소리를 들은 사람은 많다. 크리스토퍼 히친스의 증언. "그는 항상 젊은이들을 열심히 격려했어요. 하지만 자신이 옳다는 확신이 서면 믿기지 않을 정도로 오만했지요. 한번은 런던에서 저녁을 같이 먹는데 한 여성 편집자에게 너무 심한 말을 했어요. 대놓고 '당신은 지금 쓰레기 같은 소리를 하고 있다'는 거예요. 사실 나도 그렇게 생각은 했어요. 하지만 그는 상대가 누구든 가리지 않고 내뱉는다는 느낌이 들었지요. 상대의 지위에 따라 구애받지 않는 스타일 말입니다. 장관이든 인턴사원이든 모든 사람을 똑같이 대했어요. 그렇게 신랄한 스타일도 문제가 커지지 않으면 별 상관은 없었어요. 하지만 가끔 너무 심하게 화를 내는 경우가 있었지요. 이런 식이에요. '내 얘기에 이론을 달지 마라. 그러면 당신은 사상의 자유를 탄압하는 자다.' 어떤 면에서는 본인도 그런 측면이 강했지요."[40]

여성 편집자 욕설 사건은 그럴 만한 배경이 있었다. "스톤이 심한 말을 한 것은 그녀가 파시스트적인 발언을 하는 인사와 작가에 대해서는 검열을 해야 한다고 주장했기 때문입니다. 스톤은 수정 헌법 1조의 언론 자유 입장을 견지했지요. 반면에 미국시민자유연맹[ACLU]의 영국판이라고 할 수 있는 단체에서는 영국공안법을 어긴 범죄자들에 대해서는 변호를 거부하고 있었습니다. 영국공안법은 선동 행위에 대해서는 검열을 할 수 있게 돼 있거든요. 영국에는 수정 헌법 1조 같은 게 없기 때문에 이는 별로 놀라운 일이 아닙니다. 나한테도 없는 권리를 왜 파시스트에게 보장해주고 변호해주어야 하느냐는 거지요. 예를 들어 ACLU가 일리노이 주 스코키에서 나치를 변호했다는 얘기를 들었을 때, 나는 도저히 믿기지 않았습니다. 그때는 미국에 살아보지를 않아서 수정 헌법 1조가 어떤 의미인지를 몰랐거든요."

스톤은 당대의 유명 탐사보도 기자들의 팬이었다. 톰 위커, 러셀 베이커, 앤서니 루이스, 아트 버크월드, CBS TV 기자 몰리 세이퍼, 메리 맥그로리 같은 이들을 좋아했다. 급진파 저널리스트이자 작가인 앤드루 콥카인드도 빼놓을 수 없다. 그러나 스톤은 동료 기자의 글을 비참할 정도로 깔아뭉개는 데도 능했다. 예컨대 시어도어 화이트[1915~86. 미국의 정치 전문기자, 역사학자]의 대통령 전기 시리즈에 대한 서평에서는 "이렇게 마구잡이로 빨아주는 사람이라면 점심 혼자 먹을 일은 없겠다"고 했다.[41]

"나는 이지에게 영웅 대접을 받기도 하고 악당 취급을 당하기도 했어요. 내가 쓴 글이 그의 생각과 일치하느냐 어긋나느냐에 따라 오락가락한 거죠." 「워싱턴 포스트」에서 국방부를 오래 출입한 조지 윌슨의 회고다.[42]

윌슨은 1960년대 초에 굵직한 특종을 수없이 터뜨렸다. "이지는 내 기사를 높이 평가해주곤 했어요. 그런데 거기다가 꼭 자기 해석을 달곤 했지요. 이런 식이에요. '윌슨이 이렇게 말했는데… 내가 원래 생각하던 것과 같다' 등등. 그 정도면 상관없지요. 하지만 그를 그냥 기자로 보면 안 됩니다. 그건 이지의 한 측면만을 본 거예요. 한번은 전화를 걸어서 그러더군요. '전략미사일 개발 경쟁에 대해 이해가 안 가는 게 많아. 자네가 잘 알테니까 점심 먹으면서 나하고 얘기나 좀 하지.' 점심을 먹으면서 보니까 그이는 뭘 배울 생각이 전혀 없었어요. 군비 경쟁이 얼마나 잘못된 일인지에 대해 쉬지 않고 비난을 늘어놓더군요."

스톤의 친구인 월터 핑커스(「워싱턴 포스트」 기자로 원자력과 군비 경쟁 부문 전문가였다)도 복잡한 사안을 스톤에게 설명해줄 때 똑같은 느낌을 받았다. "이지는 무기의 역사를 연구할 생각이 없었어요. 문제가 될 때 가끔씩 들여다보는 정도였지요. 그러고는 잘못됐다는 도덕적 판단을 내리는 게 전부였습니다. 내용을 잘 이해하지는 못했어요."[43] 핑커스는 스톤과 의견이 맞지 않을 때 부드럽게 넘어가는 법을 터득했다. "그가 「뉴욕 리뷰 오브 북스」에 장문의 기사를 썼는데 정말 동의할 수가 없다고 칩시다. 그럼 잠자코 있으면 돼요. 그는 자기 기사 가지고 얘기하는 걸 좋아하는데, 아무 반응이 없으면 동의하지 않는다는 신호가 되지요."

다른 기자 친구들도 스톤은 생각을 서로 교환하는 것보다는 자기 생각을 명료화하는 데 관심이 가 있다고 느꼈다. "그는 상대가 하는 말에는 별로 관심이 없었어요. 그는 대화를 자기 생각을 가다듬는 수단으로 활용했지요." 잭 레이먼드의 지적이다.

윌슨의 얘기를 더 들어보자. "나는 이지의 독특한 견해를 흠잡고 싶은 생각은 없어요. 하지만 중용을 취하려 한다는 의미에서의 기자는 아니었지요. 그는 어떤 의도를 가지고 있었어요." 윌슨에게 스톤이 발표문의 허점이나 정부의 거짓말을 지적하는 것이 "보도"가 아니라 의도를 드러내는 행위라고 어떻게 단정할 수 있느냐고 물었다. "모턴 민츠〔「워싱턴 포스트」의 스타 기자로 스톤의 친구이기도 하다. 20세기에 업계 비리를 폭로하는 큰 특종을 많이 했다〕 같은 스타일이라고 말하고 싶으신 모양이군요. 난 이지를 민츠 계열이라고 보고 싶지 않습니다. 민츠라면 베트남전처럼 복잡한 문제를 흑백논리로 단순화해서 기사화하지는 않을 겁니다. 그는 제약회사의 은폐와 어처구니없는 짓거리를 탐사해서 악행이 발견되면 명명백백하게 기사로 내보낼 겁니다. 하지만 이지는 해석에 훨씬 더 치중했습니다."

윌슨의 얘기는 이렇게 이어진다. "나는 이지를 전폭적으로 신뢰할 수는 없었어요. 그는 전화를 걸어서 '조지, 내가 이 기사 건졌는데 다른 친구들은 다 놓친 거야. 정말 죽이는 기사야' 하는 식으로 말하곤 합니다. 난 벌써 이지가 그 기사를 다른 사람한테 팔려고 했다는 걸 들어서 알고 있는데 말이에요. 자기 기사를 받게 해서 명망을 높이려고 하는 거지요." 윌슨은 스톤의 입장을 이해 못하는 바는 아니었다. "혼자 고군분투하려니 외롭고 힘들었겠지요."

스톤이 남에게 고통과 분노를 안겨주고도 짐짓 모른 체하면서 아무 일 없었던 양 전화를 걸어 농담을 하거나 상대방의 기사를 칭찬하는 것은 일종의 매력이기도 했다. 셰릴은 "이지한테는 계속 화를 내기가 어려웠다"고 말했다. 레이먼드도 과거를 추억하면서 "참 괜찮은 인물이었다. 열심히 일하고, 사려 깊고, 늘 공부하는, 조그만 농담에도 유쾌하게 웃는 사람"이라고 좋게 평했다.

작가이자 역사학자, 그리스 고전학자인 개리 윌스는 이지를 "아주 유쾌한 인물"로 기억한다. "감탄할 만한 사람이지요. 우린 정말 아주 친하게 지냈어요. 그런데 어느 날 그가 더이상 말을 안 하더군요." 이 대목에서 윌스는 웃음을 지었다.[44] 스톤은 그리스 철학과 씨름하다가 막히면 한밤중에 윌스에게 전화를 걸어 질문을 하곤 했다. 그런데 1978년 워싱턴의 정책연구소Institute for Policy Studies에서 저녁을 같이 먹는데 스톤이 이상한 얘기를 해서 윌스는 깜짝 놀랐다. "이지는 아주 불편해 보였어요. 그런데 나중에 '미안해. 자네한텐 말 못하겠어' 하고 한 마디 툭 던지더군요." 윌스의 놀란 표정을 보고 설명을 해주어야겠다 싶었는지 스톤은 "와인스타인 서평은 정말 정의에 대한 배신이었어"라고 말했다는 것이다.

윌스는 당시 앨런 와인스타인의 『위증Perjury: The Hiss-Chambers Case』에 대한 서평 형식으로 앨저 히스에 관한 글을 썼고, 와인스타인은 「뉴욕 리뷰 오브 북스」에 또다른 히스 관련 책에 대한 비판적인 서평을 게재했다. 스톤은 히스가 유죄라는 와인스타인의 주장에 대해 신경질적으로 의문을 제기했다. 스톤은 히스의 유무죄를 단정하지는 못했지만 『위증』에 제시된 증거에는 흠결이 많다고 주장했다.

윌스는 어려서 예수회 신학교에 다녔다. "그때 우린 신문을 보지 않았어요. 이지의 글을 읽은 적도 없지요. 우리는 냉전에 찬성했고, 소련이 주님 품으로 돌아오기를 기도했습니다." 윌리엄 버클리가 1957년에 윌스를 「내셔널 리뷰」 기자로 채용했는데 두 사람은 곧 충돌했다. "민권에 관해서는 항상 의견이 달랐어요. 그리고 베트남전에 관해서는 얼마 안 돼 의견이 달라졌지요." 두 사람의 관계는 윌스가 평화운동가인 베리건 형제를 옹호하는 기사를 쓰면서 완전히 깨졌다. "나는 오래전에 트루먼이 냉전에 더 책임이 크다는 수정주의적 입장을 갖게 됐어요." 윌스는 『닉슨과 그 경쟁자들Nixon Agonistes』 집필을 위해 연구를 하면서 이지를 알게 됐다. "이지는 나의 영웅이 됐어요. 그는 2차 대전 종전 이후 공산주의에 대한 공포가 지배하던 시대에 사리에 맞는 말을 하는 극소수 인물 중 하나였습니다."

후일 스톤은 고대 그리스 연구자와 대화를 나누고 싶은 마음에 분노를 삭이게 된다. 어느 날 밤 스톤은 윌스에게 아무 일 없었던 양 전화를 걸어 그리스어 구절을 해석해달라고 부탁했다. 이후로 두 사람의 관계는 다시 지속됐다. 그러나 스톤은 와인스타인/히스 건에 대해 화가 안 풀렸고,

「뉴욕 리뷰 오브 북스」 객원편집인 자리를 내놓는다. 편집진과 심히 의견이 다른 상태에서 발행인 난에 이름을 올릴 수는 없다는 것이 이유였다. 그러나 발행인 밥 실버스와의 우정은 전혀 변하지 않았다. 스톤은 계속 기고를 했고, 나중에는 홧김에 사직한 것은 너무 성급했다고 느끼기도 했다.

당시 오스노스의 아내는 와인스타인 밑에서 시간제 일을 하고 있었다. "난 잘만 중재하면 앨런과 이지가 친구가 될 수 있다고 생각했어요. 바보 같은 짓이었지요." 오스노스의 회고다. 그는 두 사람에게 집으로 저녁 초대를 했다. "그런데 정말 큰 실수를 하고 말았어요. 스톤이 우리 집에 들어설 때까지 앨런 와인스타인도 올 거란 얘기를 하지 않은 거죠. 이지는 와인스타인과 악수는 했지만 저녁 내내 그에게 한마디도 안 했어요."

연배가 아래인 기자들은 스톤이 엄청난 성공을 거두자 놀라워하면서도 다소 두려워했다. 스톤은 남들이 "기적"이라고 평하는 것이 정말 싫다고 했지만 성가가 높아진 것은 좋아했다. 그를 떠받드는 서클에는 차세대를 짊어질 우수한 기자들이 많았다. 이들은 스톤에게 자극을 받았고, 그가 "객관적"이지 않다는 비판에 맞서 그를 옹호했다. 이들은 정부 쪽에서 나온 '진실'을 제대로 보려면 비판적인 안목이 필요하다는 점을 특히 강조한다.

"많은 사람들이 스톤이 사실을 찾아내서 비교하는 수준에 머물지 않는다는 점을 모르고 있어요. 그는 끈 조각을 서로 연결할 줄 알았고, 그런 조각들을 찾았을 때 멋지게 처리했지요."[45] 상원 워터게이트 조사 위원회 조사관으로 사회생활을 시작해서 기록과 문건 조사에는 '달인'이라고 할 수 있는 저널리스트 스콧 암스트롱의 말이다. "나는 모든 기자가 다 그렇게 하는 줄 알았어요. 정말 순진한 생각이었지요." 스톤은 언론계에 똑똑한 인물이 많다는 것은 인정하지만 암스트롱의 지적에 의견을 같이했다. 암스트롱은 이렇게 말했다. "촉박한 마감시간, 기명 기사를 더 자주 써야 한다는 부담감, 빨리 기사를 실어야 한다는 강박관념, 업계에서 평판이 좋아야 한다는 소심함 같은 것들이 기자들이 진실을 제대로 포착하지 못하게 만드는 요소들입니다. 이지는 늘 참고 인내하라고 충고했어요. '목각을 하듯이 집요하게 매달려라, 그렇게 해서 큰 퍼즐을 구성하는 작은 조각 하나밖에 얻지 못했다 해도 좌절하지 말라'고 했지요."

"「워싱턴 포스트」를 비롯한 요즘 편집국 분위기는 '아니, 그런 일이!' 하는 경천동지할 기사를 건져야 한다는 겁니다. 그런 발상을 이지는 못마땅해했어요. 당장의 작은 특종을 위해 큰 퍼즐을 완성할 수 있는 조각 열 개를 포기하지 않았지요. 그는 의미가 오래갈 수 있는 조용한 특종을 좋아했습니다. 그래서 많은 기록을 계속 읽고 연관관계를 구성할 수 있는 자료를 발굴해서 결국 정부가 잘못한 부분을 찾아내는 거지요. 그는 언론을 일종의 정치행위로 봤어요. 언론을 하는 이유는 정치적 대화가 진실되게 이루어지도록 하려는 것이지요." 암스트롱은 스톤이 언론의 사명이라고 생각한 것을 실천했고, 비정부기구[NGO]인 국가안보기록센터[National Security Archive]를 설립했다. 이 단체는 정보공개법[FOIA]에 따라 기밀 해제로 공개된 각종 문건을 수집·출판하는 연구소다.

일부 언론계 스타는 성공 과정에서 스톤의 덕을 봤다. 대표적인 두 사람이 월터 핑커스와 돈 오버도퍼다. 핑커스는 수십 년간 「워싱턴 포스트」를 대표하는 탐사보도 기자로 필명을 날렸고, 오버도퍼 역시 「워싱턴 포스트」 출신으로 여러 종의 중요한 저서로 상을 많이 받은 작가다. 이들이 스톤을 만난 것은 1950년대 말로 거슬러 올라간다. 당시 핑커스와 오버도퍼는 꿈에 부푼 신참 기자로 작은 지방지에 있었다. 월급은 형편없었다. 핑커스는 육군 방첩부대 근무 경험이 있어서 기록을 철저히 확인하는 습관이 몸에 배어 있었다. 그는 언론에도 공개된 의회 판공비 내역에서 허위 사실을 발견했다. "하지만 아무도 거기에 주목하지 않았어요." 핑커스는 오버도퍼와 함께 의회가 외국 여행이나 사치로 납세자의 혈세를 낭비했다는 사실을 조목조목 밝혀냈다.

한편 당시 「워싱턴 포스트」의 특출한 편집 전문 기자 래리 스턴은 스톤 팬클럽의 대장 같은 인물(스턴은 평소 중얼거리는 말투여서 기자들은 그의 요구를 제대로 알아듣지 못해 늘 아쉬워했다)이었는데 그가 핑커스와 오버도퍼에게 의회 관련 기사를 스톤한테 보여주라고 했다. 스톤은 대단한 기사라며 "목표를 높이 갖게! 그리고 어깨에 힘 좀 빼고 즐겁게 해보게"라는 말로 격려해줬다.

두 신참 기자는 기사를 다듬은 뒤 「라이프」지에 팔았다. 두 사람은 「라이프」 뉴욕 본사에 갔다가 으리으리한 사무실에 놀라고, 와인을 곁들인 점심 식사 대접을 받으면서 황홀해졌다. 게다가 기사를 싣겠다는 약속까지 받았다. 핑커스의 회고. "우리 각자에게 5,000달러인가를 주겠다고 했어요! 제 연봉보다 더 많은 액수였지요. 그들은 기사를 보고 정말 좋아했어요. 그런데 공항까지 가는 택시를 잡아주겠다고 해서 좀 곤란했지요. 우린 다른 데 가볼 데가 있다고 둘러댔어요. 장거리 버스 타고 가겠다는 말은 차마 창피해서 못하겠더라고요. 두 촌놈이 대도시에 가서 횡재한 전형적인 얘기지요." 기사는 1960년 6월 「라이프」지에 실렸다. 덕분에 의회에 적이 생겼지만 두 사람은 스톤과는 평생 친구가 됐다. "오버도퍼와 나한테는 그게 평생에서 가장 중요한 사건이었어요. 이지는 반석이 돼주었고, 그것을 토대로 모든 걸 쌓아올릴 수 있었지요."[46]

핑커스는 스톤을 보도의 전범으로 보고 따르려고 노력했다. "이지는 청문회 회의록 읽는 데는 정말 도사였어요. 아직도 난 그런 식으로 합니다. 워싱턴에서 기자 노릇 제대로 할 수 있는 유일한 방법이지요. 그는 늘 그 얘기를 했어요." 핑커스는 문건을 깊이 파는 기자가 거의 없는 이유를 몇 가지로 설명했다. "하나는, 누군가가 자신을 고의로 오도하려 한다고 믿고 싶지 않아서예요. 둘째는 문건과 자료를 파헤치는 데는 시간과 노력이 많이 들기 때문이지요. 셋째는 비판적인 기사를 썼을 때 반박당하고 싶지 않아섭니다. 그렇게 되면 밀려난다고 생각하는 거지요. 그건 잘못된 생각이에요. 비판적인 기사를 정확하게 쓰는 한 존중받게 됩니다. 협조하지 않으면 당신이 어떤 식으로든 계속 기사를 긁어낼 거라는 걸 아는 한, 협조하는 게 낫다고 생각하는 사람이 많습니다. 그리고 그들과 직접 접촉을 하면 부당하게 기사를 쓴다고 비난할 수도 없지요."

스톤과 달리 핑커스는 유력한 내부자들과 좋은 인간관계를 유지했지만 역시 이지의 금언은 잊지 않고 있다. "정부 사람들과 어울릴 때 착각하지 마라. 그들이 당신을 초대하는 것은 좋아해서가 아니다. 호도하는 게 그들의 역할이고, 우리의 역할은 기사를 똑바로 쓰는 것이다. 기본적인 사실을 확보하고 있지 않으면 관리들이 흘리는 정보에 전적으로 의존하게 되고 쉽게 이용당한다."

핑커스의 언급은 오래전에 한 것이지만 지금 생각하면 미래에 대한 기가 막힌 예언으로 들린다. 2002~03년 이라크전을 앞두고 이라크에 대량살상무기WMD가 있네 없네 하던 상황의 언론 보도에 정확히 들어맞는 지적이다. 전쟁이 시작된 지 1년여 만에 WMD의 존재가 허위라는 사실이 밝혀진 뒤 「뉴욕 타임스」와 「워싱턴 포스트」는 부시 대통령의 헛소리를 곧이곧대로 믿고 받아쓴 것에 대해 사과문을 내보냈다. 당시 의문을 제기했던 핑커스는 영웅이 됐다. 이라크에 WMD가 있다는 정부의 주장에 의문을 제기하지 않은 데 대해 사과하는 언론사 간부들은 "지금 와서 보니까…", "그때는 몰랐는데…" 같은 표현을 많이 썼다. 본질적으로 말하면, 그들은 대통령이 날조된 주장을 가지고 전쟁을 시작하기 위한 프로파간다에 놀아난 것이다. 저널리스트이자 정치평론가인 마이클 매싱이 「뉴욕 리뷰 오브 북스」에 언론의 주요한 실수를 상세히 파헤치는 기사를 쓴 뒤 (이 기사들은 2004년 열악한 언론 보도 실태를 파헤친 단행본『이제 그들이 답할 차례다: 미국 언론과 이라크Now They Tell Us: The American Press and Iraq』로 출간

된다) 「뉴욕 타임스」와 「뉴 리퍼블릭」은 "일부 전쟁 이전의 주장에 대해 유감을 표했다." 「워싱턴 포스트」의 사과문은 WMD 존재 주장에 의문을 제기한 "대단히 선견지명이 있는" 핑커스의 기사를 1면에 실었어야 했다고 인정했다.[47] 그나마 부국장 밥 우드워드가 우겨서 문제의 기사가 나가기는 했다. 다만 저 안쪽 17면에 처박혔을 뿐이다. 스톤이 「워싱턴 포스트」에 대해 평소 했던 농담 하나가 다시 떠오른다. 스톤은 데이비드 핼버스탬에게 「워싱턴 포스트」 읽는 게 정말 재미있는 이유는 "어느 면에 1면 톱기사가 처박혀 있을지 도무지 알 수가 없기 때문"이라고 했다.

「워싱턴 포스트」 국방부 출입기자 토머스 릭스는 2002년 10월, 국방부 고위 관리들이 전쟁 수행에 따르는 위험이 과소평가되고 있다며 이라크전을 주저한다는 내용의 기사를 썼다. 그러나 신문사의 담당 부장 매슈 바이터는 기사를 킬[kill: 신문에 게재하지 않는 것]했다. 취재원에 "퇴직 관리가 너무 많아서" 못 믿겠다는 게 이유였다. 사실이 긴가민가한 상황에서 전문가인 핑커스의 판단은 바이터 부장과 달랐다. 젊은 편집기자들은 핑커스의 기사가 빡빡하고 "난해해서" 손을 많이 봐야 한다고 무시하는 입장이었다. 71세의 핑커스는 "사람들이 자주 잊는 중요한 것 중 하나는 **문건을 읽어야 한다**는 것"이라고 말한다.[48] 그의 멘토인 스톤의 지론이 연상되는 대목이다. 핑커스는 수십 년간 좋은 기사를 많이 쓰면서 미국이 이라크전을 밀어붙이려는 것에 저항한 한스 블릭스[스웨덴 외무장관 출신으로 국제원자력기구IAEA 사무총장을 지냈다] 유엔 이라크 무기감시검증사찰단장 같은 많은 취재원들의 신뢰도 얻었다.

저널리스트들은 대통령의 발언이라는 무게에 눌려 기사를 제대로 쓰지 못했다고 주장한다. 그러나 2005년 영국 총리실 메모Downing Street memo 같은 결정적인 증거가 드러난 뒤에도 많은 주류 언론인들은 시큰둥해하며 문제 제기를 하지 않았다. 문제의 메모에는 미국 대통령이 이라크전을 정당화하기 위해 대량살상무기 관련 정보를 "조작"하려 하고 있다는 내용이 들어 있다.

이라크에서 전쟁이 지속되는 상황에서 대니얼 엘스버그는 "국방부 기밀문서, 베트남전, 이지 스톤 등등으로부터 교훈을 얻은 사람은 아무도 없다"고 지적했다.[49] 2004년 미국 대선전이 한창일 때 TV들은 민주당 케리 후보의 과거 베트남전 당시 미군 잔학행위 비판 발언에 대해 중상모략을 퍼부음으로써 부시 재선의 길을 닦아주는 한편으로 아부그라이브 수용소에서 벌어진 포로 학대 사진을 방영했다. "언론이 그렇게 비굴하고 고분고분하다는 사실이 정말 당혹스럽습니다. 언론인들은 관리들이 사태를 호도하고, 정보를 선별적으로 제공함으로써 엉뚱한 방향으로 끌고 가기도 한다는 걸 인정합니다. 그러면서도 '생거짓말을 하지는 않는다'고 말하지요. 그건 전혀 사실이 아닙니다. 그들은 거짓말을 많이 합니다. 언론인들은 항상 '여기서 진짜 진실은 뭘까? 왜 그는 이 얘기를 우리한테 해주는 걸까?' 하고 물어야 합니다. 그들이 하는 말을 액면 그대로 받아들이는 것은 정당화될 수 없습니다. 병에 걸려 거짓말을 하는 사람이 아니라 직업상 거짓말을 하는 사람을 상대하고 있기 때문입니다. 그들은 중고차 판매원 내지는 화이자나 머크[둘 다 거대 제약회사다] 대변인과 마찬가지로 일단 의심을 깔고 대해야 합니다."[50]

엘스버그는 1972년 칼럼니스트 앤서니 루이스와 나눈 대화를 회고했다. "그에게 물었지요. '왜 그렇게 계속 비굴하게 주는 대로 받아먹는 건가요?' 루이스가 그러더군요. '이 동네에서 사주社主나 편집국장이 내려왔을 때 (워싱턴)지국장이 해줄 수 있는 제일 큰 선물은 헨리 키신저랑 점심을 하게 해주는 거지요. 그럴 수 있으면 잘나가는 거고, 그럴 수 없으면 잘리는 거지. 그런데 당신이 키신저가 안 좋아하는 기사를 쓴다면 점심 같은 건 없겠지.'"

27
스톤 대 소크라테스

신문을 접은 스톤은 매일 집에서 아메리칸 대학까지 왕복 8킬로미터 거리를 산책했다. 그런 그(스스로를 "매사에 서투른 늙은이"라고 불렀다)를 보고 행인들은 버스 정거장을 찾아가는 노인이라고 생각했을지 모른다. 그러나 스톤의 "머릿속에서는 문장 구조에 대한 복잡한 분석"이 진행 중이었다. 불규칙 동사, 가정법, 격변화 같은 그리스어의 복잡한 요소와 씨름하고 있었던 것이다. "아침에 아메리칸 대학 지하 서가에 갔던 일이 또렷이 기억납니다. 끔찍했지요." 거기서 스톤은 영국의 위대한 역사가이자 고대 그리스 전문가인 덜월 주교[1797~1875]가 네 살 때부터 그리스어를 배웠다는 사실을 알게 됐다. 스톤은 "다행히 그때 총을 갖고 잊지 않았기에 망정이지 안 그랬으면 자살을 했을 것"이라고 말했다.[1]

스톤은 일종의 절망감 같은 것을 털어놓았다. "60대 후반에 접어든 내가 어떻게 그 복잡한 언어를 배울 수 있단 말인가? 참으로 길고도 험난한 길인데…. 하지만 고대 그리스인들의 언어를 모르고서야 어떻게 그들에 대한 책을 쓸 수 있겠어요?" 그런데 며칠 후 스톤은 영국의 문호 토머스 하디[88세까지 살았다]는 여든이 되어서야 그리스어를 배우기 시작했다는 사실을 알게 됐다. "정말 기운이 나더라고요. …하디보다 10여 년 먼저 본격 시작한 셈이니까 말입니다."

힘겨운 과업을 수행하는 데는 바이러스성 질병이 도움이 됐다. "침대 신세를 지지 않았다면 끝까지 참아내지 못했을 겁니다." 병이 나은 뒤에도 스톤은 9개월 동안 잠자리에 들면 원서 읽기를 꾸준히 지속해 호메로스의 『오디세이아』 1권을 독파했다. 아침이면 언제나처럼 에스터가 쟁반에 간단한 식사를 가져다줬다. 그 사이에도 스톤은 손에 돋보기를 들고 연구를 계속했다. 그는 한 줄 한 줄 그리스어 문장을 그대로 옮겨 쓴 뒤 구문 분석을 했다. 그 결과 작성된 노트만 250쪽였다. 스톤은 "원문을 파들어가기 전에는" 호메로스를 제대로 파악하지 못했다고 한다.

스톤은 개리 윌스에게 "자네한테 부러운 점은 그리스어를 읽을 줄 안다는 거야"라고 말한 적이 있다. "스톤은 그리스어를 시작한 날 나한테 전화를 했어요. '지금 하고 있냐고?! 하고 있지!'라고 하더군요."[2] 스톤은 자전거 타기를 배우며 신이 난 아이 같았다. "꽤 오랫동안 그는 전화를 걸어 그리스어에 대해 의견을 묻곤 했어요. 지금 읽고 있는 어떤 구절에 대해서, 또 사포의 작품 가운데 읽기에 가장 좋은 것은 뭐냐 등등." (영국 출신의 역사학자 버나드 녹스한테도 도움을 청하는 전화를 종종 했다.)

당시 윌스는 메릴랜드 주 볼티모어에 있는 존스홉킨스 대학에서 역사학을 가르치면서 「뉴욕 리뷰 오브 북스」에 칼럼을 쓰고 있었다. "스톤은 내가 늦게까지 안 자고 있다는 걸 알았기 때문에 새벽 한 시에도 전화가 걸려오는 경우가 많았어요. 항상 '방해가 된 건 아닌지 모르겠네'라는 말로 시작했지요." 두 사람의 심야 고대 그리스어 관련 대화는 8년 동안 간헐적으로 계속됐다. 스톤은 "옆에 『소크라테스의 변명Apology』 있나?" 하는 식으로 시작하곤 했다. "그러면 나는 책을 꺼내와서 스톤이 얘기하는 구절을 찾아 답하는 식이었지요."

　일부 학자들로부터 받게 될 혹평을 예상이라도 한 듯 스톤은 고대 그리스 연구에서는 "고매하신 학자들로부터 십자포화를 당하지 않는 것"이 오히려 이상한 일이라는 말을 한 적이 있다.[3]

　소크라테스는 직접 쓴 글이 없기 때문에 그의 사상은 제자인 플라톤의 소개를 통해 후대에 전해졌다. 플라톤의 스승에 관한 저술에는 점차 해석이 많이 들어가게 된다. 스톤이 그리스 고전 연구에 몰두하면서 귀족주의적인 플라톤에 대한 혐오감은 점점 커졌다. 스톤은 "플라톤에 대해 애증 관계" 같은 게 심해졌다. 뉴스를 쫓던 저널리스트 스톤은 친구들에게 "플라톤을 박살낼 거야!"라고 말하기도 했다.

　많은 고전학자들과 달리 스톤은 소크라테스를 아테네 민주주의를 반대하는, 짜증스럽지만 크게 해될 것은 없는 인물로 보기보다는 차갑고 위험한 선동가라고 봤다. 그가 사형당한 것은 오만하게도 정부에 대한 평민들의 발언권을 인정하려 하지 않았기 때문이라는 것이다.

　"나는 이지가 플라톤의 철학을 제대로 이해했다고 보지는 않습니다." 윌스의 지적은 이렇다. "나는 그가 형이상학에 관심이 있었다고 생각지 않아요. 그리고 그는 플라톤의 대단히 제한적인 측면, 즉 정치학 쪽만 들여다보고 있었어요. 그것도 소크라테스와 관련된 색깔로 본 것이지요." 그러나 윌스는 스톤의 학문 정신에 감탄을 금치 못했고, 스톤과 "학문적 열정과 사상을 공유하는 것"을 아주 즐거워했다. "이지는 그런 걸 좋아했고, 정말 열심히 했어요."

스톤은 형이상학에 깊은 관심이 없었을지 모른다. 하지만 철학을 전공한 사람에 대해서는 늘 동경과 흠모의 마음을 갖고 있었다. 스콧 암스트롱이 스톤을 처음 만난 저녁 파티 날, 암스트롱은 에스터 옆자리에 앉아 있었는데 얘기 끝에 전공이 철학이라는 말이 나왔다. 그러자 에스터는 흥분한 목소리로 탁자 건너편에 있는 남편에게 소리쳤다. "이지! 이지! 여기 철학자 분이 계시네요!" 스톤은 얘기하던 사람에게 정중히 양해를 구하지도 않고 곧장 자리를 옮겨 암스트롱 옆으로 다가왔다. "이지는 그리스와 로마 철학자들 얘기를 마구 쏟아냈어요. 내가 제대로 따라갈 수 없을 정도였지요. 나는 주요 작품 몇 구절 말고는 그리스 철학은 오래전에 까맣게 잊어버린 상태였거든요."[4]

스톤은 자기가 남들보다 아주 잘났다고 생각했을까? 이 질문에 암스트롱은 웃음 지으며 이렇게 답했다. "이지를 보고 불쾌해할 수는 있지만 절대 오만한 건 아니었어요. 그는 심심할수록 더 대화를 주도하려고 했지요. 그리고 시시한 잡담 같은 건 견디지 못하는 스타일이었어요. 대화가 재미 없으면 이지는 무례하게 중간에서 끊고 아까 흥미로운 얘기를 했던 사람과 하던 얘기를 다시 시작하곤 했어요. 그런 일이 많았죠." 작가 부부인 주디스와 밀턴 바이어스트도 자주 어울리는 친구였다. 스톤의 얘기를 듣는 사람은 사안을 잘 알고 있어야 했다. "이지를 만날 거면 그날 신문은 잘 읽고 가야 합니다. 온통 그 얘기니까요." 주디스 바이어스트의 말이다. "그는 뉴스와 이슈에 대한 열정이 엄청났고, 사안을 도덕적으로 재단하는 성향이 놀라울 정도로 강했어요."[5] 암스트롱은 그런 면에서 일종의 역설 같은 것을 발견했다. "그는 그 어떤 직종의 사람들보다 학자라는 사람들을 따분해하는 것 같았습니다. 이지는 기자들과 어울리는 걸 정말 좋아했어요. 하지만 지적이고도 논리 정연한 대화를 원했지요."

그 무렵 스톤과 래리 스턴, 앨런 바스가 점심을 먹는 자리에 칼럼니스트 주디스 마틴('미스 매너'라는 필명으로 유명하다)이 합류했다. 고집 센 논설위원이자 젊은 기자들의 멘토인 바스는 당시 암으로 시한부 인생을 살고 있었다. 따라서 죽음과 관련된 얘기는 다들 애써 피하고 있었다. 그런데 스톤은 개의치 않고 한참을 떠들어댔다. "이지는 에우리피데스의 비극 『트로이의 여인들Trojan Women』을 먼저 그리스어로 읊고 나서(발음은 정

말 끔찍했어요.) 우리말로 번역을 했어요. 번역문은 참 멋졌지요." 마틴의
회고다.[6]

길어진 점심 자리가 끝난 뒤 네 사람은 카운터 쪽에 맡겨둔 외투를 찾
으러 갔다. 그런데 물품보관소에 아무도 없었다. 스톤은 문 뒤로 바로 들
어가더니 코트를 찾아서 친구들에게 나눠주었다. 한 친구가 "팁 드릴까
요?" 하고 농담을 했다.

"좋죠!" 이지가 바로 받았다. "호메로스를 열심히 읽고 있는데 막히는
대목이 있어서요!"[' 팁'에 '힌트'라는 뜻이 있는 것을 이용해 말장난을 한 것이다]

스톤은 도발적인 언사도 서슴지 않았다. 한번은 이런 말을 했다. "재미
나게 글 쓰는 비결은 독자들이 필자를 증오하게 만드는 것이다." 스톤은
「뉴욕 타임스」 특집 때 스스로를 인터뷰하면서 "사포는 레즈비언이었나
요?"라고 묻고는 장난스럽게 이렇게 답했다.[7] "그런 저급한 포르노 수준
의 질문은 사양합니다."(그래놓고 사포의 시에 대해 계속 칭찬하는 말을
이어갔다.)

스톤은 우연찮은 기회에 세계적인 출판 에이전트 앤드루 와일리
[1947~]를 만나 좋은 성과를 거두게 된다. 당시 에이전트로서 막 두각을
드러내기 시작한 와일리는 쾌활하면서도 우아한 스톤의 스타일에 매력을
느꼈다. 와일리는 심각한 책을 좋아했지만 그런 종류는 판매가 어렵다는
것을 금세 깨달았다. 1979년 한 출판사 편집자로 입사 원서를 냈는데 면
접 자리에서 "최근에 어떤 책을 읽었나요?"라고 묻자 그는 "투키디데스
요"라고 답했다.[8] 그러자 면접 책임자가 큰 소리로 물었다. "제임스 미치
너는 어때요? 아니면, 제임스 클라벨은?"[둘 다 대중적인 현대 미국 베스트셀
러 작가] 와일리는 이제 "난 떨어졌구나" 싶었다. 와일리는 읽고 싶은 책을
읽으면서 "생계를 유지하는" 방법을 모색했고, 업계를 잘 아는 한 에이전
트 밑에서 "2년간 수업을" 쌓은 뒤 창업했다. 험난한 길이었다.

"내가 처음 대리하고 싶었던 작가가 I. F. 스톤이었다. 소크라테스의

재판에 관해 쓴 흥미로운 에세이를 읽고 나서 그에게 전화를 걸어 당장 찾아가겠다고 했다." 다음날 와일리는 단골 카페테리아에서 줄을 서 있는 스톤을 만났다. 와일리는 "작가한테 가장 중요한 것은 선인세를 받아내는 것"이라는 점을 강조했다. "10만 달러를 주면 출판사는 부수를 많이 찍어서 서점들로 하여금 진열대 맨 앞에 책을 늘어놓게 만들 겁니다. 선인세가 적으면 부수도 적게 찍을 거고, 결국 저 뒤쪽 서가에 처박히는 신세가 되겠지요." 와일리는 열심히 떠들었다. "왜 형편없는 작가들이 좋은 대우를 받아야 하지요? 선생님은 독자들이 볼 기회만 있다면 베스트셀러 작가가 될 겁니다!" 와일리가 보기에 스톤은 수다스러운 설득에는 별 관심이 없고 빨리 쫓아 보내고 싶은 마음이 컸던 것 같다. 그러나 어쨌든 계약은 성사가 됐다. "그렇게 해서 나의 첫 고객이 생겼다. 곧 그의 책을 내고 있던 출판사를 찾아갔다."

랜덤하우스는 1967년과 73년에 스톤의 칼럼집을 다시 출간한 바 있다. 당시 스톤은 스타였다. 그러나 출판사들은 신작인 『소크라테스의 재판』에 대해서는 잘될 거라는 확신이 없었다. 와일리에 따르면 한 편집자는 "지금은 레이건 시대야. 소크라테스가 누군지 누가 알아. 이지 스톤에 관심 있는 사람도 없어요"라고 말했다. "그래서 내가 그랬다. '당신 말이 진짜 맞다. 그러니 보유하고 있는 스톤 책 판권은 다 돌려달라.'"(당시 스톤의 저서 가운데 일부는 절판됐고, 일부는 그런대로 팔리고 있었다.) 와일리는 이렇게 정리한 판권을 리틀 브라운 출판사Little, Brown and Company에 10만 5,000달러를 받고 넘겼다. "당시 선인세론 상당히 많이 받은 것"이었다. 이렇게 해서 새로 단장한 선집은 잘 팔렸고, 『소크라테스의 재판』은 놀라운 베스트셀러가 됐다. 와일리는 "두 가지를 배웠다"고 한다. "지배적인 분위기를 무시하고, 자신만의 감을 따르면 된다. 그러면, 아니, 그래도 매번 돈은 꼭 들어온다."

스톤은 아메리칸 대학에서 그리스 연구를 시작하면서 "재활용 신입생"이니 "세상에서 가장 나이 많은 신입생"이니 하고 농담을 했지만 기실은 깊은 불안에 시달리고 있었다. 그때는 버나드 라운[1921~] 박사가 스톤의 주치의였다. 에스터만 빼고 스톤이 속마음과 깊은 공포심을 온전히 털어놓는 사람이 바로 보스턴에서 활동하는 심장병 전문의 라운이었다. "이지는 관상동맥성 심장 질환이 심각해서 곧 죽는 줄 알고 있었어요. 큰 수술을 하면 버텨낼 수 없을 거라고 생각했지요. 협심증에 많이 시달렸고요. 나는 그가 치료를 제대로 받아왔다고 생각지 않았습니다. 그때도 최상의 심장약은 니트로글리세린이었습니다. 제대로 복용만 시키면 대부분의 경우 자신감이 생기고, 협심증으로 인한 고통을 줄일 수 있고, 생활에도 큰 지장이 없다는 걸 알게 되지요."[9]

스톤은 여러 면에서 라운 박사를 존경했다. 라운 박사는 1980년 12월에 발족한 핵전쟁방지국제의사연맹International Physicians for the Prevention of Nuclear War(IPPNW) 공동 설립자였고 1985년에는 노벨 평화상을 공동 수상했다. 그는 또 매사추세츠 주 브루클린에 라운심혈관연구재단Lown Cardiovascular Research Foundation을 설립했고, 하버드대 보건대학원 교수로 오래 재직했다. 라운은 제세동기除細動器를 발명했다. 정지된 심장에 전기 충격을 가해 심박동을 정상화시키는 의료 장비다. 그러나 그는 과학 만능주의자는 아니었다. 저서 『잃어버린 치유의 기술The Lost Art of Healing』에서 그는 신기술의 발명으로 중요한 치료 기법이 외면당하고 있다면서 의사와 환자 간에 공감을 통해 시너지 효과를 내야 한다고 주장했다. 그가 본 환자 중에는 존 케네스 갤브레이스, 노엄 촘스키, 스톤의 동서인 레너드 부딘 등 유명한 좌파 인사가 많았다. 물론 무명 인사도 있었다. 한 마피아 두목은 라운 박사가 목숨을 구해주자 희귀 와인 몇 박스를 보내기도 했다.

스톤은 라운 박사의 정치적 입장을 좋아했지만 박사 본인은 이렇게 말한다. "이지는 나의 정치철학보다는 의료에 관한 철학에 더 관심이 많았습니다."(스톤은 라운에게 농담조로 이런 얘기를 하기도 했다. "레닌은 동지들에게 볼셰비키 의사한테는 가지 마라, 그들은 좋은 의사가 되기보다는 좋은 의사가 되자는 운동에 정신이 쏠려 있다.") "스톤은 의사가 어떻게 건강한 조직을 손상시키지 않고 관상동맥 질환자를 치료하는지에 관심이 많았어요. 수술은 질색이었거든요."

라운 박사는 저서에서 환자의 병력을 조사할 때 환자에게 관련된 얘기를 다 털어놓게 함으로써 신뢰 관계를 형성하는 것이 중요하다고 강조했다. 그런 점에서 스톤은 실패작이었다. "그이한테는 병력을 알아낼 수가 없었어요. 항상 이런저런 토론을 하고 갑자기 화제를 바꾸는가 하면 병력과 무관한 얘기만 줄곧 해댔거든요. 어느 날에는 꼬박 한 시간을 허비하고 말았습니다. 그는 사포가 한 대구對句에서 의미한 바가 무엇인지를 알아냈다며 성性에 눈 뜬 소년처럼 희열에 들떠 있었어요. '2,000하고도 500년 동안 아무도 사포가 무슨 의미로 그런 말을 했는지 몰랐는데 지금 내가 알아냈다는 게 믿어지십니까?'라고 하더군요. 비슷한 표현을 쓴 로마 작가와 부정확한 독일어 번역문을 연구하다가 알아냈다는 거예요. 그럴듯했어요. 그 얘기를 나한테 무려 한 시간이나 떠들더라고요."

맥이 빠진 라운 박사는 계속해서 "협심증은 어제부터 그런 건가요? 약은 어떻게 먹고 있습니까?" 같은 질문을 던졌지만 "성과는 전혀 없었다." 라운 박사는 스톤이 현업에서 은퇴하면서 속으로는 "극도로 위축되고 우울해졌다"는 걸 알게 됐다. 처음으로 스톤의 감춰진 모습을 본 것이다. 스톤은 하지 않고는 못 배길 소일거리가 없으면 은퇴란 "죽음에 이르는 길"이라는 말을 입에 달고 살다시피 했다.[10] "그는 무슨 일이 됐든 일에 몰두해야 하는 스타일이었어요. 소크라테스에 관한 글을 쓸 때 내가 그랬죠. '그거 정말 대단한 책이니까 꼭 쓰셔야 합니다.' 그랬더니 '그러려고 그래요'라고 하더군요."

스톤은 공적인 문제에 대해서는 여전히 열정적이었지만, 라운 박사의 느낌으로는 "길고도 고독한"(스톤 본인이 이런 표현을 썼다) 작업을 끝내는 것은 두 가지 면에서 상당히 버거워했던 것 같다. "그는 두번째 책을 구상하고 있었죠. 언론과 사상의 자유에 관한 책이었지요. 책을 끝내기도 전에 시작한 겁니다." 라운 박사는 심리학적으로 볼 때 스톤은 자신의 삶에 어떤 연속성 같은 것(예를 들면 앞으로 써야 할 다른 책)을 부여하고 있었다고 봤다. "죽는 게 겁이 났기" 때문이다. "그는 살고 싶어했어요. 늘 탐구하는 그의 정신에는 아직 마무리짓지 못한 일이 태산이었거든요. 언론 자유의 역사에 관한 책을 쓰는 일 같은 것 말입니다. 하지만 그는 『소크라테스의 재판』을 끝내는 걸 대단히 무서워했어요. 그걸 끝내면 죽을 거라고 확신한 거죠."

또다른 차원에서 보면 스톤은 학자들의 반응에 대해 스스로 공표한 것보다 훨씬 더 불안해했다. "한번은 겨울에 나한테 전화를 걸었어요." 역시 라운 박사의 증언이다. "소크라테스 관련 전문 학자들의 비공개 토론 모임이 프린스턴 대학에서 있는데 강연 요청을 받았다는 거예요. 그런데 가려고 하지를 않는 거예요. '협심증이 심한데 꼭 가야 할까요?'라고 하더군요. 그는 당연히 내가 '가지 말라'고 할 줄 알았던 거지요. 하지만 그때 내가 보기에는 오히려 안 가면 나중에 비겁했다고 심하게 자책할 것 같았어요. 그래서 '가셔야 합니다'라고 했지요. 그는 그리스 연구가로서는 항상 자신이 없었어요. '내가 뭐라고… 학자연하는 유대인 꼬마일 뿐이지요'라는 말을 한 적도 있어요. 그러면서도 늘 제대로 된 학자가 되고 싶다고 했지요." 스톤은 프린스턴 대학 강연이 끝난 뒤 한밤중에 라운 박사에게 전화를 걸어 흥분한 목소리로 '아주 잘됐다'고 한참 자랑을 했다. "기립박수를 받았고, 나쁘게 평하는 학자도 전혀 없었다고 하더군요."

오랜 기간 스톤이 주치의 라운 박사에게 보낸 편지들을 보면 건강과 무관한 주제들에 관한 얘기가 놀라울 정도로 많다. 전략무기제한협정SALT에 관한 논평이 있는가 하면, 그리스 문학작품에서 발췌해 육필로 옮겨 적고 악센트 표시까지 정확히 붙인 글, 캐스퍼 와인버거(당시 국방장관이었다)의 발언에 대한 장황한 비난("그의 상대는 극도로 어리석다. 헥토르〔호메로스의『일리아스』에 나오는 트로이의 용사〕가 정숙한 아내 안드로마케에게 작별인사를 하는 장면에서… 호메로스는 국방부식의 어리석은 환상 같은 것은 전혀 없었다.") 등등.

보스턴에 치료받으러 가면 스톤은 종종 라운 박사 집에서 잤다. 그러면서 역사학자 하워드 진, MIT 교수 노엄 촘스키, 유명한 작가이자 히브리 대학 미술사 담당 교수인 모세 바라시 같은 친구들과 어울렸다. 스톤과 바라시는 같은 시기에 보스턴에 들르도록 서로 일정을 맞추기도 했다. "그 사람들이 한자리에 모이면 정말 대단했어요. 녹화를 해두고 싶을 정도였지요. 한 사람이 고전에서 한 구절을 인용하면 다른 사람이 더 멋진 구절을 인용합니다. 이 사람이 그리스 고전을 들추면 저 사람은 라틴 고전으로 대응하지요. 우리는 그냥 멍하니 앉아 있을 뿐입니다. 우리가 고전에 문외한인 게 좀 화가 나기도 했지만 두 사람이 그러고 노는 걸 보면 정말 재미있었어요. 둘 다 진짜 학자였지요."

라운이 분명히 기억하고 있는 것은 "스톤이 소련에 대해 극도로 비판적이었다"는 것이다. "내가 그를 만났을 때 그가 얼마나 화가 난 상태인지 상상이 안 갈 겁니다. 소련이 고결한 사회주의 이념에 똥칠을 한 것은 사실이었습니다. 그는 소련을 증오했지요. 이런 말을 했어요. '소련은 좋은 이념, 고결한 인류의 비전을 멋대로 훔쳐서 영영 부활 불가능할 정도로 망쳐놓았다.' 이지가 그것을 '최악의 범죄'라고 한 것은 '인류 문명을 한 세기쯤 후퇴시켰다'고 봤기 때문이지요."

"그는 분명 제퍼슨주의식 민주주의자였습니다." 1982년 스톤은 라운 박사에게 편지를 보냈다. 편지지는 「I. F. 스톤 위클리」 시절에 쓰던 10년도 더 된 것이었다. "소련의 민방위 체제를 과감하게 돌파했다니 정말 장하십니다."(라운은 후일 "그건 과장된 표현이고 모스크바 텔레비전 쇼에 출연했을 때 그 점을 분명히 밝혔다"고 설명했다.) 스톤의 편지는 이렇게 계속됐다. "전체적으로는 다소 유감스럽습니다. (1) 어리석은 소련 관료들이 미국 뉴욕에서 핵무기 반대 시위가 있던 바로 그 주말을 골라 한줌밖에 안 되는 소련 평화운동가들을 체포했으니까요. (2) 그들이 사하로프 박사를 계속 박해하고 있기 때문이지요. 사하로프 박사의 체제 수렴 이론과 그 고결한 도덕성이야말로 동서 공존을 가능케 할 수 있는 가장 강력한 힘입니다. 아무튼 모스크바의 이중 잣대는 정말 메스껍습니다."[11]

라운이 소련인들과 손을 잡고 한 반핵 운동이 국제적으로 한바탕 풍파를 일으킨 것은 베를린 장벽이 무너지기 불과 4년 전으로 냉전의 히스테리는 사그라진 뒤였다. 1985년 오슬로의 노벨 평화상 수상식장에서 돌발 사태가 벌어졌다. 라운 박사와 소련 쪽 동료 예브게니 차조프 박사는 5년 전 공동 설립한 핵전쟁방지국제의사연맹IPPNW의 회원인 의사, 의료 전문가 13만 5,000명을 대표해 상을 받고 있었다. 적대적인 기자들은 바글거리는 기자회견장에서 두 사람에게 '소련의 인권 침해에 대해서는 왜 입장을 표명하지 않느냐'는 질문을 계속 던졌다. 그런데 갑자기 한 소련 기자가 심장마비로 쓰러졌다.[12] 연단에 있던 두 심장전문의는 아래로 뛰어내려와 코트를 벗고 차례로 쓰러진 기자의 가슴을 두드렸다. "그러면서 러시아어와 영어로 약이며 의료 장비를 가져오라고 소리쳤다." 두 수상자는 그렇게 해서 기자의 목숨을 구했다. 이 사건의 상징적 의미를 모를 기자는 없었고, 그래서 사건은 널리 보도됐다. 칼럼니스트 엘런 굿맨은 이날 사건을 미·소 협력의 필요성을 "의학적으로" 보여준 것이라며 라운 박사의 비유를 인용했다. "핵전쟁의 위협도 마찬가지다. 일단 먼저 대처하고, 의문 제기는 나중에 하는 것이 순서다."[13]

라운 박사는 차조프 박사와의 협력을 적극 옹호했다. 시비가 된 부분은 크렘린 지도자들의 주치의이기도 한 차조프 박사가 12년 전 반체제 인사 사하로프 박사의 소련 인권 탄압 비판 활동을 규탄하는 성명서에 서명했다는 것이었다. "우리는 많은 점에서 의견이 다릅니다." 라운 박사는 오슬로 기자회견장에서 기자들에게 이렇게 말했다.[14] "그러나 우리는 냉전의 어느 한쪽 편을 드는 것을 넘어서서 이런 식으로 가면 결국 공멸한다는 것을 세계에 알리자는 것입니다. 문제를 확대시키면 우리의 단합은 깨지게 됩니다. 우리는 작은 오아시스 같은 공동 관심사를 찾아냈고, 그것에만 열심히 매달리고자 합니다." 라운 박사는 유럽 지도자들이 차조프 박사 문제를 이유로 노벨 위원회에 수상 취소를 촉구하자 경악했다. "냉전을 즐기고 거기서 이득을 보는 세력이 우리 주변에는 엄청나게 많습니다." 기자회견장에서 라운 박사는 눈물을 참아가며 말했다. "우리 모두는 언젠가 죽습니다. 우리 핵전쟁방지국제의사연맹이 알리고자 하는 것은 우리 모두가 당장 같은 시각에 죽을 수도 있다는 사실입니다."

라운은 "나에게 엄청난 공격이 쏟아졌다"고 회고했다. 그는 그런 일을 당하면서 스톤이 과거에 얼마나 괴로웠을지 충분히 이해하게 됐다고 말했다. "언론계와 문화계 전체가 당신에게 등을 돌리면 신념을 지키기는커녕 제정신을 유지하기도 어렵지요." 스톤이 열렬히 지지해준다는 게 그나마 힘이 됐다. "이지는 우리가 노벨상을 타자 정말 기뻐했어요. 유명 인사들은 남이 좋은 상을 타면 축하를 해주면서도 어딘지 배 아파하는 구석이 있지요. 근데 이지는 그런 게 전혀 없었어요."

한때 스톤은 워싱턴이라는 좁은 동네에서 활동하는 기자들로부터 왕따를 당한 적이 있지만 국제적으로는 학자, 지식인, 언론인 등등 친구가 많았고, 중요 인물이었다. 라운의 회고를 더 들어보자. "나는 세계 여기저기를 많이 돌아다닙니다. 그런데 가는 곳마다 이지를 직접 알거나 이지의 활동을 아는 온갖 종류의 사람들을 만나게 돼요. 그래서 내가 그의 주치의라는 얘기를 꺼내기만 하면 바로 대접이 달라집니다. 그 자리에서 싹 달라진다니까요! 노벨상 탔다는 얘기 같은 건 할 필요도 없지요."

스톤은 소크라테스를 연구하면서도 시사 문제에 대한 관심의 끈을 놓지 않았다. 1972년부터 스톤은 「뉴욕 리뷰 오브 북스」, 「더 네이션」, 「뉴욕 타임스」, 「워싱턴 포스트」, 「워싱턴 스타」는 물론이고 그를 원하는 주류 신문들에 글을 썼다. 그의 강연이나 기사는 레이거노믹스, 이란-콘트라 사건, 스타워즈(별들의 전쟁) 계획, 국방부의 행태, 만능 로비스트 헨리 키신저의 간계, 쿠바의 언론 탄압, 마오쩌둥 치하의 중국, 동구권 문제 등에 집중됐다. 그는 또 1970년대 초부터 죽는 해까지 유명 좌파 인사들과 함께 체코슬로바키아와 폴란드에 수감된 반체제 인사들의 석방을 촉구하는 공개서한에 서명했다. 이 서한들은 「뉴욕 리뷰 오브 북스」에 실렸다.

CIA는 규정상 국내 정보 수집 활동이 금지돼 있는데도 스톤의 글과 강연을 추적했다. 심지어 "CIA의 '더러운 공작' 부서는 국제법 위반을 임무로 하는 부서다"라는 구절에는 밑줄까지 쳐서 상부에 보고했다.[15] 스톤은 "스탈린은 2년 정도마다 비밀경찰 총수를 쫓아내곤 했는데 그래서 그야말로 조직 개선 효과를 봤다"는 말을 자주 했다.[16] 또 "우리는 CIA를 완전히 없애버려야 할 것 같다"고 쓴 적도 있다. 학생 청중들에게 "CIA와 더러운 공작 나부랭이는 다 없애야 한다"는 식으로 선동적인 말을 하기도 했다.

스톤은 베트남전 종전 이후에도 계속된 비밀공작을 경멸했다. 스톤이 문제 삼은 불법 행위들은 한참 시간이 지난 뒤에야 의회청문회에서 폭로됐다. "미국 행정부 안에는 비밀기구가 너무 많아서 올리버 노스 중령의 복제인간이 그가 하던 일을 똑같이 하고 있다. 백악관 국가안전보장회의 NSC 부보좌관 존 네그로폰테가 온두라스 반군 지원을 위한 불법 활동을 지휘하고 있었던 것이다." ('악당을 물리치기 어렵다는 것을 입증하듯이' 부시 대통령은 존 네그로폰테를 미국 정보기관 전체를 총괄하는 국가정보국Director of National Intelligence(DNI) 국장에 재임명했다. 1980년대에 온두라스 반군에게 비밀리에 자금을 지원하고, CIA에게 훈련받은 반군 요원들이 저지른 인권유린 행위 은폐에 깊숙이 개입한 정황이 문제가 된 것을 뻔히 알면서도 네그로폰테를 중용한 것이다.)

스톤은 말년에 이렇게 말했다. "우리 세대는 역사의식이란 게 없다. 이 나라는 한 세기 이상 FBI 없이도 잘 해왔다. 내가 태어난 이듬해에" 시어도어 루스벨트 대통령이 "의회를 무시하고 대통령령으로" FBI를 설립했다. 의원들이 FBI 설립을 거부한 것은 "비밀경찰을 설치하는 데에 반대했기 때문이다. 그런 조직이 자유권 행사를 방해하는 수단이 되고 국민을 억압할 것은 불 보듯 뻔하다." 이어 스톤은 광장에서 은밀히 활동하는 여자 스파이들(별명이 "밝은 귀"였다)에 관한 아리스토텔레스의 평가를 소개했다.[17]

스톤은 강연에서 한 말을 글로 옮길 때는 많이 다듬고 순화했지만 젊은 청중들은 속어를 써가며 공격을 퍼붓는 그의 스타일을 아주 좋아했다. 예를 들면 이런 식이다. "우리는 중동 지역을 빠삭하게 커버하고 있기 때문에 낙타 한 마리가 트림을 해도 잡히게 돼 있다. 위성 감시가 철저해서 소련의 농부가 소젖 짜는 것도 우리는 다 안다. …CIA는 미국을 세계 최대의 마피아 조직처럼 보이게 만들었다. 덕분에 미국은 계속 심각한 잘못을 저지르고 있다. …CIA는 암살을 제도화함으로써 역사를 바꾸려고 한 헛된 시도로 교과서에 기록될 것이다."[18] 이런 비판들은 CIA 파일에 올라갔다.

스톤은 케이블 TV에 출연해 레이거노믹스를 규탄했다. "노인들은 고통받고 있고, 소수계도 고통받고 있고, 가난뱅이도 고통받고 있다. 도시들은 망해가고 있다. 공공 서비스는 형편없어지고 있다. 빌어먹을 레이건 행정부에는 눈물 젖은 빵을 먹어본 사람이 전혀 없다. …워싱턴에 와보면 저들은 모두 시골에 큰 목장을 가진 부자들이다. 풍광 좋은 매사추세츠 주 케이프코드에 대저택이 있고, 비행기로 세계를 누빈다. …그들은 요란한 파티를 열 때면 미용사와 디자이너, 요리사를 외국에서 불러온다. 그러면서 가난한 사람들에게는 '여러분, 경기가 안 좋아요. 허리띠를 졸라매세요!'라고 말한다. 그러면 49센트짜리 커피도 사먹을 돈이 없는 가난뱅이들은 허리띠를 졸라매야 한다. 인플레이션은 정말 문제지만 왜 가난한 사람만 고통을 당해야 할까? …레이건은 가난한 사람 몫을 줄여서 부자들에게 세금 혜택을 주었다. 말도 안 되는 짓거리다."[19]

스톤은 또 "이 정부는 전쟁으로 치달을 위험이 대단히 크다"고 생각했다. 그는 우발적인 핵전쟁에 대해 공포에 가까운 우려를 가지고 있는 동시에 소련에 대해서는 경계심을 늦추지 않았다. 스탈린의 악행이 드러난 이후 스톤의 환멸은 돌이킬 수 없는 것이 되었다. 그는 세상이 고르바초프에 열광할 때 냉철함을 유지했으며, 고르바초프가 하는 말은 상당 부분 "난센스"이고 새로운 사상이랄 게 없다고 주장하면서 친구들과 격론을 벌였다. 친구인 아서 콕스와는 고함을 치고 다툴 정도였다. 국무부와 CIA에서 오래 일한 콕스는 당시 미소美蘇관계위원회[American Committee on U.S.-Soviet Relations] 사무국장이었다. 콕스는 스톤이 예전에는 소련에 대해 너무 유화적이었고, 지금은 너무 의구심이 강하다고 말했다. 그는 스톤이 "과거에도 소련에 대해 잘못 짚었고, 지금도 잘못 짚고 있다!"고 단언했다.[20] 고르바초프는 개혁할 수 없는 것을 개혁하려고 애쓰고 있었다. 소련은 그만큼 부패한 사회였다. 네오콘들은 레이건이 소련 붕괴에 결정적인 역할을 했다고 주장한다. 그러나 소련 붕괴의 가장 큰 원인은 수렁에 빠진 아프가니스탄 전쟁이었다. 소련은 아프간 정부군을 지원해 근본주의 반군 세력 및 알카에다[Al Qaeda]를 비롯한 탈레반[Taliban] 테러리스트들과 맞서 싸우느라 엄청난 전비를 허비했다. 반군 세력 등은 미국이 은밀히 돕고 있었다.

CIA의 부정확한 보고를 그대로 믿은 관리들과 달리, 스톤은 일이 터지기 5년 전에 이미 소련이 내부로부터 붕괴할 것이라고 예언했다. 그는 레이건이 말년에 소련에 대해 유화 정책을 편 것에 대해서는 박수를 아끼지 않았다. "누구든 좋은 점이 있기 마련이다. 빨갱이 사냥에 열을 올렸던 닉슨이 중국에 문호를 개방할 줄이야 누가 예상했겠는가? 또 악의 제국 소련의 최대 적수인 레이건이 고르바초프와 정상회담을 갖고 핵전쟁의 수렁에서 빠져나올 줄이야 누가 꿈이라도 꾸었겠는가?" 그러면서 스톤은 "그의 핵심 지지층인 이상한 자들이 오히려 그를 비난할 듯한 분위기"라며 낄낄거렸다.[21]

소크라테스 연구에 몰두하는 동안에도 스톤은 다른 한편으로 정치에 대한 관심을 늦추지 않았다. "이지는 이란-콘트라 사건 보도에 대해 시종 분개했어요." 스콧 암스트롱의 회고다. "그는 언론이 핵심을 못 잡고 있다고 불평하곤 했습니다. 이지는 이란-콘트라 사건을 매처럼 날카롭게 들여다보고 있었어요. '사람들이 어떻게 저렇게 눈 뜬 장님 같을 수가 있을까?'라고 했지요. 짜증나는 스캔들의 전형이었으니까요. 그의 분노는 사건을 직접 취재하는 사람이 느끼는 분노 같았어요. 현업을 떠난 사람 같지 않았지요."[22]

당시 스톤은 집 안 곳곳에 돋보기를 놓아두고 에스터에게 기사를 읽어 달라고 해야 할 정도로 시력이 아주 나쁜 상태였다. 그러나 어떤 기사가 언제 났는지 정확히 기억할 만큼 기억력은 여전히 비상했다. "그는 필요할 때마다 좋은 구절과 나쁜 구절을 기억해내곤 했어요. 마치 우리가 파티에서 누가 잔을 집어던졌다든가 하는 식으로 행패를 부린 일을 기억하듯이 말입니다." 암스트롱은 그의 기억력을 놀라워했다. 스톤은 국가안보기록센터에서 새로 제공하는 검색자료도 열심히 들여다봤다. 시간이 많이 절약됐기 때문이다.(그러면서도 정보공개법에 의존해 자료를 입수하는 것은 "소극적인 저널리즘 스타일"이라는 비판을 잊지 않았다.) 그는 "옛날에 이런 자료가 있었다면 내 평생 가운데 30년은 절약할 수 있었을 것"이라며 개탄하기도 했다.

스톤은 나이가 들면서 할아버지나 삼촌처럼 친구 자식들을 귀여워했다. 지적 호기심이 많은 똑똑한 젊은이들에게는 특히 잘 해줬다. "이지는 젊은이들에게 뭔가를 가르쳐주고 싶은 마음이 대단했어요." 암스트롱의 회고다. 콕스는 스톤을 태우고 한참 차를 몰던 일화를 소개했다. 당시 콕스는 시종 잠자코 있었다. 반면에 스톤은 고전 강좌를 수강 중인 콕스의 어린 아들과 얘기를 나누느라 여념이 없었다. 스톤은 아이와 동년배처럼 의견을 주고받았다. 두 사람은 오랜 친구 사이처럼 『일리아스』에 대해 토론했다. "이지는 애플 컴퓨터 사용법을 배우고 있었는데 그때 그걸 가진 사람은 극소수였어요. 마침 내 아들 닉도 애플이 있었지요." 주디스 바이어스트의 회고다. "매일 아침 7시면 어김없이 이지한테서 전화가 왔어요. 그래서 닉한테 그랬지요. '툴툴거리면 안 된다. 얼마나 대단한 분이냐, 이렇게 이른 시간에 일어나서 너한테 모르는 걸 물어본다니 말이야.' 닉이 그러더군요. '정말 똑똑한 분이에요! 그 연세에 이런 것도 척척 알아들으시니.' 신세대랑 얘기가 잘 통하는 걸 보고 정말 놀라웠어요."[23]

암스트롱은 스톤을 워싱턴의 국가안보기록센터에 초빙해 강연을 부탁했다. 어느 뜨거운 여름날이었다. 당시 스톤은 여든이 다 된 나이였지만 기온이 32도가 넘는데도 집에서 듀폰트 서클까지 굳이 걸어서 갔다. "그는 직선 코스에서 조금 벗어나 두 블록이나 불필요하게 더 돌아갔습니다." 죽기 몇 달 전 마지막 눈 수술 직전에 스톤의 한쪽 눈은 거의 실명 상태여서 남은 눈으로 간신히 보는 수준이었다. 계단에서 넘어져 다친 적도 있었다. 에스터는 타자기 자판에 글자를 커다랗게 붙여놓았다. 컴퓨터가 등장하자 스톤은 글자를 자동차 번호판만 하게 키워서 작업을 했다. 에스터는 남편이 알아볼 수 있도록 빨간 모자를 쓰고 강연장을 지켰고, 인도를 가다가 파인 곳이 있으면 조심하라고 미리 주의를 주기도 했다.

강연이 있던 날 스톤은 학생들이 이란-콘트라 사건을 알고 있고 자신이 "넌지시 빗대어 말하는 것을 다 알아듣는" 것에 대해 대단히 흡족해했다고 암스트롱은 말했다. 스톤은 2시간 15분을 떠들고도 집에 갈 생각을 하지 않았다. 그는 센터에 있는 컴퓨터를 일일이 만져보고 온갖 질문을 던졌다. 45분 전에 자신이 했던 주장이 다소 미흡하다고 생각했는지 질문을 했던 여자를 찾아가 다시 15분 동안 더 설명해주기도 했다. 결국 암스트롱이 스톤을 설득해 차로 집에 태워다주게 됐다. "그는 어찌나 신이 났던지 요즘 '애들'이 어떻다는 식의 얘기를 그치지 않았어요. 각성제 먹고 기분이 붕 뜬 25세 청년 같았지요. 스톤은 우리 센터에 또 오고 싶어했지만 나로서는 무리하고 싶지 않았어요. 나중에 가을에 전화를 해서 '왜 다시 강연할 기회를 안 주냐?'고 다그치더군요."

이스라엘과 아랍의 극한 대치는 어제오늘 얘기가 아니었다. 스톤은 미국의 유대인들에게 따돌림을 당하거나 유대인 증오자라는 소리를 들으면 농담으로 받곤 했다. 1970년대에는 "미국에서 친이스라엘 노선에서 벗어나는 책을 내줄 출판사를 구하는 일은 바티칸시티에서 「로세르바토레 로마노L'Osservatore Romano」〔교황청이 발행하는 일간지〕에 무신론 옹호 기사를 실게 하는 것만큼 쉽다"는 말을 하기도 했다.

이런 자세는 1988년에도 여전했다. "나는 왜 동포인 난민들에 대해서는 동정해도 되고 다른 민족 난민들에게 마음을 열어서는 안 되는지 정말 이해할 수 없다. 팔레스타인의 아랍인들은 아랍 세계의 소중한 한 부분이다. 거기서 지식인, 전문가, 엔지니어, 과학자 들이 많이 배출되고 있다. …그들을 형제로 대할 수 있다면 정말 좋은 일이 될 것이다. 나는 팔레스타인 지역에서 유대인 국가를 세울 권리는 주장하면서 어떻게 팔레스타인 사람들에게는 동일한 권리를 인정해주지 않을 수 있는지 알 수가 없다. 그들이 사는 곳은 지금 이스라엘이 점령하고 있다. 이런 일들은 성서 및 유대 전통에서 가르치는 바와는 **완전히** 어긋난다. …이디시어로 이런 격언이 있다. '측은지심이 없다면 어떻게 유대인이라고 할 수 있겠는가?' 나는 중동에서 유대인들이 아랍인에 대해 어떤 태도를 갖는가가 이 격언의 시험대라고 생각한다. 불의에 관심을 끄고 무감각해진다면 우리는 유대인과는 전혀 다른 민족이 되는 것이나 마찬가지다. 그러면 아랍인들의 반응이 어떠하든지 간에 유대민족은 스스로 변질될 것이다. 2,000년을 떠돌면서 체득한 온갖 것들—신앙의 자유, 종교와 정치의 분리, 신앙과 출신이 달라도 모든 인간은 형제라는 의식 등등—이 지금 이스라엘에서 철저히 짓밟히고 있다. 미안하지만 나로서는 이렇게 말하지 않을 수 없다. 조속히 조치를 취하지 않으면 아군과 적군으로 나누어져 돌이킬 수 없게 될 것이다. 어느 쪽에서건 내부 온건파는 말살되고, 그런 다음 서로를 말살시킬 것이다."

나이 여든에 이르러서도 스톤은 여전히 풍파를 일으켰다. 그는 아라파트와 여타 아랍 지도자들이 이스라엘 국가를 인정하지 않는다는 것을 사실로 받아들이면서도 이렇게 말했다. "이스라엘은 그들이 이스라엘을 인정하기를 원한다. 그러나 그들에게 똑같은 대우를 해주려고 하지는 않는다. 그들에게 '너희 지도자는 어떠어떠한 사람으로 뽑아라'라는 식으로 말해서는 평화 협상을 할 수 없다. …그들은 2차 대전 직후 유대인들이 당면했던 것과 똑같은 역경에 맞서 싸우고 있는 것이다. 국가도 없고, 여권도 없고, 국제법적 승인도 받지 못한 상태다. 그들이 필요로 하는 것은 자신들만의 국가와 민족 자결권과 국제적 승인과 존중이다."

스톤은 샌프란시스코시 예술·교양 강좌에 참석한 청중들에게 이렇게 말했다. "자, 평화에도 위험이 따르고, 전쟁에도 위험이 따릅니다. 위험 없이 살 수 있는 방법은 없습니다. 나는 평화와 화해에 따르는 위험이 전쟁과 증오에 따르는 위험보다 훨씬 낫다고 믿습니다."

스톤은 불길한 예언을 많이 한 선지자 예레미야처럼 모든 진영에 불편함을 안겨주었다. 예를 들어 일부 유대인들에게 야유와 따돌림을 받으면서도 친親팔레스타인해방기구Palestine Liberation Organization(PLO) 성향의 좌파 인사들에 대해서는 "지나치게 단순하고" 옹고집이라고 비웃었다. 스톤은 "이스라엘은 위대한 실험이었다"고 주장했다. 이런 입장으로 인해 개인적으로 피해를 보기도 했다. 그의 아들 크리스토퍼는 파티장에 들어가다가 스톤이 이스라엘에 대해 쓴 글에 화가 난 사람들에게 심한 욕설을 들은 적도 있다.[24] 스톤이 캐빗 쇼의 스타가 됐을 때 프로듀서 커니프는 그토록 거침없는 스톤도 이스라엘 문제에 대해서만큼은 대단히 조심스럽다고 봤다. "방송이 끝난 뒤 이스라엘에 대해 살살 공격했다는 것을 인정하더군요. 그도 압력을 느끼고 있었던 것 같아요."

스톤은 1967년 6일 전쟁Six Day War〔1967년 5~6월에 일어난 이스라엘과 아랍 국가들 간의 제3차 중동 전쟁을 말한다. 이스라엘이 승리하면서 시나이 반도와 요르단 강 서안, 골란 고원을 점령했다〕 직후에 썼던 글을 후일 종간호에 다시 게재했다. 그러면서 '심히 부당하게 왜곡된 전쟁'이라는 제목을 강조했다. 스톤이 1967년 6월 12일에 쓴 문제의 기사는 이런 내용이었다. "이스라엘의 신속한 압승은 아랍인들과의 화해가 그만큼 절박하다는 것을 말해줄 뿐이다. …그것은 도덕적으로는 비극이었다. 유대민족의 소중한 예언자적 전통을 이어받은 유대인이라면 이 문제에 대해 무감각할 수는 없다. 히틀러의 홀로코스트에서 살아남은 사람들이 새 집을 마련하는 과정에서 친척인 또다른 민족이 집을 잃게 됐다. 이제 잘못된 것을 바로잡아야 할 때다. 승리 속에서도 아량을 보여줘야 할 때다. …아바 에반〔이스라엘 노동당 소속 국회의원이며 1966~74년 외무장관을 지냈다〕은 이스라엘군의 완승을 '이스라엘 현대사 최고의 날'이라며 환호했다. 최고의 날은 아랍인들과 화해를 이루는 바로 그날이 될 것이다."

말년에 스톤은 지나온 날을 돌이켜보면서 이런 얘기를 했다. "유대인 난민을 옹호하는 발언을 했을 때 나는 영웅이었어요. 그런데 아랍 난민들을 위해 발언했을 때는 정결한 유대인이 아닌 자로 취급하더군요."[25] 그는 자신에 대한 비판을 대수롭지 않게 여기는 스타일이었다. "나는 좋은 인간이 되려고 하는 사람은 결국 자기 종족과 말썽을 빚게 되는 것이 인류사의 기본법칙이라고 생각합니다." 그러나 사석에서는 동포인 유대인들로

부터 공격을 받는 것이야말로 "평생 가장 가슴 아픈 일"이었다고 털어놓기도 했다.[26]

1979년 아바 에반은 다시 지면을 통해 스톤과 논쟁을 벌였다. 스톤의 『팔레스타인 잠행기』가 재판을 찍은 것이 계기였다. "스톤은 유대인들이 힘과 번영을 과시하는 대신 아량과 양보를 보여주면 아랍인들이 시온주의를 받아들이게 될 것이라고 믿는 듯하다. …아아, 그러나 유감스럽게도 온갖 증거는 그 반대임을 보여준다." 에반은 아랍 지도자들과 여러 차례 만난 경험을 언급하면서 그들은 힘이 아니면 굴복하지 않을 것이라고 말했다. 에반은 스톤이 PLO의 테러리즘은 문제 삼지 않는 등 편파적이라고 비난했다. "이스라엘이 PLO 국가를 이웃 나라로 인정하지 않으려는 것은 이스라엘인을 살해하는 PLO의 정책과 본질적인 관계가 있다. …스톤의 책에서는 그런 얘기는 언급하지 않는다."[27]

스톤은 이런 민감한 논쟁에서 어느 편이라는 식의 딱지를 붙이는 것을 제일 싫어했다. 특히 유대인들이 생각이 다른 사람들에 대해 반유대주의라고 욕하는 것을 비난했다. 역시 유대계 코뮤니티의 분노를 산 유대계 미국인으로 스톤의 친구인 인권 변호사 조지프 라우도 있었다. "어느 날 이지랑 누가 더 보수적인 유대계 코뮤니티로부터 비난을 많이 받았느냐를 놓고 '나다 너다' 떠들고 있었어요. 그가 먼저 주류 부유층 유대계 코뮤니티 얘기를 꺼냈지요. 자기가 팔레스타인 국가를 찬성하자 욕을 해댔다는 거예요. 그때 유대인들로서는 팔레스타인 독립국가에 대한 우려가 컸거든요. 이지는 그런 얘기를 서슴없이 했지요. 그래서 나도 미국유대인연맹 Union of American Hebrew Congregation 대표한테 황당한 일을 당한 경험을 얘기했어요. 어느 날 전화를 걸더니 민권 운동을 한 공로로 나한테 상을 주겠다는 거예요." 유대인연맹은 라우의 연설문을 언론에 배포할 계획이었지만 초안을 보고 나서 포기했다. "유대계 코뮤니티가 소수자 우대 정책에 반대하는 것을 점잖지만 강하게 비판하는 내용이었거든요." 연맹은 또 프로그램 순서도 바꾸어 수상자인 라우의 연설을 맨 마지막에서 앞으로 돌렸다. 마지막 연사는 라우를 공격했다. "연단에 앉아서 당했죠. 정말 당혹스럽더군요." 그래서 스톤이 라우에게 승자의 자리를 양보했을까? "이지가요?! 천만에요. 이지는 그럴 사람이 아니지요. 어쨌든 우린 한바탕 크게 웃었어요."[28]

스톤은 팔레스타인인과 이스라엘인의 갈등과 다툼에 관한 강연을 하다가 목소리가 높아지거나 흥분하기도 했다. 1988년 스톤은 「워싱턴 포스트」와 「뉴욕 타임스」가 "보도를 아주 잘했고, 용감한" 사설을 게재했다고 칭찬하고, 변화가 필요하다고 주장하는 미국 유대계 코뮤니티 일부 인사들에 대해서도 박수를 보냈다. "이스라엘군이 나도 들어보지 못한 시골 마을에서 불도저를 동원했다는 끔찍한 기사를 읽었습니다. …그 마을에 테러 용의자가 숨어 있어서 군이 수색 중이었는데, 아랍인 농부의 올리브 과수원에 은신하고 있는 것으로 추정되는 상황이었지요. 군은 불도저를 동원해 정원과 과수원을 뒤집어엎었어요. 그런데 그 기사의 클라이맥스는 올리브 나무 한 그루가 영 넘어가지 않는다는 대목이었습니다…." 뉴욕의 청중 앞에서 이 얘기를 하던 스톤은 잠시 말을 잇지 못했다. 그러고는 다시 눈물을 억지로 삼키며 말을 이었다. "영 넘어가지를 않았어요. 올리브 나무에 체인을 감고 그걸 불도저에 연결해 완전히 쓰러뜨리는 데 한참이 걸렸답니다. 그러고는, 아…." 스톤은 다시 이를 악물고 눈물을 삼켰다. "올리브 나무는 어떤 상징 같았습니다. 이런 분쟁 상황에서 이스라엘 공동체에는 아랍인들을 멸절시키려는 세력이 있는 겁니다. 마치 올리브 나무를 뿌리 뽑듯이…. 오, 하느님." 이어 스톤은 큰 소리로 청중들에게 호소했다. "히틀러의 유럽 점령을 어쩌면 그렇게 빨리 잊을 수 있습니까? 점령 지역 주민들에 대한 처우를 규정한 제네바 협약을 어쩌면 그렇게 빨리 잊을 수 있습니까? 나치에 점령된 유럽에서 일어났던 일과 같은 사태를 방지하기 위한 노력이 바로 제네바 협약인데 말입니다."[29]

엄숙해야 할 상황에서도 거짓말을 못하는 스톤의 기질은 월터 리프먼 추모식에서 다시금 발휘됐다. 리프먼에 대한 온갖 과장된 찬사가 식장을 메웠다. 그러자 스톤이 벌떡 일어나 큰 소리로 외쳤다. "고인은 사코-반체티 사건 때 잘못된 편에 섰습니다." 그는 웅성웅성하는 청중들을 쳐다보다가 리프먼이 홀로코스트를 비판하는 글을 한 번도 쓰지 않은 것은 엄청난 과오라는 말을 덧붙였다. 그러고는 다시 자리에 앉아 아무 말 하지 않았다. 청중들의 영웅에게 일격을 날린 뒤 스톤은 아무 일 없었다는 듯이 식장을 나가버렸다. "나 혼자 남아서 그 사람들의 시선을 감당해야 했어요." 에스터의 말이다.[30]

스톤은 잘못된 것은 네 편 내 편 관계없이 비판하는 스타일이었다. 젊은 좌파들이 1930년대 미국 공산당 관련 다큐멘터리를 만들면서 스톤에게 직접 겪은 공산주의자들에 대해 말씀 좀 해달라고 간청했다. 그들은 좋은 얘기가 나오기를 기다렸다. 그런데 스톤은 흘러간 과거의 "별 볼일 없는 종파주의자들"이라고 혹평했다. "그들은 토머스 제퍼슨에 대한 이해가 전혀 없었어요. 이 나라가 전 세계에서 가장 위대한 나라가 된 것은 제퍼슨 덕분입니다. 언론·출판의 자유, 신앙의 자유 같은 가치를 확고히 했기 때문이지요." 스톤이 이런 식의 논평을 계속하자 젊은 영화 제작자들은 극도로 당황했다.

그는 세상 돌아가는 일에 깊이 분노하기도 하고 좌절하기도 했지만 개인적으로는 유머가 많았다. 때로는 독창적이고 재치 있는 표현을 날리기도 하고 때로는 진부한 농담을 하기도 했다. 연배가 아래인 친구들 가운데 하나인 잭 비티의 증언. "한번은 아내가 곧 아기를 낳을 것이라는 얘기를 했어요. 그때 아내가 서른아홉이었으니까, 우리 부부로서는 아이가 늦은 편이었지요." 비티는 스톤의 목소리를 흉내 내면서 말했다. "'잭! 자네 미크로크를 준비해야겠군' 하더군요. 그래서 '미크로크라니요?' 하고 물었지요. 이디시어 단어라고 생각을 했거든요. 그러자 이지는 '그래, 미크로크. 아일랜드 정조대貞操帶 말이야'라고 하더군요."³¹ 그러면서 스톤은 '버라이어티쇼에 보면 늙은 애인이 문전만 더럽히고 말지 않나' 하며 낄낄거렸다.

비티는 의견을 교환하는 데 있어서는 "그를 따라갈 수 없었다"고 말했다. "그는 사실관계에서 밀리면 바로 그 이면에 있는 이론으로 넘어가곤 했어요. '글쎄, 그건 사실이겠지. 하지만 크로포트킨〔1842~1921. 러시아의 혁명가이자 지리학자〕이 편지에서 말한 것처럼…' 하는 식으로 치고 나오는 겁니다. 그럼 '어, 이건 또 무슨 소리야?' 하고 당황하게 되지요. 그는 말싸움에서 지는 법이 없었어요. 아주 교활했지요. 그분과 어울리려면 좀 뻔뻔해야 돼요. 항상 상대를 꼼짝 못하게 만들고 말거든요. 변론술은 그의 특기였어요. 게다가 지고는 못 견디는 성미였지요." 스톤은 철학자적 기질과는 거리가 있다고 보는 사람들도 있다. 그가 철학에 매료된 것은 일차적으로 어떤 사안을 논하는 데 써먹을 수 있기 때문이었다. "그는 지적인 표현으로 사안을 설명하고 싶어했어요. 그가 이념과 이론을 상세히 논하고자 한 이유는 논리 그 자체보다는 현실을 드러내기 위해서였지요."

1980년대에 비티 내외는 종종 스톤 부부의 운전사 노릇을 했다. 두 커플 모두 영화광이었다. 그런데 스톤은 더스틴 호프만이 주연해 호평을 받은 코미디 영화 〈투씨^{Tootsie}〉〔1982〕는 끔찍이 싫어했다. 영화관을 나서면서 스톤은 남자 배우가 여장을 하고 나오는 것은 "고대 그리스 시대에 이미 진부한 발상"으로 치부된 것이라고 목소리를 높였다. 호프만이 여장을 하고 나온 것을 비판하는 얘기였다. "이건 너무 심해! 상투적인 설정이라고!" 어떤 면에서 스톤은 자기 과시를 하는 것이었다. 고대 그리스와 셰익스피어에 어울렸던 것이 할리우드에도 분명히 어울린다는 식이었다. 한 가지 역설적인 것은 스톤이 두뇌를 혹사한 날에는 시시껄렁한 옛날 서부영화에 몰두했다는 사실이다. 무성영화 시절부터 참신한 면모라고는 보여준 적이 없는 장르다.

1980년대 초, 영화를 보려고 줄을 서 있으면 반전 시위에 참가했던 스톤의 모습을 알아본 열혈 팬들이 다가와 '정말 존경한다'는 식의 얘기를 하곤 했다. 그러면 스톤은 다들 도망갈 때까지 소크라테스 얘기를 늘어놓곤 했다.

스톤은 여든 나이에 고대 문화에 대한 애정과 탐구욕을 과시했다. "나는 처음에 17세기에 일어난 두 차례의 위대한 영국혁명을 연구하느라 1년을 보냈습니다. 그런 다음에는 당시 상황을 제대로 파악하기 위해 종교개혁을 들여다봤지요. 그런데 나의 영웅인 존 밀턴은 17세기의 대표적인 인물이었습니다. 그래서 종교개혁을 연구할 때는 중세에 그 선구가 된 운동들을 이해해야겠다고 생각했습니다. 예를 들면 아벨라르[12세기 중세 스콜라 철학자] 같은 사람들 말이지요. 그런데 12세기에 아리스토텔레스를 재발견한 것이 인간 정신 해방에 대단히 중요한 역할을 했다는 것을 알고는 다시 고대 아테네 연구로 올라갔습니다. [이 대목에서 스톤은 잠시 호흡을 가다듬고 나서 말을 잇는다] 나는 널리 인정되는 전거를 토대로 고대에 있어서의 사상의 자유 문제를 개괄적으로 연구해야겠다고 생각했습니다. 그런데 알고 보니 모든 게 논란에 휘말려 있고, 번역본을 통해서 제대로 된 정치적, 철학적 추론을 하는 것은 불가능하다는 걸 알게 됐습니다. 그래서 고대 그리스어를 공부하기 시작한 거지요…." 스톤은 "요한복음을 그리스어 원문으로 독파한 뒤 『일리아스』를 읽고, 다시 일을 좀 보다가 고대 시인들의 작품을 읽었습니다. …그 다음에는 고대 아테네인들에게 매료됐지요. 그들이 어떻게 한 위대한 철학자를 그가 가진 사상 때문에 사형에 처할 수 있는지 이해가 가지 않았습니다. …그래서 어떻게 그런 일이 일어났는지를 설명하는 작업에 착수했지요."[32]
　　스톤은 "어느 정도 가치 있는 새로운 통찰을 많이" 얻었다고 생각했지만 크리스토퍼 레만홉트[1934~ . 미국의 문학평론가, 소설가, 언론인]는 「뉴욕 타임스」에 이런 평을 썼다. "스톤 선생의 주장은 인상적이다. 그의 추론은 설득력이 있다. 그러나 스톤 선생의 비판 요지는 썩 선명하지 않아서 독자들은 다소 답답하다." 몇몇 평자들은 레만홉트처럼 스톤 책의 생동감 넘치는 스타일을 높이 평가했다. 「뉴욕 타임스」는 "지적인 스릴러"라고 평했고, 스톤에게 조언을 해주곤 했던 고전학자 버나드 녹스는 「애틀랜틱 먼슬리」에서 "증거를 과감하고도 철저하게 캐들어가는 과정이 돋보인다"고 평했다. 토머스 데블린은 「크리스천 사이언스 모니터」에서 "고대 텍스트에 대한 상식적 독해와 더불어 민주주의에 대한 애정을 듬뿍 느낄 수 있다"면서도 "소크라테스가 영감을 받은 부분들을 전혀 이해하지 못하고 있다"고 비판했다.[33]

서평을 싣는 신문·잡지 쪽에서 일부러 편견이 많은 평자를 골라 작가를 괴롭히는 경우도 비일비재하다. 「월스트리트 저널」이 스톤 책의 평자로 시드니 후크를 내세운 것이 바로 그런 예였다. 스톤에 대한 후크의 원한은 1939년 스톤을 필두로 한 좌파들이 후크가 스탈린의 전체주의와 히틀러의 전체주의를 동일시한 데 대해 맹공을 퍼부은 데서 비롯됐다. 후크는 필자와 책을 싸잡아 혹평했다. 그러면서 스톤의 성취가 "지나친 과시욕의 발로로 오히려 빛이 바랬다. 문헌학적 분석에 도취해 대중서인데도 곳곳에 난해한 그리스어 단어를 마구 끼워넣는 우를 범했다"고 지적했다.[34] 그러면서 "하지만 이런 현학적인 과시는 독학자들에게 흔히 나타나는 현상으로 용서해줄 수 있을 만한 과오"라고 조롱했다. 스톤도 농담으로 맞받았다. "독학을 한 게 잘못이라면 교수한테 수업료를 내지 않은 죄밖에 없다." 후크는 스톤이 소크라테스를 위해 쓴 변론문을 비웃으며 "스톤 선생의 플라톤 철학에 대한 모욕적 언급은 문화적 소양이 없는 자들이나 할 얘기다"라고 혹평했다.

스톤은 공개적으로는 "후크에 대해 아무 악감정이 없다"고 말했다.(그러나 작가 코트렐과 사석에서 얘기할 때는 "그 개새끼"라고 했다.)[35] "소크라테스가 불행을 겪게 된 것은 거만한 부잣집 아이들이 그를 추종하면서 그의 변증술을 모방했기 때문입니다. 그들은 민주주의 체제를 두 번 뒤집고 도시에 공포정치를 도입했습니다." 스톤은 "소크라테스에게서 멀어진 젊은 귀족들이 민주주의 체제를 타파한 스파르타인과 손을 잡은 것"이 아테네인들이 소크라테스를 비난하게 된 원인 가운데 하나라고 말했다.[36] 스톤은 소크라테스에 대한 사형선고를 정당한 것으로 인정하려는 것이 아니라 어떻게 해서 그런 사태가 벌어졌는지를 설명하고자 하는 것이라고 말했다. 스톤은 소크라테스처럼 오만한 인물이라면 평민에게도 언론의 자유가 있다고 생각하지는 않았을 것이라고 봤다. "소크라테스는 '우월한' 인간으로서 발언할 '권리'가 자신에게 있다는 점을 강조했습니다. 내 생각에는 그가 고대 아테네의 기본전통을 강조하고 언론의 자유에 대한 신념에 호소했다면 아마 무죄 판결을 받았을 겁니다."

스톤은 일부 서평에 대해서는 방어적인 입장을 취했다. "투키디데스나 다른 고전에서 주류 학자들이 간과한, 뭔가 새로운 것을 당신이 발견하게 되면 그들은 분명 혹평을 가할 것입니다. '감히 어떻게 그런 얘기를 할 수 있느냐' 뭐 그런 식이지요. …그런 노고, 반갑지 않은 노고에 대해 혹평을 가한 다음 그들은 그런 발견이 이루어진 적이 없었던 것처럼 무시하고 넘어갈 겁니다."[37]

나바스키는 스톤의 책을 평한 부류를 크게 세 종류로 나눴다. "첫째는 그의 의도를 이해한 것처럼 보이는 부류다." 이런 부류로 꼽은 경우가 「더 네이션」에 "초심자의 문헌학적 고찰이 대단히 흥미롭다. 고대 아테네의 언론의 자유와 계급 간 증오에 관한 간략한 소개서다"라는 서평을 쓴 존 레너드다. "둘째로는 '일개 저널리스트가 감히 그런 주제에 대해 글을 쓴단 말인가? 더구나 70대에 들어서야 헥헥거리며 고대 그리스어를 공부한 사람이…' 하고 힐문하는 현학적인 인사들이다. 그리고 끝으로 이지가 훌륭한 저널리스트였다는 것은 인정하면서도 '그저 훌륭한 저널리스트일

뿐인 사람이 감히 어쩌고저쩌고' 하는 학자들 내지 현학적인 인사들이 있다. 내 생각에는 근본적인 오해가 있었던 것 같다. …이지는 전통적인 저널리스트라기보다는 학자, '훌륭한 저널리스트'를 넘어서는 학자였다."[38]

스톤은 역사적 해석을 검토할 때는 그것이 무엇이든 편견을 고려해야 한다고 주장했다. 예를 들어 그는 17세기 영국의 휘그당(보수당)과 토리당(자유당) 소속 학자들이 제시한 "서로 다른 두 가지 관점은 둘 다 타당하고 진실인 측면이 있다"는 식으로 받아들였다.

크게 보면 스톤은 말년을 즐겁게 보냈다. 베스트셀러 작가의 지위를 누렸고, 전 세계의 팬들에게 평소처럼 "재미난 일"을 강조했다.

스톤은 매년 수많은 생일파티에 초대를 받았고, 그런 모임을 마치 국제적인 경축일이라도 되는 양 즐겼다. 1988년 1월 샌프란시스코시 예술·교양 강좌 때는 강연을 끝내고 질의응답을 하는 시간에 청중석에서 갑자기 폭소가 터지는 바람에 스톤의 말이 끊겼다. 무대 위에 촛불 켠 생일 축하 케이크가 등장한 것이다. 당시 스톤은 몇 주 전에 만 80세가 된 상태였다.

스톤은 이렇게 말했다. "고백할 게 있습니다. 이건 제가 여든이 된 이후 처음 하는 강연입니다. 그런 생각이 들더군요. '도대체 인생에서 80이란 게 뭔가? 내가 정말 뭘 깨달았을까?'" 그러더니 잠시 숨을 가다듬고는 "모르겠어요. 잘 모르겠어요"라고 말했다.

독학자로서는 최고의 경지에 오른 스톤은 환호하는 청중에게 이렇게 말했다. "아시겠지만, 미켈란젤로는 아흔이 다 돼 죽으면서 아주 멋진 말을 남겼지요. 그는 한숨을 쉬면서 이렇게 말했습니다. '이제 겨우 내 직업의 기초는 배운 것 같다.'"

28
거짓의 안개를 걷어내고 떠나다

젊어서는 자신이 저지르지도 않은 실수 때문에 욕을
먹는다. 그러다 나이가 들면 자신이 하지도 않은 선
행으로 찬사를 받는다. 결국 본전이다.
I. F. 스톤

스톤의 비상한 기억력과 박학다식, 그리고 현대사의 핵심 문제를 포착하
는 역사적인 통찰력은 죽는 날까지 무뎌지지 않았다. 그는 분초를 다투는
신문사 마감시간에 익숙한 체질이었지만 소크라테스를 연구하면서 관심
의 폭이 넓어졌다. "아버지는 생의 말년에 좀더 학문적 연구를 하고 사상
을 깊이 천착하는 기회를 갖고 싶어하셨던 것 같습니다." 아들 크리스토
퍼의 증언이다.[1] 『소크라테스의 재판』이 출간된 이듬해에 스톤은 언론과
사상의 자유에 관한 대작을 집필할 생각이었다. 역시 스톤다운 진일보였
다. 그는 아들에게 정말 좋은 구상이 있는데 "아직은 비밀"이라며 낄낄거
렸다. 크리스토퍼는 슬픈 목소리로 "아버지가 그런 생각을 하신다는 것만
으로도 참 좋았어요…"라고 말했다. 크리스토퍼는 슬픔이 북받쳐 목이 메
었다. "그나마 위로가 되는 건 아버지가 새로운 일을 준비 중이셨고, 착수
직전까지 갔다는 것이지요."

직계가족 외에는 아무도 몰랐지만—부음 기사나 추모사에서도 이 부

분은 언급된 적이 없다—스톤은 대장암이 한창 진행 중이었다. 늘 그렇듯이 병에 관한 얘기는 금기였다. 미디어 평론가인 벤 배그디키언 교수 같은 친구들조차 그가 토론 도중에 황급히 화장실로 달려가는 것을 보고 세상의 잘못을 너무 심하게 질타하다 보니 갑자기 속이 안 좋아져서 그런 것이라고 생각했다. "아버지는 누군가 지구의 비밀을 밝히는 데 방해가 된다고 생각하셨는지 그 모든 문제들을 너무 오래 감추고 계셨어요." 크리스토퍼의 회고다. "설사와 위경련이 잦았습니다. 식사를 하고 나면 배가 아팠고. 보통 사람 같았으면 벌써 난리가 났을 상황이었지요."

81세의 스톤에게 신체적으로 가장 심각한 문제는 시력이었다. 그런데 다행히 백내장 수술이 잘 되어 효과를 보았다. 가족들이 볼 때 시력 문제는 이제 좀 덜해졌다. 스톤은 산책 거리를 줄이고 택시를 타기도 했다. 갑자기 찾아오는 위경련 때문이었다. 그런데도 그런 얘기를 의사한테는 하지 않았다. 그렇게 쉬쉬하는 사이 대장암은 계속 진행돼 결국 수술로써 상황을 확인해봐야 하는 지경이 됐다. 1989년 5월 22일 스톤은 대장암 수술을 받았다. 크리스토퍼의 증언. "심장이 안 좋은 상태는 아니었지만 언제든 위기가 닥칠 수 있기 때문에 대장암 수술진과 심장 수술진이 같이 대기했습니다." 스톤은 "유쾌하게" 수술을 이겨냈다. 스톤은 암이라는 얘기를 듣고도 놀라울 정도로 담담하게 받아들였다. 그는 암이어도 여러 해 더 사는 경우도 많다는 것을 알고 있었고, 새 책 집필 준비를 하고 있었다.

한 간호사는 스톤이 전신마취에서 깨어난 뒤 한 첫마디를 듣고 어안이 벙벙했다. "중국은 어떻게 돼가고 있습니까?" 스톤은 그해 봄에 터진 베이징 톈안먼天安門 시위 사건에 온 정신이 쏠려 있었다. 중국에서 학생들이 주도한 민주주의 요구 시위가 7주 동안 계속되면서 전 세계의 이목을 집중시켰다. 5월 4일 시위 때는 학생과 노동자 10만 명이 베이징에서 평화 행진을 하며 민주개혁을 요구하는 한편으로 정부의 부정부패에 항의했다. 그 2년 전에 이미 스톤은 백악관 앞에서 촛불을 들고 집회에 참여했다. 중국에서 싹트고 있는 민주주의 요구 움직임에 연대를 표시하기 위한 집회였다. "아버지는 베트남전 때 반전 시위를 한 미국 대학생들을 좋게만 보지는 않았어요. 하지만 중국 대학생들에 대해서는 전폭적으로 지지했지요. 하지만 내가 알기로는 그들의 민주주의 개념은 매우 모호했습니다. 빵을 달라는 사람도 많았으니까요." 크리스토퍼의 말을 더 들어보자. "어쨌든 아버지는 사태를 자세히 따져보려고 하지 않았어요. 베이징에서 자유의 이념이 터져나왔다는 자체가 '놀라운, 그야말로 놀라운' 일이라고 봤으니까요."[2]

크리스토퍼는 보스턴 브리검여성병원^{Brigham and Women's Hospital}에 입원 중인 아버지 간병을 위해 보스턴 공항에 도착했을 때 텔레비전 화면을 보았다. 깡마른 중국 청년이 탱크 앞을 가로막고 선 장면이었다. 그 순간 크리스토퍼는 아버지에게 "저게 바로 아버지 인생이었어요, 저게 바로 아버지예요!"라고 말해주고 싶었다.[3] 그러면 아버지는 흐뭇해할 것이고, 그 장면의 상징성을 충분히 납득할 것이라 생각했다.

그러나 스톤은 수술 후 며칠 동안 극심한 심장 통증을 겪었고, 중환자실에 들어가 있는 상태였다. 크리스토퍼가 전해주는 뉴스를 듣고도 평소와 달리 열광하지 못했다. 불길한 징조였다. 크리스토퍼는 입원 환자들의 용태는 식사를 잘하는가를 보면 짐작할 수 있다며 이렇게 말했다. "식욕이 회복되면 병세가 호전되고 있는 겁니다. 식욕이 떨어지면 곤란한 거지요. 아버지는 식욕이 떨어지면서 뉴스에 대한 관심도 떨어졌습니다." 평소 "뉴스라면 열 일 제치고 달려드는" 스톤으로서는 없던 일이었다. "뉴스를 분석하고 기록을 점검하고 급보를 살피는 것이 그분의 평소 일과였어요. 그런데 그런 갈증 같은 게 사라진 거죠." 의사들은 보통 맥박, 호흡, 체온, 혈압 같은 활력징후를 측정해서 환자의 상태를 진단한다. 반면에 스톤의 가족들은 좀더 구체적인 징후가 나타나기를 고대했다. "「뉴욕 타임스」1면을 북 찢으면서 '이걸 기사라고!' 하며 혀를 차는 게 평소 아버지 스타일이었지요. 그런데 안 그러시는 겁니다."

그렇게 신문은 통째로 쌓여갔고, 스톤에게는 생명 유지 장치나 마찬가지인 신문의 잉크 냄새는 여전했다. 그러다가 죽기 직전 마지막 일요일에 스톤은 딸에게 "「보스턴 글로브」 기사 좀 잘라 와라"라고 말했다. 6월 3일과 4일 중국 군대와 탱크들이 톈안먼 광장으로 밀고 들어와 시위대를 무력으로 진압했다. 광장 일대에서 피살된 민간인은 400명에서 수천 명으로 추산됐다. "아버지는 학생들이 희생되는 것에 대해 얘기를 할 수 있는 상황이 아니었어요. 아버지가 뉴스를 보지 못하게 막은 적은 없어요. 하지만 라디오를 듣다가 새로운 소식이 나와도 아버지한테 말해줄 수는 없었지요. 모든 게 너무도 고통스러웠습니다."[4]

1989년 6월 18일 이지 스톤은 심장마비로 사망했다. 향년 만 81세였다.

늘 그렇듯이 통신사 단말기는 베이징, 리마(페루), 로마, 런던, 파리 등등 세계 곳곳에서 들어온 급보를 쏟아내고 있었다. 그런데 보스턴에서도 한 건의 기사가 올라왔다. 스톤의 사망 소식이었다. 샌프란시스코에서는 시 감독위원회가 고인을 추모하는 뜻에서 다음날 회의를 취소했다. 이 얘기를 들었으면 스톤은 '무슨 그런 쓸데없는 일을 하느냐'며 웃고 말았을 것이다. 뉴욕과 워싱턴에서는 추도식이 열렸다. 여러 신문의 사설과 칼럼은 스톤에 대한 헌사로 넘쳤다. 그가 소련에 대해 오판했음을 보여주는 구절을 인용한 경우도 있었다. 일부 팬들은 그렇게 오랜 세월 스톤을 무시했던 주류 언론들이 뒤늦게 찬사를 보내는 것을 보고 지나친 위선이라고 여겼다. 「더 네이션」의 알렉산더 콕번은 "어떤 찬사는 역겨웠다"고 말했다.[5] "한국전쟁과 베트남전쟁 때 스톤이 상식을 깨는 중요한 통찰을 제시한 것에 대해서는 일절 언급하지 않던 주류 언론들이 갑자기 스톤을 감싸고 나섰다. 가끔 고집이 지나치기는 하지만 언론계의 양심이라고 할 인물이라는 식이었다. 마치 언론업계가 진짜 양심이 있고, 스톤 덕분에 그런 면에서 자신들도 꽤 괜찮아진 것처럼 행세한 것이다." 그러면서 여전히 "사실 관계를 교묘하게 얼버무렸다." 콕번은 주류 언론인들이 스톤의 이미지를 "훌륭한 인물" 정도로 순화시키는 것에 대해서도 날카롭게 비판했다. 스톤의 진정한 친구이자 비판적인 기자인 톰 위커도 콕번의 비판을 면치 못했다. 위커는 스톤이 "북베트남 폭격은 남베트남에서의 지상전 승리를 위한 조치였지만 효과를 보지 못했다"는 점을 스톤이 일찌감치 짚어냈다고 썼다. 이에 대해 콕번은 "틀렸다"며 그런 얘기를 한 것은 다른 기자들이었다고 주장했다. "스톤이 한 얘기는 그 전쟁은 일종의 범죄 행위이며, 미국은 당장 발을 빼라는 것이었다." 스톤은 항상 미국이 "어설프게 폭격을 함으로써 평화를 얻으려고 하는 것"은 군사적으로 어리석은 행동일 뿐 아니라 도덕적으로 잘못이라고 말했다.[6]

저널리스트이자 방송인인 엘리자베스 드루는 이지를 저널리즘의 위대한 "안개 절단자fog cutter"라고 칭했는데 그럴듯한 표현이다. 정부 쪽의 조작과 왜곡과 거짓말이라고 하는 안개를 다 걷어내고 진실을 드러내는 것이 그의 특기였기 때문이다. 스톤은 평소 국무부 청사 위치가 워싱턴의 포기 보텀(Foggy Bottom: '안개 낀 포토맥 강가 저지대'라는 뜻)이라는 아이러니를 좋아했다.

에스터에게 이지 없는 인생은 견딜 수 없는 것이었다. 그러나 남편에 대한 추억에 사로잡히는 많은 미망인들과 달리 에스터는 가까운 친구 및 가족과 왕래하며 조용한 생활을 이어간다. 특히 에스터를 끔찍이 돌봐준 것은 아들 제러미 내외로 매일같이 어머니를 찾아왔다. 이지가 죽은 지 11년 후인 2000년 11월 에스터는 메릴랜드 주 포토맥에 있는 노인요양원에서 사망했다. 향년 91세. 에스터는 작은 주간 신문이 20년 가까이 망하지 않도록 남편 못지않게 열정을 쏟았다. 아들 제러미의 표현에 따르면 에스터는 스톤의 "전문 비서이자 구독 및 판촉 담당 국장, 수석 요리사, 막일꾼"
이었다.[7]

스톤 사후 깊은 슬픔에 젖은 또 한 사람은 동서인 레너드 부딘이었다.
뉴욕에서 스톤의 팬 600명이 참석한 가운데 열린 추모식에서 그는 평소답
지 않게 평이한 추모사를 했다. 다만 이지를 "내가 아는 천재들 중에서 유
머 감각이 살아 있는 유일한 사람"이라고 칭함으로써 청중들을 미소 짓게
했다. 부딘은 이지의 화려한 경력 일부를 조문객들에게 소개했다. 켄트
주립대 발포 사건을 다룬 책을 쓴 일이며, 1941년 적성국인 독일에 물자
를 팔아먹은 미국 대기업들을 까발린 사건, "루스벨트 대통령은 주제 바
꾸기의 달인이다"처럼 잘근잘근 씹는 표현에 능했던 일 등등을 회고했다.
부딘은 또 "그는 도덕성이 탁월한 인간이었다. 온몸으로 용기를 발휘하기
도 했다"라고 말했다. 이스라엘 현지에 잠입해 전쟁 상황을 취재했던 일
을 두고 한 얘기다. 스톤은 "헌법에 빠삭했다. …대법원의 가장 큰 손실
가운데 하나는 이지를 대법관으로 맞이하지 못했다는 것이다. 그는 법률
지식이 탁월할 뿐 아니라 법관에게는 결여되기 쉬운 역사의식도 뛰어났
다. 또한 아무리 리버럴한 대법관도 넘보지 못할 명문장가였다." 부딘은
이지가 위대한 학자인 자기 삼촌 루이스 부딘과 대화를 나누던 때를 기억
했다. 당시 이지는 20대 초였다. "두 사람은 청년과 노인이지만 대등한 관
계로서 논할 수 없는 주제가 아무것도 없었다."

레너드 부딘과 이지 스톤은 동서지간으로는 극히 이례적인 관계였다.
수십 년 동안 대의를 위해 함께 행동했고, 집안 모임 때는 무슨 얘기든 서
로 지지 않으려고 했다. 두 사람은 엄청난 자존심과 재능이라는 면에서 서
로 잘 어울렸다. 「더 네이션」은 "어떤 기준으로 봐도 [부딘은] 당대의 가
장 위대한 인권 변호사 가운데 한 명이었다"고 평가했다.[8] "헌법의 모든
영역에 그의 흔적이 묻어 있다." 부딘과 스톤은 비상시민자유위원회[ECLC]
를 공동으로 설립했다. 스톤은 1950년대에 부딘 못지않게 민권 운동에 헌

신했고, 1958년 부딘과 함께 정치적인 이유로 여권 발급을 불허해서는 안 된다는 판결을 얻어냈다. 다른 변호사들이 매카시즘 피해자 변호를 외면할 때 부딘은 급진파가 아닌데도 그들의 사건을 떠맡았다. 이후에도 민권 운동 지도자와 베트남전 반대 운동가—벤저민 스포크와 대니얼 엘스버그, 줄리언 본드[1940~ . 미국의 민권 운동가, 정치인, 작가]와 폴 로브슨[1898~1976. 미국의 흑인 배우, 가수, 변호사, 민권 운동가] 등등—의 권리는 물론이고 아옌데 대통령 치하의 칠레와 쿠바 같은 좌파 정권들의 자유권을 옹호했다.

「더 네이션」이 지적했듯이 "1950년대에 부딘이 법률 분야에서 탁월했다"면 스톤은 저널리즘 분야에서 발군이었다. 스톤은 "혼자 뛰면서, 제도권 언론이 할 일을 하지 않던 시대에 중요한 공적인 가치들의 수호자로 활동했다."

"나중에는 둘이 아주 가까워졌어요." 남편 레너드와 사별한 뒤 진 부딘이 한 얘기다. "항상 같이 떠들고 농담하고 그랬지요. 남들 얘기를 하면서 재미있어 하곤 했는데 늘 서로 경쟁심이 강했어요." 스톤이 죽은 해 가을 레너드 부딘도 병석에 누웠다. 진 부딘의 회고. "레너드가 병원에 있을 때 내가 농담 삼아 마지막으로 한 말이 있어요. 그래도 아직 말을 알아들을 때였지요. '레너드, 이 말은 꼭 해주고 싶은데 이지랑 왜 그렇게 아옹다옹해요?' 그랬더니 그냥 웃더군요."

스톤이 죽고 나서 5개월 뒤에 레너드 부딘도 세상을 떠났다. 향년 77세. 역시 심장마비였다.

온갖 찬사 속에 떠난 지 20년 가까이 흐른 지금도 진지한 저널리스트들 사이에서 I. F. 스톤에 대한 존경심은 여전하다. 당시 큰 충격을 받았던 「워싱턴 포스트」편집국장 로버트 카이저[1943~]는 친구인 스톤에 대해 "저널리즘의 양상을 바꾸어놓았다"고 평했다. 그러나 우리가 지금까지 살펴본 것처럼 그런 평가가 정서적으로 널리 인정된 것은 전혀 아니다. 다만 스톤은 진정으로 변화를 만들어냈고, 언론에 새로운 영감을 주고 많은 훌륭한 저널리스트들에게 영향을 미쳤다. 그는 독자들에게 다수의 의견에 반기를 드는 신선한 통찰을 제공했다. 소수를 위해 발언했으며, 사람들의 생각을 바꿔놓는 데 기여했다. 그는 최고의 인재들조차도 조국이 베트남에서 하고 있는 일을 정당하다고 믿던 시절에 언론계에 건전한 회의의 정신을 불어넣었다. 당시에는 민권 운동의 정당성에 대해 고개를 갸우뚱하는 사람이 많았고, 팔레스타인인들에 대한 이스라엘의 접근 방식의 문제점을 제기하는 사람도 거의 없었다. 또 켄트 주립대와 잭슨 주립대(미시시피 주)에서 벌어진 공권력의 시위 과잉 진압 및 살인 행위에 대한 당국의 변명을 아무 의문 없이 받아들이던 시절이었다. 스톤은 마감시간에 임박해서도 어떤 정치적 행위가 미래에 어떤 결과를 야기할지 꿰뚫어보는 통찰력의 소유자였다. 그런 예측은 시간이 한참 흐른 뒤에 사실로 입증되기도 했지만 그 즉시 올바른 견해였음이 밝혀진 경우도 많았다.

선입견에 얽매이지 않는 스톤의 자유분방한 태도는 젊은 글쟁이들에게는 특히 매력적이었다. 스콧 암스트롱은 "이지는 우리에게 선물을 주었다. '끈기 있게 사람들을 설득해서 확신을 주는 것, 그것이야말로 저널리즘의 요체다'라는 것이다"라고 했다. 에릭 올터맨(1960~ . 미국의 미디어 비평가, 저널리스트, 작가)은 "그는 전통적인 지혜를 그대로 따르지 않음으로써 더불어 시간을 보낸 이들에게 회의의 정신을 심어주었다"고 평했다. 콜먼 매카시(1938~ . 미국의 저널리스트, 평화운동가)는 스톤을 "우리의 정신을 고양시키고, 우리가 미처 생각지 못했거나 치지도외했던 생각들을 다시 곱씹어보게 만드는 자극제 같은 인물"이라고 말했다. 잭 비티는 이렇게 평했다. "우리 모두가 그를 그토록 존경하는 것은 싸구려 주장이 난무하고, 꼼수를 쓰는 논객이 허다한 이 세상에서 이지야말로 진정으로 진심을 담아 말하고 글쓰고 했기 때문이다. 요즘 세상에 찾아보기 어려운 진실함 같은 게 있었다. 그는 결코 자기 입장을 무조건 옹호하려 하지 않았으며, 실수를 인정할 줄도 알았다."[9] 스톤의 시력이 나쁜 것은 그의 판단력 결핍을 말해주는 상징으로 거론되기도 한다. 나중에는 달라졌지만 젊은 시절 한때 소련을 아주 좋게 평한 것이 그런 사례다. 그러나 비티는 "한 눈으로 세상을 보는 듯한 때도 있었지만 대부분의 경우에는 놀라운 시력의 소유자였다"고 말했다.

실제로 스톤이 사망하기 몇 달 전 마지막으로 쓴 글은 러시아에 아직도 남아 있는 악습에 관한 것이었다. 이 역시 모든 사람들이 고르바초프의 개혁·개방 정책을 열렬히 환영하던 시점에 발표된 것이어서 대세를 거스르는 일이었다. "거의 집착이라고 할 만큼 스톤이 중시한 테마 가운데 하나는 소련에서 반정부 인사들을 박해하기 위해 정신의학을 오용하는 행위였습니다." 스톤의 글을 「뉴욕 리뷰 오브 북스」에 게재한 편집장 밥 실버스의 회고다.[10] 스톤은 세계의 정신의학자들을 강력히 비난하고 때로는 모욕도 주었다. 크렘린이 정치범을 정신병동에 수용하는 상황에 대해 "침묵으로 용인하는 범죄"를 저질렀다는 이유에서였다.

이 글은 이지가 「뉴욕 리뷰 오브 북스」에 쓴 70건의 칼럼—대개 역사와 현재를 비교하며 긴 호흡으로 소신을 밝힌 내용들이다—가운데 마지막 편이었다. 실버스가 스톤과 수인사를 나눈 것은 1955년 파리의 신문 가판대 앞에서였다. 당시 실버스는 가판대에서 「I. F. 스톤 위클리」를 찾고 있었다. 그에게는 스톤이 흑인 소년 에멧 틸 살해사건에 쏟아부은 열정과 미국이 끔찍한 인종차별과 맞서 싸우려면 흑인 간디가 필요하다고 열변을 토한 모습이 너무도 인상적이었다. 몇 년 후 실버스가 「하퍼스 매거진 Harper's Magazine」〔1850년 창간된 좌파 성향의 미국 월간 문예·정치평론지〕에 있을 때 상부에 스톤에게 마틴 루터 킹 목사 관련 기사를 쓰게 해보면 어떻겠느냐고 제안했다. "킹 목사야말로 이지가 원하는 간디 같은 인물로 보였기 때문이다." 그러나 편집장의 대답은 '노'였다. 이지는 "너무 교조적"이라는 게 이유였다. 실버스는 회고에서 "편집장이 완전히 틀렸다"고, 그런 식의 선입견이야말로 부당하다고 말했다. "미국의 흑인 간디를 주장하는 사람이 어떻게 교조적일 수 있느냐"는 얘기였다.

스톤은 죽기 몇 달 전까지도 「뉴욕 리뷰 오브 북스」에서 기사 주문이 오면 수습기자처럼 열심히 매달렸다. 그는 늘 몇 단어만, 몇 문단만 더 쓰게 해달라고 애걸하다시피 했다. 그러면서 독일에서 온 신문을 읽어보니, 또는 "튀니지의 젊은 노동운동 지도자들이 쓴 기사"를 보니 추가해야 할 중요한 논점이 더 있다는 식으로 이유를 댔다. 특히 변명 겸 다짐조로 "풀브라이트 기사식으로는 안 하겠다"는 약속을 꼭 덧붙였다. 「뉴욕 리뷰 오브 북스」에 쓴 윌리엄 풀브라이트 상원의원 관련 3부작 기사의 분량이 무려 1만 8,000 단어나 됐던 것을 두고 하는 얘기였다. 스톤은 베트남전 언론 보도 관련 기사도 처음으로 이 잡지에 썼다. 현재 「뉴욕 리뷰 오브 북스」는 또다른 전쟁에서 미국 언론들이 얼마나 엉터리였는지를 폭로하는 연재물을 게재함으로써 그런 전통을 이어가고 있다.

「더 네이션」은 스톤이 사망한 뒤 바로 대학생 언론에 수여하는 'I. F. 스톤 상'을 만들었다. 인권에 대한 헌신, 주류 미디어가 무시하는 부정과 부패나 파괴적인 사실의 폭로 같은 스톤의 유산을 청년들이 계승하기를 바라는 마음에서였다. 스톤 사후 다른 기관들도 그를 기리는 일을 많이 했다. 스톤 사후 12년 뒤에 UC 버클리[캘리포니아 대학 버클리 캠퍼스] 저널리즘 대학원은 'I. F. 스톤 기금'을 만들어 9·11 테러 이후 학내에서 운영되는 포럼을 지원했다. 이 기금은 컴퓨터 분야 기업가인 스티브 실버스틴이 기부한 것으로 인권 보도, 표현의 자유, 탐사 전문 보도 부문을 중심으로 연구비, 장학금, 인턴십 등을 지원한다. 실버스틴은 정치적으로도 활발히 활동하는 기업가로 젊은 시절 「I. F. 스톤 위클리」를 보고 깊은 감명을 받았다. 그는 스톤을 "진지한 문제를 본격적으로 물고 늘어지며, 사실관계

를 깊이 천착하고, 헛소리 같은 선전에 놀아나지 않는" 저널리스트라고 말한다.[11]

이런 차원에서 연구비나 강사비 지원을 받은 사람 중에는 로웰 버그먼, 바바라 에런라이크, 데이비드 리프, 조너선 머스키 같은 저명한 저널리스트가 많다. 특히 중국 전문가로 유명한 조너선 머스키는 "치밀한 조사 끝에 쓴 폭로물 때문에 나중에 중국에서 추방당한 특파원" 출신이다. 「뉴욕 리뷰 오브 북스」 고정 필진인 머스키는 "대학생 때 여름 몇 주 동안을 파이어 아일랜드의 스톤 별장에서 보내기도 했다"고 말했다. 머스키에 따르면 1965년 워싱턴에서 스톤과 함께 처음으로 교수-학생 대토론 집회에서 발언을 하게 돼 있었다. 각자에게 주어진 시간은 15분. 그런데 스톤이 갑자기 뛰어오더니 머스키 몫의 15분을 자기한테 달라고 부탁했다. 대단히 중요한 얘깃거리가 생겨서 30분은 돼야 한다는 것이었다. 후일 머스키의 회고. "이지니까 그런 식으로 나온 거지요. 나는 그분이 내 시간까지 써가며 열변을 토하는 것을 그저 감탄하며 바라봤습니다."[12] 머스키는 21세기 들어 스톤 기금의 연구비 지원을 받았다.

UC 버클리 노스 게이트 홀에는 스톤이 쓰던 낡은 검은색 타자기와 엘리너 루스벨트와 알베르트 아인슈타인한테서 받은 편지가 영구 전시돼 있다. 유리 상자에 들어 있는 유품들은 마치 고대 이집트 고분에서 출토된 유물 같은 느낌이다. UC 버클리 저널리즘 대학원장인 중국학자 오빌 셸은 학생들이 스톤의 유품을 보면서 스톤이라는 인물과 그의 업적에 대해 흥미를 갖고 배우는 계기가 되기를 바라고 있다.

오빌 셸 같은 대학원장과 「뉴욕 리뷰 오브 북스」의 마크 대너 같은 저널리스트 출신 객원 연구원들이 있는 한 젊은 학생들은 진정한 보도라는 게 뭔지를 제대로 배울 수 있을 것이다. 저널리스트 마이클 매싱은 탁월한 평론집 『이제 그들이 답할 차례다: 미국 언론과 이라크』에서 "보이지 않는 전쟁"이라고 하는 문제를 파헤쳤다. 그런 표현을 쓴 것은 언론 보도가 정부의 검열 때문에, 또 통킹 만 사건 날조 같은 일은 깡그리 잊고 자기 검열과 대세 편승이 습관이 된 기자들 때문에 전쟁의 실상을 제대로 포착하지 못하기 때문이다. 이 책의 서문을 쓴 오빌 셸은 언론을 격렬히 비난한다. "소수의 예외를 제외하고는" 미국 행정부가 이라크 침공에 앞서 전쟁 개시의 빌미로 제시한 사실관계를 철저히 따져보지도 않았고, "그 이후에도 여러 가지 과오"를 저질렀다는 것이다. 지금 보면 우리는 참담하게도 스톤이 변방에서 떠들던 시절로 다시 돌아와 있는 것 같다. "문제를 제기하는 극소수의 목소리는 미디어의 주변부로 완전히 밀려났다"는 게 셸의 진단이다.[13]

셸은 "정부에 대해 알고 싶다면 반드시 먼저 알아두어야 할 것은 '모든 정부는 거짓말을 한다'는 것이다"라는 I. F. 스톤의 경고를 기억하는 미디어 종사자가 거의 없다고 꼬집었다.

스톤을 중상하고 비방하는 사람들이 사실관계를 얼마나 잘못 알고 있는지를 잘 보여주는 것이「뉴 리퍼블릭」에 실린 조롱조의 무기명 부음 기사 끝부분이다. "나이가 들면서 결국 그는 자신이 이룬 최고의 업적—사실의 천착과 탐색, 논쟁, 공식 문건을 마음껏 활용해 정부의 허위를 논박하는 작업 등등—도 모두 자신이 살았던 이 사회 특유의 개방성 때문에 가능했다는 사실을 깨달았을 것이다."[14]

이는 이런 바보 같은 기사를 쓴 사람이 태어나기 훨씬 전부터 이미 스톤이 알고 있던 얘기다. 그는 생각하고 싶은 대로 생각하고 말하고 싶은 대로 말할 수 있는 미국의 자유를 늘 찬미했다. 그래서 그런 자유를 파괴하려는 자들에 맞서 그토록 열정적으로 싸운 것이다.

이것이 바로 우리가 그를 기억해야 할 이유다.

감사의 말

이 책을 완성하기까지 사랑하는 남편 잭 고든[1922~2005. 사회운동가로 플로리다 주 상원의원을 지냈다]은 내게 한없는 사랑과 격려를 아끼지 않았다. 우리 부부는 이지 스톤과 한 살림을 사는 것이나 마찬가지였다. 남편은 그런 불편한 동거를 잘 참아주었다. 우리 셋은 정의를 위해 싸우고 문제에 대해 현명하고 위트 있게 접근한다는 점에서 '하나'였다. 잭은 정치 인생의 위기를 감수하면서까지 불굴의 용기로 매카시즘과 싸웠다. 민권과 자유를 추구했고, 여성 평등과 교육 제도 개선, 빈민 지원 프로그램 도입, 베트남전쟁 종식을 위해 노력했다. 일찍부터 「I. F. 스톤 위클리」를 구독했던 잭은 내가 좌절할 때도 '당신이 쓰는 책은 정말 중요하다'며 끝까지 힘을 북돋워주었다. 그의 한없는 격려와 애정과 사랑과 도움이 없었다면 나는 이 책을 완성하지 못했을 것이다.

원고가 끝난 시점에 잭은 사랑하는 우리들 곁을 떠났다. 비극이고 충격이었다. 초겨울 저녁 집 근처에서 산책을 하던 잭은 갑자기 달려든 차에 치여 숨을 거뒀다.

이 책에 실수와 오판이 있다면 그것은 모두 필자인 나의 책임이다. 그러나 좋은 점이 있다면 그것은 모두 사랑했던 그이의 덕이다.

스톤 선생의 가족들에게도 정말 많은 도움을 받았다. 특히 이지의 동생인 루와 주디, 딸 실리아와 아들 크리스토퍼에게 감사한다. 이들은 너무 많은 시간을 내주었고, 집안에서 보관 중인 소중한 자료를 제공해주었다. 특히 편지와 사진, 루가 쓴 재미난 가족사 이야기, 얼마 전 고인이 된 남동생 마크의 미완성 회고록 등이 큰 도움이 되었다. 스톤 집안 사람들은 유전적으로 마음이 따뜻하고 머리가 총명하며 남들과 잘 어울린다. 그런 점에서 이지도 예외가 아니었다.

개인적으로 인터뷰를 통해 접한 일화들은 1989년 스톤 사망 이후 스톤 일가에게 전해진 각종 기록들을 통해서 더욱 풍부해졌다. 뉴욕과 워싱턴에서 열린 추도식에서 레너드 부딘, 빅터 나바스키, 크리스토퍼 스톤, 실리아 길버트, 밥 실버스 같은 일가친지들이 흥미로운 추억을 소개했다. 특히 해든필드향토사학회 더글러스 라우셴버거 사무국장은 스톤이 열네 살 때 만든 「진보」지를 내주었다. 값으로 따질 수 없을 만큼 귀중한 자료다.

워싱턴에 살 때 이지와 에스터 부부를 이웃으로 알고 지낸 것도 내게는 행운이었다. 「워싱턴 포스트」에 스톤 부부 얘기를 쓰기 위해 인터뷰한 적도 있고, 그의 얘기를 직접 들을 기회도 많았다.

역사학자이자 미디어 평론가, 작가인 토드 기틀린은 이지와의 개인적인 인연은 물론이고 가까이서 지켜본 그의 모습에 관해 많은 얘기를 해주었다. 특히 미공개 이지 인터뷰 녹음테이프는 내게는 정말 고마운 선물이었다. 그것을 통해 글로만 접하던 이지의 진면목을 새롭게 들여다볼 수 있었다. 빌 토머스가 준 「볼티모어 선」 기고용 이시 인터뷰 테이프 가운데 '미공개 부분'도 큰 도움이 되었다.

세상에서 글을 쓰기 가장 좋은 곳은 이탈리아의 벨라지오일 것이다. 낙원이 따로 없다. 1992년 나는 그곳에서 포드 재단 벨라지오 센터 방문연구원으로 지내는 행운을 얻었다. 그 덕분에 1930년대에 관한 장을 집필할 수 있었다. 재단 뉴욕 본부 사무국장 수전 가필드 선생, 이탈리아 책임자인 지아나 첼리 선생께 감사의 말씀을 전한다.

집필 과정에서 수많은 책의 도움을 받았다. 그 목록은 참고문헌에 올렸다. 가장 중요한 자료는 역시 이지가 수십 년 동안 쓴 칼럼과 책들이다. 심오한 사상과 온갖 주제와 다채로운 견해가 넘실대는 그 수많은 주옥같은 글들 중에서 가장 훌륭한 것을 선별하는 일은 그야말로 어려운 작업이었다. 그때 결정적인 참고가 된 세 권의 책을 특별히 언급하고자 한다.

앤드루 패트너의 『I. F. 스톤 전기』는 작지만 보석 같은 책이다. 패트너는 스톤 인터뷰에 적절한 편집과 코멘트를 가미해 이지의 본질을 잘 드러냈다. 패트너의 전기가 없었다면 나의 책은 엉성하게 끝이 나고 말았을 것이다. 로버트 코트렐의 1992년 작 『이지: I. F. 스톤 전기Izzy: A Biography of I. F. Stone』는 박사학위 논문을 증보한 것으로 치밀한 연구를 통해 스톤에 대한 깊은 통찰을 제공한다. 역사학자 로널드 스틸이 쓴 월터 리프먼 전기는 리프먼과 스톤의 저널리즘 접근 방식을 인사이더 형과 아웃사이더 형으로 대비할 때 많은 참고가 되었다.

또다른 세 권의 책, 데이비드 핼버스탬의 『언론계의 권력자들The Powers That Be』과 리처드 클루거의 『신문The Paper』, 그리고 종군기자와 전쟁 보도를 다룬 필립 나이틀리의 역작 『최초의 희생자』는 20세기 미디어의 역사를 이해하는 데 특히 많은 도움이 되었다.

스톤의 조수였던 앤디 무어선드는 과거의 경험담과 함께 조지타운 서점(메릴랜드 주 베데스다 소재)을 운영하면서 수집해놓은 좌파 관련 '골동품들'을 제공해주었다. 앤디 덕분에 「I. F. 스톤 위클리」 거의 전 호와 수많은 「PM」 원본, 「포춘」과 「콜리어스 위클리」 옛날 과월호들, 그리고 스톤의 저서 『평상시처럼』의 1941년도 초판본을 확보할 수 있었다.

냉전 시대에 관한 연구는 20세기 말 러시아, 중국, 북한의 기밀문서들이 쏟아져 나오면서 새로운 전기를 맞았다. 우드로 윌슨 연구소의 냉전사 프로젝트는 괄목할 만한 자료로 한국전쟁에 대한 새로운 차원의 설명까지 가능한 내용이다. 20세기 초부터 1940년대 중반까지 소련 KGB 메모를 암호 해독한 베노나 파일은 1995~96년 CIA에 의해 공개됨으로써 미국 정부 내 소련 스파이 활동의 양상을 새롭게 들여다보게 했다. 그리고 나는 J. 에드거 후버 FBI 국장에게도 감사한다. 그가 스톤을 집요하게 괴롭히지 않았다면 5,000쪽이나 되는 이지 관련 자료는 이 세상에 없었을 것이다. 나는 정보공개법을 통해 CIA, 국무부, 여권국, 육군성, 공군성, 우정청으로부터도 스톤 관련 기록을 입수했는데 그중 다수가 FBI 파일에 이미 들어 있는 내용이었다.

20세기 저널리즘의 현장을 누빈 훌륭한 언론인, 작가, 역사학자, 그리고 스톤 가족의 친구들을 인터뷰한 것도 나로서는 행운이었다. 돌아가신 분도 적지 않아 안타깝다. 그분들은 아낌없이 시간을 내 이지에 관한 얘기를 들려주었다.

빌 코바치, 제임스 디킨슨, 니컬러스 본 호프먼, 스콧 암스트롱, 헬렌 토머스, 스터즈 터클은 초고를 읽고 현명하고도 귀중한 조언을 해주었다.

개인적으로 인터뷰에 응해주신 분들 명단을 나열하는 것으로 다시 한 번 감사의 뜻을 전한다. 마틴 아그론스키, 사라 올펀, 가 알페로비츠, 매들린 앰곳, 패트릭 앤더슨, 스콧 암스트롱, 벤 배그디키언, 빌 베일리, 해리엇 배스킨, 잭 비티, 앨 번스타인과 실비아 번스타인, 칼 번스타인, 바바라 빅, 카이 버드, 진 부딘, 벤 브래들리, 데이비드 브링클리, 펠리시티 브라이언, 노엘 버크너 주니어, 질 리트 캐프런, 아서 콕스, 브루스 크레이그, 밥 커니프, 헬렌 더드맨과 리처드 더드맨, 대니얼 엘스버그, 도로시 폴, 마가렛 하텔 패링턴, 존 헨리 포크, 줄스 파이퍼, 존 케네스 갤브레이스, 토드 기틀린, 샘 그래프턴, 윌리엄 그라이더, 베른트 그라이너, 도로

시 힐리, 조지프 헬러, 크리스토퍼 히친스, 맥스 홀런드, 로이 후프스, 어빙 하우, 토비 잉거솔, 몰리 아이빈스, 로버트 카이저, 올레그 칼루긴, 스탠리 카노우, 셜리 카챈더, 머레이 켐프튼, 펜 킴볼, 어윈 크놀, 맥스 러너, 버나드 라운 박사, 크리스토퍼 라이든, 콜먼 매카시, 모턴 민츠, 리처드 무스, 앤디 무어선드, 척 나탄슨, 빅터 나바스키, 코너 크루즈 오브라이언, 피터 오스노스, 루비 피어슨, 찰리 피터스, 밥 피어포인트, 월터 핑커스, 러더퍼드 포우츠, 셜리 포비치, 데이비드 프렌스키, 피터 프링글, 빅터 라비노위츠, 마커스 라스킨, 조지프 라우, 더글러스 라우셴버거, 잭 레이먼드, 제임스 레스턴, 루스 로젠, 해리슨 솔즈베리, 조지 셀즈, 로버트 셰릴, 루스 스몰버그, 앨 스피백, 래리 스피백, 크리스토퍼 스톤, 앤 스톤, 제시카 스톤, 주디 스톤, 루이스 스톤, 디나 스톤, 폴 스위지, 헬렌 토머스, 밀드레드 트라우베, 존 밴더체크, 주디스 바이어스트, 니컬러스 본 호프먼, 조지 부르나스, 마이클 와츠, 레이 와이머, 로저 윌킨스, 개리 윌스, 조지 윌슨, 토머스 윈십.

이지의 목소리와 모습은 여러 테이프와 텔레비전 녹화 동영상에 보존돼 있다. 그중 가장 인상적인 것이 1973년 제리 브룩 주니어가 제작한 다큐멘터리 〈I. F. 스톤 위클리〉다. 스톤은 정치인 휴이 롱을 다룬 PBS 다큐멘터리에도 나왔고, 의회도서관에서 진행된 라디오 시절 〈언론과의 만남〉에도 여러 차례 출연했다. ABC TV에서 하는 〈딕 캐빗 쇼〉 인터뷰에도 단골손님이었다. 특히 그의 목소리는 논서치Nonesuch 레이블로 발매된(1996년 6월 4일) 크로노스 사중주단의 《하울 유에스에이Howl U.S.A.》 중 〈냉전 조곡組曲Cold War Suite from How It Happens〉에도 등장한다. 나는 이런 자료들 외에 말년인 1988년 내셔널 프레스 클럽, 뉴욕의 네이션 인스티튜트The Nation Institute[비영리 언론 연구·지원 기관], 샌프란시스코시 예술·교양 강좌에서 그가 했던 강연들도 참고했다.

내가 이 책을 시작한 1990년, 의회도서관에서 곰팡내 나는 옛날 신문철을 뒤지며 자료조사를 도와준 젊은이들이 있었다. 그들은 후일 각자의 분야에서 번듯하게 자리를 잡았는데 특히 챈텔 보타나, 에드 프레스먼, 로어 데몬곳, 제시 모스칼에게 감사하고 싶다. 미디어 관련 웹사이트와 각종 신문 잡지를 기반으로 활동하면서 정치인과 미디어가 벌이는 온갖 '뻘짓'에 대해 비판하고 책임을 따지는 글쟁이들에게도 경의를 표한다. 그들이야말로 I. F. 스톤의 정신을 이어받고 있다. 중요 자료 발굴에 도움을 준 안드레 캐로더스 역시 스톤의 추종자다.

올웬 프라이스를 비롯한 「워싱턴 포스트」 정리팀은 산만한 인터뷰들을 깔끔하게 타이핑해주었다. 셜리 쿰스는 참고문헌 정리를 도와주었다.

편집자 리사 드루는 이번으로 세번째 내 책 편집을 담당했다. 그런 열정과 실력을 가진 편집자는 업계에 또 없을 것이라고 생각한다. 그녀가 은퇴한다면 출판계로서는 큰 손실이 될 것이다. 리사와 편집부 직원 사만타 마틴에게 깊은 감사의 뜻을 전한다.

나는 오늘날의 매스 미디어에 대해 비판적이지만 그래도 종이 저널리즘의 황금기에 현장을 뛴 것은 일종의 특혜였다. 「워싱턴 포스트」의 전설적인 스포츠 담당 기자 셜리 포비치가 어느 날 내게 한 전화가 나의 인생을 바꾸어놓았다. 디트로이트에서 활동하던 나는 그 전화를 받고 지금은 폐간된 「워싱턴 스타Washington Star」로 자리를 옮겼다. 거기서 사회부장으로 모신 분이 시드니 엡스타인으로 팩트를 물어오라고 무섭게 닦달하는 '훈련 교관'이었다. 이어 「뉴욕 타임스」에서 후일 주필이 되는 샬롯 커티스 밑에서 잠깐 일했고, 벤 브래들리 편집국장 눈에 들어 「워싱턴 포스트」로 옮겼다. 1968년부터 1991년까지 23년 동안 「워싱턴 포스트」는 나의 집이나 마찬가지였다. 브래들리 국장은 그야말로 최고의 편집국장이다. 불같이 무섭지만 공정했다. 「로스앤젤레스 타임스」 편집국장을 지낸 셸비 코피가 초고를 다듬어줬고, 유진 패터슨은 늘 격려의 말을 아끼지 않았다. 평생을 살면서 나는 의식 있고 헌신적이며 재미를 즐기는 동료들과 일하면서 참으로 즐거웠고, 많은 것을 배웠다. 그런 동료들이 너무 많아 이 자리에서 일일이 거명할 수 없는 것이 아쉽다.

끝으로, 인생은 연구와 집필이 전부가 아니라는 사실을 늘 일깨워준 친구들과 가족에게 감사의 마음을 표하고 싶다. 특히 나의 에이전트인 로널드 골드파브, 니컬러스 본 호프먼, 샤론 알페로비츠와 가 알페로비츠, 멜라니 소머스와 조녀선 고든, 마이클 시글, 리아 시글과 에릭 로어, 캐롤 햄프턴, 루스 깁슨, 몰리 디킨슨과 짐 디킨슨, 캐시 와일러와 리처드 럼랜드, 재닛 도노반, 도로시 폴, 노먼 마크와 그레이스 마크, 마시나 카워트, 게일 호지스와 척 호지스에게 감사한다.

이 책을 쓰는 동안 새로 태어난 두 손주 덕분에 배꼽을 잡는 일이 한두 번이 아니었다. 덕분에 온갖 시름을 잊을 수 있었다. 녀석들에게도 고맙다는 말을 전한다.

주석

자주 사용하는 인명, 신문 제호, 책 제목은 아래 약자로 표기했다.

IFS—I. F. Stone(I. F. 스톤/이지 스톤)

CG—Celia Gilbert(실리아 길버트)

CS—Christopher Stone(크리스토퍼 스톤)

JJS—Jeremy Jay Stone(제러미 제이 스톤)

LS—Lou Stone(루 스톤)

JS—Judy Stone(주디 스톤)

MM—Myra MacPherson(마이라 맥피어슨)

Steel, *Lippmann*—Ronald Steel, *Walter Lippmann and the American Century*

Patner, *Portrait*—Andrew Patner, *I. F. Stone: A Portrait*

Cottrell, *Izzy*—Robert Cottrell, *Izzy: A Biography of I. F. Stone*

Stern, *Maverick*—J. David Stern, *Memoirs of a Maverick Publisher*

Record—*Philadelphia Record*

Post—*New York Post*

Compass—*New York Daily Compass*

Review—*New York Review of Books*

Torment—*In a Time of Torment*. 「뉴욕 리뷰 오브 북스」에 실린 이지 스톤의 칼럼, 기사 모음집.

Haunted Fifties—「데일리 컴퍼스」와 「I. F. 스톤 위클리」에 쓴 이지 스톤 칼럼 모음집.

Polemics—*Polemics and Prophecies*. 「I. F. 스톤 위클리」 폐간 이후 「뉴욕 리뷰 오브 북스」를 비롯한 신문·잡지에 쓴 이지 스톤의 칼럼, 기사 모음집.

The Weekly Reader—*I. F. Stone's Weekly Reader*. 「I. F. 스톤 위클리」 선집.

The Weekly—저자가 확보한 「I. F. 스톤 위클리」 원본 컬렉션.

스톤이 「I. F. 스톤 위클리」에 쓴 칼럼의 게재 날짜는 주석이나 본문에 밝혀놓았다.

FBI 스톤 사찰 파일: 40년에 걸쳐 작성한 이지 스톤 사찰 기록은 일련번호가 제각각으로 돼 있다. 1990년부터 2002년까지 필자에게 공개된 기록은 시간대가 뒤죽박죽인 경우가 많고 일관된 순서도 없다. 거의 5,000쪽 분량인데 반복되거나 축약·정리된 부분, 또는 '분실' 표시된 대목이 많다. 따라서 파일 원본에 찍힌 일련번호를 적시하는 것은 특정 부분 확인에 아무 도움도 되지 않는다. 필자는 스톤 파일을 메모가 된 날짜나 메모에 언급된 사건이 일어난 시간에 따라 분류했다. 관련 내용은 책 본문에 서술하거나 주석에 밝혀놓았다. 필자가 「워싱턴 포스트」 1994년 8월 21일자 Outlook section, C-1과 「워싱턴 스펙테이터」 1995년 7월호에 발표한 'The Secret War Against I. F. Stone(I. F. 스톤을 잡아라)'에도 파일 내용을 일부 소개했다.
참고: 필자의 정보 공개 요구 건에 부여된 문서 번호는 FOIPA No. 335,111이다. 필자는 지나치게 축약됐거나 분실됐다는 부분에 대해 당국에 수년간 여러 차례 공개를 촉구했으나 큰 성과를 보지는 못했다.

서론. 이지 스톤: 우리 시대 참언론인의 초상

1) Roth, *Plot Against America*.

2) 스콧 존슨이 크로노스 사중주단 연주곡에 넣은 I. F. 스톤의 목소리는 라디오 출연 발언과 포드 홀 포럼 강연으로 공영 라디오 NPR(1983년 4월 12일)에 소개된 부분이다. Kronos Quartet, *Howl U.S.A.*, Nonesuch label, 1996년 6월 4일, "Cold War Suite from How It Happens(The Voice of I. F. Stone)."

3) Felicity Barringer, "Journalism's Greatest Hits: Two Lists of a Century's Top Stories," *New York Times*, 1999년 3월 1일.

4) Michael Cross-Barnet, "The New York Times Shafted My Father," *Los Angeles Times*, 2005년 6월 26일.

5) Stone, *Truman Era*, xxiv쪽, 1952년 12월 8일.

6) IFS, Herbst Theater, San Francisco, 1988년 2월 5일. City Arts and Lecture, Inc.가 제공한 오디오테이프에서.

7) Stone, *Truman Era*, 110쪽, "Free Speech Is Worth the Risk," *Compass*, 1949년 5월 18일.

8) Murray Kempton이 MM에게 한 증언, 1991년 8월 25일.

9) James Reston이 MM에게 한 증언, 1990년 11월 12일.

10) Nicholas Von Hoffman의 언급은 수년간 여러 차례 필자와 한 인터뷰 및 그가 보내준 이메일(2005년 6월 19일)에서 인용한 것이다.

11) Koppel on *Nightline*, 1989년 9월 27일 ; Lee and Solomon, *Unreliable Sources*, 337쪽.

12) Patner, *Portrait*, 101쪽.

13) Bill Plante, PublicEye, CBSNews.com, 2007년 8월 14일.

14) Stone, *Truman Era*, xviii쪽.

15) Armstrong이 MM에게 한 증언, 1990년 1월 20일.

16) Ivins, *Who Let the Dogs In?*, xvii쪽.

17) Bill Thomas가 「볼티모어 선」(1983년 1월 2일)을 위해 IFS와 한 인터뷰 가운데 미인용 부분. 토머스는 이 인터뷰 테이프를 MM에게 제공했다.

18) Reston이 MM에게 한 증언, 1990년 11월 12일.

19) IFS가 MM에게 한 증언, 그리고 *Washington Post*, 1979년 7월 9일.

20) Lydon이 MM에게 보낸 이메일, 2004년 8월 3일.

21) IFS, S.F. speech, 1988년 2월 5일.

22) IFS, San Francisco City Arts and Lecture Series, 1988년 2월 4일.

23) Knoll이 MM에게 한 증언, 1990년 5월 25일.

24) IFS, S.F. speech, 1988년 2월 5일.

25) Bill Moyers, National Conference on Media Reform, 2007년 1월 12일.

26) *American Morning*, 2004년 3월 31일. Transcript number 033102CN.V74 CNN.

27) "'토킹 포인츠 메모'는 부시 행정부가 연방 검사 8명을 해고한 사건을 특종 보도했다. 이는 웹을 기반으로 한 필자들이 헌신적인 독자들의 제보에 힘입어 저널리즘을 새롭게 발전시키고 있다는 증거다." Terry McDermott, *Los Angeles Times*, 2007년 3월 17일. 〔의견을 올리거나 기사를 싣는 등 맹활약 중인 수많은 블로그를 이 자리에서 모두 소개할 수는 없다. 몇 개만 꼽아보자면 AlterNet, Daily Kos, The Huffington Post, Salon.com, Amerika.com, TruthOut, Truthdig, EFF, Deep Links, MoveOn.org. 등이 주목할 만하다. 소개 못한 블로그들에게는 양해를 구한다.〕

28) Ivins가 2004년 MM에게 한 증언.

29) Nat Hentoff, *Washington Post*, 1989년 6월 24일 ; Hentoff, *Editor & Publisher*, 1989년 5월 26일.

30) Stone, S.F. speech, 1988년 2월 5일.

1부 | 반골 기자의 탄생

1. 미국에 오다

1) CS가 MM에게 한 증언, 1990년 12월, 1991년 8월 31일.

2) Serge, *Memoirs of a Revolutionary*, 1쪽.

3) Sachar, *Course of Modern Jewish History*, 281-285쪽.

4) 위의 책, 285쪽.

5) 위의 책, 286-288쪽.

6) 키시네프 유대인 대학살의 자세한 내용은 위의 책, 287쪽.

7) 스톤/파인슈타인 가족사는 스톤의 동생 루와 마크가 쓴 가족사 "The Family" ; 마크의 미출간 회고록 ; 아들 크리스토퍼, 동생 루 부부, 여동생 주디 스톤, (이지의 큰아버지 슈메르의 손녀인) 해리엇 배스킨, 해든필드향토사학회 사무국장과의 여러 차례 인터뷰를 종합해 구성했다.

8) 러시아 유대인의 역사에 대해서는 Chamberlin, *Soviet Russia* ; Sachar, *Course of Modern Jewish History* ; Aleichem, *In the Storm* ; Singer, *Love and Exile* ; Howe, *World of Our Fathers* 등을 참고했다.

9) Aleichem, *In the Storm*, 206-207쪽 ; "America," 214-215쪽.

10) Howe, *World of Our Fathers*.

11) 위의 책.

12) Birmingham, "Our Crowd," 292쪽.

13) Beard and Beard, *New Basic History*, 379쪽.

14) Cook, *The Muckrakers*.

15) Costello and Feldstein, *Ordeal of Assimilation*.

16) Birmingham, "Our Crowd," 35쪽.

2. 어린 시절

1) Derek Shearer, *In These Times*, 1978년 6월 13일.

2) Jack Beatty가 MM에게 한 증언, 1991년 1월.

3) IFS가 MM에게 한 증언, *Washington Post*, 1979년 7월 9일.

4) Ernest Jones, *The Life and Work of Sigmund Freud*, vol. 1 (1953 ; repr. New York : Basic Books, 1981), 5쪽.

5) 스톤의 가족사와 해든필드 시절 이야기는 LS, "The Family"(1987년 미출간 가족사); MM의 LS 인터뷰(1989~91년); MM의 JS 인터뷰(1990년 7월 9일) 및 여러 차례의 대화; MM의 해든필드향토사학회 사무국장 Douglas B. Rauschenberger 인터뷰(1991년 2월 1일)를 토대로 서술했다. 루와 주디 스톤의 언급은 모두 MM과의 인터뷰에서 발언한 내용이다.

6) Patner, *Portrait*, 117쪽.

7) LS가 MM에게 한 증언, 1989년과 "The Family" 참조.

8) Raskin이 MM에게 한 증언, 1989년 12월 4일.

9) JS가 MM에게 한 증언, 1990년 7월 9일.

10) Dick Polman, *Philadelphia Inquirer, Daily Magazine*, 1988년 1월 28일.

11) IFS가 MM에게 한 증언, *Washington Post*, 1979년 7월 9일; "Portrait of a Man Reading," *Washington Post Book World*, 1971년 2월 14일.

12) IFS가 MM에게 한 증언, *Washington Post*, 1979년 7월 9일.

13) *Washington Post Book World*, 1971년 2월 14일.

14) Patner, *Portrait*, 9쪽.

15) 위의 책.

16) LS가 MM에게 한 증언, 1990년.

17) LS가 MM에게 한 증언, 1990년.

18) Patner, *Portrait*, 118쪽.

19) CG가 MM에게 한 증언, 2005년 10월 24일 이메일.

20) LS가 MM에게 한 증언.

21) LS가 MM에게 한 증언.

22) *Washington Post Book World*, 1971년 2월 14일.

23) 외국 기자 Nils Gunnar Nilsson이 스톤 추모와 관련해 쓴 글에서.

24) LS, *Family Flyer* bulletin; LS가 MM에게 한 증언.

25) Hertzberg, *Jews in America*, 196쪽.

26) Patner, *Portrait*, 118쪽.

27) 위의 책, 36쪽.

28) Hertzberg, *Jews in America*, 197, 203쪽.

29) 위의 책, 198쪽.

30) "The Family."

31) LS가 MM에게 한 증언; "The Family."

32) LS가 MM에게 한 증언.

33) Marc Stone, 미출간 회고록; LS가 MM에게 한 증언.

34) Patner, *Portrait*, 161쪽.

35) Farrington이 MM에게 한 증언, 1990년 2월 11일. 패링턴의 언급은 모두 이 인터뷰에서 한 얘기다.

36) *Washington Post Book World*, 1971년 2월 14일.

37) 스톤은 여러 글에서 52명 중 49등으로 졸업했다고 밝혔다. 그러나 해든필드 고등학교 졸업 기념 앨범에는 학급 인원이 56명으로 돼 있다. 그러면 '뒤에서 3등'은 등수가 더 밀린다.

38) IFS가 MM에게 한 증언, *Washington Post*, 1979년 7월 9일.

39) IFS가 MM에게 전화로 알려준 내용, 1988년 3월 8일.

40) *New York Times*, 1971년 12월 7일, 43면.

41) CS가 MM에게 한 증언, 1991년 8월 31일. CS의 언급은 모두 MM과의 인터뷰에서 한 말이다.

42) IFS가 MM에게 한 증언, 1979년 7월.

43) Raskin이 MM에게 한 증언, 1990년 5월.

44) "I. F. Stone Talks to Joe Pichirallo," *Washington Post*, 1985년 1월 13일.

45) MM, *Washington Post*, 1979년 7월 9일.

46) Jill Lit Stern의 딸 Jill Capron이 MM에게 한 증언, 1991년 1월 29일.

47) Jill Capron이 MM에게 한 증언. 이 얘기는 스턴 집안과 스톤 집안에서는 이미 전설이 됐다. 전하는 사람마다 버전이 조금씩 달라 스피노자 얘기가 빠지는 경우도 있지만 이지가 13세였다는 점은 공통된다.

3. 소년 신문 발행인

1) Jill Capron이 MM에게 한 증언, 1991년 1월 29일. "동화주의" 관련 내용은 LS가 MM에게 한 증언.

2) Stern, *Maverick*.

3) *Washington Post Book World*, 1971년 2월 14일.

4) Kaplan, *Whitman*, 102쪽.

5) 위의 책, 103쪽.

6) IFS와 MM의 대화, 1979년 7월.

7) *The Progress*에서 인용. 신문 원본은 Historical Society of Haddonfield 제공.

8) Todd Gitlin과의 1985년 미출간 인터뷰에서.

9) Moynihan, *Secrecy*.

10) Stone, *Truman Era*, xviii쪽.

11) Stan Isaacs, *Newsday*, 1968년 1월 20일.

12) Stan Isaacs, *Newsday*, 1968년 1월 29일.

13) Bill Thomas, *Baltimore Sun*, 1983년 1월 2일.

14) *Washington Post Book World*, 1971년 2월 14일.

15) LS가 MM에게 제공한 IFS의 편지.

16) "Stone Talks Pichirallo," 1985년 1월 13일, MM 1979년 7월.

17) Pells, *Radical Visions*, 4쪽.

18) IFS가 Todd Gitlin에게 한 증언. 증언을 담은 미출간 인터뷰 테이프(1985년 12월)는 기틀린이 MM에게 제공했다.

19) IFS가 Todd Gitlin에게 한 증언.(1985년 12월)

20) Aaron, *Writers on the Left*, 59쪽. 크로포트킨 관련 내용은 이 책에서 인용했다.

21) 위의 책.

22) Ashley Montagu, Pyetr Kropotkin, *Mutual Aid*의 서문에 인용된 크로포트킨의 발언.

23) Knightley, *First Casualty*는 1차 대전 말과 러시아 혁명 초기에 미국 신문들이 보인 행태를 생생하게 전한다.

24) Kamenka, *Portable Karl Marx*.

25) David McLellan, *Karl Marx: An Intimate Biography*(New York: Harper & Row, 1973); Heilbroner, *Worldly Philosophers*, 151쪽에서 재인용.

26) 『공산당 선언』을 설명한 Kamenka, *Portable Karl Marx*와 Wilson, *To the Finland Station*은 이 부분에 다소 표현 차이가 있다.

27) Karl Marx, *Communist Manifesto*(1848년).

28) Grun, *Timetables of History*.

29) Heilbroner, *Worldly Philosophers*, 159쪽. 수년 전 하일브로너가 노동 착취형 공장은 옛날 얘기라고 평한 것은 번지르르한 겉면만 보고 20세기 말과 21세기 초의 현실을 고려하지 않은 얘기다. 글로벌 기업들은 제3세계 노동자를 착취하고, CEO들이 천문학적인 연봉을 가져간다는 점에서(특히 미국) 탐욕이 극에 달한 19세기 악덕 자본가들 못지않다. 나이키의 이중 착취는 그 한 예에 불과하다. 해외 노동 착취형 공장에서는 제3세계 어린이들이 단돈 1달러도 안 되는 돈을 받고 운동화를 만들고, 나이키는 미국 젊은이들을 대상으로 어마어마한 광고 공세에 나선다. 빈민가의 10대들은 한 켤레에 100달러가 넘는 나이키 운동화

를 사기 위해 마약을 운반하거나 도둑질을 한다.

30) Kamenka, *Portable Karl Marx*.

31) Heilbroner, *Worldly Philosophers*, 164쪽.

32) 1998년 미국 최상위 1만 3,000가구의 소득은 최하위 2,000만 가구의 소득을 다 합친 것과 같은 수준이었다. 최상위 1만 3,000가구의 평균 소득은 일반 가구의 300배였다. Paul Krugman, "The Class Wars, Part 1. for Richer," *New York Times Magazine*, 2002년 10월 20일. 이런 극심한 빈부격차는 그동안 점점 더 악화됐다.

33) "Gadfly on the Left," *Wall Street Journal*, 1970년 7월 14일.

34) CS가 MM에게 한 증언.

35) Max Holland와 MM의 인터뷰에서.

36) Gitlin과의 미출간 인터뷰, 1985년.

37) "Why I Was for Wallace," *Truman Era*, 66-68쪽.

38) Rivers, *Opinion Makers*.

39) Bill Thomas, *Baltimore Sun*, 1983년 1월 2일.

40) Bill Thomas, *Baltimore Sun*, 1983년 1월 2일.

41) I. F. Stone, "Izzy on Izzy," *New York Times*, 1978년 1월 22일.

42) I. F. Stone, "Izzy on Izzy," *New York Times*, 1978년 1월 22일.

43) Milton, *Areopagitica*.

4. 폭로 저널리즘과 애국주의의 광풍

1) Bill Thomas의 스톤 인터뷰 테이프. (1983년 1월 2일)

2) Aronson, *Packaging the News*.

3) Cook, *Muckrakers*, 13쪽.

4) 위의 책, 11쪽.

5) Seldes, *Even the Gods Can't*.

6) John Graham, "*Yours for the Revolution*," 289쪽.

7) 위의 책.

8) IFS가 Gitlin에게 한 증언, 1985쪽.

9) *Appeal to Reason*에서 공표한 내용과 Aronson, *Deadline for the Media* 등을 참조했다.

10) Rovere, *Loyalty and Security*에 전재된 관련 기사들과 "*Yours for the Revolution*," 289-292쪽을 보라.

11) Johnpoll and Johnpoll, *Impossible Dream*, 4쪽.

12) 위의 책, 5쪽.

13) Beard and Beard, *New Basic History*.

14) Cook, *Muckrakers*, 45쪽.

15) Ida Tarbell의 전설적인 이야기는 Cook, *Muckrakers*, 65–96쪽에 잘 소개돼 있다.

16) 위의 책.

17) Sinclair, *Jungle*, 72쪽.

18) 위의 책, 79쪽.

19) Sinclair, *Brass Check*, 32–38쪽.

20) 위의 책, 47쪽.

21) 위의 책.

22) Stone, *Truman Era*, 89쪽.

23) Terkel이 MM에게 한 증언, 2004년 1월 15일.

24) London, *Martin Eden* 서문.

25) Baskett, *Martin Eden* 서문.

26) Cook, *Muckrakers*, 152쪽.

27) 유진 데브스는 1912년(901,062표)보다 1920년(923,000표)에 표를 더 얻었지만 전체 투표수에서 차지하는 비율 면에서는 어차피 큰 의미가 없었다.

28) Weinstein, *Decline of Socialism*.

29) 위의 책.

30) *Impossible Dream*, 302쪽.

31) 위의 책, 304쪽.

32) Mabel Dodge Luhan, *Movers and Shakers*, 89쪽.

33) Steel, *Lippmann*, 53쪽.

34) Graham, "*Yours for the Revolution*," 14쪽.

35) Crozier, *American Reporters on the Western Front*.

36) *Impossible Dream*, "*Yours for the Revolution*," *Loyalty and Security in a Democratic State*.

37) *New York Times*, 1917년 7월 14일.

38) *Impossible Dream*, 308쪽.

39) 데브스 재판 관련 사실관계는 Graham, "*Yours for the Revolution*," 285, 288–292쪽을 참고했다.

40) 위의 책, 285쪽.

41) Fischer, *Russia's Road from Peace to War*.

42) Graham, *"Yours for the Revolution,"* 285쪽.

43) T. S. Mathews, *All Quiet on the Western Front, New Republic*, 1929년 6월 19일 서평.

44) Graham, *"Yours for the Revolution,"* 288쪽.

45) 위의 책, 286쪽.

46) Johnpoll and Johnpoll, *Impossible Dream*, 312쪽.

47) IFS가 Gitlin에게 한 증언, 1985년.

48) Graham, *"Yours for the Revolution,"* 286쪽.

49) David H. Bennett, *The Party of Fear*, 189쪽.

50) Gentry, *J. Edgar Hoover*; Cox and Theoharis, *The Boss*.

51) 미래에 뉴욕 시장이 되는 피오델로 라과디아는 「뉴욕 타임스」를 비난하는 발언을 했다.
"볼셰비즘이라는 표현은 아주 쓸모 있는 단어다. 말하기 쉽고 뜻은 모호하지만 상대를 음해하는 표현으로는 그만이다." *New York Times*, 1920년 5월 28일.

52) 1920년에 발행된 *To the American People : Report upon the Illegal Practices of the U.S. Department of Justice*. 내용은 Johnpoll and Johnpoll, *Impossible Dream*; Graham, *"Yours for the Revolution"*; Coser and Howe, *American Communist Party*; Bennett, *Party of Fear*, 192-193쪽에 자세히 설명돼 있다.(21세기에 애국자법이 남용되면서 여러 신문, 잡지에서 이 법 집행 과정과 파머 일제검거와의 유사성을 거론한 바 있다.)

53) Steel, *Lippmann*, 167쪽.

5. 반바지를 입은 소년 통신원

1) Patner, *Portrait*, 33쪽.

2) J. David Stern's Oral History, 1972년, Columbia University.

3) J. David Stern's Oral History.

4) Stern, *Maverick*, 141쪽.

5) 위의 책, 156쪽.

6) Patner, *Portrait*, 33쪽.

7) Kluger, *Paper*.

8) Patner, *Portrait*, 34쪽.

9) 제이크 링글 기자는 라이벌 갱단들의 총격전 와중에 비명횡사했다. 조지 셀드스에 따르면

링글은 유명한 갱 알 카포네의 조직원으로 신문재벌 로버트 맥코믹이 운영하는 「시카고 트리뷴」지와 카포네를 연결하는 '연락책'이었다. 신문기자가 다이아몬드가 줄줄이 박힌 5만 달러짜리 허리띠를 차고 다닐 수 있었던 것은 그런 역할을 했기 때문이다. Seldes, *Witness*, 203쪽.

10) Howard Kurtz, *Washington Post*, 1991년 11월 9일.

11) Patner, *Portrait*, 104쪽.

12) 월터 윈첼은 칼럼니스트 아서 크록이 길을 가다가 "유인물"(공보실에서 내는 보도자료를 말함)을 받아들고 퓰리처상을 탔다고 불평한 적이 있다. 보도자료 내용을 루스벨트 대통령과 인터뷰한 것처럼 꾸며 기사를 썼다는 것이다.

13) Steel, *Lippmann*, 200쪽.

14) Diggins, *American Left*.

15) Seldes, *Witness*, 123-124쪽.

16) Liebling, *Press*, 10쪽.

17) Allen, *Only Yesterday*.

18) Steel, *Lippmann*, 225쪽.

19) James Weinstein, *Decline of Socialism*.

20) IFS가 Todd Gitlin에게 한 증언, 1985년.

21) *This Fabulous Century, 1920-1930*(New York : Time-Life Books, 1969).

22) Pells, *Radical Visions*.

23) 위의 책 : Aaron, *Writers on the Left*.

24) Aaron, *Writers on the Left*.

25) Seldes, *Witness*, 250쪽.

26) Allen, *Only Yesterday*.

27) Patner, *Portrait*, 34쪽.

28) Hertzberg, *Jews in America*, 246쪽.

29) IFS가 MM에게 한 증언, 1979년 7월.

30) Cottrell, *Izzy*, 26쪽.

31) Patner, *Portrait*, 103-104쪽.

32) Izzy와 Todd Gitlin의 미출간 인터뷰 테이프, 1985년.

33) Seldes, *Witness*.

34) 위의 책, 217쪽.

35) Kluger, *Paper*, 294-295쪽.

36) Patner, *Portrait*, 34쪽.

37) Sacco-Vanzetti 사건은 Joughin and Morgan, *Legacy of Sacco and Vanzetti*를 주로 참고
했다.

38) IFS가 MM에게 한 증언, *Washington Post*, 1979년 7월 9일.

39) *New Masses* III symposium, 1927년 10월 9일.

40) Steel, *Lippmann*, 233쪽.

41) O'Connor, *Heywood Broun*.

42) Broun에 관한 내용은 모두 O'Connor, *Heywood Broun*에서 인용했다.

43) IFS가 MM에게 한 증언, *Washington Post*, 1979년 7월 9일.

44) *Washington Post*, 1979년 7월 9일.

45) Jean Boudin과 MM의 인터뷰, NYC, 1990년 6월 29일.

46) CS, JJS가 MM에게 한 증언.

47) Esther가 IFS에게 보낸 편지, 1947년 4월 12일; CG가 MM에게 한 증언, 2005년 10월 5일.

48) IFS가 MM에게 한 증언, *Washington Post*, 1979년 7월 9일.

49) Cottrell, *Izzy*.

50) Stone, Haunted Fifties, 서문, 4쪽.

51) IFS가 Joe Pichirallo에게 한 발언, *Washington Post*, 1985년 1월 13일.

52) Alice James Books, *Bonfire*, 1983, Celia Gilbert. CG가 인용을 허락해주었다, 2005년 10월
29일.

2부 | 격동의 1930년대

6. 대공황과 루스벨트 대통령 당선

1) IFS가 MM에게 한 증언, 1979년 7월 9일; Jean Boudin이 MM에게 한 증언, 1990년 6월 20일.

2) Cottrell, *Izzy*; LS가 MM에게 한 증언.

3) Stern, *Maverick*.

4) Cottrell, *Izzy*; Sam Grafton이 MM에게 한 증언, 1990년 6월 24일.

5) Cottrell, *Izzy*.

6) Thomas and Morgan-Witts, *The Day the Bubble Burst*.

7) 위의 책, 395쪽. 주가 폭락 관련 상황은 모두 이 책을 참고했다.

8) LS, "The Family" : LS가 MM에게 한 증언, 1990년.

9) 당시 대공황에 관한 얘기와 케이티의 정신병 등에 대해서는 LS, JS, CS의 증언에 의존했다.

10) Benedict Carey, "Hypomanic? Absolutely. But Oh So Productive!" *New York Times*, 2005년 3월 22일, Science section, 1면.

11) Stern, *Maverick*, 188쪽.

12) *Record*, 1932년 8월 10일.

13) *Record*, 1932년 2월.

14) Burns, *Lion and Fox*: Miller, *FDR*: Steel, *Lippmann*.

15) *Record*, 1932년 4월 20일.

16) *Record*, 1932년 5월 29일.

17) Burns, *Lion and Fox*, 132쪽.

18) 위의 책, 136-137쪽.

19) *Record*, 1932년 7월 3일.

20) *Record*, 1932년 11월 9일.

21) *Record*, 1932년 11월 8일.

22) IFS가 Gitlin에게 한 증언, 1985년.

23) Krugman, *New York Times Magazine*, 2002년 10월 20일.

24) Burns, *Lion and Fox*: Miller, *FDR*: Steel, *Lippmann*.

25) *Post*, 1933년 3월 16일.

26) Stern, *Maverick*, 196쪽.

27) Miller, *FDR*: Burns, *Lion and Fox*.

28) *American Mercury* 16, no. 113(1933년 5월).

7. 뉴딜, 뉴 라이프, 「뉴욕 포스트」

1) Traube가 MM에게 한 증언, 1990년 6월 23일.

2) Gibson, *Clifford Odets*, 124쪽: Leof history, 위의 책.

3) Boudin이 MM에게 한 증언, 1990년 6월 24일.

4) Cottrell, *Izzy*, 42쪽.

5) Sam Grafton 관련 사항은 모두 뉴욕에서 MM과 한 인터뷰(1990년 6월 24일)에 있는 내용이다.

6) Patner, *Portrait*, 36쪽.

7) Stern, *Maverick*, 221쪽.

8) 위의 책, 223쪽.

9) Traube가 MM에게 한 증언, 1990년 6월 23일.

10) *Press Time*(New York : Books, Inc., 1936)에 실린 IFS의 칼럼.

11) Post, 1935년 6월 22일.

12) Minsky and Macklin, *Minsky's Burlesque*; Corio, *This Was Burlesque*.

13) IFS가 Gitlin에게 한 증언, 1985년.

14) Stern의 딸 Jill Capron이 MM에게 한 증언, 1991년 1월 29일.

15) IFS가 Gitlin에게 한 증언, 1985년.

16) Thomas and Blanchard, *What's the Matter with New York*.

17) IFS가 Gitlin에게 한 증언, 1985년.

18) Patner, *Portrait*, 31-32쪽.

19) Pegler와 Dorothy Thompson에 관한 내용은 White, *FDR and the Press* 참조.

20) 위의 책, 2쪽.

21) 위의 책, 95쪽.

22) 위의 책, 45쪽.

23) Steel, *Lippmann*, 315-317쪽.

24) *Post*, 1937년 2월 8일.

25) Steel, *Lippmann*, 319쪽.

26) *Post*, 1937년 2월 9일.

27) 미국 정부 통계.

28) *Post*, 1934년 4월 9일.

29) *Post*, 1936년 12월 3일.

30) LS가 MM에게 한 증언, 1990년.

31) O'Connor, *Heywood Broun*, 141쪽.

32) 신문 산업에 대한 탁월한 저서로는 Richard Kluger, *The Paper*를 보라. 이 장에 소개한 일화는 295, 296, 247쪽에서 인용했다.

33) O'Connor, *Heywood Broun*, 185쪽.

34) 위의 책, 187쪽.

35) Leab, *Union of Individuals*.

36) Patner, *Portrait*, 38쪽.

37) Leab, *Union of Individuals*, 40쪽.

38) 위의 책, 117쪽.

39) O'Connor, *Heywood Broun*, 185쪽.

40) *Press Time*, 181쪽.

41) Stern, *Maverick*, 242쪽.

42) Patner, *Portrait*, 38쪽.

43) O'Connor, *Heywood Broun*. 미국신문노조[ANG]는 오랜 투쟁 과정에서 자금 부족, 오너들의 훼방, 공산주의자들의 침투와 같은 어려움을 겪다가 결국은 CIO 산하로 들어갔다. 신문노조는 적정 임금과 노동시간, 직업적 안전성을 확보하는 토대가 됐고, 발행인들의 의식도 달라져서 많은 기자들이 다른 전문직종과 비슷한 연봉을 받게 됐다. 지금은 대부분의 신문사에서 유니언숍 제도가 폐지돼 ANG는 유명무실해졌다.

44) Patner, *Portrait*, 37, 38쪽.

45) Isador Feinstein, "How to Make a Riot," *New Republic*, 1934년 6월 27일.

46) *Nation*, 1935년 9월 12일, 288쪽; 1935년 9월 18일, 316쪽.

47) *Nation*, 1935년 12월 25일, 741쪽.

48) *Nation*, 1936년 2월 12일, 187쪽.

49) LS가 MM에게 한 증언.

50) Cottrell, *Izzy*, 69쪽.

51) IFS가 MM에게 한 증언, *Washington Post*, 1979년 7월 9일.

52) CS가 MM에게 한 증언, 1991년 6월 31일.

53) Steel, *Lippmann*, 324쪽.

54) Burns, *Lion and Fox*, 267쪽.

8. 우익 선동가들과 인민전선

1) 스톤의 언급은 모두 1985년 토드 기틀린과 한 미출간 인터뷰에 들어 있는 내용이다.

2) *Post*, 1934년 5월 3일.

3) Steel, *Lippmann*, 314쪽.

4) 1985년에 방영된 PBS 방송 휴이 롱 다큐멘터리.

5) PBS 다큐에 소개된 스톤의 발언.

6) Sherrill, *Gothic Politics*.

7) 위의 책과 Brinkley, *Voices of Protest* 참조.

8) *Post*, 1935년 8월 29일.

9) Brinkley, *Voices of Protest*, 129쪽.

10) Alan Brinkley, *Voices of Protest*에서는 커글린 신부의 중상비방 발언이 인기가 시들해진 뒤에야 등장한다고 주장하면서 "유대인의 달"이라는 표현도 1938년에 한 것으로 본다. 반면에 다른 역사학자들은 그런 악담들은 인기 절정이던 1935년에 한 것으로 보고 있다.

11) LS가 MM에게 한 증언.

12) Brinkley, *Voices of Protest*, 117쪽.

13) 위의 책, 240쪽.

14) *Post*, 1935년 9월 3일, 10면.

15) *Post*, 1935년 9월 10일, 사설.

16) PBS 휴이 롱 다큐멘터리(1985년)에 나오는 IFS의 발언.

17) Wechsler, *Age of Suspicion*, 140-141쪽.

18) 위의 책.

19) IFS가 Gitlin에게 한 증언, 1985년.

20) Aaron, *Writers on the Left*.

21) Bailey가 MM에게 한 증언, 1990년 4월 4일. 베일리 관련 정보와 인용문은 모두 이 인터뷰에서 따온 것이다.

22) Howe, *Margin of Hope*, 8쪽.

23) MM과의 인터뷰, 1996년 2월 8일.

24) *Post*, 1936년 11월 11일.

25) Bruce Nelson, *Workers on the Waterfront: Seamen, Longshoremen, and Unionism in the 1930's*(University of Illinois Press, 1990)에 대한 Alan Brinkley의 서평, *Review*, 1990년 6월 28일.

26) Pells, *Radical Visions*.

27) Henry Moon, *American Communist Party*, 213쪽.

28) Pells, *Radical Visions*.

29) Klehr, *Heyday of American Communism*, 252쪽.

30) Phillips, *Truman Presidency*, 217, 240-241쪽.

31) *Haunted Fifties*, 64쪽; *The Weekly*, 1954년 3월 8일.

32) Aaron, *Writers on the Left*, 178쪽.

33) 위의 책, 353쪽.

34) Grafton이 MM에게 한 증언.

35) *Waiting for Lefty* 관련 정보와 인용은 Gibson, *Clifford Odets*, 316-317쪽에서 따왔다.

36) Post, 1935년 7월 5일.

37) Gibson, *Clifford Odets*.

9. 히틀러, 리프먼, 이지, 그리고 유대인

1) Greiner가 MM에게 한 증언, 1991년 6월 23일.

2) Lipstadt, *Beyond Belief*, 109쪽.

3) Shirer, *Nightmare Years*, 137쪽.

4) Morse, *While Six Million Died*, 152-153쪽.

5) *Post*, 1934년 7월 26일, 사설.

6) Lipstadt, *Beyond Belief*.

7) Beschloss, *Conquerers*; Morse, *While Six Million Died*; Lipstadt, *Beyond Belief*.

8) Steel, *Lippmann*, 331-333쪽.

9) Shirer, *Nightmare Years*.

10) Steel, *Lippmann*, 331쪽.

11) *Record*, 1933년 4월 5일.

12) *Record*, 1933년 4월 5일.

13) *Record*, 1933년 4월 3일.

14) Steel, *Lippmann*, 373, 331-333쪽.

15) Lipstadt, *Beyond Belief*, 276쪽.

16) Patner, *Portrait*, 37쪽.

17) Steel, *Lippmann*, 188쪽.

18) Halberstam, *Powers That Be*, 370쪽.

19) 위의 책, 32쪽.

20) Arthur Krock, Sulzberger, Frankfurter에 관한 얘기는 Halberstam, *Powers That Be*, 216-217쪽; Salisbury, *Without Fear or Favor*, 401쪽; Kluger, *Paper*, 385쪽에서 인용했다.

21) Kluger, *Paper*.

22) *Record*, 1933년 3월 24일. 이런 통념은 2차 대전이 끝난 지 50년 만에 일부 수정주의 역사학자들의 도전을 받았다. 이들은 히틀러의 부상과 2차 대전 도발을 베르사유 조약 탓이라고 봐서는 안 된다고 주장했다. 사실 스톤도 히틀러가 독일에서 성공한 일부 원인을 좌파

의 내분에서 찾았다. 좌파가 하나로 뭉치고 단결해 히틀러를 막아내지 못했다는 것이다. Margaret MacMillan, *Paris 1919: Six Months That Changed the World*(New York : Random House, 2002).

23) *Record*, 1933년 3월 24일.

24) IFS가 Gitlin에게 한 증언, 1985년.

25) *Record*, 1933년 1월 31일, 8면.

26) Steel, *Lippmann*, 330쪽.

27) Steel, *Lippmann*, 326, 328쪽.

28) *New York Times*, 1935년 7월 28일, 1면.

29) Lipstadt, *Beyond Belief*, 58쪽.

30) *Post*, 1935년 9월 10일, 10면.

31) *Post*, 1935년 7월 27일.

32) *Press Time*, 172-174쪽.

33) *New York Times*, 2003년 2월.

34) 립스태드는 「워싱턴 포스트」 사장 유진 메이어가 유대인 구조 요구에 "극렬히 반대했다"고 지적했다. *Beyond Belief*, 228쪽, 각주 35번 ; Halberstam, *Powers That Be*, 517쪽 ; "Bystander to Genocide," *Village Voice*, 1984년 12월 18일, 30쪽.

35) Morse, *While Six Million Died*, 284쪽. MM이 "수많은 생명을 구할 수 있었을 것"이라고 한 것은 Kai Bird, *The Chairman*에서 인용한 것이다. 존 매클로이(육군성 차관보)의 일대기를 다룬 *The Chairman*은 2차 대전 때 일본계 미국인을 구금한 일과 아우슈비츠 강제수용소로 연결되는 철로를 폭격하지 않기로 한 결정 등 그의 인생에서 논란이 되는 몇 가지 사항에 주목한다.

36) Morse, *While Six Million Died*, 156쪽.

37) *New York Herald Tribune*, 1935년 7월 28일.

38) Morse, *While Six Million Died*, 177쪽.

39) 나치 올림픽 관련 사항은 당시 「뉴욕 타임스」, 「뉴욕 포스트」, 「워싱턴 포스트」 및 기타 신문잡지 보도를 참조했다.

40) Povich가 MM에게 한 증언, 1993년 7월 13일.

41) *Post*, 1935년 9월 25일.

42) *Post*, 1935년 10월 22일.

43) Shirer, *Nightmare Years*, 237쪽.

44) *Post*, 1938년 11월 15일.

45) IFS, "1937 Is Not 1914," *Nation*, 1937년 11월 6일.

46) Shirer, *Nightmare Years*, 299-301쪽.

47) Lipstadt, *Beyond Belief*, 101쪽.

48) *Post*, 1938년 11월 15일.

49) William Norman Grigg, *American* 17, no. 14.(2001년 7월 2일) Antony Sutton, *Wall Street and the Rise of Hitler*에 대한 언급을 보라.

50) MM, *Nation*, 1992년 3월.

10. 스페인 내전: "나의 가슴은 공화파와 함께"

1) IFS가 Gitlin에게 한 증언, 1985년.

2) Knightley, *First Casualty*, 213쪽. 이 책은 종군기자들의 자세와 행태를 치밀하게 추적한 역작이다.

3) IFS가 Gitlin에게 한 증언, 1985년.

4) Orwell, *Homage to Catalonia*, 56-57쪽.

5) Knightley, *First Casualty*, 215쪽. 「헤럴드 트리뷴」의 부실 보도 이유에 대해서는 Kluger, *The Paper*, 224, 276, 288, 294-295쪽을 보라.

6) IFS가 Gitlin에게 한 증언, 1985년.

7) Orwell, *Homage to Catalonia*, 174쪽.

8) 위의 책, 158쪽. 영국의 좌파 주간지 「뉴 스테이츠먼」은 오웰의 기사를 안 실어줬다. 좌파 성향 출판사들은 *Homage to Catalonia*(『카탈루냐 찬가』) 발행을 거절했다. 그러다가 결국 영국에서 이 책이 나왔을 때 판매부수는 600부에 불과했고, 한참 뒤까지도 미국에서는 출간조차 안 됐다.

9) 위의 책, 181쪽.

10) *Post*, 1936년 여름.

11) *Post*, 1937년 1월 21일.

12) Steel, *Lippmann*, 340쪽.

13) 위의 책, 337쪽.

14) *Post*, 1937년 1월 19일.

15) Steel, *Lippmann*, 337쪽.

16) 위의 책, 338쪽.

17) Payne, *Civil War in Spain*, 140쪽.

18) 위의 책, 141-142쪽.

19) 위의 책, 143, 146쪽.

20) Orwell, *Homage to Catalonia*, 65쪽.

21) Knightley, *First Casualty*, 202쪽.

22) 헤밍웨이 전기를 쓴 Carlos Baker의 표현이다. Knightley, *First Casualty*, 214쪽에서 재인용.

23) 위의 책, 9장, "Commitment in Spain," 192-216쪽.

24) 위의 책.

25) Payne, *Civil War in Spain*.

26) 위의 책, 182쪽.

27) Bailey가 MM에게 한 증언.

28) Payne, *Civil War in Spain*, 183쪽.

29) Moon, *American Communist Party*, 366-367쪽.

30) *Nation*, 1937년 9월 18일.(바이라인은 Geoffrey Stone으로 돼 있다.)

11. 독재자의 시대: 스탈린과 히틀러

1) Von Hoffman이 MM에게 한 증언, 2001년.

2) IFS가 Gitlin에게 한 증언, 1985년.

3) *Post*, 1934년 12월 7일.

4) *Post*, 1937년 1월 26일; IFS 관련 언급은 Cottrell, *Izzy*, 67쪽. 소련에 대해 모호한 태도를 취한 것은 스톤만이 아니었다. 후일 기술의 발달로 오랜 세월 추정만 돼왔던 사태가 사실로 확인된다. 자백 문서에 남은 혈흔이 발견됨으로써 고문 사실이 드러난 것이다.

5) Steel, *Lippmann*, 325쪽. 아래 "그들의 정신을 지배했다" 운운하는 리프먼의 1937년 12월 칼럼은 Steel, 325쪽에서 재인용.

6) Knoll이 MM에게 한 증언, 1990년 5월 25일.

7) IFS, *Nation*, 1937년 11월 6일, 496쪽.

8) *Fortune*, 1932년 4월.

9) *Post*, 1937년 7월 22일.

10) Klein, *Heyday of American Communism*, 358쪽.

11) Stone의 태도에 대해서는 Cottrell, *Izzy*; Patner, *Portrait*; 스톤 가족과 MM의 인터뷰를 종합했다.

12) Stern, *Maverick*, 245쪽.

13) 위의 책.

14) *Post*, 1938년 2월 15일.

15) Stern, *Maverick*, 246–247쪽; Jill Capron이 MM에게 한 증언.

16) IFS, "Chamberlain's Russo-German Pact," *Nation*, 1939년 9월 23일, 313쪽.

17) Taylor, *Stalin's Apologist*, 210쪽.

18) 위의 책; Bassow, *Moscow Correspondents*.

19) Taylor, *Stalin's Apologist*; Bassow, *Moscow Correspondents*.

20) Salisbury가 MM에게 한 증언, 1991년 10월 18일.

21) Taylor, *Stalin's Apologist*, 210쪽.

22) *New York Herald Tribune*, 1933년 8월 21일, 8면; *New York Times*, 1933년 9월 14일. Taylor, *Stalin's Apologist*에서 재인용.

23) *Commentary*, 1983년, 32–40쪽.

24) Taylor, *Stalin's Apologist*, 240쪽.

25) Taylor, *Stalin's Apologist*, 267쪽.

26) Joseph Davies, *Mission to Moscow*, 181, Taylor, *Stalin's Apologist*, 266쪽에서 재인용.

27) Prensky가 MM에게 한 증언, 1992년 8월.

28) Larina, *This I Cannot Forget*, 74쪽.

29) LS, Sam Grafton, Jill Stern Capron이 MM에게 한 증언.

30) J. David Stern's Oral History, 1951년, Columbia University.

31) Patner, *Portrait*, 32쪽.

32) 위의 책, 35쪽.

33) Jill Stern Capron이 MM에게 한 증언.

34) Freda Kirchwey, *Nation*, 1939년 5월 27일.

35) *Nation*, 1939년 8월 10일.

36) Cottrell, *Izzy*, 73. (많이 인용되는 구절이다.)

37) 위의 책, 77쪽.

38) 위의 책, 78쪽; Blankfort에게 보낸 편지, 1939년 10월 15일, 1939년 10월 21일.

39) IFS, "Chamberlain's Russo-German Pact."

40) IFS는 「뉴욕 선」에 실린 기사를 좌파들이 불신한 것은 "이 신문이 반소 성향이라는 이유 때문이었다. 마찬가지 이유로 허스트계의 International News Service 통신에 난 H. R. 니커

보커의 칼럼도 간단히 무시됐다"고 썼다. IFS는 "니커보커는 자기 칼럼 내용에 대해 썩 자신하지 못했지만 이후 조인된 독소 불가침 조약은 그의 서술과 정확히 부합한다"고 칭찬했다. Duranty에 대한 언급은 이 다음 대목에 나온다. *Nation*, 1939년 9월 23일.

41) IFS, *Nation*, 1939년 9월 23일.

42) Shirer, *Nightmare Years*, 405~408쪽.

43) IFS, "The Chicken or the Egg," *Nation*, 1939년 11월 4일.

44) Max Lerner의 언급은 MM과의 인터뷰(1991년 4월 14일)에서 한 내용이다.

3부 | 2차 대전, 그리고 냉전

12. 기로에 선 미국: 「더 네이션」 시절

1) Cottrell, *Izzy*, 72쪽.

2) Patner, *Portrait*, 36쪽.

3) Cottrell, *Izzy*, 86쪽.

4) Patner, *Portrait*, 35~36쪽.

5) Dorothy Fall이 MM에게 한 증언.(2002년)

6) Brinkley, *Washington Goes to War*, 75쪽.

7) 위의 책, 231쪽.

8) IFS, "Free Inquiry and Free Endeavor," *Nation*, Christmas edition, *One Hundred Years*, 41쪽; Alpern, *Freda Kirchwey*, 33쪽도 참조하라.

9) Warren Olivier, "Oh Stop That Freda!" *Saturday Evening Post*, 1946년 2월 9일, 22쪽.

10) *Saturday Evening Post*, 1946년 2월 9일, 100쪽.

11) Alpern, *Freda Kirchwey*, 37쪽, 각주 20번.

12) Madeline Amgott이 MM에게 한 증언.(1994년 6월 27일)

13) *Saturday Evening Post*, 1946년 2월 9일, 102쪽; Max Lerner가 MM에게 한 증언.(1991년 4월 14일)

14) 부자父子 대통령을 배출한 부시 가문과 독일의 커넥션에 대해서는 역사학자 Kevin Phillips, *American Dynasty*(New York: Viking, 2004)를 보라.

15) IFS, *Truman Era*, 124~125쪽, 1948년 8월 7일.

16) IFS, *Nation*, 1940년 9월 30일.

17) 위의 신문, 1940년 10월 12일, 319쪽.

18) 위의 신문, 1940년 3월 9일.

19) Brinkley, *Washington Goes to War*, 46쪽; 1939년 Roper 여론조사.

20) Claude Pepper가 MM에게 한 증언(1989년); Seldes, *Witness to a Century*, 97, 105쪽.

21) IFS, "Wheeler's Cliveden Set," *Nation*, 1941년 3월 8일.

22) John Kenneth Galbraith가 MM에게 한 증언.(1996년 5월 29일)

23) Galbraith, *Life in our Times*, 162쪽.

24) Galbraith가 MM에게 한 증언(1996년 5월 29일).

25) Galbraith, *Life in our Times*, 158쪽.

26) Galbraith가 MM에게 한 증언.(1996년 5월 29일)

27) Brinkley, *Washington Goes to War*, 173쪽. 약간의 과장이 있을지는 모르지만, 브링클리는 MM과의 대담(1994년 7월 6일)에서 '당시 현장에 있던 기자한테 들은 얘기'라고 했다.

28) Nation, 1941년 12월 13일, 603-604쪽.

29) Freda Kirchwey, "Hitler's Double-Talk," *Nation*, 1941년 11월 5일; Freda Kirchwey, "End of the Comintern," *Nation*, 1943년 5월 29일.

30) Alpern, *Freda Kirchwey*, 154쪽.(FK가 IFS에게 보낸 메모(1943년 6월 8일), Freda Kirchwey papers, Schlesinger Library, Radcliffe College.)

31) Alpern, *Freda Kirchwey*, 154쪽.

32) *Nation*, 1943년 7월 17일, part 1 of Stone series, 64-66쪽.

33) Alpern, *Freda Kirchwey*, 154쪽.[FK가 IFS에게 보낸 메모.(1943년 7월 20일)]

34) *Nation*, part 2 of Stone series, 1943년 7월 24일, 92-95쪽.

13. 위대한 유산: 「PM」 시절

1) Patner, *Portrait*; IFS가 MM에게 한 증언.(1988년)

2) Hoopes, *Ralph Ingersoll*, 255쪽; IFS, *War Years*, 109쪽.

3) Patner, *Portrait*, 74쪽.

4) 이 장에 나오는 Toby Ingersoll의 증언은 모두 1991년 9월 25일 MM과 한 인터뷰에서 밝힌 내용이다.

5) *New Yorker*, 1942년 5월 2일, 22쪽.

6) David Margolick, *Vanity Fair*, 1999년 2월호, 122쪽; *New Yorker* profile, 1942년 5월 2일.

7) Margolick, Vanity Fair. Rae Weimer의 증언은 모두 1990년 3월 2일 MM과 한 인터뷰에서

밝힌 내용이다.

8) *New Yorker*, 1942년 5월 2일. 스톤이 쓴 기사에 관한 설명은 「PM」 원본, Roy Hoopes가 MM에게 한 증언(1990년 6월)과 그가 준 「PM」 관련 자료, Rae Weimer, Shirley Katzander, Penn Kimball이 MM에게 한 증언을 토대로 했다.

9) Hoopes, *Ralph Ingersoll*, 256쪽.

10) *New Yorker*, 1942년 5월 2일.

11) MM이 입수한 스톤 관련 FBI 파일에서.

12) Margolick, *Vanity Fair*, 1999년 2월호.

13) Shirley Katzander가 MM에게 한 증언.(1990년 2월 17일)

14) Kimball, *File*, 112쪽; Kimball이 MM에게 한 증언.(1990년 11월 26일)

15) Kimball, *File*, 82쪽; Hoopes, *Ralph Ingersoll*; Rae Weimer의 증언; Richard H. Minear, Art Spiegelman (introduction), *Horton Saves the World; Dr. Seuss Goes to War: The World War II Editorial Cartoons of Theodor Seuss Geisel*(New Press, 1999); Margolick, *Vanity Fair*, 1999년 2월, 128쪽.

16) Margolick, *Vanity Fair*, 1999년 2월; Hoopes, *Ralph Ingersoll*, 226쪽.

17) Liebling, *Press*, 24-25, 42쪽.

18) 위의 책, 45-46쪽.

19) Patner, *Portrait*, 74쪽.

20) 위의 책, 73쪽.

21) Margolick, *Vanity Fair*, 1999년 2월; Weimer의 증언.

22) Patner, *Portrait*, 76쪽.

23) Heller와의 인터뷰.(1992년 4월 4일)

24) Lindbergh의 연설, *PM*, 1941년 10월 5일, 8-10쪽; Eric Pace 기자의 Anne Morrow Lindbergh 부음 기사, *New York Times* 2001년 2월 8일.

25) IFS, *War Years*, 25쪽. 1940년 10월 5일.

26) 위의 책, 103쪽, 1942년 1월 3일.

27) *Time*, 1943년 2월 9일.

28) Amgott이 MM에게 한 증언(1994년 6월 26일); IFS, *War Years*, 176쪽, 1943년 8월 7일.

29) Amgott이 MM에게 한 증언(1994년 6월 26일); *Congressional Record*, 478쪽, 1943년 2월 1일; Cottrell, *Izzy*, 106쪽.

30) *Time*, 1943년 2월 8일, 16쪽; *Nation*, 1943년 2월 6일.

31) Cottrell, *Izzy*, 89-90쪽; Stone이 Lerner에게 보낸 편지(1941년 3월 27일), Max Lerner Papers, Sterling Library, Yale University. Lerner가 MM에게 한 증언도 같은 내용이다.

32) Cottrell, *Izzy*, 90쪽, 각주 24번; 107쪽, 각주 16번; 90쪽, 각주 23번.

33) Liebling, *Press*, 46쪽.

34) Ingersoll 전기를 쓴 Roy Hoopes가 MM에게 넘겨준 PM 인덱스와 관련 문건에서.

35) Navasky, *Matter of Opinion*, 195쪽.

36) Patner, *Portrait*, 75쪽; Hoopes, *Ralph Ingersoll*, 219쪽.

37) Hoopes, *Ralph Ingersoll*, 321쪽; Patner, *Portrait*, 75쪽.

38) Reid가 MM에게 한 증언.(1991년)

39) Stone이 MM에게 한 증언.(1988년)

40) MM이 입수한 Bick의 증언.(1991년 2월 18일) 1989년 스톤 사후 빅은 당시 얘기를 스톤의 가족들에게 해주었고, 필자는 스톤 가족들로부터 그 얘기를 전해들었다.

14. 남편 이지, 아버지 스톤

1) 1989년 7월 12일 뉴욕시에서 열린 IFS 추도식 발언.

2) CG in May/June 1978 issue of *Saturday Evening Post*, 56. *Working It Out*, edited by Sara Ruddick and Pamela Daniels (New York: Pantheon Books, 1977)에서 발췌.

3) MM, *Washington Post*, 1979년 7월 9일, B1.

4) JS가 MM에게 한 증언.(1990년 7월 28일) 이 장에 나오는 JS의 언급은 모두 이 인터뷰에서 밝힌 내용이다.

5) Nathanson이 MM에게 한 증언.(1991년 9월 3일) 이 장에 나오는 Nathanson의 언급은 모두 이 인터뷰에서 밝힌 내용이다.

6) Moursand가 MM에게 한 증언.(1990년 5월 26일)

7) Osnos가 MM에게 한 증언.(1991년 9월 26일)

8) Jean Boudin이 MM에게 한 증언.(1990년 6월 20일)

9) Viorst가 MM에게 한 증언.(1991년 9월 20일)

10) Cottrell, *Izzy*, 209쪽, Stone이 Blankfort에게 보낸 편지.

11) Esther Stone이 MM에게 한 증언.(1979년 7월 9일)

12) IFS가 Joe Pichirallo에게 한 말. *Washington Post*, 1985년 1월 13일.

13) Esther Stone이 MM에게 한 증언(1979년 7월 9일); Jessica의 어머니 Ann(Christopher Stone의 부인)이 MM에게 한 증언.(1991년 8월 31일)

14) IFS이 MM에게 한 증언.(1979년 7월 9일)

15) CG in May/June 1978 issue of *Saturday Evening Post*, 56쪽.

16) CG가 이메일 인터뷰에서 MM에게 한 증언.(2005년 12월 2일)

17) CS가 IFS 추도식에서 한 얘기(1989년 7월 12일); Stone이 산책하며 나눈 얘기에 대해서는 Patner, *Portrait*에 자세히 인용돼 있다.

18) Patner, *Portrait*, 49쪽.

19) CS, CG의 IFS 추도식 발언, 1989년 7월 12일.

20) CS, IFS 추도식 발언, 1989년 7월 12일; MM이 들은 이지 스톤 가족 일화.

21) MM과의 인터뷰, 1990년 6월.

22) CS가 쓴 에세이, *Saturday Evening Post*; CS가 MM에게 한 증언.

23) Amgott이 MM에게 한 증언, 1994년 6월 27일.

24) JS가 MM에게 한 증언, 1990년 9월 7일.

25) Pincus가 MM에게 한 증언, 1990년 5월 2일.

26) JS가 MM에게 한 증언, 1990년 9월 7일.

27) CS가 MM에게 한 증언, 1991년 8월 31일.

28) Smallberg가 MM에게 한 증언, 1992년 9월 3일.

29) CS가 MM에게 한 증언, 1991년 8월 31일. 이하 Christopher Stone의 언급은 모두 이 증언에서 밝힌 내용이다.

30) CG, *Saturday Evening Post* excerpt; CG, IFS 추도식 발언, 1989년 7월 12일.

31) CG가 MM에게 한 증언, 2005년 12월 2일, 이메일 인터뷰.

32) Toby Ingersoll이 MM에게 한 증언, 1991년 9월 25일.

33) *New Yorker*에 실린 Katharine Hepburn 프로필 기사, 2003년 7월 14일, 21일, 58쪽.

34) CG, 뉴욕 추도식 발언, 1989년 7월 12일.

35) IFS, *Truman Era*, 서문, xix쪽.

36) Patner, *Portrait*, 73-74쪽.

37) IFS, *Truman Era*, 서문, xix쪽.

38) Moursand가 MM에게 한 증언, 1990년 5월 26일.

39) IFS, *War Years*, 227쪽, 1944년 5월 20일 칼럼; *War Years*, 238쪽, 1944년 7월 8일 칼럼; *The Weekly*, 1968년 8월 19일; *Polemics*, 43쪽.

40) Pringle 인터뷰, 1992년.

15. 원폭 투하와 팔레스타인 잠행

1) IFS, *War Years*, 272-275쪽, 1945년 5월 21일, "Farewell to F.D.R."

2) 위의 책, 274쪽, 1945년 4월 21일.

3) 위의 책, 278-279쪽, "Notes Before Frisco," 1945년 4월 21일.

4) IFS가 Gitlin에게 한 증언, 1985년.

5) IFS, *War Years*, 282쪽, 1945년 5월 5일.

6) IFS가 Esther에게 보낸 편지는 CC가 MM에게 이메일로 보내준 것(2005년 12월 5일)이다.

7) IFS, *Truman Era*, 32-35쪽, 1947년 11월 23일.

8) McCullough, *Truman*, 425쪽.

9) Mortimer, *World That FDR Built*, 32쪽.

10) MM이 쓴 Averell Harriman 프로필 기사, *Washington Post Potomac Magazine*, 1975년 9월 7일.

11) McCullough, *Truman*, 451쪽.

12) 위의 책, 451-452쪽.(스탈린이 트루먼을 "별 볼일 없다"고 한 얘기는 흐루쇼프 회고록에 스탈린으로부터 직접 들은 것으로 나온다.)

13) IFS, *War Years*, 26쪽.

14) McCullough, *Truman*, 457쪽.

15) Gar Alperovitz, *The Decision to Use the Atomic Bomb and the Architecture of an American Myth*. 반면에 Discovery Channel 방송처럼 지금도 트루먼 시절에 하던 얘기를 그대로 되풀이하는 경우도 많다.

16) ISF, *Truman Era*, 52쪽, 1949년 7월 22일 칼럼.

17) McCullough, *Truman*, 456쪽.

18) IFS, *War Years*, 17쪽, 1945년 8월 13일.

19) Roosevelt, *My Day*, 112쪽, 1947년 1월 3일.

20) Simons, *Jewish Times*, 50-51쪽.

21) IFS, *Truman Era*, 50쪽, 1948년 8월 18일.

22) 위의 책, 31-32쪽, 1946년 12월 13일. 언론에서 무시했다는 보고서는 하원 전후경제정책 특별위원회The House Special Committee on Postwar Economic Policy에서 1946년 12월 발행한 것이다.

23) IFS, *Truman Era*, 28-29쪽, 1946년 7월 17일.

24) Greiner가 MM에게 한 증언, 1991년 6월 23일; *PM*, 1943년 10월 17일.

25) IFS, *Truman Era*, 29쪽, 1946년 7월 17일.

26) 위의 책, 324-325쪽, "The Plight of the Jews," 1945년 10월 6일.

27) 위의 책, 331-332쪽, "Palestine Pilgrimage," 1945년 12월 8일.

28) 위의 책, 332-336쪽, "Palestine Pilgrimage," 1945년 12월 8일.

29) *Nation*, 1946년 1월 12일, 34-35쪽.

30) IFS, *Underground to Palestine*, "Summons to Adventure," 9쪽.

31) IFS, *Underground to Palestine*, 서문, xi쪽. 이하 *Underground to Palestine*에서 인용한 구절은 쪽수만 표기한다.

32) 48쪽.

33) 20쪽; 107쪽.

34) 31쪽; 35쪽.

35) 53쪽; 71쪽.

36) Abram과 Sarah 남매의 이야기는 61-64쪽.

37) 100-101쪽.

38) 당시 파리에 들른 스톤을 재워준 Katzander가 MM에게 한 증언; Nat Hentoff, *Washington Post*, 1989년 6월 24일, 27면.

39) 108-130쪽.

40) 지중해를 건너 팔레스타인으로 가는 여정은 131-214쪽.

41) IFS와 MM의 대화, 1980년 8월.

42) Har-Shefi가 MM에게 한 증언, *Washington Post*, 1980년 8월 26일.

43) *Underground*, 146쪽.

44) Har-Shefi가 MM에게 한 증언, *Washington Post*, 1980년 8월 26일.

45) Pantheon 출판사 발행 *Underground to Palestine* 책 뒤표지에서.

46) *Underground to Palestine*, 234쪽, "Confessions of a Jewish Dissident," addition.

16. 충성 서약, 하원 반미활동조사위원회

1) "ABC's of an Effective Foreign Policy," 1947년 8월 27일.

2) IFS, *Truman Era*, 36쪽, "Remolding the Public Mind," 1947년 8월 1일.

3) 위의 책, 36-37쪽, "Blessed Land: Blind People," 1947년 9월 14일.

4) 위의 책, xxvii쪽.

5) Bernstein, *Loyalties*, 196쪽; Rauh도 MM에게 확인해준 내용이다.

6) "Code of Federal Regulations, Title 3. The President 1943-1948 Compilation."

7) Garry Wills, "Keeper of the Seal," Review 38 no. 13 (1991년 7월 18일), review of *Counsel to the President: A Memoir* by Clark Clifford with Richard Holbrooke.

8) Bernstein, *Loyalties*, 197-198쪽.

9) Mortimer, *World That FDR Built*, 69쪽.

10) Steel, *Lippmann*, 438쪽; Cottrell, *Izzy*, 159쪽, IFS 칼럼.

11) IFS, Truman Era, 177-178쪽, "Can Diplomacy Ever be 'Total'?" 1950년 3월 15일.

12) Truman Doctrine에 대한 Lippmann의 반응은 Steel, *Lippmann*, 438쪽, 언론 전반의 호의적인 반응은 McCullough, *Truman*, 348쪽을 보라.

13) *PM*, 1947년 7월 20일.

14) *PM*, 1947년 9월 29일. Cottrell, *Izzy*, 133쪽에서 재인용.

15) IFS, *Truman Era*, 41쪽; *PM*, 1947년 10월 5일.

16) IFS, *Truman Era*, 39-40쪽; *PM*, 1947년 10월 5일.

17) Liebling, *Press*, 143쪽.

18) *Compass*, 1952년 2월 12일.

19) "Budenz: Portrait of a Christian Hero," *Compass*, 1950년 4월 23일.

20) IFS가 Gitlin에게 한 증언, 1985년.

21) Rabinowitz가 MM에게 한 증언, 1990년 6월 20일.

22) *Compass*, 1950년 2월 28일.

23) Patner, *Portrait*, 46쪽.

24) *PM*, 1948년 1월 22일.

25) Navasky, *Naming Names*, 287-288쪽.

26) IFS, *Truman Era*, 94-96쪽, "The Shadow Cast at Foley Square," 1949년 10월 14일; *Compass*, 1949년 10월 17일.

27) IFS, *Truman Era*, xxviii쪽, 1952년 12월 8일.

28) IFS FBI files, 1950년 12월 28일-31일.

29) Patner, *Portrait*, 48-49쪽.

30) IFS, *Truman Era*, 108-111쪽, 1949년 5월 8일 칼럼.

31) Rabinowitz가 MM에게 한 증언, 1990년 6월 20일.

32) Patner, *Portrait*, 47쪽.

33) Jonathan Mirskey, "Unmasking the Monster: The Private Life of Chairman Mao," Review 41, no. 19.(1949년 11월 17일) 1990년대 중반 마오쩌둥 주치의가 쓴 회고록을 통

해 마오가 잔인한 사이코라는 사실이 폭로됐다. 그는 성병에 시달리면서도 젊은 여성들을 농락하기를 즐긴 독재자였다. 1950년대 중반 중국에서는 50만 명이 "우익분자"라는 누명을 썼고, 그중 많은 경우가 고문 같은 강제노동으로 "고통스럽게 죽어갔다."

34) IFS, *Truman Era*, 78-79쪽, 1950년 1월 4일 칼럼.

35) IFS, *Truman Era*, 78-79쪽, 1950년 1월 4일 칼럼.

36) Steel, *Lippmann*, 469쪽.

37) IFS, *Truman Era*, 175쪽; *Compass*, 1950년 3월 15일.

38) IFS, *Truman Era*, 86-88쪽, 1948년 10월 22일 *PM* 칼럼.

39) IFS FBI file, 1951년 12월 13일.

40) 정보원의 FBI 보고 내용, 1951년 7월 25일.

41) IFS, *Truman Era*, 194-195쪽, 1951년 11월 11일.

42) McCullough, *Truman*, 667쪽; Culver and Hyde, *American Dreamer*.

43) IFS가 Gitlin에게 한 증언, 1985년.

44) IFS, *Truman Era*, 160-161쪽, 1950년 2월 28일.

45) 위의 책, 66-68쪽, 1948년 8월 25일.

46) IFS가 Gitlin에게 한 증언, 1985년.

47) IFS, *Truman Era*, 98-101쪽, "The Tactics of the Crawl," 1950년 3월 23일.

48) "The Master Plan for American Thought Control," *Compass*, 1952년 3월 13일.

49) IFS, *Truman Era*, 88-89쪽, "Red Channels," 1950년 6월 25일.

50) Cottrell, *Izzy*, 157쪽, "Me and Marxism: Invitation-to a Dog Fight," 1949년 11월 14일.

51) Cottrell, *Izzy*, Patrick Hurley와의 Meet the Press 인터뷰, 1945년 8월 15일, 157쪽.

52) Cottrell, *Izzy*, "Me and Marxism," 1949년 11월 14일.

53) Lawrence E. Spivak이 MM에게 한 증언, 1992년 2월 18일.

54) Hoopes, *Ralph Ingersoll*, 328쪽.

55) 위의 책, 330쪽.

56) Roy Hoopes가 MM에게 한 증언, 1989년 12월 5일.

57) Liebling, *Press*, 47쪽.

58) IFS가 John Greenya에게 한 증언, *Washington Star*, 1970년 11월 8일.

59) Liebling, *Press*, 51쪽; IFS, *Truman Era*, 217쪽, 1952년 4월 4일.

60) IFS, *Truman Era*, 163쪽, 1950년 2월 28일.

17. 한국전쟁과 특파원 피살 사건

1) FBI 스톤 파일에 들어 있는 스톤 강연 관련 두 건의 보고는 서로 다른 두 정보원이 한 것이다. 이들 보고는 스톤의 논지는 정확히 담았지만 인용 부분이 다르고 잘못 인용한 부분도 눈에 띈다. 특히 스톤이 장제스의 "국민당" 정부를 신랄하게 비난한 부분을 "코민테른"에 관한 언급으로 기록했다.[국민당의 중국어 발음 '쿼민탕/Kuomintang'을 Comintern으로 잘못 알아들은 것이다.] (1950년 8월 3일 뉴욕시 Capitol Hotel, Carnival Room에서 National Council of the Arts, Sciences and Professions 후원으로 열린 한국 관련 강연 보고 내용.)

2) David Rees는 오랜 세월 한국전에 관한 권위 있는 역사서로 인정돼온 저서에서 북한의 남침을 "소련의 전쟁 계획"에 따른 것이라고 표현했다. David Rees, *Korea: The Limited War* (Baltimore: Penguin, 1964), 19. David Dallin도 스탈린이 남침을 "계획하고 준비하고 개시했다"고 결론 내렸다. David Dallin, *Soviet Foreign Policy After Stalin.* (Philadelphia: J. B. Lippincott, 1961) 이 부분은 Kathryn Weathersby가 Cold War International History Project에서 인용한 내용을 따랐다.

3) *Compass*, 1951년 6월 15일: *Compass*, 1952년 6월 9일. FBI 스톤 파일에도 들어 있는 내용이다.

4) Patner, *Portrait*, 65쪽.

5) 1949년 3월 28일 김일성이 스탈린을 찾아갔다. 남침 지원을 얻어내기 위해서였다. 당시 남한군은 북한 영토를 찝쩍거리고 있었다. 스탈린의 답은 '노'였다. 중국 내전이 계속되는 상황이어서 소련군도 지원에 나설 형편이 아니었다. 스탈린은 미국의 개입을 특히 우려했다. 피해망상이 또 도진 것이다. 스탈린은 미국이 남한에서 곧 철군하면 남한이 북한을 공격할 것이라고 잘못 생각했다. 실제로 이승만과 미국은 철군시 남한의 방위력이 약해진다고 보고 철군을 늦추고 있었다. 남한 정부 내의 호전적인 인사들은 북한을 도발해 미군이 개입하는 상황을 유발하려고 했다. 소련과 마찬가지로 미국도 그런 상황을 전혀 원치 않았다. 그러나 북한 주재 소련 대사는 미국이 이승만의 군사력 확장을 돕고 있다는 경고를 본국에 여러 차례 보냈고, 스탈린은 놀랐다. 1950년 1월이 되면 스탈린은 남침을 승인해달라는 김일성의 요구를 조심스럽게 들어준다. 여건도 한층 유리해졌다. 중국에서 공산당이 승리하자 스탈린은 미국이 몇 가지 이유에서 한국 문제에 개입하지 않을 것이라는 판단을 내렸다. 미국은 중국에서도 공산당의 승리를 막기 위해 무력을 사용하지 않았고, 소련도 이제 핵무기를 갖게 됐다는 것이 중요한 이유였다.(소련이 발표한 성명 영역본 등 관련 문건은 Woodrow Wilson International Center for Scholars, Cold War International History Project, Kathryn Weathersby, Working Paper No. 39, July 2002와 History Project에서 출간한 한

국전 관련 문서들을 보라. 웹사이트 http://wwics.si.edu.)

6) Woodrow Wilson Institute Cold War International History Project, Virtual Archive Working Paper #8: "Soviet Aims in Korea and the Origins of the Korean War, 1945-50: New Evidence from Russian Archives." (필자 Kathryn Weathersby)

7) IFS, *Hidden History* 1952년 판, 본인이 쓴 서문, xxi쪽.

8) 브루스 커밍스는 이렇게 썼다. "실제로 김일성을 저지하려 했던 소련 대사관 핵심 관계자 두 명의 말투는 1950년 6월 서울에서 이승만과 대화한 덜레스 국무장관과 거의 같았다.(양쪽 모두 김일성이나 이승만의 주장을 듣고 나서 남(북)한을 공격하고 싶어하는 욕구를 강하게 비난하고 '화제를 일반적인 문제로 돌리려고 애썼다.')" 양자의 차이점과 관련 자료는 "Cumings and Weathersby Exchange on Korean War Origins," July 1995, Woodrow Wilson Cold War International History Project를 보라.

9) Cold War International History Project, Virtual Archive Working Paper #8.

10) IFS, *Hidden History*, 9쪽.

11) 미국 육군이 정보공개법에 따라 공개한 IFS 관련 파일 1954년 3월 12일자 메모.

12) IFS, *Hidden History*, 21쪽.

13) Steel, *Lippmann*, 475쪽.(Lippmann, 1951년 4월 3일, 1951년 5월 21일)

14) *Post*, 1952년 5월 11일.

15) Patner, *Portrait*, 48-49쪽.

16) Poats가 MM에게 한 증언, 1991년 9월 27일.

17) Bernhardt J. Hurwood(Korea, the Land of the 38th Parallel의 공저자), *Saturday Review of Books*, 1969년 11월 1일.

18) Chen Jian, *China's Road to the Korean War: The Making of the Sino-American Confrontation* (New York : Columbia University Press, 1994)에서 인용.

19) IFS, *Hidden History*, 341-342쪽.

20) 40년 후 중국 학자 천지안은 새로 공개된 중국 공산당 문헌에 주목했다. 문헌은 마오가 남한군이 38선을 넘고, 그 다음 날인 1950년 9월 30일 맥아더 장군이 김일성에게 무조건 항복을 요구하자 곧바로 군대 투입을 결정했음을 보여준다. 천지안은 당시 확전을 우려한 스탈린이 "중국군에 공중 엄호를 제공한다"는 약속을 철회했다고 지적했다. 이렇게 해서 "마오는 엄청난 난관에 봉착했다." 마오는 스탈린이 원조 약속을 철회하자 망연자실했다. 그러나 마오의 참전은 불가피했다는 것이 천지안의 결론이다. 결국 "중요한 시점에 소련이 '배신'함으로써 마오의 자립에 대한 신념이 강화됐고, 그런 배신은 미래의 중·소 분쟁을

부른 한 요인이 됐다." Chen Jian, *China's Road*.

21) Poats가 MM에게 한 증언, 1991년 9월 27일.

22) 이 부분을 다룬 Chen Jian, *China's Road to the Korean War*는 특히 흥미롭다.

23) IFS, *Hidden History*. 327, 335쪽.

24) 위의 책, 346-347쪽.

25) Richard Rovere, *Post*, 1952년 5월 11일.

26) Murray Kempton이 MM에게 한 증언, 1991년 9월 24일.

27) Stanley Karnow가 MM에게 한 증언, 1991년.

28) Pierpoint가 MM에게 한 증언(1991년 10월)과 이메일 인터뷰.(2003년 12월 7일)

29) Stalin이 Mao에게 보낸 메모, 1951년 6월 5일, Cold War International History Project, document #95. 역사학자 Weathersby는 1995년 다음과 같이 썼다. "증거로 보면 스탈린이 한국전을 지속하려는 욕심이 전쟁 지연의 주요인이었음을 알 수 있다. …스탈린 사망 직후 동맹 3국(소련, 중국, 북한)은 휴전 협정 체결을 위한 결정적인 조치를 취했다."

30) *Wall Street Journal*, 1951년 11월 27일. IFS, *Hidden History*, 346쪽에서 재인용.

31) Reston, *New York Times*, 1951년 11월 16일. IFS, *Hidden History*, 325쪽에서 재인용.

32) *Compass*, 1952년 7월 3일.

33) Steel, *Lippmann*, 487쪽.

34) Cold War International History Project, Virtual Archive, "New Russian Evidence on the Korean War Biological Warfare Allegations: Background and Analysis." (필자 Milton Leitenberg)

35) *Compass*, 1952년 7월 3일.

36) Bernhardt J. Hurwood가 인용한 스톤의 발언, *Saturday Review of Books*, 1969년 11월 1일.

37) CBS TV 한국 특파원이었던 Robert Pierpoint가 1991년 10월 MM에게 한 증언과 2004년 1월에 한 이메일 인터뷰: 전서구 얘기는 Knightley, *First Casualty*, 338쪽: Poats가 MM에게 한 증언, 1991년 9월 27일.

38) Patner, *Portrait*, 62쪽.

39) Steel, *Lippmann*, 473쪽.

40) IFS, *Compass*, 1949년 10월 19일.

41) CS와 Richard Dudman이 MM에게 한 증언.

42) IFS, *Truman Years*, 209쪽.(Compass, 1950년 10월 1일)

43) CS가 MM에게 한 증언.

44) JS가 MM에게 한 증언, 2004년 5월 2일. Karnow의 회고는 MM과의 인터뷰(1991-1992년)
   에서 한 발언이다.

45) JS가 MM에게 한 증언, 1990년 7월 9일.

46) CS가 MM에게 한 증언, 2005년 10월 25일.

47) Curt Gentry, *J. Edgar Hoover*, 234쪽.

48) *Compass*에 쓴 칼럼.(1951년 10월 23일, 28일)

49) *Compass* Polk 칼럼, 1952년 8월 5일, 7일.

50) Keeley, *Salonika Bay Murder*.

51) 조사위원회에는 「뉴욕 타임스」의 James Reston, CBS의 William Paley와 Joseph C.
   Harsch, 칼럼니스트 Marquis Childs, 「뉴스위크」의 Ernest Lindley, 「워싱턴 포스트」 사장
   Eugene Meyer도 참여했다.

52) *Compass*, 1952년 8월 8일.

53) *Compass*, 1952년 8월 8일.

54) Ronald Steel, "Casualty of the Cold War," *Review* 38, no. 15.(1991년 9월 26일)

55) Steel, *Lippmann*, 487쪽.

56) *Compass*, 1952년 8월 7일.

57) *Compass*, 1952년 8월 7일.

58) *Compass*, 1952년 7월 7일 ; Steel, "Casualty."

59) *Compass*, 1952년 7월 7일 ; Steel, "Casualty."

60) *Compass*, 1952년 7월 6일.

61) Lydon, *New York Times book review*, 1996년 4월 7일. Elias Vlanton with Zak Mettger,
   Who Killed George Polk? (Philadelphia : Temple University Press, 1996)에 관한 서평이다.

62) Compass, 1952년 7월 10일.

63) Reston이 MM에게 한 증언, 1990년 11월 12일.

64) Steel, "Casualty."

4부 | 혼자서 가다

18. 이지를 잡아라

1) 본서 주석 맨 앞부분 FBI 스톤 파일 설명을 보라.

2) IFS이 MM에게 한 증언, *Washington Post*, 1979년 7월 9일.

3) FBI 관리가 MM에게 한 증언.(1991년) 본인의 요청에 따라 익명으로 처리했다.

4) Natalie Robins, *Alien Ink*는 이 문제를 잘 파헤친 걸작이다.

5) Robins, *Alien Ink*, 160쪽.

6) FBI bulletin, 1953년 12월 28일.

7) FBI 메모, 1954년 11월 22일.

8) FBI 메모, 1953년 3월 28일.

9) *The Weekly*, 1953년 9월 5일 ; *Haunted Fifties*, 25쪽.

10) Robins, *Alien Ink*, 175쪽.

11) Gentry, *J. Edgar Hoover*, 347쪽.

12) Richard G. Powers, *G-Men*, Robins, *Alien Ink*, 67쪽에서 재인용.

13) *Haunted Fifties*, 25쪽, 1953년 9월 5일.

14) *Compass*, 1949년 6월 13일.

15) San Francisco speech, 1988년 2월 5일.

16) 최근에 Bentley를 조명한 책으로는 Kathryn S. Olmsted, *Red Spy Queen*이 가장 훌륭하다.

17) FBI 메모, 1946년 10월 17일과 18일.

18) FBI 메모, 1945년 7월 11일.

19) *Daily Worker*, 1944년 4월 18일 ; "스톤은 미국을…" 부분은 스톤의 Midwest Committee for the Protection of the Foreign Born 강연 내용. MM, "Secret War," *Washington Post*, 1994년 8월 21일에서 인용.

20) Bentley에 관한 설명은 Goodman, Committee와 Olmsted, *Red Spy Queen*을 주로 참고했다.

21) Olmsted, *Red Spy Queen*, 117-118쪽.

22) *Compass*, 1952년 5월 15일.

23) Lamphere, *FBI-KGB War*. FBI는 재판에서 공개하지 않은 증거를 가지고 있었다. 간첩 담당 책임자 램피어는 KGB 문서 암호 해독을 도왔는데 해독된 문건에는 20세기의 가장 악명 높은 스파이 부부에 관한 내용이 들어 있었다. 램피어가 1986년 회고록을 쓸 때까지도 미국 정부는 암호 해독 문건 대부분을 기밀로 분류해놓고 있었다.(19장을 보라.)

24) Alessandra Stanley, "K.G.B. Agent Plays Down Atomic Role of Rosenbergs," *New York Times*, 1997년 3월 16일, 9쪽.

25) IFS FBI 파일, 1947년 5월 25일.

26) National Council of the Arts, Sciences and the Professions 주최로 1950년 2월 13일 카네기홀에서 열린 수소폭탄 반대 집회에서 스톤이 한 강연 ; MM, "Secret War" ; FBI FOIA 파일.

27) *The Weekly*, 1953년 6월 29일.

28) *The Weekly*, 1953년 12월 21일.

29) Rick Perlstein, "Architects of America's Red Scare," *New York Times*, 2001년 8월 20일.

30) 레이건은 "뉴딜을 열정적으로 지지했고, 1938년에는 이상주의 성향의 좌파로 기울어 할리우드 공산당 지부에 가입하려고 했다. 그러나 당에 어울리지 않는다는 이유로(너무 말이 많고 너무 애국적이었다) 입당은 거부됐다." Edmund Morris, "The Unknowable : Ronald Reagan's Amazing Mysterious Life," *New Yorker*, 2004년 6월 28일.

31) *A Memoir : Ring Lardner Jr.* (New York : Thunder's Mouth Press/Nation Books, 2000), 9쪽.

32) Goulden, *Best Years*, 306쪽.

33) 위의 책, 307쪽.

34) Faulk가 MM에게 한 증언, 1990년 2월.

35) Ivins, *Who Let the Dogs In?*, 350, 351쪽.

36) CS가 MM에게 한 증언.

37) 1946년 2월 14일 앤 화이트는 워싱턴에 있는 친구와 전화로 내무장관 해럴드 익스의 급작스러운 사임을 다룬 스톤의 칼럼 얘기를 했다. 기자회견 때 스톤이 집요하게 질문하자 익스가 험악하게 받았는지에 대한 얘기가 오갔지만 화이트는 신문에 난 것만 봐서 현장 분위기를 알 수 없었다. 친구는 익스가 "못되게" 굴었다면서도 스톤과의 언쟁은 "흥미진진한" 기자회견 전체를 놓고 보면 "사소한 부분"이라고 말했다. 통화 내용을 기록한 FBI 메모는 '해리 텍스터 화이트의 활동에 관하여'(1946년 3월 11일)라는 제목이 달려 있다. 스톤이 화이트 집에 초대받은 얘기는 1946년 11월 4일 Gregory Espionage-R file.

38) Craig, *Treasonable Doubt*, 214에서 인용.

39) IFS, *Truman Era*, 48~50쪽.(Compass, 1948년 8월 18일)

19. 거짓말 그리고 스파이

1) Venona File #36, New York 696-7 to Moscow, 1944년 5월 16일, 283-284쪽.

2) 1995~96년 미국이 공개한 베노나 파일. Venona #41, New York 847b-848 to Moscow, 1944년 6월 16일, 295-297쪽.

3) 이 보고서에는 "Bumblebee(호박벌)"라는 헷갈리는 암호명을 쓰는 신원 미상의 "언론인"

도 등장한다. 필자가 파악한 바로는 범블비는 원자탄 관련 기밀을 소련에 넘겨준 인물로 매형 줄리어스 로젠버그를 지목한 데이비드 그린글래스를 가리키는 암호다. 그런데 그린글래스는 언론인이 아니었다. 따라서 세르게이와 대화를 나눈 것으로 기록된 암호명 언론인 명단에는 틀린 부분이 있을 수 있다.

4) 헤인즈와 클러는 리프먼에 대해서는 "공산주의에 대해 호감이 전혀 없었다"며 세르게이와 대화한 얘기는 언급조차 하지 않는다. 다만 미국 공산당과 KGB가 메리 프라이스를 리프먼의 비서로 앉혀 그가 접촉하는 취재원 등에 대해 파악하려 했다는 점만 밝혀놓았다. Haynes and Klehr, *Venona*, 241–299쪽.

5) Novak이 말썽을 일으킨 사례와 그에 대한 혹평은 이루 열거하기 힘들 정도로 많다.

6) Brent Kendall, *Guardian*, 2003년 4월 12일.

7) Jeremy J. Stone은 Accuracy in Media가 1990년대 초 Human Events를 비롯한 출판물에서 제기한 문제들은 스톤이 살아 있다면 명예훼손으로 걸렸을 것이라고 말했다. Jeremy J. Stone이 MM에게 보낸 이메일.(2005년 10월 27일)

8) *Washington Star* book review of Schecter and Schecter, *Sacred Secrets*.

9) Persico, *New York Times*, 1999년 1월 3일.

10) Coulter, *Treason*, 99쪽.

11) Weinstein and Vassiliev, *Haunted Wood*, 106쪽.

12) Haynes and Klehr, *Venona*, 249쪽.

13) Coulter, *Treason*, 97쪽.

14) 위의 책, 97–98쪽.

15) Philip Nobile, "'I Lied': Testing the Intellectual Honesty of Eric Alterman," *New York Press*, 1999년 1월 19일.

16) Jacob Weisberg, "Cold War Without End," *New York Times Magazine*, 1999년 11월 28일.

17) Weinstein and Vassiliev, *Haunted Wood*, 160, 169쪽.

18) West, *Democracy Matters*, 55쪽.

19) *PM*, 1945년 3월 19일.

20) FBI 메모, 1945년 3월 27일.

21) Steel, *Lippman*, 405쪽. Lippmann, *U.S. Foreign Policy*, 1943년에서 인용.

22) "화이트는 루르 공업 지대를 폐쇄하면 수백만 명의 독일인 난민이 발생해 유럽의 다른 지역에도 피해를 줄 것이라고 경고했다." 이에 대해 모겐소는 "분명 그것은 끔찍한 문제가 될 것이다. 그러나 독일인들이 해결할 문제다. 왜 내가 그들이 겪을 문제를 걱정해야 하는

가?"라고 반박했다. Beschloss, *Conquerors*, 104쪽. 화이트의 역할에 대해서는 Craig, *Treasonable Doubt*, 268쪽을 보라. "자업자득이다"에서 "유대인 특유의 울분 때문에"까지는 위의 책, 161쪽 참조.

23) Olmsted, *Red Spy Queen*, 131쪽.

24) Reeves, *President Kennedy*, 346-347쪽.

25) 이 문제를 다룬 책으로는 상원의원 출신의 Bob Graham이 쓴 *Intelligence Matters*가 탁월하다.

26) Moynihan, Secrecy. Sam Tanenhaus, *New York Times book review*, 1998년 5월 4일에서 재인용.

27) R. W. Apple Jr., "Government Is Overzealous On Secrecy, Panel Advises," *New York Times*, 1997년 3월 5일.

28) 스톤 추적 관련 자료는 FOIA files, Number HQ 65-60654-Section 1-4 참조.

29) FBI files, 1951년 3월 16일.

30) FBI file, 1951년 6월 8일.

31) IFS, *Compass*, 1951년 7월 21일.

32) FBI files, 1951년 7월 11일.

33) Kalugin이 MM에게 한 증언.(2003년 5월 24일)

34) Gentry, *J. Edgar Hoover*, 719쪽.

35) Peters, *Five Days in Philadelphia*, 91-92쪽.

36) Kalugin이 MM에게 한 증언.(2003년 5월 24일)

37) Kalugin이 MM에게 한 증언.(2003년 5월 24일)

38) Kalugin이 MM에게 한 증언.(2003년 6월 6일)

39) Galbraith가 MM에게 한 증언.(1996년 5월 28일)

20. 고독한 게릴라 전사: 광기의 1950년대

1) *Haunted Fifties*, 175-176쪽, 1955년 11월 14일.

2) IFS의 *Truman Era* 서문.

3) *The Weekly*, 1954년 3월 15일.(*The Weekly Reader*, 42쪽)

4) *Haunted Fifties*, introduction, xx쪽.

5) "Who Will Watch This Watchman?" *The Weekly*, 1953년 1월 17일, 4쪽.

6) *The Weekly*, 1953년 1월 17일, 4쪽. 스톤은 MM을 비롯한 여러 인사와의 인터뷰에서 오래

가지 못할지 모른다는 불안감에 대해 설명한 바 있다.

7) *Haunted Fifties*, xx쪽.

8) Knoll이 MM에게 한 증언.(1990년 5월 23일)

9) Izzy와 Esther가 Celia에게 보낸 편지들은 Celia가 MM에게 이메일(2005년 10월)로 보내주었다.

10) MM, "Gathering No Moss," *Washington Post*, 1979년 6월 9일, B1.

11) Brinkley가 MM에게 한 증언.(1993년 12월 9일)

12) Feiffer가 MM에게 한 증언, 1991년 5월.

13) Abourezk가 MM에게 한 증언, 2006년 4월.

14) Patner, *Portrait*, 81-82쪽.

15) *The Weekly*, 1953년 4월 7일과 28일.

16) *The Weekly*, 1968년 12월 2일.

17) CS가 MM에게 한 증언, 1991년 8월 31일.

18) Dudman, MM과의 인터뷰(1991년 5월)에서.

19) Dudman이 MM에게 한 증언, 1991년 5월.

20) Nossiter가 MM에게 한 증언, 1991년 10월 26일 ; CS가 MM에게 한 증언(1991년 12월 8일)과 MM에게 보낸 편지.

21) CS가 MM에게 한 증언, 1991년 12월 8일.

22) Martin이 MM에게 한 증언, 1991년 12월 9일.

23) Miller가 Stone 추도식에서 한 말 ; Martin이 MM에게 한 증언, 1991년 12월 9일.

24) Lewis가 MM에게 한 증언, 2005년 9월 28일 이메일.

25) Brinkley가 MM에게 한 증언, 1993년 12월 9일.

26) Spivak이 MM에게 한 증언, 1990년 5월 18일.

27) Kempton이 MM에게 한 증언, 1991년 9월 24일.

28) "The J. Edgar Hoover-McCarthy Axis," *The Weekly*, 1953년 10월 5일.

29) *The Weekly*, 1953년 5월 25일.

30) *The Weekly Reader*, 42쪽, 1954년 3월 15일.

31) *The Weekly Reader*, 4쪽, 1954년 2월.

32) Kempton이 MM에게 한 증언, 1991년 9월 24일.

33) IFS가 1954년 4월 22일 로스앤젤레스 Embassy Auditorium에서 한 강연. 정보원 한 명이 받아적은 강연 내용이 FBI 스톤 파일(Bufile 100-27078)에 들어 있다. 이날 강연은

Citizens Committee to Preserve American Freedom 주최였다. 다음날인 4월 23일에 샌프란시스코에서 한 강연은 Californians for the Bill of Rights가 후원한 행사였다.

34) *The Weekly*, 1954년 5월 3일.

35) *The Weekly*, 1954년 5월 10일.

36) *Baltimore Sun* 부국장 Michael Cross-Barnet이 *Los Angeles Times*(2005년 6월 26일)에 쓴 칼럼에서.

37) *Haunted Fifties*, 179쪽, 1957년 1월 28일.

38) Joseph Rauh의 발언은 모두 MM과의 인터뷰(1990년 3월 6일)에서 한 얘기다. (Barth는 1970년대까지 「워싱턴 포스트」 기자들에게 훈남 아이돌 같은 존재였다. 그가 쓴 탁월한 사설들(*The Loyalty of Free Men*으로 묶여 출간됐다)은 미국 언론 논설 칼럼 분야에서 가장 훌륭하고 용기 있는 글로 꼽힌다.)

39) Rovere, *Senator Joe McCarthy*, 58, 166, 169쪽.

40) 위의 책, 167쪽.

41) Howard Kurtz, *Washington Post*, 1991년 11월 9일.

42) Spivak이 MM에게 한 증언, 1990년 5월 18일.

43) Kempton이 MM에게 한 증언, 1991년 9월 24일.

44) *The Weekly*, 1954년 3월 8일, 15일.

45) Seldes가 MM에게 한 증언, 1991년 11월 6일. 그러나 셀드스가 밝힌 1906년의 뇌물 얘기는 인플레이션을 감안해도 요즘 돈 받고 거짓 기사 써주는 자들에 비하면 껌값이라고 할 수 있다. 부시 행정부 때 이른바 저널리스트라고 하는 자들이 일부 부처에서 거액을 받고 해당 부처의 업적을 일방적으로 칭찬하고 선전하는 기사를 쓴 사건이 일어났다. 이런 관행이 폭로된 뒤에도 부시 대통령은 윤리적인 우려 같은 것은 표명하지 않았다.

46) *Fair*, September/October 1995에 인용된 스톤의 발언.

47) Seldes가 MM에게 한 증언, 1991년 11월 6일.

48) Colman McCarthy, *Washington Post*, 1982년 5월 10일.

49) *The Weekly*, 1957년 5월 13일.

21. 환멸과 고백

1) *The Weekly*, 1953년 3월 14일.

2) *The Weekly*, 1953년 4월 11일.

3) *The Weekly*, 1956년 5월 28일.

4) *The Weekly.*

5) IFS FBI file Bufile 100-37078 ; FBI 메모, 1956년 6월 18일.

6) FBI 뉴욕 지부가 후버에게 올린 보고, 1956년 6월 29일.

7) WFO FBI 메모, 1956년 7월 31일.

8) FBI 메모, 1956년 9월 27일.

9) 버클리의 칼럼 역시 FBI 스톤 파일에 들어 있다.

10) *The Weekly*, 1956년 3월 14일.

11) Applebaum, *Gulag*, xxxiv쪽.

12) *The Weekly*, 1953년 3월 14일.

13) Applebaum, *Gulag*, 93쪽.

14) 위의 책, xxii쪽.

15) CS가 MM에게 한 증언.(1991년 8월 31일)

16) Rauh가 MM에게 한 증언.(1990년 3월 6일)

17) *The Weekly*, 1957년 6월 24일.

18) MM, "The Hybridization of Hungary," *Washington Post*, 1986년 11월 4일, D1.

19) *The Weekly*, 1956년 10월 29일.

20) *The Weekly*, 1956년 12월 17일.

21) *The Weekly*. 1956년 12월 17일.

22) *The Weekly*, 1956년 12월 3일.

23) *The Weekly*, 1956년 11월 12일.

24) *The Weekly.*

22. 민권 운동: 미국의 유혈 혁명

1) *Torment*, 153쪽.

2) *The Weekly*, 1954년 5월 24일.

3) 민권 운동 관련 서적들과 PBS 방송 다큐멘터리 *Early Civil Rights Struggles: The Murder of Emmett Till*과 Lisa Cozzens가 1997-98년 취합한 관련 기록 및 자료들(웹사이트 http://www.watson.org/~lisa/blackhistory/early-civilrights/emmett.html.)을 참고했다.

4) *The Weekly*, 1955년 10월 3일.

5) *The Weekly*, 1955년 10월 3일.

6) *The Weekly*, 1963년 9월 16일.

7) IFS, *Truman Era*, 132쪽, 1948년 12월 20일.

8) 스톤의 집 혹인 가정부 얘기는 CS가 MM에게 한 증언.

9) MM이 National Press Club 문서고에서 입수한 Holeman의 1988년 메모.

10) Rogers가 MM에게 한 증언, 1991년 10월 10일.

11) Thomas W. Lippman, *Washington Post*, 1981년 6월 19일.

12) Rogers가 MM에게 한 증언, 1991년 10월 10일.

13) 마틴 루터 킹과 민권 운동을 다룬 책은 역시 퓰리처상을 수상한 Taylor Branch의 3부작 *Parting the Waters*, *Pillar of Fire*, *At Canaan's Edge*이 최고다.

14) Steel, *Lippmann*, 552-553쪽.

15) *Torment*, 118쪽. (*Review*, 1965년 11월 11일)

16) *The Weekly*, 1957년 10월 7일.

17) *The Weekly*, 1959년 9월 29일.

18) *The Weekly*, 1959년 9월 29일.

19) Bernstein, *Loyalties*, 95-96쪽.

20) *The Weekly*, 1955년 10월 3일.

21) *The Weekly*, 1962년 10월 8일.

22) Wilkie, *Dixie*, 120, 156쪽.

23) 위의 책, 128쪽.

24) *The Weekly*, 1963년 9월 30일.

25) *The Weekly*, 1964년 11월 9일.

26) *The Weekly*, 1959년 6월 1일.

27) FBI 정보원이 보고한 스톤의 강연 내용. FBI 메모, 1960년 1월 21일, document #266, Stone file.

28) Cottrell, *Izzy*, 175쪽, *The Weekly*, 1955년 12월 12일.

29) *The Weekly*, 1961년 11월 27일.

30) University of South Florida, St. Petersburg가 후원한 토론회에서. 필자는 2004년 6월 3-6일 이 토론회에 참석했다.

31) *The Weekly*, 1962년 6월 4일.

32) Wilkie, *Dixie*, 143쪽.

33) *Torment*, 384쪽, 1965년 4월 5일.

34) *The Weekly*, 1965년 1월 11일.

35) *The Weekly*, 1964년 6월 22일.

36) *The Weekly*, 1964년 6월 22일.

37) *The Weekly*, 1967년 5월 8일.

38) *The Weekly*, 1968년 4월 15일.

39) *The Weekly*, 1957년 10월 7일.

23. 케네디, 흐루쇼프, 카스트로

1) 수술 관련 얘기는 CS가 MM에게 한 증언, 1991년 8월 21일.

2) *The Weekly*, 1967년 11월 20일.

3) Andrew Patner가 Salon 편집자에게 보낸 편지, 1998년 1월 8일 ; Patner, *Portrait*, 121쪽.

4) Stan Isaacs, *Newsday*, 1968년 1월 20일.

5) *The Weekly*, 1960년 2월 1일.

6) *The Weekly*, 1960년 7월 18일.

7) *The Weekly*, "Our Feud With Fidel," 1961년 1월 16일.

8) *The Weekly*, 1962년 1월 8일.

9) Johnson, *Bay of Pigs*, 139쪽.

10) MM, "The Sad Death of Pepe San Roman," *Washington Post*, 1989년 10월 17일.

11) *The Weekly*, 1963년 1월 14일.

12) Reeves, *President Kennedy*, 106쪽.

13) IFS가 Gitlin에게 한 증언, 1985년.

14) IFS가 Gitlin에게 한 증언, 1985년.

15) Stan Isaacs, *Newsday*, 1968년 1월 20일.

16) *The Weekly*, 1961년 1월 16일.

17) *Torment*, 19–23쪽. (Review, 1966년 5월 14일)

18) *The Weekly*, 1963년 1월 21일.

19) *The Weekly*, 1963년 1월 7일.

20) IFS가 Gitlin에게 한 증언, 1985년.

21) Binghamton (NY) Evening Press, 1961년 12월 8일~9일. FBI Stone 파일에 철이 돼 있다.

22) *The Weekly*, 1963년 12월 9일.

23) Steel, *Lippmann*, 542–543쪽.

24) Raymond Marcus의 회고, 1995년 7월, http://karws.gso.uri.edu/JFK/The_critics/Marc us/Marcus_on_Stone.html.

25) *The Weekly*, 1963년 12월 9일.

26) *The Weekly*, 1964년 9월 24일.

24. 전쟁의 수렁 속으로

1) *The Weekly*, 1961년 5월 8일.

2) Vanderchek가 MM에게 한 증언, 1990년 4월 15일.

3) *The Weekly*, 1965년 11월 1일.

4) Leroy F. Aarons and William J. Raspberry, *Washington Post*, 1965년 11월 4일.

5) Stan Isaacs, *Newsday*, 1968년 1월 29일.

6) *Torment*, 173쪽, 1961년 5월 22일.

7) *Torment*, 178-188쪽, 1963년 10월 28일.

8) *Torment*, 218쪽, 1965년 3월 8일.

9) *The Weekly*, 1965년 4월 22일.

10) Reeves, *President Kennedy*, 638쪽.

11) *The Weekly*, 1963년 11월 11일.

12) Steel, *Lippmann*, 557쪽.

13) *Torment*, 202쪽, 1964년 8월 24일.

14) *Torment*, 203-206쪽, 1964년 9월 28일.

15) Ellsberg, *Secrets*, 201쪽.

16) 위의 책, 41-43쪽.

17) Ellsberg가 MM에게 한 증언, 2005년 3월 10일.

18) Torment, 212-218쪽, 1965년 3월 8일.

19) Ellsberg가 MM에게 한 증언, 2005년 3월 10일. 백서에 나온 노획 무기 목록은 다음과 같다. 중국제 기관총 6정, 북베트남제 기관총 2정, 체코제 권총 1정, 소련제 권총 4정, 중국제 박격포 4문, 소총 약 100정, 바주카포 2문, 중국제 로켓 발사기 2점, 경기관총 64정, 북베트남에서 "개조한" 프랑스제 경기관총 24정, 북베트남제 기관총 2정, 헬멧 16개, 군복 1점, 개수 미상의 식기 세트와 허리띠, 스웨터, 양말 등등.

20) *The Weekly*, 1966년 7월 11일.

21) Gitlin, *Days of Rage*, 267쪽.

22) *Torment*, 98쪽, 1966년 1월 20일.

23) Ellsberg, *Secrets*, 62쪽.

24) Dorothy Fall의 언급들은 1990~2004년 여러 차례 MM과의 인터뷰에서 한 증언이다.

25) *The Weekly*, 1967년 3월 13일.

26) Dorothy Fall이 MM에게 보낸 이메일, 2004년 2월 18일.

27) *The Weekly*, 1967년 3월 13일.

28) Knightley, *First Casualty*, 375-376쪽. 특히 베트남 특파원 관련 부분 373-401쪽을 보라.

29) 위의 책, 379쪽.

30) Halberstam과 Mohr의 언급은 위의 책, 380-381쪽. Halberstam 관련 원문은 Aronson, *Press and the Cold War*, 182쪽; Mohr 관련 원문은 Nora Ephron, "The War Followers," *New York magazine*, 1973년 11월 12일을 보라.

31) Knightley, *First Casualty*, 423쪽.

32) *Torment*, 313쪽.(Review, 1965년 4월 22일)

33) Knightley, *First Casualty*, 423쪽에서 재인용. 원문은 *Esquire*, 1970년 4월.

34) Osnos가 MM에게 한 증언, 1991년 9월 26일.

35) Knightley, *First Casualty*, 402쪽에서 재인용. 원문은 Don Oberdorfer, Tet.(1971년)

36) *Torment*, 393-396쪽, 1967년 1월 9일.

37) Salisbury의 언급은 모두 본인이 MM에게 한 증언(1991년 10월 18일)이다.

38) Wilson이 MM에게 한 증언, 1991년 10월 1일.

39) Dudman이 MM에게 한 증언, 1991년 5월. 더드맨이 스톤의 유가족에게 보낸, 스톤과의 추억을 담은 편지에도 같은 내용이 들어 있다.

40) Kalb가 MM에게 보낸 이메일, 2005년 2월 23일.

41) Steel, *Lippmann*, 569쪽.

42) 위의 책, 571, 577쪽.

43) 위의 책, 576쪽.

44) Dorothy Fall이 MM에게 한 증언, 1994년 6월.

45) Steel, *Lippmann*, 580쪽.

46) Patner, *Portrait*, 139쪽.

47) MM, *Long Time Passing*, 52쪽.

48) Knightley, *First Casualty*, 393쪽.

49) *Polemics*, 386-389쪽.(Review, 1969년 12월 15일)

50) *Torment*, 364쪽, 1965년 11월 1일.

51) *Polemics*, 307-311쪽, 1968년 3월 4일.

52) *The Weekly*, 1969년 11월 17일.

53) *The Weekly*, 1970년 1월 12일.

54) *Review*, 1972년 3월 9일.

55) Hersh, *Price of Power*, 485쪽.

25. 베트남전과 인종차별의 한복판에서

1) IFS가 Gitlin에게 한 증언, 1985년.

2) *Washington Post*: *New York Times*, 1963년 9월 14일.

3) *Washington Post*, 1963년 9월 14일.

4) *Washington Post*, 1965년 6월 23일.

5) Luvvie Pearson이 MM에게 한 증언, 1991년 6월 14일.

6) IFS가 Gitlin에게 한 증언, 1985년.

7) Gitlin, *Sixties*, 90쪽.

8) Gitlin이 MM에게 한 증언, 1991년 9월 9일.

9) Kennedy 발언 인용문 관련 정보는 2005년 Detroit News 웹사이트 기사 모음 참조.

10) FBI 스톤 파일에 있는 Speech, 1965년 2월 17일.

11) FBI 스톤 파일에 있는 정보원의 강연 관련 보고.

12) IFS가 Gitlin에게 한 증언, 1985년.

13) IFS가 Gitlin에게 한 증언, 1985년.

14) Knoll이 MM에게 한 증언, 1990년 5월 25일.

15) Gitlin, *Sixties*, 183쪽.

16) 위의 책, 182쪽.

17) 위의 책, 263쪽.

18) 친닉슨 성향의 「뉴욕 데일리 뉴스」는 판매부수가 「뉴욕 타임스」와 「뉴욕 포스트」를 합친 것보다 훨씬 많았다. 워싱턴 DC의 3대 일간지 가운데 2개(「워싱턴 스타」와 「데일리 뉴스」)는 친닉슨 보수 성향이었다. 「워싱턴 포스트」도 "격일로" 그런 성향을 보였다고 IFS은 썼다. *Polemics*, 484-487쪽, 1969년 12월 1일.

19) *The Weekly*, 1970년 5월 18일.

20) MM, *Long Time Passing*, 108쪽.

21) William Greider, *Nation*, 2004년 5월 3일.

22) MM, *Long Time Passing*, 109쪽에서 재인용. 원 출처는 Patrick Sale, *SDS*.(New York: Random House, 1973)

23) Susan Stern, With the Weathermen: The Personal Journey of a Revolutionary Woman.(New York: Doubleday, 1975)

24) MM과 웨더맨 단원들과의 인터뷰(2006년)에서. Susan Braudy, *Family Circle: The Boudins and the Aristocracy of the Left*(New York: Alfred A. Knopf, 2003)에서는 경우에 따라 캐시 부딘을 중심인물로 취급한다. 그러나 이 책은 I. F. 스톤 관련 사항을 잘못 기술한 부분이 많다는 점에 주의해야 한다. 예를 들어, 스톤의 사망 연도부터 틀렸고, 스톤의 동생 이름을 아들 이름으로 잘못 기재했으며, 동서인 변호사 레너드 부딘에게 대니얼 엘스버그를 소개해준 인물을 스톤으로 오해했다. 특히 「I. F. 스톤 위클리」에 실린 무기명 사설을 에스터가 쓴 것이라고 했다. 따라서 이 책에서는 브로디의 저서에서 스톤 관련 부분은 일절 인용하지 않았음을 밝혀둔다.

25) Braudy, *Family Circle*, 210쪽에 인용된 FBI 보고서.

26) 위의 책, 312쪽.

27) Sandy Grady, *Philadelphia Bulletin*, 1970년 4월 12일.

28) *The Weekly*, 1970년 3월 23일.

29) *The Weekly*, 1970년 9월.

30) *The Weekly*, 1970년 6월 1일.

31) 문제의 편지와 후버의 반응은 FBI의 IFS 파일(1970년 11월 5일)을 보라.

32) *The Weekly*, 1970년 11월 2일.

33) Jack Nelson, *Los Angeles Times*, 1970년 9월 11일.

34) *The Weekly*, 1970년 6월 1일.

35) *The Weekly*, 1970년 3월 9일.

36) *The Weekly*, 1971년 5월 17일.

37) *The Weekly*, 1970년 5월 4일.

38) *The Weekly*, 1970년 6월 1일.

39) *The Weekly*, 1971년 5월 3일.

40) *The Weekly*, 1970년 4월 22일에 실린 Kerry의 증언.

41) *The Weekly*, 1970년 4월 22일에 실린 Kerry의 증언.

42) 이란-콘트라 사건이 흐지부지되면서 사건의 주역인 올리버 노스 중령과 엘리엇 에이브럼

스, 존 네그로폰테 같은 핵심 관계자들은 레이건 행정부에 이어 역시 군국주의 성향의 공화당 정권인 조지 W. 부시 행정부까지 살아남았다. 21세기에 접어들면서 제국주의적인 선제공격 논리가 인기를 끌었다. 신세대 언론인들은 베트남전 때 꼬마였고, 베트남전에 대해 거의 몰랐다. 그런 언론인들이 2004년 민주당 대통령 후보로 나선 케리를 비방하는 데 열을 올렸다. 특히 일부 베트남전 참전 군인 단체는 부시 지지자들이 지원한 자금으로 케리의 베트남전 활약상과 27세 때 상원에서 한 증언을 매도하는 광고를 냈다. 유감스럽게도 케리 후보는 상원 증언의 취지나 무공훈장 수훈 등의 각종 활약상을 제대로 변호하지 못했다. 심지어 세번째로 받은 상이기장傷痍紀章이 수훈 자격이 있느냐에 대한 어리석은 논란까지 벌어졌다. 그러는 사이 부시 대통령이 청년 시절 베트남 파병을 피하려고 이런저런 꼼수를 썼다는 사실은 거의 묻혀버렸다.

43) Ellsberg, *Secrets*, 358-359쪽.

44) 위의 책, 359쪽: Ellsberg가 MM에게 한 증언, 2005년 3월 10일.

45) Ellsberg, *Secrets*, 383쪽.

46) 위의 책, 380-381쪽.

47) Ellsberg가 MM에게 한 증언, 2005년 3월 10일.

48) *The Weekly*, 1971년 5월 3일.

5부 | 시대의 아이콘이 되다

26. 우상파괴자에서 시대의 우상으로

1) *The Weekly*, 종간호, 1971년 12월 14일.

2) *The Weekly*, 종간호. 원래는 1968년 5월 12일에 게재된 기사.

3) *The Weekly*, 종간호.

4) *The Weekly*, 종간호.

5) IFS가 Stan Isaacs에게 한 증언, "Thunder on the Left," *Newsday*, 1968년 1월 29일.

6) Ben Bradlee가 MM에게 한 증언, 1991년 10월 1일.

7) Greider가 MM에게 한 증언, 1990년 10월 4일.

8) John Greenya, *Washington Star*, 1970년 9월 8일.

9) Karl Meyer, *New Statesman*, 1972년 12월 22일.

10) Cottrell, *Izzy*, 284-285쪽.

11) Vincent Canby, *New York Times*, 1974년 5월 23일.

12) 작곡가 스콧 존슨이 크로노스 사중주단 연주곡에 집어넣은 스톤의 목소리는 포드 홀 포럼 강연 내용으로 NPR(1983년 4월 12일)에서 방송된 내용이다. 제1바이올린 주자 데이비드 해링턴이 스톤의 목소리를 넣으면 어떠냐는 아이디어를 처음 냈고, 존슨이 이를 수용했다. 이후 1991년 4월 링컨센터 연주 때 공연으로 선보였고, 다시 내용을 확장하면서 공연하다가 결국 음반으로 냈다. Kronos Quartet, Howl U.S.A., Nonesuch label, 1996년 6월 4일, "Cold War Suite from How It Happens.(The Voice of I. F. Stone)"

13) Peter Osnos의 발언은 모두 MM과의 인터뷰(1991년 9월 26일)에서 한 증언이다.

14) Jerry Bruck Jr.의 다큐멘터리 *I. F. Stone's Weekly*, 1973년 녹취록.

15) IFS, Jerry Bruck documentary.

16) Cunniff의 발언은 모두 MM과의 인터뷰(1991년 6월 21일)에서 한 내용이다.

17) Nossiter가 MM에게 한 증언, 1991년 9월 26일.

18) Bruck의 다큐에 나오는 캐빗 관련 스톤의 발언.

19) IFS, "Izzy on Izzy," *New York Times*, 1978년 1월 22일.

20) IFS, "Izzy on Izzy."

21) Nat Hentoff, *Village Voice*, 1971년 12월 23일.

22) Chuck Nathanson의 언급은 모두 MM과의 인터뷰(1971년 9월 3일)에서 한 증언이다.

23) *Pincus*, 1990년 5월 2일.

24) *Weekly* 종간호, 1971년 12월 14일.

25) CS가 MM에게 한 증언, 1991년 8월 31일.

26) Jack Beatty가 MM에게 한 증언, 1991년 2월 4일.

27) San Francisco Arts and Lectures series, 1988년 2월 5일. Karl Meyer(*New Statesman*, 1972년 12월 22일)는 두 사람의 일화를 조금 다르게 소개한다.

28) Beatty가 MM에게 한 증언, 1991년 2월 4일.

29) Hitchens가 MM에게 한 증언, 1990년 5월 18일.

30) Navasky가 MM에게 한 증언, 1990년 1월 16일.

31) Navasky, *A Matter of Opinion*, 196쪽. 전체적으로 대단히 흥미로운 책이다. 「네이션」 웹사이트에 주요 발췌문이 떠 있다.

32) Navasky는 여러 칼럼과 MM과의 인터뷰(1990년 1월 16일)에서 이런 말을 했다.

33) *Nation*, 2003년 7월 2일.

34) Navasky, *Matter of Opinion*, 289-291쪽.

35) Bill Kovach가 MM과 한 이메일 인터뷰, 2005년 10월 21일.

36) Stan Isaacs, *Newsday*, 1968년 1월 20일.

37) Raymond가 MM에게 한 증언, 1991년 10월 4일.

38) Bob Sherrill의 표현, Navasky, *Matter of Opinion*, 231쪽에서 인용.

39) MM과의 인터뷰(*Washington Post*, 1979년 7월 9일)와 Sherrill이 MM에게 보낸 편지 (1994년) 내용을 종합했다.

40) Hitchens가 MM에게 한 증언, 1990년 5월 18일.

41) 그러면서 또 "노련한 백악관 참모라면 이 탁월한 기자의 말을 액면 그대로 믿지는 않을 것" 이라고 다소 좋게도 얘기했다. *Review*, 1965년 8월 15일.

42) Wilson이 MM에게 한 증언, 1991년 10월 1일.

43) Pincus가 MM에게 한 증언, 1990년 5월 2일.

44) Wills가 MM에게 한 증언, 1990년 11월 19일.

45) Scott Armstrong의 발언은 모두 MM과의 인터뷰(1990년 1월 20일)에서 한 말이다.

46) 핑커스의 「라이프」지와의 인연 등은 MM에게 한 증언, 1990년 5월 2일.

47) 전문은 Howard Kurtz, "The Post on WMDs: An Inside Story; Prewar Articles Questioning Threat Often Didn't Make Front Page," *Washington Post*, 2004년 8월 12일, A.01을 보라.

48) *Washington Post*, 2004년 8월 12일, A. 1면.

49) Ellsberg가 MM에게 한 증언, 2005년 3월 10일.

50) Ellsberg가 MM에게 한 증언, 2005년 3월 10일.

27. 스톤 대 소크라테스

1) IFS, "Izzy on Izzy," *New York Times*, 1978년 1월 22일.

2) Wills가 MM에게 한 증언, 1990년 11월 19일. 이하 윌스의 언급은 모두 이 인터뷰에서 한 얘기다.

3) IFS, "Izzy on Izzy."

4) Armstrong이 MM에게 한 증언, 1990년 1월 20일. 이하 암스트롱의 언급은 모두 이 인터뷰에서 한 얘기다.

5) Judith Viorst가 MM에게 한 증언, 1991년 9월 20일. 이하 바이어스트의 언급은 모두 이 인터뷰에서 한 얘기다.

6) Martin이 MM에게 한 증언, 1991년 12월 8일.

7) IFS, "Izzy on Izzy."

8) Andrew Wylie, *Washington Post Book World*, 2004년 5월 9일.

9) Bernard Lown 박사의 스톤 관련 언급은 모두 MM과의 인터뷰(1996년 5월 29일)에서 한 얘기다.

10) IFS가 MM에게 한 증언, 1979년 7월.

11) IFS가 Lown에게 보낸 편지, 1982년 11월 1일.

12) William Drozdiak의 기사 '노벨상 수상자 2명이 오슬로 수상식에서 심장마비 환자를 구하다', *Washington Post*, 1985년 12월 10일, 1면.

13) Ellen Goodman, *Boston Globe*, 1985년 12월 17일.

14) Drozdiak, *Washington Post*, 1985년 12월 10일.

15) IFS, *Washington Star*, 1980년 2월 24일. IFS CIA 파일.

16) San Francisco Arts and Lectures series, 1988년 2월 5일.

17) San Francisco Arts and Lectures series, 1988년 2월 5일.

18) Oregonian, 1976년 4월 8일.

19) Ed Bradley, 60 Minutes.

20) Cox가 MM에게 한 증언, 1989년 9월.

21) SF speech, 1988년 2월 5일.

22) Armstrong이 MM에게 한 증언, 1990년 1월 20일.

23) Viorst가 MM에게 한 증언, 1991년 9월 20일.

24) CS가 MM에게 한 증언, 1991년 8월 3일.

25) SF speech, 1988년 2월 5일.

26) IFS가 MM에게 한 증언, 1979년 9월.

27) Abba Eban, *Washington Post*, 1979년 2월 25일.

28) Rauh가 MM에게 한 증언, 1990년 3월 6일.

29) The Nation Institute and The New School, "A Conversation with I. F. Stone at 80," 1988년 2월.

30) Dorothy Fall이 MM에게 한 증언, 1996년; Jack Beatty가 MM에게 한 증언, 2005년.

31) Beatty가 MM에게 한 증언, 1996년 5월 28일.

32) S.F. speech, 1988년 2월 5일.

33) Christian Science Monitor, 1988년 1월 20일.

34) *Wall Street Journal*, 1988년 1월 20일.

35) Cottrell, *Izzy*, 313쪽.

36) S.F. speech, 1988년 2월 5일.

37) National Press Club, 1988년 3월 24일.

38) Navasky, Nation Institute 강연 가운데 스톤 소개 부분, 1988년.

28. 거짓의 안개를 걷어내고 떠나다

1) CS가 MM에게 한 증언, 1991년.

2) CS가 MM에게 한 증언, 1991년.

3) CS, 뉴욕 추도식 발언.

4) CS가 MM에게 한 증언, 1991년.

5) Alexander Cockburn, *Nation*, 1989년 9월 10일.

6) Colman McCarthy, *Washington Post*, 1989년 1월 24일.

7) *New York Times*, 2000년 9월 12일, 에스터 부음 기사.("Esther M. Stone, 91, Widow of Journalist")

8) *Nation*, 1989년 12월 18일.

9) Armstrong이 MM에게 한 증언, 1990년 1월 20일 ; McCarthy, *Washington Post*, 1989년 6월 24일 ; Beatty가 MM에게 한 증언, 1996년 5월 28일.

10) Bob Silvers, 뉴욕에서 열린 IFS 추도식 추도사.

11) Silberstein, "I. F. Stone Honored at North Gate," *North Gate News*, 2001년 가을.

12) Mirsky가 MM에게 보낸 이메일, 2005년.

13) Orville Schell이 Massing, *Now They Tell Us*에 쓴 서문, *Review*, 2004년.

14) *New Republic*, 1989년 7월 10일, 10면.

참고문헌

I. F. Stone의 저서

The Haunted Fifties. Great Britain : Merlin Press, 1963.

The Hidden History of the Korean War: 1950~1951. Merlin Press, 1951. Boston and
　Toronto : Little, Brown and Company, 1998 (reprint).

The I. F. Stone's Weekly Reader. Ed. Neil Middleton. New York : Random House, 1973.

In a Time of Torment. New York : Random House, 1967.

Polemics and Prophecies: 1967~1970. Boston, Toronto, and London : Little, Brown and
　Company, 1970.

The Trial of Socrates. Boston and Toronto : Little, Brown and Company, 1988.

The Truman Era: 1945~1952. Boston, Toronto, and London : Little, Brown and
　Company, 1988.

Underground to Palestine and Reflections Thirty Years Later. New York : Pantheon
　Books, 1978.

The War Years: 1939~1945. Boston, Toronto, and London : Little, Brown and Company,
　1988.

I. F. Stone 평전

Cottrell, Robert C. *Izzy: A Biography of I. F. Stone*. New Brunswick, NJ : Rutgers
　University Press, 1992.

Patner, Andrew. *I. F. Stone: A Portrait*. New York : Anchor Books, 1990.

주요 참고문헌

Aaron, Daniel. *Writers on the Left: Episodes in American Literary Communism*. New
　York : Harcourt, Brace & World, 1961.

Abramson, Rudy. *Spanning the Century: The Life of W. Averell Harriman, 1891~1986*.

New York: William Morrow and Company, 1992.

Alderman, Ellen, and Caroline Kennedy. *In Our Defense: The Bill of Rights in Action*. New York: William Morrow and Company, 1991.

Aleichem, Sholem. *In the Storm*. New York: G. P. Putnam's Sons, 1984.

Allen, Frederick Lewis. *Only Yesterday: An Informal History of the 1920's*. New York, Hagerstown, San Francisco, and London: Harper & Row Publishers, 1931.

Alpern, Sara. *Freda Kirchwey: A Woman of The Nation*. Cambridge, MA, and London, England: Harvard University Press, 1987.

Alperovitz, Gar. *Atomic Diplomacy: Hiroshima and Potsdam*. New York: Penguin Books, 1985.

_____. *The Decision to Use the Atomic Bomb and the Architecture of an American Myth*. New York: Alfred A. Knopf, 1995.

Alterman, Eric. *What Liberal Media? The Truth About Bias and the News*. New York: Basic Books, 2003.

Applebaum, Anne. *Gulag: A History*. New York: Anchor Books: 2003.

Aronson, James. *Packaging the News: A Critical Survey of Press, Radio, TV*. New York: International Publishers, 1971.

_____. *Deadline for the Media: Today's Challenge to Press, TV, and Radio*. Indianapolis and New York: Bobbs-Merrill Company, 1972.

Baker, Russell. *The Good Times*. New York: William Morrow and Company, 1989.

Ballard, William, et al. *Views from the Socially Sensitive Seventies*. American Telephone and Telegraph Company, 1973.

Barnard, Harry. *Eagle Forgotten*. New York: Duell, Sloan and Pearce, 1938.

Barnet, Richard J. *The Giants: Russia and America*. New York: Simon and Schuster, 1977.

Barth, Alan. *The Loyalty of Free Men*. New York: Viking Press, 1951.

Bassow, Whitman. *The Moscow Correspondents: Reporting on Russia from the Revolution to Glasnost*. New York: Paragon House, 1988.

Bayley, Edwin R. *Joe McCarthy and the Press*. New York: Pantheon Books, 1981.

Beard, Charles A., and Mary R. Beard. *The Beards' New Basic History of the United States*. New York: Doubleday and Company, 1944.

Bennett, David H. *The Party of Fear: From Nationalist Movements to the New Right in*

American History. New York: Vintage Books, 1995.

Bernstein, Carl. *Loyalties: A Son's Memoir.* New York: Simon and Schuster, 1989.

Beschloss, Michael. *The Conquerors: Roosevelt, Truman and the Destruction of Hitler's Germany: 1941~1945.* New York: Simon and Schuster, 2002.

Bessie, Alvah. *Inquisition in Eden.* New York: Macmillan, 1965.

Bird, Kai, and Martin J. Sherwin. *American Prometheus: The Triumph and Tragedy of J. Robert Oppenheimer.* New York: Alfred A. Knopf, 2005.

Birmingham, Stephen. *"Our Crowd": The Great Jewish Families of New York.* New York, Evanston, and London: Harper & Row, 1967.

Boorstin, Daniel J. *The Decline of Radicalism: Reflections on America Today.* New York: Random House, 1969.

Bradlee, Ben. *A Good Life: Newspapering and Other Adventures.* New York: Simon and Schuster, 1995.

Branch, Taylor. *Parting the Waters: America in the King Years, 1954~63.* New York: Simon and Schuster, 1988.

_____. *Pillar of Fire: America in the King Years, 1963~65.* New York: Simon and Schuster, 1999.

_____. *At Canaan's Edge: America in the King Years, 1965~68.* New York: Simon and Schuster, 2006.

Braudy, Susan. *Family Circle: The Boudins and the Aristocracy of the Left.* New York: Alfred A. Knopf, 2003.

Bray, William G. *Russian Frontiers: From Muscovy to Khrushchev.* Indianapolis and New York: Bobbs-Merrill Company, 1963.

Brenman-Gibson, Margaret. *Clifford Odets: American Playwright: The Years from 1906~1940.* New York: Atheneum, 1981.

Brinkley, Alan. *Voices of Protest: Huey Long, Father Coughlin and the Great Depression.* New York: Alfred A. Knopf, 1982.

Brinkley, David. *Washington Goes to War.* New York: Alfred A. Knopf, 1988.

Brody, David. *Steelworkers in America: The Nonunion Era.* New York: Harper Torchbooks, 1960.

Broun, Heywood Hale. *Whose Little Boy Are You?: A Memoir of the Broun Family.* New

York: St.Martin's/Marek, 1983.

Browder, Earl. *Build the United People's Front*. New York: Workers Library Publishers, 1936.

Buffone, Samuel J., et al. *The Offenses of Richard M. Nixon: A Guide for the People of the United States*. New York: New York Times Book Co., 1974.

Burns, James MacGregor. *Roosevelt: The Lion and the Fox*. New York: Harcourt, Brace & World, 1956.

Calmer, Alan, ed. *Proletarian Literature in the United States: An Anthology*. New York: International Publishers, 1937.

Cannon, Lou. *Reporting: An Inside View*. California: California Journal Press, 1977.

Chamberlin, William Henry. *Soviet Russia: A Living Record and a History*. Boston: Little, Brown and Company, 1930.

Cooke, Alistair. *The Vintage Mencken*. New York: Vintage Books, 1955.

Corio, Ann. *This Was Burlesque*. New York: Madison Square Press, Grosset & Dunlap, 1968.

Coser, Lewis, and Irving Howe. *The American Communist Party: A Critical History, 1919~1957*. Beacon Hill and Boston: Beacon Press, 1957.

Costello, Lawrence, and Stanley Feldstein. *The Ordeal of Assimilation: A Documentary History of the White Working Class*. Garden City, NY: Anchor Books, 1974.

Coulter, Ann. *Treason: Liberal Treachery from the Cold War to the War on Terrorism*. New York: Crown Forum, 2003.

Cox, John Stuart, and Athan G. Theoharis. *The Boss: J. Edgar Hoover and the Great American Inquisition*. Philadelphia: Temple University Press, 1988.

Craig, R. Bruce. *Treasonable Doubt: The Harry Dexter White Spy Case*. Lawrence: University Press of Kansas, 2004.

Crankshaw, Edward. *Khrushchev Remembers*. Boston and Toronto: Little, Brown and Company, 1970.

Criley, Richard. *The FBI v. the First Amendment*. Los Angeles: First Amendment Foundation, 1997.

Crosland, Mrs. Newton, and Frederick L Slous. *Dramatic Works of Victor Hugo*. P. F. Collier, Publisher, no copyright listed.

Crozier, Emmet. *American Reporters on the Western Front, 1914~1918*. New York: Oxford University Press, 1959.

Culver, John C., and John Hyde. *American Dreamer: A Life of Henry A. Wallace*. New York and London: W. W. Norton & Company, 2000.

Descartes, René, et al. *The Rationalists*. Garden City, NY: Dolphin Books, 1960.

Deutscher, Isaac. *Russia in Transition and Other Essays*. New York: Coward-McCann, 1957.

Diamond, Edwin. *The Tin Kazoo: Television, Politics, and the News*. Cambridge, Mass.: The MIT Press, 1977.

Dies, Martin. *The Trojan Horse in America*. New York: Dodd, Mead & Company, 1940.

Diggins, John Patrick. *The American Left in the Twentieth Century*. New York: Harcourt Brace Jovanovich, 1973.

_____. *The Rise and Fall of the American Left*. New York and London: W. W. Norton & Company, 1992.

Dilling, Elizabeth. *The Red Network*. Chicago: Published by author, 1934.

Donner, Frank J. *The Age of Surveillance: The Aims and Methods of America's Political Intelligence System*. New York: Alfred A. Knopf, 1980.

Dos Passos, John. *1919*. New York: Washington Square Press, 1961.

Draper, Theodore. *American Communism and Soviet Russia*. New York: Vintage Books, 1986.

Edel, Leon. *Edmund Wilson: The Thirties*. New York: Farrar, Straus and Giroux, 1980.

Ehrlich, Anne, and Paul Ehrlich. *One With Nineveh: Politics, Consumption, and the Human Future*. Washington, D.C.: Island Press, 2004.

Einstein, Albert. *Ideas and Opinions*. New York: Crown Publishers, 1954.

Ellsberg, Daniel. *Secrets: A Memoir of Vietnam and the Pentagon Papers*. New York: Viking Penguin, 2002.

Faulk, John Henry. *Fear on Trial*. Austin: University of Texas Press, 1983.

_____. *The Uncensored John Henry Faulk*. Austin: Texas Monthly Press, 1985.

Fischer, Louis. *Russia's Road from Peace to War: Soviet Foreign Relations, 1917~1941*. New York, Evanston, and London: Harper & Row Publishers, 1969.

Fleming, Thomas. *The New Dealers' War: F.D.R. and the War within World War II*. New

York: Basic Books, 2001.

Franken, Al. *Lies: And the Lying Liars Who Tell Them*. New York: Dutton, 2003.

Freedman, Max. *Roosevelt & Frankfurter: Their Correspondence, 1928~1945*. Boston and Toronto: Little, Brown and Company, 1967.

Friendly, Fred W. *Due to Circumstances Beyond Our Control*. New York: Random House, 1967.

Fulbright, Senator J. William. *The Arrogance of Power*. New York: Random House, 1966.

Galbraith, John Kenneth. *A Life in Our Times*. Boston: Houghton Mifflin Company, 1981.

_____. *Money: Whence It Came, Where It Went*. Boston: Houghton Mifflin Company, 1975.

Gans, Herbert J. *Deciding What's News: A Study of CBS Evening News, NBC News, Newsweek and Time*. New York: Pantheon Books, 1979.

Gelb, Arthur. *City Room*. New York: G. P. Putnam's Sons, 2003.

Gelbspan, Ross. *Break-ins, Death Threats and the FBI: The Covert War Against the Central America Movement*. Boston: South End Press, 1991.

Gentry, Curt. *J. Edgar Hoover: The Man and the Secrets*. New York and London: W. W. Norton & Company, 1991.

Ghiglione, Loren. *The American Journalist: Paradox of the Press*. Washington, DC: Library of Congress, 1990.

Gitlin, Todd. *Inside Prime Time*. New York: Pantheon Books, 1985.

_____. *The Sixties: Years of Hope, Days of Rage*. Toronto, New York, London, Sydney, and Auckland: Bantam Books, 1987.

Goldman, Eric F. *The Crucial Decade-and After, 1945~1960*. New York: Alfred A. Knopf, 1960.

Goodman, Amy, and David Goodman. *The Exception to the Rulers: Exposing Oily Politicians, War Profiteers, and the Media That Love Them*. New York: Hyperion, 2004.

Goodman, Walter. *The Committee*. New York: Farrar, Straus and Giroux, 1968.

Gornick, Vivian. *The Romance of Communism*. New York: Basic Books, 1977.

Goulden, Joseph G. *The Best Years: 1945~1950*. New York: Atheneum, 1976.

Graham, John. Introduction to *"Yours for the Revolution": The Appeal to Reason*,

1895~1922. Lincoln: University of Nebraska Press, 1990

Graham, Robert, and Jeff Mussbaum. *Intelligence Matters: The CIA, the FBI, Saudi Arabia, and the Failure of America's War on Terror*. New York: Random House, 2004.

Greider, William. *The Soul of Capitalism*. New York: Simon and Schuster, 2003.

Grun, Bernard. *The Timetables of History: A Horizontal Linkage of People and Events*. New York: Simon and Schuster, 1979.

Gwertzman, Bernard, and Michael T. Kaufman. *The Collapse of Communism*. New York: Random House, 1990.

Halberstam, David. *The Best and Brightest*. New York: Ballantine Books, 1993.

_____. *The Fifties*. New York: Villard Books, 1993.

_____. *The Powers That Be*. New York: Alfred A. Knopf, 1979.

Halper, Albert. *Union Square*. New York: Viking Press, 1933.

Haynes, John Earl, and Harvey Klehr. *Venona: Decoding Soviet Espionage in America*. New Haven and London: Yale University Press, 2000.

Hecht, Ben. *A Child of the Century*. New York: Signet Books, 1954.

Heilbroner, Robert L. *The Worldly Philosophers: The Lives, Times and Ideas of the Great Economic Thinkers*. New York: Simon and Schuster, 1986.

Hellman, Lillian. *Scoundrel Time*. New York: Bantam Books, 1977.

Hentoff, Nat. *The War on the Bill of Rights: And the Gathering Resistance*. New York: Seven Stories Press: 2003.

Hersh, Seymour M. T*he Price of Power: Kissinger in the Nixon White House*. New York: Summit Books, 1983.

Hertsgaard, Mark. *On Bended Knee: The Press and the Reagan Presidency*. New York: Farrar, Straus and Giroux, 1988.

Hertzberg, Arthur. *The Jews in America: Four Centuries of an Uneasy Encounter*. New York: Simon and Schuster, 1989.

Hesse, Hermann. *Magister Ludi: The Glass Bead Game*. New York: Bantam Books, 1969.

Hodgson, Godfrey. *America in Our Time: From World War II to Nixon–What Happened and Why*. New York: Vintage Books, 1976.

Hofstadter, Richard. *The American Political Tradition*. New York: Vintage Books, 1954.

Homer. *The Odyssey*. New York: Mentor Books, 1937.

Hoopes, Roy. *Ralph Ingersoll: A Biography*. New York: Atheneum, 1985.

Hougan, Jim. *Spooks: The Haunting of America-The Private Use of Secret Agents*. New York: William Morrow and Company, 1978.

Howe, Irving. *A Margin of Hope: An Intellectual Autobiography*. San Diego, New York, and London: Harcourt Brace Jovanovich, 1982.

_____. *World of Our Fathers: The Journey of the East European Jews to America and the Life They Found and Made*. New York and London: Harcourt Brace Jovanovich, 1976.

Huberman, Leo, and Paul M. Sweezy. *Cuba: Anatomy of a Revolution*. New York: Monthly Review Press, 1960.

Hyma, Albert, and J. A. Rickard. *Ancient, Medieval & Modern History*. New York: Barnes & Noble, 1957.

Ivins, Molly. *Who Let the Dogs In?: Incredible Political Animals I Have Known*. New York: Random House, 2004.

Johnpoll, Bernard K., and Lillian Johnpoll. *The Impossible Dream: The Rise and Decline of the American Left*. Westport, CT, and London: Greenwood Press, 1981.

Johnson, Haynes. *The Bay of Pigs: The Leaders' Story of Brigade 2506*. New York: W. W. Norton & Company, 1974.

Josephson, Matthew. *The Robber Barons: The Great American Capitalists, 1861~1901*. New York: Harcourt, Brace and Company, 1934.

Joughin, G. Louis, and Edmund M. Morgan. *The Legacy of Sacco and Vanzetti*. New York: Harcourt, Brace and Company, 1948.

Kahn, Gordon. *Hollywood on Trial*. New York: Boni & Gaer, 1948.

Kalb, Marvin. *One Scandalous Story: Clinton, Lewinsky, & 13 Days That Tarnished American Journalism*. New York: Free Press, 2001.

Kamenka, Eugene. *The Portable Karl Marx*. New York: Penguin Books, 1988.

Kane, Joseph Nathan. *Facts About the Presidents*. New York: Permabooks, 1960.

Kaplan, Justin. *Lincoln Steffens: A Biography*. New York: Simon and Schuster, 1974.

_____. *Walt Whitman: A Life*. New York: Harper Perennial Classics, 2003.

Keeley, Edmund. *The Salonika Bay Murder: Cold War Politics and the Polk Affair*. New Jersey: Princeton University Press, 1989.

Kimball, Penn. *The File*. New York, San Diego, and London: Harcourt Brace Jovanovich, 1983.

Klehr, Harvey. *The Heyday of American Communism: The Depression Decade*. New York: Basic Books, 1984.

Klingaman, William K. *1919: The Year Our World Began*. New York: Harper & Row, 1987.

Kluger, Richard. *The Paper: The Life and Death of the New York Herald Tribune*. New York: Vintage Books, 1986.

Knightley, Phillip. *The First Casualty*. New York and London: Harcourt Brace Jovanovich, 1975.

Koestler, Arthur. *Darkness at Noon*. New York: Macmillan, 1941.

Kovach, Bill, and Tom Rosenstiel. *The Elements of Journalism: What Newspeople Should Know and the Public Should Expect*. New York: Crown Publishers, 2001.

Kropotkin, Petr. *Mutual Aid: A Factor of Evolution*. Boston: Porter Sargent Publishers, 1902.

Krugman, Paul. *The Great Unraveling: Losing Our Way in the New Century*. New York: W. W. Norton & Company, 2003.

Kurth, Peter. *American Cassandra: The Life of Dorothy Thompson*. Boston, Toronto, and London: Little, Brown and Company, 1990.

Lader, Lawrence. *Power on the Left: American Radical Movements Since 1946*. New York and London: W. W. Norton & Company, 1979.

Lamphere, Robert. *The FBI-KGB War: A Special Agent's Story*. New York: Random House, 1986.

Landis, Arthur H. *The Abraham Lincoln Brigade*. New York: Citadel Press, 1968.

Larina, Anna. *This I Cannot Forget: The Memoirs of Nikolai Bukharin's Widow*. New York and London: W. W. Norton & Company, 1993.

Lash, Joseph P. *Eleanor and Franklin: The Story of Their Relationship, Based on Eleanor Roosevelt's Private Papers*. New York: Signet Books, 1973.

Lasswell, Harold D. *Psychopathology and Politics*. New York: Viking Press, 1960.

Leab, David J. *A Union of Individuals: The Formation of the American Newspaper Guild, 1933~1936*. New York: Columbia University Press, 1970.

Lee, Martin A., and Norman Solomon. *Unreliable Sources: A Guide to Detecting Bias in News Media*. Carol Publishing Group, 1990.

Lekachman, Robert. *The Age of Keynes*. New York: McGraw-Hill Book Company, 1975.

Levi, Primo. *If Not Now, When?* New York: Penguin Books, 1986.

Lewis, John. *Marxism and Modern Idealism*. New York: International Publishers, 1945.

Liebling, A. J. The Press. New York: Ballantine Books, 1961.

Linton, Calvin D. *The Bicentennial Almanac: 200 Years of America*. Tennessee and New York: Thomas Nelson Inc., Publishers, 1975.

Lipstadt, Deborah E. *Beyond Belief: The American Press and the Coming of the Holocaust, 1933~1945*. New York and London: Free Press, 1986.

Liveright, Horace. *Washington Merry-Go-Round*. New York: Liveright Inc., 1931.

London, Jack. *Martin Eden*. New York, Chicago, and San Francisco: Holt, Rinehart and Winston, 1936.

Luhan, Mabel Dodge. *Movers and Shakers*. New York: Harcourt, 1936.

Lukas, J. Anthony. *Nightmare: The Underside of the Nixon Years*. London, Toronto, and New York: Bantam Books, 1976.

Lundberg, Ferdinand. *Imperial Hearst: A Social Biography*. New York: Modern Library, 1937.

Lyons, Eugene. *The Red Decade: The Stalinist Penetration of America*. Indianapolis and New York: Bobbs-Merrill Company, 1941.

MacPherson, Myra. *Long Time Passing: Vietnam and the Haunted Generation*. Garden City, NY: Doubleday, 1984.

Martin, Bernard. *A History of Judaism: Volume II, Europe and the New World*. New York: Basic Books, 1974.

Masses. Vols. 9~10, November 1916~December 1917. Reprint. Millwood, NY: Kraus, 1980.

Massing, Michael. *Now They Tell Us: The American Press and Iraq*. Preface by Orville Schell. New York: New York Review of Books Publications, 2004.

Mayfield, Sara. *The Constant Circle: H. L. Mencken and His Friends*. New York: Dell Publishing, 1968.

McCarthy, Colman. *Inner Companions*. Washington, DC: Acropolis Books, 1975.

_____. *Involvements: One Journalist's Place in the World.* Washington, DC: Acropolis Books, 1984.

McClure, Robert D., and Thomas E. Patterson. *The Unseeing Eye: The Myth of Television Power in National Politics.* New York: G. P. Putnam's Sons, 1976.

McCullough, David. *Truman.* New York: Simon and Schuster, 1992.

McKeon, Richard. *Introduction to Aristotle.* New York: Modern Library, 1947.

McWilliams, Cary. *Brothers Under The Skin.* Boston and Toronto: Little, Brown and Company, 1964.

Miller, James. *"Democracy Is in the Streets": From Port Huron to the Seige of Chicago.* New York: Simon and Schuster, 1987.

Miller, Nathan. *F.D.R.: An Intimate History.* New York: Doubleday, 1983.

_____. *The Roosevelt Chronicles: The Story of a Great American Family.* New York: Doubleday, 1979.

Milton, John. Areopagitica. *In The Complete Poetry and Selected Prose of John Milton.* New York: Modern Library, 1950.

Minor, Dale. *The Information War.* New York: Hawthorn Books, 1970.

Minsky, Morton, and Milt Macklin. *Minsky's Burlesque.* New York: Arbor House, 1986.

Morris, Roger. *Richard Milhous Nixon: The Rise of an American Politician.* New York: Henry Holt and Company, 1990.

Morse, Arthur D. *While Six Million Died.* New York: Random House, 1968.

Mortimer, Edward. *The World That FDR Built: Vision and Reality.* New York: Macmillan Publishing Co., 1988.

Moynihan, Daniel Patrick. *Secrecy: The American Experience.* New Haven: Yale University Press, 1998.

Navasky, Victor S. *Kennedy Justice.* Kingsport, TN: Kingsport Press, 1971.

_____. *A Matter of Opinion.* New York: Farrar, Straus and Giroux, 2005.

_____. *Naming Names.* New York: Penguin Books, 1991.

Neider, Charles, ed. *The Complete Humorous Sketches and Tales of Mark Twain.* New York: Doubleday, 1961.

Newman, Robert P. *Owen Lattimore and the "Loss" of China.* Berkeley and Los Angeles: University of California Press, 1992.

The New York Review of Books: January 1967~January 1968. New York: Arno Press, 1969.

The New York Times. The Pentagon Papers. Toronto, New York, and London: Bantam Books, 1971.

Oberdorfer, Don. *The Two Koreas: A Contemporary History*. Reading, MA: Addison-Wesley, 1997.

O'Brien, Michael. *McCarthy and McCarthyism in Wisconsin*. Columbia and London: University of Missouri Press, 1980.

O'Connor, Richard. *Heywood Broun: A Biography*. New York: G. P. Putnam's Sons, 1975.

The Official U.S. Senate Report on Senators McCarthy and Benton. Boston: Beacon Press, 1953.

Olmsted, Kathryn S. *Red Spy Queen: A Biography of Elizabeth Bentley*. Chapel Hill: University of North Carolina Press, 2002.

Orwell, George. *Homage to Catalonia*. San Diego, New York, and London: Harcourt Brace Jovanovich, 1952.

Payne, Robert. *The Civil War in Spain*. New York: Putnam's, 1962.

Pells, Richard H. *Radical Visions and American Dreams: Culture and Social Thought in the Depression Years*. Middletown, CT: Wesleyan University Press, 1973.

Peters, Charles. *Five Days in Philadelphia: The Amazing "We Want Willkie!" Convention of 1940 and How It Freed FDR to Save the Western World*. New York: Public Affairs, 2005.

Phillips, Cabell. *The Truman Presidency: The History of a Triumphant Succession*. New York: Macmillan, 1966.

Plato. *The Republic*. London: Penguin Books, 1987.

Pomerantz, Charlotte. *A Quarter-Century of Un-Americana*. Chicago: Chicago Center, 1997.

Postman, Neil. *Amusing Ourselves to Death*. New York: Penguin Books, 1985.

Powell, Jody. *The Other Side of the Story*. New York: William Morrow and Company, 1984.

Rayback, Joseph G. *A History of American Labor*. New York: Macmillan, 1959.

Reed, John. *Ten Days That Shook the World*. New York: Penguin Books, 1977.

Reeves, Richard. *President Kennedy: Profile of Power*. New York: Simon and Schuster, 1993.

Remnick, David. *Lenin's Tomb: The Last Days of the Soviet Empire*. New York: Random House, 1993.

Rivers, William L. *The Opinion Makers*. Boston: Beacon Press, 1965.

Robins, Natalie. *Alien Ink: The FBI's War on Freedom of Expression*. New York: William Morrow and Company, 1992.

Roosevelt, Eleanor. *My Day: The Best of Eleanor Roosevelt's Acclaimed Newspaper Columns, 1936~1962*. New York: Da Capo Press, 2001.

Roth, Philip. *The Plot Against America: A Novel*. New York: Houghton Mifflin Company, 2004.

Rovere, Richard H. *Loyalty and Security in a Democratic State*. New York: The New York Times, Arno Press, 1977.

_____. *Senator Joe McCarthy*. New York: Harper and Row, 1959.

Sachar, Howard M. *The Course of Modern Jewish History: The Classic History of the Jewish People, from the Eighteenth Century to the Present Day*. New York: Vintage Books, 1990.

Salisbury, Harrison E. *A Time of Change: A Reporter's Tale of Our Time*. New York: Harper & Row, 1988.

_____. *Without Fear or Favor*. New York: Times Books, 1980.

Sanders, Ronald. *The Downtown Jews: Portraits of an Immigrant Generation*. New York: Dover Publications, 1969, 1987.

Satin, Joseph. *The 1950's: America's "Placid" Decade*. Boston: Houghton Mifflin Company, 1960.

Schecter, Jerrold, and Leona Schecter. *Sacred Secrets: How Soviet Intelligence Secrets Changed American History*. Washington, DC: Brassey's, 2002.

Schlesinger, Arthur M., Jr. *The Imperial Presidency*. Boston: Houghton Mifflin Company, 1973.

Schmidt, Benno C., Jr. *Freedom of the Press vs. Public Access*. New York, Washington, and London: Praeger Publishers, 1976.

Schmidt, Karl M. Henry A. *Wallace: Quixotic Crusade*, 1948. New York: Syracuse University Press, 1960.

Seldes, George. *Even the Gods Can't Change History: The Facts Speak for Themselves*. Secaucus, NJ: Lyle Stuart, 1976.

_____. *Witness to a Century: Encounters with the Noted, the Notorious, and the Three SOBs*. New York: Ballantine Books, 1987.

Serge, Victor. *Memoirs of a Revolutionary: 1901~1941*. London and New York: Oxford University Press, 1963.

Shawcross, William. *Sideshow: Kissinger, Nixon and the Destruction of Cambodia*. New York: Simon and Schuster, 1979.

Sheehan, Neil. *A Bright Shining Lie: John Paul Vann and America in Vietnam*. New York: Random House, 1988.

Sherrill, Robert. *The Accidental President: The Election Year Blockbuster on LBJ*. New York: Pyramid Books, 1968.

_____. *Gothic Politics in the Deep South*. New York: Ballantine Books, 1968.

Shipler, David K. *Russia*. New York: Penguin Books, 1983.

Shirer, William L. *20th Century Journey: The Nightmare Years, 1930~1940*. Boston and Toronto: Little, Brown and Company, 1984.

Simons, Howard. *Jewish Times: Voices of the American Jewish Experience*. New York, London, Toronto, Sydney, and Auckland: Anchor Books, Doubleday, 1988.

Sinclair, Upton. *The Brass Check: A Study of American Journalism*. Published by the author, 1916.

_____. *The Jungle*. New York: Viking Penguin Books, 1985.

Singer, Isaac Bashevis. *Love and Exile: An Autobiographical Trilogy*. New York: Farrar, Straus and Giroux, 1984.

Sperber, A. M. *Murrow: His Life and Times*. Toronto, New York, London, Sydney, and Auckland: Bantam Books, 1986.

Spragens, William C. *The Presidency and the Mass Media in the Age of Television*. Washington, DC: University Press of America, 1978.

Steel, Ronald. *Walter Lippmann and the American Century*. New York: Vintage Books, 1980.

Stendhal. Trans. C. K. Scott Moncrieff. *The Red and the Black*. New York: Modern Library, 1953.

Stern, J. David. *Memoirs of a Maverick Publisher*. New York: Simon and Schuster, 1962.

Stone, Judy. *The Mystery of B. Traven*. Los Altos, CA: William Kaufmann, 1977.

Taylor, S. J. *Stalin's Apologist, Walter Duranty: The New York Times's Man in Moscow*. New York and Oxford: Oxford University Press, 1990.

Terkel, Studs. *Hard Times*. New York: Avon Books, 1970.

Terrill, Ross. *China in Our Time: The Epic Saga of the People's Republic, from the Communist Victory to Tiananmen Square and Beyond*. New York: Simon and Schuster, 1992.

This Fabulous Century: Volume IV, 1930~1940. New York: Time-Life Books, 1969.

Thomas, Gordon, and Max Morgan-Witts. *The Day the Bubble Burst: A Social History of the Wall Street Crash of 1929*. New York: Doubleday, 1979.

Thomas, Norman. *After That New Deal What?* New York: Macmillan, 1936.

_____, and Paul Blanchard. *What's the Matter with New York: A National Problem*. New York: Macmillan, 1932.

TIME Capsule/1923. New York: Time Incorporated, 1967.

TIME Capsule/1929. New York: Time Incorporated, 1967.

Toland, John. *The Last 100 Days*. New York: Random House, 1966.

Tussey, Jean Y. *Eugene V. Debs Speaks*. New York: Pathfinder Press, 1972.

Viorst, Milton. *Fire in the Streets: America in the 1960s*. New York: Simon and Schuster, 1979.

Von Hoffman, Nicholas. *Citizen Cohn: The Life and Times of Roy Cohn*. New York: Doubleday, 1988.

Wallace, Irving, and David Wallechinsky. *The People's Almanac*. New York: Doubleday, 1975.

Warren, Robert Penn. *Homage to Theodore Dreiser: On the Century of His Birth*. New York: Random House, 1971.

The Washington Post. *The Presidential Transcripts*. New York: Dell Books, 1974.

Wasserman, Harvey. *America: Born & Reborn*. New York: Collier Books, 1983.

Wechsler, James A. *The Age of Suspicion*. New York: Random House, 1953.

Weinstein, Allen. *Perjury: The Hiss–Chambers Case*. New York: Alfred A. Knopf, 1978.

_____, and Alexander Vassiliev. *The Haunted Wood: Soviet Espionage in America–the Stalin Era*. New York, Modern Library, 1999.

Weinstein, James. *The Decline of Socialism in America, 1912~1925*. New York and London: Monthly Review Press, 1967.

West, Cornel. *Democracy Matters: Winning the Fight Against Imperialism*. New York: Penguin Press, 2004.

West, Nigel. *Venona: The Greatest Secret of the Cold War*. London: HarperCollins Publishers, 1999.

Wheen, Francis. *Karl Marx: A Life*. New York and London: W. W. Norton & Company, 2001.

White, Graham. *FDR and the Press*. Chicago: University of Chicago Press, 1979.

Wilkie, Curtis. *Dixie: A Personal Odyssey through Events That Shaped the Modern South*. New York: A Lisa Drew Book/Scribner, 2001.

Wills, Garry. *Inventing America: Jefferson's Declaration of Independence*. New York: Doubleday, 1978.

_____. *Nixon Agonistes: The Crisis of the Self-Made Man*. Boston: Houghton Mifflin, 1970.

Wilson, Edmund. The Thirties. New York: Farrar, Straus and Giroux, 1980.

_____. *To the Finland Station: A Study in the Writing and Acting of History*. New York: Doubleday, 1940.

Wolfe, Tom. *The Kandy-Kolored Tangerine-Flake Streamline Baby*. New York: Farrar, Straus and Giroux, 1965.

Wreszin, Michael. *A Rebel in Defense of Tradition: The Life and Politics of Dwight Macdonald*. New York: Basic Books: 1994.

이지 스톤이 지금 한국의 언론을 본다면

무릇 평전(전기)의 미덕은 주인공의 생애는 물론이고 그 배경과 속살을 이루는 시대를 생생하게 그려내는 데 있다. 그렇게 함으로써 시대 속에서 꿈틀거리는 주인공의 모습을 정확히 잡아내는 것이다. 거기에 더해 끊임없이 '지금 여기'를 생각나게 하고, '지금 여기'를 비판적으로 곱씹어보게 하는 것은 이 책의 또다른 미덕이다. 한 미국 기자의 고군분투가 그저 잘난 남의 나라 유명 언론인의 인생역정으로서만이 아니라 지금 우리에게 절실한 한 모범으로 느껴지는 것도 그 때문이다.

우리의 주인공 이지 스톤(정식 이름은 I. F. 스톤이며 '이지'는 애칭)의 통쾌한 활약상을 따라 읽으면서 동시에 지금 우리에게 다가오는 질문과 교훈을 성찰해보는 즐거움을 누릴 수 있기를 기대한다. 그래서 그런 즐거움을 누리는 데 작으나마 도움이 되도록 스톤의 인생을 간단히 정리하고 (참고로 이지 스톤 공식 웹사이트^{www.ifstone.org}에 가면 각종 사진과 동영상도 볼 수 있다) 그가 2012년 대한민국 언론과 민주주의에 주는 의미를 함께 생각해보고자 한다.

  이지 스톤(1907~89)의 일생을 한마디로 정리하면 '기자로 태어나 기자로 살다가 기자로 죽었다'는 표현이 딱 어울린다. 여기서 기자란 사실과 진실을 화두로 잡고 불의와 부정을 고발하고 비판하는 고전적 의미의 바로 그 기자다. 고전적 의미라는 표현을 덧붙인 것은 기자가 언론인이나 저널리스트로 호칭이 격상된 지 오래건만 오히려 본래적 의미의 기자, 흔히 하는 말로 '기자정신' 가진 기자를 찾아보기가 쉽지 않은 세상이 돼버렸기 때문이다. 만 20년 동안 신문 기자로 일한 전직 언론인인 역자가 요즘 언론을 '조지는'(기자들은 '비판한다' 대신 '조진다'라는 토속적인 표현을 많이 쓴다. 그리고 거기서 야릇한 쾌감을 느끼는 경향이 있다) 얘기를 대놓고 하기란 쉽지 않다. '그럼 넌 잘했냐?'는 질문이 당장 날아들 것이기 때문에…. 역자의 과거에 대한 반성은 잠시 접고 이지 스톤 얘기를 계속해보자.

  '기자로 태어나'라는 표현은 이지 스톤이 14세 때(1922년) 동네 신문 「진보」를 창간해 기자 겸 발행인으로 활동한 것을 두고 하는 말이다. 이후 다시 고등학교 때는 지역 신문 통신원을 했다. 스톤은 명문 펜실베이니아 대학에 들어가 철학을 공부하다가 신문의 잉크 냄새에 이끌려 학교를 중퇴하고 기자 일에 전념한다. 그러다가 25세라는 젊은 나이에(1933년) 꽤 괜찮은 제도권 신문의 논설위원이 됐다. 이후 45세까지 스톤은 기자와 논설위원으로서 저널리즘의 양대 축인 보도와 논평에서 맹렬히 활동했다.

  이렇게 뉴욕과 워싱턴을 중심으로 한 주류 언론에서 쌓은 탄탄한 경험은 1953년(46세) 1인 독립 신문 「I. F. 스톤 위클리」 창간으로 창조적 진화를 하게 된다. 1인 신문이라고 하는 이유는 혼자서 취재, 집필, 편집, 발행, 배포를 도맡았기 때문이고(부인의 도움이 컸다), 독립 신문이라고 하는 이유는 광고를 일절 게재하지 않고 구독료 수입만으로 20년 가까이 신문을 끌어갔기 때문이다. '기자로 죽었다'고 한 것은 1971년(64세) 건강 문제로 「위클리」를 폐간한 뒤에도 81세로 타계할 때까지 신문 잡지에 줄

기차게 시사 칼럼을 쓰고 방송에 출연해 논평 활동을 했기 때문이다.

이지 스톤의 이름 앞에는 흔히 '전설적인 기자legendary journalist', '저널리즘의 아이돌journalistic idol', '우상파괴자iconoclast', '반골 기자rebel journalist', '독불장군maverick' 같은 수식어가 따라붙는다. 부정적인 뉘앙스를 주는 수식어('전설적인'과 '아이돌' 제외)와 자주 인연을 맺은 것은 그가 활동했던 시대의 분위기와 떼어놓고 생각할 수 없다. '반골'이니 '우상파괴자'니 하는 것은 1920년대에 거대기업들의 횡포를 고발하고, 1930년대에 적국(독일)과 거래한 대기업들의 추악한 모습을 폭로하는 한편, 히틀러의 전체주의가 몰고올 재앙을 일찌감치 경고하고 1940~50년대 미국의 냉전 정책과 빨갱이 사냥을 비판하며, 1960~70년대 베트남전에 반대하고 인종차별을 규탄한 것을 두고 하는 말이다. 지금 와서 돌이켜보면 그의 입장이 대부분 옳았다고 느껴지지만 당시에는 미국 사회가 그만큼 보수적이었기 때문에 이지 스톤 같은 사람은 오히려 '소수'이고 '변방'이었다.(지금도 어느 정도는 그렇다.) 그가 거의 유일하게 정부를 '빨아준'('칭찬하다', '좋게 선전해주다'라는 의미로 한국 기자들은 보통 '빨다'는 말을 쓴다. 조지기보다 빠는 데 열심인 기자들을 영어로는 cheerleader라고 한다) 경우는 1930년대 루스벨트의 뉴딜 정책이었다. 대통령을 칭찬하고 정부 정책을 옹호한 것조차 대기업과 부자를 중심으로 한 주류층과 주류 언론이 보기에는 '반골'이고 '독불장군'이었던 것이다.

이지 스톤은 '진보' 내지 '좌파' 성향이었지만 사실 보도만큼은 누구에게도 뒤지기 싫어했던 특종기자였다. 대표적인 사례가 통킹 만 사건 보도다. 1964년 8월 미국 정부는 베트남 통킹 만에서 미군 군함이 북베트남(월맹) 어뢰정의 공격을 받았다고 발표했다. 이후 행정부와 의회는 베트남전 확전 분위기로 치달았다. 당시 다른 모든 언론이 정부 발표를 의심의 여지가 없는 사실로 당연시할 때 스톤은 정부 발표의 문제점을 조목조목 제기했다. 사실상 공격받았다는 발표 자체를 날조라고 규정한 것이다. 이

사건은 7년 뒤인 1971년 언론에 미국 국방부 기밀문서가 폭로됨으로써 거짓이었음이 공식 확인된다. 아무리 의심스러워도 정부와 의회와 거대 언론이 다 그렇다고 하는 얘기에 의문을 다는 것은 어지간한 용기가 아니면 불가능하다. 더구나 그의 뒤에는 평생 FBI가 따라다녔다.

그가 쓴 기사와 칼럼을 읽는 것은 20세기 현대사의 굵직굵직한 사건들을 되짚어보는 일이다. 그의 주요 관심사가 미국의 대외 정책과 인종차별, 언론과 사상의 자유 같은 것이었기 때문에 그의 활동 궤적은 1920년대 중반부터 1980년대 초 로널드 레이건 대통령 시절까지 현대사의 핵심 사안들을 망라한다. 파란만장한 20세기 역사를 스톤의 시각을 통해 다시 읽는 것은 색다른 재미다. 록펠러 같은 재벌들이 1930년대까지도 온갖 패악을 일삼는 악덕 자본가였고, 히틀러의 이민족 도살과 스탈린의 자국민 학살이 지금으로부터 불과 70년 전 일이며, 상대를 '빨갱이'로 낙인찍어 쫄게 만드는 수법은 60년 전 미국에서 탄생해 지금까지도 끈질긴 생명력을 이어오고 있고, 흑인이 미국에서 사람대접을 받기 시작한 것은 길어야 40년밖에 되지 않았다는 사실이 새삼 놀랍다.

기자 출신인 역자가 이지 스톤 평전을 번역하면서 느낀 감회는 남달랐다. 시대와 나라가 달라도 저널리스트의 고민은 역시 똑같구나 하는 생각이 들었고, 아무래도 지금 이곳의 언론 현실에 자주 눈이 가다 보니 그런 생각이 더 절실했다.

스톤이 살았던 20세기 후반까지의 미국 언론과 지금 대한민국을 비교하면 어떨까? 결론적으로 미국이나 여기나 역사적으로 언론이 잘한 적은 별로 없다, 오히려 해악을 미친 경우가 많다는 자괴감이 든다. 지금 우리 언론 지형을 보면, 신문의 경우 일부 거대 신문이 시장의 상당 부분을 점유하고 있고, 주요 방송은 정권이 심은 경영진에 의해 장악돼 있는 듯하다. 그러나 돈을 많이 번다는 신문과 방송일수록 신뢰도 면에서는 비웃음을 면치 못하고 있다. 반면에 일부 신문은 제대로 된 언론을 표방하지만 판매부수와 광고에서 너무 고전하고 있고, 인터넷 언론이 많이 생겼지만 역시 영향력 면에서는 기대에 한참 못 미친다.

최근 들어 〈나는 꼼수다〉를 비롯한 팟캐스트 '방송'이 인기를 끄는 이유는 기성 언론이 제 역할을 하지 못하기 때문이다. 방송법이 적용되는, 제도로서의 방송이 아니기 때문에 방송(언론)이라고 부르는 것조차 사실 어폐가 있는 팟캐스트 '파일'에 많은 사람들이 관심을 보이는 것은 적어도 다른 언론에서 볼 수 없고, 들을 수 없는 중요한 문제들을 거론하기 때문이다. 이런 상황에서 제도권 언론에 대고 언론 노릇 똑바로 하라고 꾸짖는 것은 공허한 소리다.

과거 독재정권 시절, 신문 방송이 폭압에 굴종한 적도 있고, 기업으로서의 생존을 위해 자본의 비위를 맞춘 적도 많았지만 지금은 그런 시대도 지났다. 거대 언론사들은 자사 이익을 위해 특정 정당, 특정 후보를 밀고 부자들을 먼저 걱정해드리는 지경에까지 이르렀다. 언론사의 정치적 색깔에 따라 논조가 달라지는 정도가 아니라 아예 사실 보도를, 그것도 중요한 사안일수록 하지 않거나 왜곡하는 경우가 비일비재하다. 그러니 거기에 대고 왜 언론의 정도를 걷지 않느냐고 따지는 것은 이제 농담으로도 어울리지 않는 얘기다.

이 지점에서 '언론'이란 무엇인가를 다시 생각하게 된다. 언론이란 근본적으로 한 개인이나 집단이 자신의 생각을 표현하는 행위이다. 다만 모든 사회구성원이 중요한 사회 문제에 대해 일일이 나서서 발언할 수는 없기에 신문, 방송처럼 언론 행위를 생업으로 하는 전문 언론인과 언론사가 그 역할을 대신하고 있을 뿐이다. 언론의 자유는 기본적으로 개인의 사상 표현의 자유이지 언론사의 취재보도의 자유를 말하는 것은 아니다. 모든 사회구성원이 정치에 참여할 수 없으니까 국회의원을 뽑아 대의민주주의를 하는 것이나 마찬가지다. 그런데 이제 언론 역할을 위임받은 세력이 정체성을 스스로 배반하는 시대가 됐다. 정권이 바뀐다고, 새로운 언론사가

많이 생겨난다고 민주주의를 해치는 이런 문제적 상황이 해결될 것 같지
는 않다.

홍대 청소 노동자들의 농성 현장을 찍어서 트위터로 지인들에게 알리
는 행위는 일종의 보도다. 청소 노동자들 문제의 해법을 댓글이나 주장 형
태로 인터넷에 올리는 것 역시 일종의 논평이다. 이제 우리는 다시 언론의
가장 근본적인 차원으로 돌아가야 할 듯하다. 법률과 제도로 공인된 언론
기관들이 역할을 안 하거나 못하는 상황이라면 시민 한 사람 한 사람이 나
설 수밖에 없다. 개인이 떼로 모인다고 대중지성이 되는 것은 아니지만 깨
어 있는 개인이 모여 뿜어내는 참여의 힘은 만만치 않다는 것을, 우리는
이제 알고 있다.

이지 스톤이 살아서 지금 우리 상황을 본다면 '언론이 어떻게 이 지경
이…' 하며 혀를 차겠지만, 진실과 정의에 목말라하는 시민들의 열정에서
다시금 언론의 희망을 볼 것이다.

2012년 2월
이광일

찾아보기

ㄱ

가너, 존 낸시 174

가필드, 존 246

갈색셔츠단 215-216

강제수용소 251, 254, 265-266, 272, 399,
    401, 405-407, 412, 533, 570, 575-577,
    804

개스, 스탠더드 359

갤브레이스, 존 케네스 32, 329-331, 537-
    538, 746, 783

거튼플랜, D. D. 17, 510, 512, 533

검은셔츠단 147

검은표범들 681, 684, 686, 689, 694

검은 화요일 163

게디스, A. C. 50

게르니카(스페인) 283-284

〈게르니카〉(피카소) 283

게이츠, 존 427

게토 271, 407, 412

경제국방위원회 355

고드킨, E. L. 321

고든, 잭 5, 780

고르바초프, 미하일 31, 722, 754, 776

고립주의 12, 261, 271, 282, 289, 323, 326-
    328, 341, 351, 534

골드, 해리 490

골드만, 에마 119-120

골드워터, 배리 385, 646

『골든 보이』 185, 246

공공사업진흥청WPA 196, 200

공산노동당(미국) 126

『공산당 선언』 97, 793

공정미디어감시연대AIM 512

공직자비밀엄수법 24

공화파(스페인 내전) 275-285, 287, 289-290,
    305, 320

관자管子 66

괴링, 헤르만 271, 401

구정공세 648, 656, 667, 711

국가사회주의 272

국가안보기록센터 735, 755-756

〈국가의 탄생〉 60

국가정보국DNI 752

국내안전보장법 559

국민교육강화법 636

국민당 428-429, 816

국제노동수호단 241

국제여단 287-288, 290

국제여성의류노동자연맹ILGWU 234, 239

국제연맹 264, 276, 280, 392

국제통신INS 147, 492

국제통화기금IMF 483
국제항만노조ILWU 532
『군사 정보 리뷰』 642
굴라크 576-577
〈굿 나잇 앤드 굿 럭〉 12
굿맨, 앤드루 608
그라이너, 베른트 248, 400-401, 783
그라이더, 윌리엄 707, 783
그래프턴, 샘 171, 186-192, 202-203, 205,
    216, 245, 305, 783
그레고리오스 스타크토풀로스 465
그레이엄, 캐서린 320
그레이엄, 필 557, 561
그레츠, 하인리히 42
그로미코, 안드레이 500
그루닝, 어니스트 140, 645, 678
그룹 시어터 185, 245-246
그리스 내전 462, 464
그리피스, D. W. 60
그린, 그레이엄 405, 655
그린글래스, 데이비드 490-491, 822
『그림자 없는 남자』 343
개방(글라스노스트) 776
글래드윈 경 419
글래스 스티걸 법 179
금주법 141, 174, 204
기독교전선 231
기번, 에드워드 75, 89, 145, 264
기븐스, 프랭크 299
『기쁨 없는 거리』 652
기틀린, 토드 93, 192-193, 221, 275, 421,
    436, 624-625, 672-673, 677-679, 781,
    783, 793, 801

길퍼드, 잭 374
김일성 444, 450, 452, 817-818
깁스, 월콧 340

───── ㄴ

나가사키 388, 396-397
나바스키, 빅터 542, 667, 707, 723-725,
    766, 781, 784
나시터, 버나드 714
『나의 투쟁』 146, 248, 591
나이트리더(신문 체인) 22
나이틀리, 필립 277-278, 286, 653-654, 782
나탄슨, 척 362-363, 718-719, 784
남부기독교지도자회의SCLC 596
남북전쟁(미국) 60, 103, 231, 612, 619
남한 443-448, 455, 817
「내셔널 리뷰」 480, 575, 722, 733
내셔널 프레스 클럽 17, 332, 445, 456, 527,
    591-593
「내시빌 배너」 597
「내시빌 테네시언」 725
냉전의 전사戰士 33, 443, 486, 511, 575
네 가지 자유(루스벨트) 391
네그로폰테, 존 752-753, 833
네오콘 17, 35, 37, 500, 509, 512, 514, 533,
    754
네이션 인스티튜트 784
넬슨, 잭 691
노동복지 201
노동운동 27, 34, 41, 120, 129, 148, 159,
    185, 475, 496, 532, 777
노동조합주의 107, 235
노백, 로버트 511, 610

노스, 올리버 752, 833

노스클리프 경 25

녹스, 버나드 741, 765

농업조정법 178

『누가 조지 포크를 죽였는가?』 466

『누구를 위하여 좋은 울리나』 285

「뉴 리퍼블릭」 71, 123, 203, 211, 217-218, 244, 254, 334, 347, 567, 690, 779

「뉴 스테이츠먼」 722, 805

뉴 프런티어(정책) 636

뉴딜 정책 11, 27, 34, 93, 118, 132-133, 140, 173, 176-177, 179, 183, 186, 188-189, 192-196, 200, 209, 211, 217-219, 222, 224, 228, 234, 253, 282, 295, 298, 320, 327-328, 333, 353, 387, 390, 416, 477, 482, 484, 486-487, 496, 501, 503, 514, 523, 540, 551, 581, 680, 821

「뉴스위크」 283, 320, 528, 653, 657, 690, 820

「뉴요커」 13, 37, 56, 340, 344, 353, 380, 547

「뉴욕 데일리 뉴스」 147, 208, 212, 832

「뉴욕 데일리 미러」 212

「뉴욕 리뷰 오브 북스」 37, 510, 595, 655, 668, 680, 709, 720, 728, 731, 733-734, 737, 741, 752, 776-778

「뉴욕 모닝 텔레그래프」 321

「뉴욕 스타」 347, 355, 440-441, 532, 657

「뉴욕 월드 텔레그램」 206

「뉴욕 월드」 134, 137, 140, 147, 150-151, 189, 206, 528

「뉴욕 이브닝 저널」 115

「뉴욕 이브닝 포스트」(「뉴욕 포스트」의 전신) 132, 188

「뉴욕 일러스트레이티드 데일리 뉴스」 138

「뉴욕 저널 아메리칸」 451

「뉴욕 타임스」 13-14, 17, 21-23, 37, 96, 106, 114, 125-126, 128, 136, 147, 150, 177, 193, 207, 211, 213-214, 251, 255, 257-258, 262, 267-268, 273, 285-286, 299-302, 344, 346-347, 360, 385, 397, 413, 426, 446, 453-455, 458, 466, 480, 495-496, 498, 502, 519, 534, 541, 550, 557, 560-561, 563, 594, 623, 640, 646, 653-654, 656-658, 670, 676, 686, 699, 705, 710, 715, 718, 726-727, 737-738, 744, 752, 761, 765, 770, 785, 796, 804, 820, 832

뉴욕 트리뷴 신디케이트 528

「뉴욕 포스트」 35, 132, 171, 186-189, 198, 202, 208-210, 225-227, 230-231, 246, 251, 254, 262-263, 266, 269, 271, 294, 297-298, 305, 317-318, 347, 374, 440-441, 458, 485, 561, 604, 804, 832

「뉴욕 헤럴드 트리뷴」 258, 301-302, 350-351, 413, 426, 432, 440-441, 464, 528

「뉴욕 헤럴드」 193, 267

『뉴욕, 무엇이 문제인가』 194

니콜라이 2세 44, 48

닉슨, 리처드 31, 333, 339, 429, 540, 549, 620, 641, 662-663, 667-668, 679-680, 687-689, 692, 694-695, 697, 699-701, 708-709, 713-714, 722-723, 733, 754, 832

『닉슨과 그 경쟁자들』 733

—— ㄷ

다르푸르 사태 267

다윗의 별 406

다이스, 마틴 335, 350, 496

다이스, 알렉산더 144

다지, 메이블 120-121

다지, 클리블랜드 H. 217

닥터 수스 343

닥터로, E. L. 28, 477

대공황 136, 147, 156, 159, 163-167, 169-
    170, 175, 181, 186, 189, 191, 200, 218,
    225, 228, 232, 234, 238, 254, 259, 270,
    423, 619, 688, 721, 798

대량살상무기WMD 14, 21-22, 388, 455, 524,
    683, 738

대로, 클래런스 86, 230

대소對蘇방첩본부 533

대약진 운동 429

「대중」 120, 123, 244

「더 네이션」 17, 28, 37, 71, 123, 139-140,
    151, 203-204, 213, 232, 244, 254, 285,
    289, 293, 302, 304, 307-310, 312-313,
    317-337, 347, 350, 353, 355-356, 374,
    383, 403-404, 439, 448, 479, 484, 510,
    532, 542, 549-550, 566, 667, 690, 707,
    723-725, 727, 752, 766, 771, 773-774,
    777

「더 타임스」 286, 311

더글러스, 윌리엄 O. 543

더드맨, 리처드 548-549, 659, 783, 831

더드맨, 헬렌 371, 381

더스패서스, 존 28, 148-149, 232, 477

덜레스, 앨런 521

덜레스, 존 포스터 33, 323-324, 442-443,
    447, 450-451, 455, 554, 559, 583, 585,
    817

덜월 주교 740

데브스, 유진 15, 103-107, 118, 120, 123-
    125, 140, 229, 795

데이나, 찰스 A. 108

데이비스, 존 W. 139-140

「데일리 메일」 277

〈데일리 쇼〉 36

「데일리 워커」 192, 235, 336, 393, 421,
    427, 439, 441, 485, 527, 530, 541, 567,
    575, 691

「데일리 컴퍼스」 355, 438, 441, 453, 455,
    459-460, 463, 467-468, 473, 478, 532,
    539, 542

데탕트 435, 628

도노반, 윌리엄 J. (와일드 빌) 462-463, 465,
    467

도미노 이론 31, 464

도슨, 제프리 286

도허티 추기경 304

독립선언서(미국) 123, 426, 642, 676

독소獨蘇 불가침조약 215, 309-310, 313,
    323, 325-326, 329, 351, 524, 807

돈, 버나딘 684-685

『두 개의 베트남』 652

두마 48

듀랜티, 월터 299-303, 311

듀이, 토머스 E. 243, 384, 423, 433, 506-
    507

드골, 샤를 16, 276, 348, 506

드니로, 로버트 236-237

드라이저, 시어도어 245
『디스패치』 685
디킨슨, 에밀리 84, 383
『딕시』 603
딜레이, 톰 25
딥 스로트 333-334

―― ㄹ

라과디아, 피오렐로 139, 190, 213, 796
라둘로비치, 밀로 563
라드너, 링 135, 204, 477, 497-498
라디오 마드리드 287
라비노위츠, 빅터 423, 428, 784
라우 주니어, 조지프 L. 416
라운, 버나드 746, 784
라이든, 크리스토퍼 30, 466, 784
라이언즈, 유진 303
라이트, 모즈 588
「라이프」 283, 340, 736, 836
라폴렛, 밥 139-140, 143
란츠만, 클로드 265
랜던, 알프 198, 200
랜덤하우스 363, 718, 745
랜킨, 존 348, 350, 522-523
램피어, 로버트 J. 491, 821
러너, 맥스 255, 308-309, 312-314, 351,
    784
러들로 학살 118
러셀, 버트런드 94-95, 543, 577
러셀, 찰드 에드워드 117
러스크, 딘 641
러시아 혁명 32, 41, 44, 94, 98, 125-126,
    293, 295, 297, 304, 312, 428, 503, 793

러시아노동자동맹 128
러일전쟁 49
런던, 잭 92, 116
런버그, 퍼디낸드 217
레닌 43, 95, 97, 126, 235, 326, 710, 747
레드 히스테리 127
레마르크 125
레만흡트, 크리스토퍼 764-765
『레미제라블』 441
레밍턴, 윌리엄 489
레바인, 데이비드 34, 55
레스턴, 제임스 스코티 16-17, 26, 136, 453,
    455, 466-467, 563, 619, 640, 657, 719,
    784
레오폴드 2세 575
레오프, 모리스 블라디미르(일명 '레오프 아빠')
    184-185, 245
레이거노믹스 27, 752-753
레이건, 로널드 27-28, 31, 108, 229, 497,
    533, 594, 722, 745, 753-754, 821, 833
「레이디스 홈 저널」 381
레이먼드, 잭 640, 726-727, 731-732, 784
레이히, 에드 620, 626
레지스탕스 276, 408, 457, 651, 697
〈레프티를 기다리며〉 185, 245-247
로리머, 조지 호러스 114
『로마 제국 쇠망사』 75, 89
로머스타인, 허버트 508, 512, 517, 533-536
로메로, 세사르 289
로버츠, 찰머즈 657
로브, 칼 23-24
로비어, 리처드 310, 448, 451, 562-563
「로세르바토레 로마노」 757

로스, 필립 11, 28

「로스앤젤레스타임스」13, 22, 37, 121,
    295, 691, 705, 785

로스차일드가家 328

로언, 칼 595-596

로웰, A. 로렌스 144, 150

로저스, 워런 593-594

로젠버그 부부 489-492, 513, 525, 545,
    569, 822

로티에, 루이스 R. 592

록펠러, 존 D. 104-105, 108, 110-112, 119,
    272

「롤링 스톤」707

롱, 휴이 222-224, 228-230, 784

루르 공업지대 399, 823

루뭄바, 파트리스 634

루빈, 제리 676-678

루스, 헨리 181, 239, 340

루스벨트, 시어도어 107-109, 112, 114, 753

루스벨트, 엘리너 180, 196, 288, 335, 341,
    398, 432, 500, 543, 621, 778

루스벨트, 프랭클린 델러노 11, 93, 118,
    127, 133, 159, 170-181, 185-189, 192-
    193, 195-200, 207, 209-210, 213, 215,
    217, 222-225, 228, 231, 240, 242, 251,
    254-255, 258, 266, 271-273, 280, 288,
    300, 328-329, 331, 335, 341, 348, 354,
    359, 387-391, 394-395, 399, 415-416,
    420, 425, 474, 505-506, 515, 519-520,
    522-524, 528, 577, 642, 680, 688, 773,
    797

루이스, 싱클레어 142, 232

루이스, 앤서니 640, 730, 739

루이스, 존 L. 210, 240, 404

루이스, 핀리 552

루크레티우스 77

「르몽드」620, 655

르완다 내전 267

리드, 존 120

리블링, A. J. 138, 344, 354, 421, 440

리서거, 피터 594

리우조, 바이올라 609-610

리치, 프랭크 37

리프, 데이비드 778

리프먼, 월터 13, 16, 26, 28, 121, 123, 129,
    134, 137, 140, 143, 150, 173, 197-198,
    202, 204, 218, 222, 241, 248-261, 270,
    280-282, 294, 349, 391-392, 419, 429-
    430, 433, 445, 447, 453, 461-467, 477,
    508-509, 521, 528, 534, 549-550, 556,
    562, 595, 628, 635, 640-641, 644, 648,
    657, 660-662, 693, 708, 762, 782, 806,
    822

릭스, 토머스 738

린드, 스토튼 648

린드버그, 찰스 A. 11-12, 231, 269-270,
    341, 343, 348

린들리, 어니스트 K. 528-529, 532

림보, 러시 498

립스태드, 데보라 255, 264-266, 804

───── ㅁ

마더, 머레이 557

마르크스주의 107, 141, 186, 222, 230,
    308, 313-314, 424, 558, 687

마르크스, 카를 47, 96-98, 710, 715

마르크스, 패트리샤 698

마르크스-레닌주의 425, 582, 631, 678

마르크스주의통일노동자당POUM 277

마셜 플랜(유럽 부흥 계획) 393, 400, 418-419

마셜 필드 3세 343, 345, 439

마셜, 조시 36

마오쩌둥毛澤東 31, 36, 267, 428-429, 671, 722, 752, 815

마타 하리 487

마테오티, 자코모 146-148

『마틴 이든』 116

마틴, 주디스 551-552

만, 토마스 245

만자卍字 문양(스와스티카) 237, 253, 262-263, 271, 288, 298, 312

말로, 앙드레 276

말로, 크리스토퍼 65, 216

매싱, 마이클 737, 778

매카시, 조지프 12, 194, 235, 237, 242-244, 421, 423-424, 428, 474, 480-481, 484, 492, 494, 496, 513-514, 526, 541, 552-565, 567, 581, 674, 676

매카시즘 29, 31, 128, 232, 244, 417, 458-460, 514, 519, 525, 531, 540, 550-551, 553, 557, 564-565, 579-580, 590, 600, 620, 635, 669, 774, 780

매카시, 콜먼 775, 784

매카시-후버 추축樞軸 494

매코맥-딕스타인 위원회 496

매클로이, 존 522, 804

매튜스, 허버트 285-286

맥거번, 조지 124, 433, 688, 699

맥그로리, 메리 549, 557

맥나마라, 로버트 25, 628, 639, 641, 645, 649, 665-667, 697

맥아더, 더글러스 175, 442-443, 446-447, 450, 455, 620, 818

맥윌리엄스, 케리 550

맥코믹, 로버트 196, 796

맥클루어, S. S. 110-111

「맥클루어스 매거진」 110

맨슨, 찰스 684

「맨체스터 가디언」 147, 284

맬컴 엑스 595

『맬컴 엑스 자서전』 595

머독, 루퍼트 20, 35

머로, 에드워드 R. 12, 430

머스키, 에드먼드 668

머스키, 조너선 778

머스티, A. J. 627, 678

머크레이킹 103, 107-110, 112, 115, 117, 121, 143

먼로, 마릴린 543

먼슬리 리뷰 프레스 446

먼지, 프랭크 138

멈퍼드, 루이스 245

메러디스, 제임스 602

메리먼, 로버트 287

메이, 앨런 넌 490-491

메이시 백화점 210, 296

『메인 스트리트』 142

메일러, 노먼 477

메테르니히 582

멘디에타, 카를로스 246

멩켄, H. L. 13, 60, 86, 143, 148, 179, 181, 477

모건, 테드 519

모건, E. M. 465

모건위츠, 맥스 164

모겐소 플랜 395, 521

모겐소, 헨리 395, 399, 522, 823

「모닝 저널」 67

모리슨, 노먼 638-640

모사데그 641

모스, 아서 D. 250, 264, 267

모스, 웨인 645

모어, 찰스 654

모이너핸, 대니얼 패트릭 525-526

모이어스, 빌 13, 22, 28, 35, 37

몬산토 케미컬 437

몰로토프, 뱌체슬라프 336

무기대여법 326-328

『무명無名의 주드』 716

무솔리니 146-147, 178, 223, 259, 264,
    276, 280-281, 294, 308, 326, 343-344,
    392

무어선드, 앤디 363, 384, 720, 782, 784

무정부주의 15, 47, 52, 92, 95, 107, 119-
    120, 126-128, 143, 148-150, 170, 193,
    233, 278, 290, 717

문화적 자유를 추구하는 위원회 307-308

문화혁명 267, 429, 683

물가관리국OPM 355

물가관리청OPACS 329-330

뮌헨 협정 310

미국 공산당CP 31, 159, 192, 232, 235-236,
    240, 242, 244, 293, 295, 298, 310, 326,
    419, 421, 423-424, 427, 475, 483-484,
    487-488, 500, 509, 516, 524, 527, 542,
    554, 584, 762, 822

미국과학자연맹 367

미국 국방부 기밀문서 12, 360, 645-646,
    653, 683, 697-701, 858

미국 그리스원조단AMAG 464

미국노동총동맹AFL 213, 268

미국사회당 103-107, 116-118, 120, 124,
    126, 128-129, 140, 145, 155, 184, 193,
    229

미국 상공회의소 437

미국시민자유연맹ACLU 128, 208, 460, 730

미국신문노조ANG 205, 207-208, 306, 334,
    357, 561, 801

미국어머니회 327

미국여성애국군단ALA 632

미국유대인연맹 760

미국유대인회의AJC 254

『미국을 노린 음모』 11

미국의 소리(방송) 560

『미국의 유대인』 70

미국작가동맹 244-246

미국작가회의 244

미국재향군인회 498, 633

미국청년회의AYC 243

미국 혁명의 딸들 127, 335, 632

미라이 마을 민간인 학살 사건 12, 662-663

미소美蘇관계위원회 754

미워시, 체스와프 578

미콜라이치크, 스타니슬라우스 506

민간국토보존단 178

민간사업진흥청 200

민권법 612, 636

민족해방전선(남베트남) 643

민주사회를 위한 학생연합^{SDS} 624, 647, 672

민주행동을 위한 미국인 연맹^{ADA} 424, 573

민츠, 모턴 732, 784

『믿기지 않는 사실』 264

밀러, 아서 543, 580

밀러, 주디스 22-23

밀럼, J. W. 588-589

밀턴, 존 65, 100, 368, 562, 764

───── ㅂ

바너비(카툰) 344

바넷, 멜빈 13

바르바로사 작전 329

바보 부대 665

바스, 앨런 549, 557, 561, 743

바실리에프, 알렉산더 517

바워스, 샘 608

바이어스트, 밀턴 743

바이어스트, 주디스 365, 743, 758, 784, 836

바이터, 매슈 738

바틀릿, 찰스 523

바티스타, 풀헨시오 246, 622, 624

「반격」 533

『반골 신문 발행인의 회고록』 132

반공주의 96, 262, 278, 304, 342, 439, 458,
　　498, 500, 561, 578, 666, 715

『반역과 의심』 519

반反유대주의 15, 44-45, 48, 51, 71, 74, 96,
　　146, 197, 216, 223, 228, 231-232, 250,
　　252, 255, 258, 265, 269-271, 273, 309,
　　320, 327, 337, 341, 348-350, 407, 473,
　　490, 520, 522, 570, 760

반전反戰베트남전참전용사회 175, 695

반정부선동금지법 86, 127, 129

반즈, 랠프 301

반즈, 조(조지프) 302, 440

『반체제 조직 및 간행물 편람』 561

반체티, 바르톨로메오 148-150, 241

방첩법 86, 123-124, 127, 498

배그디키언, 벤 769, 783

배리, 제임스 83

『배빗』 142

백군(러시아) 96

백기사단 608

백인시민위원회 601

밴더체크, 존 638, 640-641, 784

뱅크헤드, 탈룰라 204

버니언, 존 109

버루크, 버나드 11, 137

버컬, 프레더릭 T. 267

버쿨드, 아트 711, 730

버크화이트, 마거릿 343, 346

버클리, 윌리엄 480, 575, 617, 721-722,
　　733, 826

버튼 훨러 328

번디, 윌리엄 697

번스타인, 칼 418, 600-601, 709, 783

벌레스크 189-190

『법원이 결정권자다』 195

베노나 파일 486, 509, 513-519, 521, 524-
　　529, 533-536, 603, 783, 822

베들레헴 스틸 296

베르겐벨젠 399, 407

베르사유 조약 259, 803

베를린 장벽 94, 750

베리건 형제 733

베리야 572

「베사라베츠」 45

베어드, 데이비드 132

베일리, 빌 234-239, 288, 783, 802

베테, 한스 674

베트남전쟁 12, 14, 25, 27-29, 124, 267,
275, 284, 430, 449-455, 493, 549, 567,
612-613, 619, 636, 641, 644, 649-653,
655, 659-669, 675, 678-682, 690, 692-
693, 696-697, 701, 707-712, 729, 732-
733, 739, 752, 770-771, 774, 777, 833

베트민(베트남독립동맹) 642

베트콩 453, 613, 639, 646, 648, 657, 662-
664, 668, 671, 684, 688

벤틀리, 엘리자베스 482-489, 501-502,
513, 515, 522, 524, 526, 528, 531

보너스 군대 175-176, 695

「보스턴 글로브」 705, 771

보스턴 차茶 사건 411

본드, 줄리언 774

볼드윈, 제임스 13, 343, 477

볼드윈, 핸슨 397, 454

볼샤코프, 게오르기 523

볼셰비키 혁명 31, 107, 295, 311

「볼티모어 선」 13, 426, 492, 668, 781, 789

볼티모어권리장전수호위원회 432

부뉴엘, 루이스 710

부딘, 레너드(이지의 동서) 144, 153, 374, 428,
460, 479-481, 686, 699, 746, 773-774,
781, 833

부딘, 루이스 126, 144, 153, 773

부딘, 캐시 684-686, 832

부르데, 클로드 457-458

부스, 클레어 339

부시, 조지 W. 14, 16, 18, 20-23, 37, 107,
124, 524, 665, 737, 739, 789, 808, 826,
833

부하린, 니콜라이 94-95, 304

부하린주의자 297

북한 18, 442-448, 450, 452, 454-455, 783,
817-819

분노의 날 684

『분노의 포도』 618

『붉은 무공훈장』 339

브라우넬, 허버트 558

브라우더, 얼 234, 242-244, 475, 485, 524

브라운 대 토피카 교육위원회 사건 586,
595-596, 605

브라운, 맬컴 640, 653-654

브라운, 앤드루 510

브라이언, 윌리엄 제닝스 86, 174

브래들리, 벤 351, 707, 783, 785

브레턴우즈(체제) 483

브렌먼깁슨, 마거릿 185, 246

브로더, 데이비드 24

브로드웨이 135, 246

브룬, 헤이우드 28, 134-135, 150-151, 202,
204, 206-207, 210, 477

브리즈번, 아서 115, 133

브리지스, 해리 475, 531-532

브링클리, 데이비드 331, 544, 553, 783, 809

블랙 무슬림 595

블랭크포트, 마이클(또는 마이크) 90, 145,
185, 244, 310, 318

블레이크, 윌리엄 368

블레이크, 잭 204-205

블로크, 이매뉴얼 490-492

블룸, 레옹 280, 458

블리츠스타인, 마크 185, 232

블릭스, 한스 738

비가트, 호머 464, 653

비비, 루셔스 204

비상시민자유위원회 460, 605, 773

비시 정부(프랑스) 334-335, 348-349, 356, 523

비어드, 찰스 89

「비콘 저널」 690

비티, 잭 722, 727, 762-763, 775-776, 783

빅, 바바라 358-360, 783

빅터 레코드사 132

빈민들의 행진 175, 614, 706

「빌 모이어스 저널」 22

빌라드, 오스월드 개리슨 140, 203, 321-322

빙어, 칼 257

빨갱이 12, 27, 30-31, 41-43, 125-128, 193, 196, 211-212, 223, 235, 262, 295-296, 350, 374, 421, 430-431, 434, 438-439, 441, 477, 481, 487, 494, 501, 513-514, 518, 523, 525, 530-531, 533, 552, 558, 560, 565-567, 605-607, 722, 754

『빵의 쟁취』 95

—— ㅅ

사로얀, 윌리엄 245, 477

사르트르, 장폴 374, 458

사순 가문 328

「사실은」 103, 566-567

사이공(지금의 호찌민) 639, 644, 648, 653-654, 714

사이코배블 78

사코, 니콜라 148-150, 241, 762

사코-반체티 변호위원회 149

사포 77, 741, 744, 747

사하로프, 안드레이 578, 750

사회주의 15, 27, 47, 52, 67, 71, 92-94, 97-98, 103-104, 106-109, 114, 116-124, 130, 138-139, 141, 143, 153, 156, 172, 192-193, 203, 221-223, 229-230, 233-234, 240, 242, 245, 251, 260, 277, 288, 290, 294, 309, 313, 323, 427, 430, 449, 457, 540, 571, 573, 581-582, 606, 617, 622, 625, 631, 675, 749

사회주의노동자당(미국) 430

산업별노동조합회의(CIO) 210, 213, 239, 404

「산케이신문」 453

산타야나 89

「삼각주 민주 타임스」 224

상원 국내안보소위원회 606

「새 대중」 244, 347

새 출발 그룹 313

새크리, 테드 440-441

「새터데이 이브닝 포스트」 114

생디칼리슴 107

생산관리국 331

생텍쥐페리, 앙투안 드 276

샤인, 데이비드 560

샤퍼, 네이선 247

서버, 제임스 28, 232, 308, 343, 477

『서부 전선 이상 없다』 125

석탄·석유 의회 111

선박·항만노조 237

〈선한 싸움〉 236

설리, 프랑수아 653

설즈버거, 아서 헤이즈 255, 257-258, 653

성실법원星室法院 495

세계산업노동자동맹(IWW, 일명 워블리스 Wobblies) 120, 239

세계은행 483

세이퍼, 몰리 730

「세인트루이스 속보」 140, 147, 548-549

세인트루이스호 사건 272-273

세일러, 해리 T. 131, 202

세일럼 마녀사냥 558

셀드스, 조지 103, 138, 147, 298, 318, 565-567, 726, 784, 796, 826

셀리그먼, 조지프 53

셔우드, 로버트 E. 461

셔틀워스, 프레드 607

셰릴, 로버트 727-729, 732, 784

셰릴, 찰스 H. 268

셸, 오빌 778-779

셸턴, 로버트 560-561

『소크라테스의 재판』 30, 365, 511, 745

손택, 수전 650

솔즈베리, 해리슨 13, 258, 301, 656-659, 784

쇠고기 트러스트 113-114

쇼, 조지 버나드 90-91

〈쇼아〉 265

쇼어, 대니얼 258

수정 헌법 17조 109

수정 헌법 1조 20, 102, 124, 423-424, 460, 477, 499, 560, 581, 683, 730

쉬앤, 빈센트 308

쉬어, 밥 37

쉬프, 도로시(돌리) 210, 305, 320, 441

쉬핸, 닐 13, 653

슈워너, 마이클 608

슐레신저, 아서 628

스몰버그, 루스 375, 784

스미스, 애덤 722

스미스, 앨 172-174

스미스, 하워드 425

스미스, 헤드릭 640

스미스법 393, 425-426, 432, 437, 486, 488, 495, 531

스워프, 허버트 베이어드 134, 137

스윈번, 앨저넌 83

스코츠버러 사건 241, 589

스콥스, 존 86-87

스크립스하워드 체인 206

스타로빈, 조지프 485

스타슨, 해럴드 243

스타워즈 28, 752

스타인, 거트루드 142

스타인벡, 존 245, 477, 618

스탈린, 이오시프 27, 30-31, 36, 43, 159, 215, 220, 234-236, 242, 267, 281, 287, 290, 292-304, 308-314, 323, 325-326, 329, 341, 351, 387, 393-396, 416, 419, 424, 427-431, 436, 442-445, 450, 452, 458, 505-506, 511, 516, 518-519, 523, 542, 545, 569-577, 629, 693, 752, 754, 765, 813, 817-819

스탈린주의 233, 242, 277, 297, 314, 342, 351, 393, 425, 571, 573

스탠더드 오일 104, 108, 110-112, 296,

341, 355, 437

스턴 갱 403

스턴, 래리 736, 743

스턴, J. 데이비드 131-133, 143, 148, 151,
　　156, 161-163, 169-172, 175, 179, 186-
　　189, 194-195, 197, 202, 205, 208-210,
　　216, 230, 259, 262, 271, 279, 297-298,
　　304-307, 339, 485, 531

스턴, 질 리트(스턴 부인) 81-84, 131, 144

스테파노풀로스, 조지 511

스테펀스, 링컨 92, 96, 109-110, 244, 332

스톤, 아벨라르(이지 스톤이 「월간 현대」에 기고할 때
　　쓴 가명) 186

스톤, 제프리(이지 스톤이 「더 네이션」 기고 때 쓴 필
　　명) 289

스톤맨, 윌리엄 301

스튜어트, 존 36

스트라스버그, 리 185

스트라우스, 퍼시 210

스티븐스, 미첼 13

스티븐슨, 아들라이 621

스틸, 로널드(론) 198, 218, 252, 256, 261,
　　280, 294, 463, 465, 467, 521, 660-662,
　　782

스페인 내전 132, 159, 215, 236, 274-290,
　　304, 313, 320, 430, 559

스펜더, 스티븐 276

스펜서, 허버트 66, 84

스펠먼, 프랜시스(추기경) 480

스포크 박사(벤저민 스포크) 343, 631, 774

스피노자 82-83, 131, 792

스피백, 로런스 E. 439

스피백, 앨 492, 553, 563, 784

시끌벅적한 20년대(미국의 1920년대를 일컫는 표현)
　　130, 141, 161

시나트라, 프랭크 713

CBS(방송) 12, 23-24, 257, 364, 452, 462,
　　464, 466, 496, 499, 563, 694, 710, 730

CIA(미국 중앙정보국) 20-22, 27, 423, 446,
　　462, 473-474, 511, 513, 521, 524, 527,
　　549, 584, 621-622, 624, 634-635, 637,
　　641, 658, 683, 752-754, 783

시어러, 윌리엄 13, 249, 252, 255, 269-271,
　　312, 369

CNN(방송) 35, 511

「시카고 트리뷴」 147, 196, 284, 299, 550,
　　796

식품·의약품안전법 114

신디케이트 133, 138, 196-197, 204, 593-
　　594

신문노조 205, 207-208, 306, 334, 357,
　　465, 561

『신사협정』 341

신성동맹 582

신좌파 614, 624-625, 669-670

실버마스터, 네이선 그레고리 482, 487,
　　502, 519-520, 522

실버스, 밥 655, 734, 776-777, 781

실버스틴, 스티브 777

싱클레어 오일 147

싱클레어, 업턴 92, 112-117, 148, 332

──── ㅇ

아들러, 제이콥 186

『아레오파지티카』 100, 552

아렌트, 한나 680

아론, 대니얼 233

아르벤스 584, 641

아리스토텔레스 66, 195, 753, 764,

아리안족 263, 267, 408, 412

아머, J. 오그든 114

『아메리카 1918』 71

「아메리칸 머큐리」 143, 179-181

아벨라르 764

아부그라이브 포로수용소 124, 663, 739

아시, 숄럼 71, 184

아옌데, 이사벨 774

아우슈비츠 267, 399, 405-406

아이빈스, 몰리 37, 500, 784

아이어스, 빌 685

〈I. F. 스톤 위클리〉(다큐멘터리 영화) 710, 784

「I. F. 스톤 위클리」(신문) 12, 28, 29, 36,
    156, 235, 237, 242-243, 347, 362-363,
    371, 374, 384, 479, 493, 512, 541-547,
    550, 552-553, 555, 559, 564-565, 574,
    578-580, 606-607, 610-611, 616, 619,
    626, 638-639, 647, 652, 658, 667-668,
    672-673, 676, 696, 705, 708-709, 713,
    716-717, 723, 726-727, 749, 776-777,
    780, 782

『I. F. 스톤 전기』 369, 782

아이젠하워, 데이비드 33, 175, 388, 394,
    396, 448, 501, 521-522, 541, 556, 558,
    564, 581, 595-596, 620, 624, 667, 708

아이히만, 아돌프 583

아인슈타인, 알베르트 12, 250, 373-374,
    543, 555, 706, 778

아클레, 게르하르트 반 74, 76

아프레시안, 스테판 507, 509

안데르센, 한스 크리스티안 406

『안티고네』 85, 195

알다, 로버트 190

알레이헴, 숄렘 48

알렉산드르 2세 44

알렉산드르 3세 44

RCA(전기·방송회사) 59, 164, 297

알카에다 754

알페로비츠, 가 396, 783, 786

암스트롱, 스콧 24, 734-735, 742-743, 755-
    756, 775, 783

압록강 447

애국자법 15, 16, 455

애그뉴, 스피로 668, 680, 694, 696, 708,
    722-723

애너코스티어 175

애넌버그, 모 209

애덤스, 제인 52, 140

애덤스, 프랭클린 P. 134

애들러, 루터 245

애보트와 코스텔로(코미디언 콤비) 190

애부레즈크, 짐 544-545

애치슨, 딘 430, 442, 451, 453

「애틀랜틱 먼슬리」 722, 727, 765

애플바움, 앤 576-577

앨곤퀸 원탁 모임 206

앨솝, 조지프(조) 13, 197, 202, 556, 619

앰곳, 매들린 349-350, 372, 783

『야성의 부름』 116

『약방 진보파』 728

『언론계의 권력자들』 782

「언론과의 만남」 38, 439, 784

언터마이어, 루이스 308

『얼룩 털의 종마와 그 밖의 시들』 369

엉클 조(스탈린) 577

에른스트, 모리스 208, 460

에머슨, 랠프 월도 93

에반, 아바 759-760

SSA(미군 암호보안국, NSA의 전신) 524

에스터(이지의 아내) 42, 68, 78, 151-154,
    156-157, 161, 169, 183, 190, 201, 318,
    362-365, 368, 371, 373-383, 390, 404,
    456-457, 460, 471, 476, 532, 542-544,
    546, 548, 565, 600, 630, 650, 652, 655,
    661, 685-686, 710, 717, 721, 724, 741-
    742, 746, 755-756, 762, 772, 781

에어 아메리카 35

에어랑어 극장 180

에이브러햄 링컨 여단 287, 290, 430, 475,
    559, 633

AP 통신 119, 147, 284, 653, 719

FBI(미국 연방수사국) 11, 18, 20, 27, 32, 41,
    127, 194, 216, 244, 282, 317, 320-321,
    333-334, 336-337, 339, 342, 350, 359,
    409, 417, 421-422, 425, 427, 431, 438,
    446, 448, 460, 471-494, 496, 500-501,
    507-509, 512, 516, 518, 521, 524, 526-
    533, 552, 554-555, 559-560, 565-567,
    574, 603, 605-608, 610, 618-619, 624,
    631-632, 650, 673-674, 676-678, 682-
    683, 690-691, 709, 753, 783

NSA(미국 국가안보국) 20, 513, 524

엘스버그, 대니얼 360, 646-647, 649, 697,
    698-700, 739, 783

『여론과 언론』 723

〈여성의 해〉 497

연방예금보험공사FDIC 179

「연방의회 의사록」 603, 611, 718

예이츠, 윌리엄 버틀러 83

옐로저널리즘 92

오데츠, 클리퍼드 28, 185, 232, 245-247,
    308, 477

오도넬, 존 197

오드 펠로즈 독립 기사단 62

오든, W. H. 276

『오디세이』 741

「오로라」 85

오스노스, 피터 363, 711, 718-719, 734,
    784

오스왈드, 리 하비 634, 635

오언스, 제시 269

오케이시, 숀 276

오코너, 톰 357

오크스, 필 678

오펜하이머, 로버트 674

오하라, 베티 632

옥스, 아돌프 257

〈온 디 에지〉 236

올그런, 넬슨 245, 477

올름스테드, 캐스린 482, 486

올터맨, 에릭 37, 775

「옵서버」 311

「옵세르바퇴르」 457

와이머, 레이 341, 346, 348, 351, 353-354,
    784

와이먼, W. G. 527

와인스타인, 앨런 517, 733-734

와인스탁, 루이스 243

와일더, 손톤 477

와일드, 오스카 204

와일리, 앤드루 744-745

외국인 추방 및 반정부 선동 금지법 15

《요람이 흔들리리라》 185

욤키푸르 전쟁 413

우드워드, 밥 600, 709, 711, 738

『우리나라 재벌가』 217

우정청(미국) 123, 473-474, 541, 783

우크, 허먼 477

우탄트 705

『우편배달부는 벨을 두 번 울린다』 134

울리한, 리처드 V. 136

울프, 토머스 477

워런, 댄 607

워런, 얼 581, 635

워런위원회 635

「워싱턴 먼슬리」 37

워싱턴 서점 431, 475

「워싱턴 스타」 541, 689, 785

「워싱턴 스펙테이터」 565

「워싱턴 타임스」 320, 514

「워싱턴 포스트」 21, 24, 26, 136, 268, 320,
    333, 363, 411, 430, 519, 528, 537, 542,
    550-551, 557, 561-562, 597, 604, 657-
    658, 660, 670, 699, 707, 711, 718, 720,
    730-731, 735-738, 761, 785

워싱턴, 조지 107, 290, 403

워즈워스, 윌리엄 66-77

워커 보고서 682

워커, 지미 194

워터게이트 사건 12, 333, 600, 700, 709,
    711, 722, 734

원자탄 388, 393, 396-397, 431, 461, 489-
    491, 525, 558-560, 674

「월간 현대」 186

윌리스, 조지 609

윌리스, 헨리 389, 395, 426, 433, 435-436,
    475, 573, 589

월스트리트 137, 164, 186, 217-218, 256,
    677, 692

「월스트리트 저널」 35, 347, 452, 692, 716

월터-맥캐런법 486, 495

웨너, 잰 707

웨더스비, 캐스린 444-445

웨스턴 유니언(송금업체) 478, 532

웨스트 필라델피아 152

웨스트, 너대니얼 245

웨스트, 레베카 276

웨스트, 메이 190

웨스트, 코넬 520

웨어, 마이클 22

웨이스, 칼 230

웨일랜드, 줄리어스 121

웩슬러, 제임스(지미) 231-233, 342, 357

웰스, 오손 28

웰스, H. G. 149

위고, 빅토르 441

위긴스, 러셀 660

『위인들』 339

『위증』 733

위커, 톰 640, 710, 730, 772

위튼, 존 C. 588

윈, 에드 189-190

윈첼, 월터 33, 197, 343, 461, 477, 534

윈터스, 셸리 373

윌, 조지 657, 722

윌리엄스, 윌리엄 칼로스 245, 309

윌리엄스, 테네시 598

윌셔, 게일로드 119

윌스, 개리 418, 732-733, 741-742

윌슨, 대그마 677

윌슨, 토마스 우드로 17, 28, 85-86, 118,
122-123, 125, 129, 174, 217, 551, 657-
658, 783

윌슨, 조지 730-732, 784

윌슨, 찰스 E. 331

윌키, 커티스 603

윌킨스, 로저 602, 784

유대교 예배당(시너고그) 44, 155

유대의 불꽃 69

유대인 볼셰비즘 311, 326

『유대인의 역사』 42

유럽 부흥 계획(마셜 플랜) 393, 400, 416,
418-419

『유령의 숲』 516

유에스 스틸 164, 240

유엔 헌장 387, 389-390

『유토피아에서의 취재』 303

유튜브 36

UP 통신(UPI의 전신) 271, 356, 448, 653

유화 정책 311, 754

육군성 20, 332, 783

『600만이 죽어가는 동안』 250, 264, 266-
267

움에, 트라우들 265

응오딘지엠 634, 642-644, 653

응웬카오키 712

의사들의 음모 사건 542, 570, 576

이게 파르벤(화학회사) 358-401

이든, 앤서니 280

이디시어 49, 51, 57-58, 67, 70, 73, 89,
256, 412, 432, 459, 577, 757, 762

이라크전 23, 267, 430, 454, 683, 737-738

이란-콘트라 사건 683, 752, 755-756

「이브닝 텔레그램」 189, 206

「이성에의 호소」 104-106, 112, 118, 121,
123, 129

이스트랜드, 제임스 606-607

이스트먼, 맥스 123

이승만 443, 446, 451, 642

『이제 그들이 답할 차례: 미국 언론과 이라
크』 737, 778

『이지: I. F. 스톤 전기』 782

익스, 해럴드 140

「인디펜던트」 510

인민당 107

인민전선 132, 220, 235, 242, 244, 275,
277, 279, 283, 297-299, 307, 313-314,
424, 434, 520, 573, 576

인종평등회의 608, 610, 666

인터내셔널가(歌) 288, 334

인포테인먼트 137

잃어버린 세대 142

『잃어버린 치유의 기술』 746

잉거솔, 랠프 181, 338-343, 345-346, 351-
354, 357, 404, 414, 439-440, 618

잉거솔, 토비 380-382, 784

—— ㅈ

『자본론』 97

자유 프랑스 349, 506

「자유」 67

『작가를 찾는 6인의 등장인물』 91

장제스蔣介石 341, 373, 429, 438, 443, 445-
      447, 451, 521, 620

재즈 시대 89

잭슨, 제시 78

저우언라이周恩來 701

적색 공포 16, 239, 295, 461, 531

적성국교역법 123

적성국敵性國자산관리국 358-359

전국검열자유위원회 190

전국산업부흥법NIRA 178, 196, 207-208

전국산업부흥청NRA 196

전략무기제한협정SALT 668, 693, 748

전략정보국(OSS, CIA 전신) 462, 482, 521,
      524, 642

전미유색인지위향상협회NAACP 240-241,
      586, 589, 601-602, 609

전시생산위원회WPB 356

「전진」 67

『정글』 112-114, 116

정보공개법FOIA 476, 683, 735, 755, 783

『정오의 어둠』 304

『제1원리』 66

『제3제국의 흥망』 249, 369

제롬, V. J. 424, 425

제섭, 윌리엄 436

J. P. 모건 140, 217, 224, 272

제일린, 필 660

제칠일안식일재림예수교회 499

제퍼스, 로빈슨 369

제퍼슨, 토머스 20, 30, 38, 98-99, 102, 199,
      242, 314, 403, 715, 762

제퍼슨주의 583, 749

『존슨 대통령 전기』 729

존슨, 린든 17, 610, 612, 621, 634-636,
      641, 643-644, 646-648, 660-661, 665,
      675, 679-680, 697, 708, 710, 728

존슨, 스콧 12

주디(이지의 여동생) 62, 81, 166-167, 362,
      372-373, 378, 383, 385, 459, 672, 686,
      781, 784

주택소유자대출공사HOLC 169, 200

주화조폐국(미국) 169

중국 혁명 428

중립법 280, 289

중앙인사위원회 356, 417

지구의 날 693

지그펠드, 플로 180, 189

지노비예프주의자 297

지드, 앙드레 89

《지붕 위의 바이올린》 48, 257

진, 하워드 700, 749

「진보」 33, 85-88, 131, 135, 294, 678, 780

진보당(미국) 431, 433-435, 475, 573, 589

진보정치행동회의 139

진저, 존 피터 561

진주만 329, 331-332, 341, 397, 523

질패트릭, 로스웰 697

—— ㅊ

차이나 로비 27, 429-430, 447

차일즈, 마퀴스 430

차조프, 예브게니 750-751

『창녀 언론』 115

채플린, 찰리 28, 141, 260, 374, 555

처칠, 윈스턴 115, 341, 387, 394-396, 506

『1960년대: 희망과 분노의 시절』 677

『천로역정』 109

천지안陳智安 449

철의 장막 394, 546, 623

청년공산주의자동맹 232

체 게바라 630

체니, 딕 21, 665

체이니, 제임스 608-609

체이스 내셔널 뱅크 272, 296, 558

체임버스, 휘태커 483, 489, 502

체임벌린, 네빌 260, 310-312

촘스키, 노엄 51, 700, 746, 749

『최초의 희생자』 277, 782

추축국樞軸國 323, 325, 328, 341, 392, 419, 445, 451, 555

충성 서약 16, 418, 472

충성도 심사 416-417, 420, 423, 430, 525, 540

츠빌리초프스키, 모르데카이 배어 46

치버, 존 477

──── ㅋ

카네기, 데일 245, 477

카노우, 스탠리 452, 458, 668

카니, 윌리엄 P. 286

카디프(웨일스의 주도) 49, 68

카리닉, 마코 301

카마이클, 스토클리 613

카뮈, 알베르 458

카스트로, 피델 246, 285, 621-622, 624-625, 627-630, 646, 672, 676, 693

카스트로주의자 629

카슨, 자니 714

카우프먼, 조지 S. 308

카울리, 맬컴 244

카이사르 225

카이저, 로버트 774

카이크(유대 놈) 51, 64, 74

카자크 기병대 43, 46-47, 296

카챈더, 셜리 342, 352, 408

『카탈루냐 찬가』 279

카터, 베티 224

카터, 호딩 224

카토 33

카툴루스 75

카포티, 트루먼 477

카플, 테드 19

칼루긴, 올레그 509-510, 533-537

「칼리지 유머」 131

캄보디아 693, 698

캐더, 윌라 477

캐빗, 딕 686, 691, 712-714, 759

캐터필러 트랙터(미국 기업) 296

캐퍼티, 잭 35,

캐프런, 질(질 리트 스턴 부인의 딸) 83, 783

캐피털 프레스 클럽 592

캔비, 빈센트 710,

「캔자스시티 스타」 124

캔터, 에디 190

캔튼(오하이오 주) 124

캘리, 윌리엄 663

캘버튼, V. F. 186

캘브, 마빈 659

「캠던 모닝 포스트」 91

「캠던 쿠리어 포스트」 88, 131-133, 149, 156, 162, 180

「캠던 포스트 텔레그램」 135

캠던(뉴저지 주) 59, 62, 84, 132-133, 140, 146, 149, 156, 162, 193

캠벨 수프 59, 132

커글린, 찰스 E.(신부) 181, 222-223, 227, 230-231, 228-229, 328, 341

커니프, 밥 686, 713-715, 759

커리, 로클린 482-483, 522,

커매저, 헨리 스틸 707-708

「커먼윌」 254

커밍스, 브루스 445, 817

커츠, 하워드 136

커치웨이, 프리다 255, 293, 308-309, 313, 319-322, 326, 333-334, 336, 353

케네디, 로버트 523, 602, 604,

케네디, 존 F. 523, 602, 604, 612, 621-624, 627-628, 630, 634-636, 641, 643-644, 653, 672-674, 697

케리, 존 696-697, 833

케슬러, 로널드 C. 168

케이넌, 길버트 91

KGB(소련 국가보안위원회) 422-423, 480, 486-487, 505, 508-510, 514-518, 523-524, 533-535, 578, 783, 821-822, 847

KKK단 60-61, 142, 173, 252, 260, 483, 587, 595-596, 601, 603, 608-610, 694

케인, 제임스 M. 134

켈러, 헬렌 105

켈리스, G. L. 465-466

켐프튼, 머레이 451, 477-478, 554, 557, 561, 564

코니아일랜드(뉴욕시) 347

코리오, 앤 190

코민테른 326

코민포름 439

코바치, 빌 26, 726

코스모스 클럽 595, 661

코언, 시드니 144-145

코울터, 앤 29, 510, 515, 517

코인텔프로 682-683

「코즈모폴리턴」 109

코트렐, 로버트 293, 310, 765

코플론, 주디스 480-481

콕번, 알렉산더 771-772

콕스, 아서 754, 756, 783

콕토, 장 189

콘, 로이 423-434, 480, 487, 560

콘든, 에드워드 674

콜로라도 석탄회사 119

「콜리어스 위클리」 141, 461

콜리지, 새뮤얼 83

콜머, 윌리엄 602

콜슨, 찰스 709

콥, 리 제이 374

콥카인드, 앤드루 730

쾨슬러, 아서 232, 255, 276, 278, 304, 461

쿠바 미사일 위기 523, 627-629, 634

쿠바 페어플레이 위원회 676

쿡, 프레드 J. 103,

쿨리지, 캘빈(미국 제30대 대통령) 90-91, 132, 140

퀴리, 마리 149

퀴리엥 신부 639

크놀, 어윈 294, 542, 678

크라울리, 레오 359

크래프서, 새뮤얼 509

크럼, 바틀리 439-440

크레이그, 로버트 519

크로노스 사중주단 12

크로스바넷, 마이클 13

크로포트킨 92, 94-95, 763

크록, 아서 137, 258, 418, 595, 640

크롱카이트, 월터 710-712

크루그먼, 폴 177

「크리스천 사이언스 모니터」 96, 273, 765

크리스탈나흐트 264, 270-271

크릴, 조지 122

클라벨, 제임스 744

클라인, 하비 297

클라크, 에번스 321-322, 418

클라크, 톰 488

클레이, 캐시어스(무하마드 알리) 612~614

클루거, 리처드 148, 257-259

클루니, 조지 12

클리브덴 서클 311, 326

클리퍼드, 클라크 418

클릴랜드, 맥스 430

키시네프 유대인 학살 45, 790

키신저, 헨리 36, 640, 662, 668, 679, 739, 752

키예프 유대인 대학살 36

킬링필드 267

킴볼, 펜 354-355

킹, 마틴 루터 587, 590, 591, 596, 605, 607, 613-614

─── ㅌ

타벨, 아이다 92, 110-112, 332

타벨, 프랭크 110-111

타블로이드 131, 137-138, 338, 481, 487, 564

타스 통신 508-509, 515, 517-518, 527

타이딩스, 밀러드 243

타이완 429, 445-447, 456-457

「타임」 22, 249, 283, 339-340, 349, 458, 536, 624, 627, 638, 653-654

타티, 자크 710

탈레반 754

탈무드 71, 421

탐사언론(또는 탐사 저널리즘) 143, 147, 344, 724

태프트, 로버트 A. 243

태프트, 윌리엄 121

『탬벌레인 대왕』 65

「터그」 67

터미니엘로 신부 427

터클, 스터즈 115, 783

테네시강유역개발공사TVA 179

테이트, 샤론 684

테일러, S. J. 302

텍사코 280

텔러, 에드워드 674-675

톈안먼天安門 769, 771

토르케마다 87, 264

토머스, 고든 164

토머스, 노먼 106, 133, 155, 194, 223, 229, 234, 608, 627, 631, 678

토머스, 로웰 461

토머스, 빌 100

토머스, 파넬 497-498, 502

토머스, 헬렌 593

토킹 포인츠 메모 36

톨슨, 클라이드 480

톰슨, 도로시 13, 196, 255

톰슨, 로버트 G. 425

통곡의 벽(예루살렘) 402

통북투 209

통신법(미국) 35

통일전선 293, 297

통킹 만 사건 449, 644-645, 666, 678, 779

『투사 삼손』 368

트라우베, 밀드레드 183-184

트라우베, 셰퍼드 183

트레블링카 수용소 399, 412

『트로이의 여인들』 743

트로츠키, 레온 43, 96, 126, 297

트로츠키주의 233, 277, 342, 393, 425,
　　430-431

트로츠키파 193, 221, 304, 308

트롤럽, 앤서니 84

트루먼 독트린 419, 430, 464

『트루먼 시대』 546

트루먼, 해리 S. 332, 355, 387-389, 391,
　　394-396, 399-340, 415-420, 425-426,
　　430-431, 433, 435, 441-442, 445, 447,
　　451-452, 463, 468, 481, 491, 525-526,
　　540, 562, 591, 620, 642, 733

트리니티 교회(뉴욕) 52

트릴린, 캘빈 317, 707

트웨인, 마크 111

티벳, 로런스 318

티토, 요시프 393, 427, 435, 457, 627, 671

티팟 돔 스캔들 165

T형 포드 자동차 138, 141

틸, 에멧 545, 588, 776

틸던, 빌 135

─── ㅍ

파디야, 에베르토 693

「파리 마치」 638

파리 평화 회담 404

파머 일제검거 126-128, 295

파머, A. 미첼 126-129

파샤, 케말 259

파슨즈, 루엘라 477

파시스트 15, 142, 146-147, 222, 227, 230,
　　242-243, 259, 264, 277-281, 284, 293,
　　327, 348-349, 355, 483, 633, 677, 730

파시즘 11-12, 27, 42, 87, 91, 133, 143,
　　146-147, 156, 178, 185-186, 213, 215-
　　216, 220-221, 228, 231, 242, 246-247,
　　264, 270, 275, 278-279, 289, 293, 295,
　　298, 310-311, 320, 323, 334-335, 348,
　　398, 403, 424, 457, 477, 487, 496, 503,
　　520, 559, 565, 579, 675, 706

파울러 백화점 62

파워스, 리처드 지드 480

파이어 아일랜드 368, 374-375, 378-379,
　　490, 531-532, 723

파이퍼, 줄스 28, 55, 544

파인슈타인 포목점(후일 '천남선녀 의류점'으로 바
　　뀜) 59, 61-62, 82

파인슈타인, 버나드(이지의 아버지) 43-47, 49-
　　51, 53-54, 56, 58-59, 61, 72-73, 153,
　　165-167, 169, 371

파인슈타인, 케이티(이지의 어머니) 53-54, 56-
　　58, 61-63, 67-68, 72, 79, 165-169

파커, 도로시 149, 204, 343, 477

파크스, 로자 596

파피니, 조바니 66

파피로프스키, 조지프(조 파프) 496

판문점 452

팔레스타인 15, 28, 68, 257, 265, 342, 401-
    403, 412-413, 439, 501, 548, 757, 760-
    761, 776

『팔레스타인 잠행기』 406, 413, 760

팔레스타인해방기구[PLO] 758, 760

팔리, 짐 174

패디먼, 클리프턴 245

패럴, 제임스 245

패터슨, 시시 320

패터슨, 조지프 메딜 138, 208

패트너, 앤드루 67, 70-71, 74, 116, 131,
    134, 136, 143, 145, 195, 209-210, 255,
    306, 339, 345, 369, 383, 424, 426-427,
    443, 545, 662

패튼, 조지 176

퍼블릭어페어즈 북스 363, 718

퍼시코, 조지프 E. 514

퍼킨스, 맥스웰 285

펄스타인, 릭 496

페글러, 웨스트브룩 33, 196

페럴먼, S. J. 308

페루통, 마르셀 349

페리, 머튼 654

FAIR(공정언론추구시민단체) 37

페인, 토머스 594, 708

페일리, 그레이스 477

페일리, 빌 257

페클리소프, 알렉산드르 491

페퍼, 클로드 218, 327

펜실베이니아철도회사 162

펜타곤(미 국방부 청사) 319, 584, 642, 657

펠리니, 페데리코 710

펠즈, 리처드 93

펠트, W. 마크 334, 709

『평상시처럼』 331, 782

평화를 위한 여성 운동[WSP] 631-632, 677

평화봉사단 636, 674

포드, 헨리 141, 172

포버스, 오벌 596-600

포베도노스체프, 콘스탄틴 44

포비치, 셜리 268

포우츠, 러더퍼드 448, 450, 455

「포춘」 181, 296, 339-340, 782

포츠담 회담 338, 394-395

포크, 조지 462-467, 512, 528, 567, 650,
    712

포크, 존 헨리 498-500

포크너, 윌리엄 477

포터, 캐서린 149

포터, 필 492

『폭풍우 속에서』 48

폴, 도로시 와이너 649-652, 661

폴, 버나드 649-652, 661, 709

폴란드 회랑 257

폴링, 라이너스 631

푹스, 클라우스 396, 490-491, 513

풀브라이트, 윌리엄 550, 604, 628, 777

품위 군단 190

퓰리처상 137, 224, 268, 299-300, 302,
    477, 492, 576, 653-654, 657-658, 707

「프라우다」 621

프라우딘, 블라디미르(세르게이) 505-509,

515-516, 518

프라이스, 세실 609

프랑스 연방 643

프랑코, 프란시스코 276-277, 279, 281-
      282, 284, 286-287, 294, 326, 355

프랭크퍼터, 펠릭스 11, 128, 140, 253, 399

프랭클, 맥스 640

프랭클린, 벤 A. 565

프랭클린, 벤저민 545, 714

프렌스키, 데이비드 303

프로이트, 지그문트 57, 77-78

프로젝트 100, 665-666

프루덴, 웨슬리 597

프리스트, 데이나 22

프링글, 피터 385-386

플라톤 66, 77, 742, 765

플랜트, 빌 23

플레임, 발레리 511

플로베르, 귀스타브 84, 89

플린, 엘리자베스 걸리 460

피그 만 침공 622-624, 626-627, 634

피란델로, 루이지 91

PBS(방송) 22, 711

피셔, 루이스 285, 302, 313

피시, 해밀턴 724

피어슨, 드루 534, 549, 640, 671

피어포인트, 밥 452

「PM」 28, 181, 255, 334-335, 337-342,
      344-348, 350-356, 359, 374, 383384,
      401, 404, 409, 414, 433, 439-441, 458-
      459, 501, 532, 723

피의 일요일 48

「피츠버그 리더」 566

피츠제럴드, 프랜시스 스콧 477

피카소, 파블로 283

핀초, 기퍼드 180

「필라델피아 레코드」 132, 162-163, 171-
      174, 176, 180, 186, 190, 197, 249,
      253-254, 260

필비, 킴 486

「필라델피아 인콰이어러」 151, 209

필로메이시언 소사이어티 718

필립스, 데이비드 그레이엄 109

핑커스, 월터 21, 372, 720, 731-732, 735-
      738

───── ㅎ

하가나 372, 403-404, 413

하다사 413

하디, 토머스 91, 716, 741

하딩, 워런 86, 125, 165

하버그, E. Y. 619

「하버드 크림슨」 171

하셰피, 요엘라(어린 시절 이름은 '유디스 그린버그')
      412-413

하쉬, 조 467

하우, 어빙 234, 288, 784

《하울 유에스에이》 784

하워드, 시드니 232

하원 반미활동조사위원회 폐지 촉구 국민위
      원회 676

하원 반미활동조사위원회[HUAC] 32, 41, 194,
      237, 416, 421, 474, 610, 632

하원 세출위원회 656

하이타워, 짐 37

하일브로너, 로버트 97

하트, 필 604

「하퍼스 매거진」 776

학생비폭력조정위원회SNCC 608, 610-611,
    666

한국전쟁 28, 36, 443-451, 455, 457, 458,
    545, 559, 620, 649, 771, 783

『한국전쟁 비사?史』 443-444, 449

할리우드 텐 422, 440, 497

해든, 엘리자베스 133-134

해든필드 고등학교 졸업 기념 앨범('방패') 75

「해든필드 뉴스」 88

『해든필드 인명·주소록』 62, 166

해든필드(뉴저지 주) 59-62, 80-81, 84, 90,
    131, 133, 144, 165, 180, 781

해리먼, 애버렐 394

해머, 패니 루 610-611

해밋, 대실 28, 232, 308, 343, 424, 477

해스티, 윌리엄 H. 591

해외정보국USIA 533, 548, 550

핵전쟁방지국제의사연맹IPPNW 746, 750

핼리넌, 빈센트 531

핼버스탬, 데이비드 257, 640, 653-654, 782

햄프턴, 벤저민 B. 117

「햄프턴스」 117

헵번, 캐서린 381, 497

허블록 557, 597

『허스트 제국』 217

허스트, 윌리엄 랜돌프 92, 115, 133, 173,
    193, 196, 208, 230, 265-266, 498

허시, 시모어 13, 124, 650, 662-663, 668

허츠버그, 아서 70

헉슬리, 올더스 276

헐, 코델 266, 324, 350

헐리, 패트릭 438

험프리, 휴버트 604, 636, 662, 728

헝가리 혁명 236

헤겔 89

헤라클레이토스 66, 722

「헤럴드 트리뷴」 147-148, 204-205, 212,
    258-259, 284, 299, 301-302, 351, 413,
    432, 440-441, 446, 464, 528

헤밍웨이, 어니스트 232, 245, 276-277,
    285, 287, 477

헤스, 루돌프 405-406

헤어, 마이클 655

헤이든, 톰 672

헤이우드, 빅 빌 120

헤일리, 알렉스 595

헥트, 벤 135, 343, 477

헨더슨, 레온 330

헨리, 아론 689

헨토프, 내트 408, 717

헬러, 조지프 28, 347, 784

헬먼, 릴리언 28, 245, 343, 353, 477

혁신주의 217, 228

호라티우스 65, 368

호메로스 741, 744, 749

호찌민 642-643, 675

호퍼, 헤다 477

호프만, 더스틴 763

호프만, 니컬러스 본 19, 27, 293, 783-784,
    786

호프만, 애비 676, 678

호프만, 줄리어스 687, 692

홀런드, 맥스 711, 784

홀로코스트 28, 42, 250, 254-255, 265,

267, 356, 398, 413, 514, 520, 759, 762

홀로코스트 기념박물관 261

홀먼, 프랭크 592

홈즈, 올리버 123

홉슨, 로라 341

화이트, 그레이엄 196

화이트, 시어도어 730

화이트, 앤 501

화이트, 윌리엄 앨런 218, 219

화이트, 해리 덱스터 482, 483, 501-504,
513, 519-522

회스, 루돌프 406

후버, J. 에드거 20, 32, 127, 321, 333, 335-
337, 339, 417, 421, 425, 433, 438,
447-448, 460, 473, 474, 476-481, 483-
489, 493-495, 500, 516, 518-519, 521-
522, 524-527, 529-532, 534, 553-555,
559, 567, 574, 599, 603, 605-607, 691,
783

후버, 허버트 108, 136, 164-165, 170, 172,
175-176, 296, 695

후버빌 164

후에(베트남) 652

『후즈후』 88

후크, 시드니 307-309, 313, 765

후프스, 로이 440, 784

휘트먼, 월트 84-85, 92, 368

「휴먼 이벤츠」 552

휴즈, 찰스 에반스 307

흐루쇼프, 니키타 572-574, 627-628, 673

히로시마 12, 388, 397, 674-675

히로히토 천황 397

「히브리 스탠더드」 51

히스, 앨저 483, 489, 513, 733

히친스, 크리스토퍼 722, 729, 784

히틀러 유겐트 231

히틀러, 아돌프 11, 12, 27-28, 44, 133,
146-147, 156, 164, 177, 184-185, 215,
220-223, 225, 227, 230-231, 242, 248-
255, 259-265, 268-270, 273, 275-276,
280-283, 287-290, 292-294, 297-298,
301, 308-312, 320, 323-329, 333, 343-
344, 351, 358, 392, 398-399, 403, 406,
437, 458, 486, 505, 524, 575, 576, 589,
591, 617, 712, 761

힉스, 그랜빌 244, 308

힌덴부르크, 파울 폰 260

힐리, 도로시 295, 784

지은이 **마이라 맥피어슨** Myra MacPherson

「워싱턴 포스트」 정치부 기자 출신의 저명한 여성 작가. 「뉴욕 타임스」를 거쳐 「워싱턴 포스트」에서 23년간(1968~1991년) 있
으면서 대통령 선거 보도를 다섯 차례 담당했고, 정치와 인권·여권 운동, 베트남전 반대 운동 관련 기사를 많이 썼다. 베트남
전을 다각도로 조명한 『오랜 시간이 흐른 뒤*Long Time Passing: Vietnam and the Haunted Generation*』(1985), 유방암으로
죽어가면서도 웃음과 용기를 잃지 않은 여성의 실화를 그린 『그녀는 끝까지 꿋꿋했다*She Came to Live Out Loud*』(1999), 정
치인들의 결혼생활을 파헤친 『권력을 사랑한 사람들*The Power Lovers: an Intimate Look at Politics and Marriage*』(1976)
등을 썼다. 지금은 여러 신문과 잡지, 인터넷 매체에 시사 및 언론 비평 관련 글을 기고하면서 다섯번째 책을 집필 중이다. 그
녀의 최신 기사는 하버드대학 부설 니먼언론재단의 워치독 사이트에서 찾아볼 수 있다.

옮긴이 **이광일**

전문번역가. 1962년 서울생. 한국일보 논설위원과 기획취재 부장을 지냈고, 연세대 독문과 강사로 일했다. 『수간 바우어의
중세 이야기』『엥겔스 평전: 프록코트를 입은 공산주의자』『생각의 역사 II-20세기 지성사』『사이비 역사의 탄생』 등 영어와
독일어 책을 다수 번역했다.

모든 정부는 거짓말을 한다
-20세기 진보 언론의 영웅 이지 스톤 평전

초판 1쇄 인쇄 2012년 3월 20일
초판 1쇄 발행 2012년 3월 30일

지은이 마이라 맥피어슨 │ 옮긴이 이광일
펴낸이 강병선
기획 고원효 │ 책임편집 고원효 김영옥 │ 편집 송지선
디자인 장원석 │ 저작권 김미정 한문숙 박혜연
마케팅 신정민 서유경 정소영 강병주 │ 온라인·마케팅 이상혁 장선아
제작 안정숙 서동관 김애진 │ 제작처 영신사(인쇄) 경일제책(제본)

펴낸곳 (주)문학동네
출판등록 1993년 10월 22일 제406-2003-000045호
주소 413-756 경기도 파주시 문발동 파주출판도시 513-8
전자우편 editor@munhak.com │ 대표전화 031)955-8888 │ 팩스 031)955-8855
문의전화 031)955-8890(마케팅), 031)955-2685(편집)
문학동네 카페 http://cafe.naver.com/mhdn

ISBN 978-89-546-1782-6 03990

* 이 도서의 국립중앙도서관 출판시도서목록(CIP)은 e-CIP홈페이지(http://www.nl.go.kr/ecip)와
  국가자료공동목록시스템(http://www.nl.go.kr/kolisnet)에서 이용하실 수 있습니다.
  (CIP 제어번호 : CIP2012001196)

www.munhak.com